- Praktische Reisetipps A–Z
- Land und Leute Westafrikas
- Mauretanien
- Mali
- Niger
- Burkina Faso
- Senegal
- Gambia
- Anhang

Erika Därr (Hrsg.)
Thomas Baur
Gerhard Göttler
Sahel-Länder Westafrika

Mauretanien, Mali, Niger,
Burkina Faso, Senegal, Gambia

Impressum

Erika Därr (Hrsg.), Thomas Baur, Gerhard Göttler
Sahel-Länder Westafrika

erschienen im
REISE KNOW-HOW Verlag Peter Rump GmbH
Osnabrücker Str. 79, 33649 Bielefeld

© REISE KNOW-HOW Verlag Därr GmbH, Hohenthann: 1987 (1. bis 5. Auflage)
© 2003, 2005, 2008: Peter Rump
9., neu bearbeitete und komplett aktualisierte Auflage Sept. 2010

Alle Rechte vorbehalten.

Gestaltung
  Umschlag: G. Pawlak, P. Rump (Layout); M. Luck (Realisierung)
  Inhalt: G. Pawlak (Layout); M. Luck (Realisierung)
  Karten: B. Spachmüller; M. Luck; der Verlag
  Fotos: siehe Fotonachweis auf S. 839
  Titelfoto: E. Därr (Tuareg im Niger)

Lektorat: M. Luck

Druck und Bindung: Wilhelm & Adam, Heusenstamm

ISBN 978-3-8317-1969-3
PRINTED IN GERMANY

Dieses Buch ist erhältlich in jeder Buchhandlung Deutschlands, Österreichs, der Niederlande, Belgiens und der Schweiz. Bitte informieren Sie Ihren Buchhändler über folgende Bezugsadressen:

Deutschland
  Prolit GmbH, Siemensstr. 16,
  D-35463 Fernwald (Annerod)
  sowie alle Barsortimente
Schweiz
  AVA/Buch 2000
  Postfach, CH-8910 Affoltern a.A.
Österreich
  Mohr-Morawa Buchvertrieb GmbH
  Sulzengasse 2, A-1230 Wien
Niederlande, Belgien
  Willems Adventure
  www.willemsadventure.nl

Wer im Buchhandel trotzdem kein Glück hat, bekommt unsere Bücher auch über unseren
Büchershop im Internet:
www.reise-know-how.de

Wir freuen uns über Kritik, Kommentare und Verbesserungsvorschläge, gern auch per E-Mail an info@reise-know-how.de.

Alle Informationen in diesem Buch sind von den Autoren mit größter Sorgfalt gesammelt und vom Lektorat des Verlages gewissenhaft bearbeitet und überprüft worden.

Da inhaltliche und sachliche Fehler nicht ausgeschlossen werden können, erklärt der Verlag, dass alle Angaben im Sinne der Produkthaftung ohne Garantie erfolgen und dass Verlag wie Autor keinerlei Verantwortung und Haftung für inhaltliche und sachliche Fehler übernehmen.

Die Nennung von Firmen und ihren Produkten und ihre Reihenfolge sind als Beispiel ohne Wertung gegenüber anderen anzusehen. Qualitäts- und Quantitätsangaben sind rein subjektive Einschätzungen der Autoren und dienen keinesfalls der Bewerbung von Firmen oder Produkten.

Erika Därr (Hrsg.)
Thomas Baur
Gerhard Göttler

Sahel-Länder
Westafrika

Mauretanien, Mali, Niger,
Burkina Faso, Senegal, Gambia

Reise Know-How im Internet

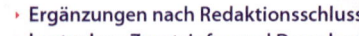

www.reise-know-how.de
- Ergänzungen nach Redaktionsschluss
- kostenlose Zusatzinfos und Downloads
- das komplette Verlagsprogramm
- aktuelle Erscheinungstermine
- Newsletter abonnieren

Bequem einkaufen im Verlagsshop mit Sonderangeboten

Vorwort

Selbst Anfang des 21. Jahrhunderts erscheint Afrika noch als Terra incognita. Behaftet mit Vorurteilen und Klischees, gespeist von einer offenbar nie versiegenden Flut desaströser Meldungen – AIDS, Hungersnöte, Tribalismus, bitterste Armut, politische Wirren, korrupte Politiker allerorten. Für nicht wenige ein hoffnungsloser Fall. Gleichzeitig erscheint die „Wiege der Menschheit" als die Projektionsfläche für das Fremde, das Rätselhafte und Faszinierende schlechthin. Psychologisch betrachtet ist der schwarze Kontinent eine Metapher für das Weibliche und Unbewusste. *Sigmund Freud* hatte in diesem Zusammenhang vom „inneren Afrika" gesprochen.

„Afrika – kann man denn da überhaupt hinfahren?", wird man oft kopfschüttelnd gefragt. Kurz und bündig: Mann oder frau kann, selbst alleine, ohne den vermeintlichen Schutz einer geführten Gruppe. Wer sich traut, kann für sich neue Horizonte entdecken, für den bleibt Afrika vielleicht nicht länger eine Fata Morgana.

„Reisen heißt leben lernen", lautet ein geflügeltes Wort der Tuareg. Leben ist in Afrika mehr als nur das schlichte Überleben. Kommunikation beginnt mit kleinsten Gesten. Wie man hineinlächelt, so lacht es heraus. Vor allem auf dem Land, wo Freundlichkeit, Höflichkeit und Offenheit im Umgang miteinander noch hoch geschätzte Werte darstellen. Wer den Menschen seinen Respekt erweist, ihre Traditionen achtet und dazu noch das nötige Quentchen Geduld aufbringt, wird es nicht schwer haben in den sechs Ländern des vorliegenden Buches. Alle beschriebenen Staaten gelten als politisch vergleichsweise stabil, ihre Regierungen sind mehr oder minder demokratisch legitimiert. Allen gemeinsam ist ihr Mangel an „strategischen" Rohstoffen. Dies dämpft soziale Spannungen und Begehrlichkeiten. Wo nichts ist, ist eben nichts zu holen.

Seit der Erstauflage des Westafrika-Führers im Jahr 1987 hat sich südlich der Sahara vieles verändert. Damals waren Begriffe wie Internet, GPS oder „good governance" noch Fremdworte. Und afrikanische Staaten profitierten in jener Zeit nicht schlecht vom Kalten Krieg und der Ost-West-Konfrontation. Seit deren Ende erscheint Afrika mehr denn je als kontinentaler Pflegefall. Trotz allem: Reisen ist insgesamt komfortabler geworden, die **touristische Infrastruktur** hat sich **spürbar verbessert,** auch wenn die regionalen Unterschiede teilweise noch enorm sind. Es ist eben alles eine Frage der Betrachtungsweise. Fortschritt kommt in Afrika langsam und meist auf leisen Sohlen.

Während Süd- und Ostafrika auf eine reiche Tierwelt und beeindruckende Naturwunder verweisen können, baut der Tourismus in Westafrika auf (noch) weitgehend **intakte Traditionen.** Das eigentliche Faszinosum dieser Region sind die Menschen mit ihrer **lebendigen Kultur.** Gerade das Spannungsfeld zwischen den modernen, hybriden Metropolen und ihrem archaisch anmutenden Hinterland macht Reisen in Westafrika so spannend und erlebnisreich. **Authentizität,** dieser moderne Fetisch der Tourismusindustrie, lässt sich abseits der ausgetretenen Routen an x-beliebigen Orden leicht finden, dort, wo gegenseitige Fürsorge und Gastfreundschaft noch tief verwurzelte Bestandteile des Lebens bedeuten, und nicht zur Folklore verkommen sind, dort, wo sich spontane Begegnungen mit fremden Weißen nicht auf den monetären Austausch reduzieren.

So oder so: Massentourismus mit all seinen Begleiterscheinungen wird in Westafrika – mit Ausnahme einiger weniger Küstenabschnitte in Gambia und Senegal – in absehbarer Zukunft keine Rolle spielen. Westafrika „funktioniert" eben nicht nach den im Westen üblichen **Normen und Verhaltensregeln:** Der Händler beispielsweise, der sich unerbittlich weigert, auch nur einen geringen Preisnachlass zu gewähren, obwohl ihm damit vielleicht ein immer noch gutes Geschäft entgeht, kann einen im selben Moment zum Essen einladen und für ein Vielfaches des diskutierten Preisnachlasses bewirten. Und dennoch wird er nach dem Essen, falls man weiter handelt, keinen Franc CFA heruntergehen, wenn der Handelsspielraum, den er sich vorstellte, erschöpft ist. Wenn man die Ware dann doch zu seinem Preis gekauft hat, kann es sein, dass er sich noch mit einem kleinen Geschenk bedankt. Man staunt und wundert sich.

Ähnliches geschieht in vielen Bereichen, und darum „gehen" in Afrika viele Dinge einen oft völlig unerwarteten Gang, gibt es so überraschende Hindernisse, aber auch unerwartete Möglichkeiten, wenn man bestimmte Pläne verfolgt. Es ist kein Widerspruch, dass zum Beispiel ein Zöllner, der einen soeben stundenlang durchsucht und kontrolliert hat, anschließend, da die Grenze geschlossen wird, bittet, im Auto mitgenommen zu werden, und einen dann bei seiner Familie großzügig bewirtet, vielleicht gerade nach dem fragt, wonach er an der Grenze noch gesucht hat, nach Devisen, Alkohol oder Drogen. „La vie en afrique est très different de la votre!" – auch in Zeiten der Globalisierung: Das afrikanische Leben hat sich seine grundsätzliche Verschiedenheit bewahrt, so einfach ist das.

Vieles läuft in bestimmten Phasen mit wechselnden Rollen ab, und der (Individual-)Reisende muss dies akzeptieren und mitspielen, um an sein Ziel zu gelangen. Wer versucht, diesen Weg mit Hilfe „vernünftiger" Argumente abzukürzen, den anderen in seinem **Rollenspiel** plump zu entlarven, verstrickt sich schnell in einem undurchschaubaren Labyrinth von Hindernissen. Der konsequenten Beachtung von Normen steht ein oft sprunghaftes Umentscheiden, eine nur scheinbar widersprüchliche, plötzlich veränderte Betrachtungsweise gegenüber. Viele Antagonismen lösen sich in einem wundersamen „dritten Weg". Türen öffnen sich, wo man eben noch eine unüberwindbare Mauer vermutete. Wo nach unserem Dafürhalten wenig bis nichts funktioniert, wo das Chaos regiert, ist das viel zitierte „no Problem" alles andere als eine leere Floskel. So sind es die vielen kleinen Wunder des Alltags, die Reisen in West-

Die Länder im kurzen Überblick

afrika so faszinierend wie unvergesslich machen.

Kurz noch ein Wort zur **Systematik des Buches:** Die ersten beiden Kapitel „Praktische Reisetipps A–Z" und „Land und Leute Westafrikas" beziehen sich auf alle im Buch behandelten Länder, die dann folgenden Länderkapitel gehen detailliert auf das jeweilige Reiseziel ein. Im Anhang finden sich Glossar und Register sowie einige Bemerkungen zu Sprache, Orientierung und Navigation, Literatur und Landkarten.

Im Folgenden ein Überblick über die in diesem Westafrika-Reiseführer behandelten Länder, die sich auf sehr unterschiedliche Weise dem Tourismus geöffnet haben. Zur **Sicherheitslage** in den einzelnen Ländern sind die entsprechenden Abschnitte in den Länderkapiteln zu lesen. Die Kapitel zu Mauretanien, Mali und Niger wurden von *Gerhard Göttler* verfasst, vielen Lesern bekannt durch seine Bücher über die Sahara (bei REISE KNOW-HOW „Libyen") und die Tuareg. Die Überarbeitung der Kapitel zu Burkina Faso, Senegal und Gambia wurde von *Thomas Baur* übernommen (von ihm liegt bei REISE KNOW-HOW auch ein Reiseführer zu „Senegal/Gambia" vor).

Mauretanien

Die Islamische Republik Mauretanien ist das **Übergangsland** zwischen „weißem", arabischem Nordafrika und schwarzem, sudanischem Westafrika. Der Gegensatz zwischen dem wüstenhaften Inneren und einer weitgehend naturnahen Küste begründet die besondere Attraktivität, die wegen Mauretaniens Randlage auf dem afrikanischen Kontinent noch kaum bekannt ist – ein Land, das es nicht nur für Transitreisende noch zu entdecken gilt!

Hinweis:
Die **Internet- und E-Mail-Adressen** in diesem Buch können – bedingt durch den Zeilenumbruch – so getrennt werden, dass ein Trennstrich erscheint, der nicht zur Adresse gehören muss!

Mali

Die Republik Mali, eines der ärmsten Länder der Welt, hat **einige wirkliche Sehenswürdigkeiten** aufzuweisen: so etwa das Dogon-Land, das sagenhafte Timbuktu oder die sudanesische Lehmarchitektur, bestes Beispiel

Die Länder im kurzen Überblick

dafür ist die Moschee von Djenné. Daneben übt die Kargheit der sahelischen Landschaft einen ganz besonderen Reiz auf Europäer aus. Nicht zu vergessen der Niger, Wasserspender und Lebensader des Landes. Aufgrund der innenpolitischen Auseinandersetzungen zwischen Tuareg und Militär war der Norden des Landes lange Zeit nur im Militärkonvoi zu durchqueren. Im Zuge der Demokratisierung des Landes haben sich die Verhältnisse inzwischen normalisiert.

Niger

Den besonderen Reiz der Republik Niger macht sicher die von Tuareg-Nomaden bewohnte karge, vegetationsarme Wüstenlandschaft aus. Nicht weniger beeindruckend sind aber auch das Leben der Tuareg selbst sowie die alte Lehmarchitektur der Haussa mit ihren traditionellen geometrischen Ornamenten, am besten in so geschichtsträchtigen Städten wie Agadez, Maradi und Zinder zu sehen. Weitere Attraktionen stellen die riesige Sandwüste des Ténéré und das Aïr-Gebirge dar. Der gewaltsame **Tuareg-Konflikt** hat den Tourismus im Land stark beeinträchtigt; nach bürgerkriegsähnlichen Auseinandersetzungen im Jahr 2007 wurde der Ausnahmezustand ausgerufen, der inzwischen wieder aufgehoben wurde.

Burkina Faso

Obwohl Burkina Faso zu den am meisten benachteiligten und ärmsten Ländern der Welt zählt, hat es sich seinen **spröden Charme** bewahrt. Das Land bietet die ganze Palette von Wüste bis Regenwald, und es ist vergleichsweise preiswert und einfach zu bereisen. Das ehemalige Ober-Volta wird von der Ethnie der Mossi dominiert, die als „Preußen Westafrikas" gelten. Das ist mit der Grund, warum das Land relativ sicher ist. Charakteristisch ist die Toleranz der Bevölkerung, die relativ große Vielfalt der Landschaft, wobei jede Region ihre Besonderheiten aufzuweisen hat, was Lebensform, Konstruktion der Häuser, traditionelle Sitten und Gebräuche betrifft.

Senegal

Mit jährlich gut einer halben Million Gästen verzeichnet Senegal die höchsten Besucherzahlen in der Region. Der hohe Zuspruch, vor allem von Franzosen, basiert auf einer für westafrikanische Verhältnisse **hoch entwickelten touristischen Infrastruktur.** Das gilt besonders für die Petite Côte mit ihrem angenehmen Klima und den fantastischen Stränden. Aber auch das alte St. Louis erlebt gerade eine neue Blüte. Nur wenige Kilometer weiter findet man afrikanisches Dorfleben pur. Nur die schönste und interessanteste Region, die Casamance, tat sich mit dem Frieden schwer. Jahre andauernde Scharmützel haben die Besucherzahlen markant schrumpfen lassen, doch mit dem Friedensschluss zwischen Regierung und M.F.D.C.-Rebellen im Jahr 2004 zeichnete sich in den letzten Jahren eine positive Entwicklung ab. Zu guter Letzt: Mit dem kulturellen Schmelztiegel **Dakar** stellt das Land die **einzige wirkliche Metropole in der Region.**

Gambia

Als einziges **englischsprachiges Land** nimmt Gambia eine Sonderstellung in diesem Führer ein. Mehr noch als Senegal ist Gambia vom sogenannten Massentourismus geprägt. Doch wer sich nicht nur für Sonne und Strandleben interessiert, dem bietet der Gambia River die besten Voraussetzungen für eine beeindruckende Entdeckungstour, vorbei an Galerie-Wäldern, weidenden Rinderherden, alten Forts und Faktoreien sowie Zeugnissen der prähistorischen Megalith-Kultur. Darüber hinaus eignet sich das kleinste Land Afrikas als Sprungbrett für Reisen in die Savanne, die Casamance-Wälder oder auf das Inselparadies des Bijagos-Archipels.

Inhalt

Praktische Reisetipps A–Z

(unter Mitarbeit von *Elfi H. M. Gilissen*)

Als Gast in Westafrika	20
Anreise	26
Ausrüstung	36
Diplomatische Vertretungen und Informationsstellen	42
Ein- und Ausreisebestimmungen	44
Essen und Trinken	46
Fotografieren	55
Geld	56
Kriminalität, Sicherheit und Verhalten im Notfall	59
Medien	62
Post/Telefon/Internet	63
Reisen in Westafrika	64
Reisepartner	75
Reisezeit	75
Unterkunft	75
Versicherungen	77

Land und Leute Westafrikas

Geografie und Geologie	82
Klima	93
Geschichte Westafrikas	96
Bevölkerung	112
Religion	146
Kunst und Kultur	165

Mauretanien

Landeskundliche Informationen

Geografie	212
Klima	215
Tier- und Pflanzenwelt	216
Bevölkerung	218
Sprache	221
Geschichte und Politik	221
Wirtschaft	228
Umweltprobleme	232
Gesundheitswesen	232
Bildungswesen	233
Medien	234

Praktische Reisetipps A–Z

An- und Weiterreise	235
Botschaften/Auskünfte	238
Einreise/Visum/Zoll	240
Reise-Gesundheits-Information	242
Essen und Trinken	245
Feiertage und Feste	246
Geld/Währung/Banken	247
Öffnungszeiten	247
Post/Telefon/Internet	248
Reisen in Mauretanien	249
Reisezeit	254
Strom	254
Uhrzeit	254

Unterwegs in Mauretanien

Nouâkchott	**255**
Die Meeresküste zw. Nouâkchott und Nouâdhibou – Parc National du Banc d'Arguin	**263**
Nouâdhibou	**268**
Von Nouâdhibou nach Choum auf Piste und weiter bis nach Atâr	**271**
Städte im Adrar-Bergland: Atâr, Chinguetti und Ouadane	**274**
Atâr	274
Chinguetti	277
Ouadane	279
Von Atâr über Rachid nach Tidjikja: Durchs innerste Mauretanien	**282**

INHALT

Von Nouâkchott nach Süden zum Senegal	286
„Route de l'Espoir" – die „Straße der Hoffnung" von Nouâkchott nach Nema	289
Alte Städte und Oasen im Südosten: Tidjikja, Tichit und Oualata	297

Mali

Landeskundliche Informationen

Geografie	302
Klima	306
Tier- und Pflanzenwelt	306
Bevölkerung	317
Sprachen	318
Religionen	319
Geschichte und Politik	319
Wirtschaft	325
Gesundheitswesen	327
Bildungswesen	328
Medien	328
Musik	329

Praktische Reisetipps A–Z

An- und Weiterreise	331
Botschaften/Konsulate	334
Einreise/Visum	335
Reise-Gesundheits-Information	336
Feiertage und Feste	338
Fotografieren	338
Geld/Währung/Banken	339
Informationen	339
Öffnungszeiten	340
Post/Telefon/Internet	340
Reisen in Mali	341
Strom	347
Übernachtung	347
Uhrzeit	348
Versorgung	348

Unterwegs in Mali

Bamako	**349**
Der Westen	**365**
Nationalpark Boucle de Baoulé	365
Bamako – Kati – Kita – Manantali – Kayes	365
Kayes	369
Von Kayes in den Senegal bzw. nach Mauretanien	370
Von Kayes über Sadiola entlang der Tambaoura-Falaise nach Koundian und Manantali	371
Von Kayes nach Nioro du Sahel und Bamako	373
Bamako – Nara – Mauretanien	373
Der Süden und das Niger-Binnendelta	**375**
Bamako – Bougouni – Sikasso	375
Bamako – Ségou – San – Djenné – Sévaré – Mopti	376
Djenné	381
Sévaré	385
Mopti	387
Das Land der Dogon	**393**
Bandiagara	393
Zu Fuß durch das Dogon-Land	394
Motorisiert am Fuß der Bandiagara-Falaise entlang nach Douentza	404
Bankass	405
Koro	406
Der Osten und Nordosten	**406**
Timbuktu	406
Von Mopti über Timbuktu nach Gao	415
Timbuktu – Douentza	416
Von Mopti über Douentza nach Gao	417
Gao	421
Von Gao in Richtung Süden (Niger)	427

Inhalt

Von Ansongo aus
 über Menaka und
 Andéramboukane in den Niger 428
Von Gao in
 Richtung Norden (Algerien) 429

Niger

Landeskundliche Informationen
Geografie 432
Klima 434
Pflanzenwelt 435
Bevölkerung 436
Sprachen 440
Religionen 440
Geschichte 440
Politik 441
Wirtschaft 447
Gesundheitswesen 448
Bildungswesen 449
Medien 449
Musik 450

Praktische Reisetipps A–Z
An- und Weiterreise 451
Botschaften/
 Konsulate/Informationen 455
Einreise/Visum/Zoll 456
Feiertage und Feste 457
Reise-Gesundheits-Information 458
Geld/Währung/Banken 460
Öffnungszeiten 460
Post/Telefon/Internet 461
Reisen im Niger 461
Sicherheit 464
Strom 465
Übernachtung und Versorgung 465
Uhrzeit 466
Verhaltensregeln 466

Unterwegs im Niger
Niamey **467**
Der Nordwesten und
 die Umgebung von Niamey **478**
Nördlich von Niamey 478
Südlich von Niamey 481
Der Süden **484**
Von Niamey nach Zinder 484
Zinder 487
Von Zinder nach Nguigmi 490
Nguigmi – Koufey – Bilma 491
Nguigmi – Nokou (Tschad) 492
Die „Route de l'Uranium"
 bis zur Grenze Algeriens **492**
Birni-Nkonni – Tahoua – Agadez 492
Agadez 495
Von Agadez nach Arlit
 und weiter bis Assamaka 506
Arlit – Assamaka – In Guezzam 508
Die nordöstlichen
 Wüstenregionen **511**
Aïr-Gebirge 511
Von Agadez nach Iférouane 513
Von Agadez durch
 die Ténéré nach Bilma 516
Agadez – Bilma via Fachi:
 Die Strecke der Karawanen 517
Variante Agadez – Bilma
 über Achegour – Dirkou 520
Bilma – Nguigmi 521
Dirkou – Djado 522
Von Chirfa nach Iférouane
 über den Arbre Thierry Sabine 524

Burkina Faso

Landeskundliche Informationen
Geografie 528
Klima 530
Bevölkerung 530
Sprachen 531

INHALT

Religionen	531
Geschichte	533
Politik	535
Wirtschaft	540
Gesundheitswesen	542
Bildungswesen	543
Medien	543

Praktische Reisetipps A–Z

Allgemeines	545
An- und Weiterreise	545
Botschaften	550
Einreise/Visum	550
Reise-Gesundheits-Information	552
Feiertage und Feste	555
Geld/Währung/Banken	555
Informationen	556
Nationalparks/Tierreservate	556
Öffnungszeiten	557
Post/Telefon	557
Reisen in Burkina Faso	558
Strom	560
Übernachtung und Versorgung	561
Uhrzeit	552

Unterwegs in Burkina Faso

Ouagadougou	**563**
Von Ouagadougou nach Fada-N'Gourma (Nationalpark Arly)	**584**
Fada-N'Gourma	585
Nationalpark Arly	588
Nationalpark „W"	589
Von Ouagadougou nach Bobo-Dioulasso	**589**
Koudougou	590
Sabou	590
Boromo	592
Houndé	592
Bobo-Dioulasso	**593**
Abstecher nach Dédougou	605
Bobo-Dioulasso – Banfora – Gaoua (Lobi-Land)	**605**
Bobo-Dioulasso – Banfora	605
Banfora	605
Banfora – Gaoua	610
Gaoua	611
Bobo-Dioulasso – Diébougou – Ouessa	**614**
Diébougou	614
Ouessa	615
Der burkinische Sahel	**615**
Ouagadougou – Dori	616
Dori	618
Ouagadougou – Ouahigouya – Dori	619
Gorom-Gorom	621
Ouagadougou – Djibo	622
Djibo	623

Senegal

Landeskundliche Informationen

Geografie	626
Klima	627
Tier- und Pflanzenwelt	627
Bevölkerung	630
Sprache	631
Religion	631
Geschichte und Politik	631
Wirtschaft	636
Gesundheitswesen	638
Bildungswesen	638
Medien	639

Praktische Reisetipps A–Z

An- und Weiterreise	641
Botschaften und Informationsstellen	648
Einreise/Visum	649
Reise-Gesundheits-Information	650
Feiertage und Feste	652

INHALT, KARTEN UND STADTPLÄNE

Geld/Währung/Banken	652
Öffnungszeiten	653
Post/Telefon/Internet	653
Reisen im Senegal	654
Strom	659
Übernachtung und Versorgung	659
Uhrzeit	660

Unterwegs im Senegal

Dakar	**661**
Das Zentrum	**692**
Anreise	693
Thiès	693
Tivaouane	694
Diourbel	695
Touba	695
St. Louis	697
Der Senegal-Fluss	**707**
Anreise	707
Ausreise nach Mauretanien	707
Rosso	708
Richard Toll	708
Dagana	708
Podor	709
Matam	710
Bakel	710
Kidira	710
Die Petite Côte	**711**
Anreise	711
Toubab Dialaw	711
Popenguine	712
Somone	712
Reserve de Bandia	714
Saly Portudal	714
Mbour	716
Nianing	716
Mbodiene	718
Joal-Fadiouth	718
Das Sine-Saloum-Delta	**719**
Anreise	719
Ndangane/Mar Lodj	720

Karten und Stadtpläne

Vegetationszonen ... 88
Klimazonen ... 93
Niederschlagsmengen ... 94
Mauretanien – Übersichtskarte ... 213
Nouâkchott ... 258
Nouâdhibou/Cap Blanc ... 268
Nouâdhibou ... 269
Mali – Übersichtskarte ... 304
Elefantenschutzgebiet Gourma ... 312
Bamako ... 352
Bamako – Innenstadt ... 357
Niger-Binnendelta ... 377
Mopti ... 389
Dogonland ... 395
Timbuktu ... 411
Gao ... 423
Niger – Übersichtskarte ... 433
Niamey ... 470
Parc National du „W" ... 482
Maradi ... 486
Zinder ... 489
Agadez ... 497
Burkina Faso – Übersichtskarte ... 529
Ouagadougou ... 566
Nationalpark Arly ... 586
Bobo-Dioulasso ... 594
Banfora und Umgebung ... 607
Senegal – Übersichtskarte ... 628
Cap Vert (Halbinsel) ... 662
Dakar City ... 668
Dakar Zentrum ... 672
Dakar Nord ... 674
St. Louis ...701
Petite Côte ... 713
Megalithen-Rundfahrt 1 ... 724
Megalithen-Rundfahrt 2 ... 725
Basse Casamance ... 728
Ziguinchor ... 733
Nationalpark Niokolo Koba ... 744
Gambia – Übersichtskarte ... 752
Banjul ... 773
Kombo-St. Mary Area ... 780

In den Kopfzeilen ist zuerst die Landes-Übersichtskarte genannt, dann die jeweilige Regionalkarte bzw. Stadtplan.

INHALT

Palmarin/Differ (Djifere)	720
Foundiougne	721
Kaolak	722
Toubakouta	723
Missirah	723
Rundfahrt zu den Megalithen des Sine-Saloum	723
Die Casamance	**726**
Geschichte	726
Sicherheitshinweise	727
Anreise	729
Ziguinchor	730
Basse Casamance	734
Nord-Casamance	739
Haute Casamance	740
Der Südosten	**741**
Anreise	742
Tambacounda	742
Nationalpark Niokolo Koba	743
Kédougou	746
Das Bassari-Land	746

Gambia

Landeskundliche Informationen

Geografie	750
Klima	751
Tier- und Pflanzenwelt	752
Bevölkerung	754
Sprache	755
Religion	756
Geschichte und Politik	756
Wirtschaft	760
Gesundheitswesen	761
Bildungswesen	761
Medien	762

Praktische Reisetipps A–Z

An- und Weiterreise	763
Botschaften	764
Einreise/Visum	765
Reise-Gesundheits-Information	766
Feiertage und Feste	768
Geld/Währung/Banken	768
Informationen	769
Maße und Gewichte	770
Reisen in Gambia	770
Strom	770
Telefon	770
Trinken	770

Unterwegs in Gambia

Banjul	**771**
Die Küstenorte von Bakau bis Kartong	**779**
Kombo-St. Mary Area	779
Serekunda	787
Brikama	788
Ghanatown/Brufut Beach	789
Tanji/Tanji Bird Reserve	789
Sanyang/Sanyang Point	789
Gunjur/Gunjur Beach	790
Kartong	790
Gambia River	**791**
Das Südufer	795
Das Nordufer	798

Anhang

Sprache / von H. Braun	804
Orientierung und Navigation / von G. Göttler	806
Glossar	809
Literatur	815
Landkarten	818
Register	822
Die Autoren	838
Danksagung	839
Fotonachweis	839

Exkurse

Weiße Frau – Ticket zum Paradies / von *Dorcas Spitzhorn* ... 24
Rezepte bekannter westafrikanischer Gerichte ... 51
Das Problem der Desertifikation (Verwüstung) ... 86
„Wenn du das bestehst, erträgst du den ganzen Rest" / von *Heide Oestereich* ... 135
Prostitution in Westafrika ... 144
Märkte und Handel ... 180
Faszination Perlen – vom „Negergeld" zum Sammlerstück / von *Heidi Simons* ... 184
Gebet an die Masken / von *L.S. Senghor* ... 189
Das Floß der „Méduse" ... 264
„Fahr ich ... oder fahr ich lieber nicht?" ... 266
Auf der Suche nach Hannibals Elefanten ... 308
Das Niger-Binnendelta ... 380
Die Dogon / von *Anne Wodtcke* ... 396
Die Dogon und das Sirius-Rätsel ... 402
Vögel der Wildnis – bei den Wodaabe in der Südsahara ... 438
Das Begräbnis-Ritual der Mossi ... 532
Thomas Sankara – eine afrikanische Polit-Legende ... 536
Blaise Compaoré ... 537
Christoph Schlingensief – oder der Wahnwitz in der Wüste ... 539
Der Dodo-Carneval ... 555
Audienz beim Mogho Naaba, dem Kaiser der Mossi / erlebt von *Walter Egeter* ... 570
Impressionen vom Filmfestival FES.PA.C.O. / von *Dirke Köpp* ... 580
Im Land der Lobi ... 612
Sufis im Senegal ... 632
Abdoulaye Wade – im fünften Anlauf zum Präsidenten gewählt ... 635
Eine Fahrt im „Express" von Dakar in die Hauptstadt Malis / von *Peter Cissek* ... 643
Großes Denkmal, große Wut ... 656
„Die Dakar" – ein Mythos mit ungewisser Zukunft ... 677
Île de Gorée – Mahnmal gegen die Sklaverei ... 687
Touba – „Senegals Mekka" ... 696
Ein tragischer Held aus St. Louis ... 703
Das Beschneidungsfest von Mbour / erlebt von *Christine Mutter-Sène* ... 715
Der Baobab – Afrikas „Wunderbaum" ... 717
Der M.F.D.C., die Diola und ihr Freiheitswille ... 731
Sanfter Tourismus – das Projekt „Campements villageois" ... 737
Sprachverwirrung in Gambia ... 755
Im Reich des „Ninki Nanka" – 400 km mit einer Piroge auf dem Gambia River ... 792

Praktische Reisetipps A–Z

Praktische Reisetipps A–Z

Burkina Faso – Verladung von Mobylettes

Mauretanien – Piste in Richtung Ouadane

Mali – Fähre über den Zusammenfluss von Bafing und Baquoye

Als Gast in Westafrika

Afrika, der schwarze, unheimliche Kontinent, wo die Wilden wohnen: Das Bild vom unzivilisierten und geschichtslosen „Eingeborenen" spukt noch heute vielfach in den Köpfen der Europäer herum. Wenn man sich jedoch etwas mit dem kulturellen Hintergrund und der Geschichte des afrikanischen Kontinents beschäftigt, wird man feststellen, dass sich in Afrika bereits in früheren Jahrhunderten zahlreiche, relativ hochstehende, Kulturen und Reiche entwickelt hatten. Dennoch haben Afrikaner einen völlig anderen kulturellen Hintergrund. So hat für sie z.B. die Zeit eine ganz andere Bedeutung, was man in den unterschiedlichsten Situationen sehr schnell merkt und – sobald man die Zeit-ist-Geld-Hektik abgelegt hat – auch meist als sehr angenehm empfunden wird. „Von nichts gibt es so viel wie von der Zeit, denn es kommt ja immer mehr Zeit", lautet ein afrikanisches Sprichwort.

Begegnet man den Afrikanern nicht mit Überheblichkeit und Arroganz, sondern mit **respektvoller Höflichkeit und Freundlichkeit**, so wird man feststellen, dass die meisten sehr aufgeschlossen, tolerant und relativ unkompliziert im Umgang sind, vorausgesetzt, man beachtet gewisse Regeln.

So ist die **Begrüßung** nicht nur der Austausch einer kurzen Grußformel, sondern eine regelrechte Zeremonie, bei der man sich nicht nur danach erkundigt, wie es dem Gegenüber geht (ob er gut geschlafen bzw. geträumt hat), sondern auch noch nach dem Ehepartner, den Kindern, der Familie, der Arbeit etc. Man hat Zeit für den Anderen und Muße zu plaudern. Nicht selten – wenn Sie in einer Gegend länger verweilen und bereits viele Leute kennen – brauchen Sie deshalb für den Gang zum Markt nicht mehr zehn Minuten, sondern eine Stunde. Fragen Sie einen Einheimischen auf der Straße nach dem Weg, so sollten Sie zunächst mit einem „Guten Tag, wie geht es Ihnen?" beginnen und dann erst die eigentliche Frage stellen – ohne vorherige Begrüßung zu fragen, wäre grob unhöflich. Es wird die Anekdote erzählt, dass ein Europäer einen älteren Herrn ohne Begrüßung nach dem Weg gefragt hatte. Daraufhin schaute dieser den Fragenden lange eindringlich an und meinte: „Der Weg ist weggegangen, um zu lernen, wie man grüßt!" In manchen Gegenden, besonders bei orthodoxen Moslems, gibt ein Mann niemals einer Frau zur Begrüßung die Hand, sondern nur Männer bzw. Frauen unter sich. Beim Kontakt mit Einheimischen sollten Sie u.a. folgendes berücksichtigen: Während es bei uns üblich ist, dem Gegenüber offen in die Augen zu schauen, gilt in manchen Regionen Afrikas der direkte Blickkontakt als aufdringlich! Und es wird als ein Zeichen des Respekts, vor allem gegenüber Älteren, angesehen, wenn man bei der Begrüßung betont zur Seite schaut. In Ghana dagegen begrüßt man, unabhängig von Rang, Alter oder Geschlecht, denjenigen, der rechts von einem steht und führt dies reihum fort, bis man an der linken Seite des Raumes oder Kreises angekommen ist. Grundsätzlich gilt in Afrika ein hoher Respekt vor dem Alter.

Das **Austauschen von Zärtlichkeiten** zwischen Mann und Frau in der Öffentlichkeit oder z.B. Arm in Arm spazieren zu gehen ist bei Moslems tabu und wird auch von Westafrikanern meist als unpassend angesehen, es existieren aber regionale Unterschiede. Achten Sie am besten darauf, wie die Einheimischen miteinander umgehen, und verhalten Sie sich entsprechend.

Eine äußerst wichtige Verhaltensregel ist der Gebrauch der richtigen Hand, d.h. **nur mit der rechten Hand essen** und auch Geschenke lediglich mit der rechten Hand reichen. Ebenso sollten Sie darauf achten, beim Einkaufen die Ware generell mit der rechten Hand anzufassen. Die linke Hand gilt als unrein, da man sich damit den Po reinigt.

Ein **Geschenk** annehmen sollten Sie dagegen mit beiden Händen, auch wenn dies von der Größe her problemlos mit einer Hand möglich wäre. Dies gilt als eindeutiger Ausdruck Ihrer Dankbarkeit. Mit einer Entgegennahme lediglich durch die rechte Hand würde man zu verstehen geben, dass das Geschenk zu klein oder zu wertlos sei.

Generell als unhöflich gilt auch, wenn man ein **Essen** ablehnt. Wenn Sie aber wirklich

Als Gast in Westafrika

keinen Appetit auf das Ihnen angebotene Mahl haben, so sollten Sie sich mit einem vernünftigen Argument („Ich habe gerade gegessen, bin krank, habe Magenschmerzen") entschuldigen.

Achten Sie unterwegs in Westafrika auch stets auf **angemessene Kleidung.** Sie werden feststellen, dass auch wenig begüterte Afrikaner verhältnismäßig viel Geld für ordentliche Kleidung ausgeben. Unter welchen ärmlichen Umständen jemand auch leben mag, er wird fast immer bemüht sein, so sauber wie möglich angezogen zu sein. So ist es oft überraschend, wenn Leute ihre Lehmhütte in weißem Hemd und gebügelter Hose verlassen. Generell sollten Sie sich darüber im Klaren sein, dass in Mitteleuropa gängige Verhaltensmuster in einem anderen Kulturkreis verschieden interpretiert werden. So gelten Männer in Shorts bei Afrikanern als lächerliche Erscheinung.

Vor allem in Touristenzentren sieht man immer wieder Urlauber, die wahllos Geld oder Geschenke an bettelnde Kinder verteilen. In den Köpfen der Bevölkerung entwickelt sich auf diese Weise das Bild vom reichen Touristen, was wiederum zur Folge hat, dass damit **Kinder zu Bettlern herangezogen** werden und nicht in die Schule gehen, da dieser Job einträglicher ist. Dem sollte man keinen Vorschub leisten.

Ein weiteres Phänomen sind sogenannte **Schlepper,** die Sie zu Souvenirläden führen, von denen sie eine Provision bekommen, oder die versuchen, ihr Geschäft mit Touristen zu machen, meist zu unangemessen hohen Preisen.

Insgesamt ist das **Thema Reichtum der Europäer** bzw. Armut der Menschen in afrikanischen Ländern sehr relativ. Entscheidend ist dabei auch, welches Bild die Anderen von Ihnen haben. Wenn man sich z.B. als Student ausgibt, assoziiert man in Europa damit oft jemanden mit geringem Einkommen; in Entwicklungsländern ist ein Studium dagegen einer privilegierten Minderheit vorbehalten. Sollten Sie versuchen, Ihr Studentenimage zu korrigieren, wird man Ihnen nicht glauben und Ihr Verhalten als falsche Bescheidenheit auslegen, es sei denn, Ihr Diskussionspartner kennt die europäischen Verhältnisse.

Als vermeintlich Reicher wird man automatisch der Oberschicht zugeordnet – und es wird ein entsprechendes Verhalten erwartet. Dies bezieht sich sowohl auf **Umgangsformen** als auch auf **Kleidung,** die in Westafrika als wichtigstes Statussymbol fungiert. Ungepflegt und in abgerissenem Outfit herumzulaufen („Markenzeichen" vieler sogenannter Globetrotter) wird in den Gastländern generell als unschicklich, oft sogar als Provokation betrachtet. Insgesamt stehen die Afrikaner, wenn man die miserablen hygienischen Verhältnisse und die Probleme der Wasserversorgung berücksichtigt, den Europäern in Sachen Reinlichkeit kaum nach. Bei Moslems ist das Reinheitsgebot zudem religiös begründet.

Ein weiterer wichtiger Punkt im Umgang mit Einheimischen sind **Versprechungen,** wie z.B. Fotos zu schicken, zu schreiben oder bald wiederzukommen, die man oft viel zu leichtfertig macht. Wenn, dann sollten sie auch eingehalten werden! Und seien Sie besonders vorsichtig mit Versprechungen, die weitreichende Konsequenzen nach sich ziehen, wie finanzielle Hilfe oder Heirat. Es kann nämlich sein, dass sich die andere Person darauf einstellt und z.B. die Arbeit aufgibt, da ja demnächst Hilfe von einem reichen Freund bzw. Freundin aus Europa kommt. Benützen sie im Zweifelsfall vage Formulierungen wie „Es liegt in Gottes Händen" o.Ä.

Achtung gegenüber dem anderen heißt auch, seine **Privatsphäre** zu respektieren, d.h. nicht einfach in Haus und Hof einzudringen, sondern nur auf Einladung. Dies gilt besonders beim Fotografieren.

Buchtipps – Praxis-Ratgeber:
- Harald A. Friedl
Respektvoll reisen
- Birgit Adam
Als Frau allein unterwegs
- Kirstin Kabasci
Islam erleben
(alle Bände Reise Know-How Verlag)

Bei vielen sogenannten Alternativtouristen ist neben hoher Anspruchshaltung und einer gewissen Überheblichkeit („Tourist ist immer der Andere") leider auch ein **Hang zum Schmarotzertum** zu beobachten. Mit absoluter Selbstverständlichkeit nehmen sie oft die Gastfreundschaft der Bevölkerung in Anspruch, leben mehr oder weniger auf Kosten der Gastgeber, die mit Mühe und Not ihre Familie über die Runden bringen. Das soll nicht heißen, dass Sie eine Einladung nicht annehmen dürfen, denken Sie nur stets darüber nach, wie Sie vorgehen, um der Familie nicht auf der Tasche zu liegen. Geld wird nicht immer gerne angenommen; gehen Sie also mit auf den Markt und bezahlen Sie, was benötigt wird, oder bringen Sie selbst etwas mit, was in der Küche gebraucht wird. Wenn Sie merken, dass Kohle oder Brennholz fehlt, können Sie sich auch darum kümmern.

Am Strand zu campieren, anstatt sich bei den „Locals" für ein paar Euro ein Zimmer zu mieten, und sich von Kokosnüssen und Bananen zu ernähren, anstatt in einheimischen Restaurants zu essen, zeugt ebenfalls von westlicher Ignoranz. Selbst wenn mancherorts die negativen Auswirkungen des **Tourismus** – Prostitution, Kriminalität, Kinderbettelei, kulturelle Entfremdung, Investitionen in Infrastruktur für Touristen anstatt für Einheimische, ökologische Belastungen etc. – nicht mehr zu übersehen sind, berechtigt dies den einzelnen Reisenden nicht, diesen Trend noch weiter zu unterstützen. Und zum Wohle der eigenen Sicherheit sollte man auch auf die allzu provokante Zurschaustellung seiner Prätiosen verzichten. Vielleicht sollten Sie sich als Afrika-Tourist einmal durch den Kopf gehen lassen, dass ein Teil unseres Wohlstandes nicht zuletzt auf der Ausbeutung der Länder der sogenannten Dritten Welt basiert.

Einheimische Führer

Nicht nur in manch abgelegenen Gegenden ist es unter Umständen ratsam, vor Ort einen einheimischen Führer (**Guide**) anzuheuern, der Ihnen die Umgebung zeigt. Meist weiß er Interessantes zu erzählen und hat gute Kontakte zu Dorfbewohnern. Sie sollten sich jedoch vorher über den Preis einigen. Warten die Guides vor einem noblen Hotel auf Kundschaft, so verlangen sie meist das Vielfache. Generell ist es üblich, dass der Reisende gleichzeitig auch Patron ist, d.h. für Essen und Trinken, Fahrtkosten und Übernachtung des Führers aufkommt, solange dieser für ihn arbeitet. Oft ist es besser, einen Guide in einem kleinen Ort anzuheuern, als in einer größeren Stadt oder einem Touristenzentrum, wo sich zu viele Guides auf das Geschäft mit den Touristen spezialisiert haben.

Reisetipps für Frauen

Allein reisende schwarze Frauen jeden Alters sind in Westafrika – mit Ausnahme von Mauretanien – etwas völlig Normales. Das ist mit ein Grund, dass weiße Frauen weniger belästigt oder angegrabscht werden als etwa im arabischen Kulturraum. Was nicht bedeuten soll, dass schwarze Männer nicht auch ihr Glück bei einer weißen Frau suchen. Im Gegenteil: Frau sollte sich nicht wundern, wenn wildfremde Männer ebenso charmant wie ungeniert nach dem Familienstand fragen. Oder gleich mit eindeutigen Avancen kommen. Denn die mögliche Bekanntschaft mit einer weißen Frau bedeutet weit mehr, als nur die Aussicht auf ein sexuelles Abenteuer und den damit verbundenen Prestigegewinn. Es ist auch die Hoffnung auf eine Einladung nach Europa, das heiß ersehnte Visum, kurzum: das vermeintliche Ende aller irdischen Sorgen.

Will man als allein reisende Frau unnötigen Ärger vermeiden, sollte man deshalb einige ungeschriebene Gesetze beachten, auch wenn es der emanzipierten mitteleuropäischen Frau schwer fällt, einige der Privilegien und Freiräume, die sie von zu Hause gewohnt ist, aufzugeben. Aber entweder frau akzeptiert kulturelle und religiöse Traditionen und versucht, sich diesen anzupassen, oder sie wählt sich andere Reiseziele aus.

Ganz besonders wichtig ist **dezente Bekleidung:** Niemand braucht in „Sack und Asche" zu gehen, aber bitte keine Miniröcke und aufreizende Tops. Dies gilt besonders für Mauretanien, Mali und Niger. Eine Frau, die

Als Gast in Westafrika

in knapper Strandbekleidung über den Markt schlendert, braucht sich nicht zu wundern, wenn ihr die Männer hinterherpfeifen und sie als Freiwild oder Prostituierte betrachten. Auch wenn der **direkte Blickkontakt** inzwischen mehr oder weniger üblich ist, wird es von Männern in Afrika fast immer als Aufforderung angesehen, wenn eine Frau ihnen offen ins Gesicht schaut (eine Sonnenbrille mit dunklen Gläsern verhindert z.B. Blickkontakt). Auch allzu freundliche Gesten werden oft falsch interpretiert.

Gegen allzu aufdringliche **Annäherungsversuche** wirkt ein Ehering oft Wunder. Wenn Sie mit einem Partner reisen, sind Sie selbstverständlich liiert oder besser noch verheiratet und haben Kinder (Foto von Mann und evtl. Kindern bei jeder Gelegenheit zeigen). Um so einen lästigen Patron abzuwimmeln, hilft es – auch wenn Sie alleine unterwegs sind – zu erzählen, dass Ihr Ehemann Sie im Hotel XY erwartet und/oder für eine im Land bekannte europäische Firma arbeitet.

Jegliche Bemühungen sind natürlich umsonst, wenn Sie erzählen, wie toll das Alleinreisen ist, wie schön es ist, offen zu sein für Kontakte und wie viel mehr Sie dadurch erleben. Dies wird von fast allen afrikanischen Männern, sofern sie diese nicht bereits näher kennen gelernt haben, als Aufforderung angesehen. Wenn Sie sich schon als Alleinreisende geoutet haben, sollten Sie auf die Frage, aus welchem Grund Sie dies machen, ein schlüssiges Motiv angeben (z.B. Besuch bei Freunden bzw. Verwandten). Wie jemand allerdings eine mehrmonatige Reise nur zum Spaß und ohne jemand im besuchten Land zu kennen unternehmen kann, bleibt den meisten Afrikanern unverständlich. Das gilt umso mehr bei einer Frau, die solo in der Welt herumreist.

Binden Sie deshalb, falls Sie als Frau längere Zeit alleine reisen sollten, nicht jedem auf die Nase, wie lange Sie noch unterwegs sind. Dies führt nur zu vorschnellen Annahmen hinsichtlich Ihrer Zahlungsfähigkeit. Folglich lohnt es sich, mit so einer Frau Freundschaft zu schließen, sie in die Familie aufzunehmen, um so am Geld teilhaben zu können. Dies ist keineswegs böswillig gemeint, sondern in Westafrika üblich. Auch ein reicher Onkel wird sein Vermögen der ganzen Verwandtschaft zugute kommen lassen. Also überlegen Sie sich gut, worauf Sie sich einlassen!

Viele Frauen mögen sich fragen, ob es denn gefährlich sei, alleine in Westafrika zu reisen. Grundsätzlich kann dies verneint werden. Vergewaltigung oder andere kriminelle Übergriffe kommen nur höchst selten vor. Westafrikaner sind zwar **oft aufdringlich, aber** in der Regel **wenig aggressiv**. Und durch entsprechendes Verhalten können Sie sich die Männer auf respektvolle Distanz halten. Natürlich dürfen Sie problematische Situationen nicht herausfordern, indem Sie bei Dunkelheit alleine am Strand spazieren gehen oder nachts durch unbeleuchtete Gassen schlendern. Bedenken sollten Sie auch immer, dass die europäische Frau im Bewusstsein vieler Afrikaner ein mehr oder minder freizügiges Lustobjekt darstellt. Nicht erst seit der Veröffentlichung des Buchs „Die weiße Massai" ist es ein offenes Geheimnis, dass Europäerinnen gerade wegen der **Möglichkeit sexueller Abenteuer** nach Westafrika reisen. Besonders beliebte Ziele sind Senegal, Gambia, Ghana oder Burkina Faso. Die Botschaften in diesen Ländern können ein Lied davon singen, wenn schwarz-weiße Paare „ganz schnell" Papiere für die Trauung brauchen. Im Falle sexueller Kontakte ist die Benutzung von Präservativen (*French cap* bzw. *Capot anglais*) vor allem zum Schutz vor Geschlechtskrankheiten und einer HIV-Infektion unbedingt angeraten.

Schwule und Lesben

... gibt es natürlich auch südlich der Sahara. Nur sind dort die Bedingungen ungleich schwieriger als im vergleichsweise hedonistisch und liberal geprägten Westeuropa. In zahlreichen Ländern Schwarzafrikas – Ausnahmen sind u.a. Burkina Faso, Niger und Mali – wird gleichgeschlechtliche Liebe unter **teilweise drakonische Strafen** gestellt (Infos zur Rechtslage unter www.mask.org). In Gambia beispielsweise kann man bis zu 14 Jahre hinter Gitter wandern! Fast noch schwerer aber wiegt das **religiöse und gesellschaftliche Tabu,** denn üblicherweise

Weiße Frau – Ticket zum Paradies
von Dorcas Spitzhorn

Dorcas Spitzhorn ist in Westafrika aufgewachsen, genauer gesagt in Sierra Leone, und schildert hier ihre ganz persönlichen Eindrücke.

Als Frau ohne männliche Begleitung in Afrika unterwegs zu sein, ist völlig unproblematisch. Die Afrikaner sind in der Regel freundlich, kommunikativ, kontaktfreudig und besonders neugierig gegenüber anderen Kulturen. So natürlich auch die Männer. Da mag man sich oft fragen, ob diese Männer, die einem in großer Zahl und allzu bereitwillig Gesellschaft leisten, nun Hintergedanken hegen. Ganz sicher – die **Anzahl der täglichen Heiratsanträge** übersteigt häufig die der eingenommenen Mahlzeiten. Das liegt wahrscheinlich weniger daran, dass wir so umfallend anziehend wirken, allen himmelhoch jauchzenden Komplimenten zum Trotz. Es gibt immer wieder Afrikaner, die von einer Europäerin geheiratet und in deren Heimat geholt werden. In der Imagination ihrer zu Hause gebliebenen Freunde haben sie somit den Schritt ins Schlaraffenland geschafft, in ein sorgloses Leben. Was aus diesen Beziehungen letztendlich wird, steht auf einem anderen Blatt. Die meisten männlichen Afrikaner sehen in uns weißen Frauen wahrscheinlich ein potenzielles Ticket zum vermeintlichen Paradies. Vielleicht finden sie uns aber wirklich so toll und/oder sie haben mit Sicherheit eine wesentlich freiere und spontanere Art, auf Frauen zuzugehen. Wie auch immer. Lehnt man das Angebot dankend ab – ohne dass der Mann sein Gesicht verliert – wird dies zwar bedauernd, aber letzlich doch akzeptiert.

Mögen einen die in Scharen auf einen zuströmenden Männer auch erschrecken und zuweilen auch lästig sein, die sogenannte Anmache war immer von ausgesuchter Höflichkeit. Ich habe **nie eine aggressive oder degradierende Anmache** erlebt, wie etwa plumpe Zurufe oder dämlich stierende Blicke auf das Dekolleté oder sonst wohin. Auch wenn sich der Kellner beim Servieren zu einem Plausch voller romantischer Andeutungen gleich mit an den Tisch, zwischen Fufu und Huhn, setzt, nie vergisst er seine Kinderstube. Man mag dazu verleitet werden, unfreundlich zu reagieren, wenn man erschöpft ist von einer mehrstündigen holprigen Fahrt in einem vakuumartigen Bus, in dem sich einem die Federn der Sitze in den Hintern gebohrt haben, oder nach einem Gang durch Hitze, Lärm und Staub, mit nichts im Sinn als einem schattigen Platz, einem kalten Getränk und einem bisschen Ruhe. Aber mal ehrlich – die Männer haben es nicht verdient, wissen sie doch nicht, dass wir am selben Tag schon Dutzende ihrer Geschlechtsgenossen verschmäht haben. Es mag natürlich auch daran liegen, wie man sich als Frau oder generell als Mensch verhält, aber ich bewege mich in Westafrika, auch ohne männliche Begleitung, wesentlich angstfreier als in jedem europäischen Ballungszentrum. Dazu trägt natürlich auch das Wissen bei, dass – sollte frau wirklich in Bedrängnis geraten oder ein Beziehungsaspirant mal zu hartnäckig sein – einem jederzeit jemand aus der Bevölkerung zu Hilfe eilt und den „Delinquenten" in seine Schranken weist.

werden Homosexuelle von ihren Familien verstoßen – für Afrikaner eine Katastrophe! Eine eigenständige Gay Community, die mit ihren Anliegen auch an die Öffentlichkeit gehen würde, existiert praktisch nur im Senegal, vor allem im kulturellen „melting pot" Dakar, aber auch in St. Louis. Hintergrundinfos mit Adressen unter www.outtravelers.com/detail.asp?did=246.

Einkaufen, Handeln, Tauschen

Fast alles, was man zum Leben braucht, bekommt man in der Regel auf den einheimischen **Märkten**. Und wenn Sie nicht in einem der Hotels von internationalem Standard ihr Frühstück einnehmen, aber doch mal Appetit auf europäische Produkte wie Käse oder Wurst haben sollten, so finden Sie diese Artikel in den **Supermärkten der Städte**, natürlich zu entsprechenden Preisen. Käse, Wurst, Butter und Marmelade werden im Senegal, Côte d'Ivoire, Togo und Burkina Faso auch lokal produziert und sind deshalb nicht so teuer.

Beim Einkaufen von **Souvenirs** sollten Sie daran denken, dass jegliche Ein- und Ausfuhr lebender und toter Exemplare von bedrohten Tier- und Pflanzenarten, die unter das internationale Artenschutzabkommen fallen, verboten ist. Gegenstände aus Elfenbein, Krokodilleder oder Schlangenhaut werden in der Regel vom Zoll beschlagnahmt, und Sie müssen mit hohen Strafen rechnen.

Viele Länder sind verständlicherweise auch darauf bedacht, dass wichtige und alte **Kultobjekte** oder Kunstgegenstände nicht das Land verlassen, weshalb ihre Ausfuhr meist nur mit Genehmigung des zuständigen Ministeriums erlaubt ist. Andere Souvenirs kann man dagegen problemlos ausführen.

Nicht ganz alltägliche, witzige Souvenirs sind die afrikanischen Zahnbürsten, nämlich dünne Stäbchen aus weichem Holz, z.B. Aloe, mit denen im Mund die Afrikaner oft herumlaufen; außerdem schwarze, selbst gemachte Seife aus Asche, die bunten Tücher (pagnes), die selbstgebastelten Spielzeuge der Kinder, Öllämpchen oder andere kleine, aus Dosen gefertigte Gebrauchsgegenstände, Kalebassen, die zu allerlei Zwecken verwandt werden, Tongefäße, aus denen Fufu gegessen wird etc. Schön sind auch die traditionellen afrikanischen Anzüge oder die Kostüme der Frauen, die aus den afrikanischen Stoffen angefertigt sind. Gehen Sie zum Schneider, wo Sie sich ein Modell aussuchen können. Meist liegen Kataloge aus, der Schneider wird die Kleidung dann nach Ihren Wünschen anfertigen.

Beim Kauf solcher Gegenstände sollten Sie berücksichtigen, dass es in Afrika durchaus üblich ist zu **handeln**. Sie sollten sich jedoch nur auf einen Handel einlassen, wenn Sie auch wirklich die Absicht haben zu kaufen. Andernfalls können Sie dem Verkäufer die Lust am Feilschen verleiden, indem Sie einen extrem niedrigen Preis nennen. Fast immer kann man jeden vom Verkäufer genannten Preis auf ein Drittel bzw. auf die Hälfte herunterhandeln. Das geht folgendermaßen: Der Verkäufer nennt einen Preis, Sie bieten etwa ein Viertel bzw. ein Drittel davon und können dann noch ein wenig nach oben gehen (augmenter), während der Händler Ihnen durch Senken (diminuer) seines Preises entgegenkommt. Auf einem Preis zu verharren, ist nicht üblich! Haben Sie Ihren letzten Preis (le dernier prix) genannt, sollten Sie gehen und damit Ihre Entschlossenheit kundtun. Meist kommen Sie nicht weit, bis der Händler oder ein von ihm geschickter Bote Sie erreicht, um auf Ihr letztes Angebot mit „Donnez l'argent!" einzugehen. Jetzt noch einen Rückzieher zu machen, wäre grob unhöflich und würde den Händler vor den Kopf stoßen.

Meist kann man auf ländlichen Märkten einheimische Handwerksprodukte um einiges billiger einkaufen als bei den Shops der Touristenzentren und Großstädte. Wenn Sie jedoch überhaupt keine Lust haben zu feilschen, suchen Sie einen der staatlichen Läden (**cooperatives**) auf, wo die Preise festgesetzt sind, das Angebot aber längst nicht so vielfältig ist. Der Besuch solcher Läden ist immer empfehlenswert, um sich einen Überblick über das Preisniveau zu verschaffen. In ländlichen Gegenden sind die Leute oft bereit, Souvenirs gegen Kleidungsstücke oder andere Gegenstände zu tauschen.

Anreise

Mit dem Flugzeug

Derzeit existieren **keine Direktflüge** von Deutschland, Österreich oder der Schweiz nach Westafrika. Man ist also auf Umsteigeverbindungen angewiesen, u.a. mit Air France (von vielen Flughäfen in Deutschland, Österreich und der Schweiz über Paris) nach Bamako, Nouâkchott, Niamey, Ouagadougou und Dakar, mit Afriqiyah (von Düsseldorf über Tripolis) nach Bamako und Dakar, mit Alitalia (von vielen Flughäfen in Deutschland, Österreich und der Schweiz über Mailand oder Rom) nach Dakar, mit Brussels Airlines (von vielen Flughäfen in Deutschland, Österreich und der Schweiz über Brüssel) nach Banjul und Dakar, mit Iberia (von vielen Flughäfen in Deutschland, Österreich und der Schweiz über Madrid) nach Dakar, mit TAP Air Portugal (von Hamburg, Frankfurt, München und Zürich über Lissabon) nach Dakar sowie mit Royal Air Maroc (von Düsseldorf, Frankfurt, Genf und Zürich über Casablanca) nach Nouâkchott, Bamako, Niamey, Ouagadougou und Dakar.

Buchtipps – Praxis-Ratgeber:
- Erich Witschi
Clever buchen, besser fliegen
- Frank Littek
Fliegen ohne Angst
(beide Bände REISE KNOW-HOW Verlag)

Fluggesellschaften
- **Afriqiyah,** www.afriqiyah99.eu/deutsch.html
- **Air France,** www.airfrance.de
- **Alitalia,** www.alitalia.de
- **Brussels Airlines,** www.flysn.com
- **Iberia,** www.iberia.de
- **Royal Air Maroc,** www.royalairmaroc.com
- **TAP Air Portugal,** www.tap-airportugal.de
- **Point-Afrique,** www.point-afrique.com. Von Paris-Orly, z.T. auch von Basel-Mulhouse, u.a. nach Senegal, Mauretanien, Mali, Niger und Burkina Faso.

Flugpreise

Je nach Fluggesellschaft, Jahreszeit und Aufenthaltsdauer in Westafrika bekommt man (Stand 2010) ein Economy-Ticket von Deutschland z.B. nach Dakar **ab 550 Euro** inkl. aller Steuern und Gebühren. In der Regel etwas teurer sind Tickets mit Abflug in Österreich oder der Schweiz. Ein günstiger Preis lässt sich aber nur realisieren, wenn man viele Monate im Voraus bucht und auch nicht während der Saison verreisen will (also nicht in der Zeit von Mitte Dezember über Weihnachten und Neujahr bis Januar, über Ostern und, mit Abstrichen, in der Hauptferienzeit im Sommer). Wer hingegen kurzfristig bucht und mit einer Premium-Airline wie Air France fliegen will, bezahlt schnell das Doppelte und Dreifache. Die hohen Flugpreise (verglichen mit Destinationen wie Nordamerika oder Südostasien) resultieren u.a. aus den traditionell hohen Flughafengebühren westafrikanischer Hauptstädte und dem mangelnden Wettbewerb, nachdem sich zahlreiche Airlines aus dem für sie wenig lukrativen Afrikageschäft zurückgezogen haben.

Kleines „Flug-Know-how"

● Check-in

Nicht vergessen: Ohne einen gültigen **Reisepass** kommt man nicht an Bord eines Flugzeuges nach Afrika.

Bei den meisten internationalen Flügen muss man **zwei bis drei Stunden vor Abflug am Schalter der Airline** eingecheckt haben. Viele Airlines neigen zum Überbuchen, d.h., sie buchen mehr Passagiere ein, als Sitze im Flugzeug vorhanden sind, und wer zuletzt kommt, hat dann evtl. das Nachsehen.

Wenn ein vorheriges Reservieren der Sitzplätze nicht möglich war, hat man die Chance, einen Wunsch bezüglich des Sitzplatzes zu äußern.

● Das Gepäck

In der Economy Class darf man in der Regel nur Gepäck **bis zu 20 kg pro Person** einchecken (steht auf dem Flugticket) und zusätzlich ein Handgepäck von 7 kg in die Kabine mitnehmen, welches eine bestimmte Größe von 55 x 40 x 23 cm nicht überschreiten darf. In der Business Class sind es meist 30 kg pro Person und zwei Handgepäckstücke, die insgesamt nicht mehr als 12 kg wiegen dürfen. Man sollte sich beim Kauf des Tickets über die Bestimmungen der Airline informieren.

Aus **Sicherheitsgründen** dürfen Taschenmesser, Nagelfeilen/-scheren, sonstige Scheren u.Ä. nicht im Handgepäck untergebracht werden. Diese Gegenstände sollte man unbedingt im aufzugebenden Gepäck verstauen, sonst werden sie bei der Sicherheitskontrolle einfach weggeworfen. Darüber hinaus gilt, dass Feuerwerke, leicht entzündliche Gase (in Sprühdosen, Campinggas), entflammbare Stoffe (in Benzinfeuerzeugen, Feuerzeugfüllung) etc. nichts im Passagiergepäck zu suchen haben.

Flüssigkeiten oder vergleichbare Gegenstände in ähnlicher Konsistenz (z.B. Getränke, Gels, Sprays, Shampoos, Zahnpasta, Cremes, Suppen) dürfen nur in der Höchstmenge von jeweils 0,1 Liter als Handgepäck mit ins Flugzeug genommen werden. Die Flüssigkeiten müssen in einem durchsichtigen, wiederverschließbaren Plastikbeutel transportiert werden, der maximal einen Liter Fassungsvermögen hat.

● Rückbestätigung

Bei den meisten Airlines ist heutzutage die Bestätigung des Rückfluges nicht mehr notwendig. Allerdings empfehlen alle Airlines, sich dennoch **telefonisch zu erkundigen**, ob sich an der Flugzeit nichts geändert hat, denn kurzfristige Änderungen der genauen Abflugzeit kommen beim zunehmenden Luftverkehr immer häufiger vor.

Wenn die Airline allerdings eine Rückbestätigung (**reconfirmation**) bis 72 oder 48 Stunden vor dem Rückflug verlangt, sollte man auf keinen Fall versäumen, die Airline kurz anzurufen, sonst kann es passieren, dass die Buchung im Computer der Airline gestrichen wird; der Flugtermin ist dahin. Das Ticket verfällt aber nicht dadurch, es sei denn, die Gültigkeitsdauer wird überschritten, aber unter Umständen ist in der Hochsaison nicht sofort ein Platz in einem anderen Flieger frei.

Die Rufnummer kann man von Mitarbeitern der Airline bei der Ankunft, im Hotel, dem Telefonbuch oder auf der Website der Airline erfahren.

Zeitlich befristete **Sonderangebote** lassen sich am besten über das Internet buchen, So u.a. über die Portale www.flug.idealo.de oder www.jet-travel.de. Im Gegensatz zum Reisebüro kann man aber nur in seltenen Fällen mit einer fachkundigen Beratung rechnen. Geld sparen lässt sich mitunter auch, wenn man ein Pauschalangebot eines der nachfolgend gelisteten Reiseveranstalter bucht. Oft sind Flug und Hotel nicht wesentlich teurer als das Ticket einer Fluggesellschaft. Nachteil: Diese Angebote beschränken sich meist auf eine Reisedauer von max. drei Wochen.

Die seit Jahren günstigsten Flugpreise nach Westafrika bietet der französische Veranstalter **Point Afrique** (www.pointafrique.com), der u.a. auch kleinere Airports wie Mopti (Mali), Agadez (Niger) oder Atar (Mauretanien) anfliegt. Point Afrique ist übrigens keine Fluglinie, sondern chartert freie Kapazitäten. Da kann es schon mal passieren, dass man mit einer Airline aus Island nach Westafrika fliegt. Allerdings gehen alle Flüge von Paris-Orly oder Lyon ab, und so wird der Preisvorteil durch die Bahnfahrt oder den Anschlussflug wieder zunichte gemacht.

Reiseveranstalter

Auch wenn man Westafrika am kostengünstigsten und besten auf eigene Faust entdecken kann, so gibt es Gebiete, die für Individualreisende nur schwer oder gar nicht zu erreichen sind und wo sich (vor allem für diejenigen, die nicht unendlich viel Zeit haben, aber dennoch etwas sehen wollen) eine Exkursion **in der Gruppe** anbietet. Es gibt etliche Reiseveranstalter, die interessante Touren im Programm haben; hier eine kleine Auswahl:

● **African Dreams**
Eduard-Mörike-Weg 1a, 66133 Saarbrücken,
Tel. 0681-8319458,
www.african-dreams.biz
Spezialist für individuelle Mali-Reisen.

● **Cobra-Verde**
Bauernreihe 6a, 27726 Worpswede,
Tel. 04792-952124, www.cobra-verde.de/
Bietet u.a. Reisen nach Senegal und Gambia, Burkina Faso und Mali an.

● **Diamir Erlebnisreisen**
Loschwitzer Str. 58, 01309 Dresden,
Tel. 0351-312077, www.diamir.de
Kleingrupenreisen und individuelle Touren u.a. nach Mali.

● **Franke Spezialreisen**
Immenhof 28, 21217 Seevetal (bei Hamburg),
Tel. 040-79144512,
www.franke-spezialreisen.de
Spannende Touren und Projekte rund um Westafrika, z.B. Autoreise von Deutschland in die Elfenbeinküste.

● **Hauser Exkursionen International**
Marienstr. 17, 80331 München,
Tel. 089-2350060,
www.hauser-exkursionen.de

● **IVORY TOURS GmbH**
Schnieglinger Str. 4, 90419 Nürnberg,
Tel. 0911-39385-20,
www.ivory-tours.de
Spezialisiert auf Studien- und Erlebnisreisen an die Côte d'Ivoire, nach Mali, Burkina Faso, Guinea, Guinea-Bissau, Ghana etc.

● **My African World**
Keplerstr. 1, 40215 Düsseldorf,
Tel. 0211-302069220, www.africanworld.de
U.a. großes Angebot an Pauschalreisen nach Senegal und Gambia. Vermittelt und reserviert auch Plätze auf der Fähre von Dakar in die Casamance.

Straßenszene in St. Louis (Senegal)

ANREISE

● **Oase Reisen,** *Werner Gartung*
Marterburg 55, 28195 Bremen,
Tel. 0421-3648250, www.oasereisen.de
Bietet aktuell u.a. Rundreisen durch Burkina Faso, Benin, Niger, Senegal mit Casamance und Guinea-Bissau.
● **SUNTOURS**
Dorfstr. 14, 35428 Langgöns,
Tel. 06447-92103, www.suntours.de
Rainer und *Sylvia Jarosch* sind Spezialisten für Trekking-Touren durch Marokko, Algerien und Westafrika, z.B. Mauretanien, Mali, die Ténéré-Wüste und ins Tibesti-Gebiet.
● **Windrose-Fernreisen**
Neue Grünstr. 28, 10179 Berlin,
Tel. 030-2017210, www.windrose.de
Exklusive Reisen u.a. nach Benin (Voodoo-Feste), Mali, Burkina Faso und Kamerun.

Auf dem Landweg mit eigenem Fahrzeug

Die am **häufigsten frequentierte Route** nach Schwarzafrika führt **über Marokko und die Westsahara.** Von der deutsch-französischen Grenze bis zu Senegals Hauptstadt Dakar sind es gut 6000 km, die sich bequem in zwei Wochen bewältigen lassen. In den letzten Jahren haben sich die Formalitäten für den Grenzübertritt nach Mauretanien markant vereinfacht. Aufgehoben wurde u.a. die Konvoipflicht von Dakhla zur Grenze. Nach der 2005 erfolgten Fertigstellung der Teerstraße von der mauretanischen Grenze bis zur Hauptstadt Nouâkchott ist auch keine Wüstenausrüstung oder Führer erforderlich.

Hinweis: Seit November 2009 gilt die sogenannte **Westroute** als nicht mehr sicher, nachdem vier Spanier auf der Teerstraße zwischen Nouâdhibou und Nouâkchott von bewaffneten Islamisten entführt wurden. Informieren Sie sich vor Reiseantritt über die aktuelle Lage! Siehe auch Infos im Kapitel zu Mauretanien.

ANREISE

Noch unsicherer ist die Situation auf der „klassischen" Sahara-Route über Algerien nach Mali oder Niger.

Für nord- und westafrikanische Länder braucht man zwingend eine eigene **Haftpflichtversicherung,** die meist an der Grenze ausgestellt wird. Das gilt inzwischen auch für Marokko, das nur noch von wenigen deutschen Kfz-Versicherungen in der Grünen Karte vermerkt wird.

Fährverbindung Algeciras – Ceuta/Tanger

Die **schnellste und damit preiswerteste Verbindung** führt via Algeciras entweder in die spanische Enklave Ceuta oder direkt in den marokkanischen Hafen Tanger. Man hat die Wahl zwischen herkömmlichen Fähren oder Hochgeschwindigkeits-Katamaranen (die bei starkem Seegang weniger zu empfehlen sind). Aufgrund der hohen Frequenz ist eine Reservierung nicht nötig. Engpässe gibt es nur bei Ferienbeginn in Frankreich, wenn zahllose marokkanische Gastarbeiter nach Hause wollen. Zahlreiche Ticketbüros gibt es bereits an der Strecke Málaga – Algeciras. Oft lohnt sich aber ein Preisvergleich im Hafen, wo Schifffahrtsgesellschaften vor allem in der Nebensaison mit Discountpreisen locken. Eine Alternative zu Algeciras bietet der nur rund 20 km weiter westlich gelegene kleine Fährhafen **Tarifa,** von dem eine direkte Verbindung nach Tanger besteht.

Fährverbindungen via Marokko

- **Almeria – Nador**
FERRIMAROC, 6-8 Std.
- **Almeria – Nador,
Almeria – Melilla, Málaga – Melilla**
Trasmediterranea, 6-8 Std.
www.trasmediterranea.es
- **Tanger – Algeciras**
Trasmediterranea, 1,5-2,5 Std.
- **Ceuta – Algeciras**
Trasmediterranea 45 Min.
- **Sète (oder Genua) – Tanger**
COMANAV, ca. 36 Std
www.comanav.de

Buchen kann man oben genannte Verbindungen u.a. bei nachfolgenden **Agenturen und Reisebüros.** Weitere Infos bietet die umfangreiche Website www.richtig-schiffen.de.

- **SARO-Expedition**
Innstraße 38, 83022 Rosenheim
Tel. (08031) 32758
www.www.saro-expedition.de
Fähren u. a. nach Tanger (via Sete) und Tunis (via Genua oder Marseille)

Schweiz:
Buchung sämtlicher Marokko-Fähren über die TCS-Geschäftsstellen möglich:
- **TCS-Zentrale**
Ch. de Blandonnet 4, CH-1214 Vernier
Tel. (022) 417-2727, Fax -2020, www.tcs.ch

Frankreich:
- **Compagnie Charles le Borgne (COMANAV)**
3, Quai de la République, 34201 Sète
Tel. (67) 466190, Fax 743304

Spanien:
- **FERRIMAROC Agencias**
Muelle de Riba s/n, 04002 Almeria
Tel. (050) 274800, Fax 276366
- **Compania Trasmediterranea**
  - Málaga, Estación Maritima, Local E 1
  - Ceuta, Muelle Cañonero Dato 6
  - Melilla, General Marina 1
  - Almeria, Esplanada de España 2
  - Algeciras, Recinto del Puerto

Marokko:
- **COMANAV**
43, Ave. Abou Alâa al Mâari, Tanger
Tel. (09) 942350 oder 944808
Tel. im Hafen (09) 932680
- **COMANAV**
7, Bd de la Résistance, Casablanca
Tel. (02) 302412, Fax 308455
- **FERRIMAROC S.A.**
Boite Postale 12, 62050 Beni Enzar
Tel. (06) 348100, Fax 3481

ANREISE

Fähren nach Algerien
- **Marseille – Algier**
SNCM, 2x wöchentlich, 20 Std.
- **Alicante – Oran**
Trasmediterranea, 2–7x wöchentl., 9–13 Std.

Fähren nach Tunesien
- **Genua – Tunis:** CTN/GNV, ca. 24 Std.
- **Civitavecchia via Palermo – Tunis:** GNV, ca. 24 Std. bzw. ab Palermo 10 Std.
- **Marseille – Tunis:** CTN/SNCM, ca. 24 Std.

Die Reedereien CTN (Compagnie Tunisienne de Navigation, www.ctn.com) und SNCM (Société Nationale Maritime Corse-Méditerranée, www.sncm.fr) kooperieren und haben einen gemeinsamen Fahrplan (Kombinationsmöglichkeit für Hin- und Rückfahrt.

Frankreich:
- **SNCM**
61, Bd. des Dames, 13 002 Marseille
Tel. (00334) 91563010, Fax 94166668
www.sncm.fr

Tunesien:
- **SNCM**
1000 Tunis, 47 Av. F. Hached
Tel. (01) 338222, Fax 330636
- **CTN**
1000 Tunis, 122 Rue de Yougoslavie
Tel. (01) 242801, Fax 354855

Oft bucht man **direkt am Hafen** wesentlich **preisgünstiger** als in Deutschland. Dies liegt jedoch nicht an den Reisebüros, sondern an den Preisen, die die deutschen Generalagenturen mit den Reedereien vereinbart haben. Das Risiko, keinen Platz mehr zu bekommen, muss jedoch vor allem in der Hauptreisezeit einkalkuliert werden.

Für **Informationen und Buchungen** in Deutschland stehen Ihnen die Spezialisten von Richtig Schiffen im Internet unter www.richtig-schiffen.de oder per Telefon 01805-742484472443336 bzw. 01805-RICHTIG SCHIFFEN (0,12 Euro/Min.) zur Verfügung.

Wenn Sie Ihre Reise nach Westafrika nur in einer Richtung durch die Sahara unternehmen möchten, haben Sie die Möglichkeit, Ihr Fahrzeug in einem der Häfen Westafrikas zu verladen oder über eine **Roll-on/Roll-off-Fähre** nach Dakar oder Abidjan anzureisen und dann zurückzufliegen. Für ein Campingmobil nach Dakar waren 2010 rund 250 Euro pro Meter zu bezahlen, Pkw sind preiswerter. Für eine Containerverschiffung sollten Sie sich bei den international tätigen Speditionen ein Angebot für den kompletten Preis einholen. Meist sind die Preise jedoch ohne Zollgebühren berechnet (mehr dazu siehe Abschnitt Anreise mit dem Schiff).

Anreise über Marokko

Da die Grenzen Marokkos zu Algerien z.Z. geschlossen sind, ist die Route über die Westsahara die **schnellste und billigste Variante.** Zudem wurden für diese viel befahrene Route die Formalitäten stark vereinfacht. Aufgehoben wurde die Konvoipflicht zwischen Dakhla und der mauretanischen Grenze. Die früher nötigen Behördengänge in Dakhla gehören ebenso der Vergangenheit an wie die unzähligen Polizeikontrollen in der Westsahara. Sämtliche Formalitäten für die Einreise nach Mauretanien können direkt am Zoll erledigt werden. Das gilt auch für die mauretanische Kfz-Versicherung, die nunmehr direkt an der Grenze erhältlich ist. Der früher übliche Umweg über Nouâdhibou ist also nicht mehr nötig. Für Mauretanien benötigt man ein Visum, das schnell und problemlos bei der Botschaft in Berlin oder der in Rabat ausgestellt wird. Das früher übliche Transitvisum wird seit Ende 2009 an der Grenze nicht mehr ausgestellt. Eine Verlängerung von Visa ist in Nouâkchott möglich. Ein Carnet de Passage war 2010 für Mauretanien nicht notwendig, eine entsprechende Verordnung wird aber von der Regierung erwogen.

Die Teerstraße bis zur Grenze wurde während des Krieges als Nachschublinie für den Schwertransport konzipiert und ist in gutem Zustand. Kraftstoff (vor allem Diesel) ist in der Westsahara stark subventioniert, Tankstellen gibt es sogar südlich von Dakhla, die letzte ca. 60 km vor der Grenze. Auch die Rückreise von Mauretanien nach Marokko (früher mit langen Wartezeiten verbunden) ist jetzt ohne Probleme möglich.

Hinweis: Vor Reiseantritt unbedingt aktuelle Infos zur **Sicherheitslage** auf der Transitstrecke in Mauretanien einholen (s.u.)!

Anreise über Algerien, Niger und Mali

Die bürgerkriegsähnlichen Zustände in Algerien, hervorgerufen durch die Anschläge islamischer Fundamentalisten, die verschiedenen Tuareg-Aufstände in Mali und Niger haben den Transsahara-Tourismus größtenteils zum Erliegen gebracht. Die Situation in Algerien hat sich seit der Amtsübernahme von Präsident *Bouteflika* 1999 zwar etwas beruhigt, aber der Nordwesten Algeriens gilt wegen der Morde durch GIA-Fundamentalisten als relativ gefährlich, der Süden, v.a. die Region Djanet, ist jedoch unproblematisch bereisbar, v.a. seit auch ein Anreiseweg über Libyen (Ghat) nach Djanet möglich ist (nicht in umgekehrter Richtung). Die **Tanezrouft- und Hoggar-Pisten** sind zwar z.Z. wieder offen, jedoch gilt erstere nach wie vor als gefährlich; Letztere ist zwischen In Salah und Tamanrasset oft nur im Konvoi passierbar und im Niger wegen der hier üblichen „Geldforderungen" von Beamten und Privatpersonen sowie marodierender Militärs und Banditen (v.a. im Aïr-Gebirge und in der Ténéré-Wüste) nicht zu empfehlen. Individualreisen in diese Region sollten nur mit Tuareg-Begleitschutz (über Agenturen in Agadez buchbar) unternommen werden.

Tipps

- Da sich die oben genannten Zustände kurzfristig ändern können, sollten vor Reiseantritt bei der betreffenden Botschaft, im Auswärtigen Amt (bzw. dem österreichischen oder schweizerischen Pendant) Erkundigungen eingeholt werden. Aktuelle Infos erhält man auch unter **www.wüstenschiff.de.**
- Umfassende Informationen über die Vorbereitung und Durchführung einer Saharadurchquerung findet man auch auf der Website **www.daerr.info.**

Fahrzeugverkauf in Westafrika

Wer vorhat, sein Fahrzeug in einem westafrikanischen Land zu verkaufen, sollte bedenken, dass damit längst kein nennenswerter Gewinn mehr zu machen ist. Seit langem dominieren Großexporteure, die ganze Schiffsladungen verschicken, den Markt zwischen Dakar und Lomé. Inzwischen ist das Angebot größer als die Nachfrage, man kann froh sein – egal in welchem Land West-

afrikas man das Fahrzeug verkauft –, wenn der Wagenwert und die Kosten der Reise gedeckt ist, und darüber hinaus noch ein kleiner Betrag für den Aufenthalt übrig bleibt. Außerdem spielt sich der Fahrzeugverkauf in den meisten Länder Westafrikas in einer **gesetzlichen Grauzone** ab, was das Prozedere zusätzlich erschwert. Oder es ist für Privatpersonen gänzlich verboten, wie etwa im Senegal. Auch Mauretanien gilt wegen rigider Devisenbestimmungen als heißes Pflaster. Besonders hier wird leichtgläubigen Reisenden das Blaue vom Himmel versprochen. Recht liberal ist die Praxis in Gambia, dafür sind die zu erzielenden Preise allerdings bescheiden. Als neuer **großer Umschlagplatz** für Gebrauchtwagen hat sich in den letzten Jahren die Hauptstadt Burkina Fasos entwickelt. Auch in Malis Hauptstadt Bamako kann man einen seriösen Fahrzeugverkauf tätigen.

Auf dem Landweg per Bus und Autostopp

Ist das Erreichen der Fährhäfen in Italien, Frankreich oder Spanien per Europabus oder Mitfahrgelegenheit noch relativ unkompliziert, so bieten sich solche Möglichkeiten in Afrika kaum mehr; und wenn, ist das Vorankommen sehr anstrengend. Trampen ist in Nord- und Westafrika schlicht unüblich. Man

Aufkommende Flut auf der Strandpiste in Mauretanien

ANREISE

wird zwar mitgenommen, es wird aber generell erwartet, dass man auch bezahlt. Bis nach **Dakhla,** der südlichsten Stadt der Westsahara, fahren mehrmals täglich Busse der staatlichen marokkanischen Busgesellschaft CTM-LN und anderer Gesellschaften. Ab Dakhla besteht die Möglichkeit, von Touristen mitgenommen zu werden. Decken Sie sich mit genügend Verpflegung und Wasser ein, denn Tramper, die sich als „Schmarotzer" entpuppen, nimmt kein Wüstenfahrer gerne mit. Ab Nouâdhibou/Mauretanien fahren dann wieder Buschtaxis Richtung Süden.

Früher war Trampen auf der **algerischen Hoggar-Piste** gut möglich, derzeit ist diese Route für Rucksackreisende noch weniger zu empfehlen als für Autofahrer. Auch Busreisenden ist von einer Anreise über Algerien wegen der instabilen innenpolitischen Lage abzuraten. Wer es trotzdem auf diesem Weg versuchen möchte, kann folgende Anfahrt wählen:

Kommt man mit der Fähre in Tunis an, so hat man von dort gute Busverbindungen über Gafsa und Tozeur nach Nefta. Ab Nefta verkehren häufig Taxis zur algerischen Grenzstation Haouza und von dort wiederum Taxis nach El Oued (Algerien). Ab El Oued gehen mehrmals wöchentlich Busse nach Ghardaia. Kaufen Sie die Bustickets unbedingt vor der Abfahrt, denn im Bus kriegt man meist keine mehr. Dabei ist in Algerien das Hauptproblem, herauszufinden, wo und wann (nämlich nur zu ganz bestimmten Zeiten) die Tickets verkauft werden. Dieses Spielchen ist vor allem in In Salah nicht ganz leicht!

Fährt man von Marseille aus mit der Fähre nach Algier, so kommt man mit dem Bus zunächst bis Bou-Saada und von dort nach Ghardaia. Von Ghardaia verkehren mehrmals wöchentlich Busse nach In Salah und von dort mehrmals wöchentlich nach Tamanrasset (jeweils 18–20 Std. Fahrt über Nacht).

Ab Tamanrasset bis Arlit gibt es keine öffentliche Verkehrsmittel, man ist auf Lkw (bei Tankstellen nachfragen, haben relativ feste Tarife, meist inkl. Verpflegung) oder Touristen angewiesen (Kontakt: Camping in „Tam"). Auf dieser Strecke müssen Sie immer mit mehreren Tagen Wartezeit rechnen. Sie sollten sich auch mit genügend Verpflegung und Wasser eindecken, da bis Arlit kaum Versorgungsmöglichkeiten bestehen. Ab Arlit gibt es viele Sammeltaxis *(Taxi brousse)* nach Agadez, von dort aus bestehen keine Transportprobleme mehr.

Von Adrar bzw. Reggane verkehren zweimal wöchentlich Wüstenbusse bis Bordj Mokhtar an der Grenze zu Mali (Tanezrouft-Piste). Ab dort kommt man mit viel Glück per Lkw weiter nach Gao. In dieser Gegend herrscht allerdings Überfallgefahr und immer wieder kommt es zu Tuareg-Aufständen.

Mit dem Schiff

(Zu Fährverbindungen nach Afrika siehe Anreise auf dem Landweg mit eigenem Auto.) Zwischen Hamburg bzw. Rotterdam oder Antwerpen und verschiedenen Häfen der westafrikanischen Küste verkehren regelmäßig **Frachtschiffe.** Beim Fahrzeugtransport

ANREISE

von Europa nach Westafrika gibt es zwei verschiedene Möglichkeiten: zum einen **Containerverschiffung** und zum anderen die **Roll-on-/Roll-off-Verladung**. Bei der Roll-on-/Roll-off-(RoRo-) Verschiffung werden die Fahrzeuge auf eigener Achse durch die Heck- oder Bugklappe auf das Schiff gefahren. Der Transport ist wesentlich preisgünstiger als eine Containerverladung, da Auf- und Abladegebühren entfallen. Nachteil: Sie können das Fahrzeug nicht selbst verladen und die sichere Containerverwahrung entfällt, eine Mitfahrgelegenheit für Passagiere besteht auf diesen eher Frachtern selten. Eine Roll-on-/Roll-off-Verschiffung für einen Pkw z.B. von Antwerpen nach Dakar kostet etwa 1000 Euro. Der Preis für die Verschiffung eines Campingmobils nach Dakar beträgt inkl. aller im Abgangshafen anfallenden Kosten etwa 1500 Euro.

Die Container oder Plattform-Verschiffung ist auf manchen Strecken die einzige Möglichkeit. Containerschiffe verkehren regelmäßig und laufen in der Regel relativ pünktlich im Zielhafen ein.

Wenn Sie selbst mitfahren wollen, bietet **Grimaldi-Lines** (www.grimaldi.napoli.it, Abwicklung über lokale Speditionen) eine von Passagieren begleitete Fahrzeugverschiffung an. Die Frachter starten von großen europäischen Häfen wie Hamburg oder Antwerpen. Die Überfahrt nach Dakar dauert im günstigsten Fall ungefähr sieben Tage. Weitere mögliche Zielhäfen in Westafrika sind Conakry, Freetown, Tema, Lomé, Cotonou, Lagos und Douala. Auch Rückverschiffungen nach Europa sind möglich.

Agenturen

- **IFS Inter Freight System**
Alleenstraße 70, D-71679 Asperg
Sachbearbeiter Seefracht/Afrika ist Herr *Goldschmidt*, Durchwahl-Tel. 07141-295912, www.ifs-str.com/. Kompetente Abwicklung auch bei „exotischen" Zielhäfen wie Banjul oder Bissau.
- **Carl Hartmann Überseespedition**
Postfach 10 50 65, 28050 Bremen
Tel. 0421-302930, www.carl-hartmann.de
- **NAVIS Seefracht- und Speditionsgesellschaft**
Billhorner Kanalstr. 69, 20539 Hamburg
Tel. 040-78948244, www.navis-ag.com
- **Neptunia**
Die Münchner Agentur Neptunia vermittelt Reisen mit der Reederei Grimaldi, die wöchentlich die Linie Hamburg – Dakar bzw. Antwerpen – Dakar mit Ro-Ro-Schiffen bedient. Die Fahrt dauert etwa zehn Tage. Bis zu zwölf Passagiere können mitgenommen werden. Und es ist möglich, mit dem eigenen Fahrzeug zu reisen. Die Preise beginnen bei 531 Euro p.P. ab Antwerpen in einer Innenkabine mit voller Verpflegung. Ab Hamburg ist es entspanntes teurer. Für einen normalen Pkw/Geländewagen unter fünf Meter Länge ist mit Kosten ab 665 Euro zu rechnen. Infos: Tel. 089-89607344, www.neptunia.de.
- **Mafra-Tours**
Verschiffung, RoRo, Container, „begleitetes Fahrzeug". Infos: www.mafratours.eu.

Schiffsreisen

Personenschiffsverkehr gibt es schon lange nicht mehr, sieht man von den Kreuzfahrtschiffen ab, die hin und wieder Dakar anlaufen. Es verkehren aber in regelmäßigen Abständen kombinierte Fracht-Passagier-Schiffe zwischen Europa und den großen westafrikanischen Häfen wie Dakar, Abidjan oder Lomé. Aus versicherungsrechtlichen Gründen ist aber die Beförderung von Passagieren in aller Regel auf max. zwölf Personen beschränkt. Wer flexibel ist und über viel Zeit verfügt, kann auch mit so genanntnen Tramp-Schiffen nach Westafrika gelangen. Meist werden die anzulaufenden Häfen erst kurz vor dem Auslaufen festgelegt.

Schiffsreisen von Europa nach Westafrika mit Grimaldi Lines oder der französischen Reederei Delmas vermittelt u.a. SGV Reisezentrum Weggis (s.o.).

Ausrüstung

Grundsätzlich empfiehlt es sich, **möglichst wenig Gepäck** mitzunehmen. Jedes überflüssige Kilo kann unterwegs zur Qual werden. Mit der relativ ausführlichen Ausrüstungscheckliste möchten wir Ihnen eine Idee geben, was unterwegs alles nützlich sein kann, über jeden einzelnen Gegenstand ließe sich natürlich diskutieren, inwieweit er wirklich notwendig ist. Entscheiden Sie also selbst, was Sie für wichtig halten. Ausschlaggebend ist natürlich immer die Art und Weise, wie Sie reisen, ob Sie sich zu Fuß in sehr abgelegenen Gebieten bewegen oder mehr oder weniger von Hotel zu Hotel fahren.

Buchtipps – Praxis-Ratgeber:
- Rainer Höh
Wildnis-Ausrüstung
- Rainer Höh
Wildnis-Backpacking
- Wolfram Schwieder
Richtig Kartenlesen
(alle Bände REISE KNOW-HOW Verlag)

Rucksackausrüstung

Wenn Sie überwiegend mit öffentlichen Verkehrsmitteln reisen wollen, sollte Ihr Reisegepäck möglichst **kompakt und strapazierfähig** sein. Außer dem Rucksack bzw. der Reisetasche, die auch die grobe Behandlung in überfüllten Bussen aushalten sollten, ist es ratsam, noch eine kleine Umhängetasche oder einen Tagesrucksack mitzunehmen, wo all die Dinge, die Sie während der Fahrt brauchen, Platz haben; denn wegen der Gepäckberge, die in oder auf den Bussen verstaut werden, ist es während der Fahrt meist unmöglich, an sein Gepäck zu kommen. Wertsachen sollten Sie immer am Körper bei sich tragen!

Ein **Zelt** ist nur dann zu empfehlen, wenn man öfter „en brousse" campieren will, abseits von Siedlungen. Man kann aber meist auch gut unter freiem Himmel schlafen, irgendeine Übernachtungsmöglichkeit werden Sie immer finden. Die **Hängematte** gehört ohne Zweifel zu den Luxusartikeln, aber was gibt es Schöneres, als eine warme Tropennacht in der Hängematte zwischen zwei Kokospalmen zu verbringen. Vorsicht allerdings vor herunterfallenden Nüssen, die durchaus ernsthaftere Verletzungen verursachen können!

Ein richtiger **Schlafsack** ist lediglich für die Übernachtung in der Sahara, im Sahel oder im Gebirge notwendig, wo in den Monaten November bis Februar die Nächte sehr kühl werden (bis unter 0°C in der Sahara, 10–15°C im Sahel). Mit zwei Decken kommt man im Sahel jedoch auch aus. Ein **Leinenschlafsack** kann wegen der oft unsauberen Bettwäsche in den billigeren Hotels sehr nützlich sein.

Schuhe sollten strapazierfähig, leicht, bequem und luftdurchlässig sein und eine griffige Profilsohle haben. Sandalen sind sehr bequem und praktisch für den normalen Gebrauch. Noch komfortabler sind spezielle Trekkingsandalen, die mit festen verstellbaren Riemen versehen sind und auch einer Flussdurchquerung standhalten. Für Wanderungen im tropischen Regenwald sollten die Schuhe natürlich geschlossen sein. GoreTex ist nicht erforderlich oder sogar nicht zu empfehlen, da die Schuhe durch im Fußschweiß enthaltene Salzkristalle ihre Atmungsfähigkeit verlieren. Als Badeschuhe haben sich Plastiksandalen bewährt, die auch von Einheimischen getragen werden.

Für die Tropen empfiehlt sich leichte, strapazierfähige **Baumwoll- oder Viskosekleidung,** die nicht zu eng anliegen sollte. Lange Hosen sollten sehr leicht, aber dicht gewebt sein, damit Moskitos nicht durchstechen können. Für Behördengänge, Moscheen oder Einladungen sollten sie auch ein feineres Kleidungsstück mitnehmen.

Ein **Hals- bzw. Kopftuch,** um den Kopf gewickelt, schützt vor zu starker Sonneneinstrahlung und bei Bus-, Auto- und Motorradfahrten vor Erkältung. Es kann ebenso als Verbandszeug dienen oder als Dreieckstuch bei Verletzungen; zugeknotet ist es ein Allzweckbeutel. Die Verwendungsmöglichkeiten sind nahezu unbegrenzt.

Eine bruchfeste **Trinkwasserflasche** ist im Sahel, auf langen Fahrten und Wanderungen absolut unentbehrlich.

Weite Gebiete Westafrikas sind nicht elektrifiziert, außerdem kommt es in den größeren Städten häufig zu Stromausfällen, weshalb auch die Mitnahme einer **Taschenlampe** sinnvoll ist. Praktisch sind Teelichter: Sie können nicht umfallen, tropfen nicht, verformen sich unterwegs nicht bei größerer Hitze und dienen als Zimmerbeleuchtung.

Vorhängeschlösser sind nützlich zum Verschließen von Hotelzimmern, Rucksäcken, Reisetaschen etc.

In einfacheren Hotels ist der **Reisewecker** unentbehrlich, z.B. um frühe Busabfahrtszeiten nicht zu verpassen. Denken Sie daran, das Busse und Buschtaxis in Afrika wegen der Hitze früh losfahren!

Sie sollten sich mit ausreichend **Reiselektüre** eindecken, da deutschsprachige Literatur in Westafrika nur selten zu finden ist. Ebenso selten sind gute **Landkarten** vor Ort erhältlich. Als Gesamtübersichtskarte ist die Michelin 741 zu empfehlen, es gibt aber auch gute Landkarten zu einzelnen Staaten Westafrikas bei Reiseausrüstern oder auch in Buchhandlungen zu kaufen. Därr Expeditionsservice GmbH bietet alternativ auch russische topografische Generalstabskarten zu Westafrika in den Maßstäben 1:200.000, 1:500.000 und 1:1 Mio. an (Adresse siehe Ausrüstungsläden).

Als **Geschenke** und **Tauschobjekte** eignen sich z.B. Kugelschreiber, Bleistifte, Ansichtskarten (von zu Hause), Hefte, Schreibblocks, Feuerzeuge, Schlüsselanhänger, Armbanduhren, Zigaretten, Seifen, Sonnenbrillen, Baseball-Kappen, Taschenmesser, gebrauchte

Ausrüstungs-Checkliste

- Rucksack oder Reisetasche
- Zelt/Hängematte
- Kocher, Kochgeschirr
- Isoliermatte/Schlafsack
- Schuhe (Sandalen, Wanderschuhe)
- Lange Hose bzw. Rock, Shorts
- T-Shirts, Baumwollhemd
- Unterwäsche
- Sweatshirt oder Wollpullover
- Badeanzug, Badehose
- Badeschlappen (evtl. in Afrika besorgen)
- Geldgürtel, Brustbeutel, Hüfttasche
- Handtuch
- Sonnenhut, Sonnenbrille
- Hals- bzw. Kopftuch
- Wasserflasche
- Micropur o.Ä., Wasserfilter
- Feuerzeuge/Taschenlampe
- Taschenmesser/Kompass
- Vorhängeschloss
- Draht, Nägel, Haken, Klebeband
- Reisewecker
- Regenschirm, Regenjacke
- Sonnenschutzmittel (mit hohem Lichtschutzfaktor!)
- Moskitonetz, Moskitospiralen
- Nähzeug, Sicherheitsnadeln
- Seife, Shampoo
- Tampons, Pille, Kondome
- Fieberthermometer
- Reiseapotheke
- Reisepass (plus Kopie)
- Impfausweis (plus Kopie)
- Internationaler Studentenausweis (plus Kopie)
- Führerschein (international, plus Kopie)
- Passbilder (ca. zehn Stück, je nach Reiseverlauf auch für Visabeschaffung)
- Reisechecks, Bargeld, Flugtickets
- Fotoausrüstung
- Reiselektüre, Landkarten
- **Sprachführer** (z.B. Französisch für den Senegal, Marokkanisch-Arabisch, Hausa, Mandinka oder Wolof, Reihe Kauderwelsch, REISE KNOW-HOW Verlag, Bielefeld)
- Auch Fotos von zu Hause, Ihrer Familie, den Freunden und Ihrer Stadt kommen gut an. So sind Sie keine Person ohne Geschichte oder Vergangenheit; außerdem lassen sich so oft leicht interessante Gespräche anfangen.

Kleidung, wie bedruckte T-Shirts, Wollmützen, Jeans, Jeansjacken etc. Bedenken Sie jedoch, wem Sie was schenken: Ein zu großes Geschenk an eine Person, die Sie kaum oder gar nicht kennen, weckt falsche Vorstellungen bzgl. Ihrer finanziellen Situation und Ihres Verhältnisses, das Sie zu der Person haben oder aufbauen wollen.

Autoausrüstung

Wenn Sie mit dem eigenen Fahrzeug nach Westafrika fahren wollen, sollten Sie berücksichtigen, dass alle **französischen Modelle** wie Peugeot und Renault aber auch japanische Geländewagen wie z.B. Toyota, Nissan, Mitsubishi etc. dort relativ häufig anzutreffen sind. Entsprechend unproblematischer ist im Falle eines Defekts auch die Besorgung von Ersatzteilen. Das Gleiche gilt auch für ältere Diesel-Pkws und Kleintransporter des Typs 207 von Mercedes-Benz. Dagegen zählen VW, Opel oder Fiat in den nachfolgend beschriebenen Ländern eher zu den „Exoten".

Ob Sie einen Off-Roader benötigen, hängt sehr von Ihrer geplanten Route ab, er macht Sie mit größerer Bodenfreiheit und Allradantrieb aber in jedem Fall flexibler. Bei einer Marke wie Landrover können in den frankophonen Staaten jedoch Probleme bei der Ersatzteilversorgung auftreten.

Besorgen Sie sich vor Abfahrt von der Hauptvertretung Ihrer Automarke in Deutschland ein Verzeichnis der **Niederlassungen** in Afrika. Die Werkstättenausstattung in Afrika ist zwar nicht mit europäischen Maßstäben zu messen, das Improvisationstalent der Afrikaner ist umso größer.

Da der Straßenzustand in Afrika oft sehr schlecht ist (auch bei Asphaltstraßen viele Löcher), sollten Sie besser zwei Ersatzreifen, eventuell Montiereisen, Flickzeug und eine Luftpumpe mitnehmen. Und üben Sie am besten vorher zu Hause das Reifenflicken! Auf der anderen Seite können Sie den Reifen auch in einer Werkstatt abgeben, wo er meist innerhalb kurzer Zeit für nicht allzu viel Geld repariert wird.

Die Fahrzeugausrüstung hängt natürlich vom Grad Ihrer Unternehmungslust ab. Beschränken Sie sich weitgehend auf die Hauptstrecken, so genügen in der Regel außer den Ersatzreifen ein Keilriemen, Zündkerzen, Ersatzkanister, Kleinteile für die Elektrik wie Anlasserkohlen, Unterbrecherkontakte, Verteilerkappe, Zündkabel und, ganz wichtig, mindestens einen oder besser mehrere **Treibstofffilter** wegen des in vielen Teilen Schwarzafrikas oft verschmutzten oder gepanschten Sprits. Ein wichtiges Utensil ist **Bindedraht**, mit dem Sie gerissene Aufhängungen wieder in Ordnung bringen bzw. den Auspuff wieder befestigen können.

Buchtipps – Praxis-Ratgeber:
- Rainer Höh
Wohnmobil-Ausrüstung
- Rainer Höh
Wohnmobil-Reisen
- Rainer Höh
Expeditionsmobil
(alle Bände REISE KNOW-HOW Verlag)

Ausrüstung

Für **abgelegene Strecken** sind außerdem Sandbleche, mehrere Ersatzkanister für Benzin und mehrere große Wasserkanister (ausreichend für einige hundert Kilometer!) mitzunehmen.

Motorradausrüstung

Motorradreisende nach und in Westafrika sollten aufgrund der Geländetauglichkeit auf eine **Enduro** zurückgreifen.

Wegen der regional unterschiedlichen Treibstoffversorgung ist ein **Großtank** zu empfehlen. Für abgelegene Gebiete sollte man über einen Ersatzkanister oder einen Zusatztank verfügen, was den Schwerpunkt und damit die Handlichkeit allerdings stark beeinträchtigt. Ein gute Möglichkeit der **Gepäckaufbewahrung** ist und bleibt ein robuster Tankrucksack. Dazu kommt ein Gepäckträger mit Kofferhaltern, die aber in der käuflichen Form meist nicht so belastbar sind. Als sehr praktisch haben sich die **Bike-Boxen** erwiesen, speziell angefertigte Alukisten, die man seitlich an den Kofferhalter bzw. an eigene Aufhängungen montiert. Aufgrund ihrer Robustheit minimieren sie, mit Vorhängeschlössern versehen, ein bei Motorradreisenden allgegenwärtiges Problem erheblich, nämlich die freie Zugänglichkeit des Gepäcks für jeden. Erhältlich sind sie bei Därr Expeditionsservice GmbH oder anderen Ausrüstungs- und Zubehörläden.

Verschleißteile (z.B. Brems-, Kupplungs- und Schalthebel, Zündkerzen und -stecker, Sicherungen, Luftfilter) dürfen keinesfalls fehlen, dazu ein Werkzeugsatz, mit dem man evtl. auch Reparaturen im Innenleben des Motors ausführen kann (der serienmäßige reicht i.d.R. nicht aus). Ein **Ersatzvisier** oder -brillenglas für den Helm sollte bruchsicher verstaut werden.

Utensilien für Kleinreparaturen zahlen sich sicher auch aus, wie z.B. Dichtungsmasse, Kaltmetall, Draht, Kabel, Schrauben, Reepschnur, Isolierband. Ratsam sind Montiereisen, Ersatzschlauch (notfalls auch für schlauchlose Reifen), Flickzeug bzw. Reifen-Pilot und eine Luftpumpe. Passende Ersatzreifen sind in Westafrika nur in den dort gängigen Größen erhältlich.

Weil sich die Lebensdauer von **Kette** (O-Ring), Kettenritzel und Kettenrad unter Staubeinwirkung und im Geländeeinsatz verkürzt, sollte man vor der Reise sein Fahrzeug mit neuen Teilen ausrüsten. Da Sie als Fahrer Ihre Maschine kennen, wissen Sie selbst, ob es angebracht ist, noch eine Kette und ein Kettenrad mitzunehmen. Das Ritzel hält meist etwas länger. Vergessen Sie Kettenspray, -trenner und -schloss nicht. Wie für Autofahrer gilt also auch hier, dass man etwas technisches Verständnis mitbringen sollte. Eine typenspezifische Reparaturanleitung oder ein Werkstatthandbuch im Tankrucksack hilft notfalls weiter.

Hoffentlich gut ausgerüstet:
Senegalesische Fischer beim
abendlichen Auslaufen in Dakar-Yoff

AUSRÜSTUNG

Ausrüstungsläden

Es gibt mittlerweile in allen größeren Städten Ausrüstungsläden. Viele der Firmen werden von erfahrenen Globetrottern geführt, die erprobtes und bewährtes Material verkaufen und Reiseberatung bieten. Ein fast vollständiges Adressverzeichnis finden Sie im Infoheft der Deutschen Zentrale für Globetrotter (s.a. Informationsstellen); hier eine kleine Auswahl, die keine Wertung darstellen soll:

In Deutschland

- **Därr Expeditionsservice GmbH**
Theresienstraße 66, 80333 München
Tel. 089-282032, www.daerr.de
Umfangreicher Katalog für Ausrüstung und Bücher.
- **Der neue Alpinist und Globetrotter**
Innere Brucker Str. 22, 91054 Erlangen
Tel. 09131-28591
www.alpinistglobetrotter.de
- **Globetrotter Ausrüstung Denart & Lechard**
Wiesendamm 1, 22305 Hamburg
Tel. 040-679661-79, Fax -86
Filialen in Berlin, Frankfurt, Bonn und Dresden; Katalog erhältlich.
www.globetrotter.de
- **Lauche & Maas**
Alte Allee 28, 81245 München
Tel. 089-880705, Fax 831288
Filalen in Jena und Ulm, Katalog erhältlich; Versand nur aus München.
www.lauche-maas.de
- **Pritz Globetrotter**
Schmiedgasse 17, 94032 Passau
Tel. 0851-36220, www.pritz-shop.de
- **Travel Center Woick**
Plieningerstr. 21
70774 Filderstadt-Bernhausen
Tel. 0711-70967-00, www.woick.de

- www.BerndTesch.de
Motorrad-Reise-Experte, Berater, Ausrüster, Hersteller; Tel. 02473-938686

In Österreich
- **Hof & Turecek Expeditionsservice**
Markgraf-Rüdiger-Str. 1 (15. Bezirk)
1150 Wien, Tel. 01-9822361
http://turecek.at

In der Schweiz
- **Atlas Travel Shop
Expeditions-Service und Reiseladen**
Bahnhofstr. 21, 3011 Bern
Tel. 031-3119044, www.sahara.ch

Diplomatische Vertretungen und Informationsstellen

Botschaften und Konsulate westafrikanischer Länder

Republik Burkina Faso
- **Botschaft in Deutschland**
Karolingerplatz 10–11, 14052 **Berlin**
Tel. 030-30105990, Fax 301059920
www.embassy-bf.org
- **Botschaft in Österreich**
Strohgasse 14c, 1030 **Wien**
Tel. 01-5038264, Fax 503826420
www.abfvienne.at
- **Konsulat in der Schweiz**
Albisriederstr. 416, 8047 **Zürich**
Tel. 044-3505570, Fax 3505571
www.consulat-burkina-faso.ch

Republik Gambia
- **Honorargeneralkonsulat in Deutschland**
Gladbacher Str. 17–19, 50672 **Köln**
Tel./Fax 0221-8888873
Die Botschaft befindet sich in Brüssel.

- **Honorargeneralkonsulat in Österreich**
Wagner-Schönkirch-Gasse 9, 1232 **Wien**
Tel. 01-6167395, Fax 6160534
Die Botschaft befindet sich in London.
- **Generalkonsulat in der Schweiz**
Rütistr. 13, 8952 **Schlieren**
Tel. 044-7554048, Fax 7554041

Republik Mali
- **Botschaft in Deutschland**
Kurfürstendamm 72, 10709 **Berlin**
Tel. 030-3199883, Fax 31998848
www.ambassade-mali-berlin.de
Auch zuständig für Österreich.
- **Botschaft in der Schweiz**
Route de Pré-Bois 20
(Immeuble ICC 1er étage Porte G)
1215 **Genf** 15 Aéroport
Tel. 022-7100960, Fax 7100969

Islamische Republik Mauretanien
- **Botschaft in Deutschland**
Kommandantenstr. 80, 10117 **Berlin**
Tel. 030-2065883, Fax 20674750
- **Botschaft in der Schweiz**
Rue de l'Ancien-Port 14, 1201 **Genf**
Tel. 022-9061840, Fax 9061841
Auch zuständig für Österreich.

Republik Niger
- **Botschaft in Deutschland**
Machnower Straße 24, 14165 **Berlin**
Tel. 030-80589660, Fax 80589662
- **Botschaft in der Schweiz**
Avenue du Lignon 36 (2. Stock)
1219 **Le Lignon**
Tel. 022-9792450, Fax 9792451
www.ambassade-niger-geneve.net
Auch zuständig für Österreich.

Senegal
- **Botschaft in Deutschland**
Dessauer Str. 28/29, 10927 **Berlin**
Tel. 030-8562190, Fax 85621921
www.botschaft-senegal.de
- **Konsulate in Österreich**
– Kohlmarkt 3/8, 1010 **Wien**
Tel./Fax (01) 5128576

Diplomatische Vertretungen und Infostellen

– Kohlstattgasse 33, 6020 **Innsbruck**
Tel./Fax (0512) 588957
– Getreidegasse 22, 5020 **Salzburg**
Tel. (0662) 64848422, Fax 6484846
● **Botschaft in der Schweiz**
Rue de la Servette 93, 1202 **Genf**
Tel. 022-9180230, Fax 7400711

Deutsche und Österreicher können sich ihr Touristen- oder Businessvisum auch über die **CIBT Visum Centrale** beschaffen (www.visum-centrale.de oder z.B. bei: Invalidenstr. 34, 10115 Berlin, Tel. 030-230959110; Schumannstr. 5, 81679 München, Tel. 089-2880380; Notruf-Hotline: 0900-1000702).

Weitere diplomatische Vertretungen und **aktuelle Reisehinweise** zu allen Transitländern neben Hinweisen zur allgemeinen Sicherheitslage nennen bzw. erteilen:

● **Deutschland:** www.auswaertiges-amt.de und www.diplo.de/sicherreisen (Länder- und Reiseinformationen), Tel. 030-5000-0, Fax 5000-3402
● **Österreich:** www.bmeia.gv.at (Bürgerservice), Tel. 05-01150-4411, Fax 05-01159-0 (05 muss immer vorgewählt werden)
● **Schweiz:** www.dfae.admin.ch (Reisehinweise), Tel. 031-3238484

Die **Adressen der deutschen, österreichischen und schweizerischen Botschaften und Konsulate** in Westafrika sind bei den praktischen Informationen in den jeweiligen Länderkapiteln aufgeführt.

Informationsstellen

● **Goethe-Institut,** Zentralverwaltung
Helene-Weber-Allee 1, 80637 München
Tel. 089-15921-494, www.goethe.de
Hier kann man ein Adressenverzeichnis aller deutschen Kulturinstitute im Ausland erhalten. Im jeweiligen Gastland ist es möglich, über das Goethe-Institut Kontakt mit interessierten Einheimischen zu knüpfen. Außerdem liegen deutsche Zeitungen aus.
● **World Wildlife Fund,** WWF-Deutschland
Hedderichstr. 110, 60591 Frankfurt
Tel. 069-6050030, Fax 617221
www.wwf.de
● **Gesellschaft für bedrohte Völker**
Postfach 2024, 37010 Göttingen
Tel. 0551-499060, www.gfbv.de
Informationen und Hilfsmaßnahmen zu/für schutzbedürftige Minderheiten.
● **Deutsche Gesellschaft für Technische Zusammenarbeit (GTZ)**
Dag-Hammarskjöld-Weg 1–5
65760 Eschborn, Tel. 06196-790
Fax 791115, www.gtz.de
Die GTZ entsendet Fachkräfte in die Dritte Welt (der DED in Berlin Entwicklungshelfer).
● **Amnesty International**
53108 Bonn, Tel. 0228-983730
www.amnesty.de
Amnesty International setzt sich weltweit für politische Gefangene und gegen Menschenrechtsverletzungen ein.
● **Plan international Deutschland**
Pestalozzistraße 14, 22305 Hamburg
Tel. 040-611400, Fax 61140140
www.planinternational.de
Plan international Deutschland ist eine Organisation, die in der Dritten Welt vor allem Kinder und ihre Familien unterstützt und Patenschaften vermittelt.
● **World Vision Deutschland e.V.**
Am Houiller Platz 4, 61381 Friedrichsdorf
Fax 06172-763270
Seit 1979 werden von Deutschland aus Patenschaftsprojekte in vielen Ländern der Dritten Welt betreut. World Vision hat Beraterstatus bei UNICEF und WHO.
● **Deutsche Zentrale für Globetrotter e.V. (dzg)**
Postfach 30 10 33, 40410 Düsseldorf
Tel. 0700-45623876, www.dzg.com
Regionaltreffen und Jahrestreffen für Interessierte und Mitglieder sowie das Infomagazin helfen Globetrottern und solchen, die es werden wollen, weiter.

- **Sahara-Club e.V.**
Schmaler Weg 17, 1352 Bad Homburg
www.sahara-club.de
Jahres- und Mitgliedertreffen und Info-Heft zur Sahara.
- **Euro-Arabischer Freundeskreis e.V.**
Trautmannstr. 5, 81373 München
Tel. 089-7604498, www.eaf-ev.de
Monatliche Treffen mit Diavorträgen in München. Clubheft mit Reiseinfos über arabische und islamische Länder, Reiseberichte etc.
- **Kolping-Jugendgemeinschaftsdienste**
Kolpingplatz 5–11, 50667 Köln
Tel. 0221-20701111/15, Fax 2070140
www.kolping.de/jgd
Workcamps für junge Leute zwischen 18 und 26 Jahren in einigen Ländern Afrikas.
- **Traveller Club Austria**
Schreyvogelgasse 3, 1010 Wien
Tel. 01-5333589-0, www.travellerclub.org

Internetadressen

- **www.allafrica.com**
Täglich aktualisierte Presseschau zu allen Ländern Afrikas, französisch und englisch
- **www.panapress.com**
Presseagentur aus Dakar mit freiem Nachrichtenteil, französisch und englisch
- **www.afrol.com**
Links und Infos zu afrikanischen Ländern
- **www.niger-tourisme.com**
Portal des Ministry for Tourism and the Craft industry native of Niger
- **www.visitthegambia.gm**
Website der Gambia Tourism Authority
- **www.irinnews.org/**
Analysen und Hintergrundberichte
- **www.epo.de**
Viele Infos und Links zur aktuellen deutschen Entwicklungszusammenarbeit
- **www.onewoldweb.de/ageh**
Website der Arbeitsgemeinschaft für Entwicklungshilfe
- **www.hrw.org**
Website von Human Rights Watch
- **www.unseco.org**
Infos zur Bildungssituation in afrikanischen Ländern
- **www.revuenoire.com/fr/index.php**
Kulturmagazin, französisch

Ein- und Ausreisebestimmungen

Erforderlich ist ein **Reisepass**, der noch für mindestens sechs Monate über den Einreisetag hinaus gültig ist; bei Reisen durch mehrere Länder sollte er noch genügend freie Seiten für die überaus zahlreichen Stempel enthalten. Schweizerische und österreichische Staatsbürger benötigen für alle im Buch behandelten Staaten ein Visum. Bürger der Bundesrepublik Deutschland brauchen für die meisten Länder ein Visum, außer für Senegal und Gambia.

Visa sollten Sie rechtzeitig, mindestens aber 6 bis 8 Wochen vor Reiseantritt bei den zuständigen Botschaften beantragen. Diese schicken auf Anfrage die erforderlichen Antragsformulare zu. Wichtig für eine reibungslose Bearbeitung ist ein frankierter Rückumschlag. Die Visagebühren sind in Europa relativ hoch, zwischen 20 und 50 Euro, je nach Land und Aufenthaltsdauer. Unterwegs lassen sich Visa zwar auch besorgen, jedoch nicht immer problemlos, da längst nicht alle Staaten diplomatische Vertretungen in jeweiligen den Nachbarländern unterhalten. Detaillierte Infos finden Sie in den jeweiligen Länderkapiteln. Sofern Ihre Reiseroute einigermaßen feststeht, ist zu empfehlen, sich die Visa „zu Hause" zu besorgen. Das spart unterwegs nicht nur Zeit, sondern auch Nerven.

Impfungen gegen Gelbfieber (im Internationalen Impfpass eingetragen) sind in den meisten Ländern südlich der

EIN- UND AUSREISEBESTIMMUNGEN 45

Sahara zwingend vorgeschrieben. Der Impfpass wird zwar nicht an jeder Grenze kontrolliert, können Sie diesen jedoch auf Anfrage nicht vorweisen, verweigert man Ihnen möglicherweise die Einreise. Er ist daher ein ebenso wichtiges Reisedokument wie der Reisepass. Kopieren Sie also nicht nur Ihre Reisedokumente wie Reisepass mit Visum, Versicherungsbescheinigung o.Ä., sondern auch den Impfpass!

Bei der **Rückreise** gibt es auch auf europäischer Seite Freigrenzen, Verbote und Einschränkungen. Folgende **Freimengen** darf man zollfrei einführen:

- **Tabakwaren** (für Personen ab 17 Jahren): 200 Zigaretten oder 100 Zigarillos oder 50 Zigarren oder 250 g Tabak oder eine anteilige Zusammenstellung dieser Waren.
- **Alkohol** (für Personen ab 17 Jahren) **in die EU:** 1 l Spirituosen (über 22 Vol.-%) oder 2 l Spirituosen (unter 22 Vol.-%) oder eine anteilige Zusammenstellung dieser Waren, und 4 l nicht-schäumende Weine, und 16 l Bier; **in die Schweiz:** 2 l bis 15 Vol.-% und 1 l über 15 Vol.-%.
- **Andere Waren** (in die EU): 10 l Kraftstoff im Benzinkanister; für See- und Flugreisende bis zu einem Warenwert von insgesamt 430 Euro, über Land Reisende 300 Euro, alle Reisende unter 15 Jahren 175 Euro (bzw. 150 Euro in Österreich); (in die Schweiz): neu angeschaffte Waren für den Privatgebrauch bis zu einem Gesamtwert von 300 SFr. Bei Nahrungsmitteln gibt es innerhalb dieser Wertfreigrenze auch Mengenbeschränkungen.

Hinweis: Da sich die **Einreisebedingungen kurzfristig ändern** können, raten wir, sich kurz vor der Abreise beim Auswärtigen Amt (www.auswaertiges-amt.de bzw. www.bmaa.gv.at oder www.dfae.admin.ch) oder der jeweiligen Botschaft zu informieren.

Wird die Wertfreigrenze überschritten, sind **Einfuhrabgaben** auf den Gesamtwert der Ware zu zahlen und nicht nur auf den die Freigrenze übersteigenden Anteil. Die Berechnung erfolgt entweder pauschal oder nach dem Tarif jeder einzelnen Ware zuzüglich sonstiger Steuern.

Einfuhrbeschränkungen bestehen u.a. für Tiere, Pflanzen, Arzneimittel, Betäubungsmittel, Feuerwerkskörper, Lebensmittel, Raubkopien, verfassungswidrige Schriften, Pornografie, Waffen und Munition; in Österreich auch für Rohgold und in der Schweiz auch für CB-Funkgeräte.

Nähere Informationen

- **Deutschland:** www.zoll.de oder unter Tel. 0351-44834510
- **Österreich:** www.bmf.gv.at oder unter Tel. 01-51433564053
- **Schweiz:** www.ezv.admin.ch oder unter Tel. 061-2871111

Essen und Trinken

Restaurants/Verpflegung

Restaurants mit internationaler Küche zu gehobenen Preisen finden sich im Allgemeinen nur in den Hauptstädten oder in Ortschaften, die über entsprechende Hotels verfügen. Überall jedoch besteht Gelegenheit, sich mit der afrikanischen Küche vertraut zu machen.

Es gibt in Westafrika kaum ein Dorf, wo Sie nicht mindestens ein **einfaches afrikanisches Lokal** finden, das Reis oder Fufu mit einer Fleisch- oder Fischsoße zubereitet, und keine Busstation, an der nicht jede Menge **Straßenhändler** Fleischspießchen *(Brochettes)*, gebratene Bananen, Maiskolben, Yams, Gebäck oder andere kleine Imbisse anbieten. Morgens und abends werden auch an vielen Plätzen **Straßenstände** aufgebaut, die Milchkaffee mit Baguette evtl. auch mit Omelette servieren. In den frankophonen Ländern Westafrikas wird ein passables Weißbrot gebacken.

Die besten einheimischen Gerichte kochen die *Bonnes Femmes* z.B. in Togo, Benin oder der Côte d'Ivoire zu Hause und bieten sie dann an der Straße oder auf dem Markt an – ist nicht teuer, sehr lecker und eine tolle Erfahrung. Hierbei kommen Sie auch leicht mit Ihrem Tischnachbarn ins Gespräch. Einfache afrikanische Gerichte bzw. Imbisse kosten nur sehr wenig (selten über 1 Euro, oft nur wenige Cents). Das Essen in den einheimischen Restaurants ist oft besser als in solchen, die krampfhaft versuchen, europäisch zu kochen.

Bars in Städten und größeren Provinzorten verkaufen das in einheimischen Brauereien hergestellte Bier sowie internationale und lokale in Flaschen abgefüllte Soft-Drinks. Bei den zahlreichen Straßenhändlern, die mit einer Kühlbox durch die Straßen fahren, kann man jedoch die Erfrischungsgetränke meist billiger bekommen.

Auf dem flachen Land sieht es diesbezüglich ungünstiger aus, nicht zuletzt wegen oft fehlender Kühlmöglichkeiten. Die Menschen trinken hier schlicht und einfach Wasser oder auch, je nach Region, Hirsebier oder Palmwein.

Wegen der schlechten Getränkeversorgung sollten Sie immer eine Wasserflasche und Desinfektionstabletten/-filter bei sich haben, damit Sie gegebenenfalls auf **Wasser** zurückgreifen können. Achten Sie beim Kauf von Mineralwasser auf jeden Fall darauf, ob die Originalverschlüsse noch erhalten sind, da sich sonst gewöhnliches Leitungswasser in den Flaschen befindet.

Den Durst stillen auch die fast überall (saisonabhängig) angebotenen **Orangen**. Meist wird deren oberste Hautschicht mit einem Messer oder einer Rasierklinge kreisförmig in kleinen Streifen heruntergeschält und trichterförmig die Blüte entfernt. So vorbereitet lassen sich die Orangen gut auslutschen, wenn man zwischendurch immer mal wieder den Saft herausdrückt.

Afrikanische Küche

Der Speiseplan von 90 Prozent der Bevölkerung Westafrikas ist sehr einfach. Regional verschieden gibt es dreimal

ESSEN UND TRINKEN

am Tag eine Schüssel Hirsebrei, Yams, Maisbrei, Reis o.Ä., mittags und abends meist mit einer scharfen Gemüse-, Fleisch- oder Fischsoße, morgens oft auch eine relativ geschmacklose, nur leicht mit Zucker gesüßte Suppe aus Hirsemehl *(bouillie)*. Die Bürgerschicht hat dagegen mehr oder weniger die französische Küche übernommen.

Je nach Region sind **Hirse, Reis, Mais, Maniok** und **Yams** die wichtigsten Grundnahrungsmittel, aus denen die verschiedensten Gerichte zubereitet werden.

Als **Gemüse** werden neben Tomaten, Okra und Zwiebeln auch gerne Maniok- und Baobabblätter verwendet.

Während für die Hirtenvölker im **Sahel** Kuhmilch, meist als Sauermilch, zusammen mit Hirse und Weizen für die tägliche Nahrung von großer Bedeutung ist – Fleisch wird nur bei Festen oder besonderen Anlässen gegessen –, ernährt sich die Bevölkerung der **Küstenregion** überwiegend von Maniok, Yams und Bananen. Die Soßen werden hier mit den im Atlantischen Ozean üblichen Fischsorten angereichert. In der **Savanne** ernähren sich die Menschen hauptsächlich von Hirse und Reis sowie von den verschiedenen Sorghum-Arten; der Fisch wird durch Fleisch, Rind, Ziege, Schaf ersetzt bzw. durch Geflügel, kleinere Wildtiere, Buschratten

An der Küste gehört Fisch zu den Grundnahrungsmitteln

oder Schlangen. Beliebt ist hierbei, speziell in Ghana, auch der *grasscutter*, eine Art Nutria mit sehr zartem Fleisch. Die Hirse wird meist zu einem steifen Brei (*tô*) gekocht und mit einer scharfen Soße gegessen.

Mais, der am besten in der Küstenregion wächst, spielt ebenso eine große Rolle für die Ernährung der Bevölkerung wie die Erderbse und die Erdnuss. Als Öl- und Pflanzenfettlieferanten dienen der Kariténussbaum (Schibutterbaum), Sesam und Ölpalme (überwiegend an der Küste). Mit Palmkernöl lassen sich sehr schmackhafte Soßen zubereiten. **Erdnuss** wird im Sahel-Sudan gerne zur Anreicherung von Soßen (Proteine und Fett) verwendet; in der Savanne wird man *Riz Sauce* fast immer mit Erdnusssoße zubereitet finden.

Ist man **Gast bei einer afrikanischen Familie,** so setzt man sich in der Regel auf kleinen Holzschemeln im Kreis am Boden. Eine Schüssel mit Wasser wird gebracht und reihum zum Händewaschen gereicht. Das Essen selbst wird in einer großen, runden Schüssel serviert, die in die Mitte auf den Boden gestellt wird. Gegessen wird mit der rechten Hand, die linke dagegen gilt als unrein. Jeder isst stets von seiner Seite zur Mitte hin, dem Gast werden in der Regel die besten Stücke zugeschoben.

Zu einem einfachen afrikanischen Gericht wird meistens Wasser gereicht. Überlegen Sie sich jedoch gut, ob Sie davon trinken! Manchmal, wenn der Gastgeber weiß, dass Sie das Wasser vielleicht nicht vertragen, wird man Ihnen auch einen Soft-Drink anbieten. Nach dem Essen wird zum Händewaschen wieder die Wasserschüssel herumgereicht. Wenn Sie bei einer Moslem-Familie eingeladen sind, werden Sie bemerken, dass die Männer häufig getrennt von den Frauen jeweils aus einer eigenen Schüssel essen.

Eine Packung chinesischer grüner Tee sowie eine Packung Zucker oder Zigaretten sind zum Beispiel ein gern gesehenes **Gastgeschenk,** das Sie, auch wenn Sie spontan zum Essen eingeladen worden sind, in den Sahelländern in fast jedem Laden kaufen können. In den islamischen Regionen ist die Teezeremonie im arabischem Stil sehr verbreitet, nicht nur nach dem Essen, sondern auch zwischendurch. Wundern Sie sich also nicht, wenn Sie abends zu einem Tee eingeladen werden, sondern nehmen Sie die Einladung ruhig an, eine gute Gelegenheit, mit Einheimischen ins Gespräch zu kommen.

Getränke und Speisen

Genussmittel
Kolanuss

Die Kolanuss kann als die **traditionelle Droge Westafrikas** bezeichnet werden. Die kastanienförmige Nuss gibt es in Weiß, Rosa oder Purpurrot. Sie ist wegen der anregenden Wirkung allgemein sehr beliebt und ein ideales Gastgeschenk; in manchen Gegenden wird sie sogar als Zahlungsmittel verwendet sowie zur Wahrsagerei. Die ineinander übergehenden Kerne der Kolanuss werden als Symbol der Freundschaft gesehen, weshalb sie früher bei keinem Gastgeschenk fehlen durften. **Hauptanbaugebiet ist Nigeria,** wo der bis

ESSEN UND TRINKEN

20 m hohe Kolabaum auf riesigen Plantagen angebaut und die Nuss in ganz Westafrika verkauft wird. Man findet sie daher fast überall auf den Märkten. Die Kolanuss ist jedoch nicht nur wegen ihrer stimulierenden Wirkung z.B. bei den Moslems, die keinen Alkohol trinken dürfen, sehr beliebt, sondern auch weil sie Hunger und Durst vorübergehend unterdrückt und auch die Mattigkeit bei großer Hitze vertreibt. Der extrem bittere Geschmack ist jedoch nicht jedermanns Sache.

Hirsebier

Das traditionelle Hirsebier, je nach Region *Dolo*, *Tchoucoutou*, *Tchapalo*, *Pito* oder *Diapalo* genannt, das einen Alkoholgehalt von 2–4% hat, wird in keinen anderen Bars ausgeschenkt als in den **„Cabarets"** – so heißen die einheimischen Hirsebierkneipen. Erkennbar sind Stände, in denen Bier ausgeschenkt wird, an den auf einen Stock gespießten Kalebassen. Zur Begrüßung bekommt man meist eine Probe serviert. Am besten schmeckt Hirsebier frisch (es hält sich höchstens 24 Stunden); manchmal, wenn es nicht gut gebraut oder alt ist, schmeckt es säuerlich und hat eine stark blähende Wirkung. Hirsebier spielt im gesellschaftlichen Leben der Afrikaner eine große Rolle und darf auch bei festlichen Anlässen nicht fehlen. Es wird fast ausschließlich von Frauen in einer dreitägigen Prozedur (Mälzen, Darren, Brauen und Gären) hergestellt, die sich dadurch eine gewisse wirtschaftliche Eigenständigkeit erwerben. Mit Früchten und Rinden versuchen sie den Geschmack des Biers zu verfeinern. Oft helfen Freundinnen beim Brauen und übernehmen auch die Auslieferung in großen gebrannten Tonkrügen (*canaris*).

Bier/Wein

Die **führenden Biermarken** Westafrikas sind **Flag** und **Castle**. Daneben gibt es noch etliche nationale Brauereien.

Mit Ausnahme von Mauretanien, wo Alkohol offiziell verboten ist, bekommt man Bier in allen besseren Lokalen und Supermärkten. Das gilt auch für Wein und Spirituosen (beliebt ist Pastis).

Kaffee/Tee

Kaffee (**meist Nescafé**) und Tee (**Teebeutel**) sind zwar fast überall zu haben, werden jedoch nur von einem kleinen Teil der Bevölkerung konsumiert, da es sich die meisten nicht leisten können. Nescafé mit gezuckerter Kondensmilch wird an Straßenständen und Busstationen angeboten und meist mit einem Stück Baguette auf französische Art genossen. Einheimischer Tee und Kaffee werden eher selten angeboten; probieren sollten Sie den Zitronengras-Tee.

Im Sahel-Sudan hat das Teetrinken, wie auch im arabischen Kulturraum, einen **zeremoniellen Charakter.** Während man gemütlich im Kreis zusammensitzt und sich unterhält, wird in Abständen ein Glas Tee gereicht (meist ein Aufguss aus chinesischem grünen Tee, mit frischer Pfefferminze und viel Zucker). Erst nach dem dritten Glas Tee ist die Zeremonie beendet, und es wird im allgemeinen als unhöflich angesehen, wenn man davor die Runde verlässt.

Essen und Trinken

Palmwein

Der Wein wird hauptsächlich in der **Küstenregion** getrunken. Man gewinnt ihn, indem man die Blütenstauden der Kokospalme zusammenbindet, deren Spitzen abschneidet und ein Gefäß darunter bindet. Die Flüssigkeit, welche eigentlich die Frucht bilden soll, fließt nun in dieses Gefäß und fermentiert bei den hohen Temperaturen sofort. Frisch vom Baum geholt, schmeckt der Palmwein am besten und erinnert an Apfelmost; lässt man ihn jedoch einen Tag lang stehen, bekommt er einen scharfen Geschmack und wird alkoholhaltig.

Palmschnaps

Es handelt sich um selbst gebrauten hochprozentigen Schnaps (mittels Hefe), der in den verschiedenen Ländern natürlich diverse Namen hat. Er ist bei längerem Genuss äußerst schädlich, denn meist wird er nicht sauber destilliert; es bildet sich dann Methylalkohol, was zur Erblindung führen kann. In den Küstenregionen werden die Kinder sehr früh daran gewöhnt und dürfen schon als Kleinkind davon probieren.

Der **Alkoholismus** stellt in den westafrikanischen Städten, die nicht unter islamischen Einfluss stehen, ein Problem dar, und wer sich das teure Bier nicht leisten kann, hält sich eben an die selbst gebrauten Alkoholika, die extrem gesundheitsschädlich sein können.

Früchte, Gemüse, Lebensmittel
Banane

Die Banane ist eine der ältesten Nahrungspflanzen der Küstenregion (wahrscheinlich gelangte sie aus Indien nach Afrika) und wird sehr unterschiedlich zubereitet: Es gibt die Kochbanane, die geschält und wie Kartoffeln gekocht oder in Öl ausgebacken bzw. gegrillt wird; man stampft sie auch, um *Foutou* oder *Foufou* daraus zuzubereiten. Andere Arten werden in Scheiben geschnitten an der Sonne getrocknet, und relativ selten werden sie in reifem Zustand wie eine Süßbanane gegessen. Selbst Bananenwein stellen die Bewohner des Regenwaldes her: Die zerschnittenen Bananen werden in Holzkrüge gelegt und zum Gären gebracht.

Erdnuss

In Westafrika wird Erdnussmus/-butter vor allem zur Anreicherung von Soßen oder zur Herstellung von Nussplätzchen und Nougat verwendet.

Kinkeliba-Tee

Traditioneller Tee, der aus den Blättern des gleichnamigen Baumes gebrüht wird. Kinkeliba-Tee wird auch häufig an den Tanganas oder Café-au-Lait-Ständen angeboten.

Kokosnuss

Geraspelte bzw. gestampfte Kokosnuss wird überwiegend zur Herstellung von Soßen, Gemüse, Plätzchen oder für Kuchen verwendet. Der Saft einer jungen Kokosnuss ist ein sehr erfrischendes und nahrhaftes Getränk. Kokosnüsse werden vor allem an der Küste für nur wenige Franc CFA angeboten.

Lait Caillé

Sauermilch, die von den Fulbe-Frauen (Peul) auf den Märkten zum Verkauf an-

Rezepte bekannter westafrikanischer Gerichte

Riz Sauce (4 Pers.)
Zutaten: 500 g Fleisch (in kleine Stücke schneiden)
1 große Zwiebel
4 Tomaten
2 Essl. Öl
1 Essl. Tomatenmark
Gemüse (Kohl, Spinat, Auberginen, Zucchini)
1 Brühwürfel
Salz, Piment (nach Belieben)
1–2 Essl. Erdnussbutter/-creme

Zubereitung: Öl erhitzen, die in kleine Stücke geschnittene Zwiebel darin dünsten, Fleisch hinzugeben, 5 Min. anbraten; Tomaten hinzugeben, weiter anbraten, bis das Wasser aus dem Fleisch ist, Tomatenmark und kurz darauf das Gemüse hinzugeben und weich dünsten; erst anschließend Wasser hinzufügen und 10 Min. kochen lassen, mit Brühwürfel, Piment und Salz würzen. Erdnusscreme zugeben, bis die Soße etwas dickflüssig ist, dann ca. 30 Min. kochen lassen, bis das Öl als Fettaugen oben schwimmt.
   In einem anderen Topf währenddessen den Reis garen lassen (auf 1 Tasse Reis 3½ Tassen Wasser). In zwei getrennten Schüsseln servieren.

Thiebou-dienne (Reis, Fisch und Gemüsesoße für 4 Pers.)
Zutaten: 750 g Weißfisch
125 g Tomatenmark
125 g Stockfisch
300 g Süßkartoffeln (oder auch normale Kartoffeln)
300 g Auberginen
300 g Karotten
3 Zwiebeln von mittlerer Größe
1–2 Piment (wenn möglich ein rotes und ein grünes)
Petersilie, Öl, Salz, Pfeffer
750 g Reis

Zubereitung: Zwiebel, ein Piment und Petersilie kleinhacken und vermengen. Fische in mittelgroße Stücke schneiden. In jedes Stück ein kleines Loch schneiden und dieses mit einem Teil der Kräutermasse füllen. In einem Topf Öl erhitzen und die Fischstücke andünsten; anschließend die Stücke herausnehmen und die restliche Kräutermasse sowie das Tomatenmark in dem Öl dünsten.
   Das Gemüse und den Stockfisch in kleine Stücke schneiden, zur Soße geben und alles mit Wasser bedecken. Salz und Pfeffer hinzufügen und nach kurzem Aufkochen noch etwa 30 Min. auf kleiner Flamme köcheln lassen. Die Fischstücke dazugeben, nochmals erhitzen und zusammen mit dem in einem extra Topf gekochten Reis servieren.

REZEPTE BEKANNTER WESTAFRIKANISCHER GERICHTE

Riz (au) Gras (4 Pers.)

Zutaten: 500 g Fleisch (evtl. Huhn)
½ Kaffeetasse Öl
1 große Zwiebel
6 Tomaten
2 Essl. Tomatenmark
1 Brühwürfel, Salz, Piment
2 Gläser Reis

Zubereitung: Öl erhitzen, Zwiebeln, Fleisch, frische Tomaten zusammen mit Tomatenmark gut dünsten, dann 4–5 Gläser Wasser hinzugeben und zum Kochen bringen. Wenn es kocht, Piment, Salz und Brühwürfel zufügen und 20 Min. kochen lassen. Dann den Reis hinzufügen und ca. 15 Min. auf kleiner Flamme kochen lassen, bis er gar ist (evtl. Wasser zugeben). Man kann dieses Gericht auch noch mit Kohl (extra in Salzwasser gekocht) geschmacklich verfeinern.

Riz (Au) Gras mit gefülltem Capitaine

Zutaten: 1 großer Fisch (Capitaine)

Zubereitung: Für die Füllung verschiedene Kräuter (Dill, Petersilie, Basilikum etc.), Salz, Pfeffer, Tomaten, Zwiebeln, evtl. Gemüse klein hacken, Fisch ausnehmen und waschen; Blech mit Öl bestreichen, Fisch salzen, pfeffern und mit Knoblauch spicken und mit den gehackten Kräutern füllen, während des Bratens (im Ofen) den Fisch alle 5 Min. mit Bouillon beträufeln, bis er gar ist.

Tô de Mil (bzw. de Mais)

Zutaten: 500 g Hirsemehl (250 g Maismehl)
3 Zitronen (1 Zitrone)

Zubereitung: 2 Gläser Wasser mit Zitronensaft in einem Topf zum Kochen bringen. 1 Glas kaltes Wasser in eine Schüssel geben und 2 Essl. Mehl darin glattrühren (evtl. mit Schneebesen); dann das angerührte Mehl unter ständigem Rühren in das heiße Wasser geben, aufkochen lassen, dann löffelweise das restliche Mehl unter ständigem Rühren hinzufügen und weiterhin ständig umrühren, bis der Brei dick und klebrig wird; auf kleiner Flamme noch 15 Min. kochen lassen, dabei weiterhin ständig umrühren, damit er nicht anbrennt. Während des Umrührens eventuell noch Salz und Fett hinzufügen, um ihn geschmeidig zu machen.

Zutaten für die Soße: ein paar Okra, Fleisch (von Kalb, Rind, Schaf oder Ziege), Zwiebeln, Tomaten, Brühwürfel, Salz, Piment, evtl. auch getrockneten Fisch

Zubereitung: Zunächst Zwiebeln in Öl dünsten, dann Fleisch hinzufügen und ebenfalls dünsten, Tomaten und 2½ Gläser Wasser zugeben und kochen lassen, dann Brühwürfel, Salz, Piment (zerriebenen Trockenfisch) zufügen. 20 Min. kochen lassen; die in kleine Stücke geschnittenen oder zerstampften Okra zufügen und zugedeckt 20–30 Min. kochen lassen. Wenn sich die Samen der Okra rot färben, ist es fertig!

Rezepte bekannter westafrikanischer Gerichte

Soße mit Maniokblättern und Fisch

Zutaten: 1 kg frischen Fisch, Palmöl, Tomaten, Zwiebeln, Knoblauch, junge Maniokblätter, Petersilie, 1 Lorbeerblatt, Brühwürfel, Salz und Piment

Zubereitung: Fisch braten und zugedeckt beiseite stellen. Klein geschnittene Zwiebeln und Knoblauch in Palmöl andünsten, ebenso wie die zerdrückten Tomaten und die sorgfältig klein gestampften Maniokblätter. Von Zeit zu Zeit umrühren und zwischendurch etwas Wasser beigeben. Den gebratenen Fisch hinzufügen und für einige Minuten bei schwacher Hitze kochen lassen.

Ragout de pomme de terre (oder d'igname)

Zutaten: 500 g Fleisch (in Stücke geschnitten)
2 Essl. Öl
Tomaten, Tomatenmark, Zwiebeln,
Brühwürfel, Salz, Piment
300 g Kartoffeln oder eine Yams-Knolle (in kleine Stücke geschnitten)

Zubereitung: Öl erhitzen, Zwiebeln dünsten, dann Fleisch hinzufügen und ebenfalls dünsten, damit das Wasser rauszieht, die frischen Tomaten und das Tomatenmark hinzufügen, bis alles Wasser entwichen ist und nur Öl übrigbleibt.

2½ Gläser Wasser hinzufügen und 20 Min. kochen lassen, dann die Kartoffeln beigeben und weitere 15 Min. garen lassen, sodass noch ein wenig Soße da ist. Yams gleich nach dem Fleisch zufügen, da es länger braucht, bis es weich ist.

geboten wird. Ein typisches Peul-Gericht sind Hirsebällchen in lait caillé mit Zucker; da die Hirse jedoch roh gegessen wird, liegt sie schwer im Magen!

Maniok (Cassava)

Bei Maniok unterscheidet man zwei Sorten: die süße, deren Wurzeln man entweder roh oder in Asche geröstet verzehrt, und die blausäurehaltige, die gewässert und gekocht werden muss, damit die Blausäure entweicht. Die Maniokblätter werden gerne zur Herstellung von Gemüsesoßen verwendet.

Okra

In Westafrika *gombo* oder auch *ladyfingers* genannt, werden diese grünen Schoten als Gemüse und vor allem bei der Herstellung von Tô-Soßen zum Eindicken verwendet, wodurch die Soße Fäden zieht. Eine gute Hausfrau kennt jedoch auch Kochrezepte für eine Sauce Gombo, die keine Fäden zieht.

Palmkernöl

Das duch Auskochen aus den Kernen der Ölpalme gewonnene rötliche Öl wird häufig als Grundlage für Soßen verwendet und gibt diesen einen sehr runden Geschmack.

Patate Douce (Süßkartoffel)

Diese Knollenfrucht kam mit den Portugiesen aus Südamerika nach Afrika. Sie ist viel kleiner als Yams, aber viel größer als unsere Kartoffel, eher rundlich und hat innen eine leicht rötliche Farbe. Vom Geschmack her ist sie leicht süßlich. Als *patate frite* oder *chips de patate douce* werden sie an kleinen Straßenständen mit Salz oder scharfer Tomatensoße angeboten.

Piment (franz.: Chillies)

Besonders scharfe Chillisorte, deren Schoten nicht größer als 2 cm werden. Wer sich einen Vorgeschmack verschaffen will, findet sie in Kräuter- oder Gewürzläden getrocknet auch bei uns. In Afrika wird man die unterschiedlichsten einheimischen Bezeichnungen dafür antreffen, z.B. *pilli-pilli*.

Yams (Igname)

ist eine afrikanische Knollenfrucht, die von den Nährstoffen her der Kartoffel sehr ähnlich ist. Die Früchte werden sehr groß (bis ca. 1 m), sind länglich und haben keinen starken Eigengeschmack. Vor allem in Ghana, Togo und Benin werden die gekochten Yamsknollen unter Hinzufügen von etwas Wasser in einem Mörser zu einem klebrigen Brei gestampft, aus dem man Kugeln (*Fufu* oder *Fou-tou*) formt; dazu werden eine extrem scharf gewürzte Gemüsesoße sowie Fleisch und Fisch gegessen. Diese Soßen sind zum Teil für den europäischen Geschmack fast zu scharf. Allerdings nehmen Ihre Gastgeber meist Rücksicht auf die Tatsache, dass Sie Europäer sind, und kochen weniger scharf. Probieren Sie es!

Weitere Spezialitäten

Weitere Spezialitäten sind *Kedjenou*, ein in einem traditionellen Tontopf, der mit Bananenblättern zugedeckt wird (meist zusammen mit Gemüse), gedünstetes Huhn; und *Attiéké*, eine aus Maniok hergestellte Getreidebeilage, die von der Konsistenz her an das aus dem arabischen Kulturraum bekannte *Cous-Cous* erinnert.

In ganz Westafrika wird neben Fisch auch häufig **Affenfleisch** gegessen, was ebenfalls sehr schmackhaft sein soll. Für Europäer ist der Anblick gebratener Affen jedoch schwer zu ertragen.

Kenkey ist in Ghana vor allem an der Küste häufig anzutreffen. Man zerstampft Mais, lässt ihn fermentieren und kocht ihn dann, zu kleinen Bällchen geformt – je nach Region – in Bananen- oder Maisblätter gewickelt, mehrere Stunden lang. Mit etwas Soße, Fleisch oder Fisch ist so eine Kugel eine komplette Mahlzeit. Zu festlichen Gelegenheiten wird das Maismehl mittels Zugabe von Palmkernöl rötlich gefärbt.

Beignets sind z.B. in Benin, Côte d'Ivoire und Togo (hier *Botokoin* oder *Achomo*) eine Spezialität – kleine süße Teigbällchen, die an Berliner ohne Zuckerschicht oder Krapfen erinnern.

Fotografieren

Ob Sie lieber nur eine digitale Pocketkamera, die klein, handlich und in jeder Tasche noch Platz hat, oder eine umfangreiche Ausrüstung mit mehreren Objektiven und Filtern mitschleppen wollen, müssen Sie selbst entscheiden.

Am besten vor Staub und Feuchtigkeit geschützt ist Ihre Foto- oder Filmausrüstung zwar in einem **Fotokoffer** aus Aluminium, allerdings erregt so ein glänzendes Tropen-Fotobehältnis unnötiges Aufsehen (erhöhte Diebstahlgefahr). Sinnvoller ist eine **gepolsterte Fototasche** zum Umhängen, die auch noch Staufächer für Ersatzfilme und wichtigsten Papiere hat. Grundsätzlich sollten Sie Ihre Foto- und Filmausrüstung immer im Handgepäck haben, sei es im Flugzeug als auch im Buschtaxi.

In Westafrika sind Filme teuer und aufgrund langer Lagerzeiten sowie großer Hitzeeinwirkung oft von schlechterer Qualität. Das gilt auch beim Entwicklungsservice vor Ort.

Für Menschen- und Tieraufnahmen ist ein Teleobjektiv zu empfehlen, für Landschafts- und Gebäudeaufnahmen ist ein Weitwinkelobjektiv günstig. Ein UV-Filter ist in jedem Fall ratsam.

Besorgen Sie vor der Reise auf jeden Fall **neue Batterien** für Fotoapparat und Blitz, denn Spezialbatterien sind nicht immer leicht zu bekommen. Ein Blitzgerät ist in manchen Situationen sehr nützlich, in anderen (wie z.B. bei Zeremonien, religiösen Festen und Maskentänzen) absolut unangebracht, da das Blitzlicht einfach stört.

Bemühen Sie sich also immer um etwas Gefühl für die Situation, und fragen Sie vorher, ob Fotografieren erwünscht ist. Generell sollten Sie sich angewöhnen, vor dem Fotografieren die jeweiligen Personen um Erlaubnis zu bitten. Manche lassen sich etwa aus religiösen

Buchtipps – Praxis-Ratgeber:
- Helmut Hermann
Reisefotografie
- Volker Heinrich
Reisefotografie digital
(beide Bände REISE KNOW-HOW Verlag)

Gründen überhaupt nicht fotografieren, andere gestatten es nur gegen Bezahlung. Manche Menschen bestehen auf einem Abzug, und wenn man diesen versprochen hat, sollte man das Versprechen auch halten und das Foto schicken.

Das Fotografieren von **militärischen Anlagen** sowie von Flugplätzen, Bahnhöfen und Regierungsgebäuden ist **generell verboten.** Polizei und Militär reagieren ausgesprochen unwirsch, wenn sie jemand auf frischer Tat erwischen: der Film, den Sie wahrscheinlich aus der Kamera nehmen müssen, ist in der Regel weg, manchmal wird auch die Kamera einbehalten. Leistet man dann auch noch Widerstand, findet man sich schnell auf dem Kommissariat wieder.

Geld

Die Länder **Senegal, Mali, Niger, Burkina Faso,** Benin, Togo, Côte d'Ivoire und Guinea-Bissau gehören zur **Communité Financière de l'Afrique de l'Ouest.** Die Währungseinheit ist der **Franc CFA** (unterteilt in 100 Centimes), der in einem **festen Wechselkursverhältnis zum Euro** steht: amtlicher Mittelkurs **1 Euro = 665 CFA;** für 1 Schweizer Franken, SFr, erhielt man 2010 ca. 472 CFA. Da der Franc CFA (internationale Abkürzung XOF) bis zum 1. Januar 2001 an den französischen Franc gekoppelt war, wurde auf Betreiben von Paris die westafrikanische Währung an den Euro gekoppelt – de facto gehören die CFA-Länder also zur Euro-Zone.

Der CFA ist theoretisch frei konvertierbar, in Europa allerdings zu extrem schlechten Konditionen.

CFA-Münzen gibt es im Wert zu 5, 10, 25, 50, 100 und (sehr selten) 250 CFA; **Scheine** sind 500, 1000, 2500 (selten), 5000 und 10.000 CFA wert.

In **Mauretanien** ist die Landeswährung der Ouguiya (UM), in Ghana der Cedi, in **Gambia** der Dalasi und in Guinea (Conakry) der Franc-Guinee.

Die **Ein- und Ausfuhr von CFA und anderen Devisen** ist in der Regel **unbegrenzt möglich,** CFA-Länder verlangen meist keine Devisendeklaration. In den Staaten, die nicht zur CFA-Zone gehören, ist der CFA problemlos in die jeweilige Landeswährung konvertierbar. Das sind u.a. Mauretanien, Guinea, Gambia und Ghana. In frankophonen Ländern wird der Euro bevorzugt, das gilt aber auch für anglophone Länder.

Inzwischen besteht auch in vielen westafrikanischen Ländern die Möglichkeit, per **Kreditkarte,** v.a. mit VISA Card, zu bezahlen. Zwar können Sie damit meist kein Geld am Bankautomaten erhalten, wie Sie es aus Ihrem Heimatland gewöhnt sind, wenn Sie aber an den Schalter gehen, wird Ihnen problemlos Bargeld ausbezahlt. Dagegen ist die **Maestro-(EC-)Karte** nur in Marokko zu gebrauchen. Ob und wie hoch Kosten für die Barabhebung anfallen, ist abhängig von der die Karte ausstellenden Bank und von der Bank, bei der die Abhebung erfolgt. Man sollte sich daher vor der Reise bei seiner Hausbank informieren, mit welcher Bank sie eventuell in dem jeweiligen Land zusammenarbeiten. Im ungünstigsten Fall wird pro

# GELD

Abhebung eine Gebühr von bis zu 1% des Abhebungsbetrags per Maestro-Karte oder gar 5,5% des Abhebungsbetrags per Kreditkarte berrechnet.

Das Wechseln von Devisen auf dem **Schwarzmarkt** ist in den Ländern mit nicht konvertierbarer Währung offiziell verboten und wird als illegale Handlung und Vergehen gegen die Devisenvorschriften in der Regel streng geahndet, von der es bekanntermaßen Ausnahmen gibt. So werden an der Grenze Côte d'Ivoire/Guinea mangels Bank öffentlich und in Sichtweite der Zöllner CFA gegen Guinea-Francs getauscht, in Ghana von Burkina Faso kommend wurde uns über die Polizei ein Geldwechsler vermittelt, da die Bank am Wochenende geschlossen hatte.

Ihre Reisekasse bzw. Geldvorräte sollten Sie – ebenso wie Reisepass, Impfpass und Flugtickets – **stets an einem sicheren Ort deponieren,** d.h. am besten immer am Körper bei sich tragen. Bargeld sollten Sie in einem Geldgürtel aufbewahren (ebenso die Versicherungspolice bzw. Kaufquittungen der Travellerschecks), Pass und sonstige Dokumente in einem Brustbeutel bzw. einer Gürteltasche. Wertsachen gehören nicht in eine Umhängetasche, die man Ihnen mit Leichtigkeit entreißen kann! Deponieren Sie Wertsachen bei der Hotelrezeption (natürlich nicht, wenn diese alles andere als Vertrauen erweckend ist …). Mit Bargeld sollten Sie jedoch vorsichtig sein, da dies u.U. eine zu große Versuchung für den Rezeptionisten ist. Sollte Ihnen Ihr Reisepass abhanden kommen, erleichtern Fotokopien die Ausstellung von Ersatzpapieren.

Bei **Verlust oder Diebstahl** der Kredit- oder Maestro-(EC-)Karte sollte man diese umgehend sperren lassen. Für deutsche Maestro- und Kreditkarten gibt es die einheitliche **Sperrnummer 0049-116116** und im Ausland zusätzlich 0049-30-40504050. Für österreicherische und schweizerische Karten gelten:

- **Maestro-(EC-)Karte,** (A)-Tel. 0043-1-2048800; (CH)-Tel. 0041-44-2712230, UBS: Tel. 0041-800-888601, Credit Suisse: Tel. 0041-800-800488
- **MasterCard,** internationale Tel. 0041-636-7227111 (R-Gespräch)
- **VISA,** internationale Tel. 001-410-5819994
- **American Express,** (A)-Tel. 0049-69-97972000; (CH)-Tel. 0041-44-6596333
- **Diners Club,** (A)-Tel. 0043-1-501350; (CH)-Tel. 0041-58-7508080

Bei **Maestro-(EC-)Karten** muss man für die computerisierte Sperrung seine Kontonummer nennen können.

Nur wenn man den Kaufbeleg mit den Seriennummern der **Reiseschecks** sowie den Polizeibericht vorlegen kann, wird der Geldbetrag von einer größeren Bank vor Ort binnen 24 Stunden zurückerstattet. Also muss der Verlust oder Diebstahl umgehend bei der örtlichen Polizei und auch bei American Express bzw. Travelex/Thomas Cook gemeldet werden.

Falls Sie sich über Ihre Bank in Deutschland, Schweiz oder Österreich Geld schicken lassen wollen, so geht dies per **telegrafischer Geldanweisung.** Dazu müssen Sie ein Fax an Ihre Bank schicken. Die Geldanweisung erfolgt dann von Ihrer Bank über die Dresdner Bank oder Deutsche Bank in Frankfurt am Main z.B. an die BICIS-Bank in Dakar (Senegal).

Schnell, aber teuer wird die Sache mit **Western Union.** Die Überweisung funktioniert über Postfilialen, Volksbanken oder die Deutsche Verkehrsbank (DVB), die sich auf Flughäfen und großen Bahnhöfen befindet. Weitere Hinweise unter www.westernunion.com. Auch von Österreich, Tel. 0660-8066 (gebührenfrei), oder bei einer der Raiffeisen-Banken sowie in der Schweiz bei den Schweizerischen Bundesbanken oder unter Tel. 0512-223358 ist mit Western Union eine schnelle Geldüberweisung möglich.

Reisekasse und -budget

Generell gilt, dass es sich in Westafrika mit **Bargeld** leichter reisen lässt als mit Travellerschecks, vor allem seit der Einführung des Euro, der in vielen Ländern quasi als Ersatzwährung fungiert und den Franc Français ablöste. Andererseits bieten **Reiseschecks** Sicherheit im Falle eines Diebstahls. In den Städten werden Sie selten größere Schwierigkeiten beim Wechseln von Travellerschecks haben. Dafür muss man aber hohe Komissionsgebühren einkalkulieren. Um jedoch – unabhängig von Banken – stets „flüssig" zu sein, sollten Sie einen gewissen Vorrat an Bargeld in kleinen und mittleren Scheinen mitführen. Mit **Kreditkarten** werden Sie nur in Luxushotels, bei Fluggesellschaften oder internationalen Autovermietungen zum Zuge kommen. Man sollte immer bedenken, dass das Bankensystem in Westafrika völlig unterentwickelt ist und außerhalb der Hauptstädte und der Touristenzentren Umtausch oft nur auf dem grauen Markt möglich ist.

Die westafrikanischen Staaten sind allesamt **keine Billigreiseländer,** da Hotel- und Mietwagenpreise relativ hoch sind. Selbst bei bescheidensten Ansprüchen müssen Sie mit mindestens 10–20 Euro pro Doppelzimmer rechnen, und wenn ein Mindestmaß an Komfort verlangt wird, gelangen Sie sehr schnell in Preisregionen von 40 Euro und mehr.

Sonstige Ausgaben belasten das Budget nicht allzu sehr, insbesondere nicht, wenn Sie afrikanisch essen. Mahlzeiten und Getränke in einfachen einheimischen Restaurants bzw. Bars sind billig, und an Straßenständen bei den „bonnes femmes" oder „chop bars" zahlt man meist nur Cent-Beträge. Das Essen ist nicht immer nach unseren Hygienevorschriften zubereitet, aber europäische Maßstäbe sollten Sie in Westafrika – zumindest in ländlichen Regionen – ohnehin vergessen.

Relativ niedrig liegen die Kosten für öffentliche Verkehrsmittel. Für Busse und Buschtaxis werden Sie normalerweise pro 100 km selten mehr als 5 Euro bezahlen müssen, in der Regel sogar weitaus weniger. Wenn Sie also vorwiegend in einfachen bzw. mittleren Hotels übernachten und überwiegend afrikanisch essen, sollten Sie mit einem **Budget von 25–50 Euro pro Tag und Person** rechnen.

Westliche Konsumgüter sind in Supermärkten der größeren Städte erhältlich. Doch die von vorwiegend libanesischen Händlern verlangten Preise sind entsprechend hoch. Am besten sortiert sind die Supermärkte in Senegal, Gambia und Burkina Faso.

Kriminalität, Sicherheit und Verhalten im Notfall

Diebstahl und Überfälle

Die Kriminalität beschränkt sich meist auf die **großen Städte und Touristenzentren entlang der Küste.** Ein ungeschriebenes Gesetz bei Entwicklungshelfern lautet: In den Städten nachts nicht alleine in dunkle Straßen gehen und tagsüber an einsamen Strandabschnitten in Stadtnähe sehr vorsichtig sein. Besonders Accra hat diesbezüglich einen üblen Ruf, aber auch Abidjan und Lomé schneiden nicht besser ab.

Selten kommt es zu physischer Gewaltanwendung, meist wird bei Überfällen nur mit einem Messer gedroht. Bei einem Überfall sollten Sie **auf Gegenwehr verzichten.** Erfahrene Reisende haben für diesen Fall immer ein paar kleine Scheine in der Brusttasche parat.

Der **„schnelle Diebstahl"** passiert, indem Ihnen z.B. im Vorbeilaufen die Handtasche, Kamera etc. entrissen oder Wertgegenstände in einem unbeaufsichtigten Moment aus dem Auto geholt werden. Sie sollten daher vermeiden, durch demonstratives Mitführen von Wertgegenständen wie Fotoapparat, goldene Uhr, Schmuck etc. Diebstähle zu provozieren. Bei Diebstählen – vorausgesetzt, man stellt sie gleich fest – sollten Sie sofort die Umgebung lautstark darauf aufmerksam machen; einige werden sich bemühen, den Dieb zu stellen. Merkt man den Diebstahl erst später, nützt die Polizei herzlich wenig – es sei denn, Sie brauchen ein Protokoll für die Versicherung. Gestohlene Papiere kann man übrigens oft über dubiose Quellen wieder „zurückkaufen". So gibt es etwa in Dakar eine regelrechte „Adresse" für derartige Transaktionen.

Ideale „Arbeitsplätze" für **Taschendiebe** sind Märkte und überfüllte Busse, wo man in dem dichten Gedränge schwer feststellen kann, ob das Anrempeln nur aus Versehen geschah oder mit der Absicht, einem gleichzeitig in die Tasche zu greifen bzw. diese aufzuschlitzen. Sehr häufig wird an Stränden geklaut. Es passiert gelegentlich, dass Touristen vom Baden nur noch mit der Badehose zum Hotel zurückkommen.

Buchtipp – Praxis-Ratgeber:
- Matthias Faermann
Schutz vor Gewalt und Kriminalität unterwegs
(Reise Know-How Verlag)

KRIMINALITÄT, SICHERHEIT, NOTFALL

Gehen Sie daher am besten immer abwechselnd ins Wasser.

Ein beliebter **Trick** der zum Teil organisierten Diebesbanden ist es, Ihnen die Reifen aufzuschlitzen, während Sie Ihr Auto parken. In dem Moment, in dem Sie aussteigen, um nach der Ursache des Defekts zu schauen, bemächtigen sich die Diebe der im Wagen gelassenen Handtasche, Fotoausrüstung etc. Eine Variante davon ist, dass ein Junge im Vorbeilaufen Kratzer ins Auto macht oder so gegen den Wagen läuft, als sei er angefahren worden. Weitere auf der Straße übliche Tricks: anrempeln zu mehreren, „versehentlich" stoßen zwei, drei Leute mit einem zusammen – nach allgemeinem „Sorry" oder „Pardon" ist die Brieftasche weg. In Bamako oder Dakar sehr verbreitet ist folgender Trick: Ein vermeintlicher Verkäufer hält Ihnen eine Zeitung, ein Tablett mit Souvenirs o.Ä. unter die Nase, eine Hand versucht unterdessen, an Ihre Brusttasche bzw. Ihren Geldbeutel zu gelangen.

Sicher werden Sie immer wieder mal von „netten Jungs" eingeladen, doch seien Sie **misstrauisch,** wenn Ihre Gastgeber gar zu „freundlich", um nicht zu sagen, aufdringlich sind: Nicht selten wollen Sie Ihnen lediglich etwas verkaufen bzw. sind einfach nur auf Ihr Geld aus. Gelegentlich holen „freundliche Studenten" den frisch angekommenen Touristen vom Flughafen ab, laden ihn zum Essen ein und später auch zu sich nach Hause, wo sie – unterstützt von einigen Kumpels – die Ahnungslosen ungehindert um ihr Reisebudget erleichtern können. Besonders Afrika-Unerfahrene sollten in den ersten Tagen ruhig übertrieben misstrauisch sein. Nach einer Weile entwickelt man ein Gespür für die „Hotspots" und sieht den Leuten ihr Vorhaben an der Nasenspitze an.

Als **Grundregel** können Sie sich Folgendes merken: Alle Leute, die aufdringlich sind und unbedingt etwas von Ihnen wollen bzw. Sie zu irgendetwas drängen wollen, sind entweder Schlepper oder auf irgendeine Art Geschäftemacher, während der „normale" Bürger meist wesentlich zurückhaltender und wirklich hilfsbereit ist. Sollten Sie eine gewisse Standhaftigkeit zeigen, so werden es die Jungs eventuell auch mit dem Thema Rassismus probieren: „You don't want to talk to African people? You're a racist!" Spätestens dann wird mancher unerfahrene Europäer weich.

Rauschgift und Drogen

In Westafrika ist zwar das Rauchen von „Gras" (getrocknete Blüten der Hanfpflanze) weit verbreitet und allgemein üblich, jedoch sind sowohl Erwerb, Besitz als auch Ausfuhr von Drogen in allen westafrikanischen Ländern strengstens **verboten.**

Verhalten im Notfall

Sollten Sie trotz aller Vorsichtsmaßnahmen durch Diebstahl, Krankheit oder Unfall in eine Notsituation geraten, überlegen Sie zunächst in aller Ruhe, ob Ihnen ein Anruf oder ein E-Mail an Ihre Angehörigen eventuell weiterhelfen könnte. Sollten Sie sich auf diese Weise nicht weiterkommen, wenden Sie sich an die nächste **diplomatische Ver-**

KRIMINALITÄT, SICHERHEIT, NOTFALL

tretung Ihres Heimatlandes. So sind die Deutschen Botschaften und Konsulate nach dem Konsulargesetz von 1974 dazu verpflichtet, jedem deutschen Staatsbürger zu helfen, wenn er im Ausland in Not geraten ist und die Notlage nicht anders behoben werden kann; ähnlich verhält es sich mit den österreichischen und schweizerischen Vertretungen. Die Hilfe beschränkt sich nicht nur auf die Vermittlung eines Anwalts (z.B. im Falle eines Unfalls oder einer Verhaftung) oder das Ausstellen eines neuen Reisepasses. Darüber hinaus ist das Konsulat dazu verpflichtet, dem Reisenden in finanziellen Notlagen, bis die Eigenmittel eingetroffen sind, einen Geldbetrag vorzustrecken, der innerhalb einer festgesetzten Frist zurückgezahlt werden muss. Wenn Ihnen jedoch in den ersten Tagen bereits Ihr ganzes Geld abhanden kommt, kann das Konsulat Ihnen lediglich soviel Geld vorstrecken, damit Sie auf dem schnellsten Weg wieder nach Hause fliegen können; zusätzlich bekommen Sie auch noch ein „Handgeld", welches so bemessen ist, dass Sie auf dem Weg nach Hause nicht wieder in Geldschwierigkeiten kommen. Ihren Urlaub in Westafrika wird Ihnen die Botschaft jedoch nicht finanzieren.

Auch im **Krankheitsfall** kann die Auslandsvertretung Ihnen ein Darlehen für die Bezahlung von Arzt-, Medikamenten- und Krankenhauskosten zukommen lassen. Sollte die Erkrankung so schwer sein, dass eine Rückführung veranlasst werden muss, kontaktieren Sie Ihren Flugrettungsdienst.

Im Falle eines **Diebstahls** rufen Sie die Polizei und erstatten Anzeige. Sollte Ihnen etwas aus Ihrem Hotelzimmer abhanden gekommen sein, verändern Sie bis zum Eintreffen der Polizei nichts und fassen Sie nichts an (Spurensicherung!). Erstellen Sie zusammen mit der Polizei eine Liste der abhandengekommenen Gegenstände und lassen Sie sich eine polizeiliche Bestätigung der Anzeige geben. Diese brauchen Sie unbedingt bei der Botschaft für die Ausstellung eines neuen Reisepasses, bei der Bank für die Rückerstattung der Reiseschecks und für die Schadensersatzforderung bei der Reisegepäckversicherung.

Im Falle einer **Festnahme** durch afrikanische Polizeibehörden hat man laut Wiener Konvention das Recht, spätestens 72 Stunden nach der Verhaftung mit seiner Auslandsvertretung Kontakt aufzunehmen. Sie sollten bis zu diesem Zeitpunkt kein Protokoll oder Schriftstück unterschreiben, dessen Inhalt Sie nicht kennen.

Im Falle einer Naturkatastrophe oder kriegerischer Auseinandersetzungen sollten Sie sich an Ihre Auslandsvertretung wenden, falls Sie das Land nicht sofort verlassen können, ebenso, wenn ein Angehöriger vermisst wird.

Wenn Sie einen längeren Aufenthalt planen, macht es z.T. Sinn, sich nach Ankunft bei der Botschaft zu melden und Ihre ungefähre Reiseroute anzugeben bzw. eine Adresse zu hinterlassen, unter der Sie erreichbar sind. So ist die Auslandsvertretung informiert, dass Sie im Land sind und kann im Notfall Maßnahmen zu Ihrem Schutz ergreifen.

Medien

Zeitungen

Westafrikas Presse ist besser als ihr Ruf. Nach einer Studie von „Reporter ohne Grenzen" liegt etwa das kleine Benin in Sachen **Pressefreiheit** gleichauf mit Deutschland auf Platz 21; Mali rangiert gemeinsam mit Frankreich auf Position 35. Deutlich verbessert haben sich zudem Burkina Faso (70) und Mauretanien (77). Dagegen hat sich in nachfolgenden Ländern die Pressefreiheit zum Teil deutlich verschlechtert: in Senegal (77) und Niger (95), Gambia rutschte gar von Platz 64 auf 149 – kein Wunder, denn in diesem Land wandert man als kritischer Journalist derzeit schnell hinter Gitter, wenn nicht sogar Schlimmeres passiert.

Nicht wenige Zeitungen sind reine **Sprachrohre der Regierungen** oder mächtiger Interessensverbände. Wirklich kritische, oder besser gesagt bürgernahe Berichterstattung erfolgt meist über (lokale) Radiosender.

Lokale französischsprachige sowie die gängigen **französischen Tageszeitungen** bekommen Sie i.d.R. in jeder größeren Stadt in Buchhandlungen, **deutsche Magazine** dagegen nur in den Hauptstädten oder Touristenzentren und dort am ehesten in großen Hotels. Auf Afrika spezialisierte englische bzw. französische Magazine wie L'Intelligent (Jeune Afrique), L'Autre Afrique, Afrique Magazine und Afrique-Asie gibt es fast überall in größeren Städten. Englischsprachige Zeitungen sind New African und West Africa. Als seriöse Quelle gilt das in Paris erscheinende Wochenmagazin L'Intelligent (www.lintelligent.com).

Rundfunk

Da die Analphabetenquote in den meisten westafrikanischen Ländern sehr hoch ist, stellt das Radio vor allem auf dem Land das **wichtigste Informationsmedium** dar. Zahlreiche kontinentale, nationale und lokale Rundfunksender sorgen für Meinungsvielfalt.

Nachrichten aus Deutschland sendet die Deutsche Welle täglich weltweit. Da sich die Frequenzen aber halbjährlich ändern, sollten Sie sich direkt an den Sender wenden, um das aktuelle Frequenz-Verzeichnis anzufordern. Das kostenlose Programmheft der Deutschen Welle für jeweils einen Monat können Sie ebenfalls unter folgender Adresse bestellen:

●**Deutsche Welle,** 50588 Köln
Tel. 0221-3892500 (24 Std.)
Fax 3892510, www.dwelle.de

Fernsehen

Fernsehen gibt es in Westafrika nur **in begrenztem Umfang.** An den Orten, wo TV-Empfang möglich ist, wird es jedoch zu einem immer wichtigeren Medium. Es dominieren amerikanische, britische und französische Produktionen, Eigenproduktionen sind eher selten. Frankreich und Portugal übertragen mit eigens geschaffenen Afrika-Kanälen, die über Satellit auch in Europa zu empfangen sind, ihre Sicht der Dinge.

Oft sind **Menschenansammlungen** auf der Straße zu sehen, eine Traube von Menschen steht vor einer Kneipe. Dies bedeutet dann meist, dass gerade eine besonders beliebte Fernsehserie oder ein Fußballspiel läuft. Einmal einen Abend lang lokales Fernsehen anzuschauen, verrät auch einiges über internationale Abhängigkeiten und Ideale, die der Bevölkerung vorgesetzt werden. Und wenn man in einer ärmlichen Kneipe sitzt, wo die Leute gebannt einen Werbespot für die neueste Luxuslimousine verfolgen, so ist auch dies in all seiner Absurdität ein Stück westafrikanische Realität.

Post/Telefon/Internet

Post

In der Regel funktioniert die Post in Westafrika halbwegs zuverlässig, aber nicht sonderlich schnell. Luftpostbriefe kommen meist innerhalb einer Woche in Europa an, Postkarten dagegen brauchen 10–14 Tage. Wichtige Briefe am besten per Einschreiben schicken oder z.B. Briefe und belichtete Filme einem anderen (vertrauenswürdigen) Touristen aus der Heimat mitgeben, der gerade nach Hause fliegt. Vorsicht ist beim Versand von Paketen mit Wertgegenständen geboten.

Um unterwegs Post zu erhalten, können Sie sich die Briefe entweder an die Botschaft Ihres Landes senden lassen, wo sie normalerweise 4–12 Wochen aufbewahrt wird, oder **postlagernd** *(poste restante)* an die Hauptpostämter

(G.P.O. bzw. *Poste centrale)* schicken lassen. Gegen Vorlage des Reisepasses können die Briefe am Poste-Restante-Schalter abgeholt werden. Sie sollten jedoch immer unter den Anfangsbuchstaben des Vor- und des Nachnamens nachsehen lassen. Um nicht zusätzliche Verwirrung zu stiften, sollte der Nachname deutlich und in großen Druckbuchstaben geschrieben werden.

In der Regel wird von den Postämtern pro Brief eine Gebühr von ca. 300 CFA verlangt. Postlagernde Briefe werden in Westafrika normalerweise nicht länger als 2–3 Wochen aufbewahrt und dann an den Absender zurückgeschickt.

Telefon

Eine direkte Durchwahl von Westafrika nach Europa ist von überall möglich, wo internationale Gespräche geführt werden können. Wenn Sie schnell und si-

Ländervorwahlen

● Deutschland:	0049
● Österreich:	0043
● Schweiz:	0041
● Benin:	00229
● **Burkina Faso:**	**00226**
● Côte d'Ivoire:	00225
● **Gambia:**	**00220**
● Ghana:	00223
● Guinea:	00224
● Guinea-Bissau:	00245
● **Mali:**	**00223**
● **Mauretanien:**	**00222**
● Niger:	00227
● **Senegal:**	**00221**
● Togo:	00228

cher eine Nachricht nach Europa bringen wollen, schicken Sie am besten ein Fax. Telefon-Fax-Läden findet man auch in kleinen Orten. Zum Teil kann man auch mit Telefonkarten ins Ausland telefonieren.

Handy

Das Handy, vor Ort **„Mobile"** genannt, hat sich auch in Westafrika durchgesetzt. Und wer die enormen Gebühren von Telekom und Co. für Auslandstelefonate akzeptiert, kann mit dem eigenen Handy praktisch überall eine Verbindung mit Zuhause aufnehmen. Weitaus günstiger ist das Telefonieren mit SIM-Karten eines lokalen Netzbetreibers. Die werden selbst auf kleinsten Märkten oder in Telefonläden vertrieben. Nach unserer Erfahrung lassen sich mit einer sogenannten **Prepaid-Karte** für umgerechnet weniger als 10 Euro zahlreiche längere Auslandsgespräche führen. Wer allerdings überall, also auch in sehr abgelegenen, wüstenartigen Regionen erreichbar sein will, sollte auf ein Satellitentelefon setzen.

Internet

Internet-Cafés gibt es inzwischen in allen größeren Ortschaften Westafrikas. Auch die meisten besseren Hotels verfügen über einen Internetzugang, oft sogar mit WLAN (Wifi). Eine schnelle Verbindung ist aber meist nur in den Hauptstädten gewährleistet. Auf dem „flachen Land" dagegen kann schon das Absenden einer kurzen E-Mail zur nervenden Geduldsprobe werden.

Reisen in Westafrika

Ob Sie lieber mit dem Flugzeug, der Bahn, dem Auto oder öffentlichen Verkehrsmitteln, dem Motorrad, dem Fahrrad oder zu Fuß unterwegs sein wollen, müssen Sie selbst entscheiden. In Westafrika ist grundsätzlich alles möglich, es stellt sich lediglich die Frage der Zeit und des Geldes.

Das **Fahrrad** ist zwar ein relativ langsames Fortbewegungsmittel, doch kostet es auch einige Nerven, wenn man ständig platte Reifen hat, was z.B. im Dorngengestrüpp des Sahel oft vorkommen kann. Sollten Sie sich für das Fahrrad als Verkehrsmittel entscheiden, so ist zu empfehlen, es sich aus Europa mitzunehmen (einschließlich genügend Flickzeug und Ersatzteile!), denn in Westafrika sind nur sehr einfache Modelle erhältlich. Tipps zu Routen in Afrika im Internet unter: **www.ibike.org**.

Buchtipp – Praxis-Ratgeber:
- Volker Heinrich
Handy global
(Reise Know-How Verlag)

Buchtipp – Praxis-Ratgeber:
- Sven Bremer
Radreisen Basishandbuch
(Reise Know-How Verlag)

Reisen in Westafrika

Das **Motorrad** wird von vielen als das ideale Fahrzeug in Afrika dargestellt. Manche finden es jedoch ziemlich lästig, bei größter Hitze auch noch einen Sturzhelm aufsetzen zu müssen (ist bei den dortigen Verkehrsverhältnissen unbedingt ratsam) oder sich in dicke Motorradkleidung zu verpacken.

Unter den zweispurigen Kraftfahrzeugen stehen entweder das **eigene (oder geliehene) Auto** oder die öffentlichen Verkehrsmittel wie **Buschtaxi** und **Bus** zur Auswahl. Im eigenen Auto kann man zwar weitgehend selbst entscheiden, wann man anhält und wie viel Gepäck man mitnimmt, aber während dieser Reise ist man auch am meisten von Land und Leuten isoliert. In einem Buschtaxi von einem größeren Ort zum nächsten zu reisen, auf einem viel zu kleinen Sitzplatz und eingezwängt zwischen jede Menge Gepäck, hat zumindest den Vorteil, viel Kontakt zu den Menschen zu haben.

In Westafrika mit der **Eisenbahn** zu fahren, ist ein Erlebnis für sich, aber nicht unbedingt eines der komfortablen Art. Auf die Dauer ist es nämlich nicht nur sehr anstrengend, da die Abteile immer sehr voll sind, sondern das Sitzfleisch wird oft außergewöhnlich strapaziert, da die Fahrt meist sehr lang ist. Eine Alternative sind die teuren Schlafwagen, die es bei längeren Strecken fast immer gibt.

Mit dem eigenen Fahrzeug

Wer Westafrika mit dem eigenen Fahrzeug bereisen möchte, braucht eine gute Planung mit aktuellen Informationen, einen zuverlässigen Wagen, vorzugsweise mit Dieselmotor, viel Zeit und eine gute Portion Abenteuerlust.

Fahrzeugpapiere

Wenn Sie mit dem eigenen Auto oder Motorrad fahren, müssen Sie vorab jede Menge Papiere besorgen: Grüne Versicherungskarte, internationale Zulassung, Internationaler Führerschein (fast überall erforderlich) und in einigen Ländern ein **Carnet de Passage** (internationales Zollbürgschaftsdokument). Mit dem Carnet de Passage verbürgt sich der Aussteller (ADAC, DTC, AvD), beim Verbleib des Fahrzeugs im Land die Zollkosten zu übernehmen, fordert diese dann aber von Ihnen zurück. Der ADAC weiß am detailliertesten darüber Bescheid. Fordern Sie am besten eine Broschüre zum Thema an. Sie können das Carnet de Passage bei folgenden **Automobilclubs** erhalten:

- **ADAC,** www.adac.de
Tel. 089-767663-31/-38/-42
- **Deutscher Touring Club e.V. (DTC)**
Tel. 089-891133-0
- **AvD,** www.avd.de
Tel. 069-6606224, 6606287, Fax 6606789
- **ÖAMTC,** www.oeamtc.at
Tel. 0810-120120
- **TCS,** www.tcs.ch, Tel. 022-4172424
- **ACS,** www.acs.ch, Tel. 031-3283111

Um ein Carnet de Passage zu erhalten, muss man eine Bürgschaftssumme je nach Zeitwert des Autos beim Aussteller hinterlegen. Zudem sind die Ausstellungsgebühren zu zahlen. Erkundigen Sie sich vorher genau über die Bedingungen im Falle eines Verlustes!

In vielen afrikanischen Staaten ist es möglich, ohne Carnet de Passage einzureisen, wenn man an der Grenze ein **Laissez Passer** bzw. **Passavant** (Passierschein) erwirbt und von Polizei oder Zoll abstempeln lässt. Dies ist in der Regel in folgenden Staaten möglich: Algerien, Tunesien, Niger, Mali, Burkina Faso, Togo, Gambia, Mauretanien, Guinea, Guinea-Bissau und Benin. Für Guinea muss das Laissez Passer bereits mit dem Visum beantragt werden. An der Grenze zu Mauretanien, von der Westsahara kommend, wird das Carnet de Passage ebenfalls nicht verlangt, jedoch an anderen Grenzübergangsstellen. Das Laissez Passer fürs Auto wird an der Grenze in den einzelnen Ländern zu sehr unterschiedlichen Preisen (ab 2500 CFA) und für sehr unterschiedliche Zeit (vier Tage bis vier Wochen, Verlängerung jedoch möglich) ausgestellt, z.T. auch mit dem Vermerk, dass man das Auto nicht verkaufen darf. Erkundigen Sie sich am besten bei der jeweiligen Botschaft, wie die aktuellen Bestimmungen aussehen.

Den **Internationalen Führerschein** stellt Ihnen das Landratsamt (Führerscheinstelle) gegen Vorlage des nationalen und eine Gebühr aus.

Außerdem kann eine Adressenliste mit den Niederlassungen des Fahrzeugherstellers (in den jeweiligen Ländern) sehr nützlich sein, wenn Sie unterwegs Ersatzteile brauchen sollten. Mit einer offiziellen Niederlassung, die auch noch über ein halbwegs vernünftiges Ersatzteilangebot verfügt, ist aber nur in den Hauptstädten der jeweiligen Länder zu rechnen.

Eine **Kfz-Haftpflicht-Versicherung** wird in der Regel an der Grenze des jeweiligen Landes abgeschlossen. Vor Ort kann man in den Grenzorten u.a. für folgende Staaten eine gemeinsame Versicherung (C.D.A.O.) abschließen: Senegal, Guinea-Bissau, Niger, Nigeria, Mali, Togo, Benin, Ghana, Côte d'Ivoire und Burkina Faso. Dies ist viel günstiger, als in jedem dieser Staaten eine separate Versicherung abzuschließen.

Straßenverhältnisse

In Westafrika werden Sie unterschiedlichsten Straßenverhältnissen begegnen: Überraschend großzügig ausgebaute Hauptverkehrsstraßen sind hier ebenso anzutreffen wie – weitaus häufiger – schlechte Pisten, die nur in der Trockenzeit, und auch dann nur mit Lkw oder Geländewagen, befahrbar sind. Allgemein kann man sagen, dass die großen **Hauptverkehrsadern**, d.h. die wichtigsten Nord-Süd-Verbindungen sowie die **Küstenstraßen**, asphaltiert und damit ganzjährig passierbar sind. Asphaltiert bedeutet aber nicht immer „in gutem Zustand" – mangelhafte Instandhaltung hat aus vielen ehemaligen Schnellstraßen Schlaglochstrecken gemacht, auf denen man zum Teil wesentlich langsamer vorankommt als auf mancher unbefestigten Piste.

Nebenstrecken sind fast immer unbefestigt, wobei auch hier die Qualität von einer planen, ganzjährig befahrbaren Straße über eine gut geschobene Piste bis zu Wegen reichen kann, auf denen man dann streckenweise nur im Schritttempo vorankommt und die sich bereits nach kurzen Regenschauern in knietiefe Schlammpisten verwandeln. Auf Nebenstrecken müssen Sie immer ein Steckenbleiben des Kfz einkalkulieren, wenn Flussläufe den Weg queren, denn nicht überall gibt es intakte Brücken, oft nur Furten oder Fähren. Während der Regenzeit sind die Pisten auch häufig gesperrt (Regensperren), bis das Wasser weitgehend abgelaufen ist. Kurzum: Die Mehrzahl der westafrikanischen Nebenstraßen bedeutet ohne Geländefahrzeug eine Strapaze für Nerven und Material!

Verkehrsregeln und Vorsichtsmaßnahmen

In allen hier behandelten Ländern gelten die üblichen internationalen Verkehrsregeln und Vorschriften; generell – auch in den ehemaligen britischen Kolonien Ghana und Nigeria – herrscht **Rechtsverkehr.**

In allen Staaten gibt es oft **Straßensperren** von Polizei und Militär, an denen grundsätzlich angehalten werden muss; winkt der Beamte Sie nicht zur Seite, sollten Sie zumindest die Geschwindigkeit auf Schritttempo reduzieren und eine Geste abwarten, die Ihnen freie Fahrt gewährt. Bei Europäern begnügen sich die Beamten meist mit einem kurzen Inspizieren der Papiere und eventuell einer flüchtigen Kontrolle des Gepäcks, während von Einheimischen – insbesondere von Bus- und Lkw-Fahrern – in aller Regel ein kleines **„Schmiergeld"** erwartet wird. Beginnt ein Beamter an Ihrem Fahrzeug oder Ihren Papieren etwas zu beanstanden, so möchte er auch Sie zu einer kleinen Zahlung veranlassen. Versuchen sie die Situation mit Respekt, Fingerspitzengefühl und Humor zu lösen. Wenn nicht: Der „Standardstrafzettel" liegt – mit oder ohne Quittung – bei 3000 CFA.

Im Vergleich zu anderen Ländern herrschen in den westafrikanischen Staaten keine besonders rüden **Verkehrssitten.** Die Mehrzahl der Autofahrer verhält sich eher defensiv, abgesehen von der Côte d'Ivoire und Nigeria, obwohl die gut ausgebauten Asphaltstraßen zum Rasen verleiten. Allgemein ist die Verkehrsdichte außerhalb der wenigen Ballungszentren sehr gering. Von allen Kontinenten ist Afrika mit Abstand am geringsten motorisiert.

Dennoch gibt es einige **spezifische Gefahren,** auf die Sie vorbereitet sein sollten: Ochs und Esel kennen keine Verkehrsregeln und haben immer Vorfahrt. Im Busch müssen Sie außerdem immer mit Wildwechsel rechnen. In den Großstädten wie z.B. in Ouagadougou (Burkina Faso) sind es vor allem die zahlreichen Mofafahrer, die einem das Autofahren zur Qual werden lassen. Sie überholen oder weichen einem Loch grundsätzlich aus, ohne nach hinten zu schauen, und Rückspiegel gibt es nicht. Sie sollten sich also in einer afrikanischen Stadt mit sehr viel Gefühl für die jeweilige Situation und mit entsprechender Umsicht durch die Masse der Verkehrsteilnehmer bewegen. In ländlichen Gebieten sollten Sie daran denken, dass die hier lebenden Menschen meist nicht an Kraftfahrzeugverkehr gewöhnt sind und sich daher sorglos auf Straßen und Wegen bewegen. Rechnen Sie also jederzeit damit, dass jemand die Straße überquert, und erwarten Sie nicht unbedingt, dass Passanten die Straße räumen, ohne dass Sie mit lautstarkem Hupen auf sich aufmerksam gemacht haben.

Nebenstraßen sind oft sehr schmal; begegnen sich zwei Fahrzeuge, so wird stets von dem schwächeren erwartet, dass es auf den unbefestigten Seitenstreifen ausweicht. Vorsicht auch vor unübersichtlichen Kurven: gerade wegen der geringen Verkehrsdichte neigen viele Fahrer zu recht sorglosem Überholen. Außerdem ist stets damit zu rechnen, dass umgestürzte Bäume, Erdrutsche, liegen gebliebene Fahrzeuge o.Ä. die Straße blockieren, denn Pannen werden mit Vorliebe mitten auf der Straße behoben. Indiz für ein liegen gebliebenes Auto oder einen Unfall sind Zweige und Grasbüschel auf der Fahrbahn, die als „Warndreieck" dienen.

Bedenken Sie, dass sich in Afrika viele Fahrzeuge in einem mangelhaften technischen Zustand befinden, insbesondere viele Busse und Taxis, und seien Sie deshalb vor allem auf schlecht oder gar nicht funktionierende Bremsen gefasst. Rechnen Sie auf Schotter- bzw. Erdstraßen damit, dass von anderen Fahrzeugen emporgeschleuderte Steine die Windschutzscheibe zertrümmern können; halten Sie daher entsprechenden Abstand bzw. bremsen Sie bei Gegenverkehr stark ab, die Aufprallwirkung wird damit verringert. Auf schlechten Straßen besteht auch eine erhöhte Gefahr von Reifenpannen.

Da in Westafrika **Grenzen** aus vielen Gründen kurzfristig geschlossen werden können, ist es ratsam, sich kurz vor der Reise beim Auswärtigen Amt über den aktuellen Stand der Dinge zu informieren.

Mit öffentlichen Verkehrsmitteln

Das Reisen mit öffentlichen Verkehrsmitteln ist zwar in ganz Westafrika **unproblematisch,** manchmal jedoch alles andere als erholsam. Besonders schlimme Zustände herrschen in Mauretanien, während etwa in Burkina Faso in Sachen Komfort, Sicherheit und Pünktlichkeit fast schon europäischer Standard herrscht, jedenfalls zwischen großen Städten. Genaue Informationen stehen im jeweiligen Länderkapitel.

In der Regel befinden sich die Fahrzeuge in mäßigem bis schlechtem Zustand und sind fast immer **überfüllt.** Da das Angebot an Verkehrsmitteln gering ist, wird jedes Eckchen und manchmal auch ein bisschen mehr zum Verstauen von weiteren Fahrgästen und jeder Menge Gepäck verwendet. Ein volles Fahrzeug gibt es jedoch für die Afrikaner eigentlich nicht, denn ein Passagier passt immer noch hinein, auch wenn die Tür nicht mehr zugeht oder die Fahrgäste halb wieder zum Fenster hinausquellen; und ein Sack Hirse oder ein Fahrrad passen auch immer noch aufs Dach, selbst wenn das Gepäck auf dem Dach bereits ein größeres Volumen hat als das Fahrzeug selbst. Dass man mit so einem total überladenen Fahrzeug wegen Reifen- bzw. mechanischer Pannen häufig auf der Strecke bleibt oder zumindest einige Zeit unbeabsichtigten Aufenthalt hat, ist kaum verwunderlich. Auch aufgrund des oft schlechten Zustands der Straßen und der zahlreichen Polizei- und Militärkontrollen – in manchen Ländern alle paar Kilometer – ist die Reisegeschwindigkeit gering. Oft werden auch auf den Straßen Passagiere eingesammelt. Das nimmt immer viel Zeit in Anspruch.

Dafür sind die **Fahrpreise niedrig** (je niedriger der Preis, desto weniger Sitzplatz), und zumindest auf den Hauptrouten gibt es recht häufige und z.T. auch **relativ regelmäßige Verbindungen.** Feste Fahrpläne existieren jedoch nur für Überlandbusse, die Eisenbahn und Flugzeuge. Normalerweise fährt man dann los, wenn das Fahrzeug voll besetzt ist, wobei es häufig scheint, dass ein Fahrzeug nie wirklich voll ist – zumindest nach Meinung des Fahrers –, und manchmal muss man dann eben noch ein paar Stunden warten. Für Nebenstrecken sind meist längere Wartezeiten einzukalkulieren, dennoch ist praktisch jeder größere Ort wenigstens einmal pro Woche – an Markttagen – mit öffentlichen Verkehrsmitteln zu erreichen, schließlich müssen Händler und Käufer ja zu den Märkten kommen.

In der Regel wird für jedes **Gepäckstück** eine extra Gebühr berechnet. Bei Touristen versucht man oft, einen überhöhten Preis zu verlangen, und nur selten lässt der Fahrer mit sich handeln.

Buschtaxis

Die **wichtigsten öffentlichen Verkehrsmittel** in Westafrika, mit denen fast jeder Ort zu erreichen ist, stellen die verschiedenen Arten der Sammeltaxis dar: in den frankophonen Ländern **Taxi brousse** oder **Sept place** genannt und in Ghana als **Tro-Tro** bezeichnet; ferner gibt es zahlreiche andere lokale Bezeichnungen. Sie befahren zwar festgelegte Routen, einen festen Fahrplan gibt es jedoch nicht; ebensowenig wie Haltestellen, abgesehen von Start- und Zielbahnhof, daher müssen Sie sich auf der Strecke einfach an die Straße stellen und das Fahrzeug anhalten.

Wer mit dem Buschtaxi fahren will, sollte es nicht eilig haben. Und oft braucht es neben viel Geduld auch gute Nerven, denn mit der Platzreservierung bzw. dem Ticketkauf ist es noch lange nicht getan. Ein Transportunternehmen versucht normalerweise so viel Geld wie möglich zu machen, sodass eine Beladung mit 19 Personen in einem Peugeot 404 Pick-up plus Gepäck auf dem Dach oftmals keine Seltenheit darstellt. Abgefahren wird erst, wenn die Kasse stimmt.

Für die **Abfahrtszeiten** gilt etwa Folgendes: Die meisten Fahrzeuge verlassen den Taxi-brousse-Platz am frühen Morgen zwischen 6 und 9 Uhr, bei Langstrecken auch häufig am frühen Abend zwischen 17 und 19 Uhr, um die größte Hitze zu „umfahren". Sollten mehrere Fahrzeuge pro Tag dieselbe Strecke fahren, so ist es immer am günstigsten, frühmorgens im ersten Wagen noch Platz zu bekommen, dann sind nämlich die Wartezeiten relativ gering. Und wenn man dann losfährt, sind zu der eigentlichen Fahrtdauer Pannen und Straßenkontrollen hinzuzurechnen. Bringen Sie also Geduld mit!

Als sogenannte Buschtaxis werden die **unterschiedlichsten Fahrzeugtypen** eingesetzt: relativ komfortable und schnelle Peugeots 504 (Kombi), Peugeots 404 bachée (Pick-ups mit seitlichen Holzbänken), Minibusse französischer oder japanischer Hersteller, aber auch Lkw mit improvisierten Holzbänken auf der Ladefläche, Landrover mit selbst gezimmertem Aufbau – es gibt kaum eine Fahrzeugvariante, die nicht denkbar wäre.

Auf den **Hauptstrecken** stehen meist **mehrere Fahrzeugtypen** zur Auswahl. Sie sollten grundsätzlich die kleinste Variante bevorzugen, also allen voran die Peugeot-Kombis, danach die Minibusse usw. Steigen Sie nur dann in ein größeres Fahrzeug, wenn Sie sicher sind, dass es keine andere Transportmöglichkeit gibt, denn je größer das Fahrzeug, desto geringer zwar der Fahrpreis, desto geringer aber auch der ohnehin bescheidene Komfort und desto länger vor allem die Fahrzeit!

Die **Plätze vorne neben dem Fahrer** (la cabine) sind manchmal etwas teurer, aber normalerweise um einiges bequemer, außer wenn eine dicke „Mama" ebenfalls in der Kabine sitzt. Oft ist ein Sitzplatz vorne für Funktionäre oder Angehörige von Polizei oder Militär freigehalten, das heißt, sie haben ein gewisses Vorrecht auf diesen Platz.

Auf den **Sitzbänken** der offenen Ladefläche werden Passagiere und Gepäck mehr oder weniger übereinander geschichtet. Windig und zugig ist es meist trotzdem noch, sodass es sich empfiehlt, während der Fahrt ein Tuch um den Kopf zu wickeln und die Augen mit einer Sonnenbrille zu schützen. Auf den drei Sitzbänken eines Peugeot 504 familial werden normalerweise sieben Fahrgäste untergebracht – von Komfort kann da kaum mehr die Rede sein, auch wenn dieses Fahrzeug eindeutig zu den besseren zählt. Wem es zu eng wird, kauft einfach einen zusätzlichen Platz.

Befindet man sich zusammen mit 70 bis 80 Personen auf einem Lkw, so dehnen sich die Fahrten bis ins Endlose aus. Ein Trost: Genießen Sie die gute Aussicht. Überquert man mit einem solchen Fahrzeug eine Grenze, gehören Wartezeiten von einem halben oder sogar ganzen Tag durchaus zur Regel, schließlich muss jeder einzelne Reisende sorgfältigst kontrolliert werden.

Wenn andere Passagiere oben auf dem **Gepäckträger** Platz genommen haben bzw. auf der **Ladefläche** mitfahren, während Sie im Innenraum sitzen, sollten Sie ihr Gepäck auf dem Dach nicht unbeaufsichtigt lassen – dies sind ideale Gelegenheiten, um Taschen aufzuschlitzen bzw. auszuräumen.

Busse

Überlandbusse spielen bislang in den meisten westafrikanischen Ländern nur eine **untergeordnete Rolle**. Ausnahmen sind Ghana, die Côte d'Ivoire, Burkina Faso und Gambia.

Die angegebenen **Abfahrtszeiten** werden in der Regel einigermaßen pünktlich eingehalten. Sie sollten versuchen, das **Busticket** bereits am Vortag zu besorgen, und auch zwei Stunden vor Abfahrt bereits an der Busstation sein. Die Buschtaxi- bzw. **Busbahnhöfe** (franz. Gare routière, Gare des voitures, engl. Bus station oder einfach nur Garage) liegen normalerweise im Innenstadtbereich; gibt es in einer größeren

Stadt jedoch mehrere, so befinden sie sich meist in der Peripherie, an den jeweiligen Ausfallstraßen.

Langstrecken mit öffentlichen Verkehrsmitteln sind in Westafrika fast immer strapaziös. Reiseproviant müssen Sie jedoch nicht unbedingt mitnehmen, da sowohl Busse als auch Buschtaxis in gewissen Abständen Essenspausen einlegen; meist halten sie dazu am Marktflecken mit Ständen oder kleinen Restaurants. Hier kann man sich mit Getränken versorgen, mittlerweile oft sogar aus Eisschränken. Aber auch zahlreiche fliegende Händler bieten an fast jeder Straßensperre die unterschiedlichsten lokalen Leckerbissen an.

Ein Problem auf Überlandstrecken sind die **meist nicht vorhandenen Toiletten.** Busse und Buschtaxis halten grundsätzlich nur in Orten. Wer ein dringendes Problem hat, setzt sich einfach in den Straßengraben, auch mitten im Ort. Wer dies als Europäer nicht gewohnt ist, steht häufig vor einem unlösbaren Problem, den nicht alle Kneipen verfügen über ein WC. Als Mann hat man es hier etwas leichter, Frauen sollten besser mit einem weiten Rock oder langen T-Shirt reisen, dann kann man sich notfalls auch im Straßengraben von seiner Last befreien.

Öffentlicher Minibus
(Car rapide) im Senegal

Eisenbahn

Das westafrikanische Eisenbahnnetz ist **nur gering entwickelt** und entspricht ausschließlich den wirtschaftlichen Bedürfnissen der einstigen Kolonialmächte. Es bestehen lediglich Verbindungslinien von den Wirtschaftszentren im Landesinneren zu den Küstenhäfen, aber kaum Querverbindungen, geschweige denn ein richtiges Schienennetz.

Ein Teil der wenigen bestehenden Bahnlinien ist ohnehin stillgelegt, wird ausschließlich für Frachtverkehr genutzt oder stellt wegen endloser Fahrtzeiten keine Alternative zum Straßenverkehr dar. Ausnahmen sind die Linien **Nouadhibou – Zouérat** in Mauretanien, **Dakar – Bamako** zwischen Senegal und Mali sowie **Ouagadougou – Abidjan** zwischen Burkina Faso und der Elfenbeinküste. Die beiden letztgenannten Strecken leiden allerdings unter Verschleißerscheinungen. Es fehlt das Geld für nachhaltige Sanierungen. Wegen desolater Schienen werden schon mal Fahrten gestrichen, oder die Verspätungen sind horrend. Auf manchen Abschnitten muss das Tempo drastisch reduziert werden.

Trotzdem, Bahnfahrten sind ein **Erlebnis** für sich. Es gibt Express- und Bummelzüge, und meist werden bis zu fünf Klassen unterschieden, wobei die 1. Klasse die teuerste und deshalb meist auch die leerste, die billigste auch gleichzeitig die vollste ist. Sucht man Kontakt mit der einheimischen Bevölkerung, sollte man in der 2. oder 3. Klasse fahren, vorausgesetzt man kann auf Komfort verzichten. Für die **1. Klasse** ist meist **Reservierung notwendig.** Außerdem sollten Sie bereits einige Zeit vor der angegebenen Abfahrtszeit am Bahnhof sein, um sich in dem großen Gedränge unter Umständen auch noch einen Sitzplatz zu erkämpfen. Die Essensversorgung ist kein Problem. An jeder Haltestelle warten ganze Scharen von fliegenden Händlern, die, sobald der Zug hält, die verschiedensten Imbisse zum Fenster hineinreichen (gebratene Fische, Hähnchen, belegte Brote, Gebäck und Obst). Wichtig ist eine ausreichende Trinkwasserversorgung.

Flugzeug

Fliegen innerhalb Westafrikas ist teuer und nicht mit europäischen Standards zu vergleichen. Das gilt insbesondere nach der Pleite der Fluggesellschaft Air Sénégal International, die bis 2009 mit vergleichsweise gutem Service, modernen Maschinen und dichtem Streckennetz aufwarten konnte. Wer heute dagegen beispielsweise von Dakar nach Bamako fliegen will, braucht **Geduld und gute Nerven.** Üblich sind nämlich nur Buchungen vor Ort, oft sind Flüge Wochen im Voraus ausgebucht. Auch Überbuchungen sind gang und gäbe. Und das verwendete Fluggerät ist nicht selten in abenteuerlichem Zustand.

Schiff

Schiffsverkehr ist, abgesehen von **Pirogen und Fähren,** nur auf Teilstücken der großen Flüsse wie dem Niger möglich. Während man in der 1. Klasse eine Kabine hat (oft stickig und heiß), befinden sich die anderen Klassen entweder an Deck oder sogar unter Deck,

REISEN IN WESTAFRIKA

häufig direkt neben dem Maschinenraum (viel Lärm und schlechte Luft). Außerdem unterscheiden sich die einzelnen Klassen meist auch noch bezüglich der Essensqualität. Bei längeren Fahrten bzw. Nachtfahrten an Deck empfiehlt es sich, mit einer Matte o.Ä. rechtzeitig einen Liegeplatz zu reservieren, da die Deckklassen meist hoffnungslos überfüllt sind. Bei mehrtägigen Pirogenfahrten, etwa auf dem Niger, sollten Sie sich unbedingt mit ausreichend Trinkwasser sowie genügend Proviant (Konserven) versorgen.

Recht komfortabel sind die Boote, die Touristen auf dem **Gambia River** transportieren.

Trampen

Das Reisen per Anhalter ist in Westafrika **schwierig bis unmöglich,** da die Touristenfahrzeuge meist voll besetzt sind und einheimischen Fahrer Reisende entweder nur gegen Bezahlung mitnehmen wollen oder ohnehin voll sind.

Verkehrsmittel in großen Städten

Linienbusse sind in den Hauptstädten fast immer anzutreffen und stellen wohl auch das billigste Transportmittel mit festen Preisen dar. Mit großen Gepäckstücken (Rucksack etc.) erweist sich das Ein- und Aussteigen jedoch als relativ schwierig. Vorsicht: Die überfüllten Busse sind oftmals ein beliebter Arbeitsplatz von Taschendieben. Es ist daher eher zu empfehlen, ein **Taxi** zu nehmen, das meist ebenfalls zu festen Tarifen (am besten Sie erkundigen sich vor Ort nach den genauen Taxitarifen) im Stadtgebiet verkehrt. Den Preis müssen Sie jedoch unbedingt vor der jeweiligen Taxifahrt ausmachen und erst bei Fahrtende bezahlen. In vielen größeren Städten ist auch eine Art von **Pferdewagen,** genannt *calèche,* als Transportmittel für Personen und Lasten im Einsatz.

Reisen von Staat zu Staat

Der Grenzverkehr zwischen den meisten Staaten Westafrikas ist ausgesprochen rege. Zumindest auf den Hauptstrecken besteht dichter Verkehr. Wenn möglich sollte man bei öffentlichen Verkehrsmitteln durchgehende Verbindungen wählen, da sonst nicht gewährleistet ist, dass man am gleichen Tag das Ziel errreicht.

Grenzformalitäten in Westafrika sind in aller Regel eine zeitraubende Angelegenheit. In manchen Fällen mögen die Formalitäten in weniger als einer halben Stunde erledigt sein, in anderen ist mit stundenlangen Wartezeiten zu rechnen. Europäer werden meist (aber nicht immer) zuvorkommend und zügig abgefertigt, was aber nur dann ein Vorteil ist, wenn man alleine oder mit nur wenigen Afrikanern reist. Fährt man aber in einem Bus oder Lkw mit 30, 50 oder mehr Einheimischen, wird man warten müssen, bis auch deren Grenzformalitäten abgewickelt sind. Notwendige Übernachtungen an der Grenze sind deshalb keine Seltenheit.

Bitte beachten: Die afrikanischen **Grenzen** sind in der Regel **nach Sonnenuntergang geschlossen!**

In allen westafrikanischen Staaten sind die **Grenzkontrollen ausgesprochen gründlich,** auch wenn bei Europäern gelegentlich ein Auge zugedrückt wird. In der Regel wird das gesamte Gepäck durchsucht, gelegentlich nicht nur einmal, sondern mehrfach, da Polizei, Zoll und Militär getrennte Kontrollen vornehmen. Beachten Sie deshalb genau die Zoll- und Devisenvorschriften der Länderkapitel. Strengstens verboten sind nicht nur die Einfuhr von Rauschgift und Waffen, sondern auch die von „pornografischen" (der Begriff wird sehr eng ausgelegt) und „staatsfeindlichen" Schriften.

Gepäckdurchsuchungen finden nicht nur an den Grenzen statt, sondern häufig auch im Rahmen von **Straßenkontrollen** der Polizei und des Militärs, die es an manchen Strecken insbesondere in grenznahen Gebieten im Abstand von wenigen Kilometern gibt. Es ist daher durchaus nicht ungewöhnlich, dass das Reisegepäck im Laufe eines Tages ein Dutzend Mal „gefilzt" wird. Auch hier heißt es: Ruhe bewahren, sonst fordert man die Beamten nur zu Sanktionen heraus, was eine weitere Verzögerung der Fahrt bedeutet. **Vorsicht bei Kontrollen:** Es soll vorkommen, dass Grenzbeamte mitunter das eine oder andere Stück beim Gepäckdurchsuchen verschwinden lassen.

An kleinen, von Europäern nur wenig frequentierten Grenzübergängen kann es vorkommen, dass die zollamtliche Registrierung erst in der nächsten Stadt erfolgt. Nicht vergessen, sonst kann es bei der Ausreise Ärger geben und ein Bestechungsgeld nötig werden!

Meldepflicht und Polizeikontrollen

Eine Meldepflicht während der Reise besteht in den Küstenländern Westafrikas nicht, bei den Straßenposten werden jedoch häufig die Papiere kontrolliert, oft wird auch ein **„cadeau"** erwartet. Mit etwas Geduld und nettem Geplauder kann man dieses Ansinnen auch abwehren.

Einheimische wie Touristen werden außerdem immer wieder Opfer von **Erpressungsversuchen** wegen angeblich falscher Papiere. Fast jeder afrikanische Polizist oder Zöllner will sich ein „Zubrot" verdienen, wofür Touristen willkommene „Melkkühe" sind.

Da fast jedesmal ein **Sichtvermerk** in den Ausweis eingetragen wird, sollten Sie bei längerer Reise in diesen Ländern noch genügend freie Seiten in Ihrem Reisepass haben. In Mali besteht zwar diese Regelung nicht mehr offiziell, man wird aber trotzdem oft genug von der Polizei gebeten, eine Registrierung vornehmen zu lassen.

In kleinen Dörfern sollten Sie sich generell angewöhnen, sich beim Dorfchef oder Dorfältesten zu melden bzw. vorzustellen und diesem Ihr Anliegen (z.B. Durchreise oder Besuch etwa für 1–2 Tage o.Ä.) vortragen. In der Regel wird Sie der Dorfchef im Namen aller Dorfbewohner willkommen heißen und Ihnen gegebenenfalls auch bei der Suche nach einer Unterkunft behilflich sein. Bitte missachten Sie dieses Ritual nicht, sonst kann es sehr leicht passieren, dass Ihnen die Bewohner des Dorfes mit sehr argwöhnischen und ängstlichen Blicken begegnen und Sie als „Eindringling" empfinden – zu tief sitzen die schlechten Erfahrungen aus Zeiten der Missionierung und Kolonisation. Haben Sie sich jedoch vorgestellt und sind „offiziell" willkommen geheißen worden, dann wird man Ihnen mit der üblichen Gastfreundschaft begegnen, und nicht selten wird der Gast eingeladen oder zumindest in ausführliche Gespräche über seine Herkunft und seine Reiseziele verknüpft.

Reisepartner

Die Frage nach dem geeigneten Partner taucht bei fast jedem auf, der eine Reise unternehmen will – es sei denn, Sie sind immer mit Ihrem Freund oder Ihrer Freundin, Ihrer Frau oder Ihrem Ehemann unterwegs. Völlig auf der sicheren Seite ist, wer sich einer Reisegruppe anschließt. Das Angebot der Firmen reicht von Vogelbeobachtung über kulturelle Begegnungen bis zu Extremtouren mit Zelt und Geländewagen. Aber auch wenn Sie sich auf eigenen Faust auf den Weg machen, in Afrika bleibt man/frau garantiert selten lange allein. Sei es um gemeinsam eine strapaziöse Tour von A nach B zu unternehmen, oder nur um eine feucht-fröhliche Disconacht zu organisieren, immer trifft man auf Menschen mit den gleichen Interessen. In Westafrika kommt auf jeden Topf ein Deckel.

Wenn Sie zu denjenigen gehören, die lieber mit einem Partner verreisen, um ihre Erlebnisse unterwegs mit jemandem teilen zu können, so haben Sie verschiedene Möglichkeiten, um einen Reisepartner zu suchen. In fast allen Reisezeitschriften wie Tours oder Abenteuer und Reisen etc. findet man Reisepartneranzeigen, ebenso in den entsprechenden Rubriken der Tageszeitungen und Stadtmagazine.

Reisezeit

Im gesamten **Sahel** ist die günstigste Reisezeit die relativ kühle Trockenzeit von November bis April. Die Regenzeit von Juni bis September ist aufgrund der hohen Luftfeuchtigkeit für die meisten Europäer nur schwer erträglich. Nur direkt an der Küste herrscht ganzjährig ein relativ angenehmes Klima.

Weiter im **Landesinneren** ist das Klima trocken-heiß, wobei als beste Reisezeit wieder die Monate Dezember bis April gelten. Während und nach der Regenzeit sind viele Straßen und Pisten unpassierbar (s.a. „Klima"). Dann ist auch die hohe Zeit der Moskitos.

Als günstigste Reisezeit für **Saharadurchquerungen** gilt der Oktober, da dann die Nachttemperaturen in der Wüste nicht ganz so tief sind.

Unterkunft

Westafrika kann zwar kein lückenloses Netz von internationalen Luxushotels aufweisen, aber an einfachen bis mittleren Unterkünften mangelt es in der Regel nicht. **Luxushotels** internationalen Standards findet man praktisch nur in den Hauptstädten oder den Touristenzentren entlang der Küste, vereinzelt auch im Landesinneren. Sogenannte

Unterkunft

Mittelklassehotels, mit eigenem Bad und Toilette sowie einigermaßen komfortabel ausgestatteten Zimmern, gibt es in allen Städten und auch in allen Provinzhauptstädten bzw. größeren Marktorten. Sie entsprechen aber selten europäischen Maßstäben.

Auf dem Lande muss in der Regel auf **europäischen Komfort verzichtet** werden. Die hygienischen Verhältnisse der sanitären Anlagen entsprechen oft nicht unserem Standard. Sofern es überhaupt Hotels gibt, handelt es sich überwiegend um Campements für Jäger und Fischer oder karge Etablissements für durchreisende Beamte. Oder man muss mit einem Platz in einer Hütte vorlieb nehmen, der einem vom Dorfchef oder der Polizei vermittelt wird.

Die Übernachtung in westafrikanischen Hotels ist jedoch auch bei Verzicht auf Komfort allgemein **nicht billig.** Die internationalen Luxushotels haben auch das internationale Preisniveau (ab 100 Euro), für ein Doppelzimmer in einem Hotel mittleren Standards müssen Sie zwischen 20 und 50 Euro hinblättern, und selbst spartanische Zimmer kosten zwischen 5 und 10 Euro. Die in diesem Buch in den einzelnen Länderkapiteln angegebenen Preise sind lediglich Richtpreise. Bei längerem Aufenthalt lassen viele Besitzer mit sich reden.

Campingplätze gibt es in Westafrika nur selten, und das Zelten an Touristenstränden ist nicht zu empfehlen, da Diebstähle und Überfälle an solchen

Plätzen sehr häufig sind. Fragen Sie lieber bei der Polizei- oder Missionsstation, ob Sie dort zelten können. Hat man vor, im Busch zu kampieren, so sollte man auch da wissen, wo man zeltet, und – um keine bösen Überraschungen zu erleben – vorher die Bevölkerung der nächsten Dorfes um ihr Einverständnis fragen bzw. sich bei ihr informieren. Die Einheimischen kennen die Gefahren der Gegend am besten (z.B. wilde Tiere, Überfälle etc.). Sie sollten immer bedenken, dass Sie Gast in einem fremden Land sind!

Für Einheimische ist der Wunsch vieler Touristen, an einem ruhigen Ort außerhalb des Dorfes zu übernachten, meist unverständlich. Sie selbst versuchen, bei Dunkelheit wieder zu Hause zu sein oder zumindest einen Ort erreicht zu haben, in dem sie übernachten können. Die meisten Touristen, die mit eigenem Auto unterwegs sind, sind jedoch froh, wenn sie dem Menschengewimmel entfliehen und in Ruhe für sich sein können.

„Besuch" bekommt man aber auch fast immer an einem vermeintlich abgeschiedenen Ort. Kaum ist man angekommen, erscheinen meist kurze Zeit später die ersten Einheimischen. Meist bleiben sie eine Zeit lang in respektvoller Entfernung stehen, um die Fremden voller Neugierde und mit großem Interesse zu begutachten. Manchmal suchen sie aber auch den direkten Kontakt und versuchen, mehr von den Fremden zu erfahren. Dies ist auch für Sie eine Möglichkeit, etwas mehr über Land und Leute zu erfahren. Sollten Sie jedoch das Interesse einer ganzen Kinderschar auf sich gezogen haben, zeigen Sie Geduld. Sobald es dunkel wird, macht sich die neugierige Bande sowieso wieder auf den Heimweg. Sollten Sie nach einer anstrengenden Fahrt einmal absolute Ruhe brauchen, so verstehen die Kinder dies durchaus, sofern Sie ihnen die Gelegenheit in Aussicht stellen, sich am nächsten Tag mit ihnen zu unterhalten – und das sollten Sie dann natürlich auch einhalten!

Versicherungen

Egal, welche Versicherungen man abschließt, hier ein Tipp: Für alle sollte man die **Notfallnummern notieren** und mit der Policenummer gut aufheben! Bei Eintreten eines Notfalles sollte die Versicherungsgesellschaft sofort telefonisch verständigt werden!

Der Abschluss einer **Jahresversicherung** ist in der Regel kostengünstiger als mehrere Einzelversicherungen. Günstiger ist auch die Versicherung als Familie statt als Einzelpersonen. Hier sollte man nur die Definition von „Familie" genau prüfen.

Auslandskrankenversicherung

Die Kosten für eine ärztliche Behandlung auf dem afrikanischen Kontinent werden von den gesetzlichen Krankenversicherungen in Deutschland und Österreich nicht übernommen, daher ist

Niger: Sonnenuntergang beobachtet von der Terrasse des Grand Hotel in Niamey

der Abschluss einer privaten Auslandskrankenversicherung **unverzichtbar.**

Bei Abschluss der Versicherung – die es mit bis zu einem Jahr Gültigkeit gibt – sollte auf einige Punkte geachtet werden. Zunächst sollte ein **Vollschutz ohne Summenbeschränkung** bestehen, im Falle einer schweren Krankheit oder eines Unfalls sollte auch der **Rücktransport** übernommen werden. Diese Zusatzversicherung bietet sich auch über einen **Automobilclub** an, insbesondere wenn man bereits Mitglied ist. Diese Versicherung bietet den Vorteil billiger Rückholleistungen (Helikopter, Flugzeug) in extremen Notfällen.

Wichtig ist auch, dass im Krankheitsfall der **Versicherungsschutz über die vorher festgelegte Zeit hinaus** automatisch verlängert wird, wenn die Rückreise nicht möglich ist.

Schweizer sollten bei ihrer Krankenversicherungsgesellschaft nachfragen, ob die Auslandsdeckung auch für die Länder Afrikas gilt. Sofern man keine Auslandsdeckung hat, kann man sich kostenlos bei Soliswiss (Gutenbergstr. 6, Postfach, 3001 Bern, Tel. 031-3807030, www.soliswiss.ch) über mögliche Krankenversicherer informieren.

Zur **Erstattung der Kosten** benötigt man ausführliche Quittungen (mit Datum, Namen, Bericht über Art und Umfang der Behandlung, Kosten der Behandlung und Medikamente).

Andere Versicherungen

Ist man mit einem Fahrzeug unterwegs, ist der Europaschutzbrief eines Automobilclubs für die Anfahrt durch Europa eine Überlegung wert. Ob es sich lohnt, weitere Versicherungen abzuschließen wie eine Reiserücktritts-, Reisegepäck-, Reisehaftpflicht- oder Reiseunfallversicherung, ist **individuell abzuklären.** Gerade diese Versicherungen enthalten viele Ausschlussklauseln, sodass sie nicht immer Sinn machen.

Die **Reiserücktrittsversicherung** für 35–80 Euro lohnt sich nur für teure Reisen und für den Fall, dass man vor der Abreise einen schweren Unfall hat, schwer erkrankt, schwanger wird, gekündigt wird oder nach Arbeitslosigkeit einen neuen Arbeitsplatz bekommt, die Wohnung abgebrannt ist u.Ä.; nicht gelten hingegen: Terroranschlag, Streik, Naturkatastrophe etc.

Die **Reisegepäckversicherung** lohnt sich seltener, da z.B. bei Flugreisen verlorenes Gepäck oft nur nach Kilopreis und auch sonst nur der Zeitwert nach Vorlage der Rechnung ersetzt wird. Wurde eine Wertsache nicht im Safe aufbewahrt, gibt es bei Diebstahl auch keinen Ersatz. Kameraausrüstung und Laptop dürfen beim Flug nicht als Gepäck aufgegeben worden sein. Gepäck im unbeaufsichtigt abgestellten Fahrzeug ist ebenfalls nicht versichert. Die Liste der Ausschlussgründe ist endlos ... Überdies deckt häufig die Hausratversicherung schon Einbruch, Raub und Beschädigung von Eigentum auch im Ausland. Für den Fall, dass etwas passiert ist, muss der Versicherung als Schadensnachweis ein Polizeiprotokoll vorgelegt werden.

Eine Privathaftpflichtversicherung hat man in der Regel schon. Hat man eine Unfallversicherung, sollte man prüfen, ob diese im Falle plötzlicher Arbeitsunfähigkeit aufgrund eines Unfalls im Urlaub zahlt.

Rückholflüge im Krankheitsfall

Da Krankenkassen Heimflüge im Krankheitsfalle nicht mehr zahlen, sollten Sie diesbezüglich unbedingt Vorsorge treffen. Wie vorab erwähnt, sollte man die geringen Kosten für ein Rückholdienst nicht scheuen – eine Rückführung auf eigene Kosten schlägt beispielsweise von Dakar nach Deutschland mit gut 15.000 Euro zu Buche. Für die Rückführung per Flugzeug wird in der Regel eine ärztliche Bestätigung für die dringliche Notwendigkeit verlangt.

Rettungsflugdienste in Deutschland
- **AERO-DIENST des ADAC**
Am Westpark 8, 81373 München
Tel. 089-767676
- **Arbeiter-Samariter-Bund (ASB)**
Sülzburgstr. 140, 50937 Köln
Tel. 0221-47605-0
www.asb-online.de
- **Deutsche Flugambulanz**
Flughafen Halle 3, 40474 Düsseldorf
Tel. 0211-431717
- **Deutsche Rettungsflugwacht**
70624 Stuttgart/Flughafen
Tel. 0711-701070
- **Deutsches Rotes Kreuzes (DRK)**
Friedrich-Ebert-Allee 71, 53113 Bonn
Tel. 0228-230023
- **Malteser Hilfsdienst (MHD)**
Leonhard-Tietz-Str. 8, 50676 Köln
Tel. 0221-200308-0
- **SOS-Flugrettung e.V.**
70623 Stuttgart/Flughafen
Tel. 0711-705555

Die Landesvorwahl für Deutschland ist 0049. Bei der Durchwahl dann die 0 der Stadtvorwahl weglassen.

Rettungsflugdienst in der Schweiz
- **Rettungsflugwacht REGA**
CH-Zürich/Flughafen
Tel. 01-3831111

Die Landesvorwahl für die Schweiz ist 0041. Bei der Durchwahl dann die 0 der Stadtvorwahl weglassen.

LAND UND LEUTE WESTAFRIKAS

Land und Leute Westafrikas

Niger: Wodaabe beim Gerewol-Fest

Ein Wüstensturm beendet die Trockenzeit

Piroge auf dem Niger

Geografie und Geologie

Lage und Landschaft

Das als Westafrika bezeichnete Gebiet erstreckt sich von der Atlantikküste im Westen bis zum Tschad-See im Osten und wird im Norden von der Sahara begrenzt, während es im Süden bis zum Golf von Guinea (Guineaküste) reicht. Wichtigster Fluss ist der **Niger,** der Westafrika in einem riesigen Bogen durchfließt und im sogenannten Nigerbecken ein Binnendelta bildet. Senegal-Fluss und Volta haben für die Bewässerung Westafrikas ebenfalls große Bedeutung.

Charakteristisch für die Landschaft der **Sahel-Sudan-Zone** sind weit gespannte Becken und endlose Ebenen innerhalb diverser **Plateaulandschaften** mit Höhenlagen zwischen 500 und 800 m ü. NN, aus denen sich nur gelegentlich höhere Gebirgsmassive, wie z.B. das **Aïr-Gebirge** im Norden der Republik Niger, mit Gipfeln bis knapp 2000 m erheben. Südlich des Nigerknies stellen die nach Süden hin steil abfallende Schichtstufe (**Falaise von Bandiagara**) sowie die bis zu 1000 m hohen Zeugenberge in der Gegend von Hombori eine Unterbrechung dar, während sich die nördlichen Ausläufer des **Futa Djalon** (Guinea) im südöstlichen Senegal und westlichen Mali abzeichnen. Die **Atakora-Gebirgskette** in Nord-Benin reicht bis in den Süden Togos und nach Norden bis in die Republik Niger hinein. Im äußersten Westen der Côte d'Ivoir machen sich noch Ausläufer des Futa Djalon bemerkbar.

Entlang der gesamten **Atlantikküste,** von Senegal bis Nigeria, dominieren Mündungsdeltas von Flüssen sowie Lagunen das Landschaftsbild. Es gibt hier nur wenige natürliche Häfen, die meisten wurden in der Kolonialzeit angelegt, z.B. Cotonou/Benin, Lomé/Togo, Takoradi und Tema/Ghana, Abidjan/Côte d'Ivoire. In der nördlichen Sahel-Sudan-Zone und in der Sahara herrschen **weite Sanddünenmeere** vor. Die Wüste **El Djouf** (Mauretanien), die weit nach Mali hineinragt, sowie die **Ténéré-Wüste** und der **Erg von Bilma** (beide Republik Niger) zählen zu den bekanntesten Sandmeeren.

Wichtigste Flüsse und Seen

Mit einer Länge von **4200 km** ist der **Niger** (nach dem Nil und dem Kongo) der **drittlängste Strom Afrikas**. Er entspringt in den Ausläufern des Futa Djalon-Bergmassives. In den Oberlauf des Niger (Djoliba bzw. Djoli-Ba) münden mehrere kleine, wasserreiche Flüsse, die ihn nach ca. 200 km zu einem breiten Fluss anschwellen lassen. Östlich von Bamako ergießt er sich dann in das von ihm selbst aufgeschüttete Niger-Becken, wo er sich in mehrere Nebenarme verzweigt und zusammen mit dem Bani, der bei Mopti in den Niger mündet, ein **Binnendelta** bildet, das eine Fläche von 40.000 km² bedeckt. Während der Regenzeit sind weite Gebiete überflutet, was den Bauern nach Sinken des Wasserstandes den Anbau von Reis und Hirse ermöglicht, da der zurückbleibende Schlamm sehr fruchtbar ist (Überschwemmungsfeldbau). Zahlreiche **Seen** (Debo, Kararou, Tanda, Niangay, Garou und Faguibine) im Binnendelta dienen als natürliche Wasserstandsregler. Ursprünglich, d.h. vor seiner Anzapfung, endete der Djoliba-Niger in der Nähe Timbuktus in einem großen Binnensee, der bis in die Gegend von Araouane (Sahara) reichte. Das Wadi des Tilemsi, welches – aus dem Bergland des Adrar des Iforas kommend – bei Gao in den Niger mündet, ist somit als ursprünglicher Quellfluss des Niger anzusehen, denn erst seit Beginn des Tertiärs ist dem (Djoliba-)Niger der Abfluss bei Tosaye in südöstlicher Richtung möglich. Auf dem Weg durch die Republik Niger ist das Flussbett des Niger dann relativ breit. Bei Kainji (Nigeria) wird er zwecks Energiegewinnung aufgestaut, um anschließend als breiter Strom ruhig zur Küste zu fließen. Bei Lokoja wird der Niger noch vom wasserreichen Bebue gespeist, bevor er sich im 2500 km² großen Mündungsdelta, das sich immer weiter ins Meer hinausschiebt, in mehrere Mündungsarme verzweigt. Mit 30.000 m³/sec (an der Mündung) führt er mehr Wasser als der Nil.

Die zahlreichen, von Mangrovensümpfen umgebenen Deltainseln sind mit Ölpalmen bewachsen, weshalb die Mündungsarme auch *oil rivers* genannt werden. Auf seinem Weg durchfließt der Niger verschiedene Klimazonen Westafrikas, sodass der Wasserstand aufgrund differierender Niederschlagsmengen und Verdunstungsraten in den einzelnen Teilabschnitten des Flusses sehr stark schwankt, was sich natürlich auf die Schiffbarkeit auswirkt. Während auf dem Oberlauf des Niger Flussschifffahrt in der Regenzeit nur bis Bamako möglich ist, verkehren auf der Teilstrecke Bamako (Kulikoro) – Mopti größere Schiffe normalerweise in den Monaten August bis November, auf dem Abschnitt Mopti – Gao in der Regel bis Januar. In den letzten Jahren war jedoch aufgrund der allgemein geringen Niederschläge im Sahel die Zeit des Hochwassers und somit auch die Zeit der Flussschifffahrt um einiges verkürzt.

Zweitwichtigster Fluss Westafrikas ist der **Senegal.** Er entspringt – wie der Niger – im Futa Djalon-Massiv von Guinea, seine beiden Quellflüsse Bafing (= Schwarzwasser) und Bakoy (= Weißwasser) fließen bei Bafoulab (Mali) zusammen. Sie bilden den eigentlichen Senegalfluss, der von Kayes bis zur Mündung bei St. Louis in den Atlantik auf einer Strecke von 925 km als breiter Strom dahinfließt und nur zur Regenzeit schiffbar ist. Auf dem Unterlauf ab Podor ist dagegen ganzjährig Schifffahrt möglich, da aufgrund des geringen Gefälles das Meerwasser auch in der Trockenzeit weit in das Landesinnere eindringt.

Ähnlich wie beim Niger sind auch hier während der Regenzeit die Nebenarme mit Wasser gefüllt und weite Teile des umliegenden Tieflandes überschwemmt. Dieser Umstand ermöglicht auch dort den ansässigen Bauern den Anbau von Reis, Hirse und Baumwolle. Wie unterschiedlich der Wasserstand des Senegal in den einzelnen Jahreszeiten ist, verdeutlichen folgende Mess-

GEOGRAFIE UND GEOLOGIE

werte zur Wasserführung in Kayes: in den Monaten März/April (Trockenzeit) 5 m³/sec, im September/Oktober (Regenzeit) 5000 m³/sec.

Drittlängster Fluss Westafrikas ist der **1600 km** lange **Volta**. Seine Quellflüsse (Schwarzer, Roter und Weißer Volta) entspringen alle in Burkina Faso und bewässern nicht nur den südlichen Teil Burkinas, sondern haben auch für Ghana große Bedeutung. Der Volta-Stausee zählt mit einer Fläche von 8730 km² zu den größten von Menschenhand geschaffenen Gewässern und dient der Stromerzeugung.

Weitere wichtige Flüsse Westafrikas sind der **Sine-Saloum**, der mit seinen weitverzweigten Seitenarmen ein großes Mündungsdelta bildet, sowie der **Casamance-Fluss** im Süden Senegals. Im Futa-Djalon-Massiv entspringt der **Gambia River** und schlängelt sich durch den kleinen gleichnamigen Staat. Er stellt quasi eine natürliche Begrenzung der Sahelzone im Süden dar.

Vegetationszonen und Fauna

In Westafrika lassen sich folgende Vegetationsformen unterscheiden: **tropischer Regenwald (Urwald), Feuchtsavanne, Trockensavanne, Dornbuschsavanne oder Halbwüste.**

Feuchtsavanne und Regenwald

Im Tiefland entlang der Guineaküste sind immergrüne Regenwälder charakteristisch, lediglich zwischen Accra und Lagos wird der Guinea-Wald von der bis zur Küste reichenden Savanne unterbrochen. Allerdings wurde ein Teil des Primärwaldes bereits durch Abholzung und Brandrodung zerstört und allmählich durch den Sekundärwald mit weniger wertvollen Harthölzern ersetzt.

Die vielfältige Vegetation dieses Primärwaldes bildet mehrere „Stockwerke", überragt von den Kronen der über 60 m hohen Baumriesen. In den unteren Etagen wachsen u.a. zahlreiche Moos- und Pilzarten, Farne, verschiedenste Schlinggewächse wie Lianen und Orchideen. Reste dieses ursprünglich geschlossenen Regenwaldes sind in Westafrika fast nur noch in Naturreservaten zu finden. Charakteristisch für diesen Regenwald sind der **Fromager** (Kapokbaum), ein laubabwerfender Baum mit riesigen Dornen und glockenförmigen Blüten, die an Magnolien erinnern, sowie der **Parasolier,** ein großer schnellwüchsiger Baum, der an seinen schirmförmigen Blattrosetten zu erkennen ist. Hier befinden sich die Lebensräume von Elefanten, Flusspferden, Affen, Schlangen sowie zahlreichen Echsen- und Vogelarten.

In der **Küstensumpfzone** wachsen Mangroven, Raphia- und Ölpalmen sowie Bambusdickichte, Kokos- und Phoenixpalmen. Seit der Kolonisierung durch die Franzosen sind weite Teile der ursprünglichen Waldzone durch riesige Monokulturen von **Kakao- und Kaffeeplantagen** verdrängt worden.

Zebu-Rinder in der nigrischen Savanne

Bei 10–12° nördl. Breite geht die Regenwaldzone der Guineaküste in die **Feuchtsavanne** (mit einer Trockenperiode von fünf Monaten) über. Sie ist durch Galeriewälder entlang der Flüsse und vereinzelte Baumgruppen sowie durch hohes Elefantengras, Sträucher und Büsche gekennzeichnet. Typisch für diese Vegetationszone sind die aus weiten Grasfluren ragenden Fromagerbäume, die in der Trockenzeit ihre Blätter abwerfen.

Wichtigste Nutzpflanzen sind die Knollenfrüchte *Yams, Maniok* und *Batate* (Süßkartoffel). Weitere wichtige Nutzpflanzen sind Mais und Sorghumhirse (auch „Mohrenhirse" genannt), außerdem Ölpalmen und Staudenbananen, Mango-, Papaya und Guavenbäume. Eines der Haupt-Grundnahrungsmittel, Reis, wird überwiegend in feuchten (Fluss-)Niederungen angebaut (Niger-Binnendelta, Senegal, Casamance). Nach der Regenzeit sind im gesamten **Savannengebiet** immer wieder **Buschfeuer** zu sehen, mit denen riesige Flächen abgebrannt werden, um kurzfristig den Graswuchs zu fördern. Damit wird jedoch auch das Nachwachsen junger Bäume verhindert, was verheerende Folgen für die Umwelt hat. Früher waren weite Flächen viel stärker von Bäumen durchsetzt, während jetzt mehr und mehr Grasland vorherrscht.

Typisch für die Savanne sind der Karité- oder Schibutterbaum sowie Néré- Tamarinden- und der bereits erwähnte Frommager. Tabak und Kolanuss zählen zu den wichtigsten pflanzlichen Genussmitteln, Baumwolle wird überwie-

Das Problem der Desertifikation (Verwüstung)

Die Sahara war nicht immer die extreme Wüste, die sie heute ist: Einst war sie grün! Davon zeugen unter anderem zahlreiche Felszeichnungen, auf denen weidende Tiere sowie Menschen dargestellt sind. Der Klimawechsel, der dieses Gebiet zur Wüste werden ließ, geschah wahrscheinlich vor etwa 1500 Jahren in Zusammenhang mit unseren Eiszeiten. Flüsse und Wälder verschwanden allmählich und mit ihnen mehr und mehr auch die Tiere und Menschen.

Seit den letzten Jahrhunderten bewegen sich die Sahara und die angrenzende Sahelzone scheinbar unaufhaltsam immer weiter nach Süden. Dürreperioden gab es auch schon in früheren Zeiten immer wieder, sie hatten jedoch nie so verheerende Folgen wie in den 1970er und -80er Jahren.

Die starke Ausdehnung der Anbaugebiete in die Wüstenregionen hat zusammen mit der starken Überweidung das ökologische Gleichgewicht der Natur erheblich ins Wanken gebracht. Riesige Hirseanbaugebiete sind „versandet", d.h. von der Wüste vereinnahmt worden. Die immensen Mengen an Holz (Feuerholz und Bauholz für Hütten und Zäune), die verbraucht werden, sind auch durch die verschiedenen Aufforstungsversuche (zum Teil mit dem schnell wachsenden Eukalyptus-Baum) nicht zu decken und bedeuten eine zunehmende Ausweitung von Grassteppen in Gebiete mit ehemals relativ dichtem Baumbestand.

Die möglichen Ursachen für die fortschreitende Wüstenbildung sind sehr komplex und sollen daher im Folgenden nur kurz umrissen werden. Da sowohl Menschen als auch Tiere in der Sahelzone während der Trockenzeit tagelang unterwegs waren auf der Suche nach Wasser, versuchte man (im Rahmen von Entwicklungshilfeprojekten) mit dem Bau von Brunnen diesem Missstand Abhilfe zu schaffen. Abgesehen davon, dass man bei so manchem Brunnen nicht von „angepasster Technologie" sprechen konnte, d.h. die Wartung und damit Funktion gar nicht gewährleistet werden konnten, führte dieser „Eingriff" letztendlich zu einem Absinken des Grundwasserspiegels und damit zu einer verstärkten Verwüstung der Sahara-Randgebiete. Man hatte auch nicht das Ausmaß der Vegetationsschäden und der Bodenversiegelung durch Viehtritt bedacht, welche die riesigen Herden auf dem Weg zur Tränke in der Umgebung verursachten. Außerdem wurden zahlreiche Nomaden in der Nähe der jetzt zahlreichen Wasserstellen bzw. Brunnen sesshaft oder durchstreiften mit ihrem Vieh lediglich die in unmittelbarer Nähe liegenden Gebiete, was zu einer Überweidung der Flächen führte und eine Austrocknung der Böden und damit Erosionsprozesse zur Folge hatte.

Doch nicht nur die Tiere, auch die Menschen trugen ständig zur Zerstörung der unmittelbaren Umgebung der Wasserstellen bei, indem sie jetzt nur noch im Umkreis von Tagesmärschen Feuerholz sammelten und damit das Gebiet in kürzester Zeit baum- und buschlos machten. Durch den Zuzug und den damit erhöhten Brennholzbedarf wurde auch der Baumbestand in unmittelbarer Umgebung von größeren Siedlungen dezimiert; z.B. ist um Ouagadougou (Burkina Faso) im Umkreis von 100 km so gut wie kein Brennholz mehr zu finden.

Die konkurrierende Landnutzung von nomadisierenden und sesshaften Bevölkerungsgruppen in diesen Gebieten stellt ein anderes Problem dar. Während der Viehbestand u.a. durch bessere tiermedizinische Versorgung ständig zunimmt, was für die Besitzer eine eher erfreuliche Erscheinung ist, da es größeres Ansehen und Prestige bedeutet, schränkt der weiter in die Wandergebiete der Viehzüchter vordringende Ackerbau deren

DAS PROBLEM DER DESERTIFIKATION (VERWÜSTUNG)

Nutzfläche mehr und mehr ein, was zu Auseinandersetzungen zwischen den sesshaften Bauern und den Viehzucht treibenden Nomaden führt. Früher waren die Nutzungsrechte zwischen Bauern und Nomaden durch Absprachen ganz klar geregelt. Der Kampf ums Überleben ließ diese „vertraglichen" Regelungen oftmals unbeachtet.

Auch der im Rahmen von Entwicklungshilfeprojekten gestartete Versuch, die Sahelregion mit Hilfe künstlicher Bewässerung (Ableitung von Wasser aus Flüssen) fruchtbar zu machen, hatte schwerwiegende Auswirkungen. Entnimmt man nämlich zu viel Wasser im Oberlauf des Niger (Mali), so fehlt es dann am Unterlauf (Nigeria), wo das Nigerwasser zur Elektrizitätsgewinnung benützt wird (Kainji-Staudamm). Im Jahre 1977 hatten z.B. die geringen Niederschläge in der Sahelregion und die verstärkte Abzweigung von Wasser für Bewässerungszwecke (in den anliegenden Staaten Niger und Mali) zur Folge, dass die Elektrizitätsversorgung von Lagos und Südnigeria völlig zusammenbrach. Eine andere Folge der Bewässerungsprojekte war eine zunehmende Bodenversalzung der bewässerten Flächen, da durch die extrem hohe Verdunstung Mineralien zunehmend an die Oberfläche befördert wurden, so etwa im Unterlauf des Senegal, wo die Staustufe Diama die ökologische Balance nachhaltig verändert.

Aufgrund der verstärkten künstlichen Bewässerung in den trockenen Gebieten hat sich auch das Grundwasserreservoir, das sich unter der Wüste befindet, erheblich verringert. Dies wiederum führte dazu, dass die Brunnen in den Randgebieten versiegten und die Nomaden mit ihren Viehherden nun zu den wenigen in dieser Region übrig gebliebenen Wasserstellen bzw. Brunnen zogen, die überwiegend gar nicht für eine so große Kapazität ausgelegt waren.

Der in Zusammenhang mit Bewässerungsprojekten erfolgte Bau von Staudämmen zog ebenfalls bis dahin unvorhersehbare Folgeerscheinungen nach sich. Durch den Volta-Staudamm wird z.B. verhindert, dass sich der vom Fluss mitgeführte „Sickersand" vor der Küste ablagern kann, weshalb das Meer in Togo und Benin Jahr um Jahr mehr Küstenfläche wegspült. Ähnliches beobachtet man auch an der Mündung des Senegal.

In jüngster Zeit gibt es aber auch Grund zur Hoffnung: Auswertungen von Satellitenaufnahmen haben ergeben, dass der Bewuchs südlich der Sahara wieder zunimmt. Als mögliche Ursache vermuten Wissenschaftler den weltweiten Klimawandel, der in einigen Regionen zu verstärkten Niederschlägen führt. Zuletzt war dies im Sommer 2007 der Fall, als die stärksten Regenfälle seit Generationen zu Überschwemmungen ungeahnten Ausmaßes im Sahel führten, insbesondere in Mauretanien und Burkina Faso.

GEOGRAFIE UND GEOLOGIE

gend für den Export, aber auch zur Eigenherstellung von gewebten Stoffen angebaut. Eine wichtige Nutzpflanze ist auch der Flaschenkürbis als Lieferant für die vielfältig verwendeten Kalebassen.

Entsprechend der Flora ändert sich auch die **Fauna.** In der Savanne sind Gazellen, Antilopen, Büffel und Giraffen zu Hause sowie Löwen, Panther, Geparden und andere Wildkatzen, die durch das hohe Steppengras streifen; in den waldreicheren Gebieten entlang der Flüsse auch Elefanten und Flusspferde, soweit sie nicht vom Menschen verdrängt oder (durch die Jagdsafaris der Europäer und die Einführung von Gewehren bei den einheimischen Jägern) ausgerottet wurden. Die Bevölkerungsexplosion und mangelnde Schutzmaßnahmen der Regierungen tragen das Übrige dazu bei, dass das Großwild in Westafrika immer weniger anzutreffen ist. Lediglich in den Nationalparks sind noch vereinzelt Elefanten, Giraffen und

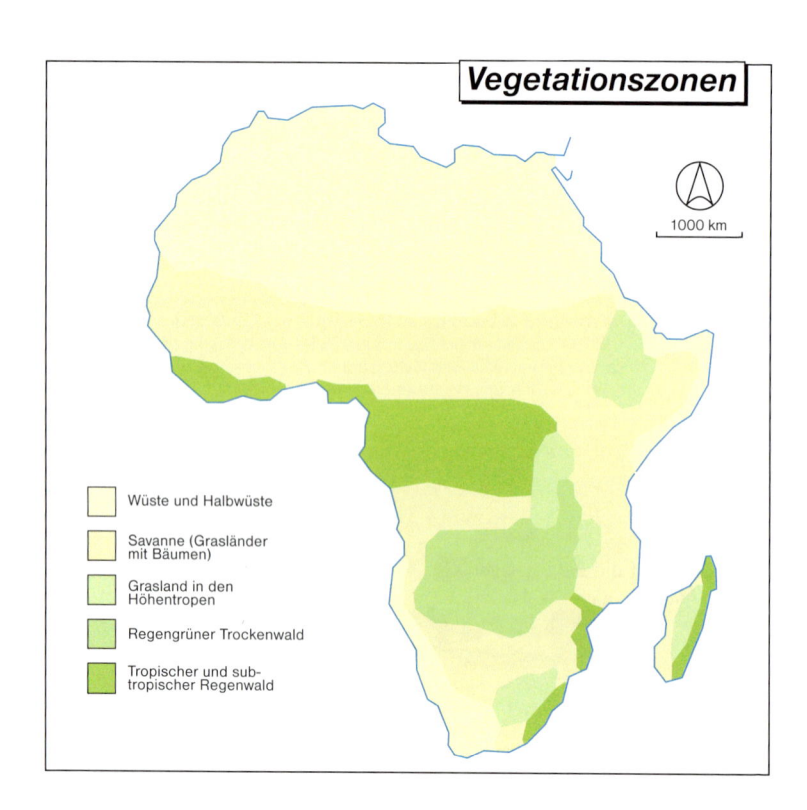

Vegetationszonen

1000 km

- Wüste und Halbwüste
- Savanne (Grasländer mit Bäumen)
- Grasland in den Höhentropen
- Regengrüner Trockenwald
- Tropischer und subtropischer Regenwald

Geografie und Geologie

Flusspferde zu beobachten, Großkatzen sind fast verschwunden.

Unter den zahlreichen Insekten stellen schließlich Heuschrecken eine ganz besondere Bedrohung für die Bevölkerung dar, deren Schwärme durchschnittlich 20% der Ernte vernichten.

Trockensavanne und Dornbuschsavanne

Bei etwa 14 Grad nördl. Breite geht die Feuchtsavanne dann allmählich in die Trockensavanne über, was sich durch das zunehmende Auftreten von Akazienbäumen bemerkbar macht.

Typisch für diese Vegetationszone ist auch der **Baobab** (Affenbrotbaum), der als ein Wahrzeichen Afrikas gilt. Der massige, merkwürdig geformte Stamm mit seiner silbergrau-glatten Rinde verleiht diesem Baum ein archaisches Aussehen. Im Stamm kann er während der Regenzeit gewaltige Mengen Wasser speichern und so längere Trockenzeiten überdauern. Bei manchen dieser gigantischen Bäume hat man ein Alter von bis zu 1000 Jahren nachgewiesen, und so ist es nicht verwunderlich, dass er in manchen Gegenden Afrikas als heilig gilt. Das seltsame Aussehen des Baumes wird der Sage nach folgendermaßen erklärt: Gott ist bei der Welterschaffung der Baum mit der Krone nach unten auf die Erde gefallen und die eigentlichen Wurzeln des Baumes ragen nun als Äste in die Luft. Normalerweise werden die Blattspitzen des Baobab als Gemüse oder als Soße zum Hirsebrei gegessen, und das Vitamin-C-haltige Fruchtfleisch, das von seiner Konsistenz an Brausepulver erinnert, entweder gelutscht oder zu einem Getränk verarbeitet. In der Trockenzeit werfen fast alle Bäume ihre Blätter ab, was ein recht trostloses Bild ergibt.

Eine Savannen-Nutzpflanze, hauptsächlich bestimmt für den Export, ist die **Erdnuss**. Sie wurde ursprünglich von portugiesischen Seeleuten aus Südamerika nach Afrika gebracht und hat sich von dort ins Landesinnere verbreitet. Zusammen mit der Sesampflanze ist sie auch ein wichtiger Fettlieferant.

Weiterhin gedeiht in der Savanne neben Sorghum- und Kolbenhirse auch Fonio, ein sehr anspruchsloses hirseähnliches Gras – auch Hungerreis genannt. Außerdem sind Okra (Gombo), Pfefferschoten, Zwiebeln und Knoblauch als Nahrungsmittel von Bedeutung für die Bevölkerung der Savanne. Weiter im Norden geht die **Trockensavanne** in die **Dornbuschsavanne** über. Sie gilt als typische Vegetationszone des Sahel und ist klimatisch durch weiter abnehmende Niederschläge sowie eine längere Trockenzeit (8–10 Monate, die sich in der Halbwüste auf 11 Monate erstrecken kann) geprägt. Durch reduzierte Blattoberflächen, Dornen und Wasserspeicherung haben sich die Pflanzen den extremen klimatischen Bedingungen angepasst. Dornbüsche sowie Sukkulentengewächse (wie z.B. die *Aloe*) und zahlreiche Trockengräser sind charakteristisch für diese Region.

Die spärlichen Grasflächen dienen als Weideland, und überall ist das bekannte Cram-Cram-Gras anzutreffen. Seine stacheligen Samenkapsel bleiben wie Kletten überall hängen, an Kleidung und auch an der Haut. Während **Dürre-**

Geografie und Geologie

katastrophen wurden die Samen von den Nomaden gesammelt und stellten eine der letzten Notationen dar.

Die dichten Wedel der Dumpalmen und zahlreichen Akazienarten bestimmen das Landschaftsbild, wobei besonders der Gao-Baum zu erwähnen ist, der als einziger Baum in der Trockenzeit seine Blätter bekommt und somit als Schattenspender sehr wichtig ist.

In der **Sahara** (Vollwüste) schließlich kann es nur dort, wo Grundwasser zugänglich ist, zur Anlage von **Oasen** kommen. Dort ist die Dattelpalme die wichtigste Nutzpflanze; außerdem werden Oliven, Feigen, Aprikosen, Mandeln und Getreide angebaut.

Riesengroß: Wurzel eines Fromager-Baumes, im Hintergrund Baobabs

Wirtschafts- und Lebensformen

In Westafrika lassen sich, in **Abhängigkeit von den geografischen Bedingungen,** drei verschiedene Wirtschafts- und Lebensformen unterscheiden: der Nomadismus, das Savannenbauerntum und das Waldlandbauerntum.

Nomadismus

Charakteristische Wirtschafts- und Lebensform in der Sahelregion (Dornbuschsavanne und Halbwüste) ist der Hirtennomadismus. Die Niederschläge sind meist zu gering, um einen einigermaßen rentablen Ackerbau zu betreiben. Die Lebensgrundlage der Hirtennomaden ist daher die **Viehzucht.** Sie haben ihre Lebensweise völlig auf die Bedürfnisse der Nutztiere (Dromedare,

Rinder, Schafe und Ziegen) abgestimmt und ziehen mit ihren Herden von Wasserstelle zu Wasserstelle, d.h. sind gezwungen, ständig ihren Wohnort zu wechseln. Entsprechend „leicht" müssen ihre Behausungen sein; meist sind es nur Zelte oder Strohhütten. Die Fulbe und Tuareg sind neben den überwiegend in Mauretanien lebenden Mauren als typische Nomaden der Sahel-Sudanzone anzusehen. Je nach Jahreszeit ziehen sie mit ihren anspruchslosen Tieren zwischen Sahara und Sahel hin und her. Dromedare dienen den Tuareg an erster Stelle als Transportmittel durch die Wüste, und erst an zweiter Stelle haben sie wirtschaftliche und soziale Bedeutung: Je größer die Herde, desto größer das Ansehen. Für das Überleben sind jedoch Ziegen und Schafe als Fleisch- und Milchlieferant von größerer Bedeutung, obwohl Tuaregs auch Kamelmilch trinken. Die Tuareg sind Vollnomaden und lassen Getreide entweder in den Oasen von Hörigen produzieren oder betreiben Tauschhandel. Generell wandern die Nomaden in der Trockenzeit auf der Suche nach Weiden für ihre Herden nach Süden, an den Rand der Sahelzone und auch weit in die Sudanzone hinein. In der Regenzeit ziehen sie wieder nach Norden, wo bald nach dem ersten Regen das Gras sprießt.

Für Rinder haltende Hirtennomaden Westafrikas ist die **„zyklische Weidewanderung"** typisch, d.h. sie durchstreifen in der Regel nur ein relativ begrenztes Gebiet in unmittelbarer Nähe von Wasserstellen und Brunnen. Statt des Vollnomadismus, wie in der Sahara üblich, bei dem die Familien das ganze Jahr unterwegs sind, ist vor allem für die Bevölkerung der Sahel-Sudanzone der sogenannte Halbnomadismus typisch, d.h. ein Teil der Familie (meist die Frauen oder die Älteren) ist in der Regenzeit sesshaft und betreibt Ackerbau, während die Männer mit den Herden durch die Gegend ziehen. Dies hat den Vorteil, dass die Halbnomaden-Familien nicht nur bei der Versorgung mit Milch, Butter und Käse weitgehend autark sind, sondern auch bei dem wichtigen Nahrungsmittel Hirse. Man nimmt an, dass die Milchverarbeitung erst relativ spät aufgekommen ist und zuerst von den Vollnomaden betrieben wurde, während bei den früheren Hirtenvölkern die Jagd- und Sammelwirtschaft dominierte. Viele Fulbe-Hirten, die ihre Herden während der letzten Dürrekatastrophe verloren hatten, sind sesshaft geworden.

Savannenbauern

Im Gegensatz zum Sahel sind die typischen Wirtschaftsformen in der Sudanzone (Trocken- und Feuchtsavanne) der **Regenzeit- und Überschwemmungsfeldbau**, ergänzt von Großviehzucht. Hier werden die Tiere jedoch weniger als Fleisch- und Milchlieferanten gehalten, sondern werden verkauft.

Entlang der Flüsse ist auch die **Fischereiwirtschaft** von Bedeutung. Im Niger, Senegal und Volta werden neben dem bekannten Kapitänsfisch auch Karpfen, Hechte, Schollen, Welse und Aale als Speisefische gefangen.

Das Obernigergebiet gilt als Kerngebiet des ältesten Bauernvolkes, der

Geografie und Geologie

Mande (s.a. Kapitel Bevölkerung). Als wichtigste Vertreter des traditionellen Bauerntums Westafrikas, das sich angeblich bereits vor 500 Jahren aus dem Sammler- und Jägertum in der Sudanzone entwickelt haben soll, gelten heute die **Senufo** und **Dogon** sowie die **Wolof**, **Bambara** und **Songhay**. Nach *G.P. Murdock* sollen zur gleichen Zeit, als sich in Ägypten ein „Frühbauerntum" zu entwickeln begann, auch am Oberlauf des Niger erste Kultivierungsbemühungen stattgefunden haben.

Hauptanbauprodukte sind heute die traditionellen Hirsearten sowie Reis, Mais, Bohnen, Erdnüsse, Yams, Sesam und Baumwolle. Als alkoholisches Getränk wird Hirsebier gebraut. Regen- und Trockenzeiten bestimmen den Rhythmus von Anbau und Ernte. Die Vorratshaltung in Getreidespeichern sorgt das ganze Jahr über für eine mehr oder weniger ausreichende Ernährung.

Wichtigstes Werkzeug für die Bestellung der Felder ist die **Hacke**. **Brandrodungsbau** ist weit verbreitet. In der Trockenzeit werden Bäume gefällt und als Feuerholz getrocknet. Während das Urbarmachen des Savannenbodens Aufgabe der Männer ist, sind meist die Frauen für die Aussaat zuständig.

Die Bodendüngung erfolgt auch heute noch überwiegend „organisch" mit Abfällen, Mist und menschlichen Exkrementen. Feldbewässerung war südlich der Sahara lange Zeit unbekannt und wurde bzw. wird in verstärktem Maße erst durch Entwicklungshilfeorganisationen eingeführt. Die fruchtbarsten Gebiete befinden sich demnach an den Fluss- und Seeufern und in den Schwemmlandgebieten. Normalerweise sind mehrjährige Brachezeiten zur Regenerierung notwendig (vor allem in den Brandrodungsgebieten), was aufgrund des erhöhten Nahrungsmittelbedarfs durch das starke Bevölkerungswachstum längst nicht mehr umsetzbar ist. Die Folge sind eine sinkende Bodenfruchtbarkeit bis hin zur Bodenauslaugung, was in weiten Teilen Westafrikas zu gravierenden Problemen bei der Nahrungsmittelversorgung geführt hat.

Waldlandbauern

Im besiedelten immergrünen Regenwald ist schließlich der **Dauerfeldbau** die typische Wirtschaftsform, ergänzt durch Jagd, Kleintierzucht und Sammelwirtschaft. Die Haltung von Großvieh ist wegen des Klimas und der regionalen Verbreitung der Tsetsefliege so gut wie unmöglich, lediglich eine gegen Trypanosomiasis (Schlafkrankheit) relativ resistente Rinderart wird hier gelegentlich gehalten. Dem Fischfang kommt in dieser Zone eine besondere Bedeutung als Eiweißlieferant zu.

Die Bestellung der Felder, die Kleintierzucht und das Sammeln von Früchten obliegt hauptsächlich den Frauen.

Während früher nur kleine Flächen des Regenwaldes für die Gewinnung von landwirtschaftlichen Nutzflächen gerodet wurden, um die Hauptnahrungsmittel wie Yams, Taro und Maniok anzubauen, werden jetzt immer größere Gebiete kahlgeschlagen bzw. brandgerodet, wo dann neben verkohlten Urwaldriesen in zartem Grün Maniokpflänzchen sprießen. Die dünne Humusschicht wird ohne die schützenden

Baumkronen jedoch leicht von den heftigen Regengüssen weggeschwemmt, da Wurzelwerk als Erosionsschutz fehlt. Der Boden der tropischen Regenwälder selbst enthält nur wenig Nährstoffe und ist darauf angewiesen, dass er von den ständig herunterfallenden Blättern und Pflanzenteilen immer wieder mit frischen Nährstoffen versorgt wird. Fehlt diese Biomasse, so ist der Boden nach kurzer Zeit ausgelaugt und bringt keine Erträge mehr, was die meisten dort ansässigen Waldlandbauern nicht weiter stört, solange sie immer noch ein Stück Wald zum Roden finden. Sie sind es gewohnt, dass der Regenwald mit seinem üppigen Wachstum uneingeschränkt Nahrung liefert und ziehen dann einfach weiter. Mit ein Grund, dass das komplexe Ökosystem des Regenwaldes verstärkt durch einen verkümmerten Sekundärwald ersetzt wird.

Klima

In Westafrika lassen sich grob **drei Klimazonen** unterscheiden: Sahel, Sudan und Guineaküste, welche mehr oder weniger parallel zu den Breitengraden verlaufen. Niederschlagsmenge und Regenzeitdauer nehmen dabei von Norden nach Süden kontinuierlich zu.

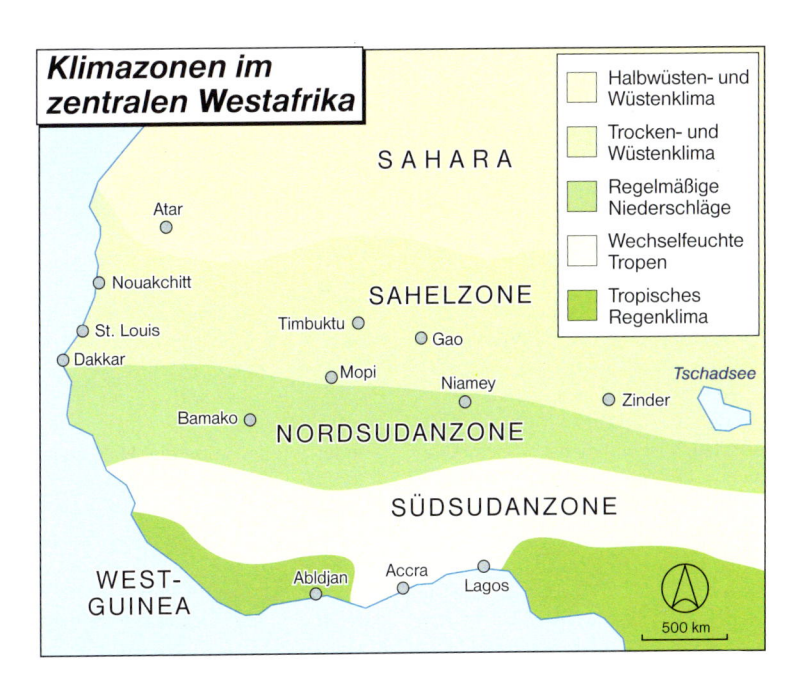

Klimazonen im zentralen Westafrika

- Halbwüsten- und Wüstenklima
- Trocken- und Wüstenklima
- Regelmäßige Niederschläge
- Wechselfeuchte Tropen
- Tropisches Regenklima

SAHARA
Atar
Nouakchitt
SAHELZONE
St. Louis — Timbuktu — Gao
Dakkar
Mopi
Niamey
Bamako — NORDSUDANZONE — Zinder
Tschadsee
SÜDSUDANZONE
WEST-GUINEA — Abldjan — Accra — Lagos
500 km

KLIMA

Der Begriff **Sahel** (arab. Ufer/Küste) bezeichnet den Rand der Wüste, d.h. die südlich an die Sahara grenzenden Gebiete von der Atlantikküste im Westen bis zum Roten Meer im Osten. Der Sahel ist eine Übergangszone zwischen Wüste und Savanne bzw. zwischen Weiß- und Schwarzafrika. Der Begriff **Sudan** (arab. *Bled es Sudan* = Land der Schwarzen) bezeichnete dagegen ursprünglich die von dunkelhäutigen Menschen bewohnten Gebiete südlich der Sahara. Diese Bezeichnung soll jedoch im Folgenden für die Region verwendet werden, die sich zwischen dem Rand der Wüste im Norden und dem äquatorialen Regenwald im Süden und vom Atlantischen Ozean im Westen bis zum Roten Meer im Osten erstreckt – nicht zu verwechseln mit der Republik Sudan, die diesen geografischen Begriff als Staatsname übernommen hat.

Als Klimazone ist der Sahel durch eine **maximale Regenzeit** von vier Monaten gekennzeichnet, wobei mit jährlichen Niederschlägen zwischen 50 und 400 mm zu rechnen ist. In der Sudanzone dagegen fallen bereits jährliche Niederschläge von 400–1000 mm in einem Zeitraum von vier bis sechs Monaten. Die im Süden angrenzende Küstenzone ist durch Niederschlagsmengen von mehr als 2000 mm/Jahr bis zu 4000 mm/Jahr gekennzeichnet.

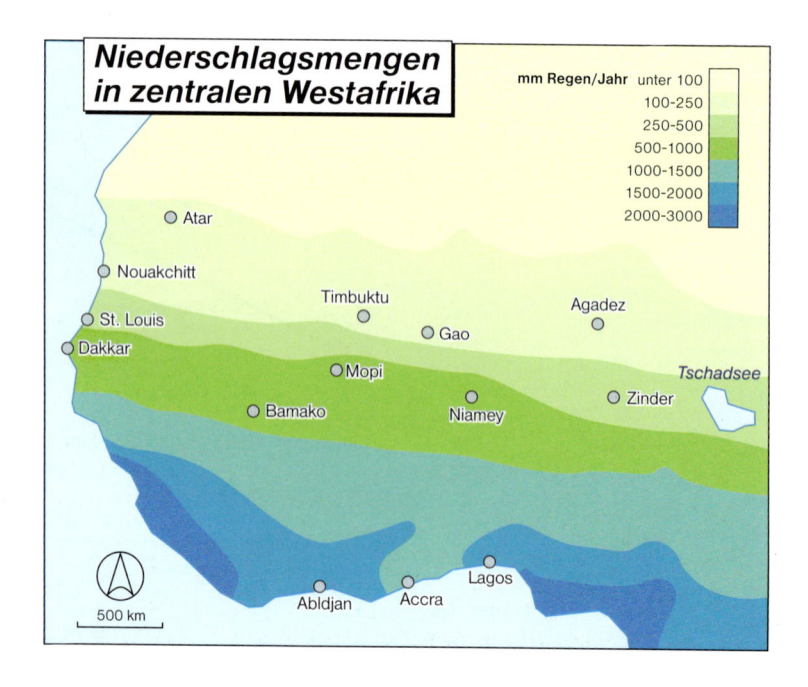

Niederschlagsmengen in zentralen Westafrika

mm Regen/Jahr	
unter 100	
100–250	
250–500	
500–1000	
1000–1500	
1500–2000	
2000–3000	

Orte: Atar, Nouakchitt, St. Louis, Dakkar, Timbuktu, Gao, Agadez, Mopi, Bamako, Niamey, Zinder, Tschadsee, Abidjan, Accra, Lagos

500 km

Typisch für die Sahelzone ist die ungleiche regionale Niederschlagsverteilung: Der Regen fällt meist in Form von heftigen, lokal begrenzten Gewittern, was bei extrem ungünstiger Verteilung zu Dürrekatastrophen führen kann.

In den nachfolgend aufgeführten Klimazonen sind die Jahreszeiten (Regenzeit und Trockenzeit) jeweils ganz unterschiedlich verteilt.

Sahel

In der Sahelzone ist die Regenzeit am kürzesten: Sie dauert nur drei Monate, von Juli bis September. In der restlichen Zeit des Jahres (Trockenzeit) sind durchschnittliche Tagestemperaturen bis etwa 40°C zu erwarten. In den heißesten Monaten von März bis Mai können die **Tagestemperaturen** sogar **bis auf maximal 47°C** klettern. Mit starken Tagestemperaturschwankungen ist in den Monaten von November bis Februar zu rechnen, in denen die nächtlichen Temperaturen im Sahel schon mal bis unter 10°C sinken können.

Sudan

In der Sudanzone dauert die Regenzeit bereits länger, in der Regel von Mai bis Oktober. Die durchschnittlichen Tagestemperaturen belaufen sich während dieser Zeit auf etwa 30°C, die Luftfeuchtigkeit ist relativ hoch.

Während der **Trockenzeit** von November bis April sind die Tagestemperaturen aufgrund der geringen Luftfeuchtigkeit erträglich, die Nächte sind jedoch auch hier während der Trockenzeit empfindlich kühl: In den Monaten November bis Februar bewegen sich die nächtlichen Temperaturen zwischen 15 und 18°C. Die Monate **März und April** sind mit maximalen Tagestemperaturen bis etwa 35°C die **heißesten Monate des Jahres** im Sudan.

Charakteristisch für die Trockenzeit im Sahel-Sudan ist der fast ständig aus der Sahara wehende **Harmattan**, ein Wind, der in den Wintermonaten große Mengen feinen Wüstensandes weit nach Süden trägt. Zu dieser Zeit ist an manchen Tagen der ganze Himmel überzogen von einem rötlichen Schleier. Drückende Schwüle, gefolgt von Wirbelstürmen und schweren, wolkenbruchartigen Regenfällen kündigen dann im Frühjahr den Beginn der Regenzeit an. Meist rückt aus Westen eine riesige schwarze Wolkenwand heran, begleitet von starken Gewittern und Sturmböen. Innerhalb kürzester Zeit fallen riesige Wassermassen, die manchmal Hütten und Straßen mitreißen. Nach einem solchen Gewitter ist die Luft jedoch angenehm kühl, und bald nach den ersten Regenfällen ist die Landschaft von einem feinen, grünen „Grasteppich" überzogen.

Küstenregion

In der Küstenregion südlich von Sierra Leone unterscheidet man im Vergleich zum Sahel-Sudan in der Regel zwei Regenzeiten: die „große", von Mitte Mai bis Mitte Juli, und die „kleine", von Anfang Oktober bis Anfang Dezember, manchmal aber auch nur eine von Mitte Mai bis Anfang Oktober. Die jeweils

Geschichte Westafrikas

dazwischen liegenden Trockenzeiten sind gekennzeichnet durch eine etwas geringere Luftfeuchtigkeit. Die Tagestemperaturen sind mit mindestens 25 bis maximal 35°C das ganze Jahr über relativ hoch, mit geringen Schwankungen zwischen Tag und Nacht, die Luftfeuchtigkeit ist relativ hoch (77–88%). Während der trockenen Wintermonate bläst der Harmattan aus der Sahara oft bis an die Küste, verschleiert den Himmel und verringert die Sicht erheblich.

Vor- und Frühgeschichte

Der afrikanische Kontinent spielt in der Menschheitsentwicklung die entscheidende Rolle. Man nimmt an, dass es in Afrika, während in Nordeurasien Eiszeit vorherrschte, mehrere Regenperioden gegeben hat, die im Gebiet der heutigen Sahara eine Savannenlandschaft mit darauf basierender Jäger- und Sammlerkultur hervorbrachten.

Zu **Beginn der Jungsteinzeit** wurde wahrscheinlich ganz Westafrika von einer negriden Bevölkerung bewohnt. Bereits vorher (ca. 10.000 vor unserer Zeitrechnung) hatte sich in bestimmten Gebieten Ostafrikas eine **prähistorische Kultur auf hohem Niveau** entwickelt, wovon z.B. Faustkeile, steinerne Lanzenspitzen, Knochenharpunen und polierte Mahlsteine zeugen. Auf das Jahr 5000 vor unserer Zeit werden diverse Töpferwaren und Gefäße aus bearbeitetem Stein datiert. Die ältesten menschlichen Überreste mit negroiden Zügen (Mensch von Asselar) wurden im Wadi von Tilemsi, 200 km nördlich von Gao (Mali) gefunden. Die von *Henri Lhote* bei Arlit gefundenen Skelette wurden ebenfalls auf etwa 4000 Jahre vor unserer Zeit datiert. Zu *Homers* Zeiten (etwa 800 v.Chr.) erschien „Africa" das erste Mal auf einer griechischen Weltkarte.

Maure vor seiner Bibliothek in Chinguetti

GESCHICHTE WESTAFRIKAS

Die **Phönizier** sollen bereits um 500 v.Chr. an der Küste Marokkos und Mauretaniens mit den dort ansässigen Afrikanern Handel getrieben haben; erste karthagische Stützpunkte sind aus dieser Zeit nachgewiesen. Die Gründung Karthagos erfolgte um 800 v.Chr., daran anschließend wurde die nordafrikanische Küste kolonisiert.

Die **Römer** fassten etwa 150 v.Chr. das erste Mal in Afrika Fuß. Anfangs bezeichneten sie die Einwohner Karthagos als „Africani", später dann das gesamte Land westlich Ägyptens als „Africa". Nach dem Sieg über Karthago (146 v.Chr.) unternahmen sie auch ersten Exkursionen in die Sahara. Eine Durchquerung der Sahara war jedoch erst möglich, als das Kamel um die Zeitenwende aus Asien eingeführt wurde.

Die **Araber** hatten bereits im 7. Jh. v.Chr. intensive Beziehungen zu den Bewohnern Ostafrikas. Da die Nachfrage nach afrikanischen Produkten, vor allem Gold, sehr groß war, wurde das Netz der Karawanenstraßen zwischen dem Maghreb und Westafrika immer dichter. Die Bewohner Westafrikas waren im Gegenzug an dem Salz aus den Minen der nördlichen Sahara interessiert sowie an wertvollen Stoffen und Luxusgegenständen.

Bevor die **Portugiesen** im 15. Jh. die Guineaküste entdeckt hatten, stellte die Sahara den einzigen Zugang nach Westafrika dar. Im europäischen Mittelalter führten zahlreiche arabische Händler und Geografen große Reisen nach Afrika durch. Timbuktu und Gao waren damals wichtige Handelszentren. Teilweise wagten sich die arabischen Händler bis an die Grenze des Regenwaldes vor.

Als *Vasco da Gama* Ende des 15. Jh. auf seinem Weg nach Indien den afrikanischen Kontinent umsegelte, erhielten die Europäer erstmals Kenntnis über die Umrisse und Dimensionen Afrikas. In das Landesinnere drangen Forschungsreisende aber erst im 18./19. Jh. vor.

Frühe Handels- und Königreiche

Die ältesten westafrikanischen Reiche entwickelten sich in der westlichen Sudanzone. Man nimmt an, dass ein Teil der Bevölkerung die Sahara wegen der voranschreitenden Desertifikation verlassen und sich weiter im Süden in die grünen Savannen zurückgezogen hat, während einzelne Gruppen von berberischen Nomaden sich an die Lebensbedingungen in der Wüste angepasst haben.

Königreiche im westlichen Sudan
Das Reich Ghana

Das älteste westafrikanische Großreich Ghana – die ehemalige Kolonie Goldküste hat diesen Namen ohne irgendwelche geschichtlichen Zusammenhänge übernommen – entstand etwa 600 n.Chr. im Gebiet der **Soninke**, zwischen den Flüssen Senegal und Niger. Den Überlieferungen nach sollen die ersten Herrscher dieses Reiches „Weiße" (möglicherweise Berber) gewesen sein.

Die Gegend war wichtiger **Umschlagplatz für den Handel** zwischen Nordafrika und den Gebieten südlich

Geschichte Westafrikas

der Sahara. Die Nachfrage nach Gold war bei der Bevölkerung des Nordens ebenso groß wie der Bedarf an lebensnotwendigem Salz bei den Bewohnern des westlichen Sudan. Daneben florierte der Handel mit anderen Waren wie Elfenbein, Ebenholz, Halbedelsteine, Stoffe, Lederwaren und Straußenfedern gegen Glasperlen, Messing, Kupfer, Seide und Pferde aus dem Maghreb. Das Salz kam aus den Minen von Idjil und Teghaza, während das Gold Ghanas vor allem in Bambuk oder in Galam geschürft wurde.

Das **Monopol im Goldhandel** machte Ghana zu einem reichen Land, so reich, dass der arabische Reisende *Ibn Hawkal* schrieb: „Der König von Ghana ist der reichste König der Erde."

Aufgrund neuer archäologischer Forschungen nimmt man an, dass es sich bei den in **Koumbi Saleh** freigelegten Ruinen um die Überreste der einstigen Hauptstadt des Königreiches Ghana handelt (etwa 100 km südwestlich der mauretanischen Stadt Néma gelegen). Im 11. Jh. beschrieb der Araber *El Bekri* die Hauptstadt Ghanas folgendermaßen: Sie bestand aus zwei Stadtteilen, in dem einen wohnten die islamischen Gelehrten und Kaufleute, im anderen der König. Im muslimischen Stadtviertel gab es zwölf Moscheen und viele Gärten, der König wohnte in einem prunkvollen Schloss. Die Bauern bewässerten ihre Felder und schöpften Wasser aus befestigten Brunnen. Gold war im Überfluss vorhanden, der König erhob Steuern und Zölle.

Der Ghana-König *Kaya Maghan Ciss*, auch *Ciss Tunka* genannt, der 790 als erster schwarzer König den Thron bestieg, vergrößerte das Reich. Unter seiner Dynastie, die vom 9.–11. Jh. dauerte, erlebte Ghana den Höhepunkt seines Reichtums und seiner Macht. Mitte des 11. Jh. setzte allmählich der Zerfall ein, als *Abdullah Ybn Yassin* versuchte, die Bewohner zu einem strengen islamischen Glauben zu bekehren. Der Überlieferung zufolge zog er sich auf eine Insel im Senegal zurück, wo er ein Kloster gründete, Almorabétin (= „die vom Kloster"), woraus später der Name Almoraviden abgeleitet wurde. Die **Almoraviden** werden Mitte des 11. Jhs. zur Herrscherdynastie Marokkos. Im Jahr 1052 kämpften sie gegen Ghana, etwas später eroberten sie Aoudaghost, die Hauptstadt Koumbi Saleh konnten sie erst 1076 einnehmen. Königspalast und große Teile der Stadt wurden zerstört, die Bewohner zum Islam gezwungen. Diese Jahre waren eine Zeit der Plünderungen und Verwüstungen. Lange konnten die Almoraviden jedoch ihre Macht nicht aufrechterhalten und zogen sich wieder zurück.

Die Herrschaftsstrukturen des alten Ghana-Reiches waren jedoch entscheidend geschwächt, zahlreiche Teilkönigtümer und Stadtstaaten lösten sich vom Reich. Mit dem Zerfall Ghanas flohen die Stämme, die den Islam nicht annehmen wollten, wie Wolof, Bambara, Songhay und Akan, Richtung Süden. Die Fulbe zogen sich ins Niger-Binnendelta und in die Bergländer Guineas zurück.

Weiter im Osten war mit **Kanem-Bornu** ein weiteres Handelsreich entstanden, das vom 9. Jh. bis ins 19. Jh. existierte (1846 verließ der letzte König sei-

GESCHICHTE WESTAFRIKAS

nen Thron). Anstelle von Gold wurden hier Baumwolle und Edelhölzer gegen Salz und Kupfer eingetauscht.

Das Reich Mali

Nach dem Königreich Ghana entstand im Land der Malinke (Mande) das Großreich Mali, das zu einem der wichtigsten mittelalterlichen Staatswesen im westlichen Sudan wurde.

Nach dem Zusammenbruch Ghanas gelang es dem sagenumwobenen Mande-König *Sundiata* (*Mari Djata* = „Löwe von Mali") in der **Schlacht bei Kirina** im Jahre 1235 die Oberhand zu gewinnen und das Reich Ghana zu erobern. Nachdem er 1240 *Koumbi Saleh* völlig zerstört hatte, ließ er Niani, die neue Hauptstadt des Mali-Reiches, errichten. Als eigentlicher Gründer des Mali-Reiches, das schon seit dem 11. Jh. als kleines Fürstentum unter der Vorherrschaft Ghanas existierte, gilt *Moussa Keita*, der von 1200–1218 regierte. Sundiata gelang es jedoch während seiner Regierungszeit, das Reich erheblich zu vergrößern, bis es sich vom Futa Djalon bis ans Nigerbinnendelta erstreckte. In seinem Gebiet lagen die Goldminen von Bambuk und Wangara. Er förderte auch die Einführung des Baumwollanbaus und unterstützte damit die wirtschaftliche Entwicklung der Region. Neben dem Islam wurden auch die traditionellen religiösen Kulte toleriert.

Der berühmteste und mächtigste aller Mali-Herrscher war *Mansa Moussa* oder **Kankan Moussa,** der 1312 den Thron bestieg. Als er im Jahre 1324 seine legendäre Pilgerreise nach Mekka antrat, verteilte er in Arabien so viele Goldstücke, dass sich der Goldpreis erst zwölf Jahre später wieder einigermaßen erholte. Kankan Moussa förderte die kulturellen und kommerziellen Beziehungen zwischen Ägypten und Mali. Von einer seiner Pilgerfahrten brachte er zahlreiche arabische Gelehrte mit. Timbuktu und Djenné waren damals nicht nur wichtige Umschlagplätze des Transsaharahandels, sondern auch kulturelle Zentren des Reiches. Moussa brachte auch den arabischen Architekten *Es Saheli* mit, der den sudanesischen Baustil schuf. In Timbuktu baute er neue Moscheen und Lehmpaläste mit Holzdecken und Terrassen. Neben arabischen Händlern kamen auch zahlreiche Koranlehrer in die Städte, die die arabische Schrift mitbrachten und eine **verstärkte Islamisierung** bewirkten. Diese Epoche ist als das **„Goldene Zeitalter",** als Zeit des Friedens und Wohlstands in die Geschichte eingegangen und wird auch heute noch überall im Sahel von den Griots besungen. *Kankan Moussa* war sogar in Europa bekannt, wie eine Karte aus dem 14. Jh. zeigt: darauf ist er als „Herr der Neger von Guinea" mit Zepter und Krone abgebildet. Als *Kankan Moussa* im Jahre 1335 starb, war das Reich auf dem Höhepunkt seiner Macht. Es erstreckte sich in West-Ost-Richtung von der Atlantikküste bis an die Grenzen des heutigen Nigeria und in Nord-Süd-Richtung von der Sahara bis zum tropischen Regenwald.

Mit Beginn des 15. Jh. setzte langsam der Verfall des Mali-Reiches ein. Es vermochte sich nicht mehr gegen die Angriffe der Songhay, Mossi, Bambara,

Geschichte Westafrikas

Fulbe und Tekrur wehren. Im 18. Jh. waren von der einstigen Hauptstadt Niani nur noch Ruinen übrig. Die ehemalige französische Kolonie Soudan Français gab sich nach der Unabhängigkeit 1960, in Erinnerung an dieses Königreich, den Namen Mali.

Das Reich Songhay

Während die Vormachtstellung des Mali-Reiches immer mehr verblasste, gewann die Handelsstadt Gao an Einfluss und wurde zum Zentrum eines neuen Reiches, das Mali bald in den Schatten stellte. Die Songhay haben die Stadt Gao wahrscheinlich schon im 8. oder 9. Jh. in Besitz genommen. Ihre Herrscher traten bereits im 11. Jh. zum Islam über.

Der berühmteste von ihnen war **Sonni Ali** oder **Ali Ber,** der von 1464–1492 regierte. Ihm gelang es, das Reich erheblich zu vergrößern. Als der Stadtstaat Gao im 14. Jh. von Mali vereinnahmt wurde, konnte er sich relativ schnell wieder von der Fremdherrschaft lösen und anschließend das Mali-Reich unterwerfen. Neben Feldzügen gegen die sich immer mehr ausbreitenden Fulbe mussten die Songhay in den Jahren 1477–1483 auch häufig gegen die Mossi kämpfen, die immer wieder in das Nigerbinnendelta einfielen. Als *Sonni Ali* im Jahre 1492 starb, war Songhay das führende Reich im Sudan. Unter seinem Nachfolger *Askia Mohammed Ture,* auch *Askia der Große* genannt, der von 1493–1528 regierte, erlebte das Songhay-Reich seine eigentliche Blütezeit. Unter seiner Herrschaft expandierte Songhay abermals, und gegen Ende der Regierungszeit Askias war es zu einem Großreich angewachsen, das den größten Teil des heutigen Senegal, Mali, Mauretanien und Niger umfasste. Erst die marokkanische Invasion gegen Ende des 16. Jh. brachte den Zusammenbruch des Songhay-Reiches.

Die Bambara-Reiche
Segou und Kaarta

Mit dem Untergang des Songhay-Reiches gewannen die Bambara, ein animistisches Volk von Bauern und Kriegern, wieder ihre Unabhängigkeit und auch zunehmend an Bedeutung. Zu Beginn des 17. Jh. hatten sich an den Ufern des Niger zwei Reiche gebildet, die öfter im Streit miteinander lagen: im Westen das der Bambara von Segou, im Osten das der Bambara aus Kaarta. Im Gegensatz zur Bevölkerung von Mali und Songhay sind die Bambara bis zur Kolonisierung durch die Franzosen ihrem alten animistischen Glauben treu geblieben.

Fulbe-Staaten

Seit dem 11. Jh. breiteten sich die Fulbe – ein Nomadenvolk – vom Senegal immer weiter in der westlichen Sudanzone aus. Auf ständiger Suche nach guten Weideplätzen für ihre Rinderherden wanderten sie von der Sahara im Norden bis zum Regenwald im Süden. Die in zahlreiche Sippen zersplitterten Fulbe hatten sich in relativ kurzer Zeit

Fulbe-Mädchen in Gambia

über den ganzen Sahel ausgebreitet. Die Bekehrung zum Islam stellte die treibende Kraft für die Expansion der Fulbe im 19. Jh. dar. Die neue Religion hatte nicht nur eine einigende Wirkung, sondern vermittelte den Fulbe auch ein Gefühl der Überlegenheit gegenüber den im alten Glauben verhafteten Bauern. Im 18. Jh. hatten die Fulbe dann bereits mehrere Hegemonien geschaffen, die von historischer Bedeutung werden sollten: der Fulbestaat Futa Toro im Norden des heutigen Senegal, Futa Djalon im heutigen Guinea, Massina im heutigen Mali, Liptako im heutigen Burkina Faso, Sokoto im Norden von Nigeria und Adamaua, ein riesiges Gebiet im Norden des heutigen Kamerun. Jahrhundertelang hatten die Fulbe in begrenzten Gebieten unter Vorherrschaft der damaligen sudanischen Reiche gelebt, bis es zu Beginn des 19. Jh. der Dynastie des Bari-Clans gelang, die Unabhängigkeit zu erlangen. Der 1754 geborene **Osman dan Fodio** versuchte den sudanesischen Bauern den neuen Glauben gewaltsam aufzuzwingen und führte von 1804–1810 den „Heiligen Krieg" (*Djihad*) gegen die Haussastaaten. Er schlug nicht nur die Haussa in die Flucht, sondern unterwarf auch noch mehrere ihrer Fürstentümer. Danach zog er sich nach Sokoto zurück.

Eine andere wichtige Figur war der 1775 in Massina geborene **Amadou Bari** (später *Amadou Sekou* genannt), der an den Feldzügen *Dan Fodios* im Haussaland teilgenommen hatte. *Sekou* war als frommer Muslim bekannt. Er führte ein Steuersystem ein, das ihm die

Unterhaltung einer gut funktionierenden Verwaltung und Armee ermöglichte. Die bewegte Geschichte der Fulbe-Reiche, geprägt von zahlreichen blutigen Glaubenskriegen, nahm mit dem Vordringen der Europäer in die Sudanzone im ausgehenden 19. Jh. ihr Ende.

Königreiche am Oberen Volta
Mossi

Die Mossi, ein Kriegervolk, sind etwa im 11. Jh. von Osten her in ihr heutiges Territorium eingedrungen. Dort kam es am Oberlauf des Volta zur **Gründung mehrerer Staaten** (Dagomba, Mamprusi, Wagadugu, Wahiguya und Tenkodogo), die sich bis in die französische Kolonialzeit erhalten haben. Charakteristisch für die Königreiche der Mossi sind (ähnlich wie bei den Bambara) animistisches Brauchtum und die göttliche Verehrung der Herrscher; d.h. an der Spitze der Feudalgesellschaft mit Sklaven, Bauern und Adligen stand ein „sakraler" König, der Mogho-Naba. Als allein Gott unterstellter, souveräner Herrscher war er Gebieter über Leben und Tod. Sein Hofstaat bestand aus mehreren hundert Frauen, Ministern, Leibwächtern und Sklaven. Bemerkenswert ist auch das **hochentwickelte Verwaltungssystem.** Man ist sich nicht einig, ob diese Mossi die Vorfahren der heute in Burkina Faso lebenden Volksgruppe der Mossi sind. Nominell regiert der Mogho-Naba auch heute noch. Sein Hof befindet sich in Ouagadougou, Burkina Faso, wo ihm nach wie vor große Verehrung entgegengebracht wird. Dem *Naba Ubri* gelang es gegen Ende des 15. Jh., die autochthone Bevölkerung zu unterwerfen oder zu vertreiben (wie z.B. die Dogon) und das Königreich Ubritenga in Ouagadougou zu gründen, das von zahlreichen Fürstentümern umgeben war. Die Mossi konnten sich gegen die Expansionsbestrebungen der Mali- und Songhay-Herrscher erfolgreich zur Wehr setzen und auch verstärkten Islamisierungsversuchen aus dem Norden, sowie den aus dem Süden einfallenden Sklavenjägern Widerstand leisten. Gegen Ende des 19. Jh. leiteten bürgerkriegsähnliche Zustände den Verfall des Mossi-Reiches ein und erleichterten Frankreich die Intervention.

Küsten-Königreiche
Ashanti

Die Ashanti gehören zur Gruppe der Akan und kamen wahrscheinlich ursprünglich aus den Savannen nördlich der Regenwaldzone, wo sie in unmittelbarer Nachbarschaft der Dagomba lebten. Nachdem die ihre politische Unabhängigkeit erlangt hatten, zogen sie nach Süden in ihre heutigen Wohngebiete (Umgebung von Kumasi/Ghana). Seit dem 11./12. Jh. hatten die Ashanti mehrere Fürstentümer gegründet und im Laufe der Zeit durch Bündnisse und Eroberungen immer mehr Stämme assimiliert. Das im 17. Jh. von **Osei Tutu** gegründete Ashanti-Reich war mächtig genug, um den größten Teil des heutigen Ghana fast 200 Jahre lang zu beherrschen. Als Symbol für den Zusammenschluss der Völker ließ man nach Anrufung des Himmels einen goldenen Stuhl (*sikadwa*) auf die Knie des Königs gleiten. Dieser „Goldene Stuhl der

GESCHICHTE WESTAFRIKAS

Ashanti", der die Seele der Nation verkörpert, und als Personifizierung der ersten *Ashantihene* (Könige) angesehen wird, sollte später in der Begegnung mit Europäern eine große Rolle spielen. Die Ashanti hatten sowohl den innerafrikanischen als auch im internationalen Sklavenhandel als sehr einträgliches Geschäft entdeckt und spielten dort eine dominierende Rolle. Seit Beginn des 18. Jh. waren die sie Hauptlieferanten für europäische Sklavenhändler. Unter dem König *Osei Osibe Kwamina* erlebte das Ashanti-Reich **im 19. Jh.** seine **Blütezeit.** Sein Einflussgebiet erstreckte sich über den **größten Teil des heutigen Ghana,** das Gebiet der Mossi und der Kong sowie den nördlichen Teil der Côte d'Ivoire.

1874 besetzten die Engländer Kumasi, die Hauptstadt der Ashanti, und gründeten die Kronkolonie **„Goldküste",** doch blieben die Ashanti selbst noch unabhängig. Erst 1902 wurde das ganze Ashanti-Reich britische Kronkolonie, und der Ashantihene (König) blieb bis zur Unabhängigkeit 1957 Titualherrscher. Das Königreich der Ashanti wurde Teil der Republik Ghana.

Dahomey

Zur gleichen Zeit wie das Reich der Ashanti erlebte auch das im Jahre 1625 gegründete Fon-Königreich Dahomey seinen politischen Aufstieg. Es verfügte ebenfalls über eine gute militärische und wirtschaftliche Organisation. Unter **Agadscha** (1807–1732) erreichte das Königreich Dahomey sein größtes Ansehen. Er stellte auch eine weibliche Truppe auf. Dahomey lag bis ins 19. Jh. in ständigem Krieg mit seinen Nachbarn, den Yoruba, welche ebenfalls Zugang zum Meer und damit zum Sklavenhandel haben wollten. 1698 verwüsteten sie Porto Novo und machten das Königreich Dahomey tributpflichtig.

Fürst Ghezo (1818–1858) kam durch einen Staatsstreich an die Macht. Seine lange Regierungszeit sollte für Dahomey die erfolgreichste sein, denn er schuf eine straffe Verwaltung. Außerdem versuchte er den Sklavenhandel durch den Handel mit Palmöl abzulösen. Doch der Menschenhandel blühte noch eine Zeitlang weiter, und es kam zur Gründung des heutigen Cotonou, das ebenfalls zum Umschlagplatz für Sklaven wurde. In der Hauptstadt Abomey sollen angeblich anlässlich großer Feste zu Ehren des gefürchteten Herrschers zahlreiche Menschenopfer dargebracht worden sein.

Yoruba

Die Vorfahren der Yoruba sind wahrscheinlich aus dem Gebiet des oberen Nil in ihr heutiges Gebiet eingewandert, wo sie sich zum Teil mit der dort lebenden Bevölkerung vermischt haben bzw. diese unterwarfen. Das Reich der Yoruba lag östlich von Dahomey, seine Hauptstadt war *Oyo*. Es war um einiges älter als die Reiche Ashanti und Dahomey, löste sich jedoch gegen Ende des 18. Jh. bereits wieder auf.

Dagomba

Das westafrikanische Bauernvolk der Dagomba, die heute am weißen Volta (Nord-Ghana) leben und sprachlich mit den Mossi verwandt sind, sollen Über-

Geschichte Westafrikas

lieferungen zufolge ebenfalls ein blühendes Staatswesen unter König *Niakse* gegründet haben. Die wichtigsten Zentren waren die Hauptstadt Yendi sowie Tamale und Gambaga. Im 18. Jh. fiel es jedoch den Expansionsbestrebungen der Ashanti zum Opfer. Bis zur Kolonisierung durch die Engländer 1874 mussten die Dagomba einen jährlichen Tribut in Form von Sklaven an die Ashanti zahlen. 1894/95 wurde das Gebiet von Deutschen Truppen besetzt, und es entstand die Kolonie Togo.

Sklavenhandel (1441–1880)

Die Haltung von **Haussklaven** und **Zwangsarbeit** waren bereits in den afrikanischen Königreichen des Mittelalters üblich. Die Sklaven hatten jedoch in Afrika gewisse Rechte, durften Frauen und Kinder sowie privates Eigentum haben und wurden relativ gut behandelt. Auch die Herren hatten ihnen gegenüber ganz bestimmte Pflichten zu erfüllen. Meist wurden die Sklaven nach einiger Zeit in die Familie aufgenommen.

Der von Europäern seit dem 15. Jh. an der westafrikanischen Küste betriebene Sklavenhandel sah dagegen ganz anders aus. Während die Portugiesen zunächst nur an Gold, Elfenbein und Gewürzen interessiert waren, wurde es an europäischen Höfen bald Mode, **schwarze Bedienstete** zu haben. 1470 wurde dann von Portugiesen das erste Fort Saint-Georges de la Mine (El Mina) errichtet, weitere folgten in Axim und Accra. Von El Mina aus betrieb man intensiven Handel mit Gold und den im Fort festgehaltenen Sklaven.

Damit begann ein **lukrativer Menschenhandel,** dem sich nach der Entdeckung Amerikas durch *Columbus* ganz neue Perspektiven eröffneten. Für die harte Arbeit auf den großen Zuckerrohrplantagen in Mittel- und Südamerika wurden jede Menge Arbeitskräfte benötigt, wofür die robusten Afrikaner wesentlich besser geeignet waren als die einheimischen Indios. *Leo Frobenius* schrieb: „Der Menschenhandel erforderte natürlich eine Rechtfertigung. Der Schwarze wurde zu einem Wilden, einem Halbtier gemacht, zu einer Ware. Die Vorstellung vom barbarischen Neger ist eine Schöpfung Europas."

Organisiert wurde der Sklavenhandel von **großen Handelsgesellschaften,** wie z.B. der Westindischen Kompanie oder der Kompanie des Kap Verde und des Senegal, die sich zum Teil Handelsmonopole entlang der Küste sicherten. Wichtige Häfen dieses **Dreieckshandels** waren Amsterdam, Liverpool, Bordeaux und Nantes. Produkte wie Glasperlen, Branntwein und Gewehre gingen von dort nach Afrika; Gold, Elfenbein und Kautschuk wurden direkt zurück nach Europa transportiert, während das wertvolle **„Ebenholz"** – wie die Sklaven von den Sklavenhändlern genannt wurden – in Maßangaben wie Tonnagen nach Amerika verschifft wurden. Produkte aus Übersee, wie Zucker, Rum, Kaffee und Gewürze, gingen im Austausch dafür nach Europa.

Während der monatelangen Fahrt nach Amerika hockten die Sklaven gefesselt und dicht gedrängt in den dunklen Schiffsbäuchen der Schiffe. Und obwohl man durch entsprechende Anwei-

GESCHICHTE WESTAFRIKAS

sungen versuchte, die Verluste während des Transports so gering wie möglich zu halten, starben viele während der Überfahrt aufgrund katastrophaler hygienischer Bedingungen und Seuchen. Eine beeindruckende Schilderung dieses Menschenhandels bzw. des Transports gibt der Roman **„Roots"** von *Alex Haley*.

Bevor die Sklaven verschifft wurden, wurden sie oft monatelang in einem der **Forts an der Küste** (z.B. Porto Novo, Insel Gorée etc.) unter ähnlich unmenschlichen Bedingungen zusammengepfercht. Dicht gedrängt wie Sardinen in einer Büchse standen sie (manchmal 1000) in einem Raum, den sie fast nie verlassen durften. Sie standen meist bis zu den Knien in Exkrementen, die erst ausgeräumt wurden, wenn ihre Höhe eine bestimmte Markierung an der Wand erreicht hatte. Auch inzwischen verstorbene Sklaven wurden bei dieser Gelegenheit entfernt. Bei den von den Afrikanern an die Europäer gelieferten Sklaven handelte es sich zunächst um Gefangene aus Stammesfehden, später gab es auch professionelle afrikanische Sklavenjäger. Diese erhielten im Austausch von den Europäern u.a. die begehrten Feuerwaffen, die ihnen später auch bei der Verteidigung gegen die Europäer dienen sollten. Im 17./18. Jh. hatte sich der Menschenhandel sowohl für die Europäer als auch für die Afrikaner zu einem lukrativen Geschäft entwickelt, was zu einer Wiederbelebung der alten Reiche wie Ashanti, Dahomey und Yoruba führte. Der afrikanische Binnenhandel wurde zu Gunsten des Überseehandels zunehmend vernachlässigt. Das größte Sklavenhandelszentrum war im 18. Jh. im Yoruba-Land wo durch die zahlreichen Stammesfehden ein Großteil der Gefangenen versklavt wurde. Die Ashanti an der Goldküste galten als die am meisten gefürchteten Sklavenjäger. Sie verkauften die Sklaven an die Fanti, die als Zwischenhändler für die europäischen Kaufleute fungierten.

Die Zahl der in vier Jahrhunderten (von 1441–1880) deportierten Afrikaner wird auf **10 bis 60 Mio. Menschen** geschätzt, wobei die Zahl derer, die den Transport nicht überlebt haben, noch hinzuzurechnen ist. Nicht zu vergessen sind die „indirekten" Opfer des Sklavenhandels durch die Gemetzel der Sklavenjäger in den Dörfern, deren verbliebene, ihrer männlichen Erwachsenen beraubte Bewohner zudem kaum noch in der Lage waren, die Lebensgrundlage sicherzustellen. Ganze Landstriche wurden auf diese Weise entvölkert. Im 17./18. Jh. lieferten die Goldküste und die benachbarte Sklavenküste den größten Teil der menschlichen Ware. Kongo und Angola stellten ebenfalls bedeutende Sklavenkontingente. Zu dieser Zeit lag der Sklavenhandel überwiegend in den Händen der Engländer.

Gegen Ende des 18. Jh. wurden in Europa immer mehr Stimmen gegen den Menschenhandel laut. 1815 hatte der Wiener Kongress die **Aufhebung der Sklaverei** zwar verkündet, Frankreich schaffte sie in seinen Kolonien aber erst 1848 ab. England hatte bereits 1772 den Sklavenhandel im eigenen Land verboten und 1807 auch in seinen Ko-

GESCHICHTE WESTAFRIKAS

Im Innern eines Sklavenschiffes (Zeichnung von M. Rugendas, 1835)

lonien, aber erst wesentlich später (z.T. erst um 1900) wurden alle Sklaven im Britischen Empire frei.

Doch dann stellte sich ein neues Problem: **Wohin mit den befreiten Sklaven?** Etwa 10.000 ehemalige Sklaven siedelte man in Sierra Leone (Freetown) wieder an, nachdem man aus dem Gebiet kurzerhand eine britische Kronkolonie gemacht hatte. Zwischen den eingeführten Sklaven (sogenannten Kreolen) und der einheimischen Bevölkerung gab es jedoch soziale Probleme und Spannungen. Auch die American Colonization Society hatte die Wiederansiedlung freigelassener Sklaven in Afrika zum Ziel. Da man davon ausging, dass sich Afrikaner überall in Afrika zu Hause fühlen, kaufte man ein Stück Land und gründete die Stadt Monrovia, wo ebenfalls einige zurückgeführte Sklaven angesiedelt wurden. Diese Niederlassung bekam unter dem Namen **Liberia** 1839 den Status eines Staates, der zunehmend an Autonomie gewann und bereits 1847 die Unabhängigkeit erlangte.

Mit dem Beginn der industriellen Revolution wurden in England und Frankreich, Belgien, Holland, in den USA sowie im Deutschen Reich immer mehr Rohstoffe gebraucht und gleichzeitig auch neue Absatzmärkte für die Industrieprodukte gesucht. Während Europa und die USA aus dem Sklavenhandel erhebliche Gewinne abschöpften, die so Grundlagen für die spätere Industrialisierung und den technischen Fort-

Geschichte Westafrikas

schritt darstellten, führten jahrhundertelanger Menschenhandel und die hemmungslose wirtschaftliche Ausbeutung durch die Kolonialmächte zur hoffnungslosen Verarmung vieler afrikanischer Regionen. Somit steht der „Reichtum" Europas in engem Zusammenhang mit der „Armut" Afrikas.

Kolonialmächte in Afrika

Vom 16. bis 19. Jh. errichteten Holländer, Briten, Franzosen, Schweden, Dänen und Brandenburger zahlreiche Niederlassungen und Handelsstützpunkte entlang der Küste Westafrikas. 1626 wurde im Zuge der Ansiedelung von Franzosen im Senegal die Französische Westafrika-Kompanie gegründet. Sie errichteten Festungen und Dörfer und nahmen von hier aus die Stützpunkte Gorée, St. Louis und Rufisque ein.

1663 errichteten die Engländer in Gambia das Fort James. Das 1657 von den Schweden gegründete Fort Cape Coast (Ghana) wurde später von den Dänen übernommen, die auch (1657) das Schloss Christiansborg (bei Accra) errichteten. 1677 schickte *Friedrich Wilhelm von Brandenburg* ebenfalls eine Expedition nach Afrika und ließ an der Goldküste ebenfalls ein Fort bauen.

Nachdem durch die zahlreichen Forschungsreisen das Innere des afrikanischen Kontinents etwas erhellt worden war, begann zwischen Franzosen und Engländern der **Wettlauf** um die militärische und ökonomische **Kontrolle des afrikanischen Binnenlandes**. Die Franzosen, die vom Senegal aus immer weiter nach Osten vordrangen, hatten gegen erheblichen Widerstand der Afrikaner zu kämpfen. Die Engländer breiteten sich von ihren Stützpunkten an der Goldküste immer weiter nach Norden aus. Gegen Ende des 19. Jhs. kam es dann zwischen den europäischen Mächten zur **„Balgerei um Afrika"** *(scrambel for Africa)*, was in der **Berliner Kolonial-Konferenz von 1884** gipfelte. Dabei teilten die Kolonialmächte Afrika in sogenannte „Einflussgebiete" auf: Der Sahel-Sudan, die Elfenbeinküste (heute Côte d'Ivoire), Guinea und Dahomey (heutiges Benin) wurden französisch, Nigeria, Goldküste und Sierra Leone britisch, während Togo und Kamerun an die Deutschen fielen. Später wurden durch gegenseitige Abkommen die eigentlichen Kolonialgrenzen festgelegt, unabhängig von ethnischen Gruppierungen oder afrikanischen Herrschaftsgebieten. Die heutigen Grenzen der afrikanischen Staaten weichen nur gering von den damals geschaffenen Kolonialgrenzen ab.

Während die Zeit von 1880–1900 eine Periode der Eroberung und Besetzung war, können die Jahre von 1900–1920 als Zeit der Befriedung und Etablierung der Kolonialherrschaft angesehen werden. Dabei wurden in den einzelnen Kolonien zwei verschiedene Verwaltungssysteme, die der **„direkten"** und der **„indirekten" Herrschaft** entwickelt.

Die **Engländer** versuchten, afrikanische Könige und Häuptlinge als Mittelsmänner für eine indirekte Verwaltung *(indirect rule)* zu finden. Die **Franzosen**, die in langen, blutigen Kriegen letztendlich die Unterwerfung der Völker erreicht hatten, neigten eher dazu, die vorherrschenden Strukturen zu zerstören und alle Macht in die Hände ihres Militärs zu legen. Und dort, wo lokale Herrscher beibehalten wurden, residierten sie, der politischen Macht enthoben, meist nur nominell.

Für **Frankreich** waren die Kolonien in Afrika ein **Reservoir an Menschen,** aus dem man im Kriegsfall Soldaten rekrutieren konnte. In beiden Weltkriegen stellten die „tapferen Senegalesen", wie man die schwarzen Soldaten ungeachtet ihres Herkunftslandes nannte, einen beträchtlichen Teil der französischen Streitkräfte. Hunderttausende von Afrikanern kämpften auf den Kriegsschauplätzen Europas, um nach Kriegsende mit einer kleinen Pension (*gloriole*) in ihre Heimat zurückzukehren.

Die Kolonialzeit hatte jedoch auch **gewisse positive Effekte.** Auch wenn in den französischen Kolonien der Schwerpunkt auf Monokulturen (Erdnuss, Baumwolle, Kakao und Kaffee) lag, oft mit verheerende Folgen, so ist die Infrastruktur zumindest in den landwirtschaftlich interessanten Gebieten erheblich ausgebaut worden. Zahlreiche Straßen und Bahnlinien wurden in „freiwilliger" Arbeit gebaut. Im französischen Sudan begann das Office du Niger im Jahr 1929 ein umfangreiches Bewässerungsprogramm im Nigerbinnendelta, das den Anbau von Reis und Baumwolle ermöglichte. Große Savannengebiete wurden auf diese Weise für eine intensive Bewirtschaftung erschlossen. Da die einzelnen Kolonien je nach Region sehr unterschiedlich „entwickelt" waren, kam es zu einer erheblichen Abwanderung von Arbeitskräften aus den ländlichen Binnenregionen in die Städte bzw. in die Küstenregionen.

Daneben wurde auch auf den **Ausbau des Gesundheits- und Bildungswesens** großer Wert gelegt: Auf dem Land entstanden erste Hospitäler sowie kleine Sanitätsstationen *(dispensaires)*. Tropische Krankheiten wurden studiert und Methoden zur Bekämpfung entwickelt; außerdem Impfkampagnen in großem Ausmaß durchgeführt, womit z.B. das Gelbfieber fast völlig eingedämmt wurde. Auf dem Bildungssektor wurde neben der Errichtung erster Realschulen, Gymnasien und Hochschulen auch begonnen, staatliche Dorfschulen zu gründen. Zusammen mit den diversen kirchlichen Einrichtungen im Gesundheits- und Bildungswesen bildeten sie die Basis für die Herausbildung einer kleinen intellektuellen Schicht, die später in afrikanischen Unabhängigkeitsbewegungen sehr aktiv war.

Während die Engländer eher dazu tendierten, das Unterrichtsniveau dem afrikanischen Milieu anzupassen, war bei den Franzosen die Erziehung der afrikanischen „Bildungsbürger" auf die Vermittlung der französischen Kultur ausgerichtet, wozu meist auch ein Studienaufenthalt in Frankreich gehörte.

Den **Portugiesen** schließlich verdanken die Afrikaner auch Nutzpflanzen wie Mais, Kartoffel, Erdnuss, Reis und Yams sowie Mango und Banane, die man damals noch nicht kannte. Manchen mag es verwundern, dass diese heute als afrikanische Grundnahrungsmittel bekannten Produkte nicht afrikanischen Ursprungs sind.

Geschichte Westafrikas

Die Phase der Kolonisierung durch die Europäer stellt zwar nur einen kurzen Abschnitt in der Geschichte Afrikas dar, doch hat sie den Kontinent entscheidend verändert. Mit ihrer Kolonialpolitik griffen die Europäer zum Teil tief in das traditionelle Leben der afrikanischen Völker ein. Durch die Berührung mit europäischen Werten setzten Akkulturationsprozesse ein, in deren Verlauf das traditionelle afrikanische Sozialgefüge teilweise aufgelöst wurde. Alle bisher gültigen Wertvorstellungen und Normen wurden umbewertet, was eine tiefe Verunsicherung mit sich brachte, die auch heute noch zu spüren ist.

Entdeckungsreisende in Westafrika

Vor 200 Jahren war das Innere Afrikas für Europa noch eine terra incognita, unerforschte Wildnis, voll unabsehbarer Gefahren. 1788 wurde deshalb in London die *African Association for promoting the discovery of the interior parts of Africa* gegründet. Sie rüstete vier Expeditionen aus, die jedoch alle scheiterten. Der britische *Major Houghton*, der den Lauf des Niger erforschen sollte, wurde ermordet. Daraufhin beauftragte die African Association den damals erst 22-jährigen schottischen Arzt **Mungo Park,** den **Verlauf des Niger-Flusses** zu erkunden. Am 22. Mai 1795 verließ er die senegalesische Küste Richtung Osten und erreichte ein Jahr später bei Segou den Niger, wo er seine Vermutung bestätigt fand, dass der Niger, der schon seit *Ptolemäus* bekannt war, nach Osten und nicht, wie bis dahin angenommen, nach Westen fließt. Bei seiner zweiten Reise 1805/06 kam er in den Bussa-Stromschnellen ums Leben, ohne die Nigermündung erreicht zu haben.

Andere Forschungsreisen (von *Clapperton, Denham* und *Oudney*) folgten einige Jahre später, brachten jedoch in der Niger-Frage keine neuen Informationen und Erkenntnisse. Schließlich gelang es *Dixon, Denham, Hugh* und *Clapperton*, von Tripolis in den Zentralsudan vorzudringen und Sokoto zu erreichen. Clapperton näherte sich anschließend mit *Richard Lander* von der Guineaküste aus Richtung Norden dem Niger, wo er 1827 an der Ruhr starb. Die Verbindung der nördlichen mit der südlichen Reiseroute war damit hergestellt. Lander unternahm anschließend (1830) zusammen mit seinem Bruder John eine weitere Reise, bei der er von Bussa als erster den Niger abwärts bis zur Mündung fuhr. Die **Quelle des Niger** entdeckten der Franzose *Marius Moustier* und der Schweizer *Josua Zweifel* erst im Jahre 1879. Der Schotte *Gordon Laing* erreichte als erster Europäer die sagenumwobene Stadt **Timbuktu,** er wurde jedoch auf dem Rückweg ermordet. Bereits ein Jahr später (1828) gelang es dem Franzosen *René Caillé*, als Maure verkleidet, die Handelsmetropole Timbuktu zu besuchen.

Der deutsche Historiker, Geograf und Naturforscher **Heinrich Barth,** der von 1850–1856 den Sahel und Sudan bereiste, erweckte mit seinen Reisebeschreibungen großes Aufsehen in Europa. Er hatte in Timbuktu Manuskripte von arabischen Geschichtsschreibern gefunden und konnte als erster Europäer die bemerkenswerte Geschichte und Kultur der schwarzafrikanischen Völker bezeugen.

Dekolonisierung und Unabhängigkeit

Für das Aufkommen eines verstärkten Unabhängigkeitsbedürfnisses sowie eines afrikanischen Nationalbewusstseins spielten verschiedene Aspekte eine Rolle. Zunächst waren es die beiden Weltkriege, wo die Afrikaner als „französische Soldaten" auf andere Europäer schießen mussten. Dies veränderte erheblich ihr Bild von den „weißen Herren". Außerdem kamen die Intellektuellen mit den französischen Idealen von Freiheit, Gleichheit und Brüderlichkeit in Berührung, sie lernten progressive Politiker kennen, die gegen die Kolonialpolitik waren. Für die Emanzipation der Afrikaner waren Schriftsteller wie *Leopold Sédar Senghor* und *David Diop* von großer Bedeutung, die mit ihrer Dichtung den Afrikanern zu einem neuen Selbstverständnis verhalfen und den Europäern wiederum die Möglichkeit boten, Einblick in die Situation der Afrikaner zu gewinnen.

Nach dem Zweiten Weltkrieg sahen sich die Kolonialmächte unter dem Druck der Weltöffentlichkeit und besonders der USA, die zur Weltmacht Nr. 1 avanciert waren, zunehmend gezwungen, eine andere Politik einzuschlagen. Diese war verbunden mit der Verdrängung des „traditionellen" Imperialismus britischer und französischer Prägung durch einen Konsum- bzw. „Coca-Cola-Imperialismus" der USA.

Die Engländer strebten eine allmähliche Hinführung zur **Selbstverwaltung** an, während Frankreich eine **Assimilierung** der Afrikaner praktizierte, indem es zum Teil schwarze Abgeordnete ins Parlament nahm, wie z.B. *Blaise Diagne* und *Lamine Gueye* aus Senegal sowie den späteren Präsidenten von Senegal, *Léopold S. Senghor*, oder den ehemaligen Präsidenten der Republik Côte d'Ivoire, *Felix Houphouët-Boigny*.

Eine kleine Gruppe von schwarzen Intellektuellen stellte somit die Keimzelle für ein neues afrikanisches Bewusstsein dar. Ihre Ideen fanden jedoch erst nach dem Zweiten Weltkrieg Resonanz in der afrikanischen Bevölkerung. Frankreich und England versuchten, den Widerspruch zwischen „imperialem Ehrgeiz" und der „Idee der Freiheit" dahingehend zu lösen, dass sie als „rechtmäßiger Vormund" ihre „minderjährigen Völker" auf die „Volljährigkeit" hinführen wollten. Die Vorstellungen darüber, wie dies zu erreichen sei, gingen jedoch weit auseinander.

Die Engländer waren bereit, ihre Kolonien langsam in den Zustand völliger Autonomie zu führen, wobei jedoch die wirtschaftlichen Beziehungen sowie die Treue zur britischen Krone aufrechterhalten werden sollten.

Die Franzosen hatten die Vorstellung von einer Union freier und gleichberechtigter Bürger mit einer gemeinsamen Sprache – natürlich französisch – und gleichen Rechten. Nachdem die Forderung nach Gleichberechtigung in den Kolonien laut wurde, kam bald darauf der Wunsch nach Unabhängigkeit von der Kolonialmacht, nachdem Ma-

Geschichte Westafrikas

rokko und Tunesien 1956 die Unabhängigkeit erlangten. Die Kolonie Goldküste erlangte 1957 unter *Kwame Nkrumah* ihre Unabhängigkeit und wurde bei dieser Gelegenheit in Erinnerung an das alte sudanesische Reich in Ghana umgetauft. Guinea ernannte sich im Jahre 1958 zur unabhängigen Republik. Bald darauf wurden auch die übrigen Länder der Kolonialmächte Frankreich und Großbritannien unabhängig. Nur Portugal widersetzte sich mit allen Mitteln dem Unabhängigkeitsstreben. So wurde Guinea-Bissau erst 1974, nach Jahren blutiger Kämpfe selbständig.

Missionierung

Zu Beginn des 19. Jh. kamen die ersten Missionare an die malariaverseuchte Küste Westafrikas, die daher auch gern das **„Grab des weißen Mannes"** genannt wurde. Nur wenige der protestantischen oder katholischen Geistlichen hielten es lange dort aus bzw. überlebten ihren Aufenthalt. Im Jahre 1825 sollen an der Westküste allein 52 Missionare dem „Fieber" erlegen sein. Aber es fanden sich immer wieder neue Freiwillige, die ohne jeden Zweifel an ihrem Tun versuchten, in ihrem missionarischen Eifer aus den „wilden, schwarzen Heiden" „richtige Menschen" zu machen. Bei der Taufe bekamen die Afrikaner christliche Namen und mussten ihre traditionellen afrikanischen Namen ablegen. Meist wurden sie auch gezwungen, europäische Kleidung zu tragen, da die „afrikanische" Kleidung nicht „keusch" genug war. Neben der Errichtung von Schulen und Krankenstationen betrieben die Missionare zum Teil intensive Sprachstudien und erstellten Grammatik- und Wörterbücher für die wichtigsten afrikanischen Sprachen. Um 1900 gab es kaum Gebiete ohne Missionare. Durch das starke Engagement im Bildungssektor und der Heranbildung einer christlich erzogenen Elite trugen sie aber auch zur Entstehung antikolonialer Denkrichtungen bei.

Frau vom Volk der Songhay

Bevölkerung

Afrika gilt zweifelsfrei als die „Wiege der Menschheit", auch wenn sich die Wissenschaft streitet, wo genau der erste Homo sapiens das Licht der Welt erblickt hat – in Ost- oder Südafrika. Weiter nimmt man an, dass die Sahara zu Zeiten, als sie noch von Vegetation bedeckt war, unter anderem von den negroiden Vorfahren der heutigen Pygmäen und Buschmänner bewohnt wurde. Eine Trockenperiode, etwa ab 3000 v.Chr., verursachte dann eine innerafrikanische Völkerwanderung in großem Ausmaß. Von Norden her drangen „Weißafrikaner" immer weiter südlich in die Siedlungsgebiete der negro-afrikanischen Bauernvölker vor und vertrieben die dort ansässige schwarze Bevölkerung in den Urwald bzw. in ihre heutigen Lebensräume.

Durch Karawanenhandel und Eroberrungszüge drangen schon in frühen Zeiten **kulturelle Einflüsse aus dem Mittelmeerraum** in den Sahel, aber auch aus dem Osten kamen orientalische Einflüsse nach „Schwarzafrika". Es entstanden zahlreiche große Neusudanische Reiche (s.a. Kapitel Geschichte). Um sich vor Versklavung bzw. Islamisierung zu schützen, zogen sich einige Völker in abgelegene, und unwegsame Regionen zurück, etwa die Dogon in die Falaise von Bandiagara.

Aufgrund der Wanderungsbewegungen fand in Afrika seit jeher eine **Rassenvermischung** der Völker statt, weshalb die „schwarze" Bevölkerung nicht

BEVÖLKERUNG

als homogen und klar definierbare Einheit angesehen werden.

Weißafrikaner

Als wichtigste Vertreter der hellhäutigen Bevölkerung Westafrikas sind neben den in Mauretanien lebenden **Mauren** die in der Sahara und in der südlich angrenzenden Sahelzone nomadisierenden **Tuareg** anzusehen.

Tuareg

Die Tuareg, von denen es mehrere Untergruppen gibt, sind mit ihren Kamelkarawanen und der geheimnisvoll wirkenden Gesichtsverschleierung als „Blaue Ritter der Wüste" bekannt geworden. Sie selbst bezeichnen sich als *Imuschagh*, was „Freie, Unabhängige" bedeutet. Die Herkunft der Tuareg ist zwar ungeklärt, man nimmt jedoch an, dass sie von den Berbern abstammen. Ihre Sprache ist das Tamaschek, eine Berbersprache mit eigener Schrift, dem Tifinagh oder Tifinar. Die Gesamtzahl der Tuaregs wird auf ca. 1 Million geschätzt, davon leben etwa 500.000 im Niger und etwa 300.000 in Mali, die übrigen verteilen sich auf Algerien, Libyen, Mauretanien und Burkina Faso.

Durch das Vordringen arabischer Beduinen im 11. Jh. aus Nordafrika waren die Tuareg gezwungen, in die Sahelregion zu ziehen. Ähnlich wie andere Hirtenvölker haben auch die Tuareg ein **Gesellschaftssystem mit starker hierarchischer Gliederung.** Die Macht liegt in den Händen hellhäutiger Adeliger. Ihr Leitbild ist es, mutig, schön, gut gekleidet und großzügig zu sein. Ihren Besitz mehrten diese Tuareg früher durch Raubzüge und Sklavenhandel.

In Abhängigkeit von den Adligen stehen die **Vasallen,** die von ihren Herren *Imrad* genannt werden und wahrscheinlich von berberischen Ziegenhirten abstammen, die bei Eroberungszügen unterworfen wurden. Sie selbst nennen sich *Kel Ulli* (Ziegenleute). Sie beschäftigen sich auch hauptsächlich mit Viehzucht, während der Besitz von Kamelen früher das Privileg der Adligen war, die vor allem kriegerische Tätigkeiten ausführten, wie Raubzüge, Kontrolle der Karawanenstraßen oder selbst Karawanen durch die Wüste führten. Eine Hacke in die Hand zu nehmen stand und steht auch heute noch vielfach unter der Würde der Adligen. Als sie nach langer Dürre ihre Herden verloren hatten, verarmten viele Tuaregs. Bei einigen Gruppen der Tuareg, die im Sahel leben, ist die Trennung zwischen Adligen und Vasallen bereits aufgehoben. Die Vasallen haben im Vergleich zu ihren Herren stark negroide Züge.

Die **Sklaven** *(Iklan)* bilden die dritte Klasse der Tuareg-Gesellschaft. Sie leben als abhängige Bauern in den Oasen der Sahara, wo sie für ihre Herren Getreide anbauen bzw. in den adligen Familien die Hausarbeit machen. Die Sklaven wurden, wenn auch von ihren Herren eher verachtet, gut behandelt, denn sie hatten die Möglichkeit, den Herrn zu wechseln. Seit der Kolonisie-

Typische Frisur der Tuareg-Knaben

rung sind die Sklaven weitgehend unabhängig von ihren ehemaligen Herren. **Buzu** oder **Bella** heißen die Sklaven, die meist schwarze Kleidung tragen.

Eine zum Teil verachtete, zum Teil geschätzte gesellschaftliche Gruppe stellen die **Handwerker** (*Ineden*) dar. Sie sind negroid und bearbeiten Metall und Holz. Aufgrund ihres Umgangs mit Feuer und Eisen sind sie respektiert, aufgrund ihrer magischen Fähigkeiten und ihrer Heilkunst zum Teil jedoch auch gefürchtet.

Die Stellung der **Marabouts,** der moslemischen Korangelehrten, ist in den einzelnen Gruppen unterschiedlich. Sie sind für die Verbreitung des Islam zuständig und führen als Träger von heilbringenden Kräften (*baraka*) religiöse Riten durch, sie helfen bei der Auslegung der Korans sowie als Richter. Die Tuareg sind zwar seit ihrer ersten Berührung mit dem Islam Moslems, jedoch ist der Glaube an Geister und magische Kräfte lebendig geblieben.

Die meisten Tuareg-Familien ziehen mit ihren Herden in unmittelbarer Umgebung ihrer Lägerplätze umher, nur wenige betreiben mit ihren Kamelkarawanen (*Azelai*) noch den Salzhandel. Die Tuareg leben überwiegend in Zelten aus Tierhäuten; miteinander verwandte Familien bilden ein Lager.

Tuareg-Männer tragen einen Gesichtsschleier (arab. *litham*), einen mehrfach um den Kopf geschlungenen Stoffschal, der vor allem vor dem Sand schützen soll. Während die Adligen dunkelblaue Schleier tragen, sind die der Vasallen weiß. Als Kleidung bevorzugen die Tuareg indigogefärbte Stoffe, die jedoch nicht farbecht sind, weshalb ihre Haut manchmal leicht blauschwarz schimmert, was ihnen ein besonders geheimnisvolles Aussehen verleiht.

Tuareg-Frauen verschleiern dagegen nie ihr Gesicht, tragen jedoch meist ein Kopftuch aus demselben Stoff als Zeichen des Erwachsenseins. Ihre Kleidung besteht aus Tüchern, die sie um die Hüfte wickeln; sowohl Haare als auch Hals und Arme sind mit Schmuck verziert. Das bekannteste Schmuckstück der Tuareg, das Kreuz, wird als Amulett gegen den „Bösen Blick" getragen, denn man glaubt den gefährlichen „ersten" Blick mit einem besonders auffälligen Gegenstand „einfangen" zu können. Das Kreuz von Agadez hat von allen die vollendetste Form.

Das legendäre **„Mutterrecht",** d.h. die **ursprüngliche matrilineare Abstammungsfolge** (Betonung der Verwandtschaft der Frau gegenüber der des Mannes) bei den Tuareg, sagt relativ wenig über die gesellschaftliche Stellung der Frau aus. Um „Gleichstellung" mit dem Mann oder sogar „Herrschaft der Frauen" handelt es sich hier nicht. Die Tuareg-Frauen sind im Vergleich zu den meisten anderen islamischen Gesellschaften relativ frei und geachtet, ihre Einflussmöglichkeiten jedoch gering. Sie können keine Ämter innehaben, und zu den Ratsversammlungen der Männer haben sie auch keinen Zutritt. Die Tuareg-Frau gilt als Trägerin der Kultur (sie kann die Tifinar-Schrift schreiben), stellt kunstvolle Lederarbeiten her und ist Musikerin oder Poetin. Eine *Targia* kann ihren Ehepartner frei wählen und ihn auch wieder verlassen; Eheschließungen finden überwiegend innerhalb der eigenen sozialen Schicht statt. Trotz des islamischen Einflusses herrscht Monogamie vor.

Die „Blauen Ritter der Wüste" leisteten den französischen Kolonialherren bis 1934 erheblichen Widerstand, wobei sie stark dezimiert wurden. Während und nach der Kolonialzeit haben sich die alten hierarchischen Sozialstrukturen immer mehr aufgelöst. Der Adel hat erheblich an Macht (und seine Sklaven und Vasallen) verloren. Die ehemaligen Sklaven, die nach wie vor an Kultur und Tradition der Tuareg festhalten, leben nun als „Unabhängige", was sie gerne durch auffällige Gewänder und mit Amuletten geschmückte Turbane demonstrieren.

Negroide Völker

In diesem Abschnitt sollen die wichtigsten negroiden Ethnien beispielhaft dargestellt werden, um ein Bild von der traditionellen Kultur Westafrikas zu vermitteln.

Fulbe

Unter den negroiden Völkern Westafrikas nehmen die Fulbe (je nach Region und Sprache auch *Ful, Fula, Fellani, Fellata* oder frz. *Peulh* genannt) eine gewisse Sonderstellung ein. Ihre Gesamtzahl schätzt man heute auf **über sechs Millionen**, die in kleinen Gruppen über ganz Westafrika verteilt, vom Senegal bis zur Republik Sudan, vom Sahel bis zu den Grenzen des tropischen Regenwaldes leben. Sie selbst nennen sich *Fulani*, ihre Sprache ist das Fulfulde.

Der Ursprung der Fulbe ist noch ungeklärt. Die ursprünglich ausschließlich als **viehzüchtende Nomaden und Jäger** lebenden Fulbe siedelten sich etwa seit dem 10. Jh. verstärkt in Gebieten der sesshaften schwarzen Bevölkerung des Sudan an. Sie nahmen den islamischen Glauben an und führten zahlreiche weitgehend religiös motivierte Eroberungszüge durch, die im 17.–19. Jh. mehrere Staatenbildungen zur Folge hatten (s.a. Kapitel Geschichte). Nach ihren sozio-ökonomischen Strukturen lassen sich die Fulbe in folgende drei Hauptgruppen unterteilen:

Fulbe Bororo

Die Fulbe Bororo sind Nomaden (Rinderhirten), die einzige Gruppe mit äthiopiden Zügen, die als „reinrassig" gelten und um ihre helle Hautfarbe von den Vertretern der anderen Gruppen beneidet werden, da dies als besonderes Schönheitsideal gilt. Die Bororo haben ein stark ausgeprägtes ethnisches Bewusstsein und sind heute noch darauf bedacht, ihr Blut durch Endogamie (Binnenheirat) „rein" zu halten.

Man könnte sie als besonders „schöne" Menschen bezeichnen, denn sie fallen durch ihr ästhetisches Äußeres auf, durch ihren stolzen Gang und ihren reichhaltigen bunten Schmuck. Die Bororo-Frauen haben ihr Gesicht häufig mit Schmucknarben verziert. Die Fulbe-Bororo sind nur teilweise islamisiert und ziehen mit ihren Rinderherden je nach Jahreszeit von Norden nach Süden bzw. umgekehrt, wobei sie meist nur zwei bis drei Tage am selben Ort bleiben. Da der bewegliche Hausrat der

BEVÖLKERUNG

Bororo nur sehr klein ist, ist das Lager schnell auf- und abgebaut. In Siedlungen und auf Märkten tauschen sie Milch und Milchprodukte, gelegentlich auch Ziegen und Schafe gegen Getreide ein. Rinder werden dagegen nur in äußersten Notfällen verkauft bzw. zu besonderen Festen geschlachtet. Neben den langhörnigen Rindern, zu denen sie eine emotionale, fast mystische Beziehung haben, spielen andere Lasttiere eine untergeordnete Rolle. Der besonders **stark ausgeprägte Schönheitskult** der Bororo (s.a. Kapitel Kunst und Kultur) kommt besonders bei Festen zum Ausdruck, wo sie ihre Schönheit durch Schminke noch zu unterstreichen versuchen.

Das **wichtigste Fest** ist das **Gereol**, eine Art „Brautschau", die jedes Jahr zu Ende der Regenzeit (Oktober/November) stattfindet. Die jungen Männer tanzen dort vor den Frauen. Sie betonen die Augen mit roten Strichen, um sie größer wirken zu lassen, und schminken Mund und Augenpartie schwarz, damit das Weiß der Zähne und Augäpfel stärker zum Vorschein kommt. Zusätzlich wird die Nase mit einem ockerfarbenen Strich hervorgehoben und das Gesicht mit weißen Linien verziert. Daneben gehört reichlicher Schmuck und ein Lederschurz zu dem aufwendigen Festtagsgewand. Die jungen Männer versuchen sich dann durch auffällige Gesten und möglichst vorteilhafte Bewegungen sowie durch Augenrollen in Szene zu setzen. Bei den Bororo genießen die Frauen im Vergleich zu anderen, stärker islamisierten Fulbe-Gruppen relativ viele Freiheiten.

Fulbe Nai

Die Fulbe Nai (*nai* = Rinder) sind halbnomadisch lebende Hirten, die um ihre Standquartiere Feldbau betreiben. Sie verlassen diese Plätze nur vorübergehend in der Trockenzeit, um für ihr Vieh geeignete Weideplätze zu finden.

Fulbe Sire

Die Fulbe Sire (*sire* = Häuser) waren meist durch Verlust der Herde gezwungen sesshaft zu werden und Feldbau (Sorghum und Erdnüsse) zu betreiben. Vor allem nach den letzten Dürrekatastrophen im Sahel war diese Entwicklung verstärkt zu beobachten. Sie haben sich dabei weitgehend den anderen Gruppen angeglichen, etwa den Wolof, Bambara und Haussa.

Schwarzafrikaner (Negride)
Dogon

Das auf dem Plateau und in der Falaise von Bandiagara lebende Bauernvolk der Dogon wurde in den 1930er Jahren von dem französischen Ethnologen *Marcel Griaule* „entdeckt" und eingehend erforscht. Mit **250.000** Menschen stellen sie etwa 5% der Bevölkerung Malis. Ihren Lebensunterhalt besorgen sie durch Anbau (Hackbau) von Hirse, vielfach im Terrassenfeldbau (in der Falaise); daneben bauen sie auch Mais, Reis und Zwiebeln sowie Baumwolle, Indigo, Tabak und Hanf an, mit deren Erlös sie sich dann Trockenfisch, Salz und Fleisch einhandeln können. Als Haustiere halten sie neben Schafen und Ziegen Hühner und Bienen, während Pferde und anderes Großvieh mehr aus Prestigegründen gehalten werden.

BEVÖLKERUNG

Die **Ackerbauern** gehören zur obersten sozialen Schicht in der Dogon-Gesellschaft, danach folgen die Handwerker in den jeweiligen berufsspezifischen Kasten. Die meist vom Schmied ausgeführten Holzschnitzereien, wie Masken und Kultfiguren, zählen zu den bekanntesten Westafrikas.

Die aus **patrilinearen Großfamilien** bestehenden Dörfer werden von Ältestenräten regiert; eine politische Zentralgewalt hatten die Dogon zu keiner Zeit. Neben den dörflichen Funktionären gibt es noch ein religiöses Oberhaupt *(Hogon)* für die einzelnen Dörfer und Distrikte sowie für das ganze Dogon-Gebiet. Der Hogon führt in seiner Funktion als Priester die religiösen Zeremonien durch, ist aber auch Richter und darüberhinaus noch für die Weitergabe der mythologischen Überlieferungen verantwortlich.

Bobo

Die mit den Dogon kulturverwandten Bobo leben zwischen dem oberen Niger und dem oberen schwarzen Volta in Burkina Faso. Sie bauen vor allem Hirse an und leben weitgehend vom Ackerbau. Außerdem halten sie zur Bereicherung ihres Speisezettels Ziegen, Schafe, Hühner, während Rinder nur zu Opferzwecken oder der Häute und des Dungs wegen gehalten werden. Meist

In einem Debattierhaus der Dogon
(links der Hogon, religiöses Oberhaupt)

BEVÖLKERUNG

haben sie mit dem Hüten des Viehs Fulbe beauftragt, die dann als Entlohnung die Milch verkaufen dürfen.

Die Bobo wohnen in rechteckigen Lehmhäusern mit Flachdach; eine Siedlung besteht jeweils aus mehreren Gehöften, wobei jedes Gehöft von einer mit Zinnen bestückten Lehmmauer umgeben ist und etwas an „Lehmburgen" erinnert.

Sklaverei war früher bei den Bobo üblich, Handwerker (Schmiede und Lederarbeiter) werden auch heute noch als endogame Kaste behandelt und geächtet. Während in den Städten die traditionellen Glaubensvorstellungen durch Islam und Christentum weitgehend verdrängt wurden, sind sie auf dem Land noch weitgehend lebendig. Zahlreiche **rituelle Feste und Maskentänze** werden auch heute noch alljährlich in der Umgebung von Bobo-Dioulasso abgehalten (s.a. Kapitel Burkina Faso bzw. Masken und Kulte).

Senufo

Diverse Untergruppen der Senufo, insgesamt ca. **850.000** Menschen, leben im Südosten von Mali, im Norden der Côte d'Ivoire und im Südwesten von Burkina Faso.

Die Senufo betreiben **Feldbau** mit **Reis, Mais und Hirse.** Ihre Dörfer bestehen aus kleinen Lehmziegelhäusern, wobei die zu einer Familie gehörigen Hütten jeweils mit einer Mauer bzw. mit Palisaden umgeben sind. Während die Häuser im trockneren Norden üblicherweise ein Flachdach haben, sind sie im feuchteren Süden mit einem kegelförmigen Strohdach bedeckt. Die sprachliche und kulturelle Vielfalt spiegelt sich auch in der Symbolik und in verschiedenen Stilen wieder.

Berühmt sind die **Musikanten** der Senufo sowie die Holzschnitzer, die ursprünglich überwiegend Ahnenfiguren und Masken hergestellt haben. Das bedeutendste Werk der Senufo-Kunst ist der **Nashornvogel,** der mythologischen Traditionen zufolge eines der ersten von Gott geschaffenen Tiere ist, und ein Fruchtbarkeitssymbol darstellt. Während der lange Schnabel als männliches Glied gesehen wird, deutet der dicke Bauch eine Schwangerschaft an. Bekannt sind auch die im Wachsausschmelzverfahren hergestellten Figuren (Talismane etc.). Trotz dieser starken Verhaftung im Animismus schreitet die Islamisierung unter den Senufo immer mehr voran.

Lobi

Die Lobi – ihre Gesamtzahl wird auf etwa **250.000** geschätzt – leben in den nördlichen Gebieten der Côte d'Ivoire und Ghanas sowie in den Savannen des Voltabeckens und im Südwesten von Burkina Faso. Ihre Lebensgrundlage bilden der Anbau von Hirse, Viehhaltung, Jagd und Fischfang. Außerdem sind sie auch ein Händlervolk, das in vorkolonialer Zeit Kauri-Muscheln als Zahlungsmittel benutzte. Früher spielte auch noch die Förderung von Gold und Eisenerz eine gewisse wirtschaftliche Rolle. Charakteristisch für die Siedlungsweise der Lobi sind die relativ verstreut liegenden „Lehmburgen" mit Flachdach. Die traditionelle Verehrung der Ahnen und einer Erdgottheit hat trotz

BEVÖLKERUNG

teilweiser oberflächlicher Islamisierung nur wenig an Bedeutung verloren (s.a. Kapitel Burkina Faso).

Neusudanesische Kulturen

Vertreter der sogenannten Neusudanischen Kultur sind die im Obernigergebiet lebenden Mande, zu denen neben Bambara, Soninke, Malinke, Dialonke und Marka auch die Diula zählen. Die Somono sind (nach J. Zwernemann) eine zu den Bambara gehörige Fischerkaste. Im Nigertal, zwischen Niafounke und Gao, haben sich die Songhay angesiedelt, während die Flussgebiete des Niger und Bani den Lebensraum der Fischervölker Bozo und Sorko bilden.

Die Mossi stellen die größte Bevölkerungsgruppe in der Republik Burkina Faso dar, die Haussa sind nicht nur im Niger, Nord-Nigeria und Tschad, sondern auch in Burkina Faso vertreten. Und die mit den Songhay verwandten Djerma leben entlang des Nigers zwischen Ansongo und Doddo. In Senegambia sind die sehr stark durch Mauren und Fulbe beeinflussten und bereits lange islamisierten Wolof anzutreffen. Die in unmittelbarer Nachbarschaft lebenden Serer bauen hauptsächlich Hirse und Erdnüsse an, während sich die Lebu in der Umgebung der Hauptstadt Dakar auf die Seefischerei spezialisiert haben. Im nördlichen Senegal leben schließlich noch die Tukulor, im südlichen Senegal (Casamance) die Diola, die für ihren Reisanbau bekannt sind.

Mande (Bambara)

Sowohl Bambara (sie selbst nennen sich *Bamana*) als auch Malinke zählen zu den Mande und sind die zahlenmäßig stärksten Ethnien der West-Mande, zu denen außerdem Soninke, Bozo, Dialonke, Khasonke, Kagore etc. zählen. Als Mande werden die kultur- und sprachverwandten Stämme bezeichnet, die zwischen Senegal und Niger leben. Die meisten Gruppen haben sich im Laufe der Zeit stark mit den Fulbe vermischt. Zur Gruppe der Ost-Mande gehören die Mano, Dan, Tura und Samo.

Der größte Teil der Soninke (Sarakolle, Marka, Serawuli etc.) lebt nördlich der Bambara zwischen Nara und Kayes. Sie sind aber auch in der Gegend von Mopti und Djenne sowie San anzutreffen und auch weiter östlich, im Norden Burkina Fasos. Das Siedlungsgebiet der Malinke (Mandinka) erstreckt sich entlang des oberen Senegal, Niger und Gambia, von Kayes bis nach Man in die Côte d'Ivoire, im Westen bis nach Senegal, Guinea und Guinea-Bissau.

Der Lebensraum der Bambara erstreckt sich von Nioro im Norden bis nach Odiénné im Süden (überwiegend in der Republik Mali zwischen dem Oberlauf des Niger und dem Senegal). Kleinere Bambara-Gruppen sind auch im Senegal und in Guinea-Bissau ansässig. Diese Volksgruppe bestreiten ihren Lebensunterhalt hauptsächlich mit Landwirtschaft. Daneben sind auch sie Jäger und Fischer. Von gewisser wirtschaftlicher Bedeutung ist auch der Handel mit Baumwollgeweben. Die Bambara sind außerdem bekannt für ihre Holzschnitzereien, Metall- und Lederarbeiten sowie ihr Töpferhandwerk.

Als „Abkömmling des Dorfgründers" hat der des Dorfvorstehers die Aufga-

BEVÖLKERUNG

be, das Land des Stammes zu verwalten (an den einzelnen wird nur das Recht vergeben, es zu bebauen), sowie die in Verbindung mit Erd- und Ahnenkult stehenden Rituale abzuhalten.

Als Überreste der ehemaligen feudalistischen Staatsorganisationen gibt es auch heute noch bei den Bambara neben der Adelsschicht eine soziale Differenzierung in Abhängige und verachtete endogame Kasten, wie Schmiede, Gerber, Holzschnitzer. Ähnlich wie die anderen Mande-Stämme gründeten auch sie einst bedeutende Königreiche (s.a. Kapitel Geschichte), die bis in das 19. Jh. hinein existierten. Große Teile der Bambara haben trotz der Islamisierungsversuche ihren traditionellen Glauben beibehalten.

Diula (Dioula, Dyula)

Die Diula (nicht zu verwechseln mit den Diola des Südsenegal) sind ein Volk, das vermutlich von den Soninke abstammt und im nördlichen Burkina Faso, Mali, Ghana und der Côte d'Ivoire meist mit Bambara und Malinke zusammenlebt. Ihre Sprache ist das Diula, ein Mande-Dialekt.

Als **traditionelles Händlervolk** im ganzen Westsudan bekannt, wird ihr Name oft auch synonym für „Händler"

Links: Targui mit Lastsattel; rechts: Bella-Frau bei Gao

verwendet. Heute liegt das Geschäft zwischen den Viehzüchtern im Norden und den Produzenten von Kolanüssen und Textilien im Süden größtenteils in ihren Händen. Während sie sich in der Trockenzeit hauptsächlich dem Handel widmen, betreiben sie in der Regenzeit auch Ackerbau. Überregionale politische Organisationen kennen sie nicht; entscheidend sind die verwandtschaftlichen und wirtschaftlichen Verbindungen. Aufgrund ihrer Zugehörigkeit zum Islam und ihrer wirtschaftlichen Unabhängigkeit sowie dank ihrer überdurchschnittlichen Schulbildung sind die Diula bei anderen Ethnien meist sehr angesehen.

Songhay (Sonrhai)

Die Songhay leben hauptsächlich im Nigerbinnendeltas und werden zusammen mit den Djerma und Dendi auf etwa **500.000** Menschen geschätzt. Das Gebiet zwischen Tillabery und Gao gilt als das eigentliche Zentrum der Songhay. Im Norden Nigerias leben die zu den Songhay gehörenden Sorka.

Die Songhay-Sprache hat drei Hauptdialekte: Songhay, Djerma und Dendi. Das Songhay-Djerma stellt neben dem Haussa die wichtigste Handels- und Verkehrssprache in Niger dar. Während der Regenzeit betreiben die Songhay Getreideanbau (Hirse); Jagd und Fischfang liefern die Zusatznahrung. Die Viehzucht spielt für die Versorgung mit Nahrungsmitteln eine untergeordnete bis geringe Rolle. Die Songhay waren außerdem schon lange am Transsaharahandel beteiligt. Ihre Gesellschaft besteht aus Adligen, Abhängigen Handwerkskasten, Griots und früher auch noch Sklaven. Diese gesellschaftliche Ordnung geht auf die Songhay-Reiche im 15./16. Jh. zurück. Abstammungs- und Erbfolge sind patrilinear.

Mossi

Die Mossi gelten als „Preußen Westafrikas" und sind mit etwa 3 Mio. Menschen die größte Bevölkerungsgruppe von Burkina Faso. Sie stellen auch heute noch vielfach in den Dörfern die Erdherren (*Nyonyosi* heißt „die Ersten, die

Dioula-Frauen im Südsenegal

BEVÖLKERUNG

zuerst Dagewesenen") und verteidigen ihr alt überliefertes Brauchtum. Daneben sind Ahnenkult und ein ausgeprägtes Maskenwesen von Bedeutung. Die Sprache der Mossi, das Moré, gehört zu den Gur-Sprachen.

Das bis zur französischen Kolonialzeit bestehende **Königreich der Mossi** (s.o.) kann als typisches Beispiel einer afrikanischen Despotie angesehen werden. Es war eine klare feudalistische Gesellschaftsstruktur vorhanden, mit Adligen, freien Bauern und Sklaven. Darüber stand der absolutistisch regierende sakrale König *(Mogho Naba)*. Ihm stand ein prunkvoller Hofstaat zu Seite. Auch die politische Organisation des Reiches war straff hierarchisch. Der nominell immer noch regierende Mogho Naba hat seinen Sitz in Ouagadougou. Ihm zu Ehren wird heute noch jeden Freitagmorgen eine Zeremonie abgehalten. Man nimmt an, dass die Mossi um 1000 n.Chr. aus dem Osten in ihr heutiges Wohngebiet eingedrungen sind, wo sie die noch bis in die französische Kolonialzeit hinein bestehenden Staaten Dagomba, Mamprusi, Yatenga und Wagadugu gründeten.

Die Religion der Landbevölkerung ist auch heute noch stark vom traditionellen **Ahnen- und Erdkult** geprägt; Islam und Christentum konnten lediglich in den Städten Anhänger gewinnen.

Im Süden schließen sich Mamprusi und die mit den Mossi verwandten Dagomba an, deren altnigritisches Kulturgut zum Teil durch andere Einflüsse überlagert wurde. Sie leben in Nord-Ghana zwischen Oti und Weißem Volta. Ihre Sprache, das Dagbane, ist eine der offiziellen Landessprachen Ghanas. Sie betreiben überwiegend Landbau, in geringem Umfang auch Viehhaltung. Die Dagomba bewohnen relativ kompakte Dörfer, wobei jeder Haushalt mehrere eng miteinander verwandte Männer und deren Frauen und Kinder umfasst. Jede Frau lebt mit ihren Kindern in einem eigenen Haus.

Haussa

Das Volk der Haussa umfasst ca. **10 Mio.** Menschen, die in den Savannen Nord-Nigerias und des Tschad, aber auch in Niger und in Burkina Faso leben. Ihre Sprache, das Haussa, ist neben dem Diula in ganz Westafrika als Verkehrssprache verbreitet.

Die Mehrheit der Haussa sind **Bauern,** die in erster Linie Subsistenzwirtschaft betreiben. Daneben werden Baumwolle und Erdnüsse angebaut. Die Haussa sind bekannt für ihre handwerklichen Fähigkeiten, ihre Produkte sind auf allen Märkten sehr geschätzt. Als **traditionelles Händlervolk** sind sie – ähnlich wie die Diula – über ganz Westafrika verbreitet. Der größte Teil der Haussa ist seit dem 14. Jh. islamisiert. Während die nicht islamisierten Haussa in kleinen Dorfgemeinschaften mit patrilinearer Verwandtschaftsregelung leben, sind die islamisierten in mehrere große Stadtstaaten organisiert: Kano, Daura, Rano, Biram, Zaria, Katsena und Gobir, jeweils am südlichen Ende bzw. Ausgangspunkt der Karawanenstraßen durch die Sahara.

An der Spitze der Gesellschaft steht der **Emir** oder **Sultan,** dem eine Regierungsbürokratie unterstellt ist.

BEVÖLKERUNG

Kurumba

Die Kurumba leben im Norden Burkina Fasos. Sie haben sich im Laufe der Zeit sehr stark mit den Mossi, Songhay und Fulbe vermischt, und werden auf ca. **90.000** Menschen geschätzt. Ihre Sprache ist das Kurumfé, eine mit dem Gur verwandte Altsprache, die in letzter Zeit sehr stark vom Moré der Mossi überlagert wurde. Meist beherrschen nur noch die Alten das Kurumfé, das oft noch als Kultsprache verwendet wird.

Man nimmt an, dass die Kurumba die Nachkommen der autochthonen Altbevölkerung, der Nyonyosi, sind. Ihren Lebensraum bilden die Trockensavannen des Sahel. In der Regenzeit ist der Anbau von Hirse, Sorghum, Baumwolle und Erdnüssen möglich. Daneben halten die Kurumba noch Kleinvieh; das Hüten der Rinder überlassen sie den Fulbe. Sie leben in Großfamilien in geschlossenen, von einer Mauer umgebenen Einzelgehöften. In der Trockenzeit widmen sich die Männer der Weberei, wobei sie nicht mehr nur für den Eigenbedarf, sondern vermehrt für den Verkauf produzieren. Ihre Frauen sind Töpferinnen, die ihre Ware auf dem Markt verkaufen. Wanderhandwerker versehen die Flecht- und Lederarbeiten. Wegen der vermehrten Abwanderung junger Leute in die Städte sind die zurückbleibenden Familien in zunehmendem Maße unterversorgt.

Im Norden wird das traditionelle Gefüge durch den Islam langsam verändert. In den abgelegenen Dörfern des zentralen Yatenga ist jedoch der alte Glaube noch fest verankert und hat sich möglicherweise in letzter Zeit gerade aufgrund der forcierten Islamisierung noch verstärkt.

Tukulor (Toucouleur)

Die Tukulor sind anthropologisch gesehen mit den Wolof, Serer und Lebu verwandt, nicht aber, wie oft behauptet, mit den Fulbe, von denen sie lediglich die Sprache übernommen haben. Die Tukulor, die überwiegend an den Ufern des unteren Senegals leben, betreiben Feldbau. Einige haben sich auch unter *El Hadj Omar* im Futa Djalon (Guinea) niedergelassen und dort von den Fulbe die Viehzucht übernommen.

Wolof

Diese Ethnie lebt in den Savannengebieten von Senegal und Gambia. Sprachlich werden zu den Wolof auch die Serer und Lebu gezählt. Der Anbau von Hirse und Reis dient der Selbstversorgung, Erdnüsse werden hauptsächlich für den Verkauf angepflanzt. Die Haltung von Großvieh ist bei den Wolof weit verbreitet. Sie sind als Handwerker bekannt, vor allem als Goldschmiede. Das Wolof ist heute Lingua franca im Senegal.

Die für ihren Stolz bekannten Wolof gelten heute als **staatstragende Ethnie** des Senegal, viele sind im **öffentlichen Dienst** tätig. Ursprünglich lebten die Wolof etwas weiter nördlich, wurden dann aber von islamisierten Berbern nach Süden in das Mündungsgebiet des Senegal vertrieben, wo sie im 11. Jh. von den Tukulor in ihr Reich integriert wurden. Erst im 14. Jh. konnten sie sich von dieser Vorherrschaft wieder befreien und zwischen Senegal und

BEVÖLKERUNG

Gambia ein eigenes Reich errichten. Im 15. Jh. entwickelte sich ein lukrativer Sklavenhandel mit den Portugiesen, der bis in die Mitte des 16. Jh. anhielt.

Sprachen

Die Anzahl der afrikanischen Sprachen wird auf **zwischen 1500 und 2500** geschätzt. Sie übertreffen die europäischen häufig bei weitem in der Möglichkeit, detaillierte Schilderungen der Natur zu geben oder einen Gegenstand je nach Form, Gewicht, Volumen, Farbe genau zu benennen. Handlungen oder Tätigkeiten werden präzise wiedergegeben, je nachdem, ob einmalig, mehrmalig, schwach, intensiv ausgeführt. Neben der starken, für uns meist nur schwer nachvollziehbaren Spezifizierung existiert andererseits auch eine starke Generalisierung: im Ewe etwa kann das Wort „tsi" = Wasser, Saft, Milch, Tränen, Wein, Brühe, Eiter etc. heißen. Um Missverständnisse beim Zuhörer zu vermeiden, muss man zu dem Wort „tsi" eine entsprechende Ergänzung hinzufügen (z.B. Wasser der Früchte = Saft, ... der Brüste = Milch, ... der Augen = Tränen, ... der Wunden = Blut, ... des Palmbaumes = Wein etc.).

Jede Sprache hat ihre eigenen „Spezialitäten", wobei in anderen Bereichen als in den europäischen, den sogenannten indogermanischen Sprachen sowohl generalisiert als auch abstrahiert wird. Das wohl markanteste Merkmal vieler afrikanischer Sprachen ist die **Tonalität.** Die Tonhöhe und Länge der Vokale sind bedeutungsunterscheidend. „Tó", mit Hochton im Ewe z.B. heißt Burg, „tò", mit Tiefton hingegen, Büffel. Durch die Tiefen und Höhen klingen diese Sprachen äußerst melodiös. Tonsprachen können auch auf Instrumenten (meist Trommeln) umgesetzt werden. Besonders geeignet sind die Sanduhrtrommeln, die unter dem Arm getragen werden und bei denen die Spannung und somit die Tonhöhe mit Hilfe der seitlichen Schnüre verändert werden kann. In Ghana gelten die Atumpan-Trommeln als Sprechtrommeln par excellence. Sie werden immer paarweise gespielt. Von Trommlern erwartet man, dass sie sich besonders gut in der Historie ihres Volkes auskennen.

Fast alle afrikanischen Sprachen sind ohne Schrift: **umfangreiche mündliche Überlieferungen** waren und sind auch heute noch durch die **Griots** gewährleistet. Manche Sprachen wie z.B. das Anlo, Wolof oder der Haussa-Dialekt wurden jedoch inzwischen standardisiert und zur Schriftsprache gemacht. Außerdem haben sich manche Sprachen, wie das Diula und Haussa, zu üblichen **Handels- und Verkehrssprachen** in ganz Westafrika entwickelt, ähnlich wie das Kiswahili in Ostafrika. Auch das Fulfulde ist aufgrund der starken Wanderbewegungen der Fulbe in ganz Westafrika verbreitet.

Folgende **Sprachgruppen** können in Westafrika unterschieden werden:
- die **westatlantischen Sprachen,** zu denen das Wolof, das Fulfulde, Serer und die anderen atlantischen Küstensprachen gerechnet werden;
- die **Mande-Sprachen;** unter diesem Gliederungsbegriff werden in der Afrikalinguistik ca. 40 Sprachen zusammengefasst, die in der Hauptsache zwischen dem Gambia-Fluss im

BEVÖLKERUNG

Westen und dem zentralen Burkina Faso im Osten, sowie vom Grenzgebiet Mauretaniens mit Mali im Norden bis in den Regenwald der Côte d'Ivoire und das Küstengebiet Guineas gesprochen werden. Dazu zählen so bekannte Sprachformen wie Bambara, Maninka, Dyula, Mandinka. Zu den Mande-Sprachen zählen außerdem das Soninké, Bozo, Sooso, Vai, Ligbi, Koranko, Sembla, Kpelle, San, Bisa, Toura u.v.a.;

- **die Gur-Sprachen,** die vor allem von den Altnigritischen Völkern im Voltagebiet, Burkina Faso (Moore, Lobi, Dagbane) und in Mali und nördlicher Côte d'Ivoire (Dogon bzw. Senufo) gesprochen werden;
- **die Kwa-Sprachen,** zu denen das Akan (mit Twi, Fante, Asante), Ewe Yoruba, Edo, Nupe und Igbo zählen;
- **die tschadischen Sprachen,** zu denen das auf vielen Märkten Westafrikas gesprochene Haussa sowie Margi, Mandara, Bura und Tera zählen;
- **das Tamaschek** der Tuareg rechnet man zu den Berber-Sprachen;
- im Nordosten Malis wird, wie auch in Nordafrika, **Arabisch** gesprochen.

Neben der erwähnten sprachlichen Zersplitterung ist jedoch in manchen Gebieten auch mehr und mehr eine **Vereinheitlichung** zu beobachten. Im Zuge des Akkulturationsprozesses findet z.T. auch eine sprachliche Anpassung ans Englische bzw. ans Französische statt. Viele Begriffe (Télévision, Atom, Radar) werden ohne Veränderung aus dem international gebräuchlichen Wortschatz übernommen.

Die **Amtssprachen** wurden von den Kolonialherren übernommen: Französisch, Englisch (vereinzelt auch Portugiesisch). In Zusammenhang mit der Entwicklung des modernen Afrika stellt die Sprachenfrage einen wichtigen Faktor in Bezug auf das Selbstbewusstsein der Staaten dar. Die Sprachenvielfalt bringt gewisse Schwierigkeiten in der Erziehungs- und Kulturpolitik der einzelnen Staaten mit sich, jedoch ist der größte Teil der Bevölkerung mehrsprachig. Oft beherrschen Afrikaner bis zu zehn verschiedene Sprachen.

Soziale Struktur und politische Organisation

Im Folgenden soll eine Gegenüberstellung der gesellschaftlichen Strukturen der **Altnigritischen Völker** (Dogon, Senufo), der **Neusudanischen Völker** (Wolof, Bambara, Fulbe) und der **Oberguineavölker** (Akan, Ewe, Yoruba) erfolgen.

Altnigritische Gesellschaften

Charakteristisch für die altnigiritischen Gesellschaften im Sahel-Sudan sind die Verwandtschaftsgruppen. Die Zugehörigkeit zu einem Clan (der sich aus mehreren Lineages zusammensetzt) wird in sogenannten patrilinearen Gesellschaften nach der väterlichen Abstammungslinie bestimmt, bei matrilinearen nach der mütterlichen.

Der **Clan** stellt bei den Altnigritern die **wichtigste soziale und politische Einheit** dar. Neben strengen Exogamieregeln und eigenen Namen ist fast immer ein gottähnlicher Schutzgeist anzutreffen. Der Clanchef wird als direkter Nachfahre des mythischen Ahnen angesehen und ist für die Durchführung der kultischen Handlungen zuständig. Mehrere Clans wurden zusammengefasst zu Stämmen bzw. Unterstämmen.

Die kleinste soziale Einheit bildet bei den Altnigritischen Völkern die meist

BEVÖLKERUNG

Palaver der Häuptlinge beim Handel (hist. Abbildung)

patrilineare Großfamilie, wobei auch gewisse mutterrechtliche Tendenzen zu beobachten sind. So hat bei den Lobi (Burkina Faso) die Beachtung des mütterlichen Clantabus Vorrang vor dem väterlichen, und der Clanname wird matrilinear vererbt. Die Großfamilie besteht aus dem Familienoberhaupt, seinen Frauen und Kindern, seinen jüngeren unverheirateten Brüdern und Schwestern. Da Vettern und Cousinen ebenfalls als „Brüder" und „Schwestern" bezeichnet werden, darf es nicht verwundern, dass die Anzahl der Geschwister z.T. unrealistisch hoch erscheint. Unter der Autorität des Patriarchen lebt eine solche Großfamilie in der Regel in einem Gehöft. Mehrere miteinander verwandte Großfamilien leben meist zusammen in einem Dorf oder Quartier (Viertel).

Die **große Solidarität,** die unter den Mitgliedern eines Sozialverbandes besteht, bietet dem Einzelnen **soziale Sicherheit in Notzeiten.** In einer patrilinearen Gesellschaft wächst ein Junge meist bei den Verwandten des Vaters (von ihm als „Onkel" oder „große Brüder" bezeichnet) auf, die ihn auch beim Aufbringen des „Brautpreises" unterstützen. Bei frühzeitigem Tod bleiben seine Frauen und Kinder ebenfalls in der Obhut seiner Verwandten. Erbe und Nachfolger ist in der Regel der älteste Sohn des ältesten Bruders (Bruder-Erbrecht anstelle von Sohn-Erbrecht nach koranischem Recht).

Die **politische Organisation** der Altnigriter wird häufig als eine Art **„Urdemokratie"** bezeichnet und basiert im wesentlichen auf der Herrschaft der Ältesten. Die einzelnen Familienoberhäupter sind meist in **Ältestenräten** organisiert. Die Vorsitzenden dieser Räte erfüllen neben ihrer politischen Funktion meist auch religiöse und juristische Aufgaben. Daneben gibt es in der Altnigritischen Gesellschaft herausragende Persönlichkeiten wie Erdherr, Magier und Initiationsmeister, die ganz spezielle kultische Aufgaben erfüllen. Andere Ordnungselemente stellen bei den Altnigritern die Initiationsgruppen sowie die **Maskenbünde** dar.

Während sich früher die Einteilung in Altersklassen über alle Altersstufen erstreckte, sind heute häufig nur noch die Jugendaltersklassen vorhanden. Innerhalb einer solchen Gemeinschaft gibt es aufgrund der gemeinsam erlebten Initiation oder gemeinsamer Interessen ebenfalls eine starke Solidarisierung von Gleichaltrigen, womit ein gewisser „Ausgleich" zu der hierarchischen Ordnung der Großfamlie geschaffen wird.

Mit der **Initiation** erfolgt der Übertritt vom Kind zum jungen Erwachsenen, wird der Junge zum Mann und das Mädchen zur heiratsfähigen Frau. Während der Vorbereitungszeit leben die Jugendlichen meist mehrere Wochen weit weg von ihrem Heimatdorf im Busch, wo sie Mutproben durchstehen müssen, aber auch in die Mythologie sowie in das kultische Leben des Stammes eingeführt werden. Die Beschneidung der Knaben *(Circumcision)* und der Mädchen *(Excision)* stellt meist den Höhepunkt der Initiation dar.

Während bei den Senufo und Somba die Beschneidung im Knabenalter üblich ist, findet bei den Mossi, Dagomba, Songhay, Senufo und Fulbe die Beschneidung kurz vor der Pubertät statt.

Bei den Dogon bestimmt der Dorfälteste das Jahr, in dem die Beschneidung der Knaben stattfinden soll. Bevor ein Vater seinen Sohn zur Beschneidung schickt, befragt er einen Wahrsager. Gleichzeitig mit der Jünglingsweihe findet bei manchen Stämmen Westafrikas auch die Aufnahme in den Maskenbund statt. Neben den eigentlichen kultischen Handlungen der Maskenbünde, die fast immer in engem Zusammenhang mit dem Ahnenkult stehen (s.a. Kapitel Traditionelle Religion), lernen die Initianden auch das Schnitzen von Masken.

Die Ehepartner wurden früher von den Familienoberhäuptern bestimmt, denn traditionsgemäß wurde die Ehe als Gemeinschaftsangelegenheit angesehen, als Bündnis zweier Sippen und weniger als Verbindung zweier Einzelmenschen. „Verlobungen" fanden früher häufig im Kindesalter oder vor der Geburt statt. Dies wurde zwar in den meisten Staaten Westafrikas offiziell von Seiten der Regierung abgeschafft, sodass nun die mündliche Einwilligung des Mädchen notwendig ist, vor allem in ländlichen Gebieten gibt es Zwangsehen allerdings auch heute noch. Die Zahlung eines Brautpfandes ist üblich, heutzutage ist aber aufgrund moderneren Familienrechts eine Ehe meist auch ohne Brautpfand gültig (s.a. Kapitel Sitten und Bräuche). Übergeordnete zentralistische Regierungs- und Verwaltungssysteme sind in den Altnigritischen Gesellschaften unbekannt.

Neusudanische Völker

Auch bei den Neusudanischen Völkern (Bambara, Fulbe, Wolof) bilden die Verwandtschaftsgruppen (Lineage, patriarchale Großfamilie, Clan) die Basis der sozialen Ordnung. Die Clans haben hier aber viel größere Dimensionen, eine Großfamilie kann bis zu hundert Mitgliedern umfassen. Sie leben gemeinsam auf einem Gehöft und bilden eine Wirtschaftseinheit. Alle Mitglieder sind zur Arbeit auf den Familienfeldern verpflichtet.

Das **Familienoberhaupt** ist **Priester** des Ahnenkultes der erweiterten Familie und **Verwalter des gemeinsamen Vermögens**. Berühmte Clans sind z.B. im Senegal die Diop und Ndiaye, in Mali und Burkina Faso die Keita, Toure, Traore, Dyara und Coulibaly.

Clantotemismus ist ebenfalls häufig anzutreffen: Die Clans haben ihre heiligen Tiere, die angeblich als Helfer des Clangründers aufgetreten sind und daher für die Nachkommen als „tabu" gelten, d.h. sie dürfen nicht gejagt, getötet und gegessen werden. **Altersklassen** sind bei den Neusudanischen Völkern ebenfalls weit verbreitet. **Patrilokale Ehen** mit Polygamie sind die Regel. Die erstgeheiratete Frau ist die Hauptfrau und steht über den anderen Frauen. Heirat unter Blutsverwandten wird als inzestuös angesehen. Familiäre Zeremonien und Feste stellen zentrale Ereignisse im Leben eines Familienclans dar.

Mit der **Taufe** und **Namensgebung**, die eine Woche nach der Geburt stattfinden, wird das neue Mitglied in die Gemeinschaft aufgenommen. Der Name wird dabei dem Kind vom ältesten Familienmitglied ins Ohr geflüstert, nachdem der erste Haarschnitt erfolgt ist und (wie bei der christlichen Taufe) etwas Wasser auf den Kopf des Neugeborenen gegossen wurde.

Die nächste Station stellt der Übergang von der Kindheit ins Erwachsenenalter dar, die mit der **Initiation** erfolgt, die früher immer mit einer Beschneidung verbunden war. Die **Hochzeit** stellte früher vorwiegend die Verbindung zweier Clans her, und nicht die zweier Individuen. Erst in jüngster Zeit wird die Liebesheirat akzeptiert.

Stirbt ein Familienmitglied, so ist in der Regel ein ehrenvolles **Begräbnis** üblich. Die **Totenfeier** dient der Heimführung des Toten ins Totenreich. Oft kann eine solche Feier wegen der hohen Kosten für die Bewirtung der Gäste erst Monate oder Jahre nach dem Tode stattfinden. Manchmal finden heute zwecks Kostenersparnis die Totenfeiern für mehrere Tote zusammen statt.

Charakteristisch für die alten Großreiche waren die **feudalistische Hierarchie** und ein **ausgeprägtes Kastenwesen**. Kasten sind endogame Gruppen, deren Mitglieder nur innerhalb des eigenen Berufsstandes heiraten können. Neben Adligen und freien Bauern gab es früher Krieger, Angehörige der Berufskasten und Sklaven. In den meisten Gesellschaften der Mande-Stämme steht der Schmied an erster Stelle, der gleichzeitig als Priester, Sprecher des „fama", Totengräber, Henker und Beschneider tätig ist. Danach folgen in der Hierarchie Gelbgießer und Kupferarbeiter, Lederarbeiter, Schnitzer und Sattler, Jäger, Fischer und Musikanten. Die Schmiede haben bei diesen Ethnien eine gewisse Sonderstellung, da sie sowohl verachtet als auch geschätzt und gefürchtet werden. Geachtet, da sie Eisen für Werkzeuge und Waffen verarbeiten; gefürchtet wegen ihrer Fähigkeit, mit dem gefährlichen Feuer umgehen zu können. Ihre „magischen" Fähigkeiten erlauben ihnen die Verarbeitung von Metall und Holz (Schnitzen von Masken, Fetischen etc.).

Die **Fulbe** kennen außerdem noch die **Kaste der Händler**, die der hörigen Bauern, der Schnitzer, Weber, Schneider, Färber und Bettler. In der Hierarchie noch unter den Kastenangehörigen stehen Nachkommen von Sklaven.

Die größte politische Einheit bildet bei den Mande-Stämmen (Bambara) heute der Kanton *(kafo)*, der vom Oberhaupt *(fama)* der herrschenden Familie geleitet wird. Sein Amt ist erblich, und das Oberhaupt war bis in die heutige Zeit mit zahlreichen Sitten und Bräuchen umgeben, die auf das sakrale Königtum zurückgehen: Es gab einen sogenannten „Sprecher", der die leise gesprochenen Worte des fama (dem man sich kriechend näherte) laut wiederholte. Beschlüsse fasste er jedoch nur nach Beratung mit den Ältesten. Manchmal ist das Kantonsoberhaupt gleichzeitig auch Erdherr seines Gebietes, bei den Bambara oft auch Dorfoberhaupt. Meistens delegiert er jedoch die Verwaltung an einen Dorfhäuptling.

Neben kleineren regionalen Staaten, die meist von einem König und einem Ältestenrat regiert wurden, entstanden auch mehrere Königtümer, die sich unter Einfluss des Islam zu großen Staaten entwickelten (s.a. Kapitel Geschichte).

Meist sah dies so aus, dass ein mächtiger Clan an Macht gewann und dann die militärische Kontrolle über die benachbarten Königtümer hatte. Durch Überfälle wurde der Einflussbereich ständig erweitert, und die unterworfenen Volksgruppen wurden **tributpflichtig** gemacht. Je mehr sich das Territorium vergrößerte, desto mehr stieg der Clanführer zum absoluten Herrscher auf, gestützt von einem stehenden Heer, einem Verwaltungs- und Justizapparat. In diesen mittelalterlichen Reichen soll matrilineare Thronfolge üblich gewesen sein, ebenso in einigen Fulbe-Staaten. Diese Strukturen wurden durch Kolonialeinflüsse weitgehend verändert. Die alten mächtigen Clans wie Ndiaye, Traore und Coulibaly haben jedoch auch heute noch in den Ländern des Sahel-Sudans das Sagen.

Oberguinea-Völker

Die Regenwaldkultur wurde lange Zeit als „mutterrechtlich" bezeichnet, was in dieser Verallgemeinerung heute nicht mehr haltbar ist, auch wenn bei den Ethnien des Oberguineagebietes zahlreiche mutterrechtliche Tendenzen zu finden sind. Die charakteristische monarchische Staatenbildung mit prunkvollem Hofstaat und straffer Verwaltungsorganisation wurde vermutlich über die sudanesischen Großreiche vermittelt.

Die Einflüsse aus dem Sudangebiet sowie die ständigen Völkerwanderungen in die Waldgebiete brachten mehr und mehr vaterrechtliche Tendenzen (und wurden noch verstärkt durch die Einflüsse der westlichen Zivilisation). Dieser Umstand hat bei manchen Völkern, z.B. den Ashanti (Akan), zu einem interessanten Kompromiss geführt, wo patrilineare und matrilineare Regelungen parallel existieren.

Bei den **Ashanti (Akan)** besteht bei der sozialen Organisation eine **Verzahnung von patrilokaler Großfamilie und matrilinearer Sippe,** d.h. die Namen, Ämter und Titel sowie das Eigentum an Boden vererben sich nach der mütterlichen Linie, also nach dem „weiblichen Prinzip", *abusua* genannt (synonym für Blut). Nach dem „männlichen Prinzip" – *ntoro* genannt – werden die Riten und Kulte, Totems und totemistischen Meidungsverbote sowie bewegliche Güter bestimmt. Eine Frau muss aber neben ihren eigenen (vom Vater geerbten) Ntoro-Geboten auch die ihres Mannes beachten und ehren.

Während der Gehöftvorstand zwar eine gewisse Autorität im Rahmen seiner Großfamilie hat, unterstehen seine leiblichen Kinder mehr dem Mutterbruder oder Onkel, der in der Regel auch für die Erziehung der Kinder verantwortlich ist. Den Kindern selbst steht es offen, ob sie beim eigentlichen Vater oder beim „Onkel" wohnen wollen.

Nach *W. Hirschberg* überwiegen die mutterrechtlichen Tendenzen im Sozialgefüge der Ashanti, was seinen Ausdruck darin findet, dass angeblich nur für die Mädchen Pubertätsfeiern abgehalten werden. Spuren von „Mutterrecht" findet man auch bei den West-Ewe, wo der Mutterbruder eine wichtige Rolle spielt, und der persönliche Besitz matrilinear an den Sohn der Schwester vererbt wird.

Geheimbünde, Kultbünde und Jugendbünde sind bei vielen Völkern des Oberguinearaumes anzutreffen; die männlichen Geheimbünde hatten vielfach große politische Macht. In jeder Ewe-Siedlung gab es auch Frauenbünde, die vom Häuptling zu gegebenem Anlass konsultiert wurden, und Jungmännerbünde, die in Kriegszeiten eigene Kämpfer abstellten.

Das politische Gefüge dieser meist **zentralistisch organisierten Staaten** war stark auf den König ausgerichtet. Sowohl die Oberhäupter der Akan-Staaten (Ashanti), des Dahomey-Reiches als auch der Yoruba-Reiche wurden als „Gottkönige" oder „Priesterkönige" angesehen und verehrt. Sie waren Mittler zwischen dem Volk und den Königsahnen, mit zahlreichen Tabus belegt und hatten auch gewisse **Privilegien,** wie **Marktkontrolle und Handelsmonopole** sowie – z.B. in Dahomey – auch das „Privileg" der Menschenopfer. Eine wichtige Rolle spielte in den Königtümern die „Königinmutter" oder „Schwester" des amtierenden Königs. Es handelte sich dabei jedoch meist nicht um die leibliche Mutter oder Schwester, sondern sie wurde dem König mehr oder weniger „von Amts wegen" als Beraterin beigegeben.

BEVÖLKERUNG

Die absolute Gewalt des Königs war jedoch durch sogenannte **Notablenräte** (Staats-, Minister- und Palasträte) und die verschiedenen Geheimbünde stark eingeschränkt. Bei Machtmissbrauch konnte dem König im Namen des Volkes das Vertrauen entzogen werden, und manchmal wurde er auch zum Freitod gezwungen. Die Thronfolge war ursprünglich wahrscheinlich matrilinear, später jedoch setzte sich Patrilinearität weitgehend durch.

Aktuelle Entwicklungen

Die oben beschriebenen traditionellen Sozialstrukturen der westafrikanischen Völker sind heute fast nur noch in ländlichen Regionen anzutreffen. Dort stellt auch heute noch die Großfamilie den kleinsten sozialen Verband dar und bildet eine Wirtschaftseinheit. Theoretisch ist jedes Mitglied dazu verpflichtet, seine Einkünfte beim Familienoberhaupt abzuliefern. Dieses hat nicht nur die Verpflichtung, für die Ernährung und Kleidung der Familienmitglieder zu sorgen, sondern darüber hinaus auch für sie Steuern zu zahlen und sie rechtlich zu vertreten. Außerdem obliegt ihm die Durchführung des Familienkultes.

In jüngster Zeit nimmt jedoch gerade in Städten die Bedeutung der **Kleinfamilie** allmählich zu. Die sprichwörtliche Solidarität innerhalb des traditionellen Familienverbandes sowie die alten Sitten und Bräuche lösen sich mit zunehmender Urbanisierung immer mehr auf. Die **Landflucht** – oft ausgelöst durch überzogene Erwartungen – bedingt einen starken Bevölkerungsdruck sowie eine erhebliche Konkurrenz auf dem Arbeitsmarkt in den Städten. Durch den Nachzug von immer mehr Familienmitgliedern einerseits und den mangelnden Erwerbsmöglichkeiten andererseits ist die soziale Sicherheit und Unterstützung in Notzeiten oft nicht mehr gewährleistet. Die Folgen sind oft **Verelendung und soziale Spannungen.** Sichtbarstes Zeichen dieser Entwicklung sind die Slums (bidonvilles) in den Stadtrandgebieten. In ländlichen Regionen dagegen geht durch die Abwanderung von Personen im erwerbsfähigen Alter die Nahrungsmittelproduktion zurück, was auch hier zu neuen Abhängigkeiten und zur Verarmung führt.

Ebenso wie die sozialen haben sich die traditionellen **politischen Strukturen** durch die Kolonialherrschaft weitgehend gewandelt, obwohl auch heute noch einige Grundzüge anzutreffen sind. Die traditionelle Häuptlingsherrschaft hat sich den modernen politischen Strukturen angepasst oder ist in ihnen aufgegangen. In diesem Zusammenhang ist auch das traditionell hohe Ansehen der Alten zu erwähnen. Wie sonst wäre es zu erklären, dass viele Staatsmänner bis in Greisenalter ihre Ämter ausfüllten.

Die **Solidarität der Familie** hat in Afrika bekannterweise eine lange Tradition und prägt auch heute noch die Politik der Gegenwart mit. Mitglieder des „Familienclans" werden von den Staatsoberhäuptern bevorzugt in der Regierung eingesetzt, was zwangsläufig zur Benachteiligung anderer Volksgruppen führt. Dieser **Stammesklüngel** ist Ursache für Spannungen bis hin zu bürgerkriegsähnlichen Zuständen. Jüngstes Beispiel ist die Elfenbeinküste.

Sitten und Bräuche im Lebenszyklus

Der Lebenszyklus ist in den afrikanischen Stammeskulturen von verschiedenen Übergängen von einer Lebensphase in die andere gekennzeichnet. Jeder dieser Übergänge wird von bestimmten Riten (**Rites de passage**) begleitet, welche den Segen der Ahnen sicherstellen sollen. Jeder „Übergang" stellt für den einzelnen eine Art Verwandlung oder Wiedergeburt dar und markiert gleichzeitig die einzelnen Phasen des Lebens.

Geburt und Namensgebung

Kinderreichtum wird in Afrika traditionsgemäß als Zeichen von Glück und Segen angesehen und hat zudem die Funktion der Altersversorgung. Mit der Zeugung des ersten Kindes hat der Mann seine „Männlichkeit" bewiesen, mit der Geburt die Frau ihre wichtigste „Schicksalsbestimmung" erfüllt. Geburtenregelung kennen die meisten Ethnien nicht, doch kann die lange Stillzeit (2–3 Jahre), während der die Frau in der Regel enthaltsam lebt, als eine gewisse Regulierung angesehen werden.

Für die **Empfängnis** gibt es sehr unterschiedliche Vorstellungen. Bei den Ashanti gilt sie als Verbindung des materiell-weiblichen mit dem geistig-männlichen Element – dieser alte Dualismus ist bei vielen altafrikanischen Kulturen anzutreffen. Während das Kind

BEVÖLKERUNG

von der Mutter Fleisch, Blut und alle sozialen Eigenschaften bekommt, die es immer an die Familie der Mutter binden werden, erhält es vom Vater die Lebenskraft und eine Art Gruppenseele, wodurch das Kind in religiöser Hinsicht immer einen starken Bezug zur Familie des Vaters haben wird.

Die **Schwangerschaft** stellt eine Zeit voller Ängste und Hoffnungen dar, denn die schwangeren Frauen sind besonders gefährdet durch „böse" Einflüsse. Die Frau muss bestimmte Tabus und Vorschriften einhalten, mit denen das noch ungeborene Kind vor Unfällen, dem Zorn der Ahnen und vor Hexerei geschützt werden soll.

Zur **Entbindung,** besonders beim ersten Kind, geht die Frau meist in das Haus ihrer Mutter zurück, wo ihr alte Frauen aus der Sippe Hebammendienste leisten. Oft kommen auch ihre Mutter, Tante, Cousine etc. dazu. Männer dürfen in der Regel bei der Geburt nicht anwesend sein. Die Geburt selbst verläuft als magisch-religiöse Zeremonie, die eine weitgehend beruhigende Wirkung auf die Gebärende haben soll. Die für die Entbindung traditionell „richtige" Position kann sehr unterschiedlich aussehen. Plazenta und Nabelschnur werden bei fast allen afrikanischen Völkern eine besondere Bedeutung zugemessen. Sie werden meist an einem geheimen Ort vergraben, denn würde eine Hexe oder ein Zauberer in ihren Besitz kommen, hätten sie das Leben des Neugeborenen in der Hand. Bei manchen Völkern wird die Plazenta als symbolischer Zwilling angesehen. In Anlehnung an die bereits erwähnte Vorstellung vom Dualismus des Menschen glaubt man, dass jedes Kind zweigeschlechtlich geboren wird, was z.T. auch seinen Niederschlag in den Beschneidungsriten findet.

Zwillinge und mit Anomalien geborene Kinder wurden früher häufig als böses Omen gesehen. Man vermutete in ihnen die Inkarnation böser Geister, die sich für mögliche Untaten der Eltern rächen wollen. Sie wurden daher meist getötet, da man glaubte, dass sonst schweres Unheil über die Familie kommt. Heute werden Zwillinge zum Teil als willkommener Segen betrachtet.

Während der ersten Woche verlassen Mutter und Kind als Schutz vor dem „bösen Blick" meist nicht die Hütte; bei den Akan wird ein neugeborenes Kind in dieser Zeit noch als „Geistkind" betrachtet, das jederzeit ins Reich der Geister zurückkehren kann, weshalb man es nicht besonders beachtet.

Bei der **Namensgebung** gibt es verschiedene Etappen: Zunächst bekommt das Kind (bei Akan und Ewe) unmittelbar nach der Geburt einen „Wochentagsnamen", nach acht Tagen vom Vater oder einem anderen Angehörigen einen weiteren (häufig nach einem seiner Verwandten). Danach erhält ein Kind im Laufe der Zeit noch Gruß-, Schutz-, Sippen-, Scherznamen etc. Ebenso wird vielfach bei der Initiation oder beim Eintritt in einen Kult- oder Geheimbund ein neuer Name verliehen. Bei den Malinke, Bambara und Bozo erfolgt die Namensgebung ebenfalls eine Woche nach der Geburt. Der Vorname wird dabei von dem Ahnen übernommen, dessen Seele man reinkarniert glaubt, während der Clanname vom Vater geerbt wird. Bei den Dogon erhält das Kind seine drei Namen von den Oberhäuptern der mütterlichen und der väterlichen Lineage sowie vom Binu-Priester. Während der ganzen Kindheit werden die Kinder mit zahlreichen Amuletten behangen, die sie vor bösen Geistern und feindlich gesinnten Personen schützen sollen.

Initiation und Beschneidung

Die **Pubertät** ist der Zeitpunkt, an dem die Jugendlichen den Status des Erwachsenen bekommen. Häufig ist dies von einer Initiationszeremonie begleitet. Bei vielen Völkern ist die Initiation mit der Beschneidung oder mit bestimmten schmerzvollen Mut- und Kraftproben im Busch verbunden, die oft wochenlang dauern.

Während die **Beschneidung der Knaben** aus Gründen der Hygiene sinnvoll sein mag – sie ist auch bei Juden, Moslems und manchen Christen üblich –, ist die Beschneidung der Mädchen als brutale Verstümmelung anzusehen. Man unterscheidet bei den **Mädchen** die **Exzision** (Entfernung der Klitoris, manchmal auch noch der kleinen Schamlippen) und die **Infibulation** (Verschließen der Geschlechtsteile bis zur Heirat) – häufig wird beides durchgeführt. Die Beschneidung bedeutet für die Mädchen meist den Übergang von der Kindheit ins heiratsfähige Alter. Das Beschneidungsalter ist bei den einzelnen Ethnien sehr unterschiedlich. Bei einigen Stämmen der Küste bedeutet die Mädchenbeschneidung auch die Aufnahme in den Frauenbund.

Über den **„Sinn" der Beschneidung** sind sehr unterschiedliche Erklärungen in Umlauf. Bei den Dogon ist der Glaube verbreitet, dass jeder Mensch von Geburt an bisexuell sei. Das männliche Element sitze in der Klitoris, das weibliche befinde sich in der Vorhaut. Durch die Beschneidung findet die endgültige Bestimmung des Geschlechts statt. Die Bambara haben ähnliche Vorstellungen, wobei hier noch zusätzlich der Glaube herrscht, die in der Klitoris bzw. in der Vorhaut sitzende unheilvolle Kraft zu beseitigen.

Ungeheure Schmerzen müssen die Knaben bei der **Beschneidungsprozedur** über sich ergehen lassen, die nach alter Tradition folgendermaßen vollzogen wird: Nachdem sich die Kandidaten durch rasenden Tanz in Trance getanzt haben, setzen sie sich in Reihe oder im Kreis zusammen und spreizen die Beine. Wenn der Beschneider seine Instrumente über dem Feuer zum Glühen gebracht hat, nähert er sich seinem männlichen „Opfer", zieht ihm plötzlich die Vorhaut nach vorne und schneidet sie mit dem heißen Eisen blitzschnell ab, während seine Gehilfen den jeweiligen Kandidaten festhalten. Die Beschneider gehören meistens der Kaste der Schmiede an und tragen manchmal furchterregende Masken. Die Schmiede und ihre Helfer leben meist eine gewisse Zeit vor der Operation in Keuschheit und absoluter Reinlichkeit, um das Risiko von Komplikationen so weit wie möglich zu verringern.

Die **Rituale für Mädchen** sehen ähnlich aus. Die Entfernung der Klitoris wird teilweise durch Ausätzung, meist

„Wenn du das bestehst, erträgst du den ganzen Rest"
von Heide Oestereich

Grausam, unmenschlich, brutal: Der Westen ist sich im Urteil über die Beschneidung einig. Doch vor Ort sieht man das anders. **„Weibliche Beschneidung** ist unsere Kultur. Niemand kann uns anklagen wegen der Beschneidung unserer Töchter", skandierten Tausende von Frauen vor dem Gerichtsgebäude in Brikama/Gambia am 17. Oktober 2002. Grund für die Demonstration war ein Verfahren gegen sieben Beschneiderinnen, verhandelt wurde der Fall der neunjährigen *Hawa Nget.* Denn Beschneidung ist in Gambia, wie auch im Senegal und anderen Ländern Westafrikas, offiziell verboten. Wie hochkompliziert das Thema ist, dokumentiert auch die nachfolgende Reportage der Berliner „tageszeitung" (taz), die uns von der Autorin *Heide Oestereich* freundlicherweise zur Verfügung gestellt wurde.

Selbstverständlich ist *Djeneba Diabaté* für die Beschneidung von Mädchen. „Ich habe sechs Kinder. Alle meine Töchter habe ich beschneiden lassen. Und ich habe keine Schwierigkeiten bei ihnen festgestellt", erklärt sie seelenruhig. Djeneba ist Griotte, eine traditionelle Festsängerin in Mali. Beschneidung? Es heißt doch genitale Verstümmelung?

Nennen wir es „Exzision", das ist der medizinische Fachbegriff für das Herausschneiden von Organen. Djeneba erklärt, dass die Exzision „viele Vorteile" hat. Man wird von der zweiten Frau des Ehemanns nicht verhöhnt. Die Geburt soll leichter sein. Die Frau geht nicht so oft fremd. Und es ist einfach schöner, wenn das hässliche, männliche Teil entfernt ist. Die Initiation: Ebenso wie die Jungen sollten Mädchen einen Schmerz erleiden, ohne zu klagen. „Wenn Du das bestehst, erträgst du den ganzen Rest", erklärt Djeneba stolz in die Kamera.

Und? Schnitt, Krankenschwester erklärt, wie viele Frauen an den Folgen der Genitalverstümmelung gestorben sind? Aufklärungskampagne der deutschen Regierung? Stattdessen schwenkt die Kamera über ein häusliches Idyll, Djeneba badet ihre Kinder. Dann folgt der Film der Frau zur Arbeit. Ein Fest in Mali, Straßenszenen. Alltag? Ach ja, Beschneidung ist Alltag in Mali. „Ainsi va la vie", sagt eine Frau, so ist das Leben. Und so heißt auch der Film über die Exzision. Gedreht von zwei Frauen, die lange in Mali waren. *Svenja Cussler,* Kamerafrau und Cutterin, und *Edda Brandes,* Ethnologin, lebten zwölf Jahre in Mali und sammelten Musik, zuletzt Beschneidungsmusik.

Aufklärung. Die Dinge beim Namen nennen. Zu dem aufgeklärten Blick gehört allerdings eine tremolierende Sprache: „Allein an einem Tag erleiden in circa dreißig afrikanischen Ländern etwa sechstausend Mädchen dieses grausame Schicksal", schreibt Entwicklungshilfeministerin *Heidemarie Wieczorek-Zeul* in einem Buch über weibliche Genitalverstümmelung, herausgegeben von Terre des Femmes. Eine Menschenrechtsverletzung, die „eingedämmt" werden müsse.

In Mali, wo fast alle Ethnien die Frauen exzidieren lassen, sitzt Djeneba und erklärt den Autorien des Films „Ainsi va la vie": „Ich habe die Beschneidung bereits vorgefunden, als ich auf die Welt kam." Die Riten der Alten ändert man nicht eben, heißt das. „Schädliche traditionelle Praktik", nennt es die Sprache der Aufklärung.

Das Entwicklungshilfeministerium schickt ein Filmteam nach Mali und lässt auch einen Film drehen: den Aufklärungsfilm „Bolokoli", so heißt Beschneidung in Mali. Beschneidungstänze, große ängstliche Mädchenaugen; dann verstummt der Film und man sieht viele Frauen an einem nackten Mädchen hantieren. Zeitlupe. Was genau passiert, sieht man nicht. Die Aufklärer halten uns die Augen zu. Dann sehen wir Ex-Beschneiderinnen, denen ein Projekt das Führen einer Hühnerfarm ermöglicht. Das Hühnergeld reicht nicht zum Leben, heißt es im Kommentar. Womit die Ex-Beschneiderinnen ihren Lebensunterhalt verdienen, darüber schweigt dieser Film.

„Diese Initiativen sind meines Wissens alle wieder verschwunden", sagt Edda Brandes. „Der Bedarf an Beschneidungen ist nicht gesunken", sagt sie, „die Aufklärung war nicht tief genug". Was ist tiefe Aufklärung? Wann verändert jemand sein Verhalten? Und was kann jemand, der von außen mit neuen Werten kommt, eigentlich tun?

Edda Brandes hat ihre Freunde und Freundinnen gefragt, ob sie sie zum Thema Beschneidung befragen dürfe. *Djeneba Diabaté* sagte Ja. *Fatou Sacko Touré* ebenfalls. „Aber nur weil du es bist". Fatou macht im Nationalmuseum Führungen und verkauft vor ihrem Haus Fettgebackenes. „Meine Schwester fragte mich, wie mein Eheleben laufe", erzählt sie. „Ich sagte, ich weiß es nicht. Wo ist das Vergnügen der Liebe? Ist es am Anfang? Ist es am Schluss?" Fatou ist gebildet, sie fängt an zu lesen. Über Beschneidung und Lust. Mit ihrem Mann redet sie nicht darüber. Aber eines Tages, sagt sie, sei aus der „kleinen Töpferei meiner Erfahrungen eine große Vase" geworden. „Ich fragte meinen Mann: ‚Was ist Ekstase?' Er antwortete: ‚Du kennst Ekstase? Das ist gut.'"

Während sie Teigstückchen im Fett brät, spricht sie von ihrer ersten Geburt. Fatou war zugenäht, „infibuliert", wie der Fachbegriff lautet. Ihre Tochter erstickte in ihrem Bauch, weil die Krankenschwestern nicht wussten, wie die Geburt einer infibulierten Frau zu bewerkstelligen ist. „Ihr hättet sie in den OP bringen müssen", sagte der Arzt. Zu spät. „Deshalb bin ich gegen Beschneidung", sagt Fatou.

Der Film belässt es nicht dabei. Er begleitet Fatou ins Museum, auf den Markt. Er zeigt Männer in der Moschee, Kinder auf der Straße, das langsame Leben, wie es in Mali eben so läuft. Über Beschneidung redet man nicht. Den Film dürfe sie auf „keinen Fall" in Mali zeigen, sagt Fatou zu Edda Brandes. Niemand dürfe solche Details kennen. „Wenn man mich so reden hört, denkt man, ich glaube nicht mehr an Gott. Ich darf nicht so reden."

Auch *Salia Malé* will nicht, dass jemand in Mali seine Qualen sieht. Schwitzend sitzt der ehemalige Vizedirektor des Nationalmuseums von Bamako in seinem Wohnzimmer. Manchmal kriecht ein Töchterchen auf seinen Schoß und möchte gestreichelt werden.

Erst als es zu spät war, erfuhr er überhaupt, dass seine erste Tochter von der Familie des älteren Bruders beschnitten worden ist – während seines Studiums in Europa. „Durch meine Ausbildung im Westen weiß ich, was Beschneidung bedeutet." Langsam und umständlich kommen seine Wort aus dem Mund: „Es ist ein Angriff auf die Integrität." Salia Malé blinzelt in die Kamera. „Ich habe mich positioniert", sagt er. „Das ist nicht einfach, das ist überhaupt nicht einfach." Sein älterer Bruder frage schon ungeduldig, wann er denn endlich seine anderen vier Töchter beschneiden ließe. „Das wird schon noch kommen", hat er geantwortet.

Wenn der Bruder aber entscheidet, die Mädchen beschneiden zu lassen – „dann ist seine Entscheidung die meine". Mit dem Sozialsystem Familie zu brechen, das ist in einem Land wie Mali bestenfalls ein Traum. Von der Familie ist man abhängig, „das ist eine Frage von Leben und Tod", sagt Edda Brandes.

Salia Malé spricht von der Initiation: „Das zeichnet einen Menschen für das Leben. Das Mädchen ist erst nach der Beschneidung vollständig." Wieder der Blick in die Kamera: „Wie werden meine Töchter mit dem Status derer, die nicht beschnitten sind, zurechtkommen?" Dieser Status lautet im Moment außerhalb der hauptstädtischen Oberschicht Malis: Unfrau. „Das Essen, das eine nicht Beschnittene gekocht hat, darf man nicht essen", schildert es Svenja Cussler. Das „unter das Eisen setzen" ist eine absolute Notwendigkeit, wenn man heiraten will. Ein Muslim in Mali heiratet keine Unbeschnittene. „Das Nichtbeschneiden", sagt drastischer die Berliner Ethnologin *Anni Peller*, die eine Feldforschung zum Thema in Südäthiopien machte, „bedeutet mit Sicherheit den gesellschaftlichen Tod."

Kann man Menschen, für die Beschneidung nicht nur Normalität, sondern Gebot ist, mit dem Wort Genitalverstümmelung weiterhelfen? „Der Begriff ist eine Anklage", sagt Brandes, „damit kann man keine gleichberechtigte Auseinandersetzung führen". Muss man es aber nicht benutzen, um daran die Grausamkeit des Rituals deutlich zu machen?

80% der Müttersterblichkeit sei auf Exzision zurückzuführen, heißt es bei Terre des Femmes. „De facto gibt es keine Untersuchung über Folgeschäden der Exzision", sagt Anni Peller. Aids würde über Beschneiderinnen verbreitet, heißt es ebenfalls. Die Daten sagen das Gegenteil: In Gebieten, in denen exziert wird, ist die Verbreitung von Aids geringer als in Vergleichsgebieten, hat Peller in Statistiken gefunden – „wahrscheinlich wegen der strengen Sexualmoral."

Die Aufklärungskampagnen, so Pellers Beobachtungen, führten „in manchen Fällen genau zum Gegenteil ihres eigentlichen Zieles": Gegen die „westliche Einmischung" wird die Exzision etwa von islamischen Fundamentalisten zu einer urislamischen Tradition hochstilisiert. Der Dialog über Exzision würde dadurch unmöglich, sagt die Ethnologin. Sie fordert, Exzision in abgeschwächter Form in Krankenhäusern anzubieten – ein Ansinnen, das die WHO strikt zurückweist.

Ein „Ersatzritual" müsse mindestens her, meinen die Filmemacherinnen Brandes und Cussler. Um solche Ideen überhaupt im Westen verständlich zu machen, müsste der Westen erst einmal verstehen wollen, worum es bei der Exzision eigentlich geht. Man könnte den Film „Ainsi va la vie" im Fernsehen zeigen. Doch es fand sich kein Sender, der ihn zeigen wollte. Es entspreche nicht den deutschen Sehgewohnheiten, hieß es, oder wie der Bayrische Rundfunk meinte: „zu irritierend".

Infos:
- www.ainsi-va-la-vie.de (Webseite zum Film)
- www.arbore.de (Webseite von *Anni Peller*)
- www.intact-ev.de (Webseite des Vereins intact, Saarbrücken)
- www.target-human-rights.com (Menschenrechtsorganisation, deren Hauptzweck der Kampf gegen die weibliche Genitalverstümmelung ist; 2000 von *Rüdiger Nehberg* gegründet)

Literatur:
- *Beck-Karrer, Charlotte*: Löwinnen sind sie. Gespräche mit somalischen Frauen und Männern über Frauenbeschneidung. Bern, eFeF-Verlag
- *Dirie, Waris*: Wüstenblume. München, Schneekluth
- *Keita, Fatou*: Die stolze Rebellin. München, Frederking & Thaler Verlag
- *Lightfoot-Klein, Hanny*: Das grausame Ritual. Sexuelle Verstümmelung afrikanischer Frauen. Frankfurt/M., Fischer Taschenbuch Verlag
- *Schnüll, Petra/Terre des femmes* (Hrsg.): Weibliche Genitalverstümmelung. Eine fundamentale Menschenrechtsverletzung. Göttingen
- *Walker, Alice/Parmar Pratibha*: Narben oder Die Beschneidung der weiblichen Sexualität. Reinbek bei Hamburg, Rowohlt
- *Peller, Anni*: Chiffrierte Körper – Disziplinierte Körper: Female Genital Cutting. Rituelle Markierung als Statussymbol. Weissensee Verlag

BEVÖLKERUNG

jedoch durch Ausschneiden vorgenommen. Die Beschneiderin greift die Klitoris mit einer hölzernen Pinzette, und schneidet sie mit Rasierklinge, Messer, manchmal auch mit einer Glasscherbe ab. Danach werden die Mädchen häufig dazu gezwungen, ungeachtet der Schmerzen und des Blutverlustes zu tanzen, wobei sie den Koitus imitieren. Das Durchleben dieser Schmerzen bewirkt – nach Vorstellung der Afrikaner – eine gewisse Veränderung der Persönlichkeit der Initianden. Die Orgasmusfähigkeit der Frauen ist durch diese Verstümmelung jedoch stark eingeschränkt und Todesfälle sind häufig.

Laut UN-Resolution ist die **Beschneidung der Mädchen offiziell verboten,** aber in Afrika weiterhin häufig verbreitet. Von den in beiden Westafrika-Bänden behandelten Ländern ist im Senegal, Gambia, Côte d'Ivoire, Burkina Faso, Guinea und Ghana die Beschneidung der Mädchen per Gesetz verboten. In den anderen westafrikanischen Ländern spricht man sich von offizieller Seite her meist gegen die Genitalverstümmelung von Mädchen aus und unterstützt Kampagnen, die über die Folgen der Beschneidung aufklären.

Der **Anteil der beschnittenen Frauen** ist heute von Ethnie zu Ethnie **sehr unterschiedlich:** Während etwa bei den Wolof nur noch ein ganz geringer Teil der Mädchen beschnitten wird, halten die Mande und Fulbe noch stark an der Tradition fest. Bemerkenswert ist auch das starke Stadt-Land-Gefälle. Auf dem Land findet dieser Eingriff meist unter katastrophalen hygienischen Verhältnissen im „Heiligen Hain" statt, während er in der Stadt immer häufiger im Krankenhaus durchgeführt wird. Darüber hinaus hat der religiöse und der soziale Status der Eltern einen entscheidenden Einfluss darauf, ob sie ihre Kinder dieser Zeremonie unterziehen lassen oder nicht.

Hochzeit und Ehe

Entsprechend der großen Bedeutung von Fruchtbarkeit haben Afrikaner ein ausgesprochen unbefangenes Verhältnis zur Sexualität. Da sie Leben spendet, der Familie mit zahlreichen Kindern Glück und Reichtum beschert und darüber hinaus auch noch Spass macht, hat **Sexualität** für sie im gewissen Sinne eine **göttlich-magische Bedeutung.** Bei vielen Völkern Westafrikas genießen die Jugendlichen vor ihrer Ehe relativ große sexuelle Freiheit.

Bei der **Brautwerbung** ist in der Regel jeder einzelne Schritt durch die Tradition festgelegt. Die Einwilligung der Eltern einzuholen ist oft eine lange Prozedur. Das „Ersuchen" wird jedoch nicht vom Bräutigam selbst vorgenommen, sondern er wird Verwandte damit beauftragen. Meist überbringen diese zunächst (heimlich) dem Mädchen ein kleines Geschenk vom Freier. Beim nächsten Mal erhalten Tochter und Mutter ein Geschenk, wodurch die Mutter in Kenntnis von der Werbung gesetzt wird. Es folgen weitere Geschenke, während sich die Verwandten des Mädchens beraten und die Eigenschaften des jungen Mannes und seiner Familie abwägen. Denn bei der Eheschließung ist das Bündnis zweier Familien wichtiger als die gegenseitige Zuneigung der Ehepartner. Manchmal wird das Mädchen auch gefragt, ob sie den Freier kennt und ihn heiraten möchte. Generell ist es für Afrikaner aber keine Frage, ob geheiratet wird, sondern lediglich wann und vor allem wen. Die ideale Braut sollte fleißig, sanftmütig und bescheiden sein, und ihre Eltern sollten über gute charakterliche Eigenschaften und eine angesehene Ahnenschaft verfügen.

Die **Hochzeitsbräuche** sehen bei den verschiedenen Ethnien sehr unterschiedlich aus. Haben die Eltern des Mädchens eingewilligt, erfolgt die Übergabe des Brautguts: Es kann je nach Gebiet mehrere Stück Vieh, Kleidungsstücke oder Gebrauchsgegenstände umfassen. Das **Brautgut** erfüllt sowohl eine **wirtschaftliche, soziale, religiöse** als auch eine **emotionale Funktion.** Es entschädigt in erster Linie die Familie der Braut für die verlorene Arbeitskraft und ist gleichzeitig eine Opfergabe an die Götter für die verlorene Erzeugerin von Nachkommen. Im Falle einer Scheidung muss das Brautgut zurückgezahlt werden, was auch zu einer Festigung der Ehe bzw. zu einer Einflussnahme der Brauteltern beiträgt.

Die **Vielehe (Polygamie)** war schon vor dem Auftreten des Islams in Westafrika gängige Praxis – etwa ein Drittel aller Ehen in traditionellen Stammeskulturen ist polygam. Laut dem **Koran** sind

Fulbe-Frau mit traditioneller Gesichtsverzierung

BEVÖLKERUNG

polygame Ehen **auf vier Frauen beschränkt.** Vorausgesetzt, der Mann ist auch fähig, die Frauen zu ernähren. Vor einer neuen Heirat ist es oft üblich, dass der Mann seine bisherigen Frauen mit Geld oder Kleidern „zufriedenstellt". Jede Frau hat in der Regel ihr eigenes Haus, wo sie mit ihren Kindern lebt. Ein **Rotationsprinzip,** bei dem der Mann alle paar Tage von einer Frau zur anderen wechselt, regelt die Beziehungen. In vielen Fällen sucht die erste Frau die Mitehefrauen aus. Da sie ihr helfen, den Arbeitsaufwand zu bewältigen, sieht die erste Frau ihre Mitfrauen genauso als die ihre, wie die ihres Mannes an und nennt sie auch „meine Frau".

Die **Rolle der Frau** in den vom **Islam** geprägten Gesellschaften ist weitgehend durch zwei Koranverse bestimmt. Sure 2, Vers 228: „Und die Männer stehen bei alledem eine Stufe über ihnen ..."; Sure 4, Vers 34: „Die Männer stehen über den Frauen, weil Allah sie ausgezeichnet hat und wegen der Abgaben, die sie von ihrem Vermögen gemacht haben ..." Diese beiden Sätze – meist aus dem Zusammenhang gerissen – werden von Islamkritikern gerne als Beleg für die Unterdrückung der Frau im Islam herangezogen. So heißt es aber auch: „... die Frauen haben in der Behandlung von Männer dasselbe zu beanspruchen, wozu sie ihrerseits den Männern gegenüber verpflichtet sind." Laut Koran schuf Gott den Mann und die Frau nämlich aus einem Wesen. Und im Gegensatz zur Bibel war es nicht Eva, die Adam zur (Erb-)Sünde verführt hat, sondern Adam und Eva gemeinsam. An anderer Stelle im Koran war es sogar Adam alleine, der die erste Sünde beging.

Tatsache ist, Männer haben es im Islam ungleich leichter, sich von ihrer Frau scheiden lassen als umgekehrt. Andererseits gilt **Scheidung** als schwere Sünde und ist deshalb lang nicht so verbreitet wie etwa im Westen. Scheidungsgründe können beispielsweise Ehebruch, Unfruchtbarkeit, Verweigerung der ehelichen Pflichten, Hexerei, Diebstahl oder wiederholtes „schlechtes Benehmen" sein. Bei manchen Ethnien verläuft die Scheidung relativ einfach, sobald den Ehepartnern ein weiteres Zusammenleben unmöglich erscheint. Bei manchen wird die Frau dazu erzogen, in der Ehe viel zu erdulden, in anderen dagegen (z.B. bei den Dogon) hat sie das Recht, das Haus ihres Mannes zu verlassen und zu ihrer Eltern zu ziehen, wenn der Mann sie schlecht behandelt hat. Dieses Recht hat sie auch, wenn der Mann seinen ehelichen Verpflichtungen nicht nachkommt.

Witwen oder Witwer brauchen in Afrika kein einsames Leben führen – sie werden ebensowenig von der Gemeinschaft ausgeschlossen wie die Alten. In Afrika werden die Alten sogar besonders verehrt und geachtet, weil sie ein langes Leben hinter sich haben und einen entsprechenden Wissens- und Erfahrungsschatz besitzen. Ein weiterer Grund des hohen Ansehens ist der Glaube, dass die Alten die Fähigkeit haben, die Wünsche der Ahnen zu erfahren, da sie dem Tod entgegensehen, sich auf die Welt im Jenseits vorbereiten und den Toten deshalb näher sind als den Lebenden.

In patrilinearen Gesellschaften gehören die Kinder dem Mann und seiner Familie. So passiert es, dass ein Mann durch seine Witwe noch Kinder bekommt, obwohl er längst tot ist. Der biologische Vater hat in diesem Fall keine Bedeutung. Es soll auch schon vorgekommen sein, dass ein Mann während seiner mehrjährigen Abwesenheit Vater geworden ist und er sich beim Erzeuger für die schönen Kinder bedankt hat ...

Trotz staatlicher Verbote lebt in Afrika die vielerorts praktizierte **Leviratsehe** weiter. Stirbt ein Mann, so erbt einer seiner Brüder die Ehefrau. Er soll sich um sie und ihre Kinder kümmern, ihr finanziell unter die Arme greifen, sie bei der Erziehung der Kinder unterstützen etc. In den meisten Fällen kümmert sich der Levir auch um die sexuellen Bedürfnisse der Witwe seines Bruders, leider auch dann, wenn bekannt ist, dass sein Bruder an Aids gestorben ist! Wenn man bedenkt, wie weit verbreitet in Afrika die Vielehe ist, kann man sich leicht vorstellen, dass diese Leviratsehe einen erheblichen Beitrag zur Verbreitung der Seuche leistet.

Tod und Wiedergeburt

Dem Glauben der traditionellen afrikanischen Religion zufolge wohnt in allen lebenden Dingen ein unsichtbares „inneres Selbst" (Seele), was in Zusammenhang mit einem universalen „inneren Selbst" (Weltseele) zu der Vorstellung von Unsterblichkeit bzw. Wiedergeburt führt. Beim Tod verlässt die menschliche Seele ihre leibliche Hülle und begibt sich in die Welt der Geister. Mit der Geburt eines Kindes kehrt sie dann wieder in die Familie zurück, wobei das neugeborene Kind nicht nur einem Verstorbenen ähnelt, sondern dieser Verwandte ist.

Während früher die Verstorbenen häufig in ihrem Haus begraben wurden, ist es heute üblich (z.B. bei den Bambara) sie auf einem besonderen Friedhof zu bestatten. Bei manchen Völkern geht man davon aus, dass der Geist des Verstorbenen weiterhin das Haus bewohnen wird, weswegen man die Hütte verlässt. Bei den Akan gibt es noch die weitverbreitete Sitte, den Leichnam anstatt durch die Tür durch ein extra zu diesem Zweck in die Hüttenwand geschlagenes Loch hinauszutragen; manche Völker drehen ihn danach auch noch im Kreis, damit die Seele den Eingang nicht wiederfindet.

Grabbeigaben sollen dem Toten bei der Zubereitung von Speisen im Jenseits dienen. Manchmal werden der Seele auch Gegenstände und Botschaften an die Ahnen mitgegeben. Die Ewe legen ihren Toten Schmuck, Kauri-Muscheln und Kleider mit ins Grab, damit sie auch in der Welt der Geister ihren Lebensstandard beibehalten können.

Den **Totengeistern** werden häufig noch einige Tage nach der Beerdigung Opfergaben auf das Grab gestellt, denn sonst findet der Tote nicht ins Totenreich und kann nicht zum Ahnen erhoben werden. Die Akan geben ihren Verstorbenen „Seelengeld" in Form von Goldstaub mit auf den Weg ins Reich der Ahnen. Die normale Bestattung erfolgt bei manchen Ethnien einfach im Busch oder Wald in einer kleinen Grube ohne jegliches Trauergefolge und ohne Kennzeichnung des Grabes. Personen, die eines außergewöhnlichen Todes starben (Frauen während der Schwangerschaft, bei der Geburt oder im Wochenbett, bei Unfällen oder im Kampf umgekommene Männer, Vergiftete, Verhexte oder Selbstmörder) werden in der Regel außerhalb des Dorfes bestattet und meist nur mit etwas Erde bedeckt oder in hohlen Bäumen beigesetzt., wie etwa die Griots im Senegal.

Bei den **Ashanti** findet am fünften Tag nach dem Tode das Fest der Auferstehung statt. An diesem Tag schneiden sich alle Blutsverwandten des Toten die Haare ab und legen sie in einen Topf. Danach wird ein Schaf geopfert und gekocht. Das Fleisch wird zusammen mit anderen Gegenständen und dem Topf mit den Haaren an einen bestimmten Ort auf dem Friedhof gestellt, wo ihn der Totengeist finden und mit auf die Reise nehmen kann. Auch wenn die Ashanti danach wieder ihr normales Leben aufnehmen, trauern sie in regelmäßigen Abständen.

Wenn ein **Wolof** gestorben ist, informieren Frauen die Dorfbewohner mit einem Schrei. Die Älteren bereiten dann das Begräbnis vor und beten für den Toten. Nach der rituellen Waschung findet das Begräbnis nach islamischem Brauch auf dem Friedhof statt.

Die Rolle der Frau in Afrika

Kinder zu **gebären**, ist für die afrikanische Frau wichtigste Vorbedingung für ein „glückliches" und erfülltes Leben, für Ansehen und Respekt in der Gesellschaft. Eine kinderlose Frau dagegen wird meist bemitleidet oder getadelt. Mit magischen Riten versucht man einer Frau zur Fruchtbarkeit zu verhelfen, oder aber sie versorgt ihren Mann mit einer „Ersatzfrau".

Doch „Kind und Küche" ist nur eine Seite der Medaille. Die schwarzafrikanische Frau ist in weit stärkerm Umfang am wirtschaftlichen Leben beteiligt, als dies im Westen oft den Anschein haben mag. So werden ganze **Branchen von Frauen kontrolliert,** etwa der Fischhandel. Auch weite Teile des informellen Sektors, im Senegal „bana-bana" genannt, und der Kleinhandel werden von Frauen getätigt. Das gilt auch und gerade für Gesellschaften, die eigentlich islamisch geprägt sind. So hat die Frau in Westafrika am **Modernierungsprozess** vergleichsweise mehr partizipiert, als etwa im arabischen Raum. Nicht selten findet man Frauen inzwischen in **Führungspositionen.** Auch auf politischer Ebene gab es zahlreiche Karrieren – bis hin zum Amt der Ministerpräsidentin, wie im Senegal geschehen. Und Frauen am Kabinettstisch sind längst der Normalfall. Nicht zu vergessen die vielen **Frauenkooperativen,** die in jüngster Zeit wie Pilze aus dem Boden schossen. Der Grund für diese Erfolgsgeschichte ist schnell erzählt: Das Kreditrisiko bei Frauen tendiert gegen Null. Für die internationalen Geldgeber eine sichere Sache, die voll des Lobes über **Geschäftssinn und Disziplin** der Frauen sind. Nur in der Kulturszene sind Frauen noch unterrepräsentiert.

Viele **junge Frauen** lehnen heute die traditionelle Frauenrolle inklusive Vielehe ab, sie gehen in Städten auf die Schule oder die Universität und kehren vielfach nicht mehr in ihr Dorf zurück. In der Stadt arbeiten sie dann entweder als Verkäuferin oder Büroangestellte, als Ärztin oder Lehrkraft. Ihr sozialer Status und ihr Ansehen ist oft geringer als in der traditionellen Familie, andererseits haben sie sich auf diese Weise auch von zahlreichen Verboten und Beschränkungen befreit. Das zeigt sich vor allem in den vielen **Mischehen,** die in Städten geschlossen werden. Selbstredend sind die Sitten in der Stadt sehr viel lockerer als auf dem Land. In der traditionellen Stammeskultur unterstand die Frau zunächst der Autorität und Obhut des Vaters, dann ihres Mannes bzw. (in matrilinearen Gesellschaften) des Bruders ihrer Mutter, der absoluten Gehorsam verlangte. Während früher Status und Ansehen in der Sippe ihr Selbstbewusstsein stärkten, hängt in den Städten der soziale Status der Frau von anderen Faktoren wie Bildung, Arbeitsplatz, attraktives Äußeres etc. ab. Insgesamt sind die Ausbildungsmöglichkeiten für Frauen in den meisten Entwicklungsländern jedoch auch heute noch ungenügend, selbst wenn tendenziell mehr Mädchen die Hauptschule besuchen. An den Alphabetisierungskursen auf dem Lande nehmen ebenfalls zunehmend Frauen teil.

Kinder sind ein wichtiger Bestandteil im Leben der meisten Frauen

Prostitution in Westafrika

Bezahlter Sex mit Einheimischen ist ein Schmuddelthema. Keiner hat die Problematik so provokativ und ungeschminkt beschrieben wie **Michel Houellebecq** in seinem Bestsellerroman „Plattform" (DuMont Verlag, Köln): „Auf der einen Seite hast du mehrere hundert Millionen Menschen in der westlichen Welt, die alles haben, außer dass sie keine sexuelle Befriedigung mehr finden. (...) Und auf der anderen Seite gibt es mehrere hundert Millionen Menschen, die nichts anderes mehr zu verkaufen haben als ihren Körper und ihre intakte Sexualität". Desillusioniert, andere werden sagen zynisch, sieht der Autor die Prostitution in der Dritten Welt als Business as usual in einem globalisierten Markt mit all seinen strukturellen Ungleichheiten. Zu ganz ähnlichen Schlussfolgerungen kommt übrigens auch der togolesische Schriftsteller *Kossi Efoui* in seinem 2001 erschienenen Buch „La fabrique de cérémonies" (Verlag Seuil), das leider bislang nur in französischer Sprache vorliegt.

Auch ohne Rotlichtviertel ist sie **in Westafrika allgegenwärtig,** die sogenannte käufliche Liebe. Sie warten an jeder besseren Hotelbar, in allen Discos sind sie präsent, die „plus belle gazelles", wie die Schönen der Nacht wegen ihr schier endlosen Beine im frankophonen Sprachraum prosaisch genannt werden. Und sie gehen wenig zimperlich zur Sache. Schwarzafrikaner beider Geschlechter haben eine – aus unserer Sicht – traditionell unverklemmte Einstellung in Sachen Sex, und **Promiskuität** wird bei den meisten Ethnien nicht geächtet. Was aber niemand zu dem Trugschluss verleiten sollte, die Völker südlich der Sahara hätten keine Sexualmoral. Ganz im Gegenteil: Prostitution in ihrer heutigen Erscheinungsform ist letztendlich ein Resultat des Kolonialismus. Das zeigt sich vor allem in den Metropolen und Regionen mit starkem Tourismus. In vorwiegend vom Islam geprägten Ländern sind die Moralvorstellungen übrigens deutlich strenger als in den nichtislamischen.

Dass Westafrika auf der touristischen Landkarte (noch) nicht als explizite Sexdestination erscheint, hat einen einfachen Grund: Die Schwarzafrikanerin entspricht so gar nicht dem Wunschbild des europäischen Mannes von der unterwürfigen Gespielin. Schon ein flüchtiger Blick über den Strand zeigt denn auch die tatsächlichen Verhältnisse: **Weiße Frau mit schwarzem Mann** ist die weitaus häufigere Konstellation als umgekehrt. So wie unter deutschen Kegelbrüdern Adressen in Südostasien oder der Karibik zirkulieren, so flüstern sich oft nicht mehr ganz „taufrische" Französinnen hinter vorgehaltener Hand die vermeintlich heißesten Plätze in Westafrika zu.

In jedem Fall sollte der oder die westliche Reisende die hohen **gesundheitlichen Risiken** bedenken. Untersuchungen zur HIV-Infizierung bei Prostituierten zeigen erschreckende Ausmaße des Durchseuchungsgrades. Parallel dazu grassieren auch klassische Geschlechtskrankheiten wie Syphilis und Tripper. Der strikte Gebrauch von Kondomen ist also die mindeste Vorsichtsmaßnahme.

Ob die zunehmende **Verstädterung** auch in Afrika zu der im Westen üblichen **Kleinfamilie** führen wird, scheint eher unwahrscheinlich. Eine Entwicklung in diese Richtung ist sicher mancherorts zu verzeichnen, jedoch nie so gravierend wie in Europa. Auch wenn sich in den Städten neue Lebensformen herausbilden, so darf man nicht außer acht lassen, dass die Frau in Afrika zu ihrer eigenen Familie meist eine stärkere Solidarität bindet als zu ihrem Ehepartner und sie zu ihrem Vater, Onkel, Brüdern oft auch mehr Vertrauen hat als zu ihrem Ehemann. Darüber hinaus ist die „weibliche" Solidarität meist stärker als die eheliche, weshalb afrikanische Frauen polygamen Eheverhältnissen oft positiv gegenüberstehen. Außerdem verringert sich ihre Arbeitsbelastung dadurch erheblich, Feldarbeit und Haushalt können aufgeteilt werden. Für die erste Frau (Hauptfrau) ist eine Zweit- oder Drittfrau daher oft nichts anderes als ein besseres Dienstmädchen.

Gerade weibliches Hauspersonal ist in den meisten Fällen praktisch rechtlos und auf Gedeih und Verderb dem Wohlwollen ihrer Dienstherrn ausgeliefert. Mühsam ist auch der Weg zur rechtlichen Gleichstellung der Frau: Was de facto oft schon geschehen ist, hat sich längst noch nicht in Gesetzestexten niedergeschlagen. Die afrikanische Frau, deren Rolle in der Stammes- und Familiengemeinschaft nicht selten zu ihrem Vorteil festgelegt war, sieht sich vieler traditioneller Vorrechte beraubt und ist jetzt häufig mit einer ganz neuen Situation konfrontiert. Das Leben in den Städten, wo die Gegensätze zwischen Armen und Reichen, Gebildeten und Nichtgebildeten, Zugewanderten und Ansässigen noch viel krasser zu spüren sind, führen verschüttete Familienstrukturen zu **Identitätsverlust und Entwurzelung.** Aber auch auf dem Lande hat sich die Situation für die Frauen verändert, da viele Männer – vor allem die jungen arbeitsfähigen – in die Städte abwandern und die zurückbleibenden Frauen nun auch einstige Männerarbeiten übernehmen müssen. Es wird sich wohl kaum etwas ändern: Auch in der Zukunft hat die Frau in Westafrika mehr zu schultern als der Mann.

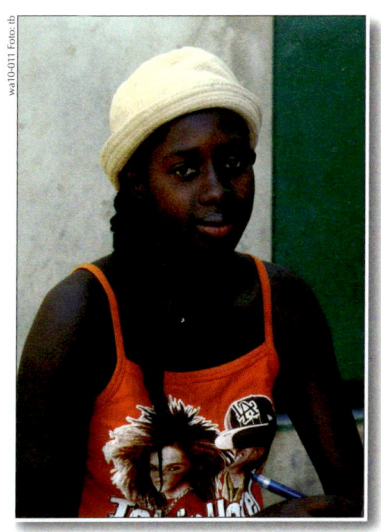

Teenager im Senegal

Religion

Traditionelle afrikanische Religionen

Über traditionelle afrikanische Naturreligionen wird im christlichen Kulturkreis meist abfällig gesprochen, sie werden meist als „primitiv" dargestellt, was nur insofern eine Berechtigung hat, als sie dem Ursprung der Gottesidee näher sind. Als universale Wurzel der Religion ist das Bedürfnis des Menschen nach Geborgenheit und der Erklärung unverständlicher Phänomene des Lebens anzusehen. **Ahnenverehrung, Fruchtbarkeitsrituale, Totemismus** und liturgisches Vortragen von **Schöpfungsmythen** sind allgemeiner Bestandteil afrikanischer Religiosität und haben etwas „Ursprüngliches", das bei den sogenannten Hochreligionen nicht mehr in diesem Sinne zu finden ist.

Religion kann man in Afrika nicht, wie in Europa, isoliert vom übrigen gesellschaftlichen Leben betrachten. Politik, Wirtschaft, Religion und die gesellschaftlichen Vernetzungen sind untrennbar miteinander verbunden.

Oftmals werden traditionelle afrikanische Religionen fälschlicherweise als **„Animismus"** bezeichnet, ein Begriff, der sich auf die Verehrung von Seelen bezieht. Seine Verwendung ist in diesem Zusammenhang jedoch aus mehreren Gründen nicht richtig:

Falsch ist die Umschreibung insofern, dass es in vielen dieser Religionen einen **Haupt-, Hoch-** bzw. **Schöpfergott** gibt und die Seelen und Geister nur eine untergeordnete Rolle innerhalb eines ganzen Pantheons von Göttern und Geistern einnehmen.

Bei den Naturreligionen herrscht zwar der Glaube vor, dass über die Menschen, Fauna und Flora hinaus die Elemente und diverse Erscheinungen in der Umwelt beseelt sind – z.B. Wassergeist, Donnergott, Buschseele –, er beinhaltet im eigentlichen Sinne jedoch nicht die in Westafrika weit verbreitete **Ahnenverehrung.**

Außerdem legt der Begriff Animismus (ebenso wie Fetischismus etc.) nahe, es gäbe in Analogie zu Islam, Christentum, Buddhismus etc. eine Religionsform, die man so benennen könnte, in Wirklichkeit aber handelt es sich um **viele verschiedene Vorstellungen.** Der Begriff Animismus entspringt somit der Mentalität der Europäer, alles klassifizieren und begrifflich dingfest machen zu müssen.

Mensch und Seele

Um die Religion zu verstehen, muss man die Konzeption des Menschen in Betracht ziehen. Der Mensch bildet eine Einheit mit der Gesellschaft, dem Kosmos und der unsichtbaren Welt. Er strebt nach Sicherheit und Erhöhung seiner vitalen Kraft. Dies erreicht er durch Riten, um seine Bestimmung zu erfahren, und durch Ehrung der Ahnen.

Der Mensch versteht sich als eine komplexe Einheit von Körper und verschiedenen psychischen und spirituellen Elementen, die den Körper beseelen. Es gibt eine Vielzahl von **„Seelenmodellen"** bei den Völkern Afrikas, dennoch sind sie sich recht ähnlich.

RELIGION

Der **Körper** ist das Äußere des Menschen, der Umschlag seiner Persönlichkeit und die Abgrenzung zwischen der sichtbaren und der unsichtbaren Realität. Er ist nicht, wie im christlichen Glauben, das Gefängnis der Seele, sondern der Mensch erfreut sich dessen und seiner physischen Existenz.

Menschliche Seelen gibt es drei: Lebens-, Todes- und Traumseele. Darüber hinaus hat er ein ihm vom höchsten Wesen zugedachtes Schicksal.

Die **Lebensseele,** oft auch Atemseele genannt, erhält die Welt, die Beziehung zwischen dem Körper und den anderen Seele. Ihr werden Gefühle, Charakterzüge und wichtige Akte, die ein Mensch im Leben vollzieht, zugesprochen. Die Lebensseele differenziert die Menschen auch von anderen Lebensformen: Tiere und Pflanzen haben solch eine Seele nicht, jedoch eine ähnliche Macht, die der Mensch beherrschen und nutzen kann. Nach dem Tod geht die Lebensseele an ihren Ursprungsort, zum höchsten Wesen, zurück.

Die **Todesseele** ist jene spirituelle Substanz, die auf der materiellen Ebene Blut (wird von Mutter zu Kind transferiert) und Sperma repräsentiert. Es sind jene Anteile der Eltern, die auf ein Kind vererbt werden und die des Ahnen, der sich in einem Kind reinkarniert. Die Bezeichnung „Todesseele" ist eher irreführend, weil gerade die Bestandteile dieser Seele für Fruchtbarkeit und Fortbestand der Familie, des Clans im engsten und der Menschheit im weitesten Sinne sorgen. Außerdem ist diese Seele unsterblich. Nach dem Tod verweilt sie noch ein paar Tage unter den Lebenden und geht dann in das Land der Ahnen. Sie wird zum Objekt der Rituale, die an den Ahnenkult geknüpft sind.

Die **Traumseele** (oder Schatten) ist die geistige und spirituelle Komponente des Menschen. Sie kann den Menschen zu Lebzeiten zeitweilig verlassen, so z.B. wenn er schläft und träumt. Durch die Traumseele erfahren die Menschen Visionen und Erscheinungen. Ein Mensch mit starker Traumseele ist für den Kontakt mit der unsichtbaren Welt talentiert. Die Traumseele ist sowohl jene Substanz, die Opfer der Hexerei werden kann, als auch, wenn sie stark genug ist, eine Schutzinstanz dagegen. Die Traumseele bleibt nach dem Tod ein paar Tage am Grab und geht dann in einen neugeborenen Körper.

Das **Schicksal** bestimmt die Beziehung des Menschen zu Gott und den Ablauf seiner individuellen Existenz. Es wird als spirituelles Element angesehen, als ein geistiges oder göttliches Wesen, das den Menschen auf einen Weg führt, der sich von dem aller anderen Menschen unterscheidet. Vor der Geburt einigt sich der Mensch mit dem Schicksalsgott auf eine Existenzform. Dies verhindert, dass die betroffenen Personen später mit ihrem Schicksal wirklich unzufrieden sind und entschuldigt auch viele Fehler, die sie begehen. Andererseits können die Menschen mit Hilfe der Geister ihr Schicksal immer wieder leicht manipulieren. In den traditionellen Religionen Afrikas sind die Menschen von höheren Mächten und deren Launen abhängig. Andererseits haben sie aber auch die Freiheit, an ihrem Dasein mitzugestalten.

Sie sehen sich nicht als Abbild Gottes. Um als guter Mensch zu gelten, muss man sich dem Göttlichen nicht annähern, es reicht, seine Bestimmung zu kennen und unter Einhalt der Riten und Tabus zu leben. Der Mensch empfindet sich als ein Spielzeug der Natur und der unsichtbaren Mächte. Seine Schwäche kommt nicht von der Sünde, sondern resultiert aus der Tatsache, dass er an der Regierung des Universums nicht teilnimmt. So muss er die unsichtbaren Kräfte um Schutz bitten. In den **Entstehungsmythen** ist keine Rede von perfekten Wesen, die sich durch eine Sünde vom göttlichen Prinzip entfernt haben. Somit haben Fehler und Unvollkommenheiten ihre Begründung und sogar Existenzberechtigung.

In den traditionellen Religionen erwarten die Menschen nicht das Heil und die Befreiung durch den Tod, sondern ein Weiterleben im Jenseits. Der Tod bedeutet nur eine Passage in die Welt der Ahnen. Die Form der spirituellen Existenz unterscheidet sich nicht sehr von der materiellen: Götter und Ahnen essen, heiraten, erzürnen sich und sind zuweilen zu Späßen aufgelegt.

Die Interaktionen der Menschen mit den unsichtbaren Mächten könnte man in **religiöse und magische Praktiken unterteilen.** Religiöse Praktiken sind das Gebet, die Befragung des Orakels nach dem Willen der Götter sowie Reinigungsriten nach Überschreitungen der sozialen oder religiösen Moral. Eine böse Tat ist selten nicht wieder gut zu machen.

Die Religion sieht Methoden vor, die Konsequenzen für Übertretungen zu vermeiden. Die einfachen **Reinigungsriten** vollziehen sich mit Wasser, das Frieden, Einheit zwischen den Wesen und Lebensdynamik symbolisiert.

Durch **Opferriten** wird einer Intention mehr Gewicht verliehen. Ein Opfer wird als Sühne, bei Streit zweier Familien, für das Gelingen eines Vorhabens, für die Sakralisierung eines Objektes, vollzogen. Der Priester bestimmt meist Geschlecht und Art des Opfertiers. Jede Gottheit hat dabei ihre Präferenzen. Das wichtigste Moment beim Opfer ist, wenn das Blut fließt. Den Göttern gibt man das Blut als Nahrung, unter den Menschen wird das Fleisch aufgeteilt. Meist wird einem Menschen als Opfer aufgetragen, ein bestimmtes Tier zu schlachten und das Fleisch unter seinen Nachbarn oder bei einem großen Opfer, unter den Dorfbewohnern aufzuteilen. Somit wird das Tieropfer zu einem Instrument, durch das Nahrungsmittel geteilt werden.

Gottheiten, Kulte und Rituale

Neben den kulturellen Gegensätzen, die auch aus den geografischen Gegebenheiten herrühren, zeigt sich eine große Gemeinsamkeit der westafrikanischen Völker in ihrer tiefen, fast mystischen Beziehung zur Natur. Die „ursprüngliche" Welt der Afrikaner ist erfüllt von einer Vielzahl von Göttern und Geistern jeder Art, denn für die Afrikaner sind unsichtbare Mächte ebenso real wie alltägliche Gegenstände.

Oberstes Gebot ist es, die **Harmonie der kosmischen Kräfte** aufrechtzuerhalten und zu respektieren. Nichts bleibt dem Zufall überlassen, weder Tod, Krankheit oder Unglück. Alles wird als verschuldet angesehen. Fetischmeistern, Zauberern oder Medizinmännern obliegt es, die kosmische Harmonie durch Rituale wiederherzustellen.

Natur und Geist stellen für die Westafrikaner eine **untrennbare Einheit** dar, wodurch ihrem Leben eine andere Qualität verliehen wird, mit einem besonderen Sinn für das Heitere und das Schreckliche. Dem Lachen kommt daher eine ganz besondere Bedeutung zu. Es wird als unabhängige Macht angesehen, welche die Möglichkeit in sich birgt, auf Leid und Bosheit lindernd einzuwirken.

„In jener Nacht war uns das Lachen persönlich begegnet. Denn als in jener Nacht jedermann aufgehört hatte, uns zu verspotten, da vergaßen mein Weib und ich unsere Schmerzen, und wir lachten gemeinsam mit ihm, denn er lachte mit so sonderbarer Stimme, wie wir sie nie zuvor gehört hatten. Wir wussten die Zeit nicht, die wir mit ihm verlachten, aber wir lachten einzig über das Lachen des Lachens, und niemand, der es lachen gehört hätte, hätte nicht lachen müssen ..." (aus *Amos Tutuola: Der Palmweintrinker*).

Typische Silhouette einer Lehmmoschee im Sudan-Stil (Mali)

Lehmaltar mit Fetisch

Durch Schöpfungsmythen, Legenden und Gesänge werden die Glaubensinhalte festgehalten und in bestimmten Zeremonien, wie Initiationen, der nächsten Generation weitergegeben. Der Sonne und dem Mond werden zum Teil magische Kräfte zugeschrieben, und der Regenbogen wird von manchen Völkern als Riesenschlange gesehen, die eine Verbindung zwischen Himmel und Erde darstellt.

Entsprechend den schwierigen Umweltbedingungen südlich der Sahara sind Fruchtbarkeitskulte in Verbindung mit Ahnenverehrung bei fast allen Völkern dieser Region anzutreffen. Außerdem ist die psychotherapeutische Wirkung kultischer Handlungen, wie das Austreiben von Krankheitsgeistern und der Exorzismus von Dämonen, bei Angstzuständen nicht zu unterschätzen. Interessenkonflikte werden ebenfalls durch entsprechende Kulthandlungen direkt gelöst bzw. ausgetragen und sind daher nur für kurze Zeit eine Belastung für die Gemeinschaft.

Die bei diesen religiösen Bräuchen verwendeten Gegenstände wie Fetische und Masken werden im Kapitel Kunst und Kultur näher erläutert.

Bei den Kulturen der Savanne sind die Religionen der altnigritischen Stammesgesellschaften von denjenigen der neusudanischen Völker zu unterscheiden. Auch auf die Gefahr der Verallgemeinerung, so lassen sich doch eine Reihe gemeinsamer Züge feststellen.

Für die Religionen der **altnigritischen Völker** ist, wie bereits erwähnt, ein **Haupt- bzw. Hochgott** charakteristisch, der als **Schöpfer aller Dinge** auch für Regen, Blitz und Donner zuständig ist. Er wird aber nicht – wie „unser" Gott – als „Allmächtiger" angesehen, sondern ist eher etwas ganz Mystisches, Entferntes aus der Urzeit. Dieser Hauptgott ist, im Unterschied zu den anderen Gottheiten, unsterblich, omnipotent und im Gegensatz zu den impulsiven untergeordneten Gottheiten auch geduldig. Nur er ist von den Menschen unabhängig, er braucht für seinen Fortbestand keine Opfergaben der Menschen, er hat keine Priester oder Priesterinnen, die ihm geweiht sind und auch keine Heiligtümer. Die Menschen wenden sich an ihn durch die **Mittlergottheiten** oder das **Orakel**. Er hat einen ethischen Charakter und fordert

RELIGION

moralische und religiöse Verhaltensweisen von den Menschen. Der Hauptgott opponiert den magischen Praktiken und der Hexerei. Dieser Hauptgott wird neben vielen Naturgeistern manchmal auch als Sonnengott verehrt; ebenso wird die Mutter Erde als göttlich angesehen. Sie ist nicht nur für die Fruchtbarkeit des Bodens, sondern auch der Menschen zuständig. Zahlreiche der Mutter Erde geweihte Rituale begleiten den Wechsel der Jahreszeiten. Zuweilen wird dieser Hauptgott als Schöpfer des ersten Menschen angesehen, und in den sakralen Königtümern des Mittelalters galten die Stammesführer oft auch als Stellvertreter des Hauptgotts.

Auf der nächsten Stufe der Pyramide stehen die **Sekundärgottheiten,** welche die Beziehung zwischen den Menschen und dem höchsten Wesen sowie die Passage der Menschen vom Zustand des Geistes in die Inkarnation vor der Geburt regeln. Es sind die Götter der Erde, des Himmels, des Feuers, des Wassers, der Fruchtbarkeit usw.

Gemeinschaften, die kollektiv eine dieser Gottheiten verehren, formen **religiöse Bünde,** deren Mitgliedschaft lange Initiationsphasen bedürfen. Diese Bünde haben Druckmittel um sicherzustellen, dass in den Dörfern die Gesetze respektiert werden. Zu dem Schritt, einem Kult oder Bund beizutreten kann man sich meist frei entscheiden. Nicht selten wird jemand durch Krankheit oder Schicksalsschläge dazu veranlasst. Auch wenn ein Mensch unfreiwillig in den Zustand der Besessenheit gerät, oder sich sonst „verrückt" verhält, wird davon ausgegangen, dass ein Geist von ihm Besitz ergreift, der wünscht, dass dieser Mensch sein Priester wird. Ganz spezielle Riten werden von den jeweiligen Geheimgesellschaften in „heiligen" Wäldern abgehalten. Meist bedienen sich die Mitglieder dabei auch einer Geheimsprache.

Ein Bestandteil der Zeremonien ist häufig die **ritualisierte Besessenheit,** ein Zustand, der durch Tanz, Musik, oft auch Alkohol hervorgerufen wird. Die „besessene" Person befindet sich in einer Art Zustand der abgetrennten Persönlichkeit. Meist kann sie sich nach ihrer Trance an nichts mehr erinnern.

Auf der nächsten Stufe der Hierarchie folgen die Clangottheiten, Dorfgottheiten, Familiengottheiten, Gottheiten für einzelne Individuen. Diese **Gottheiten der dritten Stufe** sind mehr an Erdkulte gebunden als die Sekundärgottheiten. Viele dieser Gottheiten sind in der Natur situiert, manche in Naturelementen, andere in Objekten, wie Bäume und Steine, wo man sie treffen und verehren kann. In Gegenleistung zu dieser Verehrung manifestieren sie ihre Macht. Sie werden, wie die Menschen auch, als Kinder des Hauptgottes angesehen, die bei den Menschen geblieben sind, um ihnen bei den täglichen Schwierigkeiten zu helfen, hauptsächlich in Bereichen, die das unmittelbare Leben der Individuen angeht Außerdem übermitteln sie den Menschen ihr Schicksal und töten sogar, wenn der Hauptgott sich von der Person entfernt hat. Aus der ihnen geopferten Nahrung beziehen diese Gottheiten die Energie, die dazu notwendig ist, die Welt zu erhalten, die Naturelemente zu beherrschen und die

RELIGION

Ordnung zu bewahren. Die untergeordneten Gottheiten sind den Menschen in sofern ähnlich, dass sie ähnliche Charakterzüge haben. Die Riten sollen sie – je nach Bedarf – beschwichtigen oder anstacheln. Dies geschieht häufig mit Hilfe von Alkohol.

Ausgeführt werden diese Zeremonien meist von **Fetischpriestern**. Dieser bannt zuweilen niedere Geister in einen profanen Gegenstand, der dann zum Symbol, zum **Fetisch** wird. Und der Zauberer besitzt durch den Fetisch die Gewalt, den jeweiligen Geist zu beschwören. Auch den Geistern muss man ständig opfern und für sie Zeremonien abhalten, damit sie kein Unheil anrichten. Durch zahlreiche rituelle Handlungen versuchen die Afrikaner somit, die Angst vor dem Ungewissen zu bannen und von den Göttern und Geistern deren Hilfsbereitschaft zu „erzwingen".

Eine noch größere Bedeutung als der Götter- und Geisterkult hat bei den **Altnigritern** jedoch die **Ahnenverehrung**. Die Toten existieren als Geister unter den Lebenden weiter und kümmern sich um deren Bedürfnisse. Mit dem Tod haben sie die Grenze der Unwissenheit überschritten, kennen jetzt sowohl die sichtbare als auch die unsichtbare Welt sowie Ursachen und Gründe für bestimmte Ereignisse. Die Ahnengeister beschützen ihre Nachkommen, sorgen für Wohlergehen und warnen ihre Verwandten in Träumen vor Gefahren. Dafür schulden die Lebenden ihnen Ehrhandlungen und Opfergaben. Die Kommunikation mit den Ahnengeistern wird von einem **Geisterbeschwörer** (oft eine Frau) vollzogen.

Urahne und Stammvater werden oft in Gestalt eines **Erdherrn** verehrt, der (z.B. bei den Dogon) seinen Grund und Boden den Nachkommen zur Nutzung überlassen hat und für Fruchtbarkeit zuständig ist. Die „Stammeserde" wird ebenso wie ihre Früchte als unveräußerlicher Besitz der Clangeister und damit als Gemeingut angesehen.

„Jene, die tot sind, gehen niemals fort.
Sie sind in der Brust der Frau,
sie sind in dem Kind, das klagt,
sie sind im Feuer, das da lodert.
Die Toten sind unter der Erde.
Sie sind im absterbenden Feuer,
sie sind im Geheule um die Felsen,
sie sind im Walde, sie sind im Haus,
sie sind nicht tot, die Toten."
(*Birago Diop*, übersetzt von J. Jahn: Schwarzer Orpheus)

Manche Totengeister ziehen es vor, im Wasser, auf Bäumen oder Felsen zu wohnen. Häufig anzutreffen ist die Vorstellung, dass die **Ahnengeister in Tiergestalten** reinkarniert werden. Mit der Begründung „dies ist unser Vorfahre" wird das jeweilige Tier als heilig angesehen; sie sind quasi mit einem (Jagd-)Tabu versehen. Ihnen werden regelmäßig Opfer gebracht.

Im **Westsudan** besonders häufig anzutreffen ist die enge Verbindung zwischen dem Kult für den ersten Gründer eines Dorfes (Urahn) und dem Erdkult. Sowohl bei den Senufo als auch bei den Lobi sind Lehmkegel als Altäre oder Repräsentanten der Ahnen vor dem Hauseingang oder im Gehöft zu finden, meist mit Resten von Hirsebreiopfern, Blut und Hühnerfedern bedeckt. Bei den **neusudanischen Völkern** wie

Bambara, Songhay und Haussa sind die Religionen ebenfalls von Geisterglauben und Ahnenkult gekennzeichnet, wobei die hochdifferenzierte Glaubenswelt dieser Völker über die Jahrhunderte durch Vermischung der ursprünglichen Glaubenswelt mit islamischen Elementen entstanden ist.

Die **Bambara** verehren ein ganzes Pantheon von Göttern und Geistern, das in hierarchischer Ordnung gegliedert ist. Charakteristisch für das Leben der Bambara sind die **Kultgemeinschaften** (Männer- und Frauenbünde), die oft großen Einfluss auf das politische Leben haben. Von den sechs Männerbünden der Bambara ist der Komo der bekannteste. Er widmet sich dem Ahnenkult und ist für Wahrsagerei zuständig; außerdem kommt ihm auch eine gewisse richterliche Funktion zu. Der Nama-Bund hat sich dagegen auf die Verfolgung von Hexen, Zauberern und „Seelenfressern" spezialisiert, während dem Tyi-wara die kultische Pflege des Feldbaus überlassen ist.

Charakteristisch für die nur oberflächlich islamisierten **Songhay** sind die Besessenheitskulte (Zin- und Holey-Kult), bei denen verschiedene Geister von den Initiierten Besitz ergreifen und im Zustand der Trance dann den Willen des jeweiligen Geistes wiedergeben.

Die **Kulturen des Regenwaldes** im Oberguineagebiet zeigen oft andere Merkmale, denn durch den Rückzug in den Wald wurden zahlreiche altafrikanische Kulturelemente konserviert.

Für die Religion der Waldleute sind die Betonung der weiblichen Elemente und die damit verbundenen **Fruchtbarkeitskulte** charakteristisch. Es werden weibliche Gottheiten verehrt, und in den Mythen erfinden Frauen die Masken und die Bestellung der Felder. Die besondere Wertschätzung der Frauen in den Kulturen des Regenwaldes findet seinen Ausdruck in **weiblichen Sexualsymbolen,** die häufig auf Kultgegenständen zu finden sind. Außerdem waren bei den Fon und Ewe Frauenhäuptlinge keine Seltenheit, und sowohl im Ashanti-, wie auch im Benin-Reich hatten die Mütter der Könige eine wichtige beratende Funktion. Heute herrschen zwar patriarchalische Züge vor, doch ist vor allem bei den Küstenvölkern der Einfluss der Frauen, etwa als Dorfchefs, noch sehr groß.

Ein **Mondkult** ist bei verschiedenen Völkern des Regenwaldes anzutreffen. Nach dem Mondlauf werden zum Teil Geschlechtsverkehr und Fruchtbarkeit geregelt. Auch Frauenbünde, die sowohl das soziale als auch das spirituelle Leben weitgehend unter Kontrolle hatten, spielten ehemals eine bedeutende Rolle.

Den Naturgeistern, Gnomen, Hexen und Zauberern kommt dagegen eine größere Bedeutung zu. Im Regenwald stößt man fast überall auf **Fetische,** das sind hölzerne, menschenähnliche Idole, die ein Geistwesen repräsentieren.

Auch bei den Völkern der Oberguineaküste spielt der **Ahnenkult** eine große Rolle. Opfergaben werden den Totengeistern an bestimmten, mit Ahnenfiguren versehenen Schreinen dargebracht, meist unter heiligen Bäumen.

Die **Ashanti** verehren viele Götter, die alle einem obersten Gott unterstellt sind. Dem **männlichen Himmelsgott** steht eine **weibliche Erdgottheit** zur Seite (Pythonschlange als wichtigstes Symbol). Größere Bedeutung kommt jedoch den **Ahnen und Naturgeistern** zu, die mit dem Wasser zu tun haben. Unter diesen Göttern des Meeres und der großen Flüsse war der Flussgott *Tano* der wichtigste, dessen Nebenarme und Zuflüsse als seine Frauen und Kinder verehrt wurden. Alle Götter hatten ihre Boten oder niederen Geister. Bei diesen Geistern ist von seiten der Menschen der Einfluss eher möglich als bei dem fernen obersten Gott. Ein alter Mythos der Ashanti erklärt, weshalb sich Gott nach der Erschaffung der Erde in einen entfernten Winkel des Himmels zurückgezogen hat: „... damals, als Gott noch in den Wolken, ganz dicht über der Erde wohnte, zerstampfte eine alte Frau ihre Yamsknollen. Der Stößel, den sie dafür verwendete, war jedoch zu lang, sodass sie Gott ständig damit anstieß, woraufhin dieser wütend wurde und sich an einen Platz zurückzog, wo er von den Menschen nicht gestört werden kann."

An der Spitze des Götterhimmels der **Yoruba** steht *Olorun*, der **Himmelsgott**. Der zweite Himmelsgott *Oshalla (Obatala)* wird in der Mythologie als androgynes Wesen dargestellt und ist mit der bisexuellen Erdgottheit *Odudua* vermählt. Jede Sippe hat außerdem ihren **Sippengott**, den *Orisha*, dessen Altar sich im Gehöft befindet. Er wird als Stammvater der Familie verehrt. Daneben gibt es zahlreiche andere Gottheiten, denen allen eine bestimmte Funktion zukommt: Wichtigster Gott im **401-köpfigen Yoruba-Pantheon** ist *Xango (Schango),* der Gott des Donners und Blitzes. *Olokun* wird als Meeresgott, *Oko* als Gott des Ackerbaus, *Ogun* als Gott des Eisens, der Schmiede, des Krieges und der Jagd, *Ifa* als Gott des Schicksals und der Weisheit verehrt. Zentrale Figur des Fruchtbarkeitskultes ist *Legba,* der fast immer mit einem großen Phallus dargestellt ist.

Die wichtigsten religiösen Feste sind bei den Yoruba die **Totenfeste,** bei denen bestimmte Masken verwendet werden. Die geheimen Rituale des Egungun-Totenkultbundes, zu dem ausschließlich Männer Zugang haben, sollen den Männern angeblich die Potenz erhalten. Der Gott dieses Männergeheimbundes soll den Menschen den Gebrauch der Masken gelehrt haben. Diese zu sehen gilt für Uneingeweihte als gefährlich, weshalb alle Kinder und Frauen im Haus bleiben müssen, wenn nachts die Masken herauskommen. Die Mitgliedschaft in einem der Geheimbünde, die auch vor Zauberern und Hexen schützen sollen, wird streng geheimgehalten – angeblich sollen ihnen heute auch viele sogenannte „gebildete" Männer angehören.

Der Glaube an übernatürliche Kräfte, die in bestimmten Objekten der Natur vorhanden sind, ist überall anzutreffen. Amulette, Talismane, Fetische, Gris-Gris sind daher überall in Gebrauch. In islamisierten Gegenden sind immer häufiger die in kleine Lederbeutel eingenäh-

Tanz gehört in Westafrika zu religiösen, kulturellen und sozialen Anlässen

RELIGION

ten Koranverse als Fetische anzutreffen. Um die ihnen innewohnende Kraft zu erneuern bzw. zu stärken, müssen Zeremonien abgehalten werden.

Die **Voodoo-Zeremonien** sind ursprünglich Riten des aus Dahomey stammenden Schlangenkultes, der als eine spezifische Form der Ahnenverehrung anzusehen ist. In dem Zusammenhang spielt die mythische Regenbogenschlange *(Dangbe)* eine wichtige Rolle. Der in diesem Kult verehrten Riesenschlange Python ist in Ouidah, Benin, ein Tempel geweiht. Da Schlangen eine bestimmte Beziehung zur Erde und damit auch zu der Erdgöttin und den Tote und zum Wasser als Symbol der Fruchtbarkeit haben, liegt es auf der Hand, dass sie auch eine ganz besondere Rolle in Fruchtbarkeitskulten spielen. Voodoo ist heute Staatsreligion in Benin.

Die **Orakelbefragung** erlaubt den Menschen in einer Welt voller Ungewissheiten und Gefahren einen Blick in die Zukunft. Das bekannteste ist das **Ifa-Orakel der Yoruba,** das alle fünf Tage von einem Wahrsager befragt wird. Er benützt dazu ein Orakelbrett, das er mit Sand bestreut; dann nimmt er 16 Palmkerne zur Hand, wirft diese in die Höhe und versucht, so viele wie möglich wieder aufzufangen. Je nachdem, ob nun die Anzahl der Palmkerne gerade oder ungerade ist, zeichnet er mit den Fingern einen oder zwei kleine Striche auf das vor ihm liegende Brett. Nach achtmaliger Wiederholung dieses Vorgangs ist auf dem Brett ein Muster von Linien entstanden, das es nun anhand ritueller Verse zu interpretieren gilt. Auch bei manchen Küstenvölkern in Ghana ist diese Art von Orakelbefra-

RELIGION

gung üblich. Konsultierte man früher das Orakel vor der Wahl eines Königs oder vor einer Kriegserklärung, kann es heute von jedermann befragt werden: von Geschäftsleuten, die wissen wollen, ob ein Unternehmen Erfolg verspricht, von Heiratswilligen, die fragen, ob ihre Ehe Glück bringend sein wird, von Eltern, die einen Ahnen in einem Neugeborenen identifizieren wollen.

In diesem Kontext sei auf die traditionelle afrikanische Auffassung von **Glück und Reichtum** hingewiesen, die nicht dem in den Industrienationen verbreiteten Ideal des materiellen Besitzes entspricht – wesentliches „Kapital" für die meisten Afrikaner ist das Wohlwollen der übernatürlichen Mächte. Dennoch besteht hierbei eine offensichtliche Interdependenz, denn wer genügend materielle Güter besitzt, ist auch in der Lage, sich die Gunst der Götter durch Opfer zu „verschaffen". Sind diese ihm wohlgesonnen, so wird sich sein Ansehen und damit sein „Reichtum" unweigerlich vermehren.

Bei den Völkern der **Atlantikküste** und des **westlichen Oberguineagebietes** stellt ebenfalls der **Ahnenkult** wichtigsten Bestandteil der Religion dar. Die Ahnen schützen und fördern nicht nur die Angelegenheiten ihrer Nachkommen, sondern sie wollen auch über alles genau informiert sein. Vor allem vor der Aussaat und nach der Ernte werden ihnen Opfer dargebracht. Manchmal werden die Ahnen jedoch mehr oder weniger nur als Mittler zwischen dem Himmel- bzw. Erdgott angesehen.

Im Zusammenhang mit der Ahnenverehrung stehen die **Geheimbünde**, welche sowohl auf das politische, wirtschaftliche als auch soziale Leben der einzelnen Stämme großen Einfluss haben. Früher halfen sie dem Häuptling oft, Anordnungen durchzusetzen, und galten darüber hinaus als höchste Gerichtsinstanz. Bei manchen Ethnien der Côte d'Ivoire gibt es angeblich ähnliche Institutionen wie den in Sierra Leone bekannten **Poro-Bund** und den bei den Bambara bekannten **Komo-Bund.** Der wichtigste Kultgegenstand des Poro-Bundes ist die große Maske (*big devil* genannt), welche eine Verkörperung aller Ahnen darstellen soll und fast nur vom „Bundmeister" getragen wird. Die Initiation verläuft in verschiedenen Stufen, die Mitgliedschaft ist für alle Männer obligatorisch. Frauen haben normalerweise keinen Zugang, werden jedoch in die untersten Grade initiiert, wenn sie aus Versehen in den Bezirk des Bundes eingedrungen sind. Sie werden dann jedoch rituell als Männer angesehen und sollen angeblich unfruchtbar werden. Dies kann von der initiierten Bundhelferin, die auch die Initianden im Busch versorgt, geheilt werden.

In Bezug auf die Initiation hat man die Vorstellung, dass der Bunddämon die Novizen „verschlingt" und am Ende der Initiationszeit wieder „ausspuckt". Die Narben, die den Initianden in der Zwischenzeit am Körper angebracht wurden, werden dann als Spuren der Zähne des Bunddämons gedeutet.

Neben dem Poro-Männerbund gibt es einen entsprechenden **Frauenbund**, den Zande oder Bundu, der als **Fruchtbarkeitskult** angesehen werden kann. Hier gibt es ebenfalls verschiedene Initiationsgrade sowie eine Bundmaske. Zur Initiation gehört hier auch die Beschneidung; daneben werden die Frauen in Kochen, Kinderpflege und Kindererziehung, im Sexualverhalten, aber auch über Zauber, die Herstellung von Giften, was als die wichtigste Waffe der Frauen angesehen wird, unterrichtet.

Der **Einfluss des Islam** ist besonders im **Senegal** bei den Wolof, Lebu und Serer zu bemerken, wobei sich die Wolof noch ihre alten Glaubensvorstellungen wie Ahnenkult und Verehrung von Lokaldämonen erhalten haben. Auch die Lebu führen noch alte Regentänze auf, und bei den Frauen sind in Verbindung mit den zahlreichen Lokaldämonen noch Besessenheitskulte lebendig.

Hexen, Zauberer und Medizinmänner

Von magischen Praktiken ist dann die Rede, wenn der Mensch mit Kräften, die eher der Unordnung als der Ordnung angehören, seinen Willen erzwingt, um dem normalen, oftmals unvorteilhaften Leben zu entgehen. Magie ist zugleich beunruhigend und äußerst attraktiv. Sie vermag das Wunder eines schnellen Gelingens zu bewirken. Oft ist Magie auch ambivalent, denn was dem einen nützt, wie z.B. ein Zauber, um vor Gericht zu gewinnen, schadet dem anderen. Durch das **Einsetzen von Symbolen,** wie Objekte, Formeln und Gesten, sollen externe Mächte den Verlauf der Ereignisse modifizieren. Diese **Zaubermittel** wie Gris-gris haben den Charakter von Fremdheit und Bizarrem. Die Hersteller solcher Fetische agieren meist unter dem Titel Priester oder Heiler. Um die Zaubermittel herzustellen, treten sie mit den entsprechenden Wesen in Kontakt. Der Kauf solcher Mittel wird als Ritus gehandhabt.

Magische Handlungen sind bei allen – auch den islamisierten – Völkern Westafrikas anzutreffen, wie das weit verbreitete Tragen von **Amuletten** belegt. Manchmal kann man Menschen sehen, die zehn oder mehr verschiedene Amulette am Körper tragen, um sich so vor Widrigkeiten zu schützen. Von den Fetischen her sind die magischen Objekte der Songhay und Haussa besonders berühmt. Ein Fetisch kann ein Tongefäß oder ein anderes Behältnis sein, das als „magischen" Stoff ein Pulver oder Knochenstücke enthält, es kann aber auch eine Holzfigur sein. Diesen Objekten bringt man ebenfalls Opfer dar.

Als **Gegenpol zur Magie** ist in Westafrika auch der **Hexenglauben** noch weit verbreitet. Hexen oder Hexer repräsentieren die Mächte der Unordnung und des Todes schlechthin, es sind Menschen, die außerhalb der gesellschaftlichen stehen. Sie entziehen ihren Opfern die Lebenskraft und die Fruchtbarkeit, unterwerfen und zerstören sie. Sie verderben die Ernte, verbreiten Krankheiten und befehlen wilden Tieren, Menschen und ungeborene Kinder zu töten, sie „rauben und essen" die Seelen von Schlafenden. In der Vorstellung der Afrikaner geschieht dies folgendermaßen: wenn die Hexe nur einen Teil der Seele, wie z.B. ein Bein oder eine Hand erwischt, so wird die Person krank; bekommt sie die ganze Seele, stirbt sie. Erscheint dem Kranken dann ein bestimmtes Mitglied der Dorfgemeinschaft im Traum, so wird dieses für die Krankheit verantwortlich gemacht und ist somit als Hexe entlarvt.

Dem Glauben der Afrikaner zufolge wird man zur Hexe bzw. zum Zauberer geboren. Beide vererben ihre Kräfte an eine ihrer Töchter bzw. Söhne. Im Vergleich zu der geachteten Persönlichkeit des Magiers werden sie als Kriminelle angesehen. All das, was man Hexen vorwirft, sind **antisoziale Verhaltensweisen:** Sie sind gierig, gefräßig, unstet, übellaunig und egoistisch. Sie hinterlassen Exkremente, bewegen sich nackt in der Öffentlichkeit, haben ein abnormales Sexualverhalten. Hexen sind oft steril und haben blutunterlaufene Augen; man wirft ihnen Vampirismus und Kannibalismus vor. Hexer und Hexen stellen die gesellschaftlichen Wertvorstellungen auf den Kopf und stören das harmonische Miteinander. Krankheit, Unglück und Tod werden oft als Folge einer metaphysischen Ursache gesehen – Hexerei ist das Erklärungsmuster für all das Schlechte in der Welt.

Neid, Hass und Rache ziehen häufig Hexereiverdächtigungen nach sich, genauso wie Machtkämpfe und familiärer Streit. In polygamen Gesellschaften verdächtigen sich die Frauen eines Ehemannes gerne gegenseitig. Wenn das Kind der einen häufig krank wird, glaubt sie, ihre Rivalin habe es behext. Menschen, die erfolgreicher sind als andere – und die Früchte des Erfolges nicht mit der Gemeinschaft teilen – werden der Hexerei verdächtigt, mächtige Häuptlinge und Menschen in gehobenen Positionen, Menschen, die ihre familiären Pflichten vernachlässigen, unfruchtbare und grimmige Menschen sowie Eigenbrötler. Auch Menschen mit physischen Anomalien können der Hexerei verdächtigt werden.

Es kann jemandem gesellschaftlich nichts Schlimmeres passieren, als der **Hexerei** verdächtigt zu werden. (In Notzeiten entstehen zuweilen Hysterien.) Wird jemand der Hexerei beschuldigt, gibt es verschiedene Methoden, um herauszufinden, ob der Verdacht berechtigt ist: von einfachen „Untersuchungen" bis hin zum Heißwassertest ... Wenn eine Person dann von einem Wahrsager als Hexe bzw. Hexer entlarvt wird, erhält diese eine **Bestrafung** entsprechend der Schwere ihrer Vergehen: von einer Geldstrafe, der Unterziehung von Reinigungs- oder Exorzismusriten über das Verjagen aus dem Dorf bis hin zur Todesstrafe. Menschen, die als Hexen gelten, werden formlos im Busch vergraben – sie sind die einzigen Menschen, die als Verstorbene nicht weiterexistieren dürfen.

Im Zusammenhang mit der Überführung von Hexen und Hexern spielen **Wahrsager** eine wichtige Rolle. Sie sagen nicht nur die Zukunft voraus, sondern können auch die Ursache von Krankheiten mit Hilfe eines Orakels bestimmen bzw. erklären. Daneben sind die von den Dogon angewandten Prophezeihungen bekannt: Sie werden mit Hilfe des Wüstenfuchses durchgeführt, der nach dem Glauben der Dogon in unmittelbarer Verbindung mit dem höchsten Gott Amma steht.

RELIGION

Gris-gris sind **Amulette,** die vor allem zur **Abwehr negativer Einflüsse** hergestellt werden, aber auch, um jemanden vor Unglück bewahren, sich wirtschaftlichen Erfolg zu sichern, um das Haus vor Dieben zu schützen, um die Liebe eines zu erwirken, oder auch, um Krankheit oder Tod eines anderen Menschen herbeizuführen. Zur Herstellung von Gris-gris verwendet der Medizinmann oder Magier die unterschiedlichsten Materialien: Knochen in jeder Art und Größe, Hörner, Federn, getrocknete Vogel-, Ratten- und Affenköpfe, diverse Kräuter, Schlangenhäute, Tigerfelle, Straußeneier u.v.m. Auf allen Märkten Westafrikas findet man derartige Stände.

Eine wichtige Funktion in der traditionellen Gesellschaft der Afrikaner haben auch die **Medizinmänner** inne, in frankophonen Ländern *guérisseur*, in anglophonen *native doctor* oder *herbalist* genannt. Meist haben sie, ähnlich wie die Magier, ihr Wissen vom Vater übernommen und vererben es an einen ihrer Söhne, d.h. es bleibt in der Familie.

Die Medizinmänner sind oft **Kräuterspezialisten,** die aufgrund ihrer besonderen Kenntnisse von Pflanzen ganz bestimmte Krankheiten heilen können, oder Spezialisten, die in der Lage sind, unbekannte Leiden zu diagnostizieren, indem sie herausfinden, an welcher Form „spiritueller Unreinheit" der Patient leidet, um dann eine entsprechende „Zeremonie" durchzuführen.

Damit ist ein Medizinmann nicht nur Arzt, sondern gleichzeitig auch eine Art **Psychotherapeut.** Der Heilerfolg hängt natürlich auch stark von der Persönlichkeit des guérisseurs, von seiner Überzeugungskraft und vom Glauben des Patienten ab (ein auch in der westlichen Welt nicht unbekanntes Phänomen!). Bei den Afrikanern steht jedoch die Wirkung eines Medikaments entsprechend ihrer Philosophie vor allem in unmittelbarem Zusammenhang mit der Zauberkraft des Wortes.

Auch *Senghor* schreibt: „Das Wort ist mächtig im schwarzen Afrika. ... Durch *Nommo*, die Lebenskraft, die alles Leben bewirkt, die auf die Dinge einwirkt, und zwar in der Gestalt des Worts, ... wird jede Verwandlung, jedes Zeugen

Gris-gris

und Erzeugen bewirkt. ... Und da der Mensch mächtig ist über das Wort, ist er es, der die Lebenskraft dirigiert."

Durch **Nommo, das Wort,** setzt der Mensch seine Herrschaft über die Dinge. Alle Wirkung des Menschen, alle Bewegung in der Natur beruht demnach also auf der zeugenden Kraft des Wortes, das somit Lebenskraft selbst ist. Alle Zauberei ist somit Wortzauber, ist Beschwörung, Bann und Fluch.

Nach diesem Prinzip „wirkt" auch die traditionelle Medizin der Afrikaner: Alle Talismane und Medizinen sind uneffektiv ohne das Wort, wenn sie nicht „besprochen" sind. In den USA durchgeführte Placebo-Versuche haben gezeigt, dass auch in der westlichen Welt die magische Wirkung von Medizin eine häufig unterschätzte Rolle spielt.

Je größer die Überzeugungskraft des Medizinmannes und je mächtiger sein Wort ist, umso wirkungsvoller ist seine Medizin, egal ob man sie einreiben, einnehmen oder am Körper tragen muss. Welche Macht dem Medizinmann zugeschrieben wird, zeigt auch die Tatsache, dass er, falls sich der Patient nach erfolgreicher Behandlung weigert, zu zahlen, durch eine entsprechende Beschwörung die Kraft aus der Medizin wieder „herausziehen" kann, sodass der Patient wieder krank wird.

Buchtipp – Praxis-Ratgeber:
● Kirstin Kabasci
Islam erleben
(REISE KNOW-HOW Verlag)

Islam

Der Islam hat in Westafrika etwa **seit dem 7. Jh.** große religiöse, sozio-kulturelle und politische Umwälzungen bewirkt. Während er im Sahel-Sudan mit mehr als 100 Millionen Anhängern als die absolut dominierende Religion angesehen werden kann, spielt er in den Küstenländern südlich von Guinea noch eine eher untergeordnete Rolle.

Ohne verallgemeinern zu wollen: Der Islam Westafrikas zeigt ein anderes, **toleranteres Gesicht als im arabischen Kulturraum.** Das betrifft in erster Linie die Rolle der Frau: Sie ist nicht ans Haus gebunden, kann alleine reisen und Handel treiben oder sich in der Politik engagieren. Sie ist im sogenannten öffentlichen Raum präsent. Verschleierte Frauen sieht man eher selten, statt des Kopftuchs bevorzugt die westafrikanische Frau farbenprächtigen und oft hochmodischen Kopfschmuck. Die Wahl der Kleidung folgt weniger religiösen Moral- als vielmehr modischen Vorstellungen – und die sind eben körperbetont. Außerdem ist Alkohol längst nicht so geächtet wie etwa nördlich der Sahara. Eine Ausnahme der in diesem Reiseführer besprochenen Länder bildet die Islamische Republik Mauretanien, ganz im Gegensatz zu Senegal oder Burkina Faso, die eher laizistisch geprägt sind.

Der Islam wurde von Arabern und Berber-Nomaden aus den islamischen Zentren Nordafrikas über den **Transsahara-Handel** in den Süden gebracht, wo er spätestens seit Anfang des 19. Jh. die kulturelle und politische Entwicklung maßgebend prägt. Bis dahin war der Islam die Religion der herrschenden Klasse und städtischen Elite, der Händler und Gelehrten, während Jäger und Bauern weiterhin ihre traditionellen Religionen pflegten. Die eigentliche Initialzündung für eine flächendeckende Islamisierung lieferte die **forcierte Kolonisierung** der Franzosen. Unter dem Banner des Propheten scharten sich bald all jene Kräfte, die gegen die Vormundschaft der Toubabs, der Weißen, aufbegehrten.

Es waren die **„Marabouts"**, wie die **Sufi-Scheiche** in Westafrika genannt werden, die die Lehre des Propheten *Mohammed* in die Savanne trugen. In mystischer Form vermochte der Islam die traditionellen Kulte und Zeremonien der Animisten aufzunehmen. Aus Medizinmännern und Zauberern wurden Scheichs und Marabouts, aus dörflichen Solidargemeinschaften mystische Orden. Bestes Beispiel ist der Senegal mit seinen moslemisch-sunnitischen Bruderschaften, deren Einfluss heute weit über die Landesgrenzen hinausreicht. Die „heiligen Kriege" der Fulbe im 18. und 19. Jh., die von den strenggläubigen Fulbe-Herrschern des Futa Djalon (Guinea) und des Futa Toro (Senegal) ausgingen, haben entscheidend zur weiteren Verbreitung des Islam in Westafrika beigetragen.

Den islamischen Glauben zu praktizieren, ohne die traditionelle Religion zu verraten, bereitet Schwarzafrikanern keinerlei Schwierigkeiten, denn die Regeln des Korans lassen sich leichter mit afrikanischen Traditionen vereinen als die des Christentums. So bildete sich eine **spezielle westafrikanische Form des Islam** heraus, eine **vom Sufismus geprägte mystische Variante,** die viele Elemente der traditionellen Religionen übernommen hat. Auch die alten Sitten und Bräuche wie Verwandtschaftsregelungen, Brautpreis etc. blieben weitgehend unverändert. Der Islam wurde an die alten Religionen angepasst und veränderte somit weniger die sozialen Strukturen. So lange Allah als einziger Gott und Mohammed als Prophet anerkannt wurden, konnte der Islam mit unzähligen traditionellen Sitten und Gebräuchen koexistieren – die religiösen Rituale in Bezug auf den König, der Glaube an die Ahnen, an Magie und Geister harmonierten gut. Dabei spielte auch die im Islam praktizierte Vielehe eine maßgebende Rolle.

Fragt man sich nun, weshalb der Islam so große Verbreitung fand, so muss man bedenken, dass er nach einer Zeit großer Unsicherheit in die Region kam (Sturz des alten Ghana-Reichs, Entstehung des Mali-Reichs, dessen Ausdehnung mit der Ausbreitung des Islam einhergeht). Unter *Mansa Mussa* (1312–1337) erschien der Islam dann als die große **fortschrittliche Religion,** denn er war den traditionellen Religionen in geistiger, organisatorischer und politischer Hinsicht weit überlegen. Es entstanden Koran-Schulen, die Macht- und Führungsstrukturen wurden neu gestaltet, eine stärkere Bürokratisierung fand bei der Regierung von Städten und Reichen statt, der Abbau von Rassentrennung und eine hierarchische Struktur brachten etwa seit dem 16. Jh. eine starke Schichtung vieler westafrikanischer Gesellschaften mit sich. Außerdem ka-

RELIGION

men mit dem Islam neue Methoden des Handels nach Schwarzafrika, welche die kommerziellen Aktivitäten vieler Völker erheblich verstärkte.

Auch heute gewinnt der Islam in weiten Teilen Westafrikas ständig an Bedeutung, da ihm gegenüber dem Christentum eindeutig der Vorzug gegeben wird. Letztlich gilt das Christentum als weiße, koloniale – einige sagen auch „imperialistische" – Religion, der Islam als „schwarze". Vor allem Saudi-Arabien und die Golfstaaten pumpen gewaltige Summen in den Bau von Moscheen und Koranschulen. Dies ist mit ein Grund für die zuletzt zunehmende Tendenz zur fundamentalistischen Auslegung des Islams.

Dennoch: Mit Ausnahme von Nigeria, wo die Einführung der strengen Regeln der **Scharia** seit Jahren für blutige Konflikte sorgt, gestaltet sich in Westafrika das Zusammenleben vom Moslems und Angehörigen anderer Religionen meist frei von größeren Spannungen. Es gibt unzählige Beispiele friedlicher Koexistenz, angefangen bei Dorfgemeinschaften, wo Moschee, Kirche und Zeremonienhaus der Animisten in Sichtweite voneinander liegen und jeder wie selbstverständlich die Religion des anderen achtet.

Die fünf Säulen des Islam

1. Es gibt keinen Gott außer Gott, und Mohammed ist sein Prophet.
2. Jeder Gläubige hat fünfmal am Tag zu Beten und sich dabei Richtung Mekka zu verneigen. Zuvor müssen rituelle Waschungen erfolgen.
3. Jeder Gläubige soll den Besitzlosen Almosen geben. Nach der Scharia ist das der zehnte Teil des Einkommens.
4. Jeder erwachsene Gläubige soll im Ramadan, dem neunten Monat des islamischen Kalenders, tagsüber fasten.
5. Jeder Gläubige, der materiell dazu in der Lage ist, sollte einmal im Leben eine Pilgerreise nach Mekka unternehmen.

Daneben sind u.a. der Verzehr von Schweinefleisch, Alkohol, Glücksspiele und Geldverleih gegen Zins verboten.

Islamische Feste

Die wichtigsten der ingesamt sieben **Hauptfeste** des Islam sind der Ramadan und das Opferfest:

Das Minarett einer modernen Moschee im Senegal

● **Ramadan**
2011: 1. August bis 30. August
2012: 20. Juli bis 19. August
2013: 9. Juli bis 8. August
Das Fastenbrechen (Aid al-Fitr) wird jeweils am Tag nach dem Ende des Ramadan begangen und dauert in der Regel drei Tage.
● **Tabaski (Aid al-Adha, Fête de Mouton)**
2011: ab 6. November
2012: ab 25. Oktober
2013: ab 15. Oktober
Tabaski, wie das Opfer- oder Hammelfest in Westafrika genannt wird, kann je nach Region bis zu zehn Tage dauern.

Hinweis: Alle Daten richten sich nach dem **Mondkalender** und können wegen geografischer und lokaler Gegebenheiten um bis zwei Tage variieren. Quelle: www.islam.de
Im Allgemeinen ruht vor, während und nach diesen Festen das öffentliche Leben weitgehend. Besonders beim Opferfest Tabaski, inzwischen eine Art moslemisches Weihnachten, muss der Reisende teilweise mit erheblichen **Einschränkungen** rechnen. Das gilt auch für den Fastenmonat Ramadan, selbst wenn dieser nicht gar so streng gehandhabt wird wie in arabischen Ländern. Trotzdem sollte man Rücksicht auf das religiöse Empfinden der Gläubigen nehmen. Verzichten Sie tagsüber auf allzu demonstratives Essen, Trinken oder Rauchen in der Öffentlichkeit. Besser man orientiert sich am Verhalten der Bevölkerung.

Christentum

In Nordafrika, speziell im heutigen Tunesien, gab es bereits im 3. Jh. n.Chr. zahlreiche katholische Bistümer. Zu Beginn des 5. Jh. wurde jedoch durch den Einfall der Vandalen dieses Zentrum der frühen christlichen Kirche zerstört.

Erst viel später, im 15. Jh., wurde die Missionierung des „schwarzen Kontinents" wieder von spanischen und portugiesischen Seefahrern belebt. Vor allem *Heinrich dem Seefahrer* war neben dem Abenteuer und den wirtschaftlichen Interessen der missionarische Eifer eine zusätzliche Antriebskraft für seine Unternehmungen. **Machtpolitische und kommerzielle Interessen** waren dabei aufs engste miteinander verknüpft.

Eine dritte Phase der Christianisierung Afrikas setzte im 19. Jh. zusammen mit der politischen und wirtschaftlichen Expansion der europäischen Industriestaaten ein. Diese **Missionarstätigkeit** wurde sowohl von Protestanten als auch von Katholiken getragen, die in ihrem missionarischen Eifer aus „schwarzen Heiden" „richtige Menschen" machen wollten. Manche der Geistlichen, die von den in England, Deutschland, Frankreich und der Schweiz gegründeten Missionsgesellschaften nach Afrika entsandt wurden, sollten in der Geschichte eine bedeutende Rolle spielen. Das trifft z.B. auf den deutschen Pastor *Homberger* zu, der im Jahre 1874 an der Goldküste als Mittelsmann zwischen Engländern und den damals dort ansässigen Anlo (Ewe) fungierte. Weitere Träger der Missionierung Westafrikas im 19. Jh. waren: die Väter vom Heiligen Geist (gegr. 1848), die als Priester nach Senegal und Gabun geschickt wurden; die Lyoner Missionsgesellschaft für Afrika (gegr. 1854), vor allem zuständig für die Länder am Golf von Guinea; die Weißen Väter *(Pères Blancs)* bzw. die Weißen Schwestern.

Sie alle haben sich sowohl für die Abschaffung des Sklavenhandels und die Bekämpfung von Seuchen eingesetzt, als auch mit der Alphabetisierung begonnen. Zu ihren wichtigsten Tätigkeiten gehörten neben intensiven sprachwissenschaftlichen Studien die Errichtung von Schulen und Krankenstationen. Häufig fungierten sie auch als Friedensstifter, manchmal wurden die Missionare auch als Informanten für europäische Staatsmänner missbraucht.

„Ihr Priestergewand schützt sie und dient zur Verhüllung der politischen und geschäftlichen Absichten. Sie kosten wenig und werden von den Barbaren geachtet. Der religiöse Eifer, der die Priester belebt, lässt sie Arbeit übernehmen und Gefahr trotzen, die über die Kräfte eines bürgerlichen Beamten gehen würden." (*Napoleon, 1804*).

Viele der ersten Missionare starben an Gelbfieber oder Malaria oder kehrten gesundheitlich ruiniert nach Europa zurück.

Für den Besuch einer Missionsschule war die Taufe fast immer Voraussetzung, und so mancher Kranke, dem in einer der Missions-Krankenstationen geholfen wurde, trat aus Dankbarkeit zum Christentum über. Selten jedoch wurden die Afrikaner aus Überzeugung Christen, dazu war ihnen die vorgeschriebene Monogamie schlicht unverständlich. Sie setzen sich daher oft einfach darüber hinweg und hatten auch als „Christen" mehrere Frauen. Bei der Taufe mussten die Afrikaner fast immer ihre traditionellen Namen ablegen und christliche Namen annehmen. Meist zwang man sie auch, europäische Kleidung zu tragen, da das Hüfttuch oder der Lendenschurz als „unkeusch" angesehen wurden. Die wenigsten Missionare waren in der Lage, sich auf die afrikanische Mentalität einzustellen und damit umzugehen, die meisten versuchten lediglich, den Afrikanern ihre Glaubensvorstellungen aufzuzwingen. Seit dem Zweiten Weltkrieg hat sich aber eine deutliche „Afrikanisierung" der Kirche vollzogen, und in jüngerer Zeit sind die Missionare auch eher bereit, die Afrikaner so zu akzeptieren, wie sie sind, und ihnen lediglich Hilfe anzubieten. Neben den europäischen entstanden verschiedene eigenständige afrikanische Kirchen mit eigenen Regeln – teilweise auch mit der Erlaubnis zur Vielehe. Außerdem entwickelten sich zahlreiche „nachchristliche Sekten", in denen sich Vorstellungen der traditionellen afrikanischen Religion mit der christlichen Anschauung verbinden.

Gegenwärtig leben schätzungsweise **30 Mio.** katholische und etwas weniger protestantische **Christen** in Westafrika, d.h. die Bedeutung des Christentums ist hier im Vergleich zum Islam aus den o.g. Gründen relativ gering.

Kunst und Kultur

Das künstlerische Schaffen – Schmuck, figürliche Kunst, Masken, Tanz, Musik und Dichtung – der Völker Westafrikas steht in engem **Zusammenhang mit** ihrer **Religion und Mythologie.** Um die Symbolik ihrer Kunstwerke zu verstehen, muss man ihre Glaubenswelt kennen, von der ihr Leben so unmittelbar bestimmt wird. Schnitzerei, Metallbearbeitung, Musik, Tanz und Dichtung, alle diese Kunstformen dienten funktionalen Zwecken. Sie waren und sind immer mit einem sozialen Ereignis wie einem traditionellen Fest bzw. Ritual quasi untrennbar verknüpft.

Durch verschiedene Einflüsse hat sich jedoch die ursprüngliche Symbolik im Laufe der Zeit stark verändert, zum Teil ist sie auch in Vergessenheit geraten. Meist können nur noch ein paar alte Männer oder Frauen über die ursprüngliche Bedeutung Aufschluss geben.

Die Kunst des Körperschmucks

Kaum ein Volk der Erde lässt den menschlichen Körper im „Urzustand"; fast bei allen sind Modifikationen des Körpers anzutreffen, modische Veränderungen durch Kosmetik, Kleidung, Haarfrisuren, Schmuck, aber auch Benarbungen, Tätowierungen, Deformationen und „Verstümmelungen". Sie haben jedoch alle neben dem rein ästhetischen noch einen anderen Zweck, sie dienen entweder dem Schutz des Körpers oder geben Auskunft über die Zugehörigkeit zu einer bestimmten ethnischen oder religiösen Gemeinschaft, gesellschaftlichen Gruppe, Altersklasse oder über die soziale Stellung, den Familienstand und die Zahl der Kinder. Was die Verschönerung des Körpers betrifft, so sind die Schönheitsideale natürlich sehr unterschiedlich.

Die Afrikaner haben eine besondere Vorliebe für Schmuck und verstehen es in der Regel, sich mit viel Geschmack herzurichten. Dies kann je nach Region sehr unterschiedlich aussehen.

Für die (zeitweilige) **Körperbemalung** werden die drei Farben Rot, Weiß und Schwarz, die jeweils kultische Bedeutung haben, meist aus folgenden Rohstoffen hergestellt:

Rot, die **Farbe des Lebens,** wird aus Ochsenblut, Lateriterde, rotem Ton, natürlichem Ocker oder pulverisiertem Rotholz (Tukula) – das mit Palmöl vermischt teilweise auch als Ersatz für Blut verwendet und auf Körper oder Fetischfiguren aufgetragen wird – hergestellt. Rote Farbe (Symbol der Kraft und des Lebens) wird auch als Kraftspender auf den Körper eines Kranken aufgetragen.

Weiß, die **Farbe des Todes und der Geister,** stellt man aus Maniokmehl, Schlangen- oder Vogelkot, Kaolinerde, Kalkmergel oder weißer Kreide her.

Schwarz, die **Farbe der Dämonen,** wird meist aus Holzkohle, Grasasche, schwarzen Haaren, Schweineblut, Knochenkohle, schwarzem Schlamm bzw. schwarzer Erde gewonnen.

Bei der Körperbemalung dient das Schminken der Augenpartien mit Antimonpulver (Wolof) rein ästhetischen Zwecken.

Kunst und Kultur

Die **Wodaabe** (junge Fulbe-Bororo-Männer) schminken sich zu dem alljährlich stattfindenden Gereol-Fest sehr kunstvoll: das Gesicht bemalen sie mit Ockergelb, betonen die Nasenlinie mit einem gelben Strich, schwärzen die Augenpartie und die Lippen mit Kohlepulver und verzieren Wange, Mundwinkel und Kinn mit roten, weißen und schwarzen Punkt-, Kreis- und Strichornamenten. Zahlreiche Schmuckketten aus Glasperlen und Messing sowie aufwendige Baumwolltuniken und ein weißer Turban über den langen Zöpfen runden das Festtagsgewand der Wodaabe-Männer ab. Auffallend ist auch die klassische Haarfrisur der Wodaabe-Frauen mit dem Stirnhaarknoten sowie der Ohrschmuck, der aus acht bis zwölf großen Aluminium- oder Messing-Ohrringen besteht. Auf Stirn, Wangen und Mundpartie sind feine, blaue geometrische Muster tätowiert, die magische Wirkung haben und vor dem „bösen Blick" schützen sollen.

Benarbungen werden häufig (z.B. bei Serer) während des Initiationsritus angebracht. **Narben- und Farbentätowierungen** dienen nicht nur der Ästhetik, sondern vor allem der Zuordnung zu einer bestimmten ethnischen Gruppe. Im Obervolta-Gebiet (Mossi) waren früher Gesichtsnarben üblich, werden jedoch heute kaum mehr praktiziert (zum Teil von seiten der Regierung verboten); Narbenmuster (Ziernarben) um den Bauchnabel sind dagegen auch heute noch vor allem bei Mädchen und Frauen sehr beliebt. In Westafrika sind Hohlnarben üblich, im Gegensatz zu den sonst in Afrika häufig anzutreffenden plastisch hervortretenden Narbenmustern (Punktnarben).

Bei einigen Ethnien, z.B. Fulbe und Wolof, gilt das **Tätowieren von Unterlippe und Zahnfleisch** (wobei Antimonpulver oder Ruß eingerieben wird) als absolutes Schönheitsideal. Obwohl sehr schmerzhaft, lassen die Behandlung viele Frauen über sich ergehen.

Das **Verzieren** von **Ohren, Nase und Mund,** wo der „Austausch zwischen innerer und äußerer Welt stattfindet", war vor allem früher üblich. Dazu gehörte Ausweitung der Ohrläppchen, Nasenringe und Lippenscheiben aus Stein, Holz, Knochen oder Metall. Diese **Lippenpflöcke** sind in dem hier behandelten Gebiet von Westafrika heute nur noch bei älteren Lobi- und Moba-Frauen anzutreffen.

Als Schmuckstücke dienen **Arm-, Bein- und Fingerringe,** zum Teil im Gelbgussverfahren aus Eisen, Kupfer (seltener aus Gold oder Silber) hergestellt, sowie Armringe aus Stein (Dogon, Songhay) oder Elfenbein (Guineaküste und Zentralafrika), Glasperlen, Kaurimuscheln, Halbedelsteine wie Karneol oder Quarz und Bernsteinkugeln (Amber). Die früher von den Frauen meist als Mitgift und Statussymbol um die Fußgelenke geschmiedeten schweren Arm- und Fußreifen aus Gelbguss werden heute so gut wie nicht mehr hergestellt. Bei den Senufo und Bobo wurden Fußreifen angeblich auch häufig als Schutz vor Buschgeistern getragen. Zu den markantesten Schmuckstücken zählen sicher auch die von den Fulbe-Frauen des Massina getragenen riesigen Ohrgehänge aus Gold sowie die zahlreichen Bernsteinkugeln, die kunstvoll in die Frisuren der Frauen eingearbeitet werden.

Nasenringe aus Gold (und früher bei den Dogon auch Lippenringe) sind bei Frauen noch relativ häufig zu sehen. Ringe und Amulett-Anhänger aus Kupfer, Gold, Silber (Baule, Anyi, Senufo, Lobi) sind ebenfalls häufig zu finden. Charakteristisch für diesen Baule-Schmuck sind die geometrischen Muster sowie die filigrane Verzierung, die durch die Wachsausschmelztechnik möglich ist. Bei manchen Ethnien besteht der Schmuck jedoch häufig aus weniger aufwendigen Materialien wie Tierzähnen, Vogelfedern, kleinen Holzstäbchen, Straußeneierschalen, Muscheln, Perlen, Knöpfen, geflochtenen Grashalmen etc.

In ihrer Vorstellungswelt können sowohl „böse" als auch „gute" Geister in verschiedene **Tierarten** (Chamäleon, Schlange, Antilope, Elefant etc.) schlüpfen. Ihnen zu Ehren bzw. um sie zu besänftigen, werden kleine Bronzefiguren gegossen und Masken oder Statuetten geschnitzt. Ebenso versucht man die Gunst der Ahnengeister mit bestimmten Ritualen und Opfergaben zu erwirken. Das Chamäleon ist zum Beispiel ein Tier, das aufgrund seiner charakteristischen Merkmale, wie ständig wechselnde Farben, bewundert wird und gleichzeitig Furcht auslöst. Ebenfalls sehr gefürchtet und auf Amuletten der Senufo und Dogon häufig anzutreffen ist die Schlange. Bei den Senufo werden nach dem Rat des Wahrsagers bestimmte Bronzeringe oder Amulette mit Tiermotiven zur Abwehr böser Geister getragen. Schlange, Chamäleon, Schildkröte, Krokodil und Nashornvogel haben bei den Senufo eine ganz besondere Bedeutung, da sie in ihrem Glauben die fünf zuerst geschaffenen Tiere sind. Der Schmuck der Gurunsi, Lobi und Bobo ist dem der Senufo sehr ähnlich. Die Lobi tragen zahlreiche Schutzanhänger zur Abwehr böser Geister (Lippenpflock, Chamäleon-, Schlangenanhänger und eisernen Beinschmuck mit Schlangenmotiv). Und bei Frauen sind Kaurimuscheln als Symbol der Fruchtbarkeit sehr beliebt.

Frisuren

Die mit großer Sorgfalt kunstvoll gefertigten afrikanischen Frisuren sind Ausdruck eines lebendigen Schönheitskultes. Die ästhetische Gestaltung der Haare ist heutzutage vor allem als Ausdruck der Mode, der Lebensfreude und manchmal auch als Provokation zu sehen, während früher die traditionellen Haartrachten in engem Zusammenhang mit dem sozio-kulturellen Hintergrund und der magisch-religiösen Welt der jeweiligen Ethnien standen und zum Beispiel über die soziale Stellung der Frau Aufschluss gaben. In die kunstvollen Zöpfchenfrisuren werden meist allerlei symbolträchtige Objekte und Schmuckstücke eingearbeitet.

Berühmt sind die prächtigen, mit Bernsteinperlen versehenen Frisuren der Fulbe- und Songhay-Frauen aus dem Nigerbinnendelta (heute ein beliebtes Postkartenmotiv). Um die Frisuren noch prachtvoller erscheinen zu lassen, wurden früher Pflanzenfasern mit

Kunst und Kultur

hineingeflochten. Heute verwendet man vor allem künstliche Haare. Meist verbringen die Afrikanerinnen die heißen Mittagsstunden damit, sich im Schatten gegenseitig zu frisieren. Diese Verschönerung nimmt oft viel Zeit in Anspruch. Bei dieser Gelegenheit können die Frauen in entspannter Atmosphäre auch ihre intimsten Probleme untereinander austauschen. Eine von einer professionellen Frisörin kunstvoll gefertigte Frisur, die zu besonderen Anlässen angelegt wird, kostet nicht selten umgerechnet zwischen zehn und 50 Euro – ein Vermögen!

Während auf dem Land die **reichhaltigen, traditionellen Haartrachten** getragen werden, sind in den Städten die durch westlichen Kultureinfluss geprägten modernen Frisuren mit ungeheurer Formenvielfalt anzutreffen. Früher konnte man anhand der Frisur auf einen Blick eine Fulbe-Frau von einer Bambara-Frau unterscheiden; ebenso konnte man sofort erkennen, ob die Frau z.B. gerade einen Sohn geboren hatte, ob ihre Tochter bereits initiiert, ihr Sohn verheiratet oder ihr Mann gestorben war. Kinder erhalten bei der rituellen Namensgebung ihre erste Frisur (meist eine Kahlrasur), später lässt man je nach Alter, Clan, Kaste usw. bestimmte Haarbüschel oder -streifen stehen.

Die Knaben der Tuareg fangen erst im Alter von 11–13 Jahren an, ihre bis dahin wild wachsenden Haare zu langen Zöpfen zu flechten; im Erwachsenenalter verstecken sie diese dann meist unter dem Turban. Aufwendige Frisuren waren früher auch für Männer

Kunst und Kultur

(vor allem im Gebiet der Guineaküste) typisch. **Langes, geflochtetes Haar** scheint bei vielen afrikanischen Völkern ein Symbol für Macht und Stärke gewesen zu sein, wie semantische Studien belegen. Bei zahlreichen „alten" Völkern Westafrikas gelten Haare, Finger- und Fußnägel sowie Blut, Schweiß und die Exkremente als Träger der Seele und Lebenskraft. Bei den Afrikanern haben die Haare oft einen besonderen Bezug zur Sexualität; unbedecktes Kopfhaar gilt auch heute noch häufig als schamlos. Strenggläubige Moslems tragen daher immer Kappe oder Turban.

Die Frisuren haben meist eine **sexuelle Symbolik** und dürfen daher nicht in der Öffentlichkeit gezeigt werden; eine anständige, geachtete Frau versteckt sie unter einem Tuch. Dieser Brauch ist heute vor allem im islamischen Kulturkreis weit verbreitet. Bei den Kurumba oder Mossi, die im Norden von Burkina Faso leben, hat jede Altersklasse der Frauen eine spezielle Haartracht.

Bei den modernen Frisuren ist eine deutliche **Vermischung der Stile** zu beobachten – ein Zeichen für das zunehmende Nationalbewusstsein der Afrikaner. Neben den kunstvollen Zöpfchen- und „Antennen-Frisuren" ist der „Rasta-Look" zur Zeit groß in Mode.

Kleidung

Bei der Kleidung sind in Westafrika je nach Lage und klimatischen Verhältnissen sowie kulturellem Erbe sehr unterschiedliche Stile anzutreffen, vom früher üblichen „Nacktgehen" über das Tragen eines Hüfttuches bis zur totalen Vermummung. Während in der Wüste und dem angrenzenden Sahel-Sudan lange Gewänder (der *Boubou*) und Turbane als Schutz gegen die extremen Temperaturen und Sandstürme getragen werden, reicht in den südlichen Feuchtsavannen und Küstengegenden eine minimale Bekleidung. Vor allem früher beschränkte sich die Kleidung wirklich auf das Notwendigste und kollidierte häufig mit europäischen Moralvorstellungen. Bei den Somba (Benin) war z.B. der Mann mit einer aus einem Kalebassenhals hergestellten Penishülle „bekleidet", welche die Geschlechtsteile eher betonte als verdeckte, während die Frau einen an einer Hüftschnur befestigten Blätterbüschel trug.

Wenn die Frauen auf dem Land aufs Feld oder an den Fluss zum Wäschewaschen gingen, waren sie oft nur mit einem Hüfttuch oder Baströckchen bekleidet, manchmal hatten sie auch noch ein Tuch über der Brust zusammengeknotet. Bei den Altnigritern ist dies auch heute noch die vielfach übliche Bekleidung, während man sich in der islamisierten bzw. christianisierten Bevölkerung in der Öffentlichkeit nur voll bekleidet zeigen darf. Dazu gehören neben den wallenden Gewändern vor allem für die verheirateten Frauen ein Kopftuch sowie reichhaltiger Schmuck, der soziale Stellung und Wohlstand symbolisiert. Ein deutlicher Unterschied in der Kleidung ist ebenso zwischen Sesshaften und Nicht-Sesshaften festzustellen: Während Hirten oft nur sehr bescheidenen Schmuck und grob gewebte Baumwollstoffe tragen, bekleiden sich wohlhabende Bauern oder

Händler(innen) mit teuren und farbenprächtigen Batikstoffen. Die Frauen in den Städten hüllen sich meist in breite Tücher *(pagnes)*, von denen eines als Rock um die Hüfte geschlungen, ein zweites als Bluse über der Brust zusammengebunden und ein drittes kunstvoll um den Kopf gewickelt wird.

Die groben, oft erdfarbenen Baumwollstoffe der Senufo und Baule sind auch heute noch zum Teil mit zahlreichen überlieferten Mustern verziert, bei den Dogon sind indigofarbene Tücher die übliche Bekleidung. Der traditionelle Bastrock wird bei den Bambara und Dogon heute von den Maskentänzern nur noch zu zeremoniellen Anlässen getragen. In der Küstenregion waren vor dem Eindringen der Baumwolle Kleidungsstücke aus Palmfasern und Rindenstoffe üblich.

Heute bestimmen auf den Märkten riesige Berge von Altkleidern das Bild, die dem Schneiderhandwerk arg zusetzen. Kleidung ist Statussymbol, und wer möchte nicht Jeans aus dem „fortschrittlichen" Westen tragen?

Traditionelle Architektur und Siedlungsformen

Da die Afrikaner in der Regel mehr im Freien leben, betrachten sie ihr Haus, ihre Hütte oder ihr Zelt sowie ihr Eigentum lediglich als Schutz gegen Sonne, Regen und Sandstürme, Tiere und Feinde. Neben geflochtenen Matten und Tierhäuten spielt Lehm als Baustoff v.a. im Sahel-Sudan eine große Rolle.

Die Vielzahl der in Westafrika anzutreffenden Formen der Behausungen lässt sich in **sechs Grundtypen** zusammenfassen:

- **Zelte;**
- **Bienenkorbhütten** mit Wänden aus Strohgeflecht;
- **Kegeldachhütte,** meist zylindrische Hütten mit Lehmmauer und kegelförmigem Strohdach;
- **Lehmkastenhaus** mit flachem Terrassendach (Sudan);
- **Rechteckhäuser,** meist ohne Fenster, mit Wänden aus Blättern oder Rinden und Satteldach (Regenwald);
- **Pfahlbauten** (an Küste, Seen und Flüssen), auf einer durch Stützpfähle gehobenen Plattform errichtet.

Als **früheste Formen der Behausung** gelten Unterschlupfe unter vorspringenden Felsen sowie Höhlenwohnungen. Aus den Windschirmen entwickelten sich die weit verbreiteten **Kuppel- oder Bienenkorbhütten.** Diese Behausungen sind besonders bei Hirten und Nomaden anzutreffen, Beispiel Fulbe-Bororo, die in temporären, von einem Dornengestrüpp umgebenen Lager leben. Das transportable, kuppelförmige Stangengerüst bedecken sie mit Matten oder Schilf. Die sesshaften Fulbe dagegen bevorzugen in der Regel Lehmbauten mit flachen Terrassendächern und Innenhof. Die Songhay leben ebenfalls in Strohmattenzelten; ein Holzgerippe bildet hier das Gewölbe, das mit Matten bedeckt wird. Die Tuareg dagegen leben in Zelten aus gefärbten Häuten.

In ganz Westafrika haben die Angehörigen der oberen Schichten bereits seit dem Mittelalter Wert auf **Wohnkomfort** gelegt, wie das die sudanesischen Lehmbauten bezeugen, die man am oberen Niger antrifft. Gestampfte

Kunst und Kultur

Erde und luftgetrockneter Lehm – *Banco* oder *Bloco* genannt– sind das meistverwendete Baumaterial in Westafrika. Mit oder ohne Beimischung von pflanzlichen Fasern wird der Lehm meist in Ziegelform verarbeitet. Man nimmt an, dass die im Sudan weit verbreiteten Lehmbauten mit Flachdach auf Einflüsse aus dem Orient und Nordafrika zurückzuführen sind. Daneben wird der banco aber auch zu Wülsten verarbeitet und aufeinandergestapelt, wie man bei den Lehmburgen der Lobi in Burkina Faso gut erkennen kann. Je nach Region werden Holz, Palmblätter, Stroh, Rinden und auch Lianen für die Dächer verwendet.

In jüngerer Zeit sind in den traditionell erbauten Gehöften allerdings immer öfter Häuser mit **Wellblechdach** anzutreffen; diese „fortschrittlichen" und „unverwüstlichen" Dächer haben die traditionellen Materialien weitgehend verdrängt. Da sich die Hitze unter einem Wellblechdach jedoch sehr staut und im Sahel die Räume in den Wintermonaten nachts zu sehr auskühlen, haben diese Häuser längst nicht mehr die angenehmen klimatischen Verhältnisse der ursprünglichen Bauten.

Um ein solches traditionelles **Lehmkastenhaus** mit Flachdach zu errichten, setzt man zunächst Gabelpfosten als Eckpfeiler, die man durch Querlatten verbindet. Auf dieses Gerüst legt man dann oben eine Lage Knüppelholz, die mit Lehm verschmiert wird. Die Wände zieht man aus luftgetrockneten Ziegeln hoch und verschmiert sie meist mit einem Lehm-Ton-Gemisch. Nach der Regenzeit müssen umfangreiche Ausbesserungsarbeiten vorgenommen werden. Bei größeren Bauten wie Moscheen werden zur Stützung nach außen durchragende Knüppelgerüste eingefügt. Diese dienen bei Ausbesserungsarbeiten als Gerüst. In den Städten des westlichen Sudan hat sich ein mehrstöckiger Lehmkastenbau mit Dachterrasse durchgesetzt, mit Spitzbogen und Zinnendächern, wie z.B. in Djenné (Mali), das deswegen zum UNESCO-Weltkulturerbe ernannt wurde.

Früher hatten die Häuser meist keine Fenster, als Rauchabzug diente die Tür. Auch heute gibt es oft nur winzige Fenster, die kaum Licht hineinlassen und oft mit Stoff verhängt oder mit einem Fensterladen verschlossen werden. Zum Teil haben die Häuser auch kunstvolle Formen angenommen, wie z.B. bei den traditionellen Wohnhäusern der Dogon zu beobachten. Auf kleinstem Raum haben die Dogon früher ihre Dörfer „in" die anstehende Felswand der Falaise von Bandiagara, Mali, gebaut. Heute dagegen legen sie ihre Dörfer in der Gondo-Ebene wesentlich großzügiger an, da Schutz gegen Feinde nicht mehr erforderlich ist.

Die Diola der Casamance (Senegal) haben ebenfalls einen ganz besonderen Baustil – das **Impluvium-Haus.** Es ist rund gebaut und umschließt einen Innenhof, mit einem nach innen geneigten Dach, auf dem das Regenwasser in ein Auffangbecken fließt.

Die meiste Aufmerksamkeit erregen jedoch auch heute immer wieder die im **sudanesischen Baustil** errichteten **Moscheen** – die bekanntesten sind die von Djenné und Mopti. Die alte Mo-

KUNST UND KULTUR

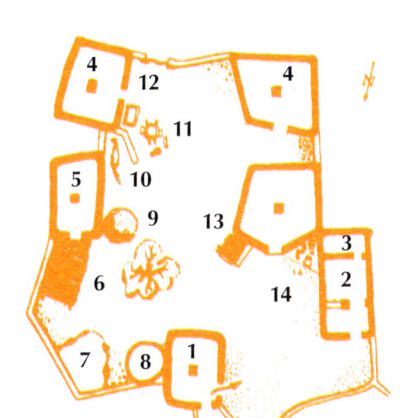

Grund- und Aufriss eines Haussa-Gehöfts

Aufteilung des Gehöfts:
1. Werkstatt
2. Wohnraum
3. Materiallager
4. Frauenhaus
5. Hausherr
6. Palaver
7. Ziegen
8. Mehlsilo
9. Wertgegenstände
10. Pferd
11. Küche
12. Wasserreservoir
13. Holzvorrat
14. Haus- und Küchengerät, Werkzeug

schee von Bobo-Diulasso (Burkina Faso) erinnert in ihrem Baustil stark an Termitenhügel.

Bei manchen Völkern werden die Häuser noch künstlerisch gestaltet. Einige bemalen sie mit geometrischen Mustern und Ornamenten, andere versehen sie mit geschnitzten Türen, Balken oder Gabelpfosten. Die Dogon haben früher die **Holztüren** der Getreidespeicher mit mehreren Ahnenreihen geschmückt; ebenso sind bei den Senufo die Türen mit geschnitzten Masken, Menschen oder Tieren versehen. Die Türschlösser verzierten die Dogon mit einem Ahnenpaar.

Kunst und Kultur

Im Süden Burkina Fasos sowie in den nördlichen Gebieten der Côte d'Ivoire, Ghanas, Togos und Benins sind ganz **besondere Gehöftformen** üblich. Zu den bekanntesten zählen die Lehmburgen der Somba (Benin) und der Lobi (Burkina Faso). Zu Zeiten größerer Auseinandersetzungen zogen sich diese in abgelegene Gebiete zurück, wobei der Verteidigungsaspekt bei der Konstruktion dieser Lehmburgen eine wichtige Rolle gespielt hat.

Die Bevölkerung der Regenwaldgebiete bevorzugt in der Regel das westafrikanische **Giebeldachhaus.** Als Baumaterial dienen meist Palmholz sowie Bananenblätter. Das Gehöft einer traditionellen Großfamilie besteht aus mehreren Hütten und Getreidespeichern, die oft durch Mauern aus Lehm miteinander verbunden sind. Häufig (vor allem bei den Völkern des Voltagebietes) liegen die Gehöfte weit auseinander. Während für die Völker des Regenwaldes das Rechteckhaus und Straßendorfsiedlungen charakteristisch sind, bevorzugen die Völker der Savanne normalerweise das Kegeldachhaus im Rundling oder Haufendorf. Natürlich kommen auch vor allem im Kontaktbereich zweier Kulturen zahlreiche Mischformen vor.

Kunsthandwerk

Kunst, Handwerk und Religion waren bei den Afrikanern lange eng miteinander verbunden – das Prinzip „l'art pour l'art" war hier früher nicht geläufig. In den meisten afrikanischen Sprachen existiert auch kein Wort für den Begriff von Kunst nach unserem heutigen Verständnis – im Sinne von „reiner Kunst". Kunst war in Afrika seit jeher zweckbestimmt, hatte religiöse Funktionen, diente dem Ahnenkult oder einfach als Schmuck.

Dies verleitete viele Europäer zu der Behauptung, die Afrikaner hätten keine Kunst, lediglich Kunsthandwerk. Sie übersahen dabei, dass die afrikanische Ästhetik auf der Harmonie von Bedeutung und Rhythmus, von Sinn und Form beruht. Schönheit wird mit der Qualität und hier vor allem mit der Wirkungskraft gleichgesetzt. Diese kommt erst in der Aktion zum Ausdruck, das Kunstwerk ist „Kunst" im Sinne afrikanischer Ästhetik. „**Kunst ist** in Afrika nie ein Objekt, sondern **stets ein Verhalten**" (*J. Jahn:* Muntu). Die Schönheit der Maske kommt erst in der Bewegung des Tanzes, das Gedicht erst bei der Rezitation und die Holzstatue erst in ihrer Funktion bei der Anbetung eines Ahnen voll zum Tragen.

Die als Schmuck hergestellte „Kunst" hat die Funktion, Kraft ihrer Schönheit bei den Menschen Zufriedenheit zu bewirken, und damit haben auch diese Werke eine sinnvolle Funktion. Wenn man von Zweckbestimmtheit der afrikanischen Kunst spricht, so ist in diesem Zusammenhang darauf hinzuweisen, dass die Funktion eines Gegenstandes in der afrikanischen Kultur nicht auf den Zweck, sondern vielmehr auf den Sinn zielt. Erst durch das Wort, durch die **„Ernennung",** erhält das Werk seinen Symbolgehalt, wird die Figur zu dem bestimmt, was sie ausdrückt. Eine beliebige Figur kann „Kraft der Ernennung

Kunst und Kultur

des Bildes" einmal den Ahnen X oder den König Y bedeuten.

Der Künstler war jedoch nicht frei, die Dinge nach seiner individuellen Vorstellung und als Ausdruck seiner Persönlichkeit zu gestalten, sondern er versuchte – sich selbst als **Werkzeug der Geister** sehend –, in seinen Werken die Kräfte der Natur zu binden und somit „greifbar" zu machen. Der afrikanische Künstler war mehr Handwerker als Künstler und schnitzte in die Gemeinschaft seines Volkes, im Geiste seiner Vorfahren nach traditionellen Vorbildern, die ihn jedoch nicht daran hinderten, „Neues" entstehen zu lassen. Die individuelle Geschicklichkeit wurde zwar anerkannt, jedoch war sein besonderes Verhältnis zur „Welt der Geister" für seine Arbeit viel wichtiger.

Betrachtet man das künstlerische Schaffen der Afrikaner, fällt auf, dass – mit Ausnahme der jahrtausendealten Felsbildkunst in der Sahara bzw. in Ost- und Südafrika – die **Malerei** in Schwarzafrika nur eine untergeordnete Rolle spielte. Man zeichnete in den Sand, auf dem menschlichen Körper, auf Rindenstücken und bemalte die Hauswände mit Naturfarben, die bald wieder verblassten. Heute erlebt die Malerei einen regelrechten Boom.

Plastische Gebilde aus Holz, Ton, Metall, Knochen usw. waren dagegen fast überall anzutreffen. Und fast alle Gebrauchsgegenstände wie Kalebassen, Holzschemel, Trommeln, Waffen, Holztüren, Messer- und Türgriffe, Krüge etc. waren kunstvoll verziert.

Die **afrikanischen Holzplastiken** haben als erstes die Aufmerksamkeit der Europäer auf sich gezogen und z.B. das Kunstschaffen von berühmten Künstlern wie *Picasso* zu Beginn des 20. Jh. entscheidend beeinflusst. *Leo Frobenius* hatte gegen Ende des 19. Jh. bereits ausdrücklich auf die künstlerische Tätigkeit der „Schwarzen" hingewiesen, nachdem man lange Zeit den Afrikanern jedes Kunstverständnis abgesprochen hatte. Heute füllen vor allem ihre Plastiken und Masken die Vitrinen von Sammlern und Museen, und die besten Stücke sind heute nicht in Afrika zu sehen, sondern in den Museen der einstigen Kolonialmächte.

Holzschnitzerei

Aus Holz werden nicht nur **Masken und Fetischfiguren** geschnitzt, die im Ahnen- und Fruchtbarkeitskult verwendet werden, sondern auch **Trommeln, Sitzschemel, Mörser und Stößel.** Berühmt für ihre plastischen Holzfiguren und ihre Maskenschnitzkunst sind vor allem die Bambara, Dogon und Senufo. Die Holzschnitzer der Dogon fertigten früher neben den hölzernen Fetischfiguren und Masken auch Speichertüren und Türschlösser mit den Symbolen der Dogon-Mythologie (Krokodil, Schlange usw.) an. Ihr Maskenwesen wurde in den 1930er Jahren eingehend von dem französischen Ethnologen *Marcel Griaule* erforscht, der eine große Anzahl verschiedener Maskentypen feststellte (s.a. Kapitel Masken). Heute werden diese Masken und Holzfiguren vor allem für Touristen hergestellt und nicht selten dafür auf alt getrimmt, indem man sie mit Tierblut übergießt und anschließend für einige Zeit in der Erde

Kunst und Kultur

vergräbt. Berühmt sind auch die Holzschnitzarbeiten der Senufo. Zu den wichtigsten Arbeiten zählen die verschiedenen im Poro-Bund verwendeten Masken sowie der bekannte Nashornvogel, Symbol der Fruchtbarkeit. Die Masken, die häufig Tiere, aber auch Menschen darstellen, sowie andere Kultgegenstände werden normalerweise in den „Heiligen Hainen" versteckt und nur zu bestimmten rituellen Anlässen hervorgeholt. Ebenso wie die Dogon verzieren auch die Senufo ihre Türen an Hirsespeicher und Wohnhaus sowie Holzlöffel, Holzschalen, Schemel und Trommeln mit zahlreichen figürlichen Motiven und Mustern.

Die verschiedenen **Antilopen-Maskenaufsätze** der **Bambara** werden besonders von Kunstsammlern sehr geschätzt.

Korb- und Mattenflechterei

Körbe und Matten gehören zu den wichtigsten Gegenständen in einem afrikanischen Haushalt. Meist werden sie sowohl von Männern als auch von Frauen aus wild wachsenden Gräsern oder Palmblättern hergestellt. Die afrikanischen Körbe werden nicht nur zum Einkaufen auf dem Markt, sondern auch zur Vorratshaltung benützt. Zu den bekanntesten Korbherstellern zählen die Diola (Senegal) und die Dogon (Mali).

Fetischfiguren aus Holz

Heute gilt Thiès (Senegal) als Zentrum der Korbflechterei. Die farbenfrohen Körbe werden landesweit angeboten, sogar den Weg in Europas Edelboutiquen haben sie gefunden.

Geflochtene Matten dienen nicht nur als Sitzmatten und Schlafplatz, sondern, besonders bei den Hirtenvölkern, auch zum Zelt- und Hüttenbau. Sowohl bei den Fulbe als auch bei den Tuareg ist das Mattenflechten Frauensache. Besonders auffallend sind die von den Tuareg und Songhay für die kuppelartigen Hütten verwendeten schwarzgemusterten Matten. Außerdem werden in der Savanne aus Palmblättern und Wildgräsern auch andere Gebrauchsgegenstände wie Säcke etc. hergestellt, in der Regenwaldzone verwendet man hierzu bevorzugt Lianen.

Weben und Spinnen

Baumwolle ist das am häufigsten verwendete Spinn- und Webmaterial; sie wurde schon seit dem Mittelalter im Sudan kultiviert und der Anbau während der französischen Kolonialzeit erheblich gefördert. Bei der Textilproduktion ist eine strikte **Arbeitsteilung zwischen Mann und Frau** üblich: Während die Frauen für das Spinnen der rohen Baumwolle zuständig sind, ist das Weben (ebenso wie Stickerei und Schneiderei) ausschließlich Männersache. In Westafrika wird man fast überall an den Straßen Männer sehen, die auf ihren altertümlichen Trittwebstühlen meterlange, etwa handbreite Baumwollbänder weben. Diese fallen durch ihre langen Kettfäden auf – nicht selten werden die Fäden um einen ganzen Häuserblock gespannt, bevor sie auf die Spule gewickelt werden. Auf den Märkten kann man nicht nur die wagenradgroßen Spulen handgewebter Baumwollstreifen sehen, hier werden auch die aus mehreren Streifen zusammengenähten Tücher und Decken zum Kauf angeboten. Teilweise werden die Baumwollbänder gleich mehrfarbig gewebt, teils mit bestimmten Mustern, teils werden sie auch erst anschließend gefärbt oder mit Batikmustern versehen. Im Binnendelta des Niger, wo von den Fulbe seit langem die Zucht von Wollschafen betrieben wird, verarbeitet man auch Wolle. Berühmt sind die **Kassa-Decken** mit ihren schwarz-weißen, geometrischen Mustern, die überwiegend in der Gegend von Mopti hergestellt werden. Der ponchoartige Wollumhang stellt bei den Fulbe-Hirten ein traditionelles Kleidungsstück dar.

Färben

Beim Färben wenden die Afrikaner sehr **unterschiedliche Techniken** an. Sie bemalen die zusammengenähten Baumwollstreifen bzw. Stoffe oder bedrucken sie mit Stempeln (Ashanti). Die Bambara haben früher häufig die Baumwollgewebe mit gelbem Wurzelsaft eingefärbt, anschließend mit Ornamenten und Mustern versehen und danach mit einer ätzenden Flüssigkeit bestrichen und mit einer Schlammschicht bedeckt, die nach dem Trocknen abgeklopft wurde. Eine andere sehr häufig verwendete Technik ist das Abbinden oder Knoten, wobei früher häufig kleine Steinchen oder Samenkörner eingenäht bzw. kleine Holzstückchen oder Schablonen auf den Stoff genäht wurden. Anschließend taucht man den Stoff in Indigofarbe und breitet ihn zum Trocknen auf dem Boden aus. Danach werden die Nähte wieder aufgetrennt, die Stoffknoten aufgelöst und die Steinchen etc. entfernt. Dann schlägt man sie mit breiten Holzlatten trocken, wodurch die Stoffe ihren begehrten Glanz erhalten. Die indigogefärbten Stoffe färben meist sehr stark ab, was sie bei den Tuareg besonders beliebt macht.

Auch die traditionelle Tracht der Dogon-Frauen besteht aus indigogefärbten Wickelröcken mit kleinen Batikmustern. Die Männer trugen früher zu besonderen rituellen Anlässen Hosen und Hemden aus Baumwollstoffen, die mit eisenhaltigem Schlamm rostrot, senfgelb oder braun gefärbt waren.

Heute versucht man bei der maschinellen Stoffherstellung die typischen Kennzeichen wie Abfärben, Glanz und Streifenmusterung, die durch das Zusammennähen der schmalen Baumwollstreifen entsteht, nachzuahmen, manchmal mit verblüffendem Erfolg.

Töpferei

Das Herstellen von Töpferwaren ist in ganz Westafrika fast immer **in Frauenhand,** meist wird es von den Frauen der Schmiede betrieben. Die Tonwaren werden entweder aus Wülsten aufgebaut oder mit einem Holz oder Steinstößel getrieben, oft auch in einer kombinierten Wulst- und Treibetechnik und stets ohne Töpferscheibe hergestellt. Die Arbeiten werden in einer Grube gebrannt und anschließend mit pflanzlichen oder mineralischen Farbstoffen eingerieben, die ihnen Glanz verleihen. Manche Töpferinnen verzieren sie noch durch Aufsetzen plastischer Teile oder durch Einprägen und Einritzen von geometrischen Mustern und Ornamenten, wozu spitze Holzstücke oder abgegessene Maiskolben dienen

Tonkrüge werden nicht nur zum Wasserholen vom Brunnen, zum Aufbewahren des Wassers in den Häusern, sondern auch zum Kochen und Bierbrauen verwendet. Die Lobi in Burkina Faso sind bekannt für ihre besonders großen Tonkrüge *(Kanari)*.

Lederverarbeitung

Ein häufig verwendetes Material ist auch Leder. Die Tuareg, Fulbe, Haussa und die Mandevölker sind bekannt für ihre hoch entwickelte Lederverarbeitung. Früher wurden die Farben aus Eisenoxyd, Samen und Wurzeln gewonnen, heute setzen sich immer mehr Anilinfarben durch. Ledersäcke und Taschen, Kissen, Zaumzeug und Sattel, Hüte, Schuhe und Sandalen, Schwerter, Pulverhörner u.Ä. werden immer noch mit den **unterschiedlichsten Techniken** (Bemalen, Flechten, Applizieren, Besticken, Ritzen, Stanzen etc.) kunstvoll verziert. Im Sahel-Sudan relativ häufig anzutreffen sind die breitkrempigen, lederbesetzten Hüte der Fulbe-Hirten sowie die Kameltaschen und Kissen der Tuareg, die von den Frauen der Schmiede hergestellt werden.

Metallbe- und -verarbeitung

Man nimmt an, dass die Kenntnis der Eisenbearbeitung bereits einige Jahrhunderte v.Chr. in den westlichen Sudan vordrang und dort die Nok-Kultur in Nigeria ermöglichte. Die **Schmiede** haben in fast allen westafrikanischen Gesellschaften eine eigentümlich ambivalente Stellung inne. Sie werden geschätzt, da sie all die wichtigen Werkzeuge und Waffen herstellen, die für den Ackerbau und die Jagd notwendig sind. In den meisten Gesellschaften leben sie sozial von den anderen abgesondert, meist am Rande des Dorfes als eigene Kaste mit strengen endogamen Heiratsvorschriften. Ihre soziale Stellung ist jedoch bei den einzelnen Stämmen sehr unterschiedlich.

Während die Grobschmiede die **Treibtechnik** anwenden, wird von den Feinschmieden fast überall in Westafrika der **Gelbguss** (Legierung aus Kupfer und Zinn = Bronze bzw. Kupfer und Zink = Messing) oder **„Guss in verlorener Form"** mit dem Wachsausschmelzverfahren angewendet, der ihnen die Möglichkeit zu sehr feiner, filigraner und künstlerischer Arbeit gibt. Bei dieser Technik wird zuerst die zu gießende Form aus Bienenwachs geformt und dann mit feinem Lehm ummantelt (bei feinen Arbeiten wird der Lehm mit einem Pinsel aufgetragen). Die getrocknete Form wird dann erhitzt und das geschmolzene Wachs herausgegossen, während man unterdessen das Metall flüssig macht und anschließend in die Form gießt. Die erkaltete Form wird zerschlagen, das gegossene Stück herausgeholt, weshalb man diese Technik „verlorene Form" nennt. Anschließend legt man die Form in eine saure Lösung aus Salz und Zitrone, um sie von den verbrannten Wachsresten zu reinigen,

Märkte und Handel

Bereits in frühen Zeiten gab es ein weit verzweigtes Netz von Handelswegen in Westafrika. **Salz und Gold** waren bis zum 17. Jh. die wichtigsten Handelsprodukte. Mit dem Kamel, dem „Schiff der Wüste", war etwa seit Beginn unserer Zeitrechnung der transsaharische Handel möglich. Dadurch erlangten die mittelalterlichen Großreiche (Mali, Songhay und Ghana) Macht und Wohlstand, denn sie kontrollierten den Handel von Salz, Gold und Sklaven, aber auch von Elfenbein, Straußenfedern, Fellen, Häuten, rotem Pfeffer und Baumwolle. Importe aus dem Norden waren Glasperlen, bedruckte Baumwolltücher, Papier, arabische Bücher, Datteln, Zucker und Pferde aus Nordafrika.

Am südlichen Ende der vier **großen Transsahara-Routen** entwickelten sich Marktzentren zu wichtigen Umschlagplätzen, welche später die Zentren der mittelalterlichen Großreiche bildeten (s.a. Kapitel Geschichte).

Die **Karawanen** mussten an den Rastplätzen versorgt werden. Daher intensivierten die Anrainer den Anbau von Yams, Maniok und Hirse und vermehrten ihre handwerkliche Produktion. Die wichtigsten südlichen Endpunkte dieses Transsahara-Handels waren Timbuktu, Katsina, Kanu und Bornu.

Der ursprünglich lokale Handel mit den unterschiedlichen Dörfern der Nachbarschaft bzw. zwischen Bauern und Nomaden weitete sich im Laufe der Zeit immer mehr aus. Die Händler drangen in weiter entfernte Gebiete vor, um einheimische Produkte gegen „Luxusgüter" einzutauschen.

Der innerafrikanische Handel wurde im westlichen Sudan schwerpunktmäßig von den Diula-Händlern und im östlichen Sudan von den Haussa durchgeführt. Sie waren es auch, die „neue Ideen" auf den weit verzweigten Handelswegen innerhalb Westafrikas verbreiteten. Viele Marktorte entwickelten sich zu Städten. Auf diese Weise drang auch der Islam ins Innere Westafrikas vor.

Während sich die Diula auf den Handel mit Gold spezialisiert hatten (die Herkunft des Goldes blieb immer ein wohlgehütetes Geheimnis!), war der Handel mit Kolanüssen Domäne der Haussa-Händler.

Grundsätzlich lassen sich in Westafrika drei **verschiedene Markttypen** unterscheiden: der tägliche Markt, das rotierende Marktsystem (alle drei Tage) und der Wochenmarkt, der an einem bestimmten Wochentag stattfindet *(marché hebdomadaire)*.

Während in Burkina Faso der Markt im Drei-Tage-Rhythmus üblich ist, wird im Sahel in der Regel nur einmal pro Woche Markt abgehalten – und dies meist in Dörfern, die etwa 30–50 km voneinander entfernt sind. Solche Buschmärkte sind z.B. in Oursi und Markoy (Burkina Faso) anzutreffen.

Täglich Markt gibt es in den Hauptstädten Bamako, Ouagadougou, Niamey sowie in den regionalen Verwaltungszentren wie z.B. Dori, Djibo, Ouahigouya, Kayes usw.

Bemerkenswert ist, dass die ständigen Märkte meist relativ eintönig und unbelebt sind. Das Angebot an einheimischen Waren und Handwerksprodukten ist ziemlich limitiert und mehr auf Nahrungsmittel und Importwaren konzentriert. Ganz anders stellen sich dagegen die Wochenmärkte im Sahel, im Kontaktbereich von Bauern und Nomaden, dar, wo ein Austausch von Waren (Getreide, Kalebassen, Fleisch, Felle, Leder usw.) geradezu notwendig ist, da diese beiden Bevölkerungsgruppen unterschiedliche Nahrungsmittel produzieren und sich ebenso auf verschiedene handwerkliche Fertigkeiten (Weben, Lederverarbeitung, Kalebassenreparatur etc.) spezialisiert haben.

MÄRKTE UND HANDEL

In den Haupt- und Kreisstädten sowie wichtigen Handelszentren gibt es Markthallen aus Lehm oder Beton neben Bretterbuden. Die ländlichen Märkte werden meist etwas außerhalb der Ortschaft abgehalten, oft unter sogenannten „Hangars", d.h. mattengedeckten Sonnendächern, die auf einem Gerüst aus Knüppelholz und Gabelpfosten ruhen. Außerdem nutzt man jeden schattigen Platz (unter Bäumen oder an Hausmauern), um seine Waren zum Verkauf auszubreiten.

Die westafrikanischen Märkte werden weitgehend von den **Frauen** beherrscht, während der Karawanen- und Viehhandel Domäne der Männer ist. Letztere handeln außerdem meist mit Getreide, Salz, Datteln, Kolanüssen und Importwaren, Frauen dagegen mit (z.T. selbst zubereiteten) Nahrungsmitteln wie Fettgebackenem, Pfannkuchen oder Keksen. Sie verkaufen gesponnene Baumwolle, die aus den Nüssen des Karité-Baumes gewonnene „Schibutter", Akazienschoten (für die Gerberei), Tamarindenschoten und Hirsestängel (für die Färberei), Palmblatt und Grasbüschel (zum Korb- und Mattenflechten) und natürlich auch Erzeugnisse aus dem Garten wie Tomaten, Zwiebeln, Knoblauch, rote Pfefferschoten und andere Gewürze. Während sich die Fulbe-Frauen auf den Verkauf von Sauermilch und Kalebassen spezialisiert haben, ist der Verkauf von Zwiebeln (meist in Form von getrockneten Bällchen) fast ein Monopol der Dogon-Frauen.

Die Einnahmen aus ihren Verkäufen sichern den Frauen eine relative Unabhängigkeit und Selbstständigkeit, sie können sich hiervon Kleidung, Schmuck und Haushaltsgeräte kaufen.

Auch jede Menge **handwerkliche Produkte** wie Lederarbeiten, Tonkrüge, Strohmatten, Schmiedearbeiten etc. werden auf den Märkten angeboten. In den letzten Jahren tauchen auch immer mehr „westliche" Artikel aus Plastik auf, welche die Kalebassen, das noch bis vor kurzem weitverbreiteteste „Geschirr" Afrikas, verdrängen. Typisch für die Sahelmärkte sind die mobilen Werkstätten der Wanderhandwerker (Sandalenmacher, Schneider, Kalebassenreparatur etc.). Daneben sind Märkte natürlich wichtige Zentren des sozialen Lebens. Auf dem Markt trifft man nicht nur Freunde und Verwandte, Schuldner und „Feinde" und hört den neuesten Ratsch und Tratsch, sondern er ist auch ein Treffpunkt für heiratsfähige Töchter – quasi ein „Heiratsmarkt" – und ebenso ein günstiger Platz, um z.B. eine entlaufene Ehefrau wiederzufinden (trifft man sie selbst nicht, so hört man doch zumindest, wo sie ist ...) oder um nach einem neuen Mann bzw. einer neuen Frau Ausschau zu halten.

Durch den Autotransport ist natürlich der Einzugsbereich erheblich erweitert worden, und „Profi-Händler" können nun jeden Tag zu einem anderen Markt fahren.

und schmirgelt das Schmuckstück mit feinem Sand.

Gold war früher, zur Zeit der mittelalterlichen Großreiche, eine beliebte Handelsware im Sudan; Goldgewichte spielten eine wichtige Rolle. Auch der König der Ashanti war über ganz Westafrika für seinen Goldreichtum bekannt. Bei den Fulbe gehörten bis vor kurzem noch die riesigen goldenen Ohrgehänge zur traditionellen Tracht.

Silber wird dagegen fast ausschließlich für Schmuck verwendet (besonders in den islamischen Einflussgebieten); u.a. liefern österreichische Maria-Theresia-Taler das Rohmaterial. Neben dem bekannten Silber-Filigranschmuck der Moslems ist im Sahel-Sudan der reichhaltige Silberschmuck der Tuareg, die verschiedenen „Kreuze" (Kreuz von Agadez, Zinder, Tahoua, Iferouane etc.) anzutreffen, die früher angeblich auch als Goldgewichte benutzt wurden.

Heute wird vor allem **Bronze** zu Schmuck verarbeitet. Als wahre Künstler ihrer Zunft gelten die Bronzegießer in Burkina Faso.

Kalebassen-Verzierung

Kalebassen, die **getrockneten Früchte des Flaschenkürbis,** liefern das Material für zahlreiche Gebrauchsgegenstände. Sie werden in ganz Westafrika vor allem als **Ess- und Trinkgefäße,** aber auch als Wasserflaschen, Vorratsbehälter und zur Aufbewahrung von Milch verwendet. Auch Musikinstrumente und Spielzeug werden aus ihnen hergestellt. Meistens werden die Flaschenkürbisse direkt neben dem Haus angepflanzt. Ausgehöhlt und meist in zwei Teile geschnitten werden sie dann weiterverarbeitet. Manche Ethnien wie die Dogon verzieren ihre Kalebassen sehr kunstvoll, indem sie Muster mit einem scharfen Messer einritzen oder sogar einbrennen, wobei die Muster von Dorf zu Dorf variieren. Während man die Kalebassen der Dogon an der figürlichen Darstellung (Totemtiere und Masken) erkennt, sind für Haussa geometrische Muster typisch. Häufig werden die Kalebassen auch mit rotbrauner Pflanzenfarbe eingerieben. Leider verdrängen Plastikschüsseln und galvanisierte Eisenkübel sowie das aus China importierte Emailgeschirr immer mehr diese alte Volkskunst.

Glasperlen und -ringe

Glasperlen waren bei den Afrikanern schon immer **als Schmuckstücke sehr beliebt.** In frühen Zeiten kamen sie aus Ägypten und Karthago auch nach Schwarzafrika, später, im Mittelalter, waren die berühmten venezianischen Perlen an afrikanischen Fürstenhöfen sehr gefragt. Glasschmelzhütten gibt es u.a. im Hinterland der Guineaküste, Zentrum der Glasfabrikation ist jedoch Bida (Nigeria). Die Kunst, Glas zu bearbeiten, ist, so nimmt man an, aus dem Vorderen Orient nach Afrika gekommen. Heute werden in den Werkstätten vor allem alte Flaschen und Plastikmüll eingeschmolzen und zu Perlen und Armreifen verarbeitet. Siehe dazu auch den Exkurs „Faszination Perlen".

Tierzähne und Muscheln

Elfenbein, ursprünglich Symbol der Kraft, wurde früher für die Kunst an

Königshöfen verwendet. Die Bearbeitung von Knochen, Zähnen, Muscheln und Straußeneierschalen war ebenfalls weit verbreitet. Löwen- und Leopardenzähne wurden von Königen als Symbol der Macht getragen, ebenso die Wirbel und Knochen von Schlangen, Haien und Elefanten. Auch Elefanten- und Giraffenhaare werden gelegentlich für die Herstellung von Schmuck verwendet. Die Kauri-Muschel war früher beliebtes Zahlungsmittel und ist heute außer für die Herstellung von Schmuck vor allem bei rituellen Masken und Kostümen in Westafrika fast überall anzutreffen.

Die Bearbeitung von Stein ist dagegen in Afrika viel seltener. Die Schmiede der Tuareg stellen Armreifen aus Stein her, welche die Männer am Oberarm als Schmuckstück, aber vor allem als Schutz gegen böse Geister tragen. Das Material, weiches Schiefergestein, stammt meist aus Steinbrüchen des Air-Berglandes. Um die Armringe schwarz zu färben, wird Arachid-Öl in den porösen Stein gebrannt.

Masken, Tänze und Musik

Ganz anders als die Kunst der Plastik ist die Kunst des Tanzes überall in West- und Schwarzafrika anzutreffen und scheint schon immer eine zentrale Bedeutung gehabt zu haben. Selbst auf den Felsmalereien der Sahara sind zahlreiche Szenen mit maskierten, tanzenden Gestalten abgebildet.

In den ersten Berichten von Entdeckungsreisenden, die **rituellen Tänzen** beiwohnten, ist eine bemerkenswerte Mischung aus Faszination und Erschrecken zu spüren. Angesichts von Trance und Ekstase wird den Afrikanern häufig eine entfesselte und „animalische" Sexualität unterstellt. Was sich bei oberflächlicher Betrachtung als instinktiver, spontaner Ausdruck im Tanz darstellt, dieses scheinbare Durcheinander, ist jedoch nach einem exakten und verbindlichen Zeremoniell geregelt und hat sich aus **Magie** und **Mythologie** der jeweiligen Stämme entwickelt. Die meisten Tänze werden nur zu einem bestimmten Zweck und zu bestimmten Anlässen aufgeführt. Man tanzt beim Wechsel der Jahreszeiten (vor der Aussaat, nach der Ernte), wenn ein Kind geboren, eine Hochzeit gefeiert, oder ein Toter begraben wird. Früher tanzte man auch am Vorabend eines Kriegszugs; ebenso gab es Sieges- und Trauertänze, und bei der Thronbesteigung eines Königs oder Häuptlings wurde ebenfalls getanzt.

Öffentliche Tanzveranstaltungen waren für den einzelnen ein wichtiges Hilfsmittel, sich in die Gemeinschaft einzufügen und sich in ihr geborgen zu fühlen. Solange das einzelne Mitglied in Kontakt mit der Gruppe war, hatte es auch Anteil an der Energie und Macht der Gruppe. Diesen Kontakt zur Gruppe zu unterbrechen, bedeutete in vielen Fällen nicht nur in symbolischer Hinsicht den Tod. Besonders bei Einweihungsriten wurde großer Wert darauf gelegt, dass die Initiierten die gemeinschaftlichen Bande als lebenswichtig erfuhren, und somit der **Sinn für die Gemeinschaft** geweckt wurde.

Dem Tanz und der ihn begleitenden Musik kommt immer eine reinigende,

Faszination Perlen – vom „Negergeld" zum Sammlerstück
von Heidi Simons

Sich mit Perlen zu schmücken, hat in Afrika seit Jahrtausenden Tradition. Bereits in der Steinzeit wurden auf Rillensteinen Perlen geschliffen, noch früher sogar nur grob behauen. Mit dem Bogenbohrer und Schleifsand fertigte man Löcher in diese Amulettsteine. Das Alter einer Steinperle erkennt der Experte am Loch und an der Form.

Das Delta des Senegal-Flusses rund um Saint-Louis ist eine uralte Kulturlandschaft. Seit langer Zeit führten **Handelswege** von Norden und Osten kommend durch die Sahara an den Atlantik. Karawanen mit bis zu 12.000 Kamelen transportierten Gold, Salz und Elfenbein via Timbuktu nach Kairo. Auf dem Rückweg brachten sie Bernstein von der Ostsee und Karneole (roter Achat) und blaue Glasperlen aus Indien mit. Ebenso gelangten mehrfarbige Mosaikglas- und Augenperlen aller Art aus dem Nahen Osten nach Westafrika in die damaligen Königreiche. Heute noch erinnern diese alten Perlen, viele vom Wind aus dem Sand freigelegt, an die damaligen Handelsbeziehungen. An den Flussmündungen, auch im Delta des Gambia-Flusses und auf der Insel Gorée, findet man diese Art **Tauschgeld** noch, vergraben im Sand. Perlensucher streifen durch die Wüste und liefern ihre Funde, oder was sie den Nomadenfrauen abschwatzen konnten, bei Zwischenhändlern ab. Gezielte Raubgrabungen tun das Ihre. Sammler aus der ganzen Welt sind die Kunden der meist zum Stamm der Haussa gehörenden Perlenhändler, die zwischen Mauretanien und Nigeria hin und her pendeln. Manche von ihnen reisen regelmäßig in die USA und nach Europa. Es ist ein florierendes Geschäft.

Seit *Kolumbus* den Indianern die ersten Glasperlen anbot und seit Westafrika vor 500 Jahren mit europäischen Handelsreisenden Bekanntschaft machte, wurden schiffsladungsweise **Glasperlen und Bernsteinimitate** eingeführt, oft mit 1000% Gewinn. Venedig verdankt seinen Reichtum auch diesen Exporten. Ironischerweise sind die früher als billiger Tand – sogenanntes „Negergeld" – verachteten Perlen (fr. „pacotille") heute begehrte Sammlerstücke. So wie die roten Gläser, das **„Kunckelglas"**. Es wurde auf der Potsdamer Pfaueninsel im Auftrag des Großen Kurfürsten *Friedrich Wilhelm I.* von dem Alchimisten *Johann Kunckel* hergestellt. Dabei wurde Goldstaub mit Glas vermischt, ein geheimes Rezept, das später von den Venezianern zu perfekt gerundeten roten Perlen mit weißem Glaskern, den berühmten **„Whitehearts"**, weiter entwickelt wurde.

Mit seinen Besitzungen in Westafrika waren der Große Kurfürst und später sein Sohn, der preußische König, auch und gerade am Sklavenhandel beteiligt. *Kunckel* fabrizierte facettierte Glasperlen für die seit 1683 laufenden Geschäfte der Brandenburger an der Goldküste. Heute werden sie in Westafrika **„Dogonperlen"** genannt. Diese besonders schönen preußischen Perlen erleichterten den späteren Absatz von europäischen Glasperlen. Vorher hatten die schwarzen Handelspartner an dieser Tauschware nur geringes Interesse gehabt. Später dann, als die Geschäfte gut liefen, wogen sechs Kilo Glasperlen einen männlichen Sklaven von 60 kg auf. Gold und Menschen gegen Glas – ein trauriges Kapitel. Was viele nicht wissen: Die afrikanischen Häuptlinge wurden als Handelspartner respektiert, Arbeitskräfte und Holz wurden ordnungsgemäß bezahlt – und eben auch Sklaven. Mit neuer „Ware" stachen die brandenburgischen Schiffe dann Richtung Karibik in See. Doch bereits 1718 mussten die Besitzungen an der Goldküste und in Mauretanien an die Niederländisch-Westindische Companie verkauft werden.

Nicht alle Europäer waren nur am (Sklaven-)Handel interessiert, es gab auch **Forscher**. Afrikareisende wie *Mungo Park*, *René Caillé* oder *Heinrich Barth* hatten echte Bernsteinperlen im Gepäck, sogenannte „Bastarde", Mittelmeerkorallen, Kobaltglas aus Böhmen

FASZINATION PERLEN

und vermutlich auch facettierte mehrfarbige Glasperlen. Teilweise bis zu vierzig Esel transportierten die Geschenke und Tauschwaren ins Landesinnere.

Die ersten Afrikaforscher setzten mit ihren Gaben eine **uralte afrikanische Tradition** fort. Schon im 11. Jh. wurden im heutigen Nigeria (Old Oyo) blaue **Glasperlen** hergestellt, wie der deutsche Afrikaforscher Leo Frobenius nachgewiesen hat. Glasperlen üben dank ihrer Transparenz von jeher einen magischen Zauber auf unverbildete Völker aus. Bei den Yoruba in Nigeria und Benin sowie im heutigen Brasilien, Haiti und Kuba werden sie immer noch von Priestern und Eingeweihten des Voodoo-Kultes benutzt. Perlen sind für sie Träger und Vermittler göttlicher Energie. Es existiert dabei ein ausführlicher Kanon der Farbsymbolik und Perlen-Theologie.

Manche Glasperlen waren damals kein Schmuck, sondern **Tauschgeld**. Sie wurden oft in kleinen Tonvasen vergraben, die vorher mit Wachs versiegelt wurden. So waren sie vor Dieben sicher. Heute werden sie dem Touristen von Händlern angeboten, die oft die Geschichte dieser Perlen nicht kennen und noch nie ein Perlenbuch gelesen haben. Trotzdem kennen sich die Händler erstaunlich gut aus, denn sie sind ja mit Perlen aufgewachsen: „Je suis né dans les perles", heißt es oft.

Im 18. Jh. gab es regelrechte **Bestellkarten** für ganz bestimmte Handelsperlen für die verschiedenen afrikanischen Länder. In Mali beispielsweise bestellte jede Ethnie eine andere Sorte von Glasperlen beim europäischen Agenten. Es gab auch regelrechte Modeströmungen. Kam eine Perlensendung zu spät, war die Mode oft schon wieder vorbei, und die Lieferung wurde kurzerhand zurückgeschickt. Manche ganz besonderen Perlen wie die siebenlagige **„Chevron"** (weiß, blau-rot und transparent), seit 500 Jahren in Venedig nach antiken Vorlagen gefertigt, wurden von afrikanischen Königen als Orden an ihre verdienten Untertanen verliehen. Echte Mittelmeerkorallen waren den Königen von Benin vorbehalten. Die einfachen Leute mussten sich mit roten Glasimitaten bescheiden.

In vielen europäischen Ländern wurden Glasperlen hergestellt. Oft wussten die Arbeiter gar nicht, wohin ihre kleinen Kunstwerke gehen würden. Die **alten Farben** von damals, die uns so erstaunen, sind heute gesetzlich verboten, weil sie ein Gesundheitsrisiko darstellen. Das Arbeiten mit echtem Kobalt z.B. färbte die Haut der böhmischen Glasbläser schwarz, sodass man von „böhmischen Mohren" sprach.

Venedig produzierte die bekannten **Millefiori-Perlen** eigens für Afrika. Sie waren die Nachfolger der 2000 Jahre früher aus Ägypten importierten „Augenperlen". Folglich müssten die Millefiori eigentlich „Milleocchi" heißen, also nicht „tausend Blumen", sondern „tausend Augen". Eine wahre Renaissance erlebten die Millefiori übrigens durch die Hippie-Bewegung. Seit dem „Summer of Love" 1967 galt diese Perle, oft auch „Goulimime-Bead" genannt, als „dernier cri" beim Protest gegen das Establishment. Heute produzieren Chinesen und Inder Millefiori für Afrika und die Welt, erreichen aber selten die Qualität der Originale. Sie werden in Dakar in der Rue Galandou Diouf kiloweise verkauft, zusammen mit anderen Perlen, auch solchen, die in Ghana aus Recycling-Glas gemacht werden. Senegalesische Kettenauffädlerinnen kaufen sie en gros ein, um ihre Kreationen überall dort, wo Touristen sind, anzubieten.

Früher konnte man auf dem Markt noch echte Bernsteinperlen, Korallen, Granaten und sogar Amazonit- und Bergkristallperlen aus der Steinzeit entdecken, auch neuere Achate aus Idar-Oberstein (seit Jahrhunderten beliefert diese deutsche Stadt Afrika). Deutsche Halbedelsteine und deren Imitate aus Glas gelangten bis in weit abgelegene Oasen.

Auf dem Markt wühlt und wählt der kundige Sammler, der Laie ist schlicht überfordert, auch weil er meist keine Kostbarkeiten in dem wilden Durcheinander vermutet. Gute Funde werden immer seltener, nachdem amerikanische Sammler in den 1970er Jahren den afrikanischen Markt entdeckt und die Preise für historische Glas- und Steinperlen in immer neue Höhen getrieben haben. Einen regelrechten Boom erlebten alte Perlen zuletzt auch in Japan. Kein Wunder, dass die Fälschungen immer raffinierter werden.

Dass vielerorts die Quellen für traditionelle afrikanische Schmuckstücke praktisch versiegt sind, hat einen einfachen Grund: Die alten Erbstücke aus Gold und Silber werden bis heute gnadenlos eingeschmolzen. Die daraus neu gewonnenen Kreationen sind hauchdünn und treffen meist nicht den Geschmack der Europäerin. Diese findet bestenfalls noch bei Antiquitätenhändlern die alten Gold-Anhänger aus **„Vermeil"**, einer Spezialität der Wolof- und Soninke-Handwerker. Die aufwendig gearbeiteten, höchst filigranen und hohlen Gebilde aus einer Legierung aus Gold und Silber oder aus Silber vergoldet entzücken nicht nur Sammler. Auf Folklore-Veranstaltungen wird dieser traditionelle Schmuck, „Thiossane" genannt, zusammen mit opulenten Indigo-Gewändern vorgeführt. Auf der EXPO 2000 in Hannover hat die Grande Dame der senegalesischen Mode, *Oumou Sy*, Laufstegschönheiten als Königinnen der verschiedenen Reiche mit Vermeil im Haar vor einem begeisterten Publikum defilieren lassen.

Die moderne Afrikanerin kauft modischen Schmuck aus Europa und China, z.B. vergoldete kleine Rasierklingen an einer Kette oder Strass. Oder sie bestellt bei ihrem Goldschmied modischen Schmuck nach ihren Entwürfen. Vergessen sind die Zeiten, als die vornehme Senegalesin echt goldene granulierte Filigranschmuckstücke im Haar trug, vergessen auch die Zeiten, als Mitglieder verschiedener Volksgruppen bestimmte Steinperlen und Muschelamulette gegen den bösen Blick im Haar oder um den Hals trugen. Ein Kuriosum im Senegal-Delta waren die französischen **Kristalllüsterperlen,** die zur Zeit des Gouverneurs *Faidherbe* aus den Ladungen gestrandeter Schiffe stammten. Diese „Perlen" mit je zwei Löchern, eins oben und eins unten, zierten dann wohl damals die schwarzen Zöpfe der Dorfschönheiten in der Gegend um Saint-Louis. Kinder bieten sie heute Touristen zum Verkauf an (sie heißen „Television") zusammen mit blauen und weißen Glasringlein. Diese sollen ab 1820 in Deutschland hergestellt worden sein.

Eine Besonderheit stellen die kleinen bunten **Kiffa-Perlen** aus Südmauretanien in der Tradition der vor langer Zeit aus Ägypten stammenden Augenperlen dar, die heute noch fabriziert werden. Frauen zerstoßen dazu europäische Miniglasperlen für die leuchtenden Farben. Mit einer Nadel und einem geheimen Klebemittel applizieren sie die Glaspaste auf einen vorgefertigten Pulverglaskern – feinste Streifen und Punkte, die Augen. Dann werden die Perlen in einem Ofen emailliert. Traditionell überwiegen Dreiecke, eine im Sahel verbreitete Form zur Abwehr des Bösen Blicks. Oder symbolisiert das Dreieck die Dünen, wie etwa die Tuareg behaupten, oder die Hand der *Fatima*, oder die Göttin *Tanit* der Katharger? Forscher sind sich bis heute nicht einig. Neue Kiffa-Perlen sind auf dem Markt ab 500 CFA zu haben. Ältere Exemplare sind feiner gearbeitet und kosten bis zu 45 Euro. Auch hier bestimmen Sammler aus den USA den Preis. Heute stellt die Herstellung von neuen Perlen aus Muscheln, Steinen aus Zuerat, Kunststoff und Recyclingmaterial aller Art einen bedeutenden Wirtschaftsfaktor in Mauretanien dar. Und immer noch werden die alten Farben und Muster verwendet.

Wohl nirgends auf der Welt werden antike Perlen so geschätzt wie bei den Normadenfrauen in Mauretanien. Sie sind die „Sparkasse" der Besitzerin und werden oft in Fett aufbewahrt, um sie vor Korrosion zu schützen. Sie sind leicht zu transportieren und überall schnell umtauschbar, wenn etwa Medikamente gebraucht oder ein Kamel angeschafft werden muss.

Eine pikante Variante sind mit „Gongoparfüm" angereicherte **Duftperlenketten** aus zerstoßenen Dankh-Samen. Hier eine Auswahl aus dem Arsenal der Kunst der Verführung: ein Tanga aus Perlen, Unterröcke aus Perlengittern, phosphoreszierende Perlenschnüre für die Nacht im Schlafzimmer, über dem „Bethio", einem kleinen perlenbesetzten oder bestickten Mini-Unterrock, getragen, Hüftketten aus Duftperlen, selbst gemacht von der Hausfrau aus Gewürzpaste und Samen von bestimmten Zauberpflanzen. Abends, wenn der Gemahl erwartet wird, stellt sich die Frau über ein wohlduftendes Weihrauchbecken, die Röcke geöffnet, damit sie von unten parfümiert wird, so wie das Schlafzimmer auch. Die Kunst der Verführung gehört zum Alltag. Kein Wunder, der Konkurrenzdruck ist groß, wenn der polygame Mann alle zwei Tage, streng geregelt versteht sich, mit einer seiner vier möglichen Ehefrauen Tisch und Bett teilt. In allen Gesellschaftsschichten werden von koketten Damen (und praktisch alle sind kokett) mehrere Perlenschnüre auf den Hüften unter dem letzten Rock getragen. Diese „Bin-Bin" oder „Djall-Djalli" kann man auf jedem Dorfmarkt bei der Fachfrau kaufen. Die senegalesische Schriftstellerin *Aminata Sow Fall* macht die Verführungskraft dieser Perlenschnüre in ihrem Roman „Der scharlachrote Gesang" sogar für das Scheitern einer Ehe verantwortlich. Auch in der populären Musik werden die Bin-Bin besungen.

Aus Ghana, Burkina Faso und Nigeria stammen heute sogenannte **Glaspulverperlen**. Von Hand bemalt, sind sie preiswert und hübsch. **Ebenholz- und Tonperlen** kommen meist aus Mali. Ein Rat zum Erwerb an den Leser und die Leserin: Auf lokale Märkte gehen, etwa den Montagsmarkt in Djenné (Mali), die Augen aufhalten und Mut zum bunten Schmuck!

Die Autorin lebt seit den 1970er Jahren bei St. Louis im Senegal. Seit dieser Zeit beschäftigt sie sich intensiv mit afrikanischen Perlen.

Vorgeschichtliche Amazonite-Perlen, neue Pulverglas-Perlen aus Ghana, Amazonite-Perlen, Millefiori-Perlen aus Venedig, ältere Chevron-Perlen (von oben nach unten)

Kunst und Kultur

die Geister beschwichtigende und die kosmische Ordnung wiederherstellende und erhaltende Funktion zu. Denn der Tanz war und ist auch heute noch meist eine religiöse Angelegenheit, eine Möglichkeit, mit den Göttern und Geistern in Verbindung zu treten. Bei solchen **religiösen Tänzen** waren (und sind) Masken ein wichtiges Requisit.

Grundsätzlich lassen sich bei den **Masken** in Bezug auf Material und Form **sechs Gruppen** unterscheiden: Masken aus Blättern, Flechtwerk oder Stoff; Masken, die nur das Gesicht bedecken; Helmmasken (z.B. bei Yoruba); Masken, die auf dem Kopf getragen werden; Masken aus Platten (z.B. bei Dogon, Bobo, Mossi); Masken mit Figurenaufsatz (Häuser, Nähmaschine, Motorräder, Stühle etc.).

In Bezug auf die **Themen** lassen sich unterscheiden: Tiermasken jeglicher Art, menschenähnliche Masken und solche, die phantastische Geschöpfe oder Mischwesen (halb Mensch, halb Tier) darstellen, sowie solche, die verschiedenartige Objekte tragen. Es gibt solche Masken, die lebendige Menschen darstellen und eher profanen Zwecken wie der Belustigung dienen, und solche, die kein reales Gesicht haben und einen Verstorbenen oder Ahnen darstellen.

Auch die Maske erhält Sinn und Bedeutung durch die **„Erennung"**, wobei dies bei der Maske eine doppelte ist: die habituelle durch den Künstler und die aktuelle durch den Tänzer. Denn ebenso wie das Gedicht unvollständig ist, wenn es nicht vorgetragen wird, bleibt die Maske unvollständig, solange sie nicht benutzt wird. Erst in der Aktion, durch den Tänzer, offenbart sie ihre übernatürlichen Kräfte.

Die Masken geben den übernatürlichen Wesen Gelegenheit, sich zu inkarnieren. Im Tanz wird der Maskenträger zu einem „übernatürlichen Wesen".

Bei vielen Völkern gibt es eine regelrechte **Maskenhierarchie.** Außer der großen Maske, der höchsten Geistermaske, die nur zu wichtigen Anlässen auftritt, gibt es Masken, die die Frauen „töten", wenn sie sie sehen, solche, die streng geheim sind, solche, die als Richter, Friedensstifter, Hexenriecher, Ordnungshüter, persönliche Schutzgeister oder als Totenseelen amtieren, und solche, die als Unterhalter auftreten.

Die meisten Masken sind mit zahlreichen **Symbolen** versehen, die nur der Eingeweihte „lesen" kann. Außer der rein religiösen Funktion wird durch ihren Mund auch der Wille der obersten Würdenträger und des Ältestenrates verkündet, der einem aus dem „Jenseits", von den Ahnen stammenden Befehl gleichkommt.

Während der **Tanz bei vielen rituellen Zeremonien und festlichen Anlässen** in allen Kulturen Schwarzafrikas praktiziert wird, sind **Masken nicht allgemein verbreitet.** Am häufigsten findet man sie bei den Völkern der Savanne und des Waldlandes, wo Maskenbünde üblich sind. Die Lobi (Burkina Faso), Wolof (Senegal), Ewe (Togo) und Ashanti (Ghana), um nur die wichtigsten Ethnien zu nennen, schnitzen dagegen keine Masken.

Wer die Masken verstehen will, muss sie in Zusammenhang mit den dazu-

Kunst und Kultur

gehörigen Kostümen und dem alles umfassenden, komplexen Schauspiel (Musik, Tanz, Chorgesänge, Rezitationen etc.), der Zeremonie sowie der Gemeinschaft selbst sehen. Der **Awa-Bund** der **Dogon** scheint dies nach den Untersuchungen von *Marcel Griaule* am deutlichsten darzustellen.

„Diese Gesamtheit – die das Wort awa umfasst – offenbart sich deutlich bei dem eigentlichen Schauspiel, das Masken, Tanz, Musik, Gesang und mythischen Vortrag vereint ... jedes Element (vom Kostüm bis zur Tanzfigur, vom Polyrhythmus bis zum Chorgesang oder Solo) ist auf ein System bezogen, das strengen Regeln unterliegt. Es verbindet die Welt der irdischen, alltäglichen Aktivitäten mit einer kosmischen Ordnung, wie sie am Anfang aller Dinge von Gott oder dem Demiurgen festgelegt wurde, und es stellt eine Verbindung her zwischen dem Ereignis der Schöpfung und seiner symbolischen Wiederholung in der Gegenwart." (aus *M. Huet*: Afrikanische Tänze, 1979)

Die **Stelzenmaske** *(Kwouya)* ist nicht nur bei den Kono (Guinea), sondern auch bei den Dan (Côte d'Ivoire) anzutreffen. Sie tritt bei der Initiation der Knaben auf. Die Stelzen, die aus etwa zwei Meter hohen Palmholzrippen bestehen, sind bei den schnellen Schritten, Sprüngen und Drehungen eine große Herausforderung an das Gleichgewichtsgefühl des Tänzers. Symbolisch soll damit die Überwindung der Schwerkraft dargestellt werden.

„Diese Suche nach dem rechten Gleichgewicht, diese Überschreitung der Grenzen macht deutlich, dass der

Gebet an die Masken

Masken! O Masken!
Schwarze Maske, rote Maske,
ihr schwarz-weißen Masken,
Viereckige Masken,
durch welche der Geist weht,
Ich grüße Euch schweigend!
Und dich nicht zuletzt,
mein pantherköpfiger Ahn.
Ihr hütet diesen jeglichem
Frauenlachen, jedem vergänglichen
Lächeln verschlossenen Ort.
Ihr klärt die Luft der Ewigkeit,
hier, wo ich die Luft der Väter atme.
Masken der maskenlosen Gesichter,
frei von Grübchen
und frei von Runzeln,
Ihr habt dies Bildnis zusammengefügt,
dies mein Gesicht, das sich hinbeugt
auf den Altar von weißem Papier ...

(aus *L.S. Senghor*: Tam-Tam Schwarz, 1955)

Kunst und Kultur

Mensch die Macht hat, sich den Fallen zu entziehen, die ihm die Zauberer immer wieder stellen," schreib *Huet*.

Im **Frauenbund** *(Topka)* sind bei den Dan die Frauen vereint, welche die Initiation der jungen Mädchen durchführen sowie die Beschneidung, daneben aber auch als Hebammen tätig und für die Reinigung des Dorfes von Buschgeistern zuständig sind.

Die **Gur** (u.a. Mali und Burkina Faso) benutzten bei bestimmten Ereignissen, die soziale Spannungen mit sich brachten (z.B. Krankheiten oder Todesfälle, Streitigkeiten zwischen Familien, schlechte Ernte), verschiedene Masken, um die Dorfbewohner zu belustigen und abzulenken. Die Sängermaske *(Ble gla)* ruft man zum Beispiel bei Todesfällen, die Weisheitsmaske *(Gbona gla)*, der sehr viel Verehrung entgegengebracht wird, bei größeren Streitigkeiten. Laut Ursprungsmythos waren die Menschen am Anfang der Welt ständig in Auseinandersetzungen verstrickt, sodass der Schöpfergott *Nyon sua* Geister auf die Erde schickte, die den Menschen halfen, ein Leben in Ordnung zu führen. Die Maske verkörpert diese für das Leben in der Gemeinschaft gültigen Gesetze. Jedesmal, wenn die Dorfgemeinschaft in Schwierigkeiten ist, rufen die Menschen die Maske an, die dank ihrer göttlichen Herkunft Streit schlichten, Zauber bannen und somit die Ordnung wiederherstellen kann.

Über die **Entstehung der verschiedenen Gottheiten** und ihre Rolle gibt es in verschiedenen Regionen unterschiedliche Mythen. Hier ein Beispiel: Am Anfang lebte **Mawu** allein ein monotones Dasein. Ihm kam die Idee, zuerst dienende Geister zu erschaffen, welche auch über eine gewisse Macht verfügten und anschließend die Menschen, damit sie ihn bewundern konnten. Er setzte seine Pläne in die Tat um und alle waren glücklich. Eines Tages jedoch, als Mawu schlief, schmiedeten drei Geister einen Komplott, um Mawu zu töten und alleine zu herrschen. Der kleinste dieser Geister hatte in der folgenden Nacht einen Traum und begab sich voller Reue zu Mawu, um ihn zu warnen. Dieser hatte aber den Komplott, ebenfalls in einem Traum bereits vorhergesehen und wartete schon auf besagte drei Geister. Er zwang sie zu seinen Füßen und hörte ihnen zu. Sie brachten den Mut auf, ihre Pläne zuzugeben und so verringerte Mawu die Strafe, die er ihnen zugedacht hatte: Sie mussten im Himmelreich sterben und auf Erden wiedergeboren werden. Dann mussten sie die sechstägige Initiation durchmachen und die Sprache der Menschen verstehen lernen, die sie leiten und vor Übel schützen sollten. Während dieser zweiten Schöpfungsphase wurde **Sakpata**, die Göttin der Erde, als erstes wiedergeboren und war die älteste des Trios. Dann kam **Hevieso**, Gott des Himmels, und schließlich **Afa**, zuständig für die Atmosphäre zwischen Himmel und Erde. Sie stellten zu ihrer Überraschung fest, dass sie keine Geister mehr waren, sondern kleine Götter. Mawu hatte jedem von ihnen einen Bereich und eine Rolle zugedacht. Während der sechstägigen Purifikation unterzog er sie auch einer Initiation, in deren Verlauf er sie in ihre

KUNST UND KULTUR

zukünftigen Pflichten einwies. Währenddessen erzählte er ihnen, dass es bei den Menschen drei Throne mit absteigender Bedeutung, je nach Reihenfolge ihrer Ankunft, gäbe.

Diese Erklärung führte dazu, dass alle drei davon besessen waren, als erstes auf Erden anzukommen, um sich des wichtigsten Thrones zu bemächtigen. Hevieso brach seine Initiation ab und ging am fünften Tag, „um den großen Thron zu besetzen". Sakpata bemerkt seine Abwesenheit. Sie wollte zumindest den zweiten Thron und ging am sechsten Tag. Afa war der einzige, der die Einweihung zu einem Abschluss brachte. Dafür belohnte ihn Mawu mit der wertvollen Gabe, die Sprache der Menschen und Götter zu verstehen.

Sakpata und Hevieso, die bald hungrig und durstig waren, mussten sich an Afa wenden, damit er die Menschen für sie um Opfernahrung bat. Dafür mussten sie ihm den großen Thron abtreten. Hevieso konnte bald das gemeinsame Leben mit Sakpata nicht mehr ertragen, es kompromittierte sein männliches Prestige. Die beiden kämpften um den zweiten Thron. Sakpata verteidigte ihr Recht darauf verbissen. Sie hatte immerhin, mit einem Teil von ihr, der Erde, die Körper der Menschen über den Knochen modelliert. Hevieso zog sich also in den Himmel zurück. Ab und zu greift er sie mit seinen großen Blitzen an. Sakpata ist auf der Erde geblieben. Ab und zu manifestiert sie ihre Launen mit einer Pockenepedemie.

In einem anderen Mythos heißt es, Hevieso und Sakpata seien die Kinder von **Nana Buruku** (Mutter) und **Segbo-Lisa** (Vater), die wiederum **Dan** und **Legba** gebaren. In weiteren Mythen ist die göttliche Ahnenreihe eine andere, aber einige Punkte stimmen in allen überein: Hevieso und Sakpata geraten sich in die Haare und Hevieso zieht sich in den Himmel zurück. Hevieso wird als Himmelsgott durch das Gewitter konkretisiert. Dan ist der Regenbogen oder Göttin des Windes, oft als Schlange mit zwei Hörner dargestellt. Sie vermittelt als Botschafterin zwischen Gott und den Menschen. Sie schürt aber auch den Streit zwischen Hevieso und Sakpata. Dans Freundschaft und Loyalität ist nie von Dauer. Sie ist hinterlistig, ergreift mal für die eine, mal für die andere Seite Partei. Sakpata repräsentiert die lebensspendende und lebensvernichtende Substanzen Erde und Pocken, Legba ist die jüngste Gottheit im Pantheon. Er hat je nach Region andere Eigenschaften: mal ist er der Gott des Phallus, mal des trauten Heims. Er ist gerissen und bedeutet mal beschützende List und mal listiger Schutz. Er ist gleichzeitig Unruhestifter und Friedensstifter unter den Göttern oder zwischen Göttern und Menschen. Er ist auch Fürsprecher für die Menschen und leitet die Opfergaben an die Götter weiter, um die göttliche Eintracht und die irdische Ordnung zu gewährleisten. Nana Buruku gab den Frauen ihr Geschlecht, Segbo-Lisa ist die Gottheit der Reinheit und des Reichtums. Er ist der Vater und Nana Buruku die Mutter allen Fetischs etc. Die Gottheiten repräsentieren und rechtfertigen Naturgewalten und Dualitäten, die Hierarchie der Mächte und die moralische und kulturelle Ordnung.

Kunst und Kultur

An Gottheiten geknüpfte Tabus beziehen sich häufig auf das Am-Leben-Erhalten oder Reinhalten bestimmter Ressourcen oder Tiere.

Die **Malinke** (u.a. Südsenegal, Gambia, Mali, Burkina Faso) sind zwar seit langem Moslems, dennoch haben sich bei ihnen, ähnlich wie bei ihren „heidnischen" Nachbarn, den Senufo und Bambara, die Initiationsbünde und Masken, die traditionellen Ackerbauriten sowie die Jäger-, Musiker- und Schmied-Gemeinschaften erhalten. Die öffentlichen Vorstellungen des Manykomori haben sehr stark satirischen Charakter: Dabei treten Masken auf, die besondere Aspekte der Gesellschaft beleuchten und kritisieren (z.B. strenge Heiratsgesetze). Eine Art Narrenmaske ist die Affenmaske, welche Widersprüche in der Gesellschaft zum Ausdruck bringt; niemand wird von ihrem Spott verschont.

Bei den **Bambara** (u.a. Ostsenegal, Gambia, Mali, Burkina Faso und Côte d'Ivoire)) hat ein Mensch, um „vollkommen" zu werden, sechs verschiedene **Initiationsbünde** zu durchlaufen. Die vorletzte Stufe dieser geistig-religiösen Unterweisung stellt die Tjiwara-Initiation dar. Die ungünstigen klimatischen Bedingungen beeinträchtigen die Bebauung des Bodens. Daher ist es nicht verwunderlich, dass die Bauern dieser Gegend die Beziehung des Menschen zur „nährenden" Erde zum zentralen Thema ihrer Mythologie und ritueller Handlungen gemacht haben. Der Tjiwara-Mythos gibt Aufschluss über das Verhältnis des Menschen zum Universum: „Am Weltenanfang war ein Wesen, Tier und Mensch zugleich, Abkömmling von Mousso Koroni und der Schlange. Dieses Wesen zeigte mit Hilfe seines Stabes und seiner Klauen, wie man den dornigen Busch in Hirsefelder verwandeln konnte. Die Bambara, die seinen Ratschlägen folgten, wurden glücklich und reich. Doch der Überfluss, in dem sie nun lebten, ließ sie vergessen, dass sie die Erde mit Sorgfalt bearbeiten sollten, ließ sie nachlässig werden gegenüber jenem, der ihnen die Kenntnisse des Ackerbaus vermittelt hatte. Ob dieser Undankbarkeit verbarg sich Tjiwara tief in der Erde und wartete darauf, dass die Menschen ihn durch den Kult ehrten, der ihm zustand. Und so schnitzten sie die Antilopenfiguren (*sogoni kun*) und trugen sie bei der Aussaat der Hirse auf die Felder, um das Andenken des Wohltäters der Bambara zu ehren." (aus *M. Huet*)

Meist treten die **Antilopen-Masken** des **Tjiwara-Bundes** paarweise in einem mit Lehm eingefärbten Fasergewand und auf einen Stock gestützt auf. An einer Art Tarnkappe aus Pflanzenfasern sind die stilisierten Antilopen-Masken befestigt. Sie tanzen kurz vor der Regenzeit oder wenn in der Trockenzeit ein neues Feld gerodet wird, danken für die letzte Ernte und bitten um Fruchtbarkeit für die nächste Ernte.

Wenn bei den **Dogon** ein Verstorbener eine bedeutende Stellung innehatte, so wird von seiner Familie nach der ersten Totenfeier noch ein **„Dama"-Fest** (Abreise der Seele) veranstaltet. Dies kann bis zu sechs Tagen dauern und hat die Aufgabe, die Kraft des Toten einzufangen und zu den heiligen Orten zu lenken, es bedeutet auch die

Kunst und Kultur

Aufhebung der Verbote, die für die Verwandten des Verstorbenen bestanden, um sie vor der umherirrenden Seele zu schützen. Mit dem Ende des Dama ist der Verstorbene in die Reihe der Ahnen aufgenommen und die ursprüngliche Ordnung wiederhergestellt.

Das Ertönen des Schwirrholzes – sein Surren erinnert an die Stimme des verstorbenen Ahnen – kündigt die Vorbereitung eines Dama an. Dann werden abseits im Busch oder in Felsenhöhlen von den Angehörigen des Awa (Maskenbundes) die Masken neu bemalt und die Faserröcke geflochten. Außerdem werden die Kostüme mit Kaurimuscheln verziert. Bei der Ankunft der Masken im Dorf ziehen sich die Frauen in die Häuser zurück, denn diese Masken stehen in Zusammenhang mit dem Tod und stellen eine Gefahr für Frauen dar, die neues Leben spenden.

Die Mitglieder des Awa sind Darsteller eines „kosmischen Theaters", denn sie wiederholen in ihrem Tanz quasi die Erschaffung der Welt, der Menschen, der Tiere und Pflanzen. Und indem sie die Erschaffung des Universums beschwören, wird die durch den Tod hervorgerufene Unordnung beendet und die alte Ordnung wieder hergestellt.

Die **Sirgui-Maske**, die auch **„Große Maske"** genannt wird, besteht aus einer länglichen Gesichtsmaske, die von einer bis zu fünf Meter hohen Holzlatte überragt wird. Die aufgemalten Muster dieser „Stockwerkhausmaske" stellen sowohl die verschiedenen Stadien der Schöpfung als auch die Stufen, die den Himmel von der Erde trennen, und die Folge der Generationen dar. Mit den vertikalen Linien soll die Fassade des Ginna (Familienhauses) symbolisiert werden, analog zur „großen menschliche Familie". Der Legende nach wurde die erste „Große Maske" an jenem Tag geschnitzt, als der Tod auf der Erde erschien. Vorher war der Tod bei den Dogon unbekannt gewesen; die Verstorbenen verwandelten sich in Schlangen oder Bäume. Als das Geheimnis des Dogon-Kultes jedoch an Fremde verraten wurde, bestrafte man die Vorfahren damit, dass sie sterblich wurden. Von dieser Zeit an war die Gemeinschaft je-

Masken sind nicht bei allen Ethnien Westafrikas verbreitet

des Mal, wenn jemand starb, bedroht. Um sich zu schützen bzw. die Macht des Geistes zu bannen, schnitzte man zwei Masken, die „Große Maske", eine Schlange darstellend, und eine andere, die einen alten Mann symbolisierte.

Der **Tanz der Sirgui-Maske** zählt zu den beeindruckendsten Vorführungen, die im Dogon-Land zu sehen sind – inzwischen auch für Touristen.

Bekannteste Maske der im Grenzgebiet zwischen Mali und Burkina Faso lebenden **Kurumba** ist der **Antilopenaufsatz** *(Adone),* der oft bei Zeremonien verwendet wird, welche die Trauer der „Herren der Erde" beenden. Die umherirrende Seele des Verstorbenen wird vom Adone eingefangen.

Die **Bobo** leben im Südosten von Mali und im Südwesten von Burkina Faso. Die Bobo-Fing aus der Gegend von Bobo-Dioulasso verwenden **Helmmasken** mit menschlichen Gesichtszügen und eine große Anzahl von **Tiermasken** wie Büffel, Antilopen und verschiedene Vögel. Die **Bobo-Ule** (Region Dédougou) dagegen schnitzen Masken mit geometrisch bemalten Brettern als Aufsatz. Als Ackerbauern sind die Bobo in der trockenen Savanne auf Regen angewiesen, was sich in zahlreichen Riten zeigt, welche die Beziehung des Menschen zur Erde als der Quelle des Lebens und Überlebens darstellen. Im Gegensatz zu anderen afrikanischen Gesellschaften erscheint ihnen die Natur nicht ambivalent, sondern von Grund auf gut. Lediglich die Fehler und Irrtümer des Menschen können die Natur aus dem Gleichgewicht bringen. Die Masken haben bei den Bobo eine reinigende Funktion und die Aufgabe, das Schlechte auszulöschen. Diese Reinigung steht in direkter Verbindung zum Schöpfungsmythos und ist für die zyklische Erneuerung der Vegetation notwendig.

„*Wuro,* der Weltenschöpfer, hat eine harmonische Ordnung zwischen Sonne, Erde und Regen hergestellt. Doch die Menschen haben dieses Gleichgewicht durch ihre Lebensweise und durch ihre Schwäche in Gefahr gebracht. Das Aufbrechen der Erdkrume, die der Ackerbau mit sich bringt, bedeutet einen Angriff auf *Syxo,* die Gottheit des Busches, und damit zugleich auf Wuro, ihren Schöpfer. Wird ein Verbot gebrochen, so können unheilvolle Folgen entstehen, die gleichermaßen das Reich der Natur wie das der Menschen berühren: Der Trockenheit folgen Dürre, Krankheit und nicht selten der Tod. Doch Wuro hat *Dwo* einen Teil seiner Güte mitgegeben. Dieser Vermittler zwischen Gott und den Menschen hat nun die Aufgabe, das bedrohte Gleichgewicht wiederherzustellen." (aus *M. Huet:* Afrikanische Tänze)

Dwo ist in der Furcht erregenden **Blättermasken** inkarniert, welche die Bobo-Fing **Koro** nennen. Diese Masken fertigt man nach der Ernte aus den Blättern des Karité-Baumes an; sie bedecken den ganzen Körper des Trägers. Der *Zami,* ein Kopfschmuck aus Federn und Stroh, zeigt, dass es sich um eine männliche Maske handelt. Wenn die Masken in der Dämmerung ins Dorf eilen, berühren sie Getreidespeicher, Häuser und Dorfbewohner und nehmen mit ihrem Laub all den „Staub" auf, der aus den Fehlern der Menschen be-

Kunst und Kultur

steht. Auf diese Weise reinigen sie das Dorf von allem Schlechten, das sich im Laufe des Jahres angesammelt hat.

Bei anderen Zeremonien, die der Wiederbelebung der Vegetation dienen und gegen Ende der Trockenzeit abgehalten werden, treten sowohl Blätter-, Faser- als auch geschnitzte Masken auf. Die Fasermasken stehen mit den Elementen des Busches in Verbindung und werden meist vom Schmied geflochten und bemalt. Bei den Fasermasken werden Clanwappen als Kopfschmuck getragen, woran zu erkennen ist, aus welchem Dorf die Masken kommen. Holzmasken haben meist Tiergestalt und stellen Schutzgeister dar.

Der **Doyo** oder **Nwo** ist ein anderer bei den Bobo häufig anzutreffender Maskentyp. Man erkennt diese Maske an dem runden Gesicht mit konzentrischen Kreisen umgebenen Augen und der mit geometrischen Mustern versehenen Holzplatte. In dieser Maske sind Elemente verschiedener Tiere vereint. Alle Masken der Bobo, ob aus Blättern, Holz oder Fasern, ob realistisch oder abstrakt, verkörpern Fruchtbarkeit, Fülle und Wachstum und somit die wohlwollende Macht von Dwo, dem Vermittler zwischen Gott und den Menschen.

Für die **Lobi** (Burkina Faso, Ghana und Côte d'Ivoire) ist der Tanz Ausdruck der göttlichen Energie, welche die Welt belebt. Ihre tänzerischen Bewegungen stehen in direktem Zusammenhang mit dem Rhythmus des Universums. Die meisten Tänze finden zur Trockenzeit statt, um den Göttern für die Ernte zu danken. Um das Wachstum zu beschwören, bewegen sich die Tänzer in der Regel spiralförmig vom Orchester in der Mitte aus.

Bei den **Senufo** (Mali, Burkina Faso, Côte d'Ivoire) stehen alle sozialen und wirtschaftlichen Aktivitäten in Zusammenhang mit dem **Poro-Bund**. Weshalb der Poro so großen Einfluss auf das Gemeinschaftsleben der Senufo hat, erklärt der Schöpfungsmythos: Da die Welt am Anfang weder Form noch Gesetz kannte, konnte die menschliche Gesellschaft nicht planvoll gestaltet werden. Der Schöpfergott *Kulotyolo* schrieb daher eine Reihe von Gesetzen vor, hatte aber bald keine Lust mehr,

Poro-Bund: Mit der „Leopardenkralle" brachten die Geheimbundmitglieder ihren Opfern (tödliche) Verletzungen bei

Kunst und Kultur

den Menschen auf diese Art zu helfen. Deshalb besteht immer noch die Gefahr, dass die Welt in das ursprüngliche Chaos zurückfällt. Und da die Kinder, die als unvollendete Wesen angesehen werden, und die Zauberer durch ihre unheilvollen Kräfte wieder die anfängliche Ordnungslosigkeit herstellen könnten, muss angesichts dieser drohenden Gefahr in jeder Generation die Gesellschaft symbolisch wieder neu erschaffen werden. Und dies ist im wesentlichen die Aufgabe des Poro-Bundes. Angeblich hat jedoch der Schöpfergott, bevor er sich zurückzog, einen Teil seiner Weisheit und ordnenden Kraft einem Wesen übermittelt, das heute in einem **Heiligen Hain** (Cinzana) in einiger Entfernung der Dörfer lebt. Dieses Wesen wird Kâtiélo genannt, was soviel heißt wie „alte Mutter des Dorfes", und stellt den Mittelpunkt des Poro dar. In den Heiligen Hainen werden die Senufo-Männer eingeweiht. Vor der letzten Prüfung findet das Kagba-Ritual statt, bei dem den Novizen der Nasolo (eine Art Riesenochse) vorgeführt wird. Bestehend aus einem zylindrischen Holzgerüst, das von zwei Männern getragen wird, und mit buntgescheckten Matten bedeckt, bewegt er sich am Rande des Cinzana. Die Maske symbolisiert geistige und körperliche Vollkommenheit und wird mit dem fertigen Menschen, dem Initiierten, gleichgesetzt.

Die letzte Einweihung des Poro findet jeweils im Dezember bei Neumond statt und stellt eine Art „Neugeburt" dar. Nackt warten die jungen Männer am Eingang des heiligen Waldes. Aus der Dunkelheit erscheinen Gestalten, die nach den Kandidaten greifen, um sie in die Höhle von Kâtiélo, der Mutter des Poro, zu führen, wo die Initianden nach einigen Zeremonien durch einen engen Gang kriechen, um in das Zentrum des heiligen Platzes zu kommen. Diese Rückkehr in den Schoß der „Mutter" wird von heftigem Klatschen und Heulen der Poro-Würdenträger begleitet, dem „Todeskampf" und dem „Geschrei der Neugeborenen". Frisch initiiert und „wiedergeboren" verlassen sie mit neuen Kleidern, die ihren neuen Status kennzeichnen, den heiligen Hain, um ins Dorf zurückzukehren, wo sie freudig empfangen werden. Das Ende der Intitiation wird mit dem **Kafo** gefeiert, einem Fest, bei dem verschiedene andere Masken auftreten, welche die Macht des Poro darstellen. Es sind dies die Nayogo (riesige mit Kauri-Muscheln besetzte Aufsätze), die Kwonbele (bunt bemalte Helmmasken), die Fre („Panther des Poro", an seinen fleckigen Gewändern zu erkennen), und die Poniugo-Masken („Köpfe des Poro").

Beim Kafo der Mädchen tragen die Initiierten bei ihren Tänzen einen helmartigen Kopfputz und lange Bänder, die über und über mit Kaurimuscheln besetzt sind. Bei einem Todesfall sind es allein die Initiierten, welche die Macht besitzen, den „Schatten des Toten" zu bändigen. Von Holztrompeten und Trommeln begleitet, verfolgt Laladyogo, eine in Baumwolltücher eingehüllte Gestalt, die an ihrem mit Federn besetzten Strohhut zu erkennen ist, zusammen mit den anderen Poro-Masken die Spur der Seele des Verstorbenen bis zu dem Ort, wo der Leichnam ruht, um dort

Kunst und Kultur

dann mit viel Getöse die Seele zu verjagen, damit sie den Weg ins Reich der Toten finden kann.

Dicht- und Erzählkunst

Die Dicht- und Erzählkunst – **„orale Literatur"** – ist auch heute noch in der afrikanischen Kunst von großer Bedeutung. Hierzu zählen die großen Schöpfungsmythen der Völker des westlichen Sudan sowie die Königsepen der Guineaküste. Bei fast allen gesellschaftlichen Anlässen findet sich Gelegenheit, sowohl die guten als auch die bösen Taten der Vorfahren zu besingen, Verwandtschaftsbeziehungen und Wanderungen darzustellen und Geschichten von der Entstehung der Welt sowie der Tiere und Menschen zu erzählen.

Diese Aufgabe wurde und wird von dem **Griot** bzw. der **Griotte** (s.a. Kapitel Musik) übernommen. „Mit jedem Greis, der stirbt, verbrennt eine Bibliothek". dieser Satz ist am UNESCO-Gebäude in Paris zu lesen und stammt von dem Schriftsteller und Philosophen *Hampâté Bâ* aus Mali.

Moderne Literatur

Mit der **Négritude-Bewegung,** die von bekannten Schriftstellern wie *A. Césaire, L.-G. Dumas, A. Diop* und *Léopold Sédar Senghor* in den 1930er Jahren in Paris ins Leben gerufen worden war, hatte die moderne afrikanische Literatur (im Vergleich zur traditionellen oralen Literatur) ihre Anfänge, denn das geschriebene Wort, sprich die Literatur, galt als das wichtigste Ausdrucksmittel dieser emanzipatorischen Bewegung. Auch wenn zu Beginn vorwiegend in Französisch geschrieben wurde, so hatte diese Bewegung nicht nur kulturphilosophische, sondern auch politische Bedeutung, denn die Négritude verstand sich als antikoloniale Protestbewegung und bewirkte nicht zuletzt ein **neues afrikanisches Selbstbewusstsein.** Zunächst schrieb man die bis dahin mündlich überlieferten Geschichten auf, erst später kam es zu umfangreichen neuen Schöpfungen, von denen es heute eine beachtliche Anzahl gibt. Die wichtigsten Autorinnen und Autoren der modernen westafrikanischen Literatur sollen hier kurz vorgestellt werden.

Am bekanntesten ist sicher **Léopold Sédar Senghor,** der nicht nur als **senegalesischer Staatsgründer,** sondern auch als Dichter und Philosoph berühmt geworden ist. Sein erstes Buch war der Gedichtband „Chants d'Ombre" (Schattengesänge). Nach der Veröffentlichung weiterer Werke erhielt er 1968 den Friedenspreis des Deutschen Buchhandels. Zu seinen wichtigsten Werken zählen „Botschaft und Anruf", „Chants pour Naett" und „Hosties Noires".

Einer der populärsten Autoren des frankophonen Westafrika ist der Senegalese **Sembène Ousmane** (1923–2007), nicht zuletzt durch seine Tätigkeit als Filmregisseur (s.a. Filmkunst und Kino). Sembène, der sich als Chronist soziale Missstände, religiöse Konflikte und Ähnliches zum Thema gemacht hatte, sah sich als Sprachrohr des Volkes. Am bekanntesten sind seine beiden Romane „Xala – Die Rache des Bettlers" und „Die Postanweisung";

Kunst und Kultur

weitere Romane sind „Gottes Holzstücke", „Guelawaar – ein afrikanischer Heldenroman", „Ein Held der Zukunft" und „Weiße Genesis"; ins Deutsche übersetzt ist zudem die Erzählung „Der Voltaer Niiwam Taaw".

Ebenfalls aus dem Senegal stammt die Autorin **Aminata Sow Fall.** Sie ist mit ihrem Roman „Der Streik der Bettler oder der menschliche Abfall" sowie der Erzählung „Der Sonnenpräsident" bekannt geworden. Daneben ist sie kulturpolitisch engagiert: Seit 1987 leitet sie in Dakar das Centre Africain d'Animation et d'Echanges Culturels (CAEC), das sich für die Verbreitung des Buches in Afrika einsetzt und den Dialog zwischen den Kulturen fördert. Zu internationaler Anerkennung gelangte auch die Schriftstellerin **Mariama Bâ** mit ihren Werken „Ein so langer Brief – ein afrikanisches Frauenschicksal" und „Der scharlachrote Gesang", für den sie 1980 den zum ersten Mal verliehenen Noma-Preis für afrikanische Literatur auf der Frankfurter Buchmesse erhielt. Ebenfalls über die Landesgrenzen hinaus bekannt wurde die senegalesische Autorin **Ken Bugul** (Pseudonym) mit ihrem Buch „Die Nacht des Baobab". Zu erwähnen ist auch **Birago Diop,** der bereits in den 1960er Jahren zahlreiche Kurzgeschichten veröffentlicht hat, zumeist Griot-Geschichten. Der Senegalese **Cheikh Hamidou Kane** gewann im Jahre 1962 für seinen autobiografi-

Kunst und Kultur

schen Roman „Der Zwiespalt des Samba Diallo" den Großen Literaturpreis Schwarzafrikas.

Zahlreiche Hinweise zur Literatur Senegals (aber auch zu Film und Musik) finden sich unter www.senegal-info.de.

Sehr erfolgreich ist **Ahmadou Kourouma** aus der Elfenbeinküste. Sein 2001 erschienenes Buch „Allah muss nicht gerecht sein" über das Schicksal von Kindersoldaten wurde in 21 Sprachen übersetzt. Ebenfalls von der Elfenbeinküste kommt **Véronique Tadjo,** die sich mit dem Buch „Der Schatten Gottes" als eine von wenigen afrikanischen Autoren mit dem Krieg in Ruanda beschäftigte. Das gleiche Thema behandelt auch derSenegalese **Boubacar Boris Diop** in seinem Roman „Murambi".

Aus **Mali** kommt **Amadou Hampâté Bâ,** der für sein literarisches Schaffen 1974 den Grand Prix de l'Afrique Noire erhielt. Er hatte es sich zur Aufgabe gemacht, die orale Literatur Schwarzafrikas, die über Jahrhunderte durch die Griots weitergegeben wurde, zu sammeln und niederzuschreiben. Zwanzig Bände mit Geschichten und Legenden, überwiegend die seines Fulbe-Volkes, hat er veröffentlicht, außerdem den autobiografischen Roman „Jäger des Wortes – Eine Kindheit in Westafrika" und die Erinnerungen aus seiner Tätigkeit in der Kolonialverwaltung „Oui mon Commandant! – In kolonialen Diensten"; nicht zu vergessen der afrikanische Schelmenroman „Wangrins seltsames Schicksal oder die listigen Ränke eines afrikanischen Dolmetschers", der gespickt ist mit hintersinnigen Bemerkungen und Spruchweisheiten alter afrikanischer Tradition. Neben Bâ ist **Massa Makan Diabaté** zu erwähnen, der aus einer Griot-Familie stammt und für eine Roman-Trilogie sowie andere Werke über sein Volk wichtige Literaturpreise erhalten hat.

Idé Oumarou, dem im Jahre 1978 der Grand Prix de l'Afrique Noire verliehen wurde, stammt aus Niger; ebenso **Amadou Ousmane,** der in seinem Werk „Quinze ans, ça suffit" die moderne Gesellschaft seines Heimatlandes beleuchtet.

Der erste Afrikaner, der **1986** den **Nobelpreis** für Literatur bekam, ist **Wole Soyinka** aus **Nigeria.** Er ist 1994 durch das Militärregime ins Exil gezwungen worden und lebt heute im Westen. Seine Romane sind z.T. autobiografisch wie „Aké – eine afrikanische Kindheit" oder biografisch wie „Isarà – Eine Reise rund um den Vater"; letzterer spielt in der Zeit seines Vaters. In der Vergangenheit war er auch stark politisch engagiert, was dazu führte, dass er während des Biafra-Krieges inhaftiert wurde. Aus dieser Zeit stammt sein Werk „Der Mann ist tot – Aufzeichnungen aus dem Gefängnis". Außerdem sind „Zeit der Gesetzlosigkeit" und sein letzter Roman „Ibadan – Die Streunerjahre" zu erwähnen.

Der nigerianische Schriftsteller **Ken Saro-Wiwa** war 1995 nach einer spektakulären Gerichtsverhandlung hingerichtet worden, weil er sich für sein Volk, die Ogoni, und gegen die Interessen des Ölmultis Shell einsetzte, deren Lebensraum zu einer Ölkloake gemacht hatten. In „Flammen der Hölle – Nigeria und Shell: Der schmutzige

Krieg gegen die Ogoni" hat er diesen Sachverhalt dargestellt. Außer Essays und Romanen hat er auch Erzählungen wie „Die Sterne dort unten" veröffentlicht. In seinem Roman „Sozaboy" schildert er das Schicksal eines jungen Mannes im Biafra-Krieg – mit diesem Werk schaffte er 1985 den Durchbruch.

Kojo Laing aus **Ghana** hat bisher drei Romane und einen Gedichtband veröffentlicht. In seinem Roman „Die Sonnensucher" (Search Sweet Country) schildert er mit viel Sprachwitz das quirlige Leben in der afrikanischen Großstadt Accra. **Amma Darko**, ebenfalls aus Ghana, lebte zeitweise in Deutschland. In ihren beiden Romanen „Der verkaufte Traum" und „Spinnweben" gibt sie nicht nur Einblick in Ghanas Kulturen, sondern schildert auch die interkulturellen Missverständnisse zwischen Deutschen und Afrikanern. In „Spinnweben" beschreibt sie eindringlich das Afrika von heute, den Bruch zwischen Tradition und Moderne.

Ebenfalls aus Ghana stammt **Ama Ata Aidoo**, Schriftstellerin, Professorin für Literatur und ehemalige Erziehungsministerin. Ihr Roman „Die Zweitfrau" handelt von einer Liebesgeschichte, die gegen alle Konventionen verstößt. Erwähnt werden muss auch der Ghanaer Schriftsteller **Kofi Awonoor** mit seinem Roman „Schreckliche Heimkehr nach Ghana".

Fanziya Kassinddjas aus **Togo** hat mit ihrem Buch „Niemand sieht dich, wenn du weinst" großes Aufsehen erregt; sie beschreibt, wie es einer jungen Frau gelingt, dem Ritual der genitalen Verstümmelung zu entkommen.

Aus **Guinea** sind ebenfalls einige bedeutende Schriftsteller zu nennen, z.B. **Alpha-Abdoulaye Diallo** und **Tierno Monénembo**. Als Klassiker der afrikanischen Literatur wird gerne der biografische Roman „L'Enfant Noir" von **Camara Laye** bezeichnet; ebenso sind von ihm zu nennen „Le Regard du Roi" und „Le Maître de la Parole". Das bekannteste Werk von Diallo ist „La Verité du Ministre", wo er die zehnjährige Gefangenschaft während der Touré-Dikatatur beschreibt. Tierno Monénembo lebt heute – ebenso wie die meisten anderen Schriftsteller aus Guinea – in Frankreich im Exil. Sein Roman „Zahltag in Abidjan" handelt vom Straucheln der Emigranten in der Metropole.

Filmkunst und Kino

Der Film ist in Afrika ein **relativ junges Medium,** aber auch eines, das der typisch afrikanischen Kulturtradition sehr nahe steht. So wie die Musik stets in einem soziokulturellen Kontext gespielt wird und Tanz, Gesang und Kunsthandwerk vereint, sind beim Medium Film sowohl Theater und Musik als auch Literatur enthalten. Der Film kann somit quasi als Weiterentwicklung der alten Griot-Tradition angesehen werden. Meist werden die Filme heute auch in der jeweiligen Landessprache mit französischen bzw. englischen Untertiteln produziert.

Als Vater der afrikanischen Filmkunst gilt der 2007 verstorbene **Sembène Ousmane,** 1923 als Sohn eines Fischers im Senegal geboren. 1944 kämpfte er an der Seite Frankreichs ge-

Kunst und Kultur

gen Nazi-Deutschland, später arbeitete er bei Citroën, dann im Hafen von Marseille. Nachdem er merkte, wie gering der Einfluss der Literatur auf die breite Masse ist, ließ er sich 1961 in Moskau zum Filmregisseur ausbilden. Neben zehn Novellen und Romanen realisierte er zwischen 1963 und 2004 zehn Spielfilme und zahlreiche Kurzfilme. Bereits sein Erstling „Borom Sarret" wurde prämiert. Kein afrikanischer Filmemacher erzielte mehr Preise als Sembéne. Mit „Mandabi" (Die Postanweisung, 1968) wurde er erstmals einem größeren Publikum bekannt. Weitere Filme folgten, meist Verfilmungen der eigenen Romane wie „Xala", Ceddo" und „Camp Thiaroye". Sein letztes Werk, „Moolaadé" (Bann der Hoffnung, 2004), ist der zweite Teil einer Trilogie, in welcher Sembéne die Rolle der Frau in der traditionellen Gesellschaft in Zeiten des Umbruchs herausstellt. Weitere Themen seines Gesamtwerkes waren u.a. der Kolonialismus und seine Folgen, patriarchalische Indoktrination sowie die neue afrikanische Bourgeoisie.

Zu Sembénes Nachfolgern zählen u.a. **Mousa Touré** mit seinem 1999 realisiertem Roadmovie „TCV-Express" und **Mansour Sora Wade,** der im Jahr 2002 mit seinem Film „Price of Pardon" den ersten Preis beim Filmfestival in Karthago errang. Der als eigentlicher Nachfolger von Sembéne gehandelte **Djibril Diop Mametéty** starb 1998 im Alter von 52 Jahren.

Safi Faye aus Dakar war die erste afrikanische Regisseurin, die international bekannt wurde. Bis 1996 drehte sie insgesamt sieben Filme.

Ein anderer wichtiger Vertreter der afrikanischen Filmszene ist **Souleyman Cissé** aus Mali, der in der ehemaligen UdSSR studiert hat und dessen Film „Yeelen" (La Lumière) in Cannes preisgekrönt wurde. Andere frühere und eher sozialkritische Werke sind „Baara" und „Finye". Mit dem Film „Yeelen", der die Initiation eines kleinen Jungen zum Thema hat und tiefe Einblicke in die Tradition der Bambara, Dogon und Fulbe verschafft, steht er ganz im Trend einer Rückbesinnung auf die eigenen Wurzeln.

Auch **Idrissa Ouédraogo** aus Burkina Faso ist mit seinen Filmen „Yaala" aus dem Jahre 1988, „Tilai" aus dem Jahre 1990 sowie „Samba Traoré" von 1992 zu nennen. Burkina Faso ist neben Guinea der zweite Staat Westafrikas, in dem die Kinos 1970 verstaatlicht wurden und ein Fond zur Nationalen Filmförderung gegründet wurde. In Burkina Faso gibt es darüber hinaus auch eine private Filmgesellschaft, die CINAFRIC. Neben *Idrissa Ouédraogo* haben sich inzwischen auch andere Filmemacher wie **Dani Kouyate, Pierre Yaméogo** und **Gaston Kaboré** – mit seinem ersten Spielfilm „Wénd Kûuni" (1982) – einen Namen gemacht. Yaméogo drehte bislang fünf Filme, sein jüngster, „Delwende" (2005), wurde auch im ZDF gezeigt. Bekannt wurde er aber mit seinem Beitrag zu „September 11", einem Film verschiedener internationaler Regisseure.

Aus der Republik Niger sind drei Filmemacher zu nennen, die relativ bekannt geworden sind, **Oumarou Ganda** mit „Cabascabo", „Wazzou polygame" und „Saitane", **Moustapha Alassane** mit Komödie „Femme, Villa, Voiture, Argent" und **Moustapha Diop** mit „Le medicine de Café".

Blickt man zurück, so fällt auf, dass sich die afrikanische Filmkunst von den ersten Anfängen bis heute **thematisch** sehr verändert hat. Zu Beginn stand die Auseinandersetzung mit der Kolonialzeit im Vordergrund, d.h. es wurden Filme produziert, die überwiegend aus den Gegensatzpaaren westlich/afrikanisch, modern/traditionell und städtisch/ländlich ihre Spannung bezogen und die daraus entstehenden Konflikte thematisierten. Diese „Dorffilme", wie sie manchmal genannt wurden, versuchten quasi zu konservieren, was an alter afrikanischer Tradition noch vorhanden war. Somit hatten diese Filme musealen Charakter, waren aber für die meisten Afrikaner nur von geringem Interesse. Dies erklärt, weshalb diese Filme vor allem außerhalb des schwarzen Kontinents Erfolg hatten. Dann entdeckten die Filmemacher, dass Afrikaner vor allem Unterhaltung und Spass haben wollten und etwas, womit sie sich identifizieren können – was ihnen aus der Seele spricht. Sie verbanden Komödie, Satire und/oder Melodram.

Während man sich lange Gedanken über das Selbstverständnis der afrikanischen Filmemacher gemacht hat, war in den letzten Jahren auf der **FES.PA.C.O.** zu beobachten, wie eine neue Generation junger Filmemacher heranwächst, die auch nicht davor zurückschreckt, die zum Teil selbst verschuldete aktuelle Situation kritisch zu analysieren und die Entwurzelung in der Fremde und die Suche nach einer neuen afrikanischen Identität zu thematisieren. Angesichts der schlechten **Filmvorführbedingungen** rücken deshalb immer mehr Videoproduktionen in den Vordergrund, die via TV wesentlich mehr Menschen erreichen können. Bisher hatten die afrikanischen Filme wegen des katastrophalen Vertriebs nur wenig Chancen, im eigenen Herkunftsland gezeigt bzw. gesehen zu werden. Viel eher konnte man afrikanische Filme etwa in Paris sehen. Mit dem Filmfestival FES.PA.C.O., das seit 1969 alle zwei Jahre im Februar in Ouagadougou, Burkina Faso, stattfindet, hat die afrikanische Filmkunst ein hervorragendes Forum gefunden.

Informationen:
- www.fespaco.bf

Zeitgenössische afrikanische Bildende Kunst

Während die afrikanische Musik seit den 1970er Jahren in der internationalen Musikszene immer mehr an Bedeutung gewonnen hat, die Literaten des schwarzen Kontinents mit der Verleihung des Nobelpreises an den nigerianischen Schriftsteller *Wole Soyinka* im Jahre 1986 entsprechend international anerkannt wurden und auch die Filmszene in der alle zwei Jahre stattfindenden FES.PA.C.O. ein Forum gefunden hat, war die Bildende Kunst – abgesehen von der Bildhauerkunst der vergangenen Jahrhunderte in Form von Masken, Holzfiguren etc. – lange Zeit unbeachtet geblieben. Ein Künstler, der verkaufen will, muss nach den Trends des internationalen Kunstbetriebs produzieren, das ist auch bei Vertretern des Schwarzen Kontinents nicht anders.

Fest etabliert im internationalen Kunstkalender hat sich inzwischen die Biennale de l'Art Africain Contemporain, kurz **DAK'ART** (www.dakart.org) genannt, die 1996 in Dakar aus der Taufe gehoben wurde und seither alle zwei Jahre immer im Mai und Juni Kunstsammler und Galeristen aus der ganzen Welt in die Hauptstadt des Senegal lockt – ein glänzend inszeniertes Forum für den neuen schwarzafrikanischen Kunstmarkt, das 2010 erstmals auch im UNESCO-Weltkulturerbe St. Louis zu Gast war. In Dakar selbst beteiligen sich regelmäßig Dutzende Galerien, Kulturzentren und Ausstellungsräume an der Biennale und dokumentieren damit das gesteigerte Interesse an zeitgenössischer afrikanischer Kunst. Aktuell bestes Beispiel ist *Ousmane Sow,* dessen Skulpturen inzwischen zu sechsstelligen Dollar-Beträgen in Europa und den USA gehandelt werden.

Auch afrikanische Fotografen haben ihr Forum: Erstmals im Dezember 1998 fand in Bamako, Mali, eine **Foto-Biennale** statt. Alle drei Festivals werden von Frankreich gesponsort.

Informationen:
- www.biennaledakar.sn

Musik

Die Musik Westafrikas ist **so vielfältig wie die ethnischen Gruppierungen,** die dort leben, denn jede hat ihre eigene musikalische Tradition und ihre speziellen Instrumente, die entweder als Begleit- oder Soloinstrumente eingesetzt werden.

Traditionelle afrikanische Musik

Im Folgenden werden zunächst die wichtigsten Musikinstrumente vorgestellt, anschließend wird detaillierter auf die einzelnen Länder und dort lebenden Ethnien eingegangen.

Afrikanische Musik wird vom **Rhythmus** beherrscht, der sie so unverwechselbar macht. Dazu *L.S. Senghor:* „In Afrika ist reine Musik Rhythmus. Das erste Gebet des Menschen bat um Regen. Der erste Regentropfen schlug den Grundrhythmus aller afrikanischen Musik, dazu improvisierten die Menschen auf Trommeln über dieser Basis gegenläufig mit Synkopen. Dann erst kam die Melodie." Rhythmus ist für den Afrikaner nicht so sehr ein Zeitelement, sondern verkörpert das Leben mit all seinen Empfindungen und Ausdrucksformen. „Der Rhythmus ist die Architektur des Seins, die innere Dynamik, die ihm Form gibt, ist der reine Ausdruck der Lebenskraft. Der Rhythmus ist der Schock, der die Vibration erzeugt, er ist die Kraft, die durch die Sinne hindurch uns an der Wurzel des Wesens packt. Der Rhythmus drückt sich durch die stofflichsten Mittel aus: durch Linien, Farben, Oberflächen und Formen in Architektur, Plastik oder Malerei durch Akzenteindichtung und Musik, durch Bewegungen im Tanz. Indem er das tut, weist er alles ins Geistige. In dem Maße, in dem sich der Rhythmus sinnlich verkörpert, erleuchtet er den Geist."
(L.S. Senghor)

Kunst und Kultur

Polymetrie und **Polyrhythmik** charakterisieren nach J. H. Jahn die afrikanische Perkussionsrhythmik. Bei der Polymetrie erklingen gleichzeitig verschiedene Grundmetren, während bei der Polyrhythmik mehrere rhythmische Versionen eines Metrums, die durch Akzentverschiebung bzw. Synkopen erzeugt werden, miteinander kombiniert werden. Beiden Grundformen gemeinsam ist das Prinzip der **„Kreuzrhythmik"**, wo die Hauptakzente der verwendeten Grundformen kreuzförmig übereinandergelagert werden, und so „hinreißende Akzentfolgen und ekstatische Schlagformeln" erzeugen.

Die **Verwandtschaft von Sprache und Musik** zeigen semantische Untersuchungen. Bei den Bambara hat das Verb „fo", im Sinne von „ein Instrument spielen", die eigentliche Bedeutung von „sagen, sprechen, anzeigen"; ein Instrument spielen heißt somit „es sprechen lassen oder durch seinen Mund sprechen". Instrumente (vor allem Trommeln) dienten den Afrikanern nicht nur zur **Nachrichtenübermittlung** und zur Unterhaltung, sondern vielmehr auch als **„Sprachrohre" der Ahnen,** um das Gleichgewicht zwischen dem ganzen Universum und der menschlichen Gesellschaft aufrechtzuerhalten.

Das wichtigste afrikanische Musikinstrument ist die **Trommel**, die es in vielen verschiedenen Formen und Ausführungen gibt. Nicht nur zeremonielle Ereignisse werden von Trommelmusik und Gesang begleitet, sondern zum Teil auch die alltäglichen Arbeiten.

Von den vielen verschiedenen Trommelarten seien nur einige wenige genannt: die **Djembé**, *sabar, dundun* oder *talking drum*, und die **Gudugudu-Trommel**. Mit der Dundun ist es dem Yoruba-Trommler möglich, die Yoruba-Sprache, die eine Tonsprache ist, zu imitieren. Aber auch andere Ethnien verwenden diese **„Sprechtrommel"**, die mit einem gekrümmten Schlagstock gespielt wird. Die Trommel selbst besteht aus einem sanduhrförmigen Holzkörper, der mit Fell bespannt ist. Die beiden Schlagflächen sind mit einer Lederschnur verbunden, wodurch die Fellmembranen auf entsprechenden Druck des Oberarms gespannt bzw. gelockert werden können. Auf diese Weise lassen sich die verschiedenen Tonhöhen erzeugen, aber auch gedehnte Töne.

Die Schlitztrommel der Diola (Senegal), die **Kabisa,** ist eine rituelle Trommel und kündigt nur wichtige Ereignisse des Dorfes (wie den Tod des Häuptlings oder den Beginn der Ringkämpfe) an. Sie darf daher nur von Initiierten geschnitzt und geschlagen werden.

Bei der aus Guinea stammenden **Djembé** sind Schnarrbleche sehr beliebt, die beim Spielen vibrieren. Sie verhindern bzw. schwächen die Klarheit des einzelnen Tons, was bei den Afrikanern sehr beliebt ist – im Gegensatz zu unserem Ideal des klaren und reinen Tons. Andere selbstklingende Instrumente sind diverse **Glocken** und **Rasseln** (z.B. Kürbisrasseln), die geschlagen bzw. geschüttelt werden, oder mit Rillen versehene Klangstäbe, die geschrappt werden.

Wodaabe beim Gerewol-Fest im Niger

KUNST UND KULTUR

Der Begriff **Griot** bzw. Griotte steht für Musiker und Sänger, die mehrere wichtige soziale Funktionen erfüllen. Meist sind sie in Zünften organisiert und vererben ihre Kunst auf den Sohn bzw. die Tochter. Sie müssen schon früh das Rezitieren von Texten lernen. Als **Bewahrer der mündlichen Überlieferungen,** Geschichte des Reiches, große Schlachten, Eroberungen usw. besangen sie früher (manchmal auch heute noch) die Heldentaten der Könige, und sind vor allem als **Moritatensänger** und **Geschichtenerzähler** sehr begehrt. Die Griots, die früher entweder Hofmusiker oder Wandermusikanten waren, werden häufig mit unseren Barden und Spielmännern verglichen. Aufgrund ihrer Position am Hofe konnten sie großes Ansehen genießen, gehörten jedoch meist zu den unteren Schichten, waren somit zugleich (ähnlich wie die Schmiede) geachtet und verachtet.

Der Griot spielt entweder selbst auf einem Instrument oder wird von einer Sängerin (meist der Ehefrau) begleitet. Zu den bekanntesten Instrumenten der Griots zählt die **Kora,** ein 21-saitiges, harfenähnliches Instrument mit einer runden Holzstange als Hals und einer Kalebasse als Klangkörper. Andere Saiteninstrumente sind die fünfsaitige Spießlaute, **Khalam** genannt, und die einsaitige Fiedel (**Goje** oder **Gonje**), die in Westafrika weit verbreitet sind. Die Fiedel wird mit einer Art Bogen gestrichen und klingt ziemlich heiser. Auch der **Mundbogen** (einer Maultrommel

Kunst und Kultur

ähnlich) ist in ganz Afrika anzutreffen. Ein wichtiges Instrument ist auch das **Ballaphon**, eine Art Xylophon, bei dem unter den Schlaghölzern verschieden große Kalebassen als Resonanzkörper befestigt sind.

Bei den Blasinstrumenten sind vor allem die **Bambus-** oder **Hornflöten** zu nennen. Die einfachste Version ist das aus Hirsestängeln hergestellte Rohr, das einen schnarrenden Ton erzeugt

Bei der Musik, die zu den unterschiedlichsten Feierlichkeiten gespielt wird, werden nur ganz bestimmte **Instrumente** benutzt, die auch die Funktion von **Statussymbolen** erfüllen. Hierzu gehören eine Trompete, seit jeher Symbol militärischer Macht, eine Trommel *(tambura)* sowie *ganga,* eine kleine Snare-drum, und *kafo,* ein Horn.

Musikgruppen der **Fulbe** sind in ganz Westafrika anzutreffen und sehr beliebt, da sie neben der musikalischen Unterhaltung auch artistische Darbietungen zum Besten geben. Häufig verwenden sie aus Kalebassenhälften gefertigte Trommeln, die sogenannten *horde,* die mit Metallteilen versehen sind, um den beliebten Snare zu erzeugen, oder sie tragen zum Bespielen der Kalebassen Metallringe an den Fingern. Das andere häufig von ihnen verwendetet Percussion-Instrument ist die *lala,* eine Art L-förmige Rassel, deren eines Ende als Griff dient, während an dem anderen die Klangstäbe befestigt sind.

Die Trommler spielen auf fassförmigen **Trommeln** mit Schnur-Pflock-Spannung, der Urmutter der Conga. Bis auf spezielle zeremonielle Trommeln sind

sie mit dem Fell der Buschantilope bespannt (im Gegensatz zu den Djembés, die mit Ziegenhaut bezogen werden).

Die **Rassel** *(axatse)* und besonders die Glocke dienen als zeitgebende Instrumente. Die Trommelrhythmen gründen sich auf diese „time-line-Formeln", die das ganze Ensemble zusammenhalten, da sie als metrische Orientierung dienen. Mit der Glocke wird eine asymmetrische Tonfolge gespielt, die zeitlich mit den „Trommel-patterns" übereinstimmt. In Ghana wird die Doppelglocke bevorzugt eingesetzt. Sie heißt *gankogui*, „Mutter und Kind", aufgrund ihrer Form, die kleinere Glocke auf dem Rücken der größeren.

Ein **Ensemble** besteht aus den verschiedenen Trommeln, mit verschiedenen Tonhöhen und „Aufgaben" (Begleitstimmen, Masterpattern, Basstrommeln), eventuell *Donnó* (Sprechtrommeln), der Glocke und Rasseln, dem Lead-Sänger und dem Chor. Auch das rhythmische Händeklatschen gehört dazu. Der Gesang ist die wichtigste Art des musikalischen Ausdrucks.

Oft wird gerade auf Beerdigungen traditionelle Musik gespielt. Wenn Sie sich trauen, können Sie meist ruhig hingehen. Oft begrüßen es die Trauergäste, Europäer bei der Feier zu haben, da das die Wertschätzung des bzw. der Verstorbenen hebt. Verhalten Sie sich der Situation angemessen und fotografieren Sie nicht, es sei denn, man fordert Sie dazu auf.

Tuaregfeier in der Nähe von Niamey

Moderne Musik Westafrikas

Was an afrikanischen Klängen als „Worldmusic" im Regal gut sortierter Musikläden zusammengefasst wird, ist in Wirklichkeit eine schier unüberschaubare Palette an Stilrichtungen: Bikutsi, Funana, Highlife, Makossa, Makassi, M'balax, Soukuss, Wassoulou, Zouglou, Morna, Mbaganga, Sakara, Juju oder Goumé. Die Liste ließe sich beliebig verlängern.

Längst haben in der modernen afrikanischen Musik Instrumente wie E-Gitarre, Synthesizer oder Bläser Einzug gehalten. Der Kreativität und Vielfalt der einzelnen Stilrichtungen tat dies keinen Abbruch, im Gegenteil. Kamen die Impulse früher vorwiegend aus dem Kongo, so sind heute Senegal und Mali die stilprägenden Länder. Dort scheint das Reservoir an Talenten fast unerschöpflich, ganz im Gegensatz zu guten Studios und professionellen Vertriebsmöglichkeiten. Ein großes Problem ist der fehlende **Copyright-Schutz.** Oft werden Raubkopien schon am Tag der Veröffentlichung einer CD auf den Markt gebracht. Denn die **Kassette** ist immer noch Tonträger Nr. 1 in Westafrika. Das sorgt zwar für die massenhafte Verbreitung der Songs, die Künstler selbst gehen aber meist leer aus.

Etliche westafrikanische Musiker haben auch im Westen **Erfolg** wie etwa der aus dem Senegal stammende Sänger *Youssou N'Dour,* heute eine panafrikanische Pop-Ikone und internationaler Superstar. Andere werden selten über die eigene Landesgrenze hinaus bekannt, etwa Musiker aus dem erzprüden Mauretanien (immerhin gibt es mit

KUNST UND KULTUR

Malouma jetzt auch eine erfolgreiche Sängerin dort), Niger und Burkina Faso. Obwohl Burkina Faso z.B. über ein außerordentlich reiches musikalisches Erbe verfügt, was das jährlich in Bobo-Dioulasso stattfindende **Festival du Percussion** eindrucksvoll zeigt. Ein weiteres Highlight ist das **Jazz-Festival von St. Louis** im Senegal. Seit 2005 wird auch in Kartong (Gambia) ein Festival mit höheren Ambitionen organisiert.

Im **Senegal** und in **Gambia** hat sich eine heterogene musikalische Szene entwickelt. Dort hört man die Musik der Wolof, Serer, Fulbe und speziell in Gambia die Musik der Mandingo und in der Casamance die Musik der Diola. Und nicht nur in Dakar hat sich eine breit aufgestellte Hip-Hop-Szene gebildet, während Gambia bis heute eher dem Reggae den Vorzug gibt.

Der mit Abstand erfolgreichste Musiker ist der bereits genannte **Youssou N'Dour,** dessen Markenzeichen der **M'balax** ist. Hart und schnell fürs afrikanische Publikum, süßlich und tempomäßig eingebremst für westliche und arabische Ohren. Seine Diskografie umfasst nicht weniger als 39 Longplayer. Die bei uns bekanntesten sind „Immigrés" und das mit einem Grammy ausgezeichnete „Egypte", eine Liebeserklärung an den Islam. N'dour war der erste Musiker, der nach der Unabhängigkeit in Wolof sang, und der Erste, der sich wieder traditioneller Wurzeln besann. Mit der Zeit integrierte er mehr moderne Elemente, was ihm letztlich den internationale Durchbruch brachte. Der Welthit „Seven Seconds", zusammen mit *Neneh Cherry,* öffnete ihm alle Türen. Längst hat der 1959 in Dakar geborene Musiker sämtliche internationalen Preise abgeräumt. Youssou N'Dour ist sozial engagiert und hat Charisma, seine Texte erzählen von traditionellen Festen, beleuchten die Rolle der Frau und gesellschaftliche Missstände. Sein Einfluss reicht tief in die senegalesische Gesellschaft. Seine neuesten Songs haben mehr Gewicht als eine Rede von Präsident *Wade*.

Weitere bekannte Musiker sind **Baaba Maal, Thione Seck** und **Ismael Lô.** Letzterer begann seine Karriere mit der legendären Gruppe **Super Diamono de Dakar.** Ebenfalls aus dem Senegal stammt die international bekannte Gruppe **Toure Kunda.** Unterstützt von Produzent *Nick Gold (Buena Vista Social Club)* schaffte 2001 das **Orchestra Baobab** eine Reunion, das bereits in den 1970er Jahren etliche wegweisende Platten herausbrachte und als Begründer der modernen senegalesischen Musik gilt.

Der **Wassoulou-Stil** steht für die moderne Musik der Fulbe aus **Mali,** deren bekanntester Vertreter **Ali Farka Touré** 2006 verstarb. Sein postum veröffentlichtes Werk „Savane" gilt als das Vermächtnis eines großen Musikers und mitfühlenden Menschen. Aber unsterblich wurde er mit „Taking Timbouktou", eingespielt zusammen mit *Ry Cooder.* Das Ergebnis war der reine Blues. Trotz seiner Erfolge (u.a. zwei Grammys) blieb er bis zum Ende, was er immer sein wollte – ein einfacher Farmer. Das westliche Leben war ihm zuwider.

Eher in der Tradition der Mandingas spielt **Salif Kaita,** der ebenfalls weit über die Grenzen Malis bekannt ist. Als bestes Album des Albinos aus adligem Geschlecht gilt „Moffou". Als die klassische Vertreterin des Wassoulou-Sound gilt **Oumou Sangaré**. Ihre CD „Moussolou" wurde in ganz Afrika ein Hit, die letzte veröffentlichte heißt „Oumou". Weitere Künstler, die erwähnt werden müssen, sind zum Beispiel **Amy Koïta, Nahawa Doumbia, BassekouKouyaté, Rokia Traroré** oder der Kora-Virtuose **Toumani Diabate,** der 2005 für „In the Heart of the Moon" einen Grammy gewann. Seit „Dimanche à Bamako" sehr erfolgreich ist auch das blinde Duo **Amadou & Miriam** mit ihrem Mali Blues. Ansonsten ist die moderne Musik Malis noch traditionell verwurzelt.

Nach der Erlangung der Unabhängigkeit wurden Gruppen, die die traditionellen Lieder ausgruben, von staatlicher Seite unterstützt. Hierzu gehörte vor allem die legendäre **Rail Band.** Der damalige Besitzer des Hotel de la Gare war ein Musik-Fan und das Hotel lange Zeit der heißeste Treff in Bamako. Heute trifft sich die Szene am Niger im Hotel Mande, meist Freitag abends. Weil *Ali Farka Touré* hier seine letzte CD eingespielt hat, entwickelt sich das „Mande" zu einem regelrechten Wallfahrtsort. Wie überhaupt Bamako für Jazz- und Blues-Größen der Anziehungspunkt geworden ist. Wer wirklich „back to the roots" sucht, kommt an der staubigen Mali-Metropole nicht vorbei.

Aus Gambia hat er Kora-Spieler **Foday Musa Suso** den Sprung ins Ausland geschafft. Bevor er in die USA emigrierte, sang er traditionelle Mandingo-Lieder. Er arbeitete mit *Herbie Hancock* und *Bill Laswell* zusammen sowie mit *Philip Glass*. „The Dreamtime" ist Susos letzte CD. Seit den 1990er Jahren wird Gambias Musikszene weitgehend von **Reggae** und **Gangsta-Rap** dominiert. Die Szene ist vielschichtig und besser als ihr Ruf.

Aus Burkina Faso ist einzig die Gruppe **Farafina** aus Bobo-Dioulassou im Westen bekannt, nicht zuletzt wegen der Zusammenarbeit mit den Rolling Stones. Bandleader *Mahama Konaté* zählt zu den besten Ballaphonspielern Westafrikas. Trotz einer sehr rührigen Musikszene blieb anderen Musikern aus Burkina Faso bislang der Durchbruch im Westen verwehrt.

Zu westafrikanischer Musik gibt es zahlreiche Web-Seiten. Hier eine kleine Auswahl:
- **www.geocities.com/fbessem/frames/framemus.html**
Eine wahre Fundgrube: Aktuelle Infos von *Frank Bessem* zu Musikern/Bands aus Westafrika, viele Konzerthinweise, afrikanische Radiostationen, englisch und französisch. Unter „Links" kommt man zur deutschen Webseite von *Lydia Gärtner* (Senegal-Musik).
- **www.afromix.org**
Infos und weiterführende Links.
- **www.africanmusic.org**
Viele Links, Biografien von Musikern.
- **www.coraconnection.com**
Website zur Koramusik Westafrikas.
- **www.senerap.com**
Website der Hip-Hop-Szene von Dakar.
- **www.mali-music.com**
Website zur Szene in Bamako, auch englisch.

Mauretanien

Mauretanien

von Gerhard Göttler

Pistenprobleme bei Tidjikja

Farbenpracht auf dem Markt

Aufbruch mit dem Buschtaxi

Landeskundliche Informationen

Geografie

Die „Republique Islamique de la Mauritanie" ist mit einer Fläche von **1.030.700 km²** etwa dreimal so groß wie die Bundesrepublik Deutschland (357.000 km²). Das Land grenzt im Westen mit einer Küstenlinie von annähernd 700 km an den Atlantischen Ozean. Im Süden bildet der Senegal-Fluss auf weiten Strecken die natürliche Grenze zur nach diesem Fluss benannten Republik Senegal; im Südosten und Osten wurden dagegen alte, willkürlich am „grünen Tisch" gezogene Verwaltungsgrenzen mit der Unabhängigkeit zur Landesgrenze mit der Republik Mali. Dies gilt ebenso für die vergleichsweise kurze „saharische Grenze" zum heutigen Algerien.

Unter aktuellen Gesichtspunkten besonders bedeutungsvoll ist die Grenze im Norden und Nordwesten zum Gebiet der **Westsahara,** der ehemaligen spanischen Kolonie Río de Oro und Saguia el-Hamra: Mit dem Abzug der Spanier aus ihrer größten Besitzung in Afrika Mitte der 1970er Jahre begannen Marokko und Mauretanien Besitzansprüche auf diese Gebiete auch militärisch geltend zu machen. Gegen eine von Algerien unterstützte Befreiungsbewegung, die POLISARIO (Frente Popular para la Liberación de Saguia el-Hamra y Río de Oro) wurde über Jahre eine Art Guerillakrieg geführt, der schließlich 1979 mit einem Rückzug Mauretaniens endete. Daraufhin annektierte Marokko das gesamte verbleibende Gebiet, sodass die Nord- und Nord-

Landeskundliche Informationen
MAURETANIEN

westgrenze Mauretaniens heute de fakto an Marokko stößt. Die bis zum gegenwärtigen Zeitpunkt unklare Grenz- und Machtsituation hat weitreichende Folgen für Reisende in diesem Grenzgebiet (siehe „An- und Weiterreise").

Die **Atlantikküste** lässt sich in zwei Teile gliedern: Im Norden zwischen Nouâdhibou (Cap Blanc) und Cap Timiris ist eine stark gegliederte Küste von Buchten, vorgelagerten Inseln, Sandbänken und Flachwasserzonen charakteristisch. Dies schafft die idealen Voraussetzungen für den **Nationalpark Banc d'Arguin,** in dem neben einer lebhaften Meeresfauna Millionen von Zugvögeln überwintern oder auf ihrem Weiterzug rasten. Im Süden verläuft die Küste geradlinig: Der mit hohen Brechern gegen die Küste anrollende Atlantik hat mit Meeresströmungen alle Buchten abgeschnitten; Sanddünen dringen bis zur Küste vor. Das **Hinterland** wird hier von unwirtlichen Salztonebenen charakterisiert, denen vor allem südlich der Hauptstadt Nouâkchott in der Region Trarza mächtige nordöstlich orientierte Dünenzüge aufgelagert sind. Die gesamten Küstengewässer zählen zu den fischreichsten der Welt. Im Bereich der nördlichen Steilküsten werden tonnenweise Krustazeen (besonders Langusten) gefangen und vor allem nach Europa verkauft.

Die **Senegal-Niederung** stellt den fruchtbarsten Landesteil dar. Auf Überschwemmungsböden wird intensive Landwirtschaft betrieben. Gemeinsam mit den Nachbarländern Senegal und Mali wurden in den letzten Jahren riesige Bewässerungsprojekte verwirklicht, die die natürliche Tal-Aue gründlich verändert, wenn nicht zerstört haben.

Von einem schmalen sahelischen Streifen im Süden abgesehen, ist das gesamte verbleibende Hinterland saharischem Regime unterworfen. Aus weiten Sand- und Steinebenen (letztere oft als Hochflächen der nachfolgend genannten Bergländer) heben sich nur einige wenige **Bergregionen** hervor. Diese sind im Laufe der Erdmillionen stark erodiert und treten deshalb vor allem mit Randstufen als Tafelbergländer im Gelände hervor. Im Süden sind dies das **Massiv von Assaba** (höchste Erhebung 464 m), die **Berge von Affolé** (bis 600 m) und schließlich das **Tagant** (bis 615 m). Nach Nordosten hin schließen sich an das Tagant in weitem Bogen nach Osten und Südosten hin mit einer markanten Stufe nach Süden die **Bergländer** Dhar Ou Senn, Dhar Tichit, Dhar Oualata und bis zur Grenze nach Mali hin der Dhar Nema an, in sich ein altes Meer umschließend, das **Aoukâr.** Nach Norden zu leitet das Tagant hinauf ins **Adrar-Massiv,** eine Plateaulandschaft mit tief eingeschnittenen Schluchten und Tälern. Die Höhen liegen hier kaum über 600 m. Noch weiter im Norden liegt schließlich die höchste Erhebung Mauretaniens, die **Kediet ej Jill,** nur 915 m hoch, Zentrum des Eisenerzabbaus, wichtigstes Exportgut des Landes. Geologisch einzigartig ist schließlich der „Riesenkrater" des **Guelb er Richat:** Bei einer Höhe von nur 485 m ist der früher fälschlich als Meteoriteneinschlag klassifizierte „Krater" im umgebenden ähnlich hohen Gelände kaum noch auszumachen, geschweige denn bei trübem Licht und einem Durchmesser von 40 km (!) als geschlossener „Krater" zu erkennen.

Die fast unermesslich weiten Gebiete dazwischen sind sehr häufig von **Sanddünen** bedeckt. Im Nordosten des Landes handelt es sich dabei um nordost-südwestorientierte, mächtige Dünenkordons, die allerdings immer wieder auch netzartig von Querdünen überlagert sind. Ähnliches gilt wie schon erwähnt auch für die Dünen im Südwesten. Die übrigen Sanddünengebiete dagegen sind vor allem durch Barchandünen gekennzeichnet, eine Dünenform, die in Mauretanien weit häufiger vorkommt als in allen anderen saharischen Regionen.

Klima

Als Wüstenland ist Mauretanien in seinen weitesten Teilen **saharischem Klima-Regime** unterworfen: Niederschläge fehlen fast ganz, die mittleren Tagestemperaturen liegen vor allem im Sommer sehr hoch (über 40°C), der Temperatur-Gradient (Tag-Nacht-Unterschied) liegt nahe bei 20°C. Beständig weht ein Wind aus nordöstlicher Richtung, der besonders tagsüber oft heftig auffrischt und für trübe Sicht durch Verfrachtung von Staub und Sand verantwortlich ist. Ähnliches gilt für das Winterhalbjahr, doch liegen hier die Temperaturen im Schnitt um etwa 10 Grad niedriger.

Nur im äußersten Süden und noch südlich einer Linie Nouâkchott-Oualata machen sich auch **sahelische Klimaeinflüsse** bemerkbar: Hier treten bei durchschnittlichen Trockenperioden von zehn Monaten Sommerregen von weiträumig meist geringer Intensität auf. Lokal können diese Regen jedoch als heftige Starkregen verbunden mit ebenso heftigen Gewittern niedergehen. Je weiter man dabei nach Süden kommt, desto heftiger und intensiver werden die Niederschläge: Während Nouâkchott noch ein Jahresmittel von knapp 150 mm verzeichnet (und damit noch nördlich der hygrischen Südgrenze der Sahara in dieser Wüste liegt), sind es für die Ortschaft Sélibabi im äußersten Südzipfel Mauretaniens (auf einer Breite mit Dakar, der Hauptstadt des Senegal) bereits fast 600 mm.

Ganz anders stellen sich die Verhältnisse in einem schmalen **Küstenstreifen** von kaum 20 km Tiefe dar, wo die mäßigenden Einflüsse des Meeres deutlich werden: Hier herrscht (bei nach Norden hin abnehmenden bis nicht mehr vorhandenen Niederschlägen) ganzjährig eine sehr gleichmäßige Temperatur mit Schwankungen zwischen 29 und 35°C in Nouâkchott und zwischen 25 und 31°C in Nouâdhibou. Etwa bis zum Cap Timiris machen sich hier mitunter unangenehm heftige Nordwinde bemerkbar.

Ausbleibende Niederschläge und als Folge davon rasch abnehmende Wasserreserven stellen eines der größten Probleme des Landes dar. Ganze Städte wie z.B. Nouâdhibou werden heute noch (eine Pipeline ist in Bau) per Eisenbahnwaggons (!) aus großen Entfernungen mit Trinkwasser versorgt; dies trifft auch für die kleinen Fischer-Ansiedlungen entlang der Küste zu, die jedoch –

mangels Erzbahn – ihr Trinkwasser mit Tankwagen per LKW erhalten. Der Zeitpunkt ist absehbar, an dem der einzige ganzjährig Wasser führende Fluss, der Senegal, aufgrund seiner Übernutzung im gesamten Verlauf trocken fallen wird. Vom Senegal-Fluss abgesehen gibt es im gesamten riesigen Land kein einziges natürlich fließendes Gewässer, von einem rinnsalgleichen Bächlein im Bergland bei Atâr einmal abgesehen.

Immer wieder wird das Land von verheerenden **Dürre-Katastrophen** heimgesucht. So wurde von Seiten internationaler Hilfsorganisationen z.B. im Sommer 2002 Alarm geschlagen: Nach ausbleibenden Niederschlägen fehlten dem Land über 200.000 Tonnen Lebensmittel-Getreide; dies entspricht ungefähr der Hälfte des Jahresbedarfs. 60.000 Personen waren vor allem im Süden des Landes von einer akuten Hungersnot bedroht. Im Januar 2002 dagegen waren nach schweren Unwettern über 120.000 Stück Vieh ertrunken; etwa ein Viertel der Anbaufläche des Landes wurde von den reißenden Wassermassen zerstört. Auch im Jahr 2005 war das Land nach einer Heuschreckenplage und ausbleibenden Niederschlägen von einer Hungersnot bedroht. Kommt es zu Niederschlägen, ereignen sich diese oft in der sahelischen Regenzeit, d.h. während unserer Sommermonate, und fallen dazu als zerstörerische Starkregen. So kam es nach verheerenden Niederschlägen im September 2009 zu schweren Schäden auch in der Hauptstadt Nouâkchott. Das Land war erneut auf die humanitäre Hilfe des Auslandes angewiesen.

Tier- und Pflanzenwelt

Nach Jahren anhaltender und wiederholter Dürren sind in Flora und Fauna kaum mehr gutzumachende Schäden eingetreten. Dies gilt ganz besonders für jagbare **Groß-Säugetiere,** die auch im Rahmen der bewaffneten Auseinandersetzungen um die Westsahara mit der Bewaffnung weiter Bevölkerungsgruppen verheerend dezimiert wurden. Groß-Antilopen sind ausgerottet; die letzte Addax-Herde, aus dem westsaharischen Zemmour ins Adrar-Bergland übergewechselt, wurde dort 1993 zur Fleischversorgung vom Militär niedergemetzelt. Klein-Antilopen wie z.B. die in anderen saharischen Regionen noch häufigen Dorkas gelten in ihrem Bestand als gefährdet. Kaum bekannt ist, dass noch bis vor wenigen Jahren Herden einer saharischen Klein-Elefanten-Rasse in der Regenzeit aus den Savannen Nord-Malis bis ins Affolé-Bergland wechselten; auch diese Tiere gelten mittlerweile als ausgestorben. Es kam einer kleinen Sensation gleich, als Zoologen 1999 entdeckten, dass im mauretanischen Adrar in abgelegenen Wasserbecken noch **Krokodile** überlebt haben, die eigentlich seit 1930 als ausgestorben galten. Die scheuen Tiere sind jedoch nur schwer zu beobachten; ihre Gesamtzahl wird auf wenige Dutzend Tiere geschätzt. Füchse, Schakale und Hyänen sind dagegen in Bergländern und ganz besonders an der Nordküste noch häufig. Die **aquatische Fauna** hat

TIER- UND PFLANZENWELT

Karte S. 213

inzwischen im Bereich des Arguin-Nationalparks den ihr gebührenden Schutz erfahren: Delfine, Wale, Robben und diverse Meeresschildkröten können dort neben einer artenreichen **Vogelwelt** auch en passant beobachtet werden – die Bereisung des Parks selbst ist Fachleuten vorbehalten. Die gesamte Küstenregion ist einer der wichtigsten Überwinterungsplätze für wassergebundene Zugvögel insbesondere aus dem gesamten Norden zwischen Grönland und Sibirien.

Der **Pflanzenwelt** setzt wie überall in saharisch-sahelischen Regionen der gesteigerte Beweidungsdruck durch das Bevölkerungswachstum bei gleichzeitig zunehmender Desertifikation zu. Überall macht sich **Sekundär-Flora** breit: Alle Pflanzen, die nicht von den Tieren gefressen werden, finden wegen fehlender Konkurrenzpflanzen bessere Wachstumsbedingungen vor. Die Übernutzung der Baumvegetation zu Heiz- und Bauzwecken ist besonders im Umfeld der Ortschaften ein ungelöstes Problem. Im Süden sind Akazien-Arten aber noch so häufig, dass sich die Nomaden mit dem Einsammeln von Gummi arabicum ein nicht zu unterschätzendes Nebeneinkommen verschaffen können. Immense Schäden an Kultur- und Naturpflanzen werden auch immer wieder durch die biblische **Plage Heuschrecken** hervorgerufen: Mauretanien ist eines der am schlimmsten von die-

Vögel an der mauretanischen Küste

sen Heerscharen von kleinen Fressungeheuern betroffenen Ländern. „Zähne des Windes" werden sie mitunter genannt – durch die Luft herangeflogen, fressen sie in kürzester Zeit all das weg, was die Menschen eigentlich zu ihrer eigenen Ernährung brauchen. In der gesamten Sahel-Region, seit Jahren von Heuschreckenplagen wie nie zuvor betroffen, zeichneten sich immer wieder Hungersnöte ab.

Bevölkerung

Die Einwohnerzahl Mauretaniens wird auf etwa **3,1 Mio.** geschätzt (2009), eine Projektion fürs Jahr 2025 nimmt eine Zahl von dann fünf Millionen Menschen an. Praktisch alle bekennen sich zum **Islam als Staatsreligion,** wobei die Religionsausübung durch einige im Vergleich zu anderen saharischen Ländern auffallenden Eigenheiten charakterisiert ist: Traditionsgemäß gilt und galt Mauretanien seinen Bewohnern immer als ein Hort der Gelehrsamkeit, und so wird dem Besucher die große Zahl von Mauren auffallen, die mit dem Studium von Korantexten beschäftigt sind oder die einfach mit einem solchen Text unter dem Arm über die Straße gehen. Gar nicht so selten auch wird dem Reisenden (bei einer insgesamt herzlichen Gastfreundschaft), sofern er denn als Europäer bzw. Christ zu erkennen ist, eine religiös motivierte Ablehnung oder auch **Arroganz** begegnen. Nur in Mauretanien habe ich es bisher erlebt, dass mir als „Christenhund" gar das Gespräch verweigert wird. Dem entgegen steht eine auffallende Lässigkeit im Umgang mit anderen Glaubensregeln, so etwa das häufige Rauchen des Tabakpfeifchens oder auch wiederholt beobachtetes Teetrinken während des Fastenmonats Ramadan – beides in nordafrikanischen Ländern tagsüber und vor Publikum undenkbar. Im Vergleich aber mit den westafrikanischen Ländern kann die Einhaltung der religiösen Vorschriften als sehr streng bezeichnet werden.

Die **Islamisierung** erfolgte schon sehr früh. Schon wenige Jahre nach dem Tode des Propheten 632 drangen arabisch-islamische Heeresgruppen die Mittelmeerküste entlang nach Westen vor. Von keinem Geringeren als dem berühmten *Okba Ihn Nafi,* einem Weggefährten des Propheten und Begründer der tunesischen Stadt Kairouan, berichtet die Sage, er habe sein Streitross, an den Gestaden des Atlantik angekommen, ins Meer getrieben und dabei Gott als Zeugen angerufen, dass er den Glauben des Propheten nicht weiter nach Westen verbreiten könne. Unter den bekehrten Berbern entwickelte die neue Religion eine ganz neue streitbare Dimension: 712 drangen die islamischen Heerscharen über das Mittelmeer nach Norden vor und eroberten Spanien bis hinauf zum Ebro (s.a. Geschichte). Später konnte sich der Islam vor allem entlang der Handelsrouten ausbreiten, und so wurden die Ausgangs- und Endpunkte der Karawanen zu Horten religiöser Gelehrsamkeit. Beispielhaft seien Ouadane, Chinguetti oder auch Oualata genannt, die damals als annähernd gleichbedeutend mit so wichtigen Zentren wie Jerusalem, Kairo oder Kairouan galten. Aus den Schulen (zaouia) dieser Ortschaften, die sich mit religiösen, juristischen oder auch anderen wissenschaftlichen Themen wie Mathematik, Medizin oder Astronomie befassten, gingen **islamische Bruderschaften** hervor, die seit Generationen einen starken Einfluss ausüben; die Kadiriya, bereits im 12. Jh. im Irak gegründet, und die wesentlich jüngere Tidschaniya sind dabei die bedeutendsten.

In ethnischer Hinsicht stellen die Bewohner ebenso einen Übergang zwischen „weißem" Nordafrika und „schwarzem" Westafrika dar wie unter geografischen Aspekten. Während die **hellhäutigen Mauren** (Eigenbezeichnung Beidani = die Weißen), eine Mischung aus Arabern und Berbern, ca. drei Viertel der Bevölkerung ausmachen, stellen **schwarze Volksgruppen** das restliche Viertel. Unterschiede in der Lebensweise (Nomaden bzw. Händler gegenüber Bauern), in der Sprache (Hassaniya, ein arabischer Dialekt mit berberischem Einschlag, gegenüber Sudan-Sprachen wie Fulfulde, Soninke, Bambara u.a.) verbunden mit einem seit Jahrhunderten etablierten Kastensystem, das der hellhäutigen die hochrangigen, der dunkelhäutigen Bevölkerung die niedrigrangigen Plätze bis hin zum Sklaven-Status zuweist, führen immer wieder zu heftigsten Konflikten zwischen den ethnischen Gruppen. Bis in die jüngste Vergangenheit hinein bestimmten solche **Rassenprobleme** das alltägliche Leben; ethnische Spannungen sind auch die Erklärung für heftige Auseinandersetzungen mit dem Nachbarstaat Senegal. Erst auf Druck dieses Staates und anderer westafrikanischer Länder wurde in Mauretanien im Jahr 1980 (!) die Sklaverei offiziell abgeschafft. Diskriminierungen schwarzer Bevölkerungsteile sind jedoch auch heute noch allgegenwärtig und geben dem bösen Wort von der **„mauretanischen Apartheid"** immer wieder aufs neue Nahrung. Vor diesem Hintergrund sind auch die Aggressionen verständlich, denen maurische Händler in anderen westafrikanischen Ländern immer wieder ausgesetzt sind.

Die **Bevölkerungsverteilung** ist – bei landesweit nur drei Personen je km² – sehr unausgewogen: Mehr als 80% des Staatsterritoriums sind wüstenhaft und damit nicht bewohnbar. Dies gilt für die gesamten Nordregionen, klassisches Land der Oasen, der Dattelkulturen, der Kamel- und Ziegennomaden, und klassisches Land auch der Handelskarawanen. Hier liegen auch die traditionell bewirtschafteten Salinen (Idjil); in modernen Zeiten kommt diesen Regionen vor allem wegen der Bodenschätze Bedeutung zu. Es ist dies auch das klassische Land der Mauren, und nicht umsonst gilt ihnen die Oase Atâr als „heimliche Hauptstadt".

Traditionell sind alle maurischen Gruppen von einer stark **hierarchischen Struktur** geprägt. Die Kasten der Krieger und der Korangelehrten, meist stolz auf ihre arabische Abstammung, stehen über der Kaste der (berberischen) abgabepflichtigen Vasallen. Diesen allen untergeordnet die Kaste der Diener und Sklaven, dunkelhäutige Nachfahren aus dem Sudan einge-

BEVÖLKERUNG

schleppter Schwarzafrikaner. In den Oasen hatten und haben diese Bediensteten als „Haratin" die Arbeit der Feldbestellung zu leisten.

Im Übergangsbereich zwischen saharischer Wüste und sudanischem Regenfeldbau liegen die Weiden der **Viehhalter,** auch diese ähnlich hierarchisch strukturiert wie die *Beidani* des Nordens. Den Launen ausbleibender Niederschläge ganz besonders ausgeliefert, kam gerade aus diesen Gebieten in Dürrejahren die größte Zahl an Flüchtlingen als Zuzügler in die wenigen größeren Ortschaften und ganz besonders in die erst um das Jahr 1960 gegründete Hauptstadt Nouâkchott. In diesen Regionen sind aber auch heute noch ganze Stammesverbände mit ihren Zelten und Herden (darunter auch Schafe und Rinder) unterwegs.

Eine ganz anders geartete Bevölkerungsgruppe stellen die **Imragen** dar, längs der Küste in kleinen Gruppen bis vor kurzem halbnomadisch lebende dunkelhäutige Fischer. Üblich ist der Fang mit Netzen, die vom Boot aus gelegt werden. Einem internationalen Publikum bekannt wurden sie, nachdem eine ihrer Fangtechniken, bei denen sie sich frei lebender Delfine als „Treibjäger" bedienen, filmisch dokumentiert

Chinguetti – ein gelehrter Mann öffnet seine Bibliothek

und diese Filme dann von den Fernsehanstalten verbreitet wurden.

Die im äußersten Süden entlang des Senegal-Flusses lebenden **Regenfeld-Bauern** gehören durchweg den ethnischen Gruppen an, die auch auf der Südseite des Flusses zu finden sind. Es sind dies insbesondere Tukulor, Soninke, Bambara, Wolof und Fulbe. Im Rahmen der oben kurz erwähnten rassischen Auseinandersetzungen wurden im April 1989 viele dieser Bauern von ihren tradtionellen Anbauflächen verjagt oder flüchteten von sich aus außer Landes in die Republik Senegal. Trotz der zwischenzeitlich erfolgten Normalisierung der Beziehungen auf Staatsebene, sind viele der Betroffenen bis heute nicht wieder in ihre angestammten Gebiete zurückgekehrt. Von einer „ethnischen Säuberung" kann hier durchaus gesprochen werden (vgl. den Abschnitt zur Geschichte).

Im Südosten Mauretaniens lebten bis vor kurzem auch größere Gruppen von **Tuareg**, die nach politisch und rassisch bedingten Unruhen und entsprechenden Auseinandersetzungen aus der Republik Mali hierher geflüchtet sind. Im Rahmen von Hilfsprogrammen zu ihrer Reintegration sind die Flüchtlinge jedoch größtenteils wieder in ihre Heimat zurückgekehrt.

Der Anteil der **Ausländer** ist denkbar gering. Nur wenige Geschäftsleute leben in den größeren Städten vor allem an der Küste. Mauretanien ist kein Einwanderungsland wie etwa der Senegal oder die Elfenbeinküste, ganz im Gegenteil: Viele Mauretanier verdienen sich ihren Lebensunterhalt im Ausland. In fast allen Ländern Nord- und Westafrikas sind sie als Händler tätig; insbesondere im Handel mit Zucker und Tee, mit Salz oder Lebensmitteln ganz allgemein haben sie überall ihre händlerische Tüchtigkeit unter Beweis gestellt. Diese Tatsache allerdings macht sie vielerorts bei der einheimischen Bevölkerung nicht gerade beliebt ...

Sprache

Als **Amtssprache ist Arabisch** offizielle Landessprache neben dem Französischen. Wichtigste **Umgangssprache** ist ein arabischer Dialekt berberischen Einschlags, das **Hassaniya**. Im Süden werden die Sprachen der erwähnten ethnischen Gruppen gesprochen. Im gesamten Land findet der Tourist immer Ansprechpartner, die des Französischen mächtig sind.

Geschichte und Politik

Ur- und Frühgeschichte der westlichen Sahara sind bis heute nur in spärlichen Ansätzen erforscht. So lässt sich über weit zurückliegende Zeitepochen nur sagen, dass im Gebiet des heutigen Mauretaniens in der **Altsteinzeit**, d.h. vor 40.000 bis 30.000 Jahren, annähernd Verhältnisse herrschten, die unseren heutigen Tropen vergleichbar sind. Überall floss Wasser, kleine und größere Seen bedeckten das Land. Die Fauna entsprach mit Elefanten, Giraffen, Flusspferden und Büffeln in etwa dem, was manchen Touristen aus den Tierparks Ostafrikas bekannt ist. Die Spuren, die die damaligen Menschen hinterlassen haben, bestehen vor allem aus massiven Werkzeugen aus Stein.

Mehr Erkenntnisse liegen aus der **Jungsteinzeit** vor. Auch hier sind es wieder steinerne Werkzeuge, Pfeilspitzen, Angelhaken oder auch Armringe aus Stein, die ein beredtes Zeugnis ablegen vom Leben in jener Zeit: Zerklüftete Felswände (ganz besonders die des Tagant) dienten als Zuflucht. Von hier aus unternahmen die Sippen ihre Beutezüge als Jäger und Sammler. Die Haltung von Haustieren kam ebenso wie ein bescheidener Anbau von Feldfrüchten hinzu.

Im **1. Jtsd. v.Chr.** kommt die Kenntnis der Metallverarbeitung auf, wahrscheinlich „importiert" von Neuankömmlingen in dieser Region. Möglicherweise wurden die Wanderungsprobleme ausgelöst durch eine beginnende erste Austrocknung. Die negroide Urbevölkerung wird jedenfalls abgelöst durch eine waffentechnisch überlegene Zivilisation aus dem nördlichen und östlichen Afrika.

Vom **9. Jh.** an berichten dann arabische Geografen von berberischen Viehhaltern in diesen Regionen. Die mächtigen Stämme der Sanhadscha kontrollierten den **transsaharischen Karawanenhandel:** Salz aus den Salinen der Sahara, aus Aoulil, Ej Jill und Trhâza, dem Vorläufer von Taoudenni, Kupfer, Silber aus dem Atlas, Gold und Sklaven aus den „Goldländern", den schwarzen Reichen von Tekrur und Ghana im Bereich des Senegal-Flusses. In diese Zeit fiel die Gründung von Aoudaghost.

Im **10. Jh.** konnte sich der **Islam** entlang dieser Handelswege verbreiten: Kaufleute aus dem südlichen Marokko brachten die Religion des Propheten mit und konnten die Stammesführer der mächtigsten Berbergruppen zu ihr bekehren. Die neue Religion gelangte dabei zu einer ganz neuen Dynamik: Unter einem ihrer gelehrten Führer und Reformatoren, einem gewissen *Ibn Yassin* aus Südmarokko, entstand die fanatische Bewegung der **Almoraviden:** Ganz Marokko wurde erobert (Gründung von Marrakesch), in der Folgezeit die iberische Halbinsel bis zum Ebro. In einem „Heiligen Krieg" eroberte die Streitmacht *Ibn Yassins* weite Gebiete des heutigen Mauretanien, den gesamten Adrar und das Tagant. Im Süden wurde das mächtige Reich Ghana erfolgreich attackiert. Die Almoraviden-Dynastien herrschten über die gesamte damals bekannte westliche Welt vom Ebro bis zum Senegal.

Mitte des 12. Jh. löste die berberisch-islamische Erneuerungsbewegung der **Almohaden** die Almoraviden ab. Das Machtzentrum verlagerte sich nach Osten. **Anfang des 13. Jh.** geraten auch die Almohaden in Bedrängnis: In Spanien beginnt die christliche *reconquista,* von den Balearen aus bedrohen arabische Krieger das almohadische Stammland Marokko: Der Zerfall der Berberdynastie ist nicht mehr aufzuhalten. Gleichzeitig gelangen südlich der Sahara neue Staaten zur Blüte, die Reiche Songhay und von Kanem-Bornu. Auch die Handelsrouten verlagern sich dadurch nach Osten. Die noch durch die Westsahara führenden Karawanenrouten bleiben unter der Kontrolle verschiedener Berberstämme.

Interne Streitigkeiten der Berbergruppen erleichtern das Vordringen arabischer Streitkräfte nach Westen. Große Berberstämme werden aus der nördlichen Sahara in Gebiete des heutigen Mauretaniens verdrängt. Im gleichen Zeitraum wecken die Reichtümer des Songhay-Reiches die Begehrlichkeit der marokkanischen Sultanate: Es gelingt diesen **Ende des 16. Jh.** schließlich, nach den Salzminen von Trhâza auch Gao und Timbuktu zu erobern. Dabei kommt es in einigen Städten Mauretaniens, so in Ouadâne und Chinguetti im Norden, zu Plünderungen, andere hingegen, etwa Oualâta, bleiben inmitten des politischen Chaos Horte des Friedens und der Gelehrsamkeit.

Vor allem portugiesische Seefahrer hatten bis dahin längst die atlantische Küste erkundet. Europas Mächte waren bereits dabei, ihre kolonialen Interessen in Schwarzafrika auszubauen. In Arguin hatten die Portugiesen ein Handelskontor gegründet, das vor allem den Goldhandel mit den Ländern am Senegal zum Ziel hatte.

Im Landesinnern halten Kämpfe zwischen arabischen und berberischen Stammesverbänden über Generationen hinweg an. Mit der Niederlage eines der bedeutendsten Berber-Heerführers, des Fürsten *Nasr-ed-Din,* gegen die Maqil-Araber, wird die Grundlage zu einer der Säulen des maurischen hierarchischen Systems gelegt: Die siegreichen Araber dürfen sich fortan **„Hassan"** (= Berufskrieger) nennen. Die arabische Sprache, die Sprache der neuen Religion, dominiert nach und nach auch die Berberdialekte. Eine neue politisch-soziale Gliederung lehnt sich an die hierarchischen Strukturen der Hassan-Araber an. Territorial erfolgt die Einteilung Mauretaniens in **Emirate:** Adrar, Brakna, Assaba, Hodh und Trarza. Anhaltende Rivalitäten dieser von einzelnen arabo-berberischen Familien beherrschten Stadt-Staaten untereinander führen zum endgültigen Niedergang des Transsahara-Handels. Die alten, einst blühenden maurischen Handelsstädte Ouadâne, Oualâta, Rachid oder auch Tichit lagen darnieder.

Chinguetti – die Moschee ist das Wahrzeichen Mauretaniens

GESCHICHTE UND POLITIK

Die strategisch bedeutsame Westsahara konnte die **Kolonialmächte** nicht lange an diesen Regionen uninteressiert lassen. Nachdem **Frankreich** seine Macht in Nordafrika und am Senegal gefestigt hatte, geriet auch Mauretanien mehr und mehr in seine Interessensphäre. Mit friedlichen Mitteln wurde zunächst der Süden erkundet. Mit der Ermordung des französischen Vertreters dieser Politik der „pénétration pacifique", *Xavier Coppolani*, in Tidjikja 1905, griff die zukünftige Kolonialmacht jedoch ungeniert auch zu militärischen Mitteln. Gegen 1910 ist die militärische Unterwerfung mehr oder weniger abgeschlossen. Nach einem Rückschlag wegen der Inanspruchnahme im Ersten Weltkrieg, gelingt Frankreich dann doch die Befriedung gegen den erbitterten Widerstand vieler kriegerischer Mauren mittels einzelner „Polizei-Operationen". Bis heute verehren die Mauretanier einen der erbittertsten Widersacher des kolonialen Vordringens, ihren Stammesführer **Cheikh Ma el Ainine**, und einen seiner vielen Söhne, *El Hiba*, als Nationalhelden. Von Marokko und Südmauretanien aus, unterstützt von den Spaniern im Westen, führen die Kolonisatoren Zangenoperationen gegen ihre Widersacher. Mit der Eroberung von Smara, dem Zentrum der Widerstandsbewegung, gilt die Westsahara 1934 als endgültig „befriedet".

Der Gouverneur der neuen Kolonie Mauretanien residiert in St.Louis am Senegal. In mehreren Konferenzen zwischen 1900 und 1912 wurden die Einflusssphären Frankreichs und Spaniens abgegrenzt: Vom Cap Blanc (Nouâdhibou) bis zur Mündung des Drâa wurde die Sahara spanisches Protektorat. Spanische Fremdenlegion auf der einen, französische Meharisten (Kamelreitertruppen) auf der anderen Seite überwachten den Frieden. Bis in die 1950er Jahre blieb die gesamte Region ruhig. Erst als Marokko 1956 unabhängig wurde, versuchten erste Freischärlerkommandos, die Präsenz der Kolonialmächte und des Königreiches Marokko in der Sahara zu bekämpfen.

Im Zuge einer Neuorientierung der gesamten Kolonialpolitik begannen Ende der 1950er Jahre Verhandlungen um die Unabhängigkeit Mauretaniens. Ende November **1960** wurde schließlich die **Unabhängigkeit der Islamischen Republik Mauretanien** verkündet. Auf diese Zeit datiert auch die Gründung der **neuen Hauptstadt Nouâkchott:** Mauretanien, im Wesentlichen ein Nomadenland, wies nur wenige größere Ansiedlungen auf. Neben strategischen Überlegungen hatten die mit der Bildung des neuen Staates befassten Politiker durchaus auch ethnische Aspekte vor Augen: Es sollte weder eine Stadt im Land der „Weißen" noch eine solche in einer von Schwarzen dominierten Region sein. Schließlich wurde der Beschluss gefasst, die neue Kapitale ex nihilo zu gründen, an einem Punkt des Weges, der längs des Meeres Nordafrika mit Schwarzafrika verband. Die Stadt wurde für 15.000–20.000 Einwohner geplant; bei der Proklamation der neuen Republik lebten hier gerade 6500 Menschen. Mit einer **Landflucht,** die vor allem im Gefolge der Dürren von

1973 und 1984 oder auch als Folge des Krieges um die Westsahara zwischen 1975 und 1979 Hunderttausende in die Stadt trieb, hatte niemand gerechnet – 1 Mio. Einwohner zählt die Stadt heute!

Die Auseinandersetzungen um die von Spanien aufgegebene **Westsahara** entwickelten sich nach einer kurzen, vor allem auf dem Export von Eisenerz basierenden Prosperität rasch zum größten Problem des jungen Staates. In einem zwischen Spanien, Marokko und Mauretanien 1976 geschlossenen Abkommen war Mauretanien zunächst die Südhälfte der ehemaligen spanischen Besitzung zugesprochen worden. Als Reaktion auf dieses Abkommen wurde von der **POLISARIO** die Unabhängigkeit der „Demokratischen Arabischen Republik Sahara" (DARS) proklamiert, die Heimatland für die Sahraouis sein sollte, also jener Nomaden, die diese Region bewohnten und immer wieder als „Söhne und Töchter der Wolken" apostrophiert werden. Unterstützt von Algerien, begann die POLISARIO einen nie offen erklärten Krieg um dieses Wüstenland, das wegen seiner Lage am Atlantik und wegen seiner Bodenschätze interessant war. Die Angriffe wurden bis weit ins mauretanische Staatsgebiet vorgetragen und trafen auch entscheidend die wirtschaftliche Lebensader Mauretaniens, die Erzbahn, die vom Abbaugebiet bei Zouérate im Nordwesten des Landes bis zur Verladestation im Hafen von Nouâdhibou führt. Als die Militärausgaben unbezahlbar wurden, gab der junge Staat schließlich auf: Mauretanien schloss 1979 einen Friedensvertrag mit der POLISARIO und zog sich aus seinen neuen Besitzungen zurück – die daraufhin sofort von Marokko annektiert wurden.

Politik seit 1984

Nach einem **Staatsstreich** 1984 wird Colonel (Oberst) **Sid' Ahmed Taya** Staatsoberhaupt und Regierungschef. Auch dieses Militärregime wird in den Folgejahren wiederholt von Umsturzversuchen erschüttert. Die stets verdächtigten Militärs werden in verschiedenen Gerichtsverfahren zum Tode verurteilt. **Ethnische Spannungen** nehmen im Gefolge einer ökonomischen Krise zu. Schließlich kommt es nach Streiterein um Weide- bzw. Anbaurechte im April 1989 zu Gewalttaten gegen „Senegalesen", Schwarze, die seit Generationen ihre Felder im Senegal-Tal bestellt haben. Die Reaktion in der Republik Senegal lässt nicht lange auf sich warten und erfolgt ebenso heftig: Zehntausende von Mauren werden Opfer von Übergriffen und flüchten außer Landes. Die beidseitigen **Vertreibungen** laufen nicht ohne brutalste Massaker mit einer Vielzahl von Toten auf beiden Seiten ab. Die Grenzen zwischen beiden Staaten werden geschlossen, die diplomatischen Beziehungen abgebrochen, Militär in den Grenzgebieten zusammengezogen. Nur dem Druck der ehemaligen Kolonialmacht Frankreich ist es zuzuschreiben, dass es nicht zu einem Krieg zwischen den beiden aus ethnischen Motiven verfeindeten Nachbarländern kommt.

In einer „Politik der kleinen Schritte" gelingt es der französischen Diplomatie schließlich, die Beziehungen zwischen **Mauretanien und Senegal** zu normalisieren: Die Grenzen werden im Mai 1992 wieder geöffnet, die diplomatischen Beziehungen wiederhergestellt, Post- und Flugverbindungen wieder aufgenommen. Was aber bis zum heutigen Tage fehlt, sind trotz der offiziellen Normalisierung Beziehungen des Vertrauens: Noch immer tendiert der „kleine Grenzverkehr" gegen Null (Touristen allerdings passieren ohne Probleme), immer noch warten hüben wie drüben „Mauretanier" oder „Senegalesen" voller Misstrauen auf günstigere Möglichkeiten der Rückkehr. Eine offizielle Schätzung zum Jahreswechsel 1995/96 geht immer noch von 60.000 Mauretaniern aus, die als Flüchtlinge im Norden der Republik Senegal leben. Bemühungen, diese in ihre angestammte Heimat zurückzuführen, scheitern Mitte 1996 angeblich an der Weigerung des UN-Hochkommissariats für Flüchtlinge, finanzielle und logistische Mittel für die Rückführung zur Verfügung zu stellen.

Eine Sitzung der Weltbankgruppe für Mauretanien im Frühjahr 1998 in Paris und der fast gleichzeitig stattfindende Besuch des amerikanischen Präsidenten *Clinton* auf der senegalesischen Insel Gorée, einst eines der Zentren des Handels mit schwarzafrikanischen Sklaven, verschafften der Anti-Sklaverei-Bewegung im Lande deutlichen Auftrieb. Einmal mehr wurde der Weltöffentlichkeit das Problem absoluter sozialer Abhängigkeitsverhältnisse in einem der ärmsten Länder der Welt bewusst.

Um den Jahreswechsel 1998/99 kam es zu weiteren Rückführungen von Tuareg-Flüchtlingen vor allem nach Mali. Hier hatte sich die Situation in den Rebellengebieten weiter beruhigt. Noch immer in ihren **Flüchtlingslagern** verharren dagegen Angehörige der Sahraouis: Die Abstimmung über die Marokkanität der Westsahara wurde durch den Tod des marokkanischen Königs *Hassan II.* erneut auf die lange Bank geschoben. Derzeit besteht kaum Hoffnung auf eine Lösung dieses Problems in einem überschaubaren Zeitrahmen.

Im September 1999 wurde die mauretanische Rechtsanwältin *Fatimata M'Baye* in Nürnberg mit dem Internationalen Menschenrechtspreis ausgezeichnet. Die Jury würdigte damit ihr mutiges Eintreten gegen die Diskriminierung der schwarzafrikanischen Bevölkerung und die Versklavung schwarzer Mädchen in ihrem Heimatland.

Im Oktober **2001** wurde eine **neue Nationalversammlung** gewählt. Die Oppositionsparteien beteiligten sich diesmal an den Wahlen, nachdem sie frühere Abstimmungen (z.B. Wiederwahl von *Ahmed Taya* 1997) wiederholt boykottiert hatten; eine im Jahr zuvor durchgeführte Wahlreform hatte diese neue Haltung gefördert.

Da Mauretanien mit Erfolg IWF-Programme zur Bekämpfung der Armut und zur Förderung des Wachstums durchführte, erließ Deutschland dem Land im Oktober **2002** die gesamten Schulden in Höhe von 18 Mio. Euro.

Nomaden ziehen durchs Land

Anfang **2003** warnten internationale Organisationen vor einer Ernährungskrise. Nach einer sehr dürftigen Regenzeit benötigte das Land dringend Nahrungsmittelhilfe. Im September desselben Jahres kommt es zur Wiederwahl des amtierenden Präsidenten *Ahmed Taya*. Nur wenig später wird sein wichtigster Konkurrent und Widersacher *Ould Haidallah*, seinerseits Präsident zwischen 1980 und 1984 und von *Ahmed Taya* gestürzt, verhaftet, des Umsturzversuchs angeklagt, zu fünf Jahren Haft und Verlust der Bürgerrechte verurteilt, später jedoch wieder in Freiheit gesetzt. Ihm werden dann im Jahre 2004 weitere (angeblich von Burkina Faso und Libyen unterstützte) Umsturzversuche zur Last gelegt.

Die seit 2001 veränderte geostrategische Lage hat auch bei den USA die Erkenntnis reifen lassen, dass Mauretanien als wichtiges Land zwischen dem Norden und Westen Afrikas, zudem als Zufluchtsort radikaler Islamisten, mehr Aufmerksamkeit verdient: In der „Initiative Pan-Sahel" wurden in kurzer Zeit Kommando-Einheiten ausgebildet, die auf den antiterroristischen Kampf in wüstenhafter Umgebung spezialisiert sind. Ähnliches vollzog sich gleichzeitig in Mali, Niger und im Tschad und auch in Algerien.

Am 3. August **2005** kommt es zu einem weiteren unblutigen **Staatsstreich:** Während der Abwesenheit von Staatschef *Taya* (er weilt zur Beisetzung von König *Fahd* in Saudi-Arabien) über-

nimmt ein „Militärrat für Gerechtigkeit und Demokratie" um den Polizeichef und Obersten **Ely Ould Mohammed Vall** die Macht. Zunächst von keiner Seite anerkannt, gelingt es *Vall* nach und nach, auch auf internationaler Ebene Vertrauen in seine Versprechungen hinsichtlich Demokratisierung zu gewinnen. So nimmt etwa neun Monate nach dem Putsch die EU ihre Zusammenarbeit mit Mauretanien wieder auf. In einem Referendum stimmt eine breite Mehrheit der Bevölkerung einer **neuen Verfassung** zu, die u.a. eine 20-prozentige Frauenquote bei Parlaments- und Kommunalwahlen vorsieht. Diese Wahlen sowie die eines neuen Präsidenten finden dann um den Jahreswechsel 2005/2006 nach und nach statt. Im April **2007** werden der neu gewählte **Präsident Abdallahi** ins Amt eingeführt und eine neue Regierung gebildet. Erstmals in der Geschichte des Landes ist damit ein Regierungswechsel durch Wahlen und nicht durch einen Staatsstreich erfolgt.

Die in die neue Regierung gesetzten Hoffnungen scheinen sich jedoch nicht zu erfüllen. Im Kampf gegen die organisierte Kriminalität (Menschenhandel, Drogenschmuggel) kommen die Behörden nicht voran; terroristische Anschläge richten sich auch gegen militärische Einrichtungen und steigern die Unzufriedenheit dieser Kreise. Dies führt im August **2008** abermals zu einem **Staatsstreich: General Mohamed Ould Abdul Aziz** erklärt Präsident *Abdallahi* für abgesetzt und übernimmt die exekutiven Befugnisse. Die internationale Gemeinschaft verurteilt den Putsch; die USA, die EU und andere Länder setzen ihre Hilfe für das Land zunächst aus und fordern die Rückkehr zur verfassungsgemäßen Ordnung. Die Putschisten versprechen eine rasche Rückkehr zur Demokratie, und so kommt es ein Jahr später zu Wahlen unter internationaler Beobachtung, aus denen *Aziz* bereits im ersten Wahlgang als Sieger hervorgeht und am 5. August **2009** als gewählter Präsident Mauretaniens ins Amt eingeführt wird.

Im Juli **2010** gehen maurische Antiterrorspezialisten gemeinsam mit französischen Spezialeinheiten weit innerhalb der Grenzen Malis gegen ein Camp der **Al-Qaida im Maghreb** vor. Der Versuch, dabei einen Monate zuvor im Niger entführten Franzosen zu befreien, schlägt fehl. Da die malische Regierung über die Aktion zuvor nicht informiert wurde, kommt es zu Spannungen zwischen den beiden Ländern.

Wirtschaft

Es sind traditionell nur zwei Bereiche, auf denen die gesamte Wirtschaft Mauretaniens ruht: **Fischfang** und Abbau von **Eisenerz**; etwa zwei Drittel seiner Deviseneinnahmen erwirtschaftet das Land mit Fisch, das verbleibende Drittel mit Eisenerz. Im Jahr 2001 wurden jedoch **Offshore-Ölvorkommen** (Puits de Chinguetti, knapp 100 km südwestlich von Nouâkchott) entdeckt. Im Februar 2006 nimmt das Land die Förderung des „schwarzen Goldes" auf. Die mauretanische Wirtschaft steht damit vermutlich vor den größten Veränderungen ihrer Geschichte. Im Vorgriff auf die zu erwartenden höheren Staatseinnahmen wurden Anfang 2005 bereits die Löhne der Staatsbeschäftigten um ein Drittel erhöht, was wiederum den Gewerkschaften Anlass bot, am Tag der Arbeit am 1. Mai 2005 eine Erhöhung des Mindestlohnes von ca. 15 Euro auf 65 Euro im Monat zu fordern. Ein weiteres erdölhöffiges Gebiet ist das Taoudeni-Becken; hier erhielten die französische Firma Total und die deutsche Wintershall den Zuschlag zur Exploration.

Die **mauretanische Küste** zählt zu den fischreichsten Gewässern der Erde. Grund dafür sind aufsteigende, kalte und sauerstoffreiche Tiefenwasser, die vom tagaus, tagein mit dem Nordostpassat eingewehten Wüstenstaub „gedüngt" werden, zusätzlich durchmischt mit warmen, oberflächennahen Wasserschichten. Dies führt zu einer variantenreichen Nahrungskette, die eine wirtschaftliche Verwertung aller möglichen Fisch- und Krustazeenarten erlaubt. Neben dem traditionellen Fischfang (s.o. die Ausführungen zu den Imragen), der an allen Stränden Mauretaniens außerhalb des Parc d'Arguin beobachtet werden kann, spielt mehr und mehr der **industrielle Fischfang** eine wichtige Rolle. Gemeinsam mit der EU wurde in den vergangenen Jahren eine mauretanische Fischfangflotte aufgebaut. Im Gegenzug sichert sich die EU ein sechsjähriges Fischrecht für 200 Fangschiffe und zahlt dafür die Summe von 86 Mio. Euro, von denen 10 Mio. für eben diesen Ausbau der mauretanischen Flotte bestimmt sind. Für Fische, Muscheln, Crustaceen (insbesondere Hummer) sind maximale Fangtonnagen festgelegt; das Problem dabei ist die effektive Kontrolle solcher Vereinbarungen und darüber hinaus die Kontrolle weiterer, auch außereuropäischer Fangflotten. Untersuchungen des britischen Entwicklungshilfeministeriums haben ergeben, dass in bestimmten Regionen viermal so viel Fisch gefangen wird, wie Geld von der **EU** in den **Fischereiabkommen** bereitgestellt wird. Hauptumschlagplatz für den (illegal) gefangenen Fisch ist dabei nicht – wie es die Verträge vorsehen – die westafrikanische Küste, sondern der Hafen von Las Palmas auf den Kanarischen Inseln! So beklagen sich die Imragen immer häufiger über eine deutliche Überfischung ihrer Gewässer. Viele traditionelle Fischer haben ihren Beruf bereits aufgegeben und sehen ihre Zukunft eher darin, mit ihren Booten Migranten aus den westafrikanischen Ländern auf die Kanarischen Inseln überzusetzen – eines der geradezu klassischen Beispiele dafür, wie Europa sich die Immigrations-Probleme selbst schafft. Abhilfe: Fair Play!

Mitten in der Sahara im Nordwesten Mauretaniens liegt der **„Eisenberg"** (Mineralgehalt etwa 65%!), der **Kediet ej Jill.** Um das Mineral abzubauen, wurde eine regelrechte Stadt gegründet und diese über eine 600 km lange Bahnlinie mit dem Meer bei Nouâdhibou verbunden. Die auf dieser Strecke von der staatlichen Erzgesellschaft SNIM betriebenen Züge gelten als die **längsten und schwersten Züge weltweit:** 2 km lang, 200 Loren-Wagen, vier oder auch sechs Loks – kein Wunder, dass dabei die Schienen regelrecht von den Wagenrädern „platt geschmiedet" werden. Der Bau des neuen Flughafens in Nouâkchott erfolgt durch einen direkten Kontrakt mit der chinesischen Metallergical Construction Corporation MCC: Eisenerz gegen Flughafenausbau, Zug um Zug im wahrsten Wortsinne über einen Zeitraum von 36 Monaten.

Neben Eisenerz spielt auch **Kupfer** (wieder) eine zunehmend wichtige Rolle. In **Akjoujt** an der Straße von Nouâkchott nach Atâr etwa 250 km nördlich der Landeshauptstadt gelegen, wird dieses Erz nachweislich seit prähistorischen Zeiten gewonnen und bereits 800 v.Chr. dort auch verhüttet. Über Jahrhunderte lag die Fundstelle dann brach; ein erneuter großtechnischer Abbau erfolgte ab 1991 (vor allem wegen der vorhandenen Goldanteile), und im Mai 2005 schließlich kam es zur Grundsteinlegung einer Fabrik zur Anreicherung des Kupferminerals.

Der Grundstein zur **Goldförderung** wird im Jahr 2005 gelegt; eine Mine bei Benichaab (aus diesem Ort kommt auch das in Mauretanien allerorts erhältliche Mineralwasser in Kunststoffflaschen) nimmt dann 2007 unter der Regie einer kanadischen Firma die Förderung auf, deren Ergebnis auf jährlich vier Tonnen Gold geschätzt wird.

In den traditionellen Sektoren spielt vor allem die **Viehhaltung** eine wichtige Rolle. Eine Reise ins Hinterland zeigt dem Besucher rasch, dass Mauretanien bis zum heutigen Tag ein Land der Nomaden geblieben ist. Es sind vor allem diese Nomaden, die neben ihrem Vieh einen anderen interessanten „Artikel" produzieren: Das **Gummi arabicum,** Sekret verschiedener Akazienbäume, besonders aber der *Acacia senegal* (dieser Baum liefert 90% des marktfähigen Gummi arabicums), die im Süden Mauretaniens den häufigsten

Savannenbaum darstellt. Die in der Trockenzeit rissig werdende Rinde des Baumes scheidet das Gummi von alleine aus, doch besteht eine gängige „Ernte-Methode" darin, die Rinde beim Herden-Durchzug einzuritzen und dann bei der Rückkehr das zwischenzeitlich ausgetretene und fest gewordene Gummi arabicum einzusammeln. Seit 4000 Jahren wird dieses Gummi arabicum bereits als Lebensmittel verwendet! Zu einem geringen Teil findet es auch Verwendung in der Medizin oder als kosmetisches oder technisches Hilfsmittel. Hätten Sie gewusst, dass mauretanisches Gummi arabicum unter anderem in unseren Gummibärchen, in Drops und Kaugummis, in Lebkuchen und anderen Bäckerei- und Konditoreierzeugnissen, aber auch im Leim unserer Briefmarken Verwendung findet? Auch in der Bierherstellung (zur Stabilisierung des Schaumes) kommt es mancherorts zur Anwendung.

Gebiete, in denen Regenfeldbau oder Bewässerungskulturen zur Erzeugung von Lebensmitteln unterhalten werden können, sind insgesamt von so geringer Ausdehnung, dass ein ständiges Defizit Mauretanien zur **Einfuhr von Lebensmitteln** zwingt; der Import von Maschinen, Fahrzeugen, chemischen Erzeugnissen oder auch von Erdölraffinerieprodukten und dem gegenüber tendenziell sinkende Erlöse aus dem Export des mauretanischen Eisenerzes sind Ursachen für ein beständiges **Außenhandelsbilanz-Defizit;** die Staatsverschuldung hat zwischenzeitlich die Höhe der fünffachen jährlichen Exporterlöse erreicht, 16% der Exporterlöse müssen für den Schuldendienst aufgewendet werden! Hierin unterscheidet sich Mauretanien nur wenig von anderen Drittweltländern.

Mit dem Ausbau der ersten leistungsfähigen **Transsahara-Straße** sind auch die Beziehungen zu den Nachbarländern in eine neue Phase getreten: Mit Marokko, seinerseits verantwortlich für den Ausbau der Straße durch die West-Sahara, wurden neue Kooperationsverträge auf wirtschaftlicher und kultureller Basis abgeschlossen. Der Bau einer Straßenverbindung mit Algerien via Choum und Tindouf wird im Frühjahr 2006 vertraglich abgesichert. Finanziell möglich machen soll das Vorhaben ein Kontrakt mit der algerischen Sonatrach, der größten afrikanischen Gesellschaft im Bereich Erdölprodukte. Letztlich wird aber bis Ende 2009 nur eine Machbarkeitsstudie international ausgeschrieben.

Angesichts der riesigen Entfernungen erscheint auch die vereinbarte **Schifffahrtslinie** zwischen Tanger, Nouâdhibou und Nouâkchott bis nach Dakar im Senegal sehr zukunftsträchtig. Darüber hinaus wurden auch die Beziehungen zum Senegal normalisiert: Bilaterale Abkommen sollen die wirtschaftlichen Beziehungen fördern. Auch ist der Bau einer **Brücke** über den Senegal-Fluss bei Rosse beschlossene Sache. Im Juni 2010 scheint die Finanzierung gesichert; der Bau selbst soll noch im Jahr 2011 fertiggestellt sein. Mit Hilfe der

Erztransport aus der Sahara ans Meer

arabischen Geldquellen der FADES (Fonds arabe pour le développement économique et social) soll für 1 Million Euro eine **Wasserleitung** vom Senegal bis nach Nouâkchott gebaut werden. Im Energie- und Bewässerungsbereich kommt es zu weiteren Vereinbarungen mit Mali (Staudamm bei Manantali) und dem Senegal.

Das Land erreichte im Jahr **2006** ein wirtschaftliches **Rekordwachstum von 20,3%**, an dem natürlich die Erdölförderung mit rund 15% einen maßgeblichen Anteil hatte. In den Folgejahren wurden 5% Wachstum nicht überschritten. Mauretanien ist der Transparenzinitiative beigetreten, nach der die Erdölerlöse offengelegt werden und über einen speziellen Fonds der Überwachung durch die Zentralbank bzw. deren Rechnungshof unterworfen sind. Dabei wurde von der deutschen GTZ maßgebliche Unterstützungsarbeit geleistet.

Umweltprobleme

Mauretanien ist eines der Länder, die am heftigsten von der zunehmenden **Erderwärmung** betroffen sein werden. Dies äußert sich vorerst in nachlassenden Niederschlägen, den allseits bekannten Dürreproblemen des Sahel (YouTube: „Mauritania – Women of the Sands" zeigt einige dieser Probleme). Dennoch – und dies zeigen gerade die letzten Jahre deutlich – kommt es immer wieder zu katastrophalen, lokal begrenzten Starkregen, die zu Zerstörungen an Gebäuden, Straßen, Brücken usw. führen. Die gesamte Küstenregion und hier vor allem die Hauptstadt Nouâkchott ist zudem durch ein mögliches **Ansteigen des Meeresspiegels** bedroht. So fanden bereits verschiedene Konferenzen statt, die Maßnahmen zum Schutz des küstennahen Dünengürtels zum Thema hatten. Diese Dünengürtel schützen derzeit das Hinterland noch wirkungsvoll vor den Wogen des Atlantiks. Sie gelten jedoch als fragil, und ihre Schutzwirkung erscheint dann fragwürdig, wenn der Meeresspiegel tatsächlich wie prognostiziert ansteigen sollte.

Gesundheitswesen

Trockenheit und Sonneneinstrahlung sind dafür verantwortlich, dass es in Mauretanien weit weniger Krankheiten gibt als in anderen Ländern Westafrikas. Für Aufenthalte südlich von Nouâkchott und ganz besonders für Reisen im Senegal-Tal ist eine Malaria-Prophylaxe erforderlich. **Malaria** ist auch in den Oasen verbreitet. Wer weiter über Mauretanien hinaus nach Süden reist, sollte rechtzeitig daran denken, dass eine **Gelbfieber-Impfung** (auch für Mauretanien selbst) erforderlich ist und der Nachweis einer solchen bei einer Rückkehr aus Endemie-Gebieten zur Einreise unabdingbar ist.

Das **Gesundheitswesen ist zweigleisig: Staatliche Krankenhäuser** in den Städten, staatliche Dispensaires (Krankenstationen) in jeder halbwegs bedeutsamen Ortschaft. Gegen eine Gebühr ist die Versorgung für die Bevölkerung hier kostenlos. Auch die während eines stationären Aufenthaltes verabreichten Medikamente müssen nicht bezahlt werden, ebenso wenig die Medikation für den ersten Tag nach der Entlassung. Daneben arbeiten kleine **private Kliniken** und – vor allem in den Städten – private Facharzt-Praxen. Hier ist die Behandlung kostenpflichtig. Deutsch sprechende Ärzte dürfen aber auch hier nicht erwartet werden, evtl. sind Englischkenntnisse vorhanden.

Medikamente werden gegen Rezept und zu relativ günstigen Preisen in den schon genannten Dispensaires oder in einer relativ großen Zahl von Apotheken verkauft. Der Reisende sollte sich dennoch einen Grundbestand an Medikamenten in Form einer Reiseapotheke mitführen. Vor Antritt der Reise ist der Abschluss einer **Auslandskranken- und** einer **Reiserückholversicherung** (Rettungsflugdienst) dringend zu empfehlen; die Kosten einer Behandlung in Mauretanien werden von den gesetzlichen Krankenversicherungen in Europa nicht übernommen.

Bildungswesen

Mauretanien ist ein „junges Land"; der Anteil der auszubildenden Heranwachsenden in der Bevölkerung liegt deutlich über 50%. Auch wenn angesichts dieser Tatsache so gerne die Rede ist von „unserer Hoffnung für die Zukunft", sind doch die Probleme nicht zu übersehen, die mit der Erziehung und Ausbildung eines so großen Bevölkerungsteiles verbunden sind: Der Staat ist überfordert. Abgesehen von den traditionell bedeutsamen und überall im Land verbreiteten privatrechtlich organisierten **Koran-Schulen** (die allerdings bevorzugt den Jungen offen stehen), ist das **Schulsystem staatlich.** Es ist nach französischem Vorbild organisiert. Offizielle Schulsprache ist Arabisch, doch hat der Schüler prinzipiell die Wahl, sich auch in einem zweisprachigen Unterricht (Arabisch und Französisch) anzumelden. Der schulpflichtige **Grundschulunterricht** (enseignement fondamental) dauert sechs Jahre. Angesichts massiver Finanzprobleme übt der Staat jedoch nur wenig Druck zur Durchsetzung der Schulpflicht aus, und so liegt die Einschulungsrate heute kaum über 50%, auch wenn offizielle Angaben von 90% ausgehen.

An den Grundschulunterricht (die Lehrer dieses Schulabschnitts sind ausschließlich Mauretanier) schließt sich ein freiwilliger **gymnasialer Unterricht** (enseignement secondaire) an, der ebenfalls sechs Jahre dauert. Die entsprechenden Lehranstalten finden sich nur in den Städten; die Lehrkräfte rekrutieren sich zu etwa einem Viertel aus Frankreich. Abschluss ist das Abitur (baccalauréat), das zum Studium an den nationalen Hochschulen in Nouâkchott berechtigt. Während an den europäischen Universitäten das mauretanische Abitur nicht mehr anerkannt wird (eine spezielle Eignungsprüfung wird erforderlich), ermöglichen beinahe alle afrikanischen und viele Universitäten in den arabischsprachigen Ländern mauretanischen Abiturienten ein Studium. Auch das Studium wird vom

Staat über Stipendien finanziert. Seit 1981 besteht in Nouâkchott eine **Universität**. 8000 Studenten sind derzeit in den Fakultäten für Geisteswissenschaften, Recht, Wirtschaft und diversen technischen Disziplinen eingeschrieben. Hinzugekommen ist eine medizinische Fakultät.

Medien

Presse

In den letzten Jahren wurden einige Zeitschriften ins Leben gerufen. Sie erscheinen sowohl in arabischer Schrift bzw. Sprache als auch auf Französisch, die **älteste Tageszeitung „Chaab"** (= Das Volk) gar in arabischer und französischer Ausgabe. Informativ ist die mauretanische Presseagentur **Sahara-Media** (www.saharamedias.net). Von ihr wird auch die Zeitschrift „Al Akhbar" publiziert. Bescheiden ist noch das Angebot an ausländischen Zeitschriften. Großes Interesse erfährt dabei das Magazin **„Jeune Afrique"**, das in Paris herausgegeben wird und sich immer wieder kritisch mit den Verhältnissen in den nord- und westafrikanischen Ländern auseinandersetzt. Für alle Zeitschriften gilt jedoch, dass sie außerhalb von Nouâkchott und Nouâdhibou, den Wirtschaftszentren des Landes, kaum erhältlich sind.

Pressefreiheit

Auch wenn die bloße Zahl der Presseorgane einen eher positiven Eindruck erweckt, sieht es in Bezug auf die Pressefreiheit dennoch eher **düster** aus. Im Ranking von „Reporter ohne Grenzen" konnte sich Mauretanien unter der neuen Regierung immerhin von Platz 138 von insgesamt 167 Staaten bis auf Platz 77 vorarbeiten, weltweit die beste Veränderung! Der mauretanische Staat muss sich aber wohl erst noch an das gewöhnen, was das Wort Pressefreiheit beinhaltet; eine allzu kritische Berichterstattung ist für Journalisten in diesem Land jedenfalls noch immer gefährlich. Manche der Zeitschriften allerdings kokettieren mit dieser Situation; so preist sich etwa die Wochenzeitung „Le Calame" in ihrer eigenen Kopfzeile folgendermaßen an: „Unabhängige Zeitung, gegründet am 14.07.1993. Dreimal verboten. Achtundzwanzig Mal beschlagnahmt!" In Anbetracht einer **Analphabetenquote** von 60% ist die Reichweite der Presseorgane denkbar gering.

Radio und Fernsehen

Der mauretanische Rundfunk sendet täglich ab 6.30 Uhr in arabischer Sprache. Mehrfach am Tag werden Nachrichten auch auf Französisch gesendet. Es existiert auch eine Fernsehstation, deren Sendungen in allen Regionalhauptstädten empfangen werden können. Die staatlich kontrollierten Programme sind stark kulturell orientiert.

Internet

Das Internet ist **frei zugänglich** sowie unzensiert und bildet für alle politischen Kräfte zunehmend eine wichtige Informations- und Mitteilungsplattform.

Praktische Reisetipps A–Z

An- und Weiterreise

Flugverbindungen

Nouâkchott wird von einer ganzen Reihe verschiedener Fluggesellschaften angeflogen. Wichtigste Verbindungen bestehen über Paris mit mehreren Flügen je Woche; mindestens wöchentlich bestehen Verbindungen zu den Nachbarländern, von denen aus dann wieder Flüge nach Europa gehen. Die meisten Flüge verzeichnen **Mauritania Airways** (Nachfolgerin der 2007 zusammengebrochenen Staatsgesellschaft Air Mauritanie und zur Gruppe Tunis Air gehörend) und **Air France.** Häufige Flüge werden auch von den nationalen Gesellschaften der Nachbarländer, z.B. **Royal Air Maroc, Air Algerie** und **Tunis Air** (Air Tunisie), sowie auch von **KLM** angeboten – in jedem Reisebüro und im Internet erfahren Sie die aktuellen Flugpläne und -preise. Schwierig ist es, einen wirklich günstigen oder gar billigen Flug zu erhalten: Nur in den Wintermonaten existieren Charterflüge, z.B. von der französischen Gesellschaft **Point-Afrique,** die z.T. mit der Bergwerksgesellschaft SNIM kooperiert. Angeflogen wird allerdings nur Atâr von Paris aus. Sie sollten ggf. auch die Möglichkeit prüfen, über Senegal zu fliegen und dann von dort auf dem Landweg nach Mauretanien zu reisen.

Schiffsverbindungen

Die Häfen in Nouâkchott und Nouâdhibou werden nur von Frachtschiffen angelaufen; Sie können dorthin wohl Ihr Fahrzeug verschiffen, die Möglichkeit aber, im selben Schiff mitzureisen, besteht nach meinen Kenntnissen nur mit Einschränkungen, z.B. via Dakar (Näheres zum Thema Verschiffung, Ro-Ro, Container und „begleitetes Fahrzeug" unter www.mafratours.eu). Bitte informieren Sie sich über den aktuellen Stand bei den größeren Expeditionsausrüstern, z.B. beim Därr Expeditionsservice in München. Auch eine Anfrage in einem der Sahara-Foren im Internet kann aktuelle Ergebnisse bringen. Welche Möglichkeiten die jüngst ins Auge gefasst multinationale Schifffahrtslinie zwischen Tanger, Nouâdhibou, Nouâkchott und Dakar bieten wird, bleibt abzuwarten.

Mit eigenem Fahrzeug

Dies ist meines Erachtens sicher die interessanteste Art, Mauretanien zu bereisen. Nur **zwei Möglichkeiten** bestehen angesichts der Risiko-Probleme auf den klassischen Transsahara-Routen:

Anreise über Marokko

2002 war es endlich so weit: Aus einer bis dahin hoch komplizierten und zeitaufwendigen Grenzabfertigung an einer nur von Norden nach Süden durchlässigen Grenze entwickelte sich in kürzester Zeit ein ganz normaler Grenzübergang, der jetzt alltäglich und ohne Inanspruchnahme eines Konvois zu benutzen war, zur Ein- wie zur Ausreise! Die Strecke über die Westsahara und entlang der Atlantikküste ist damit die erste Straßenverbindung durch die Sahara! Und nicht nur dies: Aktuell ist sie auch die einzige, auf der keine Begleitung durch eine Reiseagentur, durch einen Touristenpolizisten und Vergleichbares erforderlich wird!

Heute durchfahren Sie die von Marokko annektierten Gebiete der ehemals spanischen **Westsahara** südlich von Dakhla, zwar gebremst von einigen Kontrollstellen, aber so zügig, wie es Ihnen Ihr Reisestil nahe legt. Das **Visum** für die Einreise nach Mauretanien haben Sie sich zuvor in Europa oder auf dem mauretanischen Konsulat in Casablanca (382, Route d'El Jadida, Quartier Beauséjour) besorgt, und wenn nicht, dann kaufen Sie den Einreise-Stempel unmittelbar an der Grenze. Ein **Carnet de Passage en Douane** ist nicht erforderlich. Ihr Fahrzeug wird in Ihren Pass eingetragen, ein Verkauf desselben im Land mitunter zusätzlich durch die Unterzeichnung einer „Ehrenerklärung" zu verhindern versucht. Wer jemals den Aufwand erlebt hat, mit dem der Konvoi in Dakhla zusammengestellt und durchgeführt wird, das Chaos, das bei der Ankunft eines großen Konvois zur Erledigung der Formalitäten in Nouâdhibou ausbricht, wird diese Erleichterungen gar nicht genug zu schätzen wissen! Heute müssen weder Dakhla noch Nouâdhibou angefahren werden, es bleibt Ihrem touristischen Interesse oder Ihrer Versorgungssituation überlassen, ob Sie dies tun oder nicht. Und der Ausbau der Straße bis nach Nouâkchott ist inzwischen abgeschlossen; das verbleibende Pistenstück von ca. 4 km Länge zwischen marokkanischem und mauretanischem Grenzposten bereitet auch normalen, „Nichtgelände"-Fahrzeugen keine Probleme.

Der sehr viel weiter im Norden liegende **Grenzübergang Galtat Zemmour/Bir Mogrein** ist nur in Süd-Nord-Richtung offen, d.h. eine Ausreise aus Marokko in Richtung Mauretanien ist nicht möglich.

Anreise über Algerien

Von der Möglichkeit, via Algerien z.B. durch den Erg Chech und den Erg Iguidi über die „grüne Grenze" einzureisen, muss derzeit **aus Sicherheitsgründen dringend abgeraten** werden!

Weitere offene Grenzübergänge

Offene Grenzübergänge, die sich mit eigenem Fahrzeug in beiden Richtungen ganz offiziell befahren lassen, sind:

● **Zur Republik Senegal** der Übergang Rosso/Mauretanien nach **Rosso/Senegal:** mit Fähre oder auf Damm entlang des Senegal-Flusses bis zum ca. 120 km im Westen liegenden **Staudamm Diama** fahren und dort den Fluss überqueren (die Grenze schließt um 18 Uhr, Brückenzoll willkürlich ca. 10 Euro, bei Ausreise für Zoll und Polizei jeweils 1500 UM Gebühr, Einreise in den Senegal problemlos, auch Versicherung abschließbar, aber evtl. Carnet erforderlich);

● **zur Republik Mali: Nema**/Adel Bagrou nach Nara und alle kleinen Grenzorte, die auf der Michelin-Karte verzeichnet sind (Achtung: teils schwierige Pisten, v.a. in der Regenzeit!). Die Strecke von Ayoûn el'Atroûs nach Nioro ist durchgehend asphaltiert. Die Grenzkontrollstationen auf mauretanischer Seite befinden sich im Grenzbereich entlang der Straße; auf malischer Seite teilweise auch im Ort Nioro selbst. Keine Bank in Nioro! Gewechselt werden kann in der Apotheke (!) in der Ortsmitte. Die Grenzübergänge östlich der Linie Nema – Nara sollten derzeit aus Sicherheitsgründen nicht benutzt werden!

Autoverschiffung

Sie verschiffen Ihr Fahrzeug nach Nouâkchott oder (einfacher) nach Dakar und reisen selbst nach Ankunft Ihres Fahrzeuges per Flugzeug dorthin. Dies ist dann relativ einfach, wenn Sie ein **Carnet de Passage** bei einem Automobilclub erworben haben und dieses mit sich führen. Sie sollten sich nur nicht in die Hände eines Verzollungs-Agenten begeben, sondern die Behördengänge im Hafen selbst erledigen.

Mit einer organisierten Reise

In Reisezeitschriften wie z.B. „tours" oder „abenteuer&reisen" werden auch Pauschalreisen nach Mauretanien angeboten. Da die Verhältnisse sich derzeit praktisch von Tag zu Tag ändern, erscheint es mir sinnvoll, Sie der Aktualität wegen auf den Anzeigenteil solcher Zeitschriften zu verweisen. Ein breiteres Angebot an Pauschalreisen wird in Frankreich angeboten. Nachfolgend seien einige Reiseveranstalter genannt (die Auswahl ist unvollständig und wertfrei, andere Veranstalter können ähnliche Angebote machen).

Reiseveranstalter

● **Afrika + Welt Reisen**
www.afrika-reisen24.de, Tel. 09131-304650.
● **Wüstenwandern.de**
V.a. Internet-Reisebüro, Tel. 030-85479379, bieten nur Wanderreisen an; siehe unter www.wuestenwandern.de.
● **Franke Spezialreisen**
Transitreisen von Westeuropa durch Mauretanien bis in die Elfenbeinküste bietet dieser Veranstalter an; siehe unter www.franke-spezialreisen.de.

BOTSCHAFTEN/AUSKÜNFTE

- **SUNTOURS**
Sylvia und Rainer Jarosch, 35428 Langgöns, Tel. 06447-92103, www.suntours.de. Seit vielen Jahren verlässlicher Reiseveranstalter für viele Länder Afrikas.
- **Mafratours Ltd. Gibraltar**
Kontakt für den deutschsprachigen Raum: 47798 Krefeld, Tel. 02151-1520475, www.mafratours.eu. Der Schwerpunkt liegt auf begleiteten Wohnmobil-Reisen.
- **Terres d'aventure**
Tel. 0033-1-53737777, www.terdav.com. Wanderreisen.
- **Point-Afrique**
Tel. 0033-1-47736264, www.point-afrique.com.
- Wenn Sie mit dem Flugzeug auf eigene Faust nach Nouâkchott oder Atâr reisen, finden Sie sowohl in der Hauptstadt als auch in Atâr viele Reiseunternehmen, die Ihnen für Ihre Reise innerhalb Mauretaniens Vorschläge unterbreiten; entsprechende Adressen im Kapitel zu Nouâkchott; auch die verschiedenen Hotels vermitteln weitere Kontakte.

Botschaften/Auskünfte

In Deutschland

Botschaft der Islamischen Republik Mauretanien

- Kommandantenstr. 80, 10117 **Berlin**
Tel. 030-2065883, Fax 20674750
ambarim.berlin@gmx.de

Auswärtiges Amt Berlin

- **www.auswaertiges-amt.de:** Reisehinweise z.B. zur Sicherheitslage und Gesundheit.

Honorarkonsul Hubertus Spieker

- 33098 **Paderborn,**
Tel. 05251-16660, Fax 166640
Visa werden vom Honorarkonsulat nicht erteilt. Unter www.konsulspieker.de können Informationen zur Visa-Erteilung und Antragsformulare heruntergeladen werden.

Deutsches Ledermuseum

- Frankfurter Straße 86, 63067 **Offenbach**
www.ledermuseum.de
Das wohl einzige Museum in Deutschland, das eine nennenswerte Zahl von Objekten aus Mauretanien in seiner Dauerausstellung zeigt.

Linden-Museum Stuttgart

- Hegelplatz 1, 70174 **Stuttgart**
www.lindenmuseum.de
Völkerkunde-Museum mit einer guten, allerdings magazinierten Mauretanien-Sammlung; nach Voranmeldung evtl. zu besichtigen.

In der Schweiz

Mission permanente/ Ambassade de Mauritanie

- Rue de l'Ancien-Port 14, 1201 **Genf**
Tel. 022-9061840, Fax 9061841
mission.mauritania@ties.itu.int

Musée d'Ethnographie

- 4, Rue St. Nicolas, 2006 **Neuchâtel**
www.men.ch
Völkerkunde-Museum mit sehr umfangreicher magazinierter Mauretanien-Sammlung; nach Voranmeldung evtl. zu besichtigen.

In Österreich

Österreicher müssen die Dienststellen in Deutschland, Frankreich oder in der Schweiz bemühen.

Konsul Franz A. Mejchar

- Opernring 21/9, A-1010 **Wien**
Tel. 01-5875871, Fax 5875873
Erteilt Informationen, versendet mitunter auch Visum-Formulare, stellt aber keine Visa aus.

In Mauretanien

- **Deutschland: Nouâkchott,** Tel. 00222-5251729, 5251032, Fax 5251722, Notfall-Telefon 6480081, info@nouakchott.diplo.de

BOTSCHAFTEN/AUSKÜNFTE

- **Österreich:** Man muss sich an die Marokkanische Botschaft in **Rabat** wenden (s.u.).
- **Schweiz:** Consulat de Suisse, Ilot C Lot 454, **Nouâkchott,** Tel. 00222-5242866, awaled@amami.mr

Ministère de la Jeunesse et de la Culture

- Direction du Tourisme
B.P. 172, **Nouâkchott**

Adrar-Voyages, Nouâkchott

- B.P. 926, Tel. 00222-5251717, Fax 53210
www.adrarvoyages.mr
Einer der größeren Reiseveranstalter in Nouâkchott; bietet Sahara-Reisen per Geländewagen innerhalb Mauretaniens an.

Direction du Parc National Banc d'Arguin

- B.P. 124, **Nouâdhibou**

In Marokko

Ambassade de Mauritanie

- **Rabat,** 6, Rue Thami Lamdawar, B.P. 207, Souissi/Rabat, N 33°58,800' / W 6°49,600', Tel. 00212-37-764003, Fax 37656680, Ambassadeur@Mauritanie.org.ma. Nachdem das Konsulat in Casablanca 2007 geschlossen wurde, ist ein Visum nun hier erhältlich.

In Frankreich

Consulat de Mauritanie

- 89, Rue du Cherche-Midi, 75006 **Paris**
Tel. 0033-1-40490714, 45482388
Erteilt keine Visa für deutsche Staatsbürger!

Internet-Links

Französischkenntnisse sind fast überall erforderlich:
- **www.tourisme.mr**
Offizielle Seite des Staatlichen Fremdenverkehrsbüros ONT *(Office National du Tourisme)*. Sehr übersichtlich und anschaulich!
- **www.mauritania.mr**
Offizielle Seite des Staates, auch in Englisch.
- **www.inforim.mr**
Weitere sehr umfangreiche Infos zu Mauretanien.
- **www.mauritania.mr/pnba/**
Seite des Nationalparks innerhalb der offiziellen maurischen Website.
- **www.adc.mr**
Die Vereinten Nationen und ihre Themen in Mauretanien.
- **www.maurifemme.mr**
Seite über die mauretanische Frau.
- **www.infomauritania.com**
Informationen in Englisch.
- **www.helge.at/photos**
Fotos aus Konvoi-Zeiten.
- Sehr gute und vor allem aktuelle Informationen erhalten Sie auch in verschiedenen Internetforen. In deutscher Sprache sind dies vor allem **www.desert-info.ch** und – deutlich lebhafter – **www.wuestenschiff.de**.

YouTube

Sie können locker einen ganzen (verregneten) Sonntag damit verbringen, sich bei YouTube Filmchen oder Dia-Shows über Mauretanien anzusehen. Wenn Sie die Suchfunktion betätigen, sollten Sie außer „Mauretanien" auch die Namen „Mauritania" und „Mauritanie" verwenden oder auch Ortsnamen wie Nouâkchott, Atâr oder Chinguetti; wenn Sie wollen, sehen Sie sich gar ein Filmchen aus den französischen Fernsehnachrichten zum letzten Staatsstreich *(Coup d'état – Le général Abelaziz)* in Mauretanien an. Hier noch einige Hinweise (auch im Verlauf des weiteren Textes werden interessante Filme genannt):
- **Für Chinguetti:** „The library of the desert (Mauritania)": Da ist zunächst – gefilmt herab vom Wasserturm – die gute Piste, die im sandigen Wadi endet, dann der Wasserturm selbst, einige Bilder aus der Altstadt, allerdings in eher unschönen Bezirken, dann die Vorführung einiger, aber auch hier eher weniger schönen Manuskripte, ein Blick aufs berühmte Minarett und dann Bilder des Dünenmeeres im Sonnenuntergang und eine kleine Karwane, die gerade den Ort verlässt.

Anschaulich! Oder: „Mauritania. Ancient libraries in the desert"; oder: „Von einer organisierten Trecking-Tour in dieser Region: Mauritanie" (*vidéo gagnante*, da es mehrere Videos mit diesem Titel gibt); oder: „The world offroad in 800 days – Chinguetti story tails" (ein bisschen viel Gerede); fast immer dabei auch Szenen aus anderen Regionen.
● **Für Ouadane:** „Traveling in Mauritania – The Sahara", mit ankommendem Wasser im Wadi, Terjit-Blutegel und Sprung ins Wasserbecken.
● **Für Affolé:** „Khalifa Mauritanie".

Einreise/Visum/Zoll

Deutsche, schweizerische und österreichische Staatsbürger benötigen für einen Aufenthalt von bis zu drei Monaten einen gültigen **Reisepass mit Visum.** Die nötigen Antragsunterlagen und Auskünfte können vor Antritt der Reise bei den Botschaften/Konsulaten eingeholt werden (s.o.). Die früher sehr zuverlässige und pünktliche **Visum-Erteilung** durch die Botschaft in Berlin hat in letzter Zeit nachgelassen. Heute werden drei bis vier Wochen als normale Wartezeit angegeben. Es kann jedoch vorkommen, dass die Wertmarken ausgegangen sind – was dann eine Wartezeit von zehn Wochen zur Folge haben kann! Nur in Genf (für Schweizer Bürger) scheint die Visum-Erteilung noch rasch und problemlos zu funktionieren. Deutsche Staatsbürger können sich ggf. bei ihrer Passbehörde einen Kurzzeitpass ausstellen lassen und mit diesem evtl. erforderliche andere Visa beantragen. Die Einschaltung eines Visum-Dienstes bringt für Mauretanien keinen

EINREISE/VISUM/ZOLL

zeitlichen Vorteil. Die Kosten betragen derzeit ca. 65 Euro.

Wer auf dem Landweg anreist, kann das Visum auch in Marokko beim **Konsulat in Rabat** beantragen (Adresse s.o.); werden die Anträge vormittags abgegeben, erhält man sein Visum noch am selben Nachmittag. Die Kosten sind mit ca. 50 Euro (zu bezahlen in marokkanischen Dirham) etwas günstiger als in Deutschland.

Die Visum-Erteilung an der Grenze ist nicht zuverlässig. Seit dem Jahreswechsel 2009/2010 werden dort keine Visa mehr (wie zuvor üblich) ausgegeben, alle von Marokko her kommenden Einreisewilligen ohne Visum mussten den weiten Weg wieder zurück nach Rabat. Auch wird oft nur ein Kurzzeit- bzw. Transitvisum mit einer Gültigkeit von drei Tagen erteilt, das dann (wenn es überhaupt erteilt wurde) im Land (z.B. in Atâr oder Nouâkchott) verlängert werden kann; Kosten ca. 20 Euro. An kleineren Grenzübergängen (z.B. in Diama) war ein Visum auch zuvor schon nicht erhältlich. 2010 konnte das Visum in Nouâkchott bei der *Direction Général de la Sureté National* (im Innenministerium) auf eine Gültigkeit von einem Jahr mit beliebig vielen Einreisen verlängert werden (zwei Passfotos, Antrag und Pass morgens abgeben, ab 16 Uhr abholen, Kosten ca. 40 Euro).

Wer von Mauretanien in die **Nachbarländer** weiterreisen will, sollte sich rechtzeitig und am besten noch vor Antritt der Reise über die im jeweiligen Land gültigen Bestimmungen informieren. Dies gilt ganz besonders hinsichtlich erforderlicher Impfungen.

Eine **Impfung gegen Gelbfieber** wird verlangt (Nachweis wie üblich anhand des Impfpasses), wenn die Aufenthaltsdauer in Mauretanien zwei Wochen überschreitet; eine Kontrolle an der Grenze erfolgt von Marokko her kommend jedoch sehr selten. Die Impfung ist jedoch dringend auch bei kürzeren Aufenthalten angeraten, da Ihnen die Ein- oder Weiterreise z.B. nach Mali oder Senegal verweigert werden kann, wenn Sie dorthin wollen, oder auch die Einreise nach Mauretanien, wenn Sie aus einem Gelbfiebergebiet kommen – und die Einschätzung dessen, wo solche Krankheiten grassieren, ist oft genug von politischen Motiven bestimmt. Empfehlenswert sind Impfungen gegen Gelbsucht und Typhus; ein Gang zum Hausarzt kann zuvor nie schaden. Stets aktuelle Informationen finden sich im Internet unter www.travelmed.de (vgl. auch die nächsten Seiten).

Devisen in Form von Bargeld oder Reiseschecks können unbegrenzt eingeführt werden, nicht jedoch die Landeswährung Ouguiya (UM). Eine Devisendeklaration ist bereits seit 1998 nicht mehr erforderlich, wird aber von den Grenzbeamten mit unterschiedlichsten Begründungen immer wieder verlangt, um den Reisenden auf die eine oder andere Art Geld „abzuluchsen". Kontrollen finden gelegentlich

Die Mauren: Stolz, gelehrt – und bisweilen auch hochmütig

Reise-Gesundheits-Information: Mauretanien

Stand: Sommer 2010 / © Inhalte: Centrum für Reisemedizin (CRM)

Die nachstehenden Angaben dienen der Orientierung, was für eine geplante Reise in das Land an Gesundheitsvorsorgemaßnahmen zu berücksichtigen ist. Die Informationen wurden uns freundlicherweise vom Centrum für Reisemedizin zur Verfügung gestellt. Auf der Homepage **www.travelmed.de (CRM/Reiseländer)** werden diese Informationen stetig aktualisiert. Es lohnt sich, dort noch einmal nachzuschauen. Die einzelnen Krankheiten werden auf der genannten Website unter dem Punkt „CRM/Krankheiten A-Z" erläutert.

●**Klima:** trockenheißes Wüstenklima; im Norden geringe Niederschläge, im Süden etwas höher, hauptsächlich von Juli bis Oktober; durchschnittliche Januar-Temp. 20-24°C, Juli-Temp. 30-34°C.

●**Einreise-Impfvorschriften**
Bei Direktflug aus Europa: keine Impfungen vorgeschrieben.
Bei einem vorherigen Zwischenaufenthalt (innerhalb der letzten 6 Tage vor Einreise) in einem der unten aufgeführten Länder (Gelbfieber-Endemiegebiete) wird bei Einreise eine gültige Gelbfieber-Impfbescheinigung verlangt: Angola, Äquatorialguinea, Argentinien, Äthiopien, Benin, Bolivien, Brasilien, Burkina Faso, Burundi, Ecuador, Elfenbeinküste, Franz. Guayana, Gabun, Gambia, Ghana, Guinea, Guinea-Bissau, Guyana, Kamerun, Kenia, Kolumbien, Kongo (Rep.), Kongo (Dem. Rep.), Liberia, Mali, Niger, Nigeria, Panama, Peru, Ruanda, Sambia, Sao Tomé & Principe, Sierra Leone, Somalia, Sudan, Suriname, Tansania, Togo, Trinidad & Tobago, Tschad, Uganda, Venezuela, Zentralafr. Republik.

●**Empfohlener Impfschutz**
Generell: Standardimpfungen nach dem deutschen Impfkalender, spez. Tetanus, Diphtherie, außerdem Hepatitis A, Polio, Gelbfieber (südliche Landesteile).

Je nach Reisestil und Aufenthaltsbedingungen im Lande sind außerdem zu erwägen:

Impfschutz	Reisebedingung 1	Reisebedingung 2	Reisebedingung 3
Cholera	x		
Typhus	x		
Hepatitis B [a]	x		
Tollwut [b]	x		

[a] bei Langzeitaufenthalten und engerem Kontakt mit der einheimischen Bevölkerung
[b] bei vorsehbarem Umgang mit Tieren

Reisebedingung 1: Reise durch das Landesinnere unter einfachen Bedingungen (Rucksack-/Trekking-/Individualreise) mit einfachen Quartieren/Hotels; Camping-Reisen, Langzeitaufenthalte, praktische Tätigkeit im Gesundheits- oder Sozialwesen, enger Kontakt zur einheimischen Bevölkerung wahrscheinlich
Reisebedingung 2: Aufenthalt in Städten oder touristischen Zentren mit (organisierten) Ausflügen ins Landesinnere (Pauschalreise, Unterkunft und Verpflegung in Hotels bzw. Restaurants mittleren bis gehobenen Standards)

Reisebedingung 3: Aufenthalt ausschließlich in Großstädten oder Touristikzentren (Unterkunft und Verpflegung in Hotels bzw. Restaurants gehobenen bzw. europäischen Standards)

Wichtiger Hinweis: Welche Impfungen letztendlich vorzunehmen sind, ist abhängig vom aktuellen Infektionsrisiko vor Ort, von der Art und Dauer der geplanten Reise, vom Gesundheitszustand sowie dem eventuell noch vorhandenen Impfschutz des Reisenden.
  Da im Einzelfall unterschiedlichste Aspekte zu berücksichtigen sind, empfiehlt es sich immer, rechtzeitig (etwa 4–6 Wochen) vor der Reise eine persönliche Reise-Gesundheits-Beratung bei einem reisemedizinisch erfahrenen Arzt oder Apotheker in Anspruch zu nehmen.

● Malaria
Risiko: ganzjährig im Süden; Juli bis Oktober in Adrar und Inchiri; hohes Risiko im Süden; mittleres Risiko in Adrar und Inchiri während der Regenzeit Juli bis Oktober; geringes Risiko dort in der Trockenzeit sowie in den übrigen Landesteilen; als malariafrei gelten die Provinzen Dakhlet-Nouâdhibou und Tiris-Zemour im Norden.
  Vorbeugung: Ein konsequenter Mückenschutz in den Abend- und Nachtstunden verringert das Malariarisiko erheblich (**Expositionsprophylaxe;** Genaueres dazu auf www.travelmed.de).
  Ergänzend ist die Einnahme von Anti-Malaria-Medikamenten (**Chemoprophylaxe**) zu empfehlen. Zu Art und Dauer der Chemoprophylaxe fragen Sie Ihren Arzt oder Apotheker, bzw. informieren Sie sich in einer qualifizierten reisemedizinischen Beratungsstelle.
  Malariamittel sind verschreibungspflichtig.

● Aktuelle Meldungen
Darminfektionen: Risiko für Durchfallerkrankungen landesweit. Cholera-Ausbrüche wurden in letzter Zeit nicht bekannt. 2009 wurden erstmals wieder 13 Polio-Erkrankungen gemeldet. Seit Beginn des Jahres 2010 wurden bisher insgesamt zehn Fälle registriert. Hygiene und Impfschutz (Polio) weiterhin beachten.

Unter www.travelmed.de finden Sie Adressen von:
● Apotheken mit qualifizierter Reise-Gesundheits-Beratung
(nach Postleitzahlgebieten)
● Impfstellen und Ärzte mit Spezialsprechstunde Reisemedizin
(nach Postleitzahlgebieten)
● Abruf eines persönlichen Gesundheitsvorsorge-Briefes für die geplante Reise

Denken Sie daran, eine **Reiseapotheke** mitzunehmen, damit Sie für leichtere Erkrankungen und kleinere Notfälle gerüstet sind (Details auf www.travelmed.de).

Die Angaben wurden nach bestem Wissen und sorgfältiger Recherche zusammengestellt. Eine Gewähr oder Haftung kann nicht übernommen werden.

auch bzgl. **Alkohol** statt: Während die Mengen bei sonstigen Waren des täglichen Bedarfs eher großzügig ausgelegt werden, stoßen Sie bei Alkohol auf niedrige Freigrenzen: 2 l Wein und 0,5 l andere alkoholische Getränke über 22% sind gestattet.

Bei der Einreise mit dem eigenen Fahrzeug von Norden her kommend ist das **Carnet de Passage nicht mehr vorgeschrieben.** Das Fahrzeug wird in den Reisepass des Eigentümers eingetragen. Gelegentlich muss zusätzlich eine Erklärung „Engagement sur l'honneur" ausgefüllt werden: Man gibt sozusagen sein Ehrenwort, das eigene Fahrzeug nicht in Mauretanien verkaufen zu wollen. Ein **Fahrzeugverkauf** ist nur möglich, wenn bei der Zolldirektion in Nouâkchott eine Entzollung durchgeführt wird; dabei wird das verkaufte Fahrzeug aus dem Pass ausgetragen und zusätzlich eine Bescheinigung *(Quitus)* darüber ausgestellt, die bei Ausreise verlangt wird! Die erforderlichen Behördengänge sind vom Käufer durchzuführen, Fahrzeug, Fahrzeugpapiere und -schlüssel dürfen zuvor nicht aus der Hand gegeben werden. Es empfiehlt sich, den Käufer bei diesen Behördengängen zu begleiten. Der Verkäufer hat keine Kosten zu übernehmen.

Der **Abschluss einer national gültigen Versicherung** ist erforderlich, da Mauretanien dem CEDEAO-Verbund *(Carte brune)* nicht mehr angeschlossen ist. Ein Versicherungsbüro findet sich mittlerweile unmittelbar hinter den Grenzposten. Wer durch Mauretanische hindurch in andere westafrikanische Länder weiterreist, tut gut daran, eine CEDEAO-Versicherung schon in Mauretanien abzuschließen, was jedoch nur in größeren Büros (siehe Nouâkchott und Nouâdhibou) möglich ist. Bei Vorliegen einer international gültigen Versicherung ist eine französischsprachige Bescheinigung zu empfehlen. Ich rate Ihnen dringend: Fahren Sie keinesfalls ohne eine Versicherung vom Einreiseort weiter, auch wenn die Öffnungszeiten der Versicherungsbüros (Dienstschluss meist um 14.30 Uhr, Feiertage beachten!) eine längere Wartezeit erfordern; sicher werden Sie zu Hause auch nie ohne Versicherung fahren, und im Falle eines Falles landen Sie in Mauretanien schneller hinter Gefängnismauern, als Ihnen lieb sein kann. Die Tarife können als günstig bezeichnet werden und betragen bei einer Minimum-Laufzeit von zehn Tagen z.B. für ein Motorrad ca. 10 Euro, für einen Geländewagen ca. 15 Euro (gilt aber erst ab 24 Uhr des Abschlusstages!). Bitte bedenken Sie: Es kommt im ungünstigsten Fall nicht darauf an, dass Sie durch eine solche Versicherung tatsächlich eine Deckung haben, sondern nur darauf, dass Sie eine solche vorweisen können, mithin sich rechtens verhalten haben. Ist dies nicht der Fall, liegt die Schuld bei Ihnen!

Internationale Zulassung und **Internationaler Führerschein,** immer wieder empfohlen, sind nicht zwingend erforderlich. Es gibt jedoch gute Gründe, sich dennoch damit zu „wappnen", auch sollten Sie überlegen, gute und evtl. beglaubigte Kopien der Fahrzeugpapiere mitzunehmen: Die Westsahara-

Route hat sich (in Ermangelung anderer Transsahara-Routen) in den letzten Jahren mehr und mehr zu einer von Autoverkäufern bevorzugten Strecke entwickelt. Dies hat zur Folge, dass der Zoll in Nouâdhibou und auch in Nouâkchott mitunter willkürlich die Fahrzeugpapiere beschlagnahmt und oft erst nach zähen Verhandlungen wieder herausrückt. Gute Kopien oder Zweitausfertigungen können in solchen Fällen hilfreich sein.

Essen und Trinken

Die mauretanische Küche

In den Städten der Küste sind die Restaurants stark von französischen Einflüssen geprägt (es sei denn, der Inhaber ist z.B. Libanese oder Vietnamese); der wichtigste essbare Exportartikel des Landes – **Fisch,** Fisch, Fisch – fehlt neben anderen **Meeresfrüchten** in den Restaurants auf kaum einer Speisekarte. Im Inland allerdings sind Restaurants rar und dann vor allem vom nomadischen Milieu bestimmt – das Angebot ähnelt dem, was auch auf privaten Tischen (die keine sind: man isst von Platten und Schalen, die auf dem Boden stehen) zu finden ist: **Fleisch** (Hammel, Kamel, Rind) in Verbindung mit Reis oder Hirse, zunehmend auch Nudeln, dazu Soße und – eine absolute Notwendigkeit und nie fehlendes Ritual – **süßer, grüner Minztee.** Gegessen wird mit der (rechten!) Hand; das Händewaschen schließt das Ritual des Essens insgesamt ab. Vegetarische Küche finden Sie nirgendwo, ebenso wenig sollten Sie außerhalb einiger weniger (sehr weniger!) Restaurants in den größten Hotels der größten Städte mit **alkoholischen Getränken** rechnen – und die sind dann ganz dem Verständnis entsprechend, das man im muslimischen Mauretanien solchen Getränken entgegenbringt, sündhaft teuer: Die kleine Flasche Bier, aus dem Senegal importiert, kostet über 5 Euro! Je nachdem, wo Sie zu Gast sind, können Sie aber mit ganz anderen Köstlichkeiten rechnen: Kamelmilch, Datteln, überall süßes Fettgebäck. Wohl dem, der so etwas mag! Er wird sich rasch heimisch fühlen.

Von alkoholischen Getränken abgesehen kann das **Preisniveau** eher als niedrig angesehen werden. Man sollte sich aber immer und überall, vor jedem Kauf, auch in Restaurants oder Cafés, eindeutig den Preis nennen lassen, um keine bösen Überraschungen zu erleben! Es könnte Ihnen sonst passieren, dass Sie für ein Tasse Nescafé in einer einfachen Palmblatthütte mehr bezahlen als für einen gepflegten Martini in einer Bar in Paris!

Noch ein Tipp: Stellen Sie sich darauf ein, **Fisch selbst zuzubereiten.** Holz ist nirgendwo zu finden, Holzkohle dagegen auf allen Märkten erhältlich. Fisch kaufen Sie im Bereich der Küste täglich fangfrisch zu Erzeugerpreisen!

Womit Sie nicht rechnen dürfen, sind **Straßenrestaurants** oder -cafés – es gibt sie schlichtweg nicht! In der Nähe der Bus- oder Taxihaltestellen finden sich jedoch oft einfache Restaurants. Auf dem flachen Land fehlen dabei

Stühle als Sitzgelegenheit! Man sitzt auf Bodenmatten und isst mit der Hand!

Trinkwasser

Wasser ist überall in Mauretanien ein äußerst **kostbares Gut.** Rechnen Sie also nicht damit, an der Tankstelle Ihren Kanister füllen, geschweige denn, Ihre Windschutzscheibe reinigen zu können. Nach einem Wasserhahn werden Sie fast überall suchen müssen. Leitungswasser sollten Sie grundsätzlich mit Misstrauen begegnen und daran denken, dass zum Beispiel in Nouâdhibou – wie oben erwähnt – das Wasser mit Tankwagen per Eisenbahn aus etwa 100 km Entfernung herangefahren und dann ins Leitungsnetz gepumpt werden muss. 70 km entfernt von der Stadt sind die Brunnen von Nouâkchott. Filter oder Entkeimungsmittel sind allerdings nur für sehr entlegene Gebiete notwendig. In den Städten und auch in kleinen Ortschaften ist überall mauretanisches **Mineralwasser in Kunststoffflaschen** erhältlich; es stammt aus dem Ort Benichhab im Norden von Nouâkchott. In den Ortschaften auf dem flachen Land ist Mineralwasser selten zu kaufen; hier gibt es oft z.B. Cola oder vergleichbare Limonade. Wasser aus Brunnen ist oft stark versalzen; ohne Entkeimung sollten Sie es auch als Waschwasser nicht verwenden.

Feiertage und Feste

An wichtigen Feiertagen ändern sich wie bei uns die Öffnungszeiten von Geschäften und Büros. Auch werden teilweise völlig andere Preise gefordert.

Feste Feiertage

- **1. Januar:** Neujahr
- **1. Mai:** Tag der Arbeit
- **25. Mai:** Gründung der OUA (Organisation Afrikanischer Einheit)
- **28. November:** Tag der Unabhängigkeit (Nationalfeiertag)

Bewegliche Feiertage

Die **muslimischen Feiertage** folgen dem Mondkalender und finden daher von Jahr zu Jahr zehn bis elf Tage früher statt. Die genauen Daten liegen oftmals erst unmittelbar vor dem Fest vor.

Ungefähre Termine der verschiedenen Feiertage (Quelle: www.islam.de):

- **Aid el-Fitr (= Aid es Seghir):** Das Fest am Ende des Fastenmonats Ramadan findet 2011 am 30. Aug. und 2012 am 19. Aug. statt. Der Beginn des Ramadan wird nicht gefeiert, stellt jedoch ein ganz entscheidendes Datum im Jahr dar. Erster Fastentag ist 2011 der 1. August, 2012 der 20. Juli.
- **Aid el-Adha (= Aid el Kebir):** Das Opferfest (im Volksmund auch Hammelfest) erinnert an die nicht vollzogene Opferung *Ismails (Isaaks)* durch seinen Vater *Ibrahim (Abraham)*. Das Fest dauert vier Tage bis eine Woche. Überall in der islamischen Welt werden zu diesem Anlass Hammel geschlachtet. Beginn 2011 am 6. Nov., 2012 am 25. Okt.
- **Muharram (= Achoura):** Am ersten Tag des Monats Muharram; ursprünglich ein Trauertag zur Erinnerung an den Tod von *Hussain,* Enkel des Propheten, heute eine Mischung aus Kinderkarneval und Neujahr – 2011 am 26. Nov. und 2012 am 15. Nov.

●**Mouloud (Veladet):** Geburtstag Mohammeds; im Islam werden Geburtstage eigentlich nicht gefeiert, aber dieser Tag ist zugleich ein Gedenktag an die Emigration der Muslime von Mekka nach Matrib (Hiçret). Zahlreiche Feste finden an diesem Tag bzw. am Vorabend statt – 2011 am 15. Feb., 2012 am 3./4. Feb. und 2013 am 23./24. Jan.

Geld/Währung/Banken

Wie schon erwähnt, können Devisen unbeschränkt eingeführt werden. Die Deklarationspflicht ist zwar seit einigen Jahren abgeschafft, doch üben Grenzbeamte noch immer Druck auf den Reisenden aus, sein Geld zu deklarieren. Dies geschieht mit der klar erkennbaren Absicht, sich Deklarationsfehler zum eigenen Vorteil zu Nutze zu machen. Die Einfuhr und Ausfuhr der **Landeswährung Ouguiya (UM)** ist verboten; problematisch ist auch die Landeswährung CFA der Nachbarländer Senegal und Mali: Nach einem vorübergehenden Einfuhrverbot für diese Währung ist leider noch immer mit einem restriktiven Verhalten der kontrollierenden Grenzorgane zu rechnen: Führen Sie keine größeren Beträge in dieser Währung mit sich. Der **Euro** wird überall akzeptiert, auch der **US-Dollar** lässt sich auf allen Banken (und in einer großen Zahl von Wechselstuben) problemlos eintauschen. Dies gilt auch für **Reisechecks.** Banken und Wechselstuben finden sich überall im Land. Umtauschquittungen sollten aufbewahrt werden, damit sie bei der Ausreise ggf. vorgezeigt werden können. Tauschen Sie rechtzeitig und in ausreichender Menge. Nicht akzeptiert werden Euroschecks. Auch mit Kreditkarten kommen Sie kaum weiter. Und selbst in der Hauptstadt Nouâkchott gibt es bis heute keinen Geldautomaten. Bargeldmitnahme ist angesagt!

Beachten Sie, dass die **Wechselkurse** der verschiedenen Banken stark differieren! Als Richtwert galt im Sommer 2010: 1 Euro = 370 UM, 1 SFr = 270 UM. Im Internet haben Sie z.B. unter www.oanda.com die Möglichkeit, sich über den aktuellen Tauschkurs zu informieren. Die staatliche Banque Centrale de Mauritanie (BCM) bietet oft die günstigsten Kurse. Beim Wechseln benötigen Sie immer Ihren Reisepass.

Das **Preisniveau** ist **niedrig.** Hotels kosten zwischen 15 und 50 Euro (Doppelzimmer), nur die Luxushotels in Nouâkchott, qualitativ eine Klasse für sich, sind teurer. Einfache Unterkünfte verlangen fast immer 1000 UM je Bett. Essen in den Hotelrestaurants ist teurer als bei uns, in den sonstigen Restaurants kostet es 2–5 Euro; wirklich günstig lebt, wer sich selbst verköstigen kann.

Öffnungszeiten

Behörden und Banken hatten bis 2005 gemäß muslimischem Kalender am Donnerstagnachmittag und am Freitag geschlossen; seitdem gilt das „Samstag-Sonntag-Wochenende".

Büros und Dienststellen

Montag bis Donnerstag durchgehend von 8–14.30 Uhr; Freitag 8–12 Uhr.

Einzelhandelsgeschäfte

Die Öffnungszeiten sind vormittags unregelmäßig, nach einer längeren Mittagspause etwa zwischen 12 und 15 Uhr wird dann nochmals nachmittags bis ungefähr 18 Uhr aufgesperrt. Verschiedene sogenannte Supermarchés – bei denen es sich meist um einfache Selbstbedienungsläden handelt – öffnen noch einmal abends nach 20 Uhr.

Post/Telefon/Internet

Postämter sind selten und außerhalb der Städte praktisch nicht mehr existent. Besorgen Sie sich also rechtzeitig Briefmarken. Poste-restante-Schalter gibt es in allen Postämtern. Eine Anlaufadresse stellt auch die deutsche Botschaft in Nouâkchott dar. Die Brieflaufzeiten sind erstaunlich kurz: Meine Postkarten waren stets innerhalb weniger als zehn Tagen in Deutschland.

Mit Erstaunen werden Sie feststellen, dass das **Telefonnetz** hervorragend funktioniert – dies gilt mindestens für Nouâdhibou und Nouâkchott. Überall finden Sie im Innenstadtbereich privat betriebene „Cabines publiques", von denen aus Deutschland direkt angewählt werden kann. Die Verständigung ist fast immer sehr gut; die Preise sind erstaunlich niedrig. Von solchen privaten Telefon-Büros aus können Sie fast immer auch ein Fax senden.

Die **internationale Vorwahl** von Mauretanien ist **00222.**

Schnell werden Sie auch feststellen, dass jeder „wichtige" Mauretanier über ein **Handy** verfügt! Das GSM-Netz ist entlang wichtiger Straßen und bis in kleinste Ortschaften ausgebaut – aber ausgerüstet mit der SIM-Karte eines deutschen oder österreichischen Anbieters verhallen Ihre Rufe ungehört! Mit deutschen Anbietern bestehen (derzeit) noch keine Roaming-Abkommen, dagegen z.B. mit solchen der Schweiz. Ein Blick auf die Seite www.mauritelmobiles.mr zeigt den aktuellen Stand. **Prepaid-Karten,** in Mauretanien erworben, stellen eine günstige Möglichkeit dar, die teuren Roaminggebühren zu umgehen; Ihr Handy hat dann aber eine neue, lokale Rufnummer! Das funktioniert natürlich nur dann, wenn das Handy kein SIM-Lock besitzt. Ruft jemand von zu Hause an, ist es der Anrufer, der die Auslandsverbindungskosten bezahlt. SIM-Karten können Sie überall in Mauretanien erwerben. Sie können Ihr Handy schon zu Hause auf SIM-Lock prüfen, indem Sie die SIM-Karte eines Bekannten einlegen. Funktioniert das Handy mit der SIM-Karte eines Konkurrenzanbieters ohne Einschränkung, ist es nicht „gelockt".

Satellitentelefonie: Hierzu ein Zitat von GPS-Database (www.gps-database.ch): „Zum Telefonieren mit einem Thuraya-Satellitentelefon muss nicht zwangsläufig eine spezielle Thuraya-SIM-Karte erworben werden. Auch hier bietet zum Beispiel die Swisscom eine interessante Alternative, denn die SIM-Karten fürs Handy können auch im Thuraya genutzt werden. Abrechnung erfolgt über das reguläre Swisscom-Abo; bei Prepaid-Karten wird direkt vom Guthaben abgebucht. Bei der Planung

(...) könnte es also z.B. für deutsche oder österreichische Reisende u.U. von Interesse sein, in Sachen Telefonie über die Grenzen hinweg Konditionen zu vergleichen. Weitere Infos: www.swisscom-mobile.ch."

Auch O$_2$-Karten sind Thuraya-tauglich, lassen sich aber vor Ort nicht in GSM-Handys nutzen.

Internet: Die Möglichkeit, ins Netz zu gehen, ist **immer öfter vorhanden.** Besonders in den größeren Ortschaften öffnen mehr und mehr Internet-Cafés. Die Verbindungen sind von sehr unterschiedlicher Qualität. Verschiedene der großen Hotels in Nouâkchott bieten gar die Möglichkeit, WLAN zu nutzen. In kleineren Herbergen ist der Netzzugang fast immer möglich, wenn Europäer die Inhaber des Betriebs sind.

Reisen in Mauretanien

Flugverbindungen

Die frühere Staatsgesellschaft Air Mauritanie ging 2007 bankrott. Ihr folgte die privatgesellschaftliche (Anteil des mauretanischen Staates 10%) und zur Gruppe Tunis Air gehörende **Mauritania Airways.** Sie bietet nur noch Flüge nach Paris, in die wichtigsten Nachbarländer (Marokko, Senegal, Mali, auch Elfenbeinküste) und auf die Kanarischen Inseln an. Inlandsflüge gibt es derzeit nach Nouâdhibou (5x wöchentlich) und Zouérate (3x wöchentlich via Nouâdhibou). Die Website der Gesellschaft www.mauritaniaairways.mr gibt dies nicht entsprechend wieder.

Bahnverbindungen

Es existiert eine einzige Bahnlinie: die **Erzbahn** (www.snim.com) von Nouâdhibou nach Choum (und weiter nach Zouérate). Für geringste Beträge können auf dieser – auf dem Erz oder in den leeren Loren sitzend – auch Personen mitreisen (Fahrtdauer ca. 13 Std., Distanz insgesamt 700 km). Die Mauretanier machen von dieser preisgünstigen Reisemöglichkeit regen Gebrauch. Von Touristen erfordert es neben „Sitzfleisch" auch unbedingt einen guten Schal gegen die immense Staubentwicklung dieses Zuges! Berichtet wird von einem „Passenger-car", in dem man für 600 UM (Ticketverkauf direkt an den Gleisen) auf Holzbänken mitfahren könne; sogar gepolsterte Liegen wären zu mieten. Die Erzbahn bietet darüber hinaus die Möglichkeit, **Fahrzeuge von Nouâdhibou bis nach Choum oder in Gegenrichtung per Plateauwagen transportieren** zu lassen. Auch dies ist eine preiswerte, aber auch langwierige Angelegenheit: Ein Motorrad kostet ca. 10, ein Pkw 30, ein Geländewagen oder VW-Bus ca. 75 Euro. Fraglich ist immer, wann ein solcher Plateauwagen zur Verfügung steht. Ist er vorhanden, beginnt die Verladung gegen 9 Uhr, dauert bis in den Nachmittag hinein, die Abfahrt ist am frühen Abend. Die Fahrt dauert ca. 13 Stunden. Während der Fahrt bleibt man in seinem Fahrzeug sitzen, es sei denn, ein Personenwaggon *(wagon voyageur)* ist in den Zug integriert, was in den letzten Jahren häufiger vorkam (die Reise im offenen Erzwagen ist kostenlos, im Personenwaggon kostet ein Sitzplatz 1000 UM, eine Liege 3000 UM). Diverse Reiseveranstalter bieten auch Zugreisen 1. Klasse in Liegewagen auf dieser Strecke an, siehe z.B. www.mauritaniatours.com, www.chemindesable.com oder www.deserts.fr. Das Organisieren eines Plattform-Wagens, das Auf- bzw. Abladen sowie das Fixieren mittels Armierungsdraht kann durch kleinere oder größere Geschenke erheblich beschleunigt werden. Die Befestigung der Autos scheint sich in letzter Zeit gebessert zu haben, sodass nicht unbedingt mehr aus Europa angemessen stabile Spanngurte mitzunehmen sind. Das Abladen geht problemlos vonstatten, in Choum erfolgt eine Registrierung, ferner wird eine Straßengebühr von 1000 UM erhoben. Bis Atâr sind es ungefähr 115 km auf teilweise recht sandiger Piste. Die Bahnverladung von Nouâdhibou nach Choum ist der auf der Strecke Dakar (Senegal) bzw. Kayes (Mali) nach Bamako (Mali) vergleichbar. Berichte über eine Bahnfahrt finden sich im Internet z.B. unter www.coolkarim.freeuk.com (ein Motorradfahrer) oder www.clemens-carle.de/jambo_bericht07.htm, www.yeti-exner.de, www.members.tripod.com/gabi_Stefan/Elgiklaus/Elgiklaus6.htm und www.home.arcor.de/jan.cramer.de/reisen.htm (Berichte von Fahrradfahrern).

Seit der Fertigstellung der Straße von Nouâdhibou nach Nouâkchott und in Anbetracht der Tatsache, dass die Strecke Nouâkchott – Atâr asphaltiert und in gutem Zustand ist, hat die Zahl der Verladungen touristischer Fahrzeuge ab Nouâdhibou deutlich abgenommen.

Für eine Verladung in Gegenrichtung ab Choum nach Nouâdhibou galten zuletzt Montag und Dienstag jeweils ca. 18 Uhr als Abfahrtstermine. Nähere Infos ggf. bei Camping Bab Sahara in Atâr (siehe dort).

Taxi brousse (Buschtaxi)

Buschtaxis, in Mauretanien oft **Pritschenwagen** oder **Mercedes-Kleinbusse** vom Typ 207, fahren vom Gare routière eines Ortes zum nächsten, und zwar regelmäßig, aber immer nur dann, wenn sie voll sind. Der Begriff „voll" wird in Mauretanien wie überall in Afrika als **„brechend voll"** ausgelegt, deshalb sind Fahrzeugzusammenbrüche keine Seltenheit – es bleibt jedem selbst überlassen, das Risiko eines (schweren) Unfalls auf sich zu nehmen. Angesichts des geringen Verkehrsaufkommens im Land sind lange Wartezeiten für diese Todesritte einzuplanen – Sie leben umso länger ...

Einige Fahrpreise
(Stand 2010; ca. in UM, zzgl. Gepäck)
- **Nouâkchott – Rosso:** 1000
- **Atâr – Chinguetti:** 1540
- **Atâr – Choum:** 1320
- **Nouâkchott – Boutilimit:** 900
- **Boutilimit – Kiffa:** 2750
- **Kiffa – Ayoûn:** 1220
- **Ayoûn – Nema:** 1430
- **Nema – Adel Bagrou:** 2200
- **Nouâkchott – Nema:** 6050
- **Nouâkchott – Nouadhibou:** 6050

Die **Preise** werden uneinheitlich festgelegt; die Qualität des Fahrzeugs und der aktuelle Straßen- bzw. Pistenzustand sind immerhin Anhaltspunkte. Als Richtwert können 600 bis 1000 UM je 100 km gelten.

Mit dem Auto

Unterwegs als Selbstfahrer

Mauretanien ist ein riesiges und im Vergleich zu seiner Fläche kaum besiedeltes und dazu noch armes Land. **Straßen** dürfen Sie kaum erwarten. Im Prinzip existieren derzeit nur die Straßen Nouâdhibou – Nouâkchott, Nouâkchott – Nema (die sogenannte „Route de l'Espoir", Straße der Hoffnung), die Straße nach Rosso, die nach Atâr, ziemlich neu und überraschend auch die schmale Asphaltverbindung von Letfatar nach Tidjikja sowie die Verbindung von Ayoûn el'Atroûs nach Nioro und Aleg nach Süden über Bogué bis nach Kaedi. Der Zustand dieser Straßen ist einem raschen Wandel unterworfen: Oft schlecht gebaut und schlecht unterhalten, können Sie tiefste Schlaglöcher ebenso erwarten wie glatte, nagelneue Asphaltbänder. Auf fast allen Strecken ist der **Verkehr** äußerst gering. In den beiden Küsten-Metropolen des Landes, Nouâkchott und Nouâdhibou, dagegen geht es werktags chaotisch zu: Hier verkehren Taxis und Sammeltaxis in großer Zahl (aber immer noch nicht genug), und da deren Fahrer mit dem Fahren ihr Geld verdienen, fahren sie eben: Ob Sie Vorfahrt haben oder die Ampel gerade Rot zeigt, interessiert da nur am Rande – die Fahrzeuge sind in entsprechendem Zustand. Auffallen wird Ihnen auch, dass die Sammeltaxis fast ausschließlich kleine Mercedes-Busse des Typs 207 sind.

Darüber hinaus wickelt sich der Verkehr in Mauretanien auf **Pisten** ab. Diese sind oft schlecht, häufig auch schwierig, immer aber kaum oder gar nicht markiert und dann auch sehr schwer zu verfolgen. Auf Erfahrungen, die Sie vielleicht in früheren Jahren z.B. in Algerien gesammelt haben, dürfen Sie dabei nicht bauen: Auch große Pisten sind orientierungs- und fahrtechnisch in Mauretanien oft viel anspruchsvoller. Ein Geländefahrzeug ist da von großem Vorteil. Dem eigentlichen Sahara-Reisenden wird dann Mauretanien zum „Land der unbegrenzten Möglichkeiten".

Beste und aktuellste **Straßenkarte** ist immer noch die Michelin-Karte 741. Übersichtlich und mit weiteren Informa-

Hinweisschild vor der Ortschaft Et-Taiif: Runter vom Gas!

tionen versehen daneben die vom IGN herausgegebene Karte „Mauritanie" im Maßstab 1:2.500.000, die über Expeditionsausrüster zu beziehen ist.

Wer allerdings kleine Pisten befahren will, der sollte unbedingt mit Detailkarten unterwegs sein: Wie gesagt, Pistenmarkierungen fehlen praktisch immer, und der Verkehr ist so gering, dass Spuren oft nicht zu erkennen sind. Dazu kommen die für Mauretanien so typischen, lebhaften **Barchan-Dünen:** Sie versperren oft gewohnte Pfade, der Verkehr sucht sich andere Wege – und schon verlaufen aktuelle Pisten ganz anders als die alten, ausgefahrenen Wege. Wer sich abseits der Hauptachsen in Mauretanien bewegen will (und das ist ja durchaus lohnend), dem eröffnet sich mit der Kombination von Detailkarten und Satellitennavigation die richtige Reise-Dimension ... (vgl. dazu im Anhang Orientierung und Navigation). Beim Expeditionsausrüster Därr in München sind Mauretanien-Landkarten auch auf CD erhältlich.

Seit Mai 2005 werden auch hoch auflösende **Satellitenaufnahmen auf DVD** angeboten. Die Aufnahmen sind bereits kalibriert und lassen sich so auch in Navigationsprogrammen einsetzen. Gemessen an der Datenfülle sind die DVDs preisgünstig. Nähere Informationen finden Sie unter www.sat21.de. Die in diesem Führer behandelten Länder sind bis auf eine kleine Region im Norden Mauretaniens komplett mit der DVD B200 abgedeckt.

Eine **CD mit Routenbeschreibungen** und einer Fülle zusätzlicher Informationen für eine Reise via Marokko, Mauretanien, Mali und zurück bietet die Schweizer Firma GPS-Database an. Näheres unter www.gps-database.ch.

Die **Treibstoffpreise** können in einem Land ohne eigene Mineralölvorkommen nicht sehr niedrig sein. Sie schwanken auch innerhalb des Landes beträchtlich. Als Richtwerte galten im Sommer 2010 (pro Liter):

- **Super** (nur in Nouâkchott): 320–380 UM
- **Normal:** 320–360 UM
- **Diesel:** 290–320 UM

Hinweis: Wer von Norden her einreist, sollte sich die Chance nicht entgehen lassen, in der steuerbegünstigten Zone der Westsahara südlich von Dakhla noch einmal alle verfügbaren Reservekanister zu befüllen!

Die **Versorgung in der Fläche** ist nicht immer gewährleistet. Denken Sie rechtzeitig daran, Ihre Vorräte wieder zu ergänzen. Superbenzin ist außerhalb der Hauptstadt nur selten erhältlich. Die Preise steigen mit zunehmender Entfernung von Nouâkchott, und sicher mit dem doppelten der genannten Preise muss rechnen, wer auf dem flachen Lande zur Treibstoffversorgung auf eine private „Aus-dem-Fass"-Tankstelle angewiesen ist. Anzumerken ist auch, dass fehlende Stromversorgung dazu führt, dass Tankstellen mit Handpumpen betrieben werden, was das Bunkern größerer Mengen zu einer äußerst langwierigen Angelegenheit werden lässt. **Bleifreies Benzin** ist nicht erhältlich. Die letzte Bleifrei-Tankstelle bei Anreise aus Marokko liegt in Tan-Tan!

Mietwagen

Mietwagen werden in Nouâkchott und anderen Orten angeboten. Soweit es sich um Fahrzeuge mit nur einer angetriebenen Achse handelt, dürfen Sie damit das Umfeld der Stadt nicht verlassen. Allradfahrzeuge können Sie nur mit Fahrer mieten – und das kostet dann mindestens 150 Euro pro Tag. Die Preise sind nicht fix und lassen sich auch nicht online abfragen: Angebot und Nachfrage regeln den Preis!

Die Firma **Europcar** (http://location-voiture.europcar.com) ist in Atâr, Nouâdhibou, Nouâkchott und Zouérat vertreten. Gegebenenfalls helfen auch die großen Hotels mit Kontakten weiter. Auch verschiedene Reiseagenturen stellen Mietfahrzeuge zur Verfügung. Je nach Vermieter ist das Mindestalter mal 21, mal 25 Jahre.

Verkehrsregeln

Die Verkehrsregeln **entsprechen weitgehend denen in Europa.** Sie dürfen sich aber nicht darüber wundern, dass die Mauretanier diese etwas anders interpretieren. Für Motorradfahrer gilt Helmpflicht, auch für den Beifahrer.

Sicherheit

In den letzten Jahren ist es auch in Mauretanien zu **Übergriffen gegen und Entführungen von ausländischen nichtmuslimischen Staatsbürgern** gekommen. AQIM (Al-Qaida im Maghreb) hat hierfür teilweise die Verantwortung übernommen; noch immer laufen gegenwärtig Verhandlungen über die Freilassung von Mudschahedin aus verschiedenen Gefängnissen und Lösegeldforderungen für die entführten Geiseln. Das Auswärtige Amt Deutschlands (www.auswaertiges-amt.de) und die Außenämter der Schweiz und Österreichs raten deshalb bei Reisen nach Mauretanien zu besonderer Vorsicht. Vor Reisen in die Grenzgebiete zu Algerien und Mali wird ausdrücklich gewarnt. Eine Gefahr geht auch von grenzüberschreitend operierenden kriminellen Banden aus. Die neue mauretanische Regierung hat u.a. durch militärische und polizeiliche Präsenz deutliche Anstrengungen unternommen, für Sicherheit auf den wichtigsten Strecken zu sorgen. Der Vorwurf an die vorhergehende Regierung, mit den Gefahren durch den aufkeimenden Terrorismus zu lasch umzugehen, war für die Militärs ja der Grund für ihren Putsch 2008. Auf Nachtfahrten sollten Sie im gesamten Land und nicht nur in den Grenzregionen unbedingt verzichten.

Minengefahr

In verschiedenen Regionen des Landes besteht ein aus früheren militärischen Auseinandersetzungen verbliebenes Minenrisiko. Wo immer mir ein solches bekannt wurde, verweise ich im Rahmen der Streckenbeschreibungen deutlich darauf. Dann sollten Sie die **Straßen oder deutlich ausgefahrenen Pisten nicht verlassen.** Für den nur 4 km langen Pistenabschnitt im „Niemandsland" zwischen den Grenzen der Westsahara/Marokko und Mauretanien gilt dies in ganz besonderem Maße. Hier verloren zuletzt Anfang 2007 französische Touristen das Leben.

Wer sich auf kleinen Pisten oder gar im freien Gelände und auch noch im Grenzgebiet zur Westsahara bewegt, sollte sich stets des Minenrisikos bewusst sein. **Hinweise auf Minenfelder** geben Drähte, Stacheldrahtzäune oder auch Hinweistafeln, von denen allerdings ab und zu nur noch die Pfosten vorhanden sind. Besonders Engstellen im Gelände, etwa passähnliche Übergänge oder Passagen zwischen Dünen und Felsen, erfordern höchste Aufmerksamkeit und sollten eigentlich nur bei Vorhandensein frischer Spuren benutzt werden. Weitere Hinweise finden sich auf www.wsahara.net/landmines.html und sehr umfangreich und detailliert im Minenarchiv des Forums auf der Seite von www.desert-info.ch.

Reisezeit

Abgesehen von der Küste eignen sich für den nicht akklimatisierten Reisenden die Wintermonate am ehesten für Reisen ins Landesinnere oder auch für Mauretanien insgesamt. Wer allerdings schon Erfahrungen mit saharischen Temperaturen gemacht hat und meint, diese gut ertragen zu können, dem seien unsere **Herbstmonate Oktober** und **November** empfohlen: Die Tagestemperaturen übersteigen kaum noch 35°C, nachts kühlt es nicht so stark ab, dass man schon mit der im Winter doch empfindlichen Kälte rechnen muss; auch haben die Winde noch nicht die Stärke der Wintermonate erreicht, sodass mit relativ klarer Sicht gerechnet werden kann. Wer allerdings während unserer Hauptferienzeit im Juli oder August unterwegs sein will oder muss, der sollte sich dessen bewusst sein, dass nach extrem heißen und trockenen Sahara-Abschnitten in Mauretanien eine Weiterreise über Mauretanien hinaus nach Westafrika oft durch Regenfälle behindert wird und Pisten über Tage hinweg unpassierbar sein können.

Strom

Sofern Strom vorhanden ist – d.h. auf dem „flachen Lande" nirgendwo –, ausschließlich **220 Volt.** Überraschend, dass selbst die Provinz„hauptstädte", z.B. Aleg, Kiffa, Ayoûn el'Atrous oder Nema, erst jüngst elektrifiziert wurden. Landesweit ist derzeit ein Programm im Gange, welches ein Dutzend der größeren Orte mit kleineren, dieselbetriebenen Generatorstationen und so mit Strom versorgen wird.

Uhrzeit

Mauretanien hat **GMT-Zeit.** Um 12 Uhr mittags in Nouâkchott ist es während der Winterzeit bei uns 13 Uhr, während der Sommerzeit 14 Uhr.

Unterwegs in Mauretanien

Nouâkchott

Mauretanien ist ein ruhiges Land. Einen krassen Gegensatz dazu bildet die **Hauptstadt** – dynamisch nennen dies die Wohlmeinenden, chaotisch dagegen die, die vor all dem Trubel möglichst rasch wieder in die Stille der Dünenlandschaften fliehen wollen. Wer hier aber während der Siesta unterwegs ist, am Wochenende oder auch am frühen Morgen – der findet auch mitten auf der Avenue Gamal Abdel Nasser noch ein ruhiges Plätzchen. Dass die Stadt erst um 1960 gegründet wurde, sieht man ihr in jeder Straße an. Von dem, was zuvor dort war, nämlich ein kleines unscheinbares Bordj (Festung), ist heute (fast) nichts mehr vorhanden.

1 Million Einwohner! Der einst auf dem Reißbrett entstandene Grundriss ging von weniger als 2% der heutigen Einwohnerzahl aus! So fließt heute die Stadt nach Osten zu (im Westen liegt ja das Meer) geradezu in die Dünen hinein: Wer hier zu Fuß unterwegs ist, hat auch nach drei Stunden Marsch zwischen unansehnlichen Hüttensiedlungen die Stadtgrenze immer noch nicht erreicht!

Was sich durch fast alltägliche Staub- und Sandwinde weiterhin bemerkbar macht: Nouâkchott ist eine **Wüstenstadt,** eine der wenigen, die am Meer liegen und dennoch keine Oase darstellen! Die nächste Süßwasserstelle ist – Sie werden es kaum glauben – 70 km von der Hauptstadt entfernt! Derzeit bestehen Pläne für den Bau einer Pipeline, über die Wasser aus dem 200 km entfernten Senegal-Fluss herangeführt werden soll.

Sehenswürdigkeiten

Wer eine solche Stadt nicht per se als sehenswert begreift, dem werden auch die anderen Sehenswürdigkeiten nicht allzu viel sagen: Da ist ein Justizpalast, der eher der Kommandobrücke eines Schiffes gleicht, da sind (nur von außen zu besichtigende) Moscheen, ein rundes Verwaltungsgebäude mit dem Sitz mehrerer Fluggesellschaften ist anzutreffen, da ist der zweistöckige Lochquader des vor allem nachmittags äußerst lebhaften Marktes – alles Gebäude, denen anzusehen ist, dass sich tüchtige Architekten um den „genialen Wurf" bemüht haben. Nur – ein gewachsenes Stück Leben, das finden Sie hier nur in Gestalt der Menschen selbst, die diese Architektur erst beseelen.

Die Märkte

Eines ist allen Märkten, den **Souks,** der Stadt gemeinsam: Sie borden über! In ihrem Umfeld haben sich alle möglichen Händler mit allen möglichen Waren niedergelassen oder bieten solche von improvisierten Ständen, kleinen Tischen oder einfach nur als fliegende Händler an.

Der mit Abstand größte Markt, der **Grand Marché,** liegt verkehrsgünstig im Zentrum der Stadt fast an der Kreuzung der wichtigsten Straßen Av. Nasser und Av. Kennedy. In den 1960er Jahren entstanden, ist er heute eines der Umschlagzentren für Stoffe und Kunsthandwerk. Daneben spielen mehr und mehr Exportwaren eine Rolle und mit diesen auch eine weitere klassische Funktion dieses Marktes als eine Art Börse: Eine große Zahl von Wechselstuben beschäftigt eine Unzahl von Agenten und Kundenfängern, die Sie bei Ihrem Besuch mit Sicherheit auf einen Geldwechsel ansprechen werden. Sie können sich, wenn Sie schon nicht tauschen wollen, hier zumindest über den günstigsten Kurs informieren. Geprägt wird der Markt von einer riesigen Menge an bunten, vor allem gelben und roten Stoffen, aus denen sich dann die maurischen Frauen gleich in den vielen Nähstuben im Obergeschoss ihre traditionellen, *melhafa* genannten weiten Übergewänder nähen lassen. Die Männer bestellen hier ihre *deraas*, die langen, hier meist weißen oder blauen Übergewänder. Oft werden diese noch nach Art der westafrikanischen *boubous* bestickt, eine Arbeit, die oft von gering entlohnten Arbeitskräften z.B. aus dem Senegal oder aus Mali ausgeführt wird.

Tipp: Falls Sie mit eigenem Fahrzeug unterwegs sind und dieses nicht z.B. auf dem **Parkplatz** Ihres Hotels abgestellt haben, lassen sich unmittelbar beim Nationalmuseum (s.u.) Parkplätze finden.

Unmittelbar bei der Marokkanischen Botschaft liegt beidseits der Av. Kennedy der **Zeltmarkt.** Hier können Sie komplette Zelte erwerben; sie sind teilweise aufgebaut – ein malerisches Bild!

Fischer bei Nouâkchott

Weitere Märkte liegen in den südlichen Stadtvierteln, so der populäre **Marché du Cinquième,** auf dem viele einfachere Produkte und solche des täglichen Bedarfs angeboten werden. Hier finden Sie Gebrauchtkleider aus Europa ebenso wie alles, was an Zubehör für das klassische maurische Nomadenzelt benötigt wird. Noch etwas weiter stadtauswärts liegt der **Marche du Sixième,** der vor allem durch ein üppiges Angebot an Kunsthandwerk und wiederum Textilien besticht, die hier zu deutlich günstigeren Preisen als auf dem Marché Capitale angeboten werden. Beide Märkte erreichen Sie am besten mit dem Taxi.

Ein marktähnliches Gewimmel ist unmittelbar **an der saudischen Moschee** in der Rue Alioune anzufinden! Hier werden Handys und alles, was dazugehört angeboten, und offensichtlich ist derzeit mindestens halb Mauretanien dabei, sich mit solchen Geräten auszurüsten!

Das Nationalmuseum

Das Museum ist prinzipiell täglich außer Fr von 9–18 Uhr, am Do nur bis 15 Uhr geöffnet. Bei meinen wiederholten Besuchen war es jedoch oft geschlossen. Es bietet auf zwei Ebenen in einer archäologischen und einer ethnologisch-kulturhistorischen Abteilung sehr reichhaltige, interessante und auch gut präsentierte Exponate. Der Eintritt beträgt 1000 UM, Sonderausstellungen sind im Eintrittspreis enthalten.

Landestelle der Fischer

Besonders sehenswert: **Außerhalb der Stadt,** noch südlich des Hotels Sabah und in dessen unmittelbarer Nachbarschaft am Strand, liegt hinter den

Nouâkchott

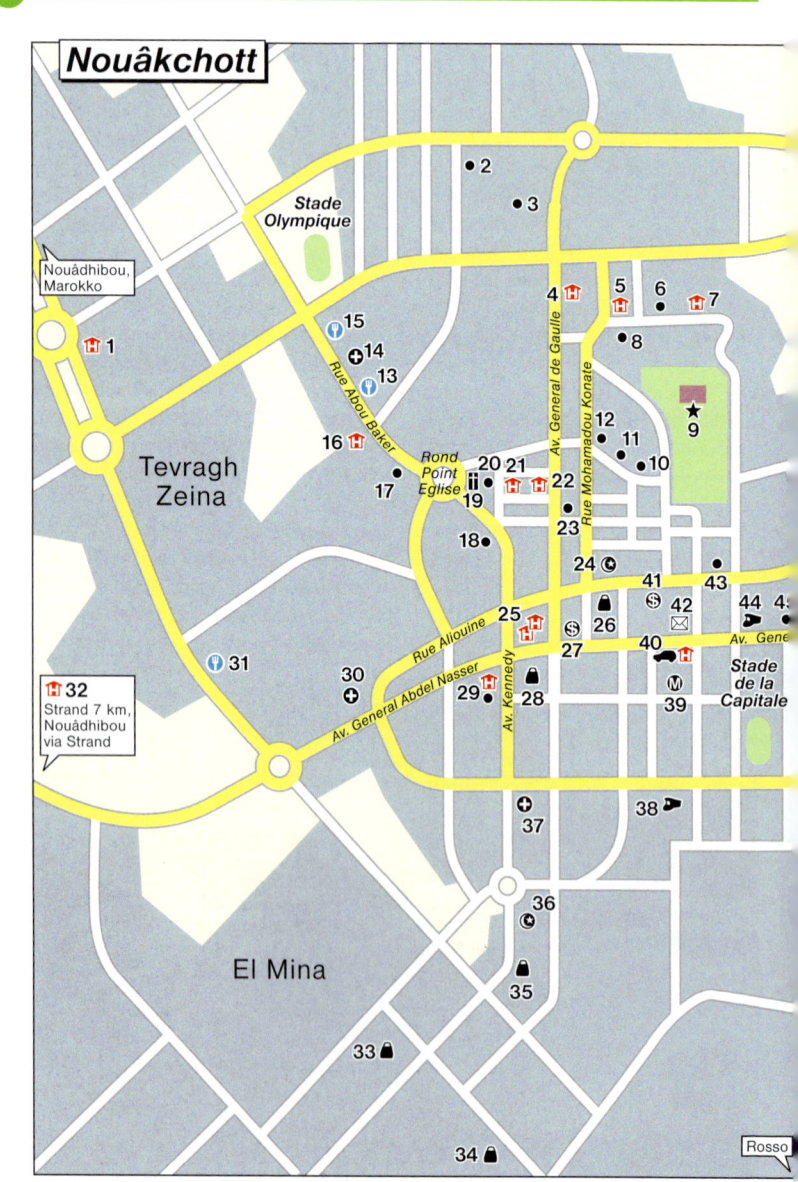

Nouâdhibou, Marokko

Stade Olympique

Rue Abou Baker

Av. General de Gaulle

Rue Mohamadou Konate

Tevragh Zeina

Rond Point Eglise

Rue Aliouine

Av. Kennedy

Av. General Abdel Nasser

32
Strand 7 km,
Nouâdhibou via Strand

Stade de la Capitale

El Mina

Rosso

Unterwegs in Mauretanien – NOUÂKCHOTT

- 11 Spanische Botschaft
- 12 Deutsche Botschaft
  N18°05,763/W15°58,524
- 13 Restaurant-Café
  Le Petit Café
- 14 Klinik Shiva
- 15 Restaurant Pizza Lina
- 16 Monotel
- 17 Botschaft Frankreich
- 18 Tunis Air und Versicherung
- 19 Cathédrale St. Joseph
- 20 Air France
- 21 Auberge la Dune
- 22 Auberge Menata
- 23 Mauritel
- 24 Saudische Moschee
- 25 Hotel Park und
-    Hotel El Amane
- 26 Handy-Markt
- 27 Bank BCI
- 28 Grand Marché / Markt
- 29 Résidence Atlas
     und in diesem Gebäude
-    Air Algérie
- 30 Krankenhaus
- 31 Restaurant La Casa
- 32 Hotel Sabah 7 km
- 33 Marché Cinquième
- 34 Marché Sixième
- 35 Zeltmarkt
- 36 Marokkanische Moschée
- 37 Polyklinik
- 38 Garde National
- 39 Nationalmuseum
- 40 Hotel Mercure Marhaba und
     Europcar
- 41 Bank BNM
- 42 Hauptpost
- 43 Innenministerium
     (Visum-Verlängerung)
- 44 Zoll
- 45 Royal Air Maroc
- 46 Justizpalast
- 47 Große Moschee /
     Freitagsmoschee
- 48 Gendarmerie
- 49 Versicherung Taamin
- 50 Hotel Escale des Sables

- 1 Auberge Sahara
- 2 Mali-Botschaft
  N18°06,481/
  W15°58,726
- 3 Botschaft Senegal
  (Burkina Faso)
- 4 Hotel Novotel-Tfeila
- 5 Hotel Halima
- 6 Cooperation de France
- 7 Hotel El Khater
- 8 Algerische Botschaft
- 9 Présidence /
  Präsidentenpalast
- 10 Botschaft der USA

modernen Gebäuden zur Fischverarbeitung die Landestelle der Fischer. Hier wird jeden Abend etwa ab 16 Uhr in drangvoller Enge Boot um Boot mit den Tagesfängen angelandet. Zwischen Bergen von Fisch, den Booten und Fischern im Ölzeug zwängen sich die Aufkäufer. Hilfskräfte nehmen die Fische direkt am Strand aus: Der Rogen ist gefragt. Mit einer eigenartigen Drehtechnik werden die schweren Boote nach der raschen Durchquerung der hohen Atlantikdüne den Strand hinaufgeschoben und -gezogen. Jeder ist hier so sehr mit seiner Aufgabe beschäftigt, dass Sie in einer für Afrika ganz untypischen Art in völliger Ruhe das Treiben beobachten können – in Ihren besten Kleidern sollten Sie sich allerdings nicht in dieses Fisch-Gedränge stürzen.

Hotels

Die Lage der Hotels ist aus dem Stadtplan zu ersehen. Alkoholische Getränke gibt es nur im Monotel, im Park-Hotel, im Hotel Oasis, im Hotel Sabah und in der Pizzeria Lina, aber auch hier nicht immer. Rechnen Sie mit 5 Euro für ein Bier.

Luxushotels

● **Monotel**
Das Hotel wird komplett in Anspruch genommen von der in der Erdölexploration tätigen australischen Firma Woodside.

● **Novotel-Tfeila**
Tel. 5257400, www.hoteltfeila.com. Das beste Haus am Platze, mit Pool. DZ ca. 50.000 UM, tagesabhängig.

● **Mercure Marhaba**
Tel. 5295050, www.mercure.com. DZ ca. 45.000 UM, tagesabhängig. Persönliche Atmosphäre. Mit Pool.

● **Halima**
Tel. 5257920, www.hotel-halima.com. DZ 35.000 UM. Eher für einheimische Geschäftsreisende als für Touristen. Kein Pool.

● **Escale des Sables**
Tel. 6541574, www.escale-des-sables.com. DZ 30.000 UM. Zentrumsfern und daher sehr ruhig. Sehr familiär, die Eigentümer betonen den Riad-Charakter. Kleiner Pool.

● **Hotel El Khater**
Tel. 5291112, www.elkhater.com. DZ 22.000 UM. Renoviertes älteres Haus, vielleicht etwas zu plüschig geraten.

Mittelklassehotels

● **Park-Hotel**
Tel. 5251444, DZ 14.000 UM. Früher eines der besten Häuser in der Stadt. Sehr kundenorientiert.

● **El Amane**
Tel. 5252178, www.toptechnology.mr/elamane. DZ 12.000–15.000 UM. Unter französischer Leitung. Mitten im Leben!

● **Residence Atlas**
Tel. 5242117, DZ 16.000 UM. Sauber, aber etwas unpersönlich und wie das El Amane mitten im Leben!

Einfache Hotels

● **Auberge Menata**
Tel. 6369450, www.escales-mauritanie.com, Pos. N 18°5,590' / W 15°58,639'. DZ 4000 UM ohne AC. Übernachtung im eigenen Fahrzeug möglich. Unter franz. Leitung. Wird von Reisenden immer wieder gelobt. Liegt in ruhiger Seitenstraße, dennoch geht's in der Auberge meist lebhaft zu!

● **Maison d'Hôte Jeloua**
Gehört zur Auberge Menata. Etwas gehobenerer Standard und deshalb DZ 6000–12.000 UM ohne/mit AC.

● **Auberge Sahara**
Tel. 6704383, www.auberge-sahara.com, am Ortseingang von Nouâdhibou kommend. Einfache Zimmer 4000 UM, auf der Dachterrasse 2000 UM. Franz. Leitung. Familiäre, entspannte Atmosphäre, viele junge Leute.

● **Auberge La Dune**
Tel. 5253736, http://ladunetours.ifrance.com/all.html. Etwas verschachtelte Anlage direkt

gegenüber von Air France. DZ 10.000 UM, Camping im eigenen Fahrzeug 2000 UM. Der Inhaber ist als Tour-Operator aktiv.

Am Strand und damit 7 km außerhalb:
- **Hotel Sabah**
Tel. 5251564. Sehr schöne Lage, wurde wieder auf Vordermann gebracht.

Camping

Achtung: Wild zu **übernachten** ist im Umfeld der Großstadt riskant! Meiden Sie dabei auch die Strände in Stadtnähe: Entweder unmittelbar beim Hotel Sabah oder möglichst weit weg!

- Eine Art Campingplatz befindet sich direkt am Strand in Nachbarschaft zum Hotel Sabah: **Tergit-Vacances,** ein Platz mit mehreren Bungalow-Hütten (Camping 2500 UM/Pers. und Tag, Bungalow 3500 UM/Pers. und Tag). Jetzt auch mit Zimmern, DZ 15.000 UM. Reichlich verdreckt. Hier endet die Strandpiste von Nouâdhibou her endgültig. Wer von hier den Strand entlang nach Norden will: So schmal wie an dieser Stelle ist der befahrbare Strand nicht überall.
- Es gibt **im Zentrum** noch mehrere Abstellplätze in ummauerten Innenhöfen, z.B. in der Auberge Les Jardins des Dunes, ebenso im Bivouac Paris Dakar sowie nahe der Av. Gamal Abdel Nasser und General De Gaulle.
- **In der Nähe der Residence Atlas** steht ein Campingplatz zur Verfügung. Es steht jedoch nur auf die Eingangstüre geschrieben, und keinerlei Hinweisschild zeigt dorthin. Der Platz ist ungefähr 10 x 10 m groß, es passen also nur wenige Fahrzeuge rein.
- Auch **Auberge Menata** und **Auberge Sahara** bieten die Möglichkeit, sein bewohnbares Fahrzeug im eigenen Hof oder davor zu nutzen. Die Platzverhältnisse sind allerdings eher beengt und deshalb ist oft alles „ausgebucht".

Restaurants

- Eine große Zahl von Restaurants befindet sich im Umfeld der **Av. Gamal Abdel Nasser.** Qualitativ und preislich bestehen kaum Unterschiede. Selbst das Angebot scheint abgestimmt zu sein, von Spezialitäten-Restaurants einmal abgesehen.
- Die Restaurants **in den Hotels** sind nicht unbedingt besser, jedoch erheblich teurer.
- Sehr gute Chawarma für 300 UM gibt es im **Restaurant Ali Baba** in der Rue Alioune. Das **Phenicia** gleich neben dem Hotel Chinguetti verfügt über eine Speisekarte mit guter Auswahl (ca. 700 UM). Wer noch der marokkanischen Küche nachtrauert, ist im **Restaurant Moumounia** gut aufgehoben. Es liegt in der Rue Abdalaye zwischen der Deutschen und der Französischen Botschaft.
- Eine größere Zahl einheimischer Restaurants finden Sie auch – wie überall in Afrika – im Umfeld des Großen Marktes, vor allem in der **Av. Kennedy.**
- Sehr empfehlenswert ist die **Pizzeria Lina** nahe des Hotels Monotel, mit guten Gerichten, darunter auch Langusten (3200 UM) und Fisch, sowie diversen Sorten Pizza (1300 UM) und Nudelgerichten.
- **Le Petit Café,** kleines, sympathisches Café-Restaurant à la francaise. Terrasse im Freien, gute Auswahl, günstige Preise.

Sonstiges

Visum-Verlängerung

Wer an der Grenze ein 3-Tages-Visum (Transit-Visum) erworben hat, kann es in Nouâkchott verlängern lassen. Das **Innenministerium** liegt auf N 18°05,353 / W 15°58,280'. Von Lesern wird berichtet, dass sie bei Ausreise mit einem um einen Tag überzogenen Visum eine Strafe in Höhe von 20 Euro zu bezahlen hatten.

Reiseveranstalter und andere nützliche Adressen

Die im Folgenden genannten Adressen vermitteln oder verfügen über Geländewagen, bieten Touren an oder vermitteln Führer.

- **Adrar Voyages**
B.P. 926, Nouâkchott, Tel. 5251717, Fax 5253110, www.adrarvoyage.mr

- **Atlas Voyages**
B.P. 46, Nouâkchott,
Tel. 5258670, Fax 5259917,
voyagesatlas@toptechnology.mr
- **El Moussavir Voyages im Park-Hotel**
B.P. 3421, Nouâkchott, Tel./Fax 5254992
- **Surmi Voyages**
B.P. 4800, Nouâkchott, www.surmi.net/de
- **VSTC Voyages**
B.P. 5501, Nouâkchott,
Tel. 5256953, Fax 5256955

Kulturelle Veranstaltungen

- Regelmäßige kulturelle Veranstaltungen finden im **Centre Culturel Français** statt.
- Jeweils Anfang April findet das **Festival des Musiques Nomades** statt. Es versammelt Künstler aus vielen Ländern und zieht bis zu 100.000 Besucher an!

Kfz-Werkstätten

Viele Marken unterhalten in Nouâkchott eigene Vertrags-Werkstätten, so z.B. Mercedes und Toyota. Mal gelobt, mal gescholten wird die Werkstatt von Ex-Rallye-Fahrer *Serge Proust* bzw. von dessen Nachfolger **La Croix du Sud. Toyota** liegt auf Pos. N 18°6,435' / W 15°56,834', Tel. 5253027, **Mercedes** auf Pos. N 18°5, 909' / W 15°58,932'. Von Lesern wird eine Werkstatt auf Pos. N 18°4,784' / W 15°59,294' empfohlen; im Hof besteht die Möglichkeit zu campen.

Visa für die Weiterreise nach Mali

In Nouâkchott stellt die **Botschaft von Mali** rasch und unkompliziert ein Mali-Visum aus. Erforderlich sind zwei Passfotos. Gültigkeitsdauer 1 Monat/1 Einreise: 6500 UM, Gültigkeitsdauer 2 Monate/1 Einreise: 8000 UM, d.h. ca. 20 bzw. 25 Euro. Die zuständige Konsularabteilung macht Mittagspause von 12.30–15 Uhr und schließt um 18 Uhr. Wartezeit üblicherweise 1½ Stunden.

Kfz-Versicherung

Eigentlich stellt es heute kein Problem mehr dar, seine Kfz-Versicherung unmittelbar an der Grenze abzuschließen – und dazu rate ich sehr dringend! Wer dennoch ohne gültige Versicherung bis nach Nouâkchott gefahren ist, sollte einen Abschluss nachholen! Erfahrungsgemäß lauern kontrollierende Polizisten häufig an der Straße in Richtung Rosse – und dann wird es ggf. teuer, und eine Versicherung muss auch abgeschlossen werden.

- **Société Mauritanienne d'Assurances Islamique,** 206, Av. Charles de Gaulle, Tel. 5290626. Keine persönliche Erfahrung mit dieser Gesellschaft.
- **Assurances Taamin,** ganz am östl. Ende der Av. Nasser, siehe Stadtplan. Sehr effektives Personal. Bezahlen lässt sich auch in Euro, korrekte Umrechnung. Hier kann bei Weiterreise auch schon die CEDEAO-Versicherung für Mali und andere westafrikanische Länder abgeschlossen werden, auch gültig erst ab dem Zeitpunkt, zu dem man dort einzureisen gedenkt.

Medizinischer Notfall

Lassen Sie sich vor Ihrer Reise nach Mauretanien von einem Reisemediziner beraten!

Das Auswärtige Amt nennt auf seiner Homepage verschiedene Adressen und verweist dabei ausdrücklich darauf, dass man sich aus Aktualitätsgründen stets über diese Liste informieren sollte. Ich gebe hier den Stand vom Sommer 2010 wieder:

- **Frau Dr. Cherif-Bretz,** Tel. 5251571, Praxis unweit des Restaurants Karaoke. Luxemburgische Ärztin, die über deutsche Sprachkenntnisse verfügt.
- **Dr. Hanna,** unweit von Air France (Av. Kennedy), Tel. 5252398, 6433305.
- **Klinik Kissi,** Nähe Restaurant Pizzalina, Tel. 5292727 oder 5290101.
- **Klinik Shiva,** Nähe Restaurant Pizzalina, Tel. 5258080, 5251325, im Notfall: Tel. 6411564.
- **Privater Ambulanzdienst:** Tel. 5244333 oder 5244334.
- **Hôpital Cheikh Zayed,** Tel. 5298444, ca. 4 km vom Flughafen entfernt an der Straße Richtung Boutilimit, nach dem Carrefour Madrid die zweite geteerte Kreuzung nach links, nach 400 m links; im Notfall: Tel. 6300056, 6305110.

Die Meeresküste zwischen Nouâkchott und Nouâdhibou – Parc National du Banc d'Arguin

● **470 km Straße ab marokkanischer Grenze bis Nouâkchott.** Die Sahara bzw. hier die Atlantikküste Mauretaniens lässt sich heute fast durchweg auf Straßen durchqueren bzw. bereisen! Die verbleibenden kurzen, noch nicht asphaltierten Teilstrecken (5 km) sind bei vorsichtiger Fahrweise von jedem Fahrzeug zu bewältigen. Damit ist erstmals in der Geschichte eine Straße durch die gesamte Sahara funktionstüchtig geworden, die erste „Transsaharienne"! Seit Fertigstellung dieser Straße hat sich in ihrem gesamten Verlauf ungeheuer viel verändert: Überall siedeln sich Menschen an, entstehen kleine Weiler, Tankstellen – eine wirklich einsame Wüste durchqueren Sie hier nicht mehr.

Vom marokkanischen Grenzposten aus (neue Gebäude sind in Bau) fahren Sie auf breiter, neu geschobener Piste nach Süden und erreichen nach ca. 5 km den neuen Grenzposten Mauretaniens (Achtung: Verlassen Sie diese deutliche, geschobene Piste nicht! Minengefahr! Zoll auf N 21°19,878′ / W 16°56,767′; Geldwechsel ist hier möglich, der Kurs ist jedoch deutlich schlechter als z.B. in Nouâkchott): Hier beginnt die Straße nach Süden, auf der wir nach Abwicklung der Einreiseformalitäten weiterfahren. 9 km danach überqueren wir die Gleise der Erzbahn; unmittelbar dahinter verzweigt sich die Straße: Links weg führt sie nach Nouâkchott, rechts weg nach Nouâdhibou. Ob Sie in das rund 50 km entfernte Nouâdhibou fahren wollen, bleibt ganz Ihnen überlassen; Sie finden dort Hotels, Campingplätze, Restaurants, eine Bank, ein Versicherungsbüro und eine Tankstelle! Eine sehr schöne Übersichtskarte von *M.* und *H. Hauschild* findet sich unter www.konsulspieker.de/pdf/Cap%20Blanc%20zum%20Gucken.pdf.

Die Straße verläuft zunächst nach Osten, folgt dabei den Gleisen der Erzbahn. Bei **Km 49** ist die unscheinbare Ortschaft **Bou Lanouar** erreicht. Tankstelle (weitere Tankstellen bei Km 117 und Km 210), Versicherungsbüro in Container, zwei ordentliche Herbergen, Auberge Lebjawi und Auberge l'Oasis; Abzweig der Piste entlang der Erzbahn in Richtung Choum und Atâr.

Nach Bou Lanouar wendet sich die Straße nach Süden und verlässt damit die Gleise. Die Wüstenlandschaft ist flach und ziemlich eintönig. Erste Dünencordons tauchen auf und bringen eine gewisse Abwechslung. Sie sind oft mit hässlichen schwarzen Plastikzäunen fixiert. Kurz nach dem Ort **Chami** (mit Tankstelle) bei **Km 210** passieren wir den Osteingang des Nationalparks. Die hier abzweigende Piste (N 20°2,482′ / W 15°55,10′) führt auch zu dem im Text über die Strandpiste erwähnten Ort Tafarit.

Nach gut 235 km passieren wir den Weiler **Akweji** (keine Versorgungsmöglichkeiten). Die Dünen rechts und links der Straße werden farbiger, der Bewuchs nimmt zu: Wir haben die Dornstrauchsavanne erreicht.

Bei **Km 260** (Pos. N 19°24,317′ / W 16°3,152′) ist nach rechts ein Pistenab-

Küste zw. Nouâkchott und Nouâdhibou

zweig ausgeschildert: Die Piste führt nach Arguin (bzw. zum Ort Nouamghar) und damit zum gleichnamigen Nationalpark. Anschließend überqueren wir große, abgerundete Dünen, die weite Ausblicke ermöglichen. Die Straße verläuft dabei in einem weiten Bogen nach Osten, Nordosten und gar nach Norden – und endet überraschend und fast gefährlich (Schild „120 km Nouâkchott") vor der Schott-Fläche der **Sebkhet te-n-Ioubrar**, die auf fester Piste durchquert wird.

Am Ostrand der Sebkhet entlang fahren wir wieder auf Asphalt nach Südwesten der Küste zu, die wir allerdings auf der gesamten Strecke nicht zu Gesicht bekommen. Ein Kontrollposten markiert den an der Küste liegenden Ort **Tiouilit**; die Küste bleibt immer in ungefähr 2 km Entfernung. Zu unserer Überraschung beginnt dann ca. 25 km vor Nouâkchott eine vierspurige Autobahn! Der mauretanische Staat scheint hier im Norden seiner Hauptstadt größere Pläne verwirklichen zu wollen!

Das Floß der „Méduse"

Besonders für Franzosen hat das Wort **„Banc d'Arguin"** einen ganz besonderen Klang! Sie denken dabei nicht nur an einen Nationalpark, sondern auch und vor allem an eines der schrecklichsten und dabei gesellschaftlich bedeutungsvollsten Schiffsunglücke der Geschichte. Am 2. Juli 1816 lief hier nämlich die Fregatte „La Méduse" wegen fehlerhafter Navigation bei ruhiger See und guter Sicht auf die eigentlich bekannte Untiefe Banc d'Arguin auf. Das Schiff war vom neuen Gouverneur des Senegal, seiner Familie und seiner Gefolgschaft gechartert. Der unfähige Kapitän ließ das Schiff räumen. Da die Rettungsboote für die Zahl der Passagiere (fast 400) nicht ausreichten, wurde ein Floß gezimmert, das 150 Personen aufnehmen sollte, unter diesen auch einige Offiziere und ein Arzt, der das Drama überlebte und von dem ein dramatischer Bericht überliefert ist. Die Boote sollten eigentlich das Floß schleppen, kappten aber bald die Taue, da die vornehme Besatzung der Rettungsboote um ihre eigene Sicherheit besorgt war. Unter den so ihrem Schicksal Überlassenen müssen sich danach schlimme Szenen abgespielt haben, allein 65 von ihnen wurden im Kampf ums Überleben erschossen, Kannibalismus rettete vielen das Leben. Nach 13 Tagen wurden die noch lebenden 15 Männer von der Fregatte „Argus" geborgen, doch starben weitere fünf von ihnen kurz danach.

Die Nachricht von diesem Ereignis führte in Paris zu aufruhrähnlichen Zuständen: Bonapartisten geiselten den als ursächlich für die Katastrophe gesehenen Umstand, dass hier royalistische Gesinnung über fachlicher Eignung stand, dass die gesellschaftliche Stellung über die Chancen entschied, ein solches Unglück zu überleben. Der für die Marine zuständige Minister und mit ihm 200 Offiziere wurden entlassen. Das Floß der „Méduse" und seine unglücklichen Gestalten wählte der Maler *Théodore Géricault* 1819 als Motiv für eines der größten und eindrucksvollsten **Gemälde** (es ist ca. 7 x 5 m groß und hängt heute im Louvre). In Frankreich führte der gesellschaftliche Druck schließlich zur Verabschiedung eines der ersten Gesetze, dem Gouvion-Saint-Cyr, das der französischen Armee einen demokratischen Anstrich gab: Die Verpflichtung zum sechsjährigen Wehrdienst wurde danach durch Losziehung bestimmt.

Beim ärmlichen Ort **Aghnaoudert** liegt eine Zollkontrollstelle, die Reisende fast immer durchwinkt; etwas weniger gut berechenbar ist eine Polizeikontrollstelle nahe des Funkmastes von Radio Mauritanie; dann erreichen wir durch weitläufige Müllhalden den Ortsrand der mauretanischen Hauptstadt **Nouâkchott.** Nach vielen hundert Kilometern verkehrsärmster Straßen bedarf es guter Nerven, um im rasch zunehmenden Verkehrstrubel dieser Stadt bestehen zu können.

Alte Küsten- und Ebbestrand-Piste

Es lohnt sich für eine Fahrt auf dem Ebbesaum der Küste nicht nur die Zeit zwischen zwei Gezeitenhöchstständen in Anspruch zu nehmen: Wenn Sie Interesse an der **Tier- und Pflanzenwelt** haben, sollten Sie sich viel Zeit nehmen. Wale und Delfine (oft in ganzen Gruppen) sind im Meer zu beobachten, am Spülsaum finden sich oft Krebse und Krabben in großer Zahl, Nagetiere aller Art bewegen sich etwas weiter vom Wasser entfernt, Füchse und Schakale kommen an diesen reich gedeckten Tisch aus ihren sandigen Revieren im Hinterland (besonders gut in den frühen Morgenstunden zu beobachten). Besonders reichhaltig aber ist die Vogelwelt mit einer Vielzahl von Arten vertreten: Der **Nationalpark Banc d'Arguin,** seit 1989 UNESCO-Weltnaturerbe, beherbergt die weltweit größte Zahl an Zugvögeln der Gruppe Watvögel und gleichzeitig eine der artenreichsten ganz Afrikas unter den Fisch fressenden Nistern. Beobachten Sie die Fischer am Strand und die unglaubliche Vielzahl an verschiedenen Fischen, die von ihnen gefangen werden. Interessant auch die Vegetation, die von Tangwiesen unter Wasser, Mangroven in den Flachwasserbuchten und Halophyten im Küstenbereich bis zu den typischen Sahara-Dornsträuchern und anderen Wüstenpflanzen in den Dünen des Hinterlandes eine weite Spannbreite umfasst. Das Zusammentreffen von Wüste und Meer, eine zergliederte Küstenstruktur und aufsteigende Tiefenwasser – dies alles hat eine ungemein vielgestaltige Nahrungskette und damit eine weltweit einzigartige Flora und Fauna zur Folge, Grund eben für die Einrichtung des Nationalparks Banc d'Arguin. Wer sich für einen näheren Besuch des Naturreservats interessiert, wendet sich an die entsprechenden Stellen in Nouâmghâr oder Iouîk. Auch die Reiseveranstalter in Nouâkchott bieten Ausflüge in den Nationalpark an.

● Weitere Infos finden Sie auf der Website des Nationalparks unter **www.mauritania.mr/pnba** (nur französisch). Spezielle Reisen in den Nationalpark bietet z.B. **ECO Reisen** an, Hersfelder Str. 17, 36280 Oberaula, Tel. 06628-8373, www.eco-reisen.de.
● Ein empfehlenswertes **Buch** zur Banc d'Arguin: „Vom Nordseestrand zum Wüstenrand". Schriftenreihe des staatlichen Museums für Naturkunde und Vorgeschichte, Oldenburg; Idensee-Verlag, Oldenburg 1999.

Von Nouâkchott nach Nouâdhibou

● **530 km Strand, teilweise schwierige und weichsandige Piste.**

Wollen Sie die Küste **von Süden nach Norden** fahren, haben Sie es **recht einfach:** Kurz

„Fahr ich ... oder fahr ich lieber nicht?"

**Wissenswertes in Zusammenhang mit
Ebbe und Flut an der mauretanischen Küstenstrecke**

Einen ganzen Tag stehen die drei Geländefahrzeuge schon am Strand bei Nouâmghâr: Ihre Besatzung diskutiert über den Gezeitenstand und kommt nur zu der Erkenntnis, dass zwischen Ebbe und Flut kaum ein Unterschied feststellbar ist. Immer wieder schlagen Wellen bis hoch an den weichen Spülsaum. In einer solchen Situation den Strand entlang fahren, die Fahrzeuge gefährden? Undenkbar!

Sollten Sie mit Ihrem Fahrzeug dort irgendwo ohne Führer am Strand stehen und den in der Michelin-Karte vermerkten knapp 200 km langen **„Itinéraire à marée basse"** (Weg bei Ebbe) auf dem Strand zwischen Nouâmghâr und Nouâkchott in Angriff nehmen wollen, ist folgendes gut zu wissen: Unabhängig von Ebbe und Flut sind Strandform und Gezeitenverlauf an dieser Küste so, dass Ihnen nirgendwo eine kilometerbreite feste Rennstrecke eröffnet wird. Der fahrbare Strand als Abstand zwischen Wasser und nicht befahrbarem (weil zu weichem) Spülsaum ist im günstigen Fall vielleicht 5–10 m breit. An ungünstigen Tagen müssen Ihnen dagegen gerade 2 m genügen. Wann aber sind günstige, wann ungünstige Tage? Abgesehen von Wind, Wetter, Strömungen, Küstenform und anderen Gezeiteneinflüssen ist der Mond wichtigstes Element, welches Ebbe und Flut und deren zeitlichen und höhenmäßigen Eintritt bestimmt. Aber auch die Sonne nimmt einen wichtigen Einfluss auf die Gezeiten. Auch wenn die Gezeiten-Kraft des Mondes etwa 2,2 mal so stark ist wie die der Sonne, bestimmt doch der Stand der beiden Gestirne zueinander, d.h. ob ihre Kräfte gemeinsam oder entgegengesetzt wirken, entscheidend über Höhe und Stärke der Differenzstrecke zwischen Ebbe und Flut. Zur Zeit von Voll- und Neumond sind diese Kräfte gleichgerichtet: Es entstehen Springfluten bzw. breiteste Ebbstrände. Zur Zeit des ersten oder auch letzten Mond-Viertels dagegen wirken die Kräfte fast entgegengesetzt: Nippfluten sind die Folge, ein fahrbarer Ebb-Strand wird kaum freigelegt.

Sollten Sie in einer ungünstigen Mondphase unterwegs sein, reduzieren Sie nochmals den Luftdruck um einige Zehntel. Das erleichtert Ausweichen und Fahren im weichen Spülsaum. Tröstlich dann auch der Gedanke, dass Ihnen der Küstenverlauf fast überall die Flucht ins Hinterland ermöglicht – gegen ein dort fast unvermeidliches Einsanden sollten Sie allerdings schon ausgerüstet sein. Nur auf einigen wenigen Abschnitten reichen hohe Dünen bis ans Meer und verhindern jedes Ausweichen. Diese Abschnitte sind von weitem erkennbar und ziehen sich nie weiter als 3 km hin. Sollten Sie hier unsicher werden, warten Sie im Zweifelsfalle rechtzeitig vor den hohen Stranddünen, ob einheimische Fahrer sich auf die Strecke wagen, und schließen Sie sich diesen ggf. an.

Hinweis: Der jeweils aktuelle **Gezeitenstand** für die Ebb-Strecke lässt sich unter der Adresse **www.mobilegeographics.com:81/locations/4276.html** abfragen oder auch sehr präzise über die Seite der französischen Marine (**www.shom.fr**). Das Wort „marée" steht für Gezeiten, dann ist die Weltzone und in dieser z.B. der Ort Nouâdhibou anzuwählen.

GPS-Daten (alte Küsten- und Ebbestrandpiste)

Km	Nord	West	
0	21.16,33	16.54,45	(Sebkha am Ende der Baie du Lévrier)
2	21.15,33	16.54,13	
13	21.11,37	16.50,46	
23	21.07,81	16.46,32	
26	21.06,45	16.45,32	
33	21.06,04	16.42,68	
43	21.02,86	16.38,13	
53	20.58,95	16.33,91	
63	20.57,53	16.28,93	
75	20.53,48	16.23,74	
83	20.50,03	16.21,74	
94	20.44,39	16.20,08	
110	20.37,58	16.14,70	(Bir el Gareb)
123	20.30,98	16.12,58	
134	20.25,37	16.10,63	
143	20.20,54	16.09,18	
153	20.16,05	16.06,40	
163	20.10,94	16.05,17	
173	20.05,58	16.04,96	
292	19.34,38	16.15,96	(Schrott-LKW)
297	19.32,08	19.16,88	
307	19.27,94	16.19,01	
317	19.24,60	16.23,08	
327	19.22,21	16.28,15	
332	19.21,26	16.30,80	(Kontrollposten Nouâmghâr) ab hier Fahrt auf dem Ebb-Strand

Hinweis: Wer gewohnt ist, an seinem GPS-Gerät mit **Minuten** und **Sekunden** statt mit den hier angegebenen **Hundertsteln** zu arbeiten, stellt über die Menü-Steuerung zunächst auf Minuten/Hundertstel ein, gibt die Daten so ein und stellt dann wieder auf Minuten/Sekunden um: Das Gerät konvertiert die Daten selbstständig.

Anzumerken für Wüstenanfänger weiterhin: Die mit GPS-Daten gesicherte Route führt durch saharisches Gelände; auch andere Wegführungen sind möglich.

nach dem Hotel Sabah zweigt links ein Weg ab zum Campingplatz Tergit-Vacances. Unmittelbar neben dem Gelände führt eine sandige Spur direkt zum Strand. Bei **Ebbe** fahren Sie den sehr weichen Strand hinab zum Wasserrand und dann diesem entlang – vorbei an zahlreichen Fischercamps und dem Dorf El Mhaijrât – immer nach Norden. Umfahren Sie – unter Beachtung von Ebbe und Flut – mit ruhigem Blut die felsigen Stellen bei Km 62 und 106, und weichen Sie notfalls ins sandige Gelände im Landesinneren aus, falls der Ebbesaum nicht ausreicht. Weiter nordwärts begrenzen hohe Sanddünen den Strand, ein Ausweichen ins Landesinnere ist hier nicht mehr möglich, deshalb sollte man unbedingt zu Beginn der Ebbe in Nouâkchott losfahren. Wenn die Dünen wieder niedriger werden, kann man außerhalb des Flutbereiches einen ruhigen Tag verbringen und zahlreiche Wasservögel beobachten, bevor man bei der nächsten einsetzenden Ebbe wieder weiterfährt – vorausgesetzt, man hat genügend Zeit. Nach etwa 165 km und ca. 4 Std. Fahrzeit ist das Dorf **Nouâmghâr am Cap Timirist** erreicht, durch das Sie daran gehindert werden, weiter dem Strand zu folgen. Hier entrichten Sie am Nationalparkbüro den Obolus für das Betreten des Nationalparks (ca. 5 Euro, Quittung für spätere Kontrollen aufheben). Folgt man ab dem Cap Timirist weiter der Küste, gelangt man über Iouîk in das hübsch gelegene Fischerdorf **Tafarit,** in dem sich mittlerweile eine einfache touristische Infrastruktur gebildet hat. Unterkunft in maurischen Zelten wird angeboten.

Für die Strecke bis nach Nouâmghâr ist die Routenfindung einfach: Sie fahren immer entlang des Spülsaumes. Die weitere Strecke **bis Nouâdhibou** bzw. womöglich bis Choum ist wesentlich weniger einfach zu finden. Auch wenn die sich anschließende Strecke in Nordrichtung ohne Führer „machbar" ist, sollten Sie sie doch nur dann in Angriff nehmen, wenn Sie über Sahara-Ausrüstung (Detailkarten, Satellitennavigation, Sandbleche!) und auch Sahara-Erfahrung verfügen (s.a. GPS-Daten im Exkurs auf den Seiten zuvor). Bis Nouâdhibou bleibt die Piste danach überwiegend im Hinterland, kommt jedoch an Buchten auch in Sicht- und Reichweite der Küste. Nach einer Fahrstrecke von ungefähr 530 km ist Nouâdhibou erreicht. Film auf YouTube dazu: „Sand Driving in Mauritania", unterwegs am mauretanischen Strand.

Bitte bedenken Sie, dass seit der Fertigstellung der asphaltierten Straße von Nouâkchott nach Nouâdhibou nur noch wenige einheimische Fahrzeuge die Küstenpiste benutzen.

Nouâdhibou

Nouâdhibou ist Endpunkt der **Erzbahn** und **wichtiger Hafen** für den Export dieses Minerals. Daneben ist es ein überaus lebhafter Hafen (nicht zu besichtigen) für die mauretanische Fischereiflotte. Ganz ähnlich der Hauptstadt Nouâkchott quillt auch diese zweitgrößte Stadt des Landes zu bestimmten Zeiten geradezu über vor Leben.

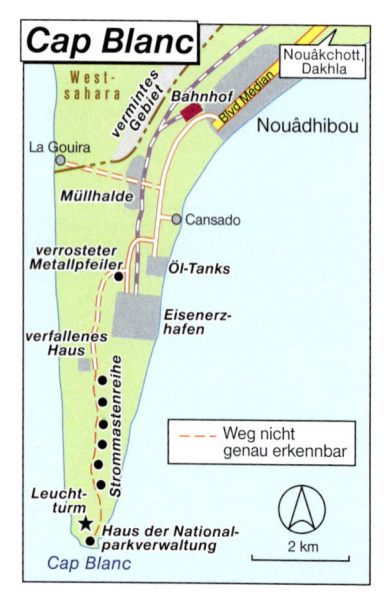

Neben der für eine Stadt typischen Infrastruktur (siehe Stadtplan) hat der Ort nicht viel zu bieten. Immerhin lohnt die Besichtigung des **Cap Blanc.** In dem **Schutzgebiet,** das dem Arguin-Nationalpark angegliedert ist, lebt noch die vom Aussterben bedrohte Mönchsrobbe (Eintrittsgebühr: 1400 UM pro Person). Hier stehen ein Leuchtturm und eine ehemalige Kapelle mit einem großen Kreuz, das erstaunlicherweise nicht entfernt wurde. Ca. 2 km nördlich liegt eine schöne Sandbucht, die man aber nicht direkt vom Leuchtturm ansteuern sollte, weil sich dazwischen eine Art Sebkha auftut. Besser auf der Piste zum Teil zurück, bis die Piste zur Bucht abzweigt. Dort liegt ein Wrack, ein schöner Strand lädt zum Baden ein. Die Piste zum Cap zweigt von der Straße nach Cansado rechts ab und führt als Teerstraße noch über die Gleise, dann als Piste rechts von den Öltanks und dem Eisenerzhafen entlang bis zum Leuchtturm.

Besonders sehenswert: Zweimal am Tag erreicht die **Erzbahn** aus dem 750 km entfernten Zouérat Nouâdhibou. Fahren Sie – am Hafen und am Bahnhof (kaum als solcher zu erkennen) vorbei – 1–2 km nach Süden hinaus aus der Stadt, wenn ein Zug eingetroffen ist. Der schwerste Zug der Welt! Betrachten Sie die Schienen: Sie werden sich dann nicht mehr wundern, warum sich Reifenpannen beim Befahren von Strecken entlang der Geleise geradezu häufen: Überall liegen – Granatsplittern gleich – die von den Rädern umgeschmiedeten Fetzen der Gleislaufflächen neben den Schienen …

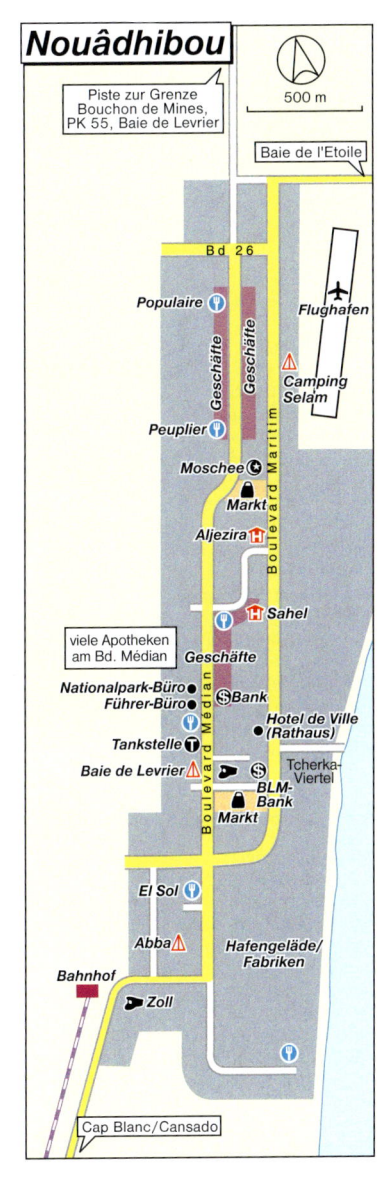

Hotels

●**Hotel-Restaurant Oasian**
Tel. 5749029, etwa 5 km südlich außerhalb von Nouâdhibou, am Strand von Cansado. Ordentliches und sauberes Hotel, das Restaurant ist bekannt für seine Meeresfrüchte. Am Cansado-Strand soll sich ein weiteres Hotel befinden.
●**Hotel Aljezira** (ex Sabah)
Tel. 5745317. Mittelklassehotel nahe der Einmündung des Bd. Médian in den Bd. Maritim, also ein wenig abseits gelegen. DZ 20.000 UM.
●**Hotel Sahel**
Tel. 5743857, am Bd. Maritim. Gute Mittelklasse, DZ 20.000 UM.
●**Chez Momo, Auberge Sahara**
(früher Youth Hotel)
Tel. 6596840, http://aubergechezmomo.free.fr/ und http://aubergesahara.site.voilà.fr. *Momo* ist Senegalese und hat für jeden Reisenden und zu allen Problemen einen Rat parat. Einfache DZ ohne fließend Wasser und AC 4000 UM.
●**Hotel Baie de l'Etoile**
Tel. 5745571, etwa 15 km nördlich außerhalb von Nouâdhibou: Hotel und Centre de Pêche sportive le Pélican. Am Flughafen vorbei über ordentliche Piste erreichbar. Auch Übernachtungsmöglichkeit im eigenen Fahrzeug im Innenhof. Sehr empfehlenswertes, aber nicht billiges Restaurant.

Camping

●**Baie du Lévrier**
Pos. N 20°54,831' / W 17°3,127', Tel. 5746536, Handy 6504356, camp-baie-levrier@caramail.com; schräg gegenüber der Polizei, Café de Lune (in der Konvoizeit unentbehrlich wegen stundenlangem Warten!) in der Nachbarschaft, ebenso ein Internet-Café. Der Eigentümer *M. Ali Mahjoub* ist sehr aktiv und nimmt dem Reisenden alles nur Erdenkliche ab, vom (seriösen) Geldwechsel über den (seriösen) Abschluss einer Versicherung bis zur Hilfe bei der Bahnverladung in Richtung Choum. Bei Vorbestellung gibt es besten Fisch und Meeresfrüchte! Der Platz selbst ist sauber, hat aber nur wenig Schatten. Inzwischen auch DZ für 5000 UM.
●**Camping Auberge Abba**
Tel. 5749896, Fax 5749887, auberge.abba@caramail.com. Französische Leitung. Großer, gepflegter Platz.

Restaurants

Restaurants finden sich im Verlauf des zentralen Boulevards Médian. Preiswert und sauber ist das **Restaurant Al Ahram,** an einer nach Westen zum Markt führenden Querstraße zum Bd. Médian. Sehr gute „orientalische/asiatische" Gerichte werden im **El Sol** serviert, ebenfalls am Bd. Médian (um die 1000 UM). Immer wieder gelobt wird das **Restaurant Bathily et Frères,** Pos. N 20°55,032' / W 17°3,028'. Das **Café de Lune** wurde schon oben beim Campingplatz Baie du Lévrier erwähnt.

Sonstiges

Bahn

Verladung von Fahrzeugen und Personen auf der Erzbahn Richtung Choum Sa und Mo; man sollte bereits am Vortag anwesend sein. Siehe auch die Ausführungen im Kapitel „Reisen in Mauretanien/Bahnverbindungen".

Mietwagen

●Die Firma **Europcar** (http://location-voiture.europcar.com) ist in Nouâdhibou am Flugplatz vertreten.

Nationalpark-Büro

Hier können Sie ggf. Ihr Eintrittsticket (2400 UM/Person für 24 Stunden) erwerben; eine informative Karte mit verschiedenen Wegepunkten wird angeboten, Führer werden vermittelt. Für den Besuch des Parks ist ein geländegängiges Fahrzeug dringend angeraten. Im Park selbst gibt es weitere Stationen, die ggf. mit Informationen (z.B. mit einer Gezeitentabelle) behilflich sind; sie sind an den Walgerippen zu erkennen, die mitunter eine Art Gartenzaun um das jeweilige Gelände bilden. In verschiedenen der kleinen Fischerdörfer ist mittlerweile eine bescheidene touristische Infrastruktur entstanden, einfache Unterkünfte werden angeboten. Nach meinem Empfinden ist es mit Blick auf den propagierten sanften Tourismus fast schon wieder etwas zu viel ...

Medizinischer Notfall

- **Klinik Rachad**
Tel. 5746115, im Notfall: Tel. 5745019.
- **Klinik Ettaiba,** Tel. 5745968.
- **Dr. Virginia González**
Spanische Ärztin, Tel. 5745183.

Von Nouâdhibou nach Choum auf Piste und weiter bis nach Atâr

Einleitung

Wer von Norden her nach Mauretanien eingereist ist, hat bis dahin unter normalen Umständen keinerlei Sahara-Erfahrung gesammelt. Jetzt soll er sich plötzlich in freiem Wüstengelände bewegen – da kann es nicht überraschen, dass viele die einfachste aller Lösungen suchen. Das wäre auf alle Fälle die Verladung des Fahrzeugs auf die Bahn, doch ist dies auch keine ganz problemfreie Möglichkeit. Einer der Haupthinderungsgründe besteht darin, dass die erforderlichen Plateauwagen nicht immer so zur Verfügung stehen, wie dies der Reisende gerne hätte. Wie ein Blick auf die (Michelin-)Karte zeigt, verläuft die alternative Piste entlang den Gleisen der Erzbahn bis nach Choum, dem Ort, der auch Ziel der üblichen Bahnverladung ist. Sie ist nur mit einer einzigen dünnen Linie markiert, was bei Michelin für „nichtmarkierte Piste" steht. Dies ist kein Problem, stellt doch die Bahnlinie immer und überall eine eindeutige Auffanglinie dar. Die Strecke ist jedoch auf langen Abschnitten sehr weichsandig, und ich kann mir nicht vorstellen, wie Fahrzeuge ohne Allradantrieb diese Sandfelder ohne enorme Schieb- und Schaufelmanöver bewältigen könnten – über eine Distanz von immerhin 450 km!

Auch dies ist vielleicht noch wichtig: Die Michelin-Karte vermerkt die Piste fast durchgängig nördlich (!) der Bahnlinie. Tatsächlich verläuft sie jedoch fast überall südlich (!) von ihr. Bereits seit Jahren wird auch vor **Minen** gewarnt, die angeblich nördlich (!) der Bahn liegen sollen. Halten Sie sich also immer südlich der Bahnlinie, und wenn aus irgendwelchen Gründen Veranlassung bestehen sollte, diese nach Norden zu überqueren, achten Sie peinlich genau darauf, immer in befahrenen Spuren zu bleiben!

Streckenbeschreibung

Wir folgen der Asphaltstraße 60 km nach Osten bis zum Ort **Bou Lanouar,** zu erkennen vor allem an riesigen Wassertanks (N 21°17,67' / W 16°31,89'), jetzt aber auch mit Tankstelle, Versicherungsbüro und zwei ansprechenden Herbergen. Wo sich die Straße nach Süden wendet, fahren wir geradeaus weiter und folgen der Piste entlang der Gleise.

Von Nouâdhibou bis nach Atâr

Weite ebene Sandflächen schließen sich an. Ein kleiner unscheinbarer Weiler wird durchquert. Ab und zu sind irgendwelche Anlagen an den Bahngleisen zu erkennen oder eine Ausweichstelle („Evitement"), z.B. die beim Bahn-Km 180 (N 21°16,73' / W 15°43,66'), wo noch recht hübsche Barchan-Dünen zu sehen sind. Immer weiter fahren wir so nach Osten, die Piste ist mal fester, mal weicher. Einige Dünenfelder hemmen das Vorwärtskommen ebenso wie kurze, eher steinige Abschnitte.

Tankstelle in Ouadane

Nach 225 km durchfahren wir ein Gebiet, in dem sehr viele Dornschwanz-Agamen leben. Schemenhaft tauchen dann erstmals scheinbar riesig hohe isoliert stehende Berge vor allem nördlich der Bahnlinie auf. Einer der Felskegel nennt sich **Adekmar** und erinnert so nicht nur mit seinem Namen an vergleichbare in Algerien, z.B. das Tidikmar nahe dem Teffedest. Ein Dorf liegt nahebei. Auffallende Schilder warnen vor den Zügen. Weitere massige Felsmassive tauchen vor uns auf: Jetzt lohnt sich eine Querung der Gleise nach Norden hin, die auch gefahrlos durchzuführen ist – auf Züge allerdings sollten Sie schon achten! Der **Guelb Ben Amira,** der als massiger Felsdom bei

W 13°40,14′ etwas im Norden von unserer Route liegt, gilt als weltweit größter Monolith nach dem Ayers Rock. Der Ben Amira ist dabei der höchste von allen! Um 450 m überragt er das Umland gleich einem riesigen Gugelhupf, der Ayers Rock bringt es „nur" auf 310 m – und der etwas hinter dem Amira im Nordwesten liegende **Ben Aischa** immer noch auf 300 m! Vorsicht jedoch: Die Gebiete nordöstlich des Ben Amira gelten als vermint! Bitte Suchfunktion mit „Amira" im Forum der Seite www.desert-info.ch nutzen, dort finden Sie auch eine Karte.

Erneut taucht ein diesmal sehr weiches Dünengebiet zwischen Bergen vor uns auf; ein aufgeschütteter Damm soll sein Durchqueren erleichtern, doch ist auch der Damm von einer Düne überzogen (N 21°11,71′ / W 13°34,7′). Jetzt gewinnt das Gelände wieder Strukturen: Wir nähern uns dem Adrar-Bergland. In weiten von Akazien bestandenen Tälern stehen viele Nomaden-Zelte. Schließlich erreichen wir **Choum** (**Km 430,** N 21°17,59′ / W 13°3,95′, gemessen an der Ausfahrt in Richtung Atâr). Der Ort ist überraschend klein, von einer nennenswerten Infrastruktur kann keine Rede sein. Treibstoff ist nur aus Fässern erhältlich (2007: 20 Liter Diesel für 3500 UM). Zugverladung Richtung Zovérate Sa und Mo.

Die Piste weiter in Richtung Atâr ist eine breite, staubige Wellblechpiste. Ein Schild weist nach Osten zum **Oued Toujounine,** einer malerischen Talschlucht mit verschiedenen Quellen. Hier zweigt auch die Piste in Richtung Zouérate ab. Nach Querung eines breiten Wadis (N 20°46,74′ / W 13°11,04′) mit einem unmittelbar an der Piste liegenden Brunnen wendet sich auch unsere Piste der Bergflanke zu, an deren Fuß wir bisher immer nach Süden gefahren waren. Steil, steinig und auf heftigem Wellblech geht es hinauf und droben über einen Höhenrücken hinweg. Dann liegt das weite sandige **Tayaret-Tal** vor uns. Steil und steinig geht es zu ihm hinab und vorbei an einem Kontrollposten hinein. Die Spur ist tiefsandig, einige kleine Dünen sind eingeweht und müssen um- oder überfahren werden – kein ganz leichtes Unterfangen, wenn Sie ohne Allrad-Fahrzeug unterwegs sind. Lassen Sie dann noch einmal rechtzeitig (z.B. am Kontrollposten) Luft ab, und suchen Sie sich Spuren abseits der tief ausgefahrenen Hauptpiste. Nach unbestätigten Berichten könnte Ihnen das alles möglicherweise erspart bleiben: Bis ins Tayaret-Tal soll zwischenzeitlich die von Atar ausgehende Asphaltierung der Piste erfolgt sein.

Nur etwa 4,5 km ist das Tal breit, dann geht es über einen weiteren Höhenrücken hinweg und drüben in ein diesmal engeres und von vielen Palmen bestandenes Wadi hinein, den Oberlauf des **Oued Seguelil,** an dem unser Ziel Atâr liegt. Die Piste wendet sich jetzt nach Süden und ist deutlich ausgefahren, je näher wir der Stadt kommen. Verschiedene Weiler werden passiert, und schließlich erreichen wir nach ca. 110 km seit Choum die große Piste Atâr – Chinguetti – Ouadane am östlichen Ortsrand von **Atâr** (N 20°31,39′ / W 13°1,83′). Nach rechts geht es in den Ort Atâr hinein (Ortsbeschreibung s.u.).

Städte im Adrar-Bergland: Atâr, Chinguetti und Ouadane

Die Asphalt-Straße von Nouâkchott in Richtung Norden ist mittlerweile durchgehend bis nach Atâr bestens asphaltiert.

Bis **Akjoujt** (**Km 255,** sprich Akschuscht) führt die Strecke durch relativ uninteressante und weitgehend flache Landschaft. Immer wieder versperren Barchan-Dünen die Straße/Piste. Der Ort (Tankstelle, einige Lebensmittel und Brot) selbst hat wenig zu bieten; in der Umgebung des kleinen Bergbaustädtchens wird seit Jahrhunderten Kupfer abgebaut – ohne dieses Erz existierte es vermutlich gar nicht. Das Wasser der Ortschaft kommt in einer Pipeline aus dem Süden aus Bennichchab. Dann tauchen hohe Berge vor uns auf: Wir nähern uns dem Adrar-Bergland. Bei den ersten Bergen queren wir einen breiten Trockenfluss und erreichen am anderen Ufer den Weiler **Ehel et Taya** (auch Ain Ehel Taya), Heimat des ehemaligen maurischen Staatspräsidenten Taya.

Die Straße führt jetzt in dramatische Felslandschaften hinein. Tiefe Schluchten haben sich in die Plateau-Landschaften eingeschnitten. Unter unserer Straße verläuft immer wieder das **Oued Seguelil**, an dem auch unser Zielort Atâr liegt. Bei einem Kontrollposten zweigt nach rechts eine kleine Piste zur bekannten **Oase Terjit** ab, die wie ein kleines grünes Paradies an einem offenen Bachlauf und bei Quellbecken tief in einer von üppig-grünen Palmhainen bewachsenen Schlucht liegt.

Abstecher nach Terjit

Eine mit teilweise üblem Wellblech „ausgestattete" und auch steinige Piste führt in ein von schroffen Felswänden gesäumtes Tal hinein. An einer Verzweigung nach ca. 10 km halten wir uns links (geradeaus führt die Piste in die sehr versteckt in den Bergen liegende Oase Oujeft, s. YouTube „aoujefett, aoujefet"). Erste malerische und sehr afrikanisch wirkende Rundhütten tauchen auf, es geht den Palmen der Oase im sich mehr und mehr verengenden Tal zu. In einer Schlucht am Ortsende endet die Piste nach gut 12 km (Parkgebühr 1000 UM), ein Weg führt uns zu Fuß in die Palmhaine hinein, wo zwischen den Felswänden Quellen sprudeln. Der Tourismus hat hier Einzug gehalten: Nomadenzelte laden zu einer schattigen Rast mit Tee oder Kaffee oder einem einfachen Essen ein. Kleine Quellbecken ermöglichen sogar ein Bad! Wer diesen Fleck zu ruhigen Zeiten erlebt, kann hier seine Seele baumeln lassen.

YouTube-Filmchen: „Tent tente khaima mauritanie"; „auberge caravane de tergit" (nur diese, keine Umgebung); „Tergit adrar".

Atâr

Bei **Km 440** ist Atâr erreicht, Hauptstadt des Adrar-Berglandes und gleichnamigen Departements, dazu **heimliche Hauptstadt der Mauren.** Atâr ist eine Oase und lebt traditionell von und mit dem Anbau der Dattelpalme (etwa die Hälfte der mauretanischen Dattelpalmen wachsen allein in dieser Oase!). Im Juli erlebt der Ort mit dem Fest „Gettna" einen Höhepunkt: Viele Mauren kommen anlässlich der Dattelernte hierher, Feste werden gefeiert, Hochzeiten abgehalten. Wer jedoch in die Geheimnisse dieser vom Gegensatz

STÄDTE IM ADRAR-BERGLAND

zwischen kahlen Bergabbrüchen und grünen Oueds gekennzeichneten Region weiter eindringen will, der sollte die kleinen **Oasen Terjit** (s.o.) oder **Oujeft** besuchen: In engen, mit dichten Palmgärten bewachsenen, schluchtartigen Tälern rieselt hier das kostbare Wasser, kühl die Luft. Nur gedämpft dringt das Licht durchs grüne Gewölbe der Palmbäume – wer denkt hier nicht an paradiesische Gärten? (Ausschilderung 30 km südlich von Atâr, Thermal-Quellen, Tagesaufenthalt und Besichtigung 1000 UM, Übernachtung mit Schaumstoffmatratze 1500 UM.)

Unterkunft/Versorgung

● Als Folge der Charterflüge in der Wintersaison hat sich Atâr rasend schnell ungefähr zu dem entwickelt, was das weit entfernte Agadez für den Niger darstellt: die wichtigste Drehscheibe des landesweiten Sahara-Tourismus! Die Zahl der Unterkünfte ist kaum noch überschaubar und reicht von einfachen Zeltlagern bis zu Mittelklassehotels, oft mit Restaurant; entlang der Hauptstraße finden sich kleine Hotels/Restaurants in Familienhand, die überwiegend Pauschaltouristen beherbergen und fast immer einen verödeten Eindruck erwecken, wenn nicht gerade eine Reisegruppe anwesend ist. Genannt seien auch die **Auberge Monod** nahe dem Zentrum (DZ 6000 UM, Frühstück 500 UM), die **Auberge Nouzha**, die **Auberge Aderg**, das **Auberge-Hotel Dar es Salam** (am Ortsausgang Richtung Chinguetti), das **Seguellil** (DZ 10.000 UM), das ganz neue **Nouzha** mit großen Zimmern und Aussichtsterrasse (DZ 7000–12.000 UM) und die **Auberge Toungad** (DZ 4000–8000 UM), die einem Entwicklungsprojekt verpflichtet ist. Nahe dem Flugplatz liegt das **Al Waha** (Pos. N 20°30,642' / W 13°2,958', Tel. 5464249, DZ 14.500 UM).

● Im **Restaurant Terjit** an der Hauptstraße Richtung Chinguette/Ouadan gibt es für wenig Geld einfache, schmackhafte Gerichte. Weitere Restaurants sind im Zentrum entstanden und bieten preiswertes und gutes, oft senegalesisch orientiertes Essen.

Camping

● **Camping Bab Sahara**
Etwa 2 km außerhalb Richtung Azougi (d.h. im Nordwesten), holländische Leitung; B.P. 59, Atâr, Tel. 5464573, Fax 5464605, info@bab-sahara.com, GPS-Pos. N 20°31,16' / W 13°3,72'; auch Reiseagentur und Fahrzeugvermietung, Trekking- und Kamelexkursionen. Hilft auch bei Visa-Verlängerung oder technischen Problemen am Fahrzeug mit allen nur erdenklichen Informationen. Der Platz ist wichtigster Treffpunkt der Mauretanien-Reisenden. *Just Buma* und seine deutsche Frau *Cora* sind mittlerweile eine der ersten touristischen Institutionen nicht nur in Atâr, sondern im ganzen Land!

Sonstiges

● Die **Versorgungsmöglichkeiten** sind nicht schlecht, sieht man einmal von dem überaus bescheidenen Gemüseangebot ab. Am zentralen Kreisverkehr gibt es zwischen Wechselstuben und das Büro einer Versicherung. Ein Postamt (Telefonieren möglich) liegt an der Straße in Richtung Nouâkchott, der Flugplatz etwas außerhalb ebenfalls in Richtung der Landeshauptstadt. Mehrere Tankstellen liegen an der Durchgangsstraße.

● Durch die preisgünstigen wöchentlichen **Charterflüge von Point-Afrique** während der Wintersaison nach Atâr hat in der ganzen Stadt, ja im ganzen Land Mauretanien, der Tourismus einen enormen Aufschwung erlebt; dies macht sich allenthalben durch Erleichterungen hinsichtlich einfacher Übernachtungsmöglichkeiten, wechselbereiten Banken usw. bemerkbar. Weitere Informationen unter www.point-afrique.com. Gerade Atâr zeigt dem Reisenden jedoch auch die negativen Seiten dieser Entwicklung: Kaum irgendwo im Land wird man so hartnäckig mit Geschenkforderungen, mit Führer- und Vermittlungsdiensten, mit Kaufangeboten und überhöhten Preisforderungen konfrontiert wie hier. Angesichts der aktuellen Situation in Agadez/Niger macht man sich auch

Gedanken darüber, wie all die vielen Menschen, die ihr Auskommen heute im Tourismus finden, überleben werden, wenn dieses empfindliche Pflänzchen verkümmert! Wer kommt noch nach Atâr, wenn sich die Sicherheitslage verschlechtern sollte, wenn Point nicht mehr dorthin fliegt?
● YouTube: **„Street life in Atar"**

Ausflüge

Die Region Atâr bietet eine Vielzahl an Ausflugsmöglichkeiten (Terjit, Chinguetti usw.), die überwiegend im Rahmen der Routenbeschreibungen vorgestellt werden.

Lohnend ist ein Abstecher in die knapp 10 km entfernte Ortschaft **Azougui** (asphaltiert), im 11. und 12. Jh. Stammsitz der Almoraviden. Der Ort besticht nicht nur durch seine Lage in der von Dünen durchsetzten Tayaret-Talung zwischen den schroffen Felsabbrüchen des Adrar-Massivs; hier findet sich auch das Grabmal eines Art Heiligen, des *Imam el Hadrami*, Mitbegründer der Almoraviden-Dynastie, die einst ganz Nordafrika von Spanien über Marokko bis hinab zum Senegal beherrschte. Die Überbleibsel aus dieser glanzvollen Zeit sind sehr bescheiden: Die Reste einer alten Zitadelle mit einer Umfassungsmauer und Eckbastionen sind kaum noch zu erkennen. Das Mausoleum (Pos. N 20°34,185' / W 13°6,560') unweit dieser Zitadelle ist dagegen bis heute ein wichtiger Wallfahrtsort.

● Verschiedene **Unterkunftsmöglichkeiten,** u.a. Auberge Foum Chor (oder Foum Chouer), einfache regionaltypische Rundhütten, im

Besitz von *Just Buma* (s.o.), und Auberge de la Medina, Übernachtung in Zelten oder Hütten (www.auberge-mauritanie.com).

In Atâr verzweigt sich die Piste: Nach Norden bzw. Nordwesten führt eine stärker befahrene Strecke weiter nach **Choum,** einem wichtigen Bahnhof an der Erzbahnstrecke und Endpunkt der Fahrzeugverladung von Nouâdhibou her (vgl. oben), von dort dann weiter nach Norden bis zu den Eisenerzgruben im Gebiet der Kediet ej Jill. Die Asphaltierung dieser Strecke soll in Angriff genommen werden. Es ist gar die Rede von der Öffnung einer Verbindung nach Marokko!

Nach Osten führt eine mittlerweile gut ausgebaute Piste in die **dramatische Berglandschaft** um den **Pass d'Amogjar,** einen der schönsten Punkte in ganz Mauretanien, und weiter nach Chinguetti. Unweit der Passhöhe steht sehr malerisch ein Torbogen aus Trockenmauerwerk – ein Blendwerk, denn Gemäuer und dramatische Landschaft dienten als Kulisse für einen Film! Die Strecke führt heute jedoch nicht mehr über den Amogjar-Pass, sondern in einer kürzeren und direkteren Variante südlich davon über den **Pass von Eguenat-M'Haireth,** auch Pass Ebnou (YouTube: „Grand Canyon in the Adrar"). 10 km außerhalb von Atâr trennen sich an einer Abzweigung neue und alte Route, links weg geht es zum Amogjar,

Schwieriges Vorankommen im Adrar-Bergland

geradeaus zum neuen Pass, dessen Anstieg gar asphaltiert wurde. Unmittelbar nach Erreichen der Anhöhe passieren wir einen Polizeiposten; wenige hundert Meter weiter mündet von links die alte Amogjar-Piste ein, während sehr unscheinbar nach rechts, nach Süden, die Piste in Richtung Tidjikja abzweigt (Streckenbeschreibung im nächsten Abschnitt).

Bergab geht es über das **Bergland von Chinguetti** dem gleichnamigen Ort zu. Schon von weitem sind dann einerseits die Dünen des Ouarane-Erg zu sehen, andererseits aber auch der Beton-Wasserturm der Ortschaft – der Widerspruch könnte krasser kaum sein. Dennoch: Wer bisher in Mauretanien noch nicht das gefunden hat, was er sich unter dem Begriff „Sahara" erträumt hat – endlose Sanddünen bis zum Horizont, die Palmen einer Oase davor –, hier in Chinguetti könnte er fündig werden!

Von Atâr nach Chinguetti sind es etwa 85 km auf einer Piste, die beispielsweise auch mit einem VW-Bus zu schaffen ist.

Chinguetti

Chinguetti wurde schon im 12. Jh. gegründet und war dann über Jahrhunderte hinweg eine der wichtigsten Etappen im Transsahara-Handel. Die Stadt gilt noch heute als eine der sieben heiligsten Städte des Islam. Hier sammelten sich Gläubige aus den weitesten Gebieten der Westsahara, um die Pilgerreise nach Mekka anzutreten. Die **Altstadt,** die getrennt durch ein breites, sandiges Tal, ein klassisches Wadi, gegenüber der neuen Stadt liegt, wurde schon 1996 in die UNESCO-Liste des Weltkulturerbes aufgenommen. Eindrucksvoll auch heute noch die **Moschee**, eines der Wahrzeichen des Landes: Trocken aufgemauert, wird ihr zierlich wirkendes Minarett von vier Ecktürmchen gekrönt – mit jeweils darauf befestigten Straußeneiern als Symbol ewig währender Fruchtbarkeit. Leider ist der Zutritt zur gesamten Anlage (d.h. auch zum Moschee-Hof) Nicht-Muslimen verwehrt. Auch hier wieder ein krasser Gegensatz: Nur wenige Schritte weiter werden die Oasengärten von den vordringenden Dünen geradezu verschüttet. In den sandgefüllten Gassen der Altstadt werden Ihnen bald Hinweisschilder auf **Museen** auffallen: In mehreren der alten Häuser bewahren die alteingesessenen Familien wahre Schätze an teilweise spätmittelalterlichen Manuskripten auf, wissenschaftliche Werke und Korantexte. Besuchern werden sie stolz, auch in Form eines kleinen Museums, gegen eine geringe Eintrittsgebühr (1000 UM) oder für eine Spende vorgeführt; achten Sie beim Besuch solcher Häuser auch auf die schönen Holzriegel an den Türen, auf die dekorativen Elemente, Lampennischen und geometrischen Muster der Steinsetzungen.

Unterkunft/Versorgung

Kaum fassbar, was ein Pistenausbau und ein wöchentlicher Charterflug in dieser Region für Folgen haben können! Konnte man bis vor wenigen Jahren noch mit Fug und Recht behaupten, es fehle hier an jeglicher **touristischer Infrastruktur,** quillt der Ort heute fast über vor touristischen Angeboten! Viele, zu viele begeben sich auf die „chasse aux touristes", auf die Jagd nach Touristen (und ihrem Geldbeutel). Unangenehm oft auch die Kinder, die jede Gelegenheit nutzen, den Besucher um ein Geschenk anzubetteln. Wer sich auf Souvenir-Suche begibt, findet hier ein reiches Angebot. Das restliche Warenangebot ist eher bescheiden, immerhin gibt es eine Tankstelle am Ortseingang.

●**Auberge des Caravanes**
Tel. 7429235. Traditionshaus, große Terrasse mit Blick auf die Altstadt. DZ 5000 UM, Camping möglich.
●**Maison d'hôte L'Eden**
Tel. 5400014, Handy 6462596, http://membres.lycos.fr/mahmoudeden/. Inhaber ist der sehr tüchtige und bemühte *Mahmoud*, der sich mit seinem vielfältigen Angebot auch an Individualreisende wendet. Ausflüge per Kamel, in seinen Garten am Rand des Bath Chinguetti (s.u.) oder auch zu einer Nomadenfamilie. Die Anlage selbst ist gepflegt, ein Campingplatz im Entstehen begriffen.
●**Le Maure Bleu**
Tel. 5400154, www.lemaurebleu.com. Gepflegte Anlage, französische Eigentümer. Zimmer (DZ 12.000 UM) und Übernachtung im Zelt (2500 UM/Person). Keine Zufahrtsmöglichkeit für Fahrzeuge.
●Daneben existiert eine **stattliche Zahl anderer Herbergen,** z.B. Abuweir, Campement 1000 étoailes, La Vielle Ville, Mille et une nuit, Zarga. Alle sind ähnlich, bieten Zimmer und Übernachtung im Zelt, auch die Preise bewegen sich auf ähnlichem Niveau, sie richten sich vor allem an Gruppenreisende.

Achtung: Nicht immer steht **Strom** zur Verfügung! Der städtische Generator wird zwischen 22 und 6 Uhr abgestellt; manche der Auberges verfügen über Solarstromanlagen.

Zwei Pisten führen weiter **nach Ouadane** (je nach Route etwa 100–120 km östlich von Chinguetti), auch dieses wie Chinguetti einst wichtiger Ort im Transsahara-Handel (und gemeinsam mit diesem unter UNESCO-Schutz). Während eine vor kurzem instandgesetzte Strecke oben auf dem hier eher flachen und eintönigen Chinguetti-Plateau bleibt, führt die andere südlich davon am Btah (eine Art Tal am Fuß von Bergen) Chinguetti entlang. Während die nördliche Piste über das Plateau von jedem Fahrzeug bewältigt werden kann, stellt die südliche wegen ausgedehnter Weichsandstrecken höhere Anforderungen: Ein Allradfahrzeug ist erforderlich; mit einem stark erhöhten Treibstoffverbrauch ist zu rechnen. Diese Strecke wird gerne auch von Trekking-Gruppen begangen, die üblicherweise von Ost nach West, d.h. von Ouadane nach Chinguetti, unterwegs sind – wundern Sie sich also nicht, wenn Ihnen gelegentlich solche modernen „Karawanen" entgegenkommen.

Die sandige Strecke beginnt unmittelbar im Ort am nördlichen Uferrand des **Btah Chinguetti** (ggf. sollten Sie hier gleich den Luftdruck reduzieren) und führt an Palmhainen und kleinen Ortschaften vorbei dem Tal folgend in östliche Richtung. Überall sind noch die traditionellen Khottara-Brunnen im Einsatz, schöne Dünen bilden die Talränder. Durch ein enges Dünental geht es dann nach Norden hinaus (N 20°31,39' / W 12°16,35') und über weite Walrückendünen hinweg. Schöne Längsdünen (die nicht überfahren werden müssen) begrenzen unsere Fahrspur rechts und links (N 20°34,48' / W 12°13,56'). Das **Oued Touchat** wird gequert (N 20°37,73' / W 12°9,62'). Das Gelände nimmt mehr Bewuchs an. Der Mini-Weiler **Doueirat** wird durchfahren (N 20°42,0' / W 12°0,15') und später der nördliche Rand des Herour-Berges passiert (N 20°44,93' / W 11°56,23'); hier sollten Sie sich streng an die Piste halten, denn der Herour war früher vermint – er wurde zwar entmint, aber man weiß halt nie! Vorübergehend wird die Piste schlechter. Dann steuert man von einem flachen Höhenrücken aus (N 20°54,0' / W 11°38,63') auf Ouadane zu, das nach einer Gesamtstrecke von ca. 100 km erreicht ist (N 20°55,32' / W 11°37,85').

Ouadane

Die alte Karawanenstadt liegt ockerfarbig-malerisch jenseits eines grünen Palmenbandes am steilfelsigen Talhang. Noch heute legt die überraschende Ausdehnung der in **Ruinen** liegenden alten Ortschaft ein beredtes Zeugnis von ihrer früheren Bedeutung ab. In ihrer Blütezeit trafen sich hier die wichtigsten Karawanenrouten; Salz und Datteln der Sahara wurde gegen das Gold der Sudanländer eingetauscht. Der Legende zufolge wurde hier erstmals die Dattelpalme kultiviert, und so galt der Ort mit seinen teilweise noch heute vorhandenen Bibliotheken als Stadt der Wissenschaften und der Dattelpalme. Vom 14. bis ins 18. Jh. war Ouadane eine der bedeutendsten Handelsstädte der gesamten Region; Chinguetti, damals vor allem Stadt religiöser Gelehrsamkeit, stand unter ihrer Kuratel. Der Ruf der Stadt drang bis nach Europa, was z.B. Portugal veranlasste, hier einen Handelsstützpunkt einzurichten (s.u.). Als sich im 18. Jh. die Handelsrouten von der Westsahara weg in den Osten verlagerten, konnte die wüstenhafte Umgebung die große Zahl an Einwohnern nicht mehr ernähren: Die Zahl der Bewohner sank rasch von mehreren Tausend auf kaum noch einige Hundert heutzutage.

Unterkunft/Versorgung

In Ouadane sind – wie überall in Mauretanien – „Gites d'etapes" in Form mehr oder weniger einfacher Campements (Zeltunterkünfte, manchmal auch einfache Zimmer) entstanden, die vor allem für die Versorgung von Gruppenreisenden ausgelegt sind. Ist keine Gruppe angemeldet, ist auch nichts los; bei meinem letzten Besuch in Ouadane habe ich vergeblich versucht, in den vorhandenen Auberges einen Ansprechpartner zu finden! Es war einfach niemand da! Vielleicht ist es auch die Unsicherheit der Betreiber im Umgang mit Individualreisenden, dass sie oft eigenartige Preisforderungen stellen (siehe Auberge Verennie). Der Ort ist klein und übersichtlich, es können Ihnen also folgende Unterkünfte nicht entgehen:

- **Hotel Palace**
Tolle Aussicht auf den Ort, aber Palast?
- **Auberge Agoueidir**
www.serendib.com/wadane – eine lustige Seite! 2007 wurden die Preise mit Stand 1998 in Francs angegeben, die Essensversorgung wird als „basique" bezeichnet, einige Dinge werden genannt wie „Brot, Marmelade, Reis, Nudeln, ein bisschen Fleisch", und dann wird dazu aufgefordert, den Rest selbst mitzubringen. Zum Alkohol steht da: „Ist in Mauretanien verboten, wird Ihnen aber nicht fehlen". Wie das wohl zu verstehen ist? Eine nette Abbildung zeigt die drei Duschen und im Hintergrund oben auf dem Plateau das Palast-Hotel.
- **Auberge Vasque**
Nett und preisgünstig.
- Von Reisenden gelobt wird die **Auberge Verennie** (gegenüber der Gendarmerie in der Altstadt), wogegen ich selbst dort keine besonders guten Erfahrungen machen konnte: Es gab dort für mich den teuersten (Nès-) Kaffee nach dem Markus-Platz in Venedig! Also: Alle Preise zuvor klar absprechen!

Sonstiges

- Im Ort stehen ferner eine kleine, nicht immer belieferte **Tankstelle** und kleine **Läden** mit eingeschränkter Versorgungsmöglichkeit zur Verfügung.
- Einer in Westafrika weit verbreiteten Mode folgend, wird auch in Ouadane ein Musikfestival angeboten: **Festival du Sahara – Ouadane**. Raid-Sahara steckt dahinter, eine französische Organisation, die sonst Langstreckenläufe in wüstenhaften Regionen auf dem Programm hat. Infos unter www.raidsahara.com/FestivalSahara/Sahara.htm.

Guelb er Richat

Ein Ausflug zum **„Krater"** Guelb er Richat lohnt sich – erst einmal in Ouadane angekommen – vor allem bei günstigem Licht, d.h. bei klarer Sicht: Mit **40 km Durchmesser** ist er eine der spektakulärsten geologischen Erscheinungen der Sahara, selbst Astronauten dient das „Ochsenauge" mit seinen riesigen konzentrischen Kreisen zur Orientierung! Am Boden allerdings macht er sich eher bescheiden aus. Forschungen haben ergeben, dass es sich weder um einen (vulkanisch entstandenen) Krater noch um einen Meteoriteneinschlag handelt. Am wahrscheinlichsten ist die bereits von *Théodor Monod* aufgestellte These, dass magmatische Kräfte aus dem Erdinnern dereinst den kristallinen Sockel des präkambrischen Sandsteins, der heute das Adrar-Bergland bildet, aufgewölbt haben und die zerbrochenen Schichten in späteren Jahrhunderttausenden abgetragen wurden. Nur die härteren Schichten, die heute die kreisförmigen Ränder bilden, blieben erhalten.

STÄDTE IM ADRAR-BERGLAND

Zwei (von vielen möglichen) Zugänge zum Krater seien beschrieben, der erste eher spektakulär, aber etwas steinig-anstrengend, der zweite eher angenehm-weich, aber teilweise sandig.

Zufahrt über Oued Ntouiouz:

Hinter der Gendarmerie in Ouadane (N 20°55,772' / W 11°37,232') fahren wir zwischen den Häusern einer kleinen Piste folgend in nördliche Richtung. Die Spuren sind auf steinigem Untergrund schwach, aber nicht zu verfehlen; ein Wegpunkt mag der Orientierung dienen: N 20°56,138' / W 11°37'. Langsam holpern wir über dunkle, steinige Flächen bergan, dann fädeln wir in ein lang gezogenes hellsandiges Tal ein, das **Oued Ntouiouz** (**Km 12**, N 21°0,884' / W 11°35,389'), dem wir bergab auf jetzt deutlichem Pistchen folgen. Das Tal wird immer enger, an seinem Ende fahren wir auf dem östlichen Talhang und stehen dann am Fuß der mit 540 m Höhe markierten Bergflanke vor einer weiten Ebene, der **Batha Tin Jouker.** Bei **Km 18** (N 21°4,124' / W 11°34,651') passieren wir ein auffälliges, großes Hügelgrab und biegen unmittelbar nach diesem an einer Gabelung nach links ab. Die Piste überquert ein hübsches Wadi bei einem Brunnen unmittelbar am Wegesrand (**Km 19,** N 21°4,48' / W 11°34,066').

In einer weiten Feinsteinebene ist unsere Piste wieder gut zu verfolgen. Beim **Km 26** (N 21°6,502' / W 11°30,739') mündet von rechts hinten eine weitere Spur in unsere. Flott fahren wir in nordöstliche Richtung einem Wadi entlang; es ist relativ dicht bewachsen, ab und zu sind Nomadenzelte zu sehen. Über flottes Reg fahren wir dahin, die Bergkulisse im Westen und Norden ist eindrucksvoll (N 21°10,763' / W 11°29,299', N 21°12,299' / W 11°27,925'), die Piste bleibt deutlich. Schließlich mündet sie bei **Km 48** in eine etwas größere Piste ein (N 21°14,839' / W 11°23,308'), die nach rechts ins Zentrum des Richat führt. Wer zum Bir el Beyyed will, fährt hier nach links weiter; wir fahren rechts.

Waren wir bisher längs zu den den Krater bildenden Felsstufen gefahren, verläuft unsere Strecke jetzt quer dazu. Wir fahren auf den ersten Kraterring zu: Ein sogenannter Foum, ein Mund, tut sich als steiniger Pass auf (**Km 53**, N 21°12,31' / W 11°21,963'). Nur 4 km weiter überqueren wir den nächsten Ring, an dem eine Düne eingeweht wurde, die nicht ganz leicht zu bewältigen ist (**Km 57**, N 21°10,626' / W 11°22,407'). Die nächsten Ring-Übergänge sind dann eher harmloser Natur, und so zickzacken wir von Foum zu Foum immer weiter in den Krater hinein, dessen Zentrum wir nach 64 km (N 21°7,563' / W 11°23,937') erreichen. Die Karten vermerken 400 Höhenmeter, aber nicht die Tatsache, dass hier ein Hotel steht, das eher scherzhaft Hotel Richat genannt wird. Gemeint ist das **Camp Fadel,** einige ordentlich eingerichtete Hütten, die einer der Reiseveranstalter aus Atâr aufgebaut hat, um seinen Gästen eine Unterkunft zu bieten. Vom Hotel Richat weg führt eine sehr deutliche Piste nach Süden, über Agouadir zurück nach Ouadane (siehe nächste Zufahrt).

Von Atâr über Rachid nach Tidjikja

Zufahrt über Aghouedir:

Eine eher angenehm-weiche Zugangsmöglichkeit stellt die Strecke über die Ruinen der ehemaligen marokkanischen Feste Aghouedir dar. Angenehm-weich bedeutet aber auch wieder treibstoffzehrend und erfordert ein Allradfahrzeug (was ja, bei Benutzung der nördlichen Hauptpiste, bis Ouadane nicht unbedingt erforderlich ist). Am Fuß der Altstadt von Ouadane gabelt sich die Piste: Während eine Rampe hinauf zur Altstadt führt, bleibt unsere Piste unten im Tal und führt zwischen Palmgärten tief ausgefahren in östliche Richtung (N 20°55,85' / W 11°33,29'). Mehr und mehr bleibt der Bewuchs zurück. Weite weiche Talhänge am südlichen Rand des **Oued Slil** führen uns nach Osten, teilweise engen hübsche Längsdünen die Spur ein (Vorsicht bei schlechten Sichtverhältnissen!). Nach ca. 14 km ist die Ruine der ehemaligen Festung erreicht (N 20°59,92' / W 11°26,41'). Die Ecktürme der Anlage gleichen eher zerfallenden Speichern, wie man sie aus Westafrika kennt, als massiven Befestigungstürmen. Einige Nomaden haben in der Nachbarschaft ihre Zelte aufgeschlagen, sie kommen bei Ankunft von Touristen rasch herbei und bieten in Form eines improvisierten Marktes allerhand Fundstücke, selbst gefertigte kunsthandwerkliche Stücke oder alte Gerätschaften zum Kauf an. Ein Schild weist nach Norden zum angeblich 34 km entfernten „Camp Fadel" (das entspricht eher dem Weg hin und zurück!). Dieser Piste folgen wir jetzt in nördliche Richtung und fahren nach der Durchquerung des Oued Slil rasch um die einzelnen Ringstufen herum und teilweise durch weichsandige Anstiege von Ringübergang zu Ringübergang (z.B. N 21°3,90' / W 11°24,84') immer weiter in den „Krater" hinein, dessen innersten Punkt wir beim **Camp Fadel** (s.o.) erreicht haben (N 21°7,56' / W 11°23,94'). Geradeaus bzw. nordwärts weiterfahrend, durchquert man den „Krater" komplett und erreicht seinen hier recht spektakulären Nordrand beim „Kamel-Pass" (N 21°16,75' / W 11°23,24'). Die weiterführende Piste über den Bir el Beyyed zurück nach Atâr ist teilweise nur sehr schwer zu verfolgen. Auch hier erfordern sandige und teils außergewöhnlich grobsteinige Passagen unbedingt ein voll geländetaugliches Fahrzeug; sonst bliebe als mögliche Rückfahrt die erste Variante über das Oued Ntouiouz.

Von Atâr über Rachid nach Tidjikja: Durchs innerste Mauretanien

Einleitung

Alle Landkarten vermerken eine große Piste zwischen Atâr bzw. Chinguetti und Tidjikja. Die IGN-Karte von Mauretanien bezeichnet sie gar als National-Straße No. 4. Wenn Sie jemals auf dieser „Nationalstraße" unterwegs waren, wird Ihnen dies eher als schlechter Witz vorkommen! Ich kann Ihnen versichern, dass diese Strecke nichts weiter ist als eine unmarkierte, feldwegbreite und fast immer schlechte Piste. Sie existiert zudem in einer **Vielzahl von Varianten** und führt immer wieder auch durch Gelände, wo sich Spuren kaum einprägen oder rasch verlieren; da Markierungen fehlen, stellt deswegen die Orientierung eines der ganz großen Probleme der Strecke dar. Auch der Verlauf in den Karten stimmt mit den Verhältnissen im Gelände kaum je überein. Das Gelände ist vielgestaltig und abwechslungsreich, Berge und Täler sind zu queren, Dünenfelder zu durchfahren – 400 km teilweise schöne Südsahara-Landschaften. Einige Brunnen liegen am Weg, in Tälern und Dünenfeldern ist Bewuchs vorhanden, und so werden Sie immer wieder auch auf Nomaden stoßen, die hier mit ihren Tieren unterwegs sind. Der automobile Verkehr tendiert gegen Null mit der schönen Folge, dass Wellblech nicht an ihren Nerven zehrt. Dafür hat die Piste – von den schon erwähnten Orientierungsproblemen abgesehen – andere „Schmankerl" zu bieten: sehr grobsteinige Passagen, steile Auf- und Abfahrten, weiche Sand- oder auch Staubpassagen, kurz: Ein Allradfahrzeug ist unverzichtbar. Als Schlüsselstelle der Strecke wird mitunter die **„Düne von Taoujafet"** bezeichnet, eine weiche, sehr hohe Talhangdüne (ca. bei Km 330), die in dieser Fahrtrichtung bergauf zu bezwingen ist. Mir erschien sie – mit Reduktion befahren – nicht gar so unüberwindbar. Und wer meint, dieses Hindernis durch Fahren in der Gegenrichtung bewältigen zu können, wird enttäuscht: Bei Km 250 liegt eine andere riesige Hangdüne, die dann sicher so viele Probleme bereitet wie die von Taoujafet. Die hier wiedergegebene Streckenbeschreibung ist die von mir befahrene; sie unterscheidet sich von der in „Durch Afrika" publizierten und auch von der anderer Autoren (alle Km-Angaben nicht zur Orientierung, sondern nur ungefähr).

Streckenbeschreibung

● **Gesamtdistanz ca. 360 km, Zeitbedarf 2 bis 3 Tage.**

Wir verlassen Atâr auf der Piste in Richtung Chinguetti-Ouadane, erklimmen in steilem Anstieg den Pass von Eguenat-M'Haireth. Nach dem Kontrollposten fahren wir noch ein Stück nach Osten und erreichen dann den Abzweig (einer von mehreren möglichen) von der Ouadane-Piste beim Schild „Site rupestre découvert par H. Monod" (N 20°31,75' / W 12°46,70'). Wir biegen auf eine eher unscheinbare Piste nach Süden ab.

Nach Süden! Abzweigende Spuren nach Osten führen durch das Btah Chinguetti zu diesem Ort. Links liegt eine hohe, eingewehte Hangdüne, die so genannte **Auberge Zarga** (N 20°21,82' / W 12°45,31'). Wir umfahren den Zarga-Berg auf seiner Westseite. An einer Verzweigung bei N 20°18,32' / W 12°45,06' fahren wir geradeaus weiter, links geht eine Alternativstrecke über den Zarga. Nach einem kleinen passartigen Übergang bei N 20°17,48' / W 12°44,88' geht es hinauf auf eine Hochfläche (N 20°16,45' / W 12°42,24').

Bei N 20°14,64' / W 12°40,24' liegt westlich der **Meteoriteneinschlagskra-**

ter **Aoueloul,** ein beliebtes Touristenziel. Von Osten kommen die Pisten aus Chinguetti hinzu. Barchan-Dünen sind in in steinigem Gelände zu passieren (N 20°10,74' / W 12°37,53'), wir halten uns östlich und verlassen die RN 4 gen Osten. Die Piste bleibt ein Stück des Weges recht flott (N 20°10,40' / W 12°35,68'). Bei N 20°9,25' / W 12°33,43' wird das **Tal Oudei Amar** durchquert. Erneut wird nach schönen gelben Barchanen in Steintrümmer-Landschaft (N 20°7,79' / W 12°30,35') ein breites Oued überquert. Ein Plateaurand taucht vor uns auf, nach Dünen geht es steil und steinig hinauf. Bei N 20°4,00' / W 12°24,78' sind wir oben. Die Piste führt uns über das **Guelb ed Digdig** hinweg mit skurrilen Felsen und aufgesetzten Blöcken, unter denen man zum Teil durchsehen kann.

Von rechts kommt die RN 4 wieder hinzu (N 19°55,67' / W 12°24,43'). Von einem Plateau fahren wir bei N 19°53,93' / W 12°23,11' herab. Eine kurze Rumpelstrecke, dann geht es wieder in ein größeres Barchan-Feld hinein. Bei N 19°50,30' / W 12°20,97' ist das Ende der Barchane erreicht; eine weite Ebene liegt voraus, in der laut Karte ein Feldflugplatz liegen soll. Dann folgt wieder ein rumpeliger Übergang. Hinab geht es dann in eine sanfte Talebene.

Erneut führt uns die Piste in einem Gemenge aus Sand und Steinen um Barchane herum (N 19°46,02' / W 12°14,67'). Wir folgen dem **Tal Irmechât** ostwärts. Am Hang zur Linken, dem Irmech el Abiod, liegen eigenartige parallele Dünen, die wie gerastert wirken (N 19°42,70' / W 12°10,27').

An der Einmündung eines Tals von links her durchqueren wir schöne gelbfarbige Dünen (ca. Km 150). Viele Akazien stehen im Tal, auch die Dünen sind grasbewachsen. Wir münden in das weite **Amjenjer-Tal** ein. In diesem liegt unmittelbar am Wegesrand der Aglet Amjenjer-Brunnen (N 19°37,15' / W 12°4,93').

Erneut führt unser Weg eine Hochfläche hinauf, oben steht ein Hinweisschild auf die 8 km entfernte **Auberge Ain Cafra** (Abstecher: Der kleine Weiler liegt auf N 19°32,82' / W 12°06,55', mit strohgedeckten Hütten, lt. „Durch Afrika" ist er schön gelegen, allerdings ist die Wegfindung nicht ganz einfach, auch sollen weiche und bewachsene Dünen zu bewältigen sein). Bei N 19°35,07' / W 12°4,29' stoßen wir auf eine Verzweigung und fahren links weiter (rechts führt die Piste vermutlich nach Ain Cafra). Über ebene Flächen wird die Piste etwas flotter. Hübsche Barchane liegen in steiniger schwarzer Fläche (N 19°28,54' / W 11°59,36'). Dann folgt wieder ein Gemenge aus Sand und Steinen (N 19°24,92' / W 12°0,93', ca. Km 280) und kurz darauf das Barchanfeld **Megta el Gdim**.

Bei N 19°23,52' / W 12°0,27' sind wir mitten drin, die Barchane sind jedoch gut zu umfahren. Am Südrand des Barchanfeldes steht ein Markierungsmännchen (N 19°21,38' / W 11°58,45'), es markiert für uns die Ausfahrt.

Eine weite Talebene, ein übles Sand-Stein-Gemenge, schließt sich an. Wir fahren in die Sanddünen des **Hofrat al Foulé** ein, umfahren sie nach Nordosten ausweichend, vorbei an einem auf-

Von Atâr über Rachid nach Tidjikja

fallenden dichten Busch (N 19°20,74' / W 11°56,33'). Bei N 19°20,98' / W 11°55,03' vollziehen wir wieder eine Süd-Wende. Die Dünen werden etwas höher, Vorsicht ist angebracht. Das Gebiet nennt sich **Lehelim**.

Auf N 19°15,10' / W 11°55,47' stand einst ein havarierter LKW, es entzieht sich aber meiner Kenntnis, ob er (als Wrack?) noch immer dort zu finden ist. Weitere Dünen folgen, sie werden meist östlich umfahren. Dann geht es durch ein weiches von Akazien bestandenes Tal und drüben (N 19°11,61' / W 11°55,19') in steiniges Gelände hinein. Die Spuren sind im steinigen Gelände schwer zu verfolgen. Bei N 19°7,45' / W 11°53,80' vollziehen wir um einen Hügel herum einen Rechts-Bogen und kommen dabei an einem Autowrack vorbei. Erneut sind am Fuße einer Hangstufe Barchane zu umrunden; wir fahren zunächst nicht aufs Plateau hoch, sondern an seinem Rand entlang. Hier stoßen wir auf den Lagerplatz eines weiteren Havaristen, der etliches an Müll hinterlassen hat (N 19°6,47' / W 11°55,38'). Ganz am Ende der Sandstrecke fahren wir dann doch aufs Plateau hinauf (N 19°6,12' / W 11°55,22'). Oben müssen wir über etliche Dünen hinweg. Das Gelände dazwischen ist zum Glück feinsteinig.

Bei ca. Km 310 und N 19°4,31' / W 11°55,08' fahren wir von einer hohen, steilen Hangdüne hinab, die die Schlüsselstelle in Gegenrichtung sein könnte!

Jetzt beginnt am Rande des **Oued el Khatt** ein ziemliches Dünengekurve (N 19°3,42' / W 11°54,46' bis N 19°1,88' / W 11°54,84'). Es sind nur wenige Spuren vorhanden, viele umfahren diese Passage weiter im Westen. Das Oued el Khatt ist recht üppig grün (N 19°2,00' / W 11°54,18'). An seinem Rand fahren wir am Fuß der Dünen nach Nordosten bis N 19°3,58' / W 11°50,28' (ca. Km 330) und biegen dann rechts ab ins Oued Rachid hinein (der gleichnamige Brunnen Khatt liegt noch ca. 4 km weiter im Tal im Nordosten).

Der Bewuchs im **Oued Rachid** wird zum Galeriewald. Immer weiter geht es in seinem Verlauf bergauf, den Bergen zu. Der sandige Talgrund ist gut zu be-

Mauren bei Rachid

Von Nouâkchott nach Süden zum Senegal

fahren. Achten Sie vor allem im Schatten auf in den Sand gegrabene Wasserlöcher!

Auf N 18°54,33' / W 11°49,25' liegt ein wasserreicher Brunnen. Fast immer werden Sie hier auf Menschen treffen. Dann ist das Oued verblockt, und die Piste führt am Talhang weiter. Einzelne Häuser und Hütten tauchen auf, die Piste ist übel steinig. Geradeaus weiterfahrend ist in enger Schlucht die **Guelta von Taoujeft** am Fuße eines Wasserfalls erreicht (N 18°52,70' / W 11°49,20'). Die weiterführende Piste geht jedoch zuvor und deutlich erkennbar auf der anderen Talseite über die **berüchtigte Hangdüne** hinauf!

Vorbei am **Brunnen Agnânâ** bei Pos. N 18°49,10' / W 11°46,66' und schönen Palmgärten führt dann die Piste am Talrand weiter. Das Oued Rachid beschreibt einen weiten Bogen nach Norden und weitet sich dabei. Der Sand wird deutlich weicher. Üppige Vegetation zeigt sich am Talrand. Erste Häuser stehen im Tal, dann ist der Ort **Rachid** erreicht (N18°47,47' / W 11°41,25'); bescheidenste Versorgungsmöglichkeiten (Lebensmittel), Auberge Eraha am südlichen Ortsrand.

Weiter geht es im Wadi! Achten Sie auf gefährliche Wasserlöcher! Der Sand wird jetzt sehr weich. Dann ist das Oued Rachid verblockt, die Piste führt übel steinig und tief ausgefahren erst am Talhang entlang und dann hinaus auf die Hochfläche.

Bei N 18°42,09' / W 11°38,09' wird ein flacher Höhenrücken überquert. Weitere übelste Sturzäcker folgen. Links liegt der Weiler **El Ahouéfat** und hinter diesem das **Oued Tidjikja.** Wir sind jetzt wieder auf der RN 4, die ab hier mit weiß beklecksten Steinen markiert ist und so ihre Bedeutung deutlich macht. Bei N 18°39,18' / W 11°34,88' kommt von links die Ortspiste hinzu. Durch ärmliche Dornstrauchsavanne geht es weiter nach Südosten, die Spur ist teilweise tiefsandig. An Verzweigungen halten wir uns links. Dann ist die Asphaltstraße am Ortsrand von **Tidjikja** erreicht (N 18°32,85' / W 11°26,25'). Links geht es in den Ort hinein, rechts auf Asphalt nach Süden bis Letfatar und von hier auf Piste in Richtung "Straße der Hoffnung" (zu Tidjikja siehe im letzten Abschnitt des Kapitels).

Von Nouâkchott nach Süden zum Senegal

Eine im Prinzip bestens ausgebaute Asphaltstraße, die jedoch von einzelnen, gefährlich tiefen Schlaglöchern "verziert" wird, verbindet die mauretanische Hauptstadt über ca. 200 km mit dem großen Ort Rosso am Senegal-Fluss. Die Straße verläuft zwischen großen, hügelartigen Dünen, die in dieser Region jedoch fast überall bewachsen sind. Entsprechend häufig sehen Sie hier Zelte von Nomaden. Obwohl die Küste nie weit entfernt ist, lässt sich das Meer doch von keiner Stelle der Straße aus erblicken.

In **Rosso** vollziehen Sie die Ein- bzw. Ausreise nach/aus Mauretanien in einem geschlossenen Geviert an der Anlegestelle der **Fähre** über den Senegal-Fluss. Diese Fähre – derzeit die einzige, die Mauretanien mit der Republik Senegal verbindet – verkehrt von Tagesanbruch bis Sonnenuntergang bis zu zwölf Mal (Gebühr 3200 CFA, Parken 500 CFA). Achtung: Die Bank an der Anlegestelle auf mauretanischer Seite hat nur nachmittags geöffnet! Der Grenzübergang an dieser Stelle wird immer wieder als einer der schlimmsten in ganz Westafrika erlebt. Vor der üblen routinierten Abzockerei der dortigen Schlepper und Grenzbeamten auf mauretanischer Seite ist mitunter selbst der erfahrene Afrika-Reisende nicht gefeit. Eine der Maschen findet sich sogar bei den Reisehinweisen des deutschen Auswärtigen Amtes: Für ein vorhandenes Visum wird eine erneute Zahlung verlangt; der Reisende wehrt sich, gibt aber nach einiger Zeit klein bei (wie viel seiner kostbaren Zeit will man einer solchen Auseinandersetzung opfern?) und verlangt wenigstens eine Quittung über den geforderten Betrag. Der Grenzbeamte hat aber den Betrag längst als Datum formuliert und bestätigt den Empfang der Summe mit dem Pass-Eintrag „Vu au passage ... (Betrag)" – „Gesehen bei der Durchreise ... (Betrag)". Bleibt einem fast nur noch, solche Cleverness zu bewundern, oder?

Von Reisenden wird auch empfohlen, den **Geldwechsel** in Franc CFA schon bei der Bank oder den Geldwechslern auf mauretanischer Seite zu erledigen, da auf senegalesischer Seite bestimmte Einreisekosten nur in CFA bezahlt werden können und die Wechselkurse dort wohl deutlich schlechter sind als auf der mauretanischen Seite. Ein weiterer Tipp: Vertrauen Sie sich einem der wartenden „Helfer" an; Sie vermeiden dadurch massive Belästigungen durch die anderen und vereinfachen den Grenzübertritt. Ein „Geschenk" in Höhe von ca. 5 Euro sollte drin sein (Lesertipp).

Eine **Brücke** hier über den Senegal ist **in Planung** – leider wird dieser Satz wohl auch in der nächsten Auflage dieses Buches so stehen ... Nepper, Schlepper und Bauernfänger werden in Rosso noch einige Zeit ihr Auskommen finden! Wer als Reisender ohne eigenes Fahrzeug bzw. mit einem Fahrrad oder einem kleineren Motorrad hier ankommt, hat es etwas besser: Er wird mit Pirogen zügig ans andere Ufer gebracht.

Einfaches **Hotel Union** in Rosso an der Straße nach Nouâkchott. Daneben steht das kleine **Hotel/Restaurant As Salam** (DZ 1800 UM). Lebhafter **Markt** mit verschiedenen kleinen Garküchen östlich der Straße. Ein sehr gutes **Restaurant** liegt am Senegal-Fluss: **Matám Baladiye,** auch „Restaurant Marie" genannt.

Tipp 1

Wer z.B. durch den Nationalpark Banc d'Arguin in Mauretanien auf den Geschmack gekommen ist, der kann von Rosso/Senegal aus direkt zum senegalesischen **Nationalpark Djoudji** durchfahren. Nur etwa 50 m südlich der Anlegestelle der Fähre auf senegalesischer Seite biegt man noch im Ort Rosso nach Erledigung der Einreiseformalitäten rechts (nach Westen) ab und folgt dann immer auf der Dammkrone (Aus-

Von Nouakchott nach Süden zum Senegal

sicht!) einer kleinen Piste dem Senegal-Fluss nach Westen. Nach etwa 43 km ist dann der Nordosteingang des Nationalparks (Pelikane, Warzenschweine, Millionen überwinternder Zugvögel) erreicht.

Tipp 2

Eine weitere Möglichkeit, von Rosso aus die Republik Senegal und gleichzeitig den senegalesischen Nationalpark Djoudji zu erreichen, besteht darin, den Fluss Senegal in Rosso zunächst nicht mit der Fähre zu überqueren (diese Möglichkeit bietet sich besonders dann an, wenn die Fähre auf sich warten lässt oder schon „ausgebucht" ist), sondern dem Senegal-Fluss auf seiner Nordseite auf einem Damm nach Westen bis zur **Barrage de Diama** zu folgen und erst dort den Fluss von Mauretanien hinüber in den Senegal zu überqueren (gebührenpflichtig: Landcruiser 4000 CFA). Der Grenzübergang an diesem Staudamm ist auch nachts geöffnet. Vom Damm aus bieten sich immer wieder Möglichkeiten, Tiere – vor allem Vögel und Warzenschweine – zu beobachten. Wer in diesem Gebiet übernachtet, darf sich allerdings über die Mückenplage aus den Schilfniederungen der Flussränder nicht wundern – auch dies ja eine Möglichkeit der Tierbeobachtung ...

Der Grenzübertritt in den Senegal vollzieht sich hier (auf senegalesischer Seite) deutlich angenehmer. Es wird ein „Brückenzoll" in Höhe von 10 Euro erhoben. Auf senegalesischer Seite führt dann eine neue Teerstraße bis zur Asphaltstraße Rosso – St. Louis, die unweit der Einfahrt zum Djoudji-Nationalpark erreicht wird oder auch – immer geradeaus fahrend – bis unmittelbar an den Stadtrand von St. Louis auf dessen Festlandseite.

Achtung! Im Gegensatz zu den Gepflogenheiten früherer Jahre ist derzeit weder am Grenzübergang Rosso noch in Diama eine Einreise ohne **Visum** möglich. Es wird auch kein Transitvisum mehr erteilt. Reisende ohne Visum werden zurück nach Dakar geschickt!

Die sogenannte **Damm-Strecke** (97 km) beginnt direkt in Rosso bei einer einfachen Tankstelle (N 16°30,727' / W 15°48,747'); hier biegt man von der Asphaltstraße ab und fährt zwischen den Häusern hindurch nach Westen, auf einer zunächst sehr unscheinbaren Piste. Erst am Ortsausgang wird sie deutlicher. Man fährt auf den Hochwasserdamm des Senegal-Flusses zu, auf diesen hinauf und folgt ihm immer weiter. Unterwegs sind ab und zu Kontrollposten anzutreffen. Wie angenehm bzw. unangenehm diese sind, hängt weitgehend von der Tagesform der diensttuenden Beamten ab.

Tipp 3

Eine ganz andere Möglichkeit, Diama und den dortigen Grenzübergang zu erreichen, stellt die **Piste über das Jagdcamp von Keur Massène** dar. Diese Strecke ist in der Michelin-Karte mit einer dünnen Linie vermerkt. Sie zweigt ca. 75 km südlich der Landeshauptstadt von der Asphaltstraße in westliche Richtung ab (Metallschild „Campement de chasse Keur Massène"). Die kleine und angenehm zu fahrende Piste (Achtung: In der Regenzeit nicht befahrbar!) schlängelt sich durch offene Buschlandschaften auf meist festem Untergrund und parallel zum Rand einer Inlandsdüne nach Süden. Die Stranddüne liegt fast immer sichtbar im Westen; ab und zu führen Pisten hinüber, weil es dort Fischersiedlungen gibt. Der Strand dort ist zwar befahrbar, aber deutlich weicher als die bekannte Strandpiste nördlich von Nouâkchott. Entlang der Strecke haben wir sehr viele **Warzenschweine** gesehen, die wohl das wichtigste Wild für das Jagd-Camp darstellen. Nach 185 km erreicht man dann das Camp. Die Anlage ist sehr gepflegt, hat einen gewissen kolonialen Touch und liegt direkt an einem Teich, an dem mit Sonnenuntergang zahlreiche Wasservögel einfliegen – mehr Naturbeobachtung als Jagd, mindestens an diesem Fleck. Wer nicht jagen will, findet hier ein Ambiente edler Erholung.

● **Campement de chasse Keur Massène**
Tel. 5252545, N 16°35,235' / W 16°18,571',
DZ 20.000 UM.

Vom Camp aus fährt man zunächst in östliche Richtung bis zum Dorf **Keur Massène** (N 16°33,262' / W 16°14,239'), dann nach Süden wieder zum **Senegal-Damm** (N 16°31,772' / W 15°14,327'), dem man wiederum nach Westen folgt, bis der **Grenzübergang Diama** erreicht ist (Km 249, N 16°13,112' / W 16°24,885'). Auf weiten Strecken folgt man dabei der östlichen Grenze des **Diawling-Nationalparks** (www.mauritania.mr/pnd) und – jenseits des Senegal-Flusses und damit schon im Senegal gelegen – der westlichen Grenze des Djoudji-Nationalparks; man sieht deshalb sehr viele Vögel (ganze Schwärme Pelikane!) und immer wieder auch Warzenschweine – für Nachschub fürs Jagd-Camp ist also gesorgt!

„Route de l'Espoir" – die „Straße der Hoffnung" von Nouâkchott nach Nema

Seit 1985 verbindet eine mit ausländischer Hilfe erstellte Straße die Hauptstadt Nouâkchott **über 1100 km** mit Nema im äußersten Osten der Republik Mauretanien. „Route de l'Espoir", die „Straße der Hoffnung", wird diese „Transmauretania" genannt, sollte sie doch all denen Hoffnung geben, die sich zuvor im Hinterland allzu ab- und eingeschlossen vorkamen. Hoffnung auch darauf, den Hafen Nouâkchotts zur Drehscheibe für das Binnenland Mali werden zu lassen. Die weltweiten ökonomischen Krisen haben solche Träume jedoch rasch wieder zunichte gemacht. Trotzdem hat diese Achse den Ortschaften im Hinterland einen neuen Aufschwung gebracht. Dem Touristen bietet sie die Möglichkeit, Gebiete mit einfachen Mitteln zu besuchen, wo früher ein expeditionsähnlicher Aufwand zu betreiben war.

Das Gelände rechts und links der Straße ist immer wieder mit dichter Dornstrauchsavanne bewachsen, ideales Gelände für Tierherden, vor allem **Ziegen, Schafe und Rinder.** Die Hirten dieser Tiere scheinen sich jedoch zu oft dem Teegenuss hinzugeben und achten zu wenig auf ihre Tiere und die vorbeidonnernden LKWs und anderen Fahrzeuge – nirgendwo sonst habe ich am Straßenrand so viele **tote Tiere** liegen sehen wie entlang der „Route de l'Espoir" und bin deshalb versucht, sie in „Route des Cadavres" umzubenennen.

In den größeren Ortschaften entlang der Straße finden Sie überall eine Tankmöglichkeit, auch wenn die eine oder andere **Tankstelle** nicht elektrifiziert ist und deshalb der Treibstoff mit Handhebel in die Tanks gepumpt werden muss. Superbenzin ist kaum erhältlich. Auch die **touristische Infrastruktur** hat sich spürbar verbessert: Immer wieder finden sich bescheidene Campements, in denen Sie ggf. nächtigen können.

Teile der Straße sind **in schlechtem Zustand.** Trotz der Reparaturkolonnen ist stets mit Schadstellen zu rechnen. Fahren Sie also vorsichtig, rechnen Sie mit teilweise tiefen Schlaglöchern und abgebrochenen Straßenrändern.

Gefährlich ist die Straße auch deshalb, weil sich hier immer wieder der Sand von **Wanderdünen** ablagert. Diese Dünen sind heute sehr viel beweglicher als in den Jahren, in denen die Straße geplant wurde, und so wurden keine baulichen Maßnahmen getroffen, die ein Versanden weiterer Straßenabschnitte verhindern könnten. Besonders im Umfeld der inzwischen längs der Straße entstandenen Ortschaften und der neuen Wasserstellen kommt es trotz eingesetzter Räumfahrzeuge oft zu erheblichen Sandverwehungen.

Schier endlos ziehen sich zunächst die Hüttensiedlungen im Weichbild der Hauptstadt hin. Erst nach etwa 15 km und einem Kontrollposten ist freies Gelände erreicht: Vor Ihnen liegt das **Dünengebiet der Region Trarza.** Die ungefähr von Nordost nach Südwest orientierten Dünen-Cordons sind auffallend bunt: In den Senken ist der Sand grau-weiß, geht dann in den Dünenhängen in grau-braun über, um schließlich bei den ganz oben aufgesetzten Dünen eine intensive gelb-rote Farbe anzunehmen – Fahrt durch einen bunten Sandkasten (sehr schön zu sehen in dem kurzen YouTube-Film „ens.ch: Dünenabfahrt zwischen Moudjeria ...")! In den Senken stehen überall zwischen einzelnen Lehmhäusern die Zelte der Nomaden. Angesichts der nur spärlichen Vegetation ist kaum vorstellbar, wovon so viele Viehhalter hier leben können! Achten Sie bei all dem auf die Straße: Der Wind treibt die Sandberge immer wieder auch über die Straße; Bulldozer räumen die Hindernisse beiseite. Bei Gegenverkehr bleibt jedoch oft nur eine enge Spur – und Bremswege sind auf sandbedeckter Straße lang!

90 km östlich der Hauptstadt ist fast im freien (Dünen-)Gelände ein neues Hotel entstanden, das **Hotel Tenadi** (www.tenadi.com); eine Piste führt zudem über 4 km von der Straße weg zum **Village touristique de Tenadi,** wo Bungalows und Zelte zur Übernachtung zur Verfügung stehen.

Nach 154 km ist **Boutilimit** erreicht, Sitz der Provinzverwaltung der Region Trarza. In Häusern an der Straße bieten Kooperativen von Handwerkern die kunsthandwerklichen Produkte der Region an: Lederwaren, typisch maurische Teekannen, Flechtwaren, Schmuck. Auch in Boutilimit macht sich der zunehmende Tourismus bemerkbar: Das **Hotel Mine** (von der Autovermietung Europcar, deshalb auch Hotel Europcar) ist entstanden (sauber, DZ 9000 UM, auch Bungalows, europcar@mauritel.mr; eine Suche bei google.fr mit „europcar" und „Boutilimit" führt zu weiteren Infos und Fotos; auch bekannt als Complexe touristique de Boutilimit). Es gibt auch eine Tankstelle im Ort; die Preise sind etwas höher als in Nouâkchott.

Die Straße durchquert weiterhin immer wieder Dünenlandschaften, teilweise kann man sich des Eindrucks nicht erwehren, durch ein Meer von bewegten (Dünen-)Wogen zu fahren. Dass die Straße nicht nur nach Osten, sondern gleichzeitig auch in südlicher Richtung führt, macht sich an einem zunehmend dichter werdenden Bewuchs bemerkbar. Nur wenige Kilometer genügen hier, um einige Tropfen mehr Regen in der Regenzeit zu erhalten – schon gedeihen die anspruchslosen Pflanzen der Sahel-Region. In einem weiten Bogen umgeht die Straße dann den See von Aleg, der außerhalb der Regenzeit kaum einmal Wasser enthält. **Aleg** (Km 263) selbst, erkennbar schon von weitem an einer alten, auf einem Felshügel liegenden und heute vom Militär benutzten **Burg,** ist lebhaftes Handelszentrum mitten im Nomadenland.

Nur wenige Kilometer vor dem Ort, am südlichsten Zipfel der See-Umfahrung, zweigt nach Süden die neue Asphaltstraße ab, die nach **Bogué** am Senegal-Fluss und weiter entlang des Flusses bis nach **Kaedi** führt (dort das ordentliche Hotel Le Palmier, N 16°9,4' / W 13°30,18'); hier weiter nach Osten reisend, erreicht man die südlichsten und damit fruchtbarsten Regionen Mauretaniens, das Guidmaka mit der Provinzhauptstadt **Sélibabi;** das Gebiet hat in letzter Zeit für Schlagzeilen gesorgt, da es immer wieder zu Grenzzwischenfällen mit Mali kam, weil der Verlauf der Grenze nicht eindeutig und strittig ist.

Über den aktuellen **Zustand der Strecke,** die von Bogué entlang des Senegal-Flusses bis nach Rosso führt, liegen mir keine aktuellen Informationen vor. Die ersten 90 km ab Bogué sind jedenfalls asphaltiert, und im letzten Abschnitt ab Legceïba fanden ab 2007 Bauarbeiten statt, die eigentlich im Juni 2009 hätten beendet sein sollen.

Wir durchqueren weiterhin typische Sahel-Landschaft; überall werden hier Nomaden sesshaft. Die Straße führt uns mehr und mehr auch wieder gen Norden: Wahre Meere an Barchan-Dünen säumen unsere Strecke. **Magta Lahjar** und **Sangrafa** werden durchfahren, beides Ortschaften, deren Bedeutung mit der Straße zugenommen hat. Kurz hinter Sangrafa zweigt nach Norden die Straße nach Tidjikja ab (s.u.).

Das **„Land der Felsen" (Trab el-Hajra)** ist jetzt erreicht: Wir nähern uns den hohen Felsabbrüchen der Bergländer von Assaba (Süden) und von Tagant (Norden). Hinter Oued el Abiod zieht unsere Strecke in die Berge hinein, durchquert und folgt zunächst malerischen Tälern mit Palm- und Akazienbewuchs, windet sich dann über den niedrigen **Pass von Djouk.** Immer wieder bieten sich weite Ausblicke in von eingewehten Dünen „verzierte" Fels- und Tallandschaften.

Jenseits des Passes folgt der hübsch gelegene Weiler **Ekamour**; eine Zapfsäule liegt am östlichen Ortsende.

47 km vor Kiffa passieren wir den großen Ort **Gérou**. Mehrere Tankstellen bzw. Zapfsäulen liegen an der Durchgangsstraße, dazu viele Auto- und Reifenreparateure und Schlosser.

Dann erreichen wir die größte Ortschaft an der Strecke, **Kiffa** (Km 607), Sitz der Provinz-Verwaltung der Region Assaba. Das eigentliche Ortszentrum liegt nördlich der Straße. Es gibt eine Bank (die jedoch 2007 nicht wechselte; ein Lebensmittelhändler am Knick der Hauptstraße wechselt dafür zu vergleichsweise günstigen Konditionen), der Markt ist interessant und sehr lebhaft, das einfache **Hotel Ghalghami** befindet sich nahe des Verwaltungszentrums an der Hauptstraße, das bessere **Hotel El Emel** ca. 7 km außerhalb am westlichen Stadtrand beim Polizeiposten (DZ 15.000 UM), ungefähr diesem gegenüber auf der anderen Straßenseite liegt der gepflegte **Campingplatz Phare du désert** (2000 UM/Person, auch nette Zimmer für 10.000 UM, gutes Essen; der Eigentümer baut derzeit in Tidjikja einen zweiten „Wüstenleuchtturm"; er spricht französisch, englisch und auch deutsch; auch Rundreisen werden angeboten), ein riesiger „Gare routière" ist im Ort – Kiffa ist Ausgangs- und Endpunkt für viele Wegstrecken in dieser Region. So lassen sich von Kiffa aus beispielsweise die Ruinen der einst so wichtigen Stadt **Aoudaghost** besuchen (Piste über Tâmchek-ket, ca. 150 km). **Tankstellen** verkaufen Treibstoffe zum Durchschnittspreis (sogar Superbenzin ist erhältlich)!

Kiffa ist bekannt für schönes Kunsthandwerk, vor allem durch die nach dem Ort benannten **Kiffa-Glasperlen**. Diese von Perlenmacherinnen hergestellten Glasperlen sind seit Generationen beliebt als Schmuck und Talisman. Als Ausgangsmaterial wird farbiges Import-Glas verwendet, das mit einem Mörser pulverisiert wird. In einem einfachen Tiegel wird das Glas über Holzkohleglut geschmolzen, mit einem Spachtel in Form gebracht und mit einer Ahle durchlocht. Die feinen Muster werden dann aus Glaspaste mit Hilfe eines einfachen Grashalmes aufgetragen, die Glaspaste dann ähnlich Emaille wieder angeschmolzen. Bei manchen Perlentypen erfolgt dann noch eine Politur, wozu häufig Speckstein verwendet wird. Auch hier hat der Tourismus einen Aufschwung gebracht: Heute werden Kiffa-Perlen in Serie und mit Hilfe von Formen produziert; alle Ausgangsmaterialien sind leichter erhältlich, und das ggf. erforderliche Schleifen erfolgt mit schweizerischem Juwelierschleifpapier oder mit einer elektrisch betriebenen Schleifscheibe. Die traditionelle Herstellungstechnik ist sehr detailliert beschrieben in „Sahara – Bijoux et techniques" von *Jean Gabus*.

Von Kiffa über Kankossa und Aourou nach Kayes/Mali

Von Kiffa aus verzeichnen die Landkarten eine wichtige Piste nach Süden über die mauretanisch-malische Grenze bis nach Kayes/Mali. Sie entpuppt sich jedoch rasch als feldwegkleine Piste, die hinter jedem Hirsefeld erneut Orientierungsprobleme aufwirft. Auch sind die Markierungen auf den Landkarten hinsichtlich der Grenzformalitäten irreführend: Zwar lässt sich in **Kankossa** auf mauretanischer Seite eine Ausreise bei Polizei und Zoll korrekt und komplett durchführen (Achtung: Auch hier bestehen die Beamten noch immer auf einer Devisenerklärung, die bereits seit 1998 nicht mehr erforderlich ist! Sollten Sie eine solche nicht vorweisen können, oder sind Ihre Devisenbestände nicht auf dem Stand der Deklaration, könnte das hier weit im sahelischen Abseits langwierige Diskussionen zur Folge haben! Die Deutsche Botschaft in Nouâkchott jedenfalls erreichen Sie zwecks Hilfestellung allenfalls über Satellitentelefon oder Kurzwellenfunk!). Auf Mali-Seite existiert in **Aourou** nur noch ein Polizeiposten, eine reguläre Einreise mit dem erforderlichen Zollpapieren lässt sich also erst in Kayes vollziehen. Und was dies für die Kontrollposten unterwegs und am Ortsrand von Kayes für Konsequenzen hat, kann sich insbesondere derjenige leicht ausmalen, der bereits früher einmal mit malischen Behörden Erfahrungen sammeln konnte. Auch sei darauf hingewiesen, dass **Kayes** auf der Michelin-Karte 741 als heißester Ort in der Aufstellung erscheint, in keinem Monat außerhalb der Regenzeit (und in dieser ist diese Piste nicht benutzbar) liegen die mittleren Tageshöchsttemperaturen unter 38°C; zudem ist die Hitze hier so weit im Süden der Sahelzone und noch dazu in der Senegalniederung nicht trocken-heiß wie in der Sahara, sondern feucht! Da liegen die Nerven rasch blank, und jeder nervende Behördengang entwickelt sich zur Tortur. Eine Kfz-Versicherung inklusive Carte Brune können Sie in verschiedenen Versicherungsbüros abschließen, und direkt am überaus lebhaften Markt der Stadt gibt es gar ein Büro, das jeden Tag in der Woche geöffnet hat!

Die Piste ist abschnittsweise sandig und tief ausgefahren, selbst **Geländefahrzeuge** geraten dann an die Grenze der Bodenfreiheit. Da die Spur wegen Bewuchs oft nicht verlassen werden kann, wirft dies für normale PKW erhebliche Probleme auf. Dazu kommt, dass man sich in Dornstrauchsavanne bewegt, und PKW-Reifen sind alles andere als dornenresistent – ich rate deshalb von einer Fahrt mit normalem PKW auf dieser Strecke dringend ab!

Die Piste beginnt am Flugplatz von Kiffa im Südosten der Stadt. Ganz Kecke benutzen für die ersten Kilometer gar die Landebahn. Bis zu einer Gabelung hinter dem Ort Koûroudjel ist die Piste – wie die Michelin-Karte zeigt – noch recht breit und problemlos zu verfolgen. Dann jedoch verzweigt sie sich, links ab geht es weiter Richtung Kankossa, die bessere Piste bleibt rechts. Die Probleme, die jetzt auf Sie warten, bestehen, wie schon erwähnt, häufig in der Orientierung: Der Hauptverkehr auf der Strecke sind wenige Eselskarren, mit denen die Bauern der Umgebung ihre Felder, ihre Nachbarn oder den Markt in irgendeiner fernen Ortschaft aufsuchen, bis nach Kankossa oder gar Kayes wollen sie in den seltensten Fällen! Also: Gleichwertige Verzweigungen häufen sich! Wer Glück hat, findet nahebei jemanden, den er nach der Richtung Kankossa (später dann entsprechend Kayes) fragen kann. Ist niemand in der Nähe, bleibt die Möglichkeit, z.B. eine Mittagspause einzulegen, in der Hoffnung, dass sich in dieser Wartezeit ein Neugieriger einfindet. Aber so viele Mittagspausen wie rätselhafte Verzweigungen lassen sich kaum einlegen, und schon steht man da und kann z.B. würfeln, ob man sich rechts oder links hält und dann bei der nächsten Begegnung mit einem der Rede Kundigen seinen Weg fortsetzen oder seinen Irrtum korrigieren. GPS-Daten für solche Verzweigungen zu nennen, erscheint nicht sinnvoll, verlaufen doch die Karrenpfade – dies zeigen Erosionsspuren deutlich – nach jeder Regenzeit wieder anders. Hier im Sahel fließt ja im Sommer Wasser, und so verlagern sich z.B. auch Furten beständig. Unten finden Sie trotzdem eine Liste der wichtigsten Ortschaften, was die Orientierung erleichtern sollte.

In Gegenrichtung fahrend: Die Einreise ist in Kankossa möglich, doch sind in Kiffa weitere Zollformalitäten zu erledigen (Zoll in Kiffa N 16°37,28' / W 11°24,04'); eine Kfz-Versicherung kann in einem Büro an der Straßenecke mit der Route de l'Espoir abgeschlossen werden.

- **Kiffa**, am Flugplatz
  N 16°35,40′ / W 11°24,08′
- **Gabelung südl. Koûrodjel**
  N 16°10,35′ / W 11°32,57′
- **Kankossa**, Zoll
  N 15°56,12′ / W 11°31,08′
- **Garalla**
  N 15°46,09′ / W 11°30,50′
- **Grenzdorf Bilikouaté**
  N 15°32,43′ / W 11°35,44′
- **Furt durch Oued Nagara**
  N 15°22,61′ / W 11°36,08′
- **Teïchibé**
  N 15°16,44′ / W 11°42,26′ (In der Regenzeit kann ein Ausweichen über das weiter im Osten gelegene **Hamdallai** – N 15°16,15′ / W 11°37,75′ – erforderlich werden.)
- **Boutoungouissi**
  N 15°9,23′ / W 11°39,11′
- **Aité**
  N 15°5,47′ / W 11°38,65′
- **Aourou**, Gendarmerie
  N 14°57,81′ / W 11°35,30′
- **Kayes**, Senegal-Brücke
  N 14°27,20′ / W 11°25,79′

Weiter auf der „Route de l'Espoir": Nach 70 km Fahrt ab Kiffa bietet sich ein Abstecher zu Sahara-Krokodilen an (weiter unten ist eine weitere und häufiger genutzte Möglichkeit zur Krokodil-Beobachtung beschrieben).

Abstecher zu Sahara-Krokodilen

70 km östlich von Kiffa bei GPS-Pos. N 16°31,023′ / W 10°48,003′ verlässt man die Straße innerhalb eines kleinen Weilers auf unscheinbarem Pistchen nach Norden. Die Spuren sind von Tieren zertrampelt und deswegen kaum erkennbar. Man fährt einfach immer weiter nach Norden, quert nach ca. 2 km eine Art Wadi (in und nach der Regenzeit evtl. nach Westen ausweichen); dann macht sich durch dichten Bewuchs von *Acacia Nilotica* die **Tamourt Bougari** bemerkbar (Tamourt werden in Mauretanien flache Senken genannt, die sich in der Regenzeit mit Wasser füllen; in diesen wachsen bevorzugt überschwemmungsverträgliche Baumarten, vor allem der hier *Amour* genannte Baum *Acacia nilotica*, aus dem auch rötliches Gummi arabicum gewonnen wird). Das Gelände wird sandig, es geht bergan, bewachsenen Dünen entgegen. Von diesen aus bietet sich ein guter Überblick über die Wasserfläche des von vielen Seerosen bewachsenen Sees, in dem über 50 Krokodile leben sollen. Wenn Sie nachts mit einem starken Schweinwerfer über die Wasserfläche leuchten, können Sie die rot reflektierenden Augen der Reptilien sehen. Da die Tamourt Bougari in der Trockenzeit oft völlig austrocknet, graben sich die Krokodile in die angrenzenden Dünen **tunnelartige Röhren,** in deren feuchter Kühle sie die Monate bis zur nächsten Regenzeit überleben – ein zuvor unbekanntes Verhaltensmuster! Sie können solche Tunnel beim Spaziergang entlang des See-Ufers am Fuß der Dünen sehen. Eine der Entdeckerinnen der Sahara-Krokodile, *Tara Shine,* hat sich mit *Hemmo Nickel,* Mitarbeiter im Bonner Koenig-Museum, eine ungewöhnliche Methode einfallen lassen, dem Innenleben dieser Tunnel auf die Spur zu kommen: Sie montierten eine Kamera auf einen ferngesteuerten Spielzeugpanzer und ließen diesen in die Röhre einfahren; 15 bis 20 m weit ging es schräg nach unten, und dort waren dann auch tatsächlich die Krokodile (mitsamt Jungtieren) zu sehen!

Eine weitere Beobachtungsmöglichkeit bietet sich an der **Tamourt Metraucha.** Sie liegt östlich der Tamourt Bougari und lässt sich ggf. auch auf direktem Weg erreichen. Besser ist eine Rückkehr zur Straße, dann auf dieser ca. 1,5 km weiter nach Osten, bis hier bei N 16°30,939′ / W 10°47,161′ eine unscheinbare Piste nach Nordosten abzweigt, der man knapp 6 km folgt; dann endet sie auf einer kleinen freien Fläche am Rand einer Felsstufe (N 16°32,578′ / W 10°44,806′). Ein wunderschöner grüner Taleinschnitt zieht sich hier in die Felsen hinein! Zu Fuß folgen wir diesem Tal, erste kleine Wasserflächen und je nach Jahreszeit ein kleiner Bach spen-

Tümpel sind der Lebensraum der Sahara-Krokodile

den Leben für Fische und Frösche. Große Felsblöcke müssen umgangen werden – seien Sie dabei vorsichtig! Um einen letzten Felsblock herum, und die kleine, wunderschöne Metraucha liegt vor Ihnen – wenn Sie Glück haben, sonnen sich die Krokodile gerade an ihren Ufern! Bitte verhalten Sie sich ruhig! Wir haben hier noch Paviane und große Warane beobachtet; auch Gundi und Klippschliefer sollen hier leben.

Bei Km 85 ab Kiffa zweigt nach Norden die neu geschobene **Piste in Richtung Tâmchekket** ab. Auch dort sollen in einer Guelta noch Krokodile leben; von dieser habe ich ein Foto gesehen: Im Vordergrund ein Krokodil, im Hintergrund baden Kinder! Krokodile gelten hier zwar nicht als heilig, aber als Anzeichen für eine heile Umwelt und werden deshalb geschont; entsprechend friedlich verläuft dadurch offensichtlich das Zusammenleben ... Die Einheimischen glauben, dass die Wasserbecken, wichtige Viehtränken, austrocknen, wenn das letzte Krokodil gestorben ist.

Nach landschaftlich eindrucksvollen Passagen durch die oft skurril erodierten Berglandschaften von Affolé erreichen wir die Kleinstadt **Tintane,** die im September 2007 von einer schlimmen Hochwasserkatastrophe betroffen war: Ungewöhnlich starke Niederschläge vernichteten die Häuser der Ortschaft fast vollständig, 10.000 Menschen wurden obdachlos, auch alle Geschäfte und damit Waren fielen dem Hochwasser zum Opfer. Anfang des Jahres 2010 standen dort noch immer weite Gebiete unter Wasser. Die Route de l'Espoir war zwar offen, befand sich aber in schlechtem Zustand. Nach weiteren Regenfällen im August 2010 war die Strecke erneut unterbrochen.

In den bergigen und nur schlecht zugänglichen Regionen nördlich von Tintane besteht bzw. bestand (leider liegen mir keine aktuellen Erkenntnisse vor) die **Réserve El Aguer**, ein Schutzgebiet speziell für die letzten **„Hannibal-Elefanten"**, auf deren Suche ich schon fälschlicherweise in Mali so viel Zeit verbracht hatte (siehe Kapitel zu Mali).

Dann liegt ein weiteres Verwaltungszentrum vor uns: **Ayoûn el'Atroûs** (Km 817), Sitz der Departement-Verwaltung der Region Hodh el-Gharbi (sofern man weiter nach Mali will, lässt sich der Ort Ayoûn heute auch im Süden umfahren). Auch hierbei handelt es sich um ein **lebhaftes Städtchen** mit einer bescheidenen Infrastruktur, die eine Bank, das **Hotel Ayoûn** im Ortszentrum (mit 8000 UM relativ teuer, dafür mit Strom und fließend Wasser rund um die Uhr!) und eine Tankstelle umfasst. Die **Auberge-Camping Saada Tenza** liegt 3 km westlich von Ayoûn an der Durchgangsstraße (DZ im Bungalow für 8200 UM, Frühstück 500 UM). Einen Internetzugang finden Sie am Parade-Platz in der Ortsmitte! Die „Cyber-Commune Hodh el Garbi" grenzt ans Haus der Cooperation Rep. Fed. d'Allemagne, der GTZ (Gesellschaft für Technische Zusammenarbeit). Ein **Versicherungsbüro** (wichtig, wenn man von Mali kommt) liegt ungefähr 1 km westlich dieses Platzes unmittelbar an der Straße. Ein **Campingplatz** existiert 3 km östlich der Einmündung der Straße von Kobenni/Nioro. Noch im Ort zweigt ausgeschildert die **Straße** ab, die via Kobenni und Gogui **nach Nioro in Mali** führt; alle Grenzformalitäten sind an den Grenzstationen bzw. in Nioro selbst abzuwickeln. Eine Bank gibt es in Nioro nicht; einen Geldwechsel führt jedoch die Apotheke im Ort zu erträglichen Konditionen durch. Im Grenzbereich Mauretanien/Mali dieser asphaltierten und heute viel genutzten Strecke kam es Ende 2009 zur Entführung eines italienisch-ivorischen Ehepaares. Nach monatelanger Geiselhaft kamen die beiden im April 2010 wieder frei.

Die in älteren Michelin-Karten vermerkte **Piste ab Agjert** nach Kobenni wird heute kaum mehr benutzt. Sie wurde lediglich als Umfahrung erstellt, so lange die Direktverbindung von Ayoûn über Kobenni in Bau war.

Eine weitere Ausreisemöglichkeit in Richtung Mali besteht in **Timbedgha,** 170 km östlich von Ayoûn el'Atroûs; in Timbedgha sind alle Ausreiseformalitäten für die kleine Piste über Bou Ctaila nach Nara zu erledigen. Die malischen Grenzbehörden in Nara finden Sie dann am nördlichen Ortsausgang in Richtung Nema linker Hand.

Ayoûn liegt am Südrand jener großen Senke, die heute voller Sanddünen ist, dem einstigen See oder besser Meer **Aoukar,** das wiederum im Norden von einem Felskranz eingerahmt ist, der Abfolge der Bergländer von Tagant über Tichit bis Nema.

Bis Nema befindet sich die **Straße in gutem Zustand:** Wer will, ist schon drei Stunden später dort und hat damit den

Endpunkt der „Straße der Hoffnung" nach 1100 km erreicht.

Weiter nach Adel Bagrou, dem Grenzort zwischen Mauretanien und Mali, geht es auf einer schlechten und steinigen Piste, die die Reifen vor eine harte Bewährungsprobe stellt. Für die Strecke ist in Nema eine polizeiliche Genehmigung einzuholen. Die Route gilt weiterhin für Touristen mit eigenem Fahrzeug als unsicher. Erkundigen Sie sich über den Sicherheitsstand bei den Behörden in Nema.

Die **Piste von Nema bis Adel Bagrou** (181 km) ist fahrtechnisch relativ einfach, nur die teils tiefen LKW-Spuren sind zu beachten: Sie können nicht umfahren werden, da die Piste sehr eng und direkt neben der Spur starker Savannen-Bewuchs ist. Bei Km 46 ab Nema ist mit einer stark versandeten Stelle zu rechnen, die nicht gut einsehbar ist und durch den üppigen Baumbestand eine festere Bodenbeschaffenheit vortäuscht. Die linke, tiefe LKW-Spur führt in einer scharfen Rechtskurve um das Sandhindernis herum, besser allerdings ist es, sich möglichst weit rechts zu halten. Erst bei den runden Felsblöcken (diese sind ein Friedhof) wird der Untergrund wieder hart.

In **Adel Bagrou** sind sämtliche Ausreiseformalitäten zu erledigen (Begleitung durch einen Polizisten), die zuständigen Stellen sind über das ganze Dorf verteilt. Reifen können geflickt werden (200 UM), es gibt auch neue Schläuche zu kaufen (900 UM).

Weiter ins malische **Nara** (Einreiseformalitäten für Mali; vgl. die entsprechenden Ausführungen dort) geht es auf einer Piste, die in der Regenzeit von Ende Mai bis Anfang November oft unpassierbar ist, ansonsten aber auch von einem geübten Fahrer mit konventionellem PKW bewältigt werden kann. Die von LKW hinterlassenen Spuren müssen jedes Jahr nach der Regenzeit von neuem erkundet werden.

Alte Städte und Oasen im Südosten: Tidjikja, Tichit und Oualata

Die Strecke nach Tichit sollte nur von Sahara-Routiniers mit guter Ausrüstung (Detailkarten, Satellitennavigation) in Angriff genommen werden. Dem weniger Wagemutigen öffnen sich andere Möglichkeiten, die immer noch abenteuerlich genug sind.

Die Pisten-Strecke Atâr – Tidjikja wurde oben schon dargestellt (vgl. entsprechenden Abschnitt weiter oben). Von der „Route de l'Espoir" aus ist Tidjikja heute wegen einer zwischenzeitlich erfolgten Asphaltierung leichter zu erreichen: Etwas östlich der Ortschaft **Sangrafa** (N 17°35,48' / W 12°49,21') zweigt die Straße gen Norden nach Tidjikja ab. Nach knapp 43 km ist der Ort **Letfatar** erreicht (N 17°45,36' / W 12°30,35'). Ein ausgedehntes Dünenfeld wird durchfahren. In **Moudjéria** (Kontrollposten an der Straße!) erreichen wir die Tagant-Berge, überqueren nach steilem Anstieg eine Hochfläche und weitere Dünen-Felder. Danach

ALTE STÄDTE UND OASEN IM SÜDOSTEN

wartet eine **Bilderbuch-Oase** auf Sie: **Nbeika,** in einem grünen Tal gelegen, Wasser in Hülle und Fülle. Die **Tamourt En Naaj** zieht sich rechts und links der Straße weit hin.

Abstecher zu Sahara-Krokodilen

25 km südöstlich der Ortschaft **Nbeika** liegt die **Guelta Matmata.** Hier haben noch einige Sahara-Krokodile überlebt. Die nur Geländefahrzeugen zugängliche Piste dorthin zweigt im Ort ab (N 17°58,21' / W 12°14,64') und führt über tiefsandige und auch staubige Strecken in einem sehr weiten, nach Osten verlaufenden Bogen noch östlich an einem Wasserturm (N 17°58,082' / W 12°10,042') vorbei in ein malerisches Tal hinein (schöne Schattenplätze unter Palmen, morgens kommen Husarenaffen zur Tränke, und es soll – auf ihren Spuren – sogar Leoparden geben!), an dessen Ende es wegen Verblockung kein Weiterkommen mehr gibt. Man lässt den Wagen stehen (N 17°53,30' / W 12°6,83') und geht noch etwa 1½ Std. zu Fuß bis zum Guelta-Becken, in dem die Tiere leben. Sie sind sehr scheu und wegen vieler Vögel, z.B. Felstauben und Reiher, die auch schon bei leiser Annäherung Warnrufe ausstoßen, lassen sie sich auch kaum beobachten. Besser sind die Aussichten, wenn man das Guelta-Becken von der Bergseite aus angeht und dann die Krokodile unter sich im Sand liegen sieht (siehe auf YouTube „Untertauchendes Krokodil in Matmata").

Der Ausgangspunkt für diese Bergumfahrung liegt noch westlich des oben erwähnten „Parkplatzes" und beginnt bei der einfachen **Auberge Matmata El Bessatine** (www.matmata.fr.st). Man folgt weiß gestrichenen Steinen (eine Piste, die zu einem in den Bergen liegenden Weiler führt, ist so markiert) über rumpelige Felsflächen, biegt dann bei N 17°52,598' / W 12°5,639' nach links von der markierten Piste ab, folgt dann der deutlichen Piste – erneut sich links haltend – bis zu ihrem Ende. Noch 5 Min. zu Fuß und man erreicht die Felswand oberhalb des Krokodilbeckens. Nähern Sie sich leise, und nehmen Sie, falls vorhanden, ein Fernglas mit.

Von Nbeika führt uns die Straße durch abwechslungsreiches Gelände bis nach **Tidjikja** (sprich Tidschikscha). Diese alte Stadt ist heute Zentrum der Region Tagant und bietet dennoch nur sehr bescheidene Versorgungsmöglichkeiten. Die Bank BCI (Banc pour le Commerce et l'Industrie) hat hier eine Filiale eröffnet, ist jedoch nicht immer so liquide, dass sie wechseln kann. Der Markt macht einen etwas desolaten Eindruck. Es gibt eine Tankstelle, und am Ortseingang bietet die einfache **Auberge des Caravanes** Unterkunft. Diese und das **Auberge-Camping Le Phare du désert** (gleicher Betreiber wie in Kiffa) sind vor allem auf Gruppentourismus eingerichtet, und so dürfen Sie, wenn Sie unverhofft als Einzelreisender ankommen, kaum mehr als heißes Wasser für einen Nescafé erwarten. Auf Vorbestellung wird Ihnen aber auch eine Mahlzeit (z.B. Omelette mit Zwiebeln) zubereitet. Die Freundlichkeit des Polizeipostens hängt vom gerade diensttuenden Beamten ab. Berühmt sind die **Palmgärten von Tidjikja:** Sie ziehen sich das gleichnamige Oued entlang. Bei einem Bummel auf sandigem Untergrund werden Ihnen die zahlreichen Khottara-Brunnen auffallen, mit denen hier noch immer die Gärten bewässert werden.

Ohne bestmögliche Ausrüstung und Geländewagen müssen Sie in Tidjikja umdrehen.

Ganz am östlichen Ende der „Route de l'Espoir" erreichen wir **Nema.** Von hier aus ist der Ort Oualata relativ einfach auf zwei Strecken zu erreichen: Eine Route für die, die gerne weich im sandigen Gelände fahren, führt am Fuß

Alte Städte und Oasen im Südosten

des Dahr Nema über eine Distanz von 120 km nach Oualata. Die Alternative führt steinig über die Hochebene hinweg: 10 km nördlich von Nema geht es steil hinauf und dann weiter nach Norden. Kurz vor Oualata führt die Piste von der Hochebene herunter und 20 km weiter in den Ort hinein. Die Bergvariante ist ca. 15 km kürzer.

Oualata hat bis auf den heutigen Tag nichts von seinem Charme verloren. Am Fuße der Steilwand des Dahr Oualata ducken sich die eng aneinander gebauten Häuser, als würden sie vor den oft heftigen Nordostwinden Schutz suchen. Schutz bot die Stadt zu allen Zeiten nicht nur Karawanenleuten: Als Mitte des 15. Jh. Tuareg das 400 km entfernte Timbuktu angriffen, flüchteten die Gelehrten hierher nach Oualata. Über Jahrhunderte blieb die Stadt ein **Hort der Gelehrsamkeit,** die größten Bibliotheken der westlichen Sahara befanden sich in ihren Mauern. Diese Mauern sind mit einer Vielzahl von geometrischen Mustern verziert; jedes Haus scheint darin das Nachbarhaus übertrumpfen zu wollen. Dieser Dekor wird ausschließlich von den Frauen aufgetragen. Während die Farben auf den Außenwänden weiß auf rötlich-ockerfarbenem Grund sind, verkehren sie sich im Innern ins Gegenteil: rötlich-braun auf weißem Untergrund. Bis heute haben die wenigen Einwohner der bedeutungslos gewordenen Stadt diese Tradition bewahrt, und es hat den Anschein, als käme es in einer Art Rückbesinnung gar zu einer Renaissance. Bis heute auch ist Oualata eine Stadt geschickter Kunsthandwerker geblieben.

Typisch sind Schmuck, Lederarbeiten und kleine Tonobjekte.

Seit 1996 gehört Oualata zum **Weltkulturerbe** der UNESCO. Vergleichbar mit Chinguetti hat auch das früher sehr ruhig-beschauliche und sehr abgeschiedene Oulata in den letzten Jahren einen enormen Aufschwung durch interessierte Besucher erfahren. Einige einfache, Mauretanien-typische Herbergen sind entstanden, von denen vor allem die **Auberge Ksar Walata** (DZ ab 5000 UM), die **Auberge de l'Amitié** (DZ ab 1500 UM), das **Chambres d'hôtes et Camping** beim Jardin communal (DZ 1500 UM) und die **Auberge du bon Acceuil** (DZ 2000 UM, alle Preise unbedingt verhandeln und am besten schriftlich festlegen!) gelobt werden, alle mitten in der Altstadt gelegen. Wie in Chinguetti lohnt sich auch in Oualata der Besuch der **uralten Bibliothek,** von der sich zudem ein schöner Blick über den Ort bietet.

Mali

Mali

von Gerhard Göttler

Sankoré-Moschee in Timbuktu

Fische hängen zum Trocknen an der Leine

Ein Baobab spendet Schatten

Landeskundliche Informationen

Geografie

Das **1.240.000 km²** große Staatsgebiet Malis erstreckt sich von allen Sahelländern am weitesten nach Norden in die Sahara hinein und infolge der Nord-Süd-Ausdehnung über **mehrere Klima- und Vegetationszonen:** vom Rand der tropischen Feuchtsavanne über die Trockensavanne und die Sahelzone bis in die Wüstengebiete der Sahara.

Die **saharische Zone** (etwa zwei Drittel des Landes) kennt keine regelmäßigen Niederschläge; auch fehlen in diesen, ausschließlich mit Sand und Geröll bedeckten, Trockengebieten Oasenhaine mit Palmen und sesshafter Bevölkerung.

Südlich schließt sich zwischen dem Oberen Senegal und dem Mittleren Niger die **Sahelzone** an (Dornbuschsavanne mit vereinzelt stehenden Akazien- und Baobab-Bäumen); aufgrund der sehr spärlichen Niederschläge ist der Anbau von Grundnahrungsmitteln nur mit Hilfe von künstlicher Bewässerung möglich.

In der südlich angrenzenden **Sudanzone** (Trocken- bzw. Feuchtsavanne) sind neben Baobabs vor allem Borassus-Palmen und Kariténussbäume (Schibutterbäume) charakteristisch.

Sehr stark landschaftsprägend sind die beiden **Hauptflüsse des Landes,** der **Senegal** und der **Niger,** die beide (unmittelbar oder mit wichtigen Quell-

Die „Main de Fatma"
(links) bei Hombori

flüssen) im Fouta Djalon entspringen und den Westen bzw. den Süden des Landes durchqueren. Aufgrund der saisonbedingten Schwankungen im Wasserstand ist auf dem Senegal im Gebiet Malis keine reguläre Schifffahrt möglich. Der Niger dagegen, Lebensader und wichtigster Nahrungsspender Malis, an dessen Ufern (inkl. Nebenflüsse) etwa 70% der Bevölkerung leben, ist von Koulikoro (57 km östlich von Bamako) bis Gao je nach Wasserstand mehrere Monate im Jahr schiffbar.

Der Niger teilt sich in mehrere Arme und bildet zusammen mit dem bei Mopti in den **Niger** mündenden **Bani** ein **Binnendelta,** das sich in der Regenzeit in einen etwa 40.000 km² großen See verwandelt und nach Abfluss des Hochwassers ein sehr fruchtbares Schwemmland hinterlässt; aufgrund seines Fischreichtums leistet es einen wesentlichen Beitrag zur Ernährung der Bevölkerung des Landes. Diese etwa 300 km lange und 100 km breite Überschwemmungsebene zwischen Segou und Timbuktu ist ein wichtiges wirtschaftliches und kulturelles Zentrum des Landes.

Weite Ebenen und flache Becken, aus denen sich vereinzelt Kegel- bzw. Tafelberge (z.B. Hombori Tondi mit 1155 m) erheben, sowie steile Landstufen wie die Falaise de Bandiagara bestimmen weitgehend das Landschaftsbild. Die höchste Erhebung erreicht das **Iforas-Bergland** (Adrar der Iforas, franz. Adrar des Ifoghas) im Norden.

Landeskundliche Informationen

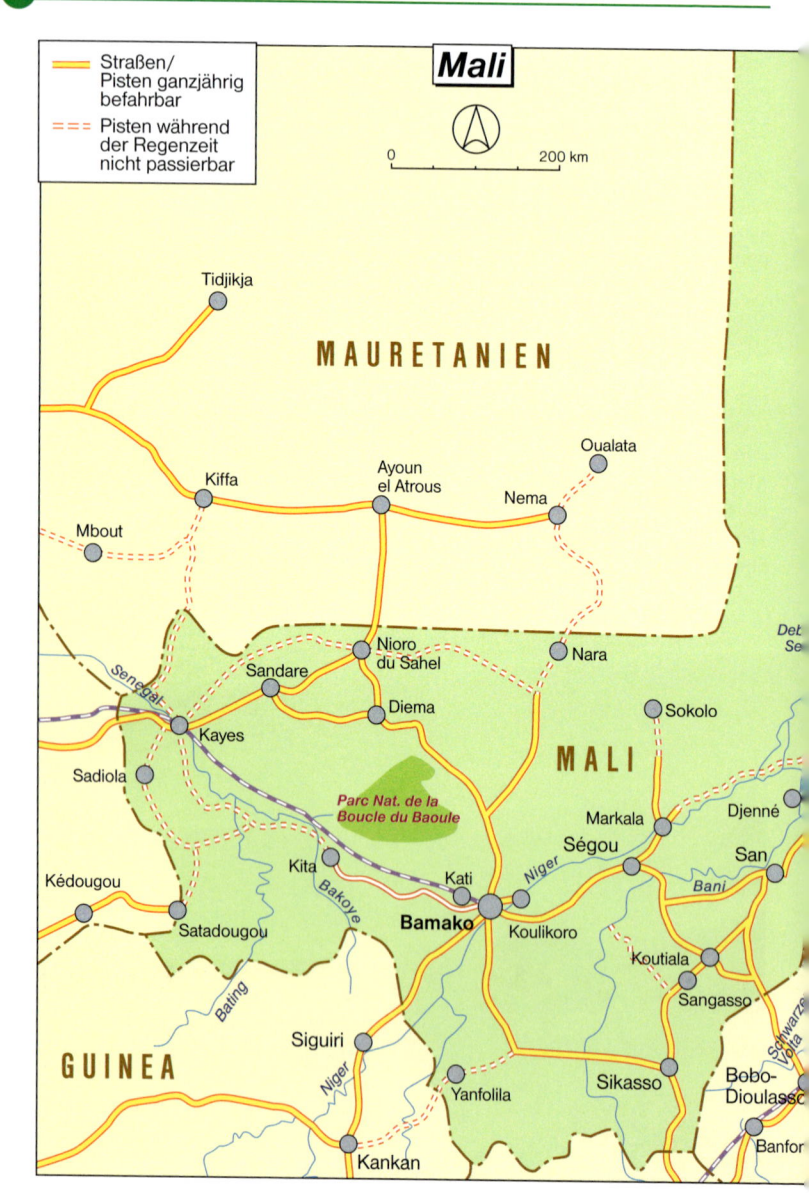

Mali

- Straßen/Pisten ganzjährig befahrbar
- Pisten während der Regenzeit nicht passierbar

0 — 200 km

MAURETANIEN

Tidjikja
Kiffa
Mbout
Ayoun el Atrous
Oualata
Nema
Nioro du Sahel
Sandare
Nara
Diema
Sokolo
Kayes
Sadiola
MALI
Parc Nat. de la Boucle du Baoule
Markala
Djenné
Kita
Kati
Ségou
San
Kédougou
Bamako
Koulikoro
Bani
Satadougou
Koutiala
Bakoye
Sangasso
Bating
Niger
Siguiri
GUINEA
Yanfolila
Sikasso
Bobo-Dioulasso
Schwarze Volta
Banfor
Kankan

Senegal

Landeskundliche Informationen

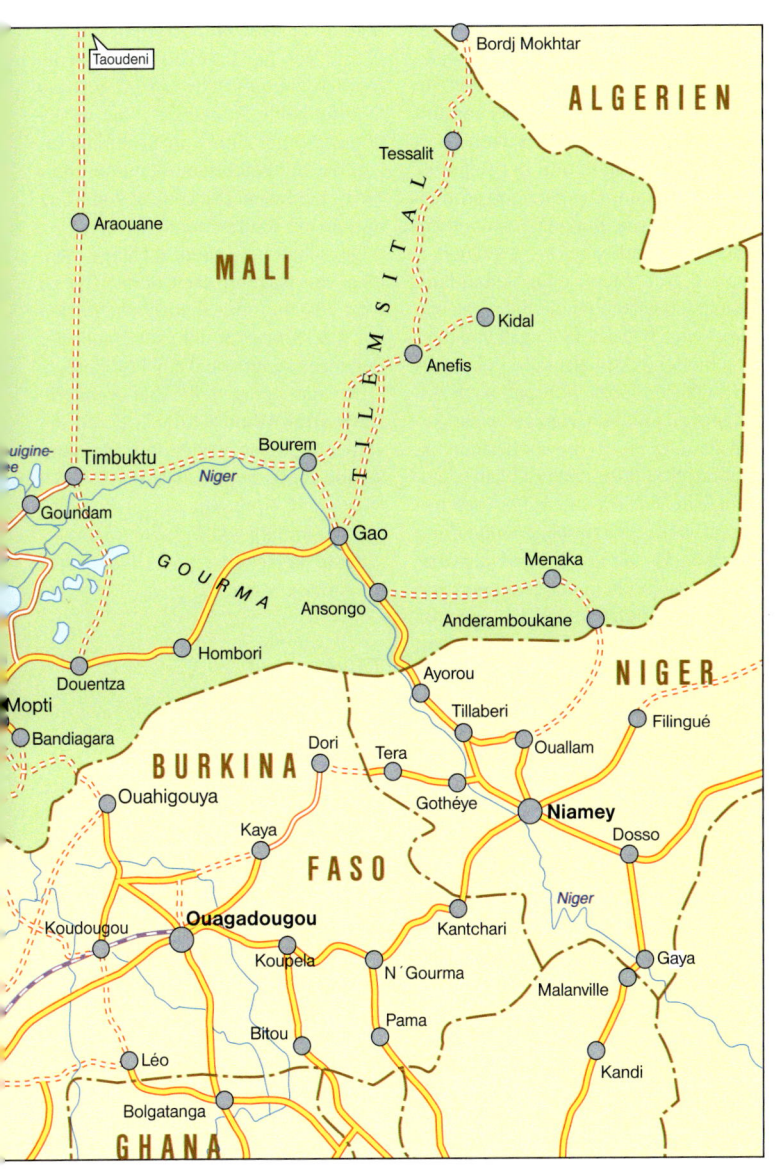

Karten Umschlag vorn und hinten

MALI

Das **Staatsgebiet** Malis wird **von sieben Ländern begrenzt:** von Mauretanien und Algerien im Norden, von Senegal und Guinea im Westen, von der Elfenbeinküste (Côte d'Ivoire) und Burkina Faso im Süden und der Republik Niger im Osten. Das Binnenland Mali hat ebenso wie Burkina Faso (ehem. Obervolta) und Niger keinen direkten Zugang zum Meer; eine Verbindung besteht lediglich über die Bahnlinie von Bamako nach Dakar (Senegal) und über verschiedene Asphaltstraßen ebenfalls nach Dakar, Nouâkchott und nach Bissau und zu anderen, weniger wichtigen Seehäfen. Die nach wie vor bestehende Straßenverbindung nach Abidjan (Elfenbeinküste, via Sikasso), früher wichtigste und viel genutzte Hafenanbindung Bamakos, ist seit den bürgerkriegsähnlichen Zuständen in der Elfenbeinküste kaum noch nutzbar und hat Bamako seine schmerzliche Abhängigkeit von diesem Hafen deutlich gemacht, was dann wiederum den Straßenausbau in Richtung verschiedener anderer Seehäfen zur Folge hatte.

Klima

Entsprechend der drei großen **Landschaftszonen Sahara, Sahel und Sudan,** die sich über eine Strecke von rund 1500 km ausdehnen, lassen sich verschiedene klimatische Regionen (von warmtropischen Feuchtsavannen bis zum subtropischen Wüstenklima) unterscheiden.

In dem Gebiet **südlich der Sahara** gibt es eine sommerliche Regenzeit und somit **drei Jahreszeiten:** die Regenzeit von Juni bis Oktober, wobei die meisten Niederschläge im August fallen; die kühle Trockenzeit (mit relativ üppiger Vegetation) von November bis Februar mit Nachttemperaturen unter 15°C; die heiße Trockenzeit von März bis Juni mit Temperaturen bis 45°C.

Die jährlichen **Niederschläge** nehmen von Norden nach Süden hin zu (von 100 mm im saharischen Norden auf 1000 mm im Süden), die Dauer der Regenzeit steigt von 0 auf 5 Monate.

Der das ganze Jahr über wehende **Harmattan-Wind** wird z.T. durch die vom Meer her wehenden **Monsun-Winde** abgedrängt, sodass z.B. in Bamako und Timbuktu nur etwa sechs Monate im Jahr voll wirksam wird.

Beste Reisezeit ist von **November bis Anfang März.**

Tier- und Pflanzenwelt

In den wüstenhaften Gegenden nördlich von Timbuktu und Gao beginnt die dürftige Sahara-Vegetation. Aufgrund des geringen Niederschlags finden sich lediglich in den feuchteren Randgebieten Hartlaubsträucher, Gräser, Tamarisken, Akazien und Sukkulenten. Nach den seltenen und dürftigen Regenfällen wachsen Gräser und Kräuter, deren Samen unter Umständen jahrelang im Boden gelegen haben.

In der **Sahelzone** schließen sich diese Gewächse dichter zusammen, es entsteht eine dünne, kurze Grasdecke mit Dornengestrüpp; Akazie, Dumpalme und Gaobaum (seine Blätter wachsen in der Trockenzeit!) sind charakteristisch für diese Gegend.

Mit zunehmendem Niederschlag in der südlich angrenzenden **Trocken- und Feuchtsavanne** dominieren hohe, dicht stehende Büschelgräser, und neben Galeriewäldern sind öfter Baobab, Borassus-Palme, Kariténussbaum (Schibutterbaum) und gelegentlich auch Mangobäume zu sehen, außerdem werden Nutzpflanzen wie Baumwoll- und Kola-Sträucher, Erdnüsse, Sesam, Mais sowie die Knollenfrüchte Maniok und Yams angebaut.

Obwohl die **Tierwelt** durch den Menschen stark dezimiert wurde, gibt es in den etwas feuchteren Regionen des Nordens (**Sahelzone**) vereinzelt Gazellen, Stachelschweine, Nagetiere, Wüstenfüchse, verschiedene Insekten (Wüstenheuschrecken und große Libellen, Nachtfalter und Ameisen) und kleinere Reptilien. Der Vogel Strauß gilt inzwischen als ausgerottet.

In der **Sudanzone** leben einige Affenarten sowie Panther, Geparden, Löwen, Krokodile und Flusspferde, insbesondere an den Ufern des oberen Senegal und des Oberen Niger; daneben Antilopen, Gazellen, Schakale und Hyänen sowie Büffel, Wildschweine und verschiedene Nagetiere. Der Wildbestand wird wegen der zunehmenden Versteppung weiter Gebiete und des enormen Bevölkerungsdrucks jedoch zusehends dezimiert.

Die nach Jahren der Dürre bereits als ausgestorben geltenden **Elefanten** haben sich in den letzten Jahren durch Schutzmaßnahmen wieder erholt. In der Réserve des éléphants du Gourma (südlich des Nigerbogens ungefähr zwischen Gao und Douentza) leben heute wieder ungefähr 800 Elefanten in mehreren Gruppen. Sie führen jahreszyklische Wanderungen durch (siehe Exkurs „Auf der Suche nach Hannibals Elefanten"), wobei sie die Grenze nach Burkina Faso überschreiten. Von Bauern und Viehhaltern werden die Tiere als störende Konkurrenten empfunden und deshalb verfolgt und vertrieben. 2007 ergab eine Zählung nur noch 344 Elefanten, und im Frühsommer 2010 fielen weitere zwei Dutzend einer Trockenperiode zum Opfer. In einem Land, das die eigenen Menschen oft genug mehr schlecht als recht zu ernähren vermag, kann es eigentlich nicht verwundern, dass Tierschutz erst deutlich nach Menschenschutz rangiert. Hier ist internationale Hilfe gefragt und wird auch praktiziert. Aber vielleicht weckt die Hoffnung auf Einnahmen durch Elefanten-Touristen ja doch das Interesse der Malier an einem eigenständigen und konsequenten Schutz dieser letzten Steppen-Elefanten Westafrikas.

Die eindrucksvolle afrikanische **Felsenpython** *(Python sebae)* ist eine Riesenschlange und spielt in der Glaubenswelt der einheimischen Bevölkerung eine besondere Rolle. Weitere häufig vorkommende Schlangenarten sind Viper, schwarze Naya sowie mehrere ungiftige Natternarten.

Zahlreiche **Vogelarten** (Marabus, Ibisse, Silberreiher, Kraniche, Pelikane, Adler, Falken, Rebhühner, Wachteln, Papa-

Auf der Suche nach Hannibals Elefanten

Seit Jahren hatte ich Kenntnis davon, dass sich reliktartig im malisch-mauretanischen Übergangsbereich zwischen Sahara und Sahel noch irgendwo Restgruppen jener legendären, kleinen, nur wenig mehr als pferdegroßen Elefanten erhalten haben müssen, mit denen der nordafrikanische Kämpe *Hannibal* das Mittelmeer via Spanien umrundet, die Alpen überquert und dann Rom attackiert hatte. Wiederholt hatte ich versucht, diese Elefanten im unwegsamen Grenzlandbusch der sogenannten Gourma aufzuspüren – vergeblich. Vor Ort hatte ich nur erfahren, die Tiere seien in verschiedenen Dürreperioden zunächst dezimiert worden und seien dann in der großen Dürre am Beginn der 1980er Jahre endgültig ausgestorben. Von einem Münchner Zoologen, spezialisiert auf Säugetiere der Sahara, erhielt ich eine ähnliche Mitteilung: Seit vielen Jahren habe es keine Lebend-Meldung mehr gegeben.

So war ich in höchstem Maße alarmiert, als ein Freund von einer Reise nach Timbuktu mit dem Bericht zurückkehrte, er habe in Douentza einen jungen Elefantenspurensucher namens Boni kennen gelernt, der ihm von „wiedererstandenen" Herden im Gebiet von Hombori berichtete; eine Telefonnummer in Bamako wurde mir angegeben und über diesen Anschluß konnte ich tatsächlich über einen Mittelsmann Kontakt zu Boni herstellen. Nach Jahren vergeblicher Sucher waren Hannibals Elefanten plötzlich in greifbare Nähe gerückt.

Ich buchte mitten im Juli einen Flug nach Niamey/Niger. Dort hatte ich einen Bekannten namens Danzouma, an den ich vor Jahren zu günstigen Konditionen einen Pkw verkauft hatte mit der Auflage, wann immer ich nach Niamey käme, mich damit ans Ziel meiner Reisewünsche zu transportieren, wenn ich für alle Fahrkosten aufkäme. Danzouma war selbst reiselustig und nutzte die Gelegenheit zu für ihn kostenneutralen Reisen gerne. So auch jetzt: Bei meinem Anruf war er sofort bereit, mit mir via Gao, Hombori und Douentza bis nach Mopti zu fahren. Auf der Hinfahrt wollten wir dann einen Geländewagen in Douentza anmieten, der bei unserer Rückkehr zur Suche nach Hannibals Elefanten im freien Busch bereitstehen sollte. Gesagt getan: Mit Air France traf ich an einem späten Mittwochabend in Niamey ein. Wie ein Schlag fiel die Hitze über mich, obwohl auch zu Hause sommerliche Temperaturen geherrscht hatten. Hier aber war die Regenzeit nicht wie erwartet eingetreten; fehlende Bewölkung und staubige Atmosphäre sorgten für Temperaturen, wie sie hier sonst im Mai herrschen: mittlere Tageshöchsttemperatur weit über 40 Grad, mittlere nächtliche Tiefsttemperatur knapp unter 30 Grad, kurz: mörderisch!

Nach einer Nacht im klimatisierten Hotelzimmer (Tiefsttemperatur aber hier auch nur 27 Grad!) ging es anderntags an die Fahrzeug-Vorbereitungen, z.B. ein nicht vorhandenes Reserverad oder eine einfache Aussandausrüstung besorgen (die Piste hinüber nach Gao weist ja noch immer lange Weichsandpassagen auf). Am frühen Nachmittag verlassen wir Niamey und rollen auf guter Asphaltstraße und voller Reiselust gen Westen. Die Hitze ist fast unerträglich, der Fahrtwind so heiß, dass selbst das offene Fenster zur Last wird. Eine erste Trinkpause gönnen wir uns deshalb bereits in Tillaberi. Weiter führt uns die Straße nach Westen. Bis vor wenigen Jahren ging es auf flotter Piste weiter bis Ayourou. Jetzt reicht Asphalt bis dorthin. Die Straße bleibt gegenüber dem Pistenverlauf etwas im Hinterland und berührt den Niger-Fluss kaum je. Dennoch laden hübsche und ruhige Täler mit Schatten spendendem Bewuchs immer wieder zu kurzen Verschnaufpausen ein. So erreichen wir Ayourou erst in der Dämmerung. Der Ort ist bekannt für seinen malerischen und sehr lebhaften Markt am Ufer des Flusses. Jetzt liegt er wie tot unter einer stickigen staubig-feuchten Hitzeglocke – ein Überleben im Hitzeschlaf. Das Hotel Amenokal ist geschlossen, sein Umfeld in einem ganz erbärmlichen Zustand. Immerhin gestattet mir ein Wächter, mein Nachtlager unter einem der Nim-Bäume im Garten aufzuschlagen. Es wird die schlimmste Nacht, die ich bis dahin in Afrika verbracht habe. Es ist so grausam heiß, so stickig, ich selbst bin noch so wenig an die neue Klima-Situation angepasst, dass ich mir sicher bin: Wenn ich diese Nacht überlebe, kann nichts in Afrika mehr mich umbringen! Eine Herzsensation löst die nächste ab. Schweißüberströmt und schlaflos liege ich bis zur Morgendämmerung. Kurz vor Sonnenaufgang steht das Thermometer noch auf 39 Grad! Tröstlich nur die Bestätigung einer bereits auf früheren Reisen gewonnenen Erkenntnis: In Zeiten größter Hitze gibt es keine Moskitos! Obwohl ich kaum einen Steinwurf vom Flussufer des Nigers entfernt und annähernd unbekleidet liege, stört keine einzige Fliege, Schnake oder ähnliches meinen nächtlichen Kampf ums Überleben. Das Moskitonetz blieb die ganze Nacht hochgerollt.

Gerädert, aber auch irgendwie stolz erlebe ich den Sonnenaufgang. Es ist wie beim Sprung ins Wasser: Für den Rest der Reise bin ich adaptiert, nichts wird mich mehr beeinträchtigen. Tatsächlich empfinde ich weitere Morgendämmerungen – auch diese alle ohne Moskitonetz – mit 37 Grad als angenehm kühl.

In Douentza treffen wir Boni. Die bereits telefonisch getroffenen Vereinbarungen werden bestätigt. Er stellt uns den maroden Geländewagen seiner kleinen Reiseagentur vor, einen mehr als rostigen Pajero. Mit ihm werden wir am Rückweg Hannibals Elefanten suchen; er holt zwischenzeitlich Informationen über den genauen Aufenthaltsort der Herden ein. In dieser Jahreszeit ziehen die Elefanten nach Süden und seien nicht weit südlich von Douentza zu finden, drei Tage im Busch vollauf ausreichend. Gewitzt von früheren Reisen treffen wir schriftlich die Vereinbarung: Honorarzahlung erfolgt nur, wenn wir auch Elefanten sehen. Andernfalls bezahle ich nichts als die Benzinkosten für die Fahrt ins Gelände.

Mopti, das „Venedig Westafrikas", erlebe ich wieder als kaum zu überbietenden Höhepunkt einer sahelischen Hafenstadt am Schnittpunkt der Handels- und Karawanenwege aus Himmelsrichtungen. Ich genieße den Sonnenuntergang im Restaurant hoch über dem Hafen und dem Fluss. Fahnengeschmückte Boote voller Menschen überqueren die Wasserfläche: Sie bringen Verstorbene hinüber ans andere Flussufer, dorthin, wo nach jahrtausendealten mystischen Vorstellungen das Reich der Toten liegt, jenseits des Flusses.

Zurück in Douentza bleibt wenig zu tun, die Fahrt ins Gelände vorzubereiten. Im letzten Dorf an gängiger Piste liegt der Ort Boni, nachdem auch unser Elefanten-Führer benannt ist. Hier müssen wir noch die Reisegenehmigung des Sous-Präfekten einholen. Unseren Pkw dürfen wir unterm Schattendach des Beamten abstellen, dafür gibt er uns als weiteren Passagier einen Jäger mit Flinte für die Reise in den Busch mit: Er soll auf uns aufpassen, Jagen sei im Elefantenschutzgebiet verboten und bei uns Europäern wisse man ja ... Unser Bewacher wird später die Einzige sein, der (vergeblich) auf Gazellen und (erfolgreich) auf Perlhühner anlegt.

Die Fahrt geht nach Süden. Jäger und Boni geben dem Fahrer die Richtung im schwierigen Gelände an. Inselartiger dichter Buschwald lässt immer wieder freie Passagen, verhindert aber über weite Strecken das geradlinige Verfolgen einer Route. Die markante Silhouette der senkrecht aufragenden Hombori-Berge bleibt mehr und mehr zurück. Wir passieren verschiedene Dörfer, die teilweise nur temporär besiedelt und nur auf kleinsten Trampelpfaden erreichbar sind: Busch jenseits von Straßen und Pisten. In grasigen Altdünengebieten treffen wir vereinzelt auf Hirten. Jeder wird nach Elefanten gefragt, jeder hat gestern, vorgestern kleine Trupps auf dem Weg nach Süden beobachtet. Dann treffen

Auf der Suche nach Hannibals Elefanten

wir erstmals auf deutliche Spuren: Hier zog eine Herde der Wildtiere durch, eine Schneise der Zerstörung hinterlassend. Zweige wurden herabgebrochen, ganze Bäume einfach mit den Stoßzähnen umgedrückt. Eine typische Pflanze der sogenannten Sekundär-Vegetation, *Calotropis procera*, oft fälschlich wegen ihres weißen Saftflusses als Wolfsmilchgewächs bezeichnet, scheint geradezu den Zorn der Tiere auszulösen: Diese Büsche werden nach Möglichkeit mit Stumpf und Stiel ausgerissen, die Bestandteile dann voll Wut weit in die Umgebung geworfen – darf man Elefanten wie Menschen interpretieren? Am Ende meiner Reise zu Hannibals Elefanten werde ich wissen: Man darf nicht nur, man wird wohl müssen!

Boni hat zusammen mit dem Jäger am Elefanten-Trail vor allem ein Interesse: Fachmännisch werden die riesigen Elefanten-Bollen – von beiden fast liebevoll „Ka-ka" genannt – untersucht und auf ihr Alter hin überprüft. Resultat: Sie sind zu alt, um den deutlichen Spuren zu folgen; wir würden die Herde erst nach Tagen eingeholt haben. Also weiter, frischere Spuren suchen. Für mich stimmt allerdings schon hier das Weltbild nicht mehr: Einer der Elefantenfußabdrücke hat sich wohl 10 cm tief ins Gelände gedrückt, an einer Stelle, an der ich auch mit Aufbietung aller Kraft mit dem beschuhten Fersen allenfalls einen Kratzer an der harten Oberfläche hinterlassen kann. Und der Abdruck hat die Größe einer Paella-Pfanne, Familien-Ausführung! Das sollen Hannibal-Elefanten sein? Pferdegroß? Einen riesigen Baum haben sie mit einem Stoßzahn einfach umgedrückt, schenkeldicke Äste abgebrochen – was müssen das für Tiere sein! Hier waren gigantische, saurierähnliche Kraftprotze am Werk! Ich bin verwirrt, habe nie von anderen als „Hannibal-Elefanten" in diesem Gebiet vernommen. (Den Lesern sei vorweggenommen, was mir zu wissen erst nach der Rückkehr vergönnt war: Die Gourma-Elefanten sind Steppenelefanten und als solche die zweitgrößten Elefanten weltweit nach denen in der Etosha-Pfanne in Tansania!)

AUF DER SUCHE NACH HANNIBALS ELEFANTEN

Einige Hügel weiter finden wir einen neuen, sehr frischen Trail. Auch hier fällt wieder das Wüten an den Calotropis-Büschen auf. Die Spannung steigt. Ich hoffe, jeden Augenblick das ersehnte Wild vor die Linse zu bekommen. Das Gelände ist schwer zu befahren. Meine Fachleute beschließen, den Elefanten durch einen Umweg über einfacheres Gelände den Weg abzuschneiden. Gesagt, getan. Unterwegs wird dann noch der Braten für den Abend geschossen: Perlhühner.

Wir erreichen einen kleinen Weiler. Dort erhalten wir die Auskunft, die Elefanten seien noch nicht durchgekommen; das Netz zieht sich nur langsam zu. Die Dorfbewohner wissen zudem von einem anderen Ort nahebei, wo sich gerade eine größere Herde aufhalten soll. Im letzten Licht dorthin. Enttäuschung und Freude zugleich: Hirten berichten, die Elefanten seien schon wieder weg, allerdings habe sich hier am Vorabend eine Tragödie abgespielt, die einen Elefanten das Leben kostete; zwei Elefantenrassen gäbe es hier, grau-gelbe und grau-schwarze, und letztere seien aggressiv und würden deshalb von den grau-gelben angegriffen und verjagt. Hier hätte ein grau-gelber Leitbulle einen grauschwarzen Jungbullen getötet. Einer der Männer bringt uns zum Ort des Dramas: Der Ort gleicht einem Kampfplatz. Es sieht aus wie nach einem Bombeneinschlag, kein Baum steht mehr, von Stämmen blieben nur noch Stümpfe. Am Jungbullen muss der Alte seinen Ärger regelrecht ausgetobt haben. Zerfetzt liegt der von Fliegenschwärmen bedeckte Kadaver da, die Eingeweide sind aus dem Leib herausgerissen und hängen meterweit in Ästen und Zweigen. Ich bin erschüttert und auch eingeschüchtert angesichts der Folgen solch tobsuchtartiger Aggressivität.

Als ich meinen Nachtplatz unter einigen hübschen Bäumen in der Talsohle einrichten will, wissen das meine Begleiter rasch zu verhindern: Dort genau verläuft ein Trail, und wenn die Tiere nachts dort auf mich stoßen, hält nichts sie davon ab, mich am Schicksal des schwarzen Jungbullen teilhaben zu lassen. Also schlafe ich seitab unter einem kleinen einzeln stehenden Baum auf einem Hügel. Meine Begleiter ziehen entweder das nahe Dorf oder das Fahrzeuginnere vor.

Mitten in der Nacht bricht ein gewaltiges Gewitter über uns herein. Im letzten Augenblick kann ich mich noch fast trocken ebenfalls ins Fahrzeug flüchten. Im Morgengrauen klart es wieder auf, das Gelände ist weithin von Wasserflächen bedeckt. Es ist frisch, sehr frisch – jeder friert bei 27 Grad.

Das nächtliche Gewitter wird uns beim Weiterfahren rasch zum Verhängnis: Auf einer trocken scheinenden Fläche bricht das Fahrzeug wie in Eis bis zum Fahrzeugboden ein – unter der angetrockneten Oberfläche ist nichts als schmieriger, seifiger Lehm, der mit jeder Berührung mehr und mehr zu Brei wird. Das ohnehin abgefahrene Reifenprofil ist wirkungslos. Von einem Hügel nahebei schleppen wir Steine heran, unterstützt von zwei Tuareg, die auf ihren Kamelen zufällig des Weges geritten kamen. Von ihnen erfahren wir auch, dass sie unweit unserer Lehmbreistelle tags zuvor einer 30-köpfigen Elefantenherde begegnet waren. Während alle anderen mit Bergungsarbeiten beschäftigt sind, diskutiert unser Jäger mit den Tuareg, wie der nach Süden ziehenden Herde am besten der Weg abzuschneiden sei. Nach zwei Stunden anstrengendem Steineschleppen und Schieben ist der Wagen frei. Die Sonne knallt jetzt schon erbarmungslos von einem stahlblauen, sauber geregneten Himmel. Wir trinken in unglaublichen Mengen. Die hohe Luftfeuchtigkeit lässt uns schwitzen, als wären wir soeben mitsamt Kleidern aus dem Wasser gezogen worden. Ja, Kleider: An den scharfkantigen Durchrostungen des Pajero hat sich Danzouma seinen schönen Boubou schon zweimal heftig zerrissen. Auch meine liebste leichte Hitzehose wurde mit einer heftigen Triangel verziert. Aber der Wagen ist frei. Weiter geht's auf Elefantensuche. Die frischen Spuren der 30-Kopf-Herde sind rasch gefunden – und dann die Enttäuschung: Zwischen uns und der Herde liegt ein Tal, und in

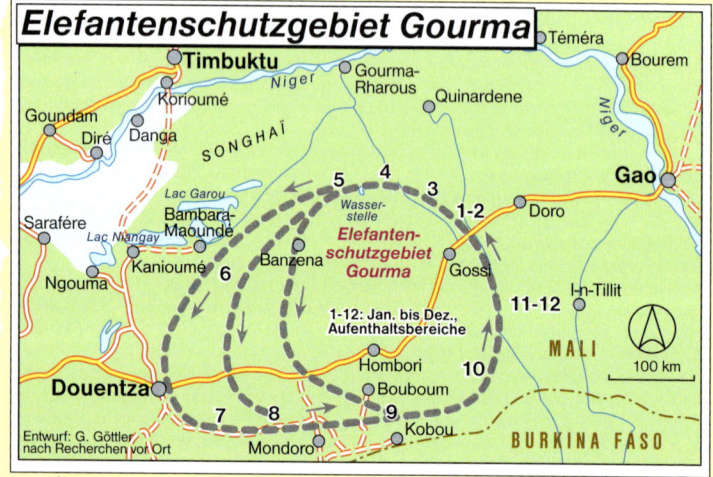

Wanderungsbewegung der Elefanten

diesem fließt seit dem nächtlichen Gewitter mit einer kaum wahrnehmbaren Strömung ein breiter, hier tiefer Fluss, absolut unüberwindbar für uns. Sorgen machen sich zudem bei den Geländekennern breit: Dieser Fluss liegt auch zwischen uns und unserem Ausgangspunkt! Und letzteren müssen wir in einem angemessenen Zeitraum wieder erreichen – mein Flugzeug für den Rückflug nach Paris wird nicht warten, bis ich aus den Schlamm-Niederungen zurück bin! Die Entscheidung ist zwingend: Vor der weiteren Elefantensuche müssen wir erst einmal dieses Tal bzw. den tiefen Fluss überqueren. Zwischen Boni und dem Jäger entsteht eine lebhafte Auseinandersetzung, an welcher Stelle dies beim derzeitigen Wasserstand überhaupt noch möglich ist – keine beruhigende Ausgangssituation.

Jetzt machen wir uns auf die Suche nicht nach Elefanten, sondern erst nach einer Furt. Mehrere Versuche scheitern bereits im Ansatz. Schon der Anblick der Wasserflächen oder der nur noch mit den Wipfeln aus den Fluten ragenden Bäume zeigt eindeutig die Unpassierbarkeit mancher von unseren Führern in Betracht gezogenen Furten. Danzouma, selbst nicht ortskundig, aber eben doch Einheimischer, ist richtig sauer auf unsere Begleiter, hätten sie seiner Meinung nach doch wissen müssen, welches Risiko die auf dem Hinweg so sorglose Überquerung des Tales in dieser Jahreszeit mit sich bringt. Die Stimmung in unserer Gruppe wird langsam gereizt. Schließlich landen wir vor einer weiten, nicht mehr überschaubaren und sich bis zum Horizont dehnenden Ebene, die zwar grasbestanden, aber auch 20, 30 cm hoch von Wasser bedeckt ist. Eine einzelne Karrenspur windet sich hindurch – eindeutig aus trockenen Zeiten, erkennbar nur an den im Wasser stehenden Gräsern. Streit bricht aus, ob diese Spur machbar ist oder uns in eine Falle lockt. Der Jäger und ich enthalten uns, Danzouma will nur noch zurück zu seinem Wagen und zwar hier und jetzt, Boni und der Fahrer sind gegen die Spur, weil sich (für mich erst jetzt) herausstellt, dass das Fahrzeug diese Passage nicht mit dem dazu erforderlichen zügigen Tempo angehen kann: Allrad ist nur noch im ersten Kriechgang vorhanden! Doch Danzouma setzt sich durch. Mit minimalem Tempo und laut heulendem Motor nimmt der Fahrer die Spur in Angriff. Wir anderen laufen nebenher, schieben aus Leibeskräften, wann immer das Fahrzeug zu stecken droht. Mehrfach hängt der Wagen fest, kann aber durch Rückwärtsfahren bzw. durch Unterlegen von Zweigen immer wieder flott gemacht werden. Doch die Ebene zieht sich über Kilometer hin, und langsam lassen unsere Kräfte nach. Keiner vermag noch richtig zu schieben, keiner hat noch den Elan, Zweige richtig unterzupacken. Ich fühle mich einem Sonnenstich, einem Hitzekollaps oder der absoluten Schiebeerschöpfung verdächtig nahe. Und dann kommt, was kommen musste: Der Wagen hängt, alles Vor- und Zurücksetzen mit Motorkraft macht den Lehmbrei nur noch weicher und schlüpfriger. Jeder zieht sich völlig ausgepumpt in den dürftigen Schatten irgendwelcher Dornbüsche oder Sträucher zurück, stehend, bis über die Knöchel im Wasser. Jetzt wird das Trinkwasser in den Kanistern knapp, und wir beginnen, das lehmgelbe Wasser der uns umgebenden Wasserfläche vorsichtig abzuschöpfen – es sollen ja keine Ziegenknödel mit ins Trinkgefäß ... Im Schatten von Büschen ist das Wasser recht kühl, in der Sonne jedoch heiß. Eine Entscheidung muss fallen. Wie weit ist der Ort Boni noch entfernt? 24 Stunden Fußmarsch schätzen Jäger und Führer. Wenn wir jetzt aufbrechen, sind wir am Mittag des Folgetages dort, genau richtig, um rechtzeitig wieder zurück am Flugplatz in Niamey zu sein. Auf geht's! Sorgfältig wird das inmitten der Wasserfläche im Schlamm „geparkte" Auto abgeschlossen, und dann bricht eine skurrile Karawane auf: Ich hebe mir meinen schweren Fotokoffer und meine Reisetasche überkreuzt um, meinen Koffer werden Boni und der Fahrer – ansonsten ohne Gepäck – abwechselnd tragen, Danzouma hat an eigener Ausrüstung gut zu schleppen, und der Jäger weigert sich schlicht, angesichts der langen Strecke mehr als seine Flinte auf sich zu nehmen. Es zeigt sich im Übrigen im Verlauf des weiteren Abenteuers, dass gerade er die geringsten Kräftereserven aufzuweisen hat.

Gut. Die Karawane zieht los wie in Filmen aus kolonialen Zeiten. Das Wasser ist fast immer waden- bis knietief. Unebenheiten sind nicht auszumachen, da es vollkommen lehmtrüb ist. Meine guten Ledersandalen sind fürs Wasser nicht gemacht, und schon nach kaum 200 m bin ich nur noch barfuß unterwegs. Dies ist noch ganz gut machbar. Der Untergrund ist weich, Dornen und Zweige aufgeweicht. Dann ein Silberstreifen am Horizont: Boni mit den scharfen Augen des Elefanten-Führers erkennt ein weit entferntes Dorf. Dort will er jetzt mit dem Fahrer Hilfe holen. Wir anderen pausieren derweil mitten in der Wasserfläche. Alles Gepäck wird in die mehr oder weniger schütteren Bäume der Umgebung gehängt. Ich breche einige Zweige ab und baue eine Art Insel, auf die ich meinen Schalenkoffer so lege, dass er nicht bis über die Verschlussmitte ins Wasser sinkt. So kann ich wenigstens trocken sitzen.

Die Zeit verrinnt. Stille. Schweißtreibende, aber nicht eigentlich schwüle Feuchthitze. Leider regt sich kein Lüftchen. Irgendwo gurren mitunter Tauben. Ich kauere mich auf meine 70-cm-Samsonite-Schale und – schlafe tief und fest den Schlaf des Erschöpften. Boni und der Fahrer kommen mit zwanzig Leuten aus dem Dorf, lachen sich fast kaputt über den auf seinem Koffer im Wasser schlafenden Europäer, und ich erwache erst, als ihr in Richtung Pajero abziehendes Gelächter schon fast verklungen ist.

Die vielköpfige Hilfe zeigt Wirkung: Rasch ist der Geländewagen befreit und bei uns. Das Gepäck wird wieder eingeladen, und weiter geht die Fahrt durchs Wasser, bis am jenseitigen Talhang wieder festerer Untergrund unter die Reifen kommt. Der Fluss liegt damit hinter uns, jetzt gilt die Suche wieder dem Elefanten!

Bei einem Tuareg-Zelt, das wir schon vom Hinweg kennen, halten wir an und befragen die Männer. Und welch ein Glück: In den frühen Morgenstunden dieses Tages ist ein einzelgängerischer Bulle auf dem Weg nach Süden durchgezogen! Die Tuareg bieten an, mit ihren Kamelen – und mir – seinen Spuren so lange zu folgen, bis er eingeholt ist. Sie schätzen die erforderlich Zeit auf zwei, drei Stunden. Das ist die Chance! Die Kamele werden rasch gesattelt. Der Zeltchef wird mich auf sein großes, kräftiges Reittier laden, ein zweiter Tuareg wird den kleinen leichtgewichtigen Boni als Elefantenkenner und Dolmetscher auf seinem eher schlanken Kamel mitnehmen. Einzelgängerische Bullen gelten als sehr leicht erregbar, und so wird mir noch einmal richtiges Verhalten bei einer möglichen Konfrontation mit dem Tier eingeschärft.

Im Trab geht es los, den deutlichen Spuren kursgenau nach Süden folgend. Der Elefant scheint sich allerhand Späßchen geleistet zu haben: Immer wieder schlenderte er genau in den Wasser führenden Bächen oder Rinnsalen, hier und dort mit seinem kräftigen Rüssel kleine Staus aus Zweigen oder Blättern wegschleudernd, ein richtiger „Bächleputzer". Auch hier wieder das Wüten gegen die Calotropis-Büsche. Immer wieder weisen mich die Tuareg auch auf Zweigabbrüche hin, wo der Elefant mehr naschhaft seinen Hunger en passant besänftigte. Im weichen Untergrund sind seine Spuren, diese riesigen Paella-Pfannen-Eindrücke, leicht zu verfolgen. Im Wasser oder auf hartem Gelände wird's schwieriger. Geschickt teilen sich dann die Tuareg-Reiter die Arbeit: Einer hält sich mehr rechts, der andere mehr links, bis die Spur auf besserem Untergrund wieder deutlich wird. So reiten wir fast durchweg im Trab. Ich kann mich auf der Rückseite des abfallenden Höckers nur mehr schlecht als recht halten und werde heftig durchgewürfelt. Die Sonne knallt vom blauen Himmel herab. Der kühlende „Fahrt"-Wind wird vom sich blähenden Boubou meines Reitersmannes vor mir fast gänzlich abgehalten. Trotz solcher Leiden entwickle ich rasch höchste Bewunderung und ein fast grenzenloses Vertrauen in die schlanke und wohlriechende Gestalt vor mir. Überaus geschickt lenkt der Mann sein Kamel um Busch- und Waldinseln herum, dirigiert das rutschende Tier vorsichtig aufgeweichte Böschungen hinab und durch Bachläufe hindurch, treibt es auf besserem Untergrund sofort wieder zum Trab an. Mit Schnalzen und Fußdrücken am Hals, durch knappe Kommandos und sachten Peitscheneinsatz lenkt er das langbeinige Reittier souverän durchs Gelände. Der hohe Sitz ermöglicht dem Tuareg einen hervorragenden Überblick. Wo wir durch dichteres Strauchwerk müssen, biegt er fürsorglich Dornenzweige beiseite, damit diese mich nicht zerkratzen bzw. mir die Hose zerreißen. Immer wieder debattieren die Tuareg auch mit Boni, wie weit der Elefant wohl noch entfernt sei. Nach knapp zwei Stunden ist klar, dass der Elefant uns Verfolger bemerkt hat: Ging er bisher schnurstracks nach Süden, schlägt er jetzt immer wieder kurze Haken, wie meine Begleiter meinen, um nach uns zu sehen und zu hören. Anspannung macht sich breit und dämpft auch bei mir alle Schmerzen. Dann biegen wir um eine Bauminsel herum – da reißt mein Reitersmann so heftig sein Kamel auf den Hinterläufen herum, dass ich fast von seinem Rücken gefallen wäre: Kaum zehn Meter vor uns steht der Elefantenbulle mit riesiger Stirn und weit gespreizten Ohren in Front gegen uns! Im Galopp geht es zurück, um rasch einen so großen Sicherheitsabstand herzustellen, dass das Wildtier nicht angreift. Aufgeregt wird Halt gemacht. Ich mache meine Kamera bereit, und dann geht es erneut dem Elefanten hinterher, jetzt zu Fuß. Boni gibt mir im Rennen noch einmal Verhaltensregeln: „Wenn er angreift, renn' weg, was das Leben hergibt, zickzack um Bäume herum, versteck' Dich, beweg' Dich nicht, aber beobachte ihn; renn' nach Norden, denn er will nach Süden." Gut gesagt! Hoffentlich greift er nicht an!

Der Elefant war nach der ersten Konfrontation wie ein Uhrwerk wieder auf Südkurs gegangen. Die Spuren zeigen jedoch: Er ist auf der Hut, die Geradlinigkeit des Verlaufs hat jetzt ein Ende, mal links rum, dann ganz gemächlich wieder eher rechts, immer wieder stehend und sichernd nach hinten. Eng jetzt die Schritte, eine Paella-Pfanne an der anderen. War das ein Riesenvieh! Gelbe, gigantisch dicke Stoßzähne wie ich sie mir im Traum nicht ausgemalt hätte. Immer noch mehr rennend als gehend folgen wir weiter den Spuren. Es ist heiß. Dann hat der Tuareg den Elefanten vor sich, er winkt mich zum Fotografieren heran. Der Koloss wendet uns gemächlich weitergehend das Hinterteil zu. Rufe und Pfiffe des Tuareg lassen ihn hin und her pendeln. Boni ist vorsichtiger und mahnt auch den Tuareg zu zurückhaltenderem Verhalten. Ich drücke bei jeder sich bietenden Gelegenheit auf den Verschluss bis der Film voll ist. Jetzt gibt es für mich nur noch den Rückzug.

Rasch haben wir den zweiten, zurückgebliebenen Tuareg und die Kamele wieder erreicht. Im Schatten eines Busches wechsle ich das Teleobjektiv gegen das Normalobjektiv und lege einen neuen Film ein. Mein Tuareg ist zum Pinkeln hinter einem Busch verschwunden, Boni hinter einem anderen. Der zweite Tuareg sitzt bereits wieder in seinem Aussichtssattel – zum Glück! Lautes Schreien von oben: Der Elefant greift uns von der Seite her durch die Büsche an! Boni flitzt hinter seinem Busch vor, mein Tuareg rennt zu seinem Kamel, reißt es am Zügel hinter sich her, sodass das Sattelzeug in hohem Bogen in den Dreck fliegt, der zweite Tuareg ist bereits im Galopp verschwunden, ich selbst renne um mein Leben, wie alle anderen Hasenfüße auch – nach Norden! Irgendwo treffen wir keuchend alle wieder zusammen: Der Bulle verfolgt uns zum Glück nicht! Die Tuareg vor allem finden die Geschichte herrlich amüsant und können sich gar nicht satt lachen: Wie uns der alte Griesgram gezeigt hat, wer Herr im Busch ist! Wie er uns alle zum Laufen brachte! Na, so flink hat hier schon mancher kein Bein mehr vors andere gesetzt! Wie der alte raffinierte Teufel einen so weiten Bogen geschlagen hat und uns dann zunächst fast lautlos durch den Busch angegriffen hat! Und hast Du gesehen, wie flink der Alte noch auf den Beinen war? Und, Boni, machst Du mit Deinen kurzen Beinen öfter so lange Schritte? Gelächter und Schadenfreude nehmen kein Ende. Als mein Tuareg dann aber zurückgeht, um das verlorene Sattelzeug zu suchen, tut er dies doch äußerst vorsichtig und kommt – nachdem er alles aufgelesen hat – im Laufschritt wieder zurück. Vom Elefanten-Bullen aber war hinfort nichts mehr zu sehen. Ich bin sicher, er hat sich über seinen gelungenen Coup eines in den Rüssel gelacht.

Selbst war ich nicht mehr zum Lachen. Ich hatte zu viel Sonne abbekommen und mir bei zwei Stunden schweißtreibendem Trab den Hintern bis auf die Knochen durchgeritten. Bis ich mir tags darauf Handtücher in die Hose stopfe, habe ich schon zwei helle Hosen unrettbar mit Blut und Eiter versaut, kann wochenlang nur schwer gehen, monatelang nicht ins Bad und habe noch heute, ein ganzes Jahr später, zwar verheilte, aber innerlich schmerzhafte Löcher in meinen Gesäßbacken.

Vor Ort aber war die Geschichte noch lange nicht zu Ende: Boni jedoch ist vorerst am Ziel. Kein Grund mehr, ihm sein Honorar vorzuenthalten. Der Elefant war ja echt und am Leben. „Boni, Du hast gewonnen", ist deshalb einer meiner ersten Sätze an ihn auf dem Rückweg. Lebhafte Gespräche auf dem gemächlichen Ritt zurück. Mein Tuareg will nicht glauben, dass wir in Deutschland ganz ohne Kamele leben. Das kann doch nur ein trauriges Leben sein: Üppige Weiden, aber keine Kamele? Zurück am Zelt bei Danzouma. Dem tut es nicht Leid, selbst keine Elefanten gesehen zu haben, kennt er sie doch noch aus eigenem Erleben aus Kindheitstagen. Auch damals hätten sie die lästigen Nahrungskonkurrenten wie heute noch die Bewohner dieses Gebietes durch lautes Trommeln zum Abwandern gebracht.

Wir fahren nach Norden zurück. Drohend stehen Gewittertürme vor uns in unserer Fahrtrichtung. Dann liegt erneut ein eher harmloser Wasserlauf vor uns. Erneut Streitgespräche über die beste Furt und die Möglichkeiten des Durchkommens. Kein Erfolg: Kurz darauf steckt der Pajero schon wieder mit allen vier Rädern und bis zum Bodenblech im

Auf der Suche nach Hannibals Elefanten

grundlosen Lehmbrei, fließendes Wasser drumherum. Beleidigt der Jäger: Auf ihn wollte der Fahrer nicht hören. Boni aber kennt sich jetzt besser aus: Er weiß, dass keine Ortschaft in erreichbarer Entfernung liegt, um Hilfe herbeizuholen. Einige Stunden Fußmarsch voraus jedoch steht das Gehöft eines alleinstehenden alten Mannes und der hat einen Eselskarren. Zu ihm werden wir jetzt gehen und dann alles Gepäck mit dem Karren hinauf bis zum Ort Boni transportieren. Erneut bleibt der Wagen abgeschlossen im Überschwemmungsgelände zurück, erneut bricht die skurrile Karawane mit allem Gepäck auf dem Kopf auf. Diesmal habe ich deutlich mehr Mühe mit dem Barfußgehen. Die Berge sind schon so nahe, dass der Weg teils sehr steinig wird, und schon nach einer halben Stunde wird es Nacht und in der Nässe auch stockdunkel. Ein Gewitter bricht über uns herein, gewalttätiger Regen prasselt herab. Gegen 22 Uhr erreichen wir das Gehöft des alten Mannes. Boni reißt ihn aus dem Schlaf und macht ihm klar, dass wir seinen Eselskarren mieten wollen. Gemeinsam im letzten Licht einer schwachen Taschenlampe machen sie sich auf die Suche nach den beiden Eseln, die irgendwo draußen auf der nächtlichen Weide unterwegs sind.

Nach einer Stunde ist der Trekk abmarschbereit. Der alte Mann führt die Zügel, Danzouma und ich dürfen auf dem Eselskarren mitfahren, das Gepäck dient als Sitzgelegenheit. Mit einer großen Dumpalm-Matte schützen wir uns, den alten Mann und das Gepäck vor dem wieder einsetzenden heftigen Regen. Die restliche Mannschaft läuft hinter dem Wagen. Unglaublich, wie der eine Esel (der zweite geht nur als Reserve für den Rückweg im Geschirr nebenher) den Karren durch Dreck, Matsch und Wasser zieht, wie geschickt der alte Mann bei völliger Dunkelheit seinen Weg findet. Kurz vor dem Ort Boni lässt der Regen nach, der Himmel klart auf, empfindliche Kälte scheint herabzufallen. Im fahlen Sternenlicht sind Bäume und Büsche und die Felswände der Falaise zu erkennen. Boni fehlt hinter dem Karren! Der gelenkige Bursche hat sich einfach unter den Wagenboden in den Korb auf der Achse geschmuggelt! Der alte Mann zürnt ihm deswegen zwar etwas, ich aber habe den Eindruck, dass er in seiner Gutmütigkeit niemandem wirklich böse sein kann. Um drei Uhr in der Nacht erreichen wir Danzoumas Auto. Alle anderen finden im Ort eine Übernachtungsmöglichkeit bei Bekannten, Freunden oder bei der eigenen Familie. Von einem nahen Tümpel schallt ein Froschkonzert herüber, wie es sich ein Europäer gar nicht vorzustellen vermag! Sicher Zehntausende von Fröschen offensichtlich auch verschiedener Arten, die – in Wellen sich aufschaukelnd – ihr ohrenbetäubendes Gequake anstimmen. Allein das Froschkonzert dieser letzten Nacht im Elefantengebiet war die ganze Reise wert!

Hannibals Elefanten? Gourma-Elefanten habe ich gefunden, Steppenelefanten, die zweitgrößten Elefanten weltweit! Hannibals Elefanten aber werden weiterhin vermisst. Auf zu einer nächsten Reise also, auf zur Suche nach Hannibals Elefanten, viel weiter westlich, ungefähr im mauretanischen Tagant.

Hinweis: Halten Sie auch beim Fotografieren hinreichend Abstand zu den mächtigen Wildtieren! Ende 2008 wurde eine Französin beim Fotografieren von einem Elefanten angegriffen und getötet!

geien, Kolibris etc.) vervollständigen das Bild.

Im **Nationalpark des Baoulé** tummeln sich vor allem Antilopen, aber vereinzelt auch Löwen. Die Jagd bzw. der Abschuss von Wildtieren muss vorher genehmigt und bezahlt werden.

Zu den **Fischen,** die eine große Bedeutung für die Ernährung haben, zählen Kapitänsfisch sowie Hecht und Aal.

Bevölkerung

Mali zählt zu den am schwächsten besiedelten Ländern Afrikas. Der Norden ist fast menschenleer; die Mehrheit der **14,5 Mio. Einwohner** lebt entlang der Flüsse im Süden. Die autochthone (eingeborene und schon immer hier lebende) Bevölkerung Malis setzt sich aus verschiedenen ethnischen Gruppen zusammen. Da die Grenzen jedoch Folgen europäischer Kolonialpolitik sind, ist keine der Ethnien lediglich in Mali anzutreffen.

Die zahlenmäßig stärkste ethnische und politisch dominante Gruppe sind die im Süden lebenden **Bambara** (Bamana; ca. 1,2 Mio.). Die **Malinke** (ca. 200.000), die „Leute von Mali", leben am oberen Senegal und in den Quellgebieten des Bani und Niger. Die **Soninke, Sarakolle** oder **Marka** (ca. 280.000) leben zwischen Niger und Senegal; weiter existieren die **Songhai** (ca. 230.000), die im Osten des Landes bedeutende Städte wie Gao und Timbuktu entstehen ließen, die **Senufo** (ca. 375.000), die **Bobo** (ca. 80.000) und **Mossi,** deren Hauptgebiet in Burkina Faso liegt; der saharische Norden Malis wird von (halb-)nomadischen **Tuareg** (ca. 240.000) sowie von **Arabern** (ca. 95.000) und **Mauren** (ca. 15.000) bewohnt.

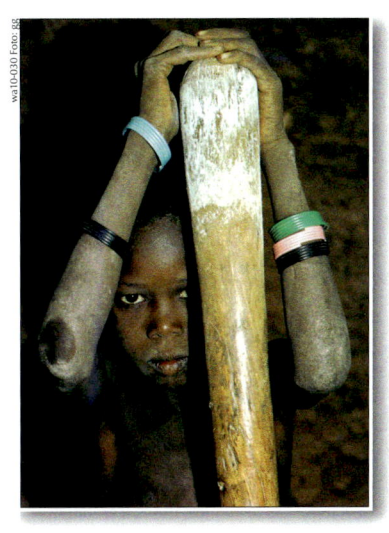

Zu erwähnen sind noch die überwiegend als Rinderhirten lebenden **Fulbe,** die bei der Ausbreitung des Islam entscheidend mitgewirkt haben, sowie die im 19. Jh. aus dem Senegal eingedrungenen **Toucouleur** *(Tekrur).*

Die **Bozo** sind Fischer, die zwischen Mopti und Djenne am Niger und Bani leben und sich weitgehend ihre archaische Kultur erhalten haben.

Die **Dogon** (ca. 300.000), ein altes Bauernvolk, leben in der Gegend von

Das Mörsern der Hirse ist Frauen- bzw. Mädchenarbeit

Bandiagara (Falaise de Bandiagara) im Südwesten des Landes. Sie sind berühmt für ihre reiche Mythologie, ihre Maskenfeste sowie für das nur alle sechzig Jahre stattfindende Sigi-Fest.

Jedes Jahr geht ein großer Teil der männlichen Jugend als Wanderarbeiter nach Guinea, in den Senegal oder an die Elfenbeinküste. Daher ist der Anteil der männlichen Bevölkerung bis zu 45 Jahren eher gering. Angesichts der Vorgänge in Côte d'Ivoire fürchtet Mali nichts mehr, als die Rückkehr Hunderttausender, die zuvor ihrem Land mangels wirtschaftlicher Zukunftsperspektiven den Rücken gekehrt und mit den Überweisungen an ihre zurückgebliebenen Familien für eine gewisse finanzielle Stabilität gesorgt hatten.

Um den durchschnittlichen Lebensstandard der Bevölkerung, die Preise für Dienstleistungen und auch den eigenen Umgang mit Geld besser einschätzen zu können, sind die **durchschnittlichen Löhne** eine gute Richtlinie. Der Mindestverdienst *(Salaire minimum, SMIG)* eines ungelernten Arbeiters beträgt ca. 23.000 CFA/Monat (35 Euro), ein Facharbeiter bekommt bei gutem Verdienst etwa 50.000 CFA. An diesen Löhnen kann man ablesen, wie gut ein „guide" abschneidet, wenn er für zwei Stunden Führung mehr als 1000 CFA kassiert.

Das **Bevölkerungswachstum** lag im Jahr 2009 bei 3,6%. Dies stellt eines der größten Probleme des Landes dar, denn trotz wirtschaftlicher Fortschritte wird die Verringerung der Armut durch die Höhe dieses Wachstums wieder zunichte gemacht.

Sprachen

von Herbert Braun

Mali ist aus sprachlicher Perspektive ein recht komplexes Gebilde. **Über vierzig Sprachen** werden auf dem Staatsgebiet des ehem. Soudan Français gesprochen, die meisten davon gehören zur Sprachunterfamilie des Mande. Darüber hinaus werden auch semitische (Hassaniya-Arabisch), voltaische oder Gur- (Bobo, Dogon, Minyianka, Mooré, Senufo), westatlantische (Fulfulde), Berber- (Tamaschek) und weitere nilosaharanische Sprachen (Songhai, Tadaksahak) aktiv gesprochen. Ihre Verbreitung innerhalb des Landes ist jedoch unterschiedlich strukturiert: die Mande-Sprachen im südlichen und westlichen Teil, die semitischen und nilosaharanischen im nördlichen, die Gur-Sprachen im östlichen Teil und die westatlantische weist im Niger-Binnendelta in Zentral-Mali ihre größte Konzentration auf.

Bambara ist die meistgesprochene Sprache Malis und als interethnisches Kommunikationsmittel von größter Bedeutung (mehr als 80% der Bevölkerung Malis spricht Bambara als Lingua

---

Buchtipp:
● Bambara für Mali – Wort für Wort
(Reise Know-How Kauderwelsch)

franca); es findet zunehmend Eingang in den (Grund-)Schulunterricht und in die Medien, erfährt auch mehr und mehr Akzeptanz im religiösen Rahmen und macht zuletzt auch vor alten Domänen der **Amtssprache Französisch** (Administration, Bildung, staatliche Institutionen) nicht halt. Gesetzes- und Verfassungstexte sowie die Erklärung der Menschenrechte liegen in Bambara-Übersetzungen vor. In der Bevölkerung gilt Bambara als Symbol für Modernität, ist die Sprache der Hauptstadt, die wichtigste Handelssprache des Landes und zählt als einzige Manding-Varietät zu den zehn erklärten Nationalsprachen des Landes.

Grundkenntnisse in Bambara können von großem Nutzen sein, gerade auf dem Land, wo viele Menschen des Französischen nicht kundig sind. Auch auf Märkten sind Bambara-Kenntnisse sehr hilfreich. Und es gilt als Zeichen von Höflichkeit und Respekt, wenn man halbwegs die Begrüßungsformeln auf Bambara beherrscht.

Religionen

Etwa 90% der Bevölkerung Malis bekennen sich offiziell zum **Islam,** etwa 8% gehören traditionellen afrikanischen Religionen an, der Rest bezeichnet sich als Christen. Die römisch-katholische Kirche unterhält mehrere Schulen und medizinische Versorgungszentren. Bei vielen muslimischen Ethnien haben sich noch ausgeprägte animistische Bräuche erhalten.

Geschichte und Politik

Die Republik Mali gab sich ihren Namen in stolzer Erinnerung an das westsudanische **Großreich Mali** (13.–15. Jh.), das durch das Songhai-Imperium von Gao abgelöst wurde. Unter dem Songhai-Askia stieg die Handelsmetropole **Timbuktu** zum größten islamischen Gelehrtenzentrum südlich der Sahara auf. Ende des 16. Jh. gewannen im Norden die Tuareg-Nomaden, im Südwesten die Bambara von Segou und Kaarta an politischer Bedeutung; außerdem folgten im 19. Jh. kurzlebige theokratische Staatsgebilde der Fulbe Massina unter ihrem Führer *Sekou Ahmadou* sowie das Tukulor-Reich von *El Hadji Omar,* das unter dem Ansturm der französischen Kolonialarmee unterging. Im Süden konnte sich der afrikanische Widerstand gegen die vorrückenden **Franzosen** unter *Samory Touré* bis 1898 halten. Im Jahr 1892 war die Gründung der französischen Kolonie Soudan erfolgt. Das Niger-Territorium wurde 1910 als eigene Kolonie abgetrennt, das Gebiet des heutigen Mali erhielt den Namen Soudan Français.

Im Jahr **1960** wurde es als Republik Mali **unabhängig.**

Erster Präsident der **Republik** und Regierungschef war **Modibo Keita.** Sein politisches Ziel war der **Aufbau einer sozialistischen Gesellschaftsordnung** unter Wahrung afrikanischer Traditionen. Außenpolitisch lehnte er sich verstärkt an sozialistische Länder an und suchte Wirtschaftshilfe bei kommunistischen Staaten. Mit Hilfe der VR China und der UdSSR wurden zahlreiche staatliche Industriebetriebe aufgebaut.

1962 schied Mali aus der von Frankreich kontrollierten Zone des Franc CFA aus, um innen- und außenpolitisch größeren Handlungsspielraum zu gewinnen, kehrte jedoch im Jahr 1967 unter harten Bedingungen wieder in die Franc-Zone zurück. Obwohl Mali auch mit Frankreich und der EU assoziiert blieb, wurde der sozialistische Kurs verstärkt, das Parlament aufgelöst, und das von *Modibo Keita* geführte Comité National de Défense de la Republique (CNDR) übernahm die Macht.

Nach einem **Militärputsch (1968)** übernahm **Moussa Traoré** 1969 als Staatschef die Macht; Unterstützung erhielt er vom Comité Militaire de Libération Nationale (CMLN). Am 9. Juni 1985 wurde *Moussa Traoré* für eine zweite Amtszeit wiedergewählt.

Nach **Tuareg-Angriffen** auf Militär- und Polizeiposten am 30. Juli 1990, bei denen angeblich 150 Menschen getötet wurden, verhängte die Regierung den Ausnahmezustand über die Bezirke im Nordosten des Landes. Die „Tuareg-Rebellion" sollte auch das Nachbarland Niger schwer treffen; Anrainerstaaten wie Mauretanien, Algerien oder Burkina Faso spielten eine Rolle vor allem als Anlaufstelle für Flüchtlinge oder dienten (so etwa Libyen) als logistische Basis für die bewaffneten Kämpfergruppen.

Laut Angaben von amnesty international kam es zu einer regelrechten **Hinrichtungswelle** von Tuareg durch die Armee; mehrere Tuareg seien ohne Prozess erschossen worden. Insgesamt seien bei den Auseinandersetzungen zwischen Tuareg und Regierungstruppen innerhalb von fünf Monaten mehrere hundert Menschen getötet worden. Nach einem Anfang 1991 zwischen Vertretern der Tuareg (Rebellenbewegung) und der Regierung abgeschlossenen **Friedensabkommen** sollte die Region Adrar im Nordosten einen Sonderstatus mit größerer Autonomie erhalten. Trotz mehrerer Waffenstillstandsabkommen zwischen Regierung und Tuareg-Rebellen kam es 1991/92 immer wieder zu Auseinandersetzungen und Gewalttaten gegen Zivilisten sowie zu Massakern der Armee gegen Tuareg. Erst im Mai 1993 stellte der letzte Tuareg-Führer Malis, der sich bis dahin zum bewaffneten Kampf bekannt hatte, offiziell seine Aktivität ein.

Nachdem die Regierung Malis mehrere unabhängige politische Vereinigungen, die für ein Mehrparteiensystem eintraten, verboten hatte, fanden im Januar **1991 schwere Unruhen** in der Hauptstadt Bamako statt, die zahlreiche Todesopfer forderten. Im März 1991 wurde nach tagelangen Protestaktionen (mit mehr als 200 Todesopfern) der damalige amtierende **Staatschef Moussa Traoré vom Militär gestürzt** und festgenommen. Oberstleutnant **Amadou Toumani Touré,** kurz *ATT* genannt, der neue mächtige Mann des Landes, bekennt sich zu demokratischen Verhältnissen. Unter seinem Vorsitz wird als Übergangsregierung ein **„Nationaler Versöhnungsrat" (CRN)** gebildet, der vom „Übergangskomitee für die Rettung des Volkes" (CTSP) abgelöst wird. Die bisherige Verfassung wird außer Kraft gesetzt, die Einheitspartei UDPM (Union démocratique du peuple malien) aufgelöst. Allgemeine Wahlen werden angekündigt, Schritte zur Verfassungsreform eingeleitet.

Soumana Sacko wird im April 1991 zum neuen Ministerpräsidenten ernannt, das Kabinett wird umgebildet. Im Juli 1991 wird eine Nationale Konferenz eröffnet, deren Verfassungsentwurf ein **Mehrparteiensystem** vorsieht. Bei einem Referendum am 12. Januar 1992 wird die **neue Verfassung** mit 99,8% der Stimmen angenommen, allerdings bei einer Wahlbeteiligung von nur 43%. Die Verfassung schreibt neben Gewaltenteilung und Mehrparteiensystem auch Streikrecht, Rede- und Meinungsfreiheit sowie andere **demokratische Prinzipien** fest. Die Direktwahl des Staatspräsidenten durch das Volk erfolgt für die Dauer von fünf Jahren (nächste Wahl im Jahr 2012), eine Wiederwahl ist möglich. Im ersten Wahldurchgang der **Parlamentswahlen** am 24. Februar 1992 sind nur knapp 20% der Stimmberechtigten beteiligt, und nur 15 der 129 zu vergebenden Mandate werden besetzt. Bei einem zweiten Wahlgang am 8. März 1992 (Wahlbeteiligung etwa 21%) erhält die Partei ADEMA 76 der 129 Sitze in der Nationalversammlung. Bei den **Präsidentschaftswahlen** am 26. April 1992 gewinnt im zweiten Wahlgang der ADEMA-Kandidat *Alpha Oumar Konaré* mit 69% der Stimmen. Auch hier liegt die Wahlbeteiligung bei nur 23,6%.

Im Februar 1993 verurteilt ein Schwurgericht in Bamako den ehemaligen Staatschef Malis, *Moussa Traoré*, zwei weitere frühere Minister sowie den ehemaligen Generalstabschef zum Tode. Man wirft den Verurteilten vor, für den Tod von 106 Personen verantwortlich gewesen zu sein, die bei den Unruhen im März 1991 ums Leben gekommen waren.

Bei den Präsidentschaftswahlen im Mai 1997 wird *Konaré* mit über 85% der Stimmen in seinem Amt bestätigt.

Anfang 2002 besucht der damalige deutsche Bundespräsident *Rau* Mali. Schwerpunkt des Besuches sind die von der Tuareg-Rebellion besonders betroffenen Nordregionen. Im Rahmen gebündelter Maßnahmen mit einem Schwerpunkt auf der Terrorismusbekämpfung zur Friedenssicherung verspricht *Rau,* die Summe von 2,5 Mio. Euro für das Jahr 2002 bereitzustellen. Die mit anderen bereits seit 1997 intensiv vorangetriebenen Maßnahmen zur wirtschaftlichen Wiederbelebung der gesamten Region (Rückführung von Bürgerkriegsflüchtlingen, Wasserversorgung, Förderung von Handwerk und Kleingewerbe, Hilfestellung bei der Viehzucht u.a.) zeigten deutliche Erfolge, und so konnte etwa das UN-Flüchtlingskommissariat bereits 1999 seine Büros in Mali nach getaner Arbeit schließen. Weitergeführt bis zum heutigen Tag wird das von der deutschen GTZ durchgeführte **Projekt Mali-Nord.** Der Schwerpunkt liegt auf der Armutsbekämpfung; als arm gilt dabei jeder, der täglich über weniger als 1 Euro verfügt, mithin über die Hälfte der Bevölkerung im Norden Malis. Mit bewundernswertem Einsatz leistet hier das Ehepaar *Papendieck* als Projektleiter zähe und erfolgreiche Aufbauarbeit.

GESCHICHTE UND POLITIK

Im Mai 2002 wird der 53-jährige General **Amadou Toumani Touré (ATT)** zum Präsidenten von Mali gewählt. 1991 hatte er die damalige Militärdiktatur gestürzt (s.o.) und die Demokratie eingeführt, eines der wenigen Beispiele in Afrika, wo diesem politischen Modell wenigstens ein bescheidener Erfolg zuteil wurde. Nach einer demokratischen Zwischenepisode unter seinem Vorgänger, dem integren Präsidenten *Alpha Oumar Konaré*, der 1992 und 1997 gewählt worden war und der sich nicht wieder zur Wahl stellen konnte, schaffte es der parteilose ATT erneut, an die Spitze der Staatsführung zu gelangen. Als Vermittler in verschiedenen afrikanischen Konflikten, zuletzt wieder bei den bürgerkriegsähnlichen Auseinandersetzungen in der Elfenbeinküste, hatte er sich international bereits einen guten Ruf erworben. Sein eher autoritäres Gebaren und sein Eintreten gegen eine Mehrparteiengesellschaft nach westlichem Muster haben ihm den Ruf eines „De Gaulle Afrikas" verschafft. Bei seinem ersten Besuch in der einstigen Kolonialmacht Frankreich konnte er in direkten Verhandlungen mit dem Staatspräsidenten *Jacques Chirac* immerhin eine Reduzierung der Auslandsschulden Malis um 40% erreichen. Bleibt zu hoffen, dass ATT sein Modell von einem demokratisch-sozialen Mali unter friedlichen Verhältnissen realisieren und die weitere Verarmung der malischen Gesellschaft aufhalten kann.

Im Jahr 2003 wird ATT zum ersten Vorsitzenden der neu gegründeten Kommission der Afrikanischen Union UA gewählt. Die Kommunalwahlen 2004 werden von internationalen Beobachtern als fair und frei bewertet. Allgemein wird die Demokratisierung Malis immer wieder als eines der erfolgreichsten Beispiele in Afrika bezeichnet.

Ins Rampenlicht besonders der deutschen Öffentlichkeit gerät Mali im Sommer 2003: Hier endet die dramatische **Entführungsodyssee,** bei der bereits im Februar des Jahres mehrere Gruppen von Sahara-Touristen in Algerien von der GSPC (Salafistische Gruppe für Predigt und Kampf) entführt und über die Grenze ins nördlichste Mali verschleppt wurden; eine der Geiseln verliert dabei ihr Leben. Durch die Vermittlung des Tuareg-Führers *Iyad Ag Ghali* (und vermutlich auch nach Bezahlung eines Lösegeldes in Millionenhöhe) kommen die Überlebenden frei und werden nach Bamako überführt. Dieser sich über Monate erstreckende Entführungsfall liefert u.a. den USA dann die Begründung für ihre sogenannte **Initiative Pan-Sahel,** bei der in Militärabkommen mit verschiedenen Sahelländern (u.a. Mauretanien, Mali, Niger) die Stationierung US-amerikanischer Ausbilder in diesen Ländern beschlossen wird. Die Region gilt fortan als „Hinterhof" und Rückzugsgebiet der Terrororganisation Al-Qaida. Die Eröffnung eines libyschen Generalkonsulats im Februar 2006 in Kidal, wo weder im Ort selbst noch in der Region libysche Staatsbürger leben, wirbelt dann viel Staub auf. Begründet wird die Aktion mit einem libyschen Hilfs- und Entwicklungsplan für die Nordregionen Malis.

Im Mai 2006 überfallen bewaffnete Tuareg die Garnisonen von Kidal, Tessalit und Menaka und erbeuten dabei Waffen und Fahrzeuge. Libyen schließt in Reaktion auf dieses Ereignis sein Konsulat bzw. transferiert es nach Bamako. In Mali wächst die Angst vor einem neuen **Wüstenkrieg.** Immer mehr Tuareg, die in die malische Armee integriert wurden, desertieren und laufen zu den Rebellen über. Dem Verhandlungsführer anlässlich der Geiselbefreiung, *Iyad Ag Ghali,* wird vorgeworfen, zusammen mit dem desertierten Leutnant *Hassan Fagaga* an der Spitze der neuen Rebellenbewegung zu stehen. Zehn Jahre nach den feierlichen Friedensbeschlüssen der **„Flamme de la Paix"** in Timbuktu steht das Land damit wieder am Nullpunkt seiner interethnischen Friedensbemühungen.

Erneut ist es **Algerien,** das sich für **Verhandlungen** einsetzt. Im März 2007 findet so das Forum von Kidal statt, bei dem die malische Regierung mit algerischen und amerikanischen Flugzeugen von Bamako aus ins Iforas-Gebirge geflogen wird. Rasch, vielleicht zu rasch kommt es zu einer Einigung, die einen Zehnjahresplan für die „Entwicklung des Nordens" vorsieht. Die schönen Schlussworte werden vom deutschen Botschafter (stellvertretend für die Geberländer Schweiz, USA, Kanada und die EU) dem malischen Staatspräsidenten *Amadou Toumani Touré* und *Iyad Ag Ghali* vorgetragen.

Dann jedoch kommt es im Mai zum **Überfall auf den Grenzposten von Tin Zawatine** (auch Tin Zaouatene). Es gibt Tote und Verletzte auf Seiten der regulären Einheiten, 15 Soldaten werden als Geiseln genommen, später wird die Zahl auf 30 bzw. 35 erhöht. Die Rebellen unter ihrem Anführer **Ibrahim Ag Bahanga** setzen sich vorübergehend in Tin-Zawatine fest. Doch gelingt es dem malischen Militär, seine Positionen wieder einzunehmen. Dabei wird ein amerikanisches Militärflugzeug, das die regulären Truppen unterstützt, unter Rebellenbeschuss genommen.

Ende August meldet sich dann erstmals eine **neue Rebellengruppierung,** die *Alliance Touaregue Mali Niger,* zu Wort und warnt Reisende davor, sich im Adrar-Gebirge als Tourist zu bewegen: „Das malische Militär tötet dort unschuldige Zivilisten und vermint das Gelände." Im September machen wichtige Tuareg-Führer ihren Einfluss auf *Bahanga* geltend und vereinbaren für die Dauer des Ramadan-Monats einen informellen Waffenstillstand.

Außenpolitischen Konfliktstoff bergen noch immer die von den Kolonialmächten „mit dem Lineal" gezogenen **Grenzen:** Erst 1947 wurden die um die Jahrhundertwende willkürlich von den Kolonialmächten geschaffenen Grenzen festgelegt. Der exakte Grenzverlauf zu Mauretanien wurde erst 1963 geregelt. Ende 1985 kam es zu Grenzstreitigkeiten zwischen Burkina Faso und Mali; es handelte sich dabei um einen ca. 100 km breiten Gebietsstreifen, in dem Bodenschätze vermutet werden. Das Urteil des Internationalen Gerichtshofes vom 22.12.1986, welches die Teilung des Agacher-Streifens in den bis dahin festgeschriebenen Grenzen vorsieht, wurde nach einem sechs Tage dauernden Grenz-„Krieg" von beiden Parteien anerkannt.

Weitere Grenzstreitigkeiten auf regionaler Ebene ereignen sich 2005 und 2006 im Gebiet Djibasso (östlich von San). Streitigkeiten führen auch im Sommer 2007 in den Grenzregionen von Yélimane (westlich von Nioro) zu Auseinandersetzungen mit Todesfällen. Auch hier macht sich das Fehlen von Grenzsteinen und die willkürliche Grenzziehung als koloniales Erbe negativ bemerkbar.

Mitte des Jahres **2007** wird *Amadou Toumani Touré* ein weiteres Mal für eine fünfjährige (und damit verfassungsgemäß letzte) Amtszeit zum Präsidenten gewählt. Die **Wahl** wird von internationalen Wahlbeobachtern als fair und frei bezeichnet. ATT gilt heute in weiten Bevölkerungskreisen als „Vater der Nation" und genießt hohes Ansehen und Respekt auch bei der Opposition.

Dennoch gärt es in den nördlichen Sahara-Provinzen weiter. In Algier finden Verhandlungen zur Lösung der regionalen Probleme statt, hat doch auch dieses nordafrikanische Land ein Interesse daran, dass Ruhe an seinen Südgrenzen herrscht. Im Februar 2008 werden zwei österreichische **Touristen in Tunesien entführt** und quer duch die ganze Sahara nach Nordmali gebracht. Nicht nur dies macht deutlich, wie schwach in diesen Regionen die Staatsmacht geworden ist; **Drogen-, Waffen- und Menschenschmuggel** blühen und verschaffen den Banditen- oder Rebellengruppen ein entsprechendes Einkommen, so wie es den radikalen Islamisten der AQIM (Al-Qaida im Maghreb) eine Ausdehnung ihrer Aktivitäten ermöglicht.

Der Versuch, die offensichtlich in der Bergregion des Iforas-Adrar verborgenen Geiseln zu befreien, führt wiederholt zu heftigen **bewaffneten Auseinandersetzungen,** bei denen vor allem viele Soldaten der malischen Armee ihr Leben verlieren. Das Misstrauen der beteiligten Gruppen untereinander führt auch zum Tod von Vermittlern; zu viele versuchen offensichtlich, mit dem Lösegeld ihre jeweilige Kriegskasse oder Privatschatulle zu füllen. Hunderte von Tuareg fliehen aus den betroffenen Gebieten, teilweise sogar über die Grenze hinweg bis nach Burkina Faso. Die Konflikte mit den Tuareg weiten sich bis in die Republik Niger hinein aus.

Im Sommer **2008** wird dann das Niederlegen der Waffen nach einem unter libyscher Vermittlung zustande gekommenen **Vertrag** verkündet. Sechzig Geiseln, alle Soldaten der malischen Armee, kommen frei, zunächst jedoch nicht die beiden Österreicher. Deren Freilassung erfolgt erst im Oktober.

Die malische Armee geht dann auch gegen die **Anti-Tuareg-Milizen** von Ganda-Quoy und Ganda-Izo vor, die sich sozusagen aus der Asche der „Flamme de la Paix" (s.o.) wieder aktiviert hatten. Dass der Frieden jedoch sprichwörtlich auf Sand gebaut ist und keine Seite der anderen traut, zeigen weitere heftige Auseinandersetzungen, die sich bis weit in den Süden und Westen ausdehnen, bis in die Region um Nampala hinein. Dann jedoch scheint sich – zumindestens vorübergehend – das Blatt zu Ungunsten der Bahanga-Rebellen zu wenden: Nach weiteren Kämpfen im Umfeld von Gao und Kidal ziehen sie sich über die Grenze nach Algerien zurück. Kämpfer seiner Truppe unterschreiben dann ein weiteres **Friedensabkommen im Februar 2009** in Kidal. Libyen ruft auch die rebellierenden Tuareg des Niger auf, sich dem Friedensprozess anzuschließen; *Bahanga* selbst wird aus „humanitären" Gründen im Erdölstaat aufgenommen.

Im Januar 2009 war erneut eine **Reisegruppe überfallen** worden; die von einer lokalen Agentur betreute Gruppe befand sich nahe der Grenze zum Niger auf der Rückreise vom Festival Tamadacht von Andéramboukane. Eine Deutsche, zwei Schweizer und ein britischer Staatsbürger geraten in Geiselhaft. In dieser Gegend (allerdings auf nigerischem Territorium) waren kurz zuvor schon zwei kanadische Diplomaten entführt worden, wofür sich zunächst eine nigerische Gruppe von Tuareg-Rebellen verantwortlich erklärte, später dann AQIM (Al-Qaida im Maghreb); die Kanadier kommen nach mehr als vier Monaten frei. Die Entführten aus Mali werden nach sechs Monaten freigelassen – bis auf den Briten, dem angeblich wegen der Weigerung Großbritanniens, mit den Entführern über Lösegeld- oder Gefangenenaustauschforderungen zu verhandeln, die Kehle durchgeschnitten wird.

Parallel zu diesen schlimmen Ereignissen bauen die **USA** die United States African Command (**AFRICOM**) gegen den Al-Qaida-Terrorismus auf. Auch mit Hilfe von Söldnerfirmen soll dabei den lokalen Sicherheitskräften jene Ausbildung zuteil werden, die in solchen ungleichen Kriegen erforderlich erscheint. Auch die EU beteiligt sich mit eigenen Ausbildern an diesem Programm. Sitz der AFRICOM ist Stuttgart; mehrere afrikanische Länder hatten sich zuvor geweigert, das Hauptquartier dieser Organisation bei sich zuzulassen; zu oft wurde gemutmaßt, AFRICOM diene lediglich dem Schutz US-amerikanischer Energieinteressen.

Ende Juni **2010** werden in Tin Zawatine auf algerischem Territorium bei einem **Überfall von AQIM-Terroristen** auf eine Grenzstation elf Polizisten getötet. Erstmals erlauben jetzt höchste malische Militärstellen die Verfolgung der Mörder durch algerische Einsatzkräfte auch über die Grenze hinaus und hinein nach Mali.

Eine **Befreiungsaktion** zugunsten eines Monate zuvor im Niger entführten Franzosen, bei der mauretanische und französische Spezialeinheiten gemeinsam gegen ein Lager der AQIM bei Tessalit vorgehen, schlägt fehl; der Entführte wird dort nicht gefunden. Wenig später meldet Al-Qaida die Tötung des 78-Jährigen. Da die malische Regierung über die Militäraktion zuvor nicht informiert wurde, kommt es zu Spannungen zwischen den beteiligten Ländern.

Wirtschaft

Mali gehört nach Einschätzung der Vereinten Nationen zu den ärmsten und industriell am wenigsten entwickelten Ländern der Welt (LDC-Länder, Platz 178 von 182 gelisteten Staaten im Jahr 2009). Das **Pro-Kopf-Einkommen** liegt bei 290 Euro jährlich. Sehr erfolgreich verlief in den letzten Jahren die Eindämmung der Inflation; die Rate lag zuletzt bei etwa 2%.

Zwei Drittel des Landes (im Norden) bestehen aus **unfruchtbarer Wüste** und Trockensavanne, der Süden aus fruchtbarer Feuchtsavanne.

Etwa 95% der Bevölkerung Malis leben von der **Landwirtschaft** und der **Viehzucht.** Viehhaltung wird vor allem von Nomaden und Halbnomaden in den Regionen von Gao, Mopti und Ségou betrieben. Die jahrelangen Dürren in den 1970er und -80er Jahren hatten den Viehbestand erheblich vermindert und den Anbau von Reis und Baumwolle gefährdet. Die wichtigsten landwirtschaftlichen Produkte sind Hirse, Mais, Sorghum, Yamswurzeln und Maniok; im Überschwemmungs- und Bewässerungsfeldbau wird auch Reis angebaut. Die Produktion reicht jedoch für den Eigenbedarf nicht aus; der **Import von Nahrungsmitteln** ist, vor allem in schlechten Erntejahren, notwendig. Die wichtigsten Anbaugebiete liegen im Süden des Landes und im Binnendelta des Niger. Für den Export bzw. zur industriellen Weiterverarbeitung sind neben Vieh vor allem Baumwolle, Zuckerrohr und Erdnüsse bestimmt.

Vom Verfall der Weltmarktpreise für **Baumwolle** wurde Mali hart getroffen, hängen doch die Einkommen von ca. 30% der Bevölkerung unmittelbar vom Anbau dieser Pflanze ab. Gerade die Baumwolle macht aber auch deutlich, wie sehr die Entwicklungschancen von der Subventionspolitik der reichen Länder bestimmt werden; so liegen etwa die Subventionen für die Baumwollproduzenten in den USA dreimal so hoch wie die Entwicklungsgelder Washingtons für Afrika; und 2004 z.B. bezog Mali zwar US-Hilfen in Höhe von 38 Millionen Dollar, doch beliefen sich im selben Jahr die Exporteinbußen schon auf 43 Millionen Dollar! Auf der WTO-Konferenz Ende 2005 wurde gegen den Widerstand der USA und begrenzt auch der EU nach heftigem Schlagabtausch beschlossen, die Exportsubventionen für Agrarprodukte bis 2013 endgültig abzuschaffen. Auch die Nahrungsmittelhilfen in Form von Lebensmittelspenden wurden als versteckte Subventionierung der eigenen Landwirtschaft angeprangert, von den betroffenen Ländern aber natürlich scharf zurückgewiesen.

Von großer Bedeutung ist auch der **Fischfang.** Aufgrund der Binnenfischerei (ca. 90.000 Tonnen pro Jahr mit sinkender Tendenz) ist Mali nach Marokko und Senegal der drittgrößte Fischproduzent Westafrikas. Der Fischfang ist für die Ernährung der Bevölkerung sehr wichtig und wird vor allem von den Bozo- und Somono-Stämmen betrieben, teilweise auf genossenschaftlicher Basis. Etwa ein Drittel des jährlichen Fangs wird als Trockenfisch in die Elfenbeinküste exportiert.

An **Bodenschätzen** gibt es Gold, Eisenerz-, Manganerz- sowie Bauxit- und Phosphatvorkommen. Im Norden des Landes (bei Taoudenni) wird auch Steinsalz abgebaut. In den letzten Jahren hat sich **Gold** zum wichtigsten Bodenschatz entwickelt. Neue Goldminen wurden eröffnet, und so lag die Jahresproduktion 2009 bei 52 Tonnen. Mit der Öffnung weiterer Goldminen ist mit einer deutlichen Steigerung dieser Produktion zu rechnen. Auch im traditionellen Milieu spielt Gold eine wichtige Rolle: Als Schmuckmaterial erfreut es sich großer Beliebtheit. Besonders junge Fulbe- oder Bozo-Frauen tragen große Mengen dieses Edelmetalls z.B. in Form von Ohrringen. An vielen Orten (z.B. unmittelbar in Bamako am Nigerufer) können Sie Einheimische beim Goldwaschen erleben. Im Busch existieren viele kleine Goldminen, und vor allem nach schlechten landwirtschaftlichen Jahren wird allenorts nach Gold gegraben und Gold gewaschen.

Die Wiedereröffnung der Gips-Werke bei Tessalit und die Phosphat-Vorkommen im Tilemsi-Tal waren zwar Inhalt fast aller Friedensvereinbarungen zwischen Regierung und Rebellenführung, zum gegenwärtigen Zeitpunkt wurde jedoch nichts umgesetzt.

Da es aufgrund der wiederkehrenden Sahel-Dürren der 1970er Jahre und einer verfehlten Agrarpolitik zu einer starken Auslandsverschuldung gekommen war, einigte man sich 1988 mit dem Internationalen Währungsfond auf ein dreijähriges **Strukturanpassungsprogramm.** Dieses hatte eine positive Entwicklung in der Produktivität der Landwirtschaft zur Folge, führte aber gleichzeitig zu einer erhöhten Arbeitslosigkeit in den Städten.

Aus der Erkenntnis heraus, dass nur ein Minimum an wirtschaftlicher Stabilität auch politische Stabilität bewirkt, stellte die EU wiederholt größere Finanzmittel zur Verfügung, die v.a. einer Verbesserung der verkehrstechnischen Infrastruktur in den Nordregionen zugute kommen sollen. Dies betrifft u.a. auch die touristisch interessanten Strecken zwischen Sévaré und Bandiagara, die Region südwestlich von Timbuktu (Goundam, Diré, Tonka) und die Strecke entlang des Nigerflusses von Ansongo nach Labbezanga.

Die **Krise im Nachbarland Elfenbeinküste** (C.D.I., Côte d'Ivoire) hat Mali hart getroffen. Hunderttausende, die in diesem einst so prosperierenden Land ein Auskommen fanden, kehrten weitgehend mittellos in ihr Heimatland zurück. 70% des malischen Außenhandels wurden über den Hafen Abidjan abgewickelt – der Schock über seine Schließung saß tief. Seither bemüht sich das Land auch mit Hilfe ausländischer Geldgeber, **alternative Handelsrouten** auszubauen, um die hohen Transportkosten und damit die Verschlechterung der Terms of Trade abzufedern: Der Ausbau der Straßenverbindung über Siguiri nach Conakry (Guinea) ist weitgehend abgeschlossen, ebenso zum Hafen Nouâkchott (Mauretanien); in Richtung Dakar (Senegal) bleibt derzeit eine Lücke von 150 km ab der Hauptstadt Bamako.

Gesundheitswesen

Das Gesundheitswesen Malis ist fast vollständig **verstaatlicht.** Die Einrichtung von Basisgesundheitsdiensten auf dem Land sowie die Präventivmedizin werden besonders gefördert. Mit Hilfe der Weltgesundheitsorganisation WHO wurden Impfkampagnen durchgeführt.

Die Ausbildung des medizinischen Personals erfolgt in Bamako. Seit 1973 gibt es ein staatliches Forschungsinstitut für traditionelle Arzneimittelkunde. Dennoch kann die medizinische Versorgung im Lande nur als hoch defizitär bezeichnet werden. Weder technisch, hygienisch oder in der praktischen Ausführung durch Ärzte oder vergleichbares Personal ist auch nur ansatzweise ein akzeptabler Standard erreicht.

Häufigste Krankheiten sind: Malaria, Darminfektionen, Masern, Grippe, Gelbfieber, Flussblindheit (Onchozerkose), Lungenentzündung, Keuchhusten und Lepra. HIV/Aids (franz. SIDA) hat sich in den letzten Jahren, besonders in den Städten, zu einem großen Problem entwickelt. In den Sahelregionen kam es immer wieder zu regelrechten Epidemien mit Hirnhautentzündung. Die Sterblichkeitsziffer von Kindern unter einem Jahr ist sehr hoch.

aufgebracht werden können, besuchen viele Kinder keine Schule und bleiben so ohne Bildungschancen.

Das **Schulsystem** setzt sich aus der Grundschule mit einem sechsjährigen ersten Abschnitt *(premier cycle)* und einem dreijährigen zweiten Abschnitt *(second cycle)*, der dreijährigen Sekundarschule und den Fachhochschulen zusammen. Die islamische Bevölkerung hat außerdem die Möglichkeit, ihre Kinder im Rahmen des traditionellen Bildungssystems in die **Koran-Schulen** zu schicken, wo Lesen, Schreiben, Rechnen und Grundkenntnisse in der Koranlektüre gelehrt werden. In Bamako, Ségou und Timbuktu gibt es auch sogenannte Medersas (Koran-Schulen), wo der Nachwuchs der islamischen Geistlichkeit ausgebildet wird.

Die **Analphabetenrate** wird bei den über 15-Jährigen in Mali auf über 70% (!) geschätzt.

Bildungswesen

Seit der Unabhängigkeit Malis wurden große Anstrengungen zur Verbesserung des Bildungssystems unternommen. **1962** wurde eine grundlegende **Schulreform** mit Betonung der praktischen Ausbildung und Afrikanisierung des Lehrstoffes durchgeführt. **Schulpflicht** besteht prinzipiell für alle Kinder zwischen 6 und 15 Jahren; der Unterricht ist gebührenfrei. Es sind jedoch nicht überall Schulen vorhanden. Da zusätzlich Lernmittel teilweise bezahlt werden müssen und diese – wenngleich geringen – Mittel nicht von allen

Medien

Presse

Neben dem Regierungsorgan „**L'Essor – La Voix du peuple**" erscheint täglich das „Bulletin Outidien de la Chambre de Commerce et d'Industrie du Mali". Alle 14 Tage erscheint die unabhängige Zeitung **„Les Echos"**, monatlich kommen „Barakela" und, in einheimischen Sprachen und vor allem für die Landbevölkerung, „Mopti/Kibaru" und „Sunjata" heraus. Die Pressefreiheit blieb in den letzten Jahren, von Ausnahmen abgesehen, weitgehend unangetastet, ein weiteres Beispiel für den insgesamt gelungenen Demokratisierungsprozess des Landes. Angesichts der Analphabetenquote und der Armut der Bevölkerung kann die Reichweite der Printmedien nur gering bleiben und sich auf die wichtigsten Städte beschränken. So ist von einer Gesamt-Auflage von ca. 10.000 Exemplaren auszugehen.

Tageszeitungen werden Autofahrern oft von fliegenden Händlern beim Stopp vor einer roten Ampel angeboten. Andere Zeitungsverkäufer verfolgen eine ruhigere Taktik: Im Schatten eines großen Baumes wird ein einfacher Kiosk eingerichtet; dort können sich dann Interessierte die Zeitungen gegen geringe Gebühr zum Lesen ausleihen.

Radio und Fernsehen

Die 1957 gegründete staatliche **Rundfunkgesellschaft ORTM**, Office du Radio- et Télédiffusion Nationale du Mali, sendet **Programme auf Französisch und Englisch** sowie in den wichtigsten einheimischen Sprachen Bambara, Fulfulde, Sarakollé, Tamaschek, Songhray, Moré und Wolof. Hinzu kommen Programme von über einhundert teilweise kleineren und privaten Radiostationen.

Farbfernsehen gibt es seit 1983; es wurde mit libyscher Hilfe eingerichtet. Wöchentlich werden **37 Programmstunden** in den wichtigsten einheimischen Sprachen gesendet. Allerdings werden auch hier nur die wichtigsten Städte erreicht. Die Installation von Richtantennen (Sat-Schüsseln) bleibt vorerst ausschließlich Begüterten vorbehalten – der Masse der Bevölkerung fehlt dazu entweder das Geld und/oder der Zugang zu Strom.

Musik

Die malische Musik und ihre Interpreten gelten als Pioniere der World-Music. Heute gilt gar das Wort vom „Bamako-Fieber": Wer sich in der hiesigen Musik-Szene auskennen will, muss zuvor ein Ticket nach Bamako gelöst haben! Malis Hauptstadt entwickelt sich zum Mekka der Musikprominenz. Und *Touré Kunda*, einer der besten Interpreten des Dancefloor aus der Savanne, verkündet selbstbewusst: Ich brauche

Koran-Gelehrter in Gao

keine fremden Einflüsse – der Blues stammt aus meiner Heimat Timbuktu! Künstler wie *Salif Keita, Ali Farka Touré, Habib Koité, Oumou Sangaré* oder *Issa Bagayogo* treten auf internationalen Festivals auf und heimsen dabei die begehrtesten Auszeichnungen ein. Der Krebstod von **Ali Farka Touré** im März 2006 war den Feuilletons der wichtigsten Medien viele Seiten wert; Radiosender unterbrachen ihr Programm, um den restlichen Tag nur noch seine Stücke zu senden. Mit ihm verlor der Mali-Blues seine wichtigste Stimme. Als weitere Künstler seien das blinde Musikantenduo *Amadou & Mariam,* die Sängerin *Molobali Traoré* oder auch *Ramata Diakité* (verstorben im Oktober 2009) genannt. Bekannt geworden sind auch Tuareg-Gruppen, die sich vor allem durch ihre Gitarren auszeichnen, etwa Tinariwen oder Terakaft.

Weitere Informationen zur malischen Musik finden Sie auch im allgemeinen Teil dieses Buches.

Festivals

Bekannt geworden ist in den letzten Jahren das **Festival au Désert,** das jeweils am Jahresbeginn 65 km nordwestlich von Timbuktu in Essakane stattfindet und weltweit Teilnehmer und Besucher anlockt (www.festival-au-desert. org und www.africafestival.org/desert). Eine Eingabe bei YouTube unter dem Stichwort „Essakane" führt zu einer großen Zahl an Filmen, von denen viele sehenswert sind!

Auch andere, ähnliche Kulturereignisse werden am Beispiel dieses Erfolges ausgerichtet, so das **Festival sur le Niger** in Ségou (Anfang Februar, www. festivalsegou.org), das **Festival de Kayes Medine** (Mitte Februar, www.festival-kayes-medine.com), das **Festival de l'eau** in Manantali (noch ohne eigene Webseite, Ende März) und das **Festival Tamadacht** in Andéramboukane (noch ohne eigene Webseite, zweite Hälfte Januar). Vor allem ums Kamel (und auch um Musik bzw. um die Verbindung von beidem) dreht sich das **Fête du Chameau** nahe Tessalit (www.fete-duchameau.net, Anfang Januar), um Masken geht es bei den **Festivals in Markala, im Dogon-Land** (Bandiagara, Sangha u.a., siehe www.dogonfestival. com) oder auch um Rinder beim **Degal-Fest** (Diafarabé, an einem Samstag Mitte Nov. bis Mitte Dez., jetzt in die UNESCO-Liste des Weltkulturerbes aufgenommen), bei dem die Flussdurchquerung großer Rinderherden und damit die Rückkehr der jungen Männer (= Hirten) gefeiert wird. In der Hauptstadt selbst findet seit 2008 alljährlich im Januar das **Festival Les Voix de Bamako** statt (www.lesvoixdebamako. com); Musik, Tanz und traditionelles Kunsthandwerk sind umfangreich vertreten, auch weithin bekannte Künstler treten auf. Vom Palais de la Culture verlagern sich die Veranstaltungen am letzten Tag ins Stadtzentrum: Auch den weniger Begüterten soll so eine Teilnahme ermöglicht werden.

Damit sind allerdings nur die wichtigsten Events aufgeführt ... Anzumerken bleibt noch, dass auch bei einer Vielzahl anderer Feste die Musik immer eine ganz wichtige Rolle spielt!

Praktische Reisetipps A–Z

An- und Weiterreise

Flugverbindungen

Die Anreise von Europa ist von Paris aus mit **Air France** direkt nach Bamako möglich, mit guten Anschlussflügen von fast allen deutschen Flughäfen. Wöchentliche Verbindungen haben auch **Air Maroc, Tunis Air** und **Air Algerie** (www.air-algerie.dz; preisgünstige Flüge nach Bamako). Auch andere afrikanische Fluglinien bedienen Bamako, darunter die Compagnie Aérienne du Mali (**CAM,** www.camaero.com), eine erst 2006 mit staatlichem Anteil gegründete Fluggesellschaft, die Flüge nach Europa, in ganz Westafrika und innerhalb Malis im Angebot hat. **Charterflüge** zu sehr günstigen Preisen gibt es in den Wintermonaten nach Mopti und Gao, ganzjährig auch nach Bamako (www.point-afrique.com). Auch die libysche Fluggesellschaft **Afriqiyah Airways** fliegt via Tripolis von einigen europäischen Flughäfen aus die Hauptstadt Malis (und andere westafrikanische Städte) an; die Preise sind allerdings sehr hoch.

Der **Flughafen Bamako-Senou** liegt ca. 15 km von der Hauptstadt entfernt (ein Taxi vom bzw. zum Flughafen kostet je nach Verhandlungsgeschick ca. 7500 CFA).

Hinweis: Bei einem Rückflug nach Europa sei ein **Pre-Check-In** empfohlen, der ab 11.30 Uhr am Flughafen stattfinden kann. Air France bietet das Vorabeinchecken in seiner Agentur am Flugtag ab 10 Uhr an.

Mit dem eigenen Fahrzeug/ Straßenverbindungen

Mit dem Kfz ist grundsätzlich die Einreise von den Nachbarländern Algerien, Mauretanien, Niger, Burkina Faso, Senegal, Elfenbeinküste und Guinea möglich. Von der Einreise auf der sogenannten Tanezrouft-Piste aus Algerien via Tessalit und Gao ist aus Sicherheitsgründen derzeit abzuraten (s.u.). Dies gilt auch für Reisen in die Elfenbeinküste (Côte d'Ivoire).

Verbindungen von/nach Senegal
Bamako – Tambacounda
Die Hauptverbindungsstrecke zwischen Bamako und Tambacounda (Senegal) **via Kayes und Kita** wird heute noch selten benutzt; die Strecke ist in der Trockenzeit deutlich leichter zu bezwingen als früher (siehe auch Routenbeschreibungen).
Die Strecke von Bamako **über Didièni nach Kayes** via Diema ist komplett asphaltiert.

Kayes – St. Louis
Über Bakel und Matam am Senegal-Fluss entlang (asphaltiert).

Bamako – Dakar
Die Verbindung der beiden Landeshauptstädte über den sogenannten Süd-Korridor (Falémé-Tal – Kédougou) ist für die einen ein Traum, für andere ein Trauma, wird dabei doch einerseits eine abgeschiedene Region „angebunden", andererseits das **nördlichste Schimpansen-Vorkommen** gefährdet (siehe Kapitel „Der Westen"). Die Planung läuft, und Gelder für erste Bauabschnitte wurden zur Verfügung gestellt (von Japan).

Verbindungen von/nach Burkina Faso
Bobo-Dioulasso – Kouri – Koutiala – Segou (bzw. San) – Bamako
Alles Straße, asphaltiert.

Bobo-Dioulasso – Orodara – Koloko – Sikasso – Bamako
Asphaltiert.

Ouahigouya – Koro – Bankass – Mopti
Überwiegend Pisten; wenig Verkehr; nur sehr selten verkehren Taxi brousse zwischen Koro und Bankass. Die weitere Strecke führt über Bandiagara, da ab hier Asphalt vorhanden ist.

Verbindungen von/nach Niger
Niamey – Tillabery – Ayourou – Labbézanga – Ansongo – Gao
Asphaltiert, 445 km.

Verbindungen von/nach Algerien
Gao – Reggane (Tanezrouft-Piste)
Von einer Reise auf dieser Strecke ist **aus Sicherheitsgründen abzuraten.** Wer sie aus irgendwelchen Gründen dennoch benutzen muss, sollte sich eines Begleitschutzes z.B. durch die Agentur Timitrin aus Kidal versichern (www.mali-tour.com oder Satelliten-Tel. 0088-21650670083; auch www.kidal.info). Auf die Reisebeschränkungen in Algerien (Konvoipflicht und Betreuung durch eine Reiseagentur) sei hier nur verwiesen.

Verbindungen von/nach Guinea
Bamako – Kourémalé – Siguiri
Alles asphaltiert.

Verbindungen von/nach Elfenbeinküste
Abidjan – Bouaké – Ferkéssédougou – Pogo – Zégoua – Sikasso – Bamako
Alles Straße. Die Sicherheitslage in der Elfenbeinküste ist prekär: **Vor Reisen** dorthin **wird dringend abgeraten!**

Verbindungen von/nach Mauretanien
Bamako – Kati – Didièni – Goumbou – Nara – Adel Bagrou nach Nema
Gute Piste.

Nioro – Ayoun el'Atroûs
Von Nioro in Richtung Ayoun el'Atroûs verläuft eine Asphaltstraße. Die Ausreiseformalitäten werden in Nioro abgewickelt, die Einreiseformalitäten für Mauretanien am Grenzposten auf der Straße bei Kobenni.

Kayes – Kiffa
Kleinste Piste mit Orientierungsproblemen (siehe Darstellung im Mauretanien-Abschnitt). Zollformalitäten zur Ausreise aus Mali nur in Kayes möglich, Polizei dann in Aourou. Auf mauretanischer Seite alle Formalitäten in Kankossa. Abschluss der Kfz-Versicherung erst in Kiffa möglich. Keine Buschtaxis zwischen den Grenzorten.

Bestimmungen für Autoreisende
Das Carnet de Passage ist nicht erforderlich; es wird ein **Laissez Passer** (13.500 CFA) ausgestellt.

Eine **Kfz-Versicherung** ist zwingend vorgeschrieben. Wenn man mehrere westafrikanische (CFA-)Länder bereist, ist es günstiger, bereits an der ersten Grenze eine Versicherung für alle diese Länder abzuschließen (billiger und weniger Formalitäten als an den einzelnen Grenzen): CDEAO-Versicherung bzw. **Carte Brune** (diese ist auch in größeren Versicherungsbüros in Mauretanien erhältlich). An verschiedenen Grenzübergängen sind keine Versicherungsbüros vorhanden; dann kann eine Versicherung nur im nächstgrößeren Ort abgeschlossen werden, was jedem Polizisten bekannt ist, ihn aber im Zweifelsfall nur dazu veranlasst, von Ihnen eine kräftige Geldbuße einzufordern – evtl. und ohne Quittung mit einem Nachlass, der selbstverständlich an die Pensionskasse der Polizeigewerkschaft gespendet wird ... Auf keinen Fall aber sollten Sie über den nächstgrößeren Ort ohne gültige Versicherung hinausfahren! Ohne Versicherung sind Sie bei einem Unfall immer Schuld, und jeder weitere Polizist unterwegs wird Ihnen mehr Geld aus der Tasche ziehen, als Sie für die Versicherung hätten bezahlen müssen. Sollten Sie kein Versicherungsbüro finden: Jeder Taxifahrer kennt eines. Lassen Sie besser Ihr nicht versichertes Fahrzeug stehen, und fahren Sie mit dem Taxi für wenig Geld dorthin.

Zwei (!) Warndreiecke, ein Feuerlöscher und ein Verbandskasten sind mitzuführen – was von Polizei oder Gendarmerie mitunter auch überprüft wird.

Achtung, für **Motorradfahrer** besteht **Helmpflicht!**

Hinweis: Schon seit einigen Jahren gibt es **keine Meldepflicht** mehr, einige übereifrige Polizeistellen (Sûreté Nationale) verlangen sie dennoch! Die Meldeprozeduren sind ausgesprochen lästig: Manchmal braucht man dazu pro Person ein Passfoto, muss mehrere Formulare ausfüllen und meist eine Touristengebühr von etwa 1000 CFA bezahlen. Insgesamt hat sich die Situation hinsichtlich abkassierender Polizisten und anderer Ordnungshüter erheblich gebessert. Was vor wenigen Jahren noch völlig undenkbar war: Sie können heute ganz Mali bereisen, ohne auch nur ein einziges mal zum „Schmieren" genötigt zu sein!

Eine offizielle Fotografierbewilligung und die Carte touristique sind nicht mehr vorgeschrieben.

Landkarten

Beste und aktuellste **Straßenkarte** ist immer noch die Michelin-Karte 741, ex 953. Wer auf kleinen Pisten reisen will, sollte sich im aktuellen Kartenangebot der Expeditionsausrüster umsehen.

Die **IGN-Karten** von fast ganz Mali sind mittlerweile auf **CD** erhältlich und lassen sich sehr gut mit Navigationsprogrammen verarbeiten. Seit 2005 stehen auch hochauflösende Satellitenaufnahmen auf **DVD** zur Verfügung. Die Aufnahmen sind bereits kalibriert und lassen sich so auch in Navigationsprogrammen einsetzen. Gemessen an der Datenfülle sind die DVDs recht preisgünstig. Nähere Informationen finden Sie unter www.sat21.de. Die in diesem Führer behandelten Länder sind bis auf eine kleine Region im Norden Mauretaniens komplett mit der DVD B200 abgedeckt.

Eine CD mit Routenbeschreibungen und einer Fülle zusätzlicher Informationen für eine Reise via Marokko, Mauretanien, Mali, Burkina Faso und zurück bietet die Schweizer Firma GPS-Database an. Nähere Informationen unter www.gps-database.ch.

Benzinpreise (Stand 2010)
- Diesel: 550–585 CFA/Liter
- Normal: 640–680 CFA/Liter
- Super: 700–730 CFA/Liter

Botschaften/Konsulate

In Deutschland/Schweiz

Botschaft der Republik Mali
- Kurfürstendamm 72, 10709 **Berlin**
Tel. 030-3199883, Fax 31998848
www.ambassade-mali-berlin.de
Geöffnet: Di und Do 10–12 Uhr; geschlossen am Nationalfeiertag 22. Sept. Auch für Österreicher zuständig.
- Route de Pré-Bois 20
(Immeuble ICC 1er étage Porte G)
1215 **Genf** 15 Aéroport, Tel. 022-7100960
Fax 7100969, www.mali-suisse.org

In Mauretanien

- **Nouâkchott,** siehe dazu im Kapitel zu Nouâkchott; Pos. N 18°6,481′ / W 15°58,726′. Die Visum-Erteilung erfolgt dort sehr rasch.

Botschaften in Mali

Burkina Faso
- Die Botschaft liegt im Neubaugebiet des ehemaligen Militärflugplatzes im Westen der Staat (Pos. N 12°37,868′ / W8°0,907′). Das

Visum wird sofort bzw. nach kurzer Wartezeit ausgestellt (25.000 CFA, drei Passbilder). ambafaso@datatech.toolnet.org

Deutschland

● **Ambassade d'Allemagne**
Badalabougou Est, Av. de l'OUA 14
Porte 334, B.P. 100, Bamako
Tel. 00223-20700770, Fax 20229650
im Notfall Tel. 00223-66759425
www.bamako.diplo.de
  Wenn man von Süden in die Stadt kommt, vor der alten Nigerbrücke rechts.

Elfenbeinküste

● Square Patrice Lumumba, Imm. CNAR, 3e. Et., B.P. 3644, Tel. 00223-20222289. Das Visum für die Elfenbeinküste ist evtl. auch bei der französischen Botschaft in Bamako für 10.000 CFA (Gültigkeit 60 Tage) innerhalb von 24 Std. erhältlich.

Guinea

● Nordwestlich vom Zentrum, nahe der Mosque de Mali-Libye und südlich der Route L'Anain/Aeroport; Tel. 00223-20230897. Ein Touristenvisum wird in Bamako derzeit gegen eine Gebühr von 15.000 CFA und zwei Passfotos für etwa 14–28 Tage ausgestellt; eine Verlängerung in Conakry ist meist sehr schwierig und bisweilen unmöglich.

Mauretanien

● Tel. 00223-20214815. Ein Touristenvisum (zwei Passfotos erforderlich) erhält man gegen eine Gebühr von 14.000 CFA; Bearbeitung innerhalb von 24 Std.; bei 6000 CFA mehr auch innerhalb einer Stunde. Die mauretanische Botschaft liegt in der Parallelstraße (linker Hand) der Av. Al Quds (ex Rue de Koulikoro) nahe des Hippodroms (N 12°39, 713' / W 7°57, 973'). Fr geschlossen, sonst 8.30–12.30 Uhr.

Nigeria

● Tel. 00223-20225771. Visum für Nigeria in der Botschaft in Bamako innerhalb von drei Stunden (5000 CFA) für einen Monat.

Schweiz

● Zuständig ist die Botschaft in Dakar/Senegal (auch für Österreich), Tel. 00221-8230590. In Bamako befindet sich nur noch ein Sitz der Coopération Suisse et Agence consulaire, Tel. 00223-20213205.

Senegal

● Die senegalesische Botschaft in Bamako ist ins Quartier Badalabougou umgezogen, kurz vor dem Hotel Djamilla, Tel. 00223-20238273. In der Regel dauert die Visumerteilung maximal 24 Std.

Algerien

● An der Route de l'Aéroport, Tel. 00223-20204572. Die Botschaft erteilt keine Touristen-Visa!

Einreise/Visum

Reisende aus Deutschland, der Schweiz und Österreich benötigen zur Einreise ein **Visum;** der Preis beträgt 35 Euro bzw. 100 SFr.

Impfungen gegen Gelbfieber und Cholera sind vorgeschrieben (s.a. „Reise-Gesundheits-Information: Mali").

Die **Visum-Unterlagen** sind bei der Botschaft der Republik Mali erhältlich (als pdf-Datei lässt sich das Formular auch auf der Webseite des Konsulates von Mali in der Schweiz in Basel, www.maliconsulat.ch, herunterladen und ausdrucken oder von der Seite der Botschaft Malis in Genf, www.mali-suisse.org). Unter Umständen wird der Nachweis der bezahlten Rück- oder Weiterreise verlangt. Visa sind für einen Monat gültig; sie können beim Service d'Immigration in Bamako für ca. 2500 CFA (zwei Passfotos nötig) innerhalb

Reise-Gesundheits-Information: Mali

Stand: Sommer 2010 / © Inhalte: Centrum für Reisemedizin (CRM)

Die nachstehenden Angaben dienen der Orientierung, was für eine geplante Reise in das Land an Gesundheitsvorsorgemaßnahmen zu berücksichtigen ist. Die Informationen wurden uns freundlicherweise vom Centrum für Reisemedizin zur Verfügung gestellt. Auf der Homepage **www.travelmed.de (CRM/Reiseländer)** werden diese Informationen stetig aktualisiert. Es lohnt sich, dort noch einmal nachzuschauen. Die einzelnen Krankheiten werden auf der genannten Website unter dem Punkt „CRM/Krankheiten A–Z" erläutert.

- **Klima:** im Norden Wüstenklima, im Süden tropisch-wechselfeucht mit Sommerregenzeit (Juni bis September); durchschn. Temp. in Mopti im Januar 23°C, im Mai 33°C.

- **Einreise-Impfvorschriften:** Gelbfieber-Impfung für alle Reisenden vorgeschrieben (ausgenommen Kinder unter 1 Jahr).

- **Empfohlener Impfschutz**
Generell: Standardimpfungen nach dem deutschen Impfkalender, spez. Tetanus, Diphtherie, außerdem Hepatitis A, Polio, Gelbfieber (südlich des 15. Breitengrades).

Je nach Reisestil und Aufenthaltsbedingungen im Lande sind außerdem zu erwägen:

Impfschutz	Reisebedingung 1	Reisebedingung 2	Reisebedingung 3
Cholera	x		
Typhus	x		
Hepatitis B [a]	x		
Tollwut [b]	x		
Meningitis [c]	x		

[a] bei Langzeitaufenthalten und engerem Kontakt mit der einheimischen Bevölkerung
[b] bei vorhersehbarem Umgang mit Tieren
[c] nur bei engerem Kontakt zur einheimischen Bevölkerung, v.a. in der Trockenzeit

Reisebedingung 1: Reise durch das Landesinnere unter einfachen Bedingungen (Rucksack-/Trekking-/Individualreise) mit einfachen Quartieren/Hotels; Camping-Reisen, Langzeitaufenthalte, praktische Tätigkeit im Gesundheits- oder Sozialwesen, enger Kontakt zur einheimischen Bevölkerung wahrscheinlich
Reisebedingung 2: Aufenthalt in Städten oder touristischen Zentren mit (organisierten) Ausflügen ins Landesinnere (Pauschalreise, Unterkunft und Verpflegung in Hotels bzw. Restaurants mittleren bis gehobenen Standards)
Reisebedingung 3: Aufenthalt ausschließlich in Großstädten oder Touristikzentren (Unterkunft und Verpflegung in Hotels bzw. Restaurants gehobenen bzw. europäischen Standards)

Wichtiger Hinweis: Welche Impfungen letztendlich vorzunehmen sind, ist abhängig vom aktuellen Infektionsrisiko vor Ort, von der Art und Dauer der geplanten Reise, vom Gesundheitszustand sowie dem eventuell noch vorhandenen Impfschutz des Reisenden.

Da im Einzelfall unterschiedlichste Aspekte zu berücksichtigen sind, empfiehlt es sich immer, rechtzeitig (etwa 4–6 Wochen) vor der Reise eine persönliche Reise-Gesundheits-Beratung bei einem reisemedizinisch erfahrenen Arzt oder Apotheker in Anspruch zu nehmen.

● Malaria
Risiko: ganzjährig hohes Risiko landesweit.

Vorbeugung: Ein konsequenter Mückenschutz in den Abend- und Nachtstunden verringert das Malariarisiko erheblich (**Expositionsprophylaxe;** Genaueres dazu auf www.travelmed.de).

Ergänzend ist die Einnahme von Anti-Malaria-Medikamenten (**Chemoprophylaxe**) dringend zu empfehlen. Zu Art und Dauer der Chemoprophylaxe fragen Sie Ihren Arzt oder Apotheker, bzw. informieren Sie sich in einer qualifizierten reisemedizinischen Beratungsstelle.

Malariamittel sind verschreibungspflichtig.

● Aktuelle Meldungen
Darminfektionen: Risiko für Durchfallerkrankungen landesweit. Cholera-Ausbrüche wurden in letzter Zeit nicht bekannt. Sowohl 2009 als 2010 wurden zwei Polio-Fälle gemeldet. Hygiene und Impfschutz (Polio) weiterhin beachten.

● Medizinische Versorgung:
Landesweit ist mit erheblichen Engpässen bei der ärztlichen und medikamentösen Versorgung zu rechnen. Adäquate Ausstattung der Reiseapotheke (Zollbestimmungen beachten, Begleitattest ratsam), Auslandskrankenversicherung mit Abdeckung des Rettungsrückflug-Risikos für Notfälle dringend empfohlen.

Unter www.travelmed.de finden Sie Adressen von:
- ● Apotheken mit qualifizierter Reise-Gesundheits-Beratung
(nach Postleitzahlgebieten)
- ● Impfstellen und Ärzte mit Spezialsprechstunde Reisemedizin
(nach Postleitzahlgebieten)
- ● Abruf eines persönlichen Gesundheitsvorsorge-Briefes für die geplante Reise

Denken Sie daran, eine **Reiseapotheke** mitzunehmen, damit Sie für leichtere Erkrankungen und kleinere Notfälle gerüstet sind (Details auf www.travelmed.de).

Die Angaben wurden nach bestem Wissen und sorgfältiger Recherche zusammengestellt. Eine Gewähr oder Haftung kann nicht übernommen werden.

von 24 Std. verlängert werden. Gao ist für die Visumverlängerung nicht zu empfehlen, und in Mopti kostet es sie beim Service de la Sécurité 5000 CFA (einschließlich 1000 CFA Touristen-Steuer) plus ein Foto.

Schweizer können beim Konsulat von Mali in Tamanrasset ein Visum gratis erhalten (Bearbeitungszeit: 1 Tag, Gültigkeit: 2 Monate); in Basel dagegen kostet es 100 SFr.

In Ouagadougou, Dakar und Abidjan bekommt man innerhalb von 48 Std. ein Visum für eine Woche; Gebühr: 10.000 CFA.

Beim Honorarkonsulat von Mali in Niamey, in der Nähe des Grand Marché, erhält man ebenfalls ein Visum für eine Woche.

Mali ist im Verbund der Fünf-Länder nicht Mitglied, Visa können deshalb nur für Mali ausgestellt werden.

An größeren Grenzübergängen ist das **Visum** mittlerweile auch **direkt an der Grenze** erhältlich. Es kostet dort ca. 30 Euro und wird in Form eines Selbstklebeetiketts in den Pass geklebt. Leider ist diese Erfahrung bisher nur für die Grenzübergänge Nioro (dort nur 15 Euro) und Kayes gesichert. Deshalb weiterhin der Rat, das Visum vor Einreise (z.B. in Mauretanien) zu besorgen.

Bei **Einreise mit dem Flugzeug** sehen die Vorschriften an den Flugplätzen von Bamako-Segou und Timbuktu eine Gebühr in Höhe von 15.000 CFA vor (ca. 23 Euro). Dabei werden zwei Passbilder erforderlich.

Feiertage und Feste

Feste Feiertage

- **1. Januar** (Neujahr)
- **20. Januar** (Tag der Wehrmacht)
- **Ostermontag**
- **1. Mai** (Tag der Arbeit)
- **25. Mai** (Tag der afrikanischen Einheit)
- **22. September** (Nationalfeiertag, Tag der Unabhängigkeit)
- **19. November** (Nationalfeiertag)
- **25. Dezember** (Weihnachten)
- **31. Dezember** (Jahresende)

Bewegliche Feiertage

Zu den jährlich im Datum wechselnden islamischen Feiertagen siehe bei Mauretanien.

Fotografieren

Es ist keine Genehmigung mehr erforderlich. Dennoch sollten Sie sich **äußerste Zurückhaltung** auferlegen, niemanden ohne sein Einverständis fotografieren, keine öffentlichen Gebäude, Dienststellen, Brücken usw. Eine üble Masche von **Touristenabzockern** besteht darin, fotografierende Touristen zu beobachten, diesen dann äußerst aggressiv die Kamera zu entreißen und nur gegen Bezahlung einer Summe von z.B. 5000 CFA (Vorsicht, wenn Sie den Geldbeutel zücken – er wird Ihnen womöglich entrissen!) auf das angebliche Einschalten der Polizei zu verzichten. Dies kann Ihnen passieren, wenn Sie z.B. den Bahnhof Bamako fotografieren oder Personen mit deren Einverständnis ablichten, wobei die Abzocker dann behaupten, ungewollt im Hintergrund mitfotografiert worden zu sein (sei es mitten in Bamako oder beim Fotografieren eines Buschtaxis: Dann wollte halt ein Insasse nicht mit aufs Bild ...). Tipp: In unübersichtlichen Situationen aufs Fotografieren verzichten oder nur dann das Foto machen, wenn Sie neben einem Polizisten stehen und sich dessen Okay fürs gewählte Motiv zum festen Tarif erkauft haben!

Geld/Währung/Banken

Währungseinheit ist der **Franc CFA** (unterteilt in 100 Centimes), der einen festen Wechselkurs zum Euro hat: 1 Euro = 655 CFA, 1000 CFA = 1,50 Euro; für 1 Schweizer Franken (SFr) erhielt man 2010 ca. 472 CFA.

- **Banken** haben sehr uneinheitliche Öffnungszeiten.
- Schneller und gebührenfreundlicher ist der **Tausch von Bargeld.** Dabei mangelt es den niedrigwertigen Euro-Scheinen oft an Akzeptanz; häufig werden 5- und 10-Euro-Scheine nicht getauscht, selbst 20-Euro-Scheine sind mitunter noch Anlass für Debatten.
- **Tauschprovisionen** (bei Bargeld und bei Reiseschecks) variieren von Bank zu Bank und sind abhängig von der Höhe des zu tauschenden Betrages. Oft ist es günstiger, einmal einen höheren Betrag zu wechseln als mehrmals niedrige.
- **Bargeldautomaten** sind im ganzen Land so gut wie unbekannt. In Bamako lassen sie sich derzeit noch fast an einer Hand abzählen – und funktionieren dann auch oft außerhalb der Öffnungszeiten der Bank nicht! Akzeptiert wird nur die VISA-Karte. Als einzige Bank soll die Banque Atlantique auch Master-Card und Maestro-/EC-Karte akzeptieren. Nirgendwo sonst gibt es Geld mit EC-Karte!
- **Reiseschecks:** Die Gebühren beim Eintausch sind sehr hoch. Oft wird neben dem Pass auch die Kaufquittung verlangt.
- **Kreditkarten** werden selten als Zahlungsmittel akzeptiert.
- Manche Hotels tauschen angeblich Reiseschecks bei Bezahlung der Hotelrechnung ohne Gebühr.
- **In Bamako** kann man „cash money" bei den zahlreichen libanesischen Restaurants (Phoenizia) oder im Supermarkt (z.B. Azar Libre Service), aber auch im Grand Hotel (als Kunde!) ohne Gebühr und Zeitaufwand tauschen!
- Achtung: Es gibt **keine 500er-Scheine mehr,** nur noch Münzen; die Scheine sind ungültig!

Informationen

Das **Internet** bietet verschiedene interessante Seiten, über die sich zusätzliche Informationen einholen lassen, allerdings nicht immer unbedingt aktuell. Neben den im Abschnitt „Sicherheit in Grenzregionen" (s.u.) genannten Adressen (bei denen sich auch andere interessante Informationen finden), seien folgende Adressen genannt:

- www.izf.net/izf
- www.afribone.com
- www.malinet.ml
- www.netzwerk-afrika-deutschland.de
- Kaum noch zu überschauen ist das Mali-Angebot bei **YouTube!** Die kurzen Filme sind häufig mit guter malischer Musik unterlegt; viele der malischen Musiker und Festivals lassen so am heimischen Bildschirm Vorfreude aufkommen. Besonders gefallen hat mir der Film „BTT – Mali 2006 (2 a part, pais Dogon)" mit guten Einsichten auch zur Strecke am Fuß der Bandiagara-Falaise entlang.

Öffnungszeiten

Achtung: Viele Büros und Dienststellen arbeiten nur vormittags bis in den frühen Nachmittag hinein! Am späteren Nachmittag wird dann oft nicht mehr gearbeitet.

Freitagmittag gehen alle Moslems in die Moschee zum Beten!

Büros

Mo bis Do 8–12.30, Fr 8–12 Uhr, Sa 8–12.30 Uhr.

Geschäfte

Mo bis Sa 8–12 und 15–18 Uhr.

Regierungsstellen

Mo bis Do 7–14, Fr 8–12 Uhr.

Banken

Noch etwas kürzer sind die Öffnungszeiten der meisten Banken. Zudem schließen sie üblicherweise am Freitag schon um 11 Uhr für das Wochenende.

Post/Telefon/Internet

Der Poste Restante-Schalter in Bamako gilt als nicht besonders zuverlässig. Selbst eingeschriebene **Briefe** kommen z.T. nicht an. Ähnliches gilt für das Wegschicken von Post; lassen Sie unbedingt die Briefmarken abstempeln! Postkarten sollen allerdings zuverlässig nach ca. zwei Wochen in Deutschland ankommen. Das Porto nach Europa kostet 395 CFA. Postämter haben anders als sonstige Dienststellen nach einer Mittagspause auch nachmittags erneut geöffnet.

Internationale **Telefon- und Faxverbindungen** gibt es von der Hauptpost in Bamako und von dem Hotel Amitié und vom Grand Hotel; die internationale **Vorwahl** nach Deutschland ist 0049, die **für Mali 00223.**

Achtung! Seit 1. November 2008 wurden **alle malischen Rufnummern achtstellig** und änderten sich wie folgt: Festnetz Sotelma in Bamako: aus Anfangsziffer 2 wird 20; Festnetz Sotelma außerhalb Bamako: aus Anfangsziffer 2 wird 21; Malitel-cell: eine 6 vor die alte Nummer; Orange-cell: eine 7 vor die alte Nummer; Orange Festnetz: eine 4 vor die alte Nummer. Die Rufnummern hier im Buch wurden nicht vollständig aktualisiert, da eine sichere Zuordnung nicht immer möglich war.

Viele privaten „Teleboutiques" ermöglichen Telefonate zum Postpreis.

Auch in Mali ist in den letzten Jahren in fast allen größeren Ortschaften ein **GSM-Netz** entstanden. Hier gilt Ähnliches, wie ich es für Mauretanien formuliert habe (siehe dort). E-Plus und O_2 haben mittlerweile Roaming-Verträge und funktionieren zumindest im Umfeld größerer Ortschaften. Die Verbindungspreise sind allerdings sehr hoch!

Internet-Cafés sind in größeren Ortschaften vorhanden, Stundenpreis 500–2000 CFA. Bei meiner letzten Reise waren jedoch viele der mir bekannten wieder geschlossen, angeblich, weil die staatliche Telefongesellschaft Sotelma die Lizenzen wieder entzogen hatte, um das Geschäft mit diesem Medium selbst zu machen.

Reisen in Mali

Flugverbindungen

Die nationale Gesellschaft **Air Mali** ist inzwischen ebenso in den Bankrott geflogen wie einige andere private Fluggesellschaften in ihrer Nachfolge! Es ist nicht überschaubar, wer derzeit noch Inlandslinien tatsächlich bedient, die Gesellschaften kommen und gehen. Wer versucht, sich im Internet zu informieren, findet hier noch alle längst entschwundenen Gesellschaften gelistet.

Die Fluggesellschaft **STA, Société de Transport Aérien,** listet (neben den Hauptstädten benachbarter Länder) noch Kayes in ihrem Flugplan (www.malipages.com/sta). Die Gesellschaft SAE, Société Avion Express, seit 2005 umbenannt in **MAE, Mali Air Express** (www.mae-mali.com, Tel. 20231465, Fax 20212933), wirbt mit der Zeile „La seule compagnie qui dessert le nord". Ihr Flugplan nennt die wichtigsten Ortschaften des Landes mit einem Flugplatz. Für die Strecke Bamako – Timbuktu werden 201.000 CFA fällig (hin und zurück), bei einer Flugzeit von 2¾ oder 1½ Stunden (einfach) je nach eingesetztem Flugzeug (30 Min. Aufenthalt in Mopti). Diese Gesellschaft immerhin war bei Redaktionsschluss mit ihren Flugzeugen in der Luft und reagierte auch prompt und konkret auf Anfragen.

2006 nahm die neu gegründete Compagnie Aérienne du Mali (CAM) erstmals Flüge auf, u.a. nach Gao. Im Mai 2009 wurde aus dieser Gesellschaft die **Air Mali.** Kayes, Mopti und Timbuktu werden zwar als inländische Flugziele gelistet, doch brachte ein Buchungsversuch hier ebenso wenig ein Ergebnis wie zu ausländischen Zielen, etwa Paris, Abidjan oder Dakar.

Ein freundliches Lächeln für den Reisenden aus Europa

Bahnverbindungen

Auch bei der Bahn (in Betrieb ist nur noch die Strecke Bamako – Kayes – Dakar, die nach Koulikoro ist eingestellt) gestaltet sich die **Situation unübersichtlich.** Klar ist nur, dass die unablässig defizitäre Staatslinie seit dem Ausbau der Straßenverbindungen noch tiefer in die Krise geriet. Dann wurde veröffentlicht, der Bahnverkehr werde eingestellt. Dass dies einen lauten Aufschrei der betroffenen Bevölkerungsgruppen zur Folge hatte, ist leicht verständlich; in Zeitungen wurde von „émeutes", Aufruhr, berichtet. 2003 wurde die Bahn dann von der französisch-kanadischen Gruppe Canac-Getma übernommen. Über den aktuellen Stand der Dinge ist nur bekannt, dass der Personenverkehr weiter in malischer Hand ist und (noch) funktioniert und auch die Fahrzeugverladung aktuell noch möglich ist – ob diese angesichts all der neuen Pisten und Straßen allerdings sinnvoll ist, möchte ich bezweifeln. Einen **Fahrplan** finden Sie online unter www.fahrplancenter.com/CFduMali.html – Stand Januar 2007!

Bedenken sollten Sie, dass der Zug zwischen Bamako und Dakar (bei einer fahrplanmäßigen Reisezeit von 48 Stunden) leicht Verspätungen von 12 Stunden und mehr einfahren kann – planen Sie also entsprechend großzügig!

Prinzipiell verkehren **drei Züge** in der Woche zwischen Bamako und der Grenze zum Senegal bzw. bis Kayes (Fahrtzeit 10–12 Std., Mo, Fr, So) und ein Zug wöchentlich nach Dakar (Abfahrt in Bamako Mi 8.20 Uhr, Ankunft in Dakar Do 13.30 Uhr, Rückfahrt ab Dakar Sa 8.20 Uhr).

- **Bamako – Dakar** (1231 km): 56.000 CFA (1. Klasse mit Schlafwagen)
- **Bamako – Kayes:** 38.000 CFA (1. Klasse) 25.500 CFA (2. Klasse)
- **Infos:** Régie de Chemin de Fers du Mali, Tel. 20225968

Vorsicht vor Taschendieben in Bamako! Besser ist es, 1. Klasse zu reisen, da das Gepäck dann etwas sicherer ist. Aufpassen sollten Sie auch beim Einfahren des Zuges, Diebe nutzen das allgemeine Durcheinander, um Ihr Gepäck zu stehlen.

Wer sein **Fahrzeug** nach Tambacounda oder Dakar **verladen** möchte, muss mit **langen Wartezeiten** (8–14 Tage) für eine Plattform rechnen; außerdem braucht man zur Befestigung des Fahrzeugs Ketten oder starke Haltegurte. Nach einem Platz für den Bahntransport muss schriftlich beim Directeur commercial de la Regie de Chemins de Fer du Mali nachgefragt werden, unter Angabe aller technischen Daten sowie Beilage einer Gebührenmarke (*timbre fiscal,* bei der Post erhältlich). Der Brief ist dann beim Service commercial der Bahn (100 m links vom Bahnhofseingang) abzugeben. Der Tarif für Fahrzeuge richtet sich nach dem Gewicht (ca. 75 CFA/kg).

Korioumé am Niger:
Der Lotse geht der Fähre voraus

Schiffsverbindungen

In der Regel besteht von August bis Dezember (abhängig vom Wasserstand des Niger) wöchentlich Schiffsverkehr der staatlichen Gesellschaft Compagnie Malienne de navigation COMANAV **zwischen Koulikoro** (59 km nordöstlich von Bamako) **und Gao.** Auf dieser **1300 km** langen Strecke verkehren zwei ältere Schiffe, „Général Soumaré" und „Timbuktu", sowie die „Kankou Moussa", die neueren Datums ist, leider aber weniger Deckfläche bietet, auf der man schlafen oder tagsüber sahelische Luft schnuppern könnte, dafür aber einige komfortable „Saloons". Jedenfalls ist eine Schifffahrt auf dem Niger ein unvergessliches Erlebnis!

Preisbeispiel
- **Mopti – Timbuktu-Kabara**

(Saison 2009); Luxe 95.500 CFA, 1. Klasse 51.500 CFA, 2. Klasse 36.500 CFA, 3. Klasse 21.500 CFA, 4. Klasse 5500 CFA (Quelle: www.Mankan-Te.de); das Schiff fährt planmäßig Donnerstagabend in Mopti ab, Ankunft in Timbuktu Fr 22 Uhr, Rückfahrt nach Mopti Sa 16 Uhr. Bei niedrigem Wasserstand ist mit Verspätungen zu rechnen! An zwei Montagen (von dreien) Abfahrt in Gao jeweils um 20 Uhr.

Reservierungen, Tickets, Fahrtzeiten

Reservierungen und Ticketkauf waren bisher bei der Companie Malienne de la Navigation (**COMANAV**) in Koulikoro (Tel. 21223802, Fax 21262009) möglich, auch in Mopti, Timbuktu oder Gao (dem Vernehmen nach soll dies heute nur noch am Abfahrtshafen in Koulikoro möglich sein). Kauft man das Ticket z.B. in Bamako und fährt dann nach Mopti, um von dort Richtung Gao mit dem Schiff zu fahren, kann es sein, dass die Kabinen bereits ausverkauft worden sind, da keine Kommunikation zwischen den einzelnen Büros besteht. Dann kommt es meist zu längeren, nervenaufreibenden Verhandlungen.

In der **Luxus-Klasse** haben die Kabinen zwei Betten, eigene Toilette und Dusche sowie Klimaanlage, Verpflegung ist inbegriffen (auf den älteren Schiffen gibt es zwei solche Luxe-Kabinen, auf der „Kankou Moussa" vier; die „Kankou-Moussa" fährt wegen ihres zu großen Tiefgangs nur bis Timbuktu-Kabara und nicht weiter bis Gao). Die **1. Klasse** hat 2-Bett-Kabinen, im Preis ist die Verpflegung inbegriffen. Die **2. Klasse** bedeutet 4-Bett-Kabinen inkl. Verpflegung. In der **3. Klasse** stehen Kabinen mit 8 bis 12 Betten zur Verfügung; man kann auch (sofern vorhanden) auf dem oberen Deck schlafen. Das Essen ist etwas dürftig. Die **4. Klasse** ist ohne Verpflegung, daher sollte man genügend Proviant mitnehmen; man liegt dicht gedrängt auf dem Deck, inmitten von Ziegen, Schafen und schreienden Kindern: Die Aussicht auf Schlaf ist eher dürftig! Bedenken sollte man aber, dass es auch in den Kabinen der 1. und 2. Klasse sehr heiß ist, sodass man preiswerter 4. Klasse bucht und an Deck schläft.

Getränke (Soda, Mineralwasser, Bier) gibt es an Bord nur, so lange der Vorrat reicht; Sie sollten auf jeden Fall Trinkwasser und Wasserentkeimungsmittel mitnehmen. Entnehmen Sie wegen der **Bilharziosegefahr** kein Trinkwasser aus dem Niger, und bedenken Sie dies auch, wenn Sie im Fluss baden wollen!

Falls Sie Wert darauf legen, Ihre Mahlzeiten mit Messer, Gabel und Löffel einzunehmen, sollten Sie das **Besteck** bei sich haben, da meist kaum welches an Bord ist.

Auch wenn es einen genauen Fahrplan gibt, sollten Sie immer mit ein bis zwei Tagen **Verspätung** rechnen. Häufigste Ursachen dafür sind: Der Motor ist „en panne", oder das Schiff ist (bei niedrigem Wasserstand) auf eine Sandbank aufgelaufen.

Wenn der Niger gegen Ende der **Trockenzeit** sehr wenig Wasser führt, hat man nur noch die Möglichkeit, mit einer Pinasse, einer großen motorisierten Piroge, z.B. von Mopti nach Timbuktu oder nach Djenné zu fahren.

Der **Preis** für eine Fahrt nach Timbuktu beträgt etwa 5000 CFA; Anhaltspunkt könnte der Preis von 3500 CFA sein, den Einheimische zahlen (Handeln gehört immer dazu!).

Die Fahrt von Mopti nach Timbuktu dauert 10–14 Tage mit einem Stocherkahn und 3–4 Tage mit einer motorisierten Pinasse, bei ununterbrochener Fahrt 1½ Tage.

Timbuktu selbst liegt nicht mehr direkt am Niger, da sich der Flusslauf geändert hat: Der Hafen Kabara befindet sich etwa 11 km südlich der Stadt (Taxiverkehr). Heute wird fast ausschließlich das noch etwas weiter entfernte Korioumé angelaufen.

Eine Fahrt mit einer Pinasse oder Piroge birgt auch gewisse **Gefahren.** Ein

Einheimischer erzählte mir anlässlich eines Unfalls, bei dem eine Pinasse in Flammen aufgegangen war, dass der „Flussgeist" des Niger jedes Jahr ein solches Opfer fordert ...!

Ist der Wasserstand des Niger bzw. Bani sehr niedrig, so bleiben nur noch die kleinen **Pirogen,** die mit einem Stab per Hand bewegt werden. Eine Pirogenfahrt dieser Art von Mopti nach Djenné kostet etwa 1000 CFA/Person; Pirogenanlegestelle ist bei der Fähre, die über den Bani führt, ca. 4 km von Djenné entfernt.

Der Niger im eigenen Boot

Die Idee, den Niger mit eigenem Boot zu meistern, ist schon vielen Reisenden gekommen, die dann in Mali ihr Kajak, ihr Schlauchboot oder auch eine alte, quer durch die Sahara transportierte Jolle zu Wasser ließen. Dabei ist einiges zu bedenken! **Der Niger ist kein einfacher Fluss,** auch wenn sein Wasser z.B. zwischen Mopti und Timbuktu nur behäbig dahinfließt und der Strom frei von Stromschnellen bleibt. Dennoch ist immer mit Untiefen zu rechnen. Auf schmale Flussarme folgen weite **Seen-Landschaften,** z.B. der Lac Debo im Binnendelta. Wenn Sie auf den freien Wasserflächen von einem heftigen **Harmattan** überrascht werden, kann der Wellengang so hoch werden, dass Ihr Kajak oder Schlauchboot überfordert ist. Der Wind – er bläst im Winterhalbjahr recht konstant aus Nordost – kann Ihnen rasch zum Feind werden; er wird Sie ggf. mehr hemmen als Sie eine kaum je vorhandene Strömung schiebt.

Ein weiteres Problem stellt die **Orientierung** dar, tote Flussarme können kaum von offenen unterschieden werden. Da sich die Situation je nach vorangegangener Hochwassersaison immer wieder ändert, helfen Ihnen dabei auch genaue Karten nur begrenzt weiter. Gewarnt sein sollten Sie auch vor **Flusspferden,** denen Sie oft begegnen werden. Gefährlich ist eine Begegnung mit diesen – eigentlich friedlichen (nachtaktiven) – Pflanzenfressern, wenn Jungtiere bei der Herde sind. Unterschreiten Sie die Fluchtdistanz, greifen die Muttertiere an! Vielleicht haben Sie zufällig einmal die Bilder von *Georg Gerster* gesehen, wo einer Bootsbesatzung dieses Missgeschick gerade widerfährt – dann wissen Sie, dass Sie viel Glück brauchen, um eine solche Attacke zu überleben!

Auch das sei noch angemerkt: Das Wasser im Binnendelta ist nur im obersten Drittel ungefähr bis Massina klar. Weiter flussabwärts ist es – überfrachtet mit Staubpartikeln – so trüb, dass Sie die Finger Ihrer Hand nicht mehr erkennen, die Sie ins Wasser tauchen.

Taxi brousse und Busse

Während auf den Hauptstrecken überwiegend bequeme Busse (SOMATRA, BAMA, BANI, BITTAR) eingesetzt werden, die über Nacht fahren, billiger und um einiges sicherer sind, bedienen **Buschtaxis** *(Taxi brousse)* nach wie vor die weniger frequentierten Stecken. Als Taxi brousse verkehren meist Toyota- oder Mercedes-Kleinbusse. **Vermeiden Sie unbedingt Nachtfahrten!**

- Für die Strecke **Bamako – Mopti** ist mit einer Fahrtzeit von ca. 14 Stunden zu rechnen (viele Polizeikontrollen!); Fahrpreis 8000–9500 CFA plus 500 CFA für Rucksack.
- **Bamako – Ségou:** ca. 3500 CFA
- **Bamako – San:** ca. 4000 CFA (s.a. Bamako/Verkehrsverbindungen)
- **Mopti – Djenné:** 1500 CFA (Djenné ist meist nicht direkt zu erreichen; Umsteigen am Abzweig von der Durchgangsstraße Mopti – San erforderlich)

Organisierte Touren

Touren im Land (individuell oder nach vorgegebenem Programm), Allradfahrzeuge mit Fahrer (ab 80.000 CFA pro Tag und Wagen zzgl. Treibstoffkosten) und Führer werden von verschiedenen Agenturen angeboten. Fast alle unterhalten ein Büro in Bamako, können z.T. aber auch in Deutschland kontaktiert werden (hier eine Auswahl):

- **Balanzan Tour**
Tel./Fax 20320257, Bamako,
www.balanzantours.com
In Deutschland vertreten durch:
Ivory Tours, Tel. 0911-3938520,
Fax 3938521, www.ivory-tours.de
- **Bani Voyages**
Tel. 20232603, Fax 20234474,
www.banitours.com
Hat ein Büro im Grand Hotel/Bamako.
- **Cheche Tours**
Tel./Fax 20225242, B.P. E 3318, Bamako,
cheche.tours@spider.toolnet.org
- **Diamir Erlebnisreisen GmbH**
Loschwitzer Str. 58, 01309 Dresden,
Tel. 0351-312077, Fax 312076, www.diamir.de
- **Dogon Tours**
Tel. 20225117, Fax 20220336,
B.P. 1535, Bamako, im Hotel de l'Amitié
- **Geotours**
Quartier Hippodrom, 651, Rue 218,
Tel./Fax 20212209, www.geotours.org
Bieten Touren in mehreren Ländern Westafrikas und auch in Algerien an. Kontakt in Deutschland über **Nomad-Reisen,** Tel. 0221-27220910, www.nomad-reisen.de.
- **Malitas**
Tel. 20222324, Fax 20222349,
Bamako, Av. de la Nation
- **Malitour/Timitrin-Voyages**
Gao (siehe dort)
- **Nomade Voyages**
Tel./Fax 44380325, Bamako, Segou,
deutschsprachige Geschäftsführung,
www.nomads-of-mali.com,
www.reise-nach-mali.de
- **Point-Afrique**
www.point-afrique.com
Die französische Fluggesellschaft bietet Mali-Flüge und Rundreisen im Land an.
- **Sagatours**
Tel./Fax 20202708, Bamako,
www.sagatours.com
- **Sahel Expeditionen**
B.P. E 3721, Bamako
In Deutschland vertreten durch:
New Adventure Erlebnisreisen GmbH,
Steinbachweg 13, 69118 Heidelberg,
Tel. 06221-809151, Fax 809931,
www.new-adventure.de
- **SUNTOURS**
S. und R. Jarosch, Dorfstr. 14,
35428 Langgöns, Tel. 06447-92103,
www.suntours.de
- **Tafouk Voyages**
B.P. 130, Toumbouctou, Tel. 21922346,
www.tafouk.com
- **Timbuctours**
Tel. 20233564, Fax 20225315, Bamako,
Rue Mar Diagne, Quartier Darsalam,
TBT@cefib.com

Auto

Unterwegs als Selbstfahrer/Straßenverhältnisse

Der größte Teil des malischen Wegenetzes sind **Pisten,** und die sind teilweise nur in der Trockenzeit befahrbar. In der Regenzeit werden Straßensperren *(barrière de pluie)* 3–4 Stunden nach den Regenfällen errichtet, um zu verhindern, dass die Pisten zusätzlich ausgefahren werden. Von den insgesamt ca. 13.000 km an klassifizierten Straßen sind etwa 6000 km Allwetterstraßen, nur knapp 3000 km sind asphaltiert (z.B. die Strecke von Bamako über Mopti nach Gao).

Mietwagen

Neben den bekannten Agenturen wie **AVIS** (im Hotel de l'Amitié, Tel. 20222481, Fax 20223626) und **Europcar** (Immeuble Babemba, Av. Kasse Keita, Tel. 20222100, Fax 20230656, europcarmali@ats.com.ml) gibt es nur wenige Agenturen bzw. Reisebüros, die Mietwagen anbieten: z.B. Sagatours, Location Degussi oder Balanzan (s.o. und bei Bamako). Am Flugplatz vertreten sind Alamo, Budget und Hertz. Geländewagen mietet man besser bei Tourveranstaltern.

- **Preise:** Pkw ab 30.000 CFA pro Tag zzgl. 100 CFA/km zzgl. Treibstoffkosten.

Sicherheit in Grenzregionen

Die Spannungen zwischen Regierung und Tuareg in Mali haben sich im Lauf des Jahres 2009 erneut in **kriegerischen Auseinandersetzungen** entladen. Nördlich von Gao sollten Sie nicht ohne Begleitung durch eine zuverlässige Agentur reisen; das Auswärtige Amt warnt vor Überfällen auf Reisegruppen. Dazu hat sich in allen Grenzregionen im Norden ein bewaffnetes **Banditentum** etabliert. Die Grenzregion zu Algerien, aber auch zu Mauretanien gilt nach wie vor als Problemgebiet. Die Behörden und das französische Amt für Auswärtige Angelegenheiten raten von einem Bereisen der Regionen nördlich der linken Nigerseite ab. Wer sich nördlich dieser Linie bewegen will oder muss, ist gut beraten, sich eines kompetenten Geleitschutzes zu versichern, z.B. über die Agentur Malitour/Timitrin aus Gao bzw. die Agentur Kidal.

Da sich die Situation kurzfristig ändern kann, sollten kurz vor Reiseantritt Informationen eingeholt werden, beispielsweise unter:

- www.desert-info.ch
- www.wuestenschiff.de/phpbb
- www.weltreise-forum.info
- www.dfae.diplomatie.fr
- www.auswaertiges-amt.de

Strom

220 Volt Wechselstrom in Bamako und größeren Städten; in kleinen Orten meist 110 Volt Wechselstrom.

Übernachtung

Hotels

Hotels mit europäischem Standard gibt es in zufriedenstellender Qualität mittlerweile in allen größeren Orten mit touristischer Relevanz, sieht man einmal von Gao ab. Gewisse Abstriche gegenüber unseren Sterne-Kategorien allerdings muss man schon hinnehmen. Das Preisniveau ist generell hoch.

Privatquartiere

Im Prinzip ist es in Mali verboten, bei Einheimischen zu übernachten, auch wenn mittlerweile oft Privatquartiere angeboten werden und kaum mehr jemand dieses Verbot zu kennen bzw. zu befolgen scheint.

Camping

In Mali gibt es wenige offizielle Campingplätze. Im ganzen Land kann man aber in Campements oder Hotels ein Zelt im Innenhof oder auch auf Dachterrassen gegen eine geringe Gebühr (1000–5000 CFA) aufschlagen.

Wild campen ist außerhalb der großen Städte meist problemlos möglich.

Uhrzeit

MEZ minus 1 Stunde; Sommerzeit: MEZ minus 2 Stunden.

Versorgung

Grundnahrungsmittel sind in etwas größeren Orten erhältlich, auch frisches Obst und Gemüse (variiert je nach Jahreszeit) sowie Fleisch. Mineralwasser und Coca-Cola werden im Lande produziert (Cola in der Dose allerdings wird aus Marokko oder aus Südafrika importiert), man bekommt es (und weitere Limonaden) in allen größeren Orten für ca. 400 CFA, im Norden bis zu 750 CFA die Flasche (1,5 l); kleine Softdrinks kosten zwischen 175 und 500 CFA (im Norden)! Brot gibt es in fast jeder Ortschaft, üblicherweise als Baguette (ca. 350 CFA). Zu den Grundnahrungsmitteln darf man fast auch das **Bier** rechnen: Es ist wohl in jedem Ort erhältlich, der durch eine Straße erreichbar ist (1000–1500 CFA/0,7-Liter-Flasche). Einfache Gerichte in kleinen Garküchen schmecken oft sehr gut (Omelette mit Zwiebeln z.B. 350 CFA); fett gebackene Hirseklößchen werden mit verschiedenen interessanten Gewürzen angeboten und kosten je nach Größe nur Cent-Beträge.

Campinggas ist in den Städten problemlos erhältlich.

Trinkwasser

Trinkwasser muss abgekocht und/oder gefiltert werden. Selbst das Leitungswasser kommt oft braun aus der Leitung! Unterwegs trifft man häufig auf gute, gemauerte Brunnen mit Handpumpe, die u.a. von der deutschen GTZ errichtet wurden. Deren Wasser ist mit Tablettendesinfektion (Romin, Micropur) problemlos zu trinken.

In größeren Orten mit Touristenaufkommen gibt es überall **Mineralwasser** zu kaufen, mit dem sich Rucksackreisenden eindecken können. Solches Mineralwasser in Plastikflaschen à 1,5 Liter ist allerdings recht teuer (600–1500 CFA). Eine preiswerte Alternative besteht darin, sich gekühltes Wasser aus Plastiktüten (überall für 10 CFA erhältlich) mit **Entkeimungsmitteln** in eine Flasche abzufüllen.

Unterwegs in Mali Bamako

Die heutige **Hauptstadt der Republik Mali,** direkt am Ufer des Niger-Stroms gelegen, wurde Mitte des 17. Jh. gegründet; es wird gesagt, dass Bamako ein Bambara-Wort wäre und „Fluss der Krokodile" bedeuten soll.

Heute platzt Bamako mit über **1 Million Einwohnern** (mit Vororten über 1,8 Mio.) aufgrund der unaufhörlich vom Land zuströmenden Massen aus allen Nähten, sodass die Trinkwasser- und Energieversorgung fast alltäglich zum Problem wird und der Verkehr ein einziger Dauerstau ist. Fachleute gehen sogar davon aus, dass die Stadt mittlerweile 3 Millionen Einwohner hat.

Das **Zentrum der Stadt** wurde zu Beginn des 20. Jh. erbaut und besteht überwiegend aus **alten Kolonialhäusern** im neo-klassizistischen und neo-sudanischen Stil, die zunehmend am Verfallen sind, sowie aus modernen Bauten wie dem BDM- oder ehemaligen Air-Afrique-Gebäude und der Nationalbank am Nigerufer.

Der **Boulevard du Peuple** und die **Avenue du Fleuve,** die zur alten Nigerbrücke führt, sind die beiden Hauptverkehrsadern der Stadt. Der Asphaltbelag der Straßen innerhalb der Stadt befindet sich teils in schlechtem Zustand, Schlagloch reiht sich an Schlagloch; zur Regenzeit sind manche Straßen eine einzige Pfütze (feste Schuhe oder Plastiksandalen sind dann zu empfehlen!).

Vom Place de la République, mit der Grand Mosquée und dem Centre National des Arts in Richtung Südwesten,

BAMAKO

gelangt man zum **großen Markt** (Marché Central), wo mehrere Straßen zusammentreffen.

Der **alte Stadtteil** (Quartiers Niarela, Bozola, Bagadadji etc.) wurde in der traditionellen Banko-Bauweise errichtet. Nach 1960 wurden das Quartier Lafiabougou und auch neuere Wohnviertel und eine Industriezone geschaffen.

Die vielen großen und Schatten spendenden Bäume geben der pulsierenden und farbenfrohen Stadt eine angenehme, typisch afrikanische Atmosphäre mit nur geringem europäischem Einschlag. Allerdings erstickt das alles tagsüber in einem kaum vorstellbaren **Verkehrschaos.** Achtung: Die (alte) Pont-des-Martyrs-Brücke ist jeweils zur Rushhour stadtein- bzw. stadtauswärts nur in eine Richtung befahrbar; halbseitige Sperrgitter weisen schon früh darauf hin. Wenn Sie in Gegenrichtung über den Fluss müssen, sollten Sie rechtzeitig auf die neue saudi-arabische Brücke ausweichen, die durch ihre Anschlüsse an Ring- bzw. Schnellstraßen ohnehin fast immer ein flotteres Vorankommen ermöglicht. Die Bauarbeiten für eine dritte Brücke bei Sotuba (siehe Stadtplan) sind im Gange; die Brücke soll noch 2010 fertiggestellt werden, rechtzeitig zum 50. Jahrestag der Unabhängigkeit. China wird sie dem westafrikanischen Land zum Festtagsgeschenk machen!

Bei einem Spaziergang durch die **afrikanischen Wohnviertel** Medina Coura, Bagadadji, Bozola, Bamako Koura usw. kann man nicht nur das afrikanische Leben, das sich sowohl auf der

Straße als auch in den Innenhöfen der Häuser abspielt, mitbekommen, man kann auf diese Weise auch ein paar einfache afrikanische Restaurants entdecken, die eine gute Gelegenheit sind, um mit Einheimischen ins Gespräch zu kommen.

Hinweis: Führen Sie stets und überall Ihren **Reisepass** mit sich! In Bamako (wie im ganzen Land) besteht Ausweispflicht. Kontrollen sind vor allem nachts häufig, ganz besonders auf den Nigerbrücken. Und ohne Ausweis wird's mindestens teuer, Sie könnten aber auch rascher eine Nacht auf der Polizeiwache verbringen müssen, als Ihnen lieb ist.

Sehenswürdigkeiten

Marché Central (Marché Rosé)

Der Marché Central im Zentrum Bamakos war eines der schönsten Marktgebäude Westafrikas, wegen der im neo-sudanischen Stil erbauten, rosa getünchten Fassade auch häufig *Marché Rosé* genannt; leider ist dieser Markt abgebrannt. Seit 1998 steht das neue Marktgebäude im Stil des alten (aber aus Beton). Im Innern des Marché gibt es Abteilungen für Stoffe, Kleidung, Haushaltsgegenstände, duftende Essenzen, Parfüms, Töpferwaren, Gewürze, Geflügel etc. und natürlich Kunsthandwerk sowie Schmuck aus Bronze und Silber, Leder, Straußeneierschalen und Amulette, bunte, gewebte Decken, die berühmten venezianischen Millefiori-Perlen aus dem 17. Jh. etc. Hüten Sie sich vor **Taschendieben**. Fotografieren Sie nur, wenn alle „Betroffenen" einverstanden sind. Der ungeheuer lebhafte Markt findet auch in den Straßen und Gassen um das Marktgebäude statt. Zahlreiche Frauen bieten Batiktücher und -stoffe an, die sie stapelweise auf dem Kopf balancieren. In unmittelbarer Nähe befinden sich die Stände für Gemüse, Obst und Fleisch.

Das **Artisanat** (Handwerkersouk) befindet sich am Place de la République (siehe Stadtplan).

Nationalmuseum

Das Museum liegt im Norden der Stadt, Richtung Point G, in der Route de Koulouba, B.P. 159, Tel. 223-223486, www.museenationaldumali.org.ml/. Das moderne, im sudanischen Lehmbaustil errichtete Gebäude (1995 renoviert) beherbergt Ausstellungen über traditionelle, alltägliche Gebrauchsgegenstände und Werkzeuge und eine ethnologische Sammlung von religiösen Gegenständen wie Masken und Holzfiguren. Darunter auch die bekannte **Tjiwara-Maske** der Bambara (Antilopen-Maske), die nur von Mitgliedern der Maskengesellschaft getragen wird, und die bekannte **Calao-Holzskulptur** der Senufo, die einen Nashornvogel darstellt. Daneben zahlreiche Holzplastiken und **Masken der Dogon**, u.a. die „Stockwerkhausmaske", die nur alle 60 Jahre beim Sigi-Fest auftritt. In der prähistorischen Abteilung findet man Pfeilspitzen und Telem-Figuren. Gelegentlich finden Sonderausstellungen statt, z.B. über alte und neue Batik-Techniken.

Blick über den Niger
auf die Ausläufer von Bamako

Bamako

Kayes · KOULOUBA · Point G · NTOMINKORO-BOUGOU · MEDINA COURA · DAR SALAM · BOLIBANA · OUOLOFO-BOUGOU · Bahnhof · BAGADADJI · HAMDALLAYE · Av. Cheikh Zayed · BADIALAN · NIARELA · BOZOLA · LAFIABOUGOU · RN5 · 357 · October 22 Bd. · BADALA-BOUGOU · RN7 · Niger · DJIKORONI · TOROKORO-BOUGOU · Siguiri · BAKO DJIKORONI · DAOUDA-BOUGOU · SABALIBOUGOUI · Flughafen · KALABAN-KOURA

- ★ 1 Palais
- Ⓜ 2 Nationalmuseum
- ✚ 3 Hôpital Gabriel Touré
- 🏨 4 Grand Hotel
- 🏨 5 Le Loft
- • 6 Amerikanische Botschaft
- ⓘ 7 Touristeninformation
- 🏨 8 Hotel de l'Amitié (Laico), Golfplatz
- • 9 Air France
- 🏨 10 Hotel Kempinski (Laico)
- 🏨 11 Salam
- 🚓 12 Polizei
- • 13 Air Algerie
- • 14 Toyota

Karte S. 304, Stadtplan S. 357

Unterwegs in Mali
BAMAKO 353

- 🏠 15 Nord-Sud
- ● 16 Botschaft Burkina Faso
- 🏠 17 Djoliba
- 🏠 18 Auberge Séguéré
- 🏠 19 Auberge Djamilla
- ● 20 Palais de la Culture
- ● 21 Deutsche Botschaft
- 🏠 22 Résidence Margot
- 🏠 23 Hotel Hanadi
- Ⓑ 24 Busbahnhof

- ● 25 Mercedes
- 🏠 26 Royal
- ● 27 Stade 26. mars
- 🏠 28 Mandé
- 🏠 29 Hotel La Chaumière
- 🏠 30 Hotel Comme-chez-soi
- 🛎 31 Bla Bla Bar
- ● 32 Botschaft Belgiens und Niederrlande
- ● 33 Botschaft Mauretanien

Öffnungszeiten: Di bis So 9–18 Uhr, Mo geschlossen! **Eintritt:** 500 CFA pro Person, 200 CFA ab der vierten Person bei Gruppen mit mehr als drei Personen (mit Führer). Absolut sehenswert!

Große Moschee

Place de la République; Freitagnachmittag verwandelt sich der ganze Platz in ein riesiges Farbenmeer, wenn sich die Moslems der Stadt hier, mit ihren kunstvoll bestickten, leuchtenden „Festtags-Boubous" bekleidet, zum Gebet versammeln.

Handwerker-Souk

(Siehe Plan) Hier kann man den Handwerkern bei der Arbeit zuschauen. Verkauf von Kunsthandwerk (Masken, Schnitzereien, Musikinstrumente, Lederwaren, Schmuck, Kassa-Decken).

Zoo

Der ziemlich heruntergekommene Zoo liegt stadtauswärts, in Richtung Norden, am Nationalmuseum vorbei; Eintritt 100 CFA (Studenten 50 CFA).

Botanischer Garten

Die 13 ha große, mittlerweile ebenfalls verwahrloste Anlage, liegt direkt neben dem Nationalmuseum. Von den Felsen im botanischen Garten hat man eine herrliche Aussicht auf die Stadt.

Grotte am Point G

Am Felsabhang, nördlich des Fußballstadions, befindet sich diese Grotte, an deren Wänden prähistorische Malereien zu sehen sind (z.Z. geschlossen). Vom Aussichtspunkt am Point G und dem **Koulouba-Plateau,** wo sich der Präsidentenpalast befindet, hat man einen schönen Panorama-Blick über die Stadt und den Fluss Niger.

Touristinformation

●Vor Ort nur bescheidenste Materialien verfügbar; auch kein Stadtplan. Infos bietet auch die Seite www.le-mali.com/omatho. Knappe Informationen und weiterführende Links finden sich auch auf der offiziellen Seite der Stadt Bamako, **www.ville-bamako.org.**

Hotels

Hotels der Luxusklasse

●**Hotel de l'Amitié – Laico**
B.P. 1720, Av. de la Marne, Tel. 20214321 und 20214203, Fax 20214385. Luxushotel der französischen Sofitel-Gruppe. EZ ca. 55.000 CFA, DZ ca. 125.000 CFA. Sehr schönes Schwimmbad für 2000 CFA. Mit VISA-tauglichem Bankomat in der Hotelhalle. Über das Internet buchbar: www.laicohotels.com.

●**Kempinski Hotel el Farouk**
Heißt heute **Laico el Farouk,** ist aber weiter als Kempinski allseits bekannt. Tel. 20226161, 5-Sterne-Hotel direkt am Fluss nahe der Pont-des-Martyrs, DZ 99.000–195.000 CFA. Wie das Amitié über Internet buchbar unter www.laicohotels.com.

●**Hotel Salam**
Tel. 20221200, 4-Sterne-Hotel direkt am Fluss in der Nähe der saudi-arabischen Brücke, DZ 74.000–165.000 CFA.
salamhotel@cefib.com

●**Nord-Sud-Hotel**
Tel. 20296900, 3-Sterne-Hotel im Geschäftsviertel am ehemaligen Militär-Flugplatz, DZ 45.500–63.500 CFA.
hotel.nordsud@cefib.com

●**Grand Hotel**
B.P. 104, Tel. 20222481 und 20223826, Fax 20222601, Av. von Vollenhoven, hinter dem Bahnhof. Sehr komfortabel, DZ ca. 50.000 CFA. Restaurant (Buffet ca. 8000 CFA, Frühstücksbuffet 4500 CFA). Pool nur für Hotel-

gäste. Die Rezeption tauscht Kunden auch Travellerschecks mit Wechselgebühr. Grandhotel@cefib.com

- **Mandé Hotel**
B.P. 2639, Tel. 20211995, Fax 20211996. Komfortables, etwas abgewohntes Hotel, das idyllisch direkt am Nigerufer liegt; mit Pool. DZ ca. 43.000 CFA; am Hotel L'Amitié vorbei, nach 1,5 km rechts abbiegen (ausgeschildert). www.malipages.com/mande

- **Rabelais**
B.P. 2005, Route de Sotouba, Tel. 20225298, 20223637, Fax 20222786. EZ/DZ 32.000–35.000 CFA. Benutzung des Pools auch für Nichtgäste, 3000 CFA inkl. Getränk.
www.members.aol.com/baroupat/rabelais

- **Hotel Kountena**
Tel. 20292612, Fax 20292613, ACI 2000 (Quartier Hamdallaye). Hotel vor allem für Geschäftsreisende. EZ 29.500, DZ 35.000 CFA. www.kountena.com

- **Hotel Le Relais du Campagnard**
B.P. E 486, Tel. 20210229, Fax 20210019. Hotel mit schönem Swimmingpool im Garten. EZ 33.000, DZ 39.000 CFA.
www.relaiscampa.com.ml

Hotels für mittlere Ansprüche

- **Hotel Lac Debo** (früher Majestic)
Av. de la Nation, Tel. 20227476. Angenehmes 36-Zimmer-Hotel, EZ 13.500, DZ 18.000 CFA. Gutes Restaurant (ca. 1500 CFA).

- **Auberge Djamilla**
Quartier Badalabougou, unter franz. Leitung und derzeit In-Hotel, bunt gemischtes, vor allem französisches Publikum, oft ausgebucht, Zelt kann auf dem Dach aufgeschlagen werden (2500 CFA), DZ 18.000 CFA. Bewachter Innenhofparkplatz, man kann dort auch im eigenen Fahrzeug schlafen. Zuverlässige Reservierung unter aubergedjamilla@yahoo.fr. Schicken auch Taxi an den Flugplatz (5000 CFA, da auf Südseite des Flusses). N 12°37′21,0″ / W 7°59′31,5″ (Leserangabe).

- **Auberge Séguéré**
Quartier Torokorobougou, nahe der saudiarabischen Brücke, relativ neues Hotel, kleiner Pool, Tel. 20286908, www.seguere.com, N 12°37,040′ / W 8°0,148′ (Angabe des Hotels), DZ 20.000 CFA.

- **Hanadi**
Quartier Badalabougou, relativ neues Hotel, Tel. 20207561, DZ 40500 CFA. Pool, gutes Restaurant. www.hanadi.com, N 12°36′36,8″ / W 7°58′29″ (Leserangabe).

- **Cauris Lodge**
Quartier Niaréla, Rue 461, Tel. 20215950. Klein, fein, eher einfach, große Zimmer, schönes Gärtchen, kleinerer Pool, von Franzosen geführt. DZ ab 16.000 CFA.
hotelcaurislodge@gmail.com

- **Comme-chez-soi**
Quartier Hippodrome, Tel. 74442222, www.chezsoibamako.com, N 12°66.1726 / W 7°97.3997 (Angabe des Hotels), neues Hotel, ruhig, kleiner Pool, DZ 29.000 CFA.

- **La Chaumière**
Quartier Quinzambougou, Tel. 20217660, Fax 20217637, lachaumiere@cefib.com. Nettes Hotel mit gutem Restaurant und Pool. DZ 38.000 CFA.

- **Djoliba**
Tel. 20285713, Fax 20285711, idyllisch unmittelbar am Fluss gelegen, Bamako gegenüber. Man kann dort auch ein Zelt auf der Wiese aufschlagen oder im eigenen Fahrzeug übernachten. Pavillons, klein 25.000 CFA, groß 32.000 CFA; Camping 3500 CFA. Von der Saudi-Brücke her erster Weg rechts, dann ausgeschildert über schlechte Wege.

- **Hotel Le Loft**
Tel. 20216690, 687, Rue Achkabad, eher auf Geschäftsleute zugeschnitten, DZ 36.500 CFA. leloft@arc.net.ml

- **Aquarius**
Quartier Mali, Rue 305, an der Straße zum Flugplatz; DZ (klimatisiert) 22.000 CFA ohne Frühstück; ruhige Lage, gutes Essen im angenehmen Terrassenrestaurant.

- **Hotel Yamey** (ex Le Fleuve)
Quartier du fleuve, Tel. 20286643, Fax 20226513. Angenehm, stadtnah, günstig. EZ 18.000 CFA. Mit Restaurant Appaloosa.

- **Hotel Les Arbres**
Im südwestlichen Stadtteil Bako Djikoroni, Tel. 20286643. Kleiner Pool, DZ 14.000–17.000 CFA, klimatisiert, Zelt 3000 CFA. Etwas heruntergekommen.

- **Bed'n Breakfast**
Kleines Hotel im Stadtteil Niaréla, Tel. 20228372, DZ ab 15.000 CFA.

- **Le Cactus**
Tel. 20790709, im Stadtteil Kabala. Von Bamako über die Märtyrer-Brücke und dann an der ersten Ausfahrt rechts abbiegen, dann geradeaus bis Kabala, hier links abbiegen (beschildert) und weitere 6 km bis zum Hotel (gesamt 15 km ab Stadt, Pos. N 12°32,18′ / W 8°2,76′). Einfaches Hotel unter Leitung eines kanadischen Ehepaars, DZ im Bungalow 5000–8000 CFA. acharmaca@yahoo.com
- **Hotel Mirabeau**
Tel. 20235319, Fax 20231177, Rue 311 (Quartier du fleuve). Zimmer mit AC ab 44.000 CFA, mit Pool.
- **Les Cedres**
Quartier Dar Salam, Rue Mar Diagne porte 628, hinter dem Postamt Dar Salam. Günstige Lage zum Museum und zur City, ruhig. DZ mit AC 20.000 CFA, Frühstück 1400 CFA.

Einfache Unterkünfte

- **Buffet de la Gare**
Tel. 20225460, am Bahnhof. EZ/DZ ab ca. 18.000 CFA. 27.500 CFA mit Frühstück und Essen; netter Garten, sauber, relativ laut, aber trotzdem empfehlenswert.
- **La Maison des Jeunes**
Gegenüber der franz. Botschaft, direkt am Niger gelegen; Schlafsaal mit 8–12 Betten, ca. 1000 CFA p.P. Relativ schmutzig; gute Kontaktmöglichkeit. Campen möglich (500 CFA p.P., 1000 CFA für das Auto).
- **Le Motel**
Liegt außerhalb, Richtung Südwesten (Route de Guinée).
- **Centre D'Acceuil des Soeurs blanc (Mission Catholique)**
Preisgünstigste Unterkunft in Bamako (Quartier Bamako-Coura), Eingang gegenüber der Kathedrale auf der anderen Straßenseite. Gemeinschaftsduschen. Ca. 3000 CFA p.P. im Schlafsaal, im DZ ca. 10.000 CFA p.P. Maximal vier Übernachtungen, möglichst vorbuchen! Geöffnet: 8–12 und 16–21 Uhr. Es besteht die Möglichkeit der Selbstverpflegung, sofern man Kocher und Geschirr hat.
- **Chez Fanta**
Nicht weit von der Katholischen Mission. 3000 CFA für ein Bett (Unterbringung auf engstem Raum, nur für Notfälle!).

- **Le Relax,** siehe auch bei Cafés.
- Hinweis: Viele Billighotels im Zentrum sind zumeist gleichzeitig **Stundenhotels.**

Camping

- **Camping de Patriot,** an der Straße nach Ségou, etwa 12 km von Bamako entfernt.
- **Camping du Lagon Bleu,** N 12°40,970′ / W 7°52,453′.
- **Kaira-So,** Quartier Missabougou, von Lesern gelobt, 3500 CFA p.P., Tel. 66746230, www.camping-kairaso.com, bietet auch die Möglichkeit, ein Fahrzeug langfristig abzustellen (30 Euro/Monat). Auch Zimmer, DZ 20.000 CFA. N 12°36′114 / W 7°56′142 (Angabe des Campings).
- **Kangaba,** gut, 5000 CFA p.P., ziemlich weit außerhalb in schönster Natur. Pool. Hier zu essen ist Pflicht, Menü 5000–8000 CFA. www.kangaba.com
- Gut campt man auch bei den Hotels Djoliba oder Le Cactus (Näheres s.o.).

Essen und Trinken

Preisgünstige Restaurants

Es gibt viele kleine, typisch afrikanische Restaurants, z.B.:
- **Rôtisserie Yankadi**
Rue Loveran, im Zentrum. Hier gibt es auf Holzfeuer gegrilltes Rindfleisch.
- **Restaurant Central**
Rue Loveran; gute europäische und libanesische Küche, günstig.
- **Au Bon Coin**
Av. de la Nation; gute und preiswerte Mahlzeiten; auch Zimmervermietung!
- **La Gargote**
Gegenüber vom Kino Vox; gutes und preiswertes Lokal.
- **Chez Aminah**
Hinter der katholischen Mission (s.o.).
- **Le Ganole**
Av. de la Nation; französische und libanesische Küche.
- **Restaurant Joal-Fadiouth**
Av. Mamadou Konaté; preisgünstige und gute einheimische Küche.

Karte S. 304, Stadtplan S. 352

Unterwegs in Mali
BAMAKO

Bamako

🏨	1	Grand Hotel	✚ 16	Centre Médico Social Français
✚	2	Hôpital Gabriel Touré	• 17	Lac Debo
•	3	Nationalversammlung	$ 18	Ecobank (Visa Geldautomat)
✉	4	Hauptpost	$ 19	BDM-Bank
★	5	Institut National des Arts	ℹ 20	Touristeninformation
🔒	6	Handwerker-Souk	🏨 21	Hôtel de l'Amitié (Laico),
☪	7	Große Moschee	•	Royal Air Maroc, Tunis Air
🔒	8	Marché Central (Marché Rose)	• 22	TAM-Voyages
✝	9	Kathedrale	• 23	Europcar
•	10	Air Algérie	• 24	Egypt Airline
$	11	BMCD-Bank	• 25	Air France
•	12	Service des Immigrations	• 26	Französische Botschaft
🎧	13	Bar Mali	• 27	Maison des Jeunes
✚	14	Katholische Mission	🏨 28	Hôtel Yamey
$	15	Biao Bank		

- • 29 BCEAO Tower
- 🏨 30 Hotel Kempinski
- $ 31 BICIM-Bank (Visa Geldautomat)
- • 32 COMANAV
- • 33 Deutsche Botschaft
- 🚌 34 Busbahnhof
- ✈ 35 Flughafen

•33, 🚌34, ✈35

Mali

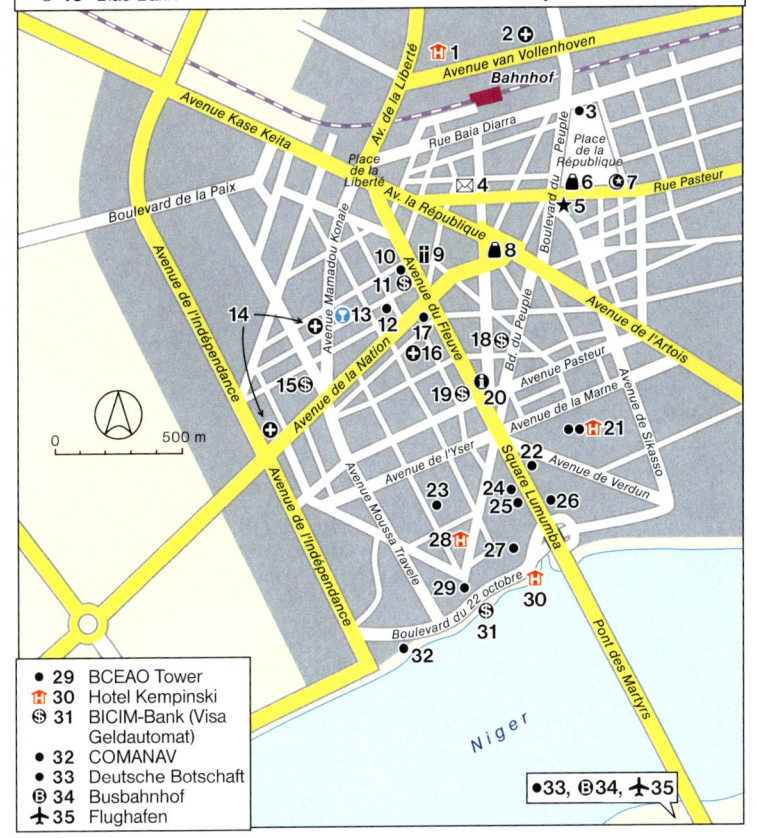

- **Restaurant Hongkong**
Route de Koulikoro.
- **Carrefour des Jeunes**
Neben dem Ministière d'Education; für 600–800 CFA bekommt man hier Steak und Frites oder Omelettes und Frites.
- **Bar-Restaurant Le Berry**
Av. de la Nation; einfache und preiswerte Gerichte; auch Kontaktstelle für Mitfahrgelegenheiten, ebenso **Les Trois Caïmans** und **Bar Central.**
- **Kaissa**
Bar-Restaurant, Rue Mohammed; preisgünstige afrikanische Gerichte.
- **Bella Italia**
Route de Koulikoro, in der Nähe des ehem. Hotel Les Hirondelles.
- **L'Écuelle**
Route de Koulikoro; französische und libanesische Küche.
- **Pili-Pili**
Im Viertel Hippodrome, Pos. N 12°39,934' / W 7°58,620'; Hähnchen in Soße.
- **Le Gourmet**
In der Stadtmitte bei der Apotheke Mohamed V; Essen für 500–1000 CFA!
- **La Pirogue**
Am Fluss und deshalb kühl; Essen bis 2000 CFA, Steaks, Spieße.

Restaurants für gehobene (europäische) Ansprüche

Der Preis für ein Menü liegt zwischen 4000 und 10.000 CFA p.P.

- **San Toro**
Route de Sotuba, Lagon, an der Straße nach Koulikoro, 15 km außerhalb; ein Platz für den ganzen Tag, Pool, Privatzoo, vernünftiges Essen (aber ohne Alkohol). Aus dem Kreis der Leser kommen unterschiedliche Meinungen.
- **Eden Village**
Am Fluss im Ortsteil Sebeninkoro; großes Open-air-Restaurant, manchmal mit Musik. Nette Zimmer.
- **Le Djenné**
Europäische und afrikanische Gerichte aus verschiedenen Ländern; in einer Seitenstraße von der Route de Koulikoro gelegen, Tel. 20223082.
- **Le Dougouni** (Hotel de l'Amitié) und **Le Bananier** (Grand Hotel) offerieren französische Küche zu entsprechenden Preisen.
- **L'Olympien**
Bei BDM-Bank; sehr gutes Restaurant, maßvolle Preise.
- **Savana**
In der Route de Koulikoro; oft Live-Musik, Essen 5000 CFA.
- **Le Lagon**
12 km außerhalb Richtung Koulikoro, am Fluss, beliebtes Ausflugsziel.

Cafés/Salons de Thé/Patisserien

- **Au Royaume des Gourmands**
In der Av. Modibo Keita.
- **Café Mohamed à la Casa**
Gegenüber von Chez Fanta und nahe der katholischen Mission (s.o.). Hochburg der einheimischen Rasta-Szene. Abendessen gegen Vorbestellung, gutes Frühstück mit Milchkaffee, Weißbrot und Marmelade für 300 CFA.
- **La Phoenicia**
Rue Fabolo Coulibaly; empfehlenswerter Platz zum Frühstücken. Libanesisches Restaurant, gutes und preiswertes Chawarma (libanesischer Sandwich, ähnlich Gyros), aber auch Kuchen, Snacks etc.
- **Sabbague**
Av. Mohammed V./Ecke Rue Gouraud; geöffnet 6–24 Uhr. Snack-Bar, guter Kuchen.
- **Le Relax** und **Byblos**
Snack-Bar-Pâtisserie; Route de Koulikoro; guter Kuchen, Terrasse. Wiederholt von Lesern gelobt.
- **Patisserie Diakité,** Bd du Peuple.
- **Ali Baba's Café,** Rue Mohammed V.
- **Internet-Café Spider**
Bei der Kanadischen Botschaft; 1 Std. Internetnutzung 2000 CFA, Studenten zahlen die Hälfte. Inzwischen sind Internet-Cafés in großer Zahl entstanden.

Nachtleben

Bars/Nightclubs/Discos
- **Bla Bla Bar**
Quartier Hippodrome. Um die Bla Bla Bar herum entstand *die* Gegend zum Ausgehen!

Karte S. 304, Stadtpläne S. 352, 357

Unterwegs in Mali
BAMAKO

- **Ali Babas Café,** bei der US-Botschaft.
- **Bar Kassav,** Rue Fabolo Coulibaly.
- **Bar Mali**
An der Av. Mamadou Konaté/Ecke Rue Bagayoko gelegen; schäbig.
- **Colombo**
Av. de la Nation; beliebter Treffpunkt mit Disco- und afrikanischer Musik!
- **Yanga** (siehe Restaurants)
- **Le Calao,** Rue de la Fosse.
- **Malibu,** im Stadtteil Niaréla.
- **Black and White,** typisch afrikanische Bar.
- **Bar Cigale,** Live-Musik.
- **Akwaba-Bar,** Live-Musik.
- **Faguibine**
Bar mit Live-Musik im Hotel de l'Amitié.
- **Manantali,** im Grand Hotel.
- **Le Village**
Im Grand Hotel, Eintritt ca. 1000 CFA.
- **Le Dogon,** im Hotel de l'Amitié.
- **Appaloosa**
Quartier du fleuve, Hotel Yamey; nette Western-Bar mit Tex-Mex-Küche.
- **Jardin Titanic**
Badala-Est; der beste Sänger der Stadt.
- **Maison des Jeunes**
An der Niger-Brücke (siehe Hotels).
- Weitere Clubs: **Metropolis, Evasion, Jazzclub, Academia, Atlantis, Platinium, Plaza, Byblos, Nachtbar im Hotel Yamey.**

Kinos

- **Babemba,** zwei Säle; nahe beim
- **Centre Culturel Francais,** in dem auch gute afrikanische Filme gezeigt werden (siehe auch weiter unten).

Hier noch einmal der Hinweis: In Bamako (wie in ganz Mali) besteht **Ausweispflicht!** Dies gilt (tagsüber) auch für die Fahrzeugpapiere! Andernfalls wird es teuer.

Notfall

- **Notrufnummer der Deutschen Botschaft: 66759425.**
- Die Deutsche Botschaft veröffentlicht ein sehr ansprechendes Merkblatt mit dem Titel **„Informationen für Deutsche in Not";** online unter www.bamako.diplo.de/Vertretung/bamako/de/Formulare/Merkblatt__hilfe,property=Daten.pdf – sicher ist es kein Fehler, sich diese kurze Liste und ggf. weitere der hier angebotenen Merkblätter vor der Reise auszudrucken.

Krankenhäuser/Ärzte

Die Deutsche Botschaft veröffentlicht eine **Liste** mit ärztlichen Adressen, die regelmäßig aktualisiert wird. Ich empfehle sehr, sich diese Liste vor der Reise auszudrucken: www.bamako.diplo.de/Vertretung/bamako/de/04/_Informationen_fuer_Deutsche_.html

Als Kooperationsarzt wird hier aktuell **Dr. Gangaly Diallo** genannt, Tel. 66748468, Chirurg im **Hôpital Gabriel Touré,** dem Universitäts-Krankenhaus in der Innenstadt, fast in Nachbarschaft zum Grand Hotel.

Apotheken

- Als beste Apotheke wird die **Pharmacie Mohamed V** bezeichnet; sie liegt im Zentrum, die Besitzer sprechen deutsch, haben in Deutschland studiert.
- Eine gute Apotheke ist die **Pharmacie 2e Pont** an der Auffahrt zur neuen Brücke in Badala.
- Eine weitere Apotheke befindet sich **im Grand Hotel.**

Banken

(Vgl. auch „Geld/Währung/Banken".) **Wechseln Sie keinesfalls Geld auf der Straße!** Gerade rund um die Banken wird Ihnen vielleicht Geld zum „supergünstigen" Kurs angeboten, doch sind derartige Aktionen illegal, und es kann Ihnen passieren, dass Sie sich Falschgeld einhandeln oder bei einem Wegreißdiebstahl Ihr gesamtes Geld verlieren.

Inzwischen gibt es mehr und mehr **Geldautomaten,** die allerdings über die Mittagszeit oft nicht in Betrieb sind!

- **Bank du Développement (BDM)**
Wechsel von Travellerschecks (8–12 Uhr) und Banknoten.

- **Bank Central des Etats de l'Afrique**
Kein Wechsel für Touristen! Hier sind jedoch Geldnoten in kleiner Stückelung erhältlich.
- **BIAO-Zentrale**
Av. de la Nation; Wechsel von Travellerschecks (im 1. Stock).
- **BMCD-Bank**
(Banque Malienne de Crédit et de Dépôt) Av. du Fleuve. Möglichkeit, Bargeld mit VISA-Kreditkarte zu bekommen (200.000 CFA pro Woche): Man gibt die Karte morgens ab und kann sich das Geld ab 14 Uhr holen! Hohe Gebühren für Travellerschecks.
- **Ecobank**
Große Bank mit VISA-Geldautomat am Boulevard du Peuple.
- **Banque Atlantique**
Immeuble Balde, Av. Cheikh Zayed. Hier werden lt. Lesermitteilung Master- und Maestro- bzw. EC-Karte am Bargeldautomaten akzeptiert.
- Auch in verschiedenen **Hotels**, z.B. im Grand Hotel, können Kunden mit/ohne Gebühr Devisen in CFA tauschen.
- **In libanesischen Restaurants und Supermärkten** kann man manchmal Reiseschecks ohne Provision einlösen.

Formalitäten

- **Sûreté Nationale**
Rue 141, gegenüber von Mali-Voyages; hier sind sowohl der **Zoll** als auch die **Polizei** (Police des Affaires Etrangers) untergebracht.
- **Servie d'Immigration – Sûreté**
Am Rond-Point de la Paix, stellt innerhalb von 2 Tagen eine Visum *(Visa d'Entrée)* für 5000 CFA aus (2 Passbilder, täglich von 8–15 Uhr). Büro zwischenzeitlich wohl im Stadtteil ACI 2000 neben der Banque de l'Habitat.

Transport in der Stadt

- Zu festgesetzten Preisen verkehren in der Stadt **Busse** (Sotramas, 150–300 CFA pro Person) und **Sammeltaxis** (grüne Taxis oder in Bambara *Duuru-duurunin* – das kommt von *duuru-duuru*, was „fünf pro Person" bedeutet und vom ehemaligen Taxipreis, fünf malische Francs, herrührt).

- Ein **gelbes Taxi**, das nur für einen Fahrgast genutzt wird, kostet 750–2000 CFA. Eine Fahrt auf die andere Flussseite kostet tagsüber 1500–2000 CFA. Taxis pendeln auch zwischen dem Zentrum und dem Flughafen Bamako-Sénou (ca. 8000 CFA).

Fluggesellschaften

- **Air Algérie**
An der Kathedrale, Tel. 20223159.
- **Air France**
Am Square P. Lumumba, Tel. 20222143 oder 20226109, Fax 20224734.
- **Mali Air Express**
Av. de la Nation, B.P. 2799, Tel. 20231465. Bedient wichtige Inlandsstrecken.
- **Point-Afrique**
Immeuble Ex USAid, Quartier du Fleuve, Bamako; Tel. 20235470, pointafbko@katelnet.net (Bamako); Tel. 20820224, pointafrique.gao@afribone.net.ml (Gao); Tel. 20420570, pointafrique.mopti@afribone.net.ml (Mopti).
- **Royal Air Maroc**
Tel. 20216105, Fax 20214302,
im Hotel Amitié.
- **Tunis Air**
Tel. 20218642, Fax 20218617,
im Hotel Amitié.

Schiffsverbindungen

COMANAV

- Büro für die Niger-Schifffahrt, B.P. 150, Tel. 20223802. Die Schifffahrt wird je nach Wasserstand durchgeführt, in der Regel ist eine Fahrt auf dem Niger von Juli/August bis Ende November/Anfang Dezember möglich. Am sichersten ist die Kontaktaufnahme mit dem Büro in Koulikoro (siehe „Reisen in Mali/Schiffsverbindungen").

Busverbindungen

Busbahnhöfe

Der **Taxi-brousse- und Lkw-Bahnhof** (evtl. Mitfahrgelegenheiten!) befindet sich in **Sogoninko**, ca. 4 km außerhalb an der Straße nach Ségou nahe des Fußballstadions; vom Zentrum ist er mit Taxi oder Sammeltaxi (150 CFA) zu erreichen. Hier liegt auch der **Bus-Bahnhof,** von dem viele Fernbusse starten. Verschiedene Busgesellschaften (empfohlen werden BITTAR, BANI, SOMATRA) unterhalten hier ein Büro; hier erhalten Sie Informationen (z.B. SOMATRA Tel. 20223896) und können Tickets reservieren und kaufen. Auch Busse in die Nachbarländer starten in Sogoninko.

Busse und Lkw in Richtung Westen (auch nach Guinea) starten am **Gare routière de Djikoroni** ziemlich weit außerhalb des Stadtzentrums, im gleichnamigen Quartier.

Tipp: Aus Sicherheitsgründen einen Bus wählen, der tagsüber fährt!

Fahrpreise

Bei unterschiedlicher Ausstattung der Busse sind die Fahrpreise der verschiedenen Gesellschaften fast gleich; einfache Strecke ab Bamako z.B. nach:

- **Gao:** 11.000 CFA
- **Gossi:** 10.000 CFA
- **Hombori:** 10.000 CFA
- **Douentza:** 10.000 CFA
- **Mopti:** 8000 CFA
- **Segou:** 3000 CFA (stündliche Abfahrten!)
- **Somadougou:** 6000 CFA
- **Sofara:** 6000 CFA
- **San:** 4000 CFA
- **Gepäck** wird oft extra berechnet (500–700 CFA pro Stück).

Afrikaner sind geschickte Händler! Deshalb darf es nicht verwundern, wenn der Preis für eine bestimmte Strecke für den Hinweg ein anderer ist als für den Rückweg! So kostet etwa die Strecke Bamako – Mopti 8000 CFA, der Rückweg aber 9500 CFA!

Bob Marley forever

Straßenverbindungen

- **Bamako/Ségou**
235 km Asphaltstraße. Regelmäßige öffentliche Verkehrsverbindungen vom Bus-Bahnhof in Sogoninko sowie verschiedene Buslinien. Fahrzeit ca. 4 Stunden. Stündlich fährt der SOMATRA-Bus: Preis ca. 3500 CFA.
- **Bamako/Mopti**
617 km Asphaltstraße. Fahrzeit (mit öffentlichen Verkehrsmitteln) etwa 14 Std.; es empfiehlt sich, relativ früh morgens (vor 8 Uhr) diese Fahrt anzutreten und genügend Wasser mitzunehmen. Fahrpreis 8000 CFA.
- **Mopti/Djenné**
Die meisten Buschtaxis fahren am So nach Djenné (Mo: Markttag!), Fahrpreis ca. 2000 CFA. Es existiert keine direkte Verbindung von Bamako nach Djenné! Kurz vor Djenné setzt man mit einer kleinen Fähre (50 CFA, Fahrzeug 3000 CFA) über den Bani; letzte Überfahrt um 18 Uhr! Wenn kein Markttag ist, fahren so gut wie keine öffentlichen Verkehrsmittel, daher am besten ein Taxi chartern – der Preis ist Verhandlungssache!
   Man kann auch mit einer Piroge oder einer Pinasse von Mopti nach Djenné fahren; die Fahrzeit beträgt mindestens einen Tag.
- **San/Djenné**
Nur So fahren öffentliche Transportmittel nach Djenné.
- **Bamako/Timbuktu**
Fahrtdauer ca. 2 Tage, ca. 20.000 CFA; genügend Proviant und Wasser mitnehmen! Der BITTAR-Bus fährt freitags nur noch bis Douentza, wo auf einen Lkw umgestiegen werden muss.
- **Bamako/Sikasso**
Mit einem Peugeot-Taxi kostet die Strecke ca. 2500 CFA (plus Gepäck); Fahrzeit: 6–8 Std.
- **Richtung Nara**
Lkw und Sammeltaxis brauchen auf guter Piste ca. 8 Std.
- **Richtung Nioro du Sahel**
444 km durchgehend Asphaltstraße. Bis Diema ist dies die heute übliche Strecke nach Kayes; ab Diema Umsteigen in ein anderes Gefährt bis Nioro.
- **Bamako/Kayes**
Via Diema heute durchgehend asphaltiert, 618 km (siehe auch Nioro du Sahel).
- **Mopti/Gao**
556 km Asphaltstraße. Mit dem Bus in 7 Std; Preis ca. 5000 CFA.
- **Mopti/Timbuktu**
via Binnendelta (Youvarou/Goundam)
Die Fahrt mit einem Allradwagen ist relativ teuer; besser bewältigen Sie diese Strecke mit einer Pinasse. Auf der Bootsfahrt genügend Verpflegung und vor allem Wasser mitnehmen!
   Diese Strecke ist nur mit einem Geländewagen befahrbar, doch während der Regenzeit hilft auch dieser wegen der sehr schlechten Straßenverhältnisse nicht weiter! Üblich ist heute die Strecke Douentza – Timbuktu, eine große, breite Wellblechpiste über Bambara/Maoundé (keine Versorgungsmöglichkeiten) bis Korioumé. Hier verkehren zwei Fähren bis max. 20 Tonnen. Dann folgt ein Asphaltsträßchen bis Timbuktu.

Bahnverbindungen

So sagt es das Auswärtige Amt Frankreichs: Die Bahnstrecke **Bamako – Dakar** ist baufällig, die Reisebedingungen sind unsicher, die Fahrpläne vom Zufall abhängig. Dem ist wenig hinzuzufügen. Eine **Autoverladung** ist wahrscheinlich nicht mehr möglich und wäre wegen des Ausbaus der Straße via Diema und Kayes auch nicht sehr sinnvoll. Leser berichten von unzuverlässigen Abfahrten. Dagegen fährt 2x in der Woche (Mi und Sa) der SOMATRA-Bus ab Dakar nach Bamako; Ticketbüro direkt am Hauptbahnhof in Dakar; 25.000 CFA.

Die in den Landkarten noch vermerkte Bahnstrecke von Bamako nach Koulikoro (Flusshafen) ist nicht mehr in Betrieb.

Einkaufen

Buchhandlungen

- **Librairie Devés et Chaumet**
Rue F. Coulibaly.
- Besser sind die Buchhandlungen im **Hotel de l'Amitié** (neben Postkarten auch große Auswahl an Büchern über Mali) und die im **Grand Hotel**.

Supermärkte

- **Malimag**
Av. du Fleuve., z.Z. geschlossen.
- Ein kleinerer Supermarkt befindet sich zwei Querstraßen östlich vom Grand Marché.
- Außerdem gibt es zwei große libanesische Supermärkte an der Route de Koulikoro: **Azar Libre Service** und **La Fourmi.**
- Mehrere kleinere Supermärkte verteilen sich im Stadtzentrum von Bamako.
- Ein weiterer **Azar Libre Service** befindet sich in Badalabougou nahe der Deutschen Botschaft.

Libanesische Supermärkte wechseln auch Geld (vgl. auch Abschnitt Geld/Währung/Banken).

Vorsicht auf Märkten: In Mali, insbesondere in der Hauptstadt, boomt der Schwarzmarkt mit **Musikkassetten.** Falls man sich doch eine Kassette andrehen lässt, unbedingt vorher anhören, da sehr viele Leerkassetten im Umlauf sind.

Swimmingpools

- Ein *Piscine* gibt es im **Hotel de l'Amitié** (Eintritt 5000 CFA inkl. Handtuch, schön ruhig!). Außerdem gibt es einen schönen Pool im **Hotel Mandé,** direkt am Niger gelegen, für 3000 CFA. Auch in verschiedenen anderen Hotels kann der Pool benutzt werden (s.a. Hotelliste).
- Der Pool des Grand-Hotel ist nur für Hotelgäste zugelassen.

Kultur

- **Centre Culturel Francais**
In der Av. de la Nation; zur Verfügung stehen eine Bibliothek, ein Café, ein Kino und ein Theater. Regelmäßig werden Konzerte und Ausstellungen veranstaltet.
- **Centre Culturel des Etats Unis (Centre Culturel Américain)**
In Badalabougou Est, gegenüber der Disco Atlantis. Hier liegen internationale englischsprachige Zeitschriften und Zeitungen aus.
- Im **Palais Culture Amadou Hampaté Bâ,** im Südteil der Stadt, in Badalabougou am Niger, ungefähr gegenüber der Deutschen Botschaft, finden oft sehr empfehlenswerte Konzerte statt. Termine werden im Rundfunk bekannt gegeben. Eintritt: 2000 CFA.

Mietwagen

Vgl. auch den Abschnitt „Reisen in Mali/Organisierte Touren".

Auch die großen internationalen Gesellschaften wie Europcar, Avis, Budget oder Hertz funktionieren in Bamako nur sehr unregelmäßig. Ein gerade eröffnetes Büro ist oft wenige Wochen später bereits wieder geschlossen. Mein Empfehlung lautet, sich **über ein Hotel** einen Mietwagen vermitteln zu lassen. Angesichts der Verkehrssituation in Bamako sollte man ein gemietetes Fahrzeug nicht selbst fahren. Geländefahrzeuge sind ohnehin nur mit Chauffeur erhältlich; in diesem Fall ist eine Vermittlung über eine Reiseagentur am zweckmäßigsten.

- **Hertz,** Tel. 2242856, www.maliauto.com

Landkarten

- **Institut Géographique National (IGN)**
Das IGN ist umgezogen und liegt jetzt jenseits des Nigers im Stadtteil Daoudabougou nur 100 m südöstlich des Hotels Hanadi. Es hat nachmittags geöffnet bis 16 Uhr.

Ausflüge

Niger-Stromschnellen

Die **Chaussée de Sotuba,** wo der Niger durch die letzte Felsenenge der Guinea-Schwelle fließt, befindet sich östlich der Stadt. Vom Zentrum aus fährt man etwa 8 km auf der Ausfallstraße Richtung Sotuba bis zur Kreuzung, wo man rechts zu den Stromschnellen abzweigt. Die dritte Niger-Brücke ist dort im Bau.

BAMAKO (AUSFLÜGE)

Mandingo-Berge (Pays Mandinge)

Verlässt man Bamako in südwestlicher Richtung auf der Straße nach **Kourémalé** (Grenze Guinea), kommt man nach etwa 14 km an dem steilen Bergmassiv der Mandingo-Berge vorbei. Eine landschaftlich sehr schöne Gegend mit üppiger Vegetation bietet sich dem Betrachterauge. Früher haben hier die Malinké-Schmiede Eisenerz geschürft, wovon sowohl die Schürflöcher in den Hängen als auch die Hochöfen aus Lehm zeugen.

Auch die etwas südlicher verlaufende Strecke in Richtung Kangaba ist sehr schön. Busse verkehren ab dem Busbahnhof (z.B. Ghana-Tours) 2x täglich (8 und 14 Uhr, Fahrzeit 3½ Stunden). In **Kangaba** gibt es ein kleines Hotel. Schöne Spaziergänge zum ca. 1 km entfernten Niger bieten sich an. 2 Std. von Kangaba mit dem Buschtaxi entfernt liegt **Bancoumana** (schöner Markt am Montag). Unterkunft möglich am Ortseingang neben der Gendarmerie in schönen Rundhütten (2000 CFA/Nacht).

Weiter geht es nach **Sibi** (1 Std. mit dem Buschtaxi); Markttag ist Samstag. Im Ort gibt es ein Syndicat d'Initiative, das Unterkunft vermittelt und Führer für Ausflüge in die Berge, zu Grotten und einem schönen Felsbogen (ähnlich Pont d'Arc) stellt. Viele Pumpbrunnen, die von Deutschen errichtet wurden, trinkbares Wasser ohne Entkeimung.

25 km (schlechte Piste) hinter Sibi liegt ein schöner Wasserfall; einen Eindruck vermittelt der Film „mali siby" auf YouTube.

Unterkunft in Sibi:
● Schönes Campement mit gutem Restaurant und vielen touristischen Infos, Klettermöglichkeiten, Naturpools zum Baden, Höhlen. Info-Tel. 2241960, keitaconsult@yahoo.fr.

Koulikoro
Flusshafen von Bamako, 59 km von der Hauptstadt entfernt. Abfahrt der Flussschiffe nach Mopti, Timbuktu und Gao.

Der Westen

Nationalpark Boucle de Baoulé

Der etwa 350.000 ha große Nationalpark liegt 120 km nordwestlich von Bamako. Er ist Teil des Weltkulturerbes **La Boucle du Baoulé,** das vor allem wegen seiner archäologischen Stätten seit 1999 unter Schutz steht. Beste Zeit für einen Besuch: Januar bis April.
Anfahrt: Von Bamako führt eine Asphaltstraße bis Kati; hier findet jeweils Sonntagvormittag der größte Viehmarkt des Landes statt. Von Kati führen 61 km schlechte Piste bis zum Dorf Négala, wo rechts eine Piste zum Réserve de Fina abzweigt und weiter, kurz vor dem Dorf Sébékoro, eine Piste rechts nach Madina. Landschaftlich schöne Strecke, kleine Steinhügel, viele Bäume, kleine Flüsse und Dörfer. Von hier gelangt man auf mehreren Pisten, die nur während der Trockenzeit mit einem Geländewagen befahrbar sind, in den Nationalpark.

In der Regenzeit verwandelt sich die Piste in eine reine „Wasserstraße", ein Wasserloch reiht sich an das andere; selbst mit einem Geländefahrzeug ist die Piste bis zum Baoulé-Fluss nur mühsam zu befahren!

Unterkunft:
● Im **Campement von Madina oder Baoulé.** Nur noch höchst selten kann man hier Giraffen, verschiedene Antilopenarten, Wasserbüffel, Elefanten und Affen sehen. Nach Aussagen von im Lande lebenden Entwicklungshelfern ist ein Besuch deswegen kaum noch lohnend.

Bamako – Kati – Kita – Manantali – Kayes (584 km)

Die Landschaft zwischen Bamako und Kayes ist schön und noch unberührt; die Gegend ist verhältnismäßig unterentwickelt, hat kaum Infrastruktur, dafür aber „Bilderbuchdörfer" in bergiger Savannenlandschaft. Da die Region touristisch nicht erschlossen ist, sollte man sich für Übernachtungen *en brousse* einrichten, d.h. Versorgung für mehrere Tage mitnehmen!

Bamako – Kita (180 km)
Bamako und Kati sind durch 20 km Teerstraße verbunden. Ungefähr 5 km hinter Kati geht es zwischen Polizeiposten und Tankstelle links ab über Negala

Lebensalltag am Bakoye

– Sebekoro – Badinka nach Kita. Die Strecke ist durchgehend asphaltiert und verläuft immer nahe der Bahnlinie. Die reine Fahrtzeit beträgt 2 Std.

Kita

Kita ist ein ruhiges Städtchen, in dem die erste Kirche Malis steht, die **Eglise Sainte-Marie.** Noch immer finden Wallfahrten hierher statt. Viele Malier katholischen Glaubens leben im Ort. In der Umgebung finden sich interessante **Höhlenmalereien beim Dorf Boudofo,** 7 km nördlich. Der Dorfchef muss vor der Besichtigung um Erlaubnis gefragt werden.

Unterkunft/Essen:
- **Relais Touristique,** nicht ganz saubere DZ für ca. 18.000 CFA, Klimaanlage. Das Restaurant ist nicht zu empfehlen.
- Gutes Essen bekommt man im **Restaurant Dieudonné (Chez Issa 2)** an der Ausfallstraße Richtung Manantali. Bescheidener: **Appia** am Bahnhof.
- **Oasis La Creole,** von einer Französin geführt, hübscher Garten, DZ 18.000 CFA. Nahe dem Zentrum.
- **Mission Catholique,** einfache saubere Unterkunft ohne Verpflegung.

Kita – Manantali (140 km)

Von Kita führt die Straße westwärts weiter in Richtung Massala – Tambaga und überquert nach ca. 30 km auf einer modernen Brücke den Bakoye (Wassermusik! Aus Bakoye und Bafing entsteht dann in Bafoulabé der Senegal-Fluss; Bakoye = Weißer Fluss, Bafing = Schwarzer Fluss, Bafoulabé = Zwei Flüsse). Kurz vor **Tambaga** (Km 43, ein Schild nennt noch 2500 m bis zum Ort, N 12°58,388 / W 9°52,249) biegen wir rechts ab Richtung Manantali. Die Piste ist jetzt teilweise neu trassiert und gut befahrbar bis Manantali; bei schlechten Geländeverhältnissen wurden immer wieder kurze Pistenstücke auch asphaltiert. Die Strecke ist in den Landkarten nicht eingetragen. Fahrtzeit Tambaga – Manantali 1½ Std. Wir durchqueren dabei schönste stille Landschaften mit malerischen Dörfern und freundlichen Menschen. Zum Schluss führt die jetzt asphaltierte Straße gefährlich steil und in Serpentinen hinunter ins Bafing-Tal bei **Manantali,** wo der Fluss von einem gigantischen Staudamm abgeriegelt ist.

Unterkunft/Essen in Manantali:
- Das Campement **am Staudamm** ist geschlossen. Durch private Vermittlung lässt sich jedoch u.U. ein Haus für 15.000 CFA mieten. Essen ist in der **Cantine,** der Kantine der am Staudamm Beschäftigten, möglich.
- Zwei kleine **Bar-Restaurants: Chez Saran** am Markt und **La Paillotte** an der Hauptstraße.

Der seit 1987 zu einem gigantischen, 80 km langen und bis zu 6 km breiten See aufgestaute **Bafing** weist eine mittlere Tiefe von 20 m auf. Fischer haben sich mittlerweile angesiedelt, mit denen sich evtl. eine lohnende Bootsfahrt organisieren lässt. Im See gibt es keine Bilharziose! Ein Besuch des Staudamms kann über die südafrikanische Firma ESKOM oder über die malischen Betreibergesellschaften SOGEM oder OMVS angefragt werden.

Interessant sind die **Affenhorden** gegen 18 Uhr an der Felswand auf der Piste zum Steinbruch (über die Brücke und dann ca. 1 km geradeaus).

Landschaftlich ist die **Region um Manantali** eine der schönsten und abwechslungsreichsten in ganz Mali. Felsige und steile Berghänge wechseln mit dicht bewaldeten Hügeln ab, Flussläufe mit Wasserfällen haben sich tief eingeschnitten. Die Dörfer der Malinké bestehen aus Rundhütten, die oft sogar bemalt sind.

Die Piste über Koundian nach Kéniéba ist sehr schlecht (s.u.). Der hier 1990 gegründete **Schutz- und Nationalpark „Bafing"** ist schwer zugänglich, aber landschaftlich sehr schön. Es gibt dort die nördlichste Schimpansenkolonie in Afrika, doch die Tiere sind nur selten zu sehen. Häufig anzutreffen sind Reptilien, Krokodile oder Python-Schlangen. Eher rar machen sich Leoparden, Büffel und Flusspferde. Die Bewohner in den abgelegenen Ortschaften könnten in Versuchung kommen, Sie für eine seltene Spezies zu halten: Manche haben noch nie einen Weißen gesehen!

In **Koundian** können Sie sich nach dem Führer *Famagan Dembélé* aus Makadougou erkundigen. Im Ort liegen die Überreste des ganz aus Steinen errichteten Forts von *El Hadj Omar Tall,* eines verehrten Weisen und Stammesfürsten der Toucouleur, der Mitte des 19. Jh. gegen die eindringenden Franzosen kämpfte.

Bei Tambaga (s.o. Km 43) haben Bauarbeiten für den sogenannten **Corridor du Sud** begonnen, eine Straße, die auf einer südlichen Route Bamako mit der senegalesischen Hauptstadt Dakar (und deren Hafen) verbinden soll. Sie wird südlich des Manantali-Stausees mit Brücken über den Fluss Bale und weiter im Westen über den Bafing führen, durchschneidet dann eine der letzten Wildnisregionen (Schimpansen-Schutzgebiet) Westafrikas und verläuft schließlich über Kéniéba und eine weitere Brücke über den Falémé-Fluss nach Saraya im Senegal.

Manantali – Kayes (248 km)

Von Manantali erreicht man über eine gute Piste **Mahina.** Die Strecke folgt dabei immer dem Bafing, der allerdings nur an wenigen Stellen wegen seines sehr dichten Galeriewaldes überhaupt in Sicht kommt. Wenn aber, dann als wunderschöner, unverfälscht afrikanischer Fluss. In Mahina müssen wir den Bafing überqueren, entweder auf der **Brücke** oder per **Fähre.** a) Über die Eisenbahnbrücke (nicht Pkw-tauglich!) über den Bafing gelangt man zur Stadtmitte (Bahnhof, Tankstelle). Am Bahnhof ist erst die (illegale, weil eigentlich kostenlos) Brückenbenützungsgebühr zu entrichten! b) Eine Pistenalternative führt schon vor der Brücke und unmittelbar nach dem Bahnhof rechts ab zur Fähranlegestelle Babaroto am Ostufer des Bafing. Dies ist die einzige Möglichkeit für Pkw! Da die Piste sehr tiefstaubige Fahrspuren aufweist, muss sie mit größter Um- und Voraussicht befahren werden – schleichen Sie lieber durch den Busch, als dass Sie irgendwo in der tiefen Staubspur hängen bleiben!

Da es in Bafoulabé keine Tankstelle gibt, sollte man schon in Mahina auftanken!

Die Hauptroute führt also über die Bafing-Brücke der Bahn ans westliche Flussufer und biegt dann nach Norden ab ins nur etwa 5 km entfernte **Bafoulabé.** Wie die Michelin-Karte zeigt, bieten sich ab Bafoulabé **zwei Routen zur Weiterfahrt** an: Die erste führt am linken Senegal-Ufer entlang (der Senegal muss also nicht mit der Fähre überquert werden), vorbei an den Chutes de Gouina (Wasserfälle von Gouina). Diese Strecke war über lange Zeit sehr problematisch und erhielt deshalb vom Michelin-Männchen gerne schwarze Punkte als Symbol für „schwierig". Als Folge des Staudamm-Baus ist diese Strecke derzeit problemfrei: Sie folgt der Trasse einer Hochspannungsleitung, die vom Staudamm bis nach Kayes verlegt wurde. Nach Berichten aus Leserkreisen soll die Strecke jedoch schon 2006 wieder sehr problematisch geworden sein und selbst 4x4-Fahrzeuge vor Probleme gestellt haben. Da die Regenzeit 2007 in dieser Region ganz besonders heftig ausgefallen ist, ist von einer weiteren Verschlechterung auszugehen.

Die Streckenalternative (der Senegal muss dabei zweimal überquert werden, erst nach Norden, dann wieder nach Süden) führt uns zunächst mit der Fähre über den Senegal (am Zusammenfluss von Bafing und Bakoye, 3000 CFA, von Geländefahrzeugen werden auch 5000 CFA verlangt) und dann über **Madibaya** (N 13°57,14' / W 10°45,05') nach Sélinnkegni (N 14°5,74' / W 10°47,22') auf einer mittelmäßigen Piste auf der rechten Seite des Senegal, aber immer flussfern bis Diamou. In **Sélinnkegni**, wo bis vor wenigen Jahren Marmor abgebaut wurde (Steinbrüche und technische Einrichtungen unmittelbar am Weg), biegen wir nach Südwesten ab und fahren jetzt auf einer kleinen, angenehmen Buschpiste über Santafara (N 14°2,96' / W 10°50,56') bis zu einer Abzweigung im freien Busch (N 14°1,04' / W 10°51,83'): Hier biegen wir fast im rechten Winkel nach rechts ab und fahren jetzt wieder nach Nordwesten auf einen markanten Berg (451 m) zu. Noch bevor wir ihn erreichen, passieren wir das stille Dorf **Gangontéri** (N 14°3,67' / W 10°55,72'; ein Schild zeigt 60 km seit Bafoulabé und 32 km bis zu unserem nächsten Ziel Diamou). Wir fahren nach Norden und erreichen nach etwa 3 km ein altes Asphaltsträßchen (N 14°5,19' / W 10°56,08'), auf dem von dem markanten Berg aus Kalksteine zu einem Zementwerk (später an unserem Weg) transportiert wurden. Auf dem schlechten Teersträßchen fahren wir jetzt nach Westen, durchqueren dabei das Wild-Schutzgebiet und den Wald von Dourou und erreichen schließlich in schönster Landschaft (*T.C. Boyle*, „Wassermusik"!) wieder den Senegal, den wir auf einer modernen, nur noch von Vieh benutzten Brücke überqueren. Vorbei an einer stillgelegten Zementfabrik (N 14°3,19' / W 11°13,87'), die eindrucksvoll vom Wald zurückerobert wird, erreichen und überqueren wir wieder die Bahnlinie. Nach Norden weiterfahrend, erreichen wir kaum 5 km weiter den kleinen Ort **Diamou** (Tankstelle).

Die Piste ist jetzt deutlich ausgefahren und von wechselhaftem Zustand. Sie folgt immer dem Senegal. Malerische Dörfer werden durchquert. Die Félou-Fälle präsentieren sich, je nach Wasserstand, als mächtige Wasserfälle oder rauschende Stromschnellen; ein

Elektrizitätswerk gewinnt Strom für Kayes. Kaum 5 km weiter erreichen wir den kleinen Weiler **Médine,** mit den noch immer eindrucksvollen **Ruinen von Fort Tambaoura,** das in der französischen Eroberungspolitik eine wichtige Rolle spielte. Etwa 10 km weiter ist dann die Ortsmitte des lebhaften Städtchens Kayes erreicht.

Kayes

Die **ehemalige Hauptstadt** des Landes war lange wegen der schlechten Straßenverbindungen von Bamako ziemlich abgeschnitten. Heute ist Kayes mit dem Auto deutlich leichter zu erreichen! Vom Senegal her reicht der Asphalt mittlerweile bis in den Ort; von Bamako her wurde eine Brücke über den Senegal-Fluss gebaut und die ehemals mehr als derbe Piste zwischen Diéma und Kayes durchgehend asphaltiert. So ist Kayes von Bamako durchgängig auf Asphalt erreichbar. Von Mauretanien aus wurde die Strecke ab Ayoûn el'Atroûs bis nach Nioro asphaltiert, die verbleibenden knapp 60 km ebenso. Es besteht auch eine Zugverbindung täglich von Bamako (siehe dort).

Seit Generationen gilt die Region um Kayes als klassisches **Auswanderungsland;** weniger der „Exode rurale", die Flucht in die Stadt, kommt hier zum Tragen, als die ins Ausland. Während die Bevölkerungsgruppen im Süden von Kayes vor allem nach Senegambia auswanderten und dort ihr Glück versuchten, waren für die des Nordens Europa und vor allem Frankreich das Ziel. Die Überweisungen dieser Auswanderer an ihre Familien waren ein erheblicher wirtschaftlicher Faktor in der Region. Mit den höher werdenden Grenzhürden in Europa emigrierten viele auch in die Elfenbeinküste. So blickt die Stadt mit Besorgnis auf die dortigen Ereignisse und fürchtet nichts mehr als die Rückkehr Zigtausender, die mangels wirtschaftlicher Perspektiven der Region zuvor den Rücken gekehrt hatten.

Hotels

- **Hotel Le Khasso**
Direkt am Fluss, 500 m von der neuen Brücke entfernt auf schlechter Straße dem Ufer folgend, Tel. 521666. Bungalows, mäßige DZ (27.000 CFA), an manchen Tagen stört eine Disco. Gute Küche. Vor allem abends schöner Blick über den Fluss.
- **Hotel du Rail**
Ältestes Hotel am Platz, genau gegenüber vom Bahnhof, Tel. 521898 und 521233. Restaurant, teuer (DZ 18.000 CFA) und etwas heruntergekommen; ein Klotz mit verblichener kolonialer Pracht mit maurischen Stilelementen und viel Atmosphäre. Ein großflächiger Biergarten liegt genau vor dem Eingang.
- **Hotel Medine**
Nahe der Brücke, sehr einfach.
- **Hotel Logo**
Zwischen Medine und Le Khasso, nicht am Fluss gelegen, DZ 17.500 CFA, sehr einfach.
- **Hotel Amical**
Einfache Unterkunft am Marktplatz.

Essen und Trinken

- **Woudoumbé**
Gegenüber der Banque du Mali.
- **Restaurant Harlem**
In der Nähe des Marktes.
- **Restaurant im Hotel du Rail**
Direkt hinter dem Bahnhof.

Flugzeug

- Ein wöchentlicher Flug geht **nach Bamako** mit Mali Air Express (einfach 67.000, hin und zurück 108.000 CFA, sae@cefib.com).

Sonstiges

- In der Stadt gibt es **alle Versorgungsmöglichkeiten.**
- Die **BMCD-Bank** akzeptiert die VISA-Kreditkarte.
- **Zoll:** Wer von Kayes aus **über Kankossa nach Mauretanien** reisen will, muss die Zollformalitäten für die Ausreise in Kayes erledigen! Es gibt keinen Zollposten an der Grenze (s.u.)!
- **Festival International Kayes Medine Tamba**
Üblicherweise im Februar zeigt sich die Stadt überaus lebhaft mit Tänzen und Musik von ihrer künstlerischen und traditionellen Seite. Rechnen Sie in dieser Zeit mit Problemen hinsichtlich der Unterbringung.
www.festival-kayes-medine.com
- Das **Klima** in Kayes ist **sehr belastend:** Kein Ort in der Klimatabelle von Michelin weist derart hohe Werte auf wie Kayes! Außerhalb der Regenzeit (in der der Ort oft nur mit dem Zug erreichbar ist) gibt es nur zwei Monate, Januar und Dezember, in denen die durchschnittlichen Tageshöchsttemperaturen unter 40 Grad liegen – in den beiden genannten Monaten bedeutet dies noch immer 38 bzw. 39 Grad. Im März, April und Mai – 46 Grad! Hinzu kommt, dass der so abgelegene Ort nicht nur von Hitze, sondern auch von Feuchte gekennzeichnet ist – die Trockenheit der Sahara dürfen Sie hier im Senegaltal auf 47 m Meereshöhe nicht erwarten! Wer sich daran erst einmal gewöhnt hat: Die Nächte in den Biergärten der Stadt sind voll tropischer Wärme und Sinnlichkeit ...

Ausflüge

In der Umgebung von Kayes gibt es mehrere **Stromschnellen und Wasserfälle,** z.B. **Chutes du Félou** (14 km in Richtung Diamou, s.o.) und **Chutes de Gouina** (ca. 100 km in Richtung Manantali). 70 km südlich in Richtung Kenieba liegen die Goldminen von **Sadiola** und **Yatela** (s.u.), die unter südafrikanischer Regie stehen; deshalb finden Sie dort auch einen gut ausgestatteten Supermarkt. Ein Besuch der Goldminen selbst ist allerdings nicht möglich.

Ab Kayes flussabwärts in Richtung Senegal ist der Senegal-Fluss schiffbar. Ab hier lässt sich also ggf. eine Reise per Boot fortsetzen.

Von Kayes in den Senegal bzw. nach Mauretanien

Von Kayes führt eine Straße am Südufer des Senegal entlang (der Fluss kommt aber nie in Sicht) und immer der Bahnlinie folgend zur Grenze in die Republik **Senegal** bei **Kidira** (ca. 105 km). Es werden lichte Wälder mit großen Bäumen durchquert, immer wieder tauchen Affenhorden auf. Der Grenzübergang bei der Brücke über den Falémé, einen der südlichen Zuflüsse des Senegal, vollzieht sich meistens regelkonform. Ein Passbild ist erforderlich.

Die Piste in Richtung **Kiffa/Mauretanien** stellt das krasse Gegenteil zu der Richtung Senegal dar: eine vor allem im Bereich zwischen den Grenzorten feldwegkleine Piste, die oft Orientierungsprobleme aufwirft (Beschreibung und einige GPS-Koordinaten im Mauretanien-Kapitel). Im malischen Grenzort **Aourou** ist nur noch ein Polizeiposten (und kein Zoll mehr) vorhanden. Die Zollformalitäten der Ausreise (Erfahrungen liegen nur mit der Einreise vor) sollten Sie also schon in Kayes erledigen (Gebäude schräg rechts gegenüber vom Bahnhof). Der Senegal wird auf ei-

Chutes du Félou

ner neuen Brücke und nicht mehr mit der Fähre bzw. auf dem alten Damm überquert.

Von Kayes über Sadiola entlang der Tambaoura-Falaise nach Koundian und Manantali

Die Michelin-Karte zeigt diese Strecke (ca. **300 km**) zunächst grün, landschaftlich schön. Noch nördlich von Keniéba und damit auch noch vor Satadougo/Nafadji (hier ein Grenzübergang in den Senegal, der allerdings sehr problematisch ist: Der Fluss Falémé muss in einer Furt durchquert werden, was über viele Monate hinweg wegen des Wasserstandes nicht möglich ist) zweigt eine **weitere Piste nach Osten** in Richtung Kassama ab, die dann über Koundian nach Manantali führt; der Verlauf dieser Piste, die erst jüngst im Westen von den „Weißen Vätern" und zwischen Koundian und Manantali von der GTZ angelegt wurde, ist nicht in der Karte vermerkt. Sie ist sehr schmal, führt sehr steinig (aber landschaftlich schön) über die Tambaoura-Berge hinweg und dann weiter durch trockenen Buschwald nach Manantali. Stille Malinké-Dörfer werden dabei durchquert. Die Strecke bis Koundian erfordert unbedingt einen Geländewagen!

Man fährt in **Kayes** auf der „vier"-spurigen Straße in Richtung Senegal und biegt an einem Kreisel der Ausschilderung folgend nach Süden in Richtung Sadiola ab. Wenig weiter quert man die

Bahnlinie. Auf breiter, bester Lateritpiste verlassen wir Kayes. Bis Sadiola bleibt die Piste hervorragend, schließlich führt sie in ein **Goldbergbaugebiet!** Speed-Breaker verhindern in jedem Dorf, dass die Bevölkerung zu sehr durch aufgewirbelte Staubwolken leiden muss. Nach 55 km zweigen beschrankte und bewachte Pisten in erste Goldbergbaugebiete ab: Wir müssen geradeaus weiterfahren.

Nach 70 km ist dann **Sadiola** erreicht. 3 km weiter zweigt nach links eine Asphaltstraße ab: Sie führt ins stark bewachte Goldgräber-Camp; angeblich kann man dort einkaufen, wir waren aber genau zur Mittagspause am elektrifizierten Stacheldrahtzaun. Also weiter an der Asphaltabzweigung geradeaus. Die Piste ist jetzt deutlich kleiner, aber immer noch sehr gut: Auch im Süden liegen noch Goldbergwerke. Insgesamt 1 Tonne wird hier monatlich gewonnen. Weiterhin gelten 10 km/h Höchstgeschwindigkeit in den Dörfern. Die eindrucksvolle Tambaoura-Felswand kommt immer näher. Schöne Baobab-Bäume stehen in den Wäldern. Bei N 13°16,925' / W 11°16,711' knickt die weiterhin flotte Piste nach Westen ab, dorthin fahren die Goldsucher, wir jedoch auf einer jetzt deutlich kleineren und schlechteren Piste geradeaus weiter.

Die Rundhütten in den Dörfern sind teilweise bemalt. Wir fahren immer weiter nach Süden der Falaise entlang. Bei N 13°2,946' / W 11°11,188' zweigt sehr unscheinbar, aber mit einem einfachen Wegweiser „Route de Batama" gekennzeichnet, die Piste der „Weißen Väter" nach Osten ab. Sehr uneben führt sie uns nach 4 km an den Fuß der **Tambaoura-Falaise!** Sehr steil, sehr steinig, sehr eng (bei Gegenverkehr – der kaum zu erwarten ist – gibt es kein Vorbeikommen!) geht es hinauf. Schnell sind wir oben, aber auf was für einem Weg! Federbrechend! Beim Schild „Kassama" münden wir in die ebenfalls schlechte, in der Michelin-Karte vermerkte Piste von Keniéba her ein und folgen ihr nach links, nach Norden. Nach 1,5 km haben wir den Baum in der Dorfmitte von **Kassama** (keine Versorgungsmöglichkeiten) erreicht; ein einfaches Schild weist nach rechts, nach Manantali.

Die Piste bleibt sehr schlecht, die Landschaft hübsch. Wiederholt durchqueren wir in glitschigen Furten kleine Bäche, so den Wawapabala. Das Dorf **Tabakoto** wird nach Osten hin durchfahren. Wunderschöne Berglandschaften umgeben uns. Einen Fluss unbekannten Namens (das Wasser kommt aus den Guinea-Bergen und fließt deshalb wie immer hier nach Norden) überqueren wir auf einer einfachen Brücke bei N 13°4,395' / W 10°54,264'. Wir passieren den Ort **Nanifara** (hier quert eine etwas größere Piste in Nord-Süd-Richtung von Keniéba bzw. von Mahina kommend). Dann geht es auf zwei einfachen Brücken über den **Balinn** (N 13°6,526' / W 10°46,046'), einen etwas größeren Zufluss des Bafing. Nach einer gut ausgebauten Furt und landschaftlich sehr schönen Bergpassagen erreichen wir schließlich **Koundian** (dieser Ort ist wieder auf der Michelin-Karte zu finden, N 13°9,607' / W 10°40,723'), ein kleines Dorf praktisch ohne Versorgungsmöglichkeiten. Die mittendrin liegenden Ruinenreste der Tata (Festung) von *Hadj Omar* beeindrucken weit weniger als die umliegenden Berge!

Nach Osten zu bewegen wir uns jetzt auf einer ca. 34 km langen GTZ-Piste! Schon die Brücke am Dorfausgang zeigt, dass hier deutsche Eisentechniker am Werk waren und schon 3 km weiter erneut! Wir folgen, noch immer nach Osten fahrend, einem üppig grünen Tal, das wir dann in einem steilen, betonierten Aufstieg verlassen – erneut grüßt die GTZ. Wir überqueren in einem Westschlenker eine eher langweilige Hochfläche und steigen dann wieder hinab ins weite **Bafing-Tal,** in dem wir bei N 13°13,465' / W 10°33,665' die hier verlaufende, deutlich größere ältere Piste erreichen. Wir fahren nach Osten durch Felder und kleine Siedlungen, der Talrand ist aufgelöst, felsige Inseln stehen immer wieder in der Talebene. Der Bafing-Fluss kommt erst recht spät erstmals in Sicht. Die Staumauer von **Manantali** und damit die dortige Asphaltstraße ist bei N 13°11,636' / W 10°26,269' erreicht. Zum Nationalpark Bafing und der Region um Koundian siehe die Ausführungen weiter oben.

Von Kayes nach Nioro du Sahel und Bamako

Der kleine abgelegene Ort Nioro du Sahel liegt nahe der mauretanischen Grenze und ist ähnlich wie Kayes berüchtigt für seine **extreme Hitze;** der Name bedeutet „Ort des Lichtes". Bis Sandaré ist die Strecke heute bestens asphaltiert. Die sich anschließende Piste ist über weite Strecken in schlechtem Zustand, auch wenn immer wieder Ausbesserungsarbeiten nach der Regenzeit vorgenommen werden. In einem meiner Tagebücher findet sich zum Pistenzustand die Notiz, sie habe „den bezwingenden Charme eines staubgefüllten Bachbettes. Sandige Abschnitte zeigen, dass die Sahara nicht weit ist". Dabei handelt es sich im gesamten Verlauf der Strecke und weiter bis nach Bamako um die ehemalige „Route Fédérale N° 1 Dakar – Algérie par Gao". Ab **Sandaré** führt die asphaltierte Straße heute weiter über Lakamané nach Diéma und von dort aus nach Norden und ebenfalls asphaltiert bis Nioro. Keine Wunder, dass kaum noch jemand die alte Route Fédérale benutzen will und jeder lieber den Umweg in Kauf nimmt. Ab Diéma weiter in Richtung Osten bleibt die Straße bis in die Landeshauptstadt asphaltiert, ebenso von Nioro aus nach Norden, nach Mauretanien. Achtung! Bei Zoll und Polizei sind im Ort Nioro Ausreise- bzw. Einreiseformalitäten zu erledigen! Geldwechsel ist nur in der Apotheke an der Straßenkreuzung mitten im Ort möglich. Machen Sie sich hinsichtlich der Sicherheitslage auf dieser Strecke im Kapitel zu Mauretanien kundig.

Bamako – Nara – Mauretanien (374 km)

Vor einer Reise auf dieser Strecke nördlich von Didiéni wird aus Sicherheitsgründen dringend abgeraten!

In den Ort Nara an der Grenze zu Mauretanien führt von Bamako eine gute Straße, die ab dem Abzweig in Richtung Nioro in eine wenig gepflegte Piste übergeht. Grundsätzlich ist in und kurz nach der Regenzeit besondere Vorsicht angebracht, da zahlreiche Brücken unterspült sein können! Die Landschaft besteht anfangs aus hügeligen Buschsavannen mit hübschen Dörfern entlang der Strecke. Die neue Piste in Richtung Nioro zweigt etwas nördlich von Didiéni (siehe aktuelle Michelin-Karte) nach Westen ab, die alte Piste, die unmittelbar von Didiéni nach Nordwesten führte, existiert nicht mehr! Zwischen Didiéni und dem aktuellen Abzweig empfiehlt ein Leser einen schönen **Rastplatz,** der ca. 2 km abseits der Straße auf einem Hochplateau liegt (N 14°0,357' / W 8°3,152'). Die Piste wird dann sehr staubig und ausgefahren, das Vorankommen ist deutlich erschwert. Kurz vor Nara wandelt sie sich zur Sahelsteppe mit niedrigen Büschen und spärlichem Graswuchs.

Nara

Nara ist ein relativ großer Ort ohne besondere Attraktion; hier werden die Ausreiseformalitäten von Mali nach Mauretanien abgewickelt, d.h. der Ausreisestempel bei der Gendarmerie eingeholt und das Laissez Passer oder ggf.

Unfall auf der Piste nach Nara

das Carnet beim Zoll abgestempelt. Pos. Gendarmerie: N 15°9,245' / W 7°17,939', Pos. Zoll: N 15°10,751' / W 7°16,837'.

Unterkunft/Essen/Busse:
● **Auberge Nara**
Nahe dem Zoll; geschäftstüchtiger Inhaber, der auch Geld wechselt.
● **Bar Ghanienne**
In der Ortsmitte gegenüber vom Markt. DZ 3000 CFA; Softdrinks, Bier und Essen sind erhältlich.
● **Busse** fahren für 6000 CFA nach Bamako (9 Std. Fahrtzeit inkl. 30 Minuten Mittagspause in Didiéni – dort gibt es Softdrinks und Grillfleisch zu kaufen).

Die grenzüberschreitende Piste bleibt schlecht. 55 km nördlich von Nara wird der mauretanische Zollposten (N 15°32,109' / W 7°1,460') im Ort **Adel-Bagrou** erreicht. Den Einreisestempel im Pass gibt's bei der Gendarmerie. Ein Visum ist erforderlich – ohne Visum keine Einreise! Die Zöllner fordern auch immer wieder eine Devisenerklärung, obwohl die nicht nötig ist (siehe Kapitel zu Mauretanien).

Die verbleibenden 135 km bis zum Erreichen der Asphaltstraße Nema – Nouâkchott („Route de l'Espoir", „Straße der Hoffnung") bleiben mindestens so schlecht wie gehabt. Sehr tief ausgefahrene und sandig-staubig-weiche Spuren wechseln mit steinigen Strecken. Die Landschaft ist hübsch und abwechslungsreich. In Tälern ist der Baumbewuchs überraschend dicht. Die gesamte Strecke Adel-Bagrou bis Nema galt in den letzten Jahren als nicht ganz sicher – informieren Sie sich über die Situation in Adel-Bagrou. Am westlichen Ortsrand von Nema ist dann bei N 16°36,729' / W 7°15,399' die Asphaltstraße erreicht. Sie sind verpflichtet, sich hier in Nema beim Comissariat erneut zu melden, müssen also vor einer Weiterfahrt Richtung Nouâkchott nach rechts in den Ort hinein abbiegen.

Der Süden und das Niger-Binnendelta

Bamako – Bougouni – Sikasso (400 km)

Auf der **guten Asphaltstraße** gelangt man am schnellsten nach Burkina Faso. Die Strecke führt durch das **Land der Bambara.**

Verlässt man Bamako Richtung Bougouni und Sikasso, stößt man ca. 1 km nach der Abzweigung zum Flughafen linker Hand auf das **Restaurant Yanki** mit einem netten Vorplatz – angenehm zum Verweilen (nur Getränke).

Sikasso

Sikasso (ca. 135.000 Einwohner) ist als **Verkehrsknotenpunkt und Marktplatz** (interessante Töpferwaren) wichtig. Die Region zählt zu den am dichtesten bevölkerten von Mali. Ein ausgewogenes Klima und fruchtbare Böden erlauben intensive Landwirtschaft. Zwei Drittel der in Mali produzierten **Baumwolle** stammen aus dem Gebiet um Sikasso. Da es auch an **Bodenschätzen** nicht fehlt (u.a. Gold, Nickel, Aluminium), entwickelte sich die Region – nach dem Großraum Bamako – zur zweitstärksten in Mali hinsichtlich der industriellen Produktion – touristisch aber ist das Gebiet unterentwickelt.

Einen Verkehrsknotenpunkt hatte ich Sikasso oben genannt – und die günstige Lage wurde schon früh erkannt: Aus dem 19. Jh. sind die Mauerreste einer mächtigen **Befestigungsanlage,** Tata genannt, erhalten; 9 km misst der äußerste Ring, innerhalb dessen sich ein weiterer und dann erst die eigentliche Wehranlage befindet, die auch Wohnsitz der königlichen Familie war.

Die Michelin-Karte nennt mit einem schwarzen Dreieck als Sehenswürdigkeit die Wasserfälle des Farako (**Chutes de Farako**) etwa 25 km südöstlich von Sikasso an der Piste Richtung Bobo Dioulasso (Burkina Faso, ab Orodora neue Teerstraße): Der Fluss Farako (= Fluss der Steine) stürzt hier in mehreren Stufen hinab, ein Schauspiel, das sich natürlich besonders eindrucksvoll in der Regenzeit darstellt.

Erwähnenswert auch noch die Höhlen von Missirikoro (**Grottes de Missirikoro,** 12 km südwestlich der Stadt), mitunter auch als „Natur-Moschee" bezeichnet: Hier versammeln sich Animisten (nach anderen Quellen gelehrte Muslime), um den Höhlengeistern zu huldigen.

Unterkunft/Verpflegung:
- **Hotel Mamelon**
Tel. 620044. Bestes Hotel, DZ 20.000 CFA mit AC. Restaurant.
- **Hotel Tata**
Tel. 620411, etwas außerhalb, im westlichen Ortsteil. DZ 7000–13.000 CFA.

- **Hotel Lotto**
Einfaches, sauberes Hotel, Restaurant; an der Straße nach Bamako.
- **Kaaky Palace**
Nahe dem Zoll, Tel. 21621034, Fax 21621035, kaaky@kenedougou.com. Große Anlage mit Elefanten-Denkmal vor dem Eingang, DZ 28.000 CFA.
- Nahe der Mairie gibt es ein Internet-Café namens **Sicanet.**

Bamako – Ségou – San – Djenné – Sévaré – Mopti (617 km)

Gute Teerstraße durch Savannenlandschaft. Der erste größere Ort ist die geschichtsträchtige Stadt Ségou.

Ségou

Die **ehemalige Residenzstadt** der Bambara-Könige (Ségou = Ort der Macht auf Bambara) liegt etwa 2½ Autostunden von Bamako entfernt und ist heute eine angenehme kleine Stadt aus einstöckigen sudanischen Kastenhäusern mit Flachdach. Schön sind die **Kolonialstil-Gebäude,** z.B. das Office du Niger. Eine breite Allee folgt stadtauswärts dem Niger, wo abends traumhafte Sonnenuntergänge zu erleben sind.

Stadt und Umgebung sind geprägt durch eine Vielzahl auffallend mächtiger **Balanzan-Bäume,** wissenschaftlich *Acacia albida,* die weiße Akazie, weil die Äste des Baumes auffallend hell, fast weiß wirken. So wird Ségou auch als „Stadt der 4444 Balanzans" bezeichnet – eine weitere Albida kommt noch hinzu, aber die ist Ségous verborgenes Mysterium. Bei den Botanikern gilt die im gesamten Sahel-Raum verehrte *Aca-*

Niger-Binnendelta

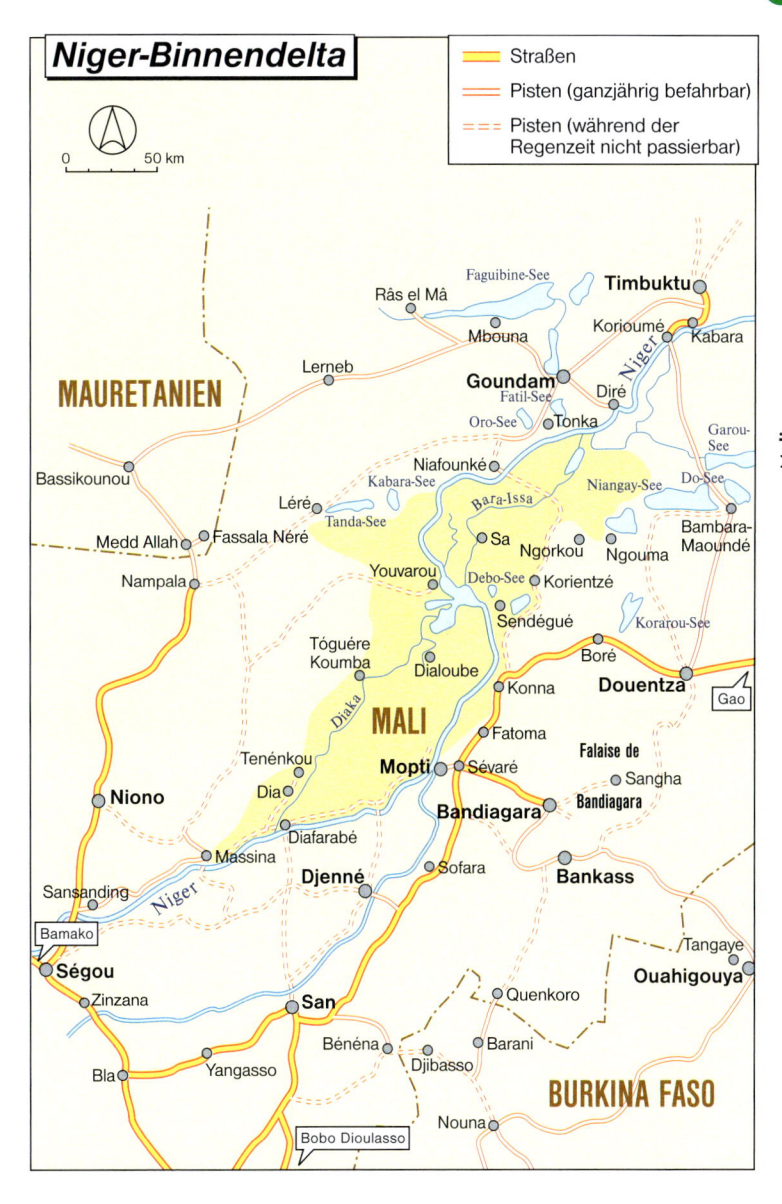

Karte S. 304

— Straßen
— Pisten (ganzjährig befahrbar)
=== Pisten (während der Regenzeit nicht passierbar)

0 50 km

MAURETANIEN

Faguibine-See
Râs el Mâ
Mbouna
Timbuktu
Korioumé
Kabara
Lerneb
Goundam
Fatil-See
Diré
Oro-See
Tonka
Garou-See
Niafounké
Niangay-See
Do-See
Bassikounou
Kabara-See
Bara-Issa
Léré
Tanda-See
Sa
Bambara-Maoundé
Medd Allah
Fassala Néré
Ngorkou
Ngouma
Youvarou
Debo-See
Korientzé
Nampala
Sendégué
Korarou-See
Tóguére Koumba
Dialoube
Boré
Konna
Douentza
Gao
Fatoma
Falaise de
Tenénkou
Mopti
Sévaré
Dia
MALI
Sangha
Niono
Bandiagara
Bandiagara
Massina
Diafarabé
Sansanding
Djenné
Sofara
Bankass
Niger
Bamako
Ségou
Zinzana
Tangaye
San
Quenkoro
Ouahigouya
Bénéna
Barani
Bla
Yangasso
Djibasso
BURKINA FASO
Nouna
Bobo Dioulasso

cia Albida als „Wunderbaum", wirft sie doch während der Regenzeit, wenn Wolken Schatten spenden, ihr Laub ab und steht in der Trockenzeit voll belaubt als Schattenspender. Ihr nährstoffreicher Blattabwurf wirkt als Bodenverbesserer. Blätter und junge Triebe werden gerne gefressen, die gelben, spiralig aufgerollten Fruchthülsen sind ein hoch qualitatives Viehfutter. Die Rinde dient als Gerbstoff. Das Holz des Baumes ist relativ weich, dient aber – seiner Dimensionen wegen – gerne als Material z.B. für Mörser. Auch in der traditionellen Medizin werden viele Teile, z.B. Harz, Blätter oder Rinde, gegen verschiedene Krankheiten oder als Stärkungsmittel eingesetzt.

Hüten sollten sich Männer vor den Frauen von Ségou: Sie gelten als Meisterinnen der erotischen Künste und, so sagt ein Sprichwort: „Das Unglück beginnt mit einer Ehefrau aus Ségou!"

Ségou ist eine **lebhafte Handelsstadt,** in der die wichtigsten Händlerfamilien des Landes residieren. Ein Besuch in **Alt-Ségou (Ségou-Koro)** mit der im sudanesischen Stil erbauten Moschee lohnt sich (13 km außerhalb Richtung Bamako). Fahrpreis mit dem Taxi 6000 CFA (auch mit Piroge erreichbar). Der „Chef du village" verlangt ein Eintrittsgeld von 2500 CFA, das zur Finanzierung einer Krankenstation dient.

Wer will (ich rate Ihnen ab!), umfährt heute den Ort auf einer ganz neuen Umgehungsstraße! Die Eröffnung eines Touristen-Büros ist geplant.

In Ségou findet Anfang Februar das **Festival sur le fleuve Niger** (www.festivalsegou.org) statt; die bekanntesten Künstler Malis sind dann vor Ort. Schon 3000 Teilnehmer wurden gezählt – dass dann ein Unterkommen im Ort schwierig wird, dürfte auf der Hand liegen. Besucher des Festivals äußern sich durchweg begeistert über das Erlebte!

Unterkunft:
- **L'Auberge**
Tel. 320145; EZ/DZ 14.000–30.000 CFA. Traditionshotel am Platz, unter libanesischer Leitung; gepflegte Atmosphäre, schöne, klimatisierte Zimmer über der Straße, gutes Restaurant im Garten, Pool.
www.promali.org/aub-ind
- **Hotel Djoliba**
Im Stadtzentrum, Tel./Fax 21321572. Kleines, angenehmes Hotel unter deutscher Leitung. DZ ab 26.000 CFA. Für Backpacker: Bett auf der Terrasse 4000 CFA, Bett im 3-Bett-Zimmer 6000 CFA p.P.
www.segou-hotel-djoliba.com
- **Hotel de l'Esplanade**
B.P. 27, Ségou, Tel. 320127, Fax 320127. Am Ufer des Niger, DZ mit Dusche, WC und Klimaanlage 22.000–30.000 CFA. Mit Restaurant La Paillotte unmittelbar am Ufer. Pool!
www.malipages.com/esplanade/index.php
- **Hotel Indépendance**
Tel. 320462, an der Straße nach Mopti gelegen. Pool, Restaurant. DZ 11.000–30.000 CFA. Gutes Essen, saubere Zimmer, Bier vom Fass! www.promali.org/aub.ind
- **Motel Savane**
Mit Restaurant, Camping möglich. DZ 26.000 CFA.
- **Motel Mivera**
Am Ende der Umgehungsstraße Richtung Mopti. DZ 22.000 CFA.
- **Djacana**
Jagdcamp auf der anderen Flussseite, mit der Piroge zugänglich. Ein schöner und ruhiger Platz direkt am Fluss. DZ 30.000 CFA.
- **Dem Festival sei Dank:** Weitere Hotels entstanden mittlerweile in größerer Zahl.

Restaurants:
- **Restaurants in allen großen Hotels,** am besten im Djoliba und im L'Auberge.

DER SÜDEN UND DAS NIGER-BINNENDELTA

- **Soleil de Minuit**
Zentrale Lage zwischen Hotel Auberge und Grand Hotel de France an der Kreuzung. Gute und preiswerte Küche, nettes Personal, Essen 2000–3000 CFA.
- **La Paillotte**
Beim Hotel de l'Esplanade (s.o.), mit Blick auf den Fluss!
- **Le Non-Stop**
Etwas außerhalb, östlich vom Zentrum.
- **Grand Toit de Médine**
Gutes Essen zu europäischen Preisen. Spezialität: senegalesischer Fisch „Le Capitaine".
- **Snack Bar Golfe**
Östlich vom SOMATRA-Busbahnhof.
- **Chez Madame Halima**
Nahe des SOMATRA-Busbahnhofs.
- **Au Bon Coin,** am Gare routière.

Sonstiges:
- **Busverbindungen:** Eine Fahrt mit dem Bama-Bus nach Mopti kostet 4000 CFA, nach Bamako ca. 2000 CFA.
- **Internet:** Die privaten Internet-Cafés wurden von der staatlichen SOTELMA geschlossen. Zugang jetzt nur noch bei dieser möglich: an der Hauptstraße, zu erkennen am großen Funkmast. Wifi im Hotel Djoliba (s.o.).
- **Markttag** ist der **Montag.**
- **Infrastruktur:** Im Ort gibt es eine Bank, eine Tankstelle, Geschäfte und ein Freiluft-Kino (z.Z. geschlossen) und gute Versorgungsmöglichkeiten in der Stadt (Supermarkt mit alten europäischen Konserven; besser ist die Epicerie-Alimentation du Rond Point). Außerdem findet man viele Stoffläden mit den typischen afrikanischen Drucken.
- **Kunsthandwerksläden** gegenüber oder vor den Hotels L'Auberge und Djoliba sowie neben der Diskothek Mobassa.
- In einem Atelier in der Stadtmitte kann man sich die **Kunst des Bogolan-Malens** zeigen lassen. Die Bogolan-Tücher, einfach gewebte Baumwollstoffe, die mit Flusserde kunstvoll mit teils traditionellen, teils dem Touristengeschmack entsprechenden Mustern verziert werden, dürften Ihnen schon überall in Mali aufgefallen sein.
- Eine **Pirogenfahrt zum Töpferdorf Kalabougou** oder nach **Alt-Ségou,** ca. 2 Std. flussaufwärts gelegen, ist auf alle Fälle zu empfehlen (Piroge 1500 CFA, Eintritt pro Gruppe 3500 CFA, Brennvorgang immer Sa und So). Reservierung bei Balanzan Tours, Tel. 320257, gegenüber vom Hotel L'Auberge, oder bei der Agentur Nomade Voyage, unter deutscher Leitung, Immeuble Santara, Tel. 76368041.
- Traditionelle **Hirsebier-Herstellung** (Hirsebier = dolo) im alten Viertel der Stadt, von Frauen ausgeübt.
- Das **Büro der Touristenführer** mit Preistabellen finden Sie am Nigerufer.

Im Niger unweit von Ségou sollen noch einige wenige der sagenumwobenen **Manatis** leben, friedliche **Seekühe,** die seit dem Altertum auch bei uns als Sirenen oder Wassernixen durch die Sagen geistern. Die Afrikanischen Manatis, Rundschwanzseekühe mit dem wissenschaftlichen Namen *Trichechus senegalensis,* ähneln großen Seehunden. Sie ernähren sich ausschließlich von Pflanzen, vertilgen jedoch – verglichen mit jedem anderen Säugetier ihrer Größe – nur etwa ein Drittel der Nahrungsmenge. Energiesparende Verhaltensweisen sind die Folge: Sie scheinen sich wie in Zeitlupentempo zu bewegen. Da auch ihre Fortpflanzungsrate sehr gering ist und sie bei vielen Bevölkerungsgruppen als Bereicherung des Speiseplans angesehen und gejagt werden, stehen sie kurz vor der Ausrottung. So erscheinen die Manatis mittlerweile auf der Roten Liste und sind auch im CITES-Artenschutz-Abkommen genannt. Ein Umdenken hat auch bei den Maliern begonnen, und so kommt ein Projekt ins Laufen, bei dem auf Initiative des Bürgermeisters des betreffenden Dorfes mit deutscher Unterstützung die seltenen Tiere geschützt werden sollen.

Der Süden und das Niger-Binnendelta

Abstecher: Knapp 40 km nordöstlich von Ségou liegt der kleine Ort **Markala**, in dem alljährlich in unserem Frühjahr (Anfang März) ein großes Maskenfest stattfindet. Damit wollen die Bamana-Bauern die Götter für reiche Ernten günstig stimmen. Ebenfalls in Markala wurde schon zu kolonialen Zeiten einer der größten Niger-Staudämme errichtet (es gilt strengstes Fotografier-Verbot!), mit dessen Hilfe große Flächen für Reis, Zuckerrohr und Baumwolle bewässert werden – ungewollt wurde aber auch Lebensraum für Krokodile geschaffen, die häufiger in den Bewässerungskanälen zu sehen sein sollen ...

Auf der **Weiterfahrt nach Südosten** wird der Bani auf einer modernen Brücke überquert. Etwa 12 km nach der Brücke zweigt gut ausgeschildert links eine Piste ab, die nach ca. 38 km den kleinen Ort **Teriyabougou** erreicht. Hier hat ein französischer Ex-Pater ein Entwicklungszentrum mit landwirtschaftlicher Forschungsstation errichtet; Swimmingpool, Restaurant, Zimmer – eine beeindruckende Anlage (www.teriyabugu.com). Fährt man auf der flussnahen Piste weiter, erreicht man nach 28 km wieder die große Durchgangsstraße.

San

San ist etwa 200 km von Ségou entfernt und eine typische Sahel-Stadt (der Ort liegt bereits am Ufer des Binnendeltas und unweit des Bani) mit einem alten Stadtkern und einer **Moschee,** die in **sudanischer Banko-Lehmbauweise**

Das Niger-Binnendelta

Das Binnendelta des Niger (**Le Delta intérieur du Niger**) beginnt im Westen auf Höhe der Ortschaft **Massina.** Noch klar und unbelastet von Staub tritt der Fluss in eine großräumige, flache Mulde ein, die er mehr als 200 km weiter im Nordosten auf seinem Weg in Richtung Timbuktu wieder verlässt – nur 10 m beträgt der Höhenunterschied zwischen Aus- und Eintrittsort. Der Fluss teilt sich in mehrere Haupt- und Seitenarme auf, den Diaka, den Bara-Issa oder den Koli-Koli, während der Niger selbst **Issa-Ber,** großer Fluss, genannt wird. Vom Süden nimmt er den Bani auf (Mündung bei Mopti), mehrere ausgedehnte Seen markieren den Verlauf der Flüsse, so der ausgefranste Lac Debo. In der Trockenzeit fressen sich die Wasserläufe mit steilen Ufern in die endlos scheinenden harten Schlammebenen ein, in der Regenzeit gleicht alles einer einzigen, riesigen Seenlandschaft, in der sich die üppig-grünen Grasflächen des Burgu-Grases mit den im Sonnenlicht glitzernden offenen Wasserflächen abwechseln. Die eigentlichen Ufer sind in oft weiten Abständen gesäumt von Dörfern oder Weilern, in denen – warftenähnlich – die berühmten Moscheen des Binnendeltas stehen. Einzelne mächtige Bäume beleben den Horizont, Pirogen und Pinassen, teilweise unter Segeln, die Wasserflächen. Vögel oder ganze Vogelschwärme ziehen über den Himmel. Die Schönheit der vom Wasser bestimmten Landschaft paart sich mit der Stille einer weit von allem Lärmigen abgelegenen Natur. Nach einem zögerlichen Nachdenken im Binnendelta wendet sich der Niger als „Fremdlingsfluss" für etwa 500 km der Wüste zu und durchquert rein wüstenhafte Gebiete; Sanddünen säumen seine Ufer.

errichtet ist und an Attraktivität ohne weiteres mit der berühmten Moschee von Mopti mithalten kann. **Montags** findet der überaus **lebhafte Markt** statt. Die einheimischen Besucher kommen von weit her. Vor Beginn der Regenzeit wird alljährlich im Mai/Juni ein zeremonieller Fischfang *(Sanguémo)* organisiert, bei dem mit Handnetzen die letzten verbleibenden Tümpel vor der Regenzeit abgefischt werden.

Unterkunft:
- **Le Campement** Schräg gegenüber vom Markt; DZ ab 6000 CFA, kein Ventilator.
- **Hotel Bazani,** ca. 2000 CFA.
- **Hotel Sangue,** ca. 2000 CFA.
- **Campmöglichkeit und einfaches Hotel** beim Restaurant Teriya. Zimmer ab 15.000 CFA, ideal für die Durchreise.

Restaurant:
- Am Ortsausgang in **Richtung Segou** liegt auf der linken Seite an der Umgehungsstraße das **Restaurant Teriya** mit schöner Terrrasse und freundlicher Bewirtung.

Wenig **außerhalb von San verzweigt sich die Straße:** Nach Süden führt eine breite Asphaltstraße weiter in Richtung Bobo-Dioulasso (Burkina Faso), geradeaus/halblinks führt unsere Strecke weiter in Richtung Mopti. Etwa 70 km nach San zweigt links eine Straße nach Djenné ab (ca. 30 km). Diesen Umweg sollte man nicht scheuen, zählt Djenné doch zu den sehenswertesten Städten in Mali.

Wer nicht mit eigenem Fahrzeug an diesem Abzweig ankommt, wird umsteigen müssen: Busse und Überlandtaxis fahren nicht direkt nach Djenné. Der Abstecher in die Stadt kostet 1250 CFA, Abfahrt ist – wie üblich – dann, wenn der Wagen voll ist! So kann es günstiger sein, bis Mopti zu fahren und dort das übliche Linientaxi für 3000 CFA zu nehmen. Denken Sie daran, sich ggf. rechtzeitig Ihren Platz für die Rückfahrt zu suchen, sofern Sie nicht eine Nacht in Djenné verbringen wollen.

Etwa 4 km vor der Stadt Djenné muss man den Bani mit einer kleinen **Fähre** überqueren (letzte Fahrt um 18 Uhr! 3000 CFA/Fahrzeug); Anlegestelle der Pirogen aus Mopti.

Kurz vor der Stadt befindet sich ein **Kontrollposten,** an dem eine Zutrittsgebühr in Höhe von 1000 CFA zu begleichen ist. Schön wäre es, der Ort würde mit diesen Einnahmen versuchen, sein Müllproblem in den Griff zu bekommen! Am Posten befindet sich auch das Büro der offiziellen Führer.

Djenné

Diese einst wohlhabende Stadt, am Bani-Fluss gelegen, gilt als **Zentrum der mittelalterlichen sudanischen Lehmarchitektur** und wird immer wieder auch als schönste Stadt Malis bezeichnet. Seit 1998 ist sie in die UNESCO-Liste des Weltkulturerbes aufgenommen. Sie wurde um 1400 n.Chr. erbaut und erlebte ihre Glanzzeit im 15. und 16. Jh. (Die alte Stadt Jeno, ein paar Kilometer stromaufwärts, wurde bereits 250 v.Chr. gegründet und um 1400 n.Chr. aus ungeklärten Gründen verlassen.)

Im Herzen der Stadt Djenné, direkt am Marktplatz, befindet sich die **berühmte Moschee,** die ebenso wie die zahlreichen alten Bürgerhäuser ein Meisterwerk sudanischer Lehmarchitektur darstellt. Alljährlich in der Trockenzeit wird die Moschee in einer gemeinsamen Aktion von zwei gegeneinander konkurrierenden Gruppen neu verputzt, eine – wenn auch zeremoniellen Regeln, Gesängen, Trommelrhythmen folgende – gewaltige Schlammschlacht. Wer als Besucher in dieses Spektakel hineingerät, wird – Bilharziose hin, Bilharziose her – ein Bad im Bani nicht verschmähen!

Djenné ist die älteste und beeindruckendste Handwerksmetropole Westafrikas und seit Jahrhunderten auch **intellektuelle Hochburg des Islam.** In manchen Epochen in seiner Bedeutung mit Timbuktu auf einer Stufe stehend, galt der Ort als Zentrum medizinischen Wissens, während Timbuktu eher auf die Wissenschaftszweige Recht und Theologie spezialisiert war.

Hinweis: Die vielen Jungs, die jeden Touristen gleich bei der Ankunft scharenweise umschwärmen und relativ agressiv vorgehen, behaupten meist, dass es obligatorisch sei, einen **Führer (guide)** zu nehmen, um sich die Stadt anzuschauen. Laut Polizei bleibt es jedoch jedem Gast selbst überlassen, ob er einen Führer engagiert (wenn ja, dann nicht mehr als 5000 CFA für einen halben Tag zahlen!). Meist kommen die Jungs auch gar nicht aus Djenné, sondern aus anderen Orten, um hier das große Geld zu machen. Sie können auf diese Weise pro Tag etwa so viel verdienen, wie eine Marktfrau in einem Monat. Dass für viele der Tourismus eine willkommene Einnahmequelle ist, ist klar; ob man ihnen (Kindern und Eltern) jedoch damit einen Gefallen tut, ist sehr fraglich. Immerhin: Mit einem guten „guide" hat man wesentlich mehr Möglichkeiten, die Altstadt oder auch Stadthäuser zu besichtigen, als ohne diesen. Professionelle Führer verfügen seit 2005 über einen Ausweis (*Carte professionelle,* Muster auf der Seite www.mankan-te.de), besonders clevere Bürschchen auch über einen falschen!

Sehenswürdigkeiten
Moschee

Die weltberühmte Moschee von Djenné wurde zu Beginn des 20. Jh. nach dem Vorbild einer bereits im 13. Jh. errichteten Moschee in traditioneller Banko-Technik erbaut und ist das **größte Lehmgebäude der Welt.** Vom Dach hat man einen schönen Blick über die Dächer der Stadt und den Marktplatz. Die Moschee darf jedoch von „Non-musulmans" nicht mehr besichtigt werden, seitdem ein italienisches Magazin dort Fotoaufnahmen mit schwarzen Models gemacht hat, die den Gläubigen zu freizügig waren. Die Bewohner der umliegenden Häuser „erlauben" jedoch (für 1000 CFA) einen Blick von ihrer Dachterrasse auf die Moschee und den Montagsmarkt.

Alljährlich am letzten Februarwochenende versammelt sich der ganze Ort (besonders die jungen Leute), um die Moschee mit einem **neuen Putz** zu versehen. Bei diesem religiösen und sehr traditionellen Fest geht es überaus lebhaft zu. Nicht nur die Moschee wird dabei mit Lehm beworfen (Wurf-Putztechnik), auch der Durchreisende bekommt mitunter eine Ladung ab! Wie die Moschee selbst, so ist auch dieses Fest in der Liste des UNESCO-Weltkulturerbes eingetragen.

Montagsmarkt

Der Markt, **Treffpunkt der verschiedenen Bevölkerungsgruppen des Niger-Binnendeltas,** ist neben der Moschee die große Touristenattraktion der Stadt, wenn nicht von ganz Mali (Vorsicht: Taschendiebe!). Bambara, Bobo, Dogon, Bozo und Fulbe kommen Montag morgens zum Teil zu Fuß, zum Teil mit dem Fahrrad, mit Eselskarren, Moped oder Taxi brousse in die Stadt, um ihre Produkte zu verkaufen; dabei hat jeder so seine Spezialität. Die Dogon-Frauen, bekannt für ihre Zwiebelkugeln, erkennt man an ihren indigo-gefärbten *pagnes* (Wickelröcken). Die Fulbe-Frauen mit ihren charakteristischen Frisuren mit Amberkugeln, Silbermünzen und traditionellem goldfarbenem Ohrgehänge, verkaufen Dickmilch und Butter. Die Fulbe-Männer erkennt man an ihren breitkrempigen, lederbesetzten Hüten und ihrem schwarzen bzw. braunen Umhang aus Wolle; eine auffällige Sonnenbrille darf natürlich heutzutage nicht fehlen. Die Bozo-Frauen bringen außer getrocknetem bzw. geräuchertem Fisch auch bemalte Tongefäße mit. Erdnüsse, Baumwolle und Kalebassen sind die typischen Produkte der Bobo-Frauen, während die Bambara-Frauen vor allem Gewürze und Heilpflanzen zum Kauf anbieten. Bei den Djoula-Händlern kann man gewebte Decken kaufen, manche ganz bunt, andere schwarz-weiß. Gegenüber der Moschee

Markt vor der Moschee von Djenné

befindet sich das zinnengeschmückte Portal des Gewürzmarktes, der täglich geöffnet ist – ebenfalls sehr malerisch.

Bereits am Sonntagabend treffen einige Händler ein und richten sich auf dem Platz vor der Moschee ihre Nachtlager ein. Überall brennen Öllampen oder Windlichter, mehrere Café-au-Lait-Stände werden aufgebaut, auf zahlreichen Lehmöfen wird gekocht. Alles wartet auf den nächsten Tag, Spannung liegt in der Luft. Wer fotografierwütige Touristen um sich herum nicht so gern mag, kommt besser nicht am Montag und besucht einen anderen Markt, z.B. den in San (s.o.).

Alter Stadtteil

Bei einem Spaziergang durch die engen, verwinkelten Gassen östlich des Marktplatzes kommt man nicht nur an alten, zweistöckigen Wohnhäusern mit dekorativen Fassaden (aus kleinen Säulen, Zinnen und Pilastern) vorbei, sondern man passiert auch zahlreiche Koran-Schulen.

Fest der Rinderherden in Diafarabé

Das Fest findet sich auf der Liste des UNESCO-Weltkulturerbes; einige Rinder-Szenen zeigt der YouTube-Film „Voyage through Mali", unterlegt mit Musik von *Amadou & Mariam*. In dem ca. 40 km nördlich von Djenné gelegenen kleinen Ort Diafarabé am nördlichen Nigerufer überqueren jedes Jahr im **November/Dezember** an einer schmalen Stelle des Diaka, Seitenarm des Niger-Flusses, Tausende von Rindern den Niger, um zu besseren Weidegründen (sog. Burgu-Weiden) im Inneren des Binnendeltas zu gelangen. Der genaue Zeitpunkt hängt u.a. vom Wasserstand des Nigers ab. Diese Überquerung des Niger ist Anlass für ein **Freudenfest (Degal)** mit viel Tanz und Musik, nicht zuletzt weil die Viehhirten wieder zu ihren Familien zurückkehren. An einigen anderen Stellen finden zu dieser Zeit ähnliche Festivitäten statt (nähere Infos über genaue Termine und Lokalitäten erhalten Sie zuverlässig nur vor Ort).

Unterkunft

●**Le Campement**
5 Min. zu Fuß von der großen Moschee, Tel. 21420497, reservieren! Restaurant, einfache Zimmer, ebenso die Duschen (nicht immer funktionsfähig). DZ ohne Bad mit Ventilator 9200 CFA, klimatisiert 17.000 CFA; Camping; auf dem Dach des Annexe (ohne Toiletten) kann man im Zelt übernachten (2000 CFA). campdjenne@afribone.net.ml
●Übernachten kann man auch im **Chez Baba** (siehe bei Essen und Trinken).
●**Résidence Tapama**
Einfache Zimmer in einer ehemaligen Karawanserei mit schönem Innenhof; Halbpension 17.500 CFA.
residencetapama@yahoo.fr
●**Kita Kourou**
Um die Ecke an der Moschee. Einfache saubere Zimmer, nur mit Ventilator, DZ 10.000 CFA. Auch die Küche wird gelobt.

Essen und Trinken

●Am Markttag gibt es einige **Rôtisserien in der Hauptstraße** zwischen Moschee und Justizpalast, wo man für ein paar CFA gegrilltes Ziegen- oder Hammelfleisch bekommt.
●Im **Chez Baba** kann man gut und preiswert essen (2000 CFA Hauptgericht, 750 CFA Frühstück) und auch übernachten (1500 CFA pro Person auf der Dachterrasse).
●Außerdem existieren ein einfaches einheimisches Café sowie kleine afrikanische Restaurants (bei Ortskundigen fragen!).

Verkehrsverbindungen

- **Von Bamako** ist Djenné mit **Fernbussen** nicht zu erreichen, da es abseits der großen Durchgangsstraße liegt. Also muss man nach Mopti fahren und dort in ein Sammeltaxi umsteigen. Die Busch-Taxis sind in miserablem Zustand, man muss von Mopti nach Djenné reichlich Zeit einkalkulieren.
- Es ist davon abzuraten, sich an der Kreuzung nach Djenné absetzen zu lassen, da die meisten vorbeikommenden **Busch-Taxis** bereits mehr als voll sind. Oder vor dem Aussteigen prüfen, ob Platz in einem der wartenden Kleinbusse ist. Also lieber bis nach Mopti und von dort frühmorgens mit einem anderen Fahrzeug nach Djenné fahren. Zum Markt (Mo) gibt es beste Verbindungen nach Djenné zum festen Preis (3000 CFA).
- Ein **Buschtaxi nach Sevaré** kostet etwa 2500 CFA.

Sonstiges

- **Post, Telefon, Internet, Bank:** am Platz zwischen der Großen Moschee und dem Campement.
- **Tourveranstalter: Le Bani, Agence de Voyages Touristiques,** neben dem Eingang des Campements; Führer und Touren z.B. ins Dogonland, Pirogenfahrten nach Mopti u.a.

Ausflüge

Mit Piroge oder Pferdewagen ins ca. 6 km entfernte Dorf **Senossa**; mit Piroge oder Pinasse nach **Sofara** und von dort mit Taxi weiter zur Fernstraße Richtung Mopti bzw. Bamako. Wer es sich leisten kann, sollte sich – bei klarem Wetter – um einen Flug über Djenné ab Flugplatz Mopti-Sévaré bemühen: Aus der Vogelperspektive erschließt sich die einmalige Lage der Stadt besonders eindrucksvoll.

2 km außerhalb im Südosten liegt **Djenné-Djeno**, Alt-Djenné, Vorläufer der heutigen Stadt, auf einem vom Banihochwasser geschützten Hügel. Außer den Resten von Grundmauern ist von der ältesten bekannten Stadt Westafrikas auf dem Ausgrabungsgelände nicht mehr viel zu erkennen. Die schönsten Stücke (figürliche Keramik, Tongefäße, Schmuckperlen) befinden sich längst in verschiedenen Museen. Überall in Mali werden Ihnen „unter dem Ladentisch" Fundstücke aus Djenné-Djeno angeboten – echt oder gefälscht? Das wird Sie im Falle des Falles auch der Zöllner fragen, der Sie bei der Ausreise mit solchen Dingen im Gepäck ertappt – ein echtes Stück darf nicht ausgeführt werden. Djenné-Djeno gehört zusammen mit der Altstadt des heutigen Djenné bereits seit 1988 zum UNESCO-Weltkulturerbe.

Weiterfahrt in Richtung Sévaré/Mopti: 25 km vor Sévaré weist ein Schild nach links, nach Norden, auf den etwa 1 km seitab liegenden „heiligen Ort" **Hamdallaye**, ehemals Hauptstadt des Fulbe-Reiches der Massina. Eine einfache Umfassungsmauer legt Zeugnis ab von der einstigen Größe der Ortschaft. Leicht erhöht am Rande des Binnendeltas – vielleicht die letzten Ausläufer des Bandiagara-Plateaus –, bietet sich ein hübscher Überblick. Eine neue Moschee wurde hier erbaut und bietet 3000 Betenden Platz, ein flacher Bau ohne Minarett. Ein Pumpbrunnen unmittelbar davor spendet gutes Wasser.

Sévaré

Den krassen Gegensatz zur Ruhe des Binnendeltas stellt das überaus lebhafte

Sévaré dar: Der Ort ist wichtiger Verkehrsknotenpunkt und liegt 12 km von Mopti entfernt, an der Hauptstraße, die nordwärts nach Gao, südwärts nach Djenné, Ségou bzw. Bamako führt. Von hier zweigt die Straße nach Mopti ab. Eine ganz neue Teerstraße führt auch nach Bandiagara ins Dogon-Land.

Sévaré ist sinnvoller Stützpunkt für Ausflüge nach Mopti. Bei der Stadt liegt auch der **Flugplatz von Mopti.** Flugverbindungen bestehen u.a. nach Bamako und Timbuktu; im Winter gibt es Charterflüge nach Frankreich.

Unterkunft

- **Hotel Mankan Te**
Bed & Breakfast, deutsche Leitung: *Jutta*, eine Institution! Tel. 21420193, www.mankante.de. DZ 18.000–22.000 CFA. Ruhig und doch zentral gelegen, jetzt erweitert um ein Haus mit großem Garten. Kostenloser Internetzugang im gesamten Hotelbereich einschließlich Garten. Bewachter Innenhof für Fahrzeuge. Die Zimmer können ggf. auch mit Hartwurst, Käse, Steinbohrern etc. bezahlt werden. Mehrere Restaurants in der Nähe, darunter das Mankan Te Restaurant (300 m, unter *Juttas* Obhut, s.u.). Für Individualreisende ist das Mankan Te sicher eine ideale Adresse.
- **Hotel Débo**
Nahe der Kreuzung Mopti – Bandiagara, Tel. 21420124. DZ ab 20.000 CFA, okay.
- **Hotel Oasis**
Tel. 21420498. Mit schattigem Garten. Kleines Hotel-Bar-Restaurant (fünf Zimmer). DZ ca. 20.000 CFA.
- **Motel Sévaré**
Tel. 21420082. Einfach und sauber, oft von Gruppenreisenden ausgebucht.
- **Mac's Refuge**
Nette Zimmer verschiedener Stilrichtungen, US-amerikanische Leitung.
- **Hotel Flandre**
Tel. 21420829, sehr ruhig gelegen. hotelflandre@hotmail.com

Camping

- Eine Art Campingplatz liegt an der Straße nach Bandiagara.

Essen und Trinken

- **Restaurant Escale Barbé**
3 km vor Sévaré in Richtung Bamako, im kleinen Ort Barbé.
- **Mankan Te Restaurant**
An der großen Straße gegenüber dem Zoll, unter deutscher Obhut (siehe Hotel Mankan Te). Nettes Gartenrestaurant. Hauptgerichte 2000–5000 CFA, Menü 4500–8000 CFA. Stets im Angebot: zehn vegetarische Gerichte – eine absolute Ausnahme im gesamten Sahelraum!

Verkehrsverbindungen

- **Inlandsflüge** bietet **MAE** (mae@cefib.com) an: Bamako – Sévaré – Timbuktu Di und Sa, Rückflug Mi und So; jeder Abschnitt kostet ca. 65.000 CFA. Tel. 21430273, Tel. Aéroport Sévaré Tel. 21420570.
Ein ähnliches Angebot hat die **CAM:** Hinflüge Mi und Sa, Rückflüge Do und So. Preise wie MAE.
- **Charterflüge** (und Rundreisen) im Winterhalbjahr werden von der französischen Gesellschaft Point-Afrique von Paris, Marseille und Mulhouse aus angeboten, siehe www.point-afrique.com.
- **Taxis:** Mit Taxi-brousse regelmäßig bis zum Einbruch der Dunkelheit von/nach Mopti ca. 500 CFA, weiter nach Douentza bzw. Gao. Taxi direkt nach Mopti je nach Fahrzeug 200–5000 CFA. Nach Burkina Faso via Koro: bis Koro 4 Std., 3500 CFA. Nach Bandiagara auf Asphaltstraße 1 Std., 1000 CFA.
- **Busse:** Ein neuer Busbahnhof (Gare Routière) ist 1,5 km außerhalb an der Straße nach Bandiagara entstanden. Mehrere Busgesellschaften finden sich dort, die Preise sind ähnlich. Achtung: Djenné wird nicht direkt angefahren! Am Abzweig nach Djenné muss in ein Klein-Taxi umgestiegen werden.

Sonstiges

- Die **Bank BNDA** wechselt Euro und Dollar, auch Reiseschecks in diesen beiden Währungen. Kein Bargeld auf Kreditkarte! Ganz neu: Die BNDA bietet jetzt einen touristenfreundlichen Wochenenddienst am Sa von 8.30–11.30 Uhr!

Mopti

Unter dem Fulbe-Führer *Seku Ahmadou* ist aus dem – ursprünglich nur von Bozo-Fischern bewohnten – Dorf am Zusammenfluss von Bani und Niger ein Marktort entstanden. Nachdem 1893 die Franzosen das Gebiet besetzt hatten, ließen sie auf einem **künstlich aufgeschütteten Boden** die Stadt Mopti errichten, die durch einen 13 km langen Damm mit dem Festland verbunden ist. Fast völlig von Wasser umgeben, wird dem Ort – wie oft auch Djenné – das Attribut „Venedig Malis" zuerkannt. Durch regen Fisch- und Viehhandel entwickelte sich Mopti zur **Handelsmetropole des Niger-Binnendeltas.**

Im Norden der Stadt liegen die Villenviertel der reichen Kaufleute. Im Zentrum, im europäischen Handelsviertel Le Commerce, befindet sich die Markthalle. Im östlichen Randgebiet der Stadt stehen die Strohhütten der Bella. Im Süden liegt der alte Stadtteil mit der Moschee sowie den afrikanischen Wohnvierteln Komogel und Gangal. Hier findet man mehrstöckige Lehmhäuser mit Flachdach (ohne auffallenden Fassadenschmuck), in deren großem Innenhof sich das eigentliche Familienleben abspielt.

Heute hat die Stadt etwa **83.000 Einwohner** und ist ein wichtiger Umschlags- bzw. Marktplatz für die unterschiedlichsten Produkte und Händler, die hier aus allen Himmelsrichtungen zusammenströmen.

Wenn Sie ein paar Tage in Mopti verweilen, haben sie Gelegenheit, dem afrikanischen Leben im **Hafen- und Marktviertel** beizuwohnen. Täglich kommen zahlreiche Pinassen (große motorisierte Pirogen), voll beladen mit den wichtigsten Handelsprodukten aus dem Süden und Norden, um sie hier zu entladen; in einige wird Trocken- und Räucherfisch verladen. Direkt am Hafen können Sie auch eine Bootswerft besichtigen (unmittelbar neben dem Restaurant Bozo) und das Geschick der

Mopti: Pirogen transportieren Menschen und Waren

Handwerker bewundern, die aus Blech die erforderlichen Nägel in der Esse schmieden.

Getrocknet und geräuchert wird der frisch gefangene **Fisch** auf der anderen Seite des Bani, wo auch die Hütten der Bozo-Fischer stehen. Während der Fischfang Männersache ist, sind die Frauen für das Präparieren der Fische zuständig. Meist räuchern sie die kleinen Fische über einer dicken Lage Stroh, das sie kurz anbrennen. Auf diese Weise werden die Fische für einen längeren Transport (wie z.B. nach Burkina Faso) haltbar gemacht.

Ein anderes wichtiges Handelsprodukt ist das **Sahara-Salz**, das die Kamelkarawanen *(Azalai)* auch heute noch von Taoudenni nach Timbuktu bringen; von dort wird es weiter mit Pinassen nach Mopti transportiert. Im nördlichen Teil des Hafenbeckens werden die in der Sonne glitzernden Salzplatten in Massen gestapelt, zwischengelagert und dann in größere und kleinere Stücke zersägt und „en detail" verkauft.

Hinweis: In Mopti bieten sich zahlreiche **Führer** an, die kaum abzuschütteln sind. Offiziell dürfen nur ausgebildete Guides ihre Dienste anbieten; diese können sich mit einer „Carte Professionelle – Guide de Tourisme" (mit Lichtbild) ausweisen (siehe zu diesem Thema ggf. auch bei Djenné). Ein gesundes Misstrauen ist allen Angeboten gegenüber angesagt. Am sichersten: Wenden Sie sich ans OMATHO (s.u.).

Hat man vor, die Dogon-Dörfer (siehe weiter unten) zu besichtigen, empfiehlt es sich, nicht bereits in Mopti einen Führer anzuheuern, da man außer Verpflegung und Fahrtkosten auch Übernachtung und Nebenkosten für ihn bezahlen muss.

Wer aus irgendwelchen Gründen in Mali Anschluss an europäische **Touristen** sucht – hier in Mopti wird er sie immer finden. Der Ort ist eine der wichtigsten touristischen Attraktionen Malis und gleichzeitig Dreh- und Angelpunkt für Reisen ins Dogon-Land (auf der Straße) oder nach Timbuktu (per Flugzeug ab dem Flugplatz Mopti-Sévaré). Auch als Ausgangs- und Endpunkt für Schiffs- oder Bootsreisen auf dem Niger z.B. nach Timbuktu oder gar weiter bis nach Gao ist der Ort prädestiniert. Neben Deutschen sind viele Holländer und Franzosen unterwegs, mit Ziel Timbuktu und Dogon auch Amerikaner und Japaner.

Sehenswürdigkeiten
Moschee
Sie liegt am Eingang der Altstadt; Nicht-Moslems ist der Zutritt verboten.

Marché Sougouni
Der große Markt am Hafenbecken findet **täglich** statt. Schon frühmorgens haben zahlreiche Händler ihre kleinen Stände aufgebaut oder sich einfach unter einem Baum niedergelassen und die Waren auf einem Tuch vor sich ausgebreitet. Der Viehmarkt befindet sich neben der Moschee.

Pirogenfabrik
Neben Bar/Restaurant Le Bozo; hier kann man sehen, wie große Pirogen noch auf traditionelle Weise hergestellt werden.

Karten S. 304, 377 — Unterwegs in Mali — **MOPTI** — 389

Mopti

- ☪ Moschee
- ⛽ Tankstelle

Niger
Bani
Sumpf

Sevaré, Bamako, Gao, Bandiagra, Dogon-Land

Gare Routière Sikasso
Gare Routière Bandiagara
Gare Routière Timbuktu
Landestelle
Porte du Soudan
Schiffsanlegestelle
Sumpf
Hafen
Fussballfeld
Sumpf

0 — 400 m

Mali

- ❶ 1 Touristen-information
- 🏨 2 Kanaga
- 🏨 3 Hotel y pas de Probleme
- ✚ 4 Krankenhaus
- Ⓢ 5 BIAO
- ⊘ 6 Apotheke
- 🏨 7 Hotel La Maison Rouge
- ▲ 8 Neuer Markt Ottawa
- Ⓢ 9 BCAO-Bank
- 🏨 10 Campement
- Ⓢ 11 Bank
- ✉ 12 Post
- • 13 Wasserturm
- ❶ 14 Sigui
- ❶ 15 Patisserie Dogon
- ▲ 16 Markthalle
- ⓘ 17 Mali
- ❶ 18 Douna
- • 19 Bissap
- ❶ 20 Le Bozo
- • 21 Pirogenfabrik
- ▲ 22 Fischmarkt
- Ⓑ 23 LKWs nach Bamako und Bankass
- • 24 Les Artisans
- ▲ 25 Topfmarkt
- 🏨 26 Oriental
- ▲ 27 Marché Sa Korowil
- 🏨 28 Hotel doux Reves
- ⚠ 29 freier Campingplatz

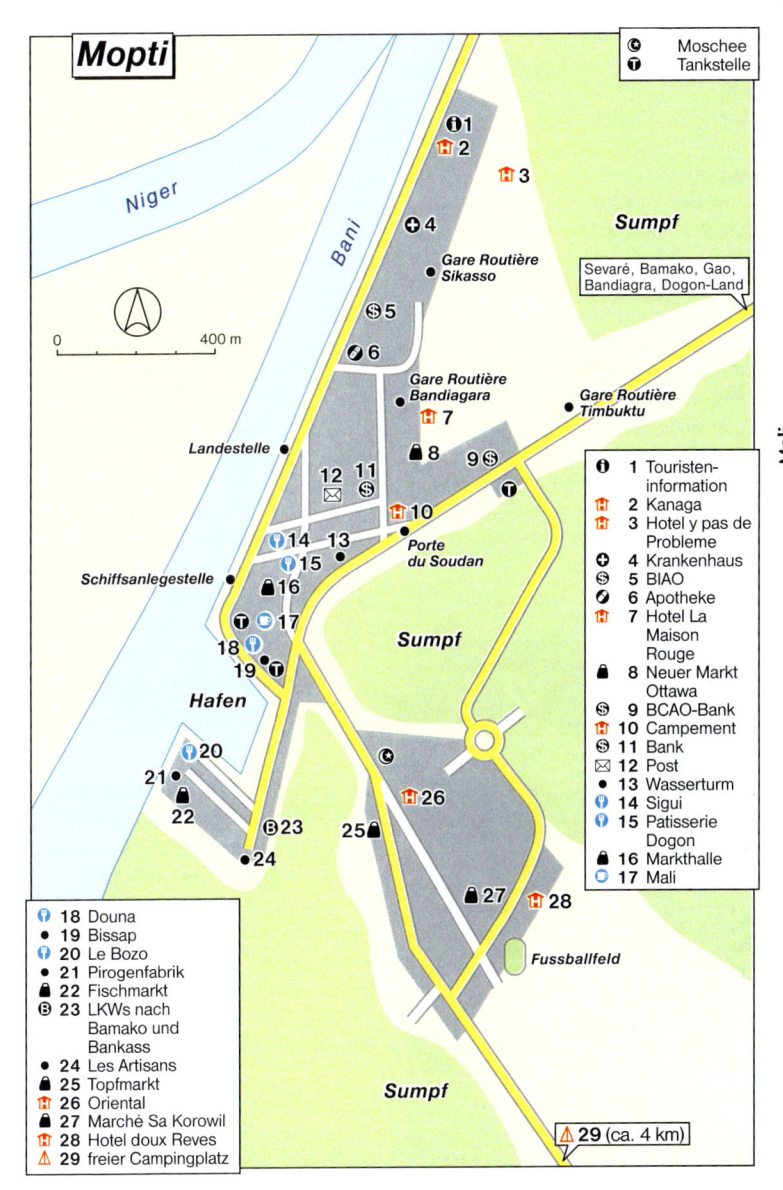

⚠ 29 (ca. 4 km)

Marché Sakorowil

In der Altstadt, südlich der Moschee; überwiegend Lebensmittel sowie eine Fischhalle, **täglich.**

Markthalle

An den Verkaufsständen der Deckenhändler findet man nicht nur gewebte Wolldecken der Fulbe, sondern auch schwarz-weiße Baumwolldecken mit geometrischen Mustern sowie die typischen bunten Baumwolldecken. Auch die **Arkilla-Hochzeitsdecken,** die zu den schönsten, besten – und teuersten – Textilien Westafrikas zählen, können Sie hier erwerben; sie dienen wohlhabenden Familien als Sicht- und Windschutz in Zelt oder Hütte, oder – zeltförmig zusammengenäht – als Moskitonetz. Als Aussteuer werden diese Decken von der Braut in die Ehe eingebracht; ihr Gegenwert liegt bei fünfzig Schafen oder fünf Kälbern.

Die **Schmuckhändler** verkaufen neben Silber- und Lederschmuck auch Amulette der verschiedensten Völker Westafrikas. Auch werden Antiquitäten und „echte" Masken in großer Zahl angeboten. Die kunsthandwerklichen Arbeiten sind hier billiger als in Timbuktu oder Bamako.

Neuer Markt Ottawa

Am Ortseingang, von Sévaré kommend, ist (ungefähr hinter dem Campement) ein ganz neuer, moderner und großer Markt entstanden, der trotz seines eigenartigen Namens „Ottawa" (man ahnt, woher das erforderliche Kleingeld kam!) **typisch afrikanisch** ist: Alles ist zu haben, von der Axt über leere Kartons, von Oranginen und Tomaten bis zu Zigaretten und Zwiebeln.

Taikiri

Quartier von Mopti, ca. 2 km südlich der Stadt; hier im **Wohnviertel der Fulbe** herrscht ländliche Atmosphäre, werden Lasten noch mit Eseln transportiert und nicht mit Autos oder Mopeds.

Das **Festival Diamwari** (der Name bedeutet Glück in der Peul-Sprache Fulfulde) in Mopti fand 2008 im Februar, 2009 im November statt. Weitere Termine stehen aktuell nicht fest.

Salzhandel im Hafen von Mopti

Touristinformation

- Das **Office Malien du Tourisme et de l'Hôtellerie** (OMATHO) liegt in Mopti unmittelbar am Flussufer hinter dem Hotel Le Relais Kanaga, Tel. 21430506.
moptitourisme@hotmail.com

Hotels

Tipp: Wer es ruhiger liebt, steigt in **Sévaré** (s.o.) ab und macht mit dem Taxi Tagesausflüge nach Mopti (Minibus 200 CFA, Zusteigetaxi 500 CFA, Taxi bis 5000 CFA).

Hotels der Luxusklasse:
- **Le Relais Kanaga**
Tel. 430500 und 430548. Beste und teuerste Adresse im Ort (etwas außerhalb), sehr gutes Essen, schöne Atmosphäre, Pool. DZ ca. 55.000 CFA.
- **La Maison Rouge**
Tel. 6235078, www.lesmaisondumali.com, lamaisonrouge.hotel@yahoo.fr. Relativ neues Hotel, DZ 40.000 CFA.

Hotels der Mittelklasse:
- **Campement**
Am Ortseingang, neben dem Gare routière. Großer Innenhof. Belästigung durch Händler und unfreundliches Personal. Schlechte Zimmer, je nach „Komfort": Bungalow für 2 Pers. ca. 12.000 CFA, DZ ca. 16.000 CFA mit AC; Restaurant. Handeln möglich!
- **Doux Rêves**
Hinter dem Stadion, www.douxreves.com. Sauber, DZ 24.000 CFA. Angeschlossen (aber nicht im Haus selbst) ist das gute Restaurant Yeredeme.
- **Y a pas de Probleme**
Ziemlich neu, hinter dem Gouvernorat, Tel. 6118565, www.yapasdeprobleme.com. DZ 25.000 CFA. Wurde wiederholt von Lesern gelobt. Auch Camping auf der Dachterrasse ist möglich (4000 CFA), dann Benutzung einer Dusche und des Pools inklusive.

Etwas außerhalb an der Dammstraße nach Sévaré gelegen:
- **Ambedjele**
Ca. 5 km von Mopti entfernt auf der Südseite der Dammstraße, von einer Katalanin geführt, wird als eines der besten Hotels in Mali bezeichnet, Pool. Das Haus wird seinem Preis gerecht: DZ 40.000–55.000 CFA. Tel. 21421031, Fax 21421030.
www.ambedjele.com
- **Auberge Canari**
Fast gegenüber dem Ambedjele, von einer Französin geführt, sehr gutes Hotel, schöner Garten, Pool, gutes Restaurant. DZ 32.000 CFA. Tel. 21421137, 76116839.
auberge_canari@yahoo.fr

Einfache Unterkunft:
- **Bar Mali**
Gilt als Stundenhotel, deshalb nur beschränkt zu empfehlen. Das DZ kostet ca. 8000 CFA. Neues zusätzliches Gebäude hinter dem Hotel Le Relais Kanaga.

Restaurants/Bars

- **Bar/Restaurant Le Bozo**
Am Südende des Hafenbeckens; von der Terrasse öffnet sich (v.a. bei Sonnenuntergang) ein traumhaft schöner Blick über den Bani. Gute afrikanische Küche zu korrekten Preisen. Spezialität des Hauses: *capitaine grillé*.
- **Sigui**
Am Bani gelegen, zwei Blocks nördlich der Bar Venise. Mittelmäßiges Gartenrestaurant.
- **Bar Venise**
Afrikanisches Essen neben dem Wasserturm am Baniufer.
- **Patisserie Dogon**
Zwischen Campement und Fluss, gutes Frühstück mit Kaffee, Croissants, „Pains au chocolat", geöffnet von 6–24 Uhr.
- **Bissap Café**
Direkt am Hafen, die Terrasse im OG bietet Ausblick über den gesamten Hafen. Ab 7 Uhr geöffnet, gutes Restaurant.
www.bissapcafe.com
- **Yeredeme**
Siehe auch bei Mittelklassehotel Doux Rêves. Das Restaurant wird von einer Kooperative alleinerziehender Mütter betrieben! Gutes afrikanisches Essen auf der Terrasse.

Apotheken

- Direkt an der Uferpromenade des Bani, in der Nähe des Hotels Kanaga, u.v.m.

Verkehrsverbindungen

- Nach Bamako (über San/Segou) fährt täglich ein **Bus** um 10 Uhr (Bamabus) und 17 Uhr (Banibus, hält vor der Bar Bozo). Karten im Voraus kaufen!
- Ein **Baché** (Sammeltaxi) nach Bandiagara kostet 1200 CFA plus Gepäck.
- Der **Flughafen** ist in Sévaré (siehe dort).
- Das große **Flussschiff** („Le bateau") verkehrt zwischen August und Januar wöchentlich **von Mopti nach Timbuktu**. Die Preisspanne liegt zwischen 91.000 für die Luxus- und 5000 CFA für die Stehklasse! Das Büro der COMANAV (Compagnie Malienne de Navigation) finden Sie am Flussufer unmittelbar an der Landestelle. Die Fahrtzeit hängt vom Wasserstand ab: 2 bis 3 Tage, mit Verspätungen von 2 Tagen ist immer zu rechnen.

Etwas kleiner sind die **Pinassen**. Hier hilft nur ein Gang zum Hafen und das Verhandeln mit einem der Schiffer; vor dem Markttag beispielsweise steuern solche Pinassen auch Djenné an.

Noch kleiner und deshalb für weite Strecken nicht geeignet sind die gestakten **Pirogen** (s.u., Ausflug).

Post und Telefon

- Die **Post** liegt an der Verbindungsstraße zwischen Campement und Bani-Uferstraße (siehe Stadtplan).
- Von mehreren **Teleboutiques** aus lässt sich telefonieren.

Banken

- Die neue **BCEAO** am Ortseingang wechselt mit geradezu faszinierender Langsamkeit Euro, keine anderen Devisen, keine Reiseschecks.
- **BDM**
Bei der Patisserie Dogon, erhebt bei Schecks eine Gebühr in Höhe von 8050 CFA bei einem Wert von 1000 US-$, zusätzlich 2% Komission. Bargeld kostet nur ca. 2000 CFA Gebühr. Geöffnet Mo bis Do 9–14, Fr bis 11 Uhr.
- **BIAO**
Zwischen Apotheke *(Pharmacie)* und Hotel Kanaga; Gebühr für Travellerschecks bis 1000 US-$ Wert 6900 CFA und 2% Kommission; geöffnet Mo bis Fr 9–11.30 und 13.15–15 Uhr.
- Die **BIM** wechselt nur Euro.

Mietwagen/Reisebüro

- **Manding Voyages**
Nahe Campement, vermietet Landrover mit Chauffeur für ca. 45.000 CFA/Tag, Pkw für 30.000 CFA/Tag. Es empfiehlt sich, eine Reservierung von Bamako aus vorzunehmen. Fahrzeugpapiere sorgfältig prüfen!

Es lassen sich Touren z.B. nach Djenné oder Sanga organisieren. Benzinkosten gehen immer getrennt. Für eine Mietwagenfahrt mit Chauffeur nach Timbuktu im 4x4-Fahrzeug müssen Sie mit 100.000 CFA rechnen (inkl. Benzin, Fähre, Essen).

Ausflug

Pirogenfahrt auf dem Bani/Niger

Lohnenswert ist ein Besuch der Bozo-Dörfer am anderen Ufer des Bani bzw. Niger. In den Dörfern sieht man sehr gut die einfache Lebensweise der Fischerfamilien; ein Problem stellen die bettelnden Kinder und Frauen dar – ein Gastgeschenk sollten Sie deshalb evtl. hinterlassen oder mit Ihrem Führer regeln, wie viel „Besichtigungsgebühr" zu zahlen ist. Es gibt auch längere Bootstouren auf den größeren Pinassen, z.B. bis nach Timbuktu; die Preise liegen zwischen 5000 und 25.000 CFA nach Klasse und Strecke – und Verhandlungsgeschick.

Verschiedene **Halb- und Ganztagestouren** werden angeboten, v.a. Pirogen- und Pinassen-Fahrten; auch Ausflüge ins Dogon-Land lassen sich von Mopti aus gut organisieren.

- **Ashraf-Voyages,** B.P. 63, Tel. 2430279
- **Bambara African Tours**
B.P. 123, Tel./Fax 2420080
- **Le Bani**
B.P. 55, Hotel Kanaga, Tel./Fax 2430026

- **Tellem Voyages,** B.P. 86, Tel./Fax 2430514
- Von Lesern wurden als Pirogiers die Brüder *Maega* empfohlen: **Mouta Maega,** s/c Mission Catholique, B.P. 45, Mopti, MoutaAMaiga @yahoo.fr.

Das Land der Dogon

Bandiagara

Von Mopti bzw. Sévaré nach Bandiagara, der **Hauptstadt des Dogon-Landes,** gelangt man über eine neue Teerstraße (70 km; auch im Umfeld wurden von einem deutschen Projekt viele neue Pisten gebaut). Man fährt durch eine schöne Landschaft mit Felsplateaus und Hügeln, ausgetrockneten Flussbetten, Palmen und vielen Bäumen. Ausgetrocknete Flussbetten! Sintflutartig waren die Niederschläge in der Regenzeit 2007 – und schon war die Straßenbrücke weggerissen, das Tal des Yamé von einem breiten und tiefen Fluss eingenommen, kein Durchkommen mehr für Fahrzeuge. Pirogen setzten damals die Reisenden ans andere Ufer über, wo sie ein Fahrzeug in Gegenrichtung besteigen mussten.

Bandiagara ist **Verwaltungsstadt** und Ausgangspunkt für Exkursionen in das Land der Dogon. Seit 1998 sind das Land der Dogon und die Falaise (Felsklippe, -abbruch, Steilwand) von Bandiagara auf der UNESCO-Liste des Weltkultur- und des Weltnaturerbes.

Das berühmte **Haus der Tall,** dem auch *El Hadji Omar* aus der Dynastie der Toucouleur (19. Jh.) entstammte, wurde zwischenzeitlich restauriert. Das Haus ist ein exzellentes Beispiel für die Verschmelzung der eigenwilligen Dogon-Architektur mit dem sudanesischen Baustil. Ebenfalls noch zu bewundern ist die **alte Moschee** aus der Zeit *El Hadji Omars.*

Nicht weit entfernt von der Stadt werden die heiligen Totemtiere der Dogon verehrt, die **Krokodile im Yamé-Teich** (auch Schlange und Schildkröte zählen zu den heiligen Totemtieren der Dogon). Dazu eine **Legende:** *„Nagabanu* und seine Familie waren feindlichen Reitern entkommen und hatten in der felsigen Gegend ein Versteck gefunden, in dem sie mehrere Tage lebten. Dann waren ihre Vorräte aufgebraucht. *Nagabanu* ging auf die Jagd, aber er hatte kein Glück; Stunde um Stunde stieg er über die Felsen und fand keine Beute. Er ließ sich müde und traurig im Schatten einer Felswand nieder und hatte großen Durst. Da sah er plötzlich ein Krokodil; es kam auf ihn zu und schaute ihn an, als ob es etwas sagen wollte. *Nagabanu* erhob sich und folgte dem Tier. Das Krokodil führte ihn zu einem großen Teich, schaute ihn nochmals an und verschwand dann im Wasser. Als *Nagabanu* seinen Durst gestillt hatte, schaute er sich um; der Platz gefiel ihm. Er holte seine Familie und baute ein Haus; ebenso taten es seine Brüder, und so entstand Bandiagara". Die Bewohner verehren das Krokodil bis heute wie einen Ur-Vater.

Touristinformation

Vom **Syndicat de tourisme de Bandiagara,** dem örtlichen Fremdenverkehrsverein, gibt es eine informative Website: www.syndicattourismebandiagara.com (Ortsplan, ausführliche Liste der Unterkünfte, Liste der zu-

DAS LAND DER DOGON

gelassenen Führer und Preise, Preisliste der Mietwagenfirma Almada – z.B. von Bandiagara ins Dogonland 45.000 CFA/Tag, nach Timbuktu oder Bamako 100.000 CFA zzgl. Treibstoff – und der Motorradvermietung Yanogue (z.B. 12.500 CFA/Tag zzgl. Treibstoff), alles sehr übersichtlich. Auch die Region wird sehr informativ dargestellt. Besser kann man es kaum machen!

Hotels

- **Campement Le Village**
Gleich beim Ortseingang von Sevaré kommend, rechts gelegen, Tel. 21442331; ruhig, ca. 4500 CFA p.P., Mahlzeiten auf Bestellung.
- **L'Auberge du Vieux Kansaye**
Tel. 73222992. Einfach, etwas heruntergekommen, ca. 5000 CFA p.P., freundliche Atmosphäre, geführt von einem alten Kriegsveteranen, *Monsieur Kansaye*, der im Zweiten Weltkrieg für Frankreich gekämpft hat und im Ort sehr angesehen ist; er kennt sich gut im Dogon-Land aus.
- **Hotel Bar-Restaurant Kanaga – Le Cheval Blanc**
Tel./Fax 21442388, www.bambara.com, chevalblancmali@yahoo.fr. Bestes Hotel am Platze. Nur wenige Zimmer, oft ausgebucht. DZ 25.000–31.000 CFA. Etwas verunglückte Akustik! Kleiner Pool.
- **Hotel La Falaise**
Tel. 21442128, mobil 66842278, contact@hotel-lafalaise-mali.com, www.hotel-lafalaise-mali.com (die Seite war im Juni 2010 nicht zugänglich), alternativ: www.bouctou.com/falaise. DZ 25.000 CFA, der Preis ist verhandelbar, im Schlafsaal 4000 CFA, Camping 1500 CFA.

Camping

- **Camping Satimbe**
7e Quartier, 100 m vom Busbahnhof entfernt. Tel. 66867645. Campingplatz, aber auch saubere Zimmer, 3000 CFA für Bett und Frühstück; netter Garten.
- **Camping Togona**
3 km vor Bandiagara von Sévaré kommend, angenehme Lage, Restaurant. Einfache Zimmer 7500 CFA, Camping 2000 CFA.

Essen und Trinken

- In Bandiagara gibt es einige kleine **einheimische Restaurants**, außerdem **Bäckereien** und **Lebensmittelläden,** wo man sich mit Proviant für eine Exkursion ins Dogon-Land ausrüsten kann. Markttage sind Montag und Freitag.
- **Café Sekou Toumounte**
Direkt am Markt, durchaus zu empfehlen; freundlicher Besitzer.
- **Restaurant La Faïda**
Nahe des Kreisverkehrs; einfache Gerichte.
- **Bar Point Raid**
Hier wird kühles Bier serviert.

Zu Fuß durch das Dogon-Land

Manche Dörfer sind zwar mit einem Geländefahrzeug zu erreichen, auf einer Exkursion zu Fuß werden Sie jedoch ganz andere Eindrücke von Land und Bewohnern sammeln. Als **Ausgangspunkte** für eine Tour durch die Dörfer der Falaise (Steilabbruch) eignen sich **Bandiagara, Sanga** und **Bankass** (alle Orte mit dem Taxi brousse erreichbar).

Bevor Sie sich für einen **Führer** entscheiden, sollten Sie herausfinden, ob er in den Dogon-Dörfern gut Bescheid weiß, die Markttage kennt etc. In Bankass sollten Sie aufpassen, dass Sie einen ortskundigen Dogon als Guide bekommen und nicht einen Fulbe. Bevor Sie Bandiagara verlassen, müssen Sie sich mit ihrem Guide beim Commissariat de Police beim Gare routière am zentralen Verkehrskreisel melden. Dies ist nicht nötig, wenn man eine Tagestour ab Bandiagara unternimmt.

Für eine Gruppe um die drei Personen kann man einen Guide *(guide agréé* = zugelassener Führer) in Bandiagara für ca. 5000 CFA pro Tag und Per-

Karte S. 304

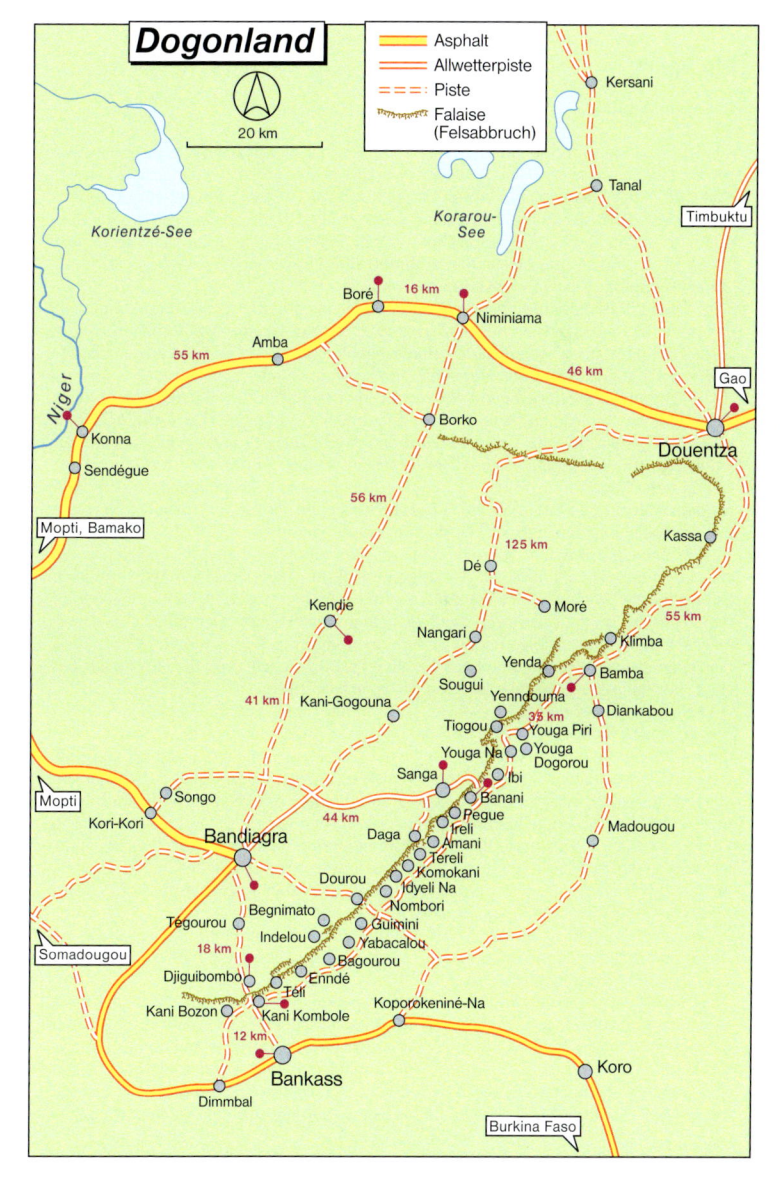

Dogonland

Unterwegs in Mali — DOGONLAND 395

Legend:
- Asphalt
- Allwetterpiste
- Piste
- Falaise (Felsabbruch)

20 km

Labels on map:
- Kersani
- Tanal
- Timbuktu
- Korientzé-See
- Korarou-See
- Boré — 16 km — Niminiama
- Amba
- 55 km
- 46 km
- Gao
- Niger
- Borko
- Konna
- Douentza
- Sendégue
- Mopti, Bamako
- 56 km
- Kassa
- 125 km
- Dé
- Moré
- 55 km
- Kendje
- Nangari
- Klimba
- Yenda
- Bamba
- 41 km
- Kani-Gogouna
- Sougui
- Yenndouma
- Tiogou — 35 km
- Diankabou
- Youga Piri
- Youga Na
- Youga Dogorou
- Sanga
- Ibi
- Mopti
- Songo
- Banani
- Daga
- Pegue
- Madougou
- Kori-Kori
- Bandiagara
- 44 km
- Ireli
- Amani
- Dourou
- Téreli
- Komokani
- Idyeli Na
- Begnimato
- Nombori
- Tegourou
- Indelou
- Guimini
- Yabacalou
- Somadougou
- Bagourou
- 18 km
- Djiguibombo
- Enindé
- Téli
- Kani Bozon
- Kani Kombole
- Koporokeniné-Na
- 12 km
- Koro
- Bankass
- Dimmbal
- Burkina Faso

Mali

Die Dogon

von Anne Wodtcke

Die Dogon leben im Südosten von Mali, in der Falaise von Bandiagara, einer etwa 140 km langen „Felswand" aus Sandstein von 250–300 m Höhe. Sie zählen heute noch etwa **300.000 Menschen.** Ihre Dörfer „kleben" z.T. wie Nester in den Felsen oder befinden sich auf dem Plateau und heute auch in der weiten Gondo-Ebene, die bis nach Burkina Faso reicht. Das seit der Erforschung durch *Marcel Griaule* bekannte Dogon-Dorf Sanga ist auf einer Piste erreichbar, während die anderen „Felsennester" nur durch schmale Fußpfade miteinander verbunden sind.

Im Zuge der Islamisierung haben die Dogon die alten Dörfer verlassen und unten in der Ebene ein neues moslemisches Dorf gegründet. Nur vereinzelt trifft man noch animistische Dogon oben in ihren alten Behausungen an, wo sie auf den Tod warten; das Essen wird ihnen täglich von den im neuen Dorf lebenden Kindern gebracht.

Die Dogon leben überwiegend von der **Landwirtschaft,** obwohl heute immer mehr junge Leute in den Städten Malis oder der Elfenbeinküste arbeiten. Das Recht, Ackerbau zu betreiben, wird mit der Geburt erworben; es gibt keine Besitzer oder Pächter von Ackerland, sondern lediglich Verwalter (Dorfälteste) bzw. Nutzer. Die Felder sind nur während der Regenzeit von Juni bis Oktober fruchtbar; zum Teil befinden sie sich oben auf dem Plateau, zum Teil direkt am Fuße der Felsklippen; die Gärten, in denen sie vor allem Zwiebeln anbauen, müssen künstlich bewässert werden.

Über den **Ursprung** der Dogon können nur Vermutungen angestellt werden. Die Archäologen nehmen an, dass sich die Dogon im 15. Jh. – zur damaligen Zeit vermutlich Leibeigene der Mande-Völker – auf die Suche nach einer neuen Heimat gemacht und sich in der Region der Falaise von Bandiagara angesiedelt haben. Der mündlichen Überlieferung der Dogon zufolge haben sie ihre ursprüngliche Heimat wegen einer großen Dürreperiode verlassen. In manchen Quellen liest man auch, dass die Dogon auf der Flucht vor der marokkanischen Invasion gewesen sein sollen.

Wie archäologische Funde beweisen, muss in der Falaise von Bandiagara jedoch bereits vor Ankunft der Dogon eine Bevölkerungsgruppe gelebt haben; die Dogon nennen diese früheren Bewohner **Telem.** Diese kleinen, angeblich rothäutigen (pygmäenähnlichen) Menschen hatten sich weit oben in der Felswand Höhlen zu winzigen Wohnungen ausgebaut; nur mit Hilfe von Seilen gelangten sie hinauf oder hinab. Die Behausungen gibt es noch, die Telem jedoch nicht mehr, sie wurden von den Dogon verdrängt. Die Dogon verehren die Telem jedoch bis heute und halten deren Kultgegenstände, kleine Holzskulpturen, denen magische Kräfte innewohnen sollen, heilig. Die Felswohnungen der Telem benützen die Dogon als Grabstätten, aber auch als Aufbewahrungsort für Masken und andere Kultgegenstände.

Als das Gebiet der Dogon 1893 offiziell unter französische Herrschaft gelangte, widersetzten sich die Dogon ihren neuen Herren ebenso wie sie es früher gegen Angriffe der Fulbe oder Mossi getan hatten.

Aufgrund ihres starken Unabhängigkeitssinnes und ihres relativ isolierten Lebensraumes haben sich die Dogon ihre traditionellen Riten und überlieferten Vorstellungen noch weitgehend erhalten können, wenn auch inzwischen eine **starke Islamisierung** stattgefunden hat und mitunter auch aufgrund der zahlreichen Touristen der europäische Einfluss mehr und mehr zu spüren ist. Der Bau einer Schule und einer christlichen Missionsstation zu Beginn des 20. Jh. sowie die Verbindungsstraße von Bandiagara nach Sanga

Stelzentänzer im Dogon-Land

haben das traditionelle Leben dieses Ortes entscheidend verändert und weitgehend zerstört. Heute ist Sanga der „Touristenort" schlechthin. Auch über die in den Städten oder in der Fremde arbeitenden Jugendlichen kommen immer mehr neue Ideen und bis dahin unbekannte Dinge wie elektronische Kommunikationsmittel in die Welt der Dogon. Die zunehmende Ruhelosigkeit nagt unaufhörlich am Bestand der Überlieferungen und zersetzt den Inhalt des alten Glaubens.

Das traditionelle Leben der Dogon steht in engem Zusammenhang mit ihren Mythen und dem Lauf der Natur. Zentrale Bedeutung hat die **Ahnenverehrung** und ein damit verbundener kosmischer Bezug; nach der Vorstellung der Dogon ist der Mensch nach einem kompliziertem Konzept in das Universum eingebunden. Nicht nur Leben und Tod, Erde und Wasser und vor allem Fruchtbarkeit sind elementarer Bestandteil der Dogon-Mythologie, sondern auch sogenannte profane Gebrauchsgegenstände wie ein Speicher oder Hirsekorb. Dabei handelt es sich nicht um primitiven Geisterglauben, sondern um eine monotheistisch geprägte Kosmogonie.

Die vier **religiösen Kulte** der Dogon, der Amma-Kult (dem ältesten Ahn, auch Gott, gewidmet), der Binu-Kult (dem Ahn Binu-Serou als Fruchtbarkeits- und Lebenskult gewidmet), der Lebe-Kult (dem unsterblichen Ahn Lebe-Serou in Schlangengestalt und ebenfalls dem Leben, der Natur und Fruchtbarkeit gewidmet) und der wichtigste, der Maskenkult (wird von den Dogon mit dem Tod verbunden und als Maskentanz in Sanga auch für Touristen zu sehen) sind Hauptbestandteile des Lebens der Dogon. Beim Maskenkult ist interessant, dass Masken nur von Männern getragen werden dürfen, denn die Frauen gelten als Trägerinnen neuen Lebens und dürfen deshalb die Tänzer nur aus der Ferne betrachten.

Die folgende **Legende** erklärt, warum der eine Teil der Menschheit eine weiße, der andere schwarze Hautfarbe hat: Amma, der einzige Gott, der Himmel und Erde geschaffen hat, schuf auch die Sonne, den Mond und die Sterne. Er hat sie aus Lehm geformt und war somit der erste Töpfer; von ihm haben die Menschen diese Kunst erlernt. Die Sonne hat Amma aus weißem Ton geknetet, eine gewaltige Kugel mit Spiralen aus acht Windungen in rotem Kupfer; diese hat er erhitzt, und davon gibt die Sonne ihr Licht. Für den Mond nahm Amma weißes Kupfer, denn das wird nicht so heiß und strahlt nicht so hell. Als Amma später die Menschen gestaltete, schuf er die einen bei hellem Sonnenschein, sie wurden schwarz, „Kinder des Lichts", die Weißen aber entstanden bei Mondschein, darum sehen sie bleich aus wie Larven.

Fast alle Kulte der Dogon, ihre Sitten und Bräuche beziehen sich auf die acht **Urahnen**; diese sind Zentrum ihrer religiösen Vorstellungswelt. Bei einem Spaziergang durch ein Dogon-Dorf begegnet man den Vorfahren in den Schnitzereien, auf den Haus- und Speichertüren, in den acht Säulen der Toguna (Versammlungshaus der Dorfältesten) sowie in den Zinnen und Nischen des Ginna-Hauses (Haus des Familienoberhauptes), denn Ginna heißt „Großfamilie".

Initiation und Beschneidung sind bei den Dogon gravierende Einschnitte im Leben eines jungen Menschen, denn bei der Beschneidung wird nach dem Glauben der Dogon endgültig die Trennung der Geschlechter vollzogen.

Die zweite Stufe der Initiation vom Heranwachsenden in den Status des Erwachsenen geschieht mit der Aufnahme in den **Awa-Maskenbund.** In diese spirituelle Gemeinschaft kann ein junger Mann erst dann aufgenommen werden, wenn er stark genug ist, die große Maske zu tragen und darüber hinaus eine gewisse geistig-seelische Reife besitzt. Die Initiation der Mädchen verläuft eher profan im Frauenhaus.

Während die Maske als Zeichen männlicher Macht angesehen wird, ist das Frauenhaus Sinnbild magischer weiblicher Kräfte. Aber Maskenkult ist Totenkult; Frauen als Lebensspenderinnen dürfen daher bei Maskentänzen nicht anwesend sein – sie würden sonst unfruchtbar bzw. sterben.

Die Dogon verstehen den **Tod** als Folge mythischer Schuld. Am Anfang gab es den Tod nicht, die Urahnen waren noch unsterblich: Wenn sie alt wurden, verwandelten sie sich in eine Schlange oder einen Baum und blieben in dieser Gestalt mit den Lebenden in Verbindung. Daher ist auch der Baobab-Baum den Dogon heilig und als Sitz der Ahnen verehrt.

Wie der Tod auf die Welt kam, ist ebenfalls in einer Legende festgehalten. Die Feier des ersten Todes wird bei den Dogon heute noch im Rahmen des **Sigui-Festes** vollzogen, dem größten und heiligsten Fest der Dogon, das im Abstand von fünfzig Jahren (in etwa die Lebenszeit eines Menschen) stattfindet. Um die beim Tod frei werdende Lebenskraft zu sammeln und den Lebenden zuzuführen, musste man Abbilder von allen Sterblichen schaffen: die Masken. Sie werden von Männern des Maskenbundes an geheimen Orten im Busch geschnitzt. Ist ein Angehöriger der Dogon gestorben, so irrt seine Seele noch solange im Dorf umher, bis das erlösende Ritual, der Maskentanz, vollzogen ist. Der Leib des Toten wird durch die Totendecke repräsentiert. Die Hinterbliebenen sorgen für ein Maskenfest, das mehrere Tage dauert und durch die Bewirtung der vielen Gäste mit großem finanziellen Aufwand verbunden ist; oft werden dafür die Erträge mehrerer Jahre gebraucht, sodass gewartet wird, bis mehrere Tote zu feiern sind und sich die Angehörigen zusammentun können.

Die Totenfeier selbst ist keine traurige, sondern eine fröhliche Angelegenheit, denn der Verstorbene darf nun ins Reich der Ahnen, das in der Vorstellung der Dogon viel schöner aussieht als ihr Land!

Bei den obigen Ausführungen über die Dogon stützte ich mich u.a. auf die Radiosendung „Schwarze Kinder des Lichts" von *Ekkehard Rudolf*.

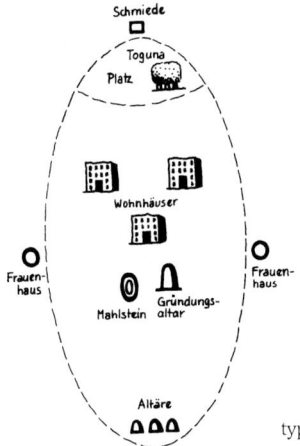

Grundriss eines typischen Dogon-Dorfes

DAS LAND DER DOGON

son bekommen; die Übernachtung in den Dörfern (meist auf einer Matte am Boden) ist in der Regel nicht im Preis enthalten, und es ist Sache des Führers, dies mit dem Dorfchef zu organisieren. Verpflegung und Getränke sind auch für den Führer zu kaufen. Für **genügend Trinkwasser** ist zu sorgen; **Entkeimung** ist unbedingt notwendig, da es in den Dörfern nur Brunnenwasser gibt. Außerdem ist zu empfehlen, sich mit genügend Tagesproviant (Konserven, Brot etc.) in Bandiagara einzudecken. Überall in den Dörfern hat man sich aber mittlerweile auf die wandernden Besucher eingestellt, sodass es Ess- und Trinkbares zu kaufen gibt.

Vergessen Sie nicht, einen Hut o.Ä. als **Schutz gegen die Sonne** zu tragen, wenn Sie durch die Dörfer der Falaise kraxeln; sehr wichtig sind auch **feste Schuhe!** Nehmen Sie ein Moskitonetz mit und in Abhängigkeit von der Jahreszeit auch einen leichten Schlafsack. Empfindliche sollten auch auf eine aufblasbare Matratze nicht verzichten.

Im jeweiligen Dorf, in dem man übernachtet, wird auf Bestellung auch eine **Mahlzeit** zubereitet (Reis oder Ygnam mit Soße bzw. Huhn mit Reis für ca. 1500 bzw. 2000 CFA); die Dogon selbst essen meist Hirsebrei.

Für die Besichtigung der alten Dogon-Dörfer wird in der Regel ein Betrag von 1000 CFA/Person verlangt.

Achtung: Im Dogon-Land gibt es überall **Bilharziose** – nicht baden, Wasser aus den Flüssen filtern!

Im Dogon-Land

DAS LAND DER DOGON

Die **beste Zeit zum Wandern** ist morgens von 5–10 und von 16–18 Uhr; in der großen Mittagshitze sollten Sie sich nach Möglichkeit an einem schattigen Platz ausruhen.

Markttag ist in den Dogon-Dörfern in der Regel alle fünf Tage; in Enndé jedoch sonntags, in Kani-Kombolé donnerstags.

Verhalten Sie sich gegenüber den Einheimischen **respektvoll und diskret!** Fragen Sie vor dem Fotografieren die jeweiligen Personen um Erlaubnis oder ggf. ihren Führer, er kennt die vielen Tabus. Gelegentlich (nach einer Übernachtung) werden Sie nach einem „cadeau" gefragt werden; den meisten fällt dann leider nur ein Geldgeschenk ein – schade! Ein paar Cola-Nüsse, vorsorglich auf einem Markt eingekauft, sind ein immer gern gesehenes Gastgeschenk und leicht mitzunehmen.

Sie werden nicht allein unterwegs sein! Die Dogon selbst bewegen sich noch immer auf ihren alten Wegen zwischen Feldern und Dörfern. Sind Sie erst einmal den per Motorfahrzeug erreichbaren Ortschaften „entkommen", werden Sie mit Erstaunen feststellen, wie freundlich und oft auch ursprünglich die Menschen hier immer noch sind.

Einen guten Eindruck von einer Wanderung in der Falaise vermittelt der Film „Traveling Mali – Dogon Country" auf YouTube. Eine tolle Seite im **Internet** ist www.dogon-lobi.ch mit etwas älteren, aber wunderschönen Fotos.

Vorschlag für eintägige Touren

Die Strecke **Bandiagara – Kani – Kombolé – Teli und zurück** ist an einem Tag machbar. Die sehr schöne Wanderung führt die Falaise hinunter, vorbei an Wasserfällen (in der Regenzeit). In Kani-Kombolé besteht die Möglichkeit, Eselskarren zu mieten oder zu Fuß weiter nach Teli (6–7 Std.) zu gehen; während der Regenzeit ist dies auch problemlos zur Mittagszeit möglich (Temperaturen bis ca. 35°C).

Als „traumhaft" bezeichnet eine Leserin die Strecke von **Enndé** hinauf nach **Indelou** und wieder hinab nach **Yabacalou.** Sehr schön auch nach dieser Zuschrift die Strecke **Djiguibombo** hinunter nach Kani-Kombolé (obwohl ungefähr parallel dazu eine kleine Piste verläuft, die mit deutscher Hilfe „modernisiert" wurde, s.u.; Markttag in Djiguibombo Mi). Mir selbst hat es überall im Dogon-Land gefallen, am wenigsten im sehr überlaufenen Banani.

Vorschlag für mehrere Tage
● **1. Tag:** bis Teli
(Djignibombo, Kani – Kombolé)
● **2. Tag:** bis Enndé
● **3. Tag:** bis Dourou
● **4. Tag:** zurück nach Bandiagara

Gute Kondition ist erforderlich! Falls Ihnen die mehrtägige Tour durch die Falaise zu anstrengend wird, können Sie auch einen Eselskarren (*charrette d'âne*, 7500 CFA für einen Wagen mit Esel) mieten.

Einige Ortschaften in alphabetischer Reihenfolge
Dourou
Dorf mit einfachem Restaurant in der Nähe des Marktes; alle fünf Tage Markt. Liegt oben auf der Hochfläche. Recht

Die Dogon und das Sirius-Rätsel

Die in ihren Felswänden lebenden Dogon veranstalten seit undenklichen Zeiten in einem Zyklus von etwa fünfzig Jahren das **Sigui-(Reis-)Fest** – archäologische Belege hierfür finden sich über mehr als ein halbes Jahrtausend, Schätzungen nehmen gar ein Alter von 3000 Jahren an. Beim Sigui-Fest werden auch Aspekte einbezogen, die den hellsten Stern am Fixsternhimmel, Sirius A, betreffen: Der **50-Jahre-Zyklus** wird nämlich bestimmt durch die Umlaufzeit seines – ohne Teleskop unsichtbaren – Begleiters, **Po** (nach dem sehr kleinen Korn der Wildhirseart *Digitaria exilis,* für uns heute Sirius B), den die Dogon als sehr alt, sehr klein und ungeheuer schwer beschreiben. In ihrer Schöpfungsgeschichte kehrt Po auf seiner elliptischen Umlaufbahn eben alle fünfzig Jahre wieder, derselbe Zeitraum, in dem auch das Sigui-Fest stattfindet. Seitdem es hoch entwickelte Teleskope gibt (Ende des 19. Jh.) wissen wir, dass Po tatsächlich existiert: Als sogenannter Weißer Zwerg – für seine Größe ungeheuer hell und ungeheuer dicht und schwer (1 Fingerhut = 37 kg) – umkreist er **Sirius A** mit einer Umlaufzeit von ca. fünfzig Jahren! Hinzu kommen weitere eigentlich höchst unwahrscheinliche Kenntnisse zu Galaxien und Planetensystemen. Danach befragt, woher sie ihr unglaubliches Wissen beziehen, nennen sie *Nommo,* ein kreisförmiges Wesen, das unter großem Lärm und Staubentwicklung einst vom Himmel herabstieg. Was lag da als Erklärung näher als die des *Erich von Däniken,* der darin einen weiteren Beweis für den Besuch extraterrestrischer Wesen auf unserem Globus vermutete?

Die rätselhaften astronomischen Kenntnisse und ihr **hoch entwickeltes mystisches Weltbild**, in dem sie die Schöpfungsgeschichte mit komplexen kosmischen Vorgängen verbinden, haben den Dogon weltweit eine ungeheure Aufmerksamkeit beschert. Besucher kommen von nah und fern in die abgelegene Felsregion, Deutsche, Amerikaner, Japaner, Holländer. Maskenfeste werden gegen Bezahlung wie folkloristische Darstellungen aufgeführt. Es wird schwer sein für die „Kinder des Lichtes", sich unter dem Ansturm all der wohlmeinend-neugierigen Besucher die Ernsthaftigkeit ihrer traditionellen Zeremonien zu erhalten.

groß und weitläufig. Hier erlaubt eine einfache Piste den Aufstieg auch für Geländefahrzeuge.

Enndé

Kleines Dorf mit mehreren Campements; großes Angebot an Kunsthandwerk und besonders **Textilien,** die hier gewoben und bemalt (Bogoan-Tücher, siehe Ségou!) werden. Markttag ist Sonntag.

Kani-Kombolé

Kleines Dorf. Es gibt ein Bar-Restaurant direkt am Markt. Gekühlte Getränke sind erhältlich. Markt ist am Donnerstag. Eselskarren kosten hier ca. 1400 CFA für den Nachmittag. Insgesamt noch sehr ruhig und traditionell; ohne spektakuläre Ausblicke. Eine von der GTZ ausgebaute schmale Piste überwindet hier mit Hilfe vieler Betonplatten die Falaise und stellt so die kürzeste Verbindung zwischen Bandiagara und Bankass her. Als guten lokalen **Führer** empfiehlt ein Leser hier *Hamidou Lougué,* hamidoulougue@yahoo.fr, Tel. 73016762.

Sanga

Sanga ist der **Hauptort des Dogon-Landes** und durch eine gute Piste mit Bandiagara verbunden. Sehenswert ist der **Markt** (alle fünf Tage, evtl. in Mopti oder Bandiagara vorher erkunden). *M. Griaule,* ein französischer Ethnologe, hat mehrere Jahre hier gelebt, um die traditionellen Riten und die Gedankenwelt der Dogon zu studieren (1933). Er gilt als „Entdecker" der Dogon und gewann die Freundschaft des Hogon von Ogul, der ihn mit der Mythologie der Dogon vertraut machte. Sanga ist als Ausgangspunkt für eine Wanderung durch die Dörfer entlang der Falaise besonders geeignet, daher auch etwas überlaufen und nicht frei von touristischer Anmache.

Unterkunft/Verpflegung:
● **Hotel Campement Sanga**
Tel. 21442028, Ortsmitte nahe Markt; gut geführt, hübscher Innenhof, Restaurant, DZ ab 20.000 CFA, Strom aus dem Generator, dieser wird um 24 Uhr abgeschaltet.
● **Mission**
Tel. 21442013. Sympathische Unterkunft, ca. 7000 CFA p.P.
● **Auberge Le Grand Castor Dogon**
Etwas außerhalb des Ortes, von Lesern sehr empfohlen, DZ 18.000 CFA, Camping 2500 CFA. Tel. 21442004, grandcastordogon@yahoo.fr.
● **Chez La Femme Dogon**
Tel. 21442013. Übernachtung in familiärer Atmosphäre, DZ 14.000 CFA, Mahlzeiten auf Bestellung für 2000 CFA.

Songo

Etwa 15 km vor Bandiagara (von Mopti kommend) führt links eine Piste (ausgeschildert, 4 km) zu dem Dorf Songo; dort gibt es einen Felsüberhang *(Abri)* mit **Initiationsplatz,** wo die **Symbole der Dogon-Mythologie** an die Wände gemalt wurden: heilige Totemtiere, Masken und rituelle Gegenstände bzw. Symbole. Anhand dieser Malereien werden die Beschnittenen in die Glaubenswelt eingeführt. Eine Besichtigung kostet 1000 CFA, eine Spende für die Dorfschule wird erwartet. **Übernachtung** möglich im Campement **Hotel Guin des Frères.** Markt ist am Sonntag.

Tirelli

Nahe beim Ort Amani. Campement-Restaurant, Matratzen auf Hausdach, 2500 CFA/Nacht. Tümpel, mit heiligen Krokodilen, Maskentänze.

Die Strecke von Bandiagara nach Dourou und Bankass ist interessant und landschaftlich sehr schön; ein Geländewagen ist wegen grobsteiniger Wegstrecken und ausgewaschener Bachläufe erforderlich. Die gebirgig-steinige Landschaft der Falaise de Bandiagara wird unterhalb des Steilabbruchs von bewachsenen Sanddünen begrenzt. Die anschließende **Gondo-Ebene** ist dicht mit Bäumen bewachsen und ähnelt der Savannenlandschaft Kenias. Wählt man ab Bankass die Piste nach Mopti/Djenné, kann man sich den Rückweg über Bandiagara sparen. Alternativ bietet sich die kleine Piste über Kani-Kombolé an; siehe dazu den nächsten Abschnitt.

Motorisiert am Fuß der Bandiagara-Falaise entlang nach Douentza

Im gesamten Dogon-Gebiet werden derzeit auch mit deutscher Hilfe Pisten ausgebaut, kleine Staudämme angelegt, Brunnen gebaut. Diese Pisten ermöglichen heute eine Tour (im eigenen oder gemieteten **Geländefahrzeug**), die am Fuß der Falaise entlang durch ruhige Dörfer bis nach Norden nach Douentza führt. Die Streckenführung ist dabei nur prinzipiell einfach! Prinzipiell bedeutet, dass man eigentlich immer der Falaise folgt, sich mal näher an ihr dran befindet, sie dann wieder verlässt. Eine Vielzahl von Karrenwegen erschwert dennoch die Orientierung. Ein Geländefahrzeug ist unabdingbar (Bodenfreiheit, weichsandige Wegstrecken), sollte aber nicht zu hoch und zu breit sein, da auf manchen Abschnitten eng stehende Bäume bzw. deren Äste die lichte Breite und Höhe einengen.

Dies wäre eine Möglichkeit: Man folgt von Bandiagara aus der neuen, breiten Piste in Richtung Bankass und verlässt sie nach 1,5 km südwärts (ausgeschildert „Kani-Kombolé" und „Bankass"). Auf schmaler Piste überquert man das Bandiagara-Plateau und steigt dann steil, aber auf bestens mit Beton ausgebauter Piste zum Fuß der Falaise hinab nach **Kani-Kombolé.** Kaum unten angelangt, biegt man auf eine weiterhin sehr schmale Piste nach Norden ab, der man jetzt immer weiter folgt. Schöne, ruhige Dörfer werden durchquert. Die alten **Dogonsiedlungen** drängen sich im Westen malerisch an die Felsen, eines hübscher als das andere. In jedem Dorf finden sich nette und freundliche Führer, die bereit sind, einen zu einem Abstecher hinauf in die Felsdörfer zu begleiten. Kleine, einfache Restaurants bieten Cola und Mineralwasser an; kaum ein Dorf, in dem nicht auch ein mehr oder weniger hübscher Souvenirmarkt mit Holzgegenständen oder Stoffen auf Kunden wartet. Wer zurück nach Bandiagara will, kann erstmals nach der Bezwingung einer nicht ganz einfachen und sehr hohen, aber teilweise bewachsenen Düne bei **Dourou** die Falaise wieder hinauffahren (schönste Landschaften; schwer zu erkennen, Abzweig bei N 14°18,049' / W 3°24,833'). Auch hier sind Teilstrecken betoniert. Oben angekommen, sollten Sie einen Blick gleich rechts auf eine Passerelle werfen, einen mit Stufen versehenen Baumstamm, über den all die ab- bzw. aufsteigen, die hier zu Fuß unterwegs sind, und das sind die Einheimischen hier sehr oft. Übers Plateau weg geht es dann an vielen Feldern vorbei zurück nach Bandiagara, das nach ca. 55 km wieder erreicht ist. Eine insgesamt sehr schöne Strecke, die jedoch die (angeblich) schönsten Dörfer der Falaise auslässt. Da diese Einschätzung verbreitet ist – ich teile sie nicht! –, ist es hier im Süden der Falaise noch sehr ruhig!

Wer mehr sehen will, fährt an der oben genannten Koordinate geradeaus weiter. Die Piste bleibt sehr klein und unscheinbar, führt teilweise weichsandig an einem Tal entlang, dann durch parkähnliche, wunderschöne Landschaften. Links, im Westen, immer die Falaise mit den pittoresken Dogon-Dörfern. Immer näher kommen die Felsen, besiedelte Hänge, eine Furt: Der Ort **Banani** (N 14°27,83' / W 3°17,313') und hier das **Hotel Chamäleon** (DZ 30.000 CFA) sind erreicht; erneut bietet sich die Möglichkeit, die Falaise hinauf und zurück nach Bandiagara zu fahren.

Die Strecke geht aber auch weiter der Falaise entlang. Wer flotter vorankommen will oder muss (was wirklich schade wäre), folgt den Spuren hinaus in die **Gondo-Ebene** gen Nordosten, stößt dort auf die Piste, die von Koro kommt (z.B. N 14°33,07' / W 3°4,687'), und schwenkt hier wieder auf NNW. Spätestens in **Bamba** (N 14°38,554' / W 3°5,722') sind wieder alle Spuren zusammen. Wieder führt dort die flottere Spur hinaus in die Gondo-Ebene, wo es in weitem Bogen um den Doumba-Berg geht; „innen durch" ist die Strecke landschaftlich schöner, erfordert aber auf teilweise steiniger Piste über das malerische Dorf **Amba** mehr Zeit. Es ist fast wie im Falle Roms: Alle Wege in diese Richtung führen nach **Douentza** (N 14°59,672' / W 2°57,226' beim Markt im Ort).

Die Situation auf dieser Strecke am Fuß der Falaise zeigt ganz nett das YouTube-Filmchen „BTT – Mali 2006 (2 a part, pais Dogon)". Die Reisenden waren mit dem Fahrrad unterwegs, und für dieses Verkehrsmittel ist eine andere als die gewählte Route kaum sinnvoll. Auch der Film „Traveling Mali – Dogon Country" zeigt den Blick auf die Piste, hier von einem Pritschenwagen herab.

Bankass

Bankass liegt etwas entfernt von der Bandiagara-Falaise in der Gondo-Ebene und eignet sich ebenfalls als Ausgangspunkt für die Erkundung des Dogongebietes. Hier ist es noch etwas ruhiger und weniger überlaufen. Markttag ist der Dienstag.

Unterkunft/Verpflegung:
●**Campement Hogon**
Hotel und Camping mit 5 Zimmern. 3000 CFA pro Person bzw. 5000 CFA/DZ.
●**Campement,** ca. 2500 CFA p.P.
●**Chez Ben/Les Arbres Verts**
Ca. 10.000 CFA p.P. im Mehrbettzimmer; der Besitzer, *Monsieur Ben*, ist sehr freundlich und hilfsbereit, z.B. bei der Organisation von Touren durch die Falaise. Die Bar ist ein be-

DER OSTEN UND NORDOSTEN

liebter Treffpunkt und bietet gutes Essen. War im Sommer 2010 jedoch geschlossen.
- **Hotel Nommo**
Relativ neues, ordentliches Hotel, Restaurant, Tel. 4480965, 9256086, moussaouedragol@yahoo.fr, DZ 22.500 CFA.

Koro

Wie Bankass liegt auch dieser hübsche und ruhige Ort an der „Route des Poissons", der Fisch-Straße, die den Markt von Mopti mit wichtigen Absatzmärkten dieser Räucherware vor allem in Burkina Faso (Ouahigouya, Ouagadougou u.a.) verbindet. Im Ort werden die Zoll- und Polizeiformalitäten für die Ausreise erledigt (die Strecke ist ab Ouahigouya nach Süden zu asphaltiert). Mehrere einfache **Restaurants**, das einfache **Campement Koro** (lt. einer Leserzuschrift mit DZ für 9000 CFA überteuert, Essen jedoch gut und günstig) und die **Reiseagentur Hady-Guindo** (Tel. 2420191, Fax 2430924, hady-guindo@yahoo.fr) erleichtern den Aufenthalt, ebenso das kleine, sehr sympathische **Hotel L'Aventure** (DZ 12.500 CFA). Markttag ist Samstag. Die landschaftlich sehr reizvolle Gegend ist noch sehr unberührt und – besonders nach Osten hin – Durchzugsgebiet der Sahel-Elefanten während der Regenzeit. In der Umgebung leben Familien mit dem Namen *Ganamey*, die als Nachkommen der Tellem gelten.

Das Buschtaxi weiter **über die Grenze** bis Ouahigouya kostet 2500 CFA, Gepäck 500 CFA/Stück. Die Grenzformalitäten sind zeitaufwendig und erfordern fünfmaliges Aussteigen. Zeitbedarf für die Strecke: 3 Stunden.

Der Osten und Nordosten

Das deutsche Auswärtige Amt warnt vor Reisen in die nördlichen und nordöstlichen Gebiete Malis! Das gilt für die Verwaltungsregionen Timbuktu (einschließlich der Stadt Timbuktu), Gao und Kidal. Aktuelle Hinweise bestätigen, dass jederzeit mit Anschlägen und Entführungen westlicher Staatsangehöriger zu rechnen ist; von AQIM (Al-Qaida im Maghreb) ins Internet gestellte Drohvideos richten sich explizit gegen Deutsche bzw. Deutschland. Dies gilt im besonderen Maße für den Norden Malis, wo bewaffnete Gruppierungen verstärkt grenzüberschreitend operieren.

Timbuktu

Geschichte

Ursprünglich war Timbuktu ein Handelsstützpunkt der Kamelkarawanen (*Azelai*) der Tuareg-Nomaden auf ihrem Transsahara-Handel. Der Legende nach bekam dieser Ort seinen Namen von einer Frau namens *Buktu*, die den dortigen Brunnen bewachte; Timbuktu heißt „Brunnen der Wächterin".

Als **„Hafen der Wüste"** und Endpunkt des Transsahara-Handels gewann Timbuktu immer mehr an Bedeutung; die Händler tauschten Gold, Elfenbein und Sklaven gegen das lebensnotwendige Salz aus der Sahara.

Im 15. Jh. hatte sich der Ort zu einem der größten kulturellen Zentren des Sudan entwickelt: Berühmte Professoren und Wissenschaftler kamen aus Kairo an eine **Universität,** die in ihrer Blütezeit 20.000 Studenten beherbergt haben soll; über hundert Koran-Schulen gab es in der Stadt. Es entstand außerdem eine große **Bibliothek,** in der es Kopien der wichtigsten philosophischen Werke gab. Neben der arabischen Sprache wurden Fächer wie Rhetorik, Recht, Medizin und die Auslegung des Koran („Stadt der 333 Heiligen") gelehrt. Der Rang der Stadt kommt in einem sudanesischen Sprichwort zum Ausdruck: „Salz kommt aus dem Norden, Gold aus dem Süden und Silber aus dem Land des weißen Mannes, aber das Wort Gottes und die Schätze der Weisheit sind nur in Timbuktu zu finden". Im 16. Jh. setzte die Invasion der Marokkaner der Blütezeit der Stadt ein Ende; die meisten Gelehrten wurden verschleppt.

Auch wenn sich der Transsahara-Handel auf die Fezzan-Route verlagert und Timbuktu damit an wirtschaftlicher Bedeutung verloren hat, machen sich auch heute noch jährlich zahlreiche Karawanen auf den beschwerlichen Weg in die Wüste. Ist eine Kamelkarawane von ihrer Reise zurückgekommen, so findet der sogenannte **Azalai-Markt** statt, ein Höhepunkt des gesellschaftlichen Lebens Timbuktus.

Aufgrund der Berichte arabischer Reisender hatte man bereits früh in Europa von der sagenumwobenen Stadt Timbuktu gehört. Mehrere europäische **Entdeckungsreisende** besuchten Timbuktu. Der Schotte *Gordon Laing* erreichte im Jahr 1826 als erster Europäer diese Stadt, wurde jedoch kurze Zeit später ermordet. Zwei Jahre später kam der Franzose *René Caillé* als Araber verkleidet nach Timbuktu, und im Jahr 1853 lebte der deutsche Forschungsreisende *Heinrich Barth* hier für einige Zeit und fertigte die ersten detaillierten Berichte über die Stadt an.

Heute ist Timbuktu eine alte Sahelstadt, deren traditionelle Bauten zwar zusehends verfallen, aber nicht durch zu viele Neubauten verschandelt werden. Die Stadt vermittelt ein **Flair des „Zeitlosen".** Dies wird unterstrichen durch die traditionelle Kleidung der Menschen, von denen noch höchstens 30.000 in Timbuktu leben. Vom Glanz der ehemaligen intellektuellen Hochburg des Islam ist allerdings nur noch wenig zu spüren. Aber man kommt mit den Bewohnern gut ins Gespräch und erfährt viel über die Lebenssituation, wenn man etwas länger bleibt. Die Nähe der Wüste ist überall zu spüren, auch im eingebackenen Sand im Fladenbrot ...

Das weltweite Interesse, das sich mit dem legendären Ort verbindet, hat in den letzten Jahren und vor allem nach dem Ende der Tuareg-Rebellion zu einer Ausweitung **internationaler Hilfsprogramme** geführt, die – so meine Meinung – nicht immer mit glücklicher Hand durchgeführt wurden. Da wurde z.B. die Stadt elektrifiziert mit der Folge, dass heute an jeder zweiten Ecke hässliche Strommasten stehen und schräg durch die Lüfte gezogene Leitungen zusätzlich das Stadtbild verschandeln. Die Wasserversorgung – ohne Zweifel ein zentrales Anliegen aller Bewohner – wurde ausgebaut; aber mussten dazu

Wassertürme in einer solchen Hässlichkeit errichtet werden, die heute die Skyline des Ortes dominieren? Und darf man einen Ort, der sich seiner architektonischen Einmaligkeit rühmt, mit solch hässlich-kantigen Betonbauten vergewaltigen, wie es etwa das Centre Ahmed Baba darstellt? Behutsamer Umgang mit dem ererbten Kultur-Vermögen war da offensichtlich nicht gefragt, es hat den Anschein, als müssten verfügbare Hilfsgelder möglichst rasch rausgeklotzt werden, ohne Rücksicht auf Verluste an pittoresker Substanz.

Die Stadt dehnt sich derzeit vor allem nach Süden hin rasant aus. Überall wird gebaut, **modernisiert,** elektrifiziert. Die Anbindung an die Außenwelt durch eine leistungsfähige Allwetterpiste (Douentza – Bambara – Maoundé, s.u.) ließ die Zahl der Autos und Motorräder enorm ansteigen. Libyen ist dabei, seinen „Großen Kanal" fertig zu stellen (nicht in Röhren wie das Great-Man-Made-River-Projekt in Libyen selbst, sondern offen); die Eröffnung ist noch für dieses Jahr vorgesehen, und mit dem Nigerhochwasser soll dann wieder **Wasser** wie früher bis nach Timbuktu fließen, wo ja noch immer Postkarten erhältlich sind, die das Campement am seeähnlichen Ende des alten Kanals zeigen. Das Hotel Azalai wird dann diesem gegenüber auf der anderen Seeseite liegen; bereits jetzt ist es aus malischem Staatseigentum in libysche Hände gegangen; es soll modernisiert, vergrößert und um einen Golfplatz erweitert werden. *Muammar al-Kadhafi* will zur Kanaleinweihung selbst nach Timbuktu kommen und hier wieder (wie schon früher) in einer Zeltresidenz am Fuß der Saheldünen nächtigen. Für die Bewohner Timbuktus ist gerade dies sehr gut nachvollziehbar: Im letzten Abendlicht jedenfalls sind vor allem im Osten der Stadt noch immer würdige Männer zu sehen, die dort in ihren traditionellen Gewändern ganz oben auf den die Stadt umzingelnden Dünen beisammen sitzen und über Gott und die Zeitenläufe debattieren – ob sie den alten Zeiten nachtrauern?

Sehenswürdigkeiten

Seit 1988 stehen die Moscheen, Mausoleen und Friedhöfe von Timbuktu auf der Liste des **UNESCO-Weltkulturerbes.**

Timbuktu besteht aus **mehreren Stadtteilen** (Djinger-Ber, Sankoré, Sarakaina, Badjinde). Die Stadt ist jedoch nicht sonderlich groß; so kann man alle Entfernungen gut zu Fuß bewältigen. Bei einem Rundgang werden Sie von zahlreichen **„Nasara"** (= Christ) rufenden Kindern begleitet bzw. verfolgt, die um ein „cadeau" (Geschenk) oder „bic" (Kugelschreiber) bitten bzw. betteln.

Es gibt ein sehenswertes **Museum** in der Stadt, wo man sich gut vorab informieren kann.

Timbuktu ist auch bekannt für seine hervorragende **Handwerkskunst,** vor allem die wunderschön verzierten Eingangstüren vieler Bürgerhäuser. Souvenirs in allen möglichen Ausprägungen von Schmuck bis zum Dolch (alles natürlich „Tuareg"!) finden Sie im **Maison des artisans** im Zentrum (siehe Stadtplan). Die Auswahl ist groß: Objekte aus Metall, Leder, Stoffe und andere Textilien, traditionell gefertigter Strohschmuck, auch garantiert echte Antiquitäten. Der eine oder andere Handwerker führt auch vor, wie seine Arbeitstechniken eingesetzt werden. Handeln ist hier Pflicht! Die Eingangspreise sind oft deutlich überhöht. Im OG des Hauses befindet sich das lebhafte Restaurant Salam.

Bürgerhäuser

Interessant sind die Bürgerpaläste aus dem 15. und 16. Jh., deren Fassaden, ähnlich wie in Djenné, mit zahlreichen Friesen, Säulen, Pilastern und Kapitellen verziert sind. Der auffallend städtische Charakter, den Timbuktu im Vergleich zu anderen Ortschaften ähnlicher Größe im Sahel aufweist, kommt durch architektonische Besonderheiten zustande: Viele Häuser sind Stockwerksbauten, und bei besseren Häusern wird der sogenannte Alhore-Stein (und nicht wie sonst überall Lehm) verwendet. Die Steinbrüche liegen zwischen 10 und 80 km nördlich von Timbuktu. Der Stein ist weiß, leicht und einfach schön.

Sehenswert sind auch die Häuser, in denen die drei erwähnten europäischen Entdeckungsreisenden *René Caillé, Gordon Laing* und *Heinrich Barth* (mit kleinem Museum, Eintritt 500 CFA) gewohnt haben, als sie im 19. Jh. Timbuktu besuchten. Die Häuser liegen in der Nähe der Djinger-Ber-Moschee.

Markt

Der Markt liegt etwas außerhalb des alten Stadtkerns. Eine besondere Attraktion ist dieser Markt, wenn eine Kamelkarawane gerade mit Salzladungen aus Taoudenni (s.u.) angekommen ist. Neben Deckenhändlern findet man vor allem die berühmten **Lederarbeiten der Tuareg.** Die Tuareg leben in Zeltlagern in der Umgebung von Timbuktu. Sie kommen in die Stadt, um ihre Lederarbeiten zu verkaufen. Sollten Sie ein Tuareg-Zelt einmal von innen sehen wollen, fragen Sie, ob Sie mitkommen und eventuell auch ein paar Tage mit ihnen verbringen dürfen (dabei ist der Preis natürlich vorher auszuhandeln!).

Moschee Djinger-Ber (Grande Mosquée)

Diese **größte Moschee Timbuktus** liegt im gleichnamigen Quartier am südwestlichen Rand der Stadt. Sie kann nicht mehr besichtigt werden, was auch für alle anderen Moscheen gilt.

Moschee Sidi Yahia

Im Stadtviertel Sarakaina gelegenes, **kleinstes Gotteshaus Timbuktus.** Ein paar Straßen weiter befindet sich das Wohnhaus, in dem *Heinrich Barth* während seines Aufenthaltes (1853/54) in Timbuktu lebte; heute erinnert noch eine Inschrift über dem Hauseingang an seinen Besuch.

Sidi Yahia war ein Imam in den ersten Jahrzehnten des 15. Jh., der lange Zeit als Schutzpatron der Stadt fungierte. Im Jahr 1440 ließen Tuareg ihm zu Ehren die Moschee erbauen.

Moschee Sankoré

Sankoré, der Ortsteil, wo sich die mittelalterliche Universität und die gleichnamige Moschee befinden, gilt als Viertel der Wohlhabenden. Der nordwestliche Teil von Sankoré ist auch Ziel der großen Salzkarawanen aus Taoudenni, der *Azalai*. 17 Tage sind die **Karawanen** unterwegs, um die 800 km lange Strecke von Taoudenni nach Timbuktu zurückzulegen. Von Timbuktu aus dauert es noch einmal vier bis sieben Tage, bis die Salzplatten per Pinasse Mopti erreichen und dann am Hafeneingang von den Mauren verkauft werden.

**Ankunft der
Salzkarawanen aus Taoudenni**

Selbstverständlich lässt sich die Ankunft einer solchen Karawane nicht planen. In der Winterzeit haben Sie gute Chancen, die Ankunft einer Karawane zu erleben, wenn Sie sich einige Tage in der Stadt aufhalten. Viele Karawanenführer arbeiten in einem Klienten-System, d.h. sie transportieren die Salzplatten aus Taoudenni für einen ganz bestimmten Salzhändler; bei Ankunft in Timbuktu werden sie folglich direkt dessen Gehöft ansteuern. Hier hilft Ihnen nur Glück und etwas Gespür; vertrauen Sie der Gerüchteküche des Ortes und dem, was Ihnen echte oder vermeintliche Führer einflüstern. Üblicherweise kommen die Karawanen am Nordrand der Stadt an, ein Lagerplatz ist auch der kleine Markt im Nordwesten.

Centre Ahmed Baba

Die größte **Manuskriptbibliothek** in Timbuktu, mit EDV und Manuskriptrenovation. Auf Wunsch werden Ihnen wunderbare uralte Handschriften (teilweise aus dem 12. Jh.) teilweise in Goldschrift und kalligrafisch „bebildert" gezeigt. Absolut sehenswert, nur das

🏨	1	Flamme de la Paix,
★		Monument,
❶		Restaurant Amanar
🏨	2	Hotel Azalai
🏨	3	Hotel Bouctou / ex Campement
🏨		und Annexe
★	4	Hängende Gärten
⛽	5	Tankstelle
🛒	6	Kleiner Markt / Salzmarkt
Ⓜ	7	Maison des artisans / Kunsthandwerkerhaus, und darin
❶		Restaurant Salam
@	8	Internet-Café
$	9	Bank (wechselt nicht)
🍺	10	Bar-Rest.-Dancing La Paillote
❶	11	Restaurant Poulet d´Or
★	12	Obelisk
🚔	13	Gendarmerie (aktuell Baustelle)
☪	14	Moschee Sankoré
★	15	Haus von Oskar Lenz
⛽	16	Tankstelle
🏨	17	Markthalle / Großer Markt
❶	18	Restaurant Al Hajad
Ⓜ	19	Musée municipale (Stadtmuseum)
🏨	20	Hotel Colombe
🏨	21	Annexe Hotel Colombe
❶	22	Office de Tourisme
☪	23	Djinger-Ber Moschee
★	24	Haus von Gordon Laing
★	25	Haus von René Caillée
☪	26	Moschee Sidi Yahia
★	27	Haus von Heinrich Barth
☪	28	Großer Gebetsplatz
⚕	29	Apotheke
★	30	Centre Ahmed Baba
✚	31	Krankenhaus
$	32	Bank BNDA
•	33	Gericht
🚔	34	Polizei
•	35	Foire/Messe
✉	36	Post
•	37	Sotelma
•	38	Mairie/Bürgermeisteramt
🚔	39	Polizei
★	40	Monument El Farouk
•	41	Gouvernorat
•	42	Bezirksverwaltung
•	43	Kaserne
🅢		Schulen

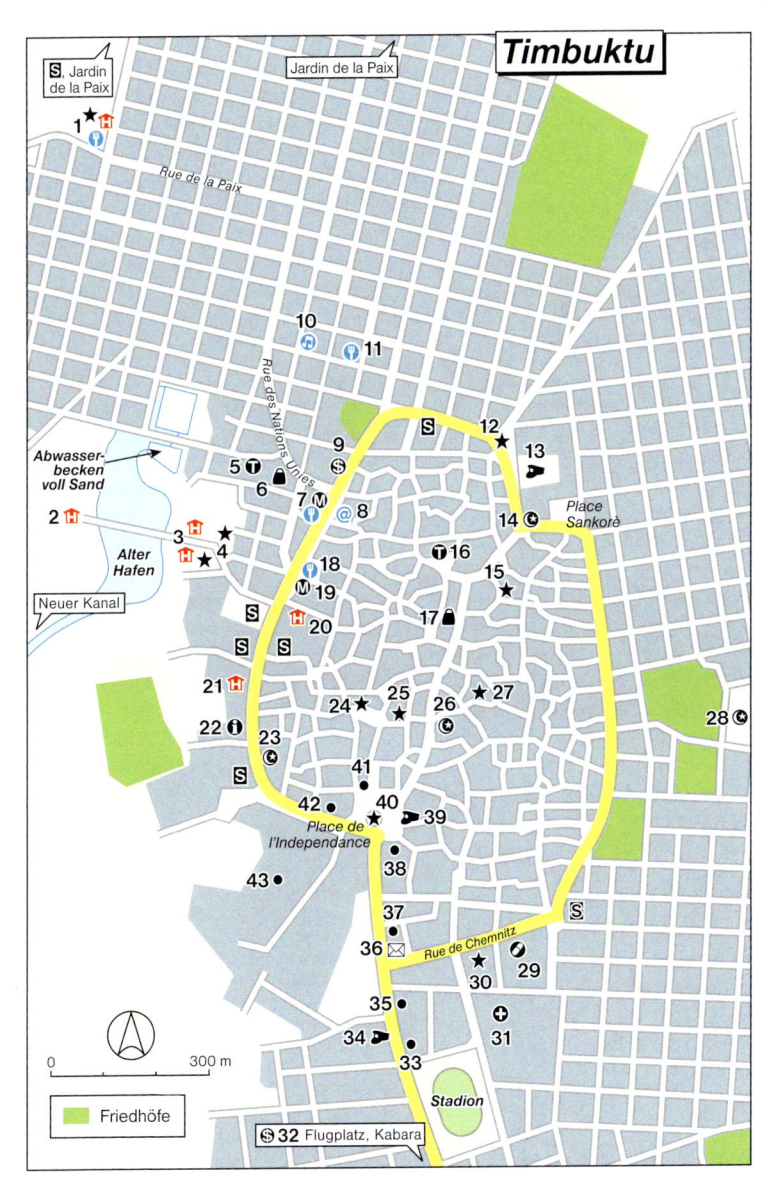

Timbuktu

Karte S. 304

Jardin de la Paix
Jardin de la Paix
Rue de la Paix
Rue des Nations Unies
Abwasserbecken voll Sand
Alter Hafen
Neuer Kanal
Place Sankorè
Place de l'Independance
Rue de Chemnitz
Stadion
Flugplatz, Kabara

0   300 m

Friedhöfe

Unterwegs in Mali

DER OSTEN UND NORDOSTEN

moderne Gebäude trübt etwas die Atmosphäre.

Häuser der frühen Forschungsreisenden

Wie kleine Museen wurden die Häuser ausgebaut, in denen verschiedene Forschungsreisende während ihres Aufenthaltes in Timbuktu lebten. Besuchen lassen sich die Häuser von *Oskar Lenz, Gordon Laing, René Caillée* und *Heinrich Barth* (siehe Stadtplan).

Timbuktus „Hängende Gärten"

Von französischen Autoren auch „Gärten des Sandes" genannt, handelt es sich bei diesen Gärten um kleine Felder, die in großen Trichtern konzentrisch in Ringform nach oben steigend um einen tief liegenden Brunnen angelegt sind. Sollte Ihnen das Buch von *Jean Gabus,* "Sahara – bijoux et techniques", zugänglich sein: Dort findet sich auf S. 299 eine Luftaufnahme von Timbuktu, auf der solche Gärten deutlich zu sehen sind. Die Gärten finden sich vor allem im Nordwesten der Stadt.

Verheerende Regenfälle in den Jahren 2004 und 2007 haben zum „Einsturz" vieler Gartentrichter geführt. Das nachlassende Interesse an der mühseligen Bestellung der Kleinfelder hat dazu geführt, dass gegenwärtig kaum einer der „Hängenden Gärten" wieder hergerichtet wurde.

Timbuktus „Friedenssymbole"

Nach den Jahren der Auseinandersetzungen zwischen Tuareg-„Rebellen" und dem malischen Militär kam es im März 1996 zu einer symbolischen Waffenniederlegung und Waffenverbrennung. Ein überdimensioniertes Monument, **„Flamme de la Paix"** (www.malitour.com/diaporama/toumbouctou/default.htm), und etliche vorsintflutliche, einbetonierte Waffen erinnern daran. Alljährlich am 27. März wird mit einem Festakt dieses Ereignisses gedacht. Das Denkmal steht am Nordwestrand der Ortschaft und ist allein schon deshalb einen Spaziergang wert (ca. 1 km ab Ortsmitte), weil sich dort auch das nette Café-Restaurant Auberge „Amanar" (= Orion in der Sprache der Tuareg) befindet.

Noch etwa 700 m weiter im Norden liegt der **„Jardin de la Paix",** ein halb von Dünen überwehtes ummauertes Areal, in dem jeder friedenswillige Prominente einen Baum pflanzen sollte! Kleine Tafeln nennen Staatspräsidenten, Minister, auch höchste deutsche Repräsentanten als Pflanzer. Ein Gärtner sollte sich eigentlich um die Anlage kümmern; er führt sie auch gerne zu den Tafeln, die auf Ihr Interesse stoßen könnten, nur ist ihm sein kleines Gemüsebeet wichtiger als die Friedensbäumchen – die meisten sind längst verdorrt!

Sicherheit

Siehe die oben wiedergegebene Einschätzung des Auswärtigen Amtes. Die Situation in Timbuktu selbst ist ruhig, die Atmosphäre freundlich und entspannt. Die Grenzregionen zu Mauretanien und alle **Gebiete nördlich der Stadt** gelten nach wie vor als **unsicher.** Autoreisende sollten sich deshalb vor einer Weiterfahrt in Richtung Mauretanien erst bei den Behörden über den Sicherheitsstand erkundigen.

Auch in Mali wurden im Rahmen der US-amerikanischen „Initiative Pan-Sahel" Kommandoeinheiten ausgebildet, die auf den antiterroristischen Kampf in wüstenhafter Umgebung spezialisiert sind. Die amerikanischen Ausbilder sind in den Kasernen des Ortes und in einem Camp westlich des Hotel Azalai stationiert.

Hotels

● **Hotel Bouctou**
Tel. 21921012. Ehemaliges Campement, je nach Komfort verschiedene Preisklassen. Es gibt ein Nebengebäude, das mehr einer Karawanserei ähnelt. DZ 18.000–22.000 CFA inkl. Frühstück. Menü für ca. 4000 CFA im lauten Speisesaal, in dem permanent Satellitenfernsehen läuft. Abendessen und Frühstück auch auf der Terrasse möglich.

● **Hotel Tomboutou**
Ruhig und abseits etwa 2 km außerhalb der Stadt, mit Camping und Restaurant. Tel. 21921433, einfache Zimmer ab 18.000 CFA.

● **Relais Azalai**
B.P. 64, Tel. 21921163 und 21224321. Ehem. Luxushotel der französischen Sofitel-Gruppe, etwas außerhalb der Stadt gelegen; im Restaurant wird ein Menü für ca. 4500 CFA serviert; ein DZ mit AC und europäischem Komfort kostet 25.000 CFA.

● **Hotel La Colombe**
Tel. 21921435, Fax 21921434, nahe der Großen Moschee; zwei Dependancen am Ortseingang. DZ 22.000 CFA, Frühstück 2000 CFA, *Menu du jour* 4000 CFA. Kleiner Pool. lacolombe.tom@voila.fr

● **Hendrina Khan**
Erbaut vom „Vater der pakistanischen Atombombe", Publikum entsprechend geschäftsmäßig. DZ 32.000 CFA, Frühstück 2500 CFA. Liegt etwas abseits westlich der Straße zum Flugplatz. hotelhendrina@yahoo.fr

● **Auberge Amanar**
Ruhig gelegen, unmittelbar am Denkmal „Flamme de la paix". DZ 22.000 CFA. Man kann auch für 5000 CFA auf dem Dach übernachten. Gutes Café-Restaurant.

● **Sahara Passion**
Im Quartier Abaradjou, unter gleicher Leitung wie Sahara Passion in Gao. DZ kosten 17.000 CFA. spassion@bluewin.ch

● **La Maison**
Das erste etwas elegantere Hotel Timbuktus, lamaison.hotel@gmail.com, www.lesmaisonsdumali.com. Mit schöner Dachterrasse, gleiche Eigner wie Maison Rouge in Mopti. DZ 40.000 CFA. Sehr gutes Preis-Leistungsverhältnis, sehr schöne Terrasse zum Essen; außergewöhnliche Gerichte! Reservieren!

Essen und Trinken

Außer in den **Restaurants** der oben genannten **Hotels** kann man in kleinen afrikanischen Restaurants essen, beispielsweise im guten **Poulet d'Or** beim Petit Marché, das allerdings nur zu Essenszeiten geöffnet hat bzw. wo man besser 2 Std. vorher bestellen sollte, und im Restaurant **Al Hajad** an der Westrandstraße. Empfehlenswert und ruhig gelegen: **Restaurant-Auberge Amanar,** s.o. bei Unterkunft. Außerdem gibt es eine **Rotis-**

Stolzer Hausherr
vor seiner Wohnung

serie zwischen Polizei und Yahia-Moschee. Hinzu kommen einige kleine Läden, in denen man sich versorgen kann.

Flugverbindungen

- Der **Flugplatz** von Timbuktu liegt etwa 9 km südlich der Stadt, Richtung Kabara. Ein Taxi in die Stadt kostet 2500 CFA.
- Mittlerweile wird Timbuktu zweimal wöchentlich **von Bamako** aus angeflogen. Die Flüge kommen und gehen von hier aus weiter nach Mopti oder Gao.

Taxis und Busse

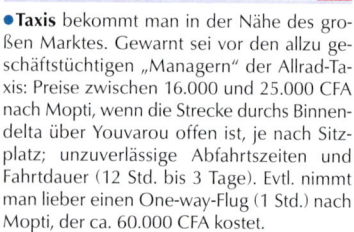

- **Taxis** bekommt man in der Nähe des großen Marktes. Gewarnt sei vor den allzu geschäftstüchtigen „Managern" der Allrad-Taxis: Preise zwischen 16.000 und 25.000 CFA nach Mopti, wenn die Strecke durchs Binnendelta über Youvarou offen ist, je nach Sitzplatz; unzuverlässige Abfahrtszeiten und Fahrtdauer (12 Std. bis 3 Tage). Evtl. nimmt man lieber eine One-way-Flug (1 Std.) nach Mopti, der ca. 60.000 CFA kostet.
- **Busse:** Keine Buslinie steuert derzeit Timbuktu an! Es verkehren nur noch Lkw (täglich). Versuchen Sie an der Tankstelle im Ort Informationen zur Abfahrtszeit zu erhalten.

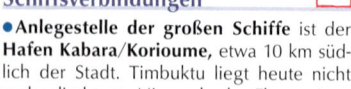

Schiffsverbindungen

- **Anlegestelle der großen Schiffe** ist der **Hafen Kabara/Korioume,** etwa 10 km südlich der Stadt. Timbuktu liegt heute nicht mehr direkt am Niger, da der Fluss seinen Lauf geändert hat. Zwischen der Anlegestelle und der Stadt herrscht reger Taxi-Verkehr, es gibt aber auch einen Bus für 350 CFA.
- Eine **Pinasse** verkehrt mehrmals pro Woche **nach Mopti** (2–3 Tage; s.a. Mopti und „Reisen im Land/Schiffsverbindungen"); ca. 25.000 CFA; Vermittlung z.B. durch die Rezeption der Unterkünfte.

Geldwechsel

- Bargeld lacht! Reiseschecks konnten 2010 in Timbuktu nicht eingelöst werden; Geldwechsel bei der **BNDA-Bank,** ca. 1,5 km vom Stadtzentrum entfernt an der Straße Richtung Flughafen/Hafen. Die **BDM-Bank** soll inzwischen über einen Geldautomaten verfügen.

Sonstiges

- Die früher obligatorische **Meldung bei der Polizei** ist **nicht mehr erforderlich!**
- **Post:** nahe des Place de l'Indépendance.
- **Tourveranstalter:** Es gibt vermutlich keine einzige Reiseorganisation in Mali, die nicht Timbuktu in ihr Programm einschließt. Die bei Bamako genannten Adressen haben also auch hier ihre volle Gültigkeit.

Guides:

Neben vielen selbst ernannten Führern existiert auch eine Organisation anerkannter „guides touristiques". Angenehm fielen auf:
- **Oumar Dicko** und **Hamdi Cheikh**
B.P. 140, Toumbouctou, Tel./Fax 2921012.
- **Ibrahim Mohamed, Agali Ag Mohamed**
B.P. 110, Toumbouctou; beide bieten auch Kameltouren an, z.B. 3-Tage-Trip inkl. Verpflegung für 40.000 CFA.

- Das **Festival au Désert,** das jeweils am Jahresbeginn 65 km nordwestlich von Timbuktu in **Essakane** stattfindet und Teilnehmer und Besucher aus aller Welt anlockt, sorgt für ausgebuchte Hotels! Wer nicht aufs Festival will, sollte diesen Zeitraum meiden! Von vielen Besuchern wird das Festival sehr gelobt. Gewarnt wird aber auch vor einer gewissen Abzocke, z.B. bei Transport und Unterkunft. Das Ticket sollte man am besten direkt vor Ort kaufen (130 Euro). Trotz der Warnungen des Auswärtigen Amtes („mit erheblichem Anschlags- und Entführungsrisiko verbunden") wurden beim Festival bisher keine Probleme bekannt.
www.festival-au-desert.org
www.africafestival.org/desert

Ausflug

Zum Markt nach Handou Bomo

Am Samstagvormittag ist Markt direkt am Nigerufer. Dieser ist sehr malerisch – viele Pirogen, Menschen, Esel. Vom Markt in Timbuktu fahren gegen 7.30 Uhr Bachés dorthin (2000 CFA).

Der Osten und Nordosten

Von Mopti über Timbuktu nach Gao

Mopti – Korientzé – Timbuktu (ca. 330 km)

Diese Strecke war lange wegen defekter Fähren nicht praktikabel; 2007 jedoch waren die Fähre in Niafounké (Fahrzeug 5000 CFA) und die bei Saraféré (Fahrzeug 5000 CFA) in Betrieb. Die übliche Route ist heute die weiter unten beschriebene Strecke von Douentza über Bambara-Maoundé.

Die Route führt zunächst von Mopti via **Sévaré** auf guter Asphaltstraße nach **Kona** (Treibstoff); dort links in Richtung Niafounké abzweigen. Auf guter Piste (zur Regenzeit auch bis Korientzé schlecht) bis nach **Korientzé** fahren, (großer Markt, gleichnamiger See mit zahlreichen Vögeln). Je nach Wasserstand sind Fähren zu benutzen oder Furten zu durchqueren; obwohl sich die Piste jedes Jahr etwas verändert, bleibt sie durch die Markierung (Betonwürfel) leicht erkennbar. Im Dorf **Saraféré** (ohne Versorgungsmöglichkeiten) macht die Piste einen Knick nach Nordwesten; evtl. muss man den Bara Issa-Fluss mit einer Fähre überqueren.

Nun fährt man die verbleibenden ca. 35 km durch eine schöne Landschaft mit zahlreichen kleinen Dörfern und vielen Vögeln bis nach **Niafounké**, Heimatort des bekannten Musikers *Ali Farka Touré*. Je nach Wasserstand sind mehrere flache, schlammige Furten zu durchqueren. Kurz vor Niafounké geht es mit der Fähre über den Niger.

Die von Niafounké über Tonka und Goundam weiterführende Piste wurde 2008 ausgebaut und ist in gutem Zustand. In **Goundam** gibt es Lebensmittel und Unterkunftsmöglichkeiten sowie Treibstoff und einen Automechaniker.

Will man einen Abstecher zum fast völlig ausgetrockneten **Faguibine-See** machen, sollte man einen Hirten als Führer anheuern.

Die Piste nach Timbuktu folgt weiterhin der Telefonleitung.

Timbuktu – Gao (430 km schlechte Piste)

Im Juli 2010 warnten die Außenämter Frankreichs und Deutschlands ausdrücklich vor Reisen in diese Region. Erkundigen Sie sich ggf. vor Ort unmittelbar vor Abreise bei der Polizei am Place de l'Indépendance. Sprechen Sie zuvor nie mit anderen Menschen im Ort über Ihre Absichten, die Strecke zu benutzen. Geben Sie bei Fragen nach Ihrem Reiseziel (mit eigenem Fahrzeug) immer ein anderes Ziel an als das, welches Sie tatsächlich ansteuern wollen.

Man fährt in tief ausgefahrenen Spuren bzw. durch Sanddünen und z.T. dichtes Dornengestrüpp. Lkw verkehren selten und nur in der Trockenzeit. Ortschaften am Wege, z.B. Ber, Téméra oder Bamba, tragen noch immer deutliche Spuren der Bürgerkriegssituation.

Nach 130 km kann man nach Süden auf die andere Seite des Nigers nach **Gourma-Rharous** übersetzen. Hier gibt es ein „Campement": Der Besitzer bietet in seinem Haus eine Unterkunft in einem leeren Zimmer bzw. Übernachtung auf der Dachterrasse (750 CFA) an. Ab hier kommen Rucksackreisende nur sehr schwer weiter. Es ist allenfalls

DER OSTEN UND NORDOSTEN

möglich, zu überhöhtem Preis (6000 CFA) nach Gossi zu gelangen (Strecke Douentza – Gao) und von dort nach Hombori. Die Viehhalter und Regenfeldbauern der Region leiden immer wieder unter anhaltenden Dürren. Ein gängiges Sprichwort der Region sagt deshalb, es gebe einen Reichen unter neun Armen und der sei der zukünftige zehnte Arme ...

Ungefähr 8 km östlich von Gourma-Rharous (N 16°49,700' / W 1°51,017') kam es am 14. Januar 1986 während eines Sandsturms zum Absturz eines Hubschraubers und dabei zum Tod von **Thierry Sabine**, Begründer und langjähriger Direktor der Rallye Paris-Dakar. Die Umstände wurden nie genau geklärt; der Bericht der französischen Untersuchungskommission über die Ursache wurde unter Verschluss gehalten, was natürlich alle möglichen Verschwörungstheorien zur Folge hatte.

Nach der Ankunft in **Bourem** (ca. 335 km) sollten sie sich bei der Polizei melden, sofern Sie nicht unmittelbar weiterfahren! Von Bourem nach Gao (92 km) führt eine relativ gute Piste durch pittoreske Südsahara-Landschaften mit vielen Dum-Palmen. Erst auf diesem letzten Abschnitt kommen Sie dem Niger so nahe, dass er immer wieder im Blickfeld ist.

Timbuktu – Douentza

●**220 km Piste** durch lichte, typische Sahel-Vegetation. Die Piste ist auf der Michelin-Karte eingezeichnet.

Man verlässt Timbuktu in Richtung Kabara. Kurz nach **Kabara** gibt es eine beschilderte Abzweigung nach rechts in Richtung Korioumé/Douentza. Man muss dann im **Hafen Korioumé** über den Niger übersetzen. Hier bestehen zwei Möglichkeiten: die Pinasse (nur für Passagiere und Motorradfahrer; Motorradfahrer zahlen 12.000 CFA) oder die Autofähre (bis 20 t, Preis nach Auslastung 18.000 CFA/1 Fahrzeug, 9000 CFA/2, 6000 CFA/3, 5000 CFA/4 für die einfache Fahrt; bei gutem Wasserstand kürzere Fahrt = billigeres Übersetzen). Der Anfang der Piste ist u.U. sehr sandig. Die Piste verläuft als breite Überlandpiste unverfehlbar bis nach Douentza. Ein Problem stellt nur das oft heftige Wellblech dar.

Bei **Km 115** wird das Dorf **Bambara-Maoundé** passiert (keine Versorgungsmöglichkeiten, nur Wasser). Wer sich eine Elefantensuche auf eigene Faust (d.h. ohne Führer) zutraut, ist hier am richtigen Fleck: Eines der wichtigsten Elefanten-Mare, **Banzena**, liegt nur etwa 20 km östlich (s.a. unten bei der Streckenbeschreibung Douentza – Hombori – Gao). Die Piste nach Douentza verläuft weiter nach Süden.

Bei **Km 208** nähert man sich der Bergkette des isolierten **Gandamia**- oder auch **Dyoundé-Massivs** (sehr beliebt auch bei Alpinisten!) und führt durch sehr schöne Landschaft (Palmen und malerische Dörfer).

Bei **Km 220** ist **Douentza** erreicht, oder besser die Tankstelle und die Parabol-Antenne von SOMALITEL, denn der Ort selbst mit seinem Marktplatz liegt noch etwa 1,5 km jenseits der Straße weiter nach Süden. An der Tankstelle halten auch die Lkw von und nach Timbuktu. In Gegenrichtung fahrend: Achtung, die **Fähren nach Korioumé** verkehren nur bis zum Einbruch der Dunkelheit. Übernachtung am Fähranleger ist nur in einem sehr einfachen einheimischen Zelt möglich (5000 CFA). Die Kilometersteine entlang der Piste zählen die Kilometer absteigend von Douentza bis zur Fähre (Fleuve/TOM).

Von Mopti über Douentza nach Gao

Mopti – Douentza (207 km gute Teerstraße)

Die Straße führt durch Savannenlandschaft mit relativ vielen Bäumen (Baobab, Ölpalmen) und Reisfeldern; hübsche Dörfer, von denen fast jedes eine kleine Moschee im sudanesischen Stil hat, säumen die Strecke. Nach 25 km passieren wir die Ortschaft **Fatoma** (die eigentliche Ortschaft liegt etwas abseits westlich der Straße); der Dienstagsmarkt in diesem Ort gilt als der größte Viehmarkt des ganzen Binnendeltas.

Besonders hübsch ist die Moschee von **Boré,** 64 km westlich von Douentza. Die Häuser in den Dörfern sind meist aus Lehm gebaut und mit Stroh gedeckt; daneben befinden sich oft schöne viereckige Lehmspeicher. Der Autoverkehr spielt sich hauptsächlich in den Abendstunden ab, die Busse fahren oft nachts, was man aus Sicherheitsgründen tunlichst vermeiden sollte.

Douentza

Wichtiger Marktort, am westlichen Ortsrand fällt das neue Gebäude einer Pädagogischen Hochschule (*Academie d'enseignement*) auf; das eigentliche Ortszentrum liegt deutlich südlich der Straße. Bei klarer Luft beeindruckt im Norden die Felswand des Gandamia- oder auch Dyoundé-Massivs.

Unterkunft/Campement-Hotels:
An der Durchgangsstraße sind mehrere Campements (z.T. mit Zimmern) entstanden:
● **Hotel la Falaise**
Am westlichen Ortsrand, DZ 12.000 CFA vent., DZ 15.000 CFA ac., Garten mit Terrasse.
● **Auberge Gourma**
Kleiner Innenhof mit einfachem Restaurant, einfache Zimmer für 3500 CFA, auf der Terrasse 2000 CFA, Duschen im Hof; gehört zur **Agence Gourma-Tours,** die auch Exkursionen zu den Elefanten in der Region anbietet. Geländewagen mit Fahrer 50.000–80.000 CFA für 2 Tage (z.B. nach Timbuktu), zzgl. Diesel. Tel. 20452054. War zuletzt lt. Leserzuschrift etwas heruntergekommen; Touren wurden nicht mehr angeboten.
● **Campement Hogon**
Einfache DZ 14.000 CFA, auf der Dachterrasse 3000 CFA. Passables Restaurant, das jedoch nicht immer auf Besucher eingestellt ist.
● **Campement Dogon Aventures**
DZ 16.000 CFA, auf der Dachterrasse 3000 CFA. Basis der Agentur Dogon Aventures, die Touren im Dogon-Land anbieten.
www.dogon-aventures-mali.com
● **Campement Jerome**
Ex Auberge Raide-Expedition, am östlichen Ortsrand, großer, fast schattenloser Innenhof, Zelte für Übernachtung und Essen, Verhältnisse sonst ähnlich wie in der lebhafteren Auberge Gourma.

Essen und Trinken:
● Brot gibt es am Markt, Bier in der **Bar Bollou Doussou** (von der Teerstraße ca. 200 m in Richtung Markt).
● Großer **Wochenmarkt** am So.

Verkehrsverbindungen:
Di und Fr **Busse** nach Gao, **Minibusse** täglich. Es ist aber auch möglich, auf der Ladefläche von **Lkw** (gute Sicht, aber staubig) mitzufahren (ca. 2000 CFA nach Gao und etwa

DER OSTEN UND NORDOSTEN

2500 CFA bis Sévaré). Tankstelle an der Durchgangsstraße.

Die Fahrt im **Allrad-Taxi nach Timbuktu** kostet 15.000 CFA p.P. Abgefahren wird frühmorgens an der Tankstelle.

Sonstiges:
- Von Douentza aus kann man versuchen, die im weiten Umfeld lebenden **Elefanten** zu suchen; der Zeitaufwand hängt vom jeweils aktuellen Aufenthaltsort der Elefanten ab, mit drei Tagen ist zu rechnen. Kontakt zu Führern über die Auberge Gourma, s.o.; siehe auch den Exkurs „Auf der Suche nach Hannibals Elefanten".
- **Agentur Mali-Gandamia-Voyages,** bietet Touren in näherem und weiteren Umfeld an. www.mali-gandamia.com, Tel. 76239713.
- Douentza ist auch ein guter Ausgangspunkt zum **Besuch verschiedener Dogondörfer.** Die im Norden der Falaise liegenden Ortschaften sind zwar weniger pittoresk, werden aber auch deutlich weniger von Touristen aufgesucht. Sie sind auch noch eher animistisch, wohingegen in den südlichen Dörfern ein unangenehmer Missionierungswettlauf zwischen muslimischen und christlichen Gemeinden Spuren hinterlassen hat.
- Das rund 5 km südlich gelegene Dorf **Fombory** ist bekannt für **Felsmalereien** in der Umgebung und sein **Museum**, eine Kooperative, in der die Dorfbewohner ihre Ritualobjekte wie in einem Pfandleihhaus beleihen können, um sie vor dem Verkauf an Touristen zu schützen. Fragen Sie ggf. auch nach einer Führung durch einen Museumsmitarbeiter in die Falaise. Dort fanden bis vor einigen Jahren noch Bestattungen in den Telem-Gräbern statt – Sie können die menschlichen Skelette nicht nur sehen, sondern auch „erschnuppern".

Von Douentza zweigt eine **Piste in Richtung Bandiagara** ab (80 km). Sie führt durch sehr schöne Landschaften, ist aber in extrem schlechtem Zustand. Die eingangs erwähnten Reparaturarbeiten (mit deutscher Beton-Hilfe) haben jedoch von Süden her begonnen.

Eine andere **Piste** führt **über Madougou nach Koro** und damit zur Burkinabé-Grenze.

Eine weitere Piste nach Bandiagara wurde inzwischen ausgebaut. Sie durchquert sehr schöne und noch wenig vom Tourismus entdeckte Landschaften. Die Strecke beginnt 46 km westlich von Douentza; hier zweigt im Ort **Niminiama** die (zunächst noch asphaltierte) Piste von der Asphaltstraße (RN 16) nach Süden ab und führt auf die Steilstufe des Bandiagara-Plateaus zu. Beim Dorf **Borko** liegen Tümpel, in denen viele **Krokodile** leben, die von den Dogon als heilig angesehen und deshalb mit Futter versorgt werden. Einige Reiseveranstalter haben diese „Krokodilfütterung" schon in ihr Programm aufgenommen. Die Piste steigt dann aufs Plateau hinauf und führt über Dogani und Kendié weiter bis nach Bandiagara.

Sicherheit: Fahrten bei Nacht sollten unbedingt vermieden werden. Wiederholt wurden Fahrzeuge überfallen (auch Linienbusse) und die Passagiere ausgeplündert.

Douentza – Hombori – Gao
(393 km gute Asphaltstraße)

Die landschaftlich schöne Strecke führt an den berühmten **Tafelbergen von Hombori** vorbei, von *Heinrich Barth* schon Mitte des 19. Jh. gezeichnet. Wer Zeit hat, sollte hier unbedingt wandern: herrliche Klettergipfel für geübte Bergsteiger (siehe www.expe.com/montagne/afrique/mali), aber ebenso (vor allem im Sommer) Wanderungen zu grünen, feuchten Tälern sowie Wasserfällen. Schöne Dörfer liegen an den Felsabhängen. Es ist sicher nicht übertrieben, wenn man diese Landschaft zu den schönsten in ganz Westafrika zählt und die Strecke als **Traumstraße** im saharisch-sahelischen Mali bezeichnet. Vieles erinnert an die berühmten Felskulissen im amerikanischen Monument Valley.

2 km vor dem Dorf **Kikiri** (59 km von Douentza) liegt linker Hand bergaufwärts ein Wasserfall (nur während der Regenzeit im Sommer). Wenn man das Bachbett bergauf wandert, ist ca. nach einer ¾ Std. die Quelle erreicht. Oberhalb der Quelle bei dem letzten großen Baum befindet sich ein Felsüberhang *(Abri)* mit Zeichnungen, ähnlich denen der Dogon von Songo (Bandiagara). Der Felsendom von Kikiri genießt bei Kletteren einen guten Ruf. Zur Linken begleiten uns die spektakulären **Felswände des Gandamia-Massivs** (auch Dyoundé-Massiv genannt). Rechts, im Süden, stehen immer wieder isolierte Felsklötze und Felsfinger in der je nach Jahreszeit grünen oder wie verbrannt wirkenden Sahel-Landschaft. An einem Abzweig (Taxi-Haltestelle, kleine Verkaufsbuden, manchmal Gendarmerie-Kontrollposten) bei km 86 führt eine Straße nach Süden: In dem kleinen Dorf **Boni** wird donnerstags ein Markt abgehalten.

Rund 70 km nördlich von Boni liegt das **Mare von In Adiatafane** (auch I-n-Adiattafene, N 15°38,47' / W 2°9,92'). Hier und im mitunter etwas ruhigeren **Mare von Banzena** (N 15°40,22' / W 2°33,95', nur rund 20 km östlich von Bambara-Maoundé) halten sich die berühmten **Gourma-Elefanten** im April auf; man kann eine Piste ab Boni oder ab Hombori benutzen, ein Führer ist erforderlich!

Ausreise nach Burkina Faso via Mondoro: Eine Grenzüberschreitung ist hier möglich. Allerdings sind die Zollformalitäten in Hombori (s.u.) zu erledigen. Sehr kleine Piste! Orientierungsprobleme! Auf Burkina-Seite befindet sich der Polizeiposten in Baraboulé, der Zoll in Djibo.

Der kleine Marktort **Simbi** wird passiert (Km 196, Markttag ist Mittwoch). Dass wir in Viehhalterland unterwegs sind, zeigt sich auch an den eisernen Gittern, hinter denen die Herdentiere bei Kampagnen geimpft werden.

Landschaftlich weiterhin sehr reizvoll führt die Strecke wieder auf steil aufragende Berge zu; von weither ist die „Hand der Fatima" zu sehen – Sie werden unschwer erkennen, wie es zu diesem Namen kommt. Die **Main de Fatma,** wie sie französisch genannt wird, ist ein beliebter Kletterberg. Die spektakuläre Landschaft zieht viele Touristen in ihren Bann. Campements sind am Bergfuß entstanden, siehe www.maindefatma.com. Rechts voraus taucht dann ein massiver, mächtiger Felsklotz auf: der **Hombori-Tondo,** der mit annähernd senkrechten Felswänden die umgebenden Ebenen um fast 900 m überragt; mit 1155 m ist er der höchste Berg Malis.

Hombori

142 km von Douentza entfernt liegt das kleine Dorf, teils hoch oben in den Felsen, teils unmittelbar an der Durch-

gangsstraße. Dienstag ist Markttag; ein Besuch lohnt sich. Bereits am Vorabend ist im Ort ziemlich viel los, sodass eine Nacht in Hombori eingeplant werden kann. Der **Markt** wird auch von vielen **Tuareg** (oft Bella, d.h. aus der Kaste der Abhängigen) der Umgebung besucht.

Für den Zugang zum je nach Jahreszeit sehr lebhaften **Viehmarkt** am östlichen Ortsrand wird eine Gebühr von 1000 CFA verlangt. Auch der Dorfchef ist nicht geschäftsuntüchtig: Mitunter soll er von Touristen eine Durchreisegebühr kassieren (wollen). Stellen Sie sich ruhig taub bei solchen Forderungen!

Bei einem „**Antiquitätenhändler**" ist allerhand Kurioses zu finden, u.a. Steinschmuck der Tuareg, Masken und Statuen der Dogon sowie manche kleinen Gebrauchsgegenstände der Fulbe oder Songhai. Hombori ist bekannt für Steinarmringe, die aus einem in der Umgebung abgebauten Kalkstein von Songhai-Handwerkern hergestellt werden.

Gerade in Hombori zeigt sich die durch die regelmäßigen Charterflüge von Point-Afrique nach Gao ausgelöste **Entwicklung**: Campements schießen wie Pilze aus dem Boden, den einen zur Freude, den anderen eher ein Ärgernis – insbesondere an den Campements unmittelbar am Fuß der Main de Fatma entzündet sich die Kritik, beeinträchtigen sie doch allzu sehr das sonst „heile" Landschaftsbild.

Unterkunft/Essen:
- **Campement-Hotel Hombori**
An der Durchgangsstraße Richtung Gao; einfach, sauber, ruhig und familiär; gutes, preiswertes Essen. Basislager für Kletterer, die ihrem Sport in der spektakulären Felslandschaft der Umgebung nachgehen wollen. Strom aus dem Generator; DZ 3000 CFA. **Camping** für 1000 CFA/Person möglich; einfache sanitäre Anlagen.
- Das kleine **Restaurant Chez la Sénégalaise** serviert gutes Essen, man kann dort auch schlafen, entweder im heißen Zimmer oder angenehm kühl auf der Dachterrasse. 2000 bzw. 1000 CFA. Der Sohn des Hauses bietet sich für 2500 CFA als Führer an.
- **Magnou Bagni, Kaga Tondo Chez Lelele** und **Auberge Tondanko** werden von Lesern empfohlen. Im Tondanko z.B. DZ 6000 CFA, Dusche und Toilette außerhalb, 2 Std. täglich Strom, www.mali-culture-trips.com. Andere Leser haben eher schlechte Erfahrungen gemacht: Wo die Einen sich gut aufgehoben fühlen, werden andere bestohlen. Hombori entspricht schon etwas der Landschaft, durch die wir bis hierher fuhren: Wildwest!
- Am preiswertesten isst man an den zahlreichen Grillständen entlang der Straße.

Busverbindungen:
Die Fahrt mit dem Bus nach Gao (Di, Fr) kostet 3000 CFA. Minibusse fahren täglich.

Treibstoff:
An der Tankstelle erhalten Sie Treibstoff nur noch aus Kanistern oder Fässern.

Die Asphaltstraße führt weiter durch typische Sahellandschaft; ein Stück des Weges begleiten uns noch die schroffen Hänge des **Hombori-Tondo**, der sich auch von dieser Seite als mächtiger Klotz zeigt mit senkrechten Abbrüchen nach allen Seiten, und der sich bei Annäherung in Gegenrichtung wie ein Phantom weit voraus am dunstigen Himmel bemerkbar macht. Nur etwa 10 km außerhalb von Hombori liegen etwas abseits der Straße und jenseits eines flachen Tales erstmals große **Dünen,** die je nach vorangegangener Regenzeit mehr oder weniger bewachsen sind. Im Streckenverlauf wird es dann sandiger und karger, je näher man Gao kommt. Es liegen nur sehr wenige Ortschaften an der Straße; Brunnen kommen in dieser Gegend nur selten vor.

Hübsch gelegen und etwa 2 km abseits der Straße im Norden liegt **Gossi** an seinem gleichnamigen Mare, einem nicht immer Wasser führenden See. Markttag ist Sonntag – dann quillt der Ort über vor Menschen, vor allem Nomaden, Tuareg, Mauren und Peul aus der Umgebung. Am nördlichen Ortsende ist ein einfaches Campement entstanden, das einfache Mahlzeiten vom Typ Omelette mit Brot anbietet. Der Patron ist ein ziemlich geldgieriger Maure – unbedingt zuvor alle Preise abfragen! So verlangt er etwa fürs Übernachten im eigenen Fahrzeug im Hof des Campements den Preis eines Zimmers, so lange diese nicht alle belegt sind – und das ist wohl eher selten der Fall!

Ein weiteres Mal bietet sich die Gelegenheit, auf **Elefantensuche** zu gehen. Beste Zeit dafür sind Januar und Februar. Allerdings bedarf es hier in Gossi neuerdings einer Genehmigung, für die irgendwelche Uniformierten einen geradezu unverschämten Preis fordern (5000 CFA); dass sich dieser dann noch verdoppelt, wenn man fotografieren will, nimmt einem jede Lust auf das Unternehmen ...

Wir passieren den ausgeschilderten Abzweig der Piste nach Gourma-Rharous (s.o., Timbuktu – Gao). Das große **Mare von Doro** macht sich vor allem durch dichten grünen Baumbestand und einige wenige, sehr einfache Häuser bemerkbar (keine Versorgungsmöglichkeiten). 8 km vor Gao erreichen wir dann den Niger. Eine nagelneue Brücke überspannt hier den Fluss, vorbei ist es mit dem Stress, die letzte Abendfähre zu erreichen!

Gao

Zunächst eine klare Aussage zur Sicherheitslage: Die Außenämter sind sich einig – **vor einem Besuch Gaos wird ausdrücklich gewarnt!**

Die einst blühende **Residenzstadt der alten Songhai-Könige** fiel Ende des 16. Jh. in die Hände der Marokkaner und ist heute ein **kleiner, geschäftiger Flusshafen,** die letzte Station der Niger-Schifffahrt. Früher war der Ort wichtiger erster Stopp außerhalb der Wüste für die Sahara-Durchquerer (Reggane – Tessalit, sogenannte **Tanezrouft-Piste**), die heute aus Sicherheitsgründen nicht mehr befahren werden kann und nicht mehr befahren wird. Ende 2008 wurde die Strecke auf algerischer Seite offiziell für Touristen gesperrt, eine legale Sahara-Durchquerung ist seither in der zentralen Sahara nur noch via Tamanrasset möglich. Für Migranten dagegen – legale wie illegale – ist dies nach wie vor eine der wichtigsten Transitstrecken von Zentralafrika nach Westeuropa.

Die Atmosphäre dieser Sahelstadt mit ihren etwa **43.000 Einwohnern** wird entscheidend vom alltäglichen Leben der dort ansässigen vielfältig-verschiedenen Bevölkerungsgruppen geprägt. Die Straßen der Stadt sind fast alle ungeteert und staubig, die **Märkte** sind bunt und wimmeln von Menschen.

DER OSTEN UND NORDOSTEN

Hier treffen sich Songhai-Bauern, Sorko-Fischer, Tuareg, Bella, Fulbe-Hirten sowie Bambara- und Haussa-Händler. Auf dem Grand Marché gegenüber vom Hotel Atlantide findet man Gemüse, Früchte und Fleisch, in einer Halle und vielen Bretterbuden kunstgewerbliche Gegenstände in Unmengen; der Petit Marché neben der Polizeistation ist auf Kleidung und traditionelles Handwerk spezialisiert, in weiteren Bereichen werden auch Salz, Zucker, Tee oder Tabak angeboten.

Sehenswürdigkeiten
Grab der Askia

Das Grab liegt ca. 15 Min. zu Fuß vom Zentrum an der Hauptstraße in Richtung Bourem. Die Askia waren eine Songhai-Dynastie (1493–1591) mit der Haupstadt in Gao. Das merkwürdige Grab hat die **Form einer Pyramide.** Das 17 m hohe Grab kann von außen umsonst besichtigt werden bzw. gegen eine Gebühr von 2500 CFA auch von innen.

Museum

Die kleine Sammlung zeigt Alltagsgegenstände der nördlich von Gao ansässigen Bevölkerung, unter anderem ein Tuareg-Zelt. Das Museum (Sa geschlossen, Eintritt 2000 CFA) entstand aus einer malisch-deutschen Zusammenarbeit mit Unterstützung durch das Übersee-Museum in Bremen.

0°-Obelisk

Kennen Sie einen Ort, wo sie einen Fuß in die Westhemisphäre und gleichzeitig den anderen in die östliche setzen können? Es gibt ihn: Gao! Wenn Sie dabei ein Foto machen wollen, sollten Sie allerdings auf den Verkehr achten. Anzumerken ist noch, dass beim Aufstellen des Obelisken ein bisschen geschummelt (oder falsch gemessen) wurde, denn genau betrachtet verläuft die 0°-Linie nämlich direkt durch den Flugplatz, und der liegt doch ein bisschen weiter im Osten.

Märkte

Am Dienstag findet ein großer **Viehmarkt** am Nigerufer an der neuen Brücke in Wabaria statt. Der Markt ist sehr untouristisch, halten Sie sich mit dem Fotografieren zurück. Am Nigerufer im Bereich des Stadtzentrums wird alltäglich ein sehr lebhaft-farbiger **Markt** abgehalten. Ein ebenfalls quirliger und in bestimmten Bereichen ganz auf den Tourismus zugeschnittener Markt liegt gegenüber dem Hotel Atlantide. Dieser Markt ist sowohl im Juni 2008 als auch im Mai 2010 abgebrannt. Der frühere Markt für Kunsthandwerk und Antiquitäten beim Hotel Atlantide ist in ein neues **Maison des artisans** nahe dem Wasserturm umgezogen.

Rosa Düne von Koyma

Ungefähr 5 km flussaufwärts am westlichen Ufer des Niger, d.h. der Stadt gegenüber, hat sich eine große Düne gebildet, die bei klarem Wetter von Gao aus zu sehen ist. Junge Burschen bieten sich an, den Interessierten mit der Piroge hinzurudern. Der Preis ist verhandelbar! Lohnt sich vor allem für den, der andere Dünen nicht zu Gesicht bekommt! Die Legende sieht sie

Der Osten und Nordosten

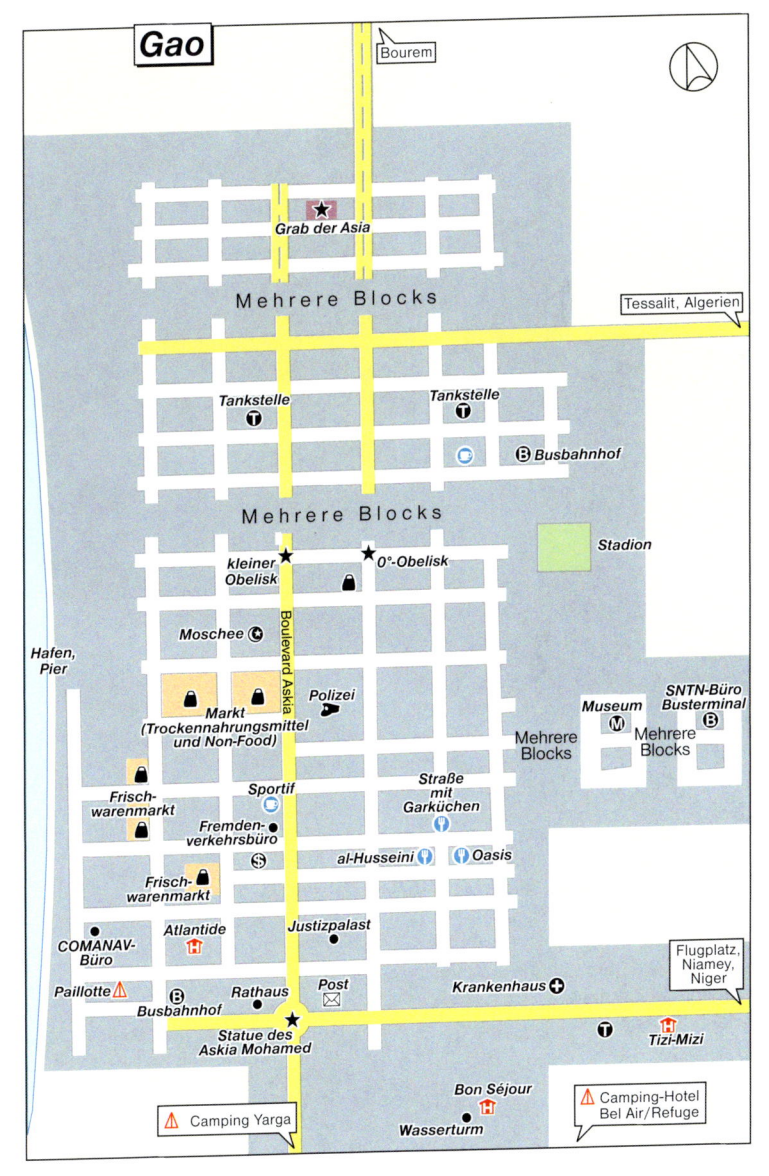

Gao

- Bourem
- Grab der Asia
- Mehrere Blocks
- Tessalit, Algerien
- Tankstelle
- Tankstelle
- Busbahnhof
- Mehrere Blocks
- kleiner Obelisk
- 0°-Obelisk
- Stadion
- Moschee
- Boulevard Askia
- Hafen, Pier
- Polizei
- Museum
- SNTN-Büro Busterminal
- Markt (Trockennahrungsmittel und Non-Food)
- Mehrere Blocks
- Mehrere Blocks
- Frischwarenmarkt
- Sportif
- Straße mit Garküchen
- Fremdenverkehrsbüro
- al-Husseini
- Oasis
- Frischwarenmarkt
- COMANAV-Büro
- Atlantide
- Justizpalast
- Flugplatz, Niamey, Niger
- Paillotte
- Busbahnhof
- Rathaus
- Post
- Krankenhaus
- Statue des Askia Mohamed
- Tizi-Mizi
- Bon Séjour
- Camping Yarga
- Wasserturm
- Camping-Hotel Bel Air/Refuge

Mali

DER OSTEN UND NORDOSTEN

als Sitz von Hexern, die sich hier nächtens ein Stelldichein geben.

● Ein Bild der Düne, ein Diskussionsforum und weitere Infos finden sich im **Internet** unter www.fotocommunity.de/pc/pc/display/1767763, auch www.mali-tour.com/diaporama/Gao/default.htm.

Flusspferde bei Tasharan

Ein Pirogen-Ausflug zur Koyma-Düne lässt sich ggf. um eine Pirogen-Fahrt zu Flusspferden bei Tasharan verlängern. Der Ort liegt etwa 25 km flussaufwärts von Gao. Die Preise für diese Fahrt sind verhandelbar. Ganz Glückliche bekommen vielleicht sogar ein Krokodil oder ein Manati (Seekuh, franz. *lamantin*) zu sehen.

Hotels

Darin besteht bei praktisch allen Lesern Einigkeit: Die Hotellerie in Gao ist eine einzige Katastrophe! Daran konnten auch diverse Neueröffnungen in den letzten Jahren kaum etwas ändern. Und den Traditionalisten kommen fast die Tränen: Wie kann man ein Haus wie das Atlantide derart verkommen lassen!

● **Hotel Atlantide**
Altes Hotel mit kolonialem Touch gegenüber dem Markt im Zustand fortgeschrittener Verwahrlosung; schmutzige Toiletten und unangemessene Preise. DZ 17.500 CFA, Übernachtung auf der Terrasse 3000 CFA. Kein Restaurant mehr, oft gibt es auch kein Bier oder andere Getränke an der Bar.

● **Bar-Hotel Bon Séjour**
Beim Wasserturm. Sachliches Hotel mit zehn Zimmern à 2–3 Betten, DZ 17.500 CFA.

Alltag in Gao

DER OSTEN UND NORDOSTEN

- **Hotel Sahara Passion**
Zwischen dem Wasserturm und der Straße in Richtung Ansongo/Niamey. DZ 22.000 CFA, gutes Restaurant. Gleicher Betreiber wie Sahara Passion in Timbuktu. Auch Camping möglich. spassion@bluewin.ch
- **Auberge-Restaurant Adama**
Ganz neu, unmittelbar an der Brücke gelegen, sauber, freundliches Personal.
- **Hotel Complexe Bel Air**
Mit Terrasse, DZ 17.500 CFA, Mahlzeit für 4000 CFA.
- **Hotel Tizi Mizi**
Rechts an der Stadtausfahrt Richtung Niamey, hinter Kontrollposten. Restaurant, sehr groß. Bungalows. DZ 30.000 CFA, Camping 3500 CFA. Parkplatz fürs Auto 2000 CFA. Disco bis 1 Uhr!

Camping

- **Camping Bangu**
Ungefähr 2 km vom Zentrum entfernt nahe der Müllkippe; 3000 CFA, Mahlzeiten für etwa 1500 CFA p.P.
- **Camping Yarga**
Ungefähr 7 km vom Zentrum entfernt (Richtung Brücke); ca. 6000 CFA, Mahlzeiten für etwa 2000 CFA p.P.
- **Camping Tilafonso**
Ortsrand, Richtung Algerien und algerisches Konsulat. Schöne, schattige Anlage, aber nur wenig gepflegt. DZ 5000 CFA, Camping 1500 CFA.
- **Campement Bongo „Chez Awa"**
Wird von Lesern wegen seiner freundlichen Betreiberin gelobt; preisgünstig, gutes Essen und das Point-Afrique-Büro genau nebenan. Einfache Zimmer, Matratzen auf der Dachterrasse. Etwas weit weg von der Stadtmitte: Taxi nehmen!
- **Camping Tin Fadimata**
Relativ neuer Platz, in dem zur Übernachtung Original-Lederzelte der Tuareg oder auch Mattenhütten der Songhai zur Verfügung stehen. Weitläufiges Areal zwischen Wasserturm und der Straße zum Flugplatz. Abends spielen hier ab und zu traditionelle Musikanten. Schlafplatz im Zelt bei 6 bis 12 Personen: 5000 CFA je Platz. Tel. 21820234, mobil 66045068.

Restaurants/Cafés/Bars

- **Source du Nord**
Einfach und gut, genau gegenüber dem Hotel Atlantide. Kein Alkohol.
- **Restaurant Amitie**
Schattiger Garten, ruhig, aber etwas weit vom Stadtzentrum entfernt, franz. Patron.
- An **Straßenständen** bekommt man für ein paar hundert CFA gegrilltes Fleisch.

Schiffsverbindungen

- Eine Fahrt mit der staatlichen „**General Somaré**" oder der „**Tombouctou**" (die „Kankou Moussa" verkehrt wegen ihres zu großen Tiefgangs nicht zwischen Timbuktu und Gao) von Gao nach Timbuktu dauert gut zwei Tage. An zwei Montagen (von dreien) Abfahrt in Gao jeweils um 20 Uhr. Ohne Kabine: 5000 CFA. Die Strecke Timbuktu – Mopti kostet weitere 5000 CFA. Siehe auch „Reisen in Mali/Schiffsverbindungen". Das Büro der COMANAV liegt direkt am Kai.

Taxis

- **Taxi brousse** bzw. **Mini-Busse** (Touré Transport) fahren die Strecke Gao – Niamey für ca. 5000 CFA pro Person täglich gegen 9 Uhr.

Für Selbstfahrer: Es gibt mehrere **Tankstellen** im Ort.

Busverbindungen

- Busse (z.B. Bani Bus) von Gao nach Mopti bzw. Bamako fahren Di und Fr; Plätze einen Tag vorher reservieren! Die Preise für die Strecke Gao – Hombori betragen ca. 3000 CFA, nach Mopti ca. 4000 CFA, für die Strecke Gao – Bamako ca. 8000 CFA und Gao – San ca. 5000 CFA/Pers. plus Gepäck.
- Busse der nigrischen Gesellschaft SNTV verkehren derzeit wöchentlich nach Niamey/Niger; Fahrtzeit 15 Stunden, Abfahrt jeweils Mi ca. 6 Uhr, Ankunft Niamey 21 Uhr (Zeitumstellung + 1 Std.!), 10.000 CFA. Die private ONTP fährt jeweils Do, 10.000 CFA.

Flugverbindungen

- Für die Wintersaison 2010/2011 (ab Oktober) wurden von der französischen Gesell-

DER OSTEN UND NORDOSTEN

schaft **Point-Afrique** günstige Direktflüge (Charter) nach Gao (aber auch z.B. nach Mopti) angekündigt. In Zusammenarbeit mit lokalen Tourveranstaltern bietet Point-Afrique auch Reiseprogramme ab Gao an.

Sonstiges
- Eine **Meldepflicht** besteht in Gao **nicht!**
- Die **Polizei** in und um Gao versucht bei jeder Gelegenheit abzukassieren. Ein nicht gesetzter oder nicht funktionierender Blinker z.B. kann Unsummen kosten. Freundliches Zureden und Verhandeln bringt Einiges. Die Situation hat sich aber in diesem Punkt – wie in ganz Mali – auch in Gao deutlich zum Besseren gewandelt.
- Steuermarken für das **Laissez Passer** erhalten Sie auf der Post.
- Die **BDM-Bank**, die einzige in Gao, wechselt keine Travellerschecks; geöffnet Mo bis Fr von 8–11 Uhr.
- Die offizielle Internetseite von Gao lautet **www.visitgaomali.com** – informativ und umfangreich, aber nicht aktualisiert.
- **Konsulat von Algerien**
Tel. 2820075, E-Mail: consalgao@hotmail.com. Liegt im Norden der Stadt an der Pistenausfahrt Richtung Tessalit bzw. Algerien. Wiederholt ist es Reisenden hier nach zähen Verhandlungen gelungen, ein Transitvisum für Algerien zu erhalten!
- **Reiseagentur Timitrin-Voyages**
Es gibt mehrere Agenturen in Gao, mit der von *Badi Faradji* liegt eine besonders kompetente vor (www.mali-tour.com)! Sie sollten sich ihr anvertrauen, wenn Sie mit Ihrem Fahrzeug weiter von Gao aus nach Norden reisen wollen!
- **Internet-Café:** 2 km außerhalb in Richtung Flughafen, N 16°16,025' / W 0°1,935'.

Ausflüge

Pirogenfahrten
Auf dem Niger zum Beispiel zur **Rosa Düne** (5 km, s.o.).

Die **Insel Gouzoureye** am südlichen Ortsrand ist mit einer Piroge erreichbar. Hier wurde 1528 der legendäre Songhai-Herrscher *Askia Mohamed* hingerichtet.

Ebenfalls ein sehr geschichtsträchtiger Ort: **Tondibi** = Schwarzer Felsen (er ist tatsächlich schwarz!), 59 km nördlich an der Piste Richtung Bourem, unmittelbar am Nigerufer. Hier wurde Ende des 16. Jh. das 40.000-Mann-Heer der Songhai-Herrscher von einem mit Schusswaffen ausgerüsteten marokkanischen Expeditionskorps vernichtend geschlagen. Im Anschluss an diesen Sieg beherrschten marokkanische Paschas während 250 Jahren von Timbuktu aus die gesamte Region. 167 Paschas sind aus dieser Zeit namentlich bekannt. Das Dorf Tondibi selbst liegt sozusagen am Ende der Welt, ein stiller Weiler, in dem die Pirogen noch immer genäht werden, also die Bootsplanken nicht mit Nägeln, sondern mit einfachen Schnüren verbunden werden.

Wadi Tilemsi
Auch 2010 ist von einer Reise ins Tilemsi **aus Sicherheitsgründen abzuraten!** Das gilt vor allem für die Fahrt mit einem eigenen Fahrzeug. Wer dennoch so reisen will, sollte sich eines kompetenten Geleitschutzes versichern, z.B. durch die Agentur Malitour-Timitrin aus Gao bzw. die Agentur Kidal. Diese und andere Agenturen bieten auch Gruppenreisen in dieses Gebiet an: Die wöchentlichen Charterflüge von Point-Afrique in der Wintersaison haben ein entsprechendes Angebot hervorgerufen. Näheres unter www.point-afrique.com und bei www.kidal.info (mit automatischer Übersetzungsmöglichkeit ins Deutsche und vielen Links).

Durch das Tal führt die Piste nach **Tessalit.** Hier im Tilemsi befinden sich **neolithische Fundstätten,** die auf 1500 v.Chr. datiert werden. Während der Regenzeit ist alles grün mit vielen feuchten und für den Autofahrer tückischen Niederungen. Das Tal ist ein wichtiges Weidegebiet der Tuareg. Immer wieder begegnet man großen Tierherden und trifft auf Mattenzelte der Tuareg.

Von Gao in Richtung Süden (Niger)

Von Gao nach Niamey, der Hauptstadt des Niger, sind es 450 km.

Gao – Ansongo (95 km)

Die neu gebaute Asphaltstraße führt uns durch schöne Landschaft, immer flussnah bis nach **Ansongo** (Polizeikontrolle, Lebensmittel, Restaurant Tobon, desolate Chambres de Passage, Treibstoff aus Fässern von privaten Händlern). Markttag ist Donnerstag, dann lohnt sich ein Aufenthalt ganz besonders. Hier treffen Nomaden, Bauern und Fischer zusammen, viele wie so oft von weit her. Der kleine Hafen am Fluss quillt dann fast über vor Booten.

Ansongo – Ayorou (Grenze)

Die Straße führt uns durch abwechslungsreiches Savannengebiet; immer wieder ist auch der Niger zu sehen. Einige malerische und oft sehr kleine Dörfer liegen am Wegesrand. Teilweise durchqueren wir das **Tierschutzreservat von Ansongo-Menaka:** Früher waren hier häufig Giraffen zu sehen, die heute – den ausbleibenden Regenfällen folgend – nach Süden abgewandert sind und sich nun im Gebiet von Dosso/Niger befinden. Hier bei Ansongo soll es Strauße, Antilopen, Hyänen, Warzenschweine und andere Wildtiere geben; ich habe außer Flusspferden im Niger und einer Vielzahl von Vögeln bei vielen Reisen in diesem Gebiet nichts davon gesehen.

Nach 55 km erreicht man das Dorf **Fafa,** das für seine schöne Lage am Fluss in der Nähe von einigen Stromschnellen bekannt ist.

In **Labbézanga** Polizei- und Zollposten (Grenzstation und Ausreiseformalitäten auf Mali-Seite; die Kontrollen verliefen dort in den letzten Jahren immer erstaunlich freundlich).

Eine neue Straße führt zum **nigrischen Grenzort Yassane** (Polizeikontrolle, alles wird sehr gründlich durchsucht, das Fahrzeug muss fast immer mindestens teilweise entladen werden). Das Visum ist nicht an der Grenze erhältlich!

Vom unmittelbar nach der Grenze hübsch am Fluss gelegenen Ort **Barane** aus lassen sich Pirogen-Ausflüge zu Flusspferden organisieren. 2 km weiter liegt das Dorf **Firgoun** auf einer Insel, und nach 24 km (ab Grenzort Yassane) erreichen wir am Ortseingang von Ayourou auch die nigrische Zollstation (manchmal langwierige Formalitäten).

In **Ayorou** besteht eine Übernachtungsmöglichkeit im **Campement-Hotel Amenokal,** das teuer, völlig desolat und nur im Winter geöffnet ist! Sonntags findet hier ein schöner **Markt** statt, der zu den lebhaftesten in der gesamten Region zählt. Viele der in Niamey lebenden Europäer kommen deshalb am Sonntag hierher – und darauf haben sich natürlich auch die jugendlichen Burschen des Dorfes eingestellt: Mit großer Ausdauer versuchen sie sich als Führer oder Vermittler für irgendetwas anzudienen. So können etwa Pirogenfahrten auf dem Niger unternommen werden, es gibt Stromschnellen und dort vielleicht Flusspferde zu sehen. Und wenn Sie nicht gerade an einem Sonntag hier sind: Die **Bar Hidima** lädt zu einem kalten Bier ein, um seinen Kummer über die desolate Verfassung des einst hübschen Ortes zu ersäufen.

Auch die restliche Strecke bis Niamey ist asphaltiert.

Von Ansongo aus über Menaka und Andéramboukane in den Niger

Auch von einem Besuch dieser Region wird in den Sicherheitsmitteilungen der Außenämter Deutschlands und Frankreichs dringend abgeraten. Dennoch bieten verschiedene ortsansässige Reiseunternehmen Touren in diesen vor allem von Tuareg bewohnten Nomadenlandschaften an. Wegbereiter waren auch hier wieder die Charterflüge von Point-Afrique. Die Region von **Menaka** ist bekannt für die **Tuareg-Windhunde,** die nach dem hier verlaufenden Urstromtal **Azawakhs** genannt werden, lange Zeit eher Synonym für anhaltende Unsicherheit (siehe z.B. unter www.azawakhs.de).

Ungefähr Mitte Januar findet in Andéramboukane das **Fest von Tamadacht** statt, bei dem sich die Bewohner dieser Region friedlich versammeln. Es sei auf die oben schon genannten Reiseagenturen und Webseiten verwiesen (ergänzend: www.touaregtours.com). Dass auch der Besuch dieses Festivals mit Risiken verbunden ist, zeigt die **Entführung** von vier europäischen Touristen im Januar 2009 (sie waren mit einer Reiseagentur auf der Rückreise von einem Besuch des Festivals in Richtung Grenze zum Niger unterwegs). Sie wurden von AQIM (Al-Qaida im Maghreb) mehrere Monate in der nordmalischen Wüste gefangen gehalten und eine der Geiseln (ein britischer Staatsbürger) Ende Mai ermordet. Im November 2009 kam es zu einer weiteren Entführung eines in Menaka lebenden Franzosen. Nach drei Monaten wurde die Geisel freigelassen; Frankreich und dabei Präsident *Sarkozy* persönlich hatten enormen Druck auf die Regierung Malis ausgeübt, den Forderungen der Geiselnehmer nachzugeben und bestimmte ihrer in den Gefängnissen einsitzenden Mudschahedin freizulassen. Dies wiederum hatte zu Protestnoten der Nachbarländer Mauretanien und Algerien geführt. Wegen des ungewöhnlich heftigen Einsatzes der französischen Regierung wurde die Vermutung ausgesprochen, der Entführte sei ein Mitarbeiter des französischen Geheimdienstes gewesen.

Die **Grenzabfertigung** auch auf nigrischer Seite (Bani Bangou) verläuft nach Berichten von Reisenden inzwischen gut organisiert, die unsäglichen Prozeduren früherer Zeiten sind wohl weggefallen. Die Pisten verursachen keine Probleme: Sie wurden (auch mit holländischer Hilfe) in den letzten Jahren in einen ordentlichen Zustand gebracht.

Von Gao in Richtung Norden (Algerien)

Von Gao nach Tessalit sind es 525 km. Achtung: Die Strecke war auch Mitte 2010 nicht sicher, von Reisen in diesem Gebiet ist dringend abzuraten! Eine Reise bis nach Tessalit und weiter auf der **Tanezrouft-Piste** sollte im südlichen Teil mit **Begleitschutz** wie oben schon erwähnt durch eine Agentur und **in Algerien nur im Militärkonvoi** und sehr zügig durchgeführt werden, auch wenn dies keine Pflicht ist. Erst auf den Asphaltstraßen Algeriens besteht dann bei Weiterfahrt in Richtung Tunesien Konvoipflicht. Wie sich diese Konvoipflicht realisieren lässt, ist unklar. Vergleicht man dazu die Einreisesituation in In Guezzam auf der wichtigen Hoggar-Piste (siehe im Kapitel zum Niger), ist mit tagelangen Wartezeiten zu rechnen: Sie müssen eine zugelassene Reiseagentur im Norden (z.B. in Adrar) anrufen und diese zur Abholung nach Bordj Mokhtar bestellen. Eventuell gibt es auch eine Möglichkeit, durch Vermittlung einer Agentur in Gao oder Tessalit (oft handelt es sich ja um Familien, die diesseits und jenseits der Grenze Mitglieder wohnen haben!) eine zugelassene Reiseagentur in den Grenzort zu bestellen. Über Erfahrungsberichte freue ich mich.

Die Grenze von Algerien nach Marokko ist nach wie vor geschlossen.

Bei der **Tanezrouft-Piste** handelt es sich um eine schwierige, teils sehr sandige Piste, die zwar immer wieder von Pkw befahren wird (Einsanden normal, Sandbleche und Wüstenausrüstung erforderlich), aber eigentlich Geländewagen voraussetzt.

Nach **244 km** erreicht man nach weiten staubigen Talebenen den kleinen Ort **Anéfis** und den Südrand des **Adrar des Iforhas** (Adrar = Gebirge), Siedlungsgebiet der Iforhas-Tuareg. Am südlichen Ortsrand führt eine Piste rechts weg nach **Kidal**. Geradeaus geht es abwechselnd steinig oder sandig bzw. auf einer Wellblechpiste nach **Aguelhok** und **Tessalit**. Die Landschaft ist geprägt von kahlen, schwarzen Bergen, die von sandigen Flächen durchzogen sind.

Tessalit

Tessalit, ein hübscher kleiner Ort, liegt malerisch zwischen Palmen und schwarzen Bergen. Hier werden die malischen **Ausreise- bzw. Einreiseformalitäten** für die Fahrt nach/von Algerien (Polizei, Zoll, Versicherung) erledigt. Es gibt einen kleinen Markt. Eine touristische Infrastruktur existiert seit den Tuareg-Aufständen nicht (mehr). Der Besitzer des ehemaligen Camping Sahel Vert ist nach Gao gezogen, um dort sein Glück zu versuchen. Dafür findet sich an der südlichen Ortseinfahrt der **Campingplatz Association Tidi.** Wasser gibt es aus dem Brunnen (mit elektrischer Pumpe). Der Brunnenaufseher erwartet ein kleines Trinkgeld.

NIGER

Niger

von Gerhard Göttler

Korangelehrter in Agadez

Bau einer typischen Songhay-Hütte

Am Nordostrand der Ténéré-Wüste

Landeskundliche Informationen

Geografie

Das Staatsgebiet der Republik Niger bedeckt eine Fläche von **1.267.000 km²**, wovon etwa zwei Drittel **Wüste** bzw. Halbwüste sind. Wie unzählige Felsgravuren zeigen, war dieses Gebiet jedoch in prähistorischen Zeiten fruchtbar und dicht besiedelt. Heute ist der Norden vor allem vom Sand der Sahara gekennzeichnet, im Südwesten dominieren **Savannen,** und im Süden, zwischen der Hauptstadt Niamey und dem Tschad-See-Gebiet, erstreckt sich ein breiter semiarider Streifen, in dem eine Regenfeldbestellung (z.B. Hirse) möglich ist.

Seinen Namen erhielt dieses Binnenland von dem westafrikanischen Strom **Niger,** der allerdings nur durch den äußersten Südwesten des Landes fließt. Der **Komadougou-Fluss,** der die südöstliche Grenze bildet, und der nigerische Teil des **Tschad-Sees** sind die anderen beiden Gewässer, die das ganze Jahr über Wasser führen. Die zahlreichen **Trockenflussbetten** *(kori)* und ausgetrockneten Wasserpfannen führen nur vorübergehend nach Regenfällen Wasser.

Die Republik Niger grenzt im Norden an Algerien und Libyen, im Westen an Mali und Burkina Faso, im Osten an den Tschad und im Süden an Benin und Nigeria. Zu Nigeria bestehen aufgrund der beidseitig der Grenze lebenden Haussa-Bevölkerung enge Beziehungen in Kultur und Wirtschaft.

Die **Landschaft** im Süden und Südwesten ist durch endlos scheinende, weite Ebenen charakterisiert, während

Landeskundliche Informationen

Karten Umschlag vorn und hinten

NIGER 433

in der Sahara (im Norden) vor allem das Gebirgsmassiv des Aïr mit seiner höchsten Erhebung, dem **Mont Greboun** (2310 m), die Landschaft prägt. Zwischen dem Aïr-Massiv im Westen, dem Djado-Plateau, der Kaouar-Stufe und dem Massif de Termit im Osten bzw. Südosten erstreckt sich die **Ténéré-Wüste,** eine riesige Sandebene mit einer Fläche von etwa 350.000 km².

Der heutige **Tschad-See** ist nur ein winziger Überrest des großen Binnenmeeres, welches in früheren Zeiten von Flüssen aus dem Aïr- und dem algerischen Hoggar-Massiv gespeist wurde und weite Teile der heutigen Ténéré-Wüste einschloss.

Klima

Es herrscht ein **kontinentales sahelo-saharisches Klima mit vier Jahreszeiten:**

Von Juni bis September ist **Regenzeit** (*Saison des pluies* oder auch *hivernage*): Es fallen oft lokal begrenzte, gewitterartige und manchmal auch sehr heftige Regen. Die Luftfeuchtigkeit ist hoch, die Temperaturen liegen tagsüber bei 32 bis 35°C, nachts kühlt es auf 22-25 Grad ab.

Von Oktober bis Mitte November ist die **„zweite Hitzeperiode",** eine typisch sahelische Erscheinung. Die Niederschläge klingen ab, der Himmel ist klar. Die Temperaturen steigen tagsüber auf 35-37 Grad, nachts kühlt es auf 19-23°C ab.

Von Ende November bis Ende Februar ist die **kalte Jahreszeit,** für alle Einheimischen die unangenehme Jahreszeit schlechthin. Es ist trocken, tagsüber wird es 29-32 Grad „heiß", nachts kühlt es auf 14-18 Grad ab. Charakteristisch ist in dieser Jahreszeit ein starker und oft staubbefrachteter, Sicht behindernder Wind aus Nordosten, der **Harmattan.**

Von März bis Ende Mai ist die **„heiße Jahreszeit"** (*Soudure*). Tagestemperaturen von 40-45 Grad sind dann üblich, nachts kühlt es nur auf knapp unter 30°C ab. Dazu weht ein oft brennend heißer Wind.

Im Norden und Nordosten des Landes fällt oft mehrere Jahre lang kein Niederschlag. Typisch sind hier besonders starke Schwankungen zwischen Tages- und Nachttemperaturen, wobei in den Monaten Dezember bis Februar (v.a. in der Sahara) mit Temperaturen nahe dem Gefrierpunkt zu rechnen ist. Die durchschnittlichen Tageshöchsttemperaturen betragen im Mai dagegen 46°C in Agadez und 42°C in Niamey. Die heißesten Monate sind April bis Juni, weshalb man Reisen in den Niger zu dieser Zeit tunlichst vermeiden sollte.

Die **beste Reisezeit** liegt für weniger an die Hitze gewöhnte Mitteleuropäer zwischen November und März.

Pflanzenwelt

Aufgrund der geringen jährlichen Niederschläge (zwischen 200 mm im Norden und 700 mm/Jahr im Süden) und dem damit einhergehenden Wassermangel ist die **Vegetation recht dürftig.** Während die saharische Region mehr oder weniger vegetationslos ist, gedeihen in den südlich angrenzenden Regionen Gras- und Dornbüsche (z.B. Akazien), ein ideales Weidegebiet für die Herden der Tuareg- und Fulbe-Nomaden.

In den Tälern des Aïr-Massivs werden Dattelpalmen kultiviert; **Dum-Palmen** wachsen hier und in den weiten Tallagen des Südens, den sogenannten Dallols, bei entsprechend hohem Wasserstand. Die Nüsse der Dum-Palmen sind wichtig als Nahrungsmittel in Dürreperioden, aus ihren Blättern werden die weit verbreiteten Boden- und Zeltmatten geflochten. Die Baumvegetation wurde in den letzten Jahren stark übernutzt, weshalb ein weitreichendes Verbot der Holznutzung erlassen wurde; davon ausgenommen sind nur die Äste und Stämme des **Sodom-Apfels** *(Calotropis procera),* einer charakteristischen Pflanze der sogenannten Sekundärflora. Auf allen Märkten sehen Sie deshalb dieses Holz in größeren Mengen angeboten.

Zu den auffallenden Bäumen zählt auch die **Acacia Albida.** Die Zweige sind hellfarbig bis weiß (*albida* = weiß). Im Gegensatz zu anderen Akazienarten ist ihr Holz eher weich und nicht sehr widerstandsfähig und deshalb für Bauzwecke nicht geeignet. Vielleicht ist dies der Grund, warum diese Bäume immer wieder als richtige Prachtexemplare anzutreffen sind. Die dicken Hülsenfrüchte sind auffallend orange-gelb und geben ein hochwertiges Viehfutter ab. Da die Bäume mit ihrem Laubfall die Fruchtbarkeit des Bodens verbessern, wachsen sie oft mitten in Feldern. Zudem wird der Baum – anders als alle sonstigen Baumarten im Sahel – am Beginn der Regenzeit kahl, lässt also Licht an die dann unter ihm wachsenden Kulturen, grünt dagegen in der Trockenzeit, wenn alles Schatten sucht. So verwundert es nicht, dass er gerne als „Wunderbaum des Sahel" bezeichnet wird. Auch die Nigerer verehren ihren „Gao" (so eine weit verbreitete Bezeichnung) regelrecht.

Weiter im Süden trifft man dann auf dichtes **Buschgestrüpp,** das wegen seines charakteristischen fleckenhaften Wuchses „tigre-brousse", Tiger-Busch, genannt wird. In Gunstlagen, d.h. oft in Talungen, wachsen mitunter sehr große Baobab- oder auch Acacia-Albida-Bäume. Hier im Süden ist auch das eigentliche **Ackerbaugebiet** (Regenfeldbau), in dem, je nach Grundwasserstand und Qualität des Bodens, Rispen- oder Kolbenhirsearten, regional auch Erdnüsse und Baumwolle, in manchen Gegenden sogar Zwiebeln (Bewässerungsfeldbau) angepflanzt werden. Die Dattelpalme dagegen gedeiht außerhalb der saharischen Klimabereiche nicht mehr.

Bevölkerung

Ethnische Gruppen

Die ca. **15 Mio. Einwohner** (2010), davon annähernd 1,5 Mio. Nomaden, setzen sich im Wesentlichen aus sieben ethnischen Gruppen zusammen:

Haussa

Sie bilden etwa die **Hälfte der nigrischen Bevölkerung,** stammen ursprünglich aus dem heutigen Nigeria und leben nun in der Region zwischen Dogondoutchi und Zinder. Sie sind Moslems, haben jedoch bis zum heutigen Tag bestimmte animistische Glaubensvorstellungen und Traditionen beibehalten. Ihre Sprache ist die in dieser Region Westafrikas am weitesten verbreitete Verkehrssprache.

Djerma-Songhay

Sie stellen etwa 20% der gesamten Bevölkerung und leben überwiegend als **Ackerbauern.** Ihre Heimat ist das Gebiet westlich des Nigerflusses bis zur Grenze nach Mali. Sie sind die **politisch dominante Gruppe.**

Fulbe (Peul, Fulani)

Diese vor allem von der **Rinderzucht** lebende Ethnie, die etwa 11% der Bevölkerung des Landes ausmacht, ist auch in den angrenzenden Ländern Mali und Burkina Faso sowie im Tschad anzutreffen. Die **Bororo,** richtiger mit ihrem Eigennamen **Wodaabe** genannt, bilden eine besondere (nomadische) Gruppe unter den Fulbe (siehe Bevölkerung im allgemeinen landeskundlichen Teil des Buches).

Tuareg

Sie bevölkern als **Viehhalter** mit etwa 1.000.000 Mitgliedern den gesamten Norden. Die **Busu** bzw. **Bella** (Busu = Haussa-Sprache, Bella = Songhay-Sprache für Sklaven) sind die ehemaligen Sklaven der Tuareg.

Kanuri und Beri-Beri

Eine **kleine Gruppe** von ca. 300.000 Mitgliedern, die in der Gegend östlich von Zinder bis zum Tschad-See von Ackerbau und Fischfang lebt. In den Salinen-Oasen Fachi, Bilma und den kleineren Oasen im Kaouar leben ebenfalls Kanuri, hauptsächlich von Salzproduktion und -verkauf.

Tubu

Sie kommen aus dem Tibesti-Gebirge (Tschad) und leben **im äußersten Nordosten** des Landes; kleinere Gruppen nomadisieren im Termit-Massiv westlich des Tschad-Sees.

Europäer/Ausländer

Von den ca. 6000 Europäern im Land sind über die Hälfte **Franzosen.** Zweitstärkste Gruppe sind die **Libanesen.**

Sonstiges

Die **Bevölkerungsdichte** ist entsprechend der geografischen Gegebenheiten sehr unterschiedlich. Während im Süden (vor allem im Nigertal) etwa 97% der Bevölkerung leben, ist der Norden nahezu menschenleer. Schätzungen zufolge gehen etwa 50.000 Nigerer als Gast- bzw. Wanderarbeiter ins Ausland, und ca. 1–2 Mio. Nigerer leben in den Nachbarstaaten (vor allem in den südlich angrenzenden Küstenländern). Besonders während der immer wiederkehrenden Dürreperioden verdingt sich ein großer Teil der männlichen Jugend als **Wanderarbeiter** in Nigeria oder auch in der Elfenbeinküste (Côte d'Ivoire). Von den aktuellen Vorgängen im letztgenannten Land ist Niger jedoch nicht so betroffen wie etwa Mali, da sich die Zahl der Auswanderer in die Elfenbeinküste in Grenzen hält.

Verschiedene Studien zeigen auf, dass sich im Niger auch weiterhin politische und wirtschaftliche Konflikte wegen des enormen **Bevölkerungswachstums** abzeichnen. In einer Prognose des unabhängigen Forschungsinstitutes PBR (Population Reference Bureau) wächst die Bevölkerung im Niger weltweit am schnellsten – und dabei steht das Land nach dem letzten Lebensstandard-Ranking auf dem viertletzten Platz, „übertrumpft" nur noch von den Nachbarländern Mali und Burkina Faso (mit Burundi auf dem letzten Platz).

Interethnische Konflikte sind häufig; sie brechen besonders zwischen sesshaften Bauern und nomadischen Viehhaltern in Dürreperioden aus, immer wieder gibt es auch zwischen verschiedenen Nomadengruppen tödlich verlaufende Auseinandersetzungen, z.B. um einen Brunnen. So wurde etwa im Jahr 2005 von elf Toten berichtet, die es bei Auseinandersetzungen zwischen Fulbe und Djerma bei Dosso nur ca. 140 km östlich der Hauptstadt gegeben hat. Eines der blutigsten Dramen spielte sich einige Jahre zuvor bei Maradi ab, wo fast hundert Menschen ihr Leben bei Streitigkeiten zwischen Viehhaltern und Bauern verloren.

Interethnische Abhängigkeitsverhältnisse liegen auch den von verschiedenen Nichtregierungs-Organisationen wiederholt vorgebrachten Vorwürfen fortdauernder **Sklaverei** im Niger zugrunde. Bei vielen Tuareg-Gruppen und auch arabischen Nomaden leben seit Generationen kulturell eingegliederte Abhängige, Nachkommen von Schwarzafrikanern, Kanuri, Djerma, Haussa, Songhay und anderen, die vor Jahrhunderten irgendwo in Westafrika erbeutet und in die Sklaverei geführt wurden. Mit der Unabhängigkeit der Republik Niger wurde diese zwar offiziell verboten, doch erst 2003 unter Strafe gestellt. In wirtschaftlicher Unabhängigkeit leben heute ganze Stammesverbände solcher ehemaliger Sklaven von Viehzucht und mehr und mehr auch vom Ackerbau; sie werden als **Busu** (Haussa-Sprache) oder auch **Bella** (Djerma-Sprache) bezeichnet. Immer wieder werden mit mehr oder weniger Erfolg Aktionen gestartet, um auch die noch in unmittelbarer Abhängigkeit bei ihren Herren verbliebenen Diener bzw. Sklaven zu befreien. Insgesamt wird ihre Zahl heute auf 43.000 Menschen geschätzt (BBC), andere Organisationen sprechen dagegen von bis zu 870.000 (so die Menschenrechtsorganisation Timidria).

Vögel der Wildnis – bei den Wodaabe in der Südsahara

Ya-heh, ya-heh, ya-heh, ya-heh, ya-heh ... Monoton schallt es aus hundert Kehlen der Tänzer im Kreis. Ganz langsam nur dreht sich dieser im Rhythmus kleiner Schritte, die zum Gesang in einem engen quadratischen Grundschritt von der Ferse zu den Zehenspitzen, von den Zehenspitzen zur Ferse und wieder seitlich versetzt durchgeführt werden. Staub und Hitze sind jetzt in der Abendsonne fast unerträglich. Immer wieder brechen einzelne Tänzer aus der geschlossenen Formation aus, torkeln aus der Reihe, der völligen Erschöpfung nahe. Seit fast einer Woche wird jetzt schon getanzt, Tag und Nacht, ohne Unterbrechung.

Ich bin Gast eines **Gerewol-Festes,** Höhepunkt im Jahreszyklus der Wodaabe-Nomaden, bei der sich die schönsten jungen Männer als Auserwählte ihres Clans geschminkt und herausgeputzt nicht nur einer Schönheitskonkurrenz stellen: Der aufmerksamen Beobachtung der teilnehmenden jungen Frauen entgeht kein Nachlassen der Tanzkraft, kein Rückzug aus dem Kreis der Tänzer zur kurzen Erholung, zum vorgeblich neuerlichen Drapieren der Gewandung. Nicht nur Schönheit allein wird bewertet, auch Ausdauer und Zähigkeit stehen auf dem Prüfstand. Diese Nacht noch, am nächsten Morgen dann wird während eines erneuten Rundtanzes die Wahl des schönsten und ausdauerndsten der jungen Männer stattfinden. Jeder fiebert diesem Höhepunkt entgegen. Das Jahr geht damit zu Ende; jeder weiß dann, wer der Schönste des Jahres ist – und sieht dann gespannt der neuerlichen Gerewol-Saison entgegen, wenn die bis dahin in alle Winde zerstreuten Familien sich wieder an ihren angestammten Festplätzen versammeln, zur Schönheitskonkurrenz der jungen Männer.

Das überaus malerisch-exotische Spektakel lenkt leicht davon ab, was sich – den Blicken im Schutze der Nacht verborgen – hinter der Kulisse abspielt: Die Auserwählten sind auch aufgefordert, die **jungen Mädchen** der jeweiligen Altersgeneration zu entjungfern und – mehr noch – zu **schwängern.** Ein Kind aus einer Gerewol-Verbindung, gezeugt von einem schönen jungen Mann, gehört bei den Frauen gewissermaßen zur Aussteuer und steigert ihre Heiratschancen erheblich. Aber auch bereits verheiratete Frauen haben das Recht, an den Gerewol-Festlichkeiten teilzunehmen, so lange sie nicht mehr als ein Kind haben, von wem auch immer. Bestimmte Merkmale ihrer Haartracht, ihrer Kleidung und ihres Schmuckes weisen im Alltag auf diesen Status hin.

Auch andere Aspekte im Leben dieser Nomaden scheinen der Aufmerksamkeit der Ethnologen bisher entgangen zu sein: Sie sind meines Wissens die einzigen Menschen auf unserem Erdball, die jahraus, jahrein ganz **ohne Behausung** auskommen; keine Hütte, kein Zelt dient ihnen als Heimstatt. Gleich Vögeln in der Wildnis schlagen sie ihre Lager unter einem Dornenstrauch auf, dessen dürre Äste ihnen als Schutz genügen. Prasselt während der sommerlichen Regenzeit ein Gewitterguss herab, stellen sie sich in Gruppen unter einer Matte zusammen und warten, bis das Schlimmste vorüber ist. Einer meiner Wodaabe-Freunde, den ich wegen dieser seltsamen Eigenart befragte, meinte nur: „Unsere Rinder haben auch keine Haus!"

Ihre Rinder! Das Glück im Alltag der Wodaabe besteht darin, „vor seinen Rindern zu gehen". Er liebt seine großen schwarzen **Zebu-Rinder** mit den langen, lyraförmig geschwungenen Hörnern. Die Liebe geht so weit, dass jedes Kind als Kosenamen den Namen eines besonders schönen Rindes erhält. Wider besseres Wissen liebt er diese Rasse, ist doch jedem bekannt, dass sie dem sahelischen Klima schlecht standhält. In Dürreperioden sterben die Tiere stets zuerst, sind weniger widerstandsfähig als die rot-bunten Tiere

Bei den Wodaabe in der Südsahara

der südlichen Tuareg oder die weiß-grauen anderer Fulbe-Gruppen. Auch sind sie ängstlich und schreckhaft und taugen wenig als Zugtiere am Brunnen, sind problematisch als Lastochsen. Aber die Liebe des schönen Scheins geht über alles, und nach jeder Dürrekatastrophe wird so rasch wie möglich wieder eine Zebu-Herde herangezogen.

Ihre Rinder! Schon Zwölfjährige ziehen mit ihnen in der Busch hinaus, wandern langsam von Weideplatz zu Weidplatz, um abends zum Melken wieder ins Lager unterm Dornbursch zurückzukehren. Die **Ordnung im Lager** ist traditionell streng geregelt: Hier die Bett- bzw. Schlafstelle, der Feuerplatz, der nachts vor wilden Tieren schützen soll, dort der Lagerplatz der Rinder, die quer gespannte Kälberleine, an der die Jungtiere angebunden sind. Das Melken in der Abend- und Morgendämmerung ist die Arbeit der Frauen zusammen mit den Kindern; keines dieser Zebu-Rinder lässt sich melken, wenn nicht sein eigenes Kalb bei ihm steht. Auch die Weiterverarbeitung der **Milch** ist Sache der Frauen. Dabei ein weiteres Kuriosum: Milchüberschüsse werden nur zu Butter verarbeitet. Käse zählt zu den Speisetabus, eines unter vielen Tabus, die für uns oft sehr befremdlich sind. Der Tod zählt zu diesen Tabus. Ein Volk von Nomaden, ohne Haus, Zelt oder Hütte, immer unterwegs – **wo bleiben die Alten,** die Gebrechlichen? Es ist mir nicht gelungen, das Rätsel zu lösen. Bei vielen Reisen im Busch der Wodaabe konnte ich nicht ein einziges Grab dieses Volkes finden. Wenn ich eine abgelegene Grabstelle fand, wiesen sie meine Begleiter stets den in ihm selben Gebiet nomadisierenden Tuareg-Nomaden zu. Stets versicherten sie mir, wir würden schon noch ein Wodaabe-Grab finden – vergeblich. Ich bin überzeugt: Die Alten „gehen in den Busch", sterben hier wie die Vögel. Opfern sich zugunsten der Beweglichkeit ihrer Familie, Wildtieren und Aasfressern zur Beute.

Ya-heh, ya-heh, ya-heh, ya-heh, ya-heh, y-heh ... Der Morgen graut. In der Windstille vor Sonnenaufgang hüllt Staub die Tänzer ein wie Nebel. Mit aufgehender Sonne kommt Wind auf, die Reihen schließen sich wieder, jeder zeigt noch einmal sein Bestes. Die **Wahl des Schönsten** steht kurz bevor. Und dann wie auf ein geheimes Kommando hin eine Unterbrechung, hektisch-nervöses Wechseln der Kleider, des Schmuckes. Der Kopfputz aus Straußenfedern wird ersetzt durch einen Büschel aus Rinderschwanzhaar; über den jetzt nackten Oberkörper werden diagonal weiße Perlenketten gespannt, der Lederwickelschurz wird ersetzt durch einen Frauenrock aus Stoff, aus dem nach vorn ein langer roter Zipfel heraushängt. In dieser in ihrer Bedeutung noch völlig unerforschten Gewandung setzt der Tanz der jungen Männer mit zunehmender Lautstärke erneut ein. Fast 200 Tänzer sind es an diesem Morgen. Im Kreis kniet eine junge Frau. Die jungen Tänzer um sie strengen sich aufs Äußerste an, verdrehen oft geradezu grotesk die Augen, um das Weiß der Augäpfel hervortreten zu lassen, versuchen wie eine Balleteuse lange auf den Zehenspitzen zu tanzen, um möglichst schlank, groß und leichtfüßig zu wirken. Die Zähne werden gebleckt, die Arme schwingen im Rhythmus des Tanzgesangs weit vor, jedes Mittel wird genutzt, um die Aufmerksamkeit auf sich zu ziehen. Begleitet von einem Stammesältesten geht die wählende Frau langsam die Reihe der im Kreis Tanzenden ab, schamhaft wendet sie den Blick ab, blickt keinen der Tänzer direkt an. Dann eine kaum wahrnehmbare Handbewegung – sie berührt die Schulter eines Tänzers! Die Wahl! Schlagartig bricht das Fest in sich zusammen. Ein kaum noch zu überbietendes Durcheinander von Erschöpften, Enttäuschten, Wissbegierigen, vordrängenden Zuschauern. Die Sensation: Der Schönste des vergangenen Jahres wurde erneut gewählt! Und jeder hat es gesehen: So ausdauernd wie er hat keiner getanzt ...

SPRACHEN, RELIGIONEN, GESCHICHTE

Sprachen

Amtssprache ist Französisch; Verkehrssprachen sind Haussa (verschiedene Dialekte), Djerma-Songhay, Tamaschek (die Sprache der Tuareg) und Fulfulde (die Sprache der Fulbe).

Religionen

Etwa 95% der Bevölkerung bekennt sich zum **Islam** (sunnitische Moslems), 4,5% sind Anhänger traditioneller Naturreligionen und etwa 0,5% Christen. Es erscheint mir im Niger besonders auffallend, dass auch Muslime verschiedene Riten praktizieren, die eher vor-islamischen Traditionen bzw. einem sogenannten Volksislam zuzurechnen sind und von der Orthodoxie abgelehnt, wenn nicht gar verfolgt werden. Genannt sei hier beispielhaft die in vielen Bevölkerungsschichten verbreitete Sitte der Geisteraustreibung. Die Religionsausübung kann insgesamt eher als tolerant bezeichnet werden. Angesichts der Tatsache, dass in unmittelbar angrenzenden nigerianischen Staatsprovinzen teilweise die – nach unseren Vorstellungen grausame – **islamische Rechtssprechung (Scharia)** wieder eingeführt wurde, und der traditionell engen Verflechtungen mit diesen Regionen bemüht sich der nigerische Staat, seinen laizistischen Charakter immer wieder zu betonen.

Geschichte

Der heutige Staat Niger entwickelte sich aus verschiedenen vorkolonialen ethnischen und politischen Gruppierungen.

Im westlichen Teil der heutigen Republik Niger entstand im 8. Jh. das **Songhay-Reich** (siehe Geschichte im allgemeinen landeskundlichen Teil), im östlichen 9. Jh. das **Kanem-Bornu-Reich.** Im Gebiet zwischen diesen beiden Reichen breiteten sich im 15. Jh. die Haussa aus und errichteten **Stadtstaaten,** die sich zu den mächtigsten Handels- und Wirtschaftszentren der Region entwickelten.

Als die europäischen **Entdeckungsreisenden** (*Gustav Nachtigal, Heinrich Barth, Mungo Park* oder *Friedrich Hornemann*) im 19. Jh. das Land besuchten, waren diese einst mächtigen Reiche weitgehend zerfallen. Zahlreiche untereinander zerstrittene **Tuareg-Gruppen** herrschten damals über das Gebiet zwischen Niger und Tschad-See.

Als dann die **Franzosen** gegen Ende des 19. Jh. in dieses Gebiet eindrangen, leisteten mehr oder weniger nur die Tuareg Widerstand, dafür entsprechend heftig.

Seit 1890 steht das Gebiet der heutigen Republik Niger unter französischem Einfluss; es wurde in den Jahren 1897–1899 von Frankreich besetzt und

---

Buchtipps:
- **Hausa – Wort für Wort**
- **Tamaschek (Tuareg) – Wort für Wort**
(beide Bände REISE KNOW-HOW Kauderwelsch)

1910 **Teil von Französisch-Westafrika.** Die Grenzziehungen erfolgten am „Grünen Tisch", ohne dass kulturell und historisch gewachsene Verbindungen berücksichtigt wurden. 1922 führte man eine zivile Kolonialverwaltung ein.

Politik

Am **3. August 1960** erhielt die Republik Niger unter Präsident **Hamari Diori** ihre **Unabhängigkeit.** Starke innenpolitische Differenzen und Probleme (v.a. infolge der großen Dürren und der daraus resultierenden katastrophalen wirtschaftlichen Versorgungssituation), Korruption und mangelnde Effektivität der Verwaltung provozierten im Jahr 1974 einen Militärputsch, der Oberstleutnant **Seyni Kountché** an die Macht brachte.

Nach dessen Tod am 10. November 1987 übernahm Brigadegeneral **Ali Saibou** die Funktion des Staatsoberhauptes. Seit Mai 1989 ist er Präsident der Einheitspartei MNSD (Mouvement National pour la Société de Dévelopement), des Obersten Rates für Nationale Orientierung (CSON) und des Exekutivbüros BEN (Bureau Exécutif National). Auch die Verteidigung liegt in seinen Händen. Das **Militär** bestimmte lange Zeit die Geschicke des Landes. 1989 stirbt der ehemalige Präsident *Diori* im marokkanischen Exil. Bei den Präsidentschaftswahlen am 10. Dezember 1989 wird *Saibou* für weitere sieben Jahre gewählt – er war der einzige Kandidat, sein „mouvement" die einzige Partei zur Wahl.

Eine entscheidende **politische Wende** trat im Jahre **1991** ein, als die bis dahin gültige Verfassung von der Nationalen Konferenz außer Kraft gesetzt und der Generalstabschef der Armee sowie sein Stellvertreter vom Dienst suspendiert wurden. Von der Interimsregierung wird ein Verfassungsentwurf vorgelegt, der am 26. Dezember 1992 zur Abstimmung gelangt und mit 99,3% der Stimmen angenommen wird (Wahlbeteiligung bei knapp 50%).

Die **neue Verfassung** beinhaltet die Etablierung eines Mehrparteiensystems, die Direktwahl des Präsidenten mit einer fünfjährigen Amtsperiode und Gewaltenteilung. Bei den **Parlamentswahlen,** den erstmalig in der Geschichte des Landes durchgeführten freien Wahlen, siegt mit 55,4% im zweiten Wahldurchgang am 27. März 1993 der Sozialdemokrat **Mahamane Ousmane;** die Wahlbeteiligung liegt bei 35%. Sein Gegenkandidat, *Mamdou Tanja,* erlangt im zweiten Wahlgang nur 26,59% der Stimmen (im ersten Wahlgang 34,22%).

Im Februar 1992 kommt es zur **Rebellion von Soldaten** wegen ausstehender Soldzahlungen, und obwohl die Regierung die Zahlungen zusagt, ziehen in den darauf folgenden Tagen Soldaten schießend durch die Straßen. Der Generalstreik, zu dem Gewerkschaft und Parteien als Protest gegen die Meuterei der Soldaten aufrufen, legt das öffentliche Leben in der Republik Niger lahm.

Nach den ersten Auseinandersetzungen im Mai 1990 zwischen **Tuareg** und der Armee, bei denen Hunderte von Tuareg durch die Armee getötet wurden, melden sich im Januar 1992 die

Tuareg-Rebellen (Front de Libération de l'Aïr et de l'Azaouad, FLAA) zum ersten Mal mit einer politischen Erklärung zu Wort und fordern den Rückzug der Armee aus dem nördlichen Landesteil. Nach weiteren Zwischenfällen und Verhaftungen von Tuareg-Rebellen durch die Armee wird am 2. Juni 1993 ein Waffenstillstandsabkommen zwischen der Regierung Nigers und der FLAA unterzeichnet.

Im Mai 1995 wird ein weiterer Friedensvertrag zwischen der Regierung und den Vertretern der aufständischen Tuareg-Gruppen unterzeichnet. Hierin verpflichten sich die Rebellen, die Waffen niederzulegen und ihre Kämpfer in die Armee zu integrieren, die Regierung verspricht im Gegenzug, größere Autonomie im Norden des Landes zu gewähren.

Am 29. Januar **1996** kommt es zu einem **Putsch** in Niamey, mit der Begründung, dass Politik im Niger nicht mehr möglich sei, da sich die gewählten Politiker seit über einem Jahr gegenseitig blockierten. Vorläufiger Machthaber wird Armeegeneral **Ibrahim Baré Maïnassara,** der die Verfassung außer Kraft setzt, alle politischen Parteien verbietet und baldige Wahlen verspricht. Der abgesetzte Präsident *Ousmane* und sein Premier werden unter Hausarrest gesetzt. Es kommt zu Unruhen in Niamey und Zinder, die Regierung verhängt den Ausnahmezustand.

Am 9. April 1999 endet die Herrschaft von *Maïnassara* in einem blutigen Staatsstreich. Präsident wird wenige Tage später sein Mörder, der Leiter der Präsidialgarde, Major **Daouda Malam Wanké.** Die Machtergreifung der neuen Junta stößt im Ausland weitgehend auf Ablehnung: Frankreich, wichtigster Partner des Sahelstaates, stellt seine Entwicklungszusammenarbeit zunächst ein. Um solche negativen Konsequenzen möglichst einzugrenzen, kündigt *Wanké* in einer ersten Radioansprache eine Volksabstimmung über die Verfassung für Juni 1999 und Parlaments- und Präsidentschaftswahlen für November 1999 an. Diese Wahlen finden dann auch tatsächlich und unter geordneten Verhältnissen statt und bringen mit 60% der Stimmen **Mamadou Tandja** an die

Iferouane – Schönheit vom Lande

Macht. Obwohl als „Tuareg-Hasser" bekannt, gelingt es *Tandja,* die Situation in den ehemaligen Rebellen-Regionen ruhig zu halten. Im Jahr 2000 kommt es bei einer demonstrativen Waffenverbrennung (**"Flamme de la paix"**) in Agadez zu einer weiteren Friedensverkündigung und der Selbstauflösung diverser Rebellengruppen. Doch erst ein Jahr später gelingt die Zerschlagung einer der aktivsten Rebellengruppen, der FARS der Tubu; deren Anführer, *Chahayi Barkayé,* kommt bei den Gefechten im Djado-Plateau ums Leben.

Das Jahr **2002** steht zunächst ganz im Zeichen von Normalisierung: Die EU gewährt dem Niger eine weitere Hilfszahlung in Höhe von über 200 Mio. Dollar, ein Kooperationsabkommen zwischen Japan und Niger soll die Situation des Uran-Abbaus verbessern, und Frankreich stellt einige Millionen Dollar zur Förderung von Landwirtschaft und Umwelt zur Verfügung. Bei der im Sommer 2002 erfolgten Wiedereröffnung der Deutschen Botschaft in Niamey (sie war aus Spargründen zum Jahreswechsel 1999/2000 geschlossen worden) stellt Deutschland insgesamt 33 Mio. Euro an Hilfsgeldern in Aussicht. Ebenfalls im Sommer 2002 meutern Soldaten in den Kasernen im Osten des Landes – die Meuterei wird blutig niedergeschlagen. Nach einer unbefriedigenden Regenzeit kommt es zu Problemen in der Nahrungsmittelversorgung; internationale Organisationen werden aufgefordert, Hilfspläne gegen eine drohende Hungersnot und die in ihrem Gefolge epidemisch auftretenden Krankheiten zu entwickeln.

Im Dezember **2004** wird *Mamadou Tandja* wiedergewählt. Auch wenn die Wahlen von Beobachtern stets als geordnet bezeichnet werden, geht er doch immer wieder mit harter Hand und auch ethnisch motiviert gegen Dissidenten vor. Im Oktober 2003 wurden verschiedene private Radiostationen verboten; der Chefredakteur der ältesten Wochenzeitung Le Républicain wurde wegen angeblicher Verbreitung über Nachrede gegen die Regierung zu sechs Monaten Haft verurteilt. Nach Protesten verschiedener Menschenrechtsorganisationen normalisiert sich die Situation aber rasch – der Niger ist zu sehr von ausländischer Hilfe abhängig und kann sich einen schlechten Leumund einfach nicht leisten.

Nach weiteren Dürreperioden und einer fast den ganzen Sahelraum treffenden Heuschreckenplage verschärft sich **2005** die Ernährungslage. Erneut ist das Land von einer **Hungersnot** bedroht; geschätzte 800.000 Kinder sind davon ganz besonders betroffen, im April 2005 wurden bereits 150.000 Kinder mit Zeichen akuter Unterernährung gezählt. Als dann ausgerechnet in dieser Situation die Mehrwertsteuer auf Dinge des täglichen Bedarfs (Mehl, Milch, bestimmte Mengen an Wasser und Strom, Zucker) erhöht werden soll, kommt es zu wochenlangen Unruhen und heftigen Protesten gegen die Regierung, weshalb diese Ende April 2005 die Beschlüsse zurücknehmen muss.

Die Regierung unter *Mamadou Tandja* wird von der Opposition beschuldigt, die Krise zu lange ignoriert und totgeschwiegen, ja geleugnet zu haben.

Journalisten, die über die Hungerkatastrophe berichten wollen, wird die Einreise bzw. die Akkreditierung verweigert. Ende des Jahres wird Niger auf den letzten Platz (177. von 177!) des Human Developement Index eingestuft und diese Einstufung im Lauf des Jahres 2006 bestätigt. Die Ernte nach der Regenzeit im Sommer fällt gut aus, Verluste müssen vor allem durch eine Heuschreckenplage hingenommen werden. Von vielen kritisiert, finden die **„Spiele der frankophonen Länder"** in einem Land statt, in dem 3,5 Millionen Menschen akut unterernährt sind. Die Spiele enden Mitte Dezember; Frankreich ist mit 39 Medaillen die erfolgreichste Nation nach Marokko (31 Medaillen).

In der Region Tahoua werden **Kohlevorkommen** entdeckt und auf 30 Millionen Tonnen geschätzt; die Kohle soll zur Elektrizitätserzeugung abgebaut werden.

Im September **2006** werden zwei Minister der Regierung wegen des Verdachts auf Unterschlagung verhaftet und in Untersuchungshaft genommen. Ein Journalist, der über die Veruntreuung berichtet hatte, wird ins Gefängnis geworfen.

Im Februar **2007** macht erstmals eine neue **Rebellenbewegung MNJ** (Nigrische Bewegung für Gerechtigkeit) mit Überfällen auf Polizei- und Militärstationen auf sich aufmerksam. Bei einem spektakulären Coup wird der leitende Mitarbeiter einer chinesischen Prospektionsfirma entführt, die über eine Konzession zur Exploration von **Uran** im Gebiet der Saline Tegguidda-n-Tessoum verfügt; die Firma verlässt daraufhin das Land. Die nigerische Regierung verdächtigt die Ex-Kolonialmacht Frankreich, bei diesem Coup die Hände im Spiel zu haben, um China den Zugang zu dem bisher fest in französischer Hand befindlichen Uran zu verwehren. Der ehemalige Militärattaché der französischen Botschaft und spätere Sicherheitsberater der Uran-Mine von Arlit wird des Landes verwiesen. Die MNJ ihrerseits fordert eine Teilhabe an den Erlösen aus dem Urangeschäft auch für die Bevölkerung des Nordens; der Niger soll nicht Musterbeispiel eines Landes bleiben, bei dem die Ausbeutung wertvoller Bodenschätze nur die Taschen einer kleinen Riege füllt (und Schweizer Bankkonten); bei der Bevölkerung dagegen bleibt außer verseuchten Brunnen und verstrahlten Staublungen kaum was hängen.

Im Laufe des Jahres nehmen die **Spannungen** immer weiter zu. Militärposten werden überfallen, Soldaten getötet und entführt. Die Regierung kündigt den Kauf von ukrainischen Kampfhubschraubern an. Ganze Ortschaften vor allem im Aïr werden vermint und damit von der Außenwelt abgeschnitten. Auch im unmittelbaren Umfeld der Stadt Agadez ereignen sich Minen-Unfälle, für die sich Regierung und Rebellen gegenseitig die Schuld zuschieben. Im September fällt die wichtigste Charter-Fluggesellschaft Point-Afrique die Entscheidung, ihre Flüge nach Agadez für die Saison 2007/08 einzustellen; die für den gesamten Nordosten des Niger so wichtige Einnahmequelle Tourismus ist damit bis auf Weiteres versiegt. Fast gleichzeitig setzt die Regierung die gesamte Region Agadez für drei Monate in **„Etat de Mise en garde",** eine Art **Ausnahmezustand,** bei dem der Zugang für Ausländer eingeschränkt, die Rechte der Sicherheitskräfte erheblich erweitert, ein Fotografierverbot erlassen und eine Ausgangssperre verhängt wird. Journalisten erhalten grundsätzlich keinen Zugang mehr zu der Region – und natürlich dient diese Anordnung nur dem Schutz dieser Berufsgruppe. Mehrere eher regimekritische Journalisten, darunter der bekannte *Moussa Kaka*, werden prompt festgenommen, *Kaka* trotz internationaler Proteste erst im Oktober 2008 wieder vorläufig freigelassen.

Der im August verhängte Ausnahmezustand wird Anfang Dezember 2007 um weitere drei Monate verlängert. **Zwei französische Journalisten,** die für den Fernsehkanal Arte in der „verbotenen Zone" (= Aïr-Region) zum Filmen unterwegs waren, werden **verhaftet,** des Hochverrats angeklagt und mit der Todesstrafe bedroht.

Zum Jahreswechsel 2007/08 schließt sich die „alte" FARS, eine Rebellengruppe der Tubu mit Basis im Djado-Bergland, der MNJ an mit der Begründung, die Friedensvereinbarungen von 1997 seien von Seiten der Regierung nicht eingehalten worden. Auf Druck Frankreichs werden die Arte-Journalisten freigelassen und des Landes verwiesen, nicht jedoch ihre einheimische Begleitmannschaft. Das **Militär** evakuiert den Ort Iférouane; die Bewohner kleiner Ortschaften fast im gesamten Aïr-Bergland fliehen aus Angst vor Gewalt. Das Dorf Tadek wird von der Armee mit Raketenwerfern angegriffen und niedergebrannt.

Im Juni **2008** entführt die MJN in Arlit vier französische Mitarbeiter der Uran-Firma Areva. *Aghali Alambo,* Führer der MJN, kündigt an, sie gut zu behandeln; Lösegeld werde nicht gefordert, Ziel sei vielmehr, Frankreich dazu zu zwingen, sich der Tuareg-Frage anzunehmen. Nur wenige Tage später stellen die Kämpfer der Rebellengruppe Bilder der beiden von ihnen abgeschossenen ukrainischen Kampfhubschrauber (s.o.) ins Internet. Die beiden moldawischen Piloten sollen dabei ums Leben gekommen sein.

Auch die Mitarbeiter von „Médecins sans frontières" werden des Landes verwiesen. Und Anfang August 2008 beschließt Präsident *Tandja* – jetzt praktisch ohne Zeugen vor Ort –, die gesamte **Aïr-Region evakuieren** zu lassen. Wer immer sich in der verbotenen Zone sehen ließe, gelte als Mitglied der MNJ und werde unter Beschuss genommen.

Eine weitere Katastrophe trifft den nigerischen Norden: **Starke Sommerniederschläge** Anfang September rufen schwere Schäden hervor; zahlreiche Menschen verlieren ihr Leben, über 30.000 Personen werden obdachlos.

Nur wenige Tage vor Weihnachten 2008 werden 40 km westlich der Hauptstadt Niamey zwei kanadische Diplomaten und ihr einheimischer Chauffeur entführt. Und Mitte Januar **2009** kommt es in der Region zu einer weiteren **Entführung:** Vier Touristen (ein schweizerisches Paar, ein Brite und eine Deutsche) werden auf dem Rückweg vom Festival Tamadacht in Andérambouкane noch auf malischem Territorium entführt (s.a. im Kapitel zu Mali). Gemeinsame Suchaktionen des nigerischen und malischen Militärs bleiben ohne Erfolg. Rasch wird klar, dass **AQIM (Al-Qaida im Maghreb)** hinter den Entführungen steckt. Die Entführten werden nach sechs Monaten freigelassen, mit Ausnahme des Briten, der angeblich wegen der Weigerung Großbritanniens, mit den Entführern über ihre Forderungen zu verhandeln, getötet wird. Die beiden Kanadier kommen nach mehr als vier Monaten Gefangenschaft frei. Vermutlich wurden viele Millionen Euro Lösegeld bezahlt.

Präsident *Tandja* bemüht sich, den libyschen Staatschef *Gaddafi* in eine Lösung der Rebellenproblematik einzubeziehen. Mitte März 2009 besucht der Oberst Niamey und gibt sich hier erneut als Freund und Garant aller Tuareg aus. Tatsächlich kommt es dann bereits Anfang April zu einem in Tripolis unterzeichneten **Friedensabkommen** und Anfang Mai zu einem Treffen zwischen den wichtigsten Rebellenführern und *Tandja,* der eine Amnestie gegen ein Niederlegen der Waffen anbietet. Der Besuch eines weiteren Staatschefs in Niamey noch im März erregt ebenso Aufsehen: *Nicolas Sarkozy* hält sich kurz in Begleitung des Vorstandsvorsitzenden der Firma Areva in der nigerischen Hauptstadt auf. Eventuell als Ergebnis dieses Besuchs wird dann im Mai offiziell eine **weitere Uranmine** im Ort Imouraren (80 km südlich von Arlit) eröffnet; auch hier wird Areva federführend sein. Wichtige Tuareg-Führer nehmen an den Feierlichkeiten teil; ihr Hauptinteresse richtet sich darauf, eine weitere radioaktive Verseuchung ihrer Weidegebiete zu verhindern.

Unter Bruch der Verfassung versucht Präsident *Tandja* im Sommer 2009, sich eine weitere Amtszeit zu verschaffen. Acht Minister der Opposition verlassen die Regierung, *Tandja* löst sie daraufhin vollständig auf und verschafft sich ein Interregnum mittels Sondervollmachten. Die Opposition wendet sich an die Armee und fordert sie praktisch zur Meuterei auf. *Tandja* jedoch vertraut auf deren Unterstützung, erhöht ihre Besoldung. Tatsächlich erhält er bei einem von vielen als gefälscht bezeichneten **Referendum** am 4. August 2009 über 90% Ja-Stimmen und kann sich nun im Recht fühlen, für weitere drei Jahre sein Amt auszuüben (und seine Bankkonten zu füllen). Die Europäische Union stellt daraufhin die planmäßige Entwicklungshilfe mit dem Niger ein.

Erneut – so scheint es – wird das Land von himmlischen Kräften bestraft: **Verheerende Sommerregen** in den ersten Septembertagen führen vor allem im Norden des Landes zu katastrophalen Zerstörungen. Auch die französische Armee leistet Hilfe für die 70.000 Obdachlosen. In weiten Gebieten westlich des Aïr-Berglandes jedoch bleiben die Regenfälle aus; eine weitere **Hungerkatastrophe** scheint sich anzubahnen. Die Behörden verbieten jedoch jegliche Berichterstattung darüber mit der Begründung, dies sei dem Ruf des Landes abträglich.

Der Ausnahmezustand wird Ende November 2009 aufgehoben; dies war ebenso wie die Amnestie für die Rebellen eine der Vereinbarungen der Friedensverträge von Tripolis.

Am 18. Februar **2010** wird Präsident *Tandja* vom Militär gestürzt. Oberst *Abdoul Karim Goukoye* erklärt den **Staatsstreich** zur „patriotischen Aktion", um Niger und seine Bevölkerung vor Armut, Lügen und Korruption zu retten. *Tandja* wird so ein Opfer seiner eigenen Gewalt, mit der er die Demokratie seines Landes ausgehebelt hatte. Ein „Oberster Rat zur Wiederherstellung der Demokratie – CSRD" führt seither die Regierungsgeschäfte. Entsprechend werden Kommunalwahlen für September 2010 und Präsidentschaftswahlen für den Jahreswechsel 2010/2011 angekündigt.

Wirtschaft

Die Wirtschaft des Landes ist weitgehend agrarisch bestimmt. Die **Landwirtschaft** trägt etwa die Hälfte zum Bruttosozialprodukt bei. Das unter Kontrolle der französischen Firma Areva abgebaute **Uran** (Arlit) macht etwa 70% des Exports aus. Auf dem Höhepunkt des nigerischen Uranabbaus liefert das Land 12% der Weltproduktion. 1996 wurde damit begonnen, die Erdölvorkommen im äußersten Nordosten des Landes zu erschließen. Im Südwesten des Landes gibt es Goldvorkommen, deren Abbau jedoch keinen Profit verspricht.

Erhebliche Einnahmen erhofft sich der Staat von einer **Gas-Pipeline,** die von Nigeria her durch nigerisches Territorium bis zu den Pipelines in den nordalgerischen Fördergebieten führen soll; 25% des Gasbedarfs der EU sollen über diese Leitung gedeckt werden!

Die Grundlage der traditionellen Wirtschaft bildet nach wie vor die **Viehzucht** (Rinder, Schafe, Ziegen, Kamele), auch wenn katastrophale Dürren die Herden erheblich dezimiert haben. Die Tiere werden vor allem nach Nigeria und in weitere subsaharische Nachbarländer exportiert.

Aufgrund der **staatlichen Agrarpolitik** und den damit verbundenen Auflagen waren die Bauern nicht zur Produktion motiviert. Zu den wichtigsten Anbauprodukten zählen **Grundnahrungsmittel** wie Hirse, Sorghum, Maniok und die von der ehemaligen Kolonialmacht Frankreich eingeführte Erdnuss. Ebenso wie die Viehhaltung ist auch der Feldbau ganz wesentlich von den klimatischen „Schicksalsschlägen" abhängig; in Jahren mit einer normalen Regenzeit ist das Land durchaus in der Lage, seinen Lebensmittelbedarf selbst zu produzieren. Bei ausbleibenden Niederschlägen – die sogenannte Interzonale tropische Konvergenz, die der Sahelregion Regen bringt, zieht dann nicht weit genug nach Norden – wird die Situation rasch prekär, und so zählt Niger seit vielen Jahren zu den **ärmsten Ländern der Welt:** Im Jahr 2009 fand sich das Land auf dem HDI-Index (Human Development Index der UN) auf dem letzten von 182 Plätzen.

Der **Staatshaushalt** setzt sich zu einem großen Teil (ca. 40%) aus Einnahmen aus den Zahlungen der Entwick-

GESUNDHEITSWESEN

lungshilfe oder anderen Zuwendungen ausländischer Geber zusammen. Große Hoffnung setzt das Land in den Bau des **Niger-Staudamms bei Kandadji,** etwa 190 km flussaufwärts von Niamey und somit nicht weit unterhalb der Grenze zu Mali. Es sollen damit nicht nur großräumige Bewässerungsflächen weitere Anbaugebiete erschließen, auch die Abhängigkeit des Landes vom Import teurer Energie soll vermindert werden. Aber noch sind die erforderlichen Finanzmittel hierfür nicht bereitgestellt; auch bestehen verschiedentlich Bedenken hinsichtlich der Seriosität diverser Machbarkeitsstudien.

Gesundheitswesen

Die medizinische Versorgung ist in den abgelegenen Gebieten des Nordens am schlechtesten, während sie in der Umgebung von und in Niamey vergleichsweise gut ist. Neben staatlichen Krankenhäusern und einzelnen Privatkliniken gibt es hier mehrere Kranken- und Entbindungsstationen sowie Beratungsstellen für Mutter und Kind. Nur etwa ein Drittel der Bevölkerung hat Zugang zu medizinischen Diensten.

Seit 1979 ist ein mobiler Gesundheitsdienst aufgebaut worden, der in den Dörfern „Erste Hilfe" leistet. Mit finanzieller Unterstützung der IDA soll das Gesundheitssystem des Landes weiter ausgebaut werden. Niger ist im weltweiten Vergleich eines der Länder mit der niedrigsten durchschnittlichen Lebenserwartung: Sie liegt bei nur 46 Jahren.

Zu den **häufigsten Krankheiten** zählen neben Malaria Durchfallerkrankungen (Cholera), Masern, Syphilis sowie Windpocken, Keuchhusten, Meningitis und Flussblindheit (Onchozerkose).

Zu einem großen Problem entwickelt sich vor allem in der jüngeren Generation mehr und mehr **AIDS** (hier französisch SIDA genannt). In Werbekampagnen und mit einem „Programme National de lutte contre le SIDA" versucht die Regierung, das entsprechende Problembewusstsein bei der Bevölkerung zu wecken und Erfolge gegen das Vordringen der Seuche zu erzielen.

Bildungswesen

Der Prozentsatz der **Analphabeten** ist trotz des staatlichen Schulsystems nach wie vor extrem hoch (85% der Männer, bei den Frauen 90%). Offiziell besteht zwar eine allgemeine Schulpflicht vom 7. bis 15. Lebensjahr, jedoch sind viel zu wenige Schulen vorhanden, und die vorhandenen haben über Jahre hinweg nur mehr schlecht als recht funktioniert. Der Besuch der Grundschule ist zwar unentgeltlich, doch müssen bestimmte Schulmaterialien (Stifte, Hefte u.a.) aus eigener Tasche bezahlt werden. Die **Einschulungsquote** liegt entsprechend niedrig (bei etwa 25%). Gerade in den ländlichen Regionen, bei Ackerbauern wie Nomaden, hat schulische Bildung noch immer einen viel zu niedrigen Stellenwert; im Besuch einer Schule sieht die Familie noch immer viel zu oft vor allem den Verlust einer häuslichen Arbeitskraft.

Die im Jahr 1970 gegründete **Universität** in Niamey besuchen etwa 600 Studenten. Fachbereiche sind Medizin, Landwirtschaft, Naturwissenschaften, Literaturwissenschaften und Pädagogik.

Koran-Schulen haben für die Haussa und Tuareg erheblich an Bedeutung gewonnen. Islamische Organisationen forderten 1995 die Einführung eines Unterrichtsfaches „Islam" für alle Schulen im Niger. Seit 1987 gibt es in Say eine islamische Universität.

Medien

Presse

Der nigerische Staat betont häufig, dass er sich der Bedeutung einer freien Presse für die Entwicklung einer funktionierenden Demokratie bewusst sei; die **Pressefreiheit** ist in der nigerischen Verfassung garantiert. Dennoch kommt es bei missliebiger Berichterstattung immer wieder zu Schikanen bis hin zu Redaktionsschließungen oder der Verhaftung einzelner Journalisten. Im Gefolge der politischen Veränderungen wurden 1991 auch mehrere **unabhängige,** vor allem französischsprachige **Zeitungen** gegründet, z.B. die monatlich erscheinenden „Angam", „Horizon 2001" und

Im Hof des Sultans von Agadez

„Kakaki" sowie die Wochenzeitungen „Le Républicain" (auch im Internet unter www.republicain-niger.com), die Zeitschrift „TamTam-Info" (www.tamtaminfo.com) und „Tribune du Peuple", „Alternative" und die 14-tägig publizierte „Haské". Das ehemalige Regierungsblatt „Le Sahel" wurde dem staatlichen Pressebüro unterstellt, ebenso „Le Sahel Dimanche". Außerdem erscheint alle zwei Wochen das „Journal Officiel de la Republique du Niger". Das größte Problem für die Presseorganen liegt schlicht in der Tatsache, dass viel zu wenige Nigerer des Lesens (und gar französischsprachiger Texte) mächtig sind.

Im Pressefreiheits-Ranking der französischen Organisation RSF (Reporter ohne Grenzen) landet die Republik Niger auf Platz 63 von insgesamt 167 Staaten.

Radio und Fernsehen

Die Rundfunkanstalt **La Voix du Sahel** strahlt Programme in Französisch, Haussa, Djerma, Tamaschek, Kanuri, Fulfulde, Arabisch und Englisch aus. Das Fernsehprogramm **Télé-Sahel** bietet Nachrichten und Berichte aus dem Land überwiegend in französischer Sprache; die Zahl der Fernsehgeräte im Land ist äußerst gering, und so stellen Eigentümer eines Gerätes dieses gerne z.B. in ihrem Garten oder an der Ladentür eines Geschäfts dem öffentlichen Interesse zur Verfügung. Radio und Fernsehen werden vom staatlichen Office de Radiodiffusion-Télévision du Niger (ORTN) kontrolliert. Die Mittagsnachrichten (13 Uhr) „zwingen" jeden in der Stadt und auf dem Land vors Radiogerät. Berichtet wird ja nicht nur von politischen und gesellschaftlichen Dingen, von administrativen Veränderungen und dergleichen. Auch über die so wichtigen Niederschläge in den einzelnen Regionen wird informiert oder über die Entwicklungen bestimmter Marktpreise.

Eine erste private Fernsehstation erhielt 1999 eine Sendegenehmigung, die Groupe Ténéré, die bereits einen lokalen Radiosender betreibt. Auch weitere **private Radiostationen** sind in den letzten Jahren entstanden. Häufig vertreten sie jedoch sehr ausgeprägte Partikular-Interessen oder sind nichts anderes als Werbesendungen.

Musik

Die nigerische (Tuareg-)Musik ist vor allem durch sogenannte **Teshumara-Gruppen** bekannt geworden. Teshumara leitet sich im Gegensatz zu dem, was oft behauptet wird, nicht von dem französischen Wort Chômeurs = Arbeitslose ab, sondern vom Tamaschek-Wort ishmar, das jemanden bezeichnet, der Ausdauer und Anstrengung zeigt, der Schmerz erträgt – stoisch-klagloses Erleiden etwa von Hitze, Durst, Staub liegt ja durchaus in der Tradition sahelischer Hirtenvölker. Ein Beispiel ist die Gruppe Tinariwen, bei YouTube zu erleben: „Tinariwen: Documentary Clip" und „Tinariwen: Documentary Part 2". Auf www.lepaystouareg.blogspot.com finden sich sehr viele Beispiele, auch aus anderen Tuareg-Regionen.

Praktische Reisetipps A–Z

An- und Weiterreise

Flugverbindungen

Die Anreise von Europa erfolgt üblicherweise **über Paris** (z.B. mit Air France, Royal Air Maroc oder Air Algérie) **nach Niamey.** Innerhalb Afrikas gibt es Flugverbindungen von/nach Dakar, Abidjan, Lomé, Ouagadougou und Cotonou sowie nach Marokko, Algerien und Libyen (siehe bei Niamey).

Die **Flughafengebühr** bei der Ausreise beträgt etwa 2500 CFA. Für das Taxi vom Flughafen in die Hauptstadt Niamey bezahlt man je nach Verhandlungsgeschick 3000–5000 CFA.

Flüge nach Agadez wurden im Juli 2010 von der französischen Firma Point-Afrique für die Reisesaison 2010/ 2011 (21. Dez. bis 4. März) ab/bis Paris angekündigt.

Mit dem eigenen Fahrzeug/ Straßenverbindungen

Die Hauptanreiseroute mit dem eigenen Fahrzeug aus Europa führt **über Algerien,** das **Hoggar-Gebirge** und **Tamanrasset** und ist wegen der politischen Situation in Nordalgerien nur bedingt zu empfehlen. Die Grenzübergänge In Guezzam und Assamaka sind aber geöffnet. Eine **Gefährdung durch Banditen und Terroristen** war 2010 offenkundig. Auch war eine Begleitung durch Mitarbeiter örtlicher Reiseagenturen zwingend vorgeschrieben, was neben einem zeitlichen Aufwand auch eine erhebliche finanzielle Belastung mit sich bringt. Wenden Sie sich im Falle des Falles rechtzeitig an eine Reiseagentur in Tamanrasset. Der grenzüberschreitende Verkehr ist derzeit äußerst gering. Mit durchreisenden Touristen ist hier über Monate hinweg nicht zu rechnen. Zwischen Arlit und Agadez besteht militärische Konvoipflicht. Über die Situation zwischen der Genzübergangsstelle Assamaka und Arlit liegen keine aktuellen Erkenntnisse vor.

Eine mögliche Alternative ist die Strecke **über Mauretanien und Mali.**

Die Anreise **via Tunesien und Libyen** (Sebha, Ghat) und von dort nach Djanet in Südostalgerien und dann weiter in den Niger ist eine saharisch anspruchsvolle und interessante Alternative; die aktuelle Aus- und Einreisesituation in Libyen erschwert jedoch ihre Durchführung. Auch die Sicherheitslage ist sehr schlecht. Von Libyen her wird der Bau einer asphaltierten Straße vorangetrieben. Die Bauarbeiten haben fast die Grenze erreicht. Nach den vorliegenden Informationen hat sich das ölreiche Land bereit erklärt, die Straße bis nach Agadez weiterzubauen.

Von den Hauptstädten der **Küstenländer** Togo (Lomé), Benin (Cotonou) und Nigeria (Lagos) sind auf asphaltierten Straßen ungefähr zwei Tage zu rechnen. Von Burkina Faso (Ouagadougou) dauert die Fahrt etwa 10 Stunden; die Strecke ist ebenfalls ausgebaut und asphaltiert.

Tuareg-Rebellen

Verbindungen von/nach Mali
Niamey – Gao (445 km)

Zwischen Gao und Niamey verkehrt zweimal pro Woche ein SNTV-Bus in beiden Richtungen (etwa 30 Stunden, Fahrpreis 11.500 CFA). Es muss mit langen Wartezeiten an der Grenze gerechnet werden; außerdem sollten Sie ausreichend Trinkwasser und Proviant mitnehmen; meist wird an der Grenze übernachtet. Zu beachten sind die Einreiseformalitäten in die Republik Mali (siehe Kapitel zu Mali). Die Strecke ist inzwischen komplett asphaltiert. **Die Auswärtigen Ämter europäischer Länder** (Deutschland, Frankreich, Schweiz) **raten aus Sicherheitsgründen von einem Befahren dieser Strecke ab.**

Verbindungen von/nach Burkina Faso
Niamey – Ouagadougou (500 km)

Regelmäßiger Bus- und Buschtaxi-Verkehr zwischen Niamey und Ouaga. Seitdem die Strecke durchgehend asphaltiert ist, muss man mit etwa 20 Stunden Fahrtzeit rechnen (Preis ca. 10.000 CFA). Man sollte sich jedoch auf einen längeren Aufenthalt an der Grenze (schließt um 18 Uhr) und auf einen Fahrzeugwechsel einstellen. Auch im eigenen Fahrzeug sind die Grenzformalitäten recht zeitaufwendig. Nachtfahrten auf dieser Strecke sollten vermieden werden.

Niamey – Ouagadougou via Tera, Dori und Kaya (510 km)

Die Strecke ist nur bis Tera und auf Burkina-Seite ab Dori asphaltiert. Die grenzüberschreitende Piste ist sehr schmal und nicht immer eindeutig zu verfolgen; ein Geländewagen ist wegen tiefer ausgespülter Fahrrinnen empfehlenswert. Die Fähre in Farié verkehrt bei Tageslicht im Stundentakt. Buschtaxis oder andere Verkehrsmittel sind grenzüberschreitend sehr selten, zwischen Tera und Niamey bzw. Dori und Ouaga jedoch häufig. Die Sicherheitslage im Grenzgebiet ist schlecht.

Verbindungen von/nach Benin
Niamey – Gaya – Cotonou (890 km)

Täglich (ca. 9 Uhr) fährt ein SNTV-Bus von Niamey nach Gaya (ca. 5 Stunden Fahrtzeit, 5000 CFA), auch die weitere Strecke bedient SNTV bis nach Cotonou und Lomé. Die Grenze schließt um 19.30 Uhr.

Verbindungen von/nach Nigeria
Niamey – Maradi – Kano (940 km)

Busse verkehren von Niamey nach Maradi (Di, Do, Sa) um ca. 7 Uhr (Preis ca. 9300 CFA); Anschluss nach Kano (Nigeria) mit dem Buschtaxi. Auch die weitere Strecke bis Zinder wird bedient (12.400 CFA).

Niamey – Birnin-Konni – Sokoto (530 km)

Auch in Birnin-Konni existiert ein sehr lebhafter Grenzübergang Richtung Nigeria. Die erste große Stadt dort wäre Sokoto.

Niamey – Agadez

Auf dieser wichtigen Touristenstrecke verkehrt derzeit täglich ein Bus der SNTV. Abfahrt jeweils 6 Uhr, Ankunft nach 1000 anstrengenden und von Jahr zu Jahr schlechteren Kilometern gegen 21 Uhr desselben Tages. Kosten 15.000 CFA (ca. 23 Euro), im klimatisierten Bus (alle zwei Tage) Aufpreis.

Bestimmungen für Autoreisende

Die **Einreise von Algerien** (Hoggar-Piste) ist offiziell nur über Assamaka/In Guezzam möglich. Die Behörden von Agadez weisen ausdrücklich darauf hin, dass die Einreise dort und nur dort offiziell möglich ist. Einer Einreise in Djanet von Nigerseite her stehen die dortigen algerischen Behörden jedoch nicht ablehnend gegenüber. Es sind jedoch die Regeln zur Bereisung der Aïr- und Ténéré-Region (s.u.) zu beachten.

Eine Touristentaxe von 1000 CFA wird in **Assamaka** (Grenze Algerien), Arlit und Agadez erhoben. Die Zollabfertigung in Assamaka ist korrekt – die berühmten „cadeaux" (Geschenke) werden nicht mehr verlangt. Eine **Haftpflichtversicherung**, die sogenannte Carte brune (18.000 CFA) ist obligatorisch; die Grüne Versicherungskarte wird nicht anerkannt (der Versicherungsvertrag ist lt. Broschüre der Botschaft spätestens in Arlit bei einer Zweigstelle der Union Générale des Assurances du Niger abzuschließen).

Ein **Carnet de Passage** ist bei Touristen erwünscht. Falls ein solches nicht vorhanden ist, wird entweder – meist widerstrebend – ein Laissez Passer oder ein Carnet Routier ausgestellt. Der Preis dieses nationalen Grenzpassierscheinheftes beträgt ca. 5000 CFA zzgl. 1000 CFA Abfertigungsgebühr. Auf diesem nationalen Carnet müssen **alle angefahrenen Städte und Bestimmungsbzw. Ausreiseorte** angegeben werden. Bei der Ankunft/Abreise in jedem größeren Ort (z.B. in Arlit, Agadez, Zinder, Tahoua, Diffa und v.a. in Niamey) sollten Sie sich beim Commissariat de Police einen Stempel im Reisepass *(vue au passage)* holen; diese Regel wird in letzter Zeit deutlich legerer ausgelegt.

Die östliche Region des Aïr-Gebirges und die Grenzgebiete zu Algerien, Libyen und Tschad gelten nach wie vor als unsicher, hier sollte man nur mit ortskundigen Veranstaltern unterwegs sein.

Der Ausreisestempel ist meist nicht mehr notwendig, wird aber beim Verlassen Niameys Richtung Burkina Faso und Say verlangt. Der Wagen wird minutiös durchsucht; der Führerschein (am besten Internationaler) ist vorzulegen.

Für die Fahrt von Zinder nach Diffa ist keine Sonderbewilligung mehr erforderlich. Generell gibt es im Niger derzeit weniger Kontrollen; auch die Formalitäten sind einfacher geworden.

Achtung! Es sind unbedingt **Feuerlöscher, Notfallapotheke und Warndreieck** im Wagen mitzuführen, da diese oft an Polizeikontrollen verlangt werden! Wer diese Dinge nicht vorzeigen kann, muss möglicherweise mit hohen Geldbußen rechnen! Für Motorradfahrer besteht überall Helmpflicht.

Praktisch alle **asphaltierten Straßen** sind **mautpflichtig.** Die Gebühren sind relativ niedrig: Niamey – Agadez z.B. 2500 CFA = ca. 3,75 Euro.

Landkarten

Beste und aktuellste **Straßenkarte** ist immer noch die Michelin-Karte 741. Wer auf kleinen Pisten reisen will, sollte sich im aktuellen Kartenangebot der Expeditionsausrüster umsehen. Vgl. auch bei Agadez/Touristeninformation.

Reiseveranstalter

Da der Schwerpunkt der Reiseangebote auf den nordöstlichen Tuareg-Gebieten, dem Aïr-Gebirge und der Ténéré-Wüste liegt, sind Reisebüros, die Niger-Reisen anbieten, **im Kapitel über Agadez** gelistet (siehe dort).

Botschaften/Konsulate/Informationen

Vertretungen von Niger

Botschaft der Republik Niger
●**Deutschland**
Machnower Str. 24, 14165 **Berlin**
Tel. 030-80589660, Fax 030-80589662
ambaniger@t-online.de
Die Botschaft in Berlin erteilt Visa für Bürger aller europäischen Länder, auch der Schweiz. Derzeit sehr freundliches Personal. Visum spätestens drei Wochen vor Abreise beantragen. Zwei Formulare (von den Websites der Botschaft in Genf herunterladen oder sich per Fax aus Berlin zusenden lassen), zwei Passfotos. Rückreiseticket oder Bankgarantie sind nicht erforderlich. Das Visum ist 90 Tage gültig. Kosten: 61 Euro für eine Einreise, für mehrfache Einreise 100 Euro.

Keine Visa für Niger in Bamako (Mali) und Ouagadougou (Burkina Faso), jedoch im Senegal, in Addis Abeba (Äthiopien), Benin, Ghana, Côte d'Ivoire und Nigeria.

Achtung: Das Visum ist nicht mehr direkt an der Grenze erhältlich! Die Erteilung eines 5-Länder-Visums (s.u.) scheitert fast immer!
●**Österreich**
Die Botschaft in Berlin erteilt auch Visa für österreichische Staatsbürger, ebenso die Vertretung der Republik Niger in Genf.

●**Schweiz**
Ambassade à **Genève,** 36, Av. du Lignon 1219 Le Lignon, Tel. 022-9792450
Fax 022-9792451
www.ambassade-niger-geneve.net
Hier lässt sich auch das Visumantragsformular herunterladen.

Konsulat der Republik Niger
●**Andreas Manfred Rohardt**
Paulstraße 3 (Europapassage)
20095 **Hamburg,** Tel./Fax 040-33979116
konsul-niger@t-online.de

Vertretungen im Niger

Deutschland
●**Ambassade d'Allemagne**
Av. Charles de Gaulle, Niamey,
Tel. 20723510, 20724061, Fax 20723985,
info@niamey.diplo.de
Keine Wahrnehmung von Konsularaufgaben! Nur Nothilfe! Zuständig für alles andere ist die Botschaft in Ouagadougou/Burkina Faso.

Österreich
●**Consulat d'Autriche**
468, Avenue des Zarmakoy, Niamey
Tel. 20755583

Schweiz
●**Coopération Suisse et Agence consulaire**
Niamey, Tel. 20733916

Mali
●**Generalkonsulat von Mali**
Niamey, in der Nähe des Grand Marché (siehe Plan), Tel. 20732342; Gebühr ca. 10.000 CFA für das 40-Tage Visum, zwei Fotos, Bearbeitung erfolgt innerhalb eines Tages.

Burkina Faso
●**Diplomatische Vertretung beim französischen Konsulat**
Niamey, Av. Mitterand/Bd. de la République, Tel. 20722722; Gebühr ca. 10.000 CFA für das 40-Tage-Visum, zwei Fotos, die Bearbeitung erfolgt innerhalb von 24 Stunden.

Benin

- **Botschaft der Republik Benin**
Niamey, Rue Dallois, geöffnet von 8–10 Uhr. Sie liegt außerhalb, nordwestlich der Stadt (am besten Taxi nehmen!); 14-Tage-Visum für ca. 10.000 CFA, Bearbeitungszeit: 24 Std., kann in Cotonou (Benin) verlängert werden.

Togo und Côte d'Ivoire

- Beim franz. Konsulat (s.o., Burkina Faso).

Mauretanien

- **Botschaft der Islamischen Republik Mauretanien**
Tel. 20753843; liegt etwas außerhalb von Niamey, nahe der Route de Tillabéry; das 30-Tage-Visum kostet etwa 6000 CFA.

Senegal

- **Konsulat von Senegal**
Tel. 207305744, östlich von Niamey im Vorort Proudière; Gebühr ca. 10.000 CFA für 30-Tage-Visum, innerhalb von 4–5 Std.

Nigeria

- **Botschaft der Republik Nigeria**
Tel. 20732410, Niamey, Bd. de la République; geöffnet von Mo bis Do 10–13 Uhr, Visum in 24 Stunden, Gebühr ca. 10.000 CFA.

Algerien

Ein **Visum** für Algerien unterwegs zu erhalten, ist nach wie vor fast unmöglich. Ein Transit-Visum ist unter Umständen und Vermittlung der Deutschen Botschaft bei der algerischen Botschaft in Niamey zu bekommen. Ein positiver Bericht hierzu liegt auch vom algerischen Konsulat in Gao/Mali vor, doch ist von einer Rückreise über Tessalit/Mali und die Tanezrouft-Piste aus Sicherheitsgründen abzuraten.

Informationen im Internet

Vielseitige, wenn auch nicht immer aktuelle Informationen bieten u.a. folgende Internetseiten:

- www.niger-tourisme.com
Offizielle Website der Republik Niger (französisch und englisch)
- www.izf.net/izf/Guide/Niger
- www.nigerembassyusa.org
- www.ambanigeracanada.ca
Website, von der das Visumantragsformular heruntergeladen werden kann.
- www.niger-gouv.org
- www.afrik.com/porte
- www.erdkunde-online.de
- www.niger1.com
Presseveröffentlichungen; auch deutsch, französisch und englisch, umfangreich und kompetent.
- www.occitan-touareg.over-blog.com
Vertritt vor allem die Interessen der Tuareg.
- Sehenswerte **YouTube-Filme:** „Exploring Niger", „Le niger", „Nigervivant 2" (nur Air-Berge), „Les puits du desert" (Hilfsprogramm Tidene).

Einreise/Visum/Zoll

Deutsche, Schweizer und Österreicher benötigen für die Einreise ein **Visum**. Dieses wird von der Botschaft des Niger in Berlin ausgestellt. Zurzeit kostet das Visum 61 Euro. **Achtung:** Das Visum ist nicht mehr direkt an der Grenze erhältlich! Ein Nachweis über ausreichende finanzielle Mittel (Bargeld, Schecks, Bankgarantie) und ein Rückflugticket sind nicht erforderlich. 2001 wurde vom Conseil de l'Entente die **Einführung eines 5-Länder-Visums** beschlossen (außer **Niger** auch **Benin, Togo, Elfenbeinküste, Burkina Faso**): Mit diesem Visum – einmal erteilt – ist die Einreise in alle genannten fünf Länder möglich. Es ist 60 Tage gültig und kostet 39 Euro; theoretisch stellen es die jeweiligen Botschaften der genannten

Länder aus, doch stößt die Anfrage immer wieder auf Widerstand.

Die **Zollkontrolle** ist in der Regel sehr gründlich, und fast immer muss das Fahrzeug wenigstens teilweise entladen werden! Es ist dringend zu empfehlen, **Ruhe** zu **bewahren,** auch wenn es manchmal schwer fällt! (Hin und wieder werden auch kleine Geschenke oder Schmiergelder verlangt.)

Eine **Gelbfieber-Impfung** (Impfpass mitführen) ist zwingend vorgeschrieben, eine Cholera-Impfung wird empfohlen. Andere Vorsorgemaßnahmen sollten Sie rechtzeitig vor der Abreise mit Ihrem Arzt besprechen, oder sich im Internet informieren (z.B. unter www.travelmed.de; vgl. auch „Reise-Gesundheits-Information: Niger").

Feiertage und Feste

Feste Feiertage

- **1. Januar** (Neujahr)
- **Ostermontag**
- **1. Mai** (Tag der Arbeit)
- **3. August** (Unabhängigkeitstag)
- **Islamisches Neujahrsfest**
- **18. Dezember** (Nationalfeiertag)
- **25. Dezember** (Weihnachten)

Bewegliche Feiertage

Zu den Terminen der islamischen Feiertage vgl. den entsprechenden Abschnitt im Kapitel zu Mauretanien.

Festivals

Viele Festivals haben – anders als in Mali – noch immer einen **eher lokalen Charakter** und werden nur selten von Touristen besucht.

- **Festival Internationale de la Mode Africaine (FIMA)**

Entstanden eher aus einer Art Modenschau des nigerischen Modeschöpfers *Alphadi,* werden heute alljährlich moderne Entwürfe folkloristischer Trachten nicht nur aus dem Niger gezeigt. Die letzte Auflage fand vom 25. Okt. bis 1. Nov. 2009 statt.
www.fima-africa.com

- **Salon Internationale de l'Artisanat pour la Femme (FEMA)**

Hier geht es vor allem um handwerkliche Erzeugnisse, die der weiblichen Welt von Nutzen sind (Stoffe, Körbe, Flechtmatten). Die FEMA findet auf dem Gelände des Artisanat von Wadata statt (siehe Niamey), die kommende vom 28. Okt. bis 7. Nov. 2011.
www.safem.info

- **Fête de la Cure Salée**

Von gänzlich anderer Qualität zeigt sich dieses Fest: Alljährlich ungefähr Mitte September (also am Ende der Regenzeit) treffen sich die Viehhalter der Tuareg und der Fulbe über drei Tage bei In Gall (120 km westlich von Agadez). Die Region dort ist reich an salzhaltigen Böden und Quellen; ursprünglich war es das Ziel dieser Kur, den Herdentieren eine möglichst große Zufuhr an Salz zu ermöglichen. Hieraus ist ein beliebtes (und teilweise auch touristisches) Fest geworden, das nicht nur die politische Prominenz anzieht. Die Tuareg präsentieren sich in ihren schönsten Gewändern, mit ihren herrlichsten Reitkamelen, mit denen sie auch Wettkämpfe vorführen. Die Fulbe dagegen (vertreten vor allem durch die nomadische Gruppe der Wodaabe, auch Bororo genannt) führen die Tänze und rythmischen Gesänge der Männer auf. Das Datum des Festbeginns wird von den Behörden festgelegt, es steht keine eigene Organisation hinter dieser Veranstaltung.

- **Gerewol-Fest**

Hier treffen sich die oben genannten Wodaabe unter sich, irgendwo im Busch, immer am Ende der Regenzeit, und entscheiden bei tagelang andauernden Tänzen, welcher der jungen Männer von ihnen der schönste ist.

Reise-Gesundheits-Information: Niger

Stand: Sommer 2010 / © Inhalte: Centrum für Reisemedizin (CRM)

Die nachstehenden Angaben dienen der Orientierung, was für eine geplante Reise in das Land an Gesundheitsvorsorgemaßnahmen zu berücksichtigen ist. Die Informationen wurden uns freundlicherweise vom Centrum für Reisemedizin zur Verfügung gestellt. Auf der Homepage **www.travelmed.de (CRM/Reiseländer)** werden diese Informationen stetig aktualisiert. Es lohnt sich, dort noch einmal nachzuschauen. Die einzelnen Krankheiten werden auf der genannten Website unter dem Punkt „CRM/Krankheiten A–Z" erläutert.

- **Klima:** im Norden (Saharabereich) Wüstenklima, im Süden wechselfeuchtes Tropenklima mit Sommerregen (hauptsächlich August); durchschn. Temp. in Niamey im Januar 23,8°C, im Mai 34°C.

- **Einreise-Impfvorschriften:** Gelbfieber-Impfung für alle Reisenden vorgeschrieben (ausgenommen Kinder unter 1 Jahr).

- **Empfohlener Impfschutz**
Generell: Standardimpfungen nach dem deutschen Impfkalender, spez. Tetanus, Diphtherie, außerdem Hepatitis A, Polio, Gelbfieber (südlich des 15. Breitengrades).

Je nach Reisestil und Aufenthaltsbedingungen im Lande sind außerdem zu erwägen:

Impfschutz	Reisebedingung 1	Reisebedingung 2	Reisebedingung 3
Cholera	x		
Typhus	x		
Hepatitis B [a]	x		
Tollwut [b]	x		
Meningitis [c]	x		

[a] bei Langzeitaufenthalten und engerem Kontakt mit der einheimischen Bevölkerung
[b] bei vorhersehbarem Umgang mit Tieren
[c] nur bei engerem Kontakt zur einheimischen Bevölkerung, v.a. in der Trockenzeit

Reisebedingung 1: Reise durch das Landesinnere unter einfachen Bedingungen (Rucksack-/Trekking-/Individualreise) mit einfachen Quartieren/Hotels; Camping-Reisen, Langzeitaufenthalte, praktische Tätigkeit im Gesundheits- oder Sozialwesen, enger Kontakt zur einheimischen Bevölkerung wahrscheinlich
Reisebedingung 2: Aufenthalt in Städten oder touristischen Zentren mit (organisierten) Ausflügen ins Landesinnere (Pauschalreise, Unterkunft und Verpflegung in Hotels bzw. Restaurants mittleren bis gehobenen Standards).
Reisebedingung 3: Aufenthalt ausschließlich in Großstädten oder Touristikzentren (Unterkunft und Verpflegung in Hotels bzw. Restaurants gehobenen bzw. europäischen Standards)

Wichtiger Hinweis: Welche Impfungen letztendlich vorzunehmen sind, ist abhängig vom aktuellen Infektionsrisiko vor Ort, von der Art und Dauer der geplanten Reise, vom Gesundheitszustand sowie dem eventuell noch vorhandenen Impfschutz des Reisenden.

Da im Einzelfall unterschiedlichste Aspekte zu berücksichtigen sind, empfiehlt es sich immer, rechtzeitig (etwa 4–6 Wochen) vor der Reise eine persönliche Reise-Gesundheits-Beratung bei einem reisemedizinisch erfahrenen Arzt oder Apotheker in Anspruch zu nehmen.

● Malaria

Risiko: ganzjährig hohes Risiko landesweit.

Vorbeugung: Ein konsequenter Mückenschutz in den Abend- und Nachtstunden verringert das Malariarisiko erheblich (**Expositionsprophylaxe;** Genaueres dazu auf www.travelmed.de).

Ergänzend ist die Einnahme von Anti-Malaria-Medikamenten (**Chemoprophylaxe**) dringend zu empfehlen. Zu Art und Dauer der Chemoprophylaxe fragen Sie Ihren Arzt oder Apotheker, bzw. informieren Sie sich in einer qualifizierten reisemedizinischen Beratungsstelle.

Malariamittel sind verschreibungspflichtig.

● Aktuelle Meldungen

Darminfektionen: Risiko für Durchfallerkrankungen landesweit. Cholera tritt sporadisch auf, größere Ausbrüche wurden in letzter Zeit nicht gemeldet. Polio, auf gleichem Wege übertragen, gibt es noch immer vereinzelt in den südlichen Landesteilen, und zwar als Import aus dem benachbarten Nord-Nigeria. 2007 wurden elf, 2008 und 2009 jeweils 15 Erkrankungen registriert, bis Sommer 2010 wurden zwei Fälle gemeldet. Hygiene und Impfschutz (Polio) beachten.

● Medizinische Versorgung:
Landesweit ist mit erheblichen Engpässen bei der ärztlichen und medikamentösen Versorgung zu rechnen. Adäquate Ausstattung der Reiseapotheke (Zollbestimmungen beachten, Begleitattest ratsam), Auslandskrankenversicherung mit Abdeckung des Rettungsrückflug-Risikos für Notfälle dringend empfohlen.

Unter www.travelmed.de finden Sie Adressen von:
- Apotheken mit qualifizierter Reise-Gesundheits-Beratung
(nach Postleitzahlgebieten)
- Impfstellen und Ärzte mit Spezialsprechstunde Reisemedizin
(nach Postleitzahlgebieten)
- Abruf eines persönlichen Gesundheitsvorsorge-Briefes für die geplante Reise

Denken Sie daran, eine **Reiseapotheke** mitzunehmen, damit Sie für leichtere Erkrankungen und kleinere Notfälle gerüstet sind (Details auf www.travelmed.de).

Die Angaben wurden nach bestem Wissen und sorgfältiger Recherche zusammengestellt. Eine Gewähr oder Haftung kann nicht übernommen werden.

Die Wahl selbst erfolgt durch die Frauen. Die Feste finden grob in der Region zwischen Dakoro im Süden und Abalak im Norden statt. Der genaue Ort und das exakte Datum werden erst unmittelbar vor Festbeginn festgelegt. Um ein Original-Fest besuchen zu können, hilft dem Besucher also nur das Lauschen der „Busch-Trommel" vor Ort.

Sportliche Veranstaltungen

Natürlich kicken auch im Niger junge Burschen mit allem, was sich bewegen lässt und rund ist. Aber in Stadien wird nicht nur Fußball gespielt! Der beliebteste Sport ist der **„Lutte traditionelle"**, eine Art Ringkampf, die besten Kämpfer sind die wahren Stars im Land. Ziel der im Stehen ausgetragenen Zweikämpfe ist es, seinen Gegner irgendwie zu Boden bzw. zu Fall zu bringen.

Geld/Währung/Banken

Währungseinheit ist der **Franc CFA** (unterteilt in 100 Centimes), der in einem festen Wechselkursverhältnis zum Euro steht: 1 Euro = 665 CFA; 1 Schweizer Franken (SFr) = ca. 472 CFA (2010).

Travellerschecks sind am besten (ohne Kommission) bei der **BIAO** (Banque Internationale pour l'Afrique Occidentale) zu wechseln. Außerdem: **Citibank** in Niamey, im Zentrum nahe Sonora-II-Gebäude, sowie die **BDRN** (Banque de Dévelopement de la Republique du Niger). Oft hilfreich sind auch die **BCN** (Banque Commercial du Niger, eine Filiale der Libysch-Arabischen-Bank) am Rond-Point Maourey und die **BOA** (Bank of Africa) im Sonara-II-Gebäude.

Kreditkarten können im Niger nur sehr selten verwendet werden, da alle ausländischen Institute die Kreditkartenverträge mit Niger gekündigt haben (Ausnahme für Kunden des Hotels Gaweye und wenige andere große Hotels). Bankomaten sind praktisch unbekannt. Am ehesten haben Sie noch eine Chance mit VISA-Kreditkarte. Vorteilhaft ist es, **kleine Euro-Scheine** mitzunehmen, die mitunter wie CFA akzeptiert werden. Zum Wechseln allerdings werden große Scheine bevorzugt.

Außerhalb der Hauptstadt Niamey ist es schwierig bis unmöglich, Reiseschecks einzutauschen sowie Fremdwährungen zu wechseln. Der Euro ist mittlerweile überall bekannt. Auf größeren Märkten sind oft Geldwechsler anzutreffen.

Achtung! Es gibt **keine 500er-Scheine mehr,** nur noch Münzen. Alle alten 500er-Scheine sind ungültig!

Öffnungszeiten

Geschäfte

Mo bis Sa 7.30–12.30, 15–18.30 Uhr, So 8–12.30 Uhr.

Büros

Mo bis Fr 8–12.30 und 15–18 Uhr (15.30–18.30 Uhr in der Zeit vom 01.03.–30.11.).

Banken

Mo bis Fr 8–11.30 und 15.30–17 Uhr.

Post/Telefon/Internet

Niamey verfügt über zwei Postämter: die **Grand Poste** ist das alte Postamt, das **Hotel de Poste** in der Nähe der Sûreté ist das neue Postamt mit dem Poste-Restante-Schalter! Die Poste-Restante in der Hauptpost ist zuverlässig. Das Postkartenporto nach Europa beträgt 265 CFA. Es sind ausgesprochen hübsche (großformatige) Briefmarken erhältlich; die nigerische Post spricht mit Themen-Briefmarken Sammler an und druckt sich auf diese Weise praktisch Geld. Einen Philatelie-Schalter gibt es folgerichtig am Postamt gegenüber dem IGN.

Der internationale **Telefon-Service** in der Hauptstadt ist gut, auch der nationale, z.B. zwischen Agadez und Niamey, nicht jedoch zwischen Europa und Agadez. Ein Durchkommen ist hier fast nicht möglich! Selbstwähler können in einigen Telefon-Läden (preisgünstig) oder in den Hotels (teuer) telefonieren. Telex- und Fax-Geräte gibt es in der Hauptpost in Niamey und in den besseren Hotels. Die **Vorwahl für den Niger** lautet **00227**.

Sehr zögerlich wurde in den letzten Jahren auch im Niger ein noch sehr lückenhaftes **GSM-Netz** aufgebaut. In Agadez etwa ist dies zur Freude und zum Leidwesen der Bevölkerung geschehen: Natürlich wurde es begrüßt, dass eine Kommunikationslücke im ewig überlasteten, ewig gestörten Festnetz geschlossen wurde; umso mehr aber löste ein großer, überaus hässlicher und die gesamt Stadt überragender Funkmast Bedauern aus. Ansonsten gilt fürs mobile Telefonieren auch für die Republik Niger das, was ich im entsprechenden Kapitel zu Mauretanien geschrieben habe.

Seit 2006 hat Niger **acht- statt sechsstellige Wählnummern.** Dabei galten folgende Regeln: Alle Festnetzanschlüsse (und das sind eigentlich fast alle hier genannten) erhielten als Vorziffer die 20 (z.B. wurde aus 723020 20723020), Anschlüsse bei Sahelcom die 93, Mobiltelefone bei Celtel die 96 und bei Telecel die 94.

In größeren Ortschaften (außerhalb Niameys jedoch selten) gibt es **Internet-Cafés** (zu trinken ist dort in aller Regel nichts erhältlich). Die Verbindungsgeschwindigkeit ist sehr unterschiedlich. Rechnen Sie mit 500 CFA/Stunde.

Reisen im Niger

Flugverbindungen

Die nationale Fluggesellschaft Air Inter Niger existiert nicht mehr.

Die private Gesellschaft **NIGERAVIA** bedient v.a. Arlit, auf Anfrage auch andere Destinationen: Mo, Mi, Fr Niamey – Arlit – Niamey, dann auch Tahoua, Agadez etc. möglich. Preisbeispiel Niamey – Agadez one way: 205.000 CFA; Tel. 20733064, Fax 20741842.

Die recht neue private Fluggesellschaft **ANPO** (Agence Nigérienne pour le Pélérinage et la Oumra) führt ihrer Webseite zufolge nur noch Pilger-Flüge durch: www.anpo-niger.com, Tel. in Niamey 20733899.

„Vols à la demande", Flüge auf Anforderung, bietet die Gesellschaft **Tamara Niger Aviation** an. Mobil 96966655, Büro in Niamey Tel. 20738585 und 20738586, Skype sagittaire52.

Die **Air Inter Afrique** (Tel. 20738585, 20738686, Fax 20736973) verbindet Niamey mit den Hauptstädten der Nachbarländer (Lomé, Cotonou, Abidjan, Bamako, Ouagadougou).

Busse

Die Société Nigérienne de Transports de Voyageurs (**SNTV**), Niamey, Corniche de Yantala, Tel. 20723020, wickelt den Linienverkehr auf den wichtigsten Strecken ab; die Busse sind meist wesentlich komfortabler als das Taxi brousse, jedoch auch entsprechend höher im Preis. Nach Möglichkeit sollten Sie bereits mehrere Tage vorher einen Platz reservieren lassen. Regelmäßige Busfahrten von Niamey nach Agadez und Arlit werden auch wieder angeboten. Erkundigen Sie sich vor Ort über den aktuellen Stand.

Auch **private Buslinien** bedienen wichtige Strecken, die Konditionen sind sich sehr ähnlich. Gefahren wird jeweils um 5 Uhr morgens, Abfahrten nach Zinder dabei täglich, nach Agadez/Arlit viermal die Woche.

Taxi brousse (Buschtaxi)

Wichtigstes Verkehrsmittel; inzwischen werden oft Toyota-Minibusse als Taxis eingesetzt, wodurch die Fahrt ein wenig komfortabler wird.

Lastwagen

In bestimmten Gegenden das einzige Transportmittel; Preise vergleichbar denen der Buschtaxis. Man sitzt hoch oben auf den Waren.

Mit dem Auto

Unterwegs als Selbstfahrer

Wenn Sie mit dem eigenen Auto unterwegs sind, brauchen Sie für manche Pisten (insbesondere im Nordosten, im Aïr, der Ténéré oder im Erg von Bilma) einen **Führer** („guide"), der vom Office du Tourisme vermittelt wird. Für manche Strecken ist zudem ein **zweites Fahrzeug** vorschrieben, das dann ggf. vom Führer gestellt werden kann. Lesen sie vorher die Regelungen durch und legen sie die Konditionen schriftlich fest. In einem „Feuille de route" (Fahrbewilligung) werden zur Sicherheit alle Gegenden eingetragen, die besucht werden; die Behörden werden (wenigstens theoretisch) im Voraus informiert.

Eine **Kfz-Versicherung** ist vorgeschrieben. Versicherungsbüros finden sich oft; ggf. kann Ihnen jeder Taxifahrer eine Adresse nennen bzw. auch zeigen. Im Falle eines gravierenden Unfalls sollten Sie beim nächsten Polizeikommissariat Meldung machen und ein Unfallprotokoll *(constat)* anfertigen lassen. Bleiben Sie nicht am Ort des Unfalls! Reaktionen Herzukommender könnten sich heftig gegen Sie wenden. Es gilt ja

Viele Wodaabe verdingen sich auf Märkten und reparieren Kalebassen

in solchen Ländern oft das uns nicht geläufige Prinzip der **Daseinshaftung:** Man wird allein schon deshalb zur Verantwortung gezogen, weil man sich an Ort und Stelle befand – ob man am Unfall in unserem Sinne schuldig oder nichtschuldig war, spielt dann oft keine Rolle mehr.

In den Orten entlang der nigerianischen Grenze kann man auf dem Schwarzmarkt günstig **Treibstoff** aus Nigeria beziehen. Ähnliches gilt für Assamakka: Hier wird etwas abseits von Zoll und Polizei evtl. algerischer Treibstoff angeboten. Im Osten der Ténéré, in Dirkou, hat seit vielen Jahren (erste Begegnung 1973!) ein Händler namens *Jérôme* eine Art Monopol auf den Handel mit libyschem Treibstoff aus dem Fass; der Preis ist verhandelbar, liegt aber deutlich über dem von Agadez und sehr deutlich über dem in Libyen!

Benzinpreise (Stand 2010):
- Diesel: ca. 495 CFA/Liter
- Normal: ca. 510 CFA/Liter
- Super (selten): ca. 670 CFA/Liter

Die Treibstoffpreise sind nicht staatlich vorgeschrieben und schwanken erheblich von Station zu Station. Im Grenzgebiet zu Nigeria ist Treibstoff auf dem schwarzen Markt für ungefähr den halben Preis oder gar nur für ein Drittel erhältlich; Panschereien sind dabei nicht auszuschließen.

Straßen- und Verkehrsverhältnisse

Wichtige Verbindungsstraßen sind asphaltiert, aber nicht immer in gutem Zustand:
- Niamey – Dosso – Birni Nkonni – Tahoua – Agadez – Arlit
- Niamey – Zinder – Grenze zum Tschad
- Niamey – Tillabery
- Niamey – Grenze zu Benin
- Niamey – Grenze zu Burkina Faso
- Zinder – Agadez (nur zum Teil fertig)

Praktisch alle **asphaltierten Straßen** sind **mautpflichtig** *(péage)*. Die Gebühren sind relativ niedrig, rechnen Sie mit 200 CFA für 100 km.

Rechnen Sie immer und überall mit unvermuteten einzelnen **Schlaglöchern**; diese sind oft daran erkennbar, dass die Autos vom Asphalt auf den Seitenstreifen ausweichen und dabei Staub, Dreck und Steine wieder mit auf die Fahrbahn schleppen.

Polizeikontrollen sind eher selten, am häufigsten noch in Niamey. Immer wird der Uniformierte zunächst Ihre Papiere verlangen – dann hat er ein Pfand in Händen – und Ihnen dann ggf. Ihr Vergehen erläutern. Einem (eher niedrigen) Bußgeld sollten Sie sich nicht widersetzen, auf keinen Fall dann, wenn Sie tatsächlich im Unrecht sind!

Nachtfahrten sind auf Asphaltstraßen äußerst gefährlich! Sie müssen auf allen Straßen mit Tieren rechnen, die in aller Ruhe über die Straße wechseln oder es sich auf dieser gar gemütlich machen! Besonders gefährlich sind Esel (wegen ihrer Färbung) und Kamele (wegen ihrer langen Beine werden sie sehr spät vom Scheinwerferlicht erfasst). Viele Lkw haben zusätzliche Scheinwerfer montiert, mit denen sie den Gegenverkehr rücksichtslos und vermutlich absichtlich blenden; gerade Lkw verkehren wegen der dann nachlassenden Hitze häufig bei Nacht. Ich kenne kein Land, wo ich vor Nachtfahrten so dringend warnen würde wie im Falle der Republik Niger! Vor nächtlichen Überfällen wird insbesondere im Grenzgebiet zu Burkina Faso und in diesem Land selbst gewarnt.

Mietautos

- **Avis**
Niamey, Tel. 20223333; für Selbstfahrer sind Autos nur in Niamey zu mieten; Fahrten durchs Land sind nur mit Chauffeur möglich. Geländefahrzeuge werden ebenfalls nur mit Fahrer vermietet.
- **Nigercar Voyages**
B.P. 715, Niamey, Route de Gamkallé, Tel. 20732331, Fax 20736483, nicarvoy@intnet.ne; zuverlässige Firma.
- **O.N.T.-Office**
Niamey, Av. du Président Luebke, Tel. 20732447, Fax 20723347; treten nur als Vermittler auf.
- **Koybani-Kabani Auto**
Location de Vehicules, Tel. 90241480, koybani.kabani@yahoo.fr.
- **Mietfahrzeuge** erhalten Sie auch bei einigen Reiseagenturen in Niamey.

Sicherheit

Zwar wurde der Ausnahmezustand im touristisch wichtigen Norden des Landes inzwischen beendet, dennoch haben derzeit **alle Reiseveranstalter und Charterflieger ihre Aktivitäten im Nordosten des Niger eingestellt.** So schreibt SUNTOURS, einer der größten deutschen Veranstalter für Reisen in diese Region: „Ein Friedensvertrag wurde geschlossen zwischen Tuareg-Rebellen und Regierung. Wir beobachten den Fortschritt und reagieren sobald wie möglich. Eine abwartende Haltung ist momentan jedoch noch ratsam."

Die **südlichen Regionen** (Niamey, der Fluss, Parc du W) sind ganz anders betroffen. Hier ist damit zu rechnen, dass es vermehrt zu Demonstrationen verschiedenster Art kommt, z.B. gegen die Rebellen oder die französischen

Uranaktivitäten vor Ort. Ende 2009 kam es zu Protesten, als der damalige Staatspräsident *Tandja* die verfassungsgemäße Ordnung seines Landes zu Fall brachte.

Strom

220 Volt Wechselstrom, französische Rundstecker sind gebräuchlich. In kleineren Städten gibt es keinen Strom.

Übernachtung und Versorgung

Camping

In einigen wenigen größeren Orten gibt es Zeltplätze. Einige Hotels verfügen auch über angeschlossene Stellplätze für Auto-Camper. Das „wilde" Zelten oder Campen innerhalb einer Zone von 5 km im Umkreis einer Stadt ist generell verboten und auch nicht ratsam.

Essen und Trinken

In den Städten ist die Versorgungslage in der Regel gut. Auf den Märkten der größeren und mittleren Oasen findet man – je nach Jahreszeit – das in den Gärten angebaute Obst und Gemüse sowie Datteln und Hirse. In Läden und Kiosken finden sich zudem abgepackte Waren aller Art.

In kleineren Geschäften gibt es meist nur ein sehr bescheidenes Angebot an Lebensmitteln und Konserven; Weißbrot vom französischen Typ „Baguette" und gezuckertes Brot werden in den Ortschaften normalerweise von fliegenden Händlern entlang der Durchgangsstraßen verkauft.

Da es nicht überall **Wasser** (von einigermaßen guter Qualität) gibt, sollten Sie (als Autofahrer) immer genügend entkeimte Wasservorräte (für mehrere Tage) in Kanistern mit sich führen. In allen größeren Ortschaften ist aus den Nachbarländern importiertes Mineralwasser in Plastikflaschen erhältlich.

Rucksackreisende sollten unbedingt immer eine Wasserflasche (mind. 2 Li-

In den Salinen von Tegguidda-n-Tessoum

ter) dabei haben, um diese, wann immer es möglich ist, mit dem seltenem Gut Trinkwasser neu aufzufüllen (Entkeimung nicht vergessen!).

Wasser (auch Leitungswasser) sollte (auch zum Zähneputzen) nur in abgekochtem und/oder gefiltertem und entkeimtem Zustand verwendet werden.

Einkaufen

Von einigen wenigen Fällen abgesehen, ist bei Einkäufen stets Handeln angesagt. **Das Warenangebot ist sehr vielfältig.** Auch bei Souvenirs besteht eine sehr große Auswahl. Lederwaren, Holzobjekte und Textilien werden in einer Vielzahl von Varianten angeboten, in letzter Zeit auch Stücke aus Speckstein. Bekannt ist der Niger auch für seinen Schmuck (Silber, Gold), insbesondere der Tuareg-Schmuck und hier die „Tuareg-Kreuze" sind weltweit bekannt und begehrt. Einen guten Überblick verschafft bei Lebensmitteln jeder Marktbesuch. Bei Souvenirs lohnt sich hierfür eine Besuch des Nationalmuseums in Niamey. Auf dem „Kleinen Markt" im Schatten des El-Nasr-Hochhauses finden Sie auch eine Fülle von älteren und neueren Antiquitäten.

Uhrzeit

Im Winterhalbjahr entspricht die nigrische Zeit der unseren; im Sommer sind wir in Europa (Sommerzeit!) eine Stunde voraus.

Verhaltensregeln

Wie in **muslimischen Ländern** üblich, verbietet sich eine allzu freizügige Bekleidung, auch wenn es sehr heiß ist – lieber leichte Kleidung tragen als offenherzige. Bei einer Begegnung begrüßt man sich immer recht ausführlich; bei Fragen oder Bitten fällt man nicht „mit der Tür ins Haus". Immer ist zunächst eine Frage nach dem Befinden des Gegenübers angebracht. Bei Lob und Komplimenten ist Zurückhaltung angesagt: Nie sollte man äußerliche Vorzüge loben, dies könnte als Neid und damit als Appell an den „Bösen Blick" interpretiert werden. Bevor man ein Haus, ein Zelt und ganz besonders eine Moschee betritt, sind die Schuhe abzulegen. Üben Sie Zurückhaltung beim **Fotografieren** (siehe auch bei Niamey); Personen sollten zuvor ihre Zustimmung geben. Nur die rechte Hand gilt als sauber, mit ihr wird gegessen und sich ggf. begrüßt. Viele Kinder **betteln** um Geschenke – ich plädiere hier für Zurückhaltung: Wenn Sie schenken wollen, tun Sie dies über Mittelsleute, z.B. geben Sie Schreibstifte und Papier an Schulen oder Medikamente an die medizinischen Versorgungsstationen (dispensaires). Wo selten Touristen zu sehen sind, rufen Ihnen Kinder oft das Wort **„Anassara"** hinterher, das eigentlich „Nazarener", also Christ, bedeutet, aber ganz allgemein auch einfach „Weißer". Das ist nicht abwertend gemeint! Ganz allgemeingültig gilt aus meiner Sicht: Ärgern Sie sich nie und unter keinen Umständen!

Unterwegs im Niger

Niamey

Die **Hauptstadt der Republik Niger** (mind. **900.000 Einwohner**) liegt am Ufer des Niger-Flusses. Die moderne Innenstadt ist umgeben von traditionellen Lehmhüttenvierteln. Die meisten modernen Regierungsgebäude befinden sich in der Avenue François Mitterand, die von der Kennedy-Brücke zum Place Nelson Mandela führt. Hauptgeschäftsstraße ist die **Rue de Gawaye,** die – später in die Rue de Kalley übergehend – von der Kennedy-Brücke zum Grand Marché führt. Die andere Hauptverkehrsader der Stadt ist der quer zur Rue de Kalley verlaufende **Boulevard de la Liberté.** Die Stadt wächst heute vor allem in Richtung Norden und Nordosten; hier entstanden neben weiteren Märkten u.a. die von Libyen finanzierte „Große Moschee" (Besichtigung außer am Freitag möglich), in der sich zum Freitagsgebet Tausende von Gläubigen versammeln.

Das **alte Stadtzentrum** liegt nördlich des Niger-Flusses, der hier ungefähr von Nordwesten nach Südosten fließt; die Pont Kennedy, stets verstopft (eine weitere Brücke wird etwas weiter flussabwärts von Chinesen gebaut), ermöglicht die Flussüberquerung zu jenseits liegenden Wohnvierteln und den Ausfallstraßen Richtung Süden. Das eigentliche Stadtzentrum ist klein und überschaubar, fast alles lässt sich zu Fuß erreichen.

Sehenswürdigkeiten

Nationalmuseum (IFAN)

In der Avenue de la Mairie, einen Steinwurf entfernt vom Töpfermarkt (s.u.) und vom Kleinen Markt (s.u.), liegt das Nationalmuseum von Niamey, eines der besten Westafrikas. (Prä-)Historische Sammlungen finden sich neben Anschauungsobjekten zur traditionellen Lebensweise der verschiedenen Ethnien, zum Beispiel originalgetreu nachgebaute Häuser, Hütten und Zelte. Besonders sehenswert: ein **Saurierskelett** aus Gadafaoua bei Agadez und der berühmte **Ténéré-Baum** („Arbre du Ténéré"). Auf dem insgesamt 24 ha großen Gelände befinden sich auch ein kleiner (ganz schrecklicher) Zoo sowie ein Handwerkerzentrum, wo Schmuck-, Textil- und Lederhandwerker bei der Arbeit zu sehen sind und ihre Produkte zum Kauf anbieten. In einem schattigen Garten lädt eine Erfrischungs-Bar zur Erholung ein.

Öffnungszeiten: täglich außer Mo von 9–12 und 15.30–18.00 Uhr (vom 01.11.–31.03.) und 16–18.30 Uhr (vom 01.04.–31.10.). Eintritt 1500 CFA (Nigerer zahlen nur 200 CFA), Fotoerlaubnis für den Außenbereich 1000 CFA. Zwei Eingänge! Benutzen Sie aus Sicherheitsgründen nur den nördlichen an der Av. de la Mairie nahe dem Kleinen Markt, nicht den an der Südwestseite, von der Pont Kennedy bzw. dem Hotel Gaweye aus. Achtung! Beachten Sie unbedingt das in fast allen Innenräumen geltende Fotografier-Verbot!

Grand Marché

Boulevard de la Liberté. Nach einem Brand neu erbaut in moderner afrikanischer Architektur. Täglich bis Sonnenuntergang. Sehr lebhaft, besonders am Sonntag. Kleider, Schuhe und alle Waren des täglichen Bedarfs finden sich in großer Fülle.

Petit Marché

Av. du Président Heinrich Luebke/Av. de la Mairie. Täglich bis Sonnenuntergang. Vor allem Früchte, Gemüse und sonstige Lebensmittel. Unter den Tischen: viele (Grau-)Papageien als illegale Ware. Schräg gegenüber vor allem entlang der Av. du P. H. Luebke: die Abteilung sogenannte Antiquitäten – interessant, was sich so alles als Original bezeichnen (und verkaufen) lässt! Hinter den Verkaufsboutiquen: ein riesiges öffentliches Pissoir und der Schlachtplatz für Hühner!

Sicherheit

Wie viele Großstädte, so ist auch Niamey kein sicheres Pflaster! Wo Touristen unterwegs sind, erwarten Gauner Beute. Achten Sie also in touristischem Umfeld ganz besonders auf all die Leute um Sie herum! Tragen Sie nie viel Geld oder Schmuck bei sich. Schwerpunkte von Entreiß-Diebstählen sind: das Umfeld der Pont Kennedy und von hier aus alle Straßen und Wege Richtung Innenstadt; ganz besonders gefährdet erscheint auch die Abkürzung von der Brücke hoch zum Grand Hotel; die Corniche Gamkalley ganz besonders bei Nacht (nehmen Sie dann immer ein Taxi!). **Meiden Sie Menschenansammlungen!**

Centre Artisanat de Wadata

Route de Filingué, Stadtteil Poudrier. In dem Handwerkerzentrum, das mit europäischer Hilfe (Luxemburg) etwas weit außerhalb des Stadtzentrums in Richtung Flugplatz entstand, gibt es **Handwerkserzeugnisse** aller Art in einer ruhigeren Umgebung als auf den anderen Märkten Niameys zu kaufen.

Pferde- oder Kamelwettrennen

Roue de l'Aéroport. Hier finden gelegentlich Sonntag nachmittags von 15–17 Uhr auf einem Rennplatz (Hippodrome) Wettkämpfe statt.

Lutte traditionelle

Boulevard Mali-Béro. Etwa 1 km vom Stadtzentrum entfernt im Nordosten. Hier, in der Arène de la Lutte traditionelle, werden manchmal sonntags zwischen 16 und 19 Uhr **afrikanische Ringkämpfe** ausgetragen – ein riesiges Spektakel (vgl. auch weiter oben und im Kapitel zu Senegal).

Marché Boukouki und Katako

Route de Tillabéri. Täglich bis Sonnenuntergang (Achtung! Rechtzeitig vor Einbruch der Dämmerung Rückzug antreten!). Ungeheuer chaotischer Markt für Baudinge aller Art, Balken, Bretter, Zement, Bleche, Matten in allen Varianten. Gleichzeitig Agrarmarkt, d.h. Schaufeln, Hacken, aber auch Erzeugnisse, z.B. Lkw-Ladungen Maniok, Oranginen (ein Mittelding zwischen Orange, Zitrone und Pampelmuse), Ananas, Zuckerrohr, Kokos-Nüsse und, und, und. Hier werden (mitten im Markt) die weit verbreiteten **Aluminium-Kochtöpfe** gegossen (Aluminium aus einem Flugzeugwrack) und Blechkisten hergestellt. In einer anderen Ecke werden alle im Niger vorkommenden **Salzarten** angeboten (Bilma, Fachi, Tegguidda-n-Tessoum, Belayara, Maine-Soroa). Seile aus einheimischer Produktion oder Importware; alte Zementsäcke, alte Zeitungen, krumme Nägel, rostige Schrauben. Die Fantasie reicht kaum aus, um sich all das vorzustellen, was hier angeboten wird! (Die afrikanische Recycling-Quote liegt sehr nahe bei 100% – könnten wir uns ein Beispiel dran nehmen!) Eindruck: Das dort sehr arme und oft auch etwas derbe Publikum freut sich nicht immer über den Besuch von Europäern; nicht mit dem eigenen (Angeber-)Fahrzeug hinfahren, Zusteige-Taxi benutzen.

Töpfer-Markt

Westlich der Av. de la Mairie an der Av. Charles de Gaulle, schräg gegenüber vom Kleinen Markt (Lebensmittel), auch Marché de Boubon genannt (von dort kommt ein großer Teil der Töpferware). Täglich bis Sonnenuntergang. Unglasierte Töpferware in erstaunlichen landestypischen Varianten, sehr malerisch und billig. Aber wie nach Hause bringen?

Spaziergang

Tagsüber bietet sich ein **Bummel entlang des Nigers** ab der Pont Kennedy flussabwärts an. Ein großer Platz am Flussufer wird von den Wäschern und Wäscherinnen in Beschlag genommen, ein wahrhaft farbenprächtiges Bild vor allem vormittags: Aus der ganzen Stadt

ns Wäsche auf dem Kopf herangetragen und im Flusswasser gewaschen. An einigen Stellen nahe der Brücke bieten auch Piroguiers ihre Dienste an; kleine Ausflüge zu nahen Nigerinseln oder einfach Flussüberquerungen ans ruhigere Ufer gegenüber bieten sich an. Weiter der Corniche Gamkallé flussabwärts spenden große Bäume Schatten. Am steilen Hochufer über uns die Terrassen des Grand Hotel. Wieder am Flussufer liegen dann **Gerbereien,** die je nach Windrichtung schon von weither geruchlich auf sich aufmerksam machen. Die Anlagen wurden zwar modernisiert, aber gegerbt wird noch immer mit traditionellen Mitteln wie z.B. mit Akazienschoten. Weiter flussabwärts ist dann rasch das **Bar-Restaurant Diamangou** auf einem Boot erreicht, be-

1. Hotel Univers/ Camping Yantala
2. Wasserturm Chateau d'Eau Nr. 1
3. Deutsche Botschaft
4. Palais Presidentiel
5. Post und IGN-Niger
6. Städisches Krankenhaus
7. Töpfermarkt
8. Nationalmuseum
9. BDRN-Bank
10. Kathedrale
11. Petit Marché
12. Air Mali
13. Marché Boukouki und Katako
14. Konsulat von Mali
15. Grand Marché
16. Amerikanisches Kulturzentrum
17. Fluggesellschaft Niger Afrique
18. BIAO-Bank
19. Hôtel Rivoli
20. City-Bank in Nasser-Hochhaus
21. Algerische und Nigerianische Botschaften
22. Air France
23. Palais des Congrès
24. Hôtel Gaweye
25. Grand Hôtel
26. Touristeninfo.
27. Nigeravia und Auberge Tatayi
28. Fluggesellschaft Point-Afrique
29. Les Tropiques
30. Hôtel du Sahel
31. Clinique Gamkallé
32. Hôtel Terminus
33. Niger Car Voyages/ Car Rental
34. Postamt
35. Hôtel Ténéré
36. Centre Artisanat Wadata
37. Nouveau Marché

Karte S. 433

Unterwegs im Niger
NIAMEY

sonders an Wochenenden ein beliebtes Ausflugsziel von „tout Niamey".

Touristeninformation

● **Office national du Tourisme (O.N.T.)**
Av. du Président H. Luebke; Tel. 20732447. Hier erhält man Info-Material, einfache Stadtpläne und eine Karte (1:500.000) über das Massif de l'Aïr (ca. 10 Euro).

● **Service Topographique et du Cadastre**
Av. de la République, Tel. 20722755; gute Detailkarten.
● **IGN** (Kartenmaterial)
Nördlich des Hotels Gaweye am Rond Point de Gaulle/Av. de la Mairie, Tel. 20723323.

Hotels

Ähnlich wie in Mali zum Coup d'Afrique sind auch in Niamey aus Anlass der Jeux de la

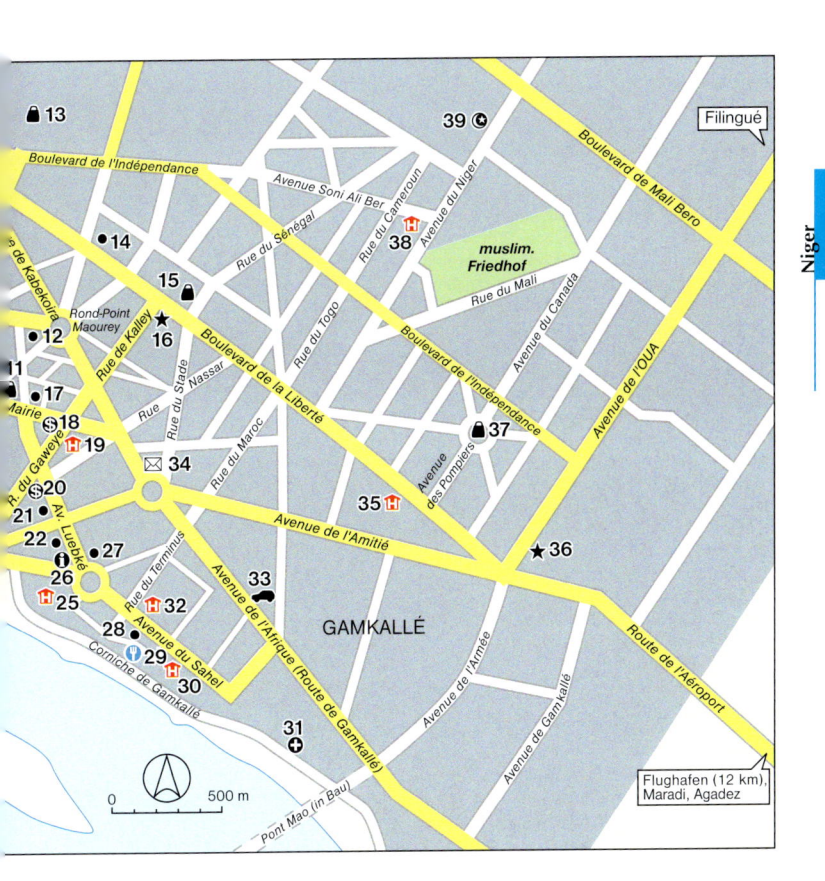

Francophonie im Jahr 2005 Hotels vor allem im Mittelklassebereich entstanden. Die Hotelsituation, früher in Kongresszeiten oft kritisch, hat sich seither deutlich entspannt. Doch kaum ein Haus verfügt über Wifi.

Hotels der Luxusklasse

● **Hotel Gaweye**
Am Flussufer, Tel. 20723400, Fax 20723347, www.hotel-gaweye-niger.com. Das beste Hotel am Platze, DZ 75.000 CFA. Swimmingpool in ruhiger Atmosphäre. Auch Gäste, die nicht im Hotel wohnen, können den Swimmingpool gegen eine Gebühr benutzen. Tennisplatz, Nightclub etc.

● **Grand Hotel**
Hoch über dem Flussufer, B.P. 471, Tel. 20732641, Fax 20732643. Bungalows und Zimmer für 60.000 CFA. Der Parkplatz ist bewacht. Sehr schön ist der Blick von der Hotelterrasse über den Niger; hier trifft sich „tout Niamey" zum Sundowner. Ein Muss und einfach köstlich: Spießchen, Brochettes, scharf gewürzt! Kleiner, etwas indiskreter Pool. Mit Sonnenuntergang (der sich allerdings oft im Dunst des Sahelstaubes abspielt) kommen dann die Fliegenden Hunde, die nach Jahreszeit in mehr oder minder großen Schwärmen flussab- oder -aufwärts fliegen, dabei immer wieder bis hinab zum Wasser, um aus dem Flug zu trinken. Mit ganz viel Glück kann man auch mal ein Flusspferd beobachten, wenn eines dieser Tiere gerade auf Wanderschaft in diesem für einen dauerhaften Aufenthalt viel zu belebten Flussbereich unterwegs ist. Die Grand-Hotel-Kellner wissen dann Bescheid!
www.grandhotelniger.com

● **Hotel Ténéré**
In der Stadt, Bd. de la Liberté, Tel. 20732020, DZ 50.000 CFA, Swimmingpool.
www.hotel-tenere-niger.com

Hotels der Mittelklasse

● **Les Rôniers**
Rue Tondibia, etwa 7 km außerhalb, nordwestlich der Stadt, Tel. 20723138, DZ/Bungalows ab 28.000 CFA. Swimmingpool, Tennisplatz, gutes Restaurant.

● **Hotel Terminus**
Rue du Sahel, Tel. 20732692, Fax 207339742. Bungalows für ca. 47.000 CFA; schöner Innenhof mit Restaurant, Pool.
www.hotel-terminus-niger.com

● **Hotel du Sahel**
Rue du Sahel, Tel. 20732431, 20732432; DZ ca. 30.000 CFA. Terrassierter Garten mit Restaurant über dem Fluss, *Piscine olympique* auf der Rückseite (geschlossen), Night-Club.
www.hotelsahel.com

● **Hotel Maourey**
Am Rond-Point Maourey, Tel. 20732850, 20732054; eher ein Geschäftshotel für Einheimische als für Touristen, etwas laut. DZ ca. 25.000 CFA.
www.hotel-maourey-niger.com

Einfache Unterkünfte

● **Chez Moustache**
Av. Sonni Ali Ber, Tel. 20734282. DZ mit Ventilator ca. 8000 CFA, mit AC ca. 12.000 CFA.

● **Auberge Tatayi**
Nahe beim Rond Point des Grand Hotel. Einfach, familiär. DZ ca. 8000 CFA.
www.tatayi.com

Camping

● **Camping Yantala/Hotel Univers**
Route de Tillabéri, gleich hinter dem Wegweiser „Rio Bravo (20 km)" links (N 13° 35,68' / O 01°57,87'), Tel. 20734206. Tarif ca. 2000 CFA p.P., 2000 CFA/Auto, 1500 CFA/Motorrad. Tel. 20754489, Fax 20754578, camping_univers_tourisme_@yahoo.fr. Auch Zimmer erhältlich, DZ 22.000 CFA. Lt. Leserzuschrift praktisch kein Campingplatz mehr, es wurden noch Apartments dazugebaut. Siehe auch bei Restaurants.

● **Le Relais Kanazi/Rio Bravo**
Auch DZ für 20.000 CFA im Lodge-Stil. 18 km bzw. 20 Fahrminuten von Niamey entfernt im Westen an der Straße in Richtung Ayourou. Beliebtes Wochenend-Ausflugsziel

Schmied der Tuareg

für die Bewohner Niameys, direkt am Niger-Fluss, gutes Restaurant unter großen Mango-Bäumen. kanazi.vsd@caramail.com

Essen und Trinken

Restaurants

Die **meisten größeren Hotels** haben gute Restaurants: Grand Hotel, Hotel Ténéré, Hotel Terminus (Toukounia, Mo geschlossen), Hotel Sahel, Hotel Gaweye (La Croix du Sud, So geschlossen, und La Pointière, Pizza!) etc. Die meisten besseren Restaurants haben nur abends geöffnet.

● **Byblos**
An der Route de Tillaberi; libanesische Gerichte; Mezze bestellen! Gutes Preis-Leistungsverhältnis.

● **Les Tropiques**
Etwas südlich vom Grand Hotel an der Corniche de Gamkallé.

● **La Flotille**
An der Corniche de Yantala; russische Küche, Sa geschlossen. Gut und teuer.

● **Le Diamangou**
Tel. 20735143; französisch-afrikanische Küche; Bar-Restaurant in einem Boot an der Corniche de Gamkallé, daher auch einfach „Le Bateau" genannt; gutes Preis-Leistungsverhältnis.

● **Tabakady**
Place de la Republique/Av. du President Karl Carstens. Französische Küche, gut und teuer.

● **Damsi**
Im Sonara-I-Gebäude. Nette Terrasse tagsüber, abends nur drinnen.

● **Lotus Bleu**
Vietnamesische Küche, Di geschlossen.

● **Dragon d'Or**
Tel. 20734123, am Rond-Point beim Grand Hotel. Chinesische Küche, gut und preiswert.

● **La Cascade**
Hinter dem Score-Supermarkt im Zentrum; franz. und ital. Küche, gut und teuer.

● **Le Pilier**
Nahe dem Chateau I und der Deutschen Botschaft. Italienische Küche (s.a. Agadez), gutes Preis-Leistungsverhältnis.
● **Chez Nous**
Gute französiche Küche, sehr teuer (So geschlossen).
● **Restaurant Grenier**
Am Ufer des Niger, Rue de la Corniche, Yantala, Tel. 20733262; franz. und ital. Küche.
● **Camping Yantala/Hotel Univers**
Das Restaurant dieser Anlage ist bekannt für seine Fischgerichte. Abends sehr lebhaft, Nachtmarkt gleich um die Ecke.

Einfache Restaurants mit afrikanischer Küche

● **Le Tattasey**
Schönes Garten-Restaurant zwischen Av. du Sahel und Route de Gamkallé.
● **Les Tropiques**
Steaks und Pizzas am Nigerufer, Corniche de Gamkallé, Tel. 20733932; auch Disco!
● **Les Canaris**
Nahe Rond Point Yantala; Couscous!
● **Patisserie Chez Michel**
Rue de Kalley; Kuchen, kleinere Gerichte.
● **Bar Teranga**
Nahe der Baptisten-Kirche, Rue de Maroc; mittags und abends geöffnet, sehr einfach, sehr laut.
● **La Bamba**
Nahe Hotel Terminus, europäische und afrikanische Gerichte.
● **Le Maquis 2000**
Nahe Bar Teranga und der Baptisten-Kirche, Tel. 20735556; ivorische Gerichte wie z.B. Kedjenou. Sehr preiswert.
● **Les Lilas**
Gegenüber Hotel Terminus, Tel. 20733879; Dachterrasse; tagsüber Patisserie/Teestube, abends Restaurant (nur Grillhähnchen).
● **L'Ermitage**
Biergarten am Bd de la Liberté; bis 3 Uhr früh geöffnet.
● **Siggys** im Club Nautique
10 Minuten flussabwärts Richtung Kollo.
● **Niamey Club**
Einfache Gerichte, Open-air, in der Nähe des Hotel Rivoli.

● **Idrissa's Nems**
Kleine, billige Snack-Bar mit Musik am Chateau I, nahe der deutschen Botschaft.
● **Le Tam-Tam**
Unmittelbar am Rond-Point vor dem Grand Hotel; billige Snacks, alles spielt sich im Freien ab.
● **Lion d'Or**
Snack-Bar, Patisserie (Konditorei).

Discos/Bars/Nightclubs

● **Fo-Fo-Club**
Im Hotel Le Sahel; afrikanische Musik am Wochenende.
● **Niamey Club**
Gegenüber Hotel Rivoli; afrikanische Live-Musik und Disco am Wochenende.
● **L'Eremitage**
Bd. de la Liberté (siehe Restaurants).
● **Gas Camel**
Nahe Restaurant Vietnam.
● **Hi-Fi-Club**
Disco gegenüber Hotel Rivoli am Kleinen Markt, Abteilung „Antiquitäten".
  Eintritt (meist inkl. Getränk) in allen oben genannten Bars/Discos ca. 2000 CFA. Auch wenn manche Discos bereits relativ früh öffnen, ist erst ab 23 Uhr Hochbetrieb!
● **Kakaki**
Im Hotel Gaweye und entsprechend „gestelzt".
● Ebenso romantische Abend-Plätze sind **Les Tropiques** und **Le Diamangou** (siehe Restaurants).

Kinos

● **Vox** und **Studio**
Im Zentrum nahe des Score-Supermarkts.
● Auch im **Centre Culturel Franco-Nigérien** (s.u.) und **Centre Culturel des Etats Unis** werden Filme gezeigt.
● Außerhalb des Stadtzentrums liegen die Kinos **Zabarkan**, **Soni-Ali-Ber** und **Mali-Béro** – das Publikum ist oft interessanter als der Film selbst ...
● Aktuelle Veranstaltungsinfos nicht nur zum Kinoprogramm können der Tageszeitung Le Sahel entnommen werden.

Karte S. 433, Stadtplan S. 470

Unterwegs im **NIAMEY** 475

Notfall

Krankenhäuser

- **Clinique Gamkallé** (auch Gamkalley) Tel. 20732033 oder Krankenhaus (Tel. 20752523); Konsultation ca. 20.000 CFA.
- **Centre Medical Pro Santé**
10, Rue de la FAO, Plateau, Tel. 20722650.

Die ärztliche Versorgung ist insgesamt eingeschränkt. Französisch sprechende Fachärzte der wichtigsten Fachrichtungen sind vorhanden. Deutsch sprechende Ärzte sind auch der Deutschen Botschaft in Niamey nicht bekannt.

Apotheken

- **Pharmacie Nouvelle**
Die gute Apotheke liegt im Zentrum zwischen Hotel Rivoli und (ex-)Air Afrique; sie hat auch So und abends geöffnet.
- **Pharmacie du Grand Marché**
Bd de la Liberté; gut sortiert.
- Außerdem gibt es weitere Apotheken im Stadtzentrum.

Taxis

- Eine Fahrt mit dem **Stadttaxi** (Sammeltaxi) kostet tagsüber 200 CFA, nachts 400 CFA. Wenn Sie allein fahren wollen, müssen Sie etwa 500 CFA pro Fahrt ausgeben. In die Außenbezirke oder in die Innenstadt hinüber auf die andere Nigerseite: Rechnen Sie mit dem doppelten Preis. Zur Rush-Hour sind Taxis rar! Mehr und mehr setzen sich auch Motorrad-Taxis *(Kabou-kabou)* durch.
- Man kann ein **Taxi** auch für eine ganze Stunde (ca. 2000 CFA) oder für einen ganzen Tag (ca. 20.000 CFA) **chartern.** Die Preise sind jedoch unbedingt vorher auszumachen und erst bei Fahrtende zu zahlen.

Fluggesellschaften

- **Air Inter Afrique**
Bedient die Hauptstädte benachbarter Länder, z.B. Cotonou, Lomé, Abidjan, Ouagadougou oder Bamako; Tel. 20738585 und 20738686, Fax 20736973.
- **Air Algerie**
Im Nasr-Hochhaus, Tel. 20733898.
- **Air France**
Immeuble Aïssata Djibo in der Rue du Grand Hôtel, Tel. 20733121/22, Fax 20732915. Mehrere Flüge in der Woche ab Paris, teilweise direkt, teilweise via Ouagadougou (dann Hin- oder Rückflug).
- **Royal Air Maroc**
Im Nasr-Hochhaus, Tel. 20732885/86. Mehrere Flüge in der Woche ab Paris via Casablanca.
- **Air Sénégal**
Immeuble Hôtel Maourey, Tel. 20736931/32/33, Fax 20736934. Mehrere Flüge in der Woche ab Paris via Dakar.
- **Afriqiah**
Immeuble Rivoli nahe El-Nasr-Hochhaus, Tel. 20736571/72, Fax 20736533. Zwei Flüge in der Woche ab Paris via Tripolis. Mit dieser libyschen Gesellschaft ist via Tripolis z.B. auch gut Frankfurt oder Wien zu erreichen.
- **NIGERAVIA**
Av. du Président H. Luebke, nahe dem Touristenoffice und Grand Hotel, Tel. 20733590, 20733064, Fax 20731842, Mobil 929289 und 969932, nigavia@intnet.ne. Flüge auf Bestellung im Inland.
- **Tamara Niger Aviation**
Flüge auf Anforderung bietet diese Gesellschaft an. Mobil 96966655, Büro Niamey: Tel. 20738585, 20738586, Skype sagittaire52. Als Sitz der Gesellschaft wird der Aéroport Diori Hamani genannt, d.h. der Flughafen Niameys.
- **Point-Afrique**
Gegenüber Hotel Terminus, etwas versteckt, Tel. 20734026, www.point-afrique.com. Französische Charter-Gesellschaft, die zu fast unschlagbar günstigen Preisen verschiedene westafrikanische Ziele ganzjährig, andere nur saisonal anfliegt.

Busverbindungen

SNTV

- Busgesellschaft mit Inlandsverkehr, beispielsweise nach Agadez, Arlit, Zinder. Auch Strecken ins benachbarte Ausland werden bedient.

El Hadji Garba Maissage

● Diese **private Busgesellschaft** bietet die SNTV-Strecken wesentlich günstiger an; die Busse fahren allerdings unregelmäßiger, und die Fahrzeuge sind z.T. in relativ schlechtem Zustand, d.h. man ist eher mal „en panne"; Busse auch nach Parakou/Benin dreimal pro Woche.

● **Busbahnhof** an der **Corniche de Yantala** (neben dem Hotel Gaweye/Palais des Congrès), Rue de la Flotille, am Nigerufer (siehe Plan), Tel. 20723020 und 20722455.
● Je nach Destination befinden sich Gares routières **am Katako-Markt** (nach Westen) und am **Markt Wadata** (nach Osten).
● **Rimbo Transport Voyageur**
Rühmt sich selbst als „König der Landstraße". Gute, übersichtliche Website mit Tarifkalkulator: www.rimbotransportvoyageurs.com.
● **Weitere Gesellschaften:** Aïr Transport, Azawad Transport und als jüngste Gesellschaft STV (Sounna Transport Voyageur, v.a. im Westen und Süden des Landes aktiv).

Rund ums Auto

KFZ-Werkstätten (Garagen)

● **Mercedes-Werkstätte** mit Schweizer Leitung neben dem Score-Supermarkt (s.u.).
● **Peugeot- und VW-Ersatzteile** bei Sonida (mäßiger Service), ebenfalls neben dem Supermarkt Score.
● **Agence Central (Toyota)**
● **Niger Afrique (Renault)**
● Eine **Toyota-Vertretung** liegt an der Route de l'Aéroport.

Parkplatz

● Ein Parkplatz (bewacht, nur 100 CFA) liegt zentral in der **Rue du Musée,** direkt neben dem Haupteingang des Nationalmuseums. Von hier gelangt man zu Fuß zum Petit Marché, zum Supermarkt Score und zu anderen wichtigen Stellen.
● **Achtung:** Halten Sie keineswegs auf dem Bd. de la République im Bereich des Präsidentenpalastes an! Oder besser noch: Halten Sie es wie die Taxifahrer und benutzen Sie diese Straße gar nicht! Eine Umfahrung ist beispielsweise via Av. Charles de Gaulle leicht möglich.

Geld/Banken

Fast alle größeren Banken der Hauptstadt **wechseln Reiseschecks;** der zeitliche Aufwand dabei ist enorm. Außerhalb Niameys war dies früher nur noch in Agadez möglich. **Geldautomaten** sind bislang nur von der Banque Atlantique am Rond Point Liberté, von den Filialen der BIA Niger (VISA) und von der BIAO im Zentrum bekannt. Auch **Kreditkarten** werden selten akzeptiert, am ehesten noch VISA.

Einkaufen

Märkte

Siehe auch vorn unter „Sehenswürdigkeiten"; hinzu kommen:
● **Nouveau Marché**
Von geringem touristischem Interesse, dient der lokalen Versorgung.
● **Les Boutiques du Château-d'Eau-N°. 1**
In den Straßen beim Wasserturm Nr. 1 bieten viele Tuareg-Schmiede und -Händler Schmuck und andere Gegenstände an (Antiquitäten, Textilien). Oft sieht man ihr handwerkliches Metier auch hier vor Ort aus und lassen sich dabei gerne über die Schulter schauen.

● **Musée Nationale**
Einen Markt ganz eigener Art stellt das Handwerkerzentrum im Museum dar. Die hier arbeitenden Handwerker bieten ihre Produkte direkt neben ihrem Arbeitsplatz dem Besucher zum Kauf an.

Buchhandlungen

Zu empfehlen sind die Indrap- (Rue Martin Luther King), die Ascani- und die Camico-Papeterie (nahe Score-Supermarkt) (s.u.) sowie die Papeterie Burama zwischen Av. Coulibaly und Rond-Point Maourey. Zeitschriften (z.B. Times und Newsweek) gibt es in der Buchhandlung des Hotel Terminus (nur abends) und des Hotel Gaweye.

Landkarten

Landkarten sind am besten im O.N.T.-Büro oder beim Service Topographique (IGN Niger) erhältlich.

Supermärkte

- **Score,** bestsortierter Supermarkt, in der Nähe des Kleinen Marktes (europäische Lebensmittel und andere Waren).
- **SCIC,** neben dem Score, nur Non-food.
- **Mini-Market** nahe ex Air Afrique und mehrere **libanesische Läden** im Zentrum.

Camping-Gas

- Eintausch von Camping-Gasflaschen bei **Nigergas,** Route de Posso, in Richtung Flughafen, bei der Total-Werkstatt.

Fotografieren

- **ADC Photo,** hinter dem Petit Marché; Fotomaterial und Passfotos.
- **Photo Niger,** gute Adresse für Passbilder!
- (Dia-)Filme sind auch in der **Papeterie Ascani** erhältlich, in der Nähe des Score-Supermarktes.

Hinweis: Eine Fotografiererlaubnis ist nicht mehr erforderlich. Üben Sie aber **Zurückhaltung beim Fotografieren** von Personen und bei allem, was „Scham" verursachen könnte. Unbekleidete, z.B. am Niger badende, Personen dürfen nicht fotografiert werden, ebenso wenig Szenen, die den Niger als „arm" oder „primitiv" erscheinen lassen. Flughafen, Regierungsgebäude sowie militärische Einrichtungen und Verwaltungsgebäude, Polizei, Brücken u.a. unterliegen einem Fotografierverbot. Diese Vorschriften werden sehr ernst genommen und streng gehandhabt!

Beachten Sie auch das oben schon erwähnte **Fotografierverbot in allen Innenräumen des Nationalmuseums!**

Telefon/Internet

Es gibt keine Telefonkabinen in Niamey, dafür immer wieder **private Telefonläden,** in denen Sie auch noch spätabends telefonieren können. Dann ist die Chance durchzukommen auch deutlich höher als tagsüber zu Bürozeiten.

Internet-Cafés gibt es vor allem dort, wo deren Inhaber mit „richards" rechnen, Reichlingen, wozu natürlich auch Touristen zählen. Folglich finden sie sie am Rond Point du Grand Hôtel, in der Umgebung des El-Nasr-Hochhauses oder auch draußen in Yantala im Umfeld des ehemaligen Campingplatzes, heute Hôtel Univers. Rechnen Sie mit 500 CFA in der Stunde.

Swimmingpools

- Hinter dem Hotel du Sahel gibt es das öffentliche **Piscine olympique.**
- Alle **großen Hotels** in Niamey haben ebenfalls einen Pool; Eintritt für Nicht-Hotelgäste zwischen 1000 und 2000 CFA.

Kultur

Centre Culturel Franco-Nigérien (CCFN)

- Tel. 20734834, Av. de la Mairie, schräg gegenüber dem Eingang des Museums. Regelmäßige Vorführung von Filmen, Kunstausstellungen, Theatervorführungen und Tanzveranstaltungen. Das Programm wird in der Tageszeitung „Le Sahel" veröffentlicht. Kinobeginn um 21 Uhr.

Centre Culturel Américain

- Tel. 20733169, siehe Stadtplan. Hier ist richtig, wer englischsprachige Literatur sucht. Die Bibliothek ist umfangreich. Auch Englisch-Kurse werden angeboten.

Centre Culturel Oumarou Ganda

- Gegenüber der Moschee. Geboten werden lokale kulturelle Veranstaltungen wie Ringkämpfe, lokale Filme, Musik, Tanz etc. Ringkämpfe finden meist in der Arena des Stade de la Lutte Traditionelle statt (Termine können Sie auch der Tageszeitung Le Sahel entnehmen).

Reiseveranstalter

In Anbetracht der Situation im Norden haben viele der Agadezer Agenturen ihren Sitz nach Niamey verlagert und bieten hier Touren im Süden des Landes an. Andere hatten hier schon immer ein Standbein. Einige der genannten Veranstalter operieren dabei auch grenzüberschreitend und bieten Touren bis nach Benin oder Togo an. Ohne Anspruch auf Vollständigkeit und in alphabetischer Reihenfolge seien genannt:

- **Adrar Madet Voyages**
Tel. 20440337, Fax 20440381,
agmadat@yahoo.fr, www.madet.online.fr
- **Agadez Expéditions**
Tel. 20739897, www.agadez-tourisme.com,
agadezexpeditons@yahoo.com
- **Expéditions Ténéré**
Tel. 20735412, expeditionstenere@yahoo.fr,
www.agence-expeditionstenere.com
- **Nigercar Voyages**
Tel. 20732331, Fax 20736483,
www.gsi-niger.com/nigercar
Ursprünglich ein Tour-Operator mit Schwerpunkt auf dem Nationalpark du W, werden heute hauptsächlich Autos vermietet. Ordentlicher Fahrzeugpark, zuverlässige Firma.
- **Point-Afrique**
Der französische Organisator von Charterflügen nach Nord- und Westafrika bietet unbeeindruckt von den Verhältnissen sein Programm an – und sagt dann eben im letzten Augenblick ab, wenn sich die Lage doch nicht so sicher darstellt wie erwünscht. Das Thema Sicherheit wird auf der Website von Point-Afrique, www.Point-Afrique.com, nur unter dem Aspekt der Flugsicherheit abgehandelt. Die Seite ist nur in französischer Sprache verfügbar, aber sehr übersichtlich.
- **Sahara Expéditions**
Tel. 96985871,
sahara_expeditions2000@yahoo.fr
- **Zenith Tours**
Tel. 20370785, zenithtours@yahoo.fr,
www.zenith-tours.com

Der Nordwesten und die Umgebung von Niamey

Nördlich von Niamey

Von Niamey nach Filingué (185 km)

Fährt man nordostwärts auf der asphaltierten Straße, erreicht man nach 185 km den kleinen Ort **Filingué** in der Nähe des Dallol Bosso, eines ausgetrockneten Flusstales. Sehenswert sind der Sonntagsmarkt und die traditionellen Häuser der Haussa. Aus dem Ort stammt die Familie des früheren langjährigen Staatschefs *Seyni Kountché*.

- **Übernachtung** im **Campement La Villa Verte** (einfach).
- **Taxi brousse:** Abfahrt der Taxi brousse von/nach Niamey in den frühen Morgenstunden. Sehr viel mehr Fahrzeuge verkehren am Markttag (Sonntag).

Von Niamey nach Ayorou (ca. 210 km)

Verlässt man die Stadt Niamey **nach Nordwesten Richtung Tillabéri,** so zweigt nach 18 km eine ausgeschilderte Piste nach links von der Straße ab, die hinunter zum Niger-Fluss nach „Rio Bravo" mit dem Relais Kanazi führt (siehe bei Niamey unter „Camping"); weiter nach Westen fahrend, zweigt nach 25 km eine Straße nach links zu dem direkt am Fluss gelegenen kleinen Dorf **Boubon** ab; mittwochs ist Markt. **Übernachtung** im ganzjährig geöffneten **Campement Touristique;** einfache

Hütten; Restaurant. Beliebtes Ausflugsziel von Leuten aus Niamey, sonntags daher oft überfüllt. Der Ort ist bekannt für seine Töpferware, schwere, teilweise interessant bemalte unglasierte Keramik, die auch auf dem Töpfermarkt in Niamey angeboten wird.

Folgt man der Asphaltstraße in Richtung Tillabéri, so kommt man nach weiteren 30 km beim Ort **Karma** zum **Complexe Touristique de Namaro** (ausgeschildert, 2009 renoviert), ebenfalls ein beliebter Ausflugsort der in Niamey lebenden Europäer. Von dem auf der anderen Uferseite (lassen Sie sich mit einer Piroge übersetzen) und auf einem Hügel gelegenen Hotel aus bietet sich ein schöner Blick auf das Dorf. Es gibt ein Restaurant und eine Bar. Preis: 6000–9000 CFA/DZ; geboten wird einfacher Standard. Während der Sommermonate (Juli bis Sept.) ist das Hotel nur am Wochenende geöffnet. Interessant ist auch der Samstagsmarkt im Ort Namaro selbst.

In **Farié** (62 km) gelangt man mit der Fähre über den Fluss nach **Gothèye**, von dort weiter auf neuer Straße nach **Téra** und dann weiter auf kleinster, kaum erkennbarer Piste zur Grenze von Burkina Faso. Die Grenzabfertigung auf Niger-Seite erfolgt in Tera, die auf Burkina-Seite im kleinen Ort Sitenga; die Piste weiter von hier bis Dori ist wieder etwas deutlicher und besser zu befahren. In Dori einfache Unterkunft im Campement (s.a. weiter unten).

Reist man dagegen nach Nordwesten in Richtung Mali weiter, erreicht man nach weiteren **58 km Asphaltstraße Tillabéri,** eine kleine Stadt mit guten Versorgungsmöglichkeiten (letzte sichere Tankstelle vor der Grenze zu Mali!). Mittwochs und sonntags wird im Ort ein großer Markt abgehalten, eine gute Gelegenheit, nicht nur die Djerma-Bauern der Umgebung, sondern auch Bella und Fulbe zu sehen. **Übernachtung** im **Relais Touristique/Hotel La Girafe** (sehr einfache Zimmer, passables Restaurant, wunderbar kühles Bier!).

Auf Asphalt geht es weiter zum **Grenzort Ayorou** (88 km von Tillabéry, 208 km von Niamey); karge Sahellandschaft wird durchfahren. Akazien und Dum-Palmen stehen vereinzelt oder in Gruppen an der Straße. Anders als früher die Piste, verläuft die Straße eher nigerfern; der Fluss kommt kaum je in Sichtweite. Dafür sind die in der Pistenzeit oft problematischen Furten allesamt durch Brücken ersetzt. Die früher hier lebenden Giraffen wurden stark dezimiert. Sie sind inzwischen in die Region Dosso abgewandert (s.u.).

Ayorou

Der Ort Ayorou ist zum Teil auf dem westlichen Flussufer, zum Teil auf der **Niger-Insel Ayorou Goungou** errichtet worden; es herrscht daher ständiger Pirogenverkehr. Es besteht auch die Möglichkeit, **Pirogenfahrten** auf dem Niger zu unternehmen. Am Ufer des Niger leben verschiedene Wasservögel (Reiher, Kronenkraniche usw.) und etwas weiter nördlich (bei der **Insel Firgoun**) auch **Flusspferde.** Ein Ausflug dorthin kostet ca. 3000 CFA p.P., zwei Personen zahlen 4000 CFA.

Sonntags ist in Ayorou **Markt** (Viehmarkt, besonders großes Angebot November bis April), der als einer der lebhaftesten und buntesten in ganz Westafrika gilt (heute m.E. eher nicht mehr zutreffend). Unter einem großen Schattenbaum am westlichen Marktrand werden von Tuareg-Handwerkern Holz- und Lederarbeiten angeboten. Zwischen Marktplatz und Niger-Fluss und unmittelbar am Ufer desselben liegt das Hotel Amenokal (s.u.). Es lohnt sich auch ein Tagesausflug von Niamey, um die auf dem Markt versammelte Vielfalt an ethnischen Gruppen in ihren traditionellen Gewändern erleben zu können. Mittags machen sich viele Händler schon wieder auf den Weg zurück in ihr Dorf. Außerhalb des Markttages ist der Ort eher uninteressant-verschlafen.

In der Gegend von Ayorou leben die **Wogo-Fischer,** die mit ihren Pirogen hinausfahren, um u.a. den berühmten Capitaine-Fisch zu fangen; die größten Exemplare werden bis zu 1,5 m lang. Im Überschwemmungsfeldbau pflanzen sie Reis, Hirse, Sorghum und Gemüse an. Die Wogo leben überwiegend in Lehmkastenhäusern und benutzen bauchige Speicher aus Lehm („Lehmurnenspeicher").

Unterkunft/Verpflegung:
● **Campement-Hotel de l'Amenokal**
DZ 26.000 CFA mit HP und AC; Bar, Restaurant, nur von Nov. bis April geöffnet; schöner Garten zum Fluss hin, schöner Pool, aber oft sehr ungepflegt, häufiger Besitzerwechsel.
● **Bar Hidima**
Kaltes Bier und andere Getränke.
● Sonst nur Garküchen auf dem Marktplatz.

Weiterreise nach Mali:
Achtung! Noch im Jahr 2009 bestand auf dieser Strecke **Militärkonvoipflicht.** Über die aktuelle Situation ist nichts bekannt.

Wer das Land verlassen und nach Mali einreisen will, muss mit gründlichen Polizei- und Zollkontrollen rechnen (Zoll in Ayourou am westlichen Ortsrand, Polizeikontrolle in Yassane, beides so auch für Einreise; das Laissez Passer wird in Ayourou erteilt bzw. eingezogen). Die Straße nach Gao (Mali) ist nur mit Sicherheitsrisiko befahrbar. Sie führt durch teilweise sehr schöne Landschaften immer flussnah am Niger entlang. Von den vielen Ortschaften entlang der Strecke ist nur **Ansongo** etwas größer, und auch hier besteht nur eine sehr bescheidene Infrastruktur, z.B. keine Tankstelle. Näheres siehe im Kapitel zu Mali.

Zu beachten ist auch, dass bei einer Weiterreise über Gao hinaus Probleme unter Sicherheitsaspekten bestehen: Die Strecke von Gao nach Norden in Richtung Algerien via Tessalit, Bordj Mokhtar und Reggane (Tanezrouft-Piste) kann derzeit nicht bereist werden; die Strecke entlang des Nigers über Bourem nach Timbuktu gilt als nicht risikofrei, und so bleibt eigentlich nur die asphaltierte Strecke über Hombori und Douentza in Richtung Mopti, die 2010 als risikoarm eingestuft werden konnte.

Weiterreise nach Burkina Faso:
Niamey – Ouagadougou
via Tera, Dori und Kaya (530 km)
62 km westlich von Niamey wird bei **Fariè** der Niger mit einer Fähre überquert (verkehrt bei Tageslicht ca. im Stundentakt). Am südlichen Flussufer führt die Straße weiter bis **Gothèye** (flussnah), dann wendet sie sich dem Landesinnern zu durch schöne Savannenlandschaften und erreicht vorbei am idyllischen Weiler **Dargol** den Marktort **Téra** (Km 175, Markt am Donnerstag, kaum Versorgungsmöglichkeiten). Zoll- und Polizeiformalitäten am nördlichen Ortseingang.

Mitten im Ort und gegenüber dem Marktplatz zweigt die unscheinbare Piste in einer Vielzahl von Spuren nach Westen ab. Die Piste ist schwer zu verfolgen, verläuft nach jeder Regenzeit wieder etwas anders, schlägt zudem abweichend von den Landkarten einen südlichen Bogen. Die Fahrspuren sind teilweise sehr tief ausgefahren und problemfrei nur mit einem Geländefahrzeug zu bewälti-

NORDWESTEN UND UMGEBUNG VON NIAMEY

gen. Die grüne Grenze wird überschritten und dann nach 52 km (ab Tera) Feldweg-Piste am Ortsrand von **Seytenga** die Polizeistation von Burkina Faso erreicht. Der Zollposten liegt mitten im Ort. Die weiter nach Westen verlaufende, etwas größere Piste trifft dann südöstlich von Dori auf die neu geschobene Piste von diesem Ort in die Goldgräberstadt **Sebba**. Rechts weiterfahrend ist nach 5 km **Dori** erreicht (Km 94 ab Tera).

Von Dori bis Ouagadougou, Hauptstadt Burkina Fasos, bleiben 261 km (asphaltiert), die am sehenswerten Ort **Bani** mit vielen Moscheen vorbeiführen, ungefähr parallel zu einer Bahnlinie, die wegen Manganvorkommen bis weit hinauf in den Nordosten Burkinas führt (s.a. Kapitel zu Burkina Faso).

Südlich von Niamey

Parc National du „W" (ca. 150 km)

Der Park ist von der Hauptstadt **auf guter Piste zu erreichen:** Zunächst geht es auf einer Straße bis zum Djerma-Dorf **Say** (56 km, Campement, am Freitag Markt) und dann weiter über das Fulbe-Dorf **Tamou** nach **La Tapoa** (ca. 94 km von Say), wo sich der Eingang zum Nationalpark befindet.

Im Dreiländereck Niger/Burkina Faso/Benin liegt dieses **größte und wildreichste Naturschutzgebiet Westafrikas.** Zusammen mit dem Wildreservat von Arly und dem Pendjari-Nationalpark nimmt es eine Fläche von 1 Mio. ha ein, wobei der nigrische Teil ungefähr 30.000 ha umfasst. Seinen Namen verdankt der Park dem w-förmigen Ver-

Schwer beladen auf dem Weg zum Markt

PARK NATIONAL DU W

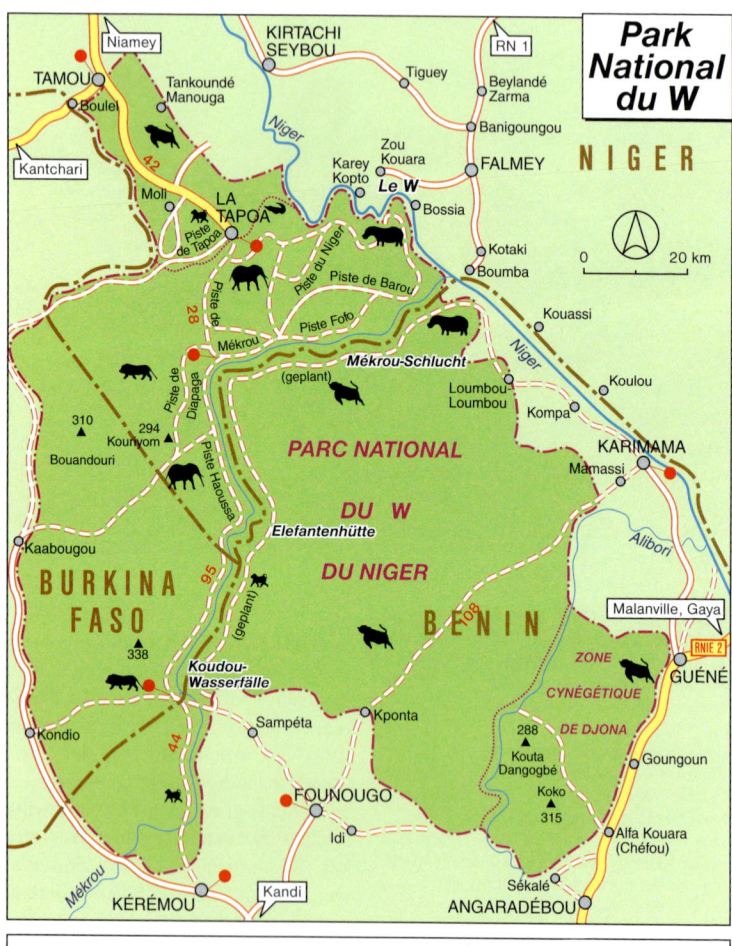

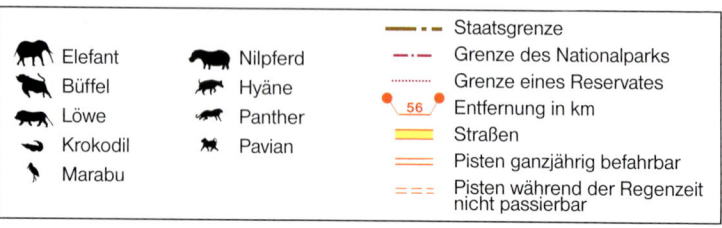

lauf des Niger-Flusses, der die Nordgrenze des Parks darstellt.

Die **Landschaft** ist sehr schön und abwechslungsreich mit der typischen Vegetation der Trockensavanne, durchzogen von mehreren kleinen Flussläufen mit Schluchten und Wasserfällen. In der Regenzeit von Mitte Mai bis Ende Oktober sind die Pisten nicht befahrbar. Im Winter stehen die Gräser sehr hoch und verdecken die Tiere.

Die reichhaltige **Tierwelt** (Büffel, Elefanten, verschiedene Antilopen- und Affenarten sowie Hyänen, Löwen, Geparden und Panther) ist am besten gegen Ende der Trockenzeit, in den Monaten April bis Juni, zu beobachten, hauptsächlich am Ufer des Mekrou-Flusses. Bekannt ist der Park auch für die große Zahl seiner Vögel.

Öffnungszeiten: Das Wildreservat ist geöffnet in der Zeit von Dezember bis Mai. Eingang in La Tapoa. **Eintritt:** 8000 CFA (für 24 Std., ein weiterer Tag kostet 4000 CFA); ein Führer kostet zwischen 3000 und 5000 CFA (halbtags bzw. ganztags); Foto-/Videoerlaubnis 1000/5000 CFA. **Reservierungen** bei **Nigercar Voyages** in Niamey (Tel. 20732331).

Geländewagen können für eine Tour durch den Park gemietet werden. Ohne Fahrzeug kein Eintritt in den Nationalpark! Motorräder sind nicht erlaubt. Führerpflicht! Empfehlung: Bringen Sie Moskitonetz, Taschenlampe, Fernglas und ausreichend Wasser mit.

Information:
● www.parc-w.net (in englischer oder französischer Sprache)

Unterkunft:
● **Hotel de la Tapoa**
Bungalow mit AC 35.000 CFA p.P. Es kann auch mit Euros bezahlt werden, nicht aber mit Kreditkarten. S.a. www.hoteltapoa.com.
● **Campement Nigercar**
Im Safari-Stil erbautes Zeltcamp, sehr naturnah. 25 km vom Eingang entfernt innerhalb des Parks. Zeltunterkunft, Frühstück, Abendessen: 13.500 CFA.
● **Karey Kopto** und **Boumba**
Betreut von den Bewohnern der gleichnamigen Dörfer. Unterkünfte in Form von ortsüblichen einfachen Hütten. Schlecht bzw. zeitaufwendig erreichbar, am besten per Boot.

Ausflüge:
Von Tapoa aus bietet sich eine Exkursion an den **Niger** („W"-Mäander) sowie eine **Pirogenfahrt** auf dem Niger an; ebenso zu den **Wasserfällen von Barou** (Chutes de Barou), kurz bevor der Mekrou in den Niger mündet, und zu den **Koudou-Wasserfällen** (Chutes de Koudou) an der Mekrou-Piste an der Grenze zu Burkina Faso und Benin gelegen; die Piste ist in sehr schlechtem Zustand. Ausflüge in die angrenzenden Gebiete des Nationalparks „W" in den Nachbarländern sowie in das **Wildreservat von Arly** (Burkina Faso) und den **Pendjari-Nationalpark** (Benin) sind ebenfalls möglich.

Von Niamey nach Dosso (138 km Asphaltstraße) und weiter nach Gaya (303 km)

Wir verlassen Niamey nach Südosten auf der Straße zum Flugplatz. Am Ortsrand sind Kontrollposten zu passieren, die nur noch wenig Kummer bereiten.

Ungefähr 45 km ab der Hauptstadt besteht beim Ort **Kouré** die Möglichkeit, eine der letzten Giraffenherden Westafrikas zu beobachten. Sie ist aus dem Schutzgebiet an der malisch-nigrischen Grenze (Ansongo/Ayorou) bis hierher gewandert (**Réserve des Girafes de Kouré**). Meist genügen 1–2 Std., um die exotischen Tiere vor die Linse zu bekommen. Offizielle Führer finden Sie beim Abzweig (mit Mautstelle) nach **Diantiandou**. Ein richtiges Besucherzentrum ist hier entstanden – die Giraffenherde gilt inzwischen als eine der wichtigsten Sehenswürdigkeiten im Niger. Qualifizierte Wildhüter führen Sie zu den Tieren (ca. 5000 CFA je Fahrzeug). Sie können nette Souvenirs erwerben. Die Einnahmen kommen den Bewohnern von vier benachbarten Kommunen zugute. Respektieren Sie den Lebensraum der Tiere! Nähern Sie sich Ihnen langsam und nur so weit, dass Sie sie nicht verjagen! Bitte bedenken Sie: Von einst 3000 Tieren in dieser Region haben nur etwa 200 überlebt!

Die gute Asphaltstraße führt weiter bis nach **Dosso**, einer alten Djerma-Stadt: Von ihrer ehemaligen Bedeutung zeugen noch einzelne prunkvolle Häuser, so der Palast eines ehemaligen Djerma-Führers, der sich unweit der Moschee befindet (sehenswert). Am Unabhängigkeitstag findet hier jedes Jahr die farbenprächtige Parade der Djerma-Reiter statt.

Unterkunft/Verpflegung in Dosso:
● **L'Auberge du Carrefour**
Nahe Gare routière, DZ für ca. 8000 CFA, kleines Gartenrestaurant, Tel. 20650017.
● **Hotel-Restaurant Etoile d'Afrique**
Sehr einfache und kleine Zimmer.
● **Hotel Djerma**
Alteingesessenes Hotel (Stundenhotel?), Biergarten, DZ 15.000–25.000 CFA.
● **Bar Sous les Palmiers**
An der Straße nach Niamey. Etwas schmuddelig, aber pralles Leben: Viele Gäste, mitunter Live-Musik, kleine Tanzfläche. Das Bier fließt in Strömen, hübsche Mädchen machen schöne Augen ...

In Dosso biegen wir von der nach Osten weiterführenden Straße ab nach Süden, durchqueren den lebhaften Ort und erreichen nach 165 km Gaya. Der **Grenzort Gaya** wird vor allem von Haussa bewohnt. Gaya ist der übliche Aus- und Einreiseort in Richtung Benin (Grenzort dort Malanville); weniger bekannt ist der Grenzübergang in Richtung Nigeria (Grenzort Kamba).

Unterkunft/Verpflegung in Gaya:
● Übernachtung im **Hotel Dendi**, in der Nähe des Marktes, für ca. 6000 CFA; ohne fließendes Wasser (Dusche aus dem Eimer!).
● Einfache afrikanische Gerichte bekommt man in dem kleinen **Restaurant La Joie d'Èté** am Markt.

Der Süden

Von Niamey nach Zinder

● ca. 1450 km, durchgehend asphaltiert

Dosso (140 km nach Niamey) ist der erste größere Ort auf der Strecke (s.o.). Die Straße führt zunächst durch lichtes Buschwerk und Dornengestrüpp. In dieser Region werden die für den Export bestimmten Erdnüsse angebaut und über die Häfen Cotonou (Benin) und Lagos (Nigeria) verschifft.

Auf den weiteren 137 km Straße zu dem Haussa-Ort **Dogondoutchi** muss mit (heute eher harmlosen) Polizeikontrollen gerechnet werden. Schön sind die Zeugenberge in der Umgebung, die dem Ort den Namen gaben (*dogo* = groß, *doutchi* = Felsen, Stein). Die Straße umgeht den eigentlichen Ort.

Übernachtung in Dogondoutchi
● **Hotel Magama**
Tel. 20654282; der Preis ist Verhandlungssache (DZ/Bungalow zwischen 5000 und 11.000 CFA).

Auffallend im Haussa-Land sind die sogenannten **Lehmurnenspeicher,** die von Ort zu Ort sehr unterschiedlich aussehen können. Sie stehen immer auf Stelzen (aus Holz oder Stein), damit das Getreide vor Feuchtigkeit und Nagetieren geschützt ist. Als Deckel diente früher eine Art Strohhut, heute werden vermehrt auch ausgediente Blechschüsseln verwendet.

Die **Haussa** sind vor allem erfolgreiche Händler, aber auch als Bauern und Viehzüchter tätig. Bekannt sind sie auch für ihr besonderes ästhetisches Empfinden und ihr handwerkliches Geschick, was nicht nur in der Lederverarbeitung, in der Weberei und Stickerei, sondern vor allem in der **Architektur** zum Ausdruck kommt. Charakteristisch sind die geometrischen Lehmreliefs und die meist farbigen Sgrafitti-Ornamente (s.a. bei Zinder) über und neben den Hauseingängen bzw. Portalen. Die schönsten Beispiele der Haussa-Architektur findet man in Zinder.

Birni-Nkonni

420 km von Niamey entfernte, ungemein lebhafte **Grenzstadt zu Nigeria.** Den großen Markt am Mittwoch besuchen daher auch Händler aus dem Nachbarland.

Unterkunft/Verpflegung:
● **Hotel Kado**
Nahe des Marktes, zentral, Restaurant, laut; DZ 6000–10.000 CFA. Ebenfalls im Besitz der Familie Kado soll es noch ein weiteres, besseres Hotel geben, das **Guesthouse Kado,** DZ 20.000 CFA.
● **Relais Touristique**
An der Straße nach Niamey. Sehr lebhaft, DZ 15.000 CFA, Camping ca. 2000 CFA p.P. Vor dem Eingang bieten Händler afrikanische „Antiquitäten" an. Auch Treibstoff ist ein verbreiteter „Handelsartikel" (s.u.).

● Hinweis: Weiterreisende in Richtung Nigeria können in Birni-Nkonni auf dem **Schwarzmarkt** zu günstigerem Kurs als in Nigeria CFA in Naira tauschen.
In der ganzen Stadt werden Waren verkauft, die aus Nigeria eingeschmuggelt wurden. Auffallend oft wird **Treibstoff** angeboten; der Preis beträgt je nach Marktlage in Nigeria u.U. nur etwa ein Drittel des nigrischen Tankstellenpreises – Verhandeln ist Bedingung! Der Treibstoff ist allerdings fast immer von fragwürdiger Qualität, füllen Sie ihn daher nicht ungefiltert in den Tank!

● Mitten im Ort zweigt die Straße Richtung Nigeria ab. Der **Grenzübergang** zählt zu den wichtigsten zwischen den beiden Ländern, entsprechend lebhaft ist der Verkehr in beide Richtungen.
● Die Abzweigung der **Straße nach Tahoua** (Ausgangspunkt der Strecke nach Agadez, Arlit, Assamaka, s.u.) liegt ein paar Kilometer östlich und damit außerhalb der Stadt.

Nach weiteren 90 km Asphaltstraße kommt man nach **Madaoua,** wo Viehzucht betrieben wird und vor allem Hirse, Baumwolle und Erdnüsse angebaut werden. Sonntags findet ein großer **Markt** statt, an dem auch die Kamelkarawanen (von Bilma kommend) Halt machen und Salz und Datteln gegen Baumwolle und Hirse tauschen. Matten und Körbe (aus den Blättern der Dum-Palme) werden auf dem Markt ebenfalls angeboten. Bei der Werkstatt im Ort ist auf dem Hof Camping möglich.

Der nächste größere Ort auf der **„Straße der Sultane"** (wie die Tschad-See-Strecke auch heißt) ist Maradi.

Maradi

Maradi, **„Hauptstadt der Erdnuss"**, 670 km von Niamey entfernt, ist mit über **200.000 Einwohnern** die zweitwichtigste **Handelsstadt** des Landes; der Ort ist berühmt für den Reichtum seiner Mercedes fahrenden „Alhadjis", jener Haussa-Händler, die sich mit einer Wallfahrt nach Mekka den religiösen Adelstitel zulegen konnten. Da der größte Teil der Stadt erst in den 1950er Jahren erbaut wurde (die Altstadt wurde nach einer Überschwemmung 1945 weitgehend zerstört), hat sie eine nüchterne Atmosphäre. Großer **Markt** ist am Montag und Freitag. Es wird nicht nur mit Erdnüssen, Zwiebeln, Kürbissen und Obst (Orangen, Bananen etc.) und einer riesigen Zahl anderer Waren aus Nigeria gehandelt, sondern auch mit vielen kunsthandwerklichen Gegenständen wie Leder- und Töpferwaren. Auch das Ausgangsprodukt für die vielen Lederarbeiten, das berühmte rote **Ziegenleder,** das unter dem Namen „Sokoto-Leder" gehandelt wird, wird an diversen Hangaren angeboten. Sehenswert sind auch die verschiedenen Beispiele der **Haussa-Architektur,** besonders auffallend das Maison des Chefs mit seinen farbigen geometrischen Mustern.

Hinweis: Bei der **Ankunft** sollte man beim Polizeiposten den Reisepass abstempeln lassen. Reiseschecks werden von der Banque Internationale Nigériane eingetauscht.

Hotels:
● **Hotel Jangorza**
An der Straße zum Flughafen; Pool, Restaurant, Nachtclub; DZ 16.000–30.000 CFA; Tel. 20410140. Treffpunkt ist der hoteleigene Palace Bawa Jangorzo Nightclub.
● **Guest-House**
Tel. 20410754, Fax 20410731, maradi.guesthouse@yahoo.fr. Bestes Hotel am Platz (mit Restaurant) und deshalb oft ausgebucht. DZ 35.000–45.000 CFA.

Camping:
● **Campement Administratif**
Außerhalb der Stadt; DZ ab 4000 CFA, einfachste Ausstattung. Kein Restaurant! Camping ca. 1000 CFA p.P.

Restaurants/Bars:
● **Chez Naoum**
Sehr zu empfehlen; etwas außerhalb, in der Nähe des Hotels Liberté.
● **Le Cercle de l'Amitie**
Nördlich vom zentralen Taxi-brousse-Bahnhof.
● **Relais Sahariens**
Open-air-Restaurant, Tel. 20410248.

Zinder

Die 907 km von Niamey entfernte Handelsstadt der Haussa (gegründet im 18. Jh.) war unter französischer Kolonialverwaltung **bis 1926 Hauptstadt des Landes**; sie zählt heute über **300.000 Einwohner** und ist somit die **zweitgrößte Stadt** des Landes. Ihre Blüte erlebte die Stadt Mitte des 19. Jh. als Karawanenzentrum und Verkehrsknotenpunkt für Nomaden, Haussa-Händler und Kanuri-Bauern. An alte Zeiten erinnern die prunkvollen Bürgerpaläste. Neben dem alten Stadtteil Birni und dem Nomadenviertel Zengou ist ein modernes Verwaltungsviertel mit Geschäften, Banken, Schulen, Hotels und reichhaltigem Kulturleben entstanden.

Am Donnerstag wird ein großer **Markt** abgehalten, auf dem Lederarbeiten der Haussa zu finden sind. Aber nicht nur für ihre Lederarbeiten sind diese Handwerker bekannt, auch aufwendige Stickereien werden Sie überall zu sehen bekommen, auf Leder und Stoffen, auf den berühmten Boubou-Gewändern oder Kopfbedeckungen.

Sehenswürdigkeiten
Birni

Ein Spaziergang durch das alte Stadtviertel im Südosten der Stadt lohnt wegen der Architektur und den freundlichen Bewohnern; zahlreiche Koran-Schulen, viele kleine Moscheen, Marabouts und Märkte sind zu sehen. Es empfiehlt sich, den Rundgang in die frühen Morgenstunden oder den späten Nachmittag zu legen, wenn es nicht so heiß ist. Neben einigen Resten der alten Stadtmauer sind vor allem die **traditionellen Haussa-Häuser** interessant. Man erkennt sie an den geometrischen Lehmreliefs und Sgrafitti-Mustern (bei der Sgrafitto-Technik werden die geometrischen Muster in den noch feuchten Lehm eingeritzt). Einige dieser Bauten ähneln den Bürgerhäusern in Djenné (Mali). Auffallend auch viele gigantisch große abgerundete Felsblöcke, die im gesamten Stadtgebiet mal hier, mal dort aus dem Boden ragen. In Birni haben sich auch die Überreste des Hauses erhalten, in dem der deutsche Afrika-Forscher *Heinrich Barth* 1852 einige Tage verbrachte.

Zengou

Altes Nomadenviertel im Norden der Stadt, wo die Tuareg früher gezeltet haben; heute **Händlerviertel.** Hier findet man die ältesten Häuser der Stadt. Donnerstags ist Markttag (Viehmarkt!). Hier treffen sich Haussa mit Fulbe (Bororo), Tuareg, Bozo, Beri-Beri usw.

Besuch beim Sultan (Sultanspalast)

Der Sultan ist eine sehr angesehene religiöse Persönlichkeit und moralische Autorität. Die regionalen Dorfchefs konsultieren ihn in allen Angelegenheiten (Heirat, Scheidung, Schulden usw.). Er ist Besuchern gegenüber meist sehr offen. Vorherige Terminvereinbarung im Rathaus *(mairie),* beim Bürgermeister eine „Autorisation" (Besuchserlaubnis) einholen.

Vom Platz vor der **Moschee** gehen viele kleine Gassen ab, die sich für einen kleinen Spaziergang eignen (sehenswerte Häuserfassaden).

Kunsthandwerk findet man in vielen kleinen Läden der Stadt. Wer nicht gerne handelt, kann in der Kooperative (Lederhandwerker) zu Fixpreisen einkaufen. Zinder ist weithin bekannt für seine **Lederarbeiten.** Geflochtene Lederobjekte werden vor allem von den Haussa geschätzt, bestickte eher von den Tuareg. Im ganzen Land und über seine Grenzen hinaus genießen Sandalen aus Zinder den besten Ruf. Besonders geschätzt werden auch die reich bestickten, weiten Männergewänder, *Boubou* genannt.

Unterkunft

● **Hotel Amadou Kourandaga**
Etwas außerhalb an der Straße nach Niamey; Tel. 20510742. DZ 22.000 CFA. Gutes Restaurant.
● **Hotel Le Damagaram**
Stadtzentrum, nahe dem Hotel Central; Tel. 20510619, 20510303. Restaurant und Nachtclub (die Preise sind ähnlich wie im Amadou Kourandaga).
● **Hotel Central**
Im Zentrum, 200 m vom Gare routière nach Niamey, Tel. 20512047; DZ ab 10.000 CFA; nicht besonders gepflegt, jedoch mit schöner Terrasse. Die Restaurant-Bar (Terrasse) ist ein beliebter Treffpunkt für Einheimische, Entwicklungshelfer und Reisende. Manchmal gibt es auch Live-Musik! Ein Kino liegt direkt um die Ecke. Camping ist im Hof möglich für ca. 2000 CFA p.P.
● **Auberge Gamzaki**
Neues kleines Haus mit Haussa-Stilelementen, DZ 33.000 CFA. Tel./Fax 20510280, gamzaki_voyages@yahoo.fr, www.gamzaki-voyages.com.
● Eine **Campingmöglichkeit** bietet auch das **Restaurant La Cafeteria,** an der Straße nach Agadez.

Essen und Trinken

● **Chez Emmanuel**
Restaurant nahe des Kinos (Cinéma Étoile).
● **Scotch Bar**
Rue du Marché; auch bei Einheimischen beliebt für ihre gute afrikanische Küche; ca. 10 Min. zu Fuß vom Hotel Central. Man sollte vor 20 Uhr dort sein, da die Töpfe sonst bereits leer sind.
● **Dan Kasina**
Restaurant in der Nähe des Hotel Central; einfache einheimische Gerichte.
● Morgens findet man in den Straßen zahlreiche **Café-au-lait-Stände,** wo man frühstücken kann, abends viele kleine Stände, an de-

nen Fleischspießchen *(brochettes)* verkauft werden.
● **Straßenstände** mit dem unterschiedlichsten Angebot findet man auf dem Bd. de l'Indépendance. **Lebensmittel** bekommt man im Etoile-Laden.

Nachtclubs

● **Scotch Bar**
Rue du Marché (s.o.).
● **Le Moulin Rouge**
Rue du Marché; Live-Band.

Verkehrsverbindungen

● Es gibt **zwei Gares routières:** für Taxi brousses nach Agadez am Nordende der Stadt und für alle anderen Richtungen im Zentrum.
● **SNTV-Bus** um 6 Uhr nach Niamey (Di, Do, Sa); mind. zwei Tage vorher reservieren.

- 🛍 1 Grand marché
- ✚ 2 Katholische Mission
- 🛍 3 Kooperative (Lederhandwerker)
- 🛍 4 Petit Marché
- 🛍 5 Supermarkt
- Ⓑ 6 SNTN-Busterminal
- 🏠 7 Hôtel Central
- 🏠 8 Hôtel Le Damagaram
- ● 9 Polizei
- Ⓢ 10 Bank
- ✉ 11 Post (PTT)
- ✚ 12 Krankenhaus
- 🏠 13 Hôtel Amadou Kourandaga
- 🏠 14 Auberge Gamzaki
- ▲ 15 Fort und Militärcamp

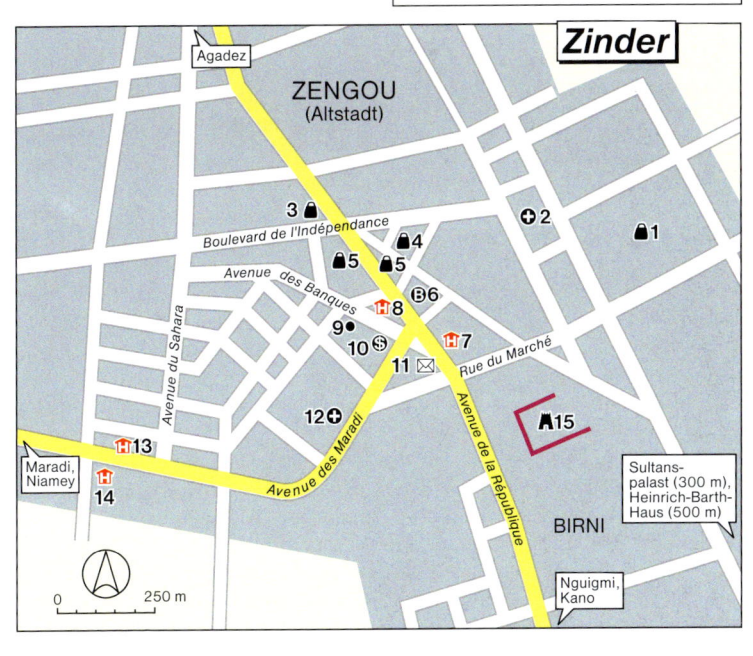

Zinder

- Von Zinder nach Nguigmi (Tschad-See) fahren täglich auch **Buschtaxis**.
- Die **Ausreise** über Magaria/Babban Mutum (Nigeria) ist am Wochenende um ca. 5000 CFA teurer!

Sonstiges

- **Centre Culturel Français**
In der Nähe vom Place de la Poste. Filmvorführungen und Bibliothek.
- **Club Privé**
Mit Tennisplatz und Pool (1000 CFA).
- **Musée Regional de Zinder**
Das mit deutscher Hilfe ausgestattete Museum wurde vermutlich wegen seines Ausstellungsthemas (u.a. auch die Tuareg) während der Tuareg-Rebellion geplündert und in Brand gesteckt. Über seinen aktuellen Zustand liegen keine Informationen vor.

Umgebung

Landschaftlich sehr reizvoll ist der Ort von stark erodierten, mitunter fast halbkugelförmig abgerundeten und oft mehr als haushohen erdfarbenen **Granitfelsen** umgeben. Im Licht der tief stehenden Morgen- oder Abendsonne und ganz besonders natürlich aus der Luft (Zinder verfügt über eine Landbahn) sehen diese Felsen oft geradezu spektakulär aus.

Von Zinder nach Nguigmi

Von Zinder aus führt die Strecke zum Tschad-See zu der sehenswerten Ortschaft **Mirriah** (auch Miria), einer schönen Oase mit ausgedehnten Gärten und majestätischen Bäumen etwa 18 km südöstlich von Zinder. Markt ist am Sonntag (große Auswahl an Früchten, Keramik und Stoffen der Haussa). Auch der Ort mit seinen kubischen Häusern ist sehenswert; ebenso die Töpferwaren, die am Samstagnachmittag im westlichen Stadtteil für den Markt am Sonntag gebrannt werden.

166 km östlich von Zinder liegt der Ort **Gouré.** Hier zweigt die Piste nach Norden zum landschaftlich reizvollen **Termit-Massiv** (710 m) ab; sie ist nur mit Geländewagen befahrbar!

222 km weiter im Grenzort **Maine-Soroa** (Grenze zu Nigeria) gibt es Salinen. 106 km weiter in Richtung Tschad-See gelangt man nach **Diffa,** einem der abgelegensten Orte im Niger. Während der Regenzeit führt der Komadougou, der den Ort durchquerende (Grenz-)Fluss, genügend Wasser, sodass der Fischfang sich lohnt. Reisende nach Nigeria können mit zügiger Polizei- und Zollkontrolle rechnen. Die Fähre nach Damasak (Nigeria) ist nur noch für normale, nicht mehr für schwere Fahrzeuge zu gebrauchen. Diffa sorgte 2002 für Schlagzeilen: Soldaten der dortigen Garnison, die über Monate ohne Sold blieben, hatten gemeutert und einen Sturz der Regierung versucht.

Nguigmi

Nguigmi liegt direkt an einer alten Karawanenstraße. Es war schon seit alters her ein wichtiger **Handelsplatz** für Fische und Getreide aus der Umgebung, die meist gegen Salz und Datteln aus Bilma getauscht wurden. Die Bevölkerung der Region (Kanembu und Boudouma) lebt von Fischfang, Viehzucht und Ackerbau. Die Kanembu gehören zur Gruppe der Kanuri; leicht zu erkennen sind die Kanuri-Frauen an ihren kleinen Nasenringen.

Vor Jahrzehnten lag der Ort noch direkt am **Tschad-See,** heute muss man einige Kilometer zurücklegen, um zu den Überresten dieses einst riesig großen „Binnenmeeres" zu gelangen – und die Austrocknung geht unaufhaltsam weiter! Die Boudouma-Fischer benutzen auch heute noch meist Papyrusboote. Typisch für die Region sind die Kouri-Rinder mit ihren sehr großen, dicken Hörnern, die das Durchqueren von tiefen Wasserstellen erleichtern, da die Hörner der Rinder dabei als Schwimmkörper dienen.

Bei Aus- oder Einreise in Richtung Tschad: **Zollkontrolle:** Sehr gründlich, das Fahrzeug wird vollständig durchsucht! Bei der Unterpräfektur (ca. 1 km östlich der Tankstelle) kann man CFA-West in CFA-Ost wechseln. Die Weiterfahrt Richtung Tschad-Grenze empfiehlt die Polizei nur in Begleitung eines ortskundigen Führers.

Nguigmi – Koufey – Bilma

Bis Koufey erlaubt, jedoch mit normalem Fahrzeug nicht möglich, da die Piste total versandet ist und nicht unterhalten wird.

Die weitere Durchquerung des Erg von Bilma, von Koufey nach Bilma und umgekehrt, ist eine der schwierigsten Saharastrecken und nur mit mehreren Geländefahrzeugen in sehr gutem Zustand und mit Führer (in Nguigmi) möglich. Ob die Route derzeit erlaubt ist, muss vor Ort erfragt werden. Die **Sicherheitslage** im nahen Tschad lässt es

Verkauf von Salz
(vorne Salzstöcke aus Bilma)

seit vielen Jahren nicht ratsam erscheinen, diese Strecke zu benutzen. Infos am zuverlässigsten im Internet, z.B. indem Sie eine Suchanfrage unter www.wuestenschiff.de oder www.desert-info.ch starten.

Nguigmi – Nokou (Tschad) bzw. Rig-Rig (Tschad)

Dasselbe wie für die Strecke Nguigmi – Koufey gilt für die Weiterfahrt nach Nokou bzw. Rig-Rig. Je nach Wasserstand des Tschad-Sees ist die eine bzw. die andere Strecke zu wählen; da der See immer mehr austrocknet, wurde die Rig-Rig-Strecke immer häufiger möglich. Auch sollten Sie bei dieser Strecke die grundsätzlichen **Sicherheitshinweise** für den Tschad beachten. Das Auswärtige Amt schreibt dazu: „Von Reisen nach Tschad wird derzeit dringend abgeraten. (...) Reisen im Land sind weiter mit sehr erheblichen Risiken verbunden. Besonders gefährlich sind der Norden, Osten und Südosten des Landes. Im Tibesti-Gebirge gibt es weiter ausgedehnte Minenfelder. (...) Es besteht landesweit ein hohes Risiko, auf Überlandfahrten Opfer von Gewaltkriminalität zu werden." Hinzu kommt: Die Versorgung mit Treibstoff ist nicht landesweit gewährleistet.

Die „Route de l'Uranium" bis zur Grenze Algeriens: Birni-Nkonni – Tahoua – Agadez – Arlit – Assamaka

Birni-Nkonni – Tahoua – Agadez (768 km)

Die Hauptverbindungsroute in den Norden ist bis Agadez (und weiter bis Arlit) durchgehend asphaltiert. Vor dem neuerlichen Bürgerkrieg und dem Inkrafttreten des „Etat de Mise en garde" im Herbst 2007 konnte man an einem Tag von Niamey nach Agadez fahren, da viele Straßenkontrollen entfallen waren; jetzt dürfte die Situation jedoch eine komplett andere sein! Die Straße ist in schlechtem Zustand. Achten Sie auf überraschende und sehr tiefe Schlaglöcher. Sie sind – bei Voraussicht – an den Spuren Vorausfahrender zu erkennen, die auf die Straßenböschung ausweichen und von dort Staub und Steine auf den Asphalt tragen. Vermeiden Sie unbedingt Nachtfahrten! Es sind nachts viele Tiere unterwegs, und gerade Esel halten sich in kühlen Nächten gerne auf dem noch warmen Asphalt auf! Bis Tahoua ist der Verkehr noch recht rege, nimmt dann aber bis Agadez deutlich ab und kann dann zwischen Agadez und Arlit nur noch als „sporadisch" bezeichnet werden. Die Straße wird „Route de l'Uranium", „Straße des Urans", genannt, weil ihr Ausbau vor allem erfolgte, um das riesige Tagebaubergwerk in Arlit zu versorgen und das abgebaute Uran nach Süden zu transportieren.

Zweigt man 14 km östlich von Birni-Nkonni auf die nach Norden führende Asphaltstraße ab, so gelangt man nach 73 km in den Marktort **Badéguichéri** (donnerstags großer Markt) und nach 122 km in die Stadt Tahoua.

Im Osten der Strecke liegt die **Region Ader**, ein karges steiniges Plateau, das von einer Vielzahl tief erodierter Wasserläufe durchzogen wird. Hier leben vor allem **Haussa**. Ihre Dörfer zeigen schöne Beispiele ihrer Lehmarchitektur. Besonders **Bouza** liegt hübsch am felsigen Talrand. Bekannt sind vor allem die riesigen Lehmurnenspeicher, in denen als Reserve für Dürre- und Hungerjahre oft die Hirseernte mehrerer Jahre eingelagert ist.

Tahoua

In der **viertgrößten Stadt** der Republik Niger leben ca. **80.000 Menschen**, hauptsächlich Haussa, Fulbe, Tuareg und Bouzou (ehemalige Abhängige der Tuareg). Eine der wenigen Attraktionen ist die rote Sanddüne am Nordrand der Stadt und dies auch nur für den, der nicht aus der Sahara kommt oder nicht in diese weiterreisen will: Ihm bietet sich Besseres! Auf dem großen Markt am Sonntag werden Ihnen eventuell die **Dillali** auffallen, die als Vermittler und Dolmetscher tätig sind, weil viele Marktbesucher die Sprache des anderen nicht gut genug beherrschen oder sich des Handelns in der Marktsituation nicht sicher sind, die Preise nicht kennen usw. Zu den schönsten Produkten dieses Marktes zählen die bunten Webdecken der Haussa, aber auch Bodenmatten aus eingefärbten Blattteilen der Dum-Palme. Auch sonst finden Sie hier alles, was das Herz des Reisenden begehrt. Ein großer Viehmarkt liegt am nördlichen Stadtrand.

Unterkunft/Verpflegung:
● **Hotel Galabi Ader**
Nahe der Hauptstraße; DZ 8000 CFA; Campen 500 CFA/Person; kein Wasser, viele Moskitos!
● **Les Bungalows de la Marie**
Im Stadtzentrum; Bungalow ca. 10.000 CFA; Restaurant.
● **Hotel l'Amitié**
Am östlichen Ortseingang, nahe SNTN-Busbahnhof; DZ ca. 25.000 CFA. Nach Jahren ausbleibender Touristen das einzige Hotel am Platz, von dem man nicht unmittelbar abraten muss.
● **Hotel Tarka**
Das neueste und beste Hotel am Platze. Bemüht freundliches Personal. Tel. 20610735, Fax 20610736, hoteltarka@gmail.com. DZ 35.000 CFA, Suite 55.000 CFA. Wifi im Hotelbereich!
● **Chez Fatima**
Restaurant mit afrikanischer Küche, nahe BIAO-Bank.

● Achtung: **In den Banken** werden **keine Reiseschecks** gewechselt.
● Ein **Ausflug** zu dem 30 km nördlich von Tahoua liegenden Dorf **Barmou** lohnt sich vor allem am Donnerstag, wenn dort **Wochenmarkt** abgehalten wird.

Weiter auf der Hauptstrecke – jetzt in östliche und nordöstliche Richtung fahrend – passieren wir nach 50 km einen lang gestreckten See, das **Mare von Tabalak-Meyroua,** Wasser-Tabalak (Markt am westlichen Ortsrand am Freitag). Das einst recht kleine Feuchtgebiet wächst sich zu einem immer größeren See aus, Folge des in der Regenzeit wegen des immer schütteren Bewuchses rasch abfließenden Regenwassers. Der kleine Weiler am Seeufer hat sich heute zu einer lebhaften Ortschaft entwickelt; früher waren Fischer auf dem See unterwegs, und so konnten sie dort auch Räucherfische erwerben.

Der Bewuchs wird immer spärlicher, je weiter wir nach Norden kommen; die letzten Hirsefelder bleiben zurück, Regenfeldbau ist jetzt nicht mehr möglich. Wenn wir dann nach ca. 135 km den etwas größeren Weiler **Abalak** (großer Markt am Donnerstag, Tankstelle; ab Abalak war noch im April 2010 ein Militärkonvoi zur Weiterfahrt erforderlich) erreicht haben, sind wir endgültig in den Regionen der Viehhalter und Nomaden angelangt. So könnten Ihnen die rotbraunen Lederzelte der Tuareg von der Gruppe der Kel Dinnik auffallen, die in dieser Region beheimatet sind. Von einer anderen großen Nomadengruppe hier, den Peul-Bororo (richtiger in ihrer eigenen Sprache Wodaabe genannt), werden Ihnen die großen schwarzen Rinder mit ihren lyra-förmigen Hörnern auffallen, die überall in den Grassteppen unterwegs sind.

Sollten Sie hier am Ende der Regenzeit unterwegs sein, sollten Sie unbedingt Einheimische danach fragen, ob irgendwo in dieser Gegend (die Festplätze wechseln) ein **Gerewol-Fest** stattfindet. Bei solchen Festen, die sich über mehrere Tage erstrecken, wählen die Wodaabe in einem höchst eindrucksvollen Zeremoniell den schönsten aller teilnehmenden jungen Männer. Diese schmücken sich auf ganz spezielle Art heraus, sind geschminkt, tragen bestimmte Gewänder und Schmuck, der in den einzelnen Tanzphasen wechselt, und bemühen sich so, nicht nur zu gefallen, sondern auch durch ausdauernde Teilnahme am eigentlich sehr monotonen Ringtanz ihre Ausdauer und Zähigkeit unter Beweis zu stellen. Von solchen Festen finden sich immer wieder spektakuläre Fotos in verschiedenen Zeitschriften; dass diese Nomadengesellschaft seit Generationen auch eine Fülle höchst interessanter Verhaltensweisen tradiert, ist selbst von den Ethnologen noch kaum erkannt worden. Ein Hinweis sei hier noch gegeben: Viele der Felsmalereien in der zentralen Sahara (insbesondere im Tassili-n-Ajjer) konnten erst erklärt werden, als die Verhaltensnormen der Wodaabe bekannt wurden; so besteht heute weitgehend Einigkeit darin, dass auf diesen Felsmalereien niemand anderes dargestellt ist als die Vorfahren dieser Rindernomaden.

Ungefähr bei Km 160 liegen rechts und links der Straße zwei größere Brunnen, **Ekismane** ist erreicht. Kurz danach zweigt links in spitzem Winkel die alte Piste ab, über die man einst via In Gall und Assaouas auf schlechtester Piste Agadez erreichte. Heute gleiten wir auf Asphalt flott dahin, passieren verschiedene ganz junge Ortschaften und erreichen 110 km vor Agadez den Abzweig nach **Gall.** Seitdem dieser kleine Ort zwar auf Asphaltstraße erreichbar, aber etwa 50 km abseits der Durchgangsstraße liegt, hat er deutlich an Bedeutung verloren. Für die Viehhalter der Umgebung ist sein täglicher Markt aber immer noch eine große Attraktion. Ungefähr 90 km nördlich des Ortes liegen die **Salinen von Tegguidda-n-Tessoum** (s.a. bei Agadez), wo in aufwendigen Arbeitsprozessen mit Misch- und Verdunstungsvorgängen ein rötlich farbenes Viehsalz gewonnen wird, das auf den Märkten der gesamten Region zum Kauf angeboten wird. Vielleicht sind Ihnen auch schon Bilder in verschiedenen Fotobänden aufgefallen, die die vielen runden Salinenbecken aus der Vogelperspektive zeigen – ein sehr weit verbreitetes Motiv.

Unmittelbar nach dem Abzweig fahren wir auf einer flachen Rampe die sich weit durch die Region ziehende Geländestufe der **Falaise von Tiguidit** hinunter; wie eine (allerdings 200 km lange) Bogen-Klammer umfasst sie die Südwestecke des Aïr-Gebirges und das dort liegende Agadez. Weite Ebenen, über die der Wind immer wieder Sand bläst, liegen jetzt vor uns. Etwa 50 km vor Agadez sollten Sie den rechten Straßenrand im Auge behalten: Hier liegt ein mächtiger versteinerter Baumstamm, der bei den Straßenbauarbeiten freigelegt wurde. 403 km nach Tahoua erreicht man Agadez an einer Kontrollstelle.

Agadez

Achtung: Seit Sommer 2007 und bis Redaktionsschluss dieser Auflage war der gesamte Nordosten der Republik Niger nicht bereisbar! Alle Reiseveranstalter und Charterflieger haben ihre Aktivitäten im Nordosten des Niger, auch in Agadez, eingestellt! Eine Aktualisierung der nachfolgenden Seiten konnte deshalb kaum erfolgen.

Agadez ist eine **eher kleine Stadt:** Alle Sehenswürdigkeiten, Märkte, Hotels, Restaurants usw. lassen sich gut zu Fuß bei Spaziergängen bis zu etwa 10 Minuten erreichen.

Die alte und **einst sehr reiche Handelsstadt** am Südrand der Sahara war bereits im 14. Jh. ein Treffpunkt für Händler aus den Ländern des Nordens und des Südens. Agadez bedeutet im einheimischen Tuareg-Dialekt „Ort der Begegnung" *(Heinrich Barth).* Heute ist die Stadt mit ca. **50.000 Einwohnern** ein wichtigstes Verwaltungszentrum des nördlichen Randgebietes der Repu-

Agadez: Das Minarett der alten Moschee

blik Niger. Salzhandel spielte in dieser Wüstenstadt mit ihrer typischen Lehmarchitektur schon immer eine wichtige Rolle. Obwohl in der Gegend von Arlit Uran abgebaut wird, scheint die Zeit in den Gassen der Altstadt und in der landschaftlich schönen Umgebung der Stadt stehen geblieben zu sein.

Sehenswürdigkeiten
Große Moschee

Der Turm der Großen Moschee von Agadez gilt als eines *der* Wahrzeichen der Stadt, ja der Sahara überhaupt. In der weithin eher flachen Landschaft ist er Orientierungsmerkmal über viele Kilometer. Die Bewohner von Agadez sind und waren auf diesen Turm schon immer sehr stolz und hielten ihn früher für eines der sieben Weltwunder. Die Moschee ist ein klassischer Lehmbau, der mit seinen aus der Wand nach außen ragenden Balken an den sudanesischen Stil des Niger-Binnendeltas erinnert; im 12. Jh. erbaut, stammt die gegenwärtige Form aus dem 15. Jh. Die Moschee mit ihren niedrigen Räumen und Gängen (oft ist aufrechtes Gehen oder Stehen nicht möglich) bedeckt eine Fläche von 6000 m². Vom 27 m hohen Minarett bietet sich ein toller Blick auf die Stadt mit ihren rötlich-braunen Häusern und engen Gassen; bei klarer Sicht sieht man das Aïr-Massiv.

Sultanspalast

Vierstöckiger, mächtiger Lehmkastenbau unmittelbar neben der Moschee. Wohn- und Amtssitz des derzeitigen Sultans, der im traditionellen Leben der Stadt noch immer die wichtigste Rolle spielt. Im Hof seine malerisch rot gewandeten Wächter. Zum Ende des Ramadan finden vor dem Sultanspalast **Reiterspiele** statt; zeremonieller Höhepunkt des Festes ist der Ritt des Sultans mit seinem Gefolge um die Stadt. Ein Minifilm auf YouTube, „Nomadic Toureg race horses in Agadez, Niger" (alles so geschrieben!), zeigt einen Ausschnitt aus einem solchen Reiterspiel.

Kaocen-Palast

In dem alten Palast ist heute das Hotel de l'Aïr untergebracht.

Großer Markt

Treffpunkt der Bevölkerungsgruppen (Tuareg, Bouzou, Haussa, Fulbe-Bororo). **Handeln Sie!** Neben den normalen Händlern trifft man solche, die Gris-gris (Amulette), Affenschädel, getrocknete Eidechsen und andere Zaubermittel verkaufen. Das berühmte, von den Tuareg-Silberschmieden hergestellte „Kreuz von Agadez" ist hier ebenso zu finden, wie das von In Gall, Tahoua, Zinder, Bilma etc.

Angeboten werden auch viele **Lederwaren** (Sandalen, Beutel usw.). Besonders auffällig sind die Kamel-Satteltaschen der Tuareg, die an den drei Augen zu erkennen sind („Auge des Nachtvogels", „Auge der Sonne" und „Auge der Ameise"). Oft werden Rohlederdosen angeboten (s.u.).

Alte Stadtviertel

Östlich der Nord-Süd verlaufenden innerstädtischen Hauptstraße, im Viertel bei der alten Moschee. Ein Spaziergang durch die Gassen der Viertel ist

Agadez

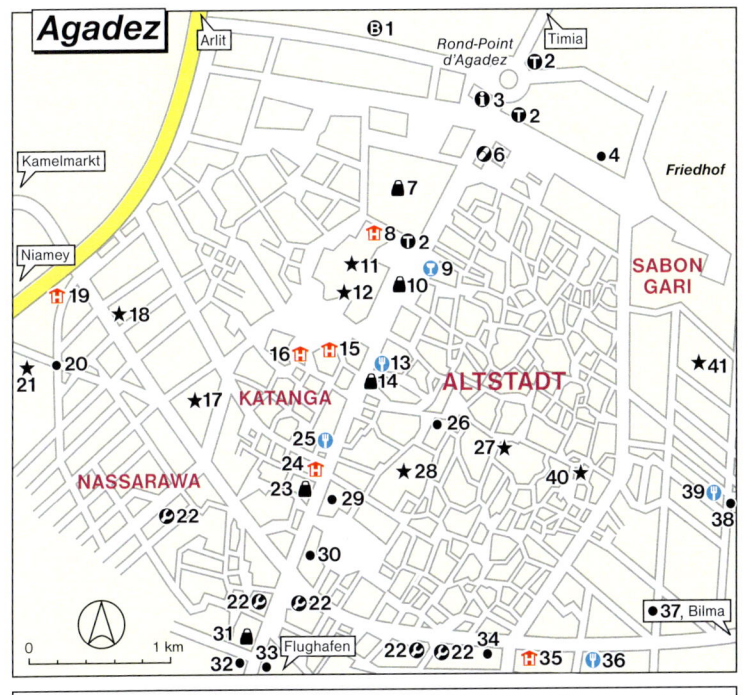

- Ⓑ 1 Gare Routière (Busse, Taxis)
- 🛢 2 Tankstelle
- ⓘ 3 Touristeninformation
- ● 4 Polizei
- ✚ 5 Krankenhaus
- ⊘ 6 Apotheke
- 🛍 7 Souvenirläden
- 🏨 8 Hôtel Tidène
- 🍴 9 Bar l'Ombre du Plaisir
- 🛍 10 Nachtmarkt
- ★ 11 Sultanspalast
- ★ 12 Große Moschee
- 🍴 13 Restaurant Pillier
- 🛍 14 Lebensmittelladen-Drogerie
- 🏨 15 Hôtel de l'Aïr
- 🏨 16 Hôtel Tellit und Agentur
- ★ 17 Hauptmarkt
- ★ 18 Schmied Koumama
- 🏨 19 Hôtel (und Annexe) Telwa
- ● 20 Tiguidit (Agentur-Autovermietung)
- ★ 21 „Centre artisanal"
- ⊘ 22 Autowerkstatt
- 🛍 23 Supermarkt
- 🏨 24 Auberge La Caravane
- 🍴 25 Pizzeria
- ● 26 Sanitätsstation
- ★ 27 Résidence de l'Anastafidet
- ★ 28 Maison du Boulanger (schönes Bürgerhaus)
- ● 29 Air Algérie
- ● 30 Agentur Chiriet
- 🛍 31 Mini-Market (Supermarkt)
- ● 32 Reiseagentur Temet
- ● 33 Reiseagentur Azalei
- ● 34 GTZ
- 🏨 35 Auberge d'Azel (Hotel und Reiseagentur)
- 🍴 36 Restaurant Orida
- ● 37 Agentur Pelerin du Désert
- ● 38 Night-Club Belle Etoile
- 🍴 39 Restaurant Chez Bibi
- ★ 40 Heinrich-Barth-Haus
- ★ 41 Kamelmarkt

besonders schön in den frühen Morgenstunden (ca. 8 Uhr), wenn in den Wohnvierteln das Leben erwacht, die Händler ihre Geschäfte aufmachen; etwas später sind dann auch die Handwerker (u.a. Silberschmiede, Kürschner, Schuster, Schneider, Spengler) in ihren Werkstätten zu sehen. Hier steht auch das Gebäude, in dem der Afrika-Forscher *Heinrich Barth* gewohnt hat. Das **Heinrich-Barth-Haus** wurde mit Unterstützung der Deutschen Botschaft renoviert und zu einem kleinen Museum umgebaut. Die Räume sind z.T. von der Wächter-Familie bewohnt, können aber gegen einen Unkostenbeitrag (auszuhandeln) besichtigt werden. Zu sehen sind Gegenstände des alltäglichen Lebens wie Haushaltsgegenstände, Sättel, Satteltaschen usw.

Bekannt geworden ist auch das besonders schöne sogenannte **Maison du Boulanger** (Haus des Bäckers), seitdem es in *Bernardo Bertoluccis* Film „Himmel über der Wüste" als Kulisse diente.

Unter architektonischen wie historischen Aspekten lohnt sich ein Besuch der **Résidence de l'Anastafidet** (Residenz des Anastafidet; so nennt sich in dieser Region der Chef einer Tuareg-Konföderation, während sonst das Wort Amenokal verwendet wird).

Cooperative Artisanal

Kunsthandwerker-Kooperative, gegenüber vom Hotel de l'Aïr; Kunsthandwerk zu korrekten Preisen, aber wenig Möglichkeiten zu handeln. Das Angebot an hübschen handwerklichen Dingen ist riesig. Einer Nomadenregion angemessen, stehen Artikel aus **Leder** hier an erster Stelle. Taschen, Beutel, Etuis – es gibt sie in allen Farben, in allen Formen, bestickt, bemalt, mit Fransen verziert. Eine Spezialität in Agadez sind die „Bata" genannten **Rohlederdosen;** sie sind aber keineswegs aus „Kameleutern" hergestellt, wie manche Anbieter behaupten! Ihre Herstellung ist aufwendig: Um eine ausgehöhlte Lehmform (sie muss im Produktionsprozess zerbrochen werden) „verklebt" der männliche Künstler lange eingeweichte Hautstücke (Rohleder). Das Ganze muss dann in der Sonne gut trocknen. Durch heftiges Aufstoßen auf eine harte Unterlage zerbricht der Lehmkern im Inneren, die Dose ist als helles Behältnis fertig. Jetzt tritt die Frau in Aktion: Sie beklebt die Rohlederform mit feinen Wachsfäden je nach gewünschtem Muster und übergießt sie dann mit einer aus Färberhirse (Sorghum) hergestellten roten Brühe. Dort, wo die Wachsfäden kleben, bleibt das Produkt hell (Reservierungstechnik). Erneut trocknet alles, dann werden die Wachsfäden entfernt – und fertig ist die Bata. Häufig werden auch **Kamelsättel** angeboten. **Objekte aus Metall** sind Messer, Dolche, Schwerter, Lanzen. Kleine **Holzkästen,** fein mit Leder überzogen, sind ursprünglich kein Agadezer Produkt; ihre Herstellung wurde von den Schmieden in westlichen Sahara-Regionen übernommen. Überall wird Ihnen das große Angebot an **Silberschmuck** auffallen. Inbesondere die weltweit bekannten sogenannten **Tuareg-Kreuze** sind überall zu finden – und zu günstigen Preisen zu kaufen. Sie werden in der Technik des „Cire perdu" (Guss in der verlorenen Form) hergestellt. Originale Stücke haben keine Aufhängeösen! Sie werden einfach auf schön geflochtene Lederschnüre aufgezogen. Bunter **Glasperlenschmuck** kommt eher aus den Sahel-Regionen. Ganz neu und modern sind auch Objekte, die aus **Speckstein** geschnitzt werden. Im traditionellen Nomaden-Inventar kam höchstens der Steinoberarmring Ewuki vor, und der wurde bevorzugt aus Serpentin hergestellt. Auch Artefakte aus **Holz** werden häufig angeboten. Bei größeren Stücken (Schüsseln, Mörsern, Zeltstangen) ist Zurückhaltung angebracht: Holz darf man im Niger nicht mehr gehandelt bzw. transportiert werden (Schutz vor Abholzung), es sei denn, es handelt sich um das des Calotropis-Baumes.

Kamelmarkt

Jenseits der Durchgangsstraße im Westen. Angeboten werden hier auch Kamele, vor allem aber all die Dinge, die im traditionellen Leben außerhalb der Stadt erforderlich sind, von Hirsestrohmatten über Futterheu bis zum berühmten Salz aus Bilma. Hier finden Sie Baumaterialien, Seile, Hacken, Schaufeln und Bauholz. Hirse liegt in großen Haufen aus und kann sack- oder kiloweise erworben werden. Die Kamele finden Sie eher im Innern des Marktes, andere Tiere, Schafe, Ziegen, Esel oder auch Rinder, am Rand.

Nachtmarkt

Jenseits der Nord-Süd-Straße im Ortsinnern am nordwestlichen Rand der Altstadt.

Touristeninformation

Alle nachfolgenden Informationen befinden sich weitestgehend auf dem Stand von 2007. Die (touristische) Infrastruktur in der Region ist infolge des Ausnahmezustands fast völlig zusammengebrochen.

●**Direction Regionale de Tourisme ORT,**
ex Office national du Tourisme
B.P. 106, derzeit ohne Tel. Vermittelt Führer an Reisende mit eigenem Fahrzeug, fungiert als wichtiger Mittler zwischen den Behörden für das erforderliche „Feuille de route", sofern man im Umfeld von Agadez, abseits der Asphaltstraßen, in den Aïr-Bergen oder in der Ténéré reisen will.
●Die gute **IGN-Karte** (1:500.000) **„Massif de L'Aïr – Carte touristique"** erhält man in einer Boutique schräg gegenüber vom Hotel Aïr, aber auch in manchen Reiseagenturen, z.B. bei Dune-Voyages.

Hotels

●**Hotel de l'Aïr**
Im ehemaligen Sultanspalast (traditionelle Architektur), Tel. 20440247; durch die Krise hat die Qualität etwas nachgelassen. 20 sehr unterschiedliche Zimmer, DZ 15.000 CFA. Besucher können auch auf der Dachterrasse übernachten (Fotoblick auf den Turm der Moschee!), es gibt Bier und andere Getränke. Beliebter Treffpunkt der Geländewagen-Fahrer. Bewachter Parkplatz im Hof.
●**Hotel Telwa**
Zwei Straßen westlich vom Marktplatz; Tel. 20440164, ca. 10 klimatisierte DZ ab ca. 14.000 CFA, Frühstück ab ca. 1500, Menü ab 3500 CFA. Hier befindet sich auch das Büro von Air Inter Niger (s.u.).
●**Auberge La Caravane**
Ähnliche Preiskategorie wie oben.
●**Hotel Agreboun**
Westlich des Sultanpalastes, Tel. 20440307; Zimmer ab etwa 4000 CFA. Restaurant, Parkplätze im Hof des Hauses.
●**Family House**
Einfaches, aber sehr sauberes und gemütliches Hotel; ein Freiluftkino befindet sich direkt nebenan.

DIE „ROUTE DE L'URANIUM" BIS ZUR GRENZE ALGERIENS

●**Hotel Sahara**
An der Südwestecke des Großen Marktes, Tel. 20440480; laut, hektisch, für hartgesottene Gemüter. Anlaufstelle für Migranten.

●**Hotel Pension Tellit**
Direkt gegenüber vom Hotel de l'Aïr mit Dependance im alten Stadtteil, Tel. 20440231, Fax 20440240, teuer, ca. 24.000 CFA; italienische Geschäftsführung, hübsche Bar und schöner Blick von der Dachterrasse. Kein Restaurant im Haus, aber Restaurant Le Pilier nahe der Altstadt unter gleicher Leitung.

●**Hotel Tidène**
Neu erbaut, richtet sich vor allem an Gruppenreisende, nahe der Alten Moschee, Tel. 20440258, Fax 20440578. DZ 18 Euro. In Zusammenarbeit mit dem Reiseveranstalter Tidene, s.u., Reisebüros.

●**Hotel-Camping Agadez La Plage**
Neu erbaute Anlage 3 km außerhalb der Stadt an der Piste nach Timia, mit Pool. Unter italienischer Leitung. Für dortige Verhältnisse sehr exclusiv und sehr teuer; www.agadezlaplage.com

●**Hotel Auberge d'Azel**
Hotelanlage östlich der Altstadt an der Piste nach Bilma, richtet sich vor allem an Gruppenreisende; unter franz. Leitung; Tel./Fax 20440170. In Zusammenarbeit mit dem Reiseveranstalter Agadez Expeditions (s.u.), www.agadez-tourisme.com (auch deutsch).

Tuareg, eine der großen Ethnien im Niger

Camping

Es ist verboten, im Umkreis von weniger als 5 km um die Stadt zu campieren und bei Einheimischen zu übernachten!

- **Camping l'Escale**
Etwa 4 km außerhalb der Stadt, an der Straße nach Arlit. Die sanitären Anlagen sind etwas heruntergekommen; es gibt eine Bar, aber wenig Schatten! Preis ca. 2500 CFA.

Restaurants

- Soweit nicht anderes genannt, verfügen alle **Hotels** auch über gute Restaurants. Meines Erachtens am schönsten: Abendessen auf der Dachterrasse des Hotels de l'Aïr.
- **Belle Etoile** und **Orida**
Beide mit dem Auto in ca. 5 Min. von der Stadtmitte aus zu erreichen.
- **Tafadek**
Beim Markt gelegen; gutes Essen zu angemessenen Preisen, ruhiger Innenhof.
- **Chez Nous,** beim Markt im Zentrum.
- **Islamique**
In der Nähe des Marktes; bekannt für sein gutes *ragout du mouton*.
- **Senegalais**
Im Stadtzentrum, Treffpunkt junger Leute.
- **L'Ombre du Plaisir**
Bar in der Nähe des Hotels Agreboun.
- **Le Ténéré**
Bar in der Nähe des Wasserturms.
- **Café Guida oder Vittorio's**
Gutes italienisches Café mit Gelateria und Milch-Shakes; gegenüber vom Hotel Aïr.
- **Le Pilier**
Neu erbaut, vom selben Besitzer wie das Café Guida bzw. das Hotel Tellit, an der zentralen Nord-Süd-Straße.

Nachtleben

- **Djado** hinter dem Nachtmarkt.

Medizinischer Notfall

Abgeraten wird von der Inanspruchnahme des staatlichen Hospitals; die Adresse eines Privatarztes ist am zuverlässigsten über eine der Reiseagenturen zu erfahren. Achtung! Der Nordniger ist bereits Malaria-Gebiet!

Flugverbindungen

- Das **Visum** ist nicht mehr bei der Einreise direkt am Flugplatz erhältlich! Achtung! Der Impfausweis wird kontrolliert, eine Gelbfieberimpfung ist vorgeschrieben.
- Die Landebahn in Agadez (**Aéroport Mano Dayak**) ist wieder offen. Charterflüge wurden im Sommer 2010 ab Dezember desselben Jahres von Point-Afrique angekündigt.
- Das Büro von **Air Inter Niger** befindet sich in den Hotel Telwa-Bungalows. Sa und Mo Flug Niamey – Agadez – Niamey mit einer kleinen 17-sitzigen Maschine.
- Auch **NIGERAVIA** und **Tamara** verbinden auf Anforderung Agadez mit verschiedenen nationalen Destinationen (derzeit jedoch weichen diese Gesellschaften auf Arlit aus, s.a. bei Niamey).

Busverbindungen

- Der **SNTV-Bus nach Niamey** fährt wieder täglich (vor Ort erkundigen). Der SNTV-Busbahnhof befindet sich schräg gegenüber der Post beim Libyschen Markt. Die Fahrtzeit für 1000 anstrengende und von Jahr zu Jahr schlechter werdende Kilometer beträgt rund 15 Stunden. Kosten 15.000 CFA, im klimatisierten Bus (alle zwei Tage) Aufpreis.
- Auch **private Busgesellschaften** bedienen die Strecken nach Arlit, Zinder oder Niamey. Genannt seien Aïr-Transport, Rimbo Transport und Garba Maïssagé.
- Angeblich soll einmal wöchentlich ein SNTV-Bus auch nach Dirkou fahren. Für Informationen bin ich dankbar.

Autowerkstätten

- **Garage Franco**
An der Straße nach Zinder.
- **Garage de l'Aïr**
Gegenüber vom Hotel Telwa.
- **Garage Yahaya Ango**
In der Nähe des Hotel Agriboun.

Geld/Banken

- Die **BOA–Filiale** am Markt hat wieder geöffnet. Hohe Gebühren und Kommissionen fallen an.

Formalitäten

- Jede Reise abseits der Asphaltstraßen bedarf einer Genehmigung, die durch Vermittlung des regionalen Tourismusbüros (DRT, Direction Régional de Tourisme) erteilt wird. In einem **„Feuille de Route"** ist der gewählte Streckenverlauf ebenso einzutragen wie die Daten der Reiseteilnehmer, der Fahrzeuge, der ggf. beteiligten Reiseagentur und des obligatorischen Führers. Es sind immer mindestens zwei Geländefahrzeuge mit entsprechender Ausrüstung einzusetzen. Die Pisten dürfen nicht verlassen werden. Eine Kopie dieses Blattes bleibt beim DRT, ein weiterer Instanzenweg ist derzeit nicht erforderlich, Gendarmerie, Polizei und Präfektur sind nicht mehr wie früher beteiligt.
- **Transit-Visum für Algerien:** Wiederholt ist es Reisenden gelungen, in Agadez auf dem Consulat d'Algérie ein für 15 Tage gültiges Transit-Visum zu erlangen.

Kulturelle Veranstaltungen

- Außer den bereits erwähnten Festen (Ende des Ramadan und Tabaski) wird 40 Tage nach dem Tabaski-Fest (Fête du Mouton) in Agadez das **Bianou-Fest** gefeiert, eine Art Maskenfest, dessen kulturhistorischer Hintergrund noch ungeklärt ist. Die von den Tänzern verwendeten Gesichtsmasken sind aus Kalebassen hergestellt und für diese islamisch geprägte Region vollkommen untypisch.

Reiseveranstalter

Viele Reiseagenturen in Agadez bieten ihre Dienste an, u.a.:

- **Adrar Bous**
Tamanrasset, Zweigstelle in Agadez; gilt als sehr zuverlässig.
- **Agadez Tourisme**
Tel./Fax 20440170; französich-nigrische Inhaber und Eigentümer des Hotels Auberge d'Azel; www.agadez-tourisme.com.
- **Chiriet**
Tel. 20440251, Fax 20442040, www.chiriet-travel.com; wurde wiederholt empfohlen.
- **Dunes Voyages**
Konzentriert sich vor allem auf französisches Publikum; französische Inhaber.
- **Eouaden**
Organisiert Geländewagen- und auch Kameltouren, Tel./Fax. 20440183, in Deutschland 06447-92103, 0228-264057; N 16°58,824' / O 8°0,548'.
- **Le Pélerin du Désert**
Tel. 20440586, Fax 20753790; Inhaber *Elkontchi Aoutchiki,* einflussreicher Ex-Rebell, zuverlässig. pelerinduduesert_fr@yahoo.fr
- **Niger Ténéré Voyages SVS**
Tel. 20400147, vorwiegend italienisches Publikum, relativ günstige Preise.
- **Nouveau Desert Voyages**
Tel. 20440300, Handy 00227-886880. Spezialisiert auf die noch wenig besuchten Naturregionen des Termit-Massivs. Einer der Mitinhaber, *Ahmed Illo Dizi,* spricht deutsch. www.sahara-reisen.at.vu.
- **Tchimizar**
Tel./Fax 20440255, tvoyages@intnet.ne; Routiniers.
- **Tidène**
Tel. 20440568, Fax 20440578, www.agencetidene-expeditions.com
- **Touareg Tours**
Tel./Fax 20441013, ttours@intnet.ne

Die Region Agadez mit Aïr und Ténéré gilt noch immer als „schönste Wüste der Welt". So bieten auch **Reiseagenturen in Europa** (in Zusammenarbeit mit den oben genannten Agenturen) Reisen dorthin an. Einige seien ohne Wertung in alphabetischer Reihenfolge genannt:

In Deutschland:

- **Africon Tours**
Auf dem Rödchen 43, 65582 Diez, Tel. 06432-88336, Fax 98151, www.africontours.de
- **Blue Planet Erlebnisreisen**
Schlörstr. 13, 80634 München, Tel. 089-13929444, Fax 13929445, www.blue-planet-reisen.de
- **b&b Westafrikaspezialist**
Tempelhofer Weg 2, 12099 Berlin, Tel. 030-68302193, Fax 16857405, www.westafrika.de
- **Diamir Erlebnisreisen GmbH**
Loschwitzer Str. 58, 01309 Dresden, Tel. 0351-312077, Fax 312076, www.diamir.de

DIE „ROUTE DE L'URANIUM"

- **Desert Reisen**
A. Touhami und A.v.Trotha, Palmgartenstr. 4, 60325 Frankurt, Tel. 069-74093309, Fax 74093308, www.desert-reisen.de
- **Geo-Tours Bernd Spreckels**
Schopstr. 17, 20255 Hamburg, Tel. 040-4919832, Fax 4903227, www.geo-tours.de
- **Hauser Exkursionen International**
Spiegelstr. 9, 81241 München, Tel. 089-235060, www.hauser-exkursionen.de
- **Ikarus Tours**
Am Kaltenborn 49–51, 61462 Königstein, Tel. 06174-29020, Fax 22952, www.ikarus.com
- **Reisebüro Mabaso**
Geschwister Scholl Str. 3, 91058 Erlangen, Tel. 09131-304285, Fax 304605, www.Abenteuer-Africa.de
- **Schulz Aktiv Reisen**
Bautzener Str. 39, 01099 Dresden, Tel. 0351-266255, Fax 266256, www.schulz-aktiv-reisen.de
- **SUNTOURS**
S. & R. Jarosch, Dorfstr. 14, 35428 Langgöns, Tel. 06447-92103, Fax 92104, www.suntours.de
- **TRH-Reisen**
Grethe-Nevermann-Weg 16, 22559 Hamburg, Tel. 040-81962-129, Fax 130, www.trh-reisen.de

In der Schweiz:
- **Desert Team**
Storchengässchen 6, 3001 Bern, Tel. 0041-31-3184878, Fax 3184859, www.desert-team.ch
- **Indigo Reisen**
Dorfstr. 84, 3073 Gümligen, Tel. 0041-31-9512930, Fax 9512961, www.indigoreisen.ch

In Österreich:
- **Kneissl Touristik**
Linzer Str. 4–6, 4650 Edt bei Lambach, Tel. 0043-7245-20700, Fax 20700-19, www.kneissltouristik.at
  Weitere Standorte in Wien I, Wien IX, Salzburg und St. Pölten.

In Frankreich (hier liegt der Preis um 50% und mehr niedriger!):
- **Atalante**
36/37 quai Arloing, 69256 Lyon, Tel. 0033-4-72532485, Fax 72532481, www.atalante.fr
- **Croq'Nature**
B.P. 12, 65400 Argelès-Gazost, Tel. 033-5-62970100, Fax 62979583, www.croqnature.com
- **Déserts**
5, Rue Fustel de Coulanges, 75005 Paris, nur gebührenpflichtiges Tel., Fax 0033-1-55427840, www.deserts.fr
- **Hommes Bleus**
34, Chemin de la croix Saint Marc, 69390 Charly, Tel. 0033-4-72307305, Fax 78462168, www.hommesbleus.com
- **Nomade Aventure**
40, Rue de la Montagne Ste.-Geneviève, 75005 Paris, nur gebührenpflichtiges Tel. und Fax, www.nomade-aventure.com
  Filialen auch in Toulouse und Brüssel.
- **Tamera Voyages d'aventures**
26, Rue du Bœuf, 69005 Lyon, www.tamera.fr
- **Terres d'Aventure**
6, Rue Saint Victor, 75005 Paris, nur gebührenpflichtiges Tel., Fax 0033-1-43256937, www.terdav.com
  Filialen in Toulouse, Marseille, Lyon, Nizza, Lille, Rennes, Grenoble und Bordeaux. Nur Wander- bzw. Trekking-Reisen.

In Italien:
- **Kel 12**
Operiert gemeinsam mit **Kel Dune;**
Kel 12: Milano, Tel. 0039-02-2818111, www.kel12.com;
Kel Dune: Venezia-Mestre, Tel. 0039-041-2385711, keldune@tin.it
- **Spazi d'avventura Piero Rava**
Via Capranica 16, 20100 Milano, Tel. 0039-02-70637138, Fax 70637272, www.spazidavventura.com

Internet

Außer auf den genannten speziellen Internetseiten finden Sie ergänzende Informationen und viele Fotos auch hier:

- www.agadez-niger.com
- www.agadez.org
- www.africamie.com/niger.htm
- www.enfants-air.com
Seite einer Hilfsorganisation.
- Auf der Seite **www.agadez.org** sind auch einige Ausgaben der regionalen Zeitung Aïr-Info nachzulesen.
- Auch bei **YouTube** finden sich wieder Filmchen; gefallen hat mir „Nigervivant 2" (nur Aïr-Bergland).

Ausflüge

Ausflugsziele abseits der asphaltierten Straße können nur mit einer zuverlässigen örtlichen Agentur angesteuert werden (vgl. oben). Viele Gebiete wurden im Rahmen der bürgerkriegsähnlichen Auseinandersetzungen in der Region vermint.

In-Gall

Alter Marktort am Kreuzungspunkt wichtiger Karawanenstraßen, 120 km westlich von Agadez, auf Straße zu erreichen. Er wird überwiegend von Nomaden (Fulbe-Bororo und verschiedenen Tuareg-Gruppen) bewohnt; Dattelpalmen und Oasengärten. Viele Feste finden nach der Regenzeit statt, beispielsweise die berühmte **„Cure salée"**, das Fest zur „Salzkur": Tuareg, Wodaabe und andere Ethnien erscheinen in ihren prächtigsten Festgewändern und präsentieren sich mit ihren schönsten Tieren.

Tegguidda-n-Tessoum

88 km nördlich von In Gall. In **Salinen** wird mühevoll Salz gewonnen. Durch das Auslaugen von salzhaltigem Schlamm und der anschließenden Verdunstung der Sole in Becken wird die Konzentration so lange erhöht, bis man schließlich am Beckenboden Salz zusammenkratzen und daraus kleine rötliche „Salzbrote" formen kann. Das Salz wird als Viehsalz verwendet. Die Vielzahl von kleinen runden Becken in unterschiedlichen Verdunstungszuständen und demzufolge roten bis gelben Farbtönen wirkt aus der Vogelperspektive (z.B. vom Rand der Abraumhalden) besonders hübsch. Bilder der Saline finden sich deswegen oft in Fotobänden oder -kalendern.

Les Baguezans

Gebirgsmassiv etwa 130 km nordöstlich von Agadez; schwieriger Zugang, jedoch ideal für einen mehrtägigen Ausflug auf dem Rücken eines Kamels („Trekking"), da nicht für Fahrzeuge zugänglich.

Tafadek

Etwa 80 km nördlich von Agadez liegt eine **Heilquelle** (über 60°C heiß) – eher ein Erlebnis fürs Auge als für den (europäisch-verwöhnten) Körper!

Saurierfriedhöfe

In der Umgebung von Agadez finden sich mehrere und zum Teil sehr ausgedehnte Saurierfriedhöfe. Wegen des Erhaltungszustands der Versteinerungen, der Vielzahl der vorgefundenen Arten und der riesigen Ausdehnung von mehreren hundert Quadratkilometern (!)

Agadez: Leibwächter des Sultans

Karte S. 433 — DIE „ROUTE DE L'URANIUM" BIS ALGERIEN — Unterwegs im Niger

zählen sie zu den reichsten Fundstellen weltweit. Ihr Besuch ist Wissenschaftlern vorbehalten. Manche der lokalen Reiseführer lassen sich jedoch erweichen, an die eine oder andere Stelle hin einen Abstecher zu unternehmen. Legal ist nur der Zugang zur Fundstätte von **Tawashi** mit eindrucksvollen Fossilien; angesichts der Ausdehnung der Fundzone ist jedoch klar, dass man nicht eine ganze Region hinter Stacheldraht sichern kann. Wer sich ganz und gar korrekt verhalten will, sollte sich mit dem Fund aus **Gadafaoua** begnügen, der im Nationalmuseum in Niamey gesichert ist. Hier beeindruckt auch die Kunstharz-Rekonstruktion eines der gewaltigen Lebewesen: Im Gelände finden sich elefantenähnliche Spuren, die den Nachweis erbrachten, dass hier einstmals die größten Tiere lebten, die die Welt je gesehen hat. Wer das Gelände vor Ort kennt, wird nicht überrascht davon sein, dass hier noch immer neue Entdeckungen zu machen sind. So wurde Anfang 2005 unweit von Arlit die 250 Millionen Jahre alte Versteinerung einer bisher gänzlich unbekannten krokodilähnlichen Reptilienart gefunden. Auch 2007 wurde von spektakulären Funden berichtet. Und auch dies wieder nicht überraschend: Der Fundort liegt an der **Falaise von Tiguidit,** wo bereits früher Saurierfriedhöfe entdeckt wurden. Zwischenzeitlich wird übrigens für den Besuch des Aïr-Ténéré-Nationalparks (Richtiger Réserve naturelle de l'Aïr et du Ténéré) wie für die Saurier-Schutzregion eine Eintrittsgebühr in Höhe von 100 Euro je Besuchergruppe erhoben.

Gut erreichbar und unbedingt sehenswert ist die **Fundstelle Marandet.** Sie lässt sich gut in einem Tagesausflug besichtigen; Führer und Genehmigung sind erforderlich.

Felsbildstationen

Das gesamte Aïr-Gebirge ist übersät mit Felsbildern. Im Gegensatz etwa zu den berühmten Fundstellen im Tassili-n-Ajjer mit seinen Felsmalereien handelt es sich hier jedoch fast immer um **Felsgravuren.** Genannt seien zwei besonders spektakuläre Fundplätze: Im Nordwesten des Aïr (nördlich von Arlit) das **Kori Mammanet-Akoutane** mit rund 3000 Bildern und im Osten das landschaftlich wunderschön gelegene **Kori Tamakon** am Ostrand des Takouloukouzet-Massivs (siehe unten im Abschnitt „Von Agadez nach Iférouane"). Auch hier finden sich Hunderte von Bildern aus unterschiedlichen Epochen. Auf die hervorragende Fundstelle im Kori Dabous wird unten eingegangen.

Von Agadez nach Arlit und weiter bis Assamaka (Grenze Algerien) (243 km bis Arlit)

Von Agadez führt eine gute Asphaltstraße (Route de l'Uranium) nach Arlit. Über Jahre hinweg bestand hier Militärkonvoipflicht. Über die Verhältnisse seit Aufhebung des Ausnahmezustands liegen keine gesicherten Informationen vor. Die Straße verläuft relativ weit im Westen der Aïr-Berge nach Norden. Aus dem Gebirge ziehen sich teilweise tief eingeschnittene Täler herab, die in betonierten Furten durchquert werden. Die Täler sind hübsch und oft üppig grün. Die umgebende Landschaft dagegen wird – je weiter man nach Norden fährt – immer karger und kahler. Dunkle Felslandschaften werden ebenso durchquert wie hellsandige Flächen. 131 km nördlich von Agadez bietet sich die Möglichkeit zu einem Abstecher zu den berühmten **Felsgravuren im Kori Dabous:** Man zweigt von der Straße auf eine kleine Piste ab, der man 6 km nach Osten folgt. Am Ende der Piste (N 17°53,182' / O 7°37,646') und hinter der Hütte eines Wächters (Besichtigung der Gravuren gegen einen auszuhandelnden Obolus) liegt ein massiger Felsklotz, auf dem sich verschiedene Gravuren finden, die zu den besten der gesamten Sahara zählen. Am bekanntesten ist die 5 m große Abbildung einer Giraffe mit ihrem Fohlen.

Bei **Km 196,** d.h. etwa 47 km vor Arlit, zweigt nach rechts, nach Osten, die ausgeschilderte Piste in Richtung Gougaram und Iferouane ab. In den letzten Jahren war es problemlos möglich, auf dieser Piste auch ohne Genehmigung mindestens bis nach Iferouane zu fahren. In Iferouane (s.u.) allerdings befindet sich ein Kontrollposten, der die nur in Agadez erhältliche Bewilligung („Feuille de route") zur Bereisung des Aïr-Gebirges unbedingt sehen will – ggf. können Sie ihn für eine Weiterreise ja zu beschwatzen versuchen ...

Arlit

Arlit ist die **„Uranstadt"** der Republik Niger. Im Jahr 1965 wurde hier Uran entdeckt, 1971 die Urangrube der Gesellschaft SOMAIR (Société Minière de l'Aïr) in Betrieb genommen. In der fast baumlosen, wüstenhaften Landschaft mit Temperaturen von über 40°C wurden zunächst zahlreiche Bungalows für die Angestellten der Minengesellschaft errichtet – und innerhalb kürzester Zeit entstand nahebei ein Ort mit mehreren tausend Einwohnern! Zuzügler kamen nicht nur aus dem Niger! Die Hoffnung auf Arbeit wirkte wie ein Magnet auf viele Menschen Westafrikas. Dies führte nicht nur zur Änderung der Lebensgewohnheiten der dortigen Bevölkerung, sondern auch zu erheblichen sozialen Umschichtungen im Aïr-Gebiet; viele Nomaden wurden zu Lohnempfängern. Der von Afrikanern bewohnte Teil des Ortes entlang der Durchgangsstraße ist ein ganz normales Straßendorf; das abseits für die Angestellten von SOMAIR errichtete Viertel umfasst nicht nur Wohnhäuser, Club, Pool, Gästehaus und Kantine, sondern auch ein Krankenhaus und eine Schule.

Für den **Bau dieser Stadt** musste alles **von Frankreich auf dem Seeweg** bis nach Cotonou (Benin) gebracht, dort verladen und mehr als 2000 km landeinwärts transportiert werden, damals noch größtenteils über Piste.

Das **Uranerz** wird überwiegend im Tagebau gewonnen und in einem komplizierten technischen Verfahren von 2,5% auf 65% Urangehalt angereichert. Die eigentlichen Abbauzonen, Arlit und Akokan, sind nicht öffentlich zugänglich und werden streng bewacht. In Arlit selbst jedoch, mittlerweile auf mehr als 80.000 Einwohner angewachsen, kann man sich jederzeit frei bewegen.

Immer wieder kommt es zu heftigen Diskussionen zwischen den Minenbetreibern und Menschenrechtsgruppen, die den Minengesellschaften eine unkontrollierte **Verstrahlung** der gesamten Umgebung und der Bevölkerung vorwerfen. Untersuchungen unabhängiger Institutionen legen den Verdacht nahe, dass mit dem Problem Verstrahlung jahrzehntelang sehr leichtfertig umgegangen wurde. Das zweite Thema bezieht sich auf den Umstand, dass die Uranvorräte auf der Erde sehr bald zur Neige gehen könnten. Da die Schnelle-Brüter-Technologie als gescheitert gilt, ist die Atomindustrie weiterhin auf Uran angewiesen. In welche Richtung diese Entwicklung geht, ob der Energierohstoff Uran teurer wird und in Arlit erneut ein Boom ausbricht, der dem Ort schon früher den Beinamen „Deuxième Paris", zweites Paris, eintrug, oder ob es eher zu einem Ende dieser Technologie kommt, ist derzeit nicht absehbar. Arlit jedenfalls ist eine sehr lebhafte Ortschaft auf ärmlichstem Niveau. Dies sollten Sie auch mit Blick auf die Unterkünfte und sonstige Versorgung berücksichtigen.

Touristenbüro:
- **Direction Regionale du Tourisme DRT**
B.P. 196, Tel. 20452249 (2010 geschlossen!).

Hotels:
- **L'Auberge**
Angenehme Atmosphäre und ruhig; in der Nähe vom Hotel Tamesna.
- **La Caravane**
Sehr sauber. DZ ca. 7000 CFA; man kann auf der Terrasse übernachten.
- **Hotel Tamesna**
Mitten im Ort, laut, DZ ab ca. 7000 CFA.

Camping:
- Der Campingplatz (2010 geschlossen) liegt am Ortsausgang Richtung Agadez links, ist aber nicht ausgeschildert; der Platz war ein beliebter Treffpunkt der Reisenden.
- Auch der Campingplatz in der Nähe des Uranbergwerks ist noch geschlossen, auch ist nicht sicher, ob die Jugendherberge im Stadtzentrum wieder geöffnet hat.

Restaurants:
- **Restaurant de L'Aïr**
Von Agadez kommend an der Hauptstraße auf der linken Seite.
- **Chez Mama**
Von Agadez kommend an der Hauptstraße auf der linken Seite.
- **Ramada**
Im Zentrum, in der Nähe der Post.
- **Cheval Blanc**
Hier wird man nur mit sauberer europäischer Kleidung eingelassen, da es sich um das Restaurant der französischen Uran-Gesellschaft handelt.

Busverbindungen:
- **SNTV-Busse** verbinden Arlit mit Agadez und Niamey.

- **Krankenhaus Hôpital de la SOMAIR**

- **Werkstatt:** Bei Kfz-technischen Problemen hilft die Werkstätte der SOMAIR.

- Sehr schönen **Silberschmuck** gibt es bei *Anou Ousmane*, er ist Chef der Schmiede-Kooperative.

Arlit – Assamaka – In Guezzam (Algerien) (210 km)

Diese Strecke galt schon immer als relativ unsicher. Frankreich weist sie wie alle Gebiete nördlich von Agadez als „Rote Zone" aus, d.h. auch aus beruflichen Gründen als nicht besuchbar. Immer wieder wurde die Fahrt im Militärkonvoi vorgeschrieben. Im Herbst

Die „Route de l'Uranium" bis Algerien

2009 war zudem der Grenzübergang über mehrere Wochen hinweg für Europäer geschlossen. Über den aktuellen Stand liegen keine verlässlichen Informationen vor. Im April 2010 wurde hier erneut ein **französischer Tourist** mit seinem algerischen Begleiter von AQIM (Al-Qaida im Maghreb) **entführt.** Ein Befreiungsversuch mauretanischer (!) Soldaten und französischer Spezialeinheiten tief in der malischen (!) Sahara scheitert. Zwar werden sechs Terroristen getötet, die Geisel aber nicht gefunden. Wenig später verkündet AQIM, den Entführten getötet zu haben. Mali zeigt sich pikiert, da das Land zuvor von den Aktivitäten auf seinem Territorium nicht informiert worden war. Zwei Spanier kommen nach sieben Monaten Geiselhaft Ende August 2010 frei.

Von Arlit gelangt man auf einer mit Fässern markierten Wüstenpiste in den **Grenzort Assamaka.** Die auf der ganzen Strecke vorherrschenden ebenen Sand- und Feinsteinflächen sind mit einem Geländewagen gut zu befahren; vereinzelt auftretende weiche Sandstellen und Dünenüberquerungen sind auf Umgehungspisten zu umfahren. Mit einem Nichtallrad-Fahrzeug haben Sie dennoch mit Sandproblemen zu rechnen; ohne vollständige **Sahara-Ausrüstung** und ohne ausreichende Wasser- und Treibstoffvorräte für eine rechnerische Strecke bis zum algerischen Grenzort In Guezzam sollten Sie diese Strecke nicht in Angriff nehmen. Auch das ist zu bedenken: Wenn Sie – mitten in der Sahara – am Grenzposten von Assamaka angekommen sind, müssen Sie weitere 400 km in rein wüstenhaften Regionen bewältigen, bis Sie in Tamanrasset wieder so etwas wie Zivilisation erreichen. Bei der Aus- bzw. Einreise in Assamaka ist mit einer ein- bis zweistündigen Prozedur (Stempel!) zu rechnen (die Einreise vollzieht sich jeweils deutlich langsamer!); manchmal kann man die Pässe auch erst am nächsten Morgen abholen. Der Zoll macht von 12–16 Uhr Pause.

Zu beachten ist, dass die Piste anders verläuft als bisher in den Landkarten (auch in der aktuellen Michelin-Karte 741) eingetragen: Sie vollzieht einen deutlichen Bogen weit nach Norden zur Grenze von Algerien hin. Der Pistenbeginn liegt am Tor des Uranbergwerks in unmittelbarer Nachbarschaft des Flugplatzgebäudes im Nordwesten der Stadt (Richtungs-Wegepunkt N 18°47,639' / O 7°20,813'). Die Piste ist flott bis sehr flott befahrbar. Der zunächst schüttere Akazienbewuchs wird immer lichter und verschwindet schließlich ganz, je weiter wir in westnordwestliche Richtung vorankommen. Dann hat uns die Sahara endgültig im Griff: Bei Km 115 (N 19°17,334' / O 6°30,672') durchfahren wir ein kleines Dünengebiet; die Dünen sind abgerundet, aber doch sehr weich, und so illustrieren etliche Autowracks, dass hier so mancher die Träume von einer gemächlichen Afrika-Reise buchstäblich im Sand begraben musste! Die Piste führt weiter nach WNW, bis sie bei Km 160 nahe einem Wegweiser „Djanet/Arlit" (N 19°29,926' / O 6°5,836') auf Westsüdwest abknickt (die Piste, die an dieser Stelle in Richtung Djanet abzweigt, ist übrigens verboten). Diese Richtung be-

Die „Route de l'Uranium" bis zur Grenze Algeriens

halten wir dann bei, bis wir ca. 200 km nach unserer Abfahrt in Arlit den nigerischen Grenzposten **Assamaka** erreicht haben (N 19°20,229' / O 5°46,289').

Sind die Grenzformalitäten an diesem einsamen Wüstenposten erledigt, geht es erneut hinaus in die Sahara, jetzt nach Norden. Nach ca. 10 km überschreiten wir die Grenze zwischen Niger und Algerien in freier Wüste (N 19°25,858' / O 5°47,206'). Über weite Sandflächen steuern wir eine eigenartige Fata Morgana an, die – schutzlos der gnadenlosen Sonne ausgeliefert – mitten in dieser gelb-gleißenden Fläche liegt: die moderne Grenzstation von **In Guezzam/Algerien** (N 19°28,964' / O 5°47,418'). Die Grenzstation ist von einer hohen Mauer umgeben; wir fahren durch ein Tor hinein und – gemäß dem Ablauf der Formalitäten – um das Gebäude herum. Die Einreise nach Algerien erfordert einigen Papier- und Zeitaufwand: Neben den üblichen Stempelverfahren bei der Polizei ist beim Zoll eine Devisenerklärung auszufüllen und eine Kfz-Versicherung abzuschließen. Vom Grenzposten im freien Gelände bleiben noch 10 km bis in den Ort In Guezzam (N 19°34,238' / O 5°46,360), auch dabei sind weiche Sandfelder zu durchqueren, und ohne Allrad müssen Sie befürchten, hier nicht ohne weitere Schaufelaktionen anzukommen.

Auf einer **Weiterfahrt von In Guezzam in Richtung Tamanrasset** genießen Sie ca. 60 km neue Asphaltstraße genießen dürfen, bevor Sie sich auf markierter und fast immer stark ausgefahrener Piste weiter durch die Wüste nach Norden plagen. Die Strecke selbst und Alternativen zu ihr habe ich in anderen Publikationen ausführlich und mit GPS-Wegepunkten dargestellt.

Algerien ist derzeit nicht frei bereisbar! Sie sind auf die Begleitung durch eine akkreditierte algerische Reiseagentur angewiesen! Wenn Sie also die Absicht haben, von Assamaka bzw. In Guezzam weiter nach Norden durch Algerien zu reisen, sollten Sie rechtzeitig mit einer Reiseagentur, z.B. aus Tamanrasset, Kontakt aufgenommen und ihre Abholung an der Grenzstation vereinbart haben. Es ist nicht möglich, von der Grenze aus zu telefonieren! Treffen Sie Vereinbarungen am besten bereits von Europa aus und bestätigen Sie dann Ihre Ankunft an der Grenze von Agadez oder Arlit aus, sofern Sie dies nicht z.B. mit einem Sat-Telefon erst in Assamaka tun wollen. Beachten Sie, dass eine Agentur in Tamanrasset dann einen Vorlauf von zwei bis drei Tagen benötigt. Die Begleitung durch eine Agentur ist nicht nur bis Tamanrasset erforderlich, sondern bis zu Ihrer Ausreise z.B. nach Tunesien. Die Kosten sind hoch; rechnen Sie mit 50 Euro je Tag. Vertrauen Sie nicht darauf, dass die Abholer mit eigenem Fahrzeug kommen! Um Kosten zu sparen, schicken sie oft nur einen unbedarften Angestellten des Büros mit den erforderlichen Papieren, auch wenn es anders vereinbart war.

Bei einer **Einreise von Algerien kommend:** Geldwechsel ist möglich (private

Brunnen im Aïr-Gebirge

Geldwechsler, Kurse etwas ungünstiger als im Inland), eine Kfz-Steuer ist abzuschließen (ca. 20.000 CFA/Fahrzeug), das Laissez Passer kostet 3000 CFA, bei Zoll und Polizei sind „Gebühren" in Höhe von jeweils ca. 5000 CFA zu entrichten, und schließlich ist eine Touristensteuer zu entrichten! Alles gegen Quittung – dennoch ist der Preis jeweils verhandelbar. Eine Tankstelle finden Sie erst in Arlit, hier in Assamaka gibt's Treibstoff zu erträglichen Preisen aus dem Fass zu kaufen.

Bei **Ausreise Richtung Algerien:** Die Tankstelle in In Guezzam wird nicht zuverlässig versorgt; dem Einreisenden wird jedoch oft Treibstoff in rationierter Menge zugeteilt.

Die nordöstlichen Wüstenregionen

Achtung: Die nachfolgenden Ausführungen wurden aus der vorherigen Auflage übernommen. **Die gesamte Region war vom Sommer 2007 bis Ende 2009 in eine Art Ausnahmezustand versetzt und nicht bereisbar!** Die Entwicklung bleibt abzuwarten.

Aïr-Gebirge

Hinweis: Im Aïr-Gebirge und auch in der Ténéré-Wüste kommt es schon seit Jahren immer wieder zu Überfällen mit

DIE NORDÖSTLICHEN WÜSTENREGIONEN

Fahrzeugentwendungen durch **Banditen**. Betroffen davon waren auch ortsansässige Reiseagenturen, woraus man ableiten muss, dass auch die vorgeschriebene Genehmigung zum Befahren der Region und die ebenso obligatorische Begleitung durch einen Mitarbeiter einer solchen Agentur keine Sicherheitsgarantie darstellen. Vom Militär wurden zwei weitere (wenig effektive) Kontrollposten in der Region eingerichtet. Nachtrag Juli 2010: Viele Täler und Ortszufahrten wurden im Rahmen der bürgerkriegsähnlichen Auseinandersetzungen vermint.

Das **Genehmigungsverfahren** erfordert etwa einen Tag Zeit. Wer mit einer ortsansässigen Reiseagentur unterwegs ist, kann die Formalitäten getrost dieser überlassen. Wer sich – als Selbstfahrer – ohne eine solche bewegen will, wendet sich ans Touristen-Office (DRT) und erhält über dieses sowohl einen Führer vermittelt als auch die erforderliche Fahrgenehmigung „Feuille de route", in der alle Orte vermerkt sein müssen, die man zu besuchen gedenkt. Dieses Papier ist vom DRT, von der Präfektur und von der Gendarmerie abzustempeln, ein Behördenweg, den üblicherweise das DRT durchführt. Der aktuelle Preis ist nicht bekannt, doch sind es vor allem die Kosten für das Begleitfahrzeug einer Reiseagentur, die ins Gewicht fallen.

Das **Aïr-Gebirge,** das im Norden mit deutlich niedrigeren Bergen allmählich ins Hoggar-Gebirge übergeht, besteht überwiegend aus dunklem vulkanischem Gestein. Es erstreckt sich von Norden nach Süden über 300 km und von Osten nach Westen über etwa 200 km. Untergliedert wird das markante und vielgestaltige Gebirge von zahlreichen tief eingeschnittenen **Tälern** (hier nicht Oued oder Wadi, sondern *Kori* genannt) mit teilweise üppiger Vegetation. Hier liegen auch die wie verwunschen wirkenden **Oasen** mit ihren schattigen Gärten; Dattelpalmen, Orangen und Granatäpfel gedeihen üppig unter diesen Schattenspendern, ebenso diverse Getreide- und Futterpflanzen. Höchste Erhebung im nördlichen Aïr ist der **Mont Greboun** mit fast 2000 m. Im Süden erhebt sich über dem Bagzan-Plateau ein Gipfel mit 2022 m, der **Idoukal-en-Taghes.** Häufig sind Gazellen zu sehen, in den östlichen Tälern immer wieder auch Strauße.

Gegen den Ostrand des Aïr-Gebirges branden die mächtigen Dünen der **Ténéré-Wüste,** die dann, im Gegensatz zu den schroff-dunklen Bergen, fantastische Kulissen bilden, etwa bei den berühmten **Temet-Dünen** oder bei der sogenannten **„Krabben-Schere",** dem geologischen Phänomen eines nach Osten offenen Implosions-Kraters, in den hinein sich gleich einer Zunge ein langes Dünenband erstreckt. So wird die Aïr-Ostseite immer wieder als die schönste Wüste der Welt bezeichnet, ein Attribut, zu dem sicher auch die Tatsache beiträgt, dass hier noch viele und auch sehr schönheitsbewusste **Tuareg** unter ursprünglichen Verhältnissen leben. Interessante und teilweise auch sehr malerische Orte sind etwa die Oase Iférouane oder auch Timia. Dem Reisenden mit Interesse an Geschichte und Kultur bieten sich prähistorische Fundstätten an vielen Stellen, die **Rui-**

nenstadt **Assodé** oder – besonders an den Gebirgsrändern – **Felsgravuren** von hoher künstlerischer Qualität. So steht die gesamte Ténéré-Wüste seit 1991 als Welterbe und Naturdenkmal unter UNESCO-Schutz (vgl. im Internet www.Schaetze-der-Welt.de).

Das Aïr-Gebirge ist das Heimatland der **Tuareg Kel Aïr,** die sich in verschiedene regionale Gruppen untergliedern. Die Frauen der Kel Aïr kümmern sich um die Ziegen, aus deren Milch ein schmackhafter Käse zubereitet wird. In den Aufgabenbereich der Männer fällt die Haltung der Kamele. Die Schmiede der Region sind bekannt für qualitativ guten **Silberschmuck;** aus der Tradition der steinernen Oberarmringe hat sich heute die Produktion von **Specksteinfiguren** entwickelt, deren einfallsreiche Vielfalt bei vielen Touristen auf Interesse stößt. An verschiedenen Orten, so z.B. in der Oase El Meki, wird auf sehr einfache traditionelle Art **Zinn** abgebaut. Noch immer führen die Tuareg dieser Bergregion die berühmte **Salz-Karawane** durch die Ténéré-Wüste bis nach Fachi oder gar bis Bilma durch – bis heute eine sehr mühsame und auch nicht ungefährliche Angelegenheit.

Von Agadez nach Iférouane

Obwohl es sich um eine markierte und deutlich ausgefahrene Piste handelt, besteht auch in ruhigen Zeiten Führerzwang (siehe Hinweis zu Beginn des Aïr-Kapitels). Die Piste, die eine sehr unterschiedliche Qualität aufweist – mal steinig, mal sandig, mal heftiges, mal schwaches Wellblech – führt durch abwechslungsreiche Landschaft: Hügel, vegetationsreiche Trockentäler mit kleinen Nomadensiedlungen, Berglandschaften – ein stetig wechselndes Landschaftsbild.

Man verlässt Agadez nach Norden und folgt auf ausgefahrener Piste über etwa 44 km dem **Kori Téloua** (auch Telwa), dem Tal, an dem auch Agadez selbst liegt. Verschiedene kleine Ortschaften liegen am Weg. Erst bei N 17°18,079' / O 8°7,855' führt die Piste aus dem Tal heraus und über öde steinige Flächen weiter. Etwa 14 km (N 17°24,768' / O 8°4,245') weiter zweigt eine Piste nach links ab, die einerseits zu den Thermalquellen von Tafadek, andererseits über die Ebene von Talak weiter auch nach Arlit führen würde: Wir halten uns rechts. Vorbei an einem ausgeschilderten Abzweig nach Aouderas erreichen wir nach 110 km den recht lebhaften Ort **El Meki.** Wir biegen hier nach Westen ab und nähern uns dem hoch aufragenden Berg Guissat, an dessen Fuß wir weiter nach Norden fahren. Am **Brunnen Anou Arren** (N 17°55,743' / O 8°13,429') halten sich häufig Nomaden mit ihren Tieren auf. Die Landschaft wirkt dramatisch und wird immer dramatischer – alpine Landschaft mit saharischen Aspekten. Wir münden in ein Kori ein und fahren (vorsichtig, es gibt offene Brunnenlöcher!) ein Stück des Weges auf dem sandigen Talgrund. Dabei passieren wir nach ca. 150 km (Km-Stein!) den **Brunnen Malletas.** Mit etwas Glück sehen Sie Affen, die allerdings bei Annäherung rasch flüchten. Ein Schild weist ein westlich der Piste liegendes Jagdgebiet aus. Die

Bilet-Berge liegen im Osten. Später passieren wir den kleinen Weiler **Oufen** (er liegt südlich der Piste, auf der wir jetzt nach Osten fahren). Erneut passieren wir ein Schild „Zone de chasse" (N 18°5,762' / O 8°32,658'); hier zweigt eine Piste nach Norden ab, die unter Umgehung von Timia (hier befand sich früher ein sehr steiler und nicht von jedem Fahrzeug überwindbarer Steilanstieg) direkt weiter nach Iférouane über Assodé führt. Ein Berg liegt am Wege, der den vulkanischen Charakter des Aïr betont; ich habe ihn den „Vesuv des Aïr" getauft. Es geht durch weite Savannenlandschaften, die eine abwechslungsreiche Bergkulisse umrahmt. Wir passieren den Km-Stein 200 (seit Agadez) und wenig später den Ort **Kreb-Kreb**, hinter dem im Norden mit steilen Flanken der massige Adrar Egalah aufragt. Wir fahren hinein in steiniges Gelände, es geht steil und steinig bergauf. Es entsteht der Eindruck, in einem riesigen Schlackenkasten unterwegs zu sein; die seltenen Km-Steine am Weg haben etwas Rührendes; die Vorstellung, auf einer „Route National" unterwegs zu sein, ist fast skurril. Wir sind nicht mehr weit von Timia entfernt: Ein Abzweig bei Km 221 (N 18°5,509' / O 8°45,816') führt uns zu der bekannten **Cascade de Timia,** dem Wasserfall von Timia, wo das **Kori Timia** (so es denn Wasser führt) über Basaltfelsen in die Tiefe stürzt – üblicherweise nichts als ein Rinnsal, immerhin aber malerisch und deshalb ein beliebtes Touristenziel (Achtung: Gefahr von Bilharziose im Wasser!). Die Tuareg-Schmiede haben dies erkannt: Fast immer hält sich hier eine kleine Gruppe von ihnen auf und bietet auf einem improvisierten Jahrmarkt Erzeugnisse ihrer technischen und künstlerischen Fähigkeiten an.

Ein letzter Anstieg steht uns noch bevor, der früher die Schlüsselstelle der gesamten Strecke war, kaum zu bewältigen von einem normalen Fahrzeug. Deutsche Entwicklungshilfe in Form des legendären „Pit" aus dem Schwäbischen hat in mühevoller Arbeit den Anstieg entschärft. Oben erreichen wir wieder den sandigen Untergrund des Koris, fahren in diesem sanft bergauf; vor uns liegt die malerische Bergoase **Timia,** überragt von seinem Fort Massu, in dem sich einst die Franzosen als Herren über das wunderschöne Bergland fühlen konnten; im renovierten Fort sind inzwischen ein einfaches Museum und eine bescheidene Herberge entstanden. Auch hier bieten Schmiede ihr Kunsthandwerk an. Am nördlichen Ortsrand hat ein kleiner Campingplatz geöffnet. Timia überrascht mit seiner Ausdehnung – und bietet dennoch kaum Versorgungsmöglichkeiten.

Auf der Weiterfahrt folgen wir dem Kori Timia bergauf, jetzt wieder nach Norden fahrend, verlassen ihn aber nach etlichen Kilometern nach Osten hin und überqueren einige Hügel. Bei Km 238 (N 18°12,284' / O 8°48,338') queren wir das **Kori Teja.** Die Piste ist in gutem Zustand. Nach einem passartigen Übergang mit weitem Ausblick führt uns die Piste durch abwechslungsreiche Berg- und Hügellandschaften jetzt in nordwestliche Richtung. Die Landschaft weitet sich, die Ebene von **Assodé** liegt vor uns. Vorbei am gleichnamigen Brunnen (auch hier fast immer Nomaden) erreichen wir die ausgedehnte **Ruinenstadt** bei Km 278 (N 18°27,234' / O 8°35,934').

Die **frühere Hauptstadt des Aïr** zählte einst 1000 Häuser, doch schon zu Zeiten Heinrich Barths waren nur noch achtzig davon bewohnt. Um den Niedergang der am Schnittpunkt vormals wichtiger Karawanenrouten liegenden Stadt ranken sich viele Legenden. Am südlichen Stadtrand liegt ein sehr großer Friedhof.

Wir fahren weiter NNW und erreichen ca. 3 km weiter (Gesamt-Km 281) einen deutlich **markierten Abzweig**: Rechts ab geht es nach Tchin-Toulous und dann durch das Zagado-Tal weiter in Richtung Ténéré zu den landschaftlichen Höhepunkten des Aïr-Ostrandes:

a) Dort **nach Süden abbiegend:**

Kogo: Wo das Oued Zagado in die Ténéré „mündet", stößt man auf bläulich-weiße Marmorberge, umrahmt von dunklen Schutthängen des Aïr-Gebirges (N 18°57,251' / O 9°17,444').

Arakaou oder Pince de Crabe ("Krabben-Schere"): Biegt man am Ostrand des Aïr nach Süden ab, erreicht man nach ca. 30 km die spektakuläre Landschaft dieses Implosionskraters mit ca. 10 km Durchmesser. Auf seiner Ostseite durchbrochen, schiebt sich eine gewaltige Düne zungenartig in den Krater hinein (N 18°54,886' / O 9°35,344').

Täler von Anakoum, Tanakoum: etwa 35–40 km südlich von Arakou. Bedeutende Felsgravuren am Rande der Koris; dargestellt sind in perfekter Weise Giraffen, Rinder, Elefanten, Strauße und Personen mit Körperbemalung, Federschmuck und vermutlich Tanzszenen (Anakom N 18°37,621' / O 9°45,515'; Tanakom N 18°33,845' / O 9°47,375').

b) Dort **nach Norden abbiegend:**

„Blaue Berge" Izouzadene: Etwas außerhalb schon in der Ténéré-Wüste zwischen wunderschönen Dünen liegen die „Blauen Berge", eigentlich nur bläulich-weiße Marmorberge ähnlich wie Kogo (s.o.), die im Kontrast zu den gelben Sanddünen jedoch ausgesprochen blau wirken – eine Wunderwelt (z.B. N 19°35,894' / O 9°11,846')!

Adrar Chiriet: Malerisches Vulkanmassiv, umrahmt von herrlichen Dünen (z.B. N 19°17,204' / O 9°10,09').

Tazerzait: Brunnen, in der Nähe Felsgravuren auf frei liegenden Felsblöcken (N 19°18,879' / O 8°51,064').

Iwelen: Bedeutende Felsgravuren am Südwestrand des Mont Greboun (N 19°46,583' / O 8°26,0').

Temet: Die höchsten Dünen der Südsahara erheben sich aus dem Oued Temet (ca. 300 m) und bieten einen tollen Ausblick auf die Ténéré und den Mont Greboun sowie das nördliche Aïr (z.B. N 20°0,873' / O 8°40,896').

Adrar Bous: Dem Aïr im Nordosten vorgelagertes kleines Bergmassiv, das etwa 40 km weit in die flache Ténéré du Taffassaset hineinragt. Ergiebige prähistorische Funde haben dieses Massiv berühmt gemacht. Zahlreiche Forschungsgruppen haben hier Gräber, ausgetrocknete Tümpel und andere Fundstellen untersucht (beispielsweise N 20°18,520' / O 9°1,420').

Unser Weg nach Iférouane führt am Abzweig (s.o.) geradeaus weiter. Rechts am Weg liegt der Vulkan Tchin-Awak. Nach weiteren 25 km (gesamt 293 km) kommt an einer weiteren ausgeschilderten Abzweigung (N 18°39,823' / O 8°33,599') die nördliche Zufahrt nach Tchin-Toulous wieder zu unserer Piste hinzu. Wir fahren geradeaus weiter durch ungemein vielgestaltige Berglandschaften. Rechts voraus türmt sich die gewaltige Felsmasse des **Adrar Tamgak** auf. Vor dessen rötlich farbenen Felsen liegt dann der Ort Iférouane, den wir bei Km 345 (N 19°4,461' / O 8°25,143') erreichen.

Iférouane

Sicher nicht die schönste Eigenschaft dieses Ortes ist die Tatsache, dass sich hier ein **Gendarmerie-Posten** befindet, der üblicherweise darauf besteht, dass man bei ihm vorstellig wird. Nur mit viel Vorbehalt gebe ich den Tipp weiter, dass Sie – in Gegenrichtung fahrend – diesen Posten ggf. beeinflussen können, Sie auch ohne Genehmigung (von Norden, aus Arlit kommend) weiter in Richtung Timia fahren zu lassen. Bei mir hat es jedenfalls funktioniert. Aber angesichts der unsicheren Zeiten wiegt natürlich das Argument schwer, ohne offiziellen (sprich bezahlten) Begleiter sei die Überfallgefahr größer; was ich davon halte, habe ich mit meinem Hinweis auf Überfälle auf Fahrzeuge einheimischer Reiseagenturen ja schon deutlich gemacht ... Ein ökologischen Prinzipien folgend holzlos mit Tonnen-Kuppeln erbautes Hotel-Campement (**Hotel Tellit,** DZ 24.000 CFA) liegt am Weg und bietet seine Annehmlichkeiten an. Unter großen Bäumen versteckt sich in einer Nebenstraße ein moderner Brunnen, an dem Sie Ihre Wasservorräte ergänzen können. Auch ein einfacher Campingplatz mit Duschen ist entstanden. Die Verwaltung des Biosphärenreservats hat in Iférouane ein Büro und informiert über den Nationalpark Aïr-Ténéré. Außerhalb und innerhalb ihres Kooperativen-Gebäudes bieten wieder Tuareg-Schmiede ihre Produkte an.

Im Ort verzweigt sich die Piste: Links weg führt der Weg nach Südwesten in Richtung Gougaram, von dort zur Asphaltstraße, auf der dann – nach Norden fahrend – ca. 47 km weiter Arlit oder – südwärts – nach knapp 200 km wieder Agadez erreicht ist.

Von Agadez durch die Ténéré nach Bilma

Die Durchquerung der Ténéré-Wüste zählt je nach Wahl der Route eigentlich zu den weniger anspruchsvollen Routen der Sahara und darf dennoch – den Vorschriften folgend – nur mit zuverlässigen (mindestens zwei) Fahrzeugen und kompletter Sahara-Ausrüstung sowie ortskundigem, einheimischem Führer unternommen werden. Ausreichende Wasser- und Benzinvorräte für mehrere Tage sind ebenfalls notwendig. Eine Genehmigung („Feuille de route", einzuholen in Agadez) ist zwingend erforderlich und wird unterwegs an Kontrollstellen geprüft. Schwer einzuschätzen ist die Sicherheitslage: Es ist aber davon auszugehen, dass in Grenzregionen, die zudem von regionalen Konflikten oder Rebellionen betroffen sind (insbesondere der Tschad), trotz Kontrollmaßnahmen durch die nigerischen Behörden eine hundertprozentige Sicherheit nie gewährleistet sein kann.

Für einen Führer plus Fahrer plus Auto muss man mit ca. 200 Euro/Tag plus Treibstoff rechnen.

Auf den Dünen-Strecken, z.B. Agadez – Fachi – Dirkou sowie Bilma – Nguigmi, braucht man etwa doppelt so viel Treibstoff wie auf normalen Pisten.

Von Libyen her befindet sich eine Straße im Bau, die in Agadez ihren Anschluss ans vorhandene nigerische Straßennetz finden soll. Bis zur libysch-nigerischen Grenze nördlich von Madama ist der Ausbau bereits fertig.

Agadez – Bilma via Fachi: Die Strecke der Karawanen

Die Piste von Agadez nach Dirkou bzw. Bilma wird oft von **Lkw** mit Ziel Libyen befahren; auf dieser Strecke versuchen viele auswanderungswillige Menschen aus Westafrika via Libyen Europa zu erreichen. Die Strecke Agadez – Dirkou – Sebha/Libyen gilt dabei als gefährlichste Etappe. Jährlich verlieren hier viele Menschen ihr Leben, weil sie z.B. völlig übermüdet nachts unbemerkt vom Lkw fallen. Auf dem Rückweg transportieren die Lkw Gastarbeiter aus Libyen oder auch Waren aus diesem Erdölstaat – der libysche Markt in Agadez ist Umschlagplatz für die Waren. Die Piste ist entsprechend tiefspurig ausgefahren. Ab dem Arbre du Ténéré verläuft die Piste parallel zu den auch von Karawanen benutzten Routen. Die Chance, solchen Salzkarawanen zu begegnen, besteht vor allem zwischen November und März.

Ein erster Kontrollposten liegt ca. 4 km außerhalb der Stadt (N 16°58,322' / O 8°1,772'). Die Fahrbewilligung wird überprüft. Dann durchquert die Piste einige von Nord nach Süd verlaufende Koris, in denen einige kleine Siedlungen wie Toureyet und Barghot liegen. Außer Holz und evtl. Wasser bestehen dort jedoch keine Versorgungsmöglichkeiten. Etwa 160 km östlich von Agadez taucht links vorn die Bergspitze des **Amzeguer** auf. Ab etwa 200 km treten die Aïr-Berge, die uns bisher im Norden begleitet haben, zurück, die Piste wird nun immer breiter und zerfahrener, und jeder sucht sich seinen eigenen Weg Richtung „Arbre". Die weite Ténéré liegt vor uns. Beim GPS-Punkt N 17°35,943' / O 9°43,481' verzweigt sich die Piste: Die Lkw-Strecke verläuft in einem weiten nördlichen Bogen weiter in Richtung Achegour-Dirkou. Wir folgen halbrechts der Piste weiter bis zum Arbre du Ténéré, dem berühmten Baum der Ténéré mit seinem Brunnen (N 17°44,681' / O 10°4,943'). Mitunter treffen Sie auch hier auf libysche Lastwagen, haushoch mit Handelswaren und Menschen beladen.

Der berühmte **Arbre du Ténéré**, eine einzeln stehende Schirmakazie, ist zwar immer noch in der Michelin-Karte 741 eingezeichnet, existiert jedoch nicht mehr. Bis dieser Baum im Jahr 1973 von einem Lastwagenfahrer „aus Versehen" umgefahren wurde, diente er den Salzkarawanen und Wüstenfahrern als Orientierungspunkt; die Überreste des

DIE NORDÖSTLICHEN WÜSTENREGIONEN

Baums sind im Nationalmuseum von Niamey ausgestellt. Ersatz und Orientierungspunkt heute ist eine Eisenstange mit astartigen Verzweigungen. Unweit des Arbre entstand die „Windskulptur", Kunstwerk und Eigen-Denkmal eines Japaners.

Auf dem weiteren Weg nach Fachi sind nun immer wieder **Dünenzüge** zu queren, die ungefähr in unserer Fahrtrichtung liegen. Das Gelände ist entsprechend weich und wird von Lkw nicht mehr befahren. Eisenstangen zeigen jedoch den Pistenverlauf, auch wenn die Spur sich nicht immer an diese Markierungen hält. Weit voraus ist dann der dunkle Bergrücken erkennbar, an dessen Fuß Fachi liegt. Nach 440 km sind wir im Ort (N 18°6,38' / O 11°35,256').

Fachi

Überragt wird der Ort von der **Burg Dada**, deren Mauern eine Höhe von 8 m haben; an den Ecken steht jeweils ein Wehrturm, im Hof der Anlage viele Lehmurnenspeicher, in die – obwohl teilweise beschädigt – noch immer Vorräte eingelagert werden. Früher diente die Burg bei Raubüberfällen den Bewohnern als Rückzugspunkt. Die Häuser sind, wie überall in dieser Region, aus Salztonziegeln errichtet, einstöckig und verschachtelt. Enge, verwinkelte Gassen führen durch das Labyrinth von Flachdachhäusern. **Oasengärten** mit Schatten spendenden Palmen und die Salinen gehören zu den wichtigsten Lebensgrundlagen der Bewohner. Die **Salinen** liegen im Südosten des Dorfes und lohnen einen Besuch: In tiefen Verdunstungsbecken wird die als Grundwasser anstehende Sole verdunstet; Salz sinkt zu Boden, das zusammen mit Lehm und Sand zu den charakteristischen Salzstöcken (runden Kilometersteinen ähnlich) oder Laiben (wie runde Brot-Laibe) geformt und verkauft wird.

Die Strecke weiter nach Bilma ist weiterhin mit Eisenstangen markiert. Die **Falaise von Fachi** (Eigenname Agram, eigentlich die südliche Verlängerung der auch in den Karten vermerkten Falaise von Achegour) wird in einem weiten Nordbogen (in der Michelin-Karte ist ein Südbogen vermerkt) überwunden, dann geht es weiter nach ONO; man fährt durch eine Zone von flachen Dünen, die immer wieder von weiten und sehr weichen Sandflächen durchsetzt sind. Im Winter begegnet man auf dieser faszinierenden Strecke, wie auch schon vor Fachi, den **Salzkarawanen** (*Tarhalamt*; der oft benutzte Ausdruck *Azalaï* bezeichnet die Salzkarawane von Timbuktu nach Taoudeni), die seit Jahrhunderten auf dieser Route ziehen. Schon weit voraus ist dann die im Vergleich zum Agram deutlich höhere Geländestufe des **Kaouar** zu sehen, und schließlich fahren wir vorbei an der Landepiste von Bilma über eine weite und sehr weiche Sandfläche hinab und auf den Ort Bilma zu (Km 600, N 18°41,81' / O 12°54,014').

Schwierige Dünenquerung bei Fachi

DIE NORDÖSTLICHEN WÜSTENREGIONEN

Oase Bilma (Kaouar)

Dieser aus Salztonziegeln erbaute Ort, der überwiegend von Kanuri und Tubu bewohnt wird, ist seit Jahrhunderten wegen seiner Salinen bekannt. Meldung hat beim Militärposten im Ort zu erfolgen. Bar und Restaurant, bescheidene Lebensmittelläden stehen zur Verfügung. Eine gefasste **heiße Quelle** spendet ständig einen satten Strahl heißes Wasser (30–50°C), das dann durch die Gärten fließt; dort bilden sich kleine Seen (Bademöglichkeit).

Das **Fort** im Osten der Stadt wurde von den Franzosen erbaut; Überreste der Stadtmauern sind ebenfalls vorhanden. Dank der artesischen Brunnen und des hohen Grundwasserspiegels müssen die Dattelpalmen nicht bewässert werden. Die Oasengärten sind jedoch von Sand bedroht.

Sehenswert sind die **Salinen von Kalala,** die sich etwa 3 km nordwestlich von Bilma befinden. Die Techniken der Salzgewinnung entsprechen denen von Fachi. Auch die Salzformen sind identisch, und nur die Tuareg-Kenner vermögen an geringen Unterschieden die Herkunft des Salzes (Fachi oder Bilma) z.B. auf dem Markt von Agadez zu unterscheiden: Das Salz aus Bilma gilt als wirkungsvoller!

Die **Salzgewinnung** ist relativ harte Arbeit. In rechteckigen, etwa 2 m tiefen Becken, die durch kleine Mäuerchen abgetrennt sind, steht etwa kniehohes

Wasser zur Verdunstung. Während der Wintermonate wird nicht in den Salinen gearbeitet, da der beständig wehende Wind Sand in die Verdunstungsbecken trägt. Das relativ grobkörnige **Beza-Salz** wird zum Kochen verwendet, während das **Kantu-Salz** (zu Salzstöcken geformt) als Viehsalz benutzt wird. Letzteres ist für den Handel wesentlich wichtiger. Es wird im Herbst, kurz vor Ankunft der Salzkarawanen, produziert und hat auch eine andere Zusammensetzung als das Beza-Salz. Früher war Kalala bewohnt; heute dienen die halb verfallenen Hütten lediglich den Salinen-Arbeitern als Schutz vor der größten Mittagshitze.

Variante Agadez – Bilma über Achegour – Dirkou

Diese Variante (Streckenbeginn ca. 40 km vor dem Arbre du Ténéré, s.o.) wird heute in einem immer weiter nach Norden ausholenden Bogen befahren – Dünen haben sich weiter im Süden gebildet und stellen für Lkw ein unüberwindbares Hindernis dar. Der Bogen führt bis zum **Adrar Madet** hinauf (dort ist ein kleines Dünengebiet etwa bei N 18°26,636' / O 10°29,245' zu durchfahren). 285 km nach dem Abzweig ist der Brunnen von Achegour erreicht (N 19°1,608' / O 11°43,719').

Achegour: Brunnen (2 m tief) mit leicht salzigem Wasser (trinkbar), ein beliebter Rastplatz für die Lkw – deshalb ist die Umgebung verschmutzt: Tierkadaver, Autoreifen etc., Skorpione!

Die Piste ist ab Achegour mit Stangen markiert und einfacher zu befahren als die über Fachi. Bis Dirkou geht es über eine leicht wellige Sandstrecke, über weite Strecken (40–50 km) ziemlich weich. Entlang der Piste tauchen immer wieder Kamelgerippe auf; sie zeigen, dass diese Strecke auch von Karawanen benutzt wird. Zwei Strecken sind möglich, eine eher nördlich verlaufende Lkw-Route und eine südlichere für leichtere Fahrzeuge. Vorbei an den **Kafra-Bergen** führen beide Strecken, und dann taucht wieder weit voraus die dunkle Stufe des Kaouar auf (s.a. Bilma), an dessen Fuß das ungemein leb-

Die Saline von Bilma

hafte Dirkou liegt (Km 415 seit Abzweig, N 18°58,807' / O 12°52,277').

Dirkou: Meldung ist beim Militärposten am Ortsrand vorzunehmen. Treibstoff gibt es bei *Boubacar Mohamed Djaram,* genannt *Jérome,* der gleichzeitig Bürgermeister von Dirkou ist (erreichbar über Satelliten-Telefon 00882-1649430840 und 1621191884, Festnetz (selten funktionstüchtig): 00227-20265921. Es gibt mittlerweile auch eine Tankstelle im Ort, doch ist der Treibstoff teurer als bei den „Nebenerwerbshändlern". Kleines Restaurant; keine Übernachtung im Ort. Campen empfiehlt sich nur in mindestens 5 km Entfernung vom Ort, da sonst nachts mit dem Besuch einer Militärpatrouille zu rechnen ist.

Dirkou ist heute ein überaus lebhafter Ort mit einem **Markt,** der gerne als „größter Markt Westafrikas" bezeichnet wird. Grund ist, dass über diesen Ort einer der wichtigsten Migranten-Wege zwischen West- und Zentralafrika sowie Europa verläuft! Gleichzeitig besteht hier einer der wichtigsten Umschlagplätze für Schmuggel-Zigaretten, die „Marlboro-Connection" hat hier einen ihrer zentralen Orte, hier, mitten in einsamster Wüste, mitten in der Ténéré! Über Dirkou wird halb Nordafrika von Mauretanien bis Libyen mit amerikanischen Zigaretten versorgt, die hier dem Vernehmen nach mittels Flugzeugen direkt aus den USA angeliefert werden! Ein liebenswertes Nest, wo sich Wüstenfuchs und Sandhase Gute Nacht sagen, ist Dirkou längst nicht mehr (so es das je war, woran ich angesichts der Militärpräsenz schon immer meine Zweifel hatte), eher schon geben sich heute hier alle Wölfe, Schakale und Hyänen der gesamten Region ein Stelldichein, und – um auch wirklich nicht missverstanden zu werden – anderes wildes Getier außer Menschen habe ich hier nie zu Gesicht bekommen ...!

Weiter bis Bilma geht es über eine leicht zu befahrende Piste 5 km westlich der Falaise de Bilma fast genau in Südrichtung; die alternative Strecke durch die Palmengärten ist recht sandig und deshalb schwieriger zu befahren.

Bilma, legendäre Oase mitten in einsamster Wüste, übte nicht nur auf mich von Jugend an eine nahezu magische Anziehungskraft aus. Ähnlich wirkt sie auch auf die Tuareg in riesigen Regionen westlich und südlich der Salinenortschaft, die wochenlang in Kamel-Karawanen hierher ziehen, um das berühmte Bilma-Salz einzutauschen (Näheres s.o.). So hat sich der Ort noch etwas von jener fast majestätischen Ruhe bewahrt, die Wüstenkarawanen so attraktiv für uns machen.

Bilma – Nguigmi

Die Strecke durch den großen Erg von Bilma ist auf langen Abschnitten pistenlos und führt über Ketten von sehr hohen Sanddünen, deren Überquerung mit zu den schwierigsten Strecken der Sahara zählt. Daher ist es ratsam, einen ortskundigen einheimischen **Führer** mitzunehmen. Eine Erlaubnis ist bei der Verwaltung in Nguigmi oder Bilma einzuholen. Fazit: eine Strecke für den Routinier, der schon viele Sahara-Reisen gemeistert hat! 750 km nichts als Sand!

Rechnen Sie mit mindestens dem doppelten Treibstoffverbrauch gegenüber einer Straßenfahrt! Die Rallye Dakar übrigens bewältigte diese Strecke an einem einzigen Tag. Touristen sollten mit vier Tagen rechnen, übrigens die gleiche Zeit, die die Erstdurchquerer benötigten, vier Kettenfahrzeuge *(autochenilles)* der Marke Citroën!

Dirkou – Djado

Landschaftlich besonders reizvoll ist auch die **nordöstliche Ténéré.** Dünen sind hier selten, der flache Untergrund ist überwiegend feinkiesig-fest (Sie werden mich verfluchen, wenn Sie dann doch in weichen Walrücken-Dünen festhängen!). Den Kontrast bilden stark erodierte Plateauränder mit dramatischen Felskulissen.

Die Piste Dirkou – Djado verläuft in 5–10 km Abstand von der Falaise. Nur wenige Kilometer nördlich von Dirkou passieren wir dabei zunächst den lang gestreckten **See von Arrigui,** der sich am Fuß der Kaouar-Falaise hinzieht. Binsen und Schilf begrünen seine Ufer, Dattelpalmen und Sanddünen bilden einen malerischen Kontrast zu den Felsabhängen im Hintergrund.

45 km nördlich von Dirkou ist an den Felshängen die in Ruinen liegende, verlassene Fluchtburg **Aney** zu sehen. Einfache Häuser und Hütten um sie herum dienen den hiesigen Tubu nur noch zeitweise als Unterschlupf während der Dattelernte. Der **Pic Zumri,** ein auffallender, dunkler Kegelberg draußen in der Ténéré-Wüste, dient als Orientierung für die Wüstenfahrer.

Im Norden liegt dann die **Oase Séguedine** (N 20°11,776′ / O 12°58,070′), wo Tubu leben. Der alte Stadtkern ist weitgehend zerfallen, die Mauern sind verwittert. Salz und Datteln sind die wichtigsten Produkte des Ortes, jedoch liegt die Bedeutung der Saline deutlich hinter Bilma oder Fachi, da Séguedine – weit im Nordosten von den Viehzuchtgebieten entfernt – von den Kamelkarawanen nur schwer zu erreichen ist. Nur die libyschen Lastwagenfahrer nehmen hin und wieder ein paar Säcke Datteln und Salz mit. Außer Trinkwasser keine Versorgungsmöglichkeiten. Sehenswert sind auch hier die **Salinen:** weißes Salz, grellgelbe Solebecken.

Von Séguedine führt Richtung Nordosten eine Piste zum Brunnen und Grenzposten von **Madama** und weiter nach Libyen (Achtung! Für Europäer keine Einreisemöglichkeit! Eine Ausreise und derzeit legale Einreise in den Niger ist jedoch möglich (siehe hierzu den Reiseführer „Libyen", Reise Know-How Verlag), Richtung Nordwesten eine andere zu dem einzigen noch bewohnten Ort **Chirfa.** Chirfa ist nicht nur Ausgangspunkt für den Besuch der „Wasserburg" Djado, sondern auch der spektakulären Felsnester von Djaba und Orida. Hier erfolgt erneut eine Kontrolle der Papiere (N 20°55,303′ / O 12°19,405′).

Bei Fahrten, die das Djado-Plateau zum Ziel haben, erklimmt man auf einer kaum erkennbaren Piste bei **Orida** die Plateauhöhe. Vor dem Ort befindet sich auf einem Felsen ein Militärposten, scheinbar ein lockerer Dienst (kaum Uniform). Im Ort ist Trinkwasser (gegen

Gebühr) erhältlich. Das **Djado-Plateau** selbst besteht aus zerklüfteten Sandsteinen, aus denen vereinzelt Bergspitzen herausragen. Im **Blaka-Tal** zwischen diesen beiden Pisten findet man zahlreiche Felszeichnungen (Gravuren). Nach etwa 80 km ragt im Westen der Berg Oleki aus der hügeligen Hochfläche heraus. Chirfa wird von ein paar Tubu-Familien bewohnt, die einst aus dem Osten eingewandert sind. Das alte französische **Fort** aus dem Jahr 1923 erinnert an die Kolonialzeit. Nur wenige Kilometer nördlich von Chirfa befindet sich auf einem Hügel, der zum Teil von einem Tümpel umgeben ist, die alte befestigte Stadt **Djado** (N 21°0,957' / O 12°18,514'), der „Mont Saint-Michel der Ténéré". Eine Forschergruppe unter Leitung von *Dr. Uwe George* hat herausgefunden, dass Djado von berberischen Tuareg im frühen Mittelalter gegründet, im 15. Jh. gewaltsam zerstört und später von Süden her, aus Schwarzafrika, möglicherweise auch von Christen, erneut bewohnt wurde. So wurde u.a. ein christliches Massengrab mit den Überresten von 10.000 Menschen freigelegt, in dem über einen Zeitraum von rund 250 Jahren bestattet wurde. Mitte des 20. Jh. haben Tubu die Stadt zerstört und erobert, vermutlich wegen der dortigen Palmenhaine. Die **Festung** kann besucht werden. Sie ist inzwischen ziemlich verfallen. Gerüchten zufolge wurde die Stadt wegen der zigtausend Malariamücken, die in den Sümpfen um die Festung hausen, verlassen. Auch jetzt noch sind die Moskitos bei den faszinierenden Klettertouren durch die verfallene Stadt eine echte Plage.

Achten Sie auch auf Schlangen – sie kommen hier ziemlich häufig vor!

Nördlich von Djado befindet sich die kleinere Schwesterstadt **Djaba** (N 21°4,670' / O 12°16,169'), eingebettet in eine faszinierende Felslandschaft, unmittelbar vor dem aufragenden Plateau. Die einst aus Lehmziegeln erbauten Städte sind zwar inzwischen vom Verfall gekennzeichnet, die Ruinen bröckeln vor sich hin, die einmalige Schönheit der Lage ist aber jedem zugänglich.

Noch einige Kilometer nördlich von Djaba liegt **Orida** (N 21°6,447' / O 12°15,459', ein Felstor), wo eindrucksvolle Zeugenberge am Fuße des Plateaus, von hellem Sand umgeben, als weithin sichtbarer Orientierungspunkt dienen – eine überwältigende Landschaft. Leider darf Orida nicht besucht werden: Eine italienische Reisegruppe war hier auf eine Mine gefahren, und seither ist nördlich von Djaba „restricted area".

Aus- und Einreise via Djanet/Algerien

Die Strecke von Chirfa nach Djanet (Algerien) ist – im Gegensatz zur übrigen Ténéré – für Europäer auch ohne Begleitung von ortskundigen Führern erlaubt; der Posten in Chirfa duldet die Ausreise ohne Auseiseformalitäten, vielleicht wissend, dass die Agenturen aus Agadez die Grenze zu Algerien nicht überschreiten dürfen. Die Strecke ist bis Djanet ca. 535 km lang und über weite Distanzen mit eng stehenden, 2,50 m hohen Balisen markiert (deshalb auch **„Balisen-Piste"** genannt, sie enden – bzw. beginnen in Gegenrichtung fahrend – jedoch bei Km 390 auf Höhe des Adrar Mariaou mit der Balise 1). Die russischen Generalstabskarten F-33-W (Chirfa), F-32-G (Adrar Bous), F-32-B (In Ezzane) und G-32-G (Djanet) zeigen die Situation ausreichend gut.

Die **Sicherheitslage** ist allerdings unbefriedigend: Die gesamte nördliche Ténéré ist noch immer Rückzugsgebiet von Banditen. Wiederholt kam es zu **Überfällen und Fahrzeugwegnahmen;** da davon bisher stets Nord-Süd-Reisende betroffen waren, keimte der Verdacht auf, „Verrat" in Djanet könnte im Spiel sein. Immerhin bekommen es ja genügend, auch zwielichtige, Gestalten in Djanet mit, wenn Ausreiseabsichten bestehen, und mindestens der Zoll ist wegen der Devisenerklärung darüber informiert, mit welch (großen?) verlockenden Geldbeträgen und welch tollen Geländefahrzeugen sich da Reisende ins saharische Niemandsland zwischen den Grenzen begeben! Ich rate deshalb von der Balisen-Piste – Nord-Süd-fahrend – derzeit ab; wählen Sie lieber den Umweg über In Guezzam, von Djanet aus z.B. über Youf Ehaket und Tagrira, besuchen Sie Aïr und Ténéré via Arlit und Iférouane, und wählen Sie die Balisen-Piste ggf. nur für den Rückweg; den Posten in Chirfa würde ich dann über Ihre Ausreiseabsichten – ob er ggf. zustimmt oder auch nicht – im Unklaren lassen. Die algerischen Behörden übrigens haben sich in letzter Zeit auch mit Einsatz von Hubschraubern bemüht, die Region sicherer werden zu lassen, doch – um es noch einmal zu betonen – Sicherheit ist hier ein sehr relativer Begriff.

Eine Einreise in Djanet ist bei vorhandenem Visum möglich und wird von den algerischen Behörden geduldet. Die Einreise in den Niger jedoch ist offiziell nicht gestattet. Wer es dennoch wagen will, ist gut beraten, zuvor ein „Feuille de route" über eine der Agenturen in Agadez zu besorgen. Dann sollen, nach offizieller Version, die Botschaft des Niger und das Tourismus-Ministerium konsultiert werden, die darüber informieren, ob und unter welchen Bedingungen (nicht) eingereist werden darf.

Hier einige Kontaktadressen:
- **Tourismusministerium Niamey**
Mdm. Aïssa Siddo (Ende 2009),
Tel. 00227-20736522/23/22, Fax 20732387.
- **Botschaft des Niger**
Botschaftsrat Adamou, Tel. 0228-3502782.
Kontakt zu in dieser Region erfahrenen Reiseveranstaltern in Deutschland:
- **Saro-Expedition**
Rosenheim, Tel. 08031-32758.
- **SUNTOURS,** Langgöns, Tel. 06447-92103.
Kontakt zu einem in dieser Region erfahrenen Reiseveranstalter in Agadez:
- **Le Pélerin du Désert**
Mr. Alkontchi Aoutchiki, Agadez, Niger, Tel. 00227-20440586, Fax 20753790, Mobil 972452, Sat-Telefon 0088-216-22770464 ab 18 Uhr, pelerindudesert_fr@yahoo.fr (Korrespondenz in Französisch oder Englisch).

Auf die Möglichkeit, in Agadez beim algerischen Konsulat ein Transit-Visum zu erhalten, sei hier noch einmal verwiesen.

Auf die **unbefriedigende Reisesituation** hatte ich oben schon verschiedentlich hingewiesen (beispielsweise im Zusammenhang mit der Ausreise bei Assamaka). Kommen Sie in Djanet an, haben Sie hier jedoch den im Gegensatz zu In Guezzam unschätzbaren Vorteil, dass im Ort mehrere Agenturen ansprechbar sind, mit deren Hilfe und in deren Begleitung Sie Ihre weitere Reise durch dieses im Prinzip so schöne Saharaland organisieren können.

Von Chirfa nach Iférouane über den Arbre Thierry Sabine

Seitdem am ehemaligen „Arbre perdu", am verlorenen Baum, eine kleine Gedenkstätte zu Ehren des verstorbenen Begründers der Rallye Paris – Dakar eingerichtet und die schüttere Akazie in „Arbre Thierry Sabine" umbenannt wurde, ist sie häufig Ziel der Reiseagenturen aus Agadez auf ihrem Weg zum Djado-Plateau. Die Strecke ist außerhalb der Aïr-Berge leicht zu befahren und vermittelt etwas Surreales: Wir bewegen uns auf scheinbar endlosen Ebenen, irgendwo auf der Erdkugel, die sich, ähnlich wie auf dem Meer, auf dieser Strecke tatsächlich als Kugel empfinden lässt: flacher Horizont um uns her, alles ins gleißend saharische Licht gehüllt. Dann taucht als dunkler Punkt am Himmel knapp über dem Horizont der **„Verlorene Baum"** auf, ein winziges Atoll mitten im Sandmeer (Km 125, N 20°37,982′ / O 11°14,848′). Bei der Weiterfahrt nach WSW passieren wir die eher unscheinbaren Grein-Berge (Km 165, N 20°28,25′ / O 10°56,3′) und später den bekannten **Adrar Bous** (s.o., Km 375, N 20°18,417′ / O 9°0,083′). Die jetzt deutliche Piste wendet sich am Rand des Aïr-Gebirges nach Süden, wo wir nach weiteren 65 km die für ihre Schönheit berühmten **Temet-Dünen** erreichen (Km 440, N 19°59,933′ / O 8°43,167′). Nach Süden und Südwesten zu führt uns die Piste durch die Aïr-Berglandschaften. Nach weiteren knapp 100 km erreichen wir die Hauptpiste (N 19°15,26′ / O 8°21,898′), die nördlich von Iférouane in Richtung In Azaoua an die algerische Grenze führt. Auf ihr wenden wir uns nach Süden und erreichen den Ort **Iférouane** am Fuße des Tamgak-Massivs nach weiteren 20 km, Gesamt-Km 560 (Beschreibung s.o.).

Entlang der beschriebenen Strecke stehen noch immer große Markierungen (Balisen) der **Mission Berliet,** die (aus Werbegründen) das Ziel verfolgte, Techniken des Transportes in der Sahara mit wissenschaftlichen Interessen zu verbinden. Der französische Lkw-Hersteller stellte einer Gruppe von Wissenschaftlern (u.a. *Henri Lhote*) neun Allrad-Lkw vom bereits erprobten Sahara-Typ Berliet-Gazelle (Dreiachser, Allradantrieb), sechs Land-Rover, einen Hubschrauber und ein Erkundungsflugzeug zur Verfügung, um einen direkten Weg durch die damals noch kaum bekannte Ténéré-Wüste in den Tschad zu erkunden und gleichzeitig die Geheimnisse dieser Wüste am Ende der Welt zu erforschen. Ende 1959 startete die Gruppe in Djanet und gelangte bis in den Tschad. Auf dem Rückweg Anfang des Jahres 1960 wurden dann an markanten Punkten oder bei wichtigen Richtungswechseln die Balisen gesetzt. So steht die No. 15 bei den Grein-Bergen, die No. 16 am Ende des Erg Capot-Rey und die Balise No. 17 am Beginn der Temet-Dünen aus Osten kommend, aus Richtung Adrar Bous. Der Adrar Bous selbst wurde sorgfältig erforscht; eine umfangreiche Sammlung vor allem neolithischer und prähistorischer Fundstücke gelangte so nach Frankreich, die lange Jahre in der Zisterzienser-Abtei von Sénanque in der Provence ausgestellt wurde.

Burkina Faso

# Burkina Faso

von Thomas Baur

Jugendliche Fans bei einem Straßenfest

Straßenszene in Ouagadougou

Händler und Reisende am Busbahnhof

Landeskundliche Informationen

Geografie

Das Staatsgebiet von Burkina Faso (ehemaliges Obervolta/Haute Volta) erstreckt sich über eine Fläche von **274.200 km²** (etwas größer als Westdeutschland); das Binnenland (mittlere Entfernung zur Küste 500 km) wird im Norden von Mali und Niger begrenzt und im Süden durch Benin, Togo, Ghana und die Elfenbeinküste vom Meer getrennt. Es besteht hauptsächlich aus einem 250–350 m hoch gelegenen Plateau aus präkambrischen Schichten (Gneise, Granite), auf dem sich einzelne Berge und Felsen erheben; im SW ragt ein Sandstein-Tafelland (500 m) auf; höchste Erhebung ist mit 749 m der Tenakourou im Westen an der Grenze zu Mali.

Die **drei Quellflüsse des Volta,** Schwarzer, Roter und Weißer Volta, bewässern das Land. Nur der Schwarze Volta führt ganzjährig Wasser, die anderen versiegen in der Trockenzeit.

Der nordöstliche Teil des Landes liegt in der **Sahelzone** (durch Dornengestrüpp, Dornbuschsavanne und Halbwüsten gekennzeichnet), der übrige Teil in der **Savannenzone.** Im mittleren und größten Landesteil **(Mossi-Plateau)** dominiert Trockensavanne, d.h. hohe Gräser und Büsche sind vorherrschend; im Südwesten geht diese in Feuchtsavanne über, wo sich einzelne Bäume zunehmend gegen die Büsche durchsetzen. Einzelne Waldinseln tauchen auf, sowie Galeriewälder entlang der Flüsse. Die Feuchtsavanne ist Hauptanbaugebiet für Baumwolle, Reis und Zuckerrohr.

Landeskundliche Informationen
BURKINA FASO

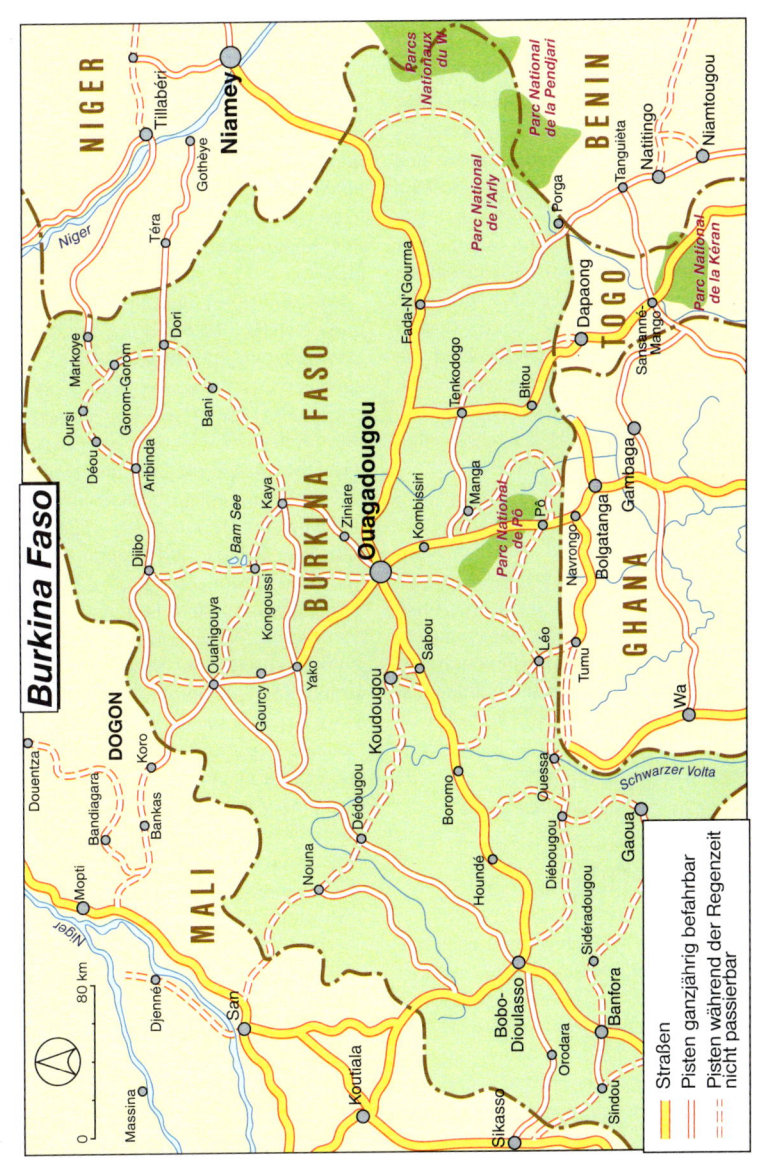

Klima

Burkina Faso hat ein **wechselfeuchtes tropisches Klima,** bei dem sich zwei Jahreszeiten unterscheiden lassen: eine **Regenzeit** (Juni bis Oktober) und eine **Trockenzeit** (November bis März), wobei die Monate April und Mai die heißesten sind. In der Trockenzeit weht aus nordöstlicher Richtung der Harmattan, ein Staub führender Wind, dessen „Sandnebel" manchmal tagelang die Sonne verdeckt. Dauer der Regenzeit, Häufigkeit und Menge der Niederschläge nehmen von Süden nach Norden hin ab. Während im Südwesten 1000–1300 mm Regen/Jahr gemessen werden, sind es im Zentrum 500–1000 mm/Jahr und im Nordosten (Sahel) nur sehr geringe Niederschläge, die manchmal ganz ausbleiben.

Im Süden herrschen relativ gleichbleibende Durchschnittstemperaturen von ca. 30°C, vor allem im Norden (Sahel) gegen Ende der Trockenzeit vielfach über 40°C. Die **beste Reisezeit** ist von Dezember bis März.

Bevölkerung

Die rund **13 Mio. Einwohner** zählende Bevölkerung Burkina Fasos umfasst mehr als 60 verschiedene ethnische Gruppen, von denen die **Mossi** im Zentrum des Landes zahlenmäßig am stärksten vertreten sind und knapp 50% der Einwohner des Landes ausmachen. Danach folgen die überwiegend im Norden lebenden Tuareg, Fulbe (ca. 10%) und Bella, wobei die Fulbe (Peulh) auch in den übrigen Teilen des Landes als halbnomadisch lebende Viehzüchter anzutreffen sind. Die Kurumba leben im Norden (Sahel) zwischen Aribinda und Ouahigouya; sie haben sich jedoch im Laufe der Zeit sehr stark mit den Mossi, Songhay und Fulbe vermischt.

Eine andere wichtige Bevölkerungsgruppe stellen die **Bobo** (ca. 8%) dar; Untergruppen sind Bwabas in der Gegend von Dédougou und Houndé, Bobo-Fing (im Westen) um Bobo-Dioulasso und die Bobo-Ule (im Osten). Weitere Ethnien sind die Lobi und Dagari (7%) im Grenzgebiet zur Elfenbeinküste und Ghana sowie Senufo (5%), Gurunsi (ca. 5%), Samou und Dogon, Bissa (5%) und Gourmantche (5%). Außerdem leben etwa **5000 Europäer**, meist Franzosen, in Burkina Faso. Die nachfolgende Webseite listet nicht weniger als 66 lebende Sprachen in Burkina Faso auf (www.ethnologue.com).

Die Zahl der im Ausland lebenden Burkinabé schätzt man auf 2–4 Mio. Sie leben meist in der Elfenbeinküste, wo sie aber in den letzten Jahren rassistisch motivierten Repressionen und Übergriffen ausgesetzt sind.

Mit durchschnittlich 37 Einw./km² ist Burkina eines der dichter besiedelten Länder Westafrikas. Die jährliche demografische Zuwachsrate beträgt ca. 3%. Eine burkinische Frau bringt im Durchschnitt sechs Kinder zur Welt.

Am größten ist die Bevölkerungsdichte im mittleren Teil des Landes, um die Hauptstadt Ouagadougou (Zuwachsrate von 9,8% jährlich); das Mossi-Plateau ist mit 77 Einwohnern/km² eigentlich überbevölkert, während im Norden (Sahel) nur ca. 9 Einwohner/km² leben. Die starke Bevölkerungszunahme in den letzten Jahrzehnten hat dazu beigetragen, dass die Dürreperioden der 1970er Jahre katastrophale Folgen hatten. In den Städten leben rund 20% der Bevölkerung. Wie in allen afrikanischen Ländern ist auch in Burkina Faso in jüngster Zeit ein starker Trend zur **Landflucht** zu beobachten. Trotzdem sind noch mehr als 80% der Erwerbspersonen im primären Sektor (Landwirtschaft, Viehzucht, Fischerei und Forsten) beschäftigt.

Sprachen

Französisch ist wie in allen anderen ehemaligen Kolonien Frankreichs Amtssprache. Sie ist die einzige in den Schulen unterrichtete Sprache (abgesehen von Koranschulen, in denen die arabische Schrift gelehrt wird), sie wird aber aufgrund der niedrigen Einschulungsquote nur von einer Minderheit der Bevölkerung verstanden.

So zahlreich wie die Stämme sind auch die Sprachen und Dialekte. Die verbreitetsten **Umgangssprachen** sind **Mooré** (Sprache der Mossi, das mit Bobo, Lobi und Senufo zu den Gur-Sprachen zusammengefasst wird), **Dioula** (Sprache der Kaufleute) und **Fulfulde** (Sprache der Fulbe/Peulh). Andere Handelssprachen sind Englisch und Arabisch. Im Süden werden verschiedene Mande-Dialekte gesprochen.

Religionen

Von allen in diesem Band besprochenen Ländern praktiziert Burkina Faso die **laizistische Verfassung** am weitesten. Das Zusammenleben der einzelnen Religionsgruppen ist geprägt von Toleranz. So kann man etwa im islamischen Fastenmonat Ramadan tagsüber in einem Straßencafé ohne weiteres Bier trinken und ein Hühnchen verspeisen, ohne Anstoß zu erregen. In anderen Ländern des Sahel wäre dies kaum denkbar.

Etwa **50%** der Bevölkerung sind **Moslems, 40%** Anhänger von **traditionellen afrikanischen Religionen** und ca. **10% Christen,** vor allem Katholiken.

Für die staatstragende Ethnie der **Mossi** wurde die Welt von **Wendé,** einem obersten Gott, erschaffen. Alles wird durch seine Kraft *Nam* belebt, besonders das, was für das Überleben des einzelnen und der Gemeinschaft wichtig ist. Das Leben wird als Ausdruck der Kraft Wendés angesehen. Als *Tenga Wendé* gibt er der Erde Fruchtbarkeit, als *Tido Wendé* lässt er die Pflanzen wachsen. *Saga Wendé* ist die Macht Gottes, Regen zu schicken. Um Wendé herum kreisen ständig, jedoch schwer erreichbar, Geister, Ahnen und Vermitt-

> **Buchtipp:**
> ● **Mooré für Burkina Faso**
> (REISE KNOW-HOW Kauderwelsch; auch als AusspracheTrainer auf Audio-CD)

ler zwischen den Menschen und der höchsten Gottheit.

Der **Ahnenkult** spielt bei den Mossi eine große Rolle. Es besteht eine Wechselbeziehung zwischen „Toten" und „Lebenden". Um die Kraft der Ahnen zu stärken, bringt man ihnen regelmäßig Opfer, betet sie an und verehrt sie, so dass diese genug Kraft haben, um ihre Nachkommen zu beschützen. Man fragt die Ahnen um Rat und lässt sie auch, soweit möglich, an den Ereignissen des Lebens teilhaben.

Jeder Bruch und jede Übertretung der Verbote rufen **Strafe und Rache** vonseiten der Gottheiten und Ahnen hervor; und bei jedem Verstoß sind für den Verantwortlichen Krankheit und Unglück die Folge. Ebenso werden die „natürlichen" Notstände (Dürren etc.) als Strafen angesehen.

Bestandteil der alten Traditionen in Westafrika ist leider immer noch häufig das grausame Ritual der **Beschneidung** der jungen Mädchen. In Burkina Faso sind laut amnesty international 70% (!) aller Frauen beschnitten worden.

Der **Islam** hat die Grenzen des Mossi-Reiches erst gegen Ende des 18. Jh. erreicht. Der *Mogho Naaba* wechselte zum Islam über, ohne die Religion des Propheten seinen Staatsbürgern aufzuzwingen. Der Islam breitete sich nach und nach immer weiter aus und ist heute die in der Hauptstadt Ouagadougou am meisten praktizierte Religion. Die „neuen" Moslems trinken zum größten Teil weiterhin Dolo, bringen den Ahnen ihre Opfer und leben, vorausgesetzt, sie können es sich leisten, in polygamen Ehen. Kurzum: Der Islam wird in Burkina Faso wenig dogmatisch praktiziert.

Das Begräbnis-Ritual der Mossi

Nach Auffassung der Mossi gibt es für ein Individuum **drei verschiedene Tode,** die man nicht durcheinander bringen darf: der medizinische Tod im westlichen Sinne, der offizielle Tod, der oftmals einige Tage danach (zum Beispiel bei einem Dorfchef) stattfindet. Die Seele oder der Geist des (verstorbenen) Individuums verlassen den Körper jedoch nicht vor der Beerdigung, was die Mossi den „zivilen Tod" nennen und das Ende des hiesigen Lebens markiert.

Erst nach dem dritten Tod kann man alle Maßnahmen für das „Nachleben" einer Person treffen. Zwischen dem offiziellen und dem zivilen Tod ruht sich der Geist in Pouloumpoukou, einem heiligen Gebiet im Nordwesten von Ouaga, aus – so zumindest der Glaube der Mossi. Dies ist die Periode des Übergangs.

Bemerkenswert ist in diesem Zusammenhang die Tatsache, dass eine Person, die sich zu Lebzeiten gegen ihre Eltern gestellt hat, meist nicht das Recht auf eine pompöse Beerdigung hat – man unternimmt nur das Nötigste, um ihr das Verlassen der Erde zu ermöglichen.

Beerdigt wird ein Mossi relativ schnell, meist in der Nähe seines ehemaligen Hauses, d.h. in seinem Hof, in einem Betongrab. Es gibt jedoch auch mehrere Friedhöfe in Ouaga. Moslems und Christen setzen die Verstorbenen entsprechend ihren Bräuchen bei.

Geschichte

Felszeichnungen, die man in der Gegend von Banfora gefunden hat sowie zahlreiche von Archäologen ausgegrabene Steinobjekte lassen darauf schließen, dass das Gebiet des heutigen Burkina eine **lange Geschichte** aufzuweisen hat. Weiterhin weisen Untersuchungen aus jüngster Zeit darauf hin, dass man im 13. und 14. Jahrhundert im Süden des Landes Gold schürfte.

Ab dem 12. und 13. Jh. kamen in mehreren aufeinander folgenden **Einwanderungswellen** verschiedene Völker aus anderen Teilen Afrikas, um sich in diesem Gebiet niederzulassen; die Bobos kamen aus dem Nordwesten, die Mossi und Gourmantche aus dem zentralen Sudan, die Fulbe (Peul) aus dem Nordosten ebenso wie die Lobi.

Man nimmt an, dass die ersten Bewohner im Gebiet des heutigen Burkina Völker waren, die Gur- oder Volta-Sprachen gesprochen haben, wie zum Beispiel die Bobo und Senufo. Diese unterschiedlichen Volksstämme haben vor der Kolonisierung durch die Franzosen **zahlreiche Königreiche** gebildet, von denen die **Mossi-Reiche** Wagadugu, Yatenga und Gourma die bedeutendsten waren (s.a. Land und Leute Westafrikas/Geschichte).

Die anderen Völker im Westen widersetzten sich erfolgreich den sudanesischen Eroberern (Mali und Songhay). Erst gegen Ende des 19. Jh. kam dieses Gebiet ins Kreuzfeuer der Kolonialmächte Frankreich und Großbritannien. Den Franzosen gelang es schließlich nach der Militärmission von *Voulet* und *Chanoine*, das Gebiet zu erobern und im Jahr 1897 zum **französischen Protektorat** zu machen. 1932 wurde das Gebiet aus rein kommerziellen Gründen zwischen der Kolonie Französisch Sudan, Niger und Elfenbeinküste aufgeteilt. Im Jahr 1947 bekam **Haute Volta** seine administrative und territoriale Einheit wieder, mit den heute noch gültigen Grenzen.

Erster Präsident nach der **Unabhängigkeitserklärung am 5. August 1960** war *Maurice Yameogo*. 1965 kam es zum Putsch durch Oberstleutnant *Sangoulé Lamizana*. Danach wechselten Militärregierungen mit Zivilregierungen ab, auf eher diktatorische Strukturen folgten demokratische (Mehrparteiensystem etc.), Misswirtschaft und Machtkämpfe kennzeichneten die Politik des Landes, bis am 25. November 1980 mit einem Staatsstreich General *Lamizana* abgesetzt wurde und Leutnant *Saye Zerbo* mit Hilfe einiger Offiziere die Macht ergriff. Bereits zwei Jahre später wurde er von *Jean-Baptiste Ouedraogo* abgelöst. Am 4. August 1983 übernahm **Thomas Sankara** die Macht (s.a. entsprechenden Exkurs); er war schon zu Zeiten *Ouedraogos* Premierminister gewesen. Wenig später wurde Obervolta in **Burkina Faso** umbenannt – **„Land der Aufrechten".**

Ziel der links-sozialistischen Militärregierung, mit starken Anlehnung an den Ostblock, war die Umgestaltung der überkommenen Machtstrukturen; zur Durchsetzung ihrer Politik wurden „Komitees zur Verteidigung der Revolution" gebildet (CDR). Die Mitglieder des CDR wurden von der Bevölkerung gewählt, wobei in einem neunköpfigen Gremium mindestens eine Frau vertreten sein musste. Verwaltungsmäßig wurde das Land in dreißig Provinzen eingeteilt. Es liefen Kampagnen gegen Betrug und Korruption; vor revolutionären Volksgerichten wurden Politik- und Wirtschaftsvergehen untersucht. Wichtigste Ziele waren und sind die Förderung der Landwirtschaft (Selbstversorgung mit Nahrungsmitteln) und der Kampf gegen die zunehmende Desertifikation des Landes. Die Parolen lauteten: „Consommer Burkinabé" und „Pour un Burkina vert".

In den Nachmittagsstunden des 15. Oktober **1987** wurde **Präsident Thomas Sankara gestürzt** und umgebracht. Im Sportdress verscharrte man ihn und ein Dutzend Mitarbeiter auf einem Vorstadtfriedhof von Ouagadougou. Das politisch bewusste Afrika betrauerte den Verlust einer der wenigen progressiven Führer, die eine eigenständige und unabhängige Zukunft auf dem Schwarzen Kontinent verkörperten. Die Gründe für das Drama sind immer noch nicht völlig aufgeklärt. *Sankara* liebte rasche und oft auch einsame Entscheidungen, weil er nicht zu Unrecht der Meinung war, dass seinem Land die Zeit davonlaufe. Im Laufe der Jahre häuften sich die Differenzen mit den anderen „historischen" Führern der Revolution des 4. August 1983, *Blaise Compaoré, Jean-Baptiste Lingani* und *Henri Zongo,* über Tempo und Härte einzelner Maßnahmen, die im Fortgang der Revolution zu ergreifen waren. Da der Conseil National de la Révolution (CNR) mit seiner unklaren und wechselnden Mitgliedschaft kein klar definiertes Gremium zum Austragen politischer Differenzen war, häufte sich das gegenseitige Misstrauen. Schließlich kam es soweit, dass *Blaise Compaoré* und seine Freunde – ob zu Recht oder zu Unrecht, darf dahingestellt bleiben – davon überzeugt waren, dass *Sankara* sie am Abend des 15. Oktober festnehmen und erschießen lassen wollte. Sie kamen ihm zuvor.

Nach vier Tagen des nationalen Schocks sahen die Fernsehzuschauer am Montag des 19. Oktober den neuen **Präsidenten Blaise Compaoré** die Gründe für die Machtergreifung der Front Populaire erklären. Seither bemüht sich die Front Populaire im In- und Ausland um die Etablierung ihres Ansehens als wahre Sachverwalterin der Revolution des 4. August, deren Prinzipien angeblich von *Sankara* verraten worden seien. Am 18. September 1989 wurden auch die noch übrigen Rivalen *Compaorés*, die beiden Minister *Lingani* und *Zongo*, wegen eines angeblich geplanten Putsches gegen den Staatschef erschossen – „La Patrie Ou La Mort Nous Vaincrons!" (Zur weiteren Entwicklung siehe das folgende Kapitel „Politik".)

Ouagadougou – Rundgang auf der Kunsthandwerksmesse S.I.A.O.

Politik

Burkina Faso ist eine laizistische **Präsidialrepublik** nach dem Muster der V. Republik Frankreichs. Das seit 1990 von Präsident *Compaoré* verfolgte Ziel, eine **parlamentarische Demokratie** (wieder)einzuführen, ist formal inzwischen erreicht. Parteien sind zugelassen, die Pressefreiheit ist de jure wiederhergestellt, die Dezentralisierung hat begonnen. Dennoch: Präsident und Regierungspartei haben eine dominierende Rolle.

Im Frühjahr 1990 wurde ein Kabinett zur Ausarbeitung einer Verfassung gebildet. Am 2. Juni 1991 wurde die neue **Verfassung** in Volksabstimmung mehrheitlich verabschiedet. Von ca. 3,4 Mio. Wahlberechtigten hatten sich 1,66 Mio. am Referendum beteiligt, 1,62 Mio. stimmten für den vorgelegten Verfassungsentwurf.

Die neue Verfassung sieht u.a. Gewaltenteilung zwischen Exekutive, Legislative und Judikative vor sowie die Etablierung eines **Mehrparteienparlaments** mit einer Legislaturperiode von vier Jahren. Außerdem sind direkte allgemeine Präsidentschaftswahlen darin verankert; die Amtszeit des Präsidenten ist auf sieben Jahre begrenzt, wobei eine Wiederwahl möglich ist. **Grundrechte und Grundfreiheiten** der Bürger werden ebenso garantiert wie freie politische Betätigung im Rahmen der allgemeinen Gesetze. Die Verfassung sieht auch eine unabhängige – einem Obersten Gericht verantwortliche – Justiz vor.

Thomas Sankara – eine afrikanische Polit-Legende

Sein Todestag, der 15. Oktober 1987, wird noch heute jährlich begangen. Der **Mythos,** der weit über die Grenzen von Burkina Faso reicht, lebt weiter. Für viele Afrikaner ist *Thomas Sankara* ein Märtyrer, der für einer gerechte Sache starb – wie *Patrice Lumumba*.

Der charismatische Politiker Thomas Sankara war seiner Stammeszugehörigkeit nach **Silmi-Mossi,** d.h. Mestize mit verwandtschaftlichen Beziehungen sowohl zu den Mossi als auch zu den Peul (Vater). Nach seiner Ausbildung (Militärakademien in Madagaskar, Frankreich und Marokko) wird er im Jahre 1976 Ausbilder der Fallschirmspringer und Verantwortlicher der Para-Kommandos, einer militärische Eliteeinheit in Pô.

1981 ernennt der damalige Präsident *Saye Zerbo* Thomas Sankara zum Staatssekretär. In Diskussionen mit seinen Freunden *Jean Baptiste Lingani, Henry Zongo* und *Blaise Compaoré* entsteht bei Sankara mehr und mehr der Wunsch, die politischen Strukturen in Obervolta zu verändern. Im April 1982 wird er wegen Meinungsverschiedenheiten abgesetzt und ins Militärlager von Dédougou „strafversetzt". Zu dieser Zeit wurde er über Militärkreise hinaus in der Öffentlichkeit bekannt. Man vermutet, dass er bei dem Staatsstreich von 1982, als *Ouedraogo* an die Macht kam, bereits eine wichtige Rolle spielte.

Am 1. Januar 1983 wird Thomas Sankara zum **Premierminister** ernannt und bereits am 17. Mai **1983 verhaftet,** da sich die politischen Gegensätze des konservativen Staatschefs und des progressiven Premierministers verschärft hatten. Thomas Sankara hatte sich mit seinen Vorstellungen von einem eigenen Entwicklungsweg sowohl eindeutig gegen die herrschenden Gruppen als auch gegen die Franzosen gestellt. Auf seine Verhaftung reagierten Jugendliche und Intellektuelle mit tagelangen Demonstrationsmärschen durch die Stadt („Libérez Sankara!"). Jean Baptiste Lingani wurde ebenfalls verhaftet und Henry Zongo im Militärcamp festgehalten. Blaise Compaoré konnte sich jedoch zu den Para-Kommandos in Pô zurückziehen, von wo aus er am 4. August 1983 den **Militärputsch** durchführte, der Thomas Sankara an die Spitze brachte.

Capitain Sankara wurde **Präsident** des Nationalen Revolutionsrates (CNR), Blaise Compaoré Staats- und Justizminister an der Presidence, Jean Baptiste Lingani Verteidigungsminister und Henry Zongo Wirtschaftsminister.

Anlässlich des ersten Jahrestages der Revolution, am 4. August 1984, wurde das bisherige **Obervolta in Burkina Faso umbenannt,** was offiziell mit „Vaterland der Würde" bzw. „Land der Unbestechlichen" übersetzt wird. Im Zuge der „Afrikanisierung" wurde auch die Flagge geändert, die jetzt aus zwei waagerechten Streifen, in den panafrikanischen Farben Rot (oben) und Grün (unten), besteht, mit einem gelben Stern in der Mitte, als Symbol für die revolutionären Prinzipien der Regierung.

Zu Sankaras Regierungszeiten gehörte Burkina Faso zu den revolutionärsten Ländern Afrikas. Gleichzeitig war es eines der fünf ärmsten Länder der Welt. Sankaras Vorgehensweise war für die damalige Zeit sehr ungewöhnlich, denn er war der Ansicht, dass Entwicklung nur mit eigener Kraft und Anstrengung des ganzen Volkes zu erzielen sei, nicht mit ausländischen Spenden und Hilfsgütern. In verschiedenen Kampagnen ließ er innerhalb kürzester Zeit z.B. durch freiwillige Arbeit der Dorfbevölkerung in jedem Dorf eine kleine Krankenstation sowie in über 300 Gemeinden Schulen errichten und in einer landesweit angelegten Impfkampagne den größten Teil der Kinder gegen Masern, Gelbfieber und Meningitis impfen. Aufsehen erregte auch der Staatswagen des Präsidenten, ein einfacher Renault 5; seine Minister fuhren das gleiche Modell.

● www.thomassankara.net

Blaise Compaoré

Blaise Compaoré wurde 1951 als Angehöriger einer Mossi-Gruppe geboren. Seine Ausbildung zum Fallschirmjägeroffizier bekam er in Kamerun, Marokko und Frankreich.

Im November 1982 unterstützte er *Sankara* bei einem erfolglosen Putschversuch sowie im August 1983 bei einem erfolgreichen Putsch gegen *Zerbo*. Zu Sankaras Regierungszeiten war er Staatsminister im Präsidialamt sowie Justizminister und außerdem zusammen mit Zongo und *Lingani* maßgebliches Mitglied des nationalen Revolutionsrates (CNR). Am 15. Oktober 1987 ließ Compaoré Staatschef Thomas Sankara, dem Abkehr vom revolutionären und eher marxistisch bestimmten Ziel sowie Pragmatismus vorgeworfen wurden, erschießen. Anschließend wurde er zum **Premierminister** ernannt. Zwei Jahre später, im September 1989, ließ er auch Verteidigungsminister Jean-Baptiste Boukary Lingani und Wirtschaftsminister Henri Zongo, beides langjährige Weggefährten, hinrichten, da sie seine Politik der „rectification" kritisiert hatten. Unter dem Druck der internationalen Öffentlichkeit ließ Compaoré im November 1990 die Bildung neuer Parteien zu; seit dem Staatsstreich im November 1980 bestand ein Parteienverbot.

Seine **Wahl zum Präsidenten** am 1. Dezember 1991 wurde von der Opposition – als demokratisch nicht legitimiert – abgelehnt, da etwa drei Viertel aller Wahlberechtigten sich nicht an der Präsidentenwahl beteiligt hatten. Am 9. Dezember 1991 wurde der Oppositionspolitiker *Clément Ouédraogo* ermordet.

Bei den Parlamentswahlen am 24. Mai 1992 ging die „Organisation pour la Démocratie Populaire – Mouvement du Travail" (ODP-MT) mit 78 von 107 Sitzen als Sieger hervor; fünf weitere Sitze gehen an Parteien, die Staatschef Compaoré unterstützen. Die Wahlbeteiligung bei den Parlamentswahlen lag bei etwa 33,8%.

Bei den Präsidentschaftswahlen im November 1998 wurde Blaise Compaoré (trotz des Aufrufes der großen Oppositionsparteien zum Wahlboykott) mit 87,53% der Wählerstimmen wiedergewählt.

Laut Verfassung endete seine Amtszeit nach zwei Wahlperioden im Jahr 2005. Doch Blaise Compaoré kandidierte erneut bei den Präsidentschaftswahlen im November 2005. Wie dass, wird man sich fragen? Ganz einfach: Das Oberste Verfassungsgericht änderte die Verfassung und billigte dem amtierenden Präsidenten einfach noch zwei weitere Amtszeiten zu, dieses Mal auf zweimal fünf Jahre begrenzt. Proteste westlicher Geberländer ob dieses pseudodemokratischen Manövers hielten sich in Grenzen: Lieber Stabilität in einer sowieso schon unruhigen Region, als einen weiteren Konfliktherd schüren, hieß es hinter vorgehaltener Hand. Während die Opposition im Vorfeld der Wahl schäumte, trommelten präsidentennahe Jugendverbände für das große Ziel: „Blaise Campaoré muss unser Präsident bleiben". Die Kampagne hatte Erfolg: Nach der gewonnenen Wahl durfte Campaoré seine dritte Amtsperiode antreten.

Inzwischen scheint sich die Mehrheit der Bevölkerung mit dem „System Campaoré" abgefunden zu haben, was nichts anderes heißt, als dass der Präsident sein Land längst im Stile eines Familienunternehmens (an)führt. Und daran wird sich auch nach den **Wahlen im November 2010** kaum etwas ändern. Nur wenige zweifeln an einer vierten Amtszeit von Blaise Compaoré.

● www.presidence.bf/page.php?sid=8

Die **Zwangsheirat,** eine bei vielen Ethnien auch noch heute übliche Form der Eheschließung, bei der die jungen Mädchen Freunden und Bekannten der Familie „versprochen" werden, wurde per Gesetz zu Zeiten *Sankaras* abgeschafft. Da in diesem Falle jedoch offensichtlich traditionelles Rechtsverständnis und modernes Recht in Widerspruch geraten, ist davon auszugehen, dass die „Zwangsheirat" auf dem Land nach wie vor praktiziert wird. 1992 wurde die **Polygamie** per Gesetz abgeschafft, so dass als Ehefrau nur eine Frau „legal" und erbberechtigt ist.

Mit den im Februar 1995 durchgeführten Gemeindewahlen in 33 Gemeinden wurde ein Prozess der **Dezentralisierung** eingeleitet, der durch erweiterte Kommunalwahlen im Herbst 2000 fortgesetzt wurde. Ein wesentliches Element ist dabei die kommunale Selbstverwaltung, deren Umsetzung durch internationale Entwicklungszusammenarbeit unterstützt wird.

Bei den **Präsidentschaftswahlen** im November **1998** wurde **Blaise Compaoré** mit über 87% der Wählerstimmen für weitere sieben Jahre in seinem Amt bestätigt. Es handelte sich dabei nur um eine Formsache, denn die zwei Gegenkandidaten, die angetreten waren, gehörten nur winzigen Parteien an. Die Führer der großen Oppositionsparteien hatten von Anbeginn zum Wahlboykott aufgerufen.

Bei den **Parlamentswahlen** im Mai **2002** gelang es der Regierungspartei CDP, ihre Mehrheit zu behaupten, jedoch gewann sie nur 57 von 111 Parlamentssitzen. Das neu gebildete Kabinett wurde fast ausschließlich von Mitgliedern der CDP gebildet. Die Opposition zog gestärkt in das Parlament ein.

Nachdem am 13. Dezember 1998 der prominente und als regimekritisch bekannte Journalist **Norbert Zongo** unter bislang ungeklärten Umständen ums Leben kam, geriet das Land in eine schwere **innenpolitische Krise.** Nach einer Protestwelle mit zahlreichen Toten kündigte Präsident *Compaoré* Reformen in Politik und Justiz an. Er ließ einen „Rat der Weisen" einsetzen, der Anfang August 1999 seine Vorschläge vorlegte: Bildung einer Regierung der nationalen Einheit, Auflösung des Parlaments mit Neuwahlen, Begrenzung der Wiederwählbarkeit des Präsidenten und Bildung von Ad-Hoc-Kommissionen zur Erarbeitung politischer Reformmaßnahmen und zur nationalen Versöhnung.

Die Regierung hat sich diese Vorschläge im Wesentlichen zu Eigen gemacht. Mit der Neubildung der Regierung im November 2000 – neben dem Premierminister wurden zahlreiche Minister ausgetauscht sowie die Opposition stärker einbezogen – setzte Präsident *Campaoré* ein weiteres Zeichen für eine stärkere politische Öffnung zur Lösung der schwelenden innenpolitischen Krise. Die Bemühungen um nationale Versöhnung erreichten im Mai 2001 einen Höhepunkt mit der Durchführung eines groß angelegten **„Journée de pardon".** Die Lage hat sich seither beruhigt, obwohl der Fall Zongo weiterhin nicht aufgeklärt ist. An *Zongos* Todestag wird noch immer in allen größeren Städten demonstriert. Gemäß

Christoph Schlingensief – oder der Wahnwitz in der Wüste

Kamerun? Tansania? Mosambik? Der Standort für sein **„Operndorf in Afrika"** kam *Christoph Schlingensief* an einem heißen Sommerabend 2009 im winzigen Flecken Gonda in Burkina Faso. Der schwer an Krebs erkrankte Theaterregisseur liegt auf einem flachen Felsen, als ihn die Erkenntnis trifft: „Ich spüre hier Wurzeln, Heimat". Dabei ist ringsum nichts als trostlose Savanne, rote Erde, Stille. Und kaum ein Ort der Welt könnte weniger an Deutschland erinnern als diese offene Weite. Es sei „der Augenblick des Gehenmüssens, Bleibenwollens" gewesen, notiert der mitgereiste Reporter der „ZEIT" in seinen Block.

Tage später triff Schlingensief die Entscheidung: Wenn nicht hier, wo sonst? Also dann Burkina Faso. Das laut UN-Statistik drittärmste Land Afrikas ist für ihn noch in anderer Hinsicht bedeutsam: Von hier stammt der heute in Berlin lebende Architekt des zu bauenden Projekts, *Francis Kéré*, ausgezeichnet mit dem am höchsten dotierte Architektur-Preis. Und hier, im armseligen Heimatdorf des Architekten, erlebte das Enfant terrible des deutschen Kulturbetriebs die stumme Geborgenheit einer afrikanischen Großfamilie.

Zurück in Europa rollt eine furiose Medienkampagne an, und das deutschsprachige Feuilleton rotiert: Eine Oper in Afrika? Bayreuth im Busch? Die elitärste Kulturform des Westens in den ärmsten Kontinent der Welt exportieren? Eine Zumutung? Keine Zeitung, die nicht vom „Operndorf", vom „Wahnwitz in der Wüste" berichtet.

Und Schlingensief findet schnell prominente Mitstreiter: Bundespräsident a.D. *Köhler*, Ex-Außenminister *Steinmeier, Herbert Grönemeyer, Henning Mankell, Roland Emmerich*, das Goethe-Institut und viele mehr. Die feierliche Grundsteinlegung im Februar 2010 – der deutsche Agent Provocateur demonstrativ im traditionellen Boubou gewandet – erfolgt dann allerdings nicht in Gonda, auch nicht in der Hauptstadt Ouagadougou, wo schon ein großes Areal zur Verfügung stand, sondern in Laonga, einem kleinen Nest rund eine Fahrstunde von Ouaga entfernt, seit 1988 bekannt geworden durch ein regelmäßiges Bildhauer-Symposium.

Geplant sind auf fünf Hektar Fläche eine **Schule mit Film- und Musikklassen** für 500 Kinder und Jugendliche. Ein kompletter Theatersaal, der von der Ruhrtriennale gestiftet wird. Eine große Bühne das eigentliche Festspielhaus für 500 Zuschauer. Alles in traditioneller Lehmbauweise der Region, verbunden mit modernem Stahlbau. Und dazu vielleicht später auch noch ein Hotel für die Touristen. Aber was heißt hier schon geplant: „Wir wissen noch nicht, warum wir das hier machen, aber in der Zukunft werden wir das verstehen", gibt sich Schlingensief gewohnt vage. Vielleicht eine interkulturelle Vision mit ungewissem Ausgang, eine „Entwicklungsfläche zur Begegnung der Kulturen und zum Voneinanderlernen" – eine Utopie, die sich ab Oktober 2010 mit Leben füllen soll.

Jedenfalls möchte Schlingensief in Burkina Faso „nicht wieder so eine Scheiß-Kunstaktion machen. Ich will Geld geben, ohne etwas dafür zu bekommen", bleibt ihm als Einsicht seiner „zerstörten Illusionen über die Entwicklungshilfe" einer europäischen Gesellschaft, die „sich nicht einmal selbst helfen könne". Süffisant schrieb die Presse umgehend vom Scheitern des Theatermachers. Kein Profit? Womöglich gar keine richtige Oper?

Vor Ort sieht man das natürlich etwas anders. Allein 1,5 Milliarden Franc CFA verschlingt die erste Bauphase. **Viel Geld für die bettelarme Region.** Schon die 50 lokalen Bauarbeiter in Lohn und Brot bedeuten 50 satte Großfamilien. Und den Provinz-Honoratioren nebst Dorfältesten ist es völlig schnuppe, ob dereinst hier eine Oper nach europäischem Vorbild zur Aufführung kommen wird. Wichtig ist nur: Es passiert etwas.

● www.schlingensief.com/weblog, www.festspielhaus-afrika.com

Ankündigung auf dem „Journée de pardon" wurde 2002 ein mit 8,2 Mio. Euro ausgestatteter Fond zur Entschädigung aller Opfer von politischen Gewalttaten in Burkina Faso gebildet.

Überschattet wird die aktuelle Politik vom gespannten **Verhältnis zur Elfenbeinküste;** Burkina Faso sieht den Nachbarn als Drahtzieher des Putschversuches vom September 2003. Radikale Kräfte in Abidjan hatten schon im Herbst 2002 gedroht, sämtliche Burkinabé des Landes zu verweisen. Zuvor waren bereits ganze Viertel in der ivorischen Hauptstadt niedergebrannt und Hunderte Burkinabé ermordert worden. Anschließend ließ *Laurent Gbagdo,* Präsident der Elfenbeinküste, verlauten, dass er niemals militärisch gegen das Nachbarland vorgehen werde. Doch allein dies brachte Burkina Faso in Rage.

Für innenpolitischen Zündstoff sorgte die Änderung des Wahlgesetzes im Jahr 2004 (Anhebung der Wahlbezirke von 15 auf 45), die von der Opposition kritisiert wurde, weil sie nicht über genügend Kandidaten und Wahlbeobachter verfügt, um in allen Wahlbezirken vertreten zu sein.

Erst eine Verfassungsänderung machte eine erneute Kandidatur von Blaise Campaoré bei den **Wahlen** im November **2005** möglich. Der alte und neue Präsident erreichte rund 80% der Stimmen. Da zum ersten Mal die gesamte Opposition teilgenommen hatte, wird die jetzige Amtszeit Campaorés als die erste wirklich demokratisch legitimierte angesehen. Und kaum jemand zweifelt daran, dass er auch die nächste Wahl Ende **2010** für sich entscheiden wird.

Wirtschaft

Mit einem jährlichen Pro-Kopf-Einkommen von ca. 220 Euro gehört Burkina zu den **ärmsten Ländern der Welt.** Auf dem jüngsten „Human Development Index" des UNDP rangiert Burkina Faso unverändert an drittletzter (172.) Stelle vor Niger und Sierra Leone. Nach wie vor leben 45% der Bevölkerung unterhalb der Armutsgrenze von jährlich ca. 70 Euro (etwa 45.000 CFA). Der Afrika-Experte *Al Imfeld* schreibt dazu: „Das Land leidet Not, aber es herrscht nicht das blanke Elend. Das Volk spürt seine Armut, aber es gerät nicht in Verzweiflung. Die Menschen hungern, aber sie verhungern nicht."

Da eigene Rohstoffe weitgehend fehlen, wenig qualifizierte Arbeitskräfte vorhanden, Transport- und Energiekosten sehr hoch sind, ist eine wirtschaftliche Entwicklung nur sehr schwer und in sehr begrenztem Umfang möglich. Beim derzeitigen Bevölkerungswachstum von 2,4% dürfte Burkina Faso schon in wenigen Jahrzehnten an die Grenzen seiner eigenen Ernährungsmöglichkeiten stoßen.

Wichtigster Wirtschaftszweig ist die **Landwirtschaft,** in der rund 80% der Bevölkerung tätig sind; sie produzieren überwiegend für den Eigenbedarf (Subsistenzwirtschaft) mit traditionellen Methoden, wie dem Wanderhackbau, die Grundnahrungsmittel Sorghum, Hirse, Mais, Yams, Kartoffeln, Erdnüsse und Reis; daneben auch verstärkt Baumwolle, Karité-Nüsse, Sesam und Tabak. Die **Baumwolle** wird bislang nur zum kleinsten Teil im Land selbst verarbeitet (von Weberinnen in der einzigen Textilfabrik Sofitex). Die dort hergestellten Stoffe *(pagne)* heißen *faso fani,* die handgewebten Stoffe (zusammengenähte Bahnen) *faso dan fasi*. Seit 1974 existiert der Anbau von **Zuckerrohr,** der in der Zuckerfabrik von Banfora verarbeitet wird.

Wichtig ist die **Viehzucht,** die überwiegend im Nordosten betrieben wird. Bis 1978 war Lebendvieh das wichtigste Exportprodukt, heute wird es von Baumwolle abgelöst. Andere wichtige Exportgüter sind Erdnüsse, Karité-Nüsse, getrocknete Fische und in geringem Umfang auch Gold.

Bodenschätze wie Manganerz und Phosphate gibt es zwar in geringem Umfang, sie konnten aber aufgrund fehlender Transportmittel kaum genutzt werden.

Modernisierung und Diversifizierung der Landwirtschaft sowie Ausbau des Sozialwesens sind Inhalt des laufenden Strukturanpassungsprogramms. Agro-Industrie und Fremdenverkehr sind derzeit die Wachstumsbranchen.

An **Umweltproblemen** sind die Abholzung der Wälder zur Gewinnung von Feuerholz, der nach wie vor übliche Wanderhackbau mit Brandrodung und die Überweidung zu nennen. Durch Einführung Ressourcen schonender Anbaumethoden (z.B. Einführung von neuen Fruchtfolgen, Felderwechselwirtschaft, Anlage von Schutzwällen gegen die Bodenerosion sowie Aufforstungsprogramme) versucht man einer weiteren Zerstörung der Böden entgegenzuwirken.

Der Staatshaushalt wird zu einem wesentlichen Teil durch Entwicklungsgelder finanziert. Burkina Faso gehört zu den Lieblingskindern westlicher **Entwicklungszusammenarbeit** und ist seit vielen Jahren Schwerpunktland deutscher Entwicklungshilfe. Der Grund leuchtet ein: Die Hälfte aller Projekte wird mit Erfolg abgeschlossen, erklärte ein Diplomat – eine für Afrika ungewöhnlich hohe Rate. Darüber hinaus engagieren sich zahlreiche Hilfsorganisationen und Privatinitiativen im Land. Beispielhaft sei hier das Engagement

In der Region um Houndé wächst Baumwolle

der Deutschen Katrin „Mama Tenga" Rhode für Straßenkinder in Ouagadougou genannt (www.sahel.de).

Wegen der schlechten Arbeitsmarktsituation und den geringen Verdienstmöglichkeiten pendelten vor 2002 etwa 1 Mio. Burkinabé regelmäßig in die Côte d'Ivoire, um dort als **Saisonarbeiter** vor allem auf Kakaoplantagen oder im Hafen von Abidjan zu arbeiten. Diese Verdienstmöglichkeit ist wegen rassistisch motivierter Übergriffe im südlichen Nachbarland mit unzähligen Toten und Verletzten weitgehend zum Erliegen gekommen. Gleichzeitig flohen zehntausende Burkinabé, die teilweise seit Generationen in der Elfenbeinküste lebten und arbeiteten, in ihre Heimat zurück. Dagegen konnten die Auswirkungen durch die Blockade der Seeverbindung via Abidjan rasch behoben werden. Heute wird die Ein- und Ausfuhr lebenswichtiger Güter wie Treibstoff und Baumwolle weitgehend über Ghana bzw. Togo abgewickelt.

Gesundheitswesen

Mangelhafte hygienische Verhältnisse, ungenügende und falsche Ernährung sowie fehlende ärztliche Betreuung sind die Ursachen für den schlechten gesundheitlichen Zustand der Bevölkerung. Von 1000 Neugeborenen sterben über 100 noch im Kindheitsalter. Ein Arzt kommt durchschnittlich auf 28.500 Einwohner, ein Apotheker auf 156.900 Einwohner. Die durchschnittliche Lebenserwartung liegt bei Frauen bei 53, bei Männern bei 51 Jahren (2010).

Etwa 5000 **Basis-Gesundheits-Stationen** wurden im Rahmen des WHO-Programms „Gesundheit für alle im Jahr 2000" unter totaler Mobilisierung der Bevölkerung innerhalb von zwei Jahren errichtet. Von Bedeutung waren die landesweiten **Impfkampagnen** („Vaccination Commando"), v.a. gegen Kinderkrankheiten. **Aufklärungsaktionen** gegen Mangel- und Fehlernährung v.a. bei Säuglingen und Kleinkindern werden zum Teil von der Kirche organisiert, meist mit Nahrungsmittelzuteilung für die Kinder. Bei der Gewinnung und Verbreitung der **„Wunderalge" Spirulina** spielt Burkina Faso inzwischen eine Vorreiterolle in Westafrika, nachdem Wissenschaftler Mitte der 1990er Jahre am Tschad-See die positive Wirkung bei Mangelerscheinungen bis hin zu Immunschwäche entdeckt hatten. Die Alge lässt sich mit relativ einfachen technischen Mitteln produzieren und kann deshalb preiswert als Nahrungsergänzung angeboten werden.

Häufigste **Tropenkrankheiten** sind Malaria, Bilharziose und (stark abnehmend) Onchozerkose (Flussblindheit), in begrenzten Gebieten Trypanosomiasis (Schlafkrankheit) sowie die epidemisch auftretende Meningitis (Hirnhautentzündung). Der Anteil der HIV-infizierten Burkinabé an der Bevölkerung wurde 2007 auf 1,6% geschätzt.

Die Medikamentenversorgung in den **Apotheken** von Ouagadougou ist befriedigend bis gut, viele Medikamente sind markant billiger als in Deutschland. Einem Leser zufolge ist es auch möglich, die erforderlichen Impfungen (z.B. gegen Gelbfieber) dort vornehmen zu lassen und im Impfpass bestätigt zu bekommen.

Krankenhäuser gibt es in Ouagadougou, Bobo-Dioulasso, Ouahigouya, Gaoua, Fada N'Gourma, Kongussi, Koudougou, Tenkodogo, Dédougou, Yako und Dori.

Bildungswesen

Offiziell besteht **Schulpflicht** für Kinder im Grundschulalter. Die vorhandenen Kapazitäten reichen jedoch bei weitem nicht aus. Die Grundschulzeit dauert sechs Jahre (Volksschule), daran schließen vier bzw. sieben Jahre Mittel- bzw. Höhere Schule (Gymnasium) an. Schulsprache ist **Französisch;** neben staatlichen Schulen gibt es private (vom Staat unterstützt) und katholische Missionsschulen. Die Einschulungsquote ist sehr gering, da sowohl die privaten als auch die staatlichen Schulen Schulgeld kosten (die staatlichen etwas weniger).

Die **Universität** in Ouagadougou zählte 1980 etwa 1226 Studenten, 1987 stieg die Zahl der Studenten bereits auf 4790, heute sind es mehr als 10.000 Studierende. Seit 1997 gibt es noch zwei andere universitäre Einrichtungen im Land: die polytechnische Universität in Bobo-Dioulasso (Université Polytechnique) und die École Normale Supérieure in Koudougou.

Doch das Bildungssystem krankt: „Die Universitäten sind zur Produktionsstätte potenzieller Arbeitsloser geworden", schreibt der Politikwissenschaftler *Dr. Emmanuel Botiono,* selbst ein Burkinabé. Im Jahr 2000 kam es sogar so weit, dass das Schuljahr komplett annulliert und die Universitäten geschlossen wurden. Derartige Missstände und die hohen Studiengebühren treiben immer wieder Schüler und Studenten auf die Straße. Bei gewaltsamen Auseinandersetzungen mit der Polizei kam es zu Verletzten und sogar Toten.

Medien

Radio

Das Radio spielt in Burkina, einem Land mit hoher Analphabetenquote und dem perfekt funktionierenden *radio trottoir,* eine große Rolle, auf dem Land ist es das einzige Informationsmittel. Die seit 1959 existierende Rundfunkanstalt **Radio National du Burkina** (R.N.B., 99 und 88,5 FM) sendet auf Französisch und in 16 lokalen Sprachen und Dialekten. Neben Nachrichten in verschiedenen afrikanischen Sprachen und Musikprogrammen mit überwiegend traditioneller afrikanischer Musik ist der Anteil an kulturellen und entwicklungspolitischen Sendungen sehr hoch (Aufklärung bei Impfkampagnen, Schaffung von Problembewusstsein bzgl. Desertifikation, Aids etc.).

Die erste Radiostation wurde im Jahr 1959 in Ouagadougou errichtet, die zweite 1963 in Bobo. Seit 1987 gibt es auch einen privaten Kultursender, den **Canal Arc en ciel** (C.A.C., 96.6 FM) in Ouagadougou. **Horizon FM** (104.4 FM), ein Kommerzsender in Ouaga und Bobo, war der erste private, freie Radiosender im westafrikanischen frankophonen Raum; er sendet seit 1991 von morgens bis abends Schlager und spricht hauptsächlich ein jugendliches Publikum an. Horizon F.M. hat zudem in folgenden Städten Lokalstationen: Bobo-Dioulasso, Ouahigouya, Banfora, Tenkodogo und Koudougou.

Außerdem gibt es die **Sender** Radio Afrika No.1 mit afrikaweiter Berichterstattung (90.3 FM), Radio France International (R.F.I., 94.0 FM), Pulsar (94.8 FM), Radio Quaga (105,2 FM), Radio Evangile Développement (R.E.D., 93.4 FM), La Radio Rurale (99.9 FM), Radio Energie (103.4 FM) und Radio Maria (91.6 FM).

Presse

Mit der Demokratisierung sind **zahlreiche Zeitungen** entstanden. Unter den Tageszeitungen ist das Regierungsblatt „Sidwaya" das meistgelesene Blatt. Regierungsfreundlich ist auch die Wochenzeitung „L'Opinion". Kritische Berichterstattung findet u.a. statt bei „San Finna", „Le Pays", „L'Observateur" und „L'Indépendant", der Zeitung des 1998 getöteten Journalisten *Nobert Zongo,* sowie im satirischen Wochenblatt „Journal du Jeudi", dessen Cartoons oft mehr Aussagekraft haben als langatmige Texte. Alle genannten Zeitungen erscheinen in französischer Sprache.

●**www.sidwaya.bf**
Webseite der größten Tageszeitung.
●**www.lobservateur.bf**
Webseite von Le Observateur.
●**www.aib.bf**
Webseite der Presseagentur AIB.

Fernsehen

Burkina hatte als erstes der Sahelländer nationales Fernsehen. Die 1967 gegründete Fernsehstation **Télévision Nationale du Burkina** (T.N.B.) in Ouaga (eine zweite befindet sich in Bobo) strahlt täglich ein Programm aus; außer in der Hauptstadt Ouagadougou gibt es Fernsehstationen auch in Bobo-Dioulasso und Fada N'Gourma. Fernsehen per Videoübertragung ist in Ouahigouya und in Dédougou zu empfangen.

Neben T.N.B. gibt es noch die Sender M.M.T.V. (Multimédia Télévision) und T.V.5.

●**Infos:** www.tnb.bf

Praktische Reisetipps A–Z

Allgemeines

Burkina Faso ist von allen hier vorgestellten Ländern am einfachsten zu bereisen. Vor allem das landesweit **gut funktionierende Transportsystem** mit Bussen macht das Reisen vergleichsweise schnell und bequem. Als Selbstfahrer wird man die gut ausgebauten Magistralen, das dichte Netz markierter Pisten und durchweg korrekte Ordnungshüter schätzen. Auch wenn man vierlerorts nur einfache Unterkünfte geboten bekommt, so hat sich die touristische Infrastrukur zuletzt doch spürbar verbessert. Die Burkinabé – sie gelten nicht zu Unrecht als die **Preußen Westafrikas** – begegnen Fremden ohne Ressentiments, sind durchweg tolerant, freundlich und hilfsbereit. Ein Umstand, der gerade auch (allein reisenden) Frauen zugute kommt.

An- und Weiterreise

Flugverbindungen

Die mit Abstand billigste Flugverbindung nach Burkina Faso bietet **Point-Afrique** (www.point-afrique.com) via Paris-Orly zwischen 200 und 440 Euro, zwei- bis dreimal wöchentlich. Am günstigsten sind die Preise übrigens in den Wintermonaten. Point-Afrique (fliegt u.a. auch nach Mali, Niger, Togo und Benin) ist keine Airline, sondern chartert Flugzeuge nach Bedarf. Gebucht wird per Internet, bezahlt mit Kreditkarte, das Ticket erhält man beim

Check-in, dessen genauer Termin erst zwei Wochen vor Abflug bekannt gegeben wird. Wer sich nicht an enger Bestuhlung, schmaler Kost und etlichen Zwischenlandungen stört, ist hier richtig. Ich habe dieses „fliegende Buschtaxi" getestet, und alles hat funktioniert.

Zweimal wöchentlich nach Ouagadougou fliegt die libysche **Afriqiyah Airways** (www.afriqiyah.aero) von Brüssel, Paris oder Genf mit Zwischenstopp in Tripolis. Einen Zwischenstopp in Algier von bis zu zwei Tagen sollte einplanen, wer mit **Air Algerie** (www.airalgerie.de) via Paris oder Frankfurt nach Ouaga fliegt. Direkt nach Ouaga fliegt seit 2004 von Paris-Orly **Air Burkina** (www.air-burkina.com) mit einem neuen Airbus A 319.

Am bequemsten, aber auch am teuersten geht es mit **Air France** mehrmals wöchentlich direkt von Paris-Roissy (CDG) mit Anschluss von allen großen deutschen Flughäfen. Dagegen haben Aeroflot und SN Brussels (ex Sabena) den Liniendienst nach Burkina Faso eingestellt.

Auf dem Landweg

Verbindungen von/nach Mali

Ouagadougou – Ouahigouya – Koro (ca. 218 km)

Die **Teerstraße** zwischen Ouahigouya und Koro hat eine neue Verkehrsachse von und nach Mali und ins Dogonland geschaffen. Es ist auch die kürzeste Verbindung nach Djenné. Auch ein Teil des Schwerverkehrs von und nach Mopti rollt jetzt auf dieser Strecke. Das Busunternehmen SOGEBAF bedient täglich ein- bis zweimal die Strecke Ouahigouya – Koro.

Bobo-Dioulasso – Bamako

Von Bobo-Dioulasso führt eine neue **Teerstraße** über Orodara/Koloko in die malische Hauptstadt Bamako. Die Busgesellschaft TCV fährt täglich die Strecke Ouaga über Bobo-Dioulasso nach Bamako. Abfahrt ist in Ouaga um 7.30 Uhr, in Bobo um 13 Uhr, Abfahrt in Bamako Richtung Bobo-Dioulasso ist immer um 9 Uhr. Neben TCV fahren auch noch andere Gesellschaften wie SO-TRAKOF die Route Bobo-Dioulasso – Bamako. Von Bobo bis Bamako sind es mit dem Bus mindestens zehn Stunden Fahrtzeit, von Ouaga nach Bamako mindestens 15 Stunden.

Sicherheit auf Überlandstraßen

Zahllose Überfälle auf Busse und Einzelreisende haben seit 2005 den Ruf Burkina Fasos als sicheres Reiseland arg ramponiert. Betroffen waren vor allem ländliche Regionen im Norden und Osten, aber auch auf der Route von Ouaga nach Bobo kam es zu teils spektakulären Überfällen mit bis zu zwei Dutzend Bewaffneten. Mit der Operation „Faustschlag" scheint es der Regierung gelungen zu sein, das Banditenunwesen weitgehend zu eliminieren. Von Seiten der Deutschen Botschaft in Ouagadougou wird aber immer noch dringend vor nächtlichen Überlandfahrten gewarnt.

Gossi – Ndaki – Dori (ca. 210 km)

Von Mali aus kommend ist es möglich, ca. 48 km südlich von Gossi bei einem unscheinbaren Abzweig von der Teerstraße nach links (von Gossi kommend) auf eine Piste nach Ndaki und weiter nach Burkina abzubiegen: GPS N 15°24.834' / W 001°25.052'.

Die in der Michelin-Karte (741) eingezeichnete Strecke nördlich von Gossi nach Ndaki ist nicht mehr passierbar, deswegen fahren die Taxi brousse (Abfahrt in Hombori) jetzt südlich von Gossi eine andere Piste nach Ndaki. Die sandige **Piste** führt durch einsames Grasland (Versorgung mitnehmen, Geländewagen empfohlen), wobei der Streckenverlauf meistens sehr schlecht erkennbar ist (GPS empfohlen, in Ndaki evtl. Führer nehmen, Fahrtzeit mit eigenem Auto ca. 2 Tage). In Ndaki gibt es keine Polizeistation mehr, deswegen sollten die Ausreiseformalitäten in Hombori erledigt werden – falls möglich. Nach dem Ort herrscht so gut wie gar kein Verkehr mehr, es ziehen nur einige Tuareg-Nomaden hier entlang. Die Einreiseformalitäten für Burkina werden in Déou erledigt: Gendarmerie am Ortsausgang, Douane vor dem Ort auf linker Seite (Laissez Passer für 1 Monat 5000 CFA, freundlich und problemlos). Ab Déou ist die Piste wieder befahren und gut erkennbar, ab Aribinda führt eine sehr gute Piste nach Dori.

Einige GPS-Daten zur besseren Orientierung bzw. Wiederauffinden der Piste: Abzweig der Piste nach Déou 1 km vor Ndaki (rechts in Richtung Süden): N 15°21.010' / W 000°58.757'; Punkt auf der Piste: N 15°09.345' / W 000°48.318'; burkinische Grenze: N 15°05.055' / W 000°43.333'; Pumpbrunnen links neben der Piste: N 14°51.581'/ W 000°37.826'; Déou: N 14°36.125' / W 000°43.119'.

Verbindungen von/nach Niger
Ouagadougou – Niamey (ca. 515 km)

Von Ouagadougou führt über Fada-Ngourma eine gute **Asphaltstraße** bis Niamey. Die Ausreiseformalitäten für Burkina müssen in Kantchari erledigt werden. Von Ouaga fährt dienstags ein

Busstopp – Mangoverkäuferinnen bieten ihre Früchte an

Bus der Gesellschaft SOTRAO nach Niamey (9000 CFA); siehe Ouaga/Verkehrsverbindungen. Die Fahrtzeit beläuft sich auf etwa 10–12 Std.

Ouagadougou – Dori – Téra – Gothèye – Niamey (ca. 566 km)

Von Ouagadougou bis Kaya führt eine **Teerstraße,** ab Kaya weiter sehr gute **Piste** bis Dori. Zwischen Dori und Téra ist die Piste schlecht sowie eng und kurvig. Sollte man sich verfahren, sind die Bewohner der Gegend gerne bereit weiterzuhelfen. In Seytenga müssen die Formalitäten zur Ausreise aus Burkina Faso erledigt werden. 10 km vor Téra wird ein sandiges (wenn der Fluss kein Wasser führt) Flussbett durchquert. Am Ortseingang von Téra wird ein Damm gebaut (große Gefahr des Einsandens bei Flussüberquerung in der Trockenzeit). Im Ort Zollformalitäten für die Einreise nach Niger. Von Téra bis Farié ist die Piste sehr gut, danach geht es weiter auf Asphalt bis Niamey. Kurz nach Gothèye führt eine Fähre über den Niger nach Farié.

Überlandbusse fahren mehrmals pro Woche von Ouagadougou über Dori nach Niamey.

Verbindungen von/nach Ghana

Ouagadougou – Bolgatanga (ca. 202 km)

Von Ouagadougou bis Bolgatanga führt eine sehr gute Asphaltstraße nach Burkina Faso. Die Ausreiseformalitäten bei Zoll und Polizei werden schnell und problemlos in Pô erledigt.

Es fahren **Busch-Taxis** vom Busbahnhof in Ouagadougou bis Bolgatanga (ca. 5000 CFA bis zur Grenze), unter Umständen ist eine Übernachtung an der Grenze nötig, da die Grenze nur von 7–18 Uhr geöffnet hat. Eventuell sollten Sie an der Grenze Cedis (ghanaische Währung) wechseln.

Die schnellste Möglichkeit, nach Accra/Ghana zu kommen, stellt der ghanaische **STC-Bus** dar (Tel. 308750): Abfahrt in Ouaga Mo, Rückfahrt von Accra Sa, Fahrtzeit etwa 24 Stunden, Preis ca. 9000 CFA. Es empfiehlt sich unter Umständen, in Tamale Zwischenstation zu machen. Eine andere Möglichkeit besteht darin, mit einem der RNTC-Busse bis zur Grenze nach Pô zu fahren: Abfahrt in Ouaga außer Di und So täglich um 9 Uhr vom jeweiligen Busbahnhof (RNTC).

Bobo-Dioulasso – Ouessa – Hamale (ca. 195 km)

Von Bobo-Dioulasso aus ist es möglich, auf einer **Wellblechpiste** mit einigen Löchern (ab Ouessa sehr gut) durch Buschsavanne und entlang von Waldschutzgebieten nach Hamale (Ghana) zu fahren. Dafür sollte man ungefähr 9 km nach Bobo (in Richtung Ouaga) hinter dem Zahlschalter rechts auf die Piste in Richtung Diébougou abbiegen. In Hamale auf der burkinischen Seite bekommen Sie den Ausreisestempel bei der Immigration (verlangt 1000 CFA Trinkgeld). Auf der ghanaischen Seite von Hamale ist der Einreisestempel beim Immigration Service schnell und problemlos erhältlich, beim Customs (Zoll) muss eine Straßengebühr bezahlt (20.000 CFA für Touristen-Kfz) und das Carnet gestempelt werden.

Verbindungen von/nach Elfenbeinküste (Côte d'Ivoire)

Ouagadougou – Bobo-Dioulasso – Bouaké – Abidjan

Vor dem Hintergrund der instabilen Zustände in der Elfenbeinküste stellt das **Flugzeug** die sicherste Verbindung von Burkina Faso nach Abidjan dar. Die Route wird beispielsweise von Air Burkina bedient.

Preiswerter, aber ungleich langsamer geht es mit dem **Zug,** nachdem trotz der Wirren im Nachbarland die Zugverbindung 2004 wieder aufgenommen wurde. Abfahrt ist in Ouaga dienstags, donnerstags und samstags etwa um 8 Uhr. In umgekehrter Richtung Abfahrt in Abidjan an den gleichen Tagen um 10.30 Uhr. Eine Fahrt in der 1. Klasse kostet 25.000 CFA. Die Grenze ist für den Zug auch bei Nacht geöffnet, für die Formalitäten hält der Zug zweimal, während der Bus an der Grenze wesentlich häufiger hält. Die Fahrtzeit beträgt ungefähr anderthalb Tage.

Von Ouagadougou über Bobo-Dioulasso führt eine gut ausgebaute **Teerstraße** bis nach Abidjan. 2010 gab es wegen der unsicheren Verhältnisse allerdings nur eine eingeschränkte Busverbindung von Ouaga nach Abidjan. Zudem müssen Reisende auf dieser Route mit zahllosen Straßensperren bewaffneter Milizen rechnen. Das kostet Zeit und Geld. Buschtaxis verkehrten zuletzt bis in die Rebellenhochburg Bouaké.

Achtung: Holen Sie vor Reiseantritt unbedingt Informationen über die aktuelle Sicherheitslage in der Elfenbeinküste ein!

Verbindungen von/nach Togo

Ouagadougou – Dapaong – Lomé

Eine gute **Asphaltstraße** verbindet Ouagadougou mit Lomé (in Koupéla südwärts abbiegen). Zwischen Sinkansé (Zollamt und Polizei von Togo) und Bittou (Zollamt und Polizei von Burkina Faso, 6–18 Uhr geöffnet) sind stellenweise Schlaglöcher. In Bittou bieten das Hotel Frontalia (29 Zimmer, davon fünf mit Ventilator, fünf Bungalows, Bar/Restaurant) und das Hotel Unité (elf Zimmer, davon fünf mit Ventilator, Bar/Restaurant) Unterkunft.

Es fahren SOTRAO-Busse samstags und mittwochs von Ouaga bis zur togolesischen Grenze (evtl. gründliche Gepäckdurchsuchung an der Grenze, 4000 CFA); siehe Ouaga/Verkehrsverbindungen. In entgegengesetzter Richtung, von Lomé nach Ouaga, kostet ein Taxi (Peugeot 504) ca. 12.500 CFA.

Bei wenigen Fahrgästen ist es besser, zunächst mit dem Bus oder Taxi bis nach Dapaong (ca. 3500 CFA) und von dort mit einem anderen bis Ouaga (ca. 3000 CFA) zu fahren. Günstiger ist auf alle Fälle ein Fahrzeug, das direkt von Ouaga nach Lomé fährt.

Verbindungen von/nach Benin

Natitingou – Tanguiéta – Pama – Tindangou – Fada Ngourma (ca. 246 km)

Von Natitingou in Benin führt eine (in der Regenzeit nur mit Geländewagen befahrbare) **Piste** mit viel Wellblech und Verkehr nach Pama in Burkina. Ab der Grenze bis Fada Ngourma fährt man weiter auf gutem Asphalt. Für Einreisende aus Burkina: Der Zöllner (Carnet-Stempel) befindet sich etwa 12 km vor Natitingou bei den Öltanks. 7 km vor Porga befindet sich eine Polizeikontrolle zur Ausreise aus Benin (kein Zoll). Vorsicht: Alle, die bei der Einreise nach Benin ihr Carnet de Passage haben abstempeln lassen, riskieren, nach Boukombé zurückfahren zu müssen (hin und zurück 232 km), um ihren Ausreisestempel zu bekommen; mit Passierschein problemlos. In Tindangou werden die Formalitäten zur Einreise nach Burkina Faso erledigt.

Botschaften

Vertretungen von Burkina Faso

- **Deutschland:** Botschaft von Burkina Faso, Karolingerplatz 10–11, 14052 **Berlin**, Tel. 030-30105990, Fax 301059920
- **Österreich:** Botschaft von Burkina Faso, Prinz-Eugen-Str. 18/3A, 1040 **Wien**, Tel. 01-5038264, Fax 503826420, www.abfvienne.at
- **Schweiz:** Konsulat von Burkina Faso, Albisriederstrasse 416, 8047 **Zürich**, Tel. 044-3505570, Fax 3505571, www.consulat-burkina-faso.ch

Vertretungen in Burkina Faso

- **Deutschland:** 339, Rue Joseph Badoua (Nähe Marché central), B.P. 600, Ouagadougou 01, Tel. 50306732, Fax 50313991, geöffnet Mo bis Fr von 9–12 Uhr. Bei dringenden Notfällen außerhalb der Geschäftszeiten: Tel. 70211642, amb.allemagne@fasonet.bf
- **Österreich:** Koordinationsbüro Entwicklungszusammenarbeit, 229, Bd Charles de Gaulle, Ouagadougou, Tel. 50312844. Die nächste Botschaft ist im Senegal.
- **Schweiz:** Bureau de la coopération suisse DDC et Agence consulaire, 770, Av. Kwamé N'Krumah, Ouagadougou, Tel. 50306729, 50310574

Einreise/Visum

Für die Einreise sind bei einem Aufenthalt bis zu drei Monaten für Deutsche, Österreicher und Schweizer sowie alle anderen Staatsbürger der EU ein **Visum** sowie ein noch 6 Monate gültiger **Reisepass** und ein **Internationaler Impfpass** nötig. Die Visagebühren betragen 20 Euro (bzw. 30 Euro bei mehreren Einreisen), es sind zwei Passfotos nötig, zwei Anträge müssen ausgefüllt werden. Visa-Anträge sind mindestens einen Monat vor Abreise an die Botschaft schicken. Wer diese Frist versäumt hat, braucht trotzdem nicht auf einen Burkina-Faso-Urlaub zu verzichten: Der **Flughafen-Zoll** stellt nach dem Prinzip „Im Zweifel für den Antragsteller" ebenfalls Visa aus. Voraussetzung sind zwei Passbilder und 10.000 CFA. Nachteil: Man bekommt seinen Pass erst am folgenden Tag zurück. Wie Reisende berichteten, werden Visa auch bei der Einreise über Land an der Grenze ausgestellt.

Hinweis: Die Regierung hat am 1. Juli 2010 eine Erhöhung der Visagebühren angekündigt. Die neuen Preise standen bei Drucklegung noch nicht fest.

Im Internationalen Impfpass muss eine **Gelbfieber-Impfung** eingetragen sein. Achtung: Anders als in vielen anderen Ländern Westafrikas wird bei der Einreise nach Burkina Faso über den Flughafen Ouagadougou dieser Eintrag auch tatsächlich geprüft (vgl. auch Hinweise im Anhang).

An der **Polizei- bzw. Passkontrolle** wird man Sie nach der „Adresse" in Ouagadougou fragen. Wenn Sie noch

Karte S. 529   Praktische Reisetipps A–Z   **EINREISE/VISUM** 551

Wir waren eine Blechdose ...

kein Hotel wissen, geben Sie „Hotel Indépendance" oder „Hotel de la Gare" (R.A.N.-Hotel) an.

Bei der **Ausreise** fällt **keine Flughafengebühr** an. Ausnahme: Bei Flügen innerhalb Afrikas sind 2500 CFA, nach Bobo-Dioulasso 500 CFA zu bezahlen.

Taxis vom Flughafen in die Stadt sind traditionell teurer als üblich. Der Taxifahrer wird Ihnen zunächst einen astronomischen Preis nennen. Aber auch nach zähem Handeln werden sie kaum unter 1000 CFA p.P. davonkommen. Kleiner Trick: Ein, zwei Straßen weg vom Flughafen gelten dann wieder die üblichen Tarife von 200 CFA p.P. Die unten genannten (gelben) Taxis fahren mit Taxometer und sind teurer als die (hellgrünen) Sammeltaxis.

- **Taxis Radio Les Rapides,** Tel. 50314343

Bei der Einreise mit dem eigenen Fahrzeug ist eine internationale Haftpflichtversicherung erforderlich und ein Laissez Passer (an der Grenze erhältlich, Gebühr 5000 CFA). Ein Carnet de Passage ist nicht Pflicht.

Ausstellung von Visa

Ghana

Visum-Anträge sind bei der Botschaft der Rep. Ghana, 1235 Av. d'Oubritenga, Ouaga, Tel. 50307635, zu stellen (Mo bis Fr 8–14 Uhr). Visum innerhalb

Reise-Gesundheits-Information: Burkina Faso

Stand: Sommer 2010 / © Inhalte: Centrum für Reisemedizin (CRM)

Die nachstehenden Angaben dienen der Orientierung, was für eine geplante Reise in das Land an Gesundheitsvorsorgemaßnahmen zu berücksichtigen ist. Die Informationen wurden uns freundlicherweise vom Centrum für Reisemedizin zur Verfügung gestellt. Auf der Homepage **www.travelmed.de (CRM/Reiseländer)** werden diese Informationen stetig aktualisiert. Es lohnt sich, dort noch einmal nachzuschauen. Die einzelnen Krankheiten werden auf der genannten Website unter dem Punkt „CRM/Krankheiten A–Z" erläutert.

- **Klima:** in südl. und mittl. Landesteilen wechselfeuchtes Tropenklima mit Regenzeit von Mai bis September/Oktober; im Nordosten tropisches Trockenklima mit geringeren Regenmengen, beschränkt auf die Monate Juni bis August; mittl. Jahrestemperatur 27–30°C (Maximum im März und April).

- **Einreise-Impfvorschriften:** Gelbfieber-Impfung für alle Reisenden vorgeschrieben (ausgenommen Kinder unter 1 Jahr).

- **Empfohlener Impfschutz**
Generell: Standardimpfungen nach dem deutschen Impfkalender, spez. Tetanus, Diphtherie, außerdem Hepatitis A, Polio, Gelbfieber.

Je nach Reisestil und Aufenthaltsbedingungen im Lande sind außerdem zu erwägen:

Impfschutz	Reisebedingung 1	Reisebedingung 2	Reisebedingung 3
Cholera	x		
Typhus	x		
Hepatitis B [a]	x		
Tollwut [b]	x		
Meningitis [c]	x		

[a] bei Langzeitaufenthalten und engerem Kontakt mit der einheimischen Bevölkerung
[b] bei vorsehbarem Umgang mit Tieren
[c] nur bei engerem Kontakt zur einheimischen Bevölkerung, v.a. in der Trockenzeit

Reisebedingung 1: Reise durch das Landesinnere unter einfachen Bedingungen (Rucksack-/Trekking-/Individualreise) mit einfachen Quartieren/Hotels; Camping-Reisen, Langzeitaufenthalte, praktische Tätigkeit im Gesundheits- oder Sozialwesen, enger Kontakt zur einheimischen Bevölkerung wahrscheinlich
Reisebedingung 2: Aufenthalt in Städten oder touristischen Zentren mit (organisierten) Ausflügen ins Landesinnere (Pauschalreise, Unterkunft und Verpflegung in Hotels bzw. Restaurants mittleren bis gehobenen Standards)
Reisebedingung 3: Aufenthalt ausschließlich in Großstädten oder Touristikzentren (Unterkunft und Verpflegung in Hotels bzw. Restaurants gehobenen bzw. europäischen Standards)

Wichtiger Hinweis: Welche Impfungen letztendlich vorzunehmen sind, ist abhängig vom aktuellen Infektionsrisiko vor Ort, von der Art und Dauer der geplanten Reise, vom Gesundheitszustand sowie dem eventuell noch vorhandenen Impfschutz des Reisenden.

Da im Einzelfall unterschiedlichste Aspekte zu berücksichtigen sind, empfiehlt es sich immer, rechtzeitig (etwa 4–6 Wochen) vor der Reise eine persönliche Reise-Gesundheits-Beratung bei einem reisemedizinisch erfahrenen Arzt oder Apotheker in Anspruch zu nehmen.

●Malaria

Risiko: ganzjährig hohes Risiko landesweit.

Vorbeugung: Ein konsequenter Mückenschutz in den Abend- und Nachtstunden verringert das Malariarisiko erheblich (**Expositionsprophylaxe**; Genaueres dazu auf www.travelmed.de).

Ergänzend ist die Einnahme von Anti-Malaria-Medikamenten (**Chemoprophylaxe**) dringend zu empfehlen. Zu Art und Dauer der Chemoprophylaxe fragen Sie Ihren Arzt oder Apotheker, bzw. informieren Sie sich in einer qualifizierten reisemedizinischen Beratungsstelle.

Malariamittel sind verschreibungspflichtig.

●Aktuelle Meldungen

Darminfektionen: Risiko für Durchfallerkrankungen landesweit, Cholera wurde in letzter Zeit nicht gemeldet. Polio, 2002 reimportiert, tritt seither sporadisch auf. 2008 wurden sechs Fälle gemeldet, 2009 waren es 15 Fälle. Hygiene und Impfschutz (Polio) weiterhin beachten.

Meningokokken-Meninigitis: Meningokokken-Erkrankungen treten saisonal in der Trockenzeit auf. 2010 wurde das Land besonders hart getroffen. Besorgniserregend waren die hohe Sterblichkeitsrate mit 14% sowie das Auftauchen eines neuen Erregertyps, gegen den es noch keinen Impfstoff gibt.

●Medizinische Versorgung:
Landesweit ist mit erheblichen Engpässen bei der ärztlichen und medikamentösen Versorgung zu rechnen. Adäquate Ausstattung der Reiseapotheke (Zollbestimmungen beachten, Begleitattest ratsam), Auslandskrankenversicherung mit Abdeckung des Rettungsrückflug-Risikos für Notfälle dringend empfohlen.

Unter www.travelmed.de finden Sie Adressen von:
- Apotheken mit qualifizierter Reise-Gesundheits-Beratung
  (nach Postleitzahlgebieten)
- Impfstellen und Ärzte mit Spezialsprechstunde Reisemedizin
  (nach Postleitzahlgebieten)
- Abruf eines persönlichen Gesundheitsvorsorge-Briefes für die geplante Reise

Denken Sie daran, eine **Reiseapotheke** mitzunehmen, damit Sie für leichtere Erkrankungen und kleinere Notfälle gerüstet sind (Details auf www.travelmed.de).

Die Angaben wurden nach bestem Wissen und sorgfältiger Recherche zusammengestellt. Eine Gewähr oder Haftung kann nicht übernommen werden.

von 24 Std. Es müssen 4 Formulare ausgefüllt (4 Passfotos) und 12.000 CFA bezahlt werden (Transit 6000 CFA).

Benin

Honorarkonsulat von Benin in Ouagadougou, Honorarkonsulin Frau *Delphine Kwebe,* Rue Bassawarga, B.P. 6433, Tel. 50384996/76619111. Visum innerhalb von 2 Tagen, Pass, Passkopie, 4 Passbilder, 15.000–25.000 CFA je nach Zahl der Einreisen und Dauer des Aufenthalts.

Mali

Botschaft der Republik Mali in Ouaga, 2579, Av. Bassawarga, B.P. 1911, Tel. 50381922. Visum für 20.000 CFA (3 Monate gültig) schnell und problemlos erhältlich (2 Passfotos).

Togo

Es gibt keine Botschaft der Republik Togo in Burkina Faso. Ein Visum ist bei der Einreise an der togolesischen Grenze erhältlich. Voraussetzung: gültiger Reisepass, 10.000 CFA.

Elfenbeinküste (Côte d'Ivoire)

Visum in Ouaga innerhalb eines Tages erhältlich. Botschaft Côte d'Ivoire, 855, Av. Raoul Follerau, Ecke Bd de Faso, Tel. 50318228. 2 Passbilder, 10.000 CFA, geöffnet 7.30–12, 15– 17.30 Uhr.

Hinweis: Trotz der Friedensvereinbarung zwischen Regierung und Rebellen von 2007 hat sich an der prekären Sicherheitslage bis dato nichts geändert. Das heißt, der gesamte Norden der Elfenbeinküste stand auch 2010 nicht unter der Kontrolle der Zentralregierung. Erst südlich der Rebellenhochburg Bouaké ist wieder mit regulären Beamten zu rechnen. Und erst dort wird übrigens das Visum verlangt.

Wie Reisende übereinstimmend berichten, lässt sich der **Norden** aber durchaus bereisen. Man muss allerdings (wie schon in der Vergangenheit) mit zahlreichen „Roadblocks" rechnen, wo junge bewaffnete Kräfte der Rebellen Wegezoll eintreiben, nicht selten alkoholisiert oder auf Droge. Seien Sie deshalb unbedingt freundlich und kooperativ! Wer den Norden der Elfenbeinküste bereisen will, und sei es auch nur im Transit, sollte sich vorab in der Grenzstadt Banfora über die aktuelle Lage informieren und gegebenenfalls mit einem kundigen Führer fahren.

Niger

Die Republik Niger unterhält keine Botschaft in Burkina Faso. Ein Visum ist an der Grenze erhältlich (20.000 CFA). Voraussetzung ist ein gültiger Reisepass.

Entente-Visum

Sammelvisum für die Mitgliedsstaaten Benin, Togo, Burkina Faso, Niger und Elfenbeinküste; Police-Service de l'Immigration, Av. Kadiogo (Quartier Gounghin), Tel. 50342643, Mo bis Fr 7–12 Uhr, Voraussetzung sind 2 Passbilder, Reisepass, 60-Tagevisum mit einmaliger Einreise, 25.000 CFA; Bearbeitungsdauer 2 Tage.

Senegal

Das Visum für Schweizer ist innerhalb von 24 Stunden beim Konsulat in der Av. Yennenga (oder 774, Rue 6.06), Ouaga, Tel. 50311418, erhältlich.

Folgende afrikanische Länder unterhalten noch Botschaften in Ouagadougou:
- **Algerien,** Tel. 50306401
- **Ägypten,** Tel. 50306637
- **Libyen,** Tel. 50306753
- **Nigeria,** Tel. 50306667

Feiertage und Feste

Feste Feiertage

- **1. Januar** (Neujahr), Ostermontag
- **4. Januar** (Tag der Revolution)
- **1. Mai** (Tag der Arbeit), Himmelfahrt
- **4. August** (Nationalfeiertag)
- **15. August** (Mariä Himmelfahrt)
- **1. November** (Allerheiligen)
- **11. Dezember** (Tag der Republik)
- **25. Dezember** (Weihnachten)

Ramadan

- **2011:** 1. August bis 30. August
- **2012:** 20. Juli bis 19. August

Das **Fastenbrechen (Aid al-Fitr)** wird jeweils am Tag nach dem Ende des Ramadan begangen und dauert in der Regel drei Tage.

Opferfest (Aid al-Adha, Tabaski)

- **2010:** 10. November
- **2011:** 6. November
- **2012:** 25. Oktober

Vor allem im Süden, wo Moslems in der Minderheit sind, werden die islamischen Feiertage nicht so ausgiebig begangen wie im Norden und Osten.

Geld/Währung/Banken

Währungseinheit ist der **Franc CFA** (unterteilt in 100 Centimes), der in einem festen Wechselkursverhältnis zum Euro steht: 1 Euro = 665 CFA; 1 Schweizer Franken (SFr) = ca. 472 CFA (2010).

Der Dodo-Carneval

Sind schon die Nächte des Ramadan sehr belebt und laut, so sorgt in Ouaga – und genauso in Bobo – eine andere Tradition zusätzlich für Unterhaltung: der Dodo-Carneval.

Der **Legende** nach war einmal ein Haussa-Jäger. Sein König hatte ihm verboten, am Freitag zu jagen. Er gehorchte jedoch nicht, und eines Tages fand man ihn im Wald in ein bizarres Wesen verwandelt, halb Tier, halb Mensch, mit einem langen Schwanz. Es war die Zeit des Ramadan. Man brachte ihn zu sich nach Hause. Als die Kinder ihn sahen, klatschten sie vor lauter Freude in die Hände, woraufhin er anfing zu tanzen. Dem König missfiel dies sehr, und er ließ den „Jäger" einsperren. Nur einmal im Jahr, während des Ramadan, durfte er auf die Straße hinausgehen, um die Leute zu unterhalten. Man nannte ihn Dodo, was so viel heißt wie „Phänomen".

Seitdem ist es Sitte, dass jedes Jahr **während des Ramadan** verschiedene kleine Gruppen von Kindern abends durch die Straßen ziehen: der Jäger mit Pfeil und Bogen bewaffnet (oder mit einem Schwert), die Tänzer, Tiermasken tragend (meist aus Kalebassen hergestellt und sorgfältig dekoriert), umgeben von Musikern und Sängern. Sie kommen an den Hauseingang, und wenn der Besitzer sie in den Hof hineinlässt, zeigen sie eine kleine Vorführung des Dodo-Tanzes. Am Schluss bitten sie, als Belohnung, um etwas Geld.

Gegen Ende der Fastenzeit findet drei Tage lang ein **Wettstreit** unter den Gruppen der verschiedenen Quartiere statt. Die sieben besten Gruppen dürfen dann im Maison du Peuple beim Finale vor Tausenden von Zuschauern nochmal tanzen.

Die **Wechselstube am Flughafen** öffnet inszwischen bei jeder Landung, also auch in den Nachtstunden. Euro Card wird in Burkina Fasa nicht akzeptiert, nur Visa Card. Die Ein- und Ausfuhr von Franc CFA ist unbegrenzt möglich.

Folgende **Banken** wechseln Devisen und Travellerschecks, meist mit sehr hohen Kommissionen:

● **B.I.C.I.A.** (Banque internationale pour le commerce, l'industrie et l'agriculture)
Ouaga, Av. N'Krumah, B.P. 8, Tel. 50313131, Büro im Hotel Indépendance
● **B.I.B.** (Banque internationale du Burkina)
Ouaga, Rue Patrice Lumumba, B.P. 362, Tel. 50300000

Tipp: Schnell, ohne Gebühren und zum aktuellen Tageskurs wechselt der libanesische Besitzer vom *„Marina Market"* gegenüber der Großen Moschee in Ouaga (auch Reisescheks).

Informationen

Internet

Inzwischen gibt es etliche Internetseiten zu Burkina Faso. Die offiziellen Seiten über Burkina mit praktischen Informationen finden sich auf der Website **www.primature.gov.bf**.

Weitere Websites
● **www.tourismeburkina.com**
Die neue Informationsseite befindet sich noch im Aufbau
● **http://ouaga-ca-bouge.net**
Gute Infoseite von französischen Expats
● **www.monburkina.com**
Portal mit vielen Fotos und Videos
● **www.mairie-ouaga.bf**
Website der Stadt Ouagadougou
● **www.mairie-bobo.bf**
Website der Stadt Bobo-Dioulasso
● **www.bobodioulasso.net**
Website zu Bobo-Dioulasso
● **www.fespaco.bf**
Festival Panafricain du Cinéma de Ouagadougou (FESPACO)
● **www.dbfg.de**
Homepage der Deutsch-Burkinischen Freundschaftsgesellschaft e.V.
● **www.musee-manega.bf**
Informative Seite zum Museum in Manega
● **www.fr.allafrica.com/burkinafaso**
Tagesaktuell die wichtigsten Presseartikel (auch in Englisch)

Nationalparks/ Tierreservate

Burkina hat eine relativ reiche Fauna zu bieten. Der Wildbestand hat sich nach Einführung einer Schonzeit 1980 soweit erholt, dass Großtiere bereits wieder eine Bedrohung für die Landwirtschaft darstellen. In den Reservaten kann man die Tiere am besten frühmorgens und spätnachmittags sehen.

Die meisten Reservate und Nationalparks in Burkina sind **nicht touristisch erschlossen,** d.h. es ist weder ein offizieller „Eingang" auffindbar noch führen für den Touristen zugängliche Wege hindurch.

Gut zugänglich und für Touristen geeignet sind lediglich der **Nationalpark von Arly** und **Nationalpark „W",** durch den **Nationalpark von Pô** führt eine Teerstraße. Die anderen Schutzgebiete können in der Trockenzeit evtl. auch besucht werden, wenn man sich in einem angrenzenden Ort (z.B. bei der Direction Regionale de l'Environnement et des eaux et forêts) erkundigt.

- **Nationalpark von Arly, Nationalpark „W" und Tierreservat von Pama:**
  Löwen, Büffel, Flusspferde, Krokodile, Gazellen
- **Naturreservat Nabéré:** Elefanten
- **Naturreservat Deux Balé (Boromo):**
  Elefanten, Büffel, Antilopen, verschiedene Affenarten
- **Naturreservat Bontioli (Dièbougou):**
  Elefanten, Flusspferde

Eine **Besuchserlaubnis** ist an Ort und Stelle zu erhalten. Der Preis beträgt etwa 8000 CFA p.p. (Auto extra). Eine Filmerlaubnis kostet etwa 50.000 CFA für 2 Wochen. Weitere Auskünfte erteilt die Direction des Parcs Nationaux des Reserves de Faune et de la Chasse, Ouaga (im Umweltministerium, nahe Hotel Indépendance), Tel. 50307294.

Öffnungszeiten

Banken

Mo bis Fr von 8–11.30 und 15.30–17 Uhr. Einige Banken haben auch samstags geöffnet.

Büros

Mo bis Fr von 7.30–12.30 Uhr und 15–17.30 Uhr.

Geschäfte

Mo bis Fr von 7.30–12.30 und 15–18 Uhr, Sa 8–12.30 Uhr.

Post/Telefon

Post

Es gibt keine Postzustellung ins Haus, sondern **Postfächer** (B.P.). Einen Poste-Restante-Schalter findet man in der Hauptpost am Place des Nations Unies in Ouagadougou). Von und nach Europa ist die Post ungefähr 1 Woche unterwegs, innerhalb Afrikas dauert es 2–3 Wochen. Die Post Burkina Fasos gilt übrigens als sehr zuverlässig. Zuständig für die Postzustellung ist die SONAPOST (Societé Nationale des Postes), Tel. 50306420/ 50333015.

Telefon

Nach 1999 musste die **staatliche Telefongesellschaft ONATEL** bereits 2004 wieder **neue Telefonnummern** einführen. Es gelten nun achtstellige Nummern nach folgendem Schlüssel: 50 + für den Bereich Ouagadougou und Umland bis zur Grenze Ghana; 20 + für den Süden und Westen mit Bobo-Dioulasso; 40 + für den gesamten Osten und Norden. Geändert haben sich auch die Mobilfunk-Nummern: Die Nummern von Telmob beginnen mit 70 +, die Nummern von Télécel mit 78 + und die Nummer von Celtel mit 76 +. In der Praxis sieht es aber so aus, dass speziell in der Provinz häufig die Nummern komplett geändert wurden.

Wir haben uns bemüht, sämtliche Telefonnummern zu aktualisieren. Wer alte sechsstellige Nummern wählt (die sicher noch auf Jahre über Visitenkarten und Prospekte in Umlauf gebracht werden), wird über eine Bandansage informiert, ob er 50, 20 oder 40 vor die alte Nummer stellen muss. Eine weitere Möglichkeit bietet die ONATEL-Auskunft mit der Nummer 120.

Neben dem staatlichen Mobilfunkbetreiber Telmob gibt es noch die privaten Betreiber Télécel und Celtel. **Handys** funktionieren in allen halbwegs größeren Städten und durchgängig entlang der großen Verkehrsachsen. Private Tele-Center gibt es – außer im Busch – praktisch überall.

Die internationale **Vorwahl von Burkina Faso** lautet **00226**.

Reisen in Burkina Faso

Flugverbindungen

Burkina verfügt über zwei **internationale Flugplätze (Ouagadougou, Bobo-Dioulasso)** und ca. dreißig weitere Landeplätze, von denen einige von der nationalen Fluggesellschaft Air Burkina (Tel. 50307676/50314705) angeflogen werden (z.B. Fada N'Gourma, Dori, Ouahigouya). Zu den genauen Flugverbindungen (auch in die Nachbarländer) siehe bei Ouagadougou.

Außerdem kann man beim **Aéroclub Ouaga**, Tel. 50334113, für ca. 80.000 CFA/Std./2 Personen ein Flugzeug mit Piloten mieten (s.a. Ouagadougou/Verkehrsverbindungen).

Bahnverbindungen

Die von der SITARAIL betriebene Bahnlinie verbindet Ouaga mit Bobo und dem Hafen von Abidjan und stellt somit, neben der Straße nach Lomé (Togo), eine wichtige **Verbindung zum Meer** her. Ursprünglich war die Bahnlinie bis Niamey (Niger) geplant. Das Teilstück bis Kaya ist inzwischen fertig gestellt. Weitergeführt bis in den Sahel, soll die Bahn vor allem dem Abtransport von Bodenschätzen (Mangan, Kalkstein, Klinker) sowie von Rindern aus dem Nordosten dienen. Das Staatsunternehmen befindet sich in der längst überfälligen Phase der Privatisierung, so

Souvenirs in Ouagadougou

dass sich die Zugverbindungen möglicherweise ändern können. Bislang fuhren von Ouaga nach Abidjan dienstags, donnerstags und samstags Personenzüge (s.a. An- und Weiterreise/Verbindungen von/nach Elfenbeinküste).

Busse

Der Busverkehr in Burkina Faso ist im Vergleich zu vielen anderen Ländern Westafrikas vorbildlich. Das gilt insbesondere für den Verkehr zwischen den großen Städten. Wegen der großen Konkurrenz überbieten sich zahlreiche private Gesellschaften in Sachen Pünktlichkeit, Komfort und Service. Den unbestritten besten Ruf hat sich dabei die Firma **S.T.M.B.** (Societé de Transport Mixte Bangrin) erworben. Ein großer Vorteil von S.T.M.B. ist u.a., dass die Busse in gutem technischen Zustand sind und höchstens mit Tempo 90 fahren. Weitere wichtige Busgesellschaften mit Überlandbussen sind **SO.GE.BAF** und **Transport Sana Ramané** (nähere Angaben siehe bei Ouagadougou bzw. Bobo-Dioulasso).

Hinweis: Mit Ausnahme kleinerer Ortschaften betreibt jede Busgesellschaft ihren eigenen **Busbahnhof.** Der befindet sich meist in den Außenbezirken der Städte. Taxifahrer kennen die jeweiligen Abfahrtstellen. S.T.M.B und andere Linien reservieren Plätze auch telefonisch.

Buschtaxi

Anderes als etwa in Senegal hat der Bus das Buschtaxi als bislang wichtigstes Verkehrsmittel des Landes nahezu abgelöst. Nur in abgelegenen Regionen, abseits der großen Straßen, bildet das Buschtaxi die einzig Verbindung zu den größeren Ortschaften. Das gilt besonders für den Südwesten des Landes. Man braucht viel Zeit und Geduld. Die Buschtaxis fahren erst los, wenn das Fahrzeug voll ist.

Taxi (collectiv)

Preise unbedingt vorher aushandeln! Der normale Preis für eine Stadtfahrt beträgt 200 CFA p.P., in die Außenbezirke ca. 300–400 CFA p.P. (Nachttarif doppelt).

Organisierte Touren

Praktisch alle besseren Hotels in Ouagadougou bzw. Bobo-Dioulasso bieten geführte Ausflüge an, teilweise auch in Nachbarländer wie Mali, Benin oder Niger, oder sie nennen ihren Gästen entsprechende Agenturen.

Reiseveranstalter
- **OK Raids**

c/o Hotel OK-Inn, 01 B.P. 5397, Ouagadougou, Tel. 50317042 und 50304061, Fax 50370023. Organisierte Tagesausflüge und Erlebnisreisen auch in Mali und Niger.

Weitere **Veranstalter in Ouagadougou:**
- **Agence Afrique de Tourisme**
Tel. 50331444, aatouaga@fasonet.bf
- **Armelle Voyages**
Tel. 50300960, B.P. 6011
- **Globe Voyages,** Tel. 50305898
- **Inter Voyages,** Tel. 50304050, B.P. 424
- **Kenedia Travel,** Tel. 50315970, B.P. 1908
- **Sahel Tour Voyages**
Tel. 50315345, B.P. 298

Auto

Unterwegs als Selbstfahrer/ Straßenverhältnisse

Burkina verfügt über ein dichtes Netz von Straßen/Pisten. Ein Teil der Straßen und die meisten Pisten sind während der Regenzeit unpassierbar. **Straßenbenutzungsgebühren** sind auf fast allen asphaltierten Straßen üblich (z.B. Ouaga – Bobo 800 CFA, Kaya – Ouaga 200 CFA). **Feuerlöscher** und **Warndreieck** sind obligatorisch (sonst muss mit einem Bußgeld gerechnet werden!). Seit einiger Zeit gibt es auch einen **TÜV**, der bewirkt, dass die schrottreifen Autos ausrangiert werden.

Gute Asphaltstraßen:
- **Ouaga – Kaya**
- **Ouaga – Bobo – Banfora**
- **Ouaga – Ouahigouya**
- **Ouaga – Koupéla – Fada N'Gourma – Kantchari** (Grenze Niger)
- **Ouaga – Pô** (Grenze Ghana)
- **Bobo – Faramana** (Grenze Mali)
- **Koupéla – Bittou** (Grenze Togo)
- **Ouaga – Yako**
- **Bobo – Orodara – Koloko** (Grenze Mali)

Im Landesinnern passiert man immer wieder zahlreiche **Polizei- und Zollkontrollen** (Kontrolle von Reise- und Impfpass sowie Gepäck), was Zeit in Anspruch nimmt, wenn man mit öffentlichen Verkehrsmitteln reist.

Mietwagen

Mietwagen sind relativ **teuer** (lohnen sich eigentlich nur, wenn man zu mehreren fährt): ca. 15.000 CFA/Tag plus 100 CFA/km plus Versicherung. Die Autos können am Flughafen oder in großen Hotels wie Indépendance, Silmandé oder Hotel de la Gare (R.A.N.-Hotel) angemietet werden. Billiger ist es auf dem „grauen Markt": In Ouaga werden Fahrzeuge minderer Qualität ab 15.000 CFA ohne Kilometergebühren vermietet. U.a. vermittelt das Hotel Daporé passable Dieselfahrzeuge für 20.000 CFA/Tag.

Auswahl an Mietagenturen (in Ouaga):
- **Ouaga Auto Location**
B.P. 2827, Tel. 332769
- **Dez Auto Location**
B.P. 4222, Tel. 306456
- **National Location de Voitures**
Av. de la Résistance, Tel. 50316580, diacfa@vivev.bf

Miet-Mofas und -Fahrräder

- **Soba**
Neben der Pharmacie No 1 (in Marktnähe im Zentrum von Ouaga). Preisbeispiele: Mofas ab 3000 CFA/Tag, Fahrräder 1500 CFA/Tag.

Normalerweise sind die Fahrzeuge versichert; überzeugen Sie sich aber lieber vorher nochmal. Manchmal haben auch Händler ein paar Mofas oder Fahrräder zum Verleihen.

Strom

220 V Wechselstrom ist nur in den größeren Orten bzw. Städten zuverlässig vorhanden. Die in unseren Breiten verwendeten Stecker können benutzt werden.

Markt in Gorom-Gorom

Übernachtung und Versorgung

Camping

In Burkina Faso gibt es fast nirgends Campingplätze. Manchmal darf man bei Campements oder im Hof eines Hotels campen, wenn man nachfragt. Ansonsten ist es im ganzen Land in der Regel kein Problem, einen ruhigen Platz zum Wildcampen zu finden.

Hotels

Spätestens seit den Afrikaspielen CAN 98 ist das Bettenangebot in Ouagadougou mehr als üppig. Nur bei Großveranstaltungen wie den Filmfestspielen FES.PA.C.O. oder der afrikanischen Kunsthandwerksmesse ist die Kapazität ausgelastet, dann ist vorab eine Reservierung ratsam. Auch in den größeren Städten wie Bobo-Dioulasso oder Koudougou gibt es genügend Hotels aller Kategorien. Dagegen sind in kleineren Orten meist nur einfachere Hotels zu finden, die kaum europäischem Standard entsprechen. Jedoch gibt es überall zumindest kleine Herbergen oder Gästehäuser *(Auberge populaire)*, sodass es auch für Reisende, die mit Bus oder Taxi unterwegs sind, kein Problem sein dürfte, einen Übernachtungsplatz zu finden.

Workcamps

Eine besondere Art, Menschen und Kultur Burkina Fasos näher kennen zu lernen, ist die Teilnahme an einem Workcamp. Junge Leute (meist 18–30 Jahre alt) aus Europa können **freiwillig und unentgeltlich** einen Dienst im Ausland leisten, z.B. im Rahmen von Umwelt- und Naturschutz, im pädagogischen Bereich, für Renovierungsarbeiten, den Aufbau sozialer Einrichtungen usw. Die Workcamps mit 10–20 Teilnehmern dauern 2–4 Wochen.

Camps in Burkina Faso organisiert z.B. die:
● **Vereinigung Junger Freiwilliger e.V. (VJF)**
Hans Otto Straße 7, 10407 Berlin,
Tel. 030-42850603, Fax 42850604,
office@vjv.de, www.vjf.de

Versorgungsmöglichkeiten

In den beiden **Großstädten Ouaga und Bobo** findet der Reisende ein großes Angebot an Restaurants jeder Preisklasse. Anders ist die Situation in kleinen Orten. Hier muss man sich meist nur mit einem Teller Reis mit Fisch oder Fleisch begnügen.

Grundnahrungsmittel sind normalerweise in allen größeren Orten auf dem Markt oder in kleinen Läden erhältlich. Frisches Obst und Gemüse gibt es ebenfalls auf jedem Markt. In Ouagadougou sowie Bobo-Dioulasso gibt es außerdem einige Supermärkte mit großer Auswahl an nationalen Produkten und Importwaren (gutes Fleisch, Käse, Alkoholika usw.). Die Versorgung mit Brot ist auf die größeren Städte beschränkt.

In praktisch allen Orten existieren kleine **Getränkeläden oder Cafés,** in denen es Mineralwasser, Softdrinks sowie Bier zu kaufen gibt. Neben der in ganz Westafrika verbreiteten Marke Flag gibt es zwei burkinische Biermarken: SO.B.BRA und Brakina, Letzteres hat etwas mehr Kohlensäure und ist vor allem im Süden des Landes verbreitet.

Trinkwasser

Das **Leitungswasser** in Ouaga ist deutlich besser geworden, wird aber immer noch stark gechlort und sollte abgekocht werden.

Neben teurem ausländischen gibt es einheimisches **Mineralwasser** in 1,5-l-Plastikflaschen zu kaufen. Es heißt Lafi und kostet ca. 500 CFA. „Yilemde" heißt das Mineralwasser im 0,5-l-Plastikbeutel für 100 CFA.

In Bobo kommt das Trinkwasser von einer Quelle (La Ginguette) und ist von besserer Qualität als in Ouaga. Auf dem Land gibt es „geschlossene" Brunnen mit bakteriologisch einwandfreiem Wasser und „offene" Brunnen, wo das Wasser zu filtern, abzukochen oder mit Micropur zu reinigen ist. **Im Zweifelsfall Wasser grundsätzlich abkochen oder Micropur verwenden.**

Uhrzeit

In Burkina Faso herrscht Greenwich Mean-Time (GMT): Das entspricht unserer Zeit minus 1 Std.; bei Sommerzeit in Europa beträgt der Zeitunterschied minus 2 Std.

Unterwegs in Burkina Faso

Ouagadougou

(sprich Wagadugu, oder kurz Waga)

Die Kapitale des Landes, im Volksmund kurz **„Ouaga"** genannt, zählt heute gut eine Million Einwohner und erscheint dem Besucher zunächst als **gesichtsloses, monströses Dorf.** Traditionelle Viertel sucht man vergebens, aus der Kolonialzeit stehen nur wenige Gebäude. Ouaga wurde nach dem Vorbild von Paris verwaltungsmäßig in dreißig schneckenförmig angeordnete Sektoren eingeteilt, was die Orientierung etwas erleichtert. Die Bevölkerung benutzt nach wie vor die alten Quartiernamen, wie z.B. „Zone du Bois" für den „Secteur 13". Mit dem Bau der Eisenbahnlinie Abidjan – Ouaga wurde im Jahre 1954 die wirtschaftlich wichtige Verbindung zur Küste hergestellt. Bereits im 15. Jh. war Ouagadougou **Hauptstadt des Mossi-Reiches.**

Das Zentrum der Stadt, wenn man davon überhaupt sprechen kann, bildet der **Place des Nations Unies.** Lediglich hier (und rund um die große Moschee) warten Scharen von Schleppern auf Touristen. Von hier führt der **Boulevard de la Révolution** zum Präsidentenpalast, vorbei an zahlreichen Regierungsgebäuden. Nach Westen geht die **Avenue de la Nation (ex Av. Nelson Mandela),** die am **Place de la Révolution** (Fotografierverbot!) endet. Richtung Süden, zum Flughafen, erstreckt sich die wichtige Geschäftsstraße **Avenue Kwamé N'Krumah.**

Die **Stadtentwicklung** verläuft alles andere als geordnet. Zahlreiche alte

Stadtviertel ohne Strom und Wasser sind in den letzten Jahren abgerissen worden, und man hat sich erst hinterher überlegt, was man mit den Bewohnern passiert. Es wurden moderne Stadtteile im Betonbaustil an deren Stelle errichtet, die der Hauptstadt eines Landes „würdig" sein sollten. In den neuen Vierteln werden die Häuser und Straßen nun durchnummeriert (Straßennamen sind out), was die Orientierung nicht gerade erleichtert, da sich niemand mehr auskennt. Die ehemaligen Bewohner dieser Viertel wurden vorübergehend an den Stadtrand gedrängt, denn ursprünglich dachte man daran, dass sie später wieder in den neuen Häusern Unterkunft finden würden. Es stellte sich jedoch heraus: Die Mieten waren unbezahlbar!

Insgesamt hat sich das **Stadtbild** von Ouaga sehr verändert: Die Bautätigkeit boomt, neue Straßen entstehen, die Innenstadt befindet sich völlig im Umbau. Zuletzt wurde 2005 das Projet ZACA in Angriff genommen: Westlich der Avenue Kwamé N'Krumah soll ein neues Stadtzentrum entstehen. Die Zeiten, als man die Stadt noch zu Fuß entdecken konnte, sind vorbei. Die meisten Gehsteige im Zentrum sind von Straßenhändlern oder parkenden Autos in Beschlag genommen. Europäer, die länger in der Stadt zu tun haben, kaufen oder mieten sich deshalb gleich ein Mobylette. Und es ist auch für kurze Erkundungen das ideale Verkehrsmittel.

Fast **unerträglich heiß** wird es in den Monaten **März bis Juni**, wo nach Möglichkeit nur ein kurzer Besuch in der Hauptstadt zu empfehlen ist; in Bobo-Dioulasso z.B. ist das Klima zu dieser Zeit angenehmer.

Im September 2009 wurden in Ouaga nach sintflutartigen Regenfällen fast 100.000 Menschen obdachlos.

Hinweis für Selbstfahrer

Die **Innenstadt von Ouaga ist von 11 bis 16 Uhr für Lastwagen und Campingmobile** gesperrt. Verstöße werden mit 5000 CFA geandet!

Sehenswürdigkeiten

Markt
(Grand Marché de Rood Wooko)

Nachdem der alte Markt 1985 dem Erdboden gleichgemacht worden war, wurde 1995 die moderne, mehrstöcki-

---

Sicherheit und Kriminalität

Es ist eher unwahrscheinlich, dass Sie unten genannte Nummern in Anspruch nehmen müssen: Ouaga gilt als vergleichsweise sichere Stadt, auch wenn die Kleinkriminalität, wie überall in Westafrika, im Anwachsen ist. Besonders nach Einbruch der Dunkelheit ist mancherorts Vorsicht geboten. So u.a. in und um die Av. Kwame Nkrumah, wo es im Umfeld der vielen Bars und Discos hin und wieder zu Raubüberfällen kommt. Wer nachts mit dem PKW etwas unternehmen will, sollte nicht an den 100 CFA für einen Wächter sparen.

- **Polizei,** Tel. 17 oder Tel. 50307100
- **Feuerwehr,** Tel. 18
- **Ambulanz,** Tel. 50306947/48

ge Markthalle in Betrieb genommen. Im April 2003 ist der Markt dann aber fast vollständig ausgebrannt. Obwohl die eigentliche Bausubstanz weitgehend erhalten blieb, lag das größte Handelszentrum des Landes (zugelassene 6000 Händler, tatsächlich über 10.000) und eine der Sehenswürdigkeiten der Stadt über vier Jahre brach. Kein Wunder, dass die Händler immer wieder auf die Barrikaden gingen. Erst im August 2007 wurde mit der **Generalsanierung** des Marktes begonnen, finanziert mit 3 Milliarden CFA von der französischen Entwicklungsagentur AFD. Im April 2009 erfolgte dann endlich die Wiedereröffnung des Marktes.

Die beste Zeit für einen Besuch war immer der frühe Morgen, denn schon gegen Mittag nahm das Gedränge beängstigende Formen an. Dann hefteten sich auch die mitunter aggressiven Schlepper an die Fersen der Besucher.

Bewachte Parkplätze gibt es vor dem Markt für 100 CFA pro Fahrzeug, für Mofas sind 50 CFA zu zahlen.

Interessant, aber längst nicht so groß und bunt wie der Grand Marché, ist der **Markt Sankara Yaré** im Quartier Paspanga/Secteur 12. Daneben hat praktisch jedes Quartier in Ouaga seinen eigenen Markt.

Nationalmuseum

Das Museum in der Av. de la Nation befindet sich im „Maison du peuple" und ist üblicherweise von 9–12.30 und 15.30–18 Uhr geöffnet, Sa nur bis 12 Uhr. Der Eintritt kostet 1000 CFA. Sonntags, montags und an Feiertagen ist das Museum geschlossen.

Musée de la Musique de Oauga

Tel. 50310927, B.P. 2727, Av. de l'Oubrintenga. Der 1999 errichtete Komplex beherbergt unter anderem 150 Musikinstrumente aller Ethnien von Burkina Faso. Geöffnet Di bis Sa von 9–12.30 und 15.30–17.30 Uhr, Eintritt 1000 CFA.

Centre Culturel Français

Das Kulturzentrum verfügt über Bibliothek, Ausstellungsraum, Theatersaal und Kino. Regelmäßige Vorführungen von Filmen über Burkina Faso und Westafrika sind für jedermann zugänglich. Hübsche Cafeteria. Außerdem erhält man aktuelle Informationen über kulturelle Ereignisse (Tel. 50306097/98, www.ccfouaga.com, Av. de la Nation/ ex Av. Nelson Mandela).

Touristeninformation

- **Office National du Tourisme Burkinabé (ONTB)**
Tel. 503119-57, -58, Fax 50314434, B.P. 1311, Av. Leo Frobenius, gegenüber vom Hotel Nazemse. www.ontb.bf
- **http://ouaga-ca-bouge.net**
Gute Info-Seite in französischer Sprache

Hotels

Oaugadougou verfügt über eine **großes Angebot** an Hotelbetten. Viele (Mittelklasse-) Hotels sind allerdings für den afrikanischen Geschmack konzipiert. Das bedeutet kitschiges Interieur mit protzigen Kunstledersofas, Kronleuchtern und ähnlichen Geschmacksverirrungen. Etliche der nachfolgenden Hotels befinden sich zudem in der Av. Yennenga, wo seit 2005 das groß angelegte Städtebauprojekt ZACA realisiert wird – mit Baulärm und anderen Unannehmlichkeiten ist zu rechnen. Auf die bisherige Praxis, Hotels nach Sternen zu klassifizieren, haben wir ver-

Ouagadougou

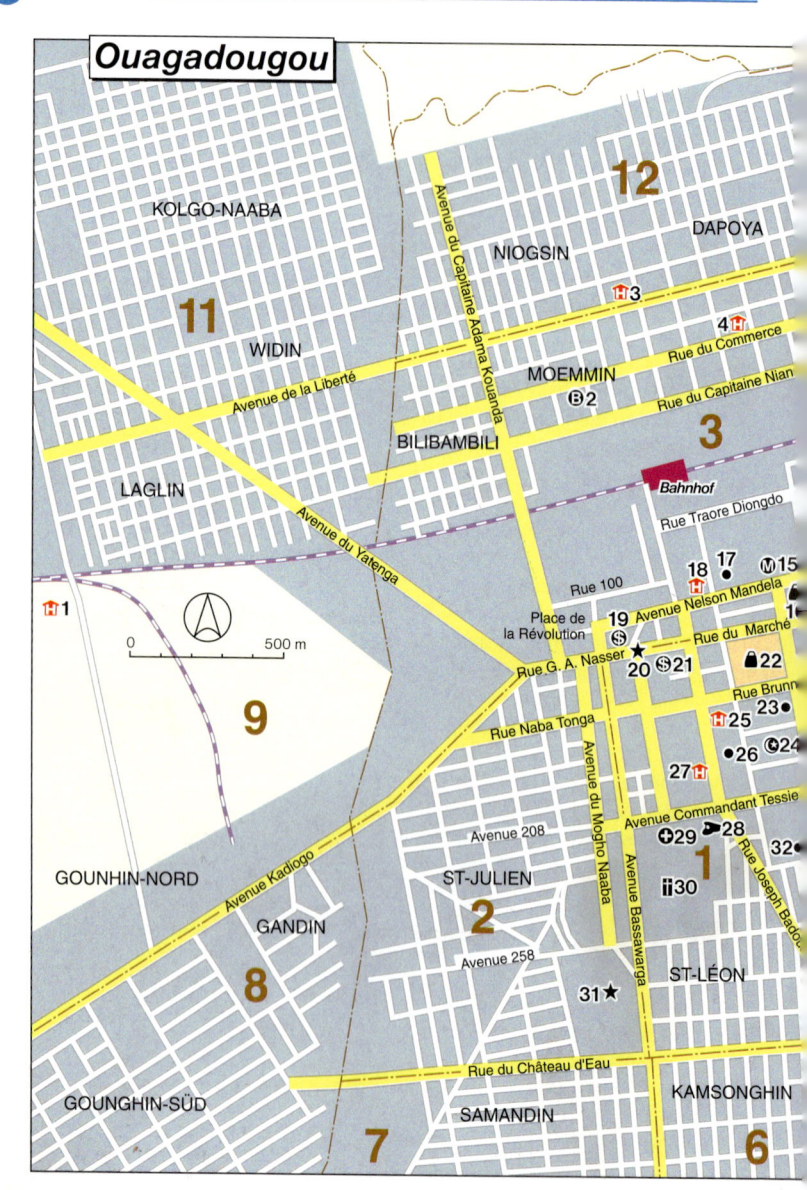

KOLGO-NAABA

NIOGSIN

12

DAPOYA

11

WIDIN

🏨3

4 🏨

Rue du Commerce

MOEMMIN

Ⓑ2

Rue du Capitaine Nian

BILIBAMBILI

3

LAGLIN

Avenue de la Liberté

Avenue du Capitaine Adama Kouanda

Avenue du Yatenga

Bahnhof

Rue Traore Diongdo

Rue 100

18 17

🏨1

0   500 m

9

Place de la Révolution

19 Ⓢ

Avenue Nelson Mandela

Ⓜ15

1

Rue du Marché

20 Ⓢ21

🔒22

Rue G. A. Nasser

🏨25

Rue Brunn

23●

Ⓒ24

Rue Naba Tonga

27🏨

●26

GOUNHIN-NORD

Avenue Kadiogo

Avenue 208

ST-JULIEN

2

Avenue du Mogho Naaba

Avenue Commandant Tessie

⊕29 ▶28

32●

GANDIN

8

1

ii30

Avenue Bassawarga

ST-LÉON

Avenue 258

31★

Rue du Château d'Eau

GOUNGHIN-SÜD

SAMANDIN

KAMSONGHIN

7

6

OUAGADOUGOU

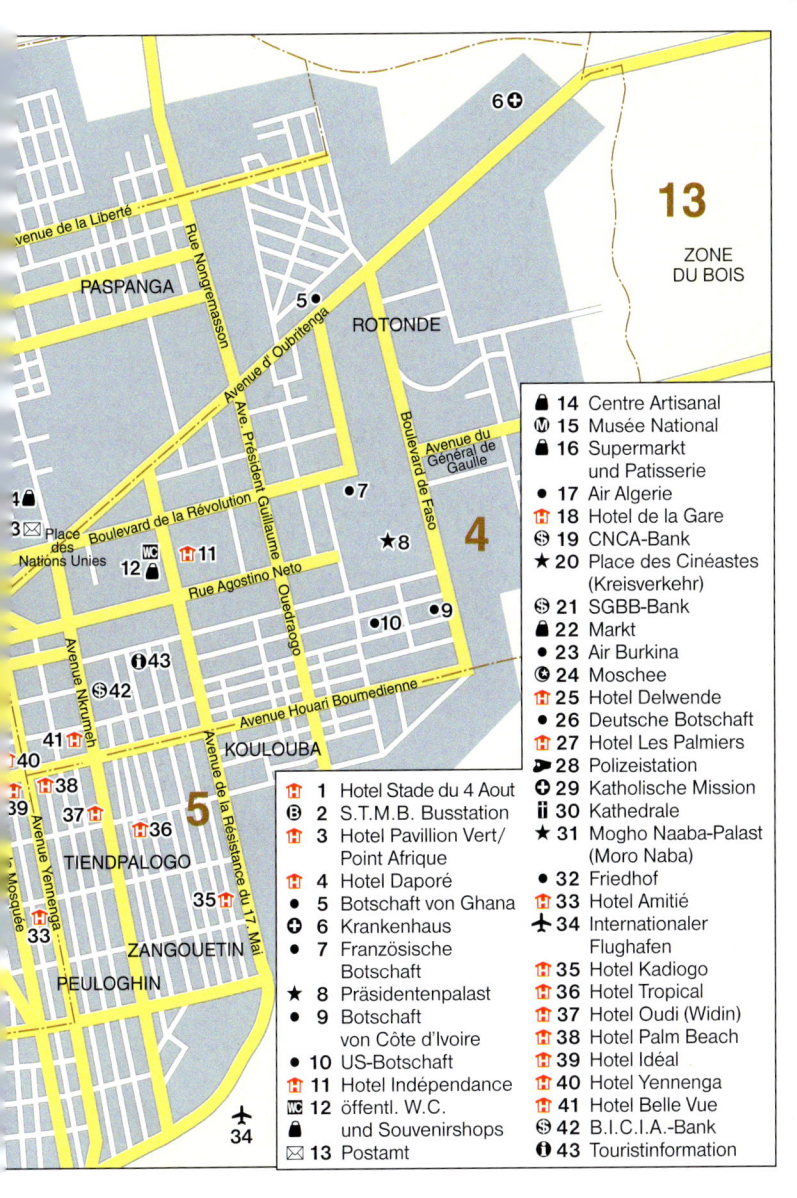

ZONE DU BOIS

PASPANGA
ROTONDE
KOULOUBA
TIENDPALOGO
ZANGOUETIN
PEULOGHIN

- 🛏 1 Hotel Stade du 4 Aout
- Ⓑ 2 S.T.M.B. Busstation
- 🛏 3 Hotel Pavillion Vert/Point Afrique
- 🛏 4 Hotel Daporé
- ● 5 Botschaft von Ghana
- ✚ 6 Krankenhaus
- ● 7 Französische Botschaft
- ★ 8 Präsidentenpalast
- ● 9 Botschaft von Côte d'Ivoire
- ● 10 US-Botschaft
- 🛏 11 Hotel Indépendance
- WC 12 öffentl. W.C.
- ✉ 13 Postamt
- 🛍 14 Centre Artisanal
- Ⓜ 15 Musée National
- 🛍 16 Supermarkt und Patisserie
- ● 17 Air Algerie
- 🛏 18 Hotel de la Gare
- Ⓢ 19 CNCA-Bank
- ★ 20 Place des Cinéastes (Kreisverkehr)
- Ⓢ 21 SGBB-Bank
- 🛍 22 Markt
- ● 23 Air Burkina
- ☪ 24 Moschee
- 🛏 25 Hotel Delwende
- ● 26 Deutsche Botschaft
- 🛏 27 Hotel Les Palmiers
- 🚔 28 Polizeistation
- ✚ 29 Katholische Mission
- ⛪ 30 Kathedrale
- ★ 31 Mogho Naaba-Palast (Moro Naba)
- ● 32 Friedhof
- 🛏 33 Hotel Amitié
- ✈ 34 Internationaler Flughafen
- 🛏 35 Hotel Kadiogo
- 🛏 36 Hotel Tropical
- 🛏 37 Hotel Oudi (Widin)
- 🛏 38 Hotel Palm Beach
- 🛏 39 Hotel Idéal
- 🛏 40 Hotel Yennenga
- 🛏 41 Hotel Belle Vue
- Ⓢ 42 B.I.C.I.A.-Bank
- ℹ 43 Touristinformation

zichtet. Denn oftmals ist ein neues unklassifiziertes Hotel besser als ein Drei- oder Vier-Sterne-Haus. Die nachfolgend genannten Hotelpreise sind in der Regel netto ohne Taxe (meist 500 CFA pro Person) und beziehen sich auf eine Übernachtung.

Hotels der Luxusklasse

●**Hotel Laico Ouaga 2000**
Tel. 5049900, Av. Pascal Zagre 01, im neuen Stadtteil Ouaga 2000 gelegen, wegen des Besitzers Oberst *Gaddafi* im Volksmund „Hotel Libya" genannt. 210 Zimmer, zehn Suiten und zehn Villen, alle mit höchstem Komfort. Konferenzzentrum, drei Restaurants, Bars, Pool, Spa, Tennis etc. DZ ab 105.000 CFA, am Wochenende halber Preis.
www.laicohotels.com

●**Hotel Sofitel Silmandé**
Tel. 50300176, ca. 3 km nördlich vom Zentrum am Stausee Barrage n°3 gelegen. Hotel der Arcor-Gruppe. Zehn Suiten und 154 klimatisierte Zimmer ab 130 Euro, Restaurant, Bar, Disco, Night-Club, größter Pool der Stadt (2500 CFA für Nichtgäste), Tennis, Golf, Reiten, Konferenzraum, alles höchster Standard. www.sofitel.com
silmade@centrain.bf

●**Hotel Spendid**
Tel. 50317278/79, B.P. 1715, Av. Kwamé N'-Krumah. Relativ neues Hotel der gehobenen Klasse unter französischer Leitung mit Pool, Bar/Restaurant. 146 klimatisierte Zimmer, 18 Suiten, DZ ab 68.000 CFA.
www.le-splendidhotel.com

●**Hotel Eden Park**
Tel. 50311487/90, B.P. 1947, Av. Bassawarga. 100 klimatisierte Zimmer und 10 Suiten mit TV, Pool, Bar/Restaurant, Nachtclub. DZ ab 46.000 CFA, Apartment 60.000 CFA.

●**Hotel Palm Beach N'Krumah**
Tel. 50310991, B.P. 5557, Av. Kwamé N'Krumah. 150 klimatisierte Zimmer mit TV, Pool, Bar/Restaurant. Kostenloser Bustransfer vom Flughafen. DZ ab 61.000 CFA.

●**Hotel Indépendance**
Tel. 50306060/61, B.P. 127, Av. de la Résistance du 17. Mai. 140 klimatisierte Zimmer in einem schon etwas betagten Haus aus den 1960er Jahren, Bar/Restaurant, großer Pool, Tennisplatz, Geschäfte. DZ ab 60.000 CFA, Suiten ab 75.000 CFA. www.hotelinde.com

Hotels der Mittelklasse

●**Residence Les Palmiers**
Tel. 50333330, Rue Josef Badoua, zentral, schräg gegenüber der Deutschen Botschaft. 15 hübsche, klimatisierte Zimmer/Bungalows in schattigem Garten, kleiner Pool, hervorragende Küche, DZ ab 35.000 CFA. Eine kleine, stilvolle Oase mitten im hektischen Ouaga. Reservierung empfohlen, da oft mit Dauergästen belegt. Über das Hotel kann man geführte Reisen u.a. nach Benin und Mali buchen. Parken im bewachten Innenhof.
hotellespalmiers@centarin.bf

●**Hotel OK-INN**
Tel. 50370020, B.P. 5397, Ouagainter. An der Route de Pô links abbiegen, hinter der Total-Tankstelle. 20 klimatisierte Zimmer, fünf klimatisierte Bungalows, Restaurant, Bar, Pool (2000 CFA für Nichtgäste). Hübsches Hotel mit angenehmer Atmosphäre und großem Garten. DZ ab 35.000 CFA.

●**Relax-Hotel**
Tel. 50313233, B.P. 567, Av. de la Nation (ex Av. Nelson Mandela) gegenüber Maison du Peuple. 55 Zimmer in zentraler Lage, Bar/Restaurant, Pool, DZ ab 47.000 CFA.
relax@fasonet.bf, www.groupe-soyaf.com

●**Hotel de la Gare** (ex Hotel R.A.N.)
Tel. 50306106, B.P. 62, Av. de la Nation (ex Av. Nelson Mandela). Zentral gelegen mit etwas angestaubter Kolonialatmosphäre (2004 renoviert), Pool, bungalowähnliche Flachbauten, sauber, viele Mücken, kein übermäßiger Komfort, aber brauchbar. Nette Bar. DZ ab 33.000 CFA.

●**Hotel Ricardo**
Tel. 50311717, B.P. 439, Barrage N°2, nördlich vom Zentrum. 22 klimatisierte Zimmer mit TV, Restaurant/Bar, Pool, Nightclub. Vom Hotel aus bietet sich bei Sonnenuntergang ein bezaubernder Blick über die Stadt und den Stausee. DZ 37.000 CFA. *Ricardo* ist Pilot

Schnappschuss auf Ouagadougous Straßen

und fliegt nach Anfrage u.a. nach Gorom-Gorom, Dédougou oder Bobo.
ricardo@fasonet.bf

● **Nazemse**
Tel. 50335328, B.P. 2397, Av. Leo Forbenius. 80 klimatisierte Zimmer, mit Restaurant/Pool. DZ ab 38.500 CFA.

● **Hotel Avenir**
Tel. 50340621/22, B.P. 5044, Bd Naaba Zombré, Secteur 9, westlich vom Zentrum. 36 klimatisierte Zimmer, Bar/Restaurant. DZ ab 27.500 CFA.

● **Central Hotel**
Tel. 50308924/25/26, B.P. 820, Rue de la Chance, ggü. Grand Marché. 60 klimatisierte Zimmer, alle mit TV und Balkon, DZ ab 33.000 CFA. Bar, Restaurant. Für das Gebotene zu teuer. www.hotinter.com

● **Hotel Yibi**
Tel. 50307370, B.P. 1014, Av. Kwamé N'Krumah. 24 kleine, aber saubere Zimmer mit TV und Klimaanlage ab 34.000 CFA. Pool, klimatisiertes Restaurant. Ideal für Nachtschwärmer, da in unmittelbarer Nachbarschaft der Nobeldiscos Pili-Pili und Jimmy's.

● **Hotel Don Camillo I**
Tel. 50302236, B.P. 8225, Av. du Conseil de l'Entente, beim Stade 4 Août. Das Hotel aus den 1970er Jahren hat einen Anbau und eine Residence. DZ zwischen 17.500 und 21.000 CFA, Suiten 27.000 CFA. Restaurant mit günstigen Preisen.

● **Hotel Belle Vue**
Tel. 50308498, B.P. 71, Av. Kwamé N'Krumah, gegenüber der B.I.C.I.A.-Bank. 30 klimatisierte Zimmer, Restaurant, Terrasse. DZ ab 17.500 CFA.

Einfachere Hotels (Auswahl)

● **Hotel Continental**
Tel. 50304360, B.P. 3593, Av. Loudun, zentral gelegen, direkt gegenüber Ciné Burkina und deshalb etwas laut. 14 klimatisierte Zimmer, Bar, Restaurant. DZ ab 15.000 CFA, Suite 32.000 CFA.

● **Hotel Le Pavillon Vert**
Tel. 50310611, Secteur 12, B.P. 4715, Av de la Liberté. 16 Zimmer mit Ventilator ab 8500 CFA, vier klimatisierte Zimmer ab 18.000

Audienz beim Mogho Naaba, dem Kaiser der Mossi

erlebt von Walter Egeter

Fährt man in Ouagadougou vom Flugplatz mit einem der klapprigen, giftgrünen Taxis über die vor Geschäftigkeit pulsierende Avenue Bassawarga in die Innenstadt, kommt man gegenüber dem Chateau d'Eau, einem riesigen runden Wasserturm, an einem großen, staubigen Platz vorbei. Mehreres fällt hier auf: Zum einen ist der Platz überraschend wenig belebt, nur ab und zu knattert ein Mofa oder rumpelt ein Auto durch die Schlaglöcher quer über die freie Fläche, zum anderen überrascht eine strahlend weiß gekalkte Steinmauer den Besucher. Dahinter ragt ein **palastähnliches Gebäude** hervor, mit kleinen, die glühende Hitze abweisenden Fenstern. Riesige Akazien bilden scheinbar einen Park, eine kleine Moschee ohne äußeren Zugang schmiegt sich an die Ostseite einer Außenmauer. Durch ein offenes Seitentor erhält man einen flüchtigen Blick auf einen sandigen Innenhof. Man kann – und das passt jetzt wieder gar nicht zu dem Eindruck der repräsentativen Anlage – etwa ein Dutzend Strohhütten erkennen, die dort in weitem Kreis wie im Busch des Mossi-Landes aufgestellt sind.

Es handelt sich um den Palast des *Mogho Naaba*, seiner Majestät des Kaisers der Mossi und Herrschers von Ouagadougou. Der Mogho Naaba ist der unbestrittene und anerkannte Repräsentant des Volkes der Mossi, seine religiöse Macht ist ungebrochen. Die Vorgänger des derzeitigen Herrschers hatten die Entscheidungsgewalt über Leben und Tod. Weder die Kolonialverwaltung noch die folgenden Regierungen haben je ihre traditionellen Rechte angetastet. Die Mossi umfassen etwa die Hälfte der Bevölkerung Burkina Fasos und bilden die einflussreichste der etwa sechzig Ethnien des Landes.

An jedem Freitagmorgen, so zwischen 7.30 und 8 Uhr – es darf auch schon einmal etwas früher sein, so genau nimmt man das in Afrika mit der Zeit meist nie –, kann man in Ouagadougou an einer eigenartigen **Zeremonie** teilnehmen, den Vorbereitungen des Kaisers der Mossi für einen Kriegszug. Das bühnenreife Schauspiel findet an der Rückseite der Palastmauer auf einem eigens dafür vorbereiteten Platz statt. Einige hundert Mossi und ein paar Touristen versammeln sich dort am frühen Morgen. Emsige Wächter achten streng darauf, dass man keinen Fuß vor eine Baumallee setzt und – um Gottes Willen – bloß keinen Fotoapparat zur Hand nimmt: Fotoaufnahmen werden von den Beschützern des Kaisers mit allen Mitteln (!) verhindert. Deshalb werden Touristen ständig misstrauisch beobachtet. Beachtet man die Regeln, geben sich die Wichtigtuer äußerst freundlich und erläutern den Ablauf der Zeremonie mit salbungsvollen Worten in gedämpftem, holprigen Französisch.

Ehe der Kaiser erscheint, versammeln sich die **Honoratioren des Stammes.** Auf stinkenden Mopeds und in verbeulten Rostlauben fahren die Repräsentanten der Stadtteile und des Parlaments vor. Sie tragen Schwerter und sind in kostbare Gewänder und rote Käppis gekleidet. Ein Trommler schlägt den Takt zum bedächtigen Aufmarsch der hochlöblichen Stammesvertreter. Jeder hat seinen zugewiesenen Sitzplatz auf der Erde, seinem Ansehen entsprechend in der ersten Reihe oder weiter hinten. Schwert und Kopfbedeckung werden abgelegt. Die Begrüßung eines jeden Neuankömmlings erfolgt mit

AUDIENZ BEIM MOGHO NAABA

großen Gesten. Ein Böllerschuss kracht durch die Ruhe des beginnenden Tages und kündigt das große Ereignis an.

An die Palastmauer ist ein **schlichter Lehmbau** angefügt. Eine Matte aus bunt gefärbtem Stroh verdeckt eine Türöffnung. Von zwei Helfern wird ein schwarzes Pferd vorgeführt. Es ist das Streitross des Mogho Naaba und seiner Bedeutung entsprechend mit prächtigem Zaumzeug aufgeputzt, reich verziert mit roten und grünen Lederstreifen. An einer leuchtend roten Satteldecke baumeln bunte Lederquasten in der erfrischenden Morgenbrise. Dann ist es endlich soweit. Zwei Frauen huschen hinter der Strohmatte hervor und setzen sich auf die Erde. Sie halten einen goldenen Zeremonialstab. Unmittelbar nach ihnen erscheint seine Majestät in einem weiten Boubou in leuchtendem Kriegsrot. Fast hastig lässt er sich auf einem bunten Lederkissen an einer der Lehmwände nieder. Die Frauen neigen ihre kahl geschorenen Köpfe tief auf den Erdboden.

Die Gesichtszüge des **Mogho Naaba** sind aus der großen Entfernung meines Standplatzes kaum zu erkennen. In den wallenden Falten des roten Kleides erscheint sein Kopf außergewöhnlich klein. Eine Kappe im gleichen Kriegsrot wird von einer gold glänzenden Spange geziert. Ein Trommelwirbel gibt den Auftakt zum nächsten Akt des mittelalterlichen Schauspiels. Aus den Reihen der Honoratioren erheben sich die offensichtlich angesehensten und schreiten würdevoll auf ihren Kriegsherren zu. Sie wollen mit seiner Majestät den geplanten Kriegszug beraten. Demutsvoll werfen sie sich in den Staub, heben mehrmals, wie die Mohammedaner beim Gebet, die Arme zum Himmel, um dazwischen jedesmal die Handflächen aufeinander zu reiben. Danach hat es den Anschein, als würde ein intensives Gespräch stattfinden. Nur ein paar Minuten dauert diese Szene, dann ziehen sich die Würdenträger, erst rückwärts schreitend, wieder zurück. Andere Gruppen aus den Reihen der Sitzenden wiederholen diese Prozedur.

Der Sinn dieses großen Aufzugs der Würdenträger liegt darin, ihren Kaiser zu überzeugen, doch an Stelle eines Kriegszugs lieber mit dem Feind in **Friedensverhandlungen** einzutreten und ein Massaker zu verhindern. Würden nur die Kriegslüsternen dieser Erde die Symbolik dieses eindrucksvollen Mossi-Schauspiels begreifen und ebenso besonnen handeln, wie es vor vielen hundert Jahren einmal ein weiser Mogho Naaba getan hat und zu dessen Gedenken wöchentlich die Geschichte wiederholt wird!

Der edle Mogho Naaba hört also auf seine klugen Ratgeber und beschließt, das Blutvergießen zu unterlassen. Er schickt seine Boten aus zum vermeintlichen Feind, die die Glücksbotschaft überbringen. Sein Streitross lässt er in den Stall zurückbringen. Er selbst kleidet sich in seinem Palast um. Mit großem Gefolge erscheint er nochmals vor der Ratsversammlung, dieses Mal im weißen Gewand des Friedens. Musikanten und Sänger feiern ihren Kaiser daraufhin mit Lobesliedern. Ein krachender Böllerschuss beendet die Zeremonie und ruft mich aus meinen Träumen in die Wirklichkeit zurück. Die Ehrengäste schwingen sich auf ihre Mopeds und kehren in ihren Alltag zurück. In der Nähe werden Abfälle verbrannt, stinkender Qualm zieht über den Platz vor dem Mogho-Naaba-Palast.

CFA. Restaurant/Bar. Nicht sonderlich gepflegt, aber seit vielen Jahren beliebte Adresse bei (französischen) Backpackern.

- **Les Manguiers**
Tel. 50300370, Secteur 12, nahe Av. de la Liberté. Auf den ersten Blick etwas trostlos, aber die 15 Bungalows haben gute Betten mit Mosikonetz, sind blitzsauber und sehr geräumig. DZ ab 14.500 CFA, Bar/Restaurant in kleinem Garten, sehr ruhige Lage.

- **Hotel Daporé**
Tel. 50313331, Secteur 12, B.P. 2473, nahe Av. de la Liberté. Saubere, von einem Schweizer geführte Bungalowanlage. Neun kleine Zimmer mit Klimaanlage, vier mit Ventilator, ab 13.000 CFA. Bar und gutes Restaurant mit Schweizer Küche.

- **Hotel Delwende**
Tel. 50308757, B.P. 570, Rue Maurice Bishop, Südseite vom Markt, zentral gelegene Backpacker-Absteige. Freundliches Personal. Interessant ist die Aussicht vom Balkon, wo die Gäste abends ihr Bier trinken. DZ kosten 12.000 CFA.

- **Pension Sarah**
Tel. 50380830, B.P. 1933, Av. Bassawarga, südlich vom Zentrum. Der Chef *Jakob Bambara* ist der Bruder des bekanntesten Skulpteurs für Bronze und Stein, *Jean-Luc Bambara*. 20 saubere Zimmer mit Ventilator oder Klimaanlage ab 7500 CFA, günstige Gerichte und freundliche Atmosphäre.

- **Hotel Oubry**
Tel. 50306483, B.P. 1689, Av. Yennenga, südlich des Zentrums. Terrasse mit Blick auf die Straße, die Zimmer im Annexe sind ruhiger. Zwölf Zimmer mit Klimaanlage, sieben Zimmer mit Ventilator. Bar/Restaurant. DZ ab 12.700 CFA.

- **Hotel de la Paix**
Tel. 50335293, B.P. 882, Av. Yennenga. Klimatisierte DZ mit Dusche/WC 10.000 CFA, DZ mit Ventilator 6500 CFA, sauber und gepflegt, Bar/Restaurant.

- **Hotel Idéal**
Tel. 50306502, B.P. 1034, Av. Yennenga, in der Nähe der Moschee. Klimatisierte DZ ab 11.000 CFA.

- **Hotel Kadiogo**
Tel. 50332463, B.P. 716, in unmittelbarer Nähe vom Flughafen, trotzdem relativ ruhig, mit angenehmer Atmosphäre, Innenhof und schöner Gartenanlage. DZ ab 8000 CFA.

- **Riviera**
Tel. 50306559, Secteur 9, Ecke Av. du Yatenga/Av. de la Liberté, nordwestlich des Zentrums gelegen. 13 Zimmer, Bar/Restaurant.

- **Hotel Wend Kouni**
Tel. 50308079, B.P. 6356, Quartier Kamsaoghin. Sauber, Übernachtung ab 6000 CFA.

- **Foundation Pièrre Dufours**
Tel. 50303889, Rue de la Chance, fünf Querstraßen südlich vom Grand Marché. Gemeinschaftsküche, Schlafsaal 2500 CFA p.P. Der Franzose *Dufours* gründete diese Foundation vor vielen Jahren zugunsten von Waisenkindern, die er auch adoptierte. Seit seinem Tode verwaltet sein Adoptivsohn *Hadama Yaméogo* die Stiftung. Das Geld wird für Nahrung und Schulgebühren der Waisenkinder verwendet.

- **Mission d'assemble de Dieu**
Tel. 50307281, B.P. 121, im Quartier Gounghin. 3000 CFA p.P. in 3er- und 4er-Zimmern, gute Betten, Kochgelegenheit.

Camping

Ouaga hat keinen richtigen Campingplatz mehr. Wer sicher stehen will, sollte zum **Hotel OK-INN** (s.o.) fahren und dort nach einem freien Platz fragen. In der Regel zeigt sich die Geschäftsführung kooperativ. Über bewachte Parkplätze im Innenhof verfügt auch die **Residence Les Palmiers** gegenüber der Deutschen Botschaft. Ob man dort zu halbwegs moderatem Preis sein Fahrzeug unterstellen kann, ist Verhandlungssache.

Essen und Trinken

Die Zahl der Restaurants in Ouaga ist **fast unüberschaubar.** In letzter Zeit haben auch viele Spezialitätenlokale eröffnet, vor allem im Diplomatenviertel Koulouba/Secteur 4 und im Villenviertel Zone du Bois/Secteur 13. Zudem verfügen die meisten Hotels über Bar und Restaurant. Hier sind die Preise für ein Menü meist ähnlich wie in Europa. Wer sich billig und stadtnah bei afrikanischen **Straßenküchen, Maquis** genannt, verköstigen will, sollte sich im Secteur 12/Av. de la Liberté bzw. Rue Commerce oder in der Zone du Bois/Secteur 13 umsehen.

Restaurants für höhere Ansprüche (Auswahl)

● **Gondwana**
Tel. 50361124, Zone du Bois, ca. 300 m nördlich von der Total-Tankstelle an der Av. du General de Gaulle. Seit 2005 die neue Nr. 1 in Ouaga. Eine gelungene Mischung aus afrikanischer Kunst und großer Küche. Das außerordentlich stilvolle Ambiente im Wüstendekor hat aber auch seinen Preis. Täglich ab 18 Uhr geöffnet.

● **Le Verdoyant**
Tel. 50312299. Von Franzosen betriebenes Freiluft-Lokal nahe Place des Nations Unies mit angenehmer Atmosphäre, u.a. ausgezeichnete Pizza und Fleischgerichte ab 3000 CFA; Speiseeis. Geöffnet von 12–15 und 18–23 Uhr.

● **TAM-TAM**
Tel. 50304003, Stadtteil Gounghin, an der Straße nach Bobo. Der Besitzer ist Österreicher; schöner Biergarten und das wahrscheinlich beste Wiener Schnitzel südlich der Sahara. Bier vom Fass. Treffpunkt deutschsprachiger Entwicklungshelfer. Geöffnet von 11–24 Uhr, Di geschlossen.

● **Le Coq bleu**
Tel. 50300193, Av. Kwame N'Kruma. Das kleine Feinschmecker-Lokal steht unter gleicher Leitung wie das TAM-TAM, Reservierung wird empfohlen

● **Le Tables de la Fortune (ex Fontaine bleu)**
Tel. 50307083, Av. Dimdolosom, 50 m nördlich vom Le Verdoyant. Französische Küche, spezialisiert auf Fisch und Meeresfrüchte; klimatisierter Speisesaal oder im schönen Garten. Geöffnet von 12–15 und 18–23 Uhr.

● **L'Eau Vive**
Tel. 50306303, Rue du Marché, nördlich vom Zentralmarkt. Ausgezeichnete Küche, von Missionsschwestern geführt, mit schönem Garten. Menü ab 3000 CFA. Gepflegte Atmosphäre bei klassischer Musik – um 21.30 Uhr wird das „Ave Maria" gesungen! So geschlossen, sonst von 12–14 und 19–22.30 Uhr.

● **Divan Al Moktar**
Tel. 503457, B.P. 13455, Quartier Koluba/Secteur 4, mittags und abends geöffnet (außer Mo), gute libanesische Spezialitäten/Pizza im klimatisierten Saal oder auf der Terrasse.

● **La Forêt**
Tel. 50307296, Av. Bassawarga, Secteur 2. Gartenlokal, täglich von 9–23 Uhr geöffnet. Afrikanische Küche und Grillspezialitäten ab 3000 CFA.

● **Le Belvedère**
Tel. 50336421, Av. Raoul Folléreau, Secteur 4. Italienische und libanesische Küche, Pizza. Geöffnet ab 18.30 Uhr, Di geschlossen.

● **Daporé**
Tel. 50313331, Rue Commerce, Secteur 12. Unter Schweizer Leitung, hier gibt es u.a. original Fondue und Raclette.

● **Le Vert Galant**
Tel. 50306980, 172, Rue Amirou Thiombiano. Französische und italienische Küche. Geöffnet von 11–14 und 19–22.30 Uhr, Mo geschlossen.

● **Restaurant de Chine**
Tel. 50311860, Av. Loudun. Eines der besseren chinesischen Lokale, geöffnet 11–15 und 19–23 Uhr, Mo geschlossen. Gerichte ab 3000 CFA.

● **Le Stella Royal (ex Rive Droite)**
Tel. 50312299, Av. Raoul Follereau, Stadtteil Koulouba. Französische und exotische Küche, 11–14 und 18–22 Uhr.

Restaurants für einfache bis mittlere Ansprüche (Auswahl)

● **Espace Culturell ZAKA**
Tel. 50315312, zentral am nördlichen Ende der Av. Yennenga zwischen Großem Markt und Place des Nations Unies. Populärer Treff mit netter Atmosphäre und großer Terrasse. Große Auswahl an traditionellen Gerichten. Regelmäßig finden Live-Konzerte statt.

● **Bar-Restaurant Le Ludo**
Tel. 50306511, Av. Yennenga. Hier gibt es gegrillten Fisch, Huhn etc. Die Ludo-Bar ist sehr beliebt, daher immer gut besucht, vor allem nachts.

Restaurant Akwaba
Tel. 50312376, Av. Kwamé N'Krumah. Afrikanische und internationale Küche. Geöffnet 11-15 und 18.30-23 Uhr, So geschlossen.

Restaurant La Farigoule
Tel. 50317049, Av. Kounada, nahe STMB-Busstation. Falls der Bus einmal Verspätung hat, ist dies eine gute Adresse für einfache Speisen und Grillgerichte ab 1000 CFA.

Restaurant Cite An II
Tel. 50305212, Av. Bassawarga, südlich vom Zentrum. Großes, populäres Freiluftrestaurant, täglich bis Mitternacht geöffnet. Die Gerichte (ab 800 CFA) sind besser als der erste Eindruck vermittelt.

Restaurant la Paix
Tel. 50308636, Av. de Loudun. Beliebter Treffpunkt nahe Ciné-Burkina, auch europäische Gerichte.

Restaurant La Colombe
Tel. 50310445, Av. Agostino Néto, liegt gegenüber der Botschaft von Kanada. Senegalesische und europäische Gerichte ab 2000 CFA. Geöffnet täglich 10-15 und 18-24 Uhr.

Restaurant Chez Mame Diop
Av. Kwamé N'Krumah/Av. Rue Docteuer Goarnisson. Senegalesische Gerichte, einfach und gut. Mittags und abends geöffnet.

Restaurant Hamanieh
Tel. 50303913, Cité An IV. Gute afrikanische und europäische Küche. Mo geschlossen.

Le Wapassi
Tel. 50312780, Quartier Paspanga, Rue des Écoles. Afrikanische Küche und Grillgerichte. Geöffnet täglich von 10-24 Uhr.

Marquis de la Aeroport
Direkt gegenüber vom Flugplatz, 2005 eröffnet. Einfach und sauber, der ideale Platz, wenn der Flieger Verspätung hat und das Flughafenrestaurant wie so oft geschlossen ist. Täglich geöffnet, warme Küche gibt es leider erst ab 18 Uhr.

Pâtisserien

Le Gourmandise
Tel. 50308162, Ecke Rue de la Mosquée/Rue Thiombiano. Teure Snacks und mittelmäßige Kuchen, aber die beste (und einzige) Aussicht auf den Zentralmarkt.

Koulouba
Tel. 50307717, Av. de la Résistance du 17. Mai. Leckere Kuchen, Eis, kleine Gerichte.

La Bonbonnière
Tel. 50306352, Av. de la Nation (ex Av. Nelson Mandela), neben dem Supermarkt Casino. Gutes Frühstück, Speiseeis.

L'Opera
Tel. 50381073, Av. Bassawarga, nahe der Botschaft von Mali. Salon de Thé.

Bars/Kneipen/Nightclubs

Von einem passionierten Nachtschwärmer erhielten wird folgende „Gebrauchsanweisung" für eine lange Nacht in der fast unüberschaubaren Discoszene von Ouaga: Einstieg bei Jimmy's Disco in der Av. Kwamé N'Krumah, immer noch „in". Ab 24 Uhr dann schnell ins Sahel zum Abtanzen und Flirten oder ins etwas gemäßigtere Pili-Pili. Wer jetzt noch nicht genug hat: Auf der Straße vor dem Hotel Pavillion Vert wird jedes Wochenende bis zum Morgengrauen mächtig gefeiert. Alternative Adressen für heiße (open air) Unterhaltung sind: Bar Balamakoté (beim Stade municipal), Le Magno II (Av. Bassawarga/Total-Station), Bar Music Hall (Rue des Écoles/Secteur 12). Hinzu kommen noch unzählige Discos in den Vorstadtquartieren.

Hinweis: Wie in anderen westafrikanischen Metropolen auch, sind Discos die Hotspots für **Prostitution und Drogen.**

Discotheque le Nirwana
Cité An III/Secteur 12. Seit 2004 ist diese Großdisco der neue Treff der Besserverdienenden: 3000 CFA Eintritt.

Le Cactus Bar
Av. Kwamé N'Krumah. Billard, Importbier und viel Musik, täglich 19 Stunden außer Mo.

New Jack
Av. Kwamé N'Krumah. Teure Bar für Nachtschwärmer

M'NIFFOU Bar Dancing
Bd. de la Jeunesse (Straße nach Bobo). Nette Tanzbar mit afrikanischer Musik und Publikum, auch unter der Woche ist hier was los, freier Eintritt.

Handwritten at top: Princess Yennenga +226 50306316
www.princessyennengalodge.com

Unterwegs in Burkina Faso — OUAGADOUGOU

Karte S. 529, Stadtplan S. 566

- **ZAKA Club** (ex Wassa-Club)
Am nördlichen Ende der Av. Yennenga. Zentraler Treffpunkt mit traditioneller afrikanischer Musik, geöffnet bis 2 Uhr. Eintritt 500–1000 CFA.
- **Nightclub Le RIM/Tapoa**
Nachtclub des Hotel Silmandé. Hier geht es wesentlich ruhiger zu, gedämpfte Musik, ab 3000 CFA Eintritt!
- **Casino du Faso**
Spielcasino im noblen Hotel Silmandé.

Kinos

Kinos mit französischen, indischen und amerikanischen Filmen stehen zur Auswahl; schade, dass kaum afrikanische Filme gezeigt werden. Ein Besuch lohnt sich; die Reaktionen des Publikums sind manchmal interessanter als der Film selbst …

- **Ciné Burkina**
Klimatisiertes Großraumkino in unmittelbarer Nähe der Moschee.
- **Ciné Oubri,** Rue Maurice Bishop.
- **Riale,** Rue Patrice Lumumba (open air).
- **Ciné Gounghin**
Im gleichnamigen Stadtteil, an der Straße nach Bobo.
- **Nerwaya**
In der Cité An III, in modernem Gebäude.

Notfall

Ambulanzen

- **Ambulance Hôpital**
Tel. 50306644/45.
- **La Croix Rouge,** Tel. 50302071.

Ärzte

Im Krankheitsfall hat die Deutsche Botschaft bei folgenden Adressen gute Erfahrungen gemacht:

- **Centre medical français
de Ambassade du France (CMF)**
Tel. 50306607, zwischen Außenministerium, dem Präsidentenpalast und „Radio Burkina". Französische Fachärzte, behandeln nicht nur französische Botschaftsangehörige. Laboruntersuchungen (Malaria etc), teure, gute Akut-Behandlung. 24 Stunden Bereitschaftsdienst unter Tel. 70200000.
- **Clinique Dentaire ERAS**
Tel. 50313614, Av. Kwamé N'Krumah, Immeuble Nassa. Zahnarzt mit Englisch-Kenntnissen.
- **Clinique les Genets**
Tel. 50374383, Secteur Ouaga 2000, *Dr. Paul Zoungrana.* Moderne Klinik u.a. für Gynäkologie und Geburtshilfe.
- **Laboratoire du Centre**
Tel. 50313557, u.a. Malaria-Schnelltest, 24 Stunden geöffnet.

Weitere Ärzte:
- **Dr. Jean Yves Cosnefroy**
Tel. 50361628, Av. Charles de Gaulle (hinter der Présidence), Öffnungszeiten: Mo bis Fr 8–13, 16–19 Uhr, Sa 8–13 Uhr.
- **Dr. Ingrid Sawadogo**
Tel. 50306472. Zahnärztin, Kieferchirurgin.

Apotheken

- **Pharmacie du Progrès,** Tel. 50303612.
- **Pharmacie de l'Hôpital,** Tel. 50306641.
- **Pharmacie Nouvelle,** Tel. 50306133.
- **Place du Marché,** Tel. 50306188.

Banken

- **B.I.C.I.A.B**
Tel. 50313131, Av. Kwamé N'Krumah. Das größte Bankhaus Burkina Fasos wechselt Bargeld und Travellerschecks. Geöffnet von 7.15–11.15 und 15.15–17.30 Uhr.
- **B.C.B.**
Tel. 503012, Av. Kwamé N'Krumah und Av. de la Nation.
- **B.I.B.**
Tel. 50300000, Av. Dimdolobsom. Vertretung von Western Union.
- **ECO Bank**
Tel. 50318975, Rue Maurice Bishop. Vertretung von Western Union.
- **BOA (Bank of Africa)**
Tel. 50301988, Av. Kwamé N'Krumah und Av. de la Résistance du 17 Mai.

Tipp: Ohne Gebühren und zu fairem Kurs wechselt der Supermarkt Marina (gegenüber der Großen Moschee) Euro in CFA. Auch So von 9–13 und 17.30–20 Uhr geöffnet

Post und Telefon

- Es gibt keine Postzustellung ins Haus, sondern **Postfächer (B.P.)**.
- Einen **Poste-Restante-Schalter** gibt es in der Hauptpost am Place des Nations Unies. Von und nach Europa dauert die Post ca. 10 Tage, innerhalb Afrikas 2–3 Wochen.
- **Telefonieren** kann man von zahlreichen privaten Teleboutiquen auch ins Ausland oder direkt bei ONATEL (Office National de Télécommunication), Av. de la Nation (ex Av. Nelson Mandela). Ortsgespräche innerhalb von Ouaga kosten 100 CFA.
- Die **Vorwahl von Burkina Faso ist 00226.**
- **Telefonauskunft: Tel. 120.**

Internet

- Ein gutes, klimatisiertes **Internet-Café** mit schnellen Rechnern gibt es direkt gegenüber dem Restaurant Le Verdoyant, am südlichen Ende der Av. Dimdolobsom.

Fluggesellschaften

- **Air France**
  – Tel. 50306365, Av. de la Nation.
  – Tel. 50312281, Flughafenbüro.
- **Air Burkina**
  Tel. 50307676, Rue Bassawarga.
- **Cameroun Airlines,** Tel. 50331474.
- **Air Algerie,** Tel. 50312301.
- **Air Ivoire,** Tel. 50300450/51, B.P. 3550.
- **Point-Afrique**
  Tel. 50310611, Rue de la Liberté, direkt beim Hotel Pavillon Vert.

Flughafen

- Tel. 50306515 und 50306519.
- **Vor-Check-in:** Im Gegensatz zu anderen Flughäfen kann man sein Gepäck am Abflugtag von 10–12 Uhr abgeben.

Inlandsflüge

Inlandsflüge sind evtl. mit *Ricardo* vom Hotel Ricardo (s.o.) möglich. Er ist Pilot und Verantwortlicher beim Aéro Club de Ouagadougou und fliegt nach Anfrage u.a. nach Bobo, Gorom-Gorom oder Dédougou.

Bahnverbindungen

- **SITARAIL**
  Tel. 50310828, Rue Dioncolo oder Rue 3.44.

- **Ouaga – Bobo – Banfora – Abidjan**
  Abfahrt Di, Do und Sa am Morgen, Fahrtzeit ca. 1½ Tage, Preis 1. Klasse 21.000 CFA. Die Grenze ist für den Zug auch bei Nacht geöffnet, für die Formalitäten hält der Zug nur zweimal, der Bus dagegen hält an der Grenze wesentlich häufiger.
  Hinweis: Die Bahnverbindung zwischen Ouagadougou und der Elfenbeinküste galt nie als besonders pünktlich. Reisende haben berichtet, dass die Verspätungen mit dem Hinweis auf „technische Probleme" bis zu acht Stunden betrugen.
- **Ouaga – Kaya,** derzeit nur Güterverkehr.

Busse

Überlandbusse

S.T.M.B.
(Société de Transport Mixte Bangrin)
Tel. 50311363, 50274100/01. Sicher, sauber, pünktlich; auch wenn der Fuhrpark nicht mehr der neueste ist, immer noch besser als die Konkurrenz. Die Busstation von STMB in Ouaga befindet sich im Secteur 12, nordwestlich des Bahnhofs, versteckt in einer Seitenstraße, die aber jeder Taxifahrer kennt. Der Service ist umfassend: Snackbar, klimatisierter Aufenthaltsraum, Gepäck kann aufgegeben werden, Sitzplätze sind durchnummeriert. Tipp: Wer am Vortag bucht, hat gute Chancen auf die begehrten Plätze 2 bis 5.

- **Ouaga – Bobo**
  Täglich 8 Fahrten; klimatisierter Bus 6000 CFA, 1. Klasse 8000 CFA, nicht-klimatisierter Bus 4000 CFA.

- **Ouaga – Ouahigouya**
Täglich 3 Fahrten, ab 3000 CFA.
- **Ouaga – Fada-Ngourma**
Täglich 3 Fahrten, ab 3000 CFA.
- **Ouaga – Dori**
Täglich 2 Fahrten ab 4000 CFA, Abfahrt 7.30 und 13.30 Uhr.
- **Ouaga – Cinkansé (Grenze Togo)**
Abfahrt 8 Uhr, 4000 CFA.

Weitere Fahrtziele von STMB sind: Djibo (über Ouahigouya), Tenkodogo (über Koupela), Po, Banfora (über Bobo).

Die Tochtergesellschaft **STMB Tours** bietet u.a Exkursionen in Burkina Faso, Mali, Niger und Benin an. Infos unter Tel. 50302044/ 78864900, www.stmbtours.bf.

S.T.B.F.
(Société des Transport Bouro et Frères)
Tel. 50312795, B.P. 11142, Ouaga 08. Die Station von STBF befindet sich in der Avenue Yatenga.
- **u.a. Ouaga – Bamako**
Täglich, 15.000 CFA.

SOTRAO
Tel. 50334669.
- **Ouaga – Ouahigouya**
Täglich außer So, 2000 CFA.
- **Ouaga – Diapaga**
Täglich, Rückfahrt jeweils am nächsten Tag, 3750 CFA.
- **Ouaga – Tenkodogo**
Mi, Do und Sa, 1500 CFA, Abfahrt jeweils 14 und 9 Uhr.
- **Ouaga – Djibo**
Mi und Sa, Abfahrt 8 Uhr, 2500 CFA.
- **Ouaga – Niamey**
Di, 9000 CFA; Mi bis zur nigrischen Grenze, 4000 CFA.
- **Ouaga – togolesische Grenze**
Sa und Mi, 4000 CFA.

SO.GE.BAF.
Tel. 50344255, B.P. 3900. Mit die größte private Busgesellschaft von Burkina Faso. Wegen häufiger Pannen und Unfälle ist ihr Image allerdings nicht das beste.
- **Ouaga – Bobo**
Täglich mehrmals, 4000 CFA.

- **Ouaga – Ouahigouya**
Täglich mehrmals, 2000 CFA.

T.S.R. Transport Sana Rasmané
Tel. 50342524, B.P. 832. Diese Gesellschaft fährt u.a. nach Kaya, Cinkanse, Leo, Gaoua und Bobo. Außerdem in die Elfenbeinküste, nach Mali, Togo und Benin.

TVC
Tel. 50301303, B.P. 6634. Mehrmals die Woche nach Benin, Mali und Togo.

Stadtbusse

Um den drohenden Verkehrskollaps abzuwenden, wurde ein ehrgeiziges Busprogramm verwirklicht: Moderne Busse der Gesellschaft SOTRACO verkehren **bis 22 Uhr auf den großen Verkehrsachsen.** Es gibt sechs verschiedene Linien. Die Haltestellen sind markiert und in der Regel überdacht. Der Fahrpreis beträgt 100 CFA.

Taxis

In Ouagadougou ist es üblich, mehrere Fahrgäste im Taxi mitzunehmen und diese nacheinander an ihren Zielen abzuliefern. Alle Taxifahrer in der Stadt nennen erst einen viel zu hohen Preis – handeln Sie ihn herunter! Der normale Preis für eine Fahrt innerhalb des Zentrums der Stadt beginnt bei 200 CFA p.P.; nachts wird das Doppelte verlangt.

Funktaxis
- **Taxis Radio les Rapides,** Tel. 50314343.
- **Taxis STMB,** Tel. 50308990.

Buschtaxis

Es gibt mehrere Gare routière, jeweils in den Außenbezirken. Sagen Sie dem Taxifahrer den Zielort, er wird sie zum entsprechenden Gare bringen.

Autowerkstätten

- **C.FA.O.**
Tel. 50306159, Toyota, Yamaha.

- **C.I.C.A.**,
Tel. 50332192, Peugeot.
- **C.O.D.I.A.M.**
Tel. 50308921, Toyota, Renault.
- **Diacfa Auto**
Tel. 50306297, Mitsubishi, BMW.
- **Garage Ouedraogo Jacques et Frères**
Tel. 50370244, Secteur 16.

Shopping

Antiquitätenhändler

Souvenir- und „Antiquitätenhändler" haben überall dort ihre Stände aufgebaut, wo sie potenzielle Kunden vermuten, also vor allen größeren Hotels. Sie kommen überwiegend aus dem Niger, aus Mali und aus Senegal. Man nennt diese Verkäufer zwar „Antiquitätenhändler", wirklich „alt" ist aber wahrscheinlich kaum ein Stück. Man benötigt viel Zeit und noch mehr Nerven, sich mit diesen unglaublich geschäftstüchtigen Händlern auf einen akzeptablen Preis zu einigen. Und seit Touristen zahlreicher nach Ouaga kommen, sind die Preise auch erheblich gestiegen – „Il faut discuter le prix!". Eine wahre Fundgrube an Masken und Fetischen bietet u.a. das neue Kunstgewerbezentrum schräg gegenüber dem französischen Kulturzentrum, wo man auch die Bronzeveredler bei ihrer Arbeit beobachten kann.

Die **Masken** aus den verschiedenen Regionen Burkinas oder den Nachbarländern Elfenbeinküste, Mali, Benin sind meist bemalt, mit Patina versehen und in Hinterhöfen auf „alt" gemacht. Aber sie bleiben dennoch authentisch, was Maße, Form und Farbe angeht. Dies gilt auch für andere Objekte aus Holz, wie alte Türen der Dogon etc.

Für die **Bronzefiguren** lohnt es sich, direkt zum Hersteller, Meur Dermé im Quartier Niogsin, zu fahren (ca. 10 Minuten mit dem Taxi), ebenso für die **Batiken** (Quartier Dapoya).

Hinweis: Ausfuhr von Kunststücken nur nach vorheriger Präsentation (Liste in doppelter Ausfertigung mit allen Objekten aufstellen) bei der **Direction du Museé** (Av. d'Oubritenga, direkt neben der Bushaltestelle Lycée des Jeunes Filles), welche eine Ausfuhrgenehmigung ausstellt oder gegebenenfalls ihr Vorkaufsrecht geltend macht. Das Zertifikat wird gegen eine Gebühr von 200 CFA ausgestellt. In der Praxis wird aber nur noch selten nach der Ausfuhrgehmigung gefragt.

- **Centre National d'Artisanal d'Art**
Nahe der Hauptpost. Bronzefiguren, Batiken, Holzstatuen, Lederwaren zu festen Preisen. Der Erlös ist für die Förderung des ländlichen Handwerks bestimmt.
- **Centre de formation féminine et artisanal**
Tel. 50343141, Quartier Goughin-Süd an der Straße nach Bobo, ca. 2 km vom Zentrum. Wandteppiche und Stickereien.
- **Etoile de Coton**
In Ponsomtenga; über Quaga 2000 Richtung Leo, rund 4 km nach dem Rond point links abbiegen. Traditionelle Webarbeiten, an den Werktagen zu den üblichen Geschäftszeiten geöffnet.
- **Centre de Tannage**
Gerberei und Lederverarbeitung; etwa 3 km außerhalb an der Straße nach Fada N'Gourma, gegenüber vom Gefängnis (Sa und So geschlossen).
- **Art et Artisanat d'Afrique**
Tel./Fax 50334340, nahe der Av. Charles de Gaulle, zwischen Radio und Uni. *Mathias Lafon* ist mit einer der größten Händler in der Region, mehrere hundert Quadratmeter Ausstellungfläche mit Masken, alten Einrichtungsgegenständen, Perlen etc. zu Festpreisen. http://membres.multimania.fr/mathiaslafon

Supermärkte

- **Marina Market**
Tel. 50310965, Av. Yennenga (direkt gegenüber der Großen Moschee) oder Filiale an der Straße nach Bobo (Quartier Gaunghin-Süd). Hier gibt es alles: vom Sack Reis bis zur Magnum-Flasche Champagner. Öffnungszei-

ten: Mo bis Sa 8–13 und 15.30–21 Uhr, So 9–13 und 17.30–20 Uhr. **Geldwechsel ohne Gebühren** möglich!
- **Supermarché Scimas**
Av. Yennenga. In Sachen Wein und Fleisch etwas besser sortiert als Marina Market.

Buchhandlungen

In fast allen Buchhandlungen bekommt man einen **Stadtplan** (ca. 2500 CFA) von Ouaga. Für Detailkarten wende man sich an das Institut Géographique du Burkina (s.u.).

- **Librarie Diacfa**
Tel. 50306547, Rue du Marché, an der Nordseite des Marktes. Die größte Auswahl an Literatur über Burkina Faso und Afrika; französische und englischsprachige Tageszeitungen sowie Nachrichtenmagazine. Den „Spiegel" erhält man mit etwas Glück vor dem Marina Market.
- **Institut Géographique du Burkina**
Tel. 50324823, Bd. de la Revolution. Hier gibt es Landkarten (Carte Routière Burkina Faso und 1:500.000 bzw. 1:200.000 topografische Karten IGN) günstiger als in der Buchhandlung.

Sport/Aktivitäten

Schwimmbäder

- **Hotel Ok-INN**
Angenehm und ruhig, 2000 CFA p.P.
- **R.A.N-Hotel**
Wenig Schatten, 1000 CFA/1500 CFA.
- **Hotel Ricardo**
Bei Sonnenuntergang schöner Blick über die Barrage.
- **Hotel Silmandé**
2500 CFA p.P., Luxus hat eben seinen Preis, sonntags ist im Preis von 8600 CFA ein kaltes Buffet inbegriffen.
- Außerdem im **Relax-Hotel, Eden Park Hotel** und im **Hotel Indépendance.**

Golf

- Der **Golfplatz** von Ouaga (18 Loch) befindet sich an der Straße nach Pô, rund 300 m hinter dem Polizeiposten.

Impressionen vom Filmfestival FES.PA.C.O.
von Dirke Köpp

„Madame, gucken Sie doch mal!" Hartnäckig läuft *Ahmidou* hinter der jungen Touristin her. „Sehen Sie, diese Autos hat mein Bruder selber gemacht. Ich verkaufe sie Ihnen ganz billig!" *Ahmidou Raabo* ist vierzehn Jahre alt und verkauft seit etwa drei Jahren in den Straßen von Ouagadougou, der Hauptstadt von Burkina Faso, aus Blechdosen gefertigte Autos, Fahrräder aus Draht und Postkarten. Das FES.PA.C.O., das „Festival Panafricain du Film et de la Télévision de Ouagadougou", ist für ihn Hochsaison. Hier treffen sich alle zwei Jahre afrikanische und Afrika-interessierte Filmemacher, Produzenten, Journalisten, Filmfans und Vertreter von Organisationen. Die **Themen der Filme** sind unterschiedlich: Kurzfilme, Dokus, Spielfilme über Themen des täglichen Lebens in Afrika, über Aids, Polygamie, soziale oder politische Ungerechtigkeit, den Konflikt zwischen Tradition und Moderne. Das Festival ist die Chance für Filmemacher, nicht nur neue Kontakte zu knüpfen und alte aufzufrischen, hier haben sie auch Gelegenheit, das Afrika-Bild, wie es in den Köpfen der Europäer existiert, zu korrigieren – Afrika ist eben nicht nur der Kontinent von Chaos, Katastrophen und Hungersnöten. Die Filmemacher sprechen Themen an, die die Menschen in Afrika betreffen.

Ganze Ouaga, wie die Stadt von den Einheimischen genannt wird, ist im FES.PA.C.O.-Fieber. Sechs Tage lang herrscht Ausnahmezustand, laufen Europäer herum wie sonst nur zu internationalen Kongressen. Das bedeutet **Hochkonjunktur** für Straßenhändler, Taxifahrer, Hoteliers, Prostituierte und Bettler. Während die Touristen zwischen den Kinos der Stadt hin- und herpendeln, um keinen der Filme zu verpassen, die im Wettbewerb um den „Etalon de Yennenga" – die höchste Auszeichnung des Festivals – sind, werden sie von den Straßenverkäufern beinahe verfolgt. Motto: „Alles ist billig, alles ist gut".

Ahmidou hat bisher noch nicht sehr gut verkauft: „Die meisten Touristen kaufen erst am Ende des Festivals etwas", weiß er aus Erfahrung. Trotzdem ist er von morgens 8 Uhr bis Einbruch der Dunkelheit auf den Beinen, will keine Chance verpassen. Meist trifft er auf der Straße seine gleichaltrigen Freunde *Abdou* und *Alain*, die wie er seit mehreren Jahren als „marchand ambulant" – fliegende Händler – unterwegs sind. Die drei Freunde sind die einzigen aus ihren Familien, die nicht mehr zur Schule gehen. „Ich habe nur die Grundschule abgeschlossen. Meine Brüder gehen noch zur Schule, aber für alle ist nicht genug Geld da", erzählt Ahmidou. Aber das findet er nicht so schlimm, er mag auch seine Arbeit auf der Straße. Ansonsten merkt er vom Filmfestival nicht viel. Das Kino ist mit Eintrittspreisen ab 1000 CFA (ca. 1,50 Euro) einfach zu teuer, wenn er mit einem verkauften Blechmotorrad etwa 3000 CFA einnimmt.

Auch Filmemacher und Filmfans stehen früh auf: Von 8 Uhr morgens an werden Filme gezeigt, die letzten Vorführungen enden gegen Mitternacht. In Ouaga treffen sich alle zwei Jahre all diejenigen, die sich für den **afrikanischen Film** interessieren. Schon im Flugzeug werden erste Gespräche mit Bekannten geführt, wird lebhaft diskutiert. Das FES.PA.C.O. ist ein Muss für alle, die sich für den afrikanischen Film interessieren. Das scheinen auf den ersten Blick recht viele zu sein, doch hat das afrikanische Kino in Europa, aber auch auf dem Schwarzen Kontinent selber, einen schweren Stand. Die Organisatoren wollen alles tun, um den afrikanischen Film zu fördern und bekannter zu machen. Das FES.PA.C.O., das noch in einem Abstand von zwei Jahren stattfindet, soll bald jedes Jahr Ouaga in eine Filmhauptstadt verwandeln. Größtes Problem sind die Finanzen: Die Regisseure müssen regelrechte Tourneen machen, um Geldgeber zur Finanzierung ihrer

IMPRESSIONEN VOM FILMFESTIVAL FES.PA.C.O.

Filme zu finden, Kinobesitzer müssen später das nötige Geld aufbringen, um die Filme vorführen zu können, und selbst der Kinobesucher muss sich das Eintrittsticket oft ersparen. Trotzdem werden die Organisatoren keine Mühe scheuen, das afrikanische Kino zu fördern. 1999 sprach der Kulturminister von Burkina Faso, dem Gastgeberland des FES.PA.C.O., *Mahamoudou Ouedraogo*, in seiner Eröffnungsrede die Tatsache an, dass das FES.PA.C.O. mit seinen dreißig Jahren – 1969 hatte es die erste Auflage des in der Filmszene inzwischen fest etablierten Festivals gegeben – nun die nötige Reife hätte, nicht mehr nur den lokalen Ansprüchen zu genügen, sondern auch denen der internationalen Szene.

Vor den Kinos warten die Burinabés in langen Schlangen darauf, den neuesten Film ihres Landsmannes *Pierre Yaméogo* zu sehen. Ein politischer Film in dem Sinne, als er offen kritisiert, wie mit den Burkinabés im Gegensatz zu Immigranten aus Europa oder dem Libanon umgegangen wird. Soziale Ungerechtigkeit im eigenen Land empfinden die Burkinabés sehr stark, dementsprechend ist auch ihre Reaktion. Sie sind voll und ganz einverstanden mit dem, was Yaméogo kritisch unter die Lupe nimmt.

Soziale Ungerechtigkeit ist auch das Thema des verstorbenen Regisseurs *Djibril Diop Mambéty* aus dem Senegal. Während der Hommage an ihn und seinen Kollegen *David Achkar* aus Guinea wird auch der letzte Film des Regisseurs aus dem Senegal gezeigt. Dieser Film über ein kleines Straßenmädchen in Dakar behandelt den alltäglichen (Über-)lebens-)Kampf der Straßenkinder.

So sind auch Ahmidou, Alain und Abdou gezwungen, jeden Tag ein bisschen Geld zu verdienen, das sie abends mit nach Hause bringen können. Dabei geht es nicht immer ganz ruhig zu: Auch zwischen den Kindern gibt es Animositäten, Rangeleien und Eifersucht. Keiner sieht es gerne, wenn der ungeliebte Kollege ein gutes Geschäft macht. Doch manche der Kinder sind auch gut miteinander befreundet: „Wenn ich gar nichts verkaufe und Abdou wohl, dann gibt er mir abends etwas von seinem Verdienst ab," erzählt Ahmidou. Er wird von den anderen „l'homme tranquil" (der Ruhige) genannt, da er sich nicht aufregt oder über Touristen ärgert, die nichts kaufen wollen. „Er ist immer cool," so Abdou über seinen Freund.

Auch der neunzehnjährige *Alfred*, der beim besten Willen nicht weiß, warum er einen deutschen Namen hat, verkauft auf der Straße. Natürlich kennt auch er den kleinen Ahmidou. Er selbst ist ebenfalls einer von den Ruhigen. In Hausarbeit stellt er selbst die Autos und Motorräder aus Blech her, biegt den Draht für die Fahrräder. „Das dauert meist zwei bis drei Tage, bis ich so ein Motorrad gebastelt habe," erklärt er. Die Postkarten macht er nicht selbst, die kauft er einem Freund ab. So ist der Verdienst leider kein Reinverdienst. Zur Schule konnte Alfred nur zwei Jahre gehen, dann reichte das Geld in der Familie nicht mehr. Seitdem ist er auf der Straße, versucht sein Glück beim Verkauf von Souvenirs für die Touristen. Französisch, das für ihn ebenso eine Fremdsprache ist wie für die anderen Burkinabés, hat er mit seinen Freunden auf der Straße gelernt, schreiben kann er es nicht. Was ihn aber nicht daran hindert, seinem „business" nachzugehen.

Während sich die Straßen langsam leeren, weil die Dämmerung einbricht und die Touristen zu den Kinos ziehen, um die letzten Vorstellungen anzuschauen, packen Ahmidou und seine Freunde ihre Sachen zusammen, um zu Hause zu sein, bevor es ganz dunkel wird. Bis nach Ouaga 2000, einem Vorort von Ouaga, muss Ahmidou noch. Macht seine Mutter sich denn keine Sorgen, wenn er nicht rechtzeitig zu Hause ist? „Nein, ich bin ja jetzt schon groß. Das ist sie schon gewöhnt!"

- Offizielle Website des Filmfestivals: **www.fespaco.bf**

Reiten

- Der **Reiterhof Polo Club** liegt etwa 8 km außerhalb von Ouaga linker Hand an der Route de Pô.

Feste/ Veranstaltungen

- **FES.PA.C.O.**
(**Festival Panafricain du Cinéma de Ouagadougou**)
Das **Filmfestival** FES.PA.C.O. findet alle zwei Jahre (immer an ungeraden Jahreszahlen!) Ende Februar bis Anfang März statt, 2011 wird es die 22. Auflage sein. Das Festival gibt einen umfassenden Einblick in das aktuelle Filmschaffen Afrikas, Cineasten aus aller Welt kommen, um zu sehen und natürlich vor allem auch, um gesehen zu werden. Nach den abendlichen Vorführungen trifft man sich im Hotel Indépendance, wo traditionell die Gäste des Festivals untergebracht sind.
- **S.I.A.O.**
(**Salon International de l'Artisanat Africain de Ouaga**)
Die größte Kunsthandwerkermesse Schwarzafrikas wird alle zwei Jahre (zuletzt 2010) im Oktober/November abgehalten. Bei der Ausstellung sind fast alle Staaten Westafrikas präsent. Gute und preiswerte Einkaufsmöglichkeit von Kunsthandwerk.
- **S.N.C.**
(**Semaine Nationale de la Culture**)
Findet ebenfalls alle zwei Jahre statt. Tanzgruppen aus den verschiedenen Regionen bzw. der verschiedenen Ethnien des Landes treten bei dieser Gelegenheit auf und zeigen ihre traditionellen Tänze.

Ausflüge

Künstlerdorf Laongo

Von Ouaga auf der N4 Richtung Fada-N'Gourma. Nach gut 30 km links abbiegen. Nach weiteren 5 km erreicht man die **Felsblöcke** von Laongo, wo seit 1988 alle zwei Jahre ein internationales **Bildhauer-Symposium** stattfindet. Dabei werden die Skulpturen direkt in die Felsblöcke gemeißelt. In diesem Areal soll Ende 2010 auch das „**Operndorf" von Christoph Schlingensief** eröffnet werden (siehe dazu den entsprechenden Exkurs).

Ökoprojekt Gonze

Tel. 50361511. Gonze liegt 25 km östlich von Ouaga an der N 4 Richtung Fada N'Gourma. Dort hat man 1993 mit Mitteln der deutschen GTZ begonnen, den Wald wieder aufzuforsten. Ziel war die Schaffung eines ursprünglichen Waldes plus neuem Lebensraum für Tiere. Im März 2005 wurde das Projekt eingeweiht. Es umfasst u.a. ein Ökomuseum, ein traditionelles Dorf mit Töpferei, Weberei, Markt etc., Bar/Restaurant, außerdem ist auch Camping möglich. Eintritt 1000 CFA.

Musée de Manega

Tel. 50335551, Fax 50311998, www.musee-manega.bf. Dieses private Museum ist täglich von 9–18 Uhr geöffnet, der Eintritt beträgt ca. 1500 CFA p.P. Es liegt 50 km von Ouaga entfernt an der N 22 nach Pabré (Strecke Ouaga – Kongoussi). Der Begründer, *Titinga Frédéric Pacere,* ist Rechtsanwalt und Schriftsteller. Ausgestellt sind über 500 Masken, alte Grabsteine, Fossilien, Fetische und sonstige rituelle Gegenstände. Das sogenannte Totenhaus darf nur ohne Kopfbedeckung, ohne Schuhe und nur rückwärts betreten und verlassen werden. Einzelne Zimmer können für kurze Aufenthalte und Forschungszwecke angemietet werden.

Land der Gourounsi (Route de Pô)

Von Ouaga nach Pô führt die sehr gute **Teerstraße N 5**. Die folgenden Km-Angaben sind ab dem Bd. de la Jeunesse in Ouaga gemessen. Die Strecke wird von STMB und Rakieta befahren.

Bei **Km 6** befindet sich die ehemalige Zahlstelle, kurz danach kommt eine Polizeikontrolle.

Bei **Km 35** folgt der große Ort **Kombissiri** mit Tankstelle, Lebensmittelläden, Telecentre und Polizei. Der Ort ist bekannt für seinen Markt, der täglich stattfindet und einer der wichtigsten in der Umgebung der Hauptstadt ist. Sehenswert ist auch die Moschee.

Entlang der Straße stehen immer wieder hübsche Eukalyptuswäldchen. Kurz vor **Toéssé** (**Km 64**) werden glasierte Tonwaren (Schalen und Töpfe) am Straßenrand verkauft.

Bei **Km 67** beginnt die Provinz Zoundeweogo. 4 km weiter kommt eine Kreuzung: Rechts führt eine recht gute Piste nach Tenkodogo.

Bei **Km 96** ist **Nobéré** erreicht, ein ursprüngliches, malerisches Dorf, umgeben von Hirsefeldern. Zur Erntezeit im September sind überall Gestelle zum Trocknen der Hirse aufgestellt. 13 km nach Nobéré wird der Fluss Nazinon überquert. Die Umgebung ist in der Regenzeit überschwemmt.

Die Straße führt nun durch den **Parc National Tambi Kaboré** (Parc National de Pô), der sich am Nazinon-Fluss entlangzieht. In der Regenzeit ist die Savannenlandschaft hier sattgrün, und die Strecke ist von mannshohem Gras begrenzt. Vorsicht vor Affen, die plötzlich auf die Straße springen! Leider hat der Nationalpark sonst keinen Zugang, er kann nur auf dieser Teerstraße durchfahren werden. Es ist auch nicht möglich, eine Fußwanderung durch den Park zu machen. Im Parc National Tambi Kaboré leben u.a. Elefanten, Büffel, Warzenschweine, Affen und viele Vogelarten. Zuständig für den Nationalpark (Informationen, Verantwortung) ist NATURAMA, die Fondation des Amis de la Nature (Tel. 50365119 und 50364959), in Ouaga.

145 km nach Ouagadougou erreicht man **Pô**. Bekannt ist die Grenzstadt für ihre Tonpfeifen und die schwarzen, glänzenden Töpferwaren, von Frauen hergestellt. Direkt hinter der Polizeistation befinden sich Reste des ehemaligen Gouverneursgebäudes aus der Zeit der vorletzten Jahrhundertwende. Der koloniale Baustil ist noch gut zu erkennen, ebenso der ehemalige Stadtplatz und eine alte Allee. In Pô gibt es eine Bank und Treibstoff, gegenüber des gelben „Jumbo"-Ladens und der Apotheke einen kleinen Markt. **Übernachten** kann man im sehr einfachen Hotel Mantoro (Tel. 50403025, 10 Zimmer, gemütlicher Biergarten mit guter afrikanischer Küche), im etwas besseren Hotel Lido (Tel. 50403241, 16 Zimmer) oder in der Auberge Agoubem (Tel. 50403142, 10 Zimmer mit Ventilator).

Fôret et Ranch de Nazinga

Nur wenig entfernt von Pô, westlich in Richtung Léo, liegt das **Naturreservat** Fôret et Ranch de Nazinga. Die Ranch wurde 1979 gegründet und umfasst eine Fläche von 940 km². Im Schutzgebiet leben Elefanten (400 bis

500), Büffel, Affen, knapp 300 Vogelarten, viele Fischarten, verschiedene Schlangenarten, zwei Krokodilarten, der Nilwaran und andere Tiere. Die genannten Reptilien können abends, am besten bei Einsetzen der Dämmerung, beobachtet werden. Neben der Fauna ist auch die Flora des Gebiets sehr interessant. Vor Ort im Bureau des eaux et fôrets kann der Eintritt in den Park bezahlt werden: 8500 CFA pro Person, 1000 CFA pro Auto, der Wildhüter wird mit 5000 CFA pro Tag bezahlt. Der Park ist geöffnet vom 1. Dezember bis einschließlich Juni. Nähere Informationen gibt es unter Tel. 50308443, E-Mail: ranch.nazinga@Cenatrin.bf. **Übernachten** kann man im einfachen Campement mit 15 Hütten (mit Ventilator), es gibt auch ein Restaurant.

Tiébélé

In dem östlich von Pô gelegenen Ort Tiébélé kann man kunstvoll bemalte **Wohnburgen** besichtigen (auf dem Gelände der S.I.A.O. in Ouaga steht ein Mustergehöft, wie sie in Tiébélé zu sehen sind); lassen Sie sich von Kindern des Ortes gegen geringes Entgelt zu einer der Wohnburgen führen. Die schönste (Cour Royale) gehört dem Chef du Village, *Mr. Pehanto Dabadie David*. Jedes Kind kennt den Weg. Man lässt den Markt links liegen, überquert den Fußballplatz der Schule und fährt an einem kleinen Hügel vorbei zum südöstlichen Ortsrand. Der Besitzer führt durch die eindrucksvolle, reich verzierte Anlage und bittet anschließend um den Eintrag in das Goldene Buch. Der Eintritt pro Person beträgt 1500 CFA – sehr sehenswert! **Übernachten** kann man in der Auberge Kunkolo (DZ 5000 CFA, Essen nach Anmeldung) oder im Campement de Goumpia, beide sehr einfach.

Jedes Jahr, meist Mitte Februar, findet in Tiébélé das **Festival de la culture et des arts de Tiébélé** (FESCAT) statt, zu dem zahlreiche Tanz- und Musikgruppen aus der Umgebung in den Ort kommen, um in einem einwöchigen Wettbewerb gegeneinander anzutreten. In einer großen Abschlusszeremonie werden die besten Gruppen gekürt.

Bei **Km 147** befindet sich der **Zollposten von Pô**. Wenn man nach Ghana ausreisen will, müssen hier die Zollformalitäten erledigt werden (schnell, korrekt und problemlos). 20 km nach dem Zollposten gelangt man an die ghanaische Grenze. Einreiseformalitäten: Health Post (Kontrolle der Gelbfieberimpfung), Police und Customs problemlos und freundlich.

Von Ouagadougou nach Fada-N'Gourma (Nationalpark Arly)

● **212 km, Teerstraße**

Man verlässt Ouaga auf der Av. d'Oubritenga Richtung Niamey (Teerstraße, einige Schlaglöcher) und durchquert auf der N 4 zunächst die typische Mossi-Landschaft (Mossi-Plateau), die in der

Regenzeit saftig grün ist, den Rest des Jahres aber trocken.

Km 107 Zorgo. Färber, Gerber, Schuhmacher und Schmiede.

Km 137 Koupela. Der tägliche Markt ist einen Besuch wert wegen der weiß gemusterten Töpfer- und bunten Korbwaren. Übernachtung im Hotel Bon Séjour (200 m von der großen Kreuzung, hinter dem Polizeiposten; 15 Zimmer mit Vent.), im Hotel Calypso (Tel. 40700350, B.P. 31, 8 Zimmer, Bar/Rest.), im Campement/Hotel (Tel. 40700133, B.P. 62, 8 Zimmer mit Vent.), im Hotel Wend-Waoga (15 Zimmer).

Nach 42 km auf der Straße nach Dapaong (Togo) erreicht man **Tenkodogo,** was übersetzt „alte Erde" heißt und ein historisches Zentrum der Mossi ist (siehe Geschichte). Täglich findet der Markt statt, wo man die typischen Mossi- und Bissa-Töpferwaren sowie große konische Körbe findet. Übernachtung/Verpflegung im Hotel Djamou (Tel. 40710080, B.P. 44; 2-Sterne-Hotel, 40 Zimmer, z.T. Bungalows, Bar/Restaurant) oder im einfachen Hotel Wend-Na Ski Laafi (Tel. 40710509).

Fährt man von Koupela aus weiter auf der Straße nach Niamey, erreicht man bei Km 212 Fada-N'Gourma.

Fada-N'Gourma

Fada-N'Gourma ist eine aufstrebende Stadt mit gut 35.000 Einwohnern. Hier gibt es Lebensmittel, Treibstoff, eine Post und eine Bank (wechselt Reiseschecks!). In der Umgebung wird viel Honig produziert, der überall im Ort angeboten wird.

Unterkunft

● **Hotel Panache**
Tel. 40770373, im Ortszentrum, hinter der Kreuzung Richtung Benin. Komfortables Hotel unter syrischer Leitung. 30 Zimmer mit TV und gratis WLAN, teilweise klimatisiert. Ab 12.500 CFA. Zwei Restaurants, Bar, Garten mit kleinem Pool. www.panachehotel.com

● **Auberge Yemena**
Tel. 40770039, im Ortszentrum beim Markt. Kleine, ältere Bungalowanlage des Italieners *Gilbert Ilboudo*. DZ zwischen 10.000 und 15.000 CFA klimatisiert. Mit gutem, preiswertem Restaurant.

● **Auberge de la belle Ettoile**
Tel. 40770809, Secteur 7, am Ortseingang aus Ouaga kommend. Einfache, freundliche Backpacker-Adresse mit fünf Zimmern für 5000 CFA. Reservierung empfohlen. Landestypisches Restaurant. Der Besitzer *Alfred Ouaba* organisiert u.a. auch Touren nach Togo, Benin und Niger. www.burkinatours.com

● **Centre d'Accueil Mariam Juali**
Tel. 40770160, an der Straße nach Benin in der Nähe des Friedhofs. Katholische Missionsstation mit 22 Gästezimmern zwischen 4000 und 12.000 CFA. Reservierung empfohlen. Zu essen gibt es auf Anfrage einen preiswerten Tagessteller.

Von Fada-N'Gourma verläuft die Asphaltstraße weiter über Pama bis **Tindangou,** gefolgt von einer sehr schlechten Piste bis Arly (80 km, keine Buschtaxis, nur mit Geländewagen!).

Übernachtungsmöglichkeiten in **Pama** bieten u.a. das zentral gelegene **Hotel Bonanza** (Tel. 70143682, DZ ab 6000 CFA), wo man auch campieren kann, oder die **Auberge de Maire** (Tel. 40776070, DZ zwischen 5000 und 10.000 CFA klimatisiert). Gut 3 km außerhalb von Pama liegt das neue luxuriöse **(Jäger-)Campement du Buffle Yeryanga Safari** (Tel. 70123478, Bun-

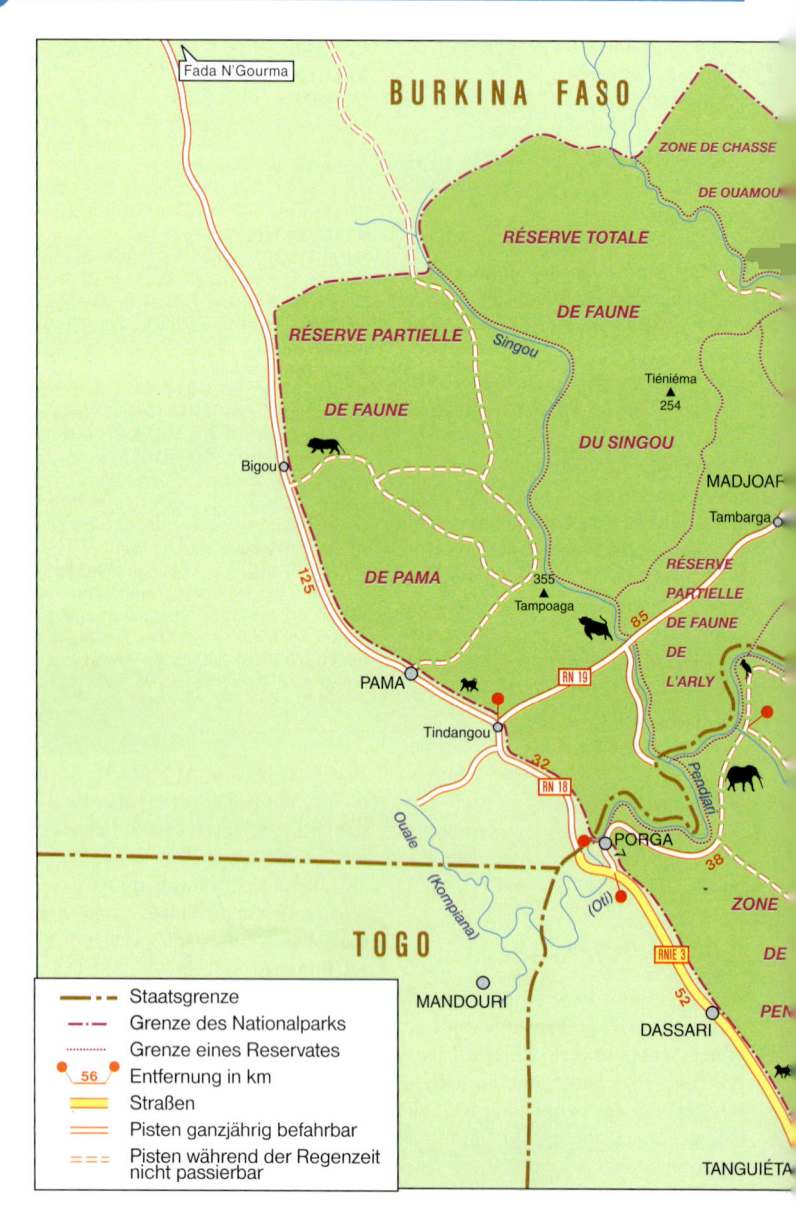

NATIONALPARK ARLY

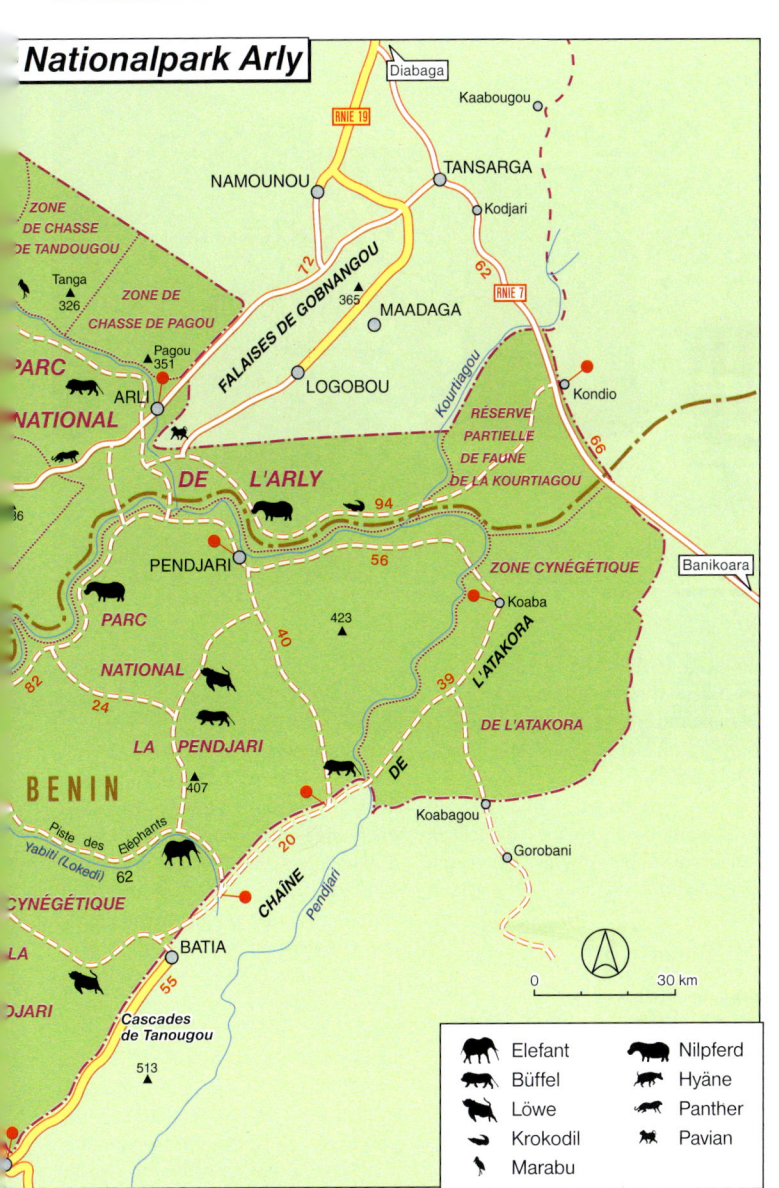

Nationalpark Arly

🐘 Elefant	🦛 Nilpferd
🐃 Büffel	🐺 Hyäne
🦁 Löwe	🐆 Panther
🐊 Krokodil	🐒 Pavian
🦅 Marabu	

Von Ouagadougou nach Fada-N'Gourma

Gurunsi-Gehöft im Süden des Landes

galows ab 49.000 CFA, Vorabreservierung nötig, www.ysafari.com).

Die alternative Anfahrt von Fada-N'-Gourma zum Nationalpark über die Asphaltstraße N 4 (Niamey) Kantchari – Diapaga – Namounou – Arly – Tindangou ist nicht mehr möglich, da die Piste ab Namounou bis Arly nicht mehr unterhalten wird.

Nationalpark Arly

- **Öffnungszeiten:** von Dezember bis April.
- **Eintritt:** Parkrundfahrt 5000 CFA/Person zzgl. 4000 CFA/Auto für den obligatorischen Führer. Es besteht auch die Möglichkeit, einen Geländewagen mit Fahrer zu mieten.

Von Tindangou aus durchquert man auf schlechter Piste (schwierig zu finden) das Reservat Partielle d'Arly mit seiner **Falaise de Madjoari** (touristisch, viele Kinder, die um Geld betteln), bevor man in Arly ankommt. In Arly Übernachtungsmöglichkeit im **Safari Hotel d'Arly** (Tel. 40791579, 20 komfortabe Zimmer, teilweise klimatisiert, Pool, Restaurant; Campinggelegenheit vor den Bungalows).

Der Nationalpark, der sich auch auf das Staatsgebiet von Benin erstreckt (dort heißt er Pendjari-Park), ist für seine **reiche Tierwelt** bekannt: Flusspferde, Büffel, Löwen, Affen und zahlreiche Vogelarten. Verschiedene **Touren** sind durch das Gelände (Trockensavanne) möglich. Zu ganz bestimmten Zeiten kommen die Tiere zum Trinken an den Fluss, die Wildhüter kennen genau die Plätze. Wenn man Pech hat, verdeckt jedoch hohes Gras weitgehend die Sicht.

Wer Elefanten und Löwen hautnah erleben will, sollte über die nahe Grenze wechseln. Das Visum für **Benin** ist am Posten Porga ohne Probleme erhältlich. Der Zugang zum **Pendjari-Nationalpark** liegt nur wenige Kilometer nordöstlich. Offiziell wird der Park jeweils am 15. Dezember geöffnet, in der Praxis, d.h. wenn die Pisten nach der Regenzeit wieder befahrbar sind, kann man auch früher kommen. Der Eintritt beträgt 10.000 CFA p.P., 3000 CFA für Fahrzeuge, die Fotogebühr wurde abgeschafft. Ein Führer (10.000 CFA pro Tag) ist nicht zwingend vorgeschrieben. Eine guter Anlaufpunkt ist das im Zentrum des Parks gelegene Hotel Badio, eine komfortable Lodge. Es sind aber auch Plätze zum freien Campen an den „richtigen Stellen" ausgewiesen. Dieser Umstand unterscheidet den Nationalpark von den meisten anderen in Westafrika. Voraussetzung für diese Art der Übernachtung ist natürlich ein geschlossenes Fahrzeug.

Nationalpark „W"

Der Nationalpark „W", im äußersten Südosten des Landes gelegen, ist von **Diapaga** aus zu erreichen, der Eintritt kostet 10.000 CFA pro Person, eine Fotoerlaubnis muss extra bezahlt werden. Übernachtungsmöglichkeit besteht im Hotel Le Gacilien (Tel. 40791018) bzw. im Campement von Diapaga (ca. 5000 CFA/Person) oder im Campement von La Tapoa (ca. 20.000 CFA) (s.a. Kapitel zum Niger). Man melde sich beim Zoll und bei der Gendarmerie an, auch wenn die Formalitäten bereits anderswo erledigt wurden. Die Besucherslaubnis erhält man bei der Jagdaufsicht in Diapaga oder Kantchari. Ein Führer ist obligatorisch.

Von Ouagadougou nach Bobo-Dioulasso

●**Recht gute Asphaltstraße (Nationalstraße No. 1),** ab Boromo einige Schlaglöcher. Achtung vor Viehherden und einzelnen Schafen, die die Fahrbahn überqueren! Die Teerstraße ist gebührenpflichtig.

Am Stadtende von Ouagadougou befindet sich eine Straßensperre mit Polizeikontrolle (Km 0). Gleich danach folgen zwei große Tankstellen.

Bei **Km 15** ist **Tanguen-Dassouri** erreicht. Im Ort stehen ein Imbiss, eine Tankstelle und Lebensmittelläden.

Bei Tanguen-Dassouri gibt es einen Abzweig zum Ort **Bazoulé**. Unweit dieses Ortes befindet sich ein etwa 5 ha großer Teich, in dem angeblich Hunderte von Heiligen Krokodilen leben. Ähnlich wie in Sabou (s.u.) werden von den Kindern Hühner verkauft, die man den Reptilien als Mahlzeit reichen kann.

In dem großen Ort **Kokologho (Km 35)** gibt es neben vielen Straßenrestaurants eine Tankstelle, Läden und eine große, moderne Kirche.

Bei **Km 52** geht's an einer **Kreuzung** rechts nach Koudougou und links weiter nach Sabou und Bobo-Dioulasso. Fährt man Richtung Koudougou, geht es nach 8 km durch **Poa**. Sehenswert sind die Moschee und der Markt, der alle drei Tage abgehalten wird.

Koudougou

Koudougou ist mit rund 100.000 Einwohnern die **drittgrößte Stadt Burkina Fasos**. Hier befindet sich die Textilfabrik Sofitex, die die bekannten farbigen Stoffe produziert. Die Gegend um Koudougou ist relativ fruchtbar (Anbau von Gemüse und Baumwolle). Bemerkenswert ist das alle zwei Jahre (immer in Jahren mit gerader Zahl) stattfindende Fest, das im Dezember zahlreiche Musikgruppen aus Westafrika vereinigt. Dann ist es schwierig, eine Unterkunft zu finden.

Unterkunft/Verpflegung
- **Hotel Photo Luxe**
Tel. 50440087/88, B.P. 47. Bestes Haus am Platz, 24 Zimmer, Pool, Bar/Restaurant und Nachtclub.
- **Hotel Toulourou**
Tel. 50440170, B.P. 100. 9 Zimmer, Bar/Restaurant.
- **Hotel Esperance**, Tel. 50440559, B.P.194.
- **Hotel Yelba**, Tel. 50440939, B.P. 5.
- **Relais de la Gare**
Tel. 50440138. 8 Zimmer, Bar/Restaurant.
- **Centre d'Acceuil**
Tel. 50440028. 16 Zimmer, Bar/Restaurant.
- Afrikanische Gerichte im **Chez Tanti** nahe dem Oasis-Hotel oder im **Restaurant La Colline**, Tel. 50441080.

Verkehrsverbindungen

Unter anderem fährt die Busgesellschaft Transport Rayi's (Tel. 50440832) täglich mehrmals von und nach Bobo bzw. Ouaga. Auch STKF (Tel. 50441706) fährt die Route.

Sonstiges

Es gibt mit der **BICIAB** eine **Bank**, die Travellerschecks wechselt, und **zwei Krankenhäuser**, das **Centre Médical** (Tel. 50440108) und das **Hospital de L'Amitié** (Tel. 50440099).

Eine 21 km lange, gute Piste führt von Koudougou weiter nach Sabou und zurück zur Nationalstraße (No 1). Bleibt man auf der Hauptstraße (beim Abzweig links), so erreicht man bei **Km 63 Nabadogo** und bei **Km 81 Sabou**.

Sabou

Eine schöne Allee führt in den Ort, der wegen seiner **„Heiligen Krokodile"** bekannt ist. Im Ort gibt es Cafés, kleine Läden und eine Tankstelle. Der Abzweig zum Krokodilteich („Mare aux crocodiles") befindet sich vor dem Abzweig der Piste nach Koudougou (rechts). Nachdem man 1500 CFA „Eintritt" bezahlt hat, kann man für weitere 500 CFA ein lebendes Huhn erstehen, das kopfüber an einem Strick baumelnd den Krokodilen zum Fraß hingeworfen wird. Auf Wunsch wird es dem Krokodil zunächst auch nur hingehalten, falls man ein paar Fotos vom aufgesperrten Krokodilrachen machen will. Es befinden sich massenweise Krokodile im ufernahen Wasser, so dass ein Anlocken mit Hühnern eigentlich nicht nötig ist, außerdem sind die Tiere oft schon so vollgefressen, dass sie gar kein Inte-

„Heiliges Krokodil" in Sabou

resse mehr an dem Huhn haben ... Für ein besonders gelungenes (?) Urlaubsfoto kann man sich auch auf eines der Reptilien setzen! Falls das Krokodil nicht freiwillig aus dem Wasser kommt, wird es am Schwanz herausgezogen.

Der Legende nach ist früher ein Chef des Dorfes Sabou während einer Jagd von Durst gequält in ein tiefes Koma gefallen. Ein Krokodil soll ihn dann wieder zum Leben erweckt haben, indem es die Lippen des Jägers mit Hilfe seines Schwanzes befeuchtet hat.

In den Augen der Einwohner von Sabou verkörpern die Krokodile die Seelen ihrer Vorfahren. Es wird versichert, dass die Tiere eines natürlichen Todes sterben. Und jeder, der den Tieren Böses antut, würde fatale Unannehmlichkeiten erleiden.

Ob sympathische oder apathische „Haustiere", auf alle Fälle sichern diese Krokodile den Bewohnern des Dorfes ein gutes Nebeneinkommen.

Sehenswertes

Lassane und *Idriassa Kiemzoré,* zwei Brüder einer traditionellen Gelbgussfamilie, haben direkt neben dem Mare aux Crocodiles ein „Zentrum" eröffnet, wo sie jungen Leuten die **Kunst des Gelbgusses** beibringen und wo man die einzelnen Phasen der Herstellung verfolgen kann. Faire Preise.

Unterkunft

● **Campement touristique**
Tel. 50445501. Staatlich geführtes Campement mit Restaurant/Bar, am Krokodilteich gelegen. Auf Anfrage kann auch campiert werden.

Weiter fährt man auf der Nationalstraße (No 1) in Richtung Bobo-Dioulasso.

Bei **Km 116** erreicht man den Ort **Tita Naponé,** wo es Cafés und kleine Läden gibt. Hinter dem Ort liegt ein hübscher kleiner See neben der Straße.

Bei **Km 165,** kurz vor Boromo, überquert man den **Mouhoun** (Schwarzer Volta). Gelegentlich kann man spätnachmittags an der Brücke, in unmittelbarer Nähe der Straße, Elefanten sehen.

2 km weiter (Km 167) ist man in **Boromo** angekommen.

Boromo

Sehenswert ist der **Markt** von Boromo, der alle fünf Tage stattfindet. Auch ein Besuch bei den Schmieden und Töpfern im nahen Dorf **D'Ourbouo** ist interessant. Der Ort verfügt über Tankstellen, eine Post, Lebensmittelläden, Apotheken, eine Bank und einige Bars/Restaurants. Praktisch alle Busse halten in Boroma zu einem Zwischenstopp.

Typisch für die Gegend von Boromo sind die **Masken der Bobo-Ule,** auch Bwaba genannt (Einzahl Bwa). Merkmale dieser Stelenmasken sind der runde Kopfteil und das „Brett", das mit einem Muster aus Dreiecken und schachbrettartig angeordneten Quadraten verziert ist; außerdem hat die Maske am unteren Ende einen Griff, mit dem der Träger sie beim Tanzen stabilisieren kann. Die Bobo-Ule praktizieren den in Altersklassen strukturierten **Doyo-Kult.**

Südlich von Boromo liegt der **Forêt des Deux Balé,** ein etwa 80.000 ha großes Gelände, in dem Elefanten, Büffel, Antilopen und verschiedene Affenarten zu Hause sind. 100 km Piste durchziehen das Reservat. Um den Park zu besuchen (nur in der Trockenzeit), muss man sich an die Direction Regionale de l'Environnement et des eaux et fôrets wenden (gegenüber der Polizei nach links in Richtung Wasserturm abbiegen). Ausflüge vermittelt auch das dem Park angegliederte **Campement Le Kaicédra** (Tel. 70212691/ 76621778) bzw. das folgende Hotel:

Unterkunft

●**Relais Touristique de Boromo**
Tel. 20538084, www.hotintercom, B.P. 584, am Ortsausgang auf der linken Seite. Hotel-Campement, Bar und Restaurant. DZ ab 11.000 CFA.

Bei **Km 211** liegt der Ort **Pâ** mit kleinen Läden, einer Shell-Tankstelle und Markt am Samstag.

Bei **Km 227** passiert man das Dorf **Boni** mit einer katholischen Mission.

Houndé ist bei Km 242 erreicht.

Houndé

Der Ort ist **Zentrum des Baumwollanbaugebietes** mit Baumwollentkernungsfabrik. Die Bewohner dieser Gegend (Bobo-Niénégués) sind Animisten und für ihre Tänze bekannt. Im Ort gibt es Lebensmittelläden, eine Tankstelle und eine Bank. Außerdem besteht von Houndé aus die Möglichkeit, zum Mare aux Hippotames bei Satiri zu fahren (siehe Ausflüge bei Bobo-Dioulasso).

Nach 341 km erreicht man **Bobo-Dioulasso.**

Bobo-Dioulasso

Bobo-Dioulasso (kurz Bobo) ist mit ca. 500.000 Einwohnern die **zweitgrößte Stadt Burkinas** und wichtigstes Industrie- und Handelszentrum des Landes. Die propere, großzügig angelegte Stadt zeichnet sich durch ein angenehmes Klima und eine ruhige Atmosphäre aus. In jedem Fall verbreitet sie mehr Charme als die Hauptstadt. Die breiten Straßen säumen Schatten spendende Bäume. Geprägt wird das Stadtbild von einigen in sudanischem Stil erbauten Kolonialgebäuden: u.a. dem Bahnhof, dem Justizpalast und der Moschee Dioulassoba nahe dem Rathaus.

Der **Markt** (Grand Marché) im Zentrum der Stadt, 1998 völlig abgebrannt, wurde im neo-sudanesischen Baustil wieder errichtet und 2001 eingeweiht.

Sehenswürdigkeiten

Alte Moschee Dioulassoba

Sie wurde im Jahre 1880 in sudanischem Stil von *Almamy Sidiki Sanon* erbaut und zählt zu den wichtigsten Beispielen der alten afrikanischen Lehmarchitektur. Seit 2007 ist der Besuch wieder für Nicht-Moslems gestattet. Auch Fotografieren ist möglich. Der Eintritt beträgt 1000 CFA.

Das älteste Stadtviertel: Kibidoué

Es liegt gegenüber der alten Moschee, mit uralten Schmiedewerkstätten; außerdem lohnt sich ein Spaziergang durch die Quartiers Tounouma, Koiumbougou, Kibidoue, Sya und Koko. Das Quartier Hamdalaye gleich hinter der gleichnamigen Moschee besteht ebenfalls zum größten Teil aus traditionellen Häusern. Seit neuestem darf das Viertel offiziell nur noch **mit Guide** und nach Bezahlung einer Gebühr besucht werden. Das Geld soll zum Erhalt der ältesten Lehmbauten Bobos verwendet werden. Diese traditionellen **Jula-Häuser** (Dioula?) wurden von einer der ältesten Ethnien Bobos erbaut, welche die Stadt im 15. Jh. mitgegründet hatte. Tagsüber herrscht reges Treiben am Marigot Wé und abends an den kleinen Café-au-Lait-Ständen des Quartiers. Entlang der Av. Sidiki Sanon lädt ein

Die alte Moschee Dioulassoba in Bobo

BOBO-DIOULASSO

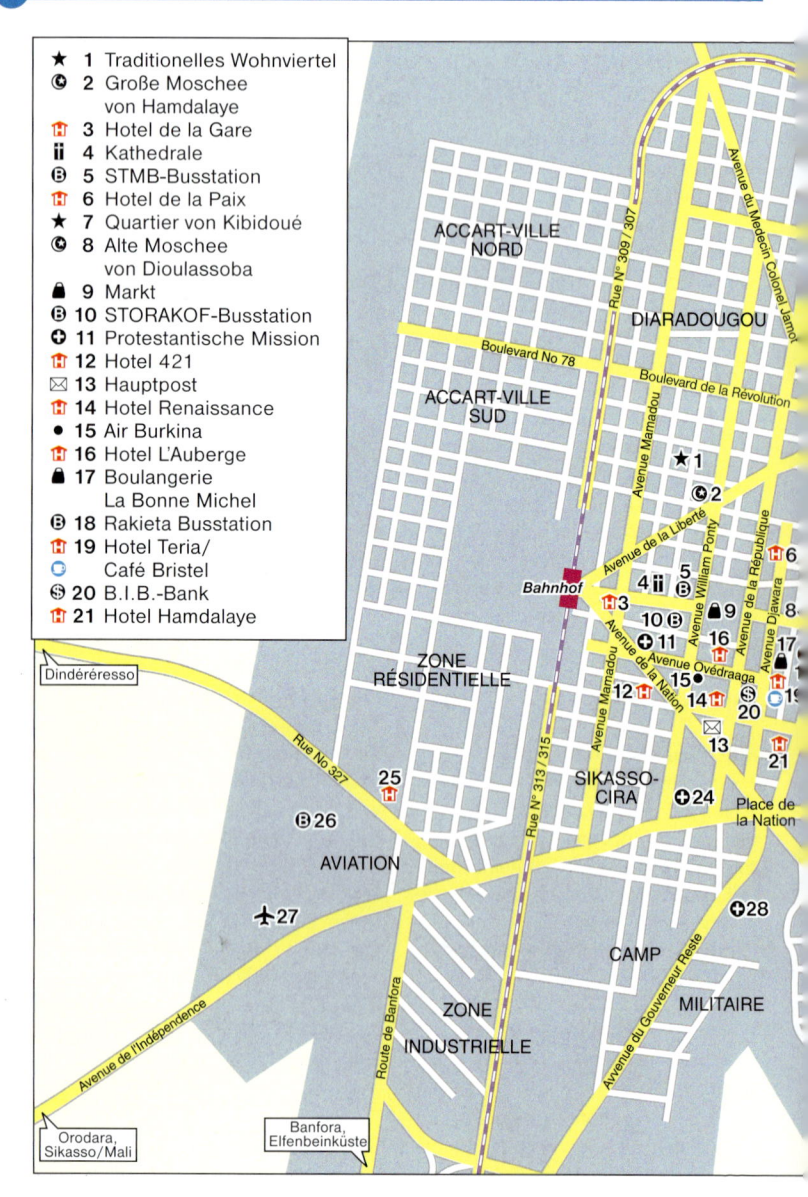

- ★ 1 Traditionelles Wohnviertel
- ☾ 2 Große Moschee von Hamdalaye
- 🏨 3 Hotel de la Gare
- ⛪ 4 Kathedrale
- Ⓑ 5 STMB-Busstation
- 🏨 6 Hotel de la Paix
- ★ 7 Quartier von Kibidoué
- ☾ 8 Alte Moschee von Dioulassoba
- 🛍 9 Markt
- Ⓑ 10 STORAKOF-Busstation
- ✚ 11 Protestantische Mission
- 🏨 12 Hotel 421
- ✉ 13 Hauptpost
- 🏨 14 Hotel Renaissance
- • 15 Air Burkina
- 🏨 16 Hotel L'Auberge
- 🛍 17 Boulangerie La Bonne Michel
- Ⓑ 18 Rakieta Busstation
- 🏨 19 Hotel Teria/
- ○ Café Bristel
- Ⓢ 20 B.I.B.-Bank
- 🏨 21 Hotel Hamdalaye

Map of Bobo-Dioulasso showing districts: ACCART-VILLE NORD, ACCART-VILLE SUD, DIARADOUGOU, ZONE RÉSIDENTIELLE, SIKASSO-CIRA, AVIATION, ZONE INDUSTRIELLE, CAMP MILITAIRE, Place de la Nation. Streets include Avenue du Médecin Colonel Jamot, Rue N° 309/307, Boulevard N° 78, Boulevard de la Révolution, Avenue Mamadou, Avenue de la Liberté, Avenue William Ponty, Avenue de la République, Avenue Djawara, Avenue Ovédraaga, Avenue de la Nation, Rue N° 327, Rue N° 313/315, Route de Banfora, Avenue de l'Indépendence, Avenue du Gouverneur Reste. Directions: Dindéréresso, Orodara/Sikasso/Mali, Banfora/Elfenbeinküste. Bahnhof marked.

Bobo-Dioulasso

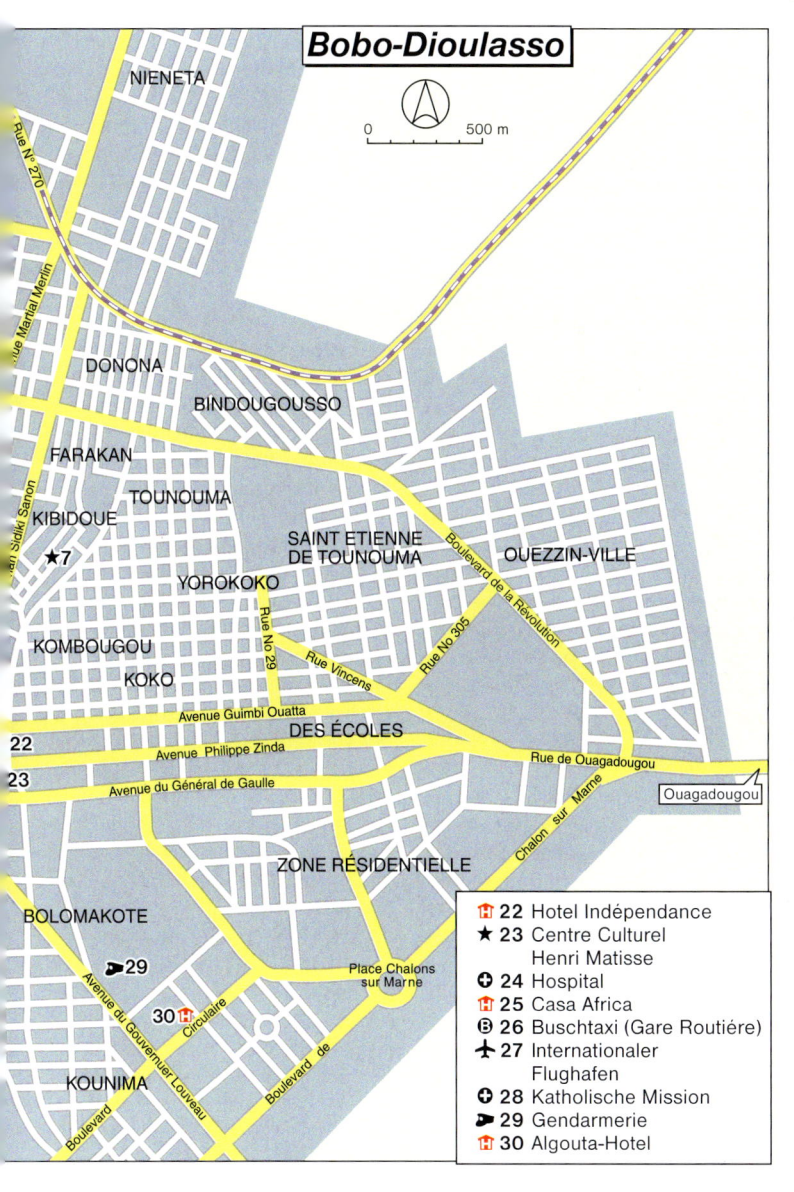

- 🏠 **22** Hotel Indépendance
- ★ **23** Centre Culturel Henri Matisse
- ✚ **24** Hospital
- 🏠 **25** Casa Africa
- Ⓑ **26** Buschtaxi (Gare Routiére)
- ✈ **27** Internationaler Flughafen
- ✚ **28** Katholische Mission
- **29** Gendarmerie
- 🏠 **30** Algouta-Hotel

großer **Töpferwarenmarkt** zu einem Besuch ein; hier gibt es Tongefäße in den unterschiedlichsten Formen. Auf der anderen Seite des Marigots befinden sich die Färber; überall hängen in den Straßen bunt gefärbte Stoffe zum Trocknen in der Sonne.

Quartier Bolomakoté

Stadtviertel, das etwas außerhalb liegt und wie ein typisch afrikanisches Dorf wirkt, mit kleinem Markt und vielen Hirsebier-Kneipen (Cabaret genannt), wo manchmal bekannte Balafon-Spieler wie Mahama Konaté mit seiner Gruppe „Farafina" für Stimmung sorgen.

Musée Prinvincial du Houët

Das kleine Museum mit **afrikanischer Kunst** am Place de la Nation zeigt Masken, Kleidung, Handwerkskunst usw.; im Garten stehen Nachbauten von zwei Wohnhäusern der Bobo und Peul (besonders sehenswert!). Öffnungszeiten täglich außer Mo von 9–17 Uhr.

Maskenfeste

Sie finden in Bobo und den umliegenden Dörfern anlässlich „großer Beerdigungen" statt sowie vor dem Einsetzen der Regenzeit und dem Bestellen der Felder im April/Mai.

Man unterscheidet **verschiedene Masken**, weiße, bunte, solche, die nur tagsüber „rauskommen", andere nur nachts; es gibt Masken, die „schlagen", und andere, die wild tanzen, zum Teil wirklich akrobatisch, mit Überschlag etc. Streng geheim gehalten wird der Träger der Maske, der Tänzer – er darf nicht erkannt werden.

Eine **„große Beerdigung"** wird zu Ehren der im letzten Jahr Verstorbenen abgehalten und beschränkt sich jeweils auf das Quartier oder Dorf, in dem der Verstorbene lebte. Am Nachmittag eines solchen Festes beginnen die Frauen mit der Reinigung des Dorfplatzes, während sie unaufhörlich Lieder singen. Das Fest selbst beginnt gegen 22 Uhr. Die Männer, das Gesicht meist mit einer Maske verdeckt und selbst in prachtvolle Gewänder gehüllt, spazieren gesondert durchs Dorf beziehungsweise Quartier, begleitet von einer lärmenden Masse. Die Menschenmenge scheint ängstlich, manchmal auch zu Scherzen aufgelegt, hält sich jedoch in respektvoller Entfernung zu den maskierten Männern. Jede dieser „schlagenden" Masken, mit einem langen Stock oder einer Peitsche bewaffnet, repräsentiert einen Geist der Ahnen; sie jagen die bösen Geister. Und falls einer der Anwesenden ein schlechtes Gewissen hat oder verdächtigt wird, die Seele des Verstorbenen daran zu hindern, ins Paradies zu gehen, dann wird er, der böse Geist, von den Masken verfolgt und in die Flucht geschlagen. Man kann sich vorstellen, dass sich die Leute in großer Panik in ihre Häuser zurückziehen und verstecken. Im ganzen Dorf/Quartier herrscht großes Durcheinander; Tische, Stühle, Flaschen fliegen durch die Luft, und die „geschlagene" Person hat nicht das Recht, sich zu beklagen. Manchmal schlagen die Masken recht kräftig zu. Eine Mischung aus Faszination, Freude und Angst macht sich breit; die Jagd auf die „bösen Geister" wird noch einige Stunden dauern.

Touristeninformation

●Office National du Tourisme Burkinabé (ONTB)
Tel. 20971986, Av. Ouédraogo/Av. Binger (200 m südlich des Marktes). Hier kann man Touren z.B. nach Koro oder zum Mare aux Poissons Sacré de Dafra buchen; jedoch relativ teuer. Info: www.bobodioulasso.net

Hotels

Bessere Hotels

●**Hotel L'Auberge**
Tel. 20971426/20971767, B.P. 329, Av. Ouedraogo. Erstes Hotel am Platz, zentral gelegen, mit viel kolonialem Charme, unter libanesisch-deutscher Leitung, Bar, gutes Restaurant mit französischer Küche, Swimmingpool (1500 CFA für Nicht-Gäste), Billardtisch, Terrasse, bewachter Parkplatz. Gepflegte DZ mit Bad, Klimaanlage, TV und Balkon 31.000 CFA, EZ 29.000 CFA, Suite 49.000 CFA.

●**Hotel Les Palmiers 2**
Tel. 20972759, Place de Fifa. 2004 anlässlich der Rallye Dakar eröffnetes Campement in gepflegtem Garten. Gutes, aber teures Restaurant. Bungalows ab 35.000 CFA. Bewachter Parkplatz. Unter gleicher Leitung wie Hotel Les Palmiers in Ouaga. Es werden auch Touren organisiert.

●**Relax Hotel**
Tel. 20970096, B.P. 115, Rue Delavosse. Das zentral gelegene, etwas sterile Mittelklassehotel hat 4 Suiten und 38 klimatisierte Zimmer mit TV/Telefon ab 34.000 CFA; Bar/Restaurant, Pool, Autovermietung.
www.groupe-soyaf.com

●**Hotel R.A.N. Somketa**
Tel. 20970900, B.P. 50, direkt am Bahnhof. Modern, aber mit wenig Atmosphäre, 36 klimatisierte Zimmer, Restaurant, Bar, Swimmingpool (Nicht-Gäste zahlen 1500 CFA), eigener Parkplatz. DZ ab 25.000 CFA.
E-Mail: hotran@fasonet.bf

●**Hotel Watinoma**
Tel. 20972082, B.P. 28, Rue Malherbe. 22 klimatisierte Zimmer ab 18.000 CFA, gutes Restaurant (Pizza), Bar, Disco, am Wochenende daher etwas laut!

Einfachere Hotels

●**Hotel Algouta**
Tel. 20977220, Zone résidentielle, Secteur 5 (nicht alle Taxifahrer kennen die Adresse). Einfaches, sauberes Hotel mit familiärer Atmosphäre, beliebter Treff von Afrikareisenden. DZ mit Ventilator 8000 CFA, DZ mit Klimaanlage 16.000 CFA. Gute Küche, Gerichte ab 1500 CFA. Velo-Verleih. Der Besitzer *Ibrahim Traoré* ist sehr hilfsbereit, Vermittlung von 4x4-Wagen, Mietwagen oder Mobylettes. Sehr ruhige Lage.

●**Le Pacha**
Tel. 20980954, Rue Pèpin-Malherbe. Campement unter französisch-schweizerischer Leitung in hübscher Grünanlage, ca. 3 Min. mit dem Taxi ins Zentrum. Bar/Restaurant mit guter Pizza, DZ ab 10.000 CFA. Campingmöglichkeit für 2000 CFA p.P. Der Patron vermittelt auch Führer und Leihwagen.

●**Hotel L'Entente**
Tel. 20977205, B.P. 1364, Rue du Commerce. Zentral gelegenes Travellerhotel, 25 Zimmer ab 9000 CFA, Restaurant mit guter afrikanischer Küche. Beliebte Bar. Der Besitzer *Seydou Traoré* ist sehr hilfsbereit.

●**Hotel 421**
Tel. 20974311, B.P. 606, Av. de la Nation, in der Nähe der Post. Mittelklassehotel mit 15 Zimmern ab 15.000 CFA, Bar/Restaurant. Daneben Disco 421.

●**Hotel Renaissance**
Tel. 20982321, B.P. 1092, Av. de la Republique. 23 Zimmer ab 8000 CFA, mit Bar/Restaurant. Sauber und ruhig.

●**Hamdalaye**
Tel. 20982287, B.P. 1311, drei Straßen nördl. vom Markt. 22 Zimmer (zwei klimatisiert), ab 8000 CFA, modernes Gebäude mit Innenhof.

●**Hotel Teria**
Tel. 20971972, B.P. 3307, Rue Akwaat Diawar. Zentral gelegen, östlich vom Markt, 16 Zimmer ab 8000 CFA, davon sechs klimatisiert, Bar/Restaurant.

●**Auberge Villa Rose**
Tel. 20985416, in der Nähe des Bahnhofs in ruhiger Wohnlage. Kleine gepflegte Pension mit schönem Garten einer Holländerin und eines Burkinabe. DZ ab 8000 CFA. Essen auf Anfrage, Velo-Verleih etc.
www.villarosebobodioulasso.com

Bobo-Dioulasso

- **Hotel Oasis**
Tel. 20973046, B.P. 1026. Empfehlenswert, DZ mit Ventilator und warmer Dusche ab 8000 CFA, direkt daneben Restaurant mit ausgezeichneter Küche.
- **Casa Africa**
Tel. 20980157, B.P. 2302. Etwas außerhalb, nahe der Brakina-Brauerei gelegen. Sehr einfaches Campement mit neun Zimmern ab 4000 CFA und freundlicher Atmosphäre für Leute mit kleinem Budget. Camping möglich.
- **Maison d'Acceuil Mission Crétienne**
Tel. 20972403, gegenüber der Alten Moschee, evangelische Mission. Gebäude im Stil eines amerikanischen Motels, sehr sauber, Angestellte freundlich und hilfsbereit, unbedingt reservieren. 18 Zimmer ab 6000 CFA.

Essen und Trinken

- **La Canne d'Or**
Tel. 20981596, Av. Zinda-Kaboré, nicht weit von französischen Kulturzentrum Henri Matisse. Gilt als bestes Lokal der Stadt, afrikanische/internationale Küche, mittags und am Abend geöffnet, außer Mo.
- **L'Eau Vive**
Tel. 20972086, Rue Delafosse, gegenüber vom Relax-Hotel, von Missionsschwestern geführt. Geöffnet 12–14.30, 19–21.30 Uhr, Mo Ruhetag. Internationale Küche.
- **La Nouvelle Boule Verte**
Tel. 20970110, gegenüber Hotel L'Auberge. Afrikanische und internationale Küche. Sehr sauber. Täglich bis 22.30 Uhr geöffnet. Mit Terrasse.
- **Bar/Restaurant Bambous**
Tel. 20982931, Av. du Gouv. Binger, beim Place de la Nation. Gerichte ab 800 CFA, seit vielen Jahren beliebter Treff, nach 21 Uhr wird Eintritt verlangt, da Bands zur Unterhaltung aufspielen. Ab 18 Uhr geöffnet.
- **La Casa**
Tel. 20970622, Av. du Gouverneur Faidherbe, westlich vom Markt. Ruhige Atmosphäre und gutes Essen (afrikan., europ., asiat.), bis 22.30 Uhr geöffnet.

- **Restaurant La Concorde**
Tel. 20981259, Av. du Gouverneur Louveau. Die hoteleigene Küche serviert gute Grillspezialitäten.
- **Restaurant Jardin Sidwaya**
Tel. 20970773, Place Tiofo-Amora, in der Nähe des Bahnhofs. Nettes Gartenlokal mit afrikanischer Küche.
- **Chez Mme Diallo**
Bar Tourane, gleich um die Ecke von Hotel/Disco 421.
- **Eldorado**
Tel. 20980202, Av. du Gouverneur Faidherbe. Sympathischer Besitzer, angenehme Atmosphäre, sauber.
- **Restaurant Togolais**
Rue du Commerce. Gerichte ab 800 CFA.

Außerdem findet man fast überall gegen Abend jede Menge kleine **Straßenstände** mit gegrillten Hühnchen, Fleischspießchen, Fisch etc.

Snack-Bars/Cafés/Pâtisserien

- **Centre Culturel Henri Matisse (CCF)**
Tel. 20973979, Av. de la Concorde. Leckere Snacks und kalte Getränke in schönem, schattigem Garten.
- **Le Visage**
Snack-Bar gegenüber vom RAN-Hotel.
- **Café des Amis**
Rue du Commerce. Beliebter Treffpunkt nahe der Boulangerie La Bonne Miche. Frischer Joghurt.
- **La Bonne Miche (Boulangerie)**
Tel. 20972394, Av. Ouédraogo. Frische Croissants und leckere Kuchen!

Bars/Discos

- **Bar L'Oxygene**
Av. Alwata Diawara. Bar mit Terrasse und populärer Tanzschuppen. Das nahe **Café Bristel** ist ruhiger, aber auch nicht schlecht.
- **Bar Bambous**
Siehe „Essen und Trinken".

Maskentanz in Bobo-Dioulasso

- **Renaissance-Bar**
Treffpunkt vieler junger Leute, oft traditionelle Musikgruppen.
- **Yan-Kady**
Av. de l'Unité, zwischen Bahnhof und Hotel de l'Unité.
- **Must Club,** gegenüber Bonne Miche.
- **Jardin Eden,** Accart-Ville.
- **Black and White**
In der Nähe des Café des Amis.

Außerdem: Le Tempo, Le Tarkay, Le 421, Le Macumba Plus (sehr chic), Concorde, Momba So und Nachtclub im Hotel L'Auberge.

Kinos/Theater/Kultur

- **Ciné BOBO 90**
Nahe des Marktes. Verhältnismäßig gute Filme, Vorstellungen um 20.30 und 22.30 Uhr.
- **Centre Culturel Henri Matisse (CCF)**
Tel. 20973979, Av. de la Concorde. Kino, Bibliothek, Ausstellungen und andere kulturelle Veranstaltungen.
www. ccfbobo.org
- **Théatre de l'Amitié**
Av. General de Gaulle. Regelmäßige Vorstellungen.
- **La Semaine Nationale de la Culture**
Das (kleinere) Gegenstück zum Filmfestival FES.PA.C.O. findet immer in Jahren mit geraden Zahlen statt.

Notfall

Krankenhäuser
- **Hôspital Sanou Souro**
Tel. 20970044/45/47, am östlichen Ende der Av. de l'Indépendance.

Zahnarzt
- Tel. 20980222. In der **Clinique Dentaire,** Mission Baptiste, an der Route de Mali, Richtung Faramana, links hinter den Bahngleisen.

Apotheke
- **Pharmacie du Houet**
Tel. 20981080. Laboruntersuchungen!

Banken

- **B.I.C.I.A.B,** südlich des Marktes, nahe Hotel Soba, und **B.I.B.,** schräg gegenüber vom Hotel L'Auberge; beide wechseln Travellerschecks und Euros. Geöffnet von 8–11 und 15.30–17.30 Uhr.

Post/Telefon/Internet

- Im **Hauptpostamt** in der Av. de la Nation/Ecke Av. de la République gibt es einen Poste-restante-Schalter.
- Im Stadtzentrum finden sich einige **Internet-Cafés.** Schnelle Rechner hat das klimatisierte Cyper-Café in der Av. de la Nation, schräg gegenüber Hotel 421.

Flughafen

Bobo verfügt über einen internationalen Flughafen; Flugverbindungen siehe Ouagadougou/Verkehrsverbindungen.

- **Air Burkina**
Rue Malherbe, Tel. 20971348.

Bahnverbindungen

Eine Zugverbindung **zwischen Bobo und Ouaga** besteht in beiden Richtungen einmal pro Woche (Do) mit dem Kurzstreckenzug und dreimal pro Woche (Di, Do, Sa) mit dem Schnellzug von Abidjan kommend. Genaue Abfahrtszeiten und Preise erfragen Sie bitte unter Tel. 20991545. Fahrkarten kann man nur zu den Abfahrtszeiten am Schalter kaufen (5000 CFA). Fahrtzeit ca. 6 Std.

Achtung: Wer viel Glück hat, kann auf der Strecke zwischen Banou und Satiri Elefanten in der Nähe der Bahngleise beobachten.

Busse

Von Bobo bestehen gute Möglichkeiten zur Weiterreise, u.a. nach Bamako/Mali. Mit Ausnahme von RAKIETA und SOTRAKOF logieren alle Busgesellschaften am Bd. de la Révolution.

S.T.M.B.

Tel. 20980880, Bd. de la Révolution. Es fahren u.a. täglich acht Busse nach Ouaga, darunter zwei klimatisierte. Büro und Haltestelle sind am Bv. de la Révolution, wenige Schritte vom Rond Point entfernt. Telefonische Reservierung möglich.

- **Bobo – Ouaga,** mehrmals täglich.
- **Bobo – Ouahigouya,** täglich.
- **Bobo – Banfora,** täglich.

RAKIETA

Tel. 20971891. Diese kleine Busgesellschaft ist vor allem im Südwesten Burkina Fasos aktiv und setzt neuere Fahrzeuge ein. Die Busstation ist östlich des Marktes.

- **Bobo – Ouaga,** mehrmals täglich.
- **Bobo – Banfora,** mehrmals täglich.
- **Bobo – Niangoloko,** bis 19 Uhr stündlich.
- **Bobo – Gaoua,** mehrmals täglich.

SOGEBAF

Tel. 20971535, Bd. de la Revolution.

- **Bobo – Banfora,** täglich.
- **Bobo – Abidjan,** täglich.
- **Bobo – Ouaga,** täglich.
- **Bobo – Ouahigouya,** täglich.

SOTRAKOF

Tel. 20971516, ein Straße westlich vom Markt. Diese Gesellschaft fährt u.a. nach Banfora (mehrmals täglich) und nach Mali. Die Busse sind alt, der Service ist lausig.

Taxis

- Der große **Taxi-Brousse-Bahnhof** (Gare routère) befindet sich etwas außerhalb bei der Brakina-Brauerei; die Taxifahrer kennen den Weg (200–400 CFA). Die meisten Buschtaxis fahren morgens zwischen 8 und 9 Uhr ab.
- Als Transportmittel innerhalb der Stadt dienen **Kollektivtaxis,** die ab 200 CFA pro Fahrt und Person kosten.

Straßenverbindungen

- **Bobo – Dédougou - Dori**
Die Piste ist je nach Jahreszeit in sehr unterschiedlichem Zustand; in der Regenzeit nur mit Geländefahrzeug befahrbar (weiter über Ouahigouya – Djibo – Aribinda nach Dori und von dort auf relativ guter Piste nach Gorom-Gorom).
- **Bobo – Ferkessedougou** (Elfenbeinküste)
Die Straße ist bis Ferkessedougou durchgehend asphaltiert.
- **Bobo – Bamako** (Mali)
633 km. Von Bobo über Fô – Kouri (Grenzorte von Burkina Faso und Mali) – Koutiala – Bla – Segou nach Bamako. Die gesamte Strecke ist geteert, allerdings bis Segou sehr holprig. Schneller, besser und bequemer kommt man auf der neuen Teerstraße über Orodara voran.

Rund ums Auto

Auto-Werkstatt
- **CFAO Burkina**
Tel. 20981595, Toyota, Peugeot.
- **Burkina Secours, Kambire & Soeurs**
Tel. 20970143, B.P. 407, Secteur 6, Route de Dafra. Guter Mechaniker.

Autovermietung
- **Bobo Auto-Location**
Tel. 20982101, B.P. 84. Bei Fahrten außerhalb des Stadtgebietes ist ein Chauffeur obligatorisch!

Wer sich ein Auto auf dem grauen Markt mieten will, kann sich u.a. im Hotel Algouta informieren. Hier gibt es Angebote ab 20.000 CFA pro Tag.

Fahrrad/Mofa/Motorrad

Kann man sich **auf dem Markt** ausleihen (etwa 1500 CFA/Fahrrad/Tag und 5000 CFA/Mofa/Tag). Handeln Sie um den Preis!

Shopping

Supermärkte
- **Marina Market**
Tel. 20970154, Av. de la République, gegenüber der B.I.B.-Bank, in der Nähe des Hotels L'Auberge. Gut sortierter Supermarkt mit großer Auswahl an Importwaren wie Wurst, Käse und Wein.

Buchhandlungen
- **Diacfa Librairie**
Tel. 20971019, am Markt. U.a. sind Stadtpläne von Bobo und Ouaga erhältlich.
- **Cooperative des Tailleurs No 1**
Gute Schneider, die einheimische Faso-Fani-Stoffe verarbeiten; neben der Pharmacie Moderne.

Sport/Aktivitäten

Schwimmbad
- **Alle besseren Hotels** in Bobo verfügen über einen Pool, Eintritt für Nichtgäste meist 1500–2000 CFA.

Reiten
- **Reithof Tombstone** an der Straße nach Ouaga, nahe Av. Charles de Gaulle.

Golf
- Tel. 20973979; der Golfplatz von Bobo-Dioulasso verfügt über eine 9-Loch-Anlage.

Sonstiges

Tour-Operator

Wer bei Exkursionen auf Nummer Sicher gehen will, sollte sich an einen professionellen Tour-Operator wenden. Viele Hotels bieten Ausflüge in die nähere Umgebung an oder vermitteln Führer, teilweise mit eigenen Fahrzeugen. Wer Geld sparen will: Einige der unten genannten Ziele lassen sich auch auf eigene Faust mit dem Mobylette erkunden.

Ausflüge

Safari und Pala

Folgt man ca. 6 km der Straße nach Ouaga und biegt kurz vor der Polizeistation rechts auf die Piste ab, eröffnet sich nach etwa 1 km – bei schönem Wetter! – ein weiter Blick von Safari auf die darunter liegende Ebene bis zu den Kongolikan-Bergen im Osten. Folgt man der Piste, so gelangt man am Fuße der Falaise zu dem Dorf Pala, das für seine **Maskenfeste** bekannt ist.

Koro

Nach etwa 13 km verlässt man die Nationalstraße No 1 nach Ouaga und biegt rechts in eine Piste ein. An einem Granitsteinbruch vorbei erreicht man nach weiteren 2 km das zwischen zahlreichen runden Granitfelsen eingebettete Dorf Koro; die Lehmhäuser scheinen mit den Felsen zu verschmelzen. Die Bewohner dieses kleinen Dorfes, die **Bobo-Fing,** sind Animisten und leben streng nach ihren alten Traditionen. Das Dorf ist gut mit dem Mobylette zu erreichen und weniger stark von Touristen frequentiert als Koumi; dennoch kostet der Besuch 300 CFA; ein Junge oder Guide wird sie durch das Dorf und eventuell zum Wasserfall führen. Schöner Blick auf die Ebene und die Falaise von Banfora.

Falaise de Boradougou

Etwa 500 m hinter der Abzweigung nach Koro verlässt man die Nationalstraße No 1 nach Ouaga und biegt links auf eine Piste, die nach ca. 1 km zu dem Dorf **Boradougou** führt, jenseits eines kleinen Marigots gelegen. Graue Lehmhäuser drängen sich im Schatten einiger großer Bäume. Da einige der Grotten in der Falaise „heilig" sind und für Fremde der Zugang verboten ist, empfiehlt es sich, einen Guide zu nehmen. Bizarre Felsformationen in der Falaise sowie einige aus dem Stein gehauene Getreidespeicher lohnen den Besuch.

Dafra (Dafora)

(Ca. 8 km von Bobo entfernt.) Man verlässt Bobo durch das Quartier Bolomakoté, d.h. man folgt der Av. du General Louveau an der Gendarmerie Nationale vorbei Richtung Südosten. Während der Trockenzeit ist die Zufahrt bis zum Rand der Falaise möglich; der Abstieg zu dem **Mare aux poissons sacrés** (Heilige Fische) erfolgt dann zu Fuß auf einem kleinen Pfad über die Felsen (festes Schuhwerk ist zu empfehlen). Interessante Steingebilde erwarten den Besucher. Etwas weiter unten führt der Weg links durch einen schmalen Felsdurchgang zu einem Teich. Tragen sie keine rote Kleidung, denn „rot" ist an diesem heiligen Ort verboten! Aus beachtlicher Höhe stürzt ein **Wasserfall** in diesen von riesigen Welsen und Wasserschildkröten bevölkerten See. An seinem Ufer finden jeden Donnerstag und Freitag **Opferzeremonien** statt; die geopferten Hühner werden meist gleich an Ort und Stelle gebraten und verspeist. Folgt man dem kleinen Bach weiter durch dichte Vegetation (mit teils seltenen Pflanzen), so kommt man zu mehreren kleinen Gärten in der Ebene, wo auch der Weg endet.

Koumi/La Guinguette

Die etwa 16 km westlich von Bobo gelegene **Bobo-Siedlung Koumi** ist bequem über die Teerstaße N 8 Richtung Orodara zu erreichen. Das Dorf besteht, anders als etwa Mossi-Siedlungen, ganz aus (braunroten) Steinhäusern. Die Bewohner sind animistisch-katholisch. Am Ortseingang ist eine Zahlstelle mit kleiner Bar, wo Besucher ihren Obolus zu entrichen haben: 1500 CFA inkl. Fotografiererlaubnis. Ebenfalls sehenswert ist der Fluss **Kou**, der östlich von Koumi die Straße kreuzt. Von der Brücke hat man einen hübschen Blick auf badende Kinder und Frauen, die Wäsche waschen.

Gut 2 km von Koumi entfernt befindet sich die **Quelle La Guinguette**, die der Stadt Bobo das Trinkwasser liefert und gleichzeitig ein beliebter Badeort mit kristallklarem Wasser ist. Die Quelle ist touristisch erschlossen mit Parkplatz und Eintrittsgebühren (1000 CFA). Gerade am Wochenende stellt die Quelle ein beliebtes Ausflugsziel dar.

Mare aux Hippopotames (Flusspferdeteich)

Hier wird eine **Rundfahrt** von Bobo-Dioulasso über Houndé zum Mare aux Hippopotames und wieder zurück nach Bobo beschrieben. Es ist aber auch möglich, nicht nach Houndé zu fahren, sondern gleich die Straße nach Dédougou zu nehmen und in Satiri abzubiegen.

Von Bobo in Richtung Ouagadougou auf der N 1 bis Houndé fahren.

Km 0: Houndé, im Ort links abbiegen Richtung Karba und Béreba.

Km 13: Dohoun. Ursprüngliche Gegend, hübsche Dörfer, Savannenlandschaft, ab und zu Baumwollfelder; bei Béreba wird die Bahn überquert.

Km 37: Sara, Einmündung in die große Piste von Dédougou nach Bobo-Dioulasso. Links weiterfahren.

Km 47: Bekui, größeres Dorf.

Km 66: Links beginnt der **Fôret classé de Maro.**

Km 68: Kademba, hübsches Dorf mit einer Moschee, aber auch christlicher Bevölkerung; schöne Vorratsspeicher.

Km 77: Satiri (Ortsanfang).

Km 78: Abzweig zum Nilpferdteich im Zentrum von Satiri rechts bei dem Schild „Station de Balla".

Km 86: Pala. Nach dem Dorf schmale Piste, rechter Hand liegt die **Station de Bala/Reserve de Biosphere.** Die ganze Region um das Mare aux Hippopotames wurde als Biosphärenreservat ausgewiesen. Diese Reservate werden von der GTZ unterstützt und sollen im Einklang mit der Bevölkerung die natürlichen Ressourcen der Umgebung unter Erhalt der Natur und ökologischen Gegebenheiten nutzen. Der Schutz ist nicht so streng wie bei den Nationalparks, soll aber der Bevölkerung ermöglichen, durch einfache touristische Erschließung und Nutzung (z.B. Fischfang) gleichzeitig Vorteile daraus zu ziehen und die Natur zu erhalten.

Km 90: Hinweisschild des Tourismusministeriums auf die Eintrittsgebühr (2000 CFA) und darauf, dass kein zusätzliches Geld an die Führer bezahlt werden sollte.

Km 95: Rote Blechtafel „Mare aux Hippopotames 4 km".

Km 98: Parken im Wald, Fischverkaufsplatz und Hütten, Netze werden zum Trocknen und Flicken aufgehängt; GPS N 11°33,646' / W 004°09,073'.

Von hier geht es in wenigen Minuten zu einem Einbaum, mit dem man durch schmale Wasserarme bis zum Nilpferdteich gestakt wird (keine Ruder, sondern lange Stäbe). Diese schöne, lohnenswerte Tour ist nicht teuer und dauert ca. 30 Minuten. Im hinteren Drittel des Teiches sind etliche Hippos zu sehen. Achtung: nicht baden, Bilharziosegebiet!

Km 119: Wieder zurück in **Satiri.**
Km 135: Kouentou.
Km 156: Sakaby, hübscher Ort mit großer Allee aus Kapok und Mangobäumen.
Km 161: Anfang der Teerstraße von und nach Bobo-Dioulasso.

Cascade de la Volta Noire

Man verlässt Bobo auf der Piste nach Orodara hinter dem Flugplatz. Nach etwa 16 km überquert man eine Brücke über den Fluss Kou und erreicht bei Km 51 das Dorf **Guena.** Hier verlässt man die Straße nach Norden und folgt auf 13 km der guten Lateritpiste bis zum Dorf **Fon.** Von hier geht es rund 5 km zu Fuß durch den Busch zum **Wasser-**

fall – der Weg zu diesem Naturwunder lohnt sich.

Abstecher nach Dédougou

Die Piste Richtung Dédougou ist je nach Jahreszeit in sehr unterschiedlichem Zustand und in der Regenzeit nur mit Geländefahrzeug befahrbar (weiter über Ouahigouya, von dort auf relativ guter Piste nach Djibo, Dori und weiter nach Gorom-Gorom). 2001 wurde mit dem Bau einer Teerstraße von Kedougou nach Dédougou begonnen. Dédougou ist eine **lebhafte Kleinstadt mit allen Versorgungsmöglichkeiten,** die hauptsächlich von Bobos bewohnt wird. Absolut sehenswert ist ein dreitägiges **Tanz- und Maskenfestival** (FESTIMA BIENNALE – Festival des Masques et des Arts de Dédougou), das alle zwei Jahre (mit geraden Zahlen, 2008) im April veranstaltet wird und an dem sich zahlreiche Dörfer aus der Umgebung beteiligen. **Unterkunft** in Dédougou im Hotel Commerce (Tel. 20520111), im Hotel Esperance (Tel. 20520315) oder im Hotel Loba (Tel. 20520648). Empfehlenswert ist das Restaurant Le Prestige von *Madame Foro,* Tel. 20520485.

Bobo – Banfora – Gaoua (Lobi-Land)

Bobo-Dioulasso – Banfora

Bobo auf der Nationalstraße No. 7 in Richtung Banfora verlassen (Km 0 = Ortsende). Parallel zur Nationalstraße No. 7 verläuft die Bahnlinie (R.A.N.) nach Abidjan mit Haltestelle in Banfora.

Ca. **1 km** nach der Zahlstelle folgt eine Polizeikontrolle.

Etwa bei **Km 16** zweigt links eine Piste nach Dingasso ab.

Ab **Km 61** führt die Straße die **Falaise de Banfora** hinab. Es bietet sich ein schöner Blick über die üppige Vegetation in der Ebene mit Palmen und Zuckerrohrfeldern. In der Regenzeit fließen einige kleine Wasserfälle neben der Straße den Steilabbruch hinunter.

Kurz bevor man Banfora erreicht, führt rechts eine Abzweigung zur Zuckerfabrik, der eine Alkoholfabrik angegliedert ist. Eine Besichtigung ist nach vorheriger Anmeldung möglich!

Bei **Km 80** erreicht man Banfora.

Banfora

Die Stadt mit ca. 50.000 Einwohnern, **Zentrum des Zuckerrohranbaus,** ist nicht besonders reizvoll, um so mehr aber die Umgebung, die zu zahlreichen Ausflügen (zu Fuß, mit dem Fahrrad, Mofa, Motorrad oder Auto) einlädt. Wegen der Krise in der Elfenbeinküste hat der Ort zuletzt stark an Bedeutung gewonnen: Er ist Umschlagplatz für Wa-

Mare aux Hippopotames

ren von und nach den Gebieten, die von den Rebellen kontrolliert werden.

Auf dem **Markt** (großer Markt ist sonntags) sind Körbe und Töpferwaren, die wichtigsten lokalen Handwerksprodukte, in reicher Auswahl zu finden. In der Rue de la Poste kann man Mobylettes mieten. Außerdem gibt es einige **Hirsebier-Kneipen** *(cabaret),* wo mit traditioneller Musik (Kora, Ballafon) für Stimmung gesorgt wird.

Die Grenze zur **Elfenbeinküste** über die **Route von Banfora nach Bouaké,** der „Hauptstadt" der Rebellen, war im Sommer 2010 offen. Reisende mit eigenem Fahrzeug berichteten allerdings von zahlreichen Kontrollen bewaffneter Separatisten, die Wegezoll eintreiben. Buschtaxis fahren bis Bouaké. Wer über diese Route die Elfenbeinküste befahren will, sollte sich vorab in Banfora informieren und gegebenenfalls mit einem ortskundigen Führer reisen.

Unterkunft

●**Hotel La Canne à Sucre**
Tel. 20910107, B.P. 104, östlich vom Bahnhof. Das mit Abstand beste Haus am Platz und sicher die schönste Anlage dieser Art in Burkina. Abgesehen vom Restaurant auch für Leute mit kleinem Geldbeutel zu empfehlen. Bungalows 10.000 CFA, klimatisierte Zimmer 19.000 CFA, Apartments mit Pool 49.000 CFA. Alles in parkähnlichem Areal, Bar/Restauant mit guter (Fisch-)Küche. Die Besitzer, die Familie *Leclerc,* verkaufen u.a. auch den milden Rum, der in Banforas Zuckerfabrik destilliert wird. Es werden Mobylette (5000 CFA) und neuwertige Velos (2500 CFA) vermietet. Bewachter Parkplatz.
www.hotelcanneasucre.com
●**Hotel Calypso**
Tel. 20910229. Neues Campement eines jungen Franzosen in interessantem Baustil in ruhiger Lage, wenige Minuten bis zum Zentrum. Elf saubere Zimmer zwischen 6500 und 15.000 CFA (klimatisiert) sowie Schlafsaal für 2500 CFA p.P., alle Betten mit Moskitonetz.
●**Hotel Fara**
Tel. 20910117, B.P. 112. 250 m östlich vom Bahnhof. Einfach, aber sauber, zu empfehlen sind allerdings nur die klimatisierten Zimmer für 9000 CFA.
●**Hotel le Paix**
Tel. 20910016, Nähe Bahnhof. Einfache Zimmer mit Moskitonetz für 6000 CFA, Gemeinschaftsdusche.

Essen und Trinken

●**Le Flamboyant**
Zwischen Bahnhof und Markt. Rustikale Bierbar und beliebter abendlicher Treffpunkt mit preiswerten Gerichten.
●**Bar Restaurant Le Calypso**
Tel. 20910028, Secteur 2. Hübsche Bar eines Franzosen, europäisch-afrikanische Küche.
●**Le McDonald's**
Nähe Hotel le Paix. Burger und Fritten, angeblich besser als das amerikanische Vorbild.
●**Restaurant Cascade**
Tel. 20910016, Rue de la Post. Snack-Bar, einfache afrikanische Gerichte.
●**Les Fontaines du Roi**
Am Markt. Bar, Disco, Dancing.

Verkehrsverbindungen

Banfora wird u.a. von RAKIETA (Rue de la Post) und STMB angefahren (Tel. 20910561). Buschtaxis fahren in der Nähe vom Hotel Fara ab. Banfora ist außerdem der letzte Halt der Eisenbahn nach der Elfenbeinküste; Infos Tel. 20910557.

Apotheke

●**Pharmacie de la Comoé**
Tel. 20912220, gegenüber der Post.

Ausflüge

Chutes de Karfiguiéla
Zu den Wasserfällen gibt es einen komplizierten, mühsamen, landschaftlich dafür abwechslungsreicheren Weg

BOBO – BANFORA – GAOUA (LOBI-LAND)

mit sehr malerischen Dörfern (nur mit Geländefahrzeug und nicht in der Regenzeit) und einen einfachen Weg. Hier ist die Strecke als **Rundfahrt** beschrieben. Wer weniger Zeit und Nerven investieren will und nicht über ein geländegängiges Fahrzeug verfügt, sollte den als Rückweg beschriebenen Weg (ab der Station Tangui-Tankstelle) für den Hin- und Rückweg wählen.

Im Zentrum von Banfora rechts abbiegen und den Ort gen Westen verlassen, N 10°38,634' / W 004°45,698'.

Km 4: Altes Blechschild „Chutes de Karfiguiéla" rechter Hand der Piste, GPS N 10°38,958' / W 004°47,817'.

Km 6: Bei Tümpel links, GPS N 10°39,763' / W 004°48,083'.

Km 7: Große Sumpfloch-Ebene, GPS N 10°39,766' / W 004°48'082'.

Rechts Ausweichpiste, GPS N 10°39,906' / W 004°48,319', dann zwei bis drei sehr schmale Brücken über Kanal, dann rechts (GPS N 10°40,350' / W 004°48,506') am Kanal entlang (er läuft erst links, dann vor Schleuse rechts der Piste).

Km 11: Links Abzweig, geradeaus weiter, links liegen viele Felder.

Km 13: Links das hübsche Dorf **Karfiguiéla** vor einem Seerosenteich (sehr malerisch), geradeaus weiter (GPS N 10°41,824' / W 004°48,904').

Km 15: Stauwehr und kleines Generatorenhäuschen, Kanalende (GPS N 10°42,723' / W 004°49,048').

Geradeaus über Stauwehr und dann 200 m weiter links auf eine größere Piste einbiegen.

Km 16: Ende der Piste und kleiner Parkplatz vor einer Fußgängerbrücke. Hier ist Camping möglich, aber es gibt viele Mücken, da es am Fluss und zwischen den Bäumen sehr feucht ist (GPS N 10°43,159' / W 004°49,135').

Nun muss man 5–10 Minuten durch den Wald gehen, bis der Fuß des **Karfiguiéla-Wasserfalls** erreicht ist, wo der Koba-Fluss in ein großes Becken hinabstürzt oder -tröpfelt (je nach Jahreszeit).

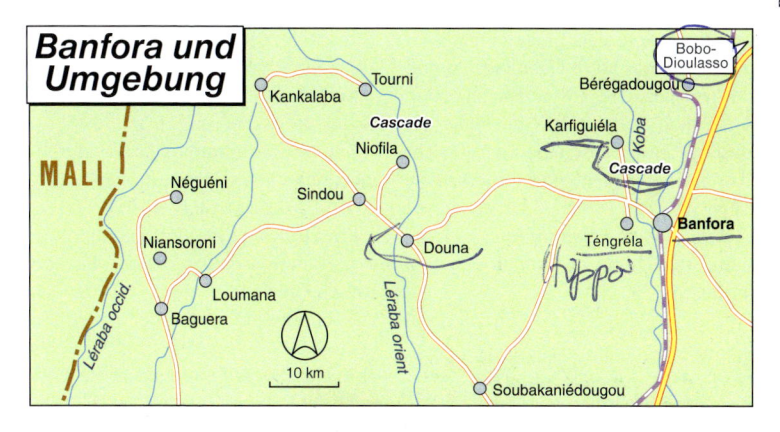

Banfora und Umgebung

Um zu dem 50 m höher liegenden Plateau und dem oberen Teil des Wasserfalls zu kommen, empfiehlt es sich, rechts auf einem Fußpfad die Felsen hoch zu steigen (gute Schuhe und lange Hosen, da rutschig und steinig). Oben angekommen, befindet man sich nach weiteren 50 m viel näher an den Wasserfällen. Grüne Meerkatzen halten sich scheu in der Nähe auf. Beliebter Ausflugsort am Wochenende! Vorsicht vor den Schlangen! Von den Wasserfällen aus lohnt es sich, 3 km zu Fuß zu **„Les dômes de Febedougou"** zu wandern, ähnlichen Felsformationen wie bei Sindou.

Karfiguiéla – romantisch zwischen Wassertümpeln gelegen

Zurück am Parkplatz fährt man wieder die Piste entlang und 500 m weiter an der Kreuzung (wo man bei der Anfahrt von rechts kam) geradeaus weiter nach Banfora.

Km 17: Kreuzung, rechts Mauern von Häuschen, geradeaus weiter, GPS N 10°42,331' / W 004°48,751'.

Km 18: Rechts großer Baobab, am Baum rote Markierung „P 1".

Km 19: Barriere mit Wärter; Durchfahrt ohne Formalitäten möglich, GPS N 10°41,613' / W 004°48,484'.

Km 26: Kreuzung und Einmündung in die Straße nach Banfora bei „Buvette Lavia". Hier gibt es ein Schild zurück mit der Aufschrift „Cascade", die Straße heißt „Route Cascade Banfora". Rechts ab (von Banfora kommend links), GPS N 10°39,513' / W 004°46,027'.

Km 28: Die Eisenbahn wird gequert, danach auf die Hauptstraße Bobo – Banfora bei der Tankstelle Tangui (GPS N 10°38,734' / W 004°45,476') rechts einbiegen. An der Kreuzung steht ein großes Schild mit der Aufschrift „Sofitex". Von Banfora kommend biegt man links nach der Tankstelle ein. Nach 1 km ist Banfora erreicht.

Lac Téngréla

Banfora in Richtung Westen auf einer Piste mit schöner Allee verlassen. Bei Km 4 Gabelung mit verrostetem Wegweiser: Links geht es nach Téngréla und Sindou, rechts zu den Karfiguiéla-Wasserfällen (s.o.). Die passable Piste führt durch reizvolle Landschaft mit Reis- und Gemüsefeldern. Bei Km 6 Abzweig links (Schild) zum Lac Téngréla, geradeaus geht es weiter nach Sindou (s.u.). Auf einer schmalen Piste fährt man durch das Dorf Téngréla, kommt 1 km später am „Restaurant/Buvette Kegnigohi" vorbei und erreicht dann die Straßensperre vor dem See, wo 500 CFA Eintritt verlangt werden. Der schöne Lac Téngréla ist bewachsen mit Seerosen und von Palmen umgeben. Im See leben ca. 50 **„Hippos" (Flusspferde),** die am besten frühmorgens zu sehen sind, wenn auch die Fischer ihre Netze auswerfen. Man kann eine Pirogenfahrt machen und sich auf etwa 50 m heranrudern lassen. Tagsüber sind selten Flusspferde zu sehen.

● **Unterkunft** im **Campement/Restaurant Chez Seydou** oder im **Camp Farafina,** beide in Téngréla, Bungalow ab 8000 CFA, Camping 1000 CFA, Tel. 76244621.
Infos: www.farafinaclub.free.fr

Sindou

In der Gegend von Sindou siedeln die **Turka,** eine Ethnie, die überwiegend vom **Reisanbau** lebt. Zu Beginn der Regenzeit sind fast alle Leute mit der Hacke auf den Reisfeldern, um den Boden vorzubereiten. Zur Erntezeit sieht man dann ganze Prozessionen von Frauen mit riesigen Körben voll Reisähren auf dem Kopf. Beim Dreschen, das ebenfalls kollektiv vorgenommen wird, dient ein Blattstängel als Dreschflegel.

In dem nur wenige Kilometer westlich von Sindou gelegenen Dorf **Noumoussoba,** einem **Dorf der Schmiede,** kann man diesen bei ihrer Arbeit zusehen.

Aiguilles de Sindou

Von Banfora etwa 50 km schlechte Piste Richtung Sindou. Nach dem Dorf **Douna** durchquert man die Ebene des Léraba-Flusses, kurze Zeit später ragen rechts **bizarre Gesteinsformationen** in den Himmel. Hier bietet sich ein Spaziergang durch eine faszinierende Landschaft mit reichhaltiger Vogelwelt an.

Téna Kourou (747 m)

Der **höchste Berg des Landes** befindet sich direkt an der Grenze zu Mali. Von Sindou aus fährt man etwa 20 km weiter in nordwestlicher Richtung: In dem Ort **Kankalaba** zweigt eine sehr schlechte Piste (nur für Geländewagen geeignet) Richtung Westen ab, die nach weiteren 24 km in das malerische Dorf **Téna** führt. Von dort ist der Gipfel des Höhenzuges bei leichtem Anstieg in etwa einer Stunde zu erreichen.

Direkt an der Grenze befindet sich ein etwa 2,5 m hoher Steinhaufen, den

BOBO – BANFORA – GAOUA (LOBI-LAND)

die Franzosen um die vorletzte Jahrhundertwende haben errichten lassen.

**Cascades de Niofila
und Chutes de Léraba**

Durch den Bau von Regenrückhaltebecken ist eine der schönsten Gegenden Burkinas, die Ebene von Niofila, verschandelt worden. Hinter dem Damm führt ein Fußweg Richtung Tourni; nach etwa einer Stunde Gehzeit hört man rechts bereits die Wasserfälle von Niofila, und nach weiteren zwei Stunden erreicht man **Tourni**, dessen Kaskaden (Chutes de Léraba) ebenfalls ein lohnendes Ziel darstellen.

In der Trockenzeit ist Tourni von Sindou aus über Kankalaba normalerweise auch mit dem Auto zu erreichen; sicherheitshalber erkundige man sich vorher in Sindou! Bei Km 19, nach der Brücke von Kankalaba, rechts abbiegen; bei Km 34, in Tourni, macht die Piste eine Kurve nach links und folgt dann direkt dem Fluss Léraba. Verlässt man das Dorf nordwärts, erreicht man kurze Zeit später den Wasserfall.

**Falaise de Niansoroni
und Néguéri**

Von Sindou aus nimmt man links die Piste nach Baguéra; nach etwa 25 km erreicht man das von Reisfeldern umgebenen **Loumana**. Nach insgesamt ca. 32 km, 1 km vor dem Dorf **Baguéra**, zweigt im spitzen Winkel rechts eine Piste Richtung Norden ab, die dicht an der Falaise vorbeiführt. Nach etwa 5 km erreicht man das Dorf **Niansoroni**, das auf halber Höhe der Falaise liegt. Der Aufstieg zum Dorf ist etwas schwierig; größtenteils muss man über Felsen klettern. Auf halber Höhe und von oben bietet sich ein fantastischer Panoramablick über die weite Ebene bis hinüber nach Mali. Das Dorf selbst erinnert mit seinen zahlreichen Getreidespeichern an die Dogon-Dörfer in der Falaise von Bandiagara in Mali.

Etwa 10 km weiter befindet sich das Dorf **Néguéni**; hier endet die Piste. Zu Fuß geht es weiter entlang der Reisfelder auf schmalen Trampelpfaden.

Banfora – Gaoua

Die Strecke von Banfora über Sidéradougou und Loropéni nach Gaoua ist zu einer autobahnähnlichen Piste ausgebaut worden.

Um weiter nach Gaoua zu fahren, Banfora auf der Teerstraße in Richtung Bobo verlassen (Km 0).

Bei **Km 4** rechts auf eine große, breite Piste abbiegen.

Bei **Km 24** befindet sich ein großer, malerischer See rechts von der Piste.

25 km nach Banfora erreicht man das hübsche Dorf **Tiéfara** am Ostende des Sees. Markt ist am Donnerstag.

Bei **Km 53** wird das Dorf **Dégue-Degué** durchfahren und kurz darauf bei **Km 55** das Dorf **Sidéradougou**. Hier gibt es ein Telecenter und eine Polizeistation. Bei der Polizeistation biegt eine Piste ab, die laut Burkina Faso IGN Carte Touristique et Routière nach Klésso (an der Piste Bobo – Diébougou) führt. Diese Piste, die durch sehr ursprüngliche Buschlandschaft mit hübschen Senufo-Lehmdörfern verläuft, endet aber vor einem Fluss nach ca.

16 km. Eventuell ist sie nur zum Höhepunkt der Trockenzeit befahrbar.

Von Sidéradougou führt die Piste weiter durch waldige, leicht hügelige Landschaft und hübsche, ursprüngliche Dörfer in Richtung Gaoua.

Bei **Km 92** wird **Kouéré** passiert, bei **Km 112 Ouo**.

Bei **Km 135** liegt das Dorf **Lokosso** mit einer kleinen Moschee.

150 km von Banfora entfernt gelangt man nach **Loropéni**. Der verschlafene Ort gelangte 2009 in die Weltpresse, als die UNESCO ein nahes **Ruinenfeld** zum **Weltkulturerbe** erhob, dem ersten für Burkina Faso überhaupt. Das Areal umfasst neben einer großräumigen Schutzzone imposante Steinwälle, teilweise bis zu 6 m hoch, von denen erst ein Teil freigelegt und erforscht wurden. Die Anlage ist ca. 1000 Jahre alt und wurde im Zuge des Transsahara-Goldhandels errichtet und im 18. Jahrhundert aufgegeben. Die Ruinen von Loropéni liegen rund 2 km westlich vom Ort, wenige 100 m nördlich der Hauptpiste N 11 von Banfora nach Loropéni. Der Zugang befindet sich bei N 10° 18'13.33 / W 3°33'2.98. Der Eintrittspreis mit Fotogenehmigung beträgt 2000 CFA. Mehr Infos und eine Detailkarte findet man online unter http://whc.unesco.org/en/list/1225. Im Lobi-Land existieren noch weitere Anlagen aus dieser Epoche, so etwa im 21 km von Loropéni entfernten **Kampti**. Keine der Anlagen, so die UNESCO, sei aber in derart gut erhaltenem Zustand wie die in Lorepéni.

Zwischen Loropéni und Gaoua reihen sich viele kleine Dörfer entlang der Straße, einige wenige mit typischen Lobi-Lehmbauten, häufig finden sich aber auch gemauerte Häuser mit Wellblechbedachung.

Bei **Km 192** ist **Gaoua** erreicht.

Gaoua

Der Ort mit 20.000 Einwohnern hat außer dem großen **Markt** (Markttag ist Freitag), dem **Lobi-Museum** (Eintritt 1000 CFA) sowie ein paar Hirsebierkneipen nicht viel zu bieten. Im Lobi-Museum sind alte, von den Franzosen zusammengetragene Waffen und Gerätschaften der Lobi ausgestellt.

Interessant ist vor allem die **Umgebung.** Eine ganztägige Rundreise Gaoua – Loropéni – Obiré – Kampti – Gaoua lohnt die Mühe; nach einem Führer fragen Sie am besten im Hala-Hotel.

Unterkunft/Verpflegung

● **Hotel Hala**
Tel. 20900121, B.P. 76, links an der Straße nach Nako. Ordentliches Hotel mit 26 Zimmern unter libanesischer Leitung, im Restaurant wird gute libanesische Küche serviert (Menü 6000 CFA). Auf Anfrage werden Führungen durch das Lobi-Land organisiert. Bewachter Hof mit Parkmöglichkeit. DZ ab 15.000 CFA.

● **Hotel de la Gare**
Tel. 76257713, Nähe Gare routière, 2003 eröffnetes Hotel. DZ (teilweise klimatisiert) ab 8000 CFA.

● **Mission catholique**
Tel. 20900173, B.P. 7, im Außenbezirk. 3 einfache Zimmer, oft belegt.

● Außerdem gibt es mehrere **Dolo-Kneipen** im Quartier östlich der Hauptstraße. In einer dieser Kneipen liegt im Innenhof ein Grab, auf dem zwei Schüsseln und eine Flasche umgekehrt eingemauert wurden, damit sich der Verstorbene jederzeit bedienen könne ...!

Im Land der Lobi

Das Land der Lobi erstreckt sich **östlich der Achse Bobo – Banfora,** direkt an der Grenze nach Ghana; größte Stadt der Region ist Gaoua. Die Lobi, eine Ethnie, die in Burkina, Ghana und der Elfenbeinküste lebt, waren früher sehr gefürchtet, da sie es lange geschafft hatten, sich erfolgreich gegen Eindringlinge (afrikanische und europäische) zur Wehr zu setzen. Auf diese Weise konnten sie sich ihre alten Traditionen weitgehend erhalten. Heute sind sie überwiegend Bauern und Viehzüchter, früher spielten die Jagd und der Fischfang ebenfalls eine große Rolle. In den abgelegenen Gebieten der Savanne gehen sie zum Teil auch heute noch mit Pfeil und Bogen auf die Jagd. Einige Frauen, vor allem die alten, tragen noch in alter Tradition eine kleine, runde Scheibe in der Oberlippe.

Fährt man durch das Lobi-Land, so fällt einem die **Architektur** besonders auf. Sie hat große Ähnlichkeit mit den Lehmburgen der Somba-Taberma (Nord-Benin), die ebenfalls Schutzbauten errichten. Eine solche „Burg" besteht aus mehreren rechteckigen Lehmhütten aus gestampfter bzw. geschlagener Erde, die durch eine Lehmmauer zu einem Gehöft zusammengefasst werden und an kleine Festungen erinnern. Diese fensterlosen Außenwände sind heute ganz aus Lehm gebaut und mit einem milchigen Pflanzensaft „glasiert", um sie haltbarer zu machen. Es gibt auch Häuser, die ein weiteres Stockwerk besitzen, das normalerweise für die verheirateten Männer oder die „Ältesten" reserviert ist; das Erdgeschoss steht den Frauen und Kindern zu. Küche und Getreidespeicher befinden sich im gemeinschaftlichen Hof. Zahlreiche Ahnen- und Familienaltäre werden im Haus errichtet, u.a. bis zu 1,5 m hohe phallische Lehmsäulen. Meist sind sie an den Spuren der letzten Opfergaben (Hirsebrei, Tierblut, Federn) zu erkennen. (Sollten Sie die Gelegenheit haben, in eines dieser Gehöfte eingeladen zu werden, so nähern Sie sich diesen Altären mit Respekt und fragen Sie um Erlaubnis, bevor Sie ein Foto „schießen"!) Außerdem hängen überall an den Eingängen und auf den Dächern der Häuser „Fetische" und Behälter mit übernatürlichen Kräften als Schutz vor bösen Geistern. Auffallend ist, dass die einzelnen Gehöfte einen Abstand von mindestens 100 m voneinander haben; teilweise liegen sie so weit verstreut, dass man zum Durchqueren eines „Dorfes" eine halbe Stunde braucht.

Zu den wichtigsten Festen der Lobi zählt die **Dioro-Zeremonie,** ein Initiationsfest, das alle sieben Jahre am Ufer des Schwarzen Volta-Flusses abgehalten wird. Die 10- bis 15-jährigen Jungen und Mädchen müssen, bevor sie in die Gruppe der Erwachsenen aufgenommen werden, eine Vorbereitungsphase durchmachen, bei der sie alle Ge- und Verbote der Gemeinschaft lernen, große physische Strapazen überstehen (Hunger und Durst ertragen lernen), die Geheimnisse der Natur studieren, ihre Angst besiegen lernen etc. Während dieser Vorbereitungszeit schlafen die Initianden draußen unter freiem Himmel, leben nackt und haben keinerlei Kontakt zu ihrem Heimatdorf, lediglich zu ihrem Lehrmeister. Am Ende der Initiation findet eine große Zeremonie statt, bei der dem Schwarzen Volta ein großes Opfer dargebracht wird; die Heranwachsenden erscheinen meist in prachtvollen Gewändern, über und über mit Kauri-Muscheln geschmückt.

Bobo – Banfora – Gaoua (Lobi-Land)

Abstecher von Gaoua

Doudou

Nur 14 km südöstlich von Gaoua liegt Doudou, das **südliche Goldschürferzentrum** des Landes. Unter einem großen Baum in der Nähe des Marktes sitzen die Goldhändler mit ihren Waagen und kaufen winzige Mengen staubförmigen Goldes an. Als Wiegemaß dienen kleine Kügelchen aus Metall und Streichholzköpfe. Die Ausbeute eines Schürfers ist allerdings gering.

Obiré

Etwa 8 km nordwestlich von Loropéni liegt das von **Ghan** besiedelte Dorf Obiré. Der Dorffetisch – eine fast lebensgroße, sitzende Lehmfigur – kann gegen ein Entgelt von 500 CFA besichtigt werden (Fotografierverbot!); interessanter sind jedoch die **Gräber der Ghan-Könige** etwa 1 km außerhalb des Dorfes. In strohgedeckten Lehmhäusern wurde unter einem riesigen Tamarinden-Baum für jeden der Verstorbenen eine Lehmfigur errichtet.

Diébougou

Von Gaoua besteht die Möglichkeit, auf einer Piste in Richtung Norden nach Diébougou zu fahren. Dazu muss in Gaoua links die Hauptstraße weitergefahren werden. Bei Km 7 folgt rechts ein Abzweig nach Nako, wir fahren geradeaus weiter. 8 km (Km 15) weiter erreicht man **Bouroum-Bouroum** mit ei-

Typisches Lehmdorf

nem schönen Markt am Freitag, davor geht nochmal ein Abzweig nach **Nako.** Bei Km 44 liegt der Ort **Tienkoura.** Von Km 49 bis 51 trifft man auf schöne Lobi-Lehmburgen mit Umfassungsmauer, Backofen, Türmchen und Speichern, die aber auch hier in der Gegend schon rar werden. Die Piste ist jetzt schmäler und schlechter. Nach **Bapla** wird die Gegend hügeliger, es wachsen Fächerpalmen, Baobabs und Mangos, dazwischen sind Mais-, Hirse- und Baumwollfelder, ab und zu auch Reisfelder, angelegt. 60 km nach Gaoua erreicht man schließlich Diébougou (siehe folgende Route).

Bobo-Dioulasso – Diébougou – Ouessa

Von Bobo nach Ouessa führt eine gute Wellblechpiste, die einige Löcher aufweist. Man fährt durch Buschsavanne, in der Landschaft verstreut liegen viele Dörfer.

Bobo-Dioulasso in Richtung Ouaga verlassen. Km 0 bezeichnet das Tor „Bonne route" am Stadtausgang.

9 km nach Bobo befindet sich ein **Zahlschalter** *(taxe routière)*. Es muss nur für die Straße nach Ouaga bezahlt werden, nicht nach Diébougou. Hinter der Zahlstelle rechts auf eine Piste abbiegen. Man passiert einige Dörfer, die Landschaft ist geprägt von Feldern.

Bei **Km 30** erreicht man den Ort **Baré.** Hier gibt es Lebensmittel, Getränke und eine kleine Moschee.

Kurz nach dem Ort **Klésso (Km 41)** folgt eine Kreuzung: Links weiter Richtung Diébougou fahren, rechts würde es nach Karankasso (9 km) und evtl. weiter nach Sidéradougou zur Piste Banfora – Gaoua gehen. In der Regenzeit endet die Piste vor Sidéradougou an einem Fluss.

Die Piste ist immer wieder von einer hübschen Allee gesäumt. Bei **Km 48** und **58** folgen zwei Dörfer, die Savannenlandschaft wird etwas hügeliger und die Piste etwas löchriger.

Nach dem Ort bei **Km 68** beginnt links der Straße das **Waldschutzgebiet (Fôret classé) von Dan.**

Bei **Km 82** führt eine Brücke über den Bougouriba, und das **Réserve partielle de Nabéré** (Hinweisschild) beginnt. 6 km weiter führt eine kleine Piste links in das Reservat.

Bei **Km 100** ist der Ort **Bondigui** erreicht. Am Markttag fahren von Bobo Busse bis hierher und in die umliegenden Dörfer.

Im Dorf **Nisséko (Km 109)** zweigt eine Piste rechts nach Gaoua ab.

Bei **Km 129** ist das Städtchen **Diébougou** erreicht.

Diébougou

Diébougou ist umgeben von Wald; eine schöne Allee führt in den Ort. Bevor man ins Zentrum gelangt, überquert man einen kleinen Damm mit dem Hinweis „Attention – crocodiles sacrés": In dem Seerosenteich leben **Krokodile.** Im Ort gibt es u.a. eine B.I.B.-Bank, Tankstellen und Apotheken. Hier zweigen auch die Pisten nach Gaoua und

Léo ab. In der Umgebung können die **Nationalparks Bontioli** und **Léo** besucht werden.

Unterkunft/Verpflegung

- **Hotel Le Relais**
Tel. 20905080, B.P. 40. Bar/Restaurant, zehn Zimmer mit Ventilator. DZ 15.000 CFA.
- **Auberge/Bar Diébougou**
Einfache Unterkunft mit 5 Zimmern am Ortseingang auf der linken Seite.
- **Restaurant Le Maxim** und **Le Cristal**
An der Hauptstraße im Zentrum.
- **Restaurant Gao**
Am Ortsende beim Markt.
- Außerdem gibt es die gute **Boulangerie l'Orient**; im Ortszentrum hält man sich rechts, dann biegt man links ab.

Man verlässt Diébougou auf einer passablen Wellblechpiste mit Löchern in Richtung Léo.

Bei **Km 138** führt eine Brücke über den Bougouriba. 5 km danach verzweigt sich die Piste: Links geht es nach Dano und Pa, rechts weiter nach Ouessa und Léo. Südlich der Straße liegt nun das **Réserve de Bontiolo.**

Bei **Km 166** kommt man im großen Ort **Dissin** an. Dort gibt es Läden und eine Tankstelle. Das Maquis La Causette ist ein passables Restaurant mit Bar und Dancing. Außerdem gibt es ein einfaches Hotel namens Ba Boole.

Bei **Km 182** überquert man den Schwarzen Volta (Mouhoun), bevor bei **Km 188 Ouessa** erreicht ist.

Ouessa

Ouessa ist ein kleiner Ort an der **Grenze zu Ghana.** Ein Teil der Ausreiseformalitäten wird hier erledigt: evtl. Registrierung bei der Police und das Passavant beim Douane abgeben. In Richtung Südosten geht es auf einer sehr guten Piste 5 km bis **Hamale**, dem **Grenzposten** (Tel. 20909830) auf der burkinischen Seite; hier erhält man den Ausreisestempel bei der Immigration (1000 CFA Trinkgeld). 2 km weiter erreicht man den ghanaischen Immigration Service: Einreisestempel schnell und problemlos, Customs: Straßengebühr von 20.000 CFA für Touristen-KFZ bezahlen, Carnet stempeln.

Der burkinische Sahel

Der nördlichste Teil Burkinas befindet sich in der Sahelregion, die zu den **ärmsten Gegenden der Welt** zählt. Die Folgen der Dürrekatastrophe von 1973 sind immer noch zu spüren; zahlreiche Dörfer, weit im Norden gelegen, wurden verlassen. Der Boden ist wenig fruchtbar, in weiten Teilen wächst aufgrund von Überweidung fast nichts mehr. Der Viehbestand hat noch nicht wieder das Ausmaß erreicht, das er vor der **Dürre** besaß. In der Regenzeit von Juni bis September wird von heftigen Regengüssen – gewaltige Wassermassen, die, begleitet von Wirbelstürmen, vom Himmel stürzen – auch noch die letzte dünne Schicht Ackerboden weggeschwemmt. Die meisten Pisten sind während der Regenzeit für Buschtaxis und Fahrzeuge ohne Vierradantrieb nicht befahrbar. Das System der „Barrière de pluie" (Schlagbäume an jedem

Ortsausgang) soll in der Regenzeit verhindern, dass schwere Lkw die Pisten ruinieren. Es gilt aber als wenig zuverlässig. Fährt man in der Regenzeit in den Sahel, so sollte man sich mit genügend Nahrungsmitteln eindecken, da zu dieser Jahreszeit in den Läden fast nichts zu finden ist.

Wollen sie auf Ihrer Fahrt einen Einblick in das alltägliche Leben der Bewohner des Sahel bekommen, dann sollten Sie Ihre Route entsprechend den jeweiligen **Markttagen** festlegen (siehe jeweils bei den Ortsbeschreibungen). Denn gerade im dünn besiedelten Sahel sind Märkte mehr als nur geschäftliche Termine: Die Tuareg, Peuls, Bellas und Sonhay ziehen zu diesem Anlass ihre besten Gewänder und den schönsten Schmuck an.

Nachfolgend die **drei Routen,** die in den Norden führen.

Ouagadougou – Dori

Der schnellste Weg mit der besten Verkehrsanbindung in den Sahel führt auf der N 3 von Ouagadougou über die Teerstraße nach Kaya und dann weiter auf einer teilweise sehr guten Piste nach Dori. Die **270 km** lange Strecke lässt sich auch mit einem normalen Pkw bequem an einem Tag bewältigen.

Wenige Kilometer hinter den letzten Häusern von Ouaga kommt man an einen Polizeiposten. Hier muss auch die

Straßengebühr in Höhe von 200 CFA entrichtet werden. Rund 30 km hinter der Hauptstadt erreicht man den ersten größeren Ort.

Ziniaré

Der Handwerkerort hat sich auf die Herstellung von **Lederarbeiten** und das **Färben von Stoffen** (überwiegend indigoblau) spezialisiert. Hier gibt es Lebensmittelläden, Telefon und einige Tankstellen. Im 4 km entfernten Dorf **Gouinongou** (abseits der Hauptroute) lebt der **Töpfer** *Fréderic Yarbenga*, der Tassen, Schalen und Teller in neuen Formen herstellt. Fährt man diese Piste noch ca. 14 km weiter nach Norden, kommt man zu dem Dorf **Zitenga**, bekannt für seine **Schmieden,** die sich auf die Herstellung von Lanzen, Säbeln und Pfeilen spezialisiert haben.

Weiter geht es auf der guten Teerstraße, vorbei an zahlreichen kleinen Mossi-Gehöften, durch eine fruchtbare Gegend Richtung Norden. Nach 107 km erreicht man Kaya. Der Ort lohnt einen Abstecher, auch wenn er etwas abseits der Hauptstraße liegt.

Kaya

Sehenswert ist im Handwerkszentrum von Kaya (Schuhmacher im Quartier Baingin, Weber und Lederwaren) der **Markt** (alle drei Tage). Dort werden Lederwaren in großer Auswahl und auch relativ günstig angeboten, u.a. lederbezogene Dosen und Flaschen. Im Ort mit seinen rund 35.000 Einwohnern gibt es außerdem mehrere Tankstellen, eine Bank und ein kleines **Museum**. Ein hübsches Ausflugsziel ist der **Lac de Dém** rund 15 km außerhalb an der Piste nach Kongoussi. Auf dieser Route verkehren täglich Minibusse.

Unterkunft/Verpflegung:
● **Hotel Kaziende**
Tel. 40453535, B.P. 111. Zentrales Hotel am Markt mit schönem Garten. 26 DZ zwischen 12.000 und 22.000 CFA (klimatisiert, TV). www.hotinter.com
● **Hotel Zinoogo**
Tel. 40453254, etwa 2 km südlich vom Ortszentrum. Das Hotel hat 20 Zimmer, Sat-TV sowie ein gutes Restaurant mit Bar. DZ zwischen 13.000 und 23.000 CFA (klimatisiert).
● **Katholische Mission**
Tel. 40453896, etwa 500 m rechts an der Piste nach Kongoussi. DZ 3000 CFA.
● **Auberge Touristique**
Tel. 40453152. 16 sehr einfache Zimmer ab 8000 CFA. Bar und Restaurant.
● **Restaurant La Paillote**
An der Straße nach Ouaga gelegen.
● Außerdem gibt es rings um den Markt mehrere **Café-au-Lait-Stände** und kleinere afrikanische **Restos.**

Sonstiges:
● Seit 2002 wird in Kaya das **Musik- und Tanzfestival Wéd Bindé** veranstaltet. Es findet alle zwei Jahre immer im Dezember statt. Infos: www.bamogo.com02.com

---

Hinter Kaya geht es auf einer breiten und guten Piste weiter Richtung Dori. 24 km nach Kaya erreicht man den Ort **Pissila** (Lebensmittelläden, Tankstelle und am Ortsausgang ein hübsches Café mit kühlem Bier und Softdrinks).

Das Mobylette – Symbol der Mobilität

Bei Km 39 ist **Ouanobina** erreicht. Eigentlich handelt es sich bei dem Dorf, das nicht einmal auf der Karte verzeichnet ist, nur um ein paar unscheinbare Häuschen neben der Straße, aber wenn man Glück hat, kann man in dem von **Mossi** bewohnten Dorf **Indigofärbern** bei ihrer schweren Arbeit zusehen. Vom Ansetzen des Indigosuds in metertiefen Erdlöchern bis zum tagelangen Durchwalken der Stoffe von Hand sind alle mühsamen Arbeitsschritte bis zur Fertigstellung des stark abfärbenden, typisch blauen Tuches zu beobachten.

Zwischen **Tourguri** (Tankstelle) und Yalgo führt die Strecke durch eine teilweise hügelige und menschenleere Landschaft. Hier werden Erze abgebaut. Immer wieder kommt man an Regenrückhaltebecken vorbei, die im Winter meist noch gut mit Wasser gefüllt sind, so auch kurz vor Yalgo. 108 km nach Kaya ist Yalgo erreicht.

Yalgo

Am Ortsausgang rechts neben der Piste befindet sich ein Pumpbrunnen, wo man evtl. Wasser auffüllen kann. Außerdem gibt es im Ort eine Tankstelle, ein Telecentre und viele kleine Läden. Viele **Fulbe** sind hier sesshaft geworden, die dem Dorf einen speziellen Charakter verleihen. Sehenswert ist der sehr belebte farbenfrohe **Markt** (nicht täglich).

Nach etwa 20 km Fahrt durch Hügelland erreicht man Bani.

Bani

Bani liegt in einer relativ fruchtbaren Gegend und ist vor allem durch seine **neun Moscheen** mit sehr aufwendigen Deckengewölben aus Holz bekannt. Bani ist das **Zentrum einer fundamentalistischen Sekte des Islam** mit einem sehr einflussreichen Marabout namens *Alhaj Mohamadou*. Das stark ausgeprägte „Armutsideal" dieser Sekte hat zur Folge, dass fast alle humanitären Maßnahmen, wie z.B. Impfkampagnen, boykottiert werden. Wer mehr über die Ideen des Marabouts wissen will, kann über den Führer in der Moschee ein Gespräch vereinbaren. Die Besichtigung des Orts kostet 2000 CFA, exklusive Führer. An islamischen Feiertagen machen sich zahlreiche Gläubige auf den Weg nach Bani.

Bis Dori sind es jetzt noch 36 km durch flaches Land.

Dori

Dori ist mit rund 30.000 Einwohnern die **wichtigste Verwaltungsstadt des Nordens**. Ein **großer Markt** wird am Freitag abgehalten, er liegt direkt im Zentrum. Falls man von Mali kommt, können hier die Einreiseformalitäten erledigt werden. Es gibt viele kleine Läden, eine Apotheke, eine Bank und verschiedene Tankstellen und Werkstätten. Dori wird u.a. von den Busgesellschaften STMB (Tel. 40460332) und SOGEBAF (Tel. 40460110) angefahren.

Wer weiter **nach Gorom-Gorom** (s.u.) will, fährt die ersten Kilometer auf der guten Piste Richtung Ouahigouya und biegt nach dem Ortsende rechts ab. Nach 7 km folgt eine weitere Abzweigung links (rechts nach Falagountou). Bei Trockenzeit und vorsichtiger

Fahrweise lassen sich die 48 km bis Gorom-Gorom auch mit einem normalen Pkw bewältigen.

Unterkunft

- **Hotel Sahel Hérbegement**
Tel. 40460713, ca. 2,5 km östlich vom Zentrum. Bar/Restaurant. DZ 5000–10.000 CFA (klimatisiert), sauber.
- **Hotel Oasis du Sahel**
Tel. 40460329, ca. 3 km östlich vom Zentrum. DZ zwischen 8000 und 17.000 CFA, für den Standard zu teuer.
- **Hérbegement Dintal**
Tel. 76680010, gegenüber dem Rathaus. Neue saubere Pension. DZ 7500 CFA, klimatisiert 15.000 CFA, 4x4 Verleih.
- **Auberge Populaire**
Tel. 40460555/56, nördlich vom Markt. Restaurant/Bar/Disco, zwölf sehr einfache Bungalows ab 4500 CFA.

Oaugadougou – Ouahigouya – Dori

Die 181 km auf der N 2 von Ouaga nach Ouahigouya sind geteert und waren 2010 in durchschnittlichem Zustand. Weiter nach Dori geht es auf einer guten, breiten Piste.

Ouahigouya

Die **viertgrößte Stadt des Landes** mit über 50.000 Einwohnern liegt etwa 180 km nördlich von Ouaga direkt auf der Strecke ins Dogon-Land (Mali). Sie weist keine besondere Atmosphäre auf und gleicht eher einem Straßendorf. Mit Ausnahme von Taxis gibt es aber alle Versorgungsmöglichkeiten. Sehenswürdigkeiten sind außer dem Markt und dem Haus des Naba Kango aus der Zeit des Yatenga-Königreiches (s.a. Land und Leute/Geschichte) nicht zu erwähnen. Reizvoll ist der Stausee im Norden, wenn frühmorgens die Fischer ihre Netze auswerfen. Vor der Regenzeit ist er aber nur noch ein Tümpel.

- **Infos:** www.villedeouahigouya.org

Unterkunft:
- **Hotel de l'Amitié**
Tel. 40550521/22, B.P. 112, am Ortsausgang Richtung Mali. Komplex mit zwei Hotels, zwei Restaurants, Bar, Pool (1500 CFA für Nichtgäste), Nachtclub, Disco (hier trifft sich am Wochenende die halbe Stadt), Spielcasino, Radiosender. DZ zwischen 10.000 und 27.000 CFA, Suiten bis 47.000 CFA. Freundliches, sehr gut geführtes Hotel.
- **Hotel Dunia**
Tel. 40550595, B.P. 145, Rue de la Paris, Nähe Hospital, Richtung Dori. Klimatisierte DZ für 15.000 CFA. Freundliches Haus unter syrischer Leitung.
- **Hotel Liberté**
Tel. 40550572, B.P. 03, Nähe Hotel de l'Amitié. Alle Zimmer mit TV, aber sehr klein. Ab 10.000 CFA.
- **Hotel Le Colibri**
Tel. 40550787, B.P. 87, am östlichen Ortsrand, hinter dem Stadion. DZ zwischen 6000 und 9000 CFA, sehr freundliches Personal.
- **Hotel Bamb Yam**
Tel. 40550088. Secteur 13, Richtung Mali, vor dem Hotel de l'Amitié links in einer Seitenstraße. Neueres Haus mit 13 Zimmern, teilweise klimatisiert, ab 7500 CFA.

In der Nähe befindet sich das **„Maison de la femme"**, ein interessantes Projekt, wozu auch ein kleines, gemütliches Restaurant gehört (afrikanische Küche, günstig). Tagsüber kann man die Frauen besuchen, ein Tipp sind getrocknete Mangos, die sie herstellen.

Verkehrsverbindungen:
Die Stadt ist bequem mit Überlandbussen zu erreichen: STMB (Tel. 40554256) oder SOGEBAF (Tel. 40550410). SOGEBAF fährt auch mindestens einmal täglich nach Koro/Mali, seit die Strecke geteert ist. Auch Dori wird regelmäßig mit Bussen angefahren.

Kamelmarkt in Gorom-Gorom

Ouahigouya wird auf der Piste R 22 in Richtung Djibo verlassen. Nach ca. 43 km ist das Dorf **Titao** erreicht. Hier können Lebensmittel und Treibstoff erworben werden. Nach etwa 66 weiteren Kilometern passiert man den Ort **Djibo** (siehe auch Route Quaga – Djibo weiter unten). Bis Dori ist die Landschaft nun sehr reizvoll. Ca. 90 km nach Djibo folgt der Ort Aribinda.

Aribinda

Aribinda liegt hübsch zwischen Granitfelsen und -hügeln. Man kann sich im Ort in kleinen Läden mit Lebensmitteln versorgen. Von der Polizeistation in Aribinda kann man nach Südosten etwa 1 km zu einigen kleinen Gehöften am Fuße ausgedehnter Granitplatten fahren. Von dort aus wird man zu vorgeschichtlichen **Felsgravuren** auf den Granitplatten geführt. Sehr schöne Darstellungen von Reitern, Gazellen, Pferden und angebliche Fußabdrücke von „Urmenschen" sind zu bestaunen.

Von Aribinda besteht auch die Möglichkeit, auf einer Piste nach Déou und eventuell weiter nach Mali (siehe praktische Informationen) zu fahren.

Abstecher nach Déou

Von Aribinda führt eine in der Regenzeit stellenweise verschlammte Piste mit vielen Rillen nach Déou (55 km). Déou ist ein kleines, verschlafenes Nest, in dem man selbst die Beamten der Gendarmerie (von Aribinda kommend am

Ortseingang) und des Zolls (hinter dem Ort rechts) erst aus dem Tiefschlaf wecken muss, falls man nach Mali aus- oder nach Burkina einreisen will. Samstags findet hier ein sehenswerter **Wochenmarkt** statt.

Aribinda auf guter, breiter Piste in Richtung Dori verlassen.

Bei **Km 13** nach Aribinda erreicht man den Ort **Boukouma**. Hinter dem Ort führt die Piste über eine Staustufe. In der Regenzeit ist dort ein hübscher, kleiner Stausee, bedeckt von Seerosen. Am Rand des Sees gibt es Reisfelder.

Weiter führt die Strecke durch teilweise karge Sahellandschaft mit Dornbüschen, Baobabs und Hirsefeldern. Bei den betonierten Furten wird in der Regenzeit Reis angebaut.

Bei **Km 45** passiert man den Ort **Goradji** (keine Versorgungsmöglichkeit), bei Km 69 führt die Piste erneut über eine Staustufe.

Vor **Yakouta** bildet sich in der Regenzeit links der Piste ein regelrechtes Seerosenmeer zwischen Hirsefeldern und Palmen. Kurz vor dem kleinen Dorf, bei **Km 89**, wird der Fluss Feildégassé überquert.

Über einen Damm – links und rechts der Piste ist Überschwemmungsgebiet – fährt man nach Dori, das bei **Km 101** erreicht ist (s.o.).

Gorom-Gorom

Einer der größeren Orte im burkinischen Sahel ist Gorom-Gorom, ca. 50 km von Dori entfernt. Das pittoreske alte Viertel von Gorom-Gorom ist ein wahres **Labyrinth aus Lehmhäusern und Moscheen.** Jeden Donnerstag findet hier **einer der faszinierendsten Märkte des Sahel** statt, der ab 11 Uhr erst richtig lebendig wird. Außer Lebensmitteln findet man auf dem Markt eine reiche Auswahl an Handwerksprodukten: gewebte Stoffe, Lederarbeiten, Ketten aus gebranntem Ton u.v.m.

Etwas abseits befindet sich der **Viehmarkt:** Interessant ist dieser Markt vor allem als **Treffpunkt der vielen Ethnien,** die in der Gegend leben. Man sieht Fulbe-Frauen mit Zöpfen, verziert mit bunten Perlen. Andere sind mit weiten, blauen Gewändern bekleidet, dazu kommen bunte Tücher und riesige Ohrgehänge. Die Frauen der Bella dagegen tragen weite Gewänder in gedämpften Farben, grau oder schwarz, zusammengehalten mit großen Gürteln, außerdem erkennt man sie an ihren relativ schlichten Frisuren. Die Bella waren lange Zeit Sklaven der Tuareg, und es ist nicht selten, dass ein „Freigelassener" einen langen Weg zurücklegt, um seinen ehemaligen „Patron" um die Heiratserlaubnis zu bitten. Die Tuareg selbst erscheinen meist stolz auf ihrem Kamel reitend und mit verziertem Schwert bewaffnet. Am Marktplatz gibt es mehrere Läden und Garküchen. Eine Frauen-Kooperative fertigt hübsche Lederwaren in einem Centre d'Artisanat. Vorsicht: Auf dem Markt versuchen Kinder, mit ihren flinken Händen zu klauen! Auch Fremdenführer sind sehr aufdringlich. Seit neuestem wird für die Besichtigung des Ortes eine Art Kurtaxe erhoben.

Unterkunft

- **Centre d'Accueil le Dunes**
Tel. 40469117, am nördlichen Ortsausgang Richtung Markoye. Krankenstation und Waisenhaus von katholischen Nonnen mit elf sauberen Gästezimmern. DZ 10.000 CFA, klimatisiert 18.000 CFA. Für Gäste wird auf Wunsch gekocht. Gut 10 Min. zu Fuß zum Markt, aber trotzdem die beste Wahl.
- **Hotel de l'Amitié**
Tel. 40469440, südlich vom Zentrum an der Hauptstraße. Neueres Hotel, saubere und komfortable Zimmer, aber ohne Charme. Zwischen 8500 und 19.000 CFA klimatisiert.
- **Campement Gorom-Gorom**
Tel. 40469444, östlich vom Zentralmarkt, nach den heiligen Felsen fragen. Die Bungalowanlage wurde 2009 saniert. Einfache Bungalows für 8000 CFA.
- **Mission Catholique**
Tel. 40469257, im Ortszentrum bei der katholischen Kirche. Vier einfachste Zimmer ohne Wasser und Strom. 2500 CFA p.P.

Abstecher von Gorom-Gorom

Oursi

Oursi liegt gut 40 km nordwestlich von Gorom-Gorom und ist auf einer Buschpiste (z.T. Sandlöcher!) mit einem Allradfahrzeug in etwa einer Stunde zu erreichen. Ein sehenswerter **Markt** wird am Sonntag abgehalten. Taxi-Brousse in den Ort fahren frühmorgens am Marktplatz in Gorom-Gorom ab.

Sehenswert sind (bzw. waren) der **Lac d'Oursi** (seit 1993 meist ausgetrocknet) sowie die rote Wanderdüne, die den Vormarsch der Wüste demonstriert – sie ist dabei, den See gänzlich zu verschütten! Der Sonnenuntergang in den Dünen ist stimmungsvoll.

Gandefabou

Gandefabou liegt 30 km westlich von Oursi am Schnittpunkt zweier Pisten. Der Flecken wäre kaum erwähnenswert, gäbe es in der Nähe nicht das **Tuareg-Camp EDJEF,** ein lokales Hilfsprojekt der Gebrüder *Rissa* mit gewachsener touristischer Infrastruktur. U.a. Ausflüge mit Kamelen oder im 4x4-Wagen, Übernachtung im Wüstencamp unter freiem Himmel u.v.m. Reservierung erwünscht unter Tel. 70326647 in Ouaga oder 78035852. Infos auch in deutscher Sprache unter www.gandefabou.org.

Markoye

Auf einer anderen Buschpiste mit vielen Sandlöchern kommt man von Gorom-Gorom nach rund 40 km nach Markoye, wo jeden Montag ein weiterer **großer Markt** des Sahel abgehalten wird; außerdem wurden in der Gegend vor kurzem vorgeschichtliche **Felsgravuren** entdeckt. Buschtaxis verkehren ab Gorom-Gorom. Markoye ist der nördlichste Vorposten der Zivilisation. Es gibt ein Zollamt (Tel. 40469937) und seit neuestem mit dem **Campement de Casse Sahel Espace de Markoye** auch eine gute Übernachtungsmöglichkeit; Infos in Ouaga unter Tel. 50380337. Der Besitzer betreibt auch ein Camp in Tin Akof (s.u.), rund 60 km nördlich von Markoye.

Weitere sehenswerte Sahelmärkte können in Tin Akof (Di) und in Tassamakat (Mi) besucht werden.

Ouagadougou – Djibo

Der **kürzeste Weg in den Sahel** führt auf der N 22 von Ouagadougou über

Kongoussi nach Djibo. Doch die **205 km lange Piste** hat es in sich: Teilweise extremes Wellblech und viele gefährliche Löcher erfordern hohe Konzentration. In der Regenzeit ist ein sicheres Fortkommen nur mit Allradfahrzeug möglich. Für die Mühen entschädigen die sehenswerte Gegend rund um Kongoussi und der Lac de Bam.

Nachdem man die Vororte von Oauga passiert hat, kommt man durch das Siedlungsgebiet der Mossi mit ihren typischen Döfern. Immer wieder sorgen Regenrückhaltebecken für Abwechslung. Nach 79 km erreicht man den Marktflecken **Malou,** wo die Piste von Kaya nach Yako kreuzt. Nach Erreichen des Dorfes **Sabsé** bei Km 93 prägen zahlreiche Berge die Landschaft.

Nach **108 km** ist die **Provinzhauptstadt Kongoussi** erreicht.

Kongoussi

Der aufstebende Ort mit ca. 20.000 Einwohnern verdankt seine Bedeutung vor allem dem **Gemüseanbau.** So werden u.a. die hier angebauten Bohnen direkt per Luftfracht nach Paris verschickt. Der Ort verfügt über alle Versorgungsmöglichkeiten. Sehenswert ist der **Lac de Bam,** der an seinem Südufer fast bis an die Stadtgrenze reicht.

Unterkunft:
- **Hotel du Lac**
Tel. 40459087. Hotel und Restaurant, etwas versteckt östlich vom Zentrum direkt am See gelegen. DZ klimatisiert 14.500 CFA.
- **Hotel le Major**
Tel. 40459286. Einfaches, sauberes Hotel mit Bar, aber ohne Restaurant, gegenüber dem großen Markt am Rond Point gelegen. DZ ab 4500 CFA.

Von Kongoussi bis Djibo sind es 97 km auf einer halbwegs passablen Allwetterpiste. Die Landschaft ist auf der ersten Hälfte sehr abwechslungsreich, später kaum noch bevölkert. Bei Djibo ereicht man die vorher beschriebene Route Ouahigouya – Dori.

Djibo

Die kleine, schmutzige **Garnisonsstadt** wirkt wie der **letzte Vorposten vor der Wüste.** Tatsächlich deckt sich hier die Bevölkerung aus dem Sahel mit den Dingen ein, die es im Outback nicht gibt. Großer Markt ist mittwochs. Es gibt eine Tankstelle und zwei, drei sehr einfache Restos.

Unterkunft/Verkehr

- **Auberge le Savanne**
Tel. 40560602. Neues Hotel am Ortsausgang Richtung Oauga. Geräumige DZ in klimatisierten Bungalows für 15.000 CFA.
- **Hotel Massa**
Tel. 7603047. Einfache Unterkunft mit Restaurant, zentral gelegen. DZ zwischen 5000 und 10.000 CFA klimatisiert.
- **Busse:** Djibo wird von SOGEBAF (Tel. 40560012) und STMB (Tel. 40560088) angefahren.

sen_xx9 Foto: tb

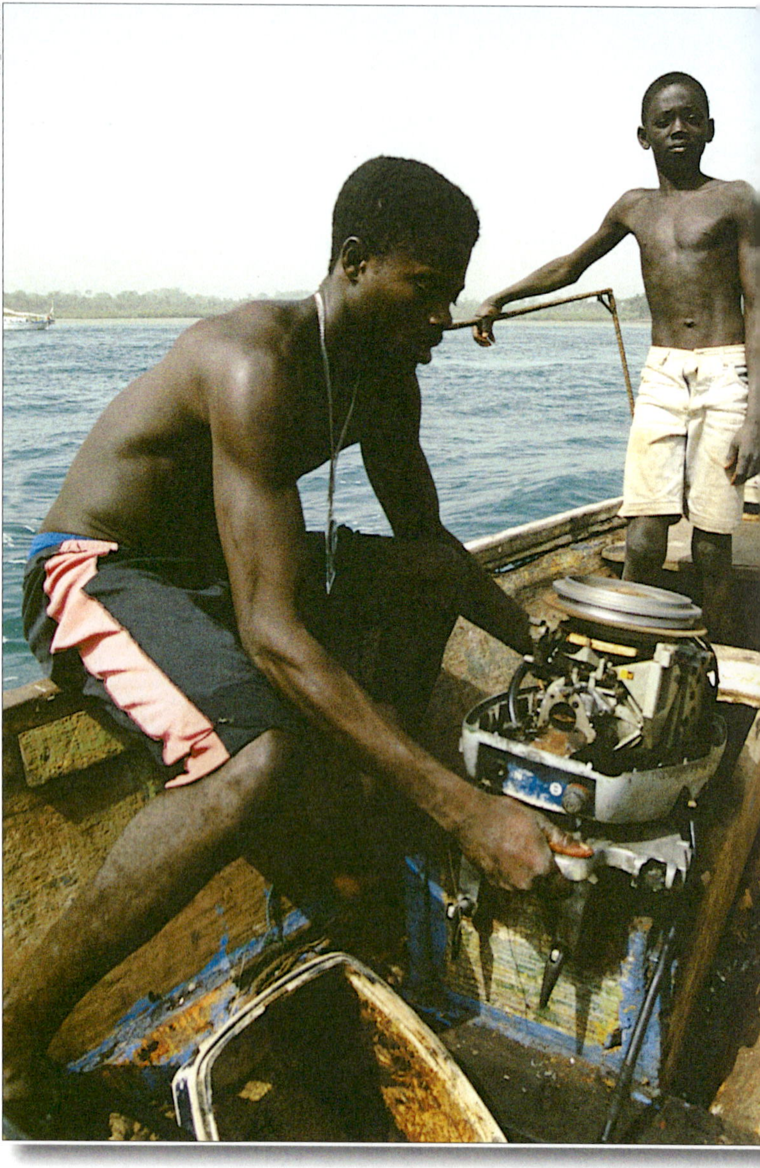

Senegal

von Thomas Baur

Mit der Piroge im Sine-Saloum-Delta

Dakar: Moschee an der Corniche Ouest

St. Louis

Landeskundliche Informationen

Geografie

Die Republik Senegal liegt an der **Westspitze des afrikanischen Kontinents.** Der Grenzfluss zu Mauretanien im Norden ist der 1430 km lange Senegal-Strom, zu Mali im Osten dessen Nebenfluss Falémé. Im Süden grenzt Senegal an Guinea und die ehemalige portugiesische Kolonie Guinea-Bissau, im Westen begrenzt der Atlantische Ozean das Staatsgebiet.

Der größte Teil des Landes ist weitgehend eben; im Südosten reichen Ausläufer des Fouta Djalon nach Senegal hinein. Die etwa **500 km lange Küste** im Westen – mit ihren kilometerlangen Sandstränden – ist im Mündungsgebiet des Sine-Saloum und des Casamance-Flusses stark, nördlich des Cap Vert dagegen kaum gegliedert. Die dem Hafen Dakar vorgelagerte **Insel Gorée** diente einst als Umschlagsplatz für den Sklavenhandel.

Die zeitweilig mit Senegal konföderierte **Enklave Gambia** (entlang des Gambia-Flusses) reicht im Süden gut 400 km tief in das Staatsgebiet Senegals hinein und trennt den südlichen Teil Senegals, die **Casamance,** weitgehend vom übrigen Teil des Landes ab. Der größte Teil Senegals liegt in der Sahelzone und war in den letzten Jahrzehnten mehrmals von z.T. katastrophalen Dürren betroffen.

Der **Senegal-Strom,** der südlich von St. Louis ins Meer mündet, stellt seit alten Zeiten eine der wichtigsten Verkehrsverbindungen ins Innere des Kontinents dar; er ist das ganze Jahr bis nach Podor schiffbar. Seine Flussniederungen zählen zu den fruchtbarsten Gegenden des Landes, da in der Regenzeit Überschwem-mungsfeldbau möglich ist; es werden Reis, Mais, Sorghumhirse und Zuckerrohr angebaut.

Der nördliche Teil des Landes liegt in der Sahelregion; die trockene **Ferlo-Savanne** bedeckt über ein Drittel des Staatsgebietes und wird von den Rinder züchtenden Nomaden als Weidegrund benützt.

Die mittleren jährlichen **Niederschlagsmengen** nehmen von Norden nach Süden zu. Im Süden fallen durchschnittlich ca. 900–1300 mm Niederschlag, nördlich von Gambia ist bei starken Schwankungen nur noch mit 300–900 mm zu rechnen.

Beste Reisezeit sind die Monate **Dezember bis Mai,** wenn die Temperaturen zwischen 16 und 34°C liegen; Hauptreisezeit ist zu den Weihnachts- und Osterferien.

Klima

Im Senegal herrscht **randtropisches Klima** mit zwei Jahreszeiten: der **Trockenzeit** von November bis Mai und der **Regenzeit** von Juni bis Oktober; im Norden sind es meist nur drei Monate.

Die höchsten mittleren **Temperaturen** (über 30°C) herrschen vor allem im Landesinneren und im Süden, kurz vor und nach der Regenzeit (April bis Juni und Oktober). An der Küste liegen die Temperaturen von Oktober bis März bei ca. 22°C, die Wassertemperaturen bewegen sich zwischen 20 und 24°C. An der Mündung des Senegal-Flusses können die Temperaturen nachts bis zum Gefrierpunkt sinken, wie eine Kältewelle im Jahr 2000 zeigte, die zahlreiche Opfer unter Menschen und Tieren forderte.

Der **Harmattan** bringt in den Wintermonaten von der Sahara feinen Sandstaub mit, während an der Küste ständig warme, feuchte Winde vom Meer her wehen.

Tier- und Pflanzenwelt

Entsprechend den jährlichen Niederschlägen ist in den verschiedenen Regionen des Landes eine für die jeweiligen klimatischen Bedingungen typische Vegetation anzutreffen: im Norden wüstenähnliche **Dornbuschsavanne,** im Inneren des Landes **Trockensavanne** mit spärlichem Graswuchs, Akazien und dem charakteristischen Baobab (Affenbrotbaum).

Südlich daran anschließend nimmt der Baumbestand zu: Tamarinden-, Flamboyant- und Kapokbäume sowie hohe Gräser prägen das Landschaftsbild. Entlang der Bahnlinie Dakar – Tambacounda wird intensiv Erdnussanbau betrieben. Südlich des Gambia River entspricht die Vegetation aufgrund der stärkeren Niederschläge eher dem guineischen **Feuchtwald.** Vor allem in der Casamance ist nach der Regenzeit eine üppige tropische Vegetation anzutreffen; hier wird auch Reis angebaut. In

Senegal, Gambia

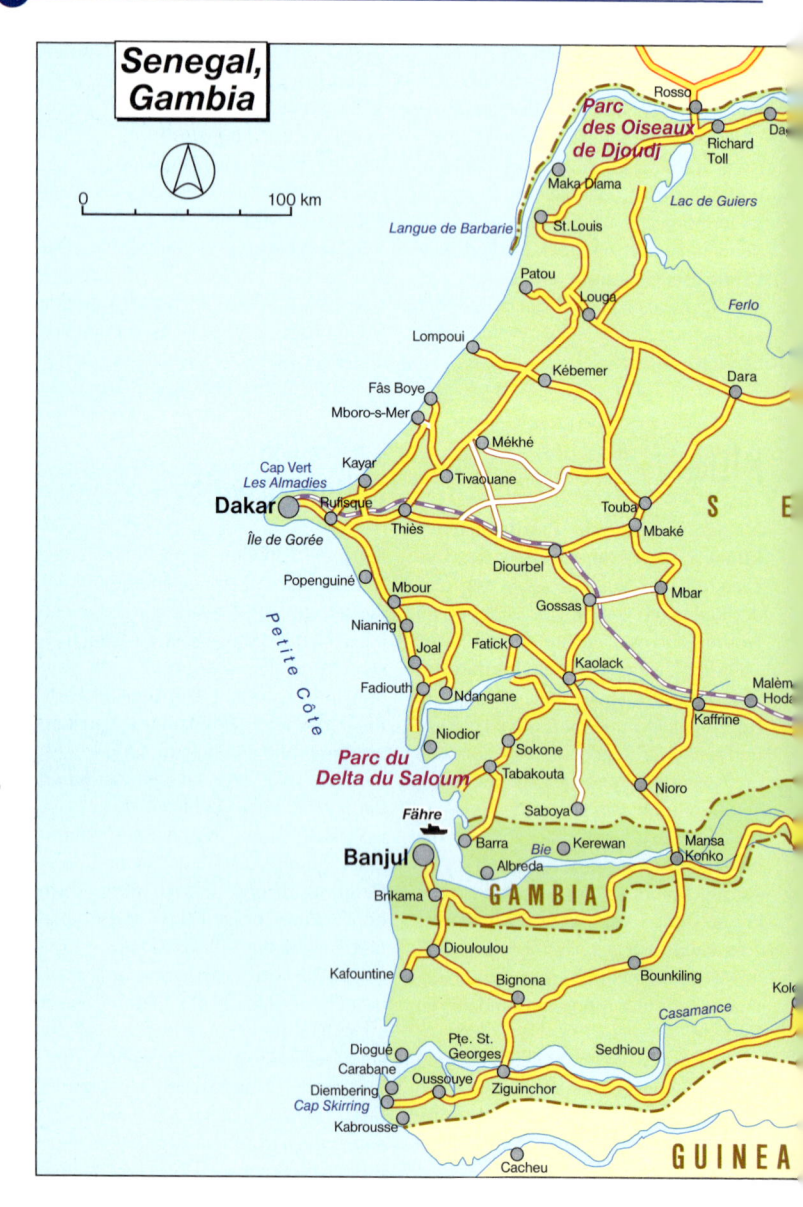

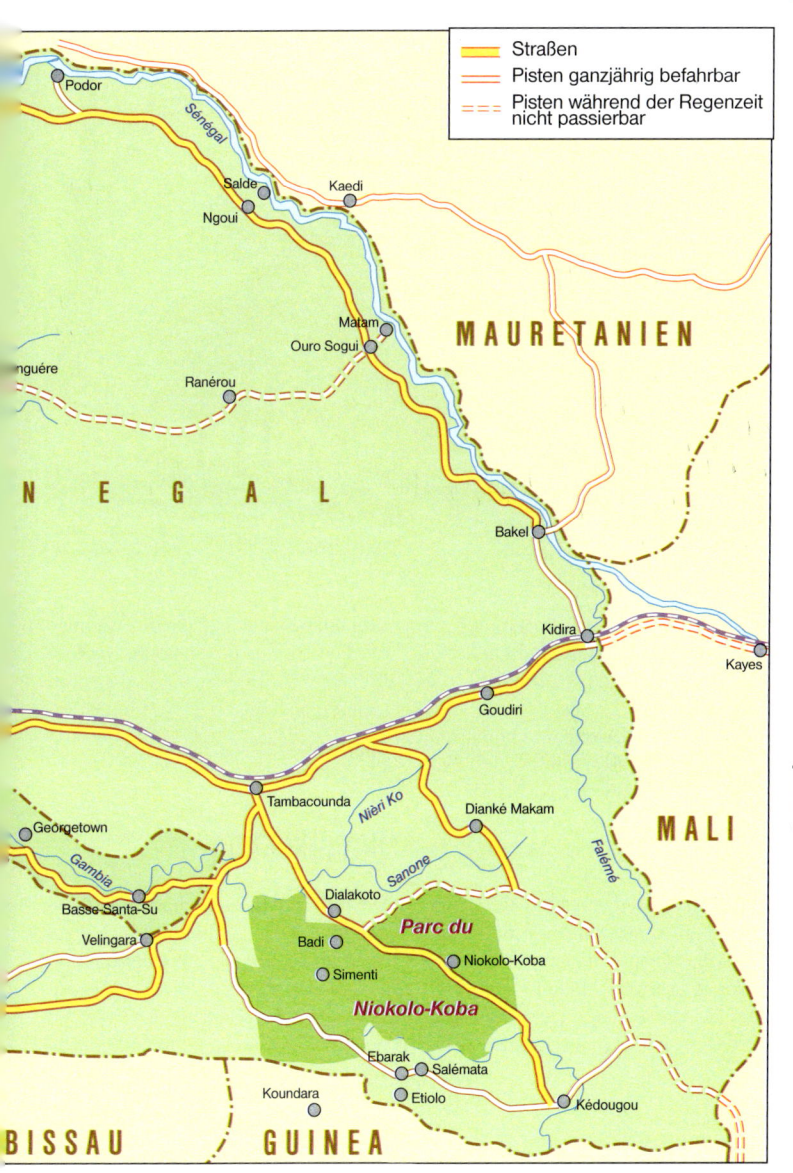

Landeskundliche Informationen
SENEGAL, GAMBIA

Karten Umschlag vorn und hinten

- Straßen
- Pisten ganzjährig befahrbar
- Pisten während der Regenzeit nicht passierbar

BEVÖLKERUNG

der Basse Casamance bestimmen Öl- und Kokospalmen das Landschaftsbild, daneben Orangen-, Zitronen- und Mangobäume.

Dichte **Mangrovenhaine** findet man entlang der Wasserstraßen des Sine-Saloum, Gambia und Casamance-Flusses. Die zahlreichen kleinen Nebenarme *(Marigots)* sind nur mit Pirogen befahrbar.

Unter den wild lebenden **Tieren** sind vor allem Affen, Reptilien, Büffel und vereinzelt Elefanten anzutreffen sowie mehr als 400 verschiedene Vogelarten. Um sie vor weiterer Dezimierung zu schützen, hat man verschiedene **Nationalparks** angelegt; die drei wichtigsten sind Djoudji bei St. Louis, Niokolo-Koba im Südosten und Sine-Saloum, südlich von Kaolak.

● **Infos:** www.au-senegal.com/decouvrir/oiseau.htm

Bevölkerung

Die mehr als **10 Mio. Einwohner** Senegals sind sehr unterschiedlich auf das Staatsgebiet verteilt; am dichtesten besiedelt sind das Cap Vert und die Region Thiès, am dünnsten der Osten Senegals. Das jährliche **Bevölkerungswachstum** beträgt **über 3%**.

Die **größte ethnische Gruppe** sind mit mehr als 40% der Gesamtbevölkerung die **Wolof,** deren Hauptsiedlungs-

Giraffen im Wildreservat von Bandia

raum im Nordwesten des Landes liegt. Sie sind aber nicht nur zahlenmäßig, sondern auch politisch die dominierende Ethnie. Andere **wichtige Ethnien** sind die Sérèr (ca. 15%) im südlichen Sine-Saloum-Gebiet, die Lebu im Gebiet des Cap Vert, die Toukouleur (ca. 10%) am Senegalfluss sowie die Mandingo und die Diola (oder Jola) in der Casamance (je ca. 5%). Die Fulbe (ca. 23%) leben über das ganze Land verteilt als Vieh züchtende Nomaden. Zu einer der interessantesten Minderheiten im südöstlichen Senegal zählen die Bassari, ein noch weitgehend nach alten animistischen Traditionen lebendes Volk.

Die Zahl der im Senegal lebenden Ausländer, vorwiegend **Franzosen,** beträgt etwa 40.000.

- **Infos:** www.ethnologue.com/country_index.asp

Sprache

Amtssprache ist Französisch. Aber die landesweit am meisten gesprochene Sprache ist **Wolof,** das rund 80% der Bürger verstehen. Darüber hinaus werden von den einzelnen ethnischen Gruppierungen verschiedene Sprachen und Dialekte gesprochen.

- **Infos:** www.wolofonline.com

> **Buchtipp:**
> - **Wolof für den Senegal**
>   (REISE KNOW-HOW Kauderwelsch)

Religion

Über 90% der Bevölkerung bekennen sich zum **Islam,** etwa 5% zum Christentum, der Rest sind Anhänger von traditionellen afrikanischen Naturreligionen.

Im Senegal (sowie in Gambia) sind fast alle Moslems in **islamischen Bruderschaften** organisiert. Einflussreichste Bruderschaft ist im Senegal die der **Mouriden,** deren derzeitiger Chef-Marabout, *Saliou Mbakke,* von seinen Anhängern ähnlich stark verehrt wird wie der Papst von den Katholiken. In **Touba** (Region Djourbel) befindet sich das religiöse Zentrum der Mouriden. Begründer dieser Bruderschaft ist *Cheik Amadou Bamba.* Ihm zu Ehren wurde in den 1950er Jahren eine Moschee erbaut (die größte Schwarzafrikas!), die heute als Wallfahrtsort dient. Den Schriftzug Touba sowie Inshallah! (= So Gott will) findet man auf fast allen Buschtaxis des Landes. Die größte Bruderschaft sind jedoch (im Vergleich zu 35% bei den Mouriden) mit 50% die Tidjania. Die beiden anderen Bruderschaften im Senegal, Quadiriya und Layènne, sind nur regional von Bedeutung.

Geschichte und Politik

In vorkolonialer Zeit (11.–15. Jh.) gab es in dieser Gegend einige bedeutende afrikanische Reiche, wie das der Tekrur und das Djolof-Reich; der Verfall dieser Königreiche begann im 16. Jh.

Im 15. Jh. landeten die ersten **Portugiesen** an der senegalesischen Küste,

Sufis im Senegal

Im Senegal hat der Islam ein anderes Gesicht, als man es vom Maghreb oder dem Nahen Osten kennt. Frauen mit Kopftüchern sieht man nur vereinzelt, der Gesichtsschleier ist so gut wie unbekannt. Und Alkohol ist praktisch überall erhältlich. Rund 90% der Senegalesen bekennen sich zum Islam, aber es ist nicht die puritanische Glaubensrichtung der Wahhabiten, wie etwa in Saudi-Arabien, sondern es sind vorwiegend Anhänger von Sufi-Bruderschaften, von denen es im Senegal ein halbes Dutzend gibt. Die beiden wichtigsten sind die **Mouriden** und **Tidjanen.** Die etwas strenggläubigeren Tidjanen, deren geistiges Zentrum in Tivaouane angesiedelt ist, sind in der Mehrzahl, doch ihre religiösen Führer sind heillos zerstritten. Die Mouriden dagegen sind straff organisiert und üben mit ihrer geradezu protestantisch anmutenden Arbeitsethik einen weit größeren Einfluss aus, sowohl wirtschaftlich als auch politisch.

Das arabische Wort „Mourid" bedeutet nichts anderes, als sich dem Willen eines Meisters unter völliger Hingabe seiner selbst zu unterwerfen: „Wie eine Leiche in den Händen des Leichenwäschers", lehrte *Cheik Amadou Bamba Mbacke,* legendärer Begründer der Bruderschaft, die heute in Touba residiert. Sieben Jahre, sieben Monate und sieben Tage verbrachte er im Exil in Gabun. Die Verbannung durch die Franzosen machte aus dem heiligen Mann einen Volkshelden. „Ich wurde wie die Sonne", schrieb er. Das heißt: erleuchtet von Gott. Dass die Lehren des 1927 verstorbenen Sufi-Heiligen auch eingehalten werden, darüber wachen die Baay-fall, die Sittenwächter der Mouriden. Mit ihren wilden Rastafrisuren, der bunten Flickenkutte und einer Furcht erregenden Holzkeule ähneln sie mittelalterlichen Derwischen.

Der Islam kam zwar relativ früh über die Sahara nach Westafrika, doch blieb er lange Zeit die Religion der herrschenden Klasse. Erst im 19. Jh., unter der französischen Kolonialmacht, breitete sich der Islam auch im Volk aus. Es waren die **Marabouts,** wie die Sufi-Scheiche in Westafrika genannt werden, die die Lehre des Propheten Mohammed in die senegalesische Savanne trugen. In mystischer Form vermochte der Islam die traditionellen Kulte und Zeremonien der Animisten aufzunehmen. Aus Medizinmännern und Zauberern wurden Scheichs und Marabouts, aus dörflichen Solidargemeinschaften mystische Orden. Doch wer etwas genauer hinsieht, wird feststellen, dass manche der alten Bräuche durchaus lebendig sind. Oft verschwimmen die Grenzen zwischen Diesseits und Jenseits. Und nicht nur tief im Busch und in den heiligen Hainen scheint der Glaube an die Macht der Fetische und Gris-Gris ungebrochen. Selbst die senegalesische Nationalmannschaft vertraute bei der Fußball-WM 2002 in Japan und Korea auf Zauberei. Nur so war es möglich, Frankreich zu besiegen, wird ein Fußballer zitiert. „Das ist Synkretismus par excellence", kritisiert ein senegalesischer Islamwissenschaftler.

Weit entfernt von der reinen Lehre des Islam und seinem Bilderverbot erscheint auch der **Kult um Cheik Amadou Bamba Mbacke.** Sein Portrait findet sich an unzähligen Häuserwänden, Taxifahrer kleben es sich an die Windschutzscheibe, selbst in der virtuellen Welt des Internets ist der charismatische Scheich mit dem weißen Boubou präsent. Gleiches gilt für *Serigne Saleou Mbacke,* den derzeit mächtigsten Führer der Mouriden-Bruderschaft.

Informationen:
- www.touba-internet.com
- www.sites-medissacana.sn/touba

gefolgt von Holländern, Franzosen und Engländern. Ab dem 17. Jh. kam es zu französischen Niederlassungen und zur **Gründung von St. Louis durch die Franzosen** im Jahre 1659. Im Laufe der Zeit dehnten sie ihre Kolonialherrschaft immer weiter aus; 1895 wird Dakar zur Hauptstadt des gesamten Frz.-Westafrika. 1916 erhalten die Einwohner von Dakar, St. Louis, Gorée und Rufisque die französische Staatsbürgerschaft.

Seit 1843 ist Senegal durch einen weißen senegalesischen Abgeordneten in der französischen Nationalversammlung vertreten, seit 1914 erstmals durch den Afrikaner *Blaise Diagne*.

1958 wird Senegal autonome Republik innerhalb der französischen Gemeinschaft und bildet ein Jahr später mit Franz. Sudan, Obervolta (heutiges Burkina Faso) und Dahomey (heutige Republik Benin) die Mali-Föderation. **1960** erlangt Senegal die volle **Unabhängigkeit.**

Léopold Sédar Senghor, Studienrat, Dichter, Philosoph und seit 1946 Abgeordneter in der französischen Nationalversammlung, wird im Jahre 1962 (nach dem Sturz *Dias*) Präsident und Regierungschef der Republik Senegal. Im Rahmen der von *Aimé Cesaire* ins Leben gerufenen **„Négritude"-Bewegung** setzte er sich u.a. auch mit seiner Dichtung entscheidend für eine Verbesserung der Lebenssituation der Bevölkerung Afrikas ein und hat mit seiner Betonung der traditionellen Werte und der afrikanischen Geschichte entscheidend zu einem neuen kulturellen Selbstbewusstsein der Afrikaner beigetragen. Im Jahre 1968 wird ihm der Friedenspreis des Deutschen Buchhandels verliehen.

Von 1960–1978 wird *Senghor* viermal zum Präsidenten wiedergewählt; zum Jahreswechsel 1980/81 tritt er aus Altersgründen freiwillig zurück; er ist der erste afrikanische Staatsmann, der auf diese Weise sein Amt niederlegte.

Nachfolger wird der bisherige Ministerpräsident **Abdou Diouf,** der sich für eine stärkere Liberalisierung des politischen Systems einsetzt. Dies bedeutete auch, dass die Beschränkung auf drei, später vier Parteien unter Senghor wesentlich gelockert wurde, so dass es 1985 bereits 16 verschiedene politische Parteien gab. Seit dem Machtantritt Dioufs begann auch eine realistischere Auseinandersetzung nicht nur mit den politischen, sondern auch mit sozioökonomischen und kulturellen Problemen des Landes.

Nur eine kurze Episode war die 1982 mit dem Nachbarland Gambia beschlossene **Konföderation „Senegambia"** mit dem Ziel einer Wirtschafts- und Währungsunion. Denn trotz aller Bemühungen um eine Annäherung der beiden Staaten, erwiesen sich sprachliche und wirtschaftlichen Gegensätze, bedingt durch die unterschiedliche historischen Entwicklung, als letztlich unüberbrückbar. Auf Initiative *Dioufs* wurde die Konföderation 1989 wieder aufgelöst. Seither ist das Verhältnis zwischen den beiden Staaten von Spannungen geprägt.

Im gleichen Jahr sorgte ein Konflikt mit dem nördlichen Nachbarn Mauretanien für internationale Schlagzeilen. Auslöser war der Streit um Weideland auf beiden Ufern des Senegal Flusses. Die Krise eskalierte in einen **regelrechten Grenzkrieg** bis hin zu blutigen Progromen in Dakar und Nouakchott, die sich gegen Angehörige der jeweils anderen Volksgruppe richteten. Hunderte starben, und zehntausende Menschen wurden vertrieben. Erst auf diplomatischen Druck Frankreichs normalisierte sich die Lage wieder; die Grenze blieb aber bis 1992 geschlossen.

Zwei Jahre später gab es erneut blutige Unruhen. Ursache war die 50-prozentige **Abwertung des Franc CFA**, die Zehntausende um ihre Ersparnisse brachte und das Land an den Rand eines Bürgerkriegs brachte. Pikanterweise waren französische Unternehmen vorab von der Maßnahme informiert und brachten ihr Geld in Sicherheit. Damals wanderte auch der heutige Präsident **Abdoulaye Wade** mit anderen Oppositionellen ins Gefängnis. Ohne Anklageerhebung und nach sechsmonatiger Haft ging der „ewige Zweite" ins Exil nach Frankreich, um dort das **Bündnis „Sopi"** (Wolof für Wandel) für die Machtübernahme nach seiner Rückkehr zu schmieden. Sein nicht nur verbal erbittert geführter Wahlkampf stand dann ganz unter dem Motto „Hauptsache gegen Diouf". Entgegen ihrer bisherigen Gepflogenheit gaben die religiösen Führer in diesem Fall keine Wahlempfehlung ab. Der **Urnengang** im März **2000** blieb dann aber wider Erwarten friedlich, und noch vor der Bekanntgabe des Wahlausgangs räumte *Abdou Diouf* (der heute das Amt des Generalsekretärs der Frankophonie bekleidet) seine Niederlage gegen *Wade* ein. Der mit vielen Vorschusslorbeeren begleitete Start in die **postsozialistische Ära** begann mit einem gewaltigen Fest im Nationalstadion von Dakar, wo sich der „Papa des Wandels" von 70.000 meist jugendlichen Anhängern feiern ließ.

Auch bei den **Wahlen 2007** behielt *Wade* die Oberhand. Die Opposition war geschwächt und heillos zerstritten und konnte keinen Nutzen aus der mit 40 Prozent historisch tiefsten Wahlbeteiligung schlagen.

Zuoberst auf **Wades Agenda** stand die Privatisierung von Staatsbetrieben, ein neoliberaler Wirtschaftskurs und ein Ende des bewaffneten Konflikts in der Casamance. Letzteres kann nach heutigem Stand als gescheitert betrachtet werden, nachdem 2009/10 die Kampfhandlungen wieder aufgeflammt sind, weil die Regierung ihre finanziellen Versprechungen gegenüber den Rebellen nicht halten konnte. Wenig erfolgreich war auch der Versuch, die aufgeblähte Bürokratie zu entschlacken. Vetternwirtschaft und Korruption blühen wie unter den Sozialisten.

Außenpolitisch verbuchte *Wade* einige Erfolge bei der Vermittlung in diversen innerafrikanischen Konflikten. Nach dem 11. September 2001 suchte er den Schulterschluss mit US-Präsident *Bush* und dessen „Krieg gegen den Terror". Gleichzeitig knüpfte er aber auch wirtschaftliche Verbindungen zu Iran und China, suchte erfolgreich Hilfe bei arabischen Ländern. Das Verhältnis zu Frankreich war zuletzt stark belastet, nachdem *Wade* 2010 anlässlich des 50. Jahrestages der Unabhängigkeit ankün-

Abdoulaye Wade –
im fünften Anlauf zum Präsidenten gewählt

„Mein wichtigstes Ziel war immer, den Senegal von diesem System zu befreien", erklärte der 73-jährige *Abdoulaye Wade* nach seinem **historischen Sieg am 19. März 2000.** Zur gleichen Zeit lagen sich in Dakar die Menschen in den Armen und skandierten „Sopi", das Wolof-Wort für Wandel. Gewählt wurde Wade von der Jugend, den Städtern und den Frauen. Tradition und Moderne sind für ihn, der den Begriff Opposition wie wenige andere Politiker Westafrikas verkörpert, kein Widerspruch. Wade gehörte zur ersten Generation afrikanischer Intellektueller, die in Französisch-Westafrika studierten. Nach seinem Lehrerdiplom widmete er sich der Mathematik und Volkswirtschaft. Anschließend wurde er Juraprofessor in Dakar. Er ist mit einer Französin verheiratet, Mitglied der Französischen Ehrenlegion und bekennt sich zur Bruderschaft der Mouriden. Trotz seines Alters wurde er zu Kultfigur der arbeitslosen Jugend. Senegalesische Journalisten nannten ihn den „Präsidenten der öffentlichen Straßen".

Zwei Jahre später war die allgemeine Begeisterung verflogen. Sein Versprechen, den Senegal aus der Lethargie zu führen, hat Wade jedenfalls nicht einlösen können. Viel lieber sonnte er sich im Prestigegewinn seiner vielfältigen **außenpolitischen Aktivitäten:** Genannt seien der Händedruck mit *George W. Bush* beim G-8-Gipel in Kanada 2002, seine Vermittlerrolle bei innerafrikanischen Konflikten, die Senegal zur Regionalmacht Westafrikas machen sollten, oder die Führungsrolle bei Nepad, der „Neuen Partnerschaft für Afrikas Entwicklung", die Senegal künftig einen privilegierten Zugang bei der Entwicklungszusammenarbeit mit westlichen Geberländern sichert. Selbst die Erfolge der senegalesischen Nationalmannschaft bei der Fußball-WM 2002 versuchte Wade auf seine Politik umzumünzen.

Doch **innenpolitisch** blies dem Staatsoberhaupt schnell ein steifer Wind ins Gesicht. Innerhalb von nur zwei Jahren hat Wade vier Ministerpräsidenten verschlissen, allein dieser Umstand spricht Bände. Dabei war es weniger die parlamentarische Opposition, die Wade zu schaffen machte, als vielmehr einflussreiche islamische Kräfte, die seine bedingungslose Westbindung, vor allem zu den USA, kritisieren. Besonders bei seiner Hausmacht, der Bruderschaft der Mouriden, rumort es gewaltig. Wade weiß nur zu gut, dass er ohne den Segen der mächtigen Marabouts verloren wäre. Mit sinnlosen, weil kaum zu finanzierenden Großprojekten versucht er seinen Gegnern den Wind aus den Segeln zu nehmen, etwa mit der eigenen Autoproduktion oder einem Flughafen für die Pilgerstadt Touba. Der allseits respektierte Linksoppositionelle *Mamadou Dia*, eine Art politische Kassandra des Landes, warnt bereits: Dem Land drohe zwar kein Einparteienstaat, wohl aber ein „Einpersonenstaat". Öffentlicher Unmut artikuliert sich auch über das Gebaren der Familie Wades. Er selbst gilt als weniger korrupt, ganz im Gegensatz zu seinem **Sohn Karim** und dessen illustrer Entourage. Während Karim Wade anfangs jegliche Ambitionen auf die Präsidenten-Nachfolge abstritt, hat sich das Blatt zuletzt gewendet. Augenscheinlich tut die Familie jetzt alles, um dem Sohn den Weg ins höchste Amt zu ebnen. Kopfschütteln rief auch das Bestreben des Vaters hervor, sich mit Prestigeprojekten für die Nachwelt zu profilieren. Vom Volk wird er als „Patissier" verspottet, weil er wie ein Kuchenbäcker mit dem Spritzsack nutzlose Ausschmückungen über Dakar verteile.

- http://abdoulayewade.org

digte, alle französischen Militärbasen im Senegal zu schließen.

Überschattet wurde *Wades* Amtszeit von zahlreichen **Skandalen, Pleiten und Pannen**. Etwa das selbstverschuldete Ende der halbstaatlichen Air Sénégal International, die blamable Ausrichtung der Weltkonferenz des Islams oder die „Affäre Idrissa Seck", bei der *Wades* ehemaliger Kronprinz und jetziger Herausforderer wegen dubioser Beschuldigungen für einige Zeit hinter Gitter wanderte. Den Tiefpunkt seines Ansehensverlustes in der Bevölkerung markierte aber die dubiose Finanzierung seines „Monuments der afrikanischen Wiedergeburt" (siehe auch Exkurs).

Senegals viel gelobte **Zivilgesellschaft** blieb von diesen Querelen weitgehend unbeschädigt. Zwar können Rechtssicherheit, Pressefreiheit, Menschenrechte und demokratische Strukturen europäischen Maßstäben kaum genügen, im Vergleich zu den Nachbarländern schneidet Senegal aber immer noch um Längen besser ab.

Die große Frage ist nun, wer bei den **Wahlen 2012** Nachfolger des greisen *Abdoulaye Wade* wird. Oder will der dann 84-Jährige gar nochmal ins Rennen gehen? Ist sein Infrastrukturminister und Sohn *Karim* dem Wahlvolk überhaupt vermittelbar? Ein Mann mit einem schwarzen Vater und einer weißen Mutter? Das wiege weit schwerer als sein mangelndes politisches Talent oder der Hang zur Selbstbereicherung, behaupten politische Beobachter. So oder so, ein geeigneter Politiker, der die Lücke schließen könnte, scheint derzeit nicht in Sicht.

Wirtschaft

Trotz des zuletzt überdurchschnittlichen Wirtschaftswachstums hat die Regierung *Abdoulaye Wade* ein schweres Erbe übernommen. Reduzierung der Staatsausgaben und Stärkung des privaten Sektors sollen die Lage verbessern helfen. Im Gegensatz zur sozialistischen Vorgängerregierung will man in Zukunft das starre Modell der Vierjahrespläne deutlich lockern. Die Zeichen stehen auf Liberalisierung.

Als eines der ersten Entwicklungsländer unterwarf sich Senegal im Jahr 1984 den vom Internationalen Währungsfonds (IWF) verordneten **Strukturanpassungsprogrammen** – bislang mit wenig Erfolg. 2000 musste der IWF eingestehen: „Die Wirtschaft ist noch immer fragil, und Armut bleibt weit verbreitet". Dass der Senegal heute ärmer dasteht als zu Beginn der IWF-Intervention, wird vor allem der verkrusteten Vetternwirtschaft der von 1960–2000 regierenden Sozialisten angelastet. Ob allerdings der vom IWF geforderte verstärkte Sozialabbau, die Einführung der Mehrwertsteuer und weitere Privatisierungen die Armut verringern helfen, bleibt abzuwarten. Gleichzeitig hat der IWF Senegal angewiesen, ein Armutsbekämpfungsprogramm zu erarbeiten. Wenn es dabei „akzeptable Fortschritte" gebe, dann könne Senegal auch in den Genuss eines umfassenden Schuldenerlasses kommen. Senegal hat, wie übrigens die Mehrzahl der afrikanischen Länder, seine wirtschaftspolitische Souveränität längst an Währungsfond und Weltbank verloren. Ökonomische Zieldaten und die Höhe des Staatshaushalts werden bis in kleinste Details diktiert. So mussten Sozialausgaben und Investitionen in Bildung und Gesundheit in den 1980er und -90er Jahren zugunsten des Schuldendienstes vernachlässigt werden. Viele Infrastrukturprojekte hängen am Tropf der westlichen Geberländer.

Mit der **Landwirtschaft,** in der etwa 70% der Bevölkerung tätig sind, werden selbst in guten Erntejahren nur etwa 50% (durchschnittlich ca. 35%) des Nahrungsmittelbedarfs im Land abgedeckt – so muss etwa der größte Teil des benötigten Getreides importiert werden.

Die wichtigsten im Land angebauten **Grundnahrungsmittel** sind Hirse, Sorghum und Reis. Der Erdnussanbau erfolgt überwiegend zu Exportzwecken (bereits seit 1840 werden Erdnüsse exportiert). Senegal ist Afrikas größter Erdnussproduzent. Um den Grad der Abhängigkeit von der Monokultur Erdnuss zu verringern und eine stärkere Selbstversorgung zu erreichen, werden seit einigen Jahren verstärkt Baumwolle, Zuckerrohr, Gemüse und Getreide angebaut; außerdem Maniok, Mais, Süßkartoffeln und Kichererbsen.

Viehwirtschaft wird überwiegend auf den Weideflächen im Nordosten des Landes von nomadisch bzw. halbnomadisch lebenden Fulbe und Maren betrieben. Durch die Dürren in den 70er Jahren des 20. Jh. war der Viehbestand stark dezimiert worden; er hat sich jedoch seitdem nicht weiter verschlechtert.

Zu Senegals wichtigsten Wirtschaftszweigen gehört der **Fischfang.** Bedingt durch den kalten Kanarenstrom zählt das Küstengewässer zu den fischreichsten Gewässern der Welt. Trotzdem mehren sich seit der Jahrtausendwende die Anzeichen für Überfischung, nachdem der Staat in großem Umfang (und für viel Geld) Fanglizenzen an Fischereiflotten aus Asien und der EU vergeben hat. Leidtragend ist die sogenannte *Peche artisanal,* also einheimische Fischer, die mit ihren offenen Pirogen immer weniger aus ihren Netzen holen. Und am Erfolg dieser Küstenfischerei hängen zehntausende Existenzen.

Auf dem absteigenden Ast ist auch die **Erdnussproduktion,** die zu Kolonialzeiten noch wichtigste Einnahmequelle war.

Senegal ist nicht mit **Bodenschätzen** gesegnet. Nennenswerte Bedeutung hat derzeit eigentlich nur der Phosphatabbau in der Region nördlich von Thiès. Vor der Küste im Süden werden Ölvorkommen vermutet, deren Ausbeutung aber nicht einfach und deshalb sehr kostspielig sein wird. Im Osten gibt es Bauxitvorkommen. Entlang des Senegal-Flusses sollen große Flächen zum Anbau von Lebensmitteln an China verpachtet werden.

Hinsichtlich der **industriellen Produktion** zählt Senegal zu den am weitesten entwickelten Ländern Westafrikas. Zahlreiche internationale Konzerne wie etwa Nestlé, Unilever etc. lassen hier für den regionalen Markt produzieren. Fast alle Produktionsstätten sind in der Region zwischen Dakar und Thiès angesiedelt. Auch Bank- und Telekommunikationswesen sind vergleichsweise gut entwickelt.

Tourismus war und ist eine wichtige Einnahmequelle, auch wenn durch die Weltwirtschaftskrise die Besucherzahlen zuletzt dramatisch in den Keller gingen. Einst träumte man von jährlich einer Million Gästen. Doch 2010 wären viele Hotelbetreiber schon heilfroh gewesen, wenn nur ein Viertel ihrer Zimmer belegt gewesen wären. Wurden in der Saison 2007/08 noch knapp eine halbe Million Gäste gezählt, waren es in der folgenden Saison nur noch 366.000.

Von der **liberalen Wirtschaftspolitik** unter Präsident *Wade* hat zuallererst die kleine Mittel- und Oberklasse profitiert. Zwischen 2000 und 2008 stieg das Bruttosozialprodukt jährlich durchschnittlich um 4,2 Prozent – zuletzt mit abnehmender Tendenz. Das jährliche **Pro-Kopf-Einkommen** betrug 2008 knapp 1700 US-Dollar. 63 Prozent der Bevölkerung verdienen weniger als zwei US-Dollar am Tag.

Gesundheitswesen

Die ärztliche Versorgung ist, vor allem auf dem Land, noch unzureichend, um nicht zu sagen katastrophal. Aufgrund der einseitigen und oft vitamin- und eiweißarmen Ernährung ist die **Anfälligkeit für endemische Krankheiten** hoch. Die häufigsten Erkrankungen sind Masern, Amöbenruhr, Keuchhusten, Scharlach, Geschlechtskrankheiten, Tuberkulose, und vor allem Malaria. Etwa 70% der Bevölkerung leiden an Malaria und parasitären Erkrankungen, wobei Malaria die häufigste Todesursache ist. Aids ist ein schwerwiegendes Problem, aber lange nicht so gravierend wie im südlichen Afrika. 2002 wurden erstmals seit langer Zeit wieder Fälle von **Gelbfieber** registriert. Seither treten in ländlichen Regionen nach der Regenzeit regelmäßig Fälle von Gelbfieber auf. Mangelnde Hygiene ist der Grund, dass Fälle von **Cholera** zuletzt stark zunahmen, vor allem in Ballungsgebieten. Laut UN-Erhebungen (die letzten Zahlen stammen von 2007) hat sich ein Prozent der Bevölkerung mit **AIDS/HIV** infiziert. Die durchschnittliche **Lebenserwartung** der Bevölkerung beträgt aktuell 48 Jahre.

Bildungswesen

Durchschnittlich 4,8 Prozent des Staatshaushalts gab Senegal in den vergangenen Jahren für Bildung aus. Das ist mehr als in den Nachbarländern. Trotzdem ist das **Stadt-Land-Gefälle** immer noch gravierend. Die Chance, wenigstens eine Grundausbildung zu erhalten, haben in ländlichen Regionen nur 30 Prozent der Kinder. Hinzu kommt eine Tendenz, die sich mit dem laizistischen Staatsverständnis des Senegal nur schwer vereinbaren lässt: die starke Zunahme der **Daaras** (Koranschulen), wo Kinder ausschließlich das Rezitieren des Korans beigebracht wird. Schätzungsweise 50.000 Talibes – so werden die Koranschüler genannt – gab es 2010 nach Angaben von *Human Rights Watch*, Tendenz steigend. Und viele müssten sich durch „Zwangsbettelei und unter sklavenähnlichen Bedingungen" ihren Lebensunterhalt verdienen.

Die 1945 von den Franzosen gegründete **Universität** Dakar hat vier Fakultäten (Geistes- und Humanwissenschaften, Naturwissenschaften, Medizin und Pharmazie). Inzwischen gibt es auch eine zweite Universität in St. Louis, gegründet 1984, außerdem mehrere **Fachhochschulen.** In den letzten zehn Jahren stieg die Zahl der Studenten an Hochschulen und Universitäten stark an. Der berufsbildende Bereich ist jedoch noch unterentwickelt. Es fehlen gewerbliche und technische Ausbildungsplätze für Jugendliche. Kein Wunder, dass die Universität von Dakar immer wieder Schauplatz heftiger Jugendproteste ist.

Medien

Pressefreiheit wird von der Verfassung garantiert, ist jedoch in der Praxis fast ständig gefährdet.

Presse

Das Angebot an Zeitungen und (Hochglanz-)Magazinen ist erstaunlich groß. Die meisten der knapp zwanzig Publikationen erscheinen in französischer Sprache. **„Le Soleil"** (www.lesoleil.sn) ist traditionell das Sprachrohr der Re-

Blick auf die Île de St. Louis

gierung. Die auflagenstarke Tageszeitung **„Wal Fadjri"** (www.walf.sn) gehört dem gleichnamigen Medienkonzern und verfolgt eine eher islamische Richtung. Weitere wichtige Blätter sind der religiös ausgerichtete **„Sud au Qoutidien"** (www.sudonline.sn) und der liberale **„Express"** (www.expressnews.sn). Hinzu kommen etliche sogenannte Boulevardblätter, etwa **„L'Observateur"** (www.lobservateur.sn), der vom Sänger *Youssou N'Dour* herausgegeben wird. „L'Obs", wie das populäre Blatt mit den großen Überschriften nur genannt wird, scheut sich nicht, dezidiert gegen die Politik von Präsident *Wade* Stellung zu beziehen.

Radio

Im Gegensatz zu Zeitungen, die praktisch nur in den Städten zu beziehen sind, ist das Radio überall zu empfangen und damit die **Informationsquelle für die Bevölkerung schlechthin.** Die staatliche Rundfunk- und Fernsehgesellschaft RTS (www.rts.sn) sendet in Französisch und Wolof sowie weiteren im Senegal verbreiteten Landessprachen. Daneben hat sich zuletzt eine große Zahl (über 30, darunter etliche Lokalradios) von privaten Radiostationen etabliert, die fast ausschließlich auf UKW senden und zum Teil auch im Internet zu hören sind:

- www.multilingualbooks.com/online-radio-african.html
- www.streamingthe.net/de/?p=10295&&v=1&c=Senegal
- http://radiotime.com/region/c_101292/Senegal.aspx

Fernsehen

Fernsehen gibt es seit 1973, hat aber längst nicht die Bedeutung wie etwa in Europa. Fernsehen ist immer noch der kleinen **Mittel- und Oberschicht** vorbehalten. Die staatliche Rundfunk- und Fernsehgesellschaft RTS bietet zwei Programme und überträgt, abgesehen von Nachrichten und Hintergrundberichten, hauptsächlich französische Produktionen. Neben einem Radioprogramm (Walf FM) ging zuletzt auch der gleichnamige Medienkonzern mit Walf Fadjri TV auf Sendung.

Internet

Auch im Senegal ist das Internet längst angekommen. Eine umfassende Aufstellung von Internetseiten (aktualisiert bis Ende 2008) aus allen relevanten Bereichen bietet **www.afdevinfo.com/htmlreports/sg81.html.**

Praktische Reisetipps A–Z

An- und Weiterreise

Flugverbindungen

Dakar ist das Luftdrehkreuz für Westafrika. Keine andere Hauptstadt in der Region wird von so vielen Airlines angeflogen. Doch der alte Airport Dakar-Yoff-Léopold Sédar Senghor, so die genaue Bezeichnung, ist den Anforderungen längst nicht mehr gewachsen. Ein Manko, das vor allem der ankommende Reisende zu spüren bekommt. Gebäude und technische Ausstattung stammen teilweise noch aus den Kindertagen des Flugverkehrs. Deshalb soll Anfang 2011 der **neue Airport Dakar-Blaise Diagne** in Betrieb gehen. Er liegt südwestlich der Stadt Thiès, etwa 50 km vom Zentrum Dakars entfernt, und soll von der deutschen Fraport AG geleitet werden. Ausgelegt ist das 100-Millionen-Euro-Projekt für eine Kapazität von jährlich 1,5 Millionen Fluggästen.

Für Pauschalreisende mit Ziel Petit Côte bedeutet der neue Flughafen eine enorme Zeitersparnis. Wer künftig aber direkt nach Dakar will, muss mit einer deutlich längeren und damit teureren **Anfahrt** rechnen. Und ob bis zur Eröffnung des Flughafens auch die Autobahn nach Dakar fertiggestellt ist, bleibt fraglich.

Fluggesellschaften

Dakar wird von Deutschland u.a. von Air France (täglich via Paris), Brussels Airlines (täglich via Brüssel), Royal Air Maroc (täglich via Casablanca), Iberia (täglich via Madrid), TAP (täglich via Lissabon) und Afriqiyah Airways (via Tripolis) angeflogen. Mit SAA besteht zudem ein täglicher Flug in die USA. Chartergesellschaften wie Point Afrique fliegen u.a. von Paris-Orly oder Lyon nach Dakar bzw. Cap Skirring. Dagegen hat Condor den wöchentlichen Direktflug von Frankfurt bis auf Weiteres eingestellt.

Egal, mit welcher Airline man fliegt, die **Ticketpreise** sind selten günstig. Das liegt u.a. an den hohen Flughafengebühren, die vom Senegal erhoben werden.

Leider hat sich mit der Pleite der halbstaatlichen Air Sénégal International im Mai 2009 die Anbindung an die **Nachbarstaaten** deutlich verschlechtert. Ein gleichwertiger Ersatz fehlt auch für Flüge in die Casamance, auch wenn kleinere Airlines wie Senegalair oder Mauritania Airways in die Bresche gesprungen sind. Die für 2010 geplante Neugründung von Sénégal Airlines war zuletzt wegen der prekären Finanzlage des Senegal eher unwahrscheinlich.

Luftfracht

●**Lufthansa-Cargo** fliegt regelmäßig von Deutschland nach Südamerika mit Zwischenstopp in Dakar. Beifracht, z.B. Motorräder, ist möglich. Lufthansa-Cargo unterhält ein Büro am Airport Dakar, Tel. (00221) 338201010 und 338201111. Für Fracht von Deutschland nach Dakar erfolgt die Abwicklung über die Firma **MBS,** Tel. 06107-717166.

Schiffsverbindungen

Grimaldi-Lines

Die Reederei Grimaldi bedient wöchentlich die Linie **Hamburg – Dakar** bzw. Antwerpen – Dakar mit Ro-Ro-Schiffen. Die Fahrt dauert ca. zehn Tage. Bis zu zwölf Passagiere können mitgenommen werden. Und es ist möglich, mit dem eigenen Fahrzeug zu reisen. Die Preise beginnen bei 531 Euro p.P. ab Antwerpen in einer Innenkabine mit voller Verpflegung. Ab Hamburg ist es entsprechend teurer. Für einen normalen Pkw/Geländewagen unter fünf Meter Länge ist mit Kosten von ab 665 Euro zu rechnen. Grimaldi-Lines wird u.a. von der Münchner Agentur Neptunia vertreten, Tel. 089-89607344, www.neptunia.de.

Auf dem Landweg

Während Rucksackreisende die nachfolgenden Grenzen gratis und relativ unbürokratisch passieren dürfen (vorausgesetzt, sie verfügen über das entsprechende Visum), werden Selbstfahrer mit einem Wust von Vorschriften und allerlei Gebühren konfrontiert.

Verbindungen von/nach Mauretanien

Grenzübergänge sind **Rosso** und der **Staudamm Diama.** Letzterer ist auf mauretanischer Seite je nach Wasserstand während und nach der Regenzeit gesperrt. Für schwere Lastwagen ist die Fahrt auf der knapp 100 km langen Dammkrone offiziell das ganze Jahr über verboten. Da nur wenige Fahrzeuge diesen Übergang passieren, geht es hier recht gemütlich zu. Anders in Rosso: Auf beiden Seiten der Grenze erwartet den Reisenden ein Großaufgebot nerviger Schlepper. Und egal ob

Eine Fahrt im „Express"
von Dakar in die Hauptstadt Malis

von Peter Cissek

Die große Uhr am Bahnhof funktioniert schon längst nicht mehr. Zeit spielt in Westafrika ohnehin keine wichtige Rolle. Nur zweimal wöchentlich verkehrt der **Zug von Dakar nach Bamako, in die 1230 km entfernte Hauptstadt des Nachbarlandes Mali.** Gut 32 Stunden braucht der „Express" laut Fahrplan für die derzeit alternativlose Verbindung, wenn man von den Flügen absieht. Doch auf Zeitpläne sollte man sich lieber nicht verlassen. Ursprünglich sollte der Zug an jenem Samstag um 10 Uhr morgens den Bahnhof der senegalesischen Hafenstadt verlassen. Doch daraus wird nichts. Die Vertreterin der örtlichen Reiseagentur informierte schon am Vorabend telefonisch, dass sich die Abfahrt auf 19 Uhr verschiebt. Dann ist in Senegal das dreitägige Hammelfest so gut wie abgeschlossen. Damit man das Fest länger mit der Familie feiern kann, wurde die Abfahrt einfach verschoben. Lediglich fünf Weiße haben sich in diesen Zug „verirrt": Ein Amerikaner will ein Buch über die Fahrt auf dem Niger nach Timbuktu schreiben; zwei Holländer haben sich im Senegal bei Gelegenheitsjobs etwas Geld verdient und wollen über Mali nach Burkina Faso; wir beide, ein deutsches Ehepaar, wollen in Mali nicht nur Häuser und Moscheen in typischer Lehmbauweise kennen lernen, sondern vor allem auch Land und Leute. Etwa eine Stunde vor Abfahrt strömen alle Passagiere, das Gepäck meist auf dem Kopf tragend, zu ihren Abteilen. Der Zug besteht aus ausgedienten Waggons der französischen Staatsbahn. Der Schlafwagenschaffner weist freundlich die reservierten Plätze zu. Es ist soweit: Der Zug verlässt den Bahnhof, fast pünktlich. In der Zeit bis zum Einbrechen der Dunkelheit ziehen Marktstände, später Savannenlandschaften am Zugfenster vorbei. Der Schaffner kommt und repariert, wie noch mehrfach während dieser Fahrt, den Deckenventilator.

Einen Speisewagen hat dieser Zug nicht. Vorsorglich haben wir Baguettes, Kuchen, Obst und Mineralwasser mitgebracht. Hürdenreich gestaltet sich der Gang zur Toilette. Das eine WC am Waggonende ist über längere Zeit verschlossen, der Weg in das andere durch Menschenmassen versperrt. Ein Mann hat seinen Teppich ausgebreitet, sich zum Gebet niedergekniet. Ich respektiere seinen Glauben und warte. Dafür steigt der Schlafwagenschaffner über den Betenden und schließt die Toilettentür auf. Weil das Licht nicht funktioniert, leuchtet er mit einer Taschenlampe ins WC, das ziemlich verdreckt ist.

Der Zug schaukelt durch die Nacht. Die Gleisstränge sind zumeist enorm deformiert. Nicht nur die Waggons federn, sondern auch die Passagiere auf den Liegen. Die Nachttemperaturen bleiben hoch, trotz des Ventilators ist die Fahrt nur bei offenem Fenster erträglich. Der Fahrtwind staubt alles im Abteil stark ein. Nach dem Frühstück kommen uniformierte senegalesische Zöllner durch den Zug und sammeln die Pässe ein, die ihren Platz in einer Plastiktüte finden. Gut drei Stunden später erklärt der Schaffner, dass die Pässe ausgegeben werden, in einem kleinen Haus, in dem zwei Zöllner sitzen. Nun heißt es warten: Jede Minute scheint wie eine Ewigkeit. Im Schatten zeigt das Thermometer 46°C an. Doch wir stehen länger als eine Stunde in der prallen Mittagssonne, bis unsere Namen aufgerufen werden. Die Zöllner tragen sämtliche Personaldaten gemächlich in ihr Buch ein, und wir fragen uns, wofür sie die Pässe bereits vor vier Stunden eingesammelt haben ...

EINE FAHRT IM „EXPRESS"

Zurück im Zug die Entdeckung: Im Nachbarwaggon gibt es eine provisorische Bar mit Softdrinks. Die Bar ist visuell eine Mischung aus Getränkemarkt, Zugabteil und Schlafstätte. Der Zug fährt über die Grenze, einen fast ausgetrockneten Fluss, in dem Frauen sich und die Wäsche waschen. Nun steht ein Mann im blauen Schlosseranzug an der Tür. Es ist nicht etwa der Bordmechaniker, sondern wie ihn eine an die Uniform geheftete blecherne Mali-Fahne ausweist, der nächste Zöllner. Lässig blättert er in den Pässen auf der Suche nach dem Visum. Das war es auch schon. Kurz darauf rollt der Zug wieder los und erreicht wie des öfteren schätzungsweise 80 Stundenkilometer Geschwindigkeit. Wir fragen uns, weshalb man bei der Entfernung zwei Nächte lang unterwegs sein soll. Die Antwort kommt in Kayes, der ehemaligen Hauptstadt Malis. 494 km vor dem Ziel steht der Zug. In Folge der schlechten Straßenverbindungen ist Kayes von der heutigen Hauptstadt Bamako so gut wie abgeschnitten. Der Zug erfüllt eine wichtige Funktion im Gütertransport. So wird am Bahnhof emsig verladen. Wie jedes Mal bei einem längeren Halt, wenn die Diesellok ihren Motor abstellt, verabschiedet sich der Ventilator. Auf dem Gang brutzelt sich ein Passagier eine warme Mahlzeit zurecht. Nach dreieinhalb Stunden Stopp geht es dann weiter gen Bamako. Während man bislang Wüstenlandschaften und viele Affenbrotbäume zu sehen bekam, geht es nun durch eine bergige Savannenlandschaft mit schönen Dörfern.

Als wir spät nachts doch noch zur Ruhe gekommen sind, weckt uns der Schaffner: Es hat einen Unfall gegeben, alle Passagiere müssen samt Gepäck umsteigen. Es ist 3.20 Uhr am Ankunftstag, Montag. Lokomotiven-Scheinwerfer strahlen den Qualm diverser Lagerfeuer an. Menschenmassen strömen in zwei Richtungen. Ein Regionalzug ist entgleist und von einer niedrigen Brücke gestürzt. Das einzige Gleis ist stark beschädigt. Deshalb ist der Wechsel des Zuges erforderlich. Schlafwagen oder gar 1.-Klasse-Abteile gibt es nicht mehr. Wir erkämpfen uns zwei Plätze im neuen Zug und stellen fest, dass diese nächtliche Überraschung auch für Afrikaner schweißtreibend war.

Gut zwei Stunden nach dem Wecken geht die Fahrt weiter. Dann folgt in regelmäßigen Abständen ein zweistündiger Stopp in Ortschaften. Wie an anderen Stationen schon erlebt, schleppen Frauen und Kinder auf dem Kopf tragend Proviant an: Früchte, gebratenes Fleisch und vor allem Wasser. Das Brunnenwasser trinken die Passagiere gleich aus einem Schöpfbehälter oder kaufen sich dieses abgefüllt in einem verschnürten Plastikbeutel. Dank der Bar im anderen Zug haben wir noch eine halbe Flasche Wasser, bei diesem Fahrttempo viel zu wenig. Das Wasser der Händler ist nichts für europäische Mägen. Mikropur-Tabletten zum Entkeimen haben wir nicht dabei. Der Countdown läuft. Die Fahrt wird immer strapaziöser. Wir rechnen unseren zur Neige gehenden Proviant gegen die Zeit auf, die der Zug noch schätzungsweise bis zum Ziel benötigt. Die Sonne brennt immer stärker durch das Fenster, durch das auch Rußpartikel der Diesellok hineinschweben, die alles im Abteil einschwärzen. An der nächsten Bahnstation läuft ein Mädchen am Zug entlang. In der Schüssel auf dem Kopf trägt sie scheinbar Softdrink-Flaschen. In den Flaschen befindet sich irgendein Saft, die Verschlüsse sind nur leicht zugedrückt – so ein Pech, nichts für unsere Mägen. Auf dem Rückweg durch den Zug ist Rettung in Sicht. In einem Abteil befindet sich ein Mann, der drei Kästen Softdrinks an Bord hat. Er ist geschäftstüchtig und verkauft uns eine Liter-Flasche Cola. Die Getränke sind alles andere als kalt, doch schmeckt Cola auch bei Kaffee-Temperatur erstaunlich gut.

Kurz vor dem Ziel, in einem Vorort, hält der Zug zur letzten Pause. Die Zeit nutzen Händler, um ihre Waren anzupreisen. Eine Frau bietet Fleischspieße an, die in einer nach Knoblauch riechenden Soße baden. Käufern spießt sie die Fleischstücke ab und füllt sie gemeinsam mit Salat in Baguettes. Während wir gegen Zeit und Hitze ankämpfen, genießen die anderen Passagiere jede Minute der Zugfahrt, die für afrikanische Verhältnisse alles andere als billig ist. Deshalb stellt sie für viele Reisende ein gesellschaftliches Ereignis dar, das sie in ihrer besten Kleidung zelebrieren.

Als der „Express" **nach 45 Stunden in Bamako** ankommt, geht es für afrikanische Verhältnisse recht schnell. Ein Träger schleppt die Gepäckstücke auf dem Kopf zu einem Taxi, das uns ins Hotel fahren wird. Der Bahnhof in Bamako unterscheidet sich in zweierlei Hinsicht von Dakar: Hier herrscht reges Treiben, und die Bahnhofsuhr zeigt die genaue Uhrzeit an: Es ist Montag, 16 Uhr.

Die Straße als Handelsplatz

Rosso oder Diama, die Gebühren für die Einreise mit dem eigenen Wagen ergeben ein hübsches Sümmchen. Rucksackreisende gelangen in Rosso statt mit der Fähre auch mit den billigeren Pirogen über den Fluss.

Verbindungen von/nach Gambia

Grenzübergänge sind im Norden **Karang** zum Fährhafen Barra und weiter nach Banjul sowie **Farafeni** auf der Transgambienne im Transit nach Südsenegal. Im Süden sind es die Übergänge **Jibolob/Seléti** bzw. **Soma** auf der Transgambienne. Der wichtigste Grenzübergang im Osten führt von Velingara nach Basse Santa Fu, Grenzposten ist **Badiara**.

Hinweis: Die Straße vom Grenzposten Karang nach Barra bzw. von Brikama zur senegalesischen Grenze wurde 2009 neu geteert.

Verbindungen von/nach Mali

Hauptgrenzübergang ist **Kidira** (für Zugreisende) bzw. das nahe gelegene **Nayé** (für Autoreisende) via Kayes, der ersten größeren Stadt in Mali. Da sich die Straßenverhältnisse im Osten Malis deutlich verbessert haben, ist die früher übliche Bahnverladung Dakar – Bamako nur noch im Ausnahmefall nötig. Ein weiterer Übergang existiert bei **Satadougou** im Dreiländereck Senegal/Mali/Guinea. Diese Grenze ist wegen der schwierigen Piste sowie der Durchquerung des Faleme nur in der Trockenzeit und mit Geländewagen oder Lkw zu schaffen. Die Einreiseformalitäten auf senegalesischer Seite sind in Kedougou, in Mali in Kenieba zu erledigen.

Verbindungen von/nach Guinea-Bissau

Hauptgrenzübergang ist südlich von Ziguinchor der Posten **M'Pack** (weiter auf guter Teerstraße via Sao Domingos nach Bissau). Weitere Übergänge existieren südlich von Kolda bei **Salikénie/Cambaju** nach Bafata sowie südlich von Kounkané bei **Wassadu/Pirada**. Die beiden letzten Übergänge sind für Pkw wegen der Pistenverhältnisse nur in der Trockenzeit zu bewältigen. Der Übergang bei **Tanaf** via Farim und weiter nach Mansoba wurde 2006 wieder geöffnet, nachdem er wegen der Rebellion in der Casamance viele Jahre geschlossen war. Wer ihn wählt, sollte sich vorher informieren, ob die kleine Fähre in Farim in Betrieb ist.

Verbindungen von/nach Guinea

Guinea ist am schlechtesten an den Senegal angeschlossen, denn es gibt **keine Teerstraße**. Topografisch am einfachsten zu bewältigen ist mit Sicherheit die gut 180 km lange Strecke (meist Piste) von Tambacounda via **Medina Gounas** nach Koundara/Guinea und weiter Richtung Labé.

Für die folgenden drei **Übergänge** muss man weiter nach Kedougou fahren, wo auch die Zollformalitäten zu erledigen sind: von Kedougou über **Dar Salam/Salémata** nach Youkounkoun/Guinea und weiter nach Koundara; von Kedougou über **Ségou** direkt nach Labé oder alternativ von Kedougou über **Fongolimbi** in Richtung Ost-Guinea. Wer einen dieser drei Übergänge wählt, sollte sich in Kedougou vorab über die aktuellen Pistenverhältnisse informieren; das gilt vor allem während und nach der Regenzeit.

Hinweis: 2010 sollte mit dem Bau einer Teerstraße von Kédougou nach Labé begonnen werden.

Bestimmungen für Autoreisende

Wichtiger Hinweis: Seit August 2010 wird beim Grenzübertritt in den Senegal wieder ein **Carnet de Passage** verlangt. Betroffen sind alle Fahrzeuge, die älter als fünf Jahre sind. Damit tritt wieder die Regelung in Kraft, die bereits bis Ende 2008 gültig war. Wer ohne gültiges Carnet (wird in Deutschland vom ADAC erteilt) einreist, wird üblicherweise von einem Zollbeamten zur nächsten Grenze eskortiert. Die Kosten belaufen sich auf 220 Euro. Für Fahrzeuge jünger als fünf Jahre benötigt man ein sogenanntes **Passavant** (früher „Laissez passer" genannt). Die Gebühr für einen Pkw/ein Campingmobil beträgt 2500 CFA. Dieses Passavant ist zehn Tage gültig und kann bei den Zollbehörden in Dakar, St. Louis und Ziguinchor kostenlos verlängert werden. Üblicherweise sind zwei Verlängerungen à 14 Tage möglich. Die zuständige Behörde in Dakar ist am Place de l'Indépendance, Résidence Cap Vert (Nähe Büro Royal Air Maroc), im 4. OG. Wer den Antrag bis 11 Uhr abgibt, kann die Verlängerung nach der Mittagspause abholen. Nach Ablauf dieser Fristen kann für maximal drei Monate eine sogenannte Admission temporaire spéciale beantragt werden. Achten Sie unbedingt darauf, mit einem gültigen Passavant zu reisen! Ansonsten droht ein saftiges Bußgeld bis hin zum Entzug des Fahrzeugs.

Man sollte unbedingt eine **Haftpflichtversicherung** für Senegal (diese gilt in aller Regel auch für die Länder Mali, Niger, Gambia, Burkina-Faso, Guinea-Bissau, Ghana etc.) abgeschlossen haben. Diese sogenannte **CEDEAO-Versicherung** (auch „Carte brune" genannt) bekommt man inzwischen auch in Mauretaniens Hauptstadt Nouâkchott oder direkt an der Grenze in Rosso oder Diama. Aber Vorsicht vor fliegenden Händlern in Rosso, oftmals sind deren Versicherungspolicen völlig überteuert oder gar gefälscht! Das Versicherungsbüro in Diama schließt um 18 Uhr. Ohne gültige Versicherung sollte man keinesfalls weiter nach St. Louis fahren, selbst wenn der Zoll beteuert, es gebe „absolut keine Probleme". Spätestens am Ortseingang wird dann das Fahrzeug von der Polizei stillgelegt ...

Auch sonst ist mit der senegalesischen **Polizei** nicht zu spaßen. Speziell die Kontrollen vor, in und nach St. Louis sind wegen ihrer schikanösen Abzocke von Ausländern berüchtigt. Hier kann man durchaus den Eindruck gewinnen, als Individualreisender nicht willkommen zu sein. Penibel werden Warndreiecke (zwei Stück sind erforderlich), Feuerlöscher, Leuchtweste, Licht, Reifen und Zustand des Fahrzeugs überprüft. Außerdem gilt für Ausländer strikte Gurtpflicht. Tatsächliche oder vermeintliche Verstöße werden mit 3000 CFA und mehr geahndet – in der Regel ohne Quittung. Um ihrer Forderung Nachdruck zu verleihen, kassieren die Gendarmen einfach Führerschein und Fahrzeugpapiere. Den Gang zum Kommissariat ersparen sich viele – und zahlen.

Botschaften und Informationsstellen

Vertretungen des Senegal

●**Deutschland:** Botschaft der Republik Senegal, Dessauer Str. 28/29, 10927 **Berlin,** Tel. 030-8562190, Fax 85621921
www.botschaft-senegal.de
●**Österreich:** Konsulate der Republik Senegal, Kohlmarkt 3/8, 1010 **Wien,** Tel./Fax 01-5128576; Kohlstattgasse 33, 6020 **Innsbruck** Tel./Fax 0512-588957; Getreidegasse 22, 5020 **Salzburg,** Tel. 0662-64848422, Fax 6484846
●**Schweiz:** Botschaft der Republik Senegal, Rue de la Servette 93, 1202 **Genf,** Tel. 022-9180230, Fax 7400711

Ein **Visum** für Senegal (für einen Aufenthalt von drei Wochen) bekommt man auch in Banjul (Gambia), in Bamako (Mali), Niamey (Niger), Tunis und Algier. Das Visum sollte auf jeden Fall im Pass gestempelt sein und nicht auf einem losen Blatt!

Vertretungen im Senegal

●**Deutschland: Ambassade d'Allemagne**
20, Av. Pasteur, Ecke Rue Mermoz, Dakar, www.dakar.diplo.de, Tel. 338232519, Fax 338232599. Das Büro ist nur vormittags geöffnet; mit Bus Nr. 13 vom Zentrum aus zu erreichen.
●**Österreich: Ambassade d'Autriche**
18, Rue Emile Zola, Dakar, Tel. 338494000
●**Schweiz: Ambassade de Suisse**
Rue René N'Diaye/Ecke Rue Seydou, Nourou Tall, Dakar, Tel. 338230590

- **Frankreich**
1, Rue H. A. Ndoye, Tel. 338395100
- **Mauretanien**
Bd. Général de Gaulle/Ecke Rue 41. Das Visum kostet je nach Nationalität ab 10.000 CFA, Wartezeit 24 Std.
- **Mali**
In einer Seitenstraße der Route de la Corniche Ouest, etwa auf Höhe Plage de Fann, GPS N 14°41,278 / W 17°28,191. Visum-Bearbeitungszeit 24 Std., zwei Passfotos. Ein Visum wird auch an der Grenze bei Kidira erteilt, ebenso am Flughafen Bamako.
- **Gambia**
11, Rue de Thiong, Tel. 338217230. Visum in 24 Std. erhältlich, zwei Passfotos, Gebühr 15.000 CFA. Visum auch an der Grenze erhältlich, dort auch schneller und billiger.
- **Guinea-Conakry**
Rue 7, Point E, Tel. 338248606. Zwei Passfotos, zwei Tage Bearbeitungszeit; schneller geht es im Konsulat in Bissau. Auch in Gambia wird das Visum relativ schnell ausgestellt.
- **Guinea-Bissau**
Rue 6, Point E, Tel. 338245922. 2 Passfotos, Gebühr 10.000 CFA, Visum in max. 24 Std. erhältlich. Mit höchstens 15 Min. deutlich unbürokratischer geht es beim Konsulat in Ziguinchor, ebenso in Gambia.
- **Burkina Faso**
c/o Französische Botschaft, 1, Rue El H.A. Ndoye, Tel. 33239181. Visum in 24 Std. erhältlich, drei Passfotos. Das Visum ist auch an der Grenze bzw. am Flughafen Ouagadougou erhältlich.

Sonstige Informationsstellen

- **Deutsch-senegalesische Wirtschaftsgesellschaft**
Berliner Freiheit 36, 53111 Bonn
Tel. 0228-6047716

Kinder vom Volk der Diola

Informationen im Internet

Internet ist sehr beliebt im Senegal. In jeder größeren Stadt gibt es inzwischen Cyber-Cafés. Bei der Anbindung ans World Wide Web hat Senegal eine führende Rolle in Westafrika. 1996 wurde in Dakar das erste Internet-Café in Westafrika eröffnet.

Im Internet lässt sich eine Menge über das Land erfahren. Nachfolgend eine **Auswahl nützlicher Websites:**

- **www.gouv.sn**
Webseite der Regierung.
- **www.seneweb.com**
Portal für Senegal-Infos.
- **www.ausenegal.com**
Beste Website für Tourist-Infos.
- **www.ausenegal.com/ciclo**
Veranstaltungshinweise für Dakar.
- **www.casamance.net**
Website rund um die Casamance.
- **www.senegal.online.com**
Website mit vielen touristischen Infos.
- **www.senegal-info.de**
Deutsche Projekte, viele Links.
- **www.afrika-erleben.de**
Radtouren, Links und Hintergrundinfos.

Einreise/Visum

EU-Bürger benötigen bei einem Aufenthalt von bis zu drei Monaten für Senegal **kein Visum,** vorausgesetzt sie nehmen keine Arbeit auf; Schweizer dagegen benötigen ein Visum. Senegal gewährt ein Visum bei der Einreise nur in begründeten Ausnahmefällen. Wer aus anderen westafrikanischen Ländern einreist, sollte über eine Gelbfieberimpfung verfügen. Ansonsten ist eine Gelbfieberimpfung für Senegal nicht

Reise-Gesundheits-Information: Senegal

Stand: Sommer 2010 / © Inhalte: Centrum für Reisemedizin (CRM)

Die nachstehenden Angaben dienen der Orientierung, was für eine geplante Reise in das Land an Gesundheitsvorsorgemaßnahmen zu berücksichtigen ist. Die Informationen wurden uns freundlicherweise vom Centrum für Reisemedizin zur Verfügung gestellt. Auf der Homepage **www.travelmed.de (CRM/Reiseländer)** werden diese Informationen stetig aktualisiert. Es lohnt sich, dort noch einmal nachzuschauen. Die einzelnen Krankheiten werden auf der genannten Website unter dem Punkt „CRM/Krankheiten A–Z" erläutert.

- **Klima:** tropisches Klima, im Norden überwiegend trocken (kurze, wenig ergiebige Regenzeit von Ende Juli bis Oktober), im Süden wechselfeucht mit Regenzeit von April bis November; durchschn. Temp. im Landesinneren 27°C (Januar 23°C, Juli 31°C), an der Küste etwas niedrigere und ausgeglichenere Temperaturen.

- **Einreise-Impfvorschriften**
Bei Direktflug aus Europa: keine Impfungen vorgeschrieben.
Bei einem vorherigen Zwischenaufenthalt (innerhalb der letzten 6 Tage vor Einreise) in einem der unten aufgeführten Länder (Gelbfieber-Endemiegebiete) wird bei Einreise eine gültige Gelbfieber-Impfbescheinigung verlangt: Angola, Äquatorialguinea, Äthiopien, Benin, Bolivien, Brasilien, Burkina Faso, Burundi, Ecuador, Elfenbeinküste, Franz. Guayana, Gabun, Gambia, Ghana, Guinea, Guinea-Bissau, Guyana, Kamerun, Kenia, Kolumbien, Kongo (Rep.), Kongo (Dem. Rep.), Liberia, Mali, Niger, Nigeria, Panama, Peru, Ruanda, Sambia, Sao Tomé & Principe, Sierra Leone, Somalia, Sudan, Suriname, Tansania, Togo, Tschad, Uganda, Venezuela, Zentralafr. Republik.

- **Empfohlener Impfschutz**
Generell: Standardimpfungen nach dem deutschen Impfkalender, spez. Tetanus, Diphtherie, außerdem Hepatitis A, Polio, Gelbfieber.

Je nach Reisestil und Aufenthaltsbedingungen im Lande sind außerdem zu erwägen:

Impfschutz	Reisebedingung 1	Reisebedingung 2	Reisebedingung 3
Cholera	x		
Typhus	x		
Hepatitis B [a]	x		
Tollwut [b]	x		
Meningitis [c]	x		

[a] bei Langzeitaufenthalten und engerem Kontakt mit der einheimischen Bevölkerung
[b] bei vorhersehbarem Umgang mit Tieren
[c] nur bei engerem Kontakt zur einheimischen Bevölkerung, v.a. in der Trockenzeit

Reisebedingung 1: Reise durch das Landesinnere unter einfachen Bedingungen (Rucksack-/Trekking-/Individualreise) mit einfachen Quartieren/Hotels; Camping-Reisen, Langzeitaufenthalte, praktische Tätigkeit im Gesundheits- oder Sozialwesen, enger Kontakt zur einheimischen Bevölkerung wahrscheinlich

Reisebedingung 2: Aufenthalt in Städten oder touristischen Zentren mit (organisierten) Ausflügen ins Landesinnere (Pauschalreise, Unterkunft und Verpflegung in Hotels bzw. Restaurants mittleren bis gehobenen Standards)
Reisebedingung 3: Aufenthalt ausschließlich in Großstädten oder Touristikzentren (Unterkunft und Verpflegung in Hotels bzw. Restaurants gehobenen bzw. europäischen Standards)

Wichtiger Hinweis: Welche Impfungen letztendlich vorzunehmen sind, ist abhängig vom aktuellen Infektionsrisiko vor Ort, von der Art und Dauer der geplanten Reise, vom Gesundheitszustand sowie dem eventuell vorhandenen Impfschutz des Reisenden.

Da im Einzelfall unterschiedlichste Aspekte zu berücksichtigen sind, empfiehlt es sich immer, rechtzeitig (etwa 4–6 Wochen) vor der Reise eine persönliche Reise-Gesundheits-Beratung bei einem reisemedizinisch erfahrenen Arzt oder Apotheker in Anspruch zu nehmen.

●Malaria
Risiko: ganzjährig hohes Risiko landesweit mit Ausnahme der Sahel-Gebiete an der Grenze zu Mauretanien (dort mittleres Risiko).

Vorbeugung: Ein konsequenter Mückenschutz in den Abend- und Nachtstunden verringert das Malariarisiko erheblich (**Expositionsprophylaxe;** Genaueres dazu auf www.travelmed.de).

Ergänzend ist die Einnahme von Anti-Malaria-Medikamenten **(Chemoprophylaxe)** dringend zu empfehlen. Zu Art und Dauer der Chemoprophylaxe fragen Sie Ihren Arzt oder Apotheker, bzw. informieren Sie sich in einer qualifizierten reisemedizinischen Beratungsstelle. Malariamittel sind verschreibungspflichtig.

●Aktuelle Meldungen
Darminfektionen: Risiko für Durchfallerkrankungen landesweit. Während es in den vorangegangenen Jahren jeweils größere Probleme mit Cholera gab, wurden seit 2008 keine Ausbrüche bekannt. Der Gesundheitsminister meldete Anfang März 2010 die ersten Polio-Fälle (zwei Kinder) seit 1998. Seitdem sind insgesamt 18 Menschen an Polio erkrankt. Hygiene und Impfstatus beachten.

Unter www.travelmed.de finden Sie Adressen von:
- Apotheken mit qualifizierter Reise-Gesundheits-Beratung (nach Postleitzahlgebieten)
- Impfstellen und Ärzte mit Spezialsprechstunde Reisemedizin (nach Postleitzahlgebieten)
- Abruf eines persönlichen Gesundheitsvorsorge-Briefes für die geplante Reise

Denken Sie daran, eine **Reiseapotheke** mitzunehmen, damit Sie für leichtere Erkrankungen und kleinere Notfälle gerüstet sind (Details auf www.travelmed.de).

Die Angaben wurden nach bestem Wissen und sorgfältiger Recherche zusammengestellt. Eine Gewähr oder Haftung kann nicht übernommen werden.

mehr vorgeschrieben, aber dringend zu empfehlen, ebenso eine Malariaprophylaxe bei längerem Aufenthalt im Landesinneren.

Zoll: Dinge des persönlichen Bedarfs sowie Alkohol und Tabak in den üblichen Mengen können in den Senegal abgabenfrei eingeführt werden.

Offiziell verlangt Senegal ab einer Million CFA (ca. 1500 Euro) eine **Deviseneinfuhrerklärung.** Bei Touristen wird dies aber kaum praktiziert. Auch die Ausfuhr von CFA ist auf eine Million beschränkt. Der Zoll zögert nicht, bei Verdacht auf Devisenschmuggel undeklarierte CFA zu beschlagnahmen.

Informationen
- **Zoll Dakar,** Tel. 338211328
- **Fremdenpolizei Dakar,** Tel. 338123808

Feiertage und Feste

Feste Feiertage

Senegalesischer Nationalfeiertag ist der **4. April.** Bis 2003 wurde der Tag immer mit einer großen (Militär-)Parade in Dakar gefeiert. Seither wird jedes Jahr in einer anderen Stadt des Senegals gefeiert. Feste Feiertage sind Weihnachten, Neujahr und Ostern sowie der 1. Mai (Tag der Arbeit).

Ramadan

- **2011:** 1. August bis 30. August
- **2012:** 20. Juli bis 19. August

Das **Fastenbrechen (Aid al-Fitr)** wird jeweils am Tag nach dem Ende des Ramadan begangen und dauert in der Regel drei Tage.

Opferfest (Aid al-Adha)

- **2010:** 10. November
- **2011:** 6. November
- **2012:** 25. Oktober

Tabaski, wie das Opfer- oder Hammelfest in Westafrika genannt wird, kann je nach Region bis zu zehn Tage dauern. Vor, während und nach den Feiertagen ist mit Einschränkungen u.a. beim öffentlichen Transport zu rechnen.

Hinweis: Alle Daten richten sich nach dem **Mondkalender** und können wegen geografischer und lokaler Gegebenheiten um bis zu zwei Tage variieren (Quelle: www.islam.de).

Geld/Währung/Banken

Währungseinheit ist der **Franc CFA** (unterteilt in 100 Centimes), der in einem festen Wechselkursverhältnis zum Euro steht: 1 Euro = 665 CFA; 1 Schweizer Franken (SFr) = ca. 472 CFA (2010).

In der Regel gibt es in jedem größeren Ort wie St. Louis, Ziguinchor, Tambacounda eine Bank, die **Travellerschecks** gegen Gebühr wechselt, in den kleineren Orten kann man damit jedoch nicht rechnen. Am schnellsten geht es bei der BICIS-Bank. Allgemein sind beim Wechseln von Reiseschecks **hohe Wechselgebühren** zu bezahlen; besser eignet sich Bargeld.

Bei internationalen Autovermietungen, in guten Hotels, Reisebüros oder für Notfälle ist auch eine **Kreditkarte**

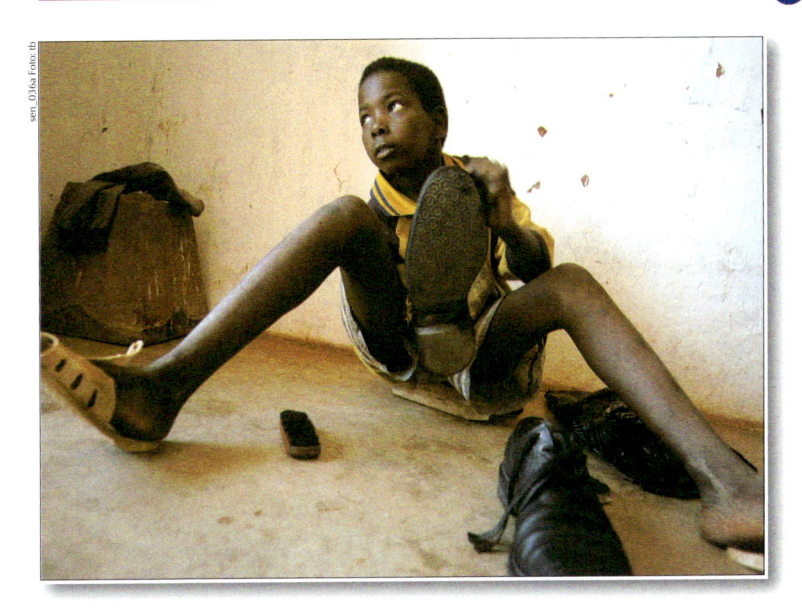

(VISA oder American Express, Vertretung bei Senegal Tours, 5, Pl. de l'Indépendance, Dakar, Tel. 9214040) sehr praktisch. Eurocard/Mastercard ist dagegen noch wenig verbreitet.

Öffnungszeiten

Banken

Mo bis Fr 8–12 und 14.30–16.30 Uhr; die Zeiten sind von Bank zu Bank etwas unterschiedlich.

Geschäfte und Büros

Mo bis Sa 9–12 bzw. 12.30 Uhr und 15–18 bzw. 19 Uhr.

Post/Telefon/Internet

Für Briefe und Postkarten ist die senegalesische **Post** gut, wichtige Pakete und Wertsendungen sollte man besser **DHL** anvertrauen (Zentrale: Rue F, Ecke Rue Leon Gontran Damas, Quartier Fann Residence).

Telefonieren geht im Senegal jetzt am besten mit dem (eigenen) **Handy** (wird dort „Mobile" genannt), nachdem die früher zahlreichen Tele-Centre mangels Nachfrage geschlossen wurden.

Armut im Senegal – Schuhe putzen, mühsam verdientes Geld

Kein Wunder: Statistisch gesehen besitzt fast jeder zweite Senegalese ein Handy. Und wie komme ich als Tourist an einen Anschluss? Man besorgt sich für 2000 CFA die SIM-Karte eines der drei nationalen Anbieter (Orange, Tigo, Expresso) und setzt sie in sein Handy ein. Wem das zu kompliziert ist, lässt sich sein Handy einfach auf dem Markt oder in einem Handy-Geschäft freischalten.

Die **internationale Vorwahl** des Senegal ist **00221**. Wer in den Senegal anruft, spart viel Geld, wenn er eine Billigvorwahl wählt.

Der Zugang zum **Internet** ist inzwischen in allen größeren Orten möglich. Zudem verfügen fast alle besseren Hotels und viele Gästehäuser über einen WLAN-Anschluss (im Senegal „Wifi" genannt) für ihre Gäste. In Dakar und anderen größeren Städten gibt es Internet-Cafés mit schneller Verbindung. Der Tarif beginnt bei 500 CFA für 30 Minuten.

Reisen im Senegal

Sept Place (Peugeot 504 Break)

Diese **Peugeot-Sammeltaxis** für sieben Passagiere sind weit verbreitet und starten immer von einem Gare routière. Mit Ausnahme von Dakar ist dieser Bus- und Taxibahnhof meist außerhalb des Stadtzentrums. Es ist immer noch die **schnellste Art,** um von A nach B zu kommen. Wer vorhat, längere Distanzen zurückzulegen, sollte ganz früh morgens am Busbahnhof erscheinen, am besten noch vor Sonnenaufgang. Meiden sollte man tunlichst die hintere Reihe. Man kann auch das ganze Fahrzeug oder zusätzliche Plätze mieten. Die Preise sind fest (mehr dazu im Kapitel zu Dakar). Nur beim Gepäck, das extra bezahlt werden muss, wird oft geschummelt. Tipp: Informieren Sie sich bei einheimischen Mitreisenden, die wissen meist Bescheid.

Ndiaga Ndiaye (Mercedes 508er)

Die uralten weißen Mercedes-Busse bilden immer noch das Rückgrat der senegalesischen Personenbeförderung. Auf **Kurz- und Mittelstrecken** mag dies eine preiswerte Variante zu den Buschtaxis sein. Bei längeren Strecken wird das Reisen allerdings zur Qual. Die Busse sind extrem eng bestuhlt und halten an „jeder Hütte". Außerdem wird erst gestartet, wenn der letzte Platz belegt ist – und das kann dauern. Dieser Fahrzeugtyp soll allmählich durch moderne, in Lizenz im Senegal gefertige Tata-Modelle abgelöst werden.

Car Rapides (Renault-Goélette)

Noch älter als die Mercedes sind die blauen Renault-Kleinbusse aus den 1950er und -60er Jahren. Von wenigen Ausnahmen im Hinterland abgesehen, verkehren sie nur noch im **innerstädtischen Bereich,** vor allem in Dakar und St. Louis. Sie bedienen, wie die Ndiaga Ndiaye, feste Routen.

Car Mourides (Saviem-Busse)

In den letzten Jahren hat das Angebot an Buslinien im **Überlandverkehr** stark zugenommen, hat aber noch längst nicht die Qualität anderer westafrikanischer Länder erreicht, wie beispielsweise in Burkina Faso oder Mali. Zum Einsatz kommen meist ausrangierte Stadtbusse der Marke Saviem, natürlich ohne Klimaanlage. Die Abfahrtszeiten sind festgelegt. Abfahrt ist in der Regel vom Gare routière in Dakar. Zielorte sind u.a. St. Louis, Tambacounta, Cap Skirring sowie Bamako (Mali) und Banjul (Gambia). Beispielsweise kostet die Fahrt nach Bamako 25.000 CFA und dauert 24 Stunden. Es ist ratsam, am Tag vor der Abreise einen Platz zu reservieren, denn die Nachfrage ist meist größer als das Angebot. Der Fahrpreis ist etwa 20 Prozent niedriger als im Sammeltaxi.

Taxis

Die gelben Taxis dürfen jetzt auch außerhalb der Stadt Passagiere befördern. Erwischt man ein neueres Fahrzeug, wie etwa die neuen Taxis aus dem Iran, dann reist es sich **viel bequemer** als im Buschtaxi, aber auch deutlich **teurer.** Im Gegensatz zu Buschtaxi oder Bus sollte der Fahrpreis vorab unbedingt ausgehandelt werden.

Clandos (Piratentaxis)

Man sieht es ihnen nicht an, aber sie sind überall: **normale Pkw,** die Passagiere deutlich billiger als Taxis befördern. Sowohl in der Stadt wie auch außerhalb. Die Fahrzeuge sind meist in einem erbärmlichen Zustand, die Fahrer aber durchweg freundlich. Ob **Kurz- oder Langstrecke,** wir hatten immer gute Erfahrungen mit Clandos. Von der Polizei werden sie gegen Zahlung von Bakschisch geduldet. Man hat also nichts zu befürchten, wenn man angehalten wird.

Mietwagen

Vorausgesetzt, man fühlt sich den Verkehrsbedingungen im Senegal gewachsen, stellt bei gut gefüllter Urlaubskasse der Mietwagen eine Alternative dar. Die Kosten sind aber höher als in Europa. Das beginnt bereits bei der Kaution, die selbst bei Kleinwagen umgerechnet bis zu 1000 Euro beträgt. Mietwagen, vom Kleinwagen bis zum großen Geländewagen, kann man **praktisch nur in Dakar** mieten, oder man wendet sich an sein Hotel. Mehr Infos im Kapitel zu Dakar.

Pkw, Campingmobil und Motorrad

Natürlich lässt sich der Senegal auch im eigenen Fahrzeug bereisen. Von der deutsch-französischen Grenze bis Dakar sind es rund **6000 km,** die sich bei zügiger Fahrweise **in rund zehn Tagen** bewältigen lassen. Abgesehen vom Niemandsland vor der mauretanischen Grenze ist die Route durchweg geteert und in passablem Zustand. Ein Geländewagen ist nicht nötig, bietet aber abseits der Hauptverbindungsstraßen gro-

Großes Denkmal, große Wut

24. April 2010. Unerhörtes trug sich zu am Nationalfeiertag, an dem gleichzeitig auch die 50-jährige Unabhängigkeit Senegals von Frankreich gefeiert wurde. Während ausländische Staatsgäste und Honoratioren salbungsvolle Reden hielten, waberten in Downtown-Dakar Tränengasschwaden durch die Straßen und Sicherheitskräfte stemmten sich gegen 10.000 Demonstranten. Entzündet hatte sich die Empörung an dem sogenannten **Monument de la Renaissance africaine,** Dakars neuem Wahrzeichen. Es ist imposante 54 Meter hoch und überragt damit sogar die Freiheitsstatue in New York. Erbaut auf einem von zwei Vulkanhügeln, die die Dakarer liebevoll „Les Mamelles", die Zitzen, nennen. Dort hält jetzt ein Riese von einem Mann ein Kind auf dem Arm, das hinaus auf den Atlantik weist, und führt eine Frau, die ihm bedingungslos zu folgen scheint. Das Ganze sei „gotteslästerlich", zürnten einflussreiche Imame aus der heiligen Stadt Touba, weil das Trio so freizügig bekleidet sei. Dass der Bauherr, Senegals Präsident *Abdoulaye Wade* höchstselbst, sein Prestigeprojekt daraufhin mit Christusstatuen verglich, machte die Sache nicht besser. Denn nun ging der katholische Erzbischof auf die Barrikaden und forderte eine offizielle Entschuldigung. „Die Idee ist, dass eine afrikanische Familie dem Vulkan entsteigt und triumphierend nach Amerika blickt, wo sie versklavt worden war," versuchte der architektonische Berater des Präsidenten zu beruhigen.

Der Opposition wie auch dem gemeinen Volk sind solch ästhetisch-religiösen Grundsatzfragen eher gleichgültig. Angeprangert wird die eitle **Verschwendung von Staatseigentum.** Offiziell zwölf Milliarden CFA (knapp 20 Millionen Euro) hat das Monument der afrikanischen Wiedergeburt gekostet. In Wahrheit aber hat der Staat bestes Bauland für den vierfachen Wert einem bekannten Immobilienspekulanten übereignet. Zum „Dank" hat der das gesamte Vorhaben aus eigener Tasche bezahlt. Angesichts chronisch leerer Staatskassen in einem Land, in dessen Hauptstadt das Regenwasser nicht abfließt, in dem der Strom inzwischen schon in der Trockenzeit regelmäßig abgeschaltet wird und die Straßen in den Armenvierteln nur im Schritttempo befahren werden können, sollte auf solch extravagante Ausgaben verzichtet werden, heißt es unisono. Es passt ins Bild, dass sich der Präsident auch noch die Einnahmen aus den Eintrittsgeldern gesichert hat (der genaue Preis stand bei Drucklegung noch nicht fest).

Verscherzt hat es sich *Wade* aber auch mit den Intellektuellen seines Landes. Einerseits wirft der international bekannte Bildhauer *Ousmane Sow* seinem Präsidenten Plagiat vor. *Sow* hatte bereits Jahre zuvor ein verblüffend ähnliches Standbild entworfen, das von afroamerikanischen Organisationen finanziert worden wäre – für den Senegal also kostenfrei. Andererseits wird der **gigantomanische Stil des „sozialistischen Realismus"** moniert. Erbaut wurde das Denkmal nämlich vom nordkoreanischen Staatsunternehmen MOP, spezialisiert auf Großobjekte dieser Art. Zweifellos würde man die heroische Dreier-Gruppe eher in Pjöngjang als in der Hauptstadt eines demokratischen Landes verorten. Und schließlich meldete sich auch noch der Sänger *Youssou N'Dour* zu Wort. Dass sein Song gegen das Monument vom staatlichen Rundfunk boykottiert wurde, tat seiner Popularität keinen Abbruch. Im Gegenteil. Vielmehr wird das Sprachrohr des Volkes nun bereits als potenzieller Präsidentschaftskandidat 2012 gehandelt.

ße Vorteile, besonders in der Regenzeit. Denn Senegals Straßennetz besteht zum größten Teil aus unbefestigten Pisten. Selbst in Dakar kann man sich im Sand festfahren. Ein weiteres Problem stellt die **mangelhafte** bis nicht vorhandene **Ausschilderung** dar. Französisch-Kenntnisse helfen da weiter. Viele Afrikafahrer beklagen zudem die **„korrupte" Polizei**, die in manchen Gegenden (u.a. St. Louis, Dakar) kaum eine Gelegenheit auslässt, Touristen zur Kasse zu bitten. Wegen der großen Zahl unbeleuchteter Verkehrsteilnehmer (Pferdefuhrwerke etc.) ist das Fahren bei Nacht sehr riskant. Das Tankstellennetz ist ausreichend dicht, Lieferengpässe sind selten. Diesel kostete im Sommer 2010 umgerechnet ca. 85 Cents, Benzin war entsprechend teurer. Lizenzierte Werkstätten der großen internationalen Autohersteller gibt es nur in Dakar. Siehe auch weiter oben im Abschnitt „Bestimmungen für Autoreisende".

Straßenverhältnisse

Hinweis: Die folgenden Zustandsbeschreibungen können sich innerhalb kurzer Zeit komplett ändern, weil Schäden durch die Regenzeit häufig nicht repariert werden.

In gutem bis sehr gutem Zustand war 2010 die Verbindung St. Louis – Thiès. Ebenso die Strecke Thiès über Mbour, weiter nach Kaolak ist die Straße in teilweise schlechtem Zustand. An der Autobahn von Thiès nach Dakar wird seit Jahren gebaut, ein Ende ist nicht abzusehen. Bis zur Fertigstellung muss auf dieser viel befahrenen Route mit erheblichen Verkehrsbehinderungen durch Baustellen und Staus gerechnet werden. Die Sanierung der Straße Kaolak – Tambacounta sollte bis Ende 2010 abgeschlossen sein. Ebenfalls neu geteert wurde 2010 die letzte Hälfte der Strecke Kaolak Richtung Banjul/Gambia. Relativ neu ist die Straße von Mbour nach Yoal. In insgesamt mäßigem bis schlechtem Zustand ist die Verbindung entlang des Senegal-Flusses von Rosso über Matam, Bakel nach Kidira. Noch schlechter war 2010 der Straßenzustand von Ziguinchor über Kolda nach Tambacounda. Dafür fährt man zwischen Tambacounda und der Grenze zu Mali bei Kidira auf halbwegs gutem Asphalt. Ebenso zwischen Banjul und Ziguinchor. Die Strecke von Kaolak nach Ziguinchor auf der „Transgambiene" war 2010 nur auf dem südlichen Abschnitt gut. 2008 wurde endlich die Teerstraße Ziguinchor – Cap Skirring eröffnet.

Fähre Dakar – Ziguinchor

Seit der Inbetriebnahme der neuen **„MS Aline Sitoé Diatta"** im März 2008 verkehrt auf der Strecke Dakar – Ziguinchor wieder eine vollwertige Personen- und Autofähre. Das in Deutschland von der Fassmer-Werft gebaute Schiff kann 500 Passagiere aufnehmen und verfügt über alle modernen Sicherheitseinrichtungen. Es machte im Frühjahr 2010 einen sicheren und rundum gepflegten Eindruck. Auch die kleinen Kabinen mit Stockbetten, WC und heißer Dusche waren sauber, und alles funktionierte.

Die neue **Anlegestelle** ist an der Mole 3 am südöstlichen Ende des Hafens, ca. 100 m vor dem Hafen-Tower. Dort befindet sich auch die Verkaufsstelle für die **Tickets.** Wichtig: Telefonische Reservierung ist nicht möglich! Das Ticket muss vor Ort bar bezahlt werden, verlangt wird auch die Vorlage des Ausweises. Wer in der Zweibett-Kabine (30.500 CFA p.P.) reisen möchte, sollte in der Regel schon Wochen vorher buchen. Die Plätze in den Vierbett- (28.500 CFA p.P.) oder Achtbett-Kabinen (18.500 CFA p.P.) sind dagegen nicht ganz so begehrt und daher oft noch kurzfristig buchbar. Ausgenommen vor Feiertagen und an Ferien bekommt man noch am Tag der Abfahrt einen Platz im Pullmann-Sessel im Zwischendeck für 15.500 CFA. Wer im Pullmann-Sessel reist, sollte beachten, dass Koffer und größere Rücksäcke im Laderaum transportiert werden. Der Transport eines Pkw kostet 63.000 CFA, der eines Motorrads 30.000 CFA. Alle Preise gelten für die einfache Passage.

Abfahrt in Dakar ist immer dienstags und freitags um 20 Uhr, **Ankunft** in Ziguinchor am nächsten Vormittag gegen 10 Uhr (Abfahrt in Ziguinchor immer donnerstags und sonntags um 15 Uhr). Das **Einchecken** mit peniblen Sicherheitskontrollen beginnt in Dakar bereits um 14.30 Uhr und endet um 17 Uhr. Pro Passagier sind 20 kg Gepäck gratis. **An Bord** befinden sich ein Restaurant mit guter Küche (nur Abendessen und Frühstück, keine Zwischenmahlzeiten) und eine Bar im Heck, wo neben Getränken auch Sandwiches serviert werden. Reisende mit Kabinenplatz erhalten zudem gratis ein Frühstück im Restaurant. Das Oberdeck bietet viel Platz, aber wenig Schatten.

● **Infos** unter Tel. 338494893 (Dakar) oder www.ausenegal.com unter „Voyage et Transport".

Inlandsflüge

Nach der Pleite von Air Sénégal International im Mai 2009 wurden Inlandsflüge stark eingeschränkt. So wurden 2010 nur noch **Ziguinchor** und **Cap Skirring** zweimal täglich von der privaten **Senegalair** mit einer kleinen zweimotorigen Propellermaschine angeflogen (Abflug in Dakar 8 bzw. 11 Uhr).

● **Senegalair**
31, Av. Léopold Sédar Senghor, Mermoz, Dakar, Tel. 338213425, 338231941; Ticketverkauf in Ziguinchor über Diatta Tours, Tel. 339912781.

Außerdem fliegt **Mauritania Airways** donnerstags und sonntags mit einer zweimotorigen ATR 42 von Dakar nach **Ziguinchor.**

● **Mauritania Airways**
Tel. in Dakar 338212712, 775602606; Tickets in Ziguinchor buchbar bei Diambone Voyages, Tel. 339916774.

Bahnverbindungen

Für Bahnreisen im Senegal braucht man viel Zeit, weil das Schienennetz nicht

Die Fähre „MS Aline Sitoé Diatta" verkehrt von Dakar nach Ziguinchor

unterhalten wird. Die einzige Verbindung, die Strecke **Dakar – Bamako** (Mali), mit Haltestellen in Thiès, Kaolak, Tambacounta und Kayes, ist in so schlechtem Zustand, dass die Züge selten schneller als 50 km/h fahren können. Trotzdem kommt es immer wieder zu Zwischenfällen, die aber meist glimpflich enden. Laut Plan verkehrt der Zug zweimal wöchentlich. Abfahrt in Dakar ist immer samstags und mittwochs um 13.30 Uhr. Die Fahrtdauer für die 1280 km bis Bamako kann bis zu 48 Stunden betragen. Der Preis für die 1. Klasse beträgt 35.000 CFA, in der 2. Klasse zahlt man 26.000 CFA. Es ist ratsam, sich vorab am Bahnhof in Dakar zu erkundigen (Tel. 338494646) und einen Platz zu reservieren.

Außerdem gibt es noch den **„Petit train bleu"** nach Thiès bzw. Rufique.

Strom

220 Volt Wechselstrom. Die in Deutschland verwendeten Stecker sind kompatibel. **Stromausfälle** sind aber selbst in Dakar an der Tagesordnung.

Übernachtung und Versorgung

Übernachtung

Senegal verfügt von allen hier vorgestellten Ländern über die **touristisch beste Infrastruktur.** Die Palette reicht von Dutzenden Luxushotels über Touristen-Resorts mit reichlich Freizeitaktivitäten bis hin zu einfachen Pensionen und Campements für Leute mit schmalem Geldbeutel, vor allem natürlich an der 530 km langen Küste von St. Louis bis hinunter nach Cap Skirring. Aber auch im Landesinneren hat sich das Angebot in den letzten Jahren deutlich verbessert. Engpässe gibt es nur um die Weihnachtszeit und der anschließenden Rallye Dakar. Dann empfiehlt sich, vor allem für den Großraum Dakar, eine vorzeitige Reservierung.

Küche

Zu den **senegalesischen Spezialitäten** zählen **Tié-bou-dienne** (Reis mit Fisch und Gemüsesoße), **Maffé** (Reis mit Rindfleisch und Erdnusssoße) und **Poulet Yassa** (Hühnchen in Zitrone).

Landesweit stark vertreten ist die **französische Küche** auf Grund der kolonialen Vergangenheit. Aber auch der Einfluss aus dem Nahen Osten (Syrien/Libanon) sowie aus dem Maghreb hat stark zugenommen. Ein wahres Paradies ist der Senegal für Liebhaber von **Fisch und Meeresfrüchten,** ganz gleich, ob sie an ambulanten Grillküchen oder im noblen Feinschmeckerlokal genossen werden.

Restaurants/Garküchen

Restaurants europäischen Standards sind vergleichsweise teuer. In Dakar und anderswo bekommt man ein Tagesgericht *(plate de jour)* selten unter 3000 CFA.

Einheimische **Garküchen** bieten in der Regel ab 500 CFA eine nahrhafte Mahlzeit. Man findet sie am besten an den großen Ausfallstraßen und in den Wohnquartieren der Einheimischen.

Einkaufen

Alle größeren Orte verfügen über **Supermärkte** mit entsprechendem Angebot. Die Lebensmittelpreise auf den **Märkten** für Obst und Gemüse sind ähnlich wie in Europa; lediglich Fleisch ist billig (ca. 800–1400 CFA/kg). Nur in kleineren Orten im Süden sind einheimische Früchte wie Bananen, Orangen, Mangos und Papayas günstig.

Campinggas-Flaschen (5 kg) und auch kleine Gas-Kartuschen gibt es im Senegal überall zu kaufen (5 kg ca. 6500 CFA mit Flaschenpfand).

Trinkwasser

In Dakar und anderen größeren Städten ist das Trinkwasser stark mit Chlor versetzt. Andernorts sollte das Wasser grundsätzlich abgekocht bzw. entkeimt werden. Ab 500 CFA bekommt man überall Mineralwasser in Flaschen.

Uhrzeit

MEZ minus 1 Std. (Winter), MEZ minus 2 Std. (Sommer).

Unterwegs im Senegal

Dakar

In keiner anderen Hauptstadt Westafrikas prallen die Gegensätze von afrikanischer Tradition und europäischer Moderne so hart aufeinander wie in Dakar. Denn nirgendwo sonst hat die Kolonialmacht Frankreich solch tiefe Spuren hinterlassen wie auf der felsigen **Halbinsel Cap Vert,** wo heute mehr als 2,5 Millionen Menschen wohnen – ein **soziokultureller Schmelztiegel** par excellence, Lebensraum für 25% der Senegalesen, nationales Aushängeschild in Sachen Fortschritt und Wachstum.

Futuristische Bankenpaläste und Luxushotels in Sichtweite trostloser Armenviertel, dazu farbenprächtige Märkte, schicke Galerien und pulsierende Clubs – Dakar ist Magnet und Moloch zugleich, Umschlagplatz für Waren und Dienstleistungen, Luftkreuz für eine ganze Region. **Dakar schläft nie.** Hier wird Mode gemacht, Musik produziert, Theater gespielt, Kunst ausgestellt. Hier werden Web-Seiten kreiert und die Blaupausen eines modernen Afrika diskutiert. Keine andere Stadt Westafrikas bietet eine so facettenreiche und kosmopolitische Kulturszene. Aber schon der normale Alltag verspricht ein knallbuntes Abenteuer für die Sinne. Dakar ist alles – nur nicht langweilig. Und was ebenfalls für Dakar spricht, ist sein vergleichsweise frisches Seeklima.

Geschichte

Vermutlich waren es **Fischer** vom Stamm der Lebou, die als erste das Cap

Vert bevölkerten. Die erste amtliche Erwähnung bezieht sich auf eine kleine Ansiedung beim heutigen Hafen und stammt aus dem Jahr 1750. Der **Name Dakar** könnte von den Wolof-Worten *daxaar* (Tamarindenbaum) oder *dekraw* (Zuflucht) abgeleitet sein. Erst ab 1845, nach der Errichtung einer französischen Missionsstation, begann die eigentliche Stadtentwicklung. Ein Fort wurde angelegt, der Hafen gebaut, Handelshäuser und Faktoreien siedelten sich im Plateau-Viertel an, dem heutigen Stadtzentrum. Der Bau der Eisenbahnlinie nach St. Louis 1885 und der Ausbau des geschützten Hafens zu einem Flottenstützpunkt 1898 verhalfen der Stadt zu einem rasanten Aufschwung. 1907 verlegte Frankreich den Sitz seiner **Kolonialverwaltung** für ganz Westafrika von St. Louis nach Dakar, was der Stadt den größten Entwicklungsschub brachte; zahlreiche Repräsentationsgebäude entstanden. Die Fertigstellung der **Bahnlinie nach Bamako 1923,** der Hauptstadt des heutigen Mali, und der bald darauf einsetzende Transatlantik-Flugverkehr machten Dakar zu einer wichtigen Drehscheibe des internationalen Verkehrs. Nach der Unabhängigkeit 1960 und der bis heute ungebremsten Landflucht dehnte sich die Stadt rasch Richtung Norden aus. Heute kann man von einem weitgehend geschlossenen Siedlungsraum zwischen Dakar und Rufisque sprechen.

Dakar heute

Anders als viele bis zur Unkenntlichkeit zersiedelte Metropolen Afrikas kann Dakar mit einem echten **urbanen Zentrum** aufwarten. Das ist kein Verdienst der Städteplaner, sondern beruht auf geografischen Gegebenheiten. Die **felsige Landzunge** erlaubt weitere Besiedlung nur in einer Richtung: nach Norden. Wie Perlen auf einer Schnur reihen sich die neueren Wohnviertel aneinander, von Colobane, Grand Dakar, Dieupeul, Ouakam, Grand Yoff, Grand Medina bis hinauf nach Pikine und Tiaroye. Nach Norden zu werden die Quartiere immer ärmlicher. Um die Ausbreitung von Slums zu verhindern, geht die Stadtverwaltung oft nicht zimperlich vor. Doch ob allein der Einsatz von Bulldozern reicht, den sozialen Sprengstoff in den illegalen Siedlungen einzudämmen, darf bezweifelt werden.

Auf der anderen Seite hat sich die Stadt als Sitz von Niederlassungen zahlreicher internationaler Konzerne und Organisationen etabliert. Die in Dakar lebenden Europäer, man spricht von etwa 40.000, schätzen **Weltoffenheit** und die im afrikanischen Vergleich **hohe Lebensqualität.** Ihr bevorzugtes Wohnquartier ist nicht mehr das innerstädtische Plateau, sondern der Küstenstreifen zwischen dem Pointe des Almadies und Yoff, wo seit einigen Jahren ein Bauboom sondergleichen die Wirtschaft ankurbelt. Seit dem Niedergang der Elfenbeinküste erlangte Senegal zunehmend politisches Gewicht auf der Weltbühne, wobei Dakar als regionales Konferenz- und Tagungszentrum an Bedeutung gewann. Gleiches gilt für die Universität, wo zahlreiche Studenten aus anderen afrikanischen Ländern eingeschrieben sind.

Anlässlich der 11. Welt-Islamkonferenz 2008 wurde mit dem **Ausbau der Stadtautobahn** begonnen. Fertiggestellt sind die mittlere Achse („VDN" genannt) vom Verteiler Patte d'Oei, die in weitem Bogen in Point E endet, sowie die neue vierspurige **Corniche** von der City bis nach Les Mamelles. Im Baustadium befanden sich 2010 noch die Nordtangente zwischen Yoff und Les Mamelles sowie die (gebührenpflichtige) Autobahn von Patte d'Oei Richtung Thiès, die künftig den neuen Flughafen mit der Hauptstadt verbinden soll.

Tipp: Ohne Stau geht Dakar nur am Sonntag, da alle Büros und viele Geschäfte der City geschlossen sind. Deutlich weniger Verkehr (und Polizeikontrollen) herrscht freitags etwa zwischen 13 und 17 Uhr, wenn sich die Gläubigen zum Freitagsgebet sammeln.

Sicherheit und Kriminalität

Dakar ist nicht Lagos, Abidjan oder Johannesburg. Es gibt keine „No-go-areas" für Weiße. Und **Gewaltkriminalität** kommt nur **höchst selten** vor. Aber wie in jeder anderer Millionenstadt sollte man auch in Dakar dem Aspekt Sicherheit oberste Priorität beimessen. Erste Maßnahme: Geben Sie potenziellen Langfingern keine Gelegenheit, Sie zu berauben. **Geld und Wertsachen** sollten **im Hotel** deponiert bleiben. Verzichten Sie beim Stadtbummel auf Schmuck, teure Uhren oder die wertvolle Videokamera. Größtes Misstrauen ist bei "spontanen" Begegnungen angebracht. Einen wildfremden Weißen anzusprechen, das käme einem „normalen"

Dakarois nämlich nie in den Sinn. Dabei will nicht jeder, der Sie auf der Straße anspricht, Sie automatisch um Ihre Habseligkeiten erleichtern. Doch derartige Gespräche dienen nicht selten zum Auskundschaften günstiger Gelegenheiten. Viele Kleinkriminelle, die oft in Gruppen arbeiten, verfügen über ein ausgeklügeltes Informationssystem. Wer z.B. versucht, mit einem einzelnen Schmuckstück in der Hand ins Geschäft zu kommen, hat mit ziemlicher Sicherheit unlautere Absichten. In den meisten Fällen wird die Cleverness der Ganoven nur noch von der Naivität oder schieren Dummheit ihrer Opfer übertroffen.

Bevorzugtes Aktionsfeld für **Trick- und Taschendiebe** ist die Gegend rund um den Place de la Indépendance, die Avenue George Pompidou, die Avenue Albert Sarraut, die beiden Märkte Kermel und Sandaga sowie die Hafengegend, und da vor allem die Anlegestelle der Fähre nach Gorée. Auch von den westlichen Corniche-, bevorzugtes Terrain für Jogger und Freizeitsportler, wurden immer wieder Überfälle gemeldet. Aber ein wirklich unangenehmer Ort ist die Gare routière, „pompier" genannt. Wegen des extremen Gedränges und Geschiebes sind selbst Einheimische auf der Hut. Speziell hier ist äußerste Vorsicht angebracht.

Zwar konnte die Polizei in letzter Zeit die innerstädtische Kriminalität eindämmen, dafür ist jetzt die **Peripherie** gefährlicher geworden. Das gilt auch für die Zeit nach Mitternacht – also dann, wenn sich Clubs und Discos erst richtig füllen. Wer sich dann zu Fuß und möglicherweise auch noch allein ins „Africa Star" oder ins „Sahel" aufmacht, darf sich nicht über gefährliche Begegnungen wundern. Da wird man schnell in einen finsteren Hauseingang gedrückt und ist seine Barschaft los. Wer richtig Pech hat, kann den Rückweg in sein Domizil barfuß und in Unterhosen antreten. Nächtliche Vergnügungstouren, auch bei kurzen Strecken, sollten deshalb nur mit dem Taxi und möglichst in Begleitung angegangen werden.

Über die ständig wechselnde Sicherheitslage wissen Einheimische naturgemäß am besten Bescheid. Und wenn man erst mal ein paar Tage in Dakar verbracht hat, stellt sich auch das Gespür für die „Hotspots" ein.

Notfallnummern:
- **Polizei,** Tel. 17
- **Feuerwehr,** Tel. 18

Sehenswürdigkeiten

Rund um den **Place de l'Indépendance** schlägt das Herz von Dakar. An diesem rechteckigen Platz zweigen die wichtigsten Straßen ab, wuchtige Hochhäuser aus den 1950er Jahren bestimmen das Bild, die Atmosphäre ist alles andere als afrikanisch. Dafür fällt die Orientierung sehr leicht. Den besten Überblick von der Stadt und dem gewaltigen Hafen hat man vom 16. Stock der Dachterrasse des Hotel de l'Indépendance.

Plateau-Viertel

Das Plateau-Viertel, rund um den **Place Soweto,** ist einer der ältesten Stadtteile Dakars. Ganze Straßenzüge stammen noch aus der Gründerzeit, das Ambiente erinnert an Südfrankreich. Hier befindet sich das IFAN-Museum, das einen umfassenden Einblick in die Kultur Westafrikas bietet; außerdem das Parlamentsgebäude und der Präsidentenpalast. Anders als in der hektischen City kann man hier ungestört bummeln.

IFAN-Museum

Das IFAN-Museum nimmt sich im Gegensatz zum Kolonialmuseum von Paris bescheiden aus. Doch in Westafrika wird man ein vergleichbares Museum vergeblich suchen. Das **Institut Fondamental d'Afrique Noire (IFAN)** beherbergt u.a. zehn naturalistisch nachempfundene Szenen von Ritualen und Zeremonien wichtiger Ethnien, so etwa der Dogon, Bijagos oder Bassari, sowie eine umfassende Sammlung von Masken und Kultgegenständen.

Das Museum ist täglich außer Mo von 8–12 und 15–18 Uhr geöffnet, der Eintritt beträgt 2000 CFA.

Medina

Wer nachts die angesagten Clubs besuchen will, kommt an Medina nicht vorbei. Dazu sollte man aber gewisse Vorsichtsregeln beachten (s.o.). Tagsüber herrscht im **„Bauch der Stadt"** geschäftiges Treiben, und man kann, ist man nicht mit Kameras behängt, unbehelligt eine Entdeckungstour machen oder seinen Einkäufen nachgehen. Touristen verirren sich selten hierher. Den besten Eindruck von diesem lebendigen Viertel erhält man rechts und links der Av. Blais Diagne, wo sich auch der **Marché Tilène** befindet. Auf dem mit Abstand ursprünglichsten Markt Dakars findet sich alles, von Gebrauchttextilien bis zu Wahrsagern, und dazu noch viel preiswerter als in der City.

Kermel-Markt

Der Kermel-Markt befindet sich in der **Nähe der Hauptpost,** nur wenige Gehminuten östlich vom Place de l'Indépendance. 1993 vollständig abgebrannt, wurde die **Jugendstilhalle** mit ihrem maurischen Dekor in alter Form wieder rekonstruiert. Allein schon die Farbenpracht des **Vogel- und Blumenmarktes** ist einen Besuch wert. Fisch, Fleisch, Obst und Gemüse sind etwas teurer als anderswo. Aber nirgends bekommt man so guten Käse oder so gute Wurst wie hier. Rund um den Markt haben sich zahllose Souvenirläden niedergelassen.

Sandaga-Markt

Der Sandaga-Markt an der Av. Lamine Guèye ist nicht nur wegen seiner **neosudanesischen Architektur** das genaue Gegenstück zum touristisch herausgeputzten Kermel-Markt. Hier decken sich vor allem die Einheimischen mit den Dingen des täglichen Bedarfs ein. Interessant ist vor allem das **Umfeld des Marktes** wegen des schier unüberschaubaren Angebots an afrikanischen Stoffen und Musikkassetten. Das hinter dem Markt neu entstandene **Einkaufszentrum Touba** zeugt von der Prosperität und Finanzkraft der islamischen Bruderschaft der Mouriden.

Hafen

Der Hafen zählt mit seiner zehn Kilometer langen Kaianlage zu den **größten Westafrikas.** Mit Ausnahme des militärischen Teils ist er für jedermann frei zugänglich und durchaus sehenswert. Wer das rege Treiben allerdings aus dem Wagen heraus besichtigen will, muss sich bei der Hafenbehörde eine Tagesgenehmigung einholen (Informationen bei der Direction du Port Autonome de Dakar, Tel. 338494545).

Sehenswert ist auch das bunte Treiben an der **Anlegestelle der Fähre nach Gorée.** Zum Feierabend treffen sich die Hafenarbeiter bei „Alex", einer urigen Bierbar um die Ecke.

Corniche

Die Corniche zeigt dem Besucher das **landschaftliche Zuckerstück** von

DAKAR

Dakar (im Hintergrund ist die Île de Gorée zu sehen)

Dakar. Ausgehend vom Hafen windet sich die enge Küstenstraße zuerst Richtung Süden, vorbei an prächtigen Villen, mondänen Restaurants, verschwiegenen Badebuchten und dem alles überragenden Palast des Präsidenten. Nach dem **Cap Manuel** und seinem Leuchtturm geht es dann wieder in die entgegengesetzte Richtung. Die Corniche endet im schicken **Mermoz-Viertel**. Die Straße verläuft dann von der Küste weg Richtung Ouakam und von dort zum **Leuchtturm Les Mamelles**. Dabei wird auch das neue Wahrzeichen der Stadt, das **Monument de la Renaissance africaine,** passiert (siehe dazu den Exkurs „Großes Denkmal, große Wut").

Soumbédioune

Soumbédioune bezeichnet eine kleine **Bucht** und ein **Stadtviertel an der westlichen Corniche.** Bekannt geworden ist der Ort durch sein **Village Artisanal,** das größte seiner Art im Senegal, wo es reichlich Kunsthandwerk zu bestaunen gibt. Vor hier aus startet auch die kleine Bahn, die Touristen durch die Innenstadt von Dakar kutschiert. Ein kleiner **Fischerhafen** vermittelt einen Eindruck von der harten Arbeit der Fischer. Doch am schönsten ist dieser

Ort am frühen Abend, wenn die Sonne hinter den vorgelagerten Inseln im Meer versinkt.

Point des Almadies

Der Point des Almadies ist der **westlichste Punkt Afrikas.** Der felsige Landzipfel avancierte in den letzten Jahren zur besten Wohnadresse von Dakar und heißt im Volksmund „Beverly Hills". Am Wochenende ist er außerdem ein beliebtes Ausflugsziel. Werktags kann man hier in aller Ruhe bummeln, einen Souvenirmarkt besichtigen und sich an den Strandbuden mit frischem Fisch, Muscheln, Austern oder gegrillten Langusten versorgen. Nähere Infos zu Unterkünften s.u. unter Hotels in Ngor, Yoff und des Almadies.

Touristeninformation

- **Place de l'Indépendance/Av. Hassan II.** Kleiner Stand mit freundlichen Hostessen, die auch englisch sprechen. Aber kaum Infomaterial und keine Stadtpläne. Den besten (aktuellen!) **Stadtplan** von Dakar verlegt die Edition Laure Kane, ISBN: 9782917495070. Der Plan ist in allen besseren Buchhandlungen in Dakar erhältlich.

Hotels

Dakar verfügt über ein großes Bettenangebot der Mittel- bis Luxus-Klasse. Dagegen ist das Angebot an preiswerten Unterkünften sehr beschränkt. Ein passables Doppelzimmer unter 15.000 CFA zu finden, ist fast unmöglich. Vor allem während der Hauptreisezeit, zu Weihnachten, Ostern oder während der Rallye Dakar, sollte man frühzeitig reservieren. Auch während internationaler Konferenzen ist es oftmals schwierig, ein Zimmer zu finden. Wem die City von Dakar zu teuer und/oder zu hektisch ist, der findet in den nördlich gelegenen Küstenorten Ngor oder Yoff genügend Alternativen. Dort werden auch Privatzimmer, Ferienhäuser und Appartements vermietet. Alle genannten Preise beziehen sich auf eine Übernachtung; wer länger bleibt, kann bei einfacheren Unterkünften Preisnachlässe aushandeln.

- **Infos zu Ferienwohnungen:** www.gites-senegal.com/site/home
- **Infos zu Hotels:** www.ausenegal.com/hotel/dakar.htm

Hotels der Luxusklasse

- **Hotel Radisson Blu Dakar**
Route de la Corniche Ouest, Quartier Fann, Tel. 338693333. Seit 2009 die neue Messlatte für Komfort und Eleganz in Dakar. Architektonisch gelungenes Hotel, direkt an der Felsküste gelegen mit Blick aufs Meer, 180 Zimmer und Suiten ab 250 Euro. Drei Restaurants. Bei unserem Besuch 2010 war der 750-m²-Pool, eines der Highlights der Anlage, wegen Fundamentschäden außer Betrieb. www.radissonblu.com/hotel-dakar
- **Hotel Terrou Bi**
Bd. Martin Luther King/Corniche Ouest, Tel. 338399039. Treffpunkt der schwarzen Upper class. Kasino, Yachthafen, Privatstrand, beheizter Pool, drei Restaurants, Bars, Disco sowie 118 Zimmer und Suiten, teilweise mit Meerblick, zwischen 200 und 800 Euro. www.terroubi.com
- **Hotel Savana**
Pointe Bernard, Tel. 338236023. Etwa 3 km südlich vom Zentrum. Ein älteres, aber sehr gepflegtes Haus mit viel kolonialem Charme und 100 Zimmern, direkt am Meer mit Blick nach Osten, in einem schönen parkähnlichen Areal gelegen, großer Pool, Tennisplätze, DZ ab 122 Euro. www.savana.sn
- **Hotel Lagon II**
Route de la Petit Corniche, Tel. 338892525. Klein, aber fein und direkt am Meer gelegen, mit Privatstrand. 56 klimatisierte Zimmer, 2008 komplett renoviert, ab 84.000 CFA. Ausgezeichnetes Restaurant. Ohne Pool, dafür mit Privatstrand. Der benachbarte Yachtclub Lagon I ist Treffpunkt der französischen Schickeria. www.hotel-lagon-senegal.com

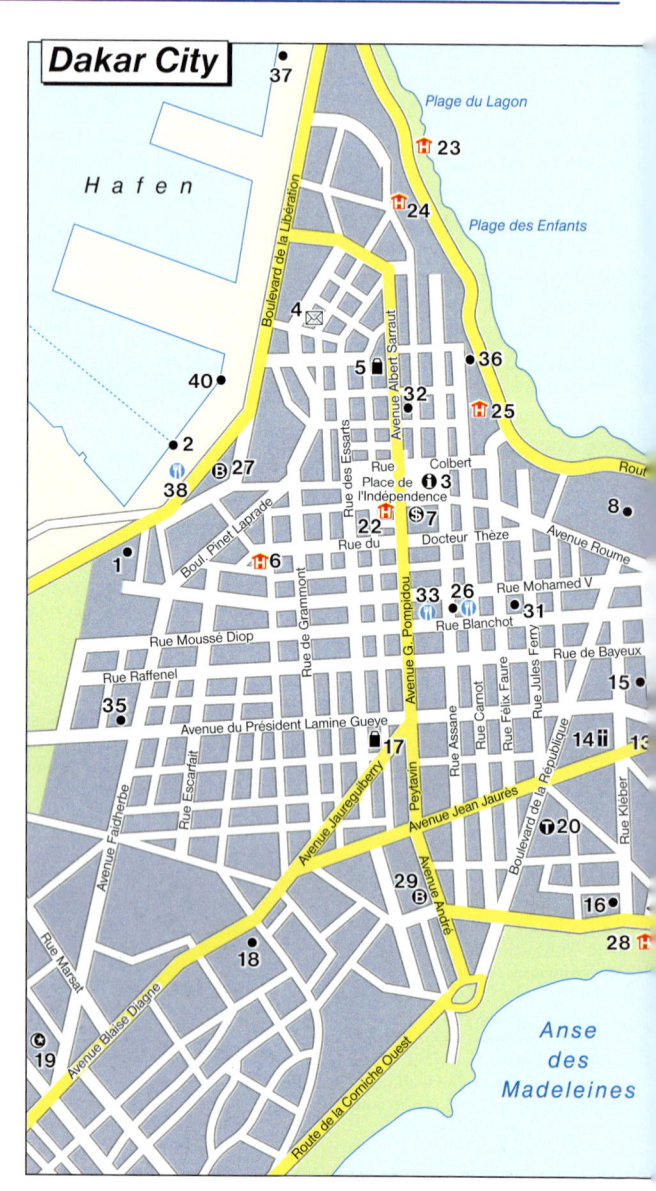

DAKAR

Dakar City

Plage du Lagon
Plage des Enfants
Anse des Madeleines

Hafen

Boulevard de la Libération
Avenue Albert Sarraut
Rue des Essarts
Boul. Pinet Laprade
Rue de Grammont
Rue Mousse Diop
Rue Raffenel
Avenue du Président Lamine Gueye
Avenue Faidherbe
Rue Escarfait
Avenue Jaureguiberry
Avenue G. Pompidou
Peytavin
Rue Assane
Rue Carnot
Rue Félix Faure
Rue Jules Ferry
Boulevard de la République
Rue Kléber
Avenue Jean Jaurès
Avenue André
Rue Marsat
Avenue Blaise Diagne
Route de la Corniche Ouest
Rue Colbert
Place de l'Indépendance
Rue du Docteur Thèze
Rue Mohamed V
Rue Blanchot
Rue de Bayeux
Avenue Roume
Rout

Karten S. 628, 662, Stadtpläne S. 672, 674

Unterwegs im Senegal

DAKAR 669

Insel Gorée

Pointe Bernard

Anse Bernard

Route de la Corniche Est

Avenue Pasteur

Plage Pasteur

Ave. Brière de l'Isle

Avenue Borgois Desbordes

Mandela

Place Soweto

Kartenlegende auf der übernächsten Seite

0   500 m

Senegal

Hotel Sokhamon
Bd. Roosevelt/Av. Nelson Mandela. Tel. 338897100. 2007 eröffnetes Boutique-Hotel mit 30 Zimmern bzw. Suiten in extravaganter Gestaltung. Bereits die Terrasse mit spektakulärem Blick auf die Madeleine-Inseln ist einen Besuch wert. Und garantiert der beste Ort für einen Sundowner in Dakar. DZ mit Meerblick 68.000 CFA.
www.hotelsokhamon.com/

Pullman Dakar Teranga (ex Sofitel)
10, Rue Colbert, Tel. 338892200. Großhotel in zentraler Lage. Pool, Sauna, Tennisplatz, Night-Club etc. 260 Zimmer und Suiten ab 130 Euro, teilweise mit Meeresblick.

Novotel Dakar
Av. Abdoulaye Fadida, Tel. 338496161. Steriles (Kongress-)Hotel aus den 1970er Jahren mit 290 Zimmern und Suiten. Pool, Tennisplatz, Konferenzräume etc. DZ ab 120 Euro.

Hotels der Mittelklasse

Hotel La Croix du Sud
20, Av. Hassan II. (ex Av. Sarraut), Tel. 33889787. Zentral gelegenes Traditionshotel aus den 1950er Jahren mit ausgezeichnetem Restaurant. 63 klimatisierte Zimmer mit TV und WLAN ab 60.000 CFA.
www.lacroixdusud.net

Hotel Le Djoloff
Rue Nani, Quartier Fann Hock, Tel. 338893630. Neues, geschmackvoll eingerichtetes Hotel mit 24 Zimmern und Suiten in ruhiger Lage. Terrasse mit Meerblick und Bar/Restaurant. DZ 70.000 CFA, Suite 100.000 CFA. www.hoteldjoloff.com

Hotel Ganale
38, Rue Amadou Assane Ndoye, Tel. 338894444. 40 klimatisierte und rollstuhlgerechte Zimmer mit TV und Minibar ab 42.000 CFA. Zentral gelegen mit netter Bar/Restaurant. Gutes Preis-Leistungsverhältnis, deshalb oft ausgebucht.
www.ganalehotel.com

Hotel le Farid
51, Rue Vincens, Tel. 338216127. Hotel mit sehr gutem libanesischem Restaurant. 17 große klimatisierte Zimmer mit Bad ab 41.000 CFA. Bar, bewachter Parkplatz, Abholung vom Airport möglich. www.hotelfarid.com

La Voile D'Or
Plage Bel-Air, Quartier Hann, Tel. 8328648, www.voiledor.sn. Die Umgebung (Militärcamps, Industriebrachen) ist eher trist, doch die gepflegte Bungalow-Anlage mit schönem Privatstrand ist eine echte Oase mit Bar/Restaurant. Halb- und Vollpension möglich, Segelboot- und Jetski-Verleih, DZ ab 38.000 CFA. Etwas preisgünstiger wohnt man im benachbarten Hotel Monaco Plage (siehe auch Camping).

Hotel Nina
43, Rue St. Michel (ex Rue Docteur Theze), Tel. 338890120. 40 klimatisierte Zimmer und zwei Suiten mit TV ab 38.000 CFA. Zentrale Lage, mit Dachterrasse, aber wenig Charme und keinesfalls mit dem Standard von vier Sternen, die das Hotel aufweist.

Hotel Saint-Louis Sun
68, Rue Félix Faure, Tel. 338222570. 25 sehr einfache klimatisierte Zimmer in einem Kolonialhaus mit schönem grünen Innenhof. Zentral gelegen. DZ 29.500 CFA.

Hotel Océanic
9, Rue de Tann, Tel. 8222044. 35 sehr einfache, aber klimatisierte Zimmer in Hafennähe in einem alten Kolonialhaus mit Bar und hübschem Restaurant. DZ 25.800 CFA. Wer länger bleibt, zahlt weniger.
www.hoteloceanicdakar.com/

Einfache Unterkünfte

Auberge Chez Viera
25, Av. Georges Pompidou, Tel. 338217348, 775738863, Eingang rechts in der Passage Nehme (beim Snack Ali Baba) – nichts angeschrieben, fragen. Zehn große saubere Zimmer mit Dusche/WC im 3. OG. Die Zimmer im hinteren Teil sind ruhiger. DZ 16.200 CFA.

Le Provencal
19, Rue Malefant, Tel. 338221069, direkt am Place de l'Indépendance. Stundenhotel und seit vielen Jahren beliebte Adresse für Backpacker. Freundliches und hilfsbereites Personal. Die Zimmer im 1. OG sind ruhiger und besser. DZ 16.000 CFA.

Alle anderen Billigadressen im Zentrum sind reine Stundenhotels und/oder finstere Absteigen.
Wer bei der Übernachtung sparen will, sollte sich in den nördlichen Vor-

- 1 Bahnhof
- 2 Fähre nach Gorée
- 3 Touristeninformation
- 4 Hauptpostamt
- 5 Marché Kermel
- 6 Hotel Continental
- 7 BICIS-Bank
- 8 Präsidentenpalast
- 9 Städtisches Krankenhaus
- 10 Klinik Pasteur
- 11 Hotel Savana
- 12 Nationalversammlung
- 13 I.F.A.N.-Museum
- 14 Kathedrale
- 15 Österreichische Botschaft
- 16 Schweizer Botschaft
- 17 Marché Sandaga
- 18 Cour des Maures
- 19 Große Moschee
- 20 Theater Daniel Sorane
- 21 Deutsche Botschaft
- 22 Hotel de l'Indépendance
- 23 Hotel Lagon II + Lagon I
- 24 Novotel Dakar
- 25 Hotel Teranga
- 26 Franz. Kulturzentrum, Restaurant Le Bideew
- 27 Busse nach Rufisque
- 28 Hotel Sokhamon
- 29 Busse nach Ngor und Joff
- 30 Depot DDD-Busse
- 31 Hemisphere Voyage
- 32 Air France
- 33 Ali Baba Snackbar
- 34 Oceanium
- 35 Gare Routiere Pompiers
- 36 Französische Botschaft
- 37 Anlegestelle Fähre Ziguinchor
- 38 Club de Peche
- 39 Clinic de la Madeleine
- 40 Terminal Kreuzfahrtschiffe
- 41 Rathaus
- 42 Polizeistation
- 43 Postamt (P.T.T.)
- 44 Moschee
- 45 Église St-Charles
- 46 Sklavenhaus
- 47 Historisches Museum
- 48 Meeresmuseum
- 49 Fort d'Estrées/Museum
- 50 Kastell
- 51 Fährhafen nach Dakar

Kartenlegende zum Stadtplan S. 668

DAKAR ZENTRUM

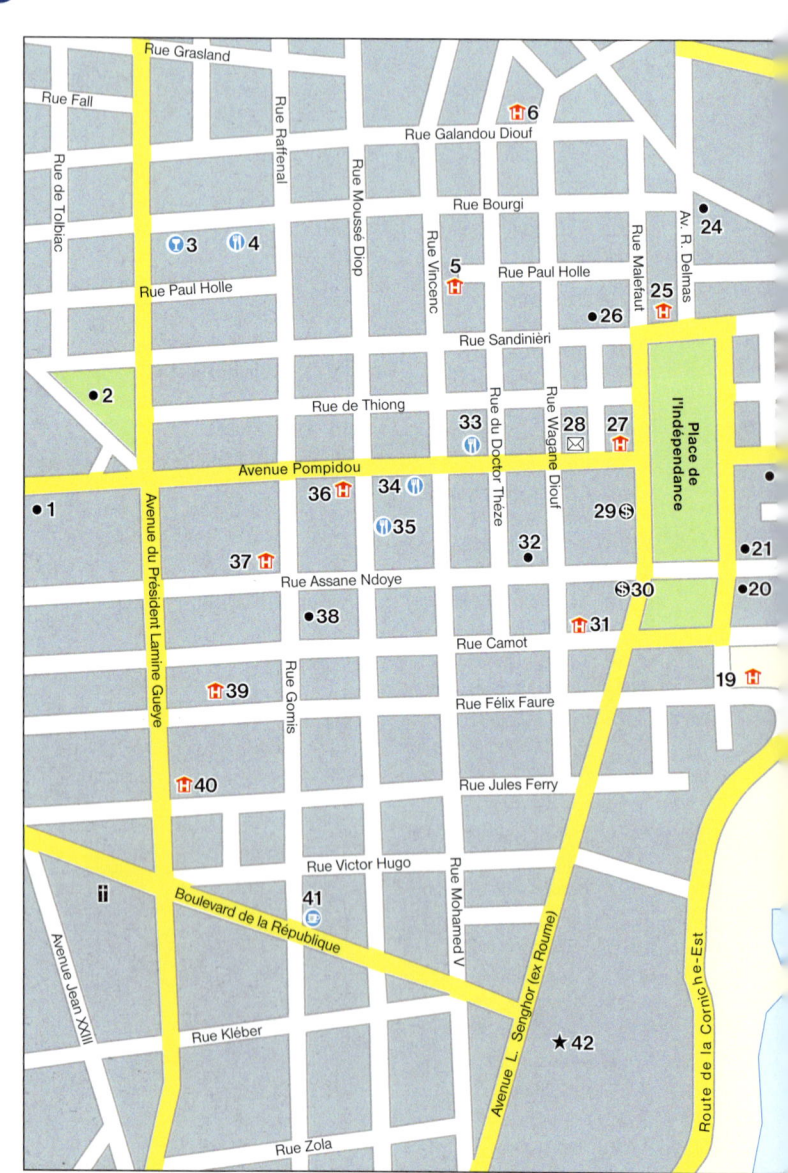

Dakar Zentrum

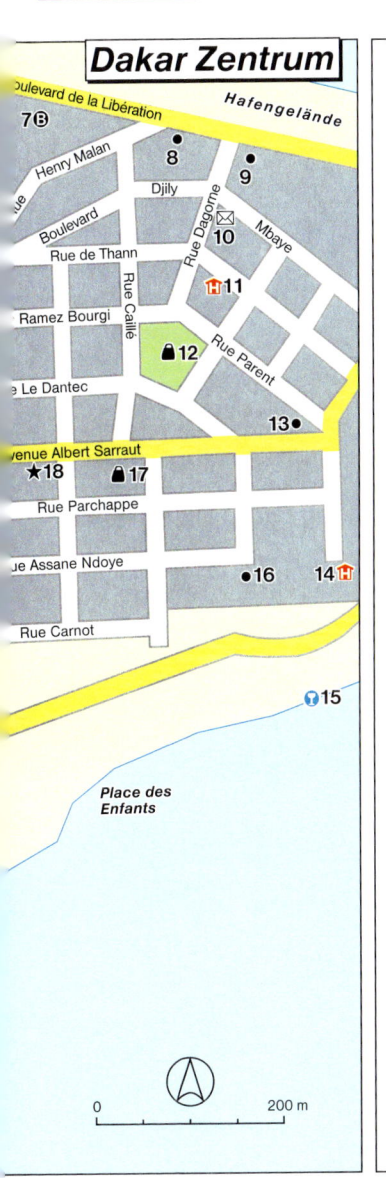

- 1 Air Guinée
- 2 Sandaga-Markt
- 3 Night Club Jet Set
- 4 La Pizzeria
- 5 Hotel Fahrid
- 6 Hotel Continental
- 7 Busstation
- 8 Hafenbehörde
- 9 Casino du Port
- 10 Hauptpost
- 11 Hotel Oceanic
- 12 Kermel-Markt
- 13 Goethe Institut
- 14 Novotel
- 15 Bar/Restaurant Lagon 1
- 16 Französische Botschaft
- 17 Kaufhaus Casino Supermarche
- 18 Nationalgalerie
- 19 Hôtel Pullman Téranga
- 20 Senegal-Tours
- 21 Royal Air Maroc
- 22 Air France
- 23 Hotel La Croix du Sud
- 24 Rathaus/Hotel de Ville
- 25 Hotel Provencal
- 26 Bücherei Clairafrique
- 27 Hotel de l'Indépendance
- 28 Post
- 29 CBAO Bank
- 30 BICIS Bank/Citibank
- 31 Hotel Nina
- 32 SN Brussels
- 33 Patisserie La Galette
- 34 Ali Baba Snack Bar
- 35 Restaurant Chez Loutcha
- 36 Auberge Chez Viera
- 37 Hotel Ganalé
- 38 Franz. Kulturzentrum
- 39 Hotel Saint-Louis Sun
- 40 Hotel Al Afifa
- 41 Café le Rome
- 42 Präsidentenpalast

DAKAR NORD

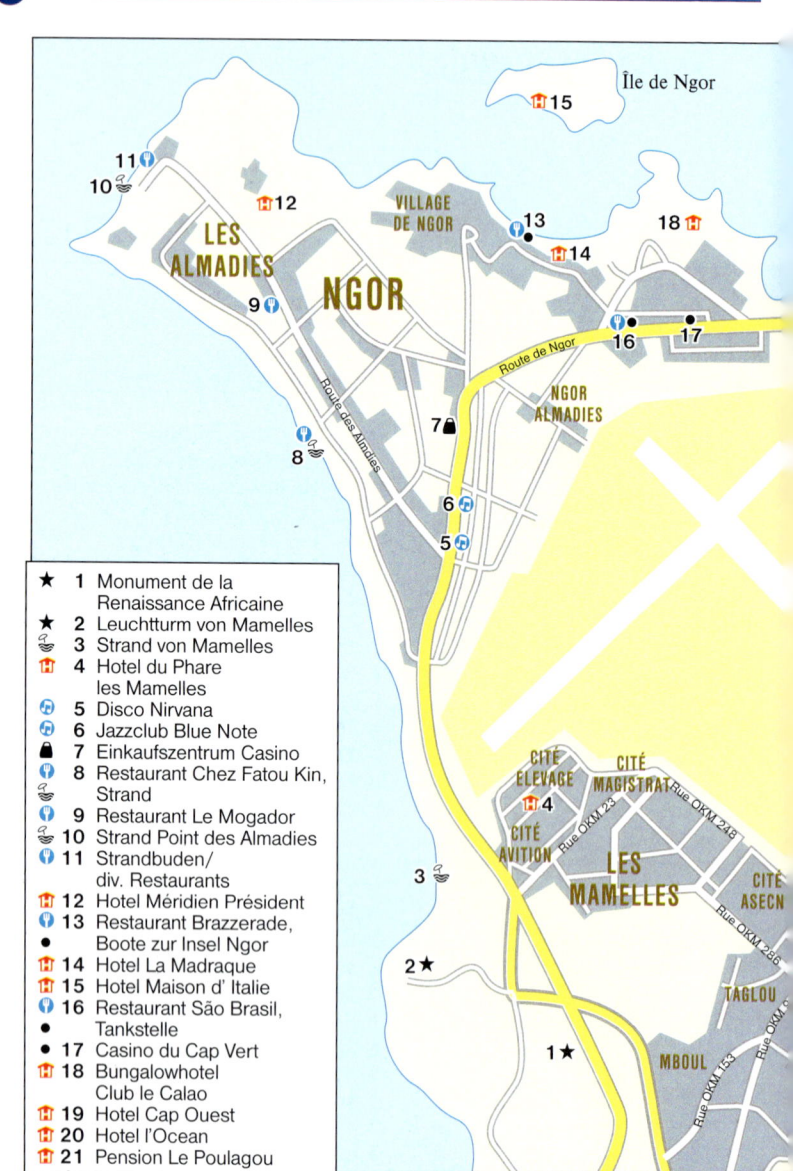

- ★ 1 Monument de la Renaissance Africaine
- ★ 2 Leuchtturm von Mamelles
- 3 Strand von Mamelles
- 4 Hotel du Phare les Mamelles
- 5 Disco Nirvana
- 6 Jazzclub Blue Note
- 7 Einkaufszentrum Casino
- 8 Restaurant Chez Fatou Kin, Strand
- 9 Restaurant Le Mogador
- 10 Strand Point des Almadies
- 11 Strandbuden/ div. Restaurants
- 12 Hotel Méridien Président
- 13 Restaurant Brazzerade, Boote zur Insel Ngor
- 14 Hotel La Madraque
- 15 Hotel Maison d' Italie
- 16 Restaurant São Brasil, Tankstelle
- 17 Casino du Cap Vert
- 18 Bungalowhotel Club le Calao
- 19 Hotel Cap Ouest
- 20 Hotel l'Ocean
- 21 Pension Le Poulagou

Dakar Nord

Île de Yoff

19
20 RANRHAR TONGHOR 21
Route de Ngor
Rue YF 478
CITÉ DJILY MYABE
R. M. Sarr
Rue Alassane Thiaw
NDÉNATE
CITÉ VIRAGE
Rue YF 488
CITÉ BIAGUI
YOFF
MBENGUÈNE
Rue E.H. B. Mbengue
Rue Seydina M. Laye
Rue E.H. Diarra Thierno D.
NGAPAROU
Rue Seydina Issa Gueye

CITÉ ALIA DIÈNE

AEROPORT INTERNATIONAL LEOPOLD SEDAR SENGHOR

OUEST FOIRE
CITÉ TÉLÉCOM
NORD FOIRE

Route de Yoff

V.D.N.
SIPRES
CITÉ SONATEL
Rue GY 24
SUD FOIRE

Rue OKM 02
CITÉ BALLON

OUAKAM

URBAM

orten Yoff oder Ngor umsehen. Dort lassen sich auch halbwegs günstige Privatzimmer mieten.

Hotels in Ngor, Yoff und Les Almadies

●**Le Meridien President**
Route des Almadies, Tel. 338696969. Luxushotel der Starwood-Gruppe mit 900 Betten und allem Komfort. Kongresszentrum, diverse Restaurants, Bars, Golfplatz, Autoverleih etc. www.lemeridienpresidentdakar.com

●**Club Le Calao**
Route de Ngor, Tel. 338200540. Große Bungalow-Anlage direkt am Meer, nur 5 Minuten zum Airport, mit Pool und Restaurant, klimatisierte Bungalows mit drei Betten ab 35.000 CFA. Vorteilhaft für Campingmobil-Fahrer, da das Fahrzeug direkt vor der Hütte geparkt werden kann. Das Areal ist bewacht.

●**Hotel du Phare les Mamelles**
Les Mamelles, Tel. 338603000. Hübsch eingerichtetes kleines Gästehaus mit gemütlichem Innenhof, Restaurant, WLAN. Zehn Zimmer ab 23.000 CFA.
www.lesmamelles.com

●**Hotel Cap Ouest**
Yoff-Virage, Tel. 338202469. Kleines, verkehrsgünstig gelegenes Hotel direkt am Strand, nur wenige Minuten vom Flughafen entfernt. Bar/Restaurant. DZ 24.000 CFA.

●**Espace Thially**
Nördlich vom Verteiler Patte d'Oie, ca. 3 km bis zum Plage-Yoff, Tel. 338550260. Einfache, familiäre Pension mit schönem Innenhof in einem ruhigen Wohnviertel. DZ 16.000 CFA mit Frühstück. www.cauris.sn

●**Auberge Keur Diame**
Yoff-Cambérène, Parcelles Assainies unité 15, No. 15, Tel. 338558908. Hübsche, gepflegte Pension von *Ruth Isenschmid*, in ruhigem Wohnviertel gelegen, mit großer Sonnenterrasse, nur wenige Schritte vom Strand entfernt. Abholservice vom Flughafen, Ausflüge etc. Direkte Busverbindung in die City. DZ mit Frühstück 21.300 CFA. Abendessen auf Wunsch. Ideal für Leute, die einen stressfreien Einstieg in Dakar suchen. N 14°45,922 / W 017°26,494.
www.keurdiame-senegal.com

●**Auberge Le Poulagou**
Yoff Tonghor-Plage, Tel. 338202347. Direkt am Fischmarkt und der Anlegestelle der Pirogen gelegen, pittoreske Umgebung. Das renovierte Gästehaus eines Schweizers ist ausgesprochen sauber und ordentlich geführt. DZ ab 15.000 CFA. Frühstück und Tagesgericht möglich. Bar mit toller Aussicht auf die Bucht. Abholservice vom Flughafen. Einziger Nachteil ist (noch) der Fluglärm. N 14°45'52 / W 17°28'47. www.poulagou.ch

●**Auberge Via Via**
Yoff-Layene, Route de Cimetières, Tel. 338205475. Kleine Pension eines Belgiers für Backpacker. DZ mit Bad ab 15.000 CFA. Etwas teurer ist die nahe **Pension Lumumba**, Tel. 338202563.

Camping

Leider verfügt Dakar über keinen wirklichen Campingplatz. Reisende mit Wohnmobil müssen bei der Suche nach einem sicheren Stellplatz improvisieren. Die beste Lösung bietet sicher der oben genannte **Club de Calao** in Ngor, der neben ausreichend Platz auch über einfache sanitäre Anlagen (Dusche, Außentoilette) verfügt. Im stadtnahen **Campement Monaco Plage** im Viertel Bel Air/Hann (Tel. 338327919) sind Camper ebenfalls willkommen. Leider sind die Stellflächen beschränkt. Regelmäßig von Campern frequentiert wird auch der **öffentliche Parkplatz vor dem Hotel Madrague Warung** (siehe Kapitel zu Ngor). Vergessen Sie nicht, den Wächtern des Hotels ein paar CFA zu geben, damit sie ein Auge auf das Fahrzeug werfen!

Tipp: Lassen Sie für Stadtbesichtigung, Behördengänge etc. das Fahrzeug besser stehen, und nehmen Sie sich ein Taxi oder den Minibus. Sie ersparen sich viel Stress mit der Polizei, die garantiert immer einen Vorwand findet, Sie zur Kasse zu bitten.

Essen und Trinken

Dakar bietet dem Reisenden das **gesamte Spektrum der internationalen Küche**, vorrangig natürlich die französische. Aber auch

„Die Dakar" – ein Mythos mit ungewisser Zukunft

Für die einen ist es ein fragwürdiges Vollgas-Spektakel, für die anderen eine der letzten großen Herausforderungen: An der **Rallye Paris – Dakar,** kurz „Le Dakar" genannt, scheiden sich die Geister. Formel-1-Legende *Jacky Ickx* nannte sie eine „einzige Lektion in Demut", andere sprechen höhnisch von „Ferien für Masochisten". Wie dem auch sei, zwei Wochen lang, immer Anfang Januar, wälzte sich ein gewaltiger Tross von Geländewagen, Motorrädern und Lkw gen Süden, begleitet von Transportflugzeugen und Hubschraubern mit TV-Kameras. Ziel ist, mit wenigen Ausnahmen, seit der Premiere 1979 Dakar. Bis 2001 war „Die Dakar" eine Domäne der Männerwelt und Rennfahrerinnen allenfalls schmückendes Beiwerk. Dann gewann mit *Jutta Kleinschmidt* zum ersten Mal eine Frau das härteste Rennen der Welt. Das machte „Die Dakar" auch in Deutschland populär.

Dann schreckte Weihnachten 2007 eine Nachricht die Öffentlichkeit auf: Im Süden Mauretaniens waren vier französische Touristen ermordet worden, die Tat von „Al Kaida im Magreb", die im Vorfeld gedroht hatte, die Rallye mit allen Mitteln verhindern zu wollen. Mit Erfolg. Weder Frankreich noch Mauretanien wollten jetzt noch für die Sicherheit der Teilnehmer garantieren, die Veranstalter strichen die Segel. Die 31. Auflage fand dann **2009 erstmals in Südamerika** statt. Und das mit einer nie geahnten Resonanz in der Bevölkerung. Halb Argentinien und Chile versammelten sich an der Strecke.

Die Rallye ist – natürlich – die **Erfindung eines Franzosen: Thierry Sabine.** Die Idee kam dem Rennfahrer 1977, als er sich beinahe hoffnungslos in der libyschen Wüste verirrt hatte. Bereits zwei Jahre später startete er seine erste Dakar. *Sabine* endete dort, wo es ihn immer wieder hinzog: 1991 verunglückte er bei einem Erkundungsflug für eine neue Route in der mauretanischen Wüste. Dabei war und ist *Sabine* beileibe kein Einzelfall. Praktisch jedes Jahr kommt es zu zahlreichen Unfällen mit Toten und Verletzten, egal ob Rennfahrer oder unbeteiligte Zuschauer. Doch anders als in Europa erheben sich vor Ort kaum kritische Stimmen.

Ob „Die Dakar" **jemals wieder nach Westafrika** und damit in den Senegal zurückkehrt, war bei Redaktionsschluss dieser Auflage völlig ungewiss, auch wenn sich viele Profis ausdrücklich für eine Rückkehr auf den Schwarzen Kontinent aussprechen. Was sicher bleiben wird, ist der Name, der für Motorsportfans in aller Welt längst zum Mythos geworden ist. Kein Wunder, dass der Erfolg der Rallye jede Menge **Nachahmer** auf den Plan rief. So wurde 2002 die „Plymouth – Dakar Challenge" aus der Taufe gehoben. Danach kam „Dresden – Dakar". Die Idee: Mit schrottreifen Kisten nach Westafrika fahren und die Fahrzeuge dann für einen guten Zweck versteigern. Inzwischen gibt es auch die semiprofessionelle „Budapest – Dakar". Selbst im Senegal macht man sich Gedanken über die Zukunft. Falls „Die Dakar" nicht zurückkehrt, will man eine eigene Veranstaltung starten. Schlechte Pisten gibt es ja genug …

Infos:
- www.dakar.com
- www.plymouth-dakar.co.uk
- http://budapestdakarrally.com

Monument de la Renaissance africaine, Dakars neues Wahrzeichen

kreolische, chinesische, thailändische, vietnamesische, italienische oder libanesische Lokale sind zahlreich vertreten. Menüpreise in Restaurants mit europäischem Standard beginnen bei 3000 CFA. In der Av. George Pompidou gibt es zudem etliche **Snack-Bars** und **Brasserien,** wo man günstig satt wird.

Restaurants in Dakar

● **Le Bideew**
89, Rue Joseph Gomis, Tel. 338231909. Im Park des Centre Culturel Français. In dieser Oase im Großstadtdschungel trifft sich ein internationales Publikum in entspannter Lounge-Atmosphäre. Französisch-senegalesische Küche ab 4000 CFA sowie große Auswahl an Salaten. Geöffnet ab 10 Uhr, sonntags geschlossen. Sehr empfehlenswert.

● **Lagon 1**
Corniche Est, Tel. 338215322. Sehr schick und nicht gerade billig. Französische (Fisch-)Küche mit Yachtclub-Atmosphäre und entsprechender Aufmachung – und dann diese einmalige Lage direkt am Meer. Auch gut für einen Cocktail im Liegestuhl unterm Sonnenschirm.

● **Chez Loutcha**
114, Rue Moussé Diop, Tel. 33821002. Große Portionen zu kleinen Preisen (ab 2500 CFA), das ist seit vielen Jahren das Erfolgsrezept dieses capverdianischen Lokals mit dem Charme einer Betriebskantine. Wer nicht pünktlich um 12 bzw. 18 Uhr ansteht, hat kaum Chancen auf einen Tisch.

● **Point d'Interrogation „?"**
Rue Assane Ndoye/Ecke Rue Mohammed V., Tel. 338225072. Kleines Restaurant mit solider afrikanischer und europäischer Küche, zentral gelegen, Gerichte ab 2000 CFA.

● **Club de Peche**
Links neben der Anlegestelle der Fähre nach Gorée, Tel. 776371918. Inmitten der Souvenirbuden und schäbigen Bars ist dieses Lokal

eine echte kulinarische Oase in der Hafengegend. Südfranzösische Küche ab 5000 CFA. Sat-TV. Täglich ab 11 Uhr geöffnet.

● **Mezzo**
26, Rue Jules Ferry, Tel. 338235888. Gilt allgemein als das Lokal, wo die beste Pizza aus dem Ofen kommt. Dazu ein cooler (Musik-)Treff junger reicher Senegalesen, die hier für eine lange Nacht in den Discos vorglühen.

● **Ali Baba**
Av. Georges Pompidou, Tel. 338225297. Die Mutter aller Fast-Food-Kneipen in Dakar. Hauptsächlich Libanesisches wie Shawarma kommt auf den Tisch, aber auch Hamburger in allen Variationen. Wegen dem Andrang kommt man besser erst nach 14 Uhr.

● **Lalibela**
Rue Louga, Pointe E, Tel. 775101569. Original äthiopische Küche in gepflegtem Ambiente. Man speist auf der Dachterrasse unter Zeltplanen. Aber Achtung vor der Variante „scharf", schon „normal" hat es in sich. Täglich ab 18.30 geöffnet.

● **Le Hanoi**
Ecke Rue Carnot/Rue Josef Comis, Tel. 338213269. Seit über 40 Jahren die Adresse für gute und preiswerte vietnamesische Küche. Auch die sehenswerte Einrichtung stammt aus dieser Zeit.

● **Keur Ndeye**
68, Rue Vincens, Tel. 338214973. Hier gibt's leckere senegalesische Gerichte und das schon seit 1973, etwa das Nationalgericht Thieboudienne. Das hübsch eingerichtete Restaurant liegt zentral.

Restaurants in Ngor und Les Almadies

● **Le Mogador**
Route du Almadies, Tel. 338200402. Ganz große Kochkunst und neuer stylischer Feinschmeckertempel auf drei Ebenen. Von den Gästen wird angemessene Bekleidung erwartet. Sonntags geschlossen.

● **São Brasil**
Route de Ngor, direkt hinter der Shell-Station, Tel. 338200941. Sehr gute Pizzas und saftige Steaks. Abends beliebter Treff der weißen Expats. Gerichte ab 4000 CFA. Täglich ab 12 Uhr geöffnet. Mit großem Kinderspielplatz.

● **La Brazzerade**
Ngor-Plage, Tel. 338200364. Lokal eines Franzosen und Treffpunkt der Sportfischer. Bekannt für seine Seefrüchte und Fisch vom Holzkohlegrill, ab 6000 CFA. Schöner Blick auf die Bucht.

● **Strandbuden in Les Almadies**
Wer sich durch die Stände der Souvenirhändler gekämpft hat, findet hier preiswerte Fischgerichte vom Grill und alle Arten von Meeresfrüchten. Die Austern kommen frisch aus dem nahen Meerwasserbecken, das Dutzend für 1600 CFA. Bier aus Pappbechern. Die urige Atmosphäre und den Blick aufs Meer gibt's gratis. In der Nachbarschaft gibt es noch etliche teure Adressen.

Salons de Thé, Cafés, Pâtisseries

Sowohl in der Av. Georges Pompidou als auch in der Av. Lamine Gueye gibt es mehrere „europäische" Cafés mit entsprechenden Preisen (meist nur bis 20 Uhr geöffnet); in der Regel servieren sie außer Kuchen auch ein gutes Frühstück, Sandwiches und Crêpes.

● **Patisserie La Galette**
Av. George Pompidou, Tel. 338236363. Brot, Gebäck, Kuchen, Snacks vom Feinsten, leider nur Stehcafé; Außer-Haus-Service.

● **Café Le Rome**
Bd. de la Republique, Tel. 338490200. Eine feine Adresse, nicht nur für einen guten Cappuccino auf der hübschen Terrasse.

Nachtleben

Wer in Dakar nach Sonnenuntergang etwas erleben will, muss sich gedulden, denn vor Mitternacht ist in den wenigsten Clubs oder Discos etwas los. Und davon gibt es in Dakar jede Menge. Auch Konzerte beginnen selten vor 23 Uhr. Aktuelle **Konzertinfos** unter:
**www.ausenegal.com/ciclo/
concerts/index.shtml**

● **Club Thiossane**
Rue Coulibaly, nahe der großen Moschee im Medina-Viertel. Club von Senegals Superstar *Youssou N'Dour*, der dort gelegentlich auch auftritt. Eintritt bei Konzerten ab 2500 CFA.

- **Le Sahel**
Bd. de la Gueule Tapée, Tel. 338212118. Dakars Club-Legende im Medina-Viertel, praktisch täglich Live-Konzerte. Eintritt ab 1000 CFA. Gleich um die Ecke der **Club Sunrise** des Musikers *Thione Seck*, ebenfalls ein guter Tipp.
- **Kili** (ex Kilimandjaro)
Corniche Ouest, nahe Village Artisanal, Tel. 338216255. Mit der beste Live-Club in Dakar, Eintritt ab 3000 CFA.
- **Alexandra**
42, Rue Wagane Diouf, Tel. 338421089. Schicker Treffpunkt der Capverdianer, Salsamusik live. www.alexandra.sn
- **Africa Star**
Rue Raffenal. Ab 24 Uhr die mit Abstand heißeste Adresse von Dakar, kein Eintritt, immer brechend voll, moderate Preise, leider zu viele professionelle Damen und laute Konservenmusik.
- **Just 4 U**
Av. Cheikh Anta Diop, gegenüber der Universität, Tel. 338243250. Nachts spielt hier die crème de la crème der Dakarer Musikszene. Tagsüber und abends ist das Just 4 U ein nettes Restaurant, zum Teil unter freiem Himmel. www.just4udakar.com
- **Pen'Art Jazzclub**
12, Boulevard du Sud, Tel. 338645131. Im Club von *Kisito Diene*, nur eine Straße vom Just 4 U entfernt, treten Musiker wie *Cheikh Lô, Sidy Samb* oder *Souleymane Faye* auf und sorgen mit Jazz oder Mbalax für stimmungsvolle Abende im kleinen Kreis.
- **Le Nirvana**
Route de Ngor, Les Almadies, Tel. 773668814. Neuer supermoderner Tanztempel für die schwarze Oberschicht. Nicht nur am Wochenende regelmäßig Live-Konzerte, vorwiegend Rap und Pop.
www.nirvanadakar.com
- **Le Blue Note**
Route de Ngor, Les Almadies, Tel. 338204551. Neuer Jazz-Club, nur wenige Schritte vom Nirvana entfernt, aber nicht ganz so teuer. Auch internationale Interpreten. Es gibt auch kleine Speisen und Pizza.
- **Casino du Cap Vert**
Route de Ngor, Tel. 338200974. Dakars ältestes Spielkasino. Aber auch Disco der Schönen und Reichen. Die Party beginnt hier selten vor 3 Uhr morgens. Zuvor kann man im Restaurant gepflegt speisen.

Notfall

Dakar verfügt über eine **gut funktionierende medizinische Infrastruktur.** Wer bei akuten Notfällen sicher gehen will, sollte wegen langer Wartezeiten die öffentlichen Krankenhäuser meiden und sich in die Obhut einer Privatklinik begeben.

- **Clinique du Cap**
Av. Pasteur, Plateau-Süd, Tel. 338890202, 338216146. Größte Privatklinik in Dakar. www.cliniqueducap.com
- **Clinique de la Madelaine**
18 Av. de Jambaars, Plateau-Süd, Tel. 338219470, 338219476. Die Privatklinik mit dem besten Ruf.
- **Clinique des Mamelles**
Ouakam, Tel. 338691313, 338202070. Kleine, teure Privatklinik.
- **Dr. Ulrike Ochs-Drame** (Allgemeinärztin)
Nord Foire, Lot Nr. 19, Yoff, Tel. 338208726, 338365622.
- **Dr. Rokhaya Thia Ba** (Gynäkologin)
156 B, Liberty 6, Ausfahrt VDN, Tel. 338672012, 338673756, spricht englisch.
- **Dr. Alain und Joelle Vautier** (Zahnärzte)
15, Rue Maréchal Foch, Tel. 338213416.
- **Dr. Gerard Drouet** (Zahnarzt)
180, Av. President Lamine Gueye, Tel. 338211158.
- **Bio 24** (24 Std., Malaria-Schnelltest)
13, Rue Dr. Théze, Tel. 338225151.

Wichtige Notfall-Nummern
- **SOS:** Tel. 3384235-75, -76
- **Polizei:** Tel. 17
- **Feuerwehr:** Tel. 18

Juristische Hilfe

- Auf der Website der Deutschen Botschaft (www.dakar.diplo.de) findet sich unter der Rubrik **„Servicespektrum Konsularhilfe"** eine Liste mit vertrauenswürdigen Rechtsanwälten und Notaren.

Transport

DDD-Stadtbusse

Bis 2008 war es ein reines Glücksspiel: Kommt ein Bus – und kommt er auch ans Ziel? Doch seit der Inbetriebnahme von mehr als 400 neuen Bussen aus chinesischer Fertigung hat sich die Situation markant verbessert. Zudem hat die kommunale Busgesellschaft DDD (**Dakar Dem Dikk,** übersetzt: Dakar hin und zurück) ihr Netz ausgeweitet, und wegen der vielen neuen Straßen gelangt man nun auch zu überschaubaren Zeiten ans Ziel. Außer in Stoßzeiten fährt es sich mit den Bussen recht angenehm. Hinweis: Die **Endstation „Palais de Justice"** liegt nur wenige Gehminuten vom Cap Manuel, dem südlichsten Zipfel der Halbinsel; die **Endstation „Leclerc"** befindet sich am östlichen Ende des Hafens. Eine gute Zusteigemöglichkeit gibt es u.a. am Place de l'Indépendance. Je nach Fahrziel kostet das **Ticket** 150, 175 oder 200 CFA und wird im Bus gelöst. Wichtig: Der Fahrbetrieb wird je nach Linie zwischen 20 und 21 Uhr eingestellt. Auf www.demdikk.com stehen die genauen Fahrrouten.

- **Linie 1:** Parcelles Assainies – Leclerc/Hafen
- **Linie 2:** Daroukhane – Leclerc/Hafen
- **Linie 4:** Dieuppeul – Leclerc/Hafen
- **Linie 5:** Guédiawaye – Palais de Justice
- **Linie 6:** Cambérene – Palais de Justice
- **Linie 7:** Ouakam – Palais de Justice
- **Linie 8:** Aéroport Yoff – Palais de Justice
- **Linie 9:** Liberté 6 – Palais de Justice
- **Linie 10:** Dieuppeul – Palais de Justice
- **Linie 11:** Keur Massar (Keur Moussa) – Palais de Justice
- **Linie 12:** Guédiawaye – Palais de Justice
- **Linie 13:** Dieuppeul – Palais de Justice
- **Linie 15:** Rufisque – Palais de Justice
- **Linie 16:** Malika – Palais de Justice
- **Linie 18** (innerstädtischer Rundkurs): Dieuppeul – Esso-Station/Hafen – Dieuppeul (über Av. Cheikh Ahmadou Bamba)
- **Linie 20** (innerstädtischer Rundkurs): Dieuppeul – Esso-Station/Hafen – Dieuppeul (über Av. Bourguiba)
- **Linie 23:** Parcelles Assainies – Palais de Justice

Car rapide/Ndiaga Ndiaye

Was die DDD-Busse nicht anfahren – damit ist insbesondere der **Nordwesten der Halbinsel** gemeint –, wird von den sogenannten Ndiaga Ndiaye (weiße Mercedes-508-Busse) abgedeckt. Wer preisgünstig (150 CFA) nach Ngor oder nach Yoff bzw. in die Nobelviertel Les Almadies oder Les Mamelles gelangen will, sollte sich zum Gare routière in der Av. André Peytavin begeben. Ein weiterer Terminal für Fahrten Richtung Picine bzw. Rufisque befindet sich bei der Shell-Station am Hafen bzw. am Gare routière in Colobane. Anders als die DDD-Busse verkehren die Ndiaga Ndiaye **teilweise bis Mitternacht.** Dann gibt es noch die legendären Car rapide, die uralten blauen Renault-Kleinbusse, die bald durch neue Fahrzeuge aus heimischer Produktion ersetzt werden sollen. Die **Haltestellen** für Car rapide bzw. Ndiaga Ndiaye sind **nicht markiert,** man muss einfach sehen, wo Leute stehen und fragen. Außer zu Stoßzeiten (bis 10 und ab 16 Uhr) sind diese „fahrenden Sardinenbüchsen" durchaus akzeptabel. Wir hatten jedenfalls nie Probleme.

Taxis

Taxifahren in Dakar ist – anders als in anderen Städten Senegals – reine Nervensache und **hartes Feilschen unvermeidlich.** So zahlen Einheimische in der Regel 1500 CFA für die Fahrt vom Hafen nach Ngor; für die etwas kürzere Strecke zum Flughafen bezahlt man als Tourist aber selten unter 3000 CFA. Und spätestens ab 21 Uhr wird noch ein Nachtzuschlag fällig. Am besten man erkundigt sich im Hotel oder bei Einwohnern nach dem „normalen" Tarif für das Ziel. Bestes Mittel, um die Taxifahrer zum Einlenken zu bewegen: Winken Sie ein anderes Taxi heran, es gibt genügend. Erschwerend kommt hinzu, das Dakars Taxifahrer wenig ortskundig sind – die Stadt ist einfach zu groß. Eine Zielangabe wie „Botschaft von Mauretanien" oder „Hotel du Phare" sagt vielen Chauffeuren schlichtweg nichts …

Funktaxis rund um die Uhr bietet die Firma Allo Taxi, Tel. 338234404.

Clandos (Piratentaxis)

Mit dem Niedergang des Busverkehrs (der erst 2008 stoppte) erfuhren die sogenannten Clandos (*Taxis clandestins*, **illegale Taxis**) einen wahren Boom. Kaum teurer als Busse, karren sie die Vorstädter in die City und abends wieder retour – und tragen damit zum infernalischen Verkehrschaos in Dakar bei. Wir haben bislang **keine negativen Erfahrungen** mit Clandos gemacht. Im Gegenteil. Die Fahrer erschienen uns durchweg freundlicher als die meist arroganten Taxichauffeure. Man postiert sich einfach an der Straße, stellt sein Gepäck ab, und nach kürzester Zeit hält ein Wagen. Wenn einem Fahrer und Fahrzeug vertrauenswürdig erscheinen, beginnen die Preisverhandlungen. Als Tourist zahlt man natürlich mehr als die Einheimischen, der Preis ist aber immer noch deutlich günstiger als im regulären Taxi. Einheimische zahlen beispielsweise vom Verteiler Patte d'Oie zum Airport 150 CFA. Mit etwas Verhandlungsgeschick lassen sich mit Clandos auch größere Touren realisieren.

Buschtaxi

Noch ist die Fahrt mit dem Buschtaxi (**Taxi brousse** oder **Sept place** genannt, meist ein älterer Peugeot 504 Kombi) die **schnellste und bequemste Möglichkeit**, um von Dakar aus das Land zu erkunden. Abfahrt ist am Gare routière, der wegen seiner Nähe zur Feuerwehrwache allgemein „Pompiers" genannt wird. Wegen dem Andrang herrscht eine unglaubliche Hektik. Lassen Sie sich davon nicht anstecken – trotz des Chaos ist alles organisiert. Sitzt man erst einmal im Wagen, ist das Schlimmste überstanden. Vorher sollte man sein Gepäck keine Sekunde aus den Augen lassen! Tipp: Paare sollten einen zusätzlichen Platz bezahlen und sich die mittlere Reihe sichern; so reist man deutlich bequemer.

Bei der Rückfahrt nach Dakar halten übrigens Buschtaxis auf Wunsch am **Patte d'Oie**, dem großen Verteiler im Norden. Wer nach Ngor oder Yoff möchte, sollte hier aussteigen und mit Taxis oder Clandos weiterfahren. So spart man viel Zeit und Geld.

Nachfolgend die offiziellen **Festpreise** (Stand Sommer 2010) zu wichtigen Zielen: Dakar – Mbour 1300 CFA, Joal 1900 CFA, Thiès 1200 CFA, Touba 3000 CFA, Tambacounda 8700 CFA, Kidira 14.000 CFA, Kaolak 2900 CFA, Rosso 6300 CFA, Richard Toll 6300 CFA, St. Louis 4000 CFA, Ziguinchor 7350 CFA, Kedougou 13.800 CFA. Gepäckstücke werden extra berechnet, je nach Größe ab 500 CFA. Größere Städte wie St. Louis, Thiès oder Kaolak werden rund um die Uhr angefahren.

Überland-Busse

Im Gegensatz zu anderen westafrikanischen Ländern steckt der außerstädtische Busverkehr noch in den Kinderschuhen. Die Fahrzeuge sind meist sehr alt, eng bestuhlt und mit wenigen Ausnahmen ohne Klimaanlage. **Das ganze System ist wenig transparent.** Es hilft nur Durchfragen. Auf Langstrecken ist die Abfahrt oft nachts oder am frühen Morgen. Die Fahrpreise sind deutlich günstiger als mit dem Buschtaxi, man ist aber auch länger unterwegs. Abfahrt ist in Dakar im Gare routière Pompiers oder dem Gare routière in Colobane, gut einen Kilometer weiter nördlich. Busse nach Kedougou starten beim Nationalstadion. Klimatisierte Busse nach Ziguinchor starten in Grand-Yoff (zweimal wöchentlich, Info-Tel. 775549047).

Mietwagen

Dakar verfügt über mehr als fünfzig nationale und internationale Autovermietungen, die sich preislich kaum voneinander unterscheiden. Viele verfügen über Filialen am Flughafen. Eine **Übersicht** bietet:
www.ausenegal.com/
transport/location.htm

● **Dakar Lokation**
7, Rue de Thiong, Ecke Rue Dr. Thèze, Tel. 338238610. Vergleichsweise preiswerter Anbieter. Kleinwagen ab 13.000 CFA, Kaution 500.000 CFA, günstige Wochenendtarife.

● **Senegaltours**
17, Route de Ngor, Les Almadies, Tel. 338597777. Hat das komplette Angebot: Vom Kleinwagen über 4x4, Mercedes S-Klasse bis zu modernen Reisebussen.

Flugverbindungen

Flughafen

Der Flughafen **Léopold Sédar Senghor** liegt **bei Yoff,** etwa 17 km nordwestlich von Zentrum Dakars, und ist den Anforderungen des zunehmenden Flugverkehrs längst nicht mehr gewachsen. Der **neue Airport Dakar-Blaise Diagne** soll 2011 in Betrieb gehen.

Die Tarife für die **Taxis** sind im Flughafengebäude angeschrieben. Zur Haltestelle der Minibusse, die bis gegen Mitternacht über Ngor ins Zentrum fahren, sind es nur etwa 150 m.

Hinweis: Flugreisende, die nicht vom Reiseveranstalter abgeholt werden, sehen sich mit einem Großaufgebot nerviger **Schlepper, Gepäckträger und Taxifahrer** konfrontiert. Das beste Mittel: Ruhe bewahren und dubiose Angebote einfach ignorieren.
- Tel. der Flughafenverwaltung: 338200303.

Fluggesellschaften (Auswahl)

- **Air France**
47, Av. Albert Sarraut, Tel. 338397777
- **Alitalia**
5, Av. George Pompidou, Tel. 338233874
- **Iberia**
Pl. de l'Indépendance, Tel. 338233477
- **Royal Air Maroc**
Pl. de l'Indépendance, Tel. 338494747
- **Senegalair (Bedarfsflüge)**
Aéroport L.S. Senghor, Tel. 338258011
www.metissacana.sn/senegalair
- **Brussels Airlines**
Ecke Rue Saint Michel/Rue Amadou Assane Ndoye, Residence La Rotonde, Tel. 338230460, Airport-Tel. 338201001, http://senegal.brusselsairlines.com
- **ACV – Cabo Verde Airlines**
Rue Moussé Diop, Tel. 338213968
- **TAP (Air Portugal)**
Rue Assane Ndoye, Tel. 338215460
- **Aéroclub Iba Gueye de Dakar**
Flugschule, Carter von Kleinflugzeugen
Aéroport L.S. Senghor, Tel. 338200412
- **Weitere Airlines** unter:
www.ausenegal.com/transport/compagnie.htm

Schiffsverkehr

Der Hafen von Dakar gehört zu den größten und am besten ausgestatteten Häfen Westafrikas mit regelmäßigem Frachtverkehr von und nach Europa. Für 2010 war die Inbetriebnahme des neuen Terminals für **Kreuzfahrtschiffe** geplant (das Gebäude ist fertiggestellt). Passagiere können dann direkt an der zentral gelegenen Mole 1 den Hafen verlassen, dort, wo früher die **Fähre nach Z'iguinchor** ablegte. Diese wird jetzt am südöstlichen Ende des Hafens, an Mole 3, abgefertigt. Mit der neuen Fähre „MS Aline Sitoé Diatta" verfügt die wichtige Seeverbindung in die Casamance seit 2008 wieder über ein modernes, zuverlässiges Transportmittel, das zudem Personen- und Lastkraftwagen befördern kann (mehr dazu im Abschnitt „Reisen im Senegal").

Infos erteilt der Port Autonome de Dakar unter Tel. 338494545.

Geplant ist für die Zukunft auch ein großer **Yachthafen** bei Ouakam (südlich des Leuchtturms Les Mamelles), um die viel zu kleinen Anlegestellen im Quartier Hann/Bel Air, beim Hotel Terrou Bi und im Zentralhafen zu entlasten, die allesamt nicht über die Infrastruktur einer modernen Marina für Hochseesegler und Sportfischer verfügen.

Bahnverbindungen

Das Streckennetz der staatlichen Eisenbahngesellschaft ist in bedauernswertem Zustand. Entsprechend lang dauern die Fahrten. Praktisch wird nur noch die **Fernverbindung Dakar – Bamako** (siehe entsprechenden Exkurs) unterhalten. Sie ist nicht nur für die Personenbeförderung, sondern auch für den Autotransport von großer Bedeutung, da die Pisten in Mali allenfalls in der Trockenzeit befahrbar sind. Ob Pläne, die Strecke Dakar – St. Louis wieder zu reaktivieren, realistisch sind, wird sich zeigen.

Nach Mali fahren derzeit zwei Züge wöchentlich. Der senegalesische Zug heißt „Mistral International", ist klimatisiert und deutlich komfortabler als das Gegenstück aus Mali, „Express International" genannt.

- Der **Mistral** startet in Dakar immer Mi um 10 Uhr. Planmäßige Ankunft in Bamako ist am folgenden Tag gegen 15 Uhr. Der Fahrpreis beträgt im Schlafwagen 58.000, 1. Klasse 38.000 und 2. Klasse 29.000 CFA.
- Der **Express** fährt immer Sa in Dakar ab und ist etwas billiger. Bei beiden Zügen ist eine frühzeitige Platzreservierung nötig.
- **Infos:** Tel. 338233140
www.ausenegal.com/transport/rail.htm

Kultur

Kulturzentren
- **Centre Culturel Français (CCF)**
89, Rue Joseph Gomis, Tel. 338230320. Verschiedene Veranstaltungen wie Theater, Kino, Konzerte, Ausstellungen etc.; Café/Snackbar in schönem, begrünten Innenhof. Bibliothek geöffnet: Di bis Sa 10–12.30 und 15–18.30 Uhr.
- **Centre Culturel Blaise Senghor**
6, Bd. Dial Diop, Tel. 338246600. Regelmäßig Tanz-, Ballet- und Musikabende.
- **Centre Culturel Allemand (Goethe-Institut)**
Rue Diourbel, in der Nähe der Piscine Olympique, Point E, Tel. 338698880; Öffnungszeiten: Di 9–12 Uhr, Mi 15–17 Uhr, Fr 9–12.30 Uhr; www.goethe.de/dakar. Auf dem Dach befindet sich das Café Vounda, in dem u.a. sonntags ein Brunch serviert wird (Anmeldung empfohlen unter Tel. 775602160).

Theater
- **Théâtre Daniel Sorano**
Bd. de la République, Tel. 338214327. Dieses Theater zählt zu den wichtigsten des afrikanischen Kontinents; hier gastieren nicht nur senegalesische, sondern auch andere afrikanische Theater-, Musik- und Folkloregruppen. Das aktuelle Programm hängt meistens am Eingang aus. Siehe auch Tagespresse.

DAK'ART – Kunstbiennale

Seit ihrer Gründung Anfang der 1990er Jahre hat sich die Kunstbiennale DAK'ART zum veritablen Schaufenster für zeitgenössische westafrikanische Kunst entwickelt. Waren anfangs vorwiegend einheimische Kunstschaffende präsent, so hat sich die Auswahl inzwischen stark internationalisiert. Künstler u.a. aus Mali, Benin, der Elfenbeinküste oder Burkina Faso stellen ihre Werke einem kritischen Publikum vor. Die wichtigsten Schauplätze sind das Messegelände CICEC, das IFAN-Museum, die Anlegestelle der Fähre und die Galerie Nationale in der Avenue Albert Sarraut, doch es kommen noch viele weitere Ausstellungsorte hinzu. Gerade mit der DAK'ART unterstreicht die Stadt ihre kulturelle Vorreiterrolle im frankophonen Teil Afrikas. Kein Wunder, dass Galeristen aus Europa und den USA diesen Event in ihrem Terminkalender vermerkt haben. Der internationalen Zugkraft der DAK'ART ist es auch zu verdanken, dass sich in Dakar und Umgebung immer mehr Galerien etabliert haben.

Die DAK'ART findet alle zwei Jahre (2012, 2014) im Frühjahr, meist im Mai, statt und dauert rund vier Wochen; Informationen unter www.biennalededakar.sn.

Galerien (Auswahl)
- **Galerie Nationale**
19, Av. Albert Sarraut, Tel. 338212511.
- **Galerie Arte**
5, Rue Victor Hugo, Tel. 338239556, www.arte.sn.
- **Galerie Agora**
Point E – Rue D, Dakar, Tel. 338641448, agora.senegal@voila.fr.
- **Galerie ATISS**
12, Av. Albert Sarraut, Tel. 338231877
- **Maison de la Culture Douta Seck**
Av. Blaise Diagne, Tel. 33823659, mcds@syfed.refer.sn.
- **Espace Faguère**
3, Route de Casino, N'Gor-Diarama, Tel. 338205909.
- **Village des Arts**
„Künstlerdorf" mit gut einem Dutzend Ateliers ohne „Touri-Anmache" nahe dem Sportstadion Leopold Sédar Senghor. Übersicht der Künstler und Werkschau unter: www.typicartsgallery.com.
- **Weitere Adressen** von Galerien und Kunstschaffenden findet man unter: www.senegal-tourism.com/todo-htm

Karneval

Anders als auf den Kapverden oder in Guinea-Bissau ist der Karneval in Dakar noch ein ziemlich junges Phänomen. Es war die rührige Modeszene, und dabei vor allem die international bekannte Designerin Oumou Sy, die Mitte der 1990er Jahre einen ersten Anlauf wagte. Seit 1997 findet alljährlich ein farbenprächtiger Straßenkarneval mit hunderten Kostümierten statt – zu Fuß oder auf Umzugswagen und mit allem, was sonst noch so dazugehört. Was die Stimmung angeht, sollte man aber keine allzugroßen Erwartungen haben: Sie ist eher verhalten. Der Termin ist immer am Faschingssonntag. Der Umzug endet nachmittags am Place de l'Indépendance vor der Ehrentribüne, wo die Frau des Präsidenten die schönsten Gruppen prämiert. Parallel dazu finden in den Discos und Clubs von Dakar so genannte „brasilianische Nächte" statt, was auch immer das bedeuten mag.

Lutte africaine

Der beste Ort, um als Tourist hautnah die Atmosphäre des **afrikanischen Ringkampfs** zu erleben, ist das Stadion Iba Mar Diop im Medina-Viertel (Av. Blaise Diagne), wo fast jeden Sonntag Turniere stattfinden.

Reisebüros

Zahlreiche Reiseveranstalter in Dakar bieten Tagesausflüge und mehrtägige Rundreisen durch den Senegal an, auf Wunsch auch individuell zusammengestellte Routen, z.B.:

- **Senegal Tours**
5, Place de l'Indépendance, Tel. 338399900. Größtes Reisebüro und Agentur von American Express.
- **Senegalair-Voyages**
31, Av. L. S. Senghor, Tel. 338258011, Fax 338253256, u.a. Bedarfsflüge.
- **S. D. V.-Voyages**
51, Av. Albert Sarraut, Tel. 338390081. Reisebüro und Repräsentant des Diners Club.
- **Delmas-Voyages**
1, Rue Parent/Macodou Ndiaye, Tel. 338232374 und 338237827.
- **Nouvelles Frontières**
Av. George Pompidou, Tel. 338233434. Empfehlenswert für günstige Rückflüge nach Europa.

Einkaufen

- In Dakar bekommt der Reisende praktisch alles, von der Kontaktlinse bis zum Luxuskoffer. In letzter Zeit haben etliche neue **Supermärkte** aufgemacht, vor allem in den westlichen Vierteln wie Fann oder Mermoz. Hier ist das Angebot mit dem in Europa vergleichbar. Das gilt auch für die Preise.
- Wer nach ausgesuchten Erinnerungsstücken Ausschau hält, sollte die **Kunstgeschäfte in der Rue Assane Ndoye** aufsuchen. Die Chance, dort eine der raren Antiquitäten zu ergattern ist zwar gering, aber die meist aus Mali, Kongo oder Burkina Faso stammenden Stücke können immerhin echte Patina vorweisen. Etliche Händler haben sich auch auf den Import von Masken aus Benin, Guinea und der Elfenbeinküste spezialisiert. Dazu zählt auch die Galerie Antenna (in der Nähe des Hotels Teranga) mit einer riesigen Auswahl an afrikanischen Kunstobjekten zu Fixpreisen.
- **Kunsthandwerk:** Direkt ab Werkstatt kauft man Kunsthandwerk wie Glasmalerei oder Blechspielzeug in der **Rue des Dardaneles** (westlich der Av. Blaise Diagne). Unbedingt handeln, sonst zahlt man die Preise der Souvenir-Shops in der City.

Weitere Adressen sind:
- **Libraire aux Quatre Vents**
Rue Félix Faure, Tel. 338218083. Größte Auswahl an Literatur, Karten, Schreibwaren und internationalen (deutschen) Zeitschriften.
- **Libraire Clarafrique**
Place de l'Indépendance. Christliche Buchhandlung mit großer Auswahl an afrikanischer Literatur, Karten.
- **Bonprix**
18, Bd. de la République. Supermarkt.
- **Casino Supermaché**
Route de Ngor. Neues Einkaufszentrum mit europäischem Angebot und vielen Parkplätzen, sieben Tage die Woche geöffnet. Weite-

re Kasino-Filialen in der Av. Hassan II. (in der City, ehemals Score) und im Quartier Mermoz.

Strände

Flach, sauber und auch für Kinder geeignet ist der feinsandige (Privat-)Strand beim **Hotel Monaco-Plage** bzw. Hotel Voile D'Or. Man kann kostenlos baden, wenn man in der Bar etwas trinkt oder dort isst. Ebenfalls sehr flach und sicher, aber nicht so sauber ist der öffentliche Strand in **Hann** nördlich des Yachthafens. Nur bei halbwegs ruhiger See zu empfehlen sind die langen Strände von **Yoff**. Gleiches gilt für den **Plage du Virage** in Ngor. Sehr beliebt sind die beiden kleinen Strände auf der **Insel Ngor**.

Surfen

Nicht wie auf Hawaii oder Tahiti, trotzdem sind die Wellen an Dakars Küste nicht zu verachten. Es gibt etliche gute Surf-Spots, so etwa beim **Plage des Mamelles**, nördlich vom Leuchtturm. Ebenfalls beliebt ist die Stelle bei den Strandbuden in **Ngor/Les Almadies**. Man fährt auf der Route des Almadies bis zum Hotel Le Lodge und biegt dann links zum Strand ab, Parken ist beim Restaurant Chez Fatou Kin möglich. Noch anspruchsvoller, wegen des vorherrrschenden Nord-Schwells, ist der **Plage du Virage**. Mehr Infos und Wellenprognose unter: www.surfcampngor.com

Ausflüge

Île de Gorée

Bei der kleinen Insel handelt es sich um einen ehemaligen **Umschlagplatz für Sklaven** nach Südamerika und Europa. Der Besuch dieses geschichtsträchtigen Ortes gehört zu den interessantesten Unternehmungen – allerdings nicht am Wochenende, wenn die Insel hoffnungslos überlaufen ist.

Die nur ca. 1000 m lange und 300 m breite Insel befand sich jahrhundertelang abwechselnd in portugiesischem, holländischem, englischem oder französischem Besitz. Nach dem Zusammenbruch des Sklavenhandels verlor Gorée als Handelsplatz an Bedeutung. Die Einwohnerzahl verringerte sich immer mehr, da sich der Handel zunehmend auf das Festland verlagerte. Heute steht die Insel als **Weltkulturerbe** unter dem Schutz der UNESCO und wird noch von knapp tausend Menschen bewohnt. Einige wohlhabende Senegalesen und Europäer haben diesen beschaulichen Ort zu ihrem Zweitwohnsitz oder Feriendomizil gemacht.

Bei einem Rundgang über die Insel fallen die kleinen zweistöckigen Wohnhäuser auf, die – ocker oder sienarot getüncht – dem Ort eine mediterrane Atmosphäre verleihen. Vom Kastell mit seinen Befestigungen aus dem Zweiten Weltkrieg hat man einen beeindruckenden Blick auf die Insel und das nahe Dakar. Sehenswert sind u.a. das rosa getünchte Sklavenhaus, das **Maison de Esclaves** mit seinem weltberühmten Treppenaufgang und dem „Tor ohne Wiederkehr", sowie das **Meeres-** und das **Historische Museum**, das einen leider nur rudimentären Überblick über die Geschichte Afrikas und die Eroberung der Insel Gorée vermittelt. Sehr ansprechend präsentiert sich dagegen die Sammlung über das afrikanische Familienleben im neuen **Musée de la Femme „Henriette Bathily"**.

Öffnungszeiten der Museen: täglich (außer Mo und Mi vormittags) 8.30–12.30 und 14.30–18.30 Uhr.

Île de Gorée – Mahnmal gegen die Sklaverei

Man glaubt sich in der Toscana oder der Provence: kleine, zweistöckige Häuser in warmen Ockertönen, verwinkelte Gassen mit Kopfsteinpflaster, dazu eine üppige Blumen- und Pflanzenpracht. Nur einen Katzensprung vom hektischen Treiben Dakars entfernt, erwartet den Besucher eine geradezu paradiesische Ruhe. Hier lässt es sich aushalten, mit einem eisgekühlten Aperitif unter Schatten spendenden Platanen. Doch das mediterran anmutende Idyll hat einen bitteren Beigeschmack. In ganz Schwarzafrika gibt es wohl keinen Ort, der so eindrucksvoll die grausame Geschichte der Sklaverei dokumentiert wie die Insel Gorée. Das Trauma der millionenfachen Verschleppung in die Neue Welt wirkt bis heute nach. Von diesem Aderlass hat sich Westafrika nie mehr erholt.

Steinernes Symbol jener Tragödie ist das **„Maison des Esclaves"** aus dem Jahre 1778, das wohl meistfotografierte Motiv Senegals (siehe **Bild unten**). Hinter einer doppelläufigen, terrakottafarbenen Freitreppe erblickt man am Ende eines dunklen Gangs die „Tür ohne Wiederkehr". Der Gang ist eine Art Seufzerbrücke: Genau in dem Moment, als den Sklaven ihre Heimat und ihre Freiheit für immer genommen wurden, konnten sie so weit schauen, wie ihr Auge reichte. Von hier aus wurden die Unglücklichen in finstere Schiffsbäuche getrieben, um dort über viele Wochen angekettet dahinzuvegetieren. Die Sterberate war immens. Der seit Jahren schwelende Historikerstreit, ob von der Île de Gorée nun Zehntausende, Hunderttausende oder gar Millionen Menschen verschifft wurden, ist letztlich müßig. Tatsache ist, derartige Sammelstellen für die Handelsware Mensch gab an der westafrikanischen Küste zuhauf. St. Louis, Podor, Matam und Bakel am Senegal, außerdem Rufisque, Saly Portudal und Joal-Fadiout. Fort James, Albreda, Sanchaba und

Juffure in der Mündung des Gambia River, die Île de Karabane in der Mündung des Casamance, Cacheu in Guinea-Bissau und die Ilha das Galinhas im Bijagos-Archipel – 14 so genannte Handelsstationen, um nur die wichtigsten zu nennen, allein im nördlichen Bereich der Guinea-Küste. An der Elfenbeinküste, der Goldküste oder der Sklavenküste herrschten ähnliche Verhältnisse. Doch die meisten dieser Stätten sind entweder zerstört, umgenutzt oder schlicht in Vergessenheit geraten. Gorée und sein Maison des Esclaves aber blieben erhalten und sind seit 1978 UNESCO-Weltkulturerbe.

Der Ort der Barbarei ist heute ein **Publikumsmagnet.** Der frühere US-Präsident *Bill Clinton* war hier und viele andere Prominente. Schon morgens bilden sich an der Pforte des Maison des Esclaves lange Schlangen (geöffnet Di bis So 10–12 und 14.30–18 Uhr). Manch einer absolviert den Rundgang durch die fensterlosen Verliese und hinauf zu den ehemaligen Gemächern der Sklavenhalter in fünf Minuten – und ist anschließend enttäuscht. Jegliche Hinweise oder Schautafeln fehlen. Ohne fundierte Informationen aber bleibt die historische Dimension des Menschenhandels seltsam unverbindlich. Wer waren die Opfer, woher kamen die Täter?

Die ersten Europäer, die sich dem lukrativen Geschäft mit dem „schwarzen Elfenbein" Westafrikas widmeten, waren Mitte des 15. Jahrhunderts die Portugiesen. Bald darauf folgten Engländer, Niederländer, Franzosen, Schweden, und selbst die Deutschen waren für einige Jahrzehnte beteiligt. Jeder wollte einen Teil vom großen Kuchen. Allein Fort James im heutigen Gambia wechselte zehnmal den Besitzer. Der Sklavenhandel von Afrika in die Karibik und nach Südamerika lief nach dem immer gleichen Muster ab, war Teil eines Dreieckhandels, bei dem Branntwein, Glasperlen oder sonstiger billiger Tand aus Europa gegen afrikanische Sklaven getauscht wurden, die wiederum wie Vieh an Plantagenbesitzer in der Neuen Welt verschachert wurden, deren Produkte – Zucker, Rum, Tabak oder Gewürze – schließlich in Europa auf den Markt kamen.

Zuverlässige Zahlen über das wahre Ausmaß der **Verschleppung** durch die Europäer existieren nicht. Schätzungen sprechen **von 10 bis 60 Millionen Afrikanern.** Die Wahrheit dürfte wohl in der Mitte liegen. Dabei ist die Sklaverei, die offiziell erst Mitte des 19. Jahrhunderts endete, beileibe keine Erfindung der Kolonialmächte. Sklavenhaltung zieht sich wie ein roter Faden durch die Menschheitsgeschichte. Unter afrikanischen Stammesfürsten war es üblich, Kriegsgefangene als Haussklaven zu halten. Sie wurden oft Teil der Lebensgemeinschaft und konnten selbst eine Familie gründen. Es gibt verbürgte Berichte, wonach Sklaven es bis zum Stellvertreter eines Königs brachten. Im Kongo kannte man sogar Sklaven, die selbst Sklaven besaßen.

Nachdem die Europäer im 15. Jahrhundert in Afrika Fuß gefasst hatten, nahm die Sklaverei jedoch einen ganz anderen Verlauf. Zum ersten Mal in der Geschichte wurde der Mensch zur reinen Ware degradiert, mit dem Argument, Schwarze seien ja „nur barbarische Wilde". Nicht verschwiegen werden darf, dass die Sklaverei ohne tätige Mithilfe lokaler Stammesfürsten niemals solche Dimensionen hätte annehmen können. Denn oft genug waren die Handlanger der Menschenhändler selbst Schwarze – ein Aspekt, der in Afrika gerne ausgeblendet wird, die Schuld der Weißen deshalb aber nicht schmälert.

Gegen das Vergessen wurde das **Projekt „Gorée Memorial"** gestellt. Im Auftrag von UNESCO, UN, der Gemeinschaft Afrikanischer Staaten und dem Senegal tüftelten Architekten aus aller Herren Länder in den 1990er Jahren an einem umfassenden Konzept. Museum oder Mahnmal oder beides? An der Corniche oder auf der Insel Gorée? Verwirklicht wurde bis heute – nichts. Die betreffende Website ist leer, aber (noch) nicht gelöscht. Stattdessen ragt jetzt das monströse „Monument der afrikanischen Wiedergeburt" in den Himmel. Auf einem Vulkanhügel, den die Dakarois „Les Mamelles" (die Zitzen) nennen. Und ausgedacht von Präsident Wade höchstpersönlich (siehe Exkurs „Großes Denkmal, große Wut"). Auch dieses Denkmal nimmt sich dem Thema Sklaverei an. Aber das dargestellte Paar mit Kind ist nicht Objekt, sondern Subjekt der Geschichte – es hat sich von den Ketten der Unterdrückung befreit.

Erahnen kann den **„Mythos Gorée"** noch am ehesten, wer sich eines dieser spartanisch eingerichteten Zimmer nimmt und die Abfahrt der letzten Fähre abwartet. Wenn dann das Heer der Touristen, Souvenirhändler und Schlepper in Richtung Dakar entschwunden ist, kehrt Ruhe ein, und die Insel gehört wieder den knapp tausend Bewohnern Gorées, von denen sich nicht wenige in den Häusern der Sklavenhändler eingerichtet haben. In den spärlich beleuchteten Gassen vernimmt man Stimmengemurmel, das Weinen eines Kindes, verwehte Musikfetzen und von Ferne das Rauschen des Ozeans. Und manchmal das Klappern von Töpfen, das an klirrende Ketten erinnert.

Blick auf die Promenade von Gorée

Rund um die Anlegestelle verwöhnen diverse **Garküchen** die Besucher. Hier ist man allerdings auch dem emsigen Werben der fliegenden Händler ausgesetzt. Wirkliche Entspannung findet man nur abseits der ausgetretenen Pfade.

Anreise:
Von Dakar aus ist die Insel Gorée mit dem Schiff (Chaloupe) in etwa 20 Minuten zu erreichen. Abfahrt der **Fähren** an Wochentagen: 6.15, 7.30, 10.00, 11.00, 12.30, 14.30, 16.00, 17.00, 18.30, 20.00 und 22.30 Uhr; Rückfahrt von Gorée jeweils eine halbe Stunde später. Abfahrt der Fähren an Sonn- und Feiertagen: 7.00, 9.00, 10.00, 12.00, 14.00, 16.00, 17.00, 18.30, 19.30, 20.30 und 22.30 Uhr. Hin- und Rückfahrt kosten für Touristen 5000 CFA.
  Hinweis: Die Anlegestelle ist ein bevorzugtes Revier für **Taschendiebe!**

Unterkunft:
● **Hostellerie des Chevaliers de Boufflers**
Tel. 338225364. Nahe des Anlegeplatzes, geschmackvoll renoviertes Haus mit fünf Zimmern und hervorragender (Fisch-)Küche; eine Reservierung ist zu empfehlen; DZ ab 18.000 CFA.
● **Auberge Keur Beer**
Tel./Fax 338213801, Rue du Port. Saubere DZ mit Frühstück ab 18.000 CFA.
● Außerdem werden unter Tel. 338229703 einfache **Privatzimmer** ab 9000 CFA vermittelt. Oder man erkundigt sich direkt bei den Restaurants an der Anlegestelle nach einer Unterkunft.

Ngor

Das kleine Fischerdorf liegt am nördlichen Ende der Halbinsel Cap Vert und vermittelt mit seinen engen, verwinkelten Gassen noch einen authentischen Eindruck vom Leben der „kleinen" Leute. Sehenswert ist die alte Moschee im Dorfkern. In der Bucht von Ngor kann man relativ gefahrlos baden, was den Wellengang betrifft, jedoch liegen im westlichen Teil jede Menge Müll und Strandgut an den Stränden. Einige kleine Hotels, Restaurants, Bars und urige Strandbuden machen diesen Ort zu einem beliebten Wochenend-Ausflugsziel der Bewohner Dakars. Reisende, die keinen großen Wert auf Komfort legen, finden in Privatunterkünften verhältnismäßig preiswerte Übernachtungsmöglichkeiten. Bei der Shell-Tankstelle befindet sich eine Bank mit Bankautomat sowie einige Supermärkte.

Unterkunft im Ortskern:
● **Walys Herbergement**
Tel. 338261770, im alten Ortskern. Saubere Zimmer mit Gemeinschaftsküche und Bad ab 18.000 CFA. Wer länger bleibt, kann den Preis drücken.

Unterkunft am Strand:
● **La Madrague Warung**
Tel. 338200223. Das 2001 eröffnete Hotel direkt am Strand bietet zahlreiche Sportmöglichkeiten, DZ mit Klimaanlage ab 30.000 CFA. warung@sentoo.sn
● **Brazzerade**
Tel. 338200364. Eingeführtes Hotel mit Bar und Restaurant, DZ ab 20.000 CFA.
www.la brazzerade.com

Insel Ngor

Die dem Dorf Ngor vorgelagerte Insel mit zwei hübschen sauberen Stränden ist ausschließlich mit Pirogen zu erreichen. Die etwa fünfminütige Überfahrt kostet 500 CFA. Die winzige Insel ist besonders bei Tauchern, Windsurfern und Wellenreitern sehr beliebt, eignet sich aber auch bestens, um sich vom hektischen Treiben der Hauptstadt zu erholen. Man kann Matratzen, Umkleidekabinen und Sonnenschirme mieten. Gut und preiswert wird man bei diversen Strandbuden verköstigt. Wem das alles zu spartanisch ist, der geht ins Restaurant Sunumakan oder in ein zweites Lokal nahe der Pension Carla. Am Wochenende kann es auf der Insel eng werden, wenn Sonnenhungrige in Massen einfallen.

Unterkunft:
● **La Maison d'Italie** (ex Chez Carla)
Tel. 301019797, nahe der ersten Anlegestelle, direkt am Wasser. Das beste Haus auf der Insel. DZ mit Frühstück ab 38.000 CFA. Wer als Tagesgast im Lokal speist, kann Liegen und Sonnenschirme gratis benutzen.
● **Surf Camp**
Tel. 773369150 (Handy von Jesper, spricht auch deutsch). Gemütliche Pension eines Dänen für Surfer, im Zentrum der Insel gelegen. Zimmerpreis ist Verhandlungssache. www.surfcampngor.com

● **Sunumakan**
Großes Restaurant/Bar an der zweiten Anlegestelle, das sehr billige und sehr einfache Zimmer vermietet. Weitere Übernachtungsmöglichkeiten vermittelt u.a. der Gemischtwarenladen an der ersten Anlegestelle.

Lac Rose (Lac Retba)

Von Dakar sind es ca. 40 km bis zum Lac Rose. Der See erlangte vor allem als **Ziel der Rallye Paris – Dakar** eine gewisse Berühmtheit. Keine Wunder, dass sich der rosarote, besonders bei Sonnenuntergang eindrucksvoll schimmernde Salzsee inzwischen völlig in der Hand von Schleppern und Souvenirhändlern befindet. Man schließt sich

Strandvillen auf der Insel Ngor

besser einer organisierten Tour an, die in jedem Reisebüro angeboten wird (z.B. von Senegaltours für 20.000 CFA). Ansonsten nimmt man ein Taxi mit ortskundigem Fahrer oder den DDD-Bus Nr. 11 nach Keur Moussa; von dort geht es weiter mit dem Buschtaxi.

Unterkunft:
- **Les Chevaux du Lac**
Tel. 776300241, an der Nordseite des Sees gelegen. Familiäre Pferdefarm eines französischen Paares, Unterkunft in einfachen Bungalows, Bar/Restaurant. Halbpension 15.000 CFA p.P. GPS N 14°50′40.00 / O 17°13′19.51. www.leschevauxdulac.com
- **Le Gîte du Lac**
Tel. 338601578, direkt an der Nordseite des Sees gelegen. Einfaches, aber hübsches Campement, Halbpension 17.000 CFA p.P.
- Wer europäischen Standard benötigt, sollte das **Hotel du Palal** aufsuchen, Tel. 338362450, DZ ab 22.000 CFA.

Kayar

Ähnlich touristisch ist die Situation in Kayar, wo täglich Scharen von Fotografen auf die Rückkehr der Fischer warten. Der Ort liegt ca. 60 km nordöstlich von Dakar und ist ein bedeutendes **Zentrum des Fischfangs.** Täglich fahren hunderte von schlanken Pirogen hinaus aufs Meer. Bei der Rückkehr am Nachmittag werden die Fische von Frauen an Ort und Stelle verarbeitet – ein Spektakel sondersgleichen. Am einfachsten zu erreichen ist Kayar mit dem Bus oder Buschtaxi bis Rufisque und dann weiter mit dem Minivan.

Rufisque

Das geschichtsträchtige Rufisque liegt knapp 30 km vom Zentrum Dakars entfernt an der Nationalstraße Richtung Thiès. Sehenswert sind der historische Stadtkern südlich der Durchgangsstraße, mit zahlreichen Kolonialgebäuden aus dem 19. Jh., und die Gegend um den kleinen Fischerhafen. Durch den immer stärker werdenden Verkehr hat der Ort aber viel von seinem früheren Charme eingebüßt. Interessant ist das „**Village des Tortues**", 6 km nördlich vom Ortskern an der Straße zum Lac Rose, wo seltene Schildkröten gehalten werden. Das Projekt ist täglich außer So geöffnet. Eintritt 3000 CFA, Infos unter Tel. 338368831.

Keur Moussa

Das **Benediktinerkloster,** ca. 25 km nordöstlich von Rufisque gelegen, ist jeden Sonntag beliebtes Ausflugsziel für Touristen. Hauptanziehungspunkt ist die Heilige Messe, die ab 10 Uhr eine außergewöhnliche Mischung aus gregorianischen Gesängen und afrikanischen Trommelrhythmen bietet. Außer ihren eigenen Musikkassetten verkaufen die Mönche auch kunstvoll gearbeitete Koras sowie selbst gemachten Käse. Fahrten werden u.a. von Senegal-Tours in Dakar organisiert.

Das Zentrum

Wirtschaftlich und politisch ist Dakar das Zentrum des Senegal. Doch nach Ansicht vieler Senegalesen schlägt das **Herz des Landes in Touba** – oder in **Tivaouane,** je nachdem, zu welcher der beiden großen islamischen Bruderschaften, den Mouriden oder den Tidjanen, man sich bekennt. Beide Ortschaften liegen östlich von Dakar und sind touristisches Niemandsland. Denn der gewöhnliche Pilger braucht weder Fünf-Gänge-Menüs noch klimatisierte Zimmer. Zum **Magal**, dem alljährlich stattfindenden Großen Treffen, werden für die Unterbringung hunderttausender Moslems riesige Zeltstädte errichtet. Dann steht das ganze Land still. Bester Ausgangspunkt für Reisen nach Touba oder Tivaouane ist **Thiès**, zweitgrößte Stadt Senegals und wichtiger Verkehrsknotenpunkt.

Anreise

Von Dakar nach Thiès braucht man bei normalen Verhältnissen, das heißt zähflüssigem Verkehr bis Rufisque, rund 90 Minuten. Am Wochenende geht es entsprechend schneller. Das hohe Verkehrsaufkommen garantiert aber auch kürzeste Wartezeiten, sei es mit dem Taxi oder mit dem Bus. Der Gare routière von Thiès liegt an der Ausfallstraße nach Dakar, etwa 2 km vom Zentrum. Von dort gibt es regelmäßige Verbindungen u.a. nach Touba bzw. Diourbel über die Nationalstraße 3 und nach Tivaouane über die Nationalstraße 2. Aber auch andere Zielorte wie St. Louis oder Kaolak lassen sich von Thiès aus schnell erreichen.

Thiès

Mit rund **200.000 Einwohnern** ist Thiès heute die **zweitgrößte Stadt des Senegal** und wichtiger Industrie- und Wirtschaftsstandort. Neben der Casamance zählt die Region um Thiès auch land-

Kathedrale von Thiès

wirtschaftlich zu den ertragreichsten in ganz Senegambia. Aufgrund ihrer zentralen Lage, rund 70 km östlich von Dakar, ist Thiès bedeutender Verkehrsknotenpunkt, da sich neben der Bahn auch alle großen Straßenverbindungen hier kreuzen.

Trotzdem ist Thiès insgesamt sehr beschaulich. Besonders im alten Stadtzentrum, das parallel zur Bahnlinie verläuft, scheint die Zeit stehen geblieben zu sein. Ins Auge fallen die großzügig dimensionierten **Alleen** mit dem alten Baumbestand. Vergleichbares gibt es in keiner anderen Stadt des Senegal. Sehenswert ist die **Kathedrale** mit ihrer eigenwilligen Architektur, das kleine **Museum** im Fort und die große Zahl **gut erhaltener Kolonialbauten** aus der Zeit, als die Stadt wichtiges Verwaltungszentrum der Franzosen war.

Seine Wirtschaftskraft verdankt Thiès den Düngemittel- und Zementfabriken, Baumwollspinnereien und -webereien sowie den Färbereien. Daneben gibt es auch eine Fabrik, in der künstlerisch hochwertige Wandteppiche gefertigt werden. Ein Besuch dieser 1966 gegründeten **Manufacture des Arts Décoratifs** lohnt sich. Man kann dort nicht nur Wandteppiche kaufen, sondern auch Keramikprodukte, Mosaike und Seidendrucke. Die Ausstellung ist werktags von 8–12 und 15–18 Uhr geöffnet. Nähere Infos unter Tel. 9511131. Bekannt ist Thiès auch für seine fein gearbeiteten Korbwaren, die am preiswertesten am Ortsausgang Richtung St. Louis feilgeboten werden.

Thiès ist durch eine Städtepartnerschaft mit Solingen verbunden.

Unterkunft/Camping

- **Hotel-Bar Rex**
Tel. 339511081, Rue Douaumont. Preisgünstiges Hotel, sauber und gepflegt, schöner Innenhof, DZ 17.000 CFA.
- **Hotel Massa Massa**
Tel. 339521244, Cité Malick Sy, in der Nähe der Shell-Tankstelle. Kleines Hotel/Restaurant mit freundlicher Atmosphäre in ruhiger Lage. DZ ab 23.000 CFA.
- **Camping Chez Gilbert**
Tel. 775467438, am Ortsausgang Richtung Dakar. Einfacher bewachter Platz mit wenig Schatten, dafür mit Pool und Bar/Restaurant. Gästezimmer werden als Stundenhotel genutzt. Gut für Reisende, die nicht mit dem Wagen nach Dakar wollen, aber trotzdem dort zu tun haben. Zufahrtsbeschreibung unter www.camp-chezgilbert.com.

Tivaouane

Tivaouane liegt 22 km nordöstlich von Thiès an der Straße nach St. Louis. Die lebhafte Kleinstadt ist Zentrum der Bruderschaft der **Tidjanen,** die im 19. Jh. von *Cheik Ahmed al Tidjani* begründet wurde und die der legendäre *Marabout El Hadj Malik Sy* zu großer Blüte führte. Ihm zu Ehren wurde neben der alten Moschee im marokkanischen Stil ein kolossaler Neubau errichtet, der nur noch von der Moschee in Touba übertroffen wird. Wichtigster Feiertag der Stadt ist das Mouled-Fest, der Geburtstag des Propheten. Dann pilgern hunderttausende Moslems in die Stadt.

Im Zentrum von Tivaouane zweigt eine schmale Teerstraße nach Mboro und weiter Richtung Côte Sauvage ab. Nach gut 30 km erreicht man **Mboro sur Mer;** das Fischerdorf ist in einigen Karten auch als „Mboro Ndeundekat" eingetragen.

Unterkunft

●**Campement WAOU**
Tel. 339554101, ca. 3 km bis zum Strand. Hotel mit Pool, Bar/Restaurant unter französischer Leitung, DZ 15.000 CFA, Zelten ist möglich.
●In Strandnähe gibt es einige sehr einfache Campements, u.a. das **La Gazelle** und **Chez Ifra**.

Diourbel

Diourbel liegt 76 km östlich von Thiès auf dem Weg in die heilige Stadt Touba. Nach dem ersten Eindruck möchte man nicht glauben, dass Diourbel 60.000 Einwohner hat. Die Stadt wirkt leer und trostlos. Die einzige Sehenswürdigkeit ist die etwas abgelegene **Moschee**, eine der größten des Senegals, deren Grundstein noch von *Amadou Bamba* selbst gelegt worden sein soll.

Diourbel ist ein wichtiges **Zentrum des Erdnussanbaus.** Bei der Ortsausfahrt Richtung Kaolak steht linker Hand ein bizarres Gebäude mit Carport: Es ist die Residenz eines bedeutenden Marabout.

Unterkunft

●**Hotel du tourisme le Baobab**
Tel. 339711407, Av. d'Avignon. Bar/Restaurant, Übernachtung ab 15.000 CFA in Zimmern oder Bungalows.

Touba

Die heilige Stadt der Mouriden beherbergt das Grabmal des legendären Begründers der Bruderschaft, *Cheik Amadou Bamba Mbacke*. Touba ist de facto exterritoriales Gebiet, der senegalesische Staat hat hier keine Verfügungsgewalt. Es gelten die **strengen Gesetze der Mouriden:** kein Alkohol, keine Zigaretten, züchtige Bekleidung, respektvolles Benehmen. Also keine Shorts, Frauen sollten besser lange Röcke statt Hosen tragen. Ein Kopftuch ist zwar nicht vorgeschrieben, macht aber einen guten Eindruck. Über die Einhaltung der Regeln wachen die Baay-fall, die omnipräsenten Sittenwächter der Mouriden. Im Unterschied zu anderen heiligen Stätten des Islam sind auch Nichtmoslems in Touba willkommen.

Hauptsehenswürdigkeit ist die alles überragende **Moschee,** die von Nichtmoslems nur außerhalb der Gebetsstunden besichtigt werden kann. Schon um die Gepflogenheiten nicht zu verletzen, empfiehlt es sich, einen Führer zu nehmen (die meisten sprechen neben französisch auch etwas englisch). Üblich sind 1000 CFA Eintrittsgebühr pro Stunde. Ebenfalls zu besichtigen ist der Schrein mit den **sterblichen Überresten Cheik Amadou Bambas,** der sich im Innenhof der benachbarten Bibliothek Cheikou Khadim befindet, wo auch sein umfangreiches Schriftwerk verwahrt wird.

Theoretisch ist es natürlich auch für einen Nichtmoslem möglich, am **Magal** teilzunehmen. Doch das **„Große Treffen"** wird mit jedem Jahr größer; mittlerweile kommen über 1,5 Mio. Pilger. Das bedeutet qualvolle Enge, einfachste sanitäre Anlagen mit wenig Wasser und karge Kost – dazu ein unbeschreibliches Verkehrschaos. Ein so armes Land wie der Senegal ist logistisch einfach nicht in der Lage, in kurzer Zeit solche Menschenmassen zu bewegen.

Touba – „Senegals Mekka"

Touba ist keine „normale" Stadt: Touba ist das heimliche Herz Senegals und die **Hochburg der islamischen Bruderschaft der Mouriden.** Für seine Anhänger ist Touba „die Glückliche", ein „blühender Baum im Garten des Paradieses". Andere sehen in der Stadt ein „islamisches Utopia" oder schlicht einen „Staat im Staate". Tatsächlich endet die Herrschaft der senegalesischen Regierung vor den Toren Toubas. Es gibt keine Polizei, niemand zahlt Steuern. Der Kalif ist der Souverän im Reich der senegalesischen Mystiker. Keine Regierung in Dakar hat eine Chance, länger an der Macht zu bleiben, wenn ihr die Marabouts, wie die Sufi-Scheiche in Afrika genannt werden, Segen und Anerkennung verweigern. Der erste Gang eines neu gewählten Präsidenten führt nach Touba.

Gegründet wurde Touba Ende des 19. Jahrhunderts vom Sufi-Heiligen **Cheik Amadou Bamba Mbacke** (1850–1927). Nach seinem Willen sollte das staubige Kaff im Busch ein zweites Mekka werden. Als der fromme Mann, von dem allerlei Wundertaten erzählt werden, immer mehr Zulauf erhielt, fürchtete die französische Kolonialregierung, er könne zum Heiligen Krieg ausrufen. Also schickten sie ihn für sieben Jahre nach Gabun. Doch erst die Verbannung machte den „Meister aus Touba" zum eigentlichen Volkshelden. Bei seiner Rückkehr wurde er wie ein Mahdi, wie der leibhaftige Messias, empfangen.

Für seine Anhänger ist *Amadou Bamba* „heiliger als der Prophet selbst", sagt *Kadim Mbacke*, Islamwissenschaftler und mit dem Ordensgründer verwandt. Viele Hunderttausende pilgern einmal im Jahr zum **Magal**, dem „Großen Treffen", das immer 48 Tage nach dem islamischen Neujahrsfest zu Ehren von *Amadou Bamba* gefeiert wird. Dann versetzt tagelanges Beten und Singen die frommen Volksmassen in rauschhafte Verzückung. Davor und danach sorgt der Magal landesweit für den Zusammenbruch des Verkehrs.

Hauptsehenswürdigkeit im Mekka Senegals ist die **bombastische Grabmoschee** mit ihren fünf Minaretten und der pistaziengrünen Kuppel, 1963 von einer koreanischen Baufirma errichtet und bis heute nicht wirklich fertig gestellt. Fortlaufend werden Gebäudeteile vergrößert und verschönert. Anders als im Mekka können die „Ka'aba der Mouriden" auch Nichtmoslems besichtigen. Von einem „Ungläubigen" wird allerdings erwartet, dass er dem Marabout eine Geldspende zukommen lässt. Außerdem sollte beachtet werden, dass in Touba jeglicher Alkohol- und Tabakgenuss strengstens verboten ist. Frauen dürfen keine Hosen tragen. Darüber wachen die omnipräsenten **Baay-fall,** eine Art Sittenwächter, erkennbar an ihren Rastafrisuren und den bunten Flickengewändern. Wer die Gesetze von Touba missachtet, muss mit ihrem heiligen Zorn rechnen.

Touba ist zudem ein **wirtschaftlich bedeutender Faktor für ganz Senegal.** So wird etwa der lukrative Erdnusshandel vorwiegend von den Mouriden kontrolliert. „Für Touba" fahren unzählige Busse und Taxis. Viele Handwerksbetriebe, Telecenter, Lebensmittelgeschäfte, praktisch jede Branche und natürlich auch große Teile des informellen Sektors firmieren unter dem Portrait von *Amadou Bamba*. Er selbst war es, der die Arbeit heilig gesprochen hatte. „Sei wie der kleine, mit Hirse beladene Esel, der seine eigene Last nicht frisst", hatte er einst gepredigt. Heute wird selbst das Heer der bettelnden Straßenkinder zumindest teilweise von Touba aus dirigiert.

●**Infos:** www.touba-internet.com

Ohne seriöse Begleitung sind diese drei Tage nur schwerlich zu bewältigen. Doch wer es erlebt hat, zeigt sich von der kollektiven Spiritualität der Gläubigen tief beeindruckt.

Unterkunft

• Touba selbst bietet keinerlei Übernachtungsmöglichkeiten. Im 10 km entfernten **Mbacké** existiert das **Campement touristique de Baol,** Tel. 339755505. Zu empfehlen sind nur die Bungalows mit Klimaanlage für 15.000 CFA.

St. Louis

Das nahe der Mündung des Senegal gelegene St. Louis ist 265 km von Dakar entfernt und über eine gut ausgebaute Straße zu erreichen. Es lohnt sich, die gut vierstündige Fahrt auf sich zu nehmen, auch wenn es durch eine relativ eintönige Savannenlandschaft geht. Wer gar mit dem Wagen aus dem Norden anreist, nach mehr als 2000 km Wüste, wird die **ehemalige Hauptstadt von Französisch-Westafrika** als veritable Oase empfinden. Die einstige „Perle Westafrikas", oft auch das **„Venedig Afrikas"** genannt, schlummerte lange Zeit einen touristischen Dornröschenschlaf. Noch vor wenigen Jahren gab es nur eine Hand voll Hotels, die touristische Infrastruktur war bescheiden. Heute hat man die Qual der Wahl.

Was die alte Hauptstadt des Senegal von der neuen unterscheidet: Es fehlen Lärm und Hektik und die manchmal als brutal empfundene Aufdringlichkeit der Bettler und Straßenhändler. Dafür bietet St. Louis mit seinen rund **150.000 Einwohnern** eine geradezu beschauliche Ruhe, kilometerlange, einsame Sandstrände mit intakter Natur in Stadtnähe und vor allem **Kolonialgeschichte pur.** Man möchte meinen, im historischen Stadtzentrum, der Île St. Louis, sei die Zeit stehen geblieben. Trotz bröckelndem Putz und abblätternder Farbe: Die Faktoreien und Handelshäuser aus dem 19. Jh. strahlen mit ihrer Patina eine Menge Charme aus. Das eigentliche Leben spielt sich im **Quartier Sor** auf dem Festland ab sowie in den beiden Fischervierteln Nadar Tout und Guet Nadar, angelegt auf der schmalen Landzunge **Langue de Barbarie,** die den Senegal-Fluss auf seinen letzten Kilometern vom Meer trennt. Dort haben sich in den letzten Jahren auch etliche neue Hotelanlagen mit landestypischen Rundhütten etabliert.

Anreise

• Die 265 km lange **Verbindung zwischen Dakar und St. Louis** ist durchgängig in gutem bis sehr gutem Zustand. Wegen des hohen Verkehrsaufkommens zwischen Dakar und Thiès ist die Strecke aber kaum unter vier Stunden zu bewältigen. Entsprechend länger brauchen die weißen Kleinbusse, die meist hoffnungslos überladen sind. Schon aus diesem Grund ist das Buschtaxi für 3500 CFA pro Person die bessere Wahl. Der Gare routière befindet sich seit 2004 nicht mehr bei der Großen Moschee, sondern weiter südlich an der Ausfallstraße Richtung Dakar.
• Die **Flugverbindung** von Dakar mit Air Sénégal wurde eingestellt. In den Wintermonaten aber wird St. Louis via Paris direkt von Chartergesellschaften angeflogen.

Hinweis: Im Herbst, nach Ende der Regenzeit, kann es in St. Louis zu längeren, oft wochenlangen **Überschwemmungen** kommen. Betroffen sind vor allem die tiefer gelegenen Vietel auf dem Festland. Im Extremfall kann auch die Straßenverbindung unterbrochen sein.

Geschichte

St. Louis geht auf ein 1638 von Normannen errichtetes Fort zurück, die eigentliche Stadtgründung erfolgte 1659 durch die **Franzosen.** Es ist damit die älteste französische Stadt in Schwarzafrika. 1693 erfolgte die erste von insgesamt drei längeren Besetzungen durch England. Endgültig setzt sich Frankreich 1817 durch. 1854 wird *Louis Léon César Faidherbe* zum Generalgouverneur von Senegal ernannt. Seine Amtszeit dauerte nur zehn Jahre, doch in dieser Periode legte der schneidige Militär die Grundlagen für das, was man den „französischen Senegal" nennt. Sein Wirken reichte von der Etablierung des französischen Schulsystems bis zur blutigen Niederschlagung der aufständischen Stämme des Nordens, von der Einführung der Erdnuss-Monokultur bis zur Zwangsrekrutierung schwarzer Soldaten. *Faidherbes* Kolonialpolitik war beseelt von der Idee der bedingungslosen Assimilierung, von der Bildung eines französischen Staates in Westafrika – mit St. Louis als Hauptstadt. Nach dem Weggang von *Faidherbe* sank allmählich der Stern von St. Louis. Der Umzug der Kolonialregierung nach Dakar Anfang des vorigen Jahrhunderts besiegelte den Niedergang.

1885 wurde die Bahnline von Dakar nach St. Louis eingeweiht. Seit 1897 verbindet die von *Eiffel* konstruierte 500 Meter lange **Pont Faidherbe,** heute das eigentliche Wahrzeichen der Stadt, das Festland mit der Île St. Louis. Der Mittelteil der Brücke kann geschwenkt werden, um größeren Schiffen die Durchfahrt zu ermöglichen. 2010 wurde mit dem Bau einer neuen Stahlbrücke begonnen. Aus städtebaulichen Gründen wird sie eine genaue Kopie der Pont Faidherbe sein.

Die **Universität** von St. Louis, gegründet 1984, liegt etwa 7 km außerhalb der Stadt, an der Straße nach Richard Toll. Außerdem befindet sich in St. Louis das älteste Gymnasium ganz Schwarzafrikas.

Sehenswürdigkeiten

Die mit Abstand größte Attraktion der Stadt ist die **Île St. Louis,** die nach

Bild oben: Mauretanischer Silberschmied in St. Louis; rechts: Ansicht von St. Louis, dem „Venedig Afrikas" bald zwanzigjährigem Tauziehen 2004 das werbeträchtige Prädikat „Weltkulturerbe" von der UNESCO verliehen bekam (bereits seit längerem Weltnaturerbe ist der nördlich von St. Louis gelegene Nationalpark Djoudji). Die UN-Organisation gab erst grünes Licht, nachdem der Staat sowie die Stadtverwaltung auch mit Eigenmitteln zur Sanierung des historischen Stadtensembles auf der Flussinsel beitrugen. Wer nicht alles zu Fuß besichtigen will, kann auch eine **Tour mit der Pferdekutsche,** *caleche* genannt, machen. Bester Ausgangspunkt für eine Besichtigung ist das Hotel de la Poste. Von dort gelangt man zum nur wenige Schritte entfernten **Gouverneurspalast** aus dem 18. Jh., der am zentralen Place Faidherbe liegt. Die kleine **Grünanlage** mit dem Denkmal von *Faidherbe* ist von uralten Bäumen umgeben – ein guter Ort, um eine Weile im Schatten das bunte Treiben zu beobachten. In Sichtweite steht die **katholische Kathedrale,** die 1827 eingeweiht wurde. Wer von hier in südliche Richtung geht, kommt automatisch zum **IFAN-Museum.** Das erst vor einigen Jahren komplet renovierte Museum liegt im äußersten Süden der Insel. Es beherbergt eine kleine, aber interessante archäologische, ethnografische und historische Ausstellung über St. Louis und den Senegal-Fluss. Geöffnet Mo bis Fr von 8–12 und 15–18 Uhr, Sa von 8–12 Uhr.

Der nördliche Teil der Île St. Louis wirkt insgesamt etwas lebendiger. Wohl auch, weil hier etliche Handwerksbetriebe, wie etwa Silberschmiede, angesiedelt sind. Vor allem sind hier noch die am **besten erhaltenen Faktoreien** aus dem 17. und 18. Jh. zu besichtigen.

Zum Quartier **Guet Nadar**, auch *Village des Pécheurs* genannt, gelangt man von der Île St. Louis über den Pont Servatius. Guet Nadar ist ein ausgesprochen lebendiges und ursprüngliches Viertel. Aber Vorsicht: Die Leute hier haben wohl schon öfter schlechte Erfahrungen mit neugierigen Touristen gemacht und haben es nicht gerne, wenn man sie fotografiert. Und da sich hier alles um den Fisch dreht, sollten Leute mit empfindlicher Nase lieber fernbleiben. Am südlichen Ende des Viertels befindet sich der moslemische Fischerfriedhof. Die über die Gräber gespannten Netze verleihen diesem Ort eine ganz eigene, unwirkliche Atmosphäre. Auch hier ist es nicht ratsam, die Kamera zu zeigen, auch wenn es kein offizielles Fotografierverbot gibt.

Etwa 3 km südlich von St. Louis, in Höhe der Hydrobase, zieht sich ein sauberer und schöner **Sandstrand** kilometerlang nach Süden hin; er wird vor allem von Europäern besucht.

Nördlich von Guet Nadar liegt das Quartier **Ndar Tout**, das längst nicht so viel Atmosphäre aufweist wie Guet Nadar. Bei großen islamischen Festen, wie dem Ende des Ramadan oder dem Tabaski-Fest (Fête de Mouton), werden am Ufer des Senegal-Flusses die Opfertiere verkauft. Rund 2 km nach den letzten Häusern erreicht man die mauretanische Grenze.

Das moderne Quartier **Sor** liegt auf dem Festland und ist vor allem wegen seines Markttreibens interessant. Direkt hinter den Marktständen steht das architektonisch bemerkenswerte Bahnhofsgebäude im New Orleans-Stil. Wer am Kreisverkehr auf der Route de la Couriche nach Norden geht, gelangt nach einigen hundert Metern zum Village Artisanal, das aber nicht die Vielfalt und Qualität anderer Villages Artisanals im Senegal erreicht.

Touristeninformation

● **Syndicat d'Initiative et de Tourisme**
Tel. 339612455, gegenüber dem Hotel de la Poste, umfassende Infos, freundlicher Service, geöffnet werktags 9–13 und 15–19 Uhr.
www.saintlouisdusenegal.com
www.ausenegal.com/hotel/stlouis.htm

Unterkunft

Unterkunft auf der Flussinsel:
● **La Maison Rose**
Tel. 339382222, Rue Blaise Diagne. Die stilvollste Adresse in St. Louis, im Senegal überhaupt und wahrscheinlich in ganz Westafrika. Das von der Tochter des Ex-Präsidenten konzipierte Hotel in einem ehemaligen Sklavenkontor besticht durch Kunst, Komfort und eine authentische Kolonialatmosphäre. Sieben Zimmer (ab 80 Euro) und sieben Suiten (je nach Saison ab 125 Euro), alle individuell mit erlesenen Antiquitäten eingerichtet. Gutes Restaurant auf der Dachterrasse mit Blick über den Fluss. www.lamaisonrose.net
● **Hotel de la Poste**
Tel. 339612313, direkt an der Pont Faidherbe, gegenüber der Post. 1850 gegründet, heute das Traditionshotel der Stadt und das älteste bestehende Hotel des Senegal. Terrassencafé, Bar/Restaurant mit französischer Küche, DZ mit Klimaanlage ab 36.000 CFA. Das Hotel betreibt auch ein einfaches Campement auf der Langue de Barbarie.
www.hotel-poste.com
● **Hotel de la Résidence**
Tel. 339611259, Rue Blaise Diagne. Ein gut geführtes Haus mit langer Tradition, Bar/Restaurant mit französischer Küche, DZ ab 37.000 CFA. Das Hotel unterhält auf der Lan-

St. Louis

Langue de Barbarie

Ndar Tout — Ile Saint-Louis

Atlantik

Avenue Dodds
Rue de France
Rue Brière de
Quai Raume

0 — 500 m

Senegal

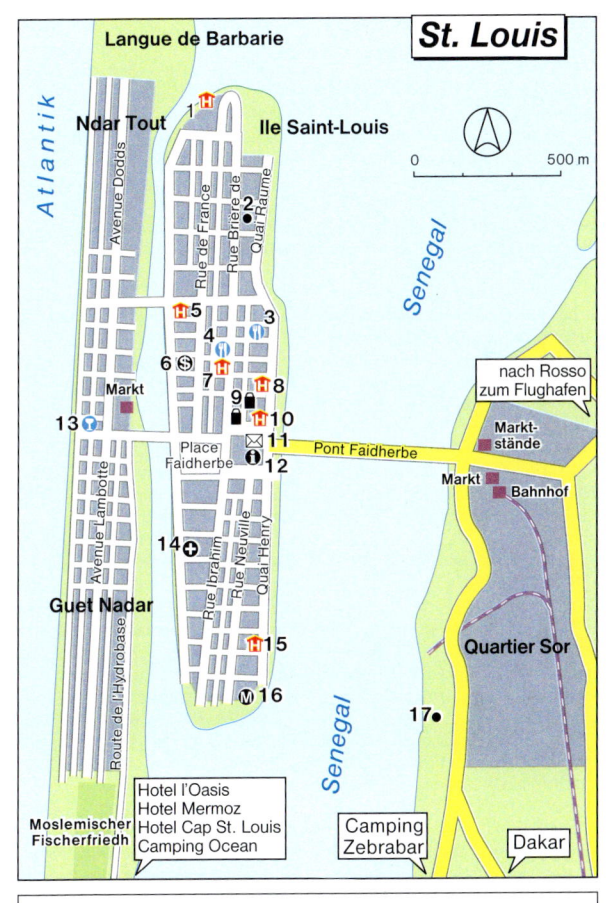

nach Rosso zum Flughafen

Markt
Marktstände

Place Faidherbe
Pont Faidherbe

Markt
Bahnhof

Avenue Lambotte
Rue Ibrahim
Rue Neuville
Quai Henry

Guet Nadar

Route de l'Hydrobase

Quartier Sor

Moslemischer Fischerfriedh

Hotel l'Oasis
Hotel Mermoz
Hotel Cap St. Louis
Camping Ocean

Camping Zebrabar

Dakar

Senegal

- 🏨 **1** Hotel La Louisiane
- ● **2** Franz. Kulturzentrum
- 🍴 **3** Rest. La Signare
- 🍴 **4** Rest. Linguere
- 🏨 **5** Hotel Sunn Keur
- 💲 **6** Bank
- 🏨 **7** Hotel de la Résidence
- 🏨 **8** Hotel La Maison Rose
- 🛍 **9** Supermärkte
- 🏨 **10** Hotel de la Poste
- ✉ **11** Post
- ℹ **12** Tourist Information
- **13** La Chaumière
- ✚ **14** Hospital
- 🏨 **15** Hotel Sindone
- Ⓜ **16** I.F.A.N.-Museum
- ● **17** Gare Routiere

gue de Barbarie ein einfaches Campement mit Nomaden-Zelten und Rundhütten. Es werden auch Ausflüge organisiert.
www.hoteldelaresidence.com

● **Hotel Sindone**
Tel. 339614245, ruhige Lage direkt am Fluss. Kleines Hotel mit viel Komfort und gutem Restaurant, Terrasse mit toller Aussicht über den Fluss. Große DZ mit TV ab 36.000 CFA. Gutes Preis-Leistungsverhältnis.
www.hotelsindone.com

● **Hotel Sunu Keur**
Tel. 339516297, Quai Giraud-Nord, im Nordwesten der Insel. Eine Oase der Ruhe in einem renovierten Kolonialhaus. Bar/Speisesaal im Innenhof, schöne Dachterrasse mit Blick über den Fluss. Einfache, geschmackvoll eingerichtete DZ ab 23.000 CFA.
www.sunu-keur.com

● **Hotel La Louisiane**
Tel. 339612409, Pointe Nord. Gepflegte, familiäre Pension mit Bar/Restaurant in ruhiger Lage am nördlichen Zipfel der Insel. Der Wirt spricht auch deutsch. DZ ab 19.500 CFA.
www.aubergelalouisiane.com

● **Auberge l'Harmattan**
Tel. 339618253, Rue Guillabert. Pension in einem alten Kolonialhaus mit netter Bar, zentral gelegen. Ungewöhnlich große Zimmer mit TV und Balkon ab 17.000 CFA. Etwas verwohnt, aber durchaus mit Charme.

● **Hotel du Palais**
Tel. 339611772, Rue Blanchot, Ecke Ababacar Sy Nord. Einfaches Hotel mit populärer Bar in einem Kolonialhaus, zentral gelegen, DZ zwischen 12.000 und 30.000 CFA.
www.hoteldupalais.net

● **Auberge de Jeunesse d'Atlantide**
Tel. 339612409, gegenüber dem französischen Konsulat. Einfach, sauber, freundlich. Übernachtung in Zwei- und Drei-Bett-Zimmern. 6000 CFA p.P. mit Frühstück

● **Auberge de la Valle**
Tel. 339614722, Rue Blaise Diagne. Einfaches Gästehaus in einem Kolonialgebäude, Übernachtung 5000 CFA p.P. im DZ.

Unterkunft auf der Langue de Barbarie:
● **Hotel Dior**
Tel. 339613118, Route de l'Hydrobase. Von einfachen Räumen mit Gemeinschaftsdusche für Backpacker bis zu großen Zimmern in Bungalows für gehobene Ansprüche direkt am Strand. Auch Zelten und Camping möglich. Gutes Restaurant.

● **Hotel Mermoz**
Tel. 339613668, Route de l'Hydrobase, 4 km vom Zentrum am Strand. Bar/Restaurant, Pool. Bungalows unterschiedlicher Ausstattung zwischen 22.000 und 40.000 CFA.
www.hotelmermoz.com

● **Hotel Cap St. Louis**
Tel. 339613939, Route de l'Hydrobase. Große Bungalowanlage 5 km vom Zentrum. Restaurant/Bar, Pool, Tennis, Quad- und Veloverleih, klimatisierte DZ 37.000 CFA.
www.hotelcapsaintlouis.com

● **Hotel La Saint-Louisienne**
Tel. 9618525, Route de l'Hydrobase. 2008 eröffnetes Großhotel mit viel Beton und wenig Charme am südlichen Ende der Landzunge. Pool, Restaurant etc.
www.lasaintlouisienne.com

● **Auberge du Pelican**
Tel. 339618837, Route de l'Hydrobase. Sehr einfaches Campement für Reisende mit niedrigen Ansprüchen. Billiger als 5000 CFA für eine Hütte geht's in St. Louis nimmer. Leser loben die sehr freundliche Atmosphäre.

Unterkunft auf dem Festland:
● **Le Ranch Bango**
Tel. 339611981, ca. 8 km vom Stadtzentrum Richtung Flughafen. Bungalows in idyllischer Lage. Pool, Reiten, Jagen, Fischen. 30 Zimmer, ab 33.000 CFA.
www.ranchdebango.com

● **Auberge Maison d'Afrique**
Tel. 339614500, Route de la Corniche, nördlich Village Artisanal. Pension mit schattigem Garten und Restaurant, beliebt bei Rucksackreisenden. DZ ab 9000 CFA.

● **Auberge la Fraternité**
Tel. 339616290, Route de Khor, 5 Min. zur Insel. Familiäre Atmosphäre, warme Duschen, Übernachtung 5000 CFA p.P.

Camping

● **Camping de l'Ocean**
Tel. 339613118, Route de l'Hydrobase. Einfacher, gepflegter Platz direkt am Strand, Cam-

Ein tragischer Held aus St. Louis

Ob St. Louis größter Sohn 1897 unter dem Namen *Amadou Louis Fall, M'Barick Fall* oder *Baye Phal* geboren wurde, weiß heute keiner mehr so genau. Berühmtheit erlangte er unter seinem Kampfnamen **„Battling Siki"**: der erste schwarze und Afrikas bislang einziger **Boxchampion im Schwergewicht.** Der skandalumwitterte Weltmeisterschaftskampf fand am 24. September 1922 vor 40.000 Zuschauern im Paris Velodrome statt. Wettspekulanten hatten den Ringrichter bestochen, um *Battling Sikis* Gegner, dem hoch favorisierten Franzosen *Georges Carpentier,* den Sieg zu sichern. Und prompt wurde *Battling Siki* in der sechsten Runde disqualifiziert. Erst die Auswertung der Filmaufnahmen, ein Novum in der Sportgeschichte, verhalf dem jungen Wolof schließlich zum Titel.

Sein kurzes, wildes Leben steht exemplarisch für die **Ausbeutung eines schwarzen Sportlers.** Als Minderjähriger wird er von einer reichen Französin „pour plaisir" mit dem Dampfschiff nach Europa mitgenommen. Aber schon bei der Ankunft in Marseille ist der Dame das lebende Souvenir, das sie in Anbetracht seiner sexuellen Präferenzen „Louis Phal" nennt, lästig. So schlägt sich *Battling Siki* als Laufbursche, Tellerwäscher und Rausschmeißer einer berüchtigten Hafenkneipe durch. Im Alter von 15 beginnt seine Karriere als Preisboxer, bei der französischen Armee wird er für seine Tapferkeit hoch dekoriert. Nach Ende des Ersten Weltkriegs beginnt ein geradezu kometenhafter Aufstieg. Doch trotz Siegen in Serie – 66, davon 35 durch K.o. – bleibt ihm die gesellschaftliche Anerkennung versagt. Geringschätzig nennt ihn die Presse ein „Kind des Dschungels", selbst der eigene Manager vergleicht ihn mit einem Gorilla. *Battling Siki* kompensiert die Demütigungen durch exzentrische Kleidung, reichlich Absinth und unzählige Affären mit weißen Frauen. Öffentliches Aufsehen erregen seine Spaziergänge mit einem Löwen durch die Parks von Paris. Auch seine zweite Heirat mit *Lillian,* einer Holländerin aus bestem Haus, bringt nicht das erhoffte Glück. 1923, nach einer Niederlage und dem Verlust des Titels, versucht *Battling Siki* ein Comeback in den Vereinigten Staaten – vergeblich.

Die letzten Monate seines Lebens verbringt der Boxer in einem Viertel, das die New Yorker „Hell's Kitchen" nennen. Am 15. Dezember 1925 wird *M'Barick Fall,* genannt *Battling Siki,* in der 41. Straße hinterrücks erschossen aufgefunden. Der Täter wird nie ermittelt, die Hintergründe bleiben im Dunkeln. Gerüchte besagen, es habe sich um die späte Rache der Verlierer beim Titelkampf von Paris gehandelt.

Lange Zeit erinnerte lediglich eine schlichte Bronzetafel am Place de la Post an den tragischen Champion, der in New York begraben wurde. Doch 2001 überführte man seine sterblichen Überreste nach St. Louis, und nach einem gewaltigen Triumphzug durch die Stadt wurde Battling Siki auf dem Fischerfriedhof zur letzten Ruhe gebettet.

Sein **Geburtshaus auf der Île St. Louis** war noch bis vor wenigen Jahren ein Stundenhotel mit düsterer Bar. Nirgends in der Stadt war das Bier billiger als im „Battling Siki". Hier im Eckhaus an der Rue Abdoulaye Seck traf sich die Halbwelt nebst weiblichem Anhang zum Zechen. Im Schein der Kerzen wurde gelacht und gefeiert. Und nicht selten gab es Streit, und dann flogen auch die Fäuste. Heute lässt ein reicher Europäer das Kolonialhaus aufwendig sanieren. Geplant ist eine weitere Nobelherberge. Vielleicht wieder unter dem Namen „Battling Siki".

ping 2500 CFA p.P. GPS N 15°59'841 / W 16°30'594. S.a. Hotel Dior oben.
- **Zebra Bar**
Tel. 339620019. Der zwei Hektar große und gepflegte Campingplatz mit seinem alles überragenden Aussichtsturm liegt gut 15 km südlich von St. Louis Richtung Gandiol (GPS N 15°51,85' / W 16°30,71') und ist der Treffpunkt aller Afrikafahrer. Für schweizerische Qualität und kinderfreundliches Ambiente sorgen seit 1996 *Ursula* und *Martin*. Bar/Restaurant, Bootsservice zur Langue de Barbarie, Windsurfen, Kajak und Kanu (gratis). Diverse Bungalows ab 6000 CFA, Camping 2500 CFA p.P. Gäste müssen eine einmalige Gebühr in Höhe von 2000 CFA für den Nationalpark entrichten. Kfz-Reparaturen inkl. Schweißarbeiten möglich. Unter www.zebrabar.net findet sich auch ein Routenplan für die Strandpassage von Gandiol nach Kayar und weiter nach Dakar.

Restaurants
- **Le Coup de Tourchon**
Tel. 339618494, Rue Blaise Diagne. Hübsches Lokal in einem ehemaligen Kontor, spezialisiert auf Fisch und Meeresfrüchte. Menü 7500 CFA.
- **Le Snack**
Tel. 339616985, Rue Blaise Diagne. Pizza, Fisch und Meeresfrüchte sowie senegalische Gerichte zu moderaten Preisen.
- **Restaurant Galaxie**
Rue Abdoulaye Seck. Seit vielen Jahren *die* Adresse auf der Insel für gute und preiswerte senegalesische Gerichte.

Bars und Nightclubs
- **La Chaumière**
Beim Leuchtturm, Quartier Nadar Tout. Supermoderner Tanztempel, 1500 CFA Eintritt.
- **Casino Night Club**
Am nördlichen Ende der Flussinsel. Gutes Restaurant mit Blick auf den Fluss, Live-Konzerte am Wochenende.
- **Le Monte Charge**
Jazzclub und Restaurant.
- **L'Iguane**
Bar/Nightclub im cubanischen Stil, sehr gepflegtes Ambiente.

Krankenhaus
- Tel. 339382400, Rue Ibrahim Sarr; oder beim Tropenmediziner *Dr. Serge Roche*.

Bank
- **BICIS**
Rue Blanchot, einzige Bank mit Wechselstube auf der Insel, geöffnet Mo bis Do 8–12.15 und 14.45–16 Uhr, Fr 14–15 Uhr, Geldautomat für VISA-Kreditkarten. Im Stadtteil Sor hat die BICIS-Bank eine Filiale.

Kultur
- St. Louis gilt seit langem als der Kristallisationspunkt des westafrikanischen Jazz. Alljährlicher Höhepunkt ist das **St. Louis Jazz Festival** (www.saintlouisjazz.com), das immer im Mai Musiker aus vielen Ländern in der Stadt versammelt und inzwischen auch international Beachtung findet.
- Ein weiterer Höhepunkt ist das alljährlich in der letzten Dezemberwoche stattfindende traditionelle Stadtfest **Fanal** mit Umzugswagen und kostümierten Akteuren.
- Ebenfalls ein großes Spekakel markiert die alljährliche **Pirogen-Regatta**, die an mehreren Wochenenden im September und Oktober stattfindet.
- **Centre Culturel Français (CCF)**
Tel. 339611578, Av. Jean Mermoz. Bibliothek, Cafeteria, regelmäßig Filmvorführungen und Konzertveranstaltungen, Internetzugang.

Ausflüge
Kreuzfahrt mit der „Bou el Mogdat"
Die schönste Art, den **Senegal-Fluss** zu entdecken: Mit einem alten Flussdampfer, der stilvoll für Kreuzfahrten umgerüstet wurde und seit 2004 wöchentlich die Route **St. Louis – Podor** befährt. Maximal 75 Passagiere haben Platz, deshalb ist das Schiff oft ausgebucht. Preis für fünf Übernachtungen ca. 400 Euro p.P., inkl. Vollpension und Landausflüge. Einschiffen immer samstags am Kai beim Maison la Rose, Ab-

fahrt sonntags, Rückfahrt mit dem Bus. Das Personal spricht auch englisch. Infos unter www.saheldecouverte.com.

Nationalpark von Djoudji

Nicht nur für Ornithologen ist der 60 km nordöstlich von St. Louis gelegene Nationalpark Djoudji, Weltnaturerbe der UNESCO, ein interessantes Ziel. Die besten Monate für einen Besuch sind Januar und Februar, geöffnet ist der Park von November bis April. In diesem rund 16.000 ha großen **Vogelschutzgebiet** leben Hunderte verschiedener, zum Teil seltener Vogelarten wie Flamingos, Pelikane, Störche, Kormorane, Kronenkraniche, Fischadler etc., außerdem viele Zugvögel aus Europa, die hier überwintern. Mit etwas Glück trifft man auf Warzenschweine, Gazellen, Schakale, gelegentlich lässt sich auch ein Krokodil im Wasser ausmachen.

Der **Besuch des Parks** mit dem eigenen Fahrzeug ist möglich. Gute Übernachtungsplätze für Autofahrer bestehen in der Nähe der Zufahrtspisten in Richtung Park; dort kann man ebenfalls viele Vögel beobachten.

Exkursionen mit mehrstündiger Pirogenfahrt werden von allen größeren Hotels in St. Louis angeboten (15.000 CFA pro Person in der einfachsten Variante). Meist werden die Exkursionen noch mit einem Essen verknüpft.

Eintritt:
2000 CFA p.P. und 5000 CFA/Auto; Pirogen-Rundfahrt 3000 CFA p.P.

Anfahrt:
Die bequemste Anfahrt führt von St. Louis bzw. Rosso auf der gut ausgebauten Nationalstraße 2 bis zur Abzweigung Richtung Staudamm Diama. Von dort sind es noch ca. 33 km passable Piste zum Eingang des Nationalparks bzw. Campements von Djoudji.

Unterkunft:
● **Hotel Djoudji**
Tel. 339638702, am Parkeingang, ca. 60 km von St. Louis. 60 Zimmer, teilweise klimatisiert, ab 32.000 CFA. Schöner Garten, Pool, Bar/Restaurant, 4x4- und Bootsausflüge können unternommen werden.
● **Campement du Mirador**
Tel. 39615152, beim Staudamm Diama. Direkt am Fluss gelegenes einfaches Sportfischer-Campement mit Restaurant.

Nationalpark Langue de Barbarie

Etwa 18 km südlich von St. Louis liegt auf der gleichnamigen Landzunge dieser 2000 ha große, ganzjährig geöffnete Nationalpark, wo Vögel von der Piroge aus nächster Nähe zu beobachten sind. Die Zufahrt führt über die N2, Abzweig etwa 5 km südlich von St. Louis beim Hotel Coumba Bang, und weiter zum Dorf Gandiol, wo mit der Piroge übergesetzt werden muss. Auf der Landzunge gibt es zwei einfache Campements (s.o.). Übersetzen kann man beim Leuchtturm; Hin- und Rückfahrt sollten nicht mehr als 3000 CFA kosten.

Gandiol

Südlich von St. Louis, nahe der Senegal-Mündung, liegt Gandiol mit den Ortsteilen Ndiébène, Ndiol, Mouit, M'-Boubai, Pilote, Djellembam und Tassinere. Speziell das geschichtsträchtige **Gandiol-Tassinere** ist ein hübscher, beschaulicher Ort, ideal zum Entspannen oder als Ausgangspunkt für Ausflüge zum Nationalpark Langue de Barbarie. Kein Wunder, dass sich hier zahlreiche Europäer niedergelassen haben.

Östlich von Gandiol befinden sich die alten **Salinen der Könige von Kayor.** Einst war das Salz die Haupteinnahmequelle der Herrscher von Kayor.

Anfahrt:
Von St. Louis fahren regelmäßig Sammeltaxis nach Gandiol (500 CFA p.P., Taxi max. 2500 CFA); Abfahrt im Quartier Sor, gegenüber dem Commissariat de Police.

Unterkunft/Essen:
● **Campement Teranga**
Tel. 339625853, südlich vom Leuchtturm, direkt am Fluss gelegen. Hübsches, von Franzosen familiär geführtes Campement mit kleinen Zimmern, Bar/Restaurant. DZ ab 18.000 CFA. www.gandiole-teranga.com
● **Niokobokk**
Tel. 339620562, nördlich vom Leuchtturm, direkt am Fluss gelegen, GPS N 15°54'775 / W 16°30'389. Schönes neues Gästehaus eines französischen Paares, das auch englisch spricht. 4 DZ ab 30.000 CFA, Pool. www.niokobokk.com.
● **Zebrabar**
Tel. 339620019. Früher ein reiner Campingplatz, gibt es jetzt auch feste Unterkünfte von einfach bis komfortabel: Hütten ab 6000 CFA bis hin zu großem Ferienhaus. Bar/Restaurant, große Sonnenterrasse am Fluss. www.zebrabar.net

Reservat von Guembeul
An der Straße nach Gandiol befindet sich ein weiteres Schutzgebiet, das 720 ha große Réserve de Guembeul, wo mehrere in Westafrika heimische, aber in freier Wildbahn nicht mehr vorzufindende Tierarten wie z.B. bestimmte Antilopen-Gazellen und Schildkröten angesiedelt wurden; heimische Affenarten sind ebenfalls zu sehen. Der Eintritt beträgt 1000 CFA.

Louga
Als Tagesexkursion lohnt sich ein Besuch der 60 km südlich von St. Louis gelegenen Stadt Louga, vor allem wegen ihres großen **Marktes,** einem der größten im Norden Senegals, und der neuen **Moschee,** deren smaragdgrüne Kuppel bereits von weitem sichtbar ist. Der Ortseingang mit seinen leeren Boulevards vermittelt den Eindruck einer Stadt vom Reißbrett. Tatsächlich beginnt der eigentliche Ortskern einige Kilometer weiter östlich.

Désert de Lompoul
Ein Stück Sahara in Senegal: Rund 15 km² groß ist das **Dünenfeld** von Lompoul, einige Wanderdünen sind über 50 m hoch. Man zweigt von der Straße St. Louis – Dakar kommend bei der Ortschaft Kébémer ab, bis zum Fischerdorf Lompoul sur Mer (in einigen Karten auch „Tiogoune" genannt) sind es ca. 30 km. Die Sanddünen beginnen ca. 4 km nordöstlich und sind nur mit 4x4-Fahrzeug zu erreichen. **Unterkunft** in Nomadenzelten möglich, Halbpension 22.000 CFA. Infos: Tel. 338601578 oder www.campdudesert.com.

Der Senegal-Fluss

Leider sind die Zeiten vorbei, als man den 1700 km langen Senegal, von den Einheimischen oft nur *le fleuve* genannt, mit dem Schiff bereisen konnte. Zu Kolonialzeiten war der Senegal eine wichtige Wasserstraße und bis hinauf nach Bakel an der Grenze zu Mali schiffbar. Heute ist er nur noch **bis Podor ganzjährig schiffbar,** den Transport landwirtschaftlicher Produkte haben weitgehend Lkw übernommen. So bleibt zur Erkundung nur die Fahrt auf der Nationalstraße. Motto: Der Weg ist das Ziel.

Bereits hinter Richard Toll erreicht man den Sahel und bekommt einen Vorgeschmack auf die Wüste. Die Landschaft ist eher flach und monoton, jedoch typisch afrikanisch. Diese **Kargheit** hat ihren ganz speziellen Reiz. Nomaden mit ihren Herden bestimmen das Bild. Doch von den landschaftlichen Kontrasten gewinnt man am Boden nur einen vagen Eindruck. Ganz anders vom Flugzeug: Der Senegal teilt sich in mehrere Hauptarme, deren Verlauf sich nach jeder Regenzeit ändert. Sattes Grün findet sich nur auf diesen Inseln und im unmittelbaren Einzugsgebiet des Flusses. Anders in der **Regenzeit,** wenn der Fluss an manchen Stellen auf eine Breite von bis zu 20 km anschwillt und das Umland mit fruchtbarem, aus dem Oberlauf des Flusses stammendem Schlamm bedeckt. Dieser Umstand ermöglicht den Anbau von Mais, der Getreideart Sorghum und vor allem Zuckerrohr im so genannten Überschwemmungsfeldbau. Mit entsprechenden Bewässerungsanlagen versucht man diese Region noch mehr für den Reisanbau zu erschließen – die Auswirkungen auf das ökologische Gleichgewicht sind bislang noch nicht absehbar. Das gleiche gilt für den Staudamm Diama. Umweltschützer fürchten u.a. eine zunehmende Versalzung im Unterlauf des Senegal mit gravierenden Folgen für das Ökosystem.

Anreise

- Die 680 km lange **Straße von St. Louis über Richard Toll nach Kidira** führt entlang des Senegal-Flusses, den man aber nur selten zu Gesicht bekommt. 2010 war der Straßenzustand mittelmäßig bis schlecht, längere Passagen waren nur noch Piste.
- Wer mit **öffentlichen Verkehrsmitteln** reist, sollte viel Zeit mitbringen, da speziell Buschtaxis ab Podor bzw. Richard Toll nur noch sporadisch fahren. Häufiger verkehren die weißen Mercedes-Kleinbusse, doch eine Fahrt kann wegen Hitze und langer Fahrtdauer zur echten „Tortour" werden. Am schlechtesten ist die Situation zwischen Bakel, Kidira und Tambacounda. Nur wer sich ganz früh auf den Weg zur „garage" macht, hat Aussicht auf einen Platz im Buschtaxi.
- In Kidira besteht die Möglichkeit, den **Zug nach Dakar** zu nehmen, der Sa und Mi verkehrt. In der Praxis aber sind die guten Sitzplätze meist schon belegt. Wer diese Möglichkeit des Reisens in Betracht zieht, tut besser daran, die Reise entgegen dem Uhrzeigersinn zu starten, da sich Sitzplätze für den Zug nur in Dakar reservieren lassen. Das bequemste Transportmittel zur Erkundung des nördlichen Senegal bleibt also in jedem Fall der eigene oder gemietete Wagen.

Ausreise nach Mauretanien

Die rund 700 km lange Grenze zwischen Senegal und Mauretanien verzeichnet nur zwei

DER SENEGAL-FLUSS

Grenzübergänge, die mit Fahrzeugen überquert werden können: Die **Fähre bei Rosso** und der **Staudamm Diama**. Letzterer kann offiziell nur von Fahrzeugen bis 7,5 t passiert werden, in der Praxis drückt man bei etwas Handgeld schon mal ein Auge zu. Vor der Fahrt Richtung Diama sollte man sich unbedingt über den Zustand der Piste auf mauretanischer Seite erkundigen, die nach der Regenzeit oft in schlechtem Zustand ist. Der Grenzübertritt mit der Fähre bei Rosso kann wegen dem Großaufgebot an Schleppern, Schmugglern und Geldwechslern sehr stressig sein. Das gilt übrigens für beide Seiten der Grenze.

Rosso

Die eigentliche Ortschaft liegt auf mauretanischem Gebiet. Auf senegalesischer Seite befinden sich nur einige Geschäfte und einfache Restaurants sowie Büros für Zoll und Versicherung.

Unterkunft
● Einzige Unterkunft bietet die wenig vertrauenswürdige **Auberge du Waalo** am Ortsausgang Richtung St. Louis, DZ 8000 CFA.

Fähre
● Die Fähre **nach Mauretanien** verkehrt von 8–12 und 15–18 Uhr. Je nach Verkehrslage entstehen für Fahrzeuge längere Wartezeiten. Reisende ohne Fahrzeug werden zügig mit Pirogen ans andere Ufer gebracht. Von Rosso nach Nouâkchott, der Hauptstadt Mauretaniens, sind es 250 km auf z.T. schlechter Teerstraße mit unzähligen Polizeikontrollen.

Richard Toll

Richard Toll, 20 km von Rosso entfernt, ist **Zentrum der senegalesischen Zuckerproduktion**. Die geschäftige Kleinstadt bietet dem Reisenden alle Versorgungsmöglichkeiten inklusive Bank mit Geldwechsel sowie ein Büro für die in Westafrika gültige Kfz-Versicherung. An der Hauptdurchgangsstraße gibt es etliche kleine Bars und einfache Garküchen, die Märkte bieten Früchte und Gemüse zu günstigen Preisen.

Der Name dieses Ortes am Zusammenfluss von Senegal und Taouey erinnert an den französischen Pflanzer *Richard*, der hier Anfang des 19. Jh. ein Agrarprojekt für den Erdnussanbau aufgezogen hatte. Die heute völlig heruntergekommene Villa von *Baron Roger*, der dieses Projekt initiiert hatte, liegt östlich der Stadt auf einer Insel, umgeben von einem verwilderten Park.

Unterkunft
● **Gîte d'Etappe du Fleuve**
Tel. 339633240. Restaurant, Pool, schöner Garten mit Terrasse und imposanter Aussicht auf den Fluss, klimatisierte DZ 34.000 CFA.
● **Hotel la Taouey**
Tel. 339633431, direkt am Fluss. Restaurant, Disco, mit 17.500 CFA für das DZ zu teuer.

Dagana

Dagana liegt 44 km östlich von Richard Toll. Alte Kolonialgebäude weisen darauf hin, dass der Ort früher ein wichtiges Handelszentrum war, u.a. für *Gummi arabicum*. Sehenswert sind der Markt, eine ehemalige Faktorei, das 1821 erbaute Fort und Überreste einer Befestigungsanlage. Um den Ort zu erreichen, muss man von der Nationalstraße 2 ab-

Markt in Richard Toll am Zusammenfluss von Senegal und Taouey

biegen. Dagana bildet die Grenze der Wolof-Besiedlung. Ab hier beginnt das Land der Fulbe und Toucouleur.

Podor

Gut 200 km von St. Louis entfernt liegt dieser stille, geschichtsträchtige Ort, umgeben von wüstenhafter Landschaft. Ursprünglich Hauptstadt des alten Tekur-Reiches (siehe Geschichte) und lange Umschlagplatz für Sklaven, Elfenbein und Gold aus dem Hinterland, bietet er heute noch einige Sehenswürdigkeiten: den Markt, die zum Hochwasserschutz errichtete Uferbefestigung mit ihren alten Faktoreien und Kapokbäumen sowie das 1854 von den Franzosen errichtete **Fort Faidherbe,** das inzwischen vollständig restauriert und der Öffentlichkeit zugänglich ist.

Tipp: Seit 2005 findet jedes Jahr (zuletzt an Weihnachten) ein dreitägiges **Blues-Festival** statt, das von dem aus Podor stammenden Sänger *Baaba Maal* organisiert wird. Infos dazu unter www.festivallesbluesdufleuve.com.

Lohnenswert ist auch ein Abstecher auf die nahe gelegene geschichtsträchtige **Île à Morphil.** Eine kleine Motorfähre verkehrt viermal täglich zum Dorf Ndioum, die Passage erreicht man ca. 32 km östlich von Podor an der N2.

Unterkunft
●**Hotel Massina Dioum**
Tel. 339653272. Bestes Haus am Platz, sieben klimatisierte Zimmer, DZ 22.000 CFA, Bar/Restaurant.

- **La Maison Guillaume Foy**
Tel. 339651682. Kleine Pension mit sechs Zimmern in einem liebevoll renovierten Handelskontor aus dem 19. Jahrhundert, idyllisch an der Schiffsanlegestelle Quai Boubou Sall gelegen. DZ 20.000 CFA.
www.podor-rivegauche.com

Matam

Will man die 237 km lange Strecke von Podor nach Matam mit dem Buschtaxi zurücklegen, sollte man dafür einen Tag einrechnen, da die Fahrt in mehreren Etappen verläuft.

Matam liegt direkt am Fluss am Rande eines spektakulären Steilabbruchs. Der Ort hat etwa **10.000 Einwohner,** die hauptsächlich von der Landwirtschaft leben. Durchaus sehenswert ist der bunte, lebhafte **Markt,** auf dem auch Silberschmuck und Töpferwaren verkauft werden. Eine Pirogenfahrt auf dem Senegal bietet sich ebenfalls an.

Unterkunft

Außer Privatzimmern gibt es in Matam keine Übernachtungsmöglichkeiten. Zwei bessere Hotels befinden sich aber nur 10 km entfernt an der N 2 **in Ourossogui:**
- **Auberge Sogui**
Tel. 339661198. Gute Übernachtungsmöglichkeit. DZ ab 17.000 CFA.
- **Hotel Oasis du Fouta**
Tel. 339661294. Zehn klimatisierte Zimmer, ab 18.000 CFA.

Bakel

Aufgrund seiner exponierten Lage ist Bakel die vielleicht interessanteste Siedlung am Oberlauf des Senegal. Dominiert wird der Ort im Dreiländereck von Senegal, Mali und Mauretanien vom alten französischen Fort. Bei einem Spaziergang durch das **5000 Einwohner** zählende Städtchen trifft man noch ab und zu auf Männer an ihren Trittwebstühlen, die Moderne hält aber auch hier mehr und mehr Einzug. Vom Palais René Caillé, benannt nach dem berühmten französischen Afrikaforscher, der 1828 als erster Weißer Timbuktu besuchte, hat man einen weiten Blick über Bakel und die Flusslandschaft.

Unterkunft

- **Hotel l'Islam**
Tel. 339839029. Gutes Essen, schlechte Zimmer und eine sehr „eigenwillige" Wirtin, berichten Reisende. DZ 8000 CFA.
- **Campement Jikké**
Tel. 339379052. Einfache DZ mit Dusche/WC für 9000 CFA, freundliche Atmosphäre. Preiswert essen kann man gegenüber der Shell-Tankstelle oder direkt vor dem Campement.

Kidira

Rund 80 km von Bakel entfernt befindet sich die **Grenzstation** Kidira. Statt dem Senegal bildet hier schon der Fluss Falémé die natürliche Grenze zum Nachbarland Mali. Den Reisenden erwarten ein paar Marktbuden, Bars, zwei Tankstellen und das Zollamt. Betrieb ist hier nur, wenn sich mittwochs und samstags gegen Mitternacht die Züge zwischen Dakar und Bamako kreuzen. Weil die Züge in der Regel hoffnungslos überfüllt sind, sollte man für die Weiterfahrt Richtung Tambacounda und Dakar lieber auf das schnellere und bequemere Buschtaxi setzen. Wer bis zum Mittag kein Fahrzeug findet, sollte beim Zoll nach einer Unterkunft fragen.

Achtung: Den **Ausreisestempel** für den Grenzübertritt nach Mali gibt es nicht direkt an der Grenze, sondern beim Polizeiposten im Ort.

Die Petite Côte

Der als Petite Côte bezeichnete Küstenstreifen zieht sich laut offizieller Lesart **vom Cap Vert bis zum Mündungsgebiet des Saloum** im Süden. Um die Übersichtlichkeit zu erhöhen, haben wir dem Sine-Saloum-Delta jedoch ein eigenes Kapitel gewidmet. Der hier beschriebene **Abschnitt zwischen Toubab Dialaw und Joal-Fadiouth** bildet das eigentliche **Zentrum des senegalesischen Tourismus.** Hier reiht sich ein Ferienclub an den anderen, dazwischen schicke Wochenendhäuser und ein paar wenige, kleine Pensionen für Individualisten. Hier haben sich auch viele Europäer auf Dauer niedergelassen, vor allem Franzosen im Ruhestand. Kein Wunder, zeichnet sich doch die Petite Côte durch ein ganzjährig angenehmes Seeklima und hervorragende Sandstrände aus. Anders als an der nördlich von Dakar gelegenen Côte Sauvage ist die Brandung nur schwach, das Meer also ideal zum Baden. Landschaftlich hat die Petite Côte wenig zu bieten, sieht man einmal von sauberen Stränden und den imposanten Baobab-Wäldern im Hinterland ab.

Die **Bevölkerung** – im Norden vorwiegend Lebou, im Süden Sérèr –, lebte früher vom Fischfang und der Landwirtschaft, heute stellen der Tourismus und der große Bedarf an Hauspersonal eine wichtige Einnahmequelle dar.

Hauptorte der Petite Côte sind Mbour mit dem nahen Saly Portudal, das bevorzugte Ziel für Pauschaltouristen, rund 80 km von Dakar entfernt. Die Petite Côte ist ein noch relativ junges Urlaubsziel. So erfolgte der Beginn der Erschließung von Saly Portudal erst Mitte der 1980er Jahre.

Anreise

Die meisten der nachfolgend beschriebenen Orte werden nicht vom öffentlichen Nahverkehr angesteuert, weil es keine eigentliche Küstenstraße gibt. Praktisch alle Campements bieten deshalb Gästen einen **Abholservice vom Flughafen Dakar,** der mit rund 20.000 CFA zu Buche schlägt. Mit dem Taxi bezahlt man etwa 12.000 CFA.

Wer partout für 700 CFA mit dem **Car rapide** Richtung Thiès fahren will, sollte an der Abzweigung Diamniadio (Total-Tankstelle) aussteigen und von dort auf eine Sammeltaxi warten, was morgens recht flott geht. Das kostet beispielsweise nach Toubab Dialaw ab 300 CFA, nach Popenguine 500 CFA. Oder man fährt gleich bis Mbour und von dort weiter mit dem Buschtaxi.

Toubab Dialaw

50 km von Dakar entfernt, geht es im kleinen Fischerdorf Toubab Dialaw noch recht beschaulich und wenig touristisch zu – jedenfalls im Vergleich zu den Orten weiter südlich. Die hauptsächlich von Toucouleur bewohnte Ortschaft liegt hübsch zwischen steilen, roten Felsklippen an einem sehr sauberen Strand. Immer im Juni feiert das Dorf ein großes Fest zu Ehren eines bedeutenden Marabout. Es gibt einige Bars

und Restaurants sowie fünf Herbergen, davon zwei im Nachbarort Yène.

Unterkunft

- **Espace Sobo Badè**
Tel. 338360356. Ein echter Tipp ist das mit viel Liebe und surrealem Kunstsinn im Gaudí-Stil errichtete Strandhotel in traumhafter Lage von *Sylvaine* und *Gérard Chenet*. Gute Küche u.a. mit vegetarischen Gerichten zu annehmbaren Preisen. Diverse Workshops wie Tanz oder senegalesisches Kunsthandwerk, Freilichtbühne, Fahrradverleih, Reiten; DZ mit Ventilator ab 12.000 CFA, am Wochenende vorbestellen.
sobobade@metissacana.sn
- **La Mimosa**
Tel. 338267326. Senegalesische Pension mit Pizzeria in Strandnähe, freundlicher Service, fünf einfache Zimmer ab 10.000 CFA.
- **Chez Olivier**
Einfache Pension unter belgischer Leitung direkt am Strand (unterhalb des Espace Sobo Badè). Nettes, preiswertes Lokal mit senegalesisch-belgischer Küche.

Popenguine

Das Fischerdorf ist 55 km von Dakar entfernt und bequem über eine Stichstraße von Sindia zu erreichen. Popenguine, am Wochenende beliebtes Ausflugsziel für die Dakarois, ist vor allem durch seine alljährliche **Pfingst-Wallfahrt** bekannt. Dann strömen hunderttausende Katholiken in den Ort, nicht nur aus Senegal, sondern auch aus den Nachbarländern.

Übernachtung ist in sehr einfachen Unterkünften möglich. Für Leute, denen Dakar zu teuer oder zu stressig ist, eine gute Gelegenheit, preiswert zu wohnen. Verschiedene kleine Garküchen und einheimische Restaurants befinden sich in der Nähe des Marktes. Außerdem gibt es im Ort zwei Kinos und mehrere Bars.

Unterkunft

- **La Pierre de Lisse**
Tel. 339577148. Das beste der vier Campements liegt bei Ndayane auf halber Strecke zwischen Toubab Dialaw und Popenguine. Schöner Strand, aber wenig Schatten, Halbpension 20.000 CFA.
- **Keer Cupaan**
Tel. 339564951. Einfaches, etwas außerhalb des Ortes gelegenes Campement mit viel lokalem Ambiente, weil hier u.a. eine Frauenkooperative aktiv ist, die sich für Naturschutz engagiert. Bungalows mit Dusche/WC für 10.500 CFA. Etwas günstiger ist das nahe **Campement Keur de Sable,** Tel. 339577164, mit guter (Fisch-)Küche.

Somone

Für viele ist Somone nur das nördlich gelegene Anhängsel von Saly Portudal. Dabei existiert dieser Ort schon viel länger als das am Reißbrett entstandene Saly. Das Ambiente wirkt lange nicht so steril und aufgesetzt wie in Saly. Einen Ortskern sucht man vergebens.

Unterkunft

- **Le Bassari**
Tel. 339577464. Hübsches Campement mit traditionellen Rundhütten, eine gute Adresse für ausgefallene Ausflugsziele, u.a. werden im Frühjahr die Initiationsfeste der Bassari besucht, außerdem Expeditionen nach Mauretanien organisiert. DZ ab 15.000 CFA.
camplebassari@sentoo.sn
- Daneben gibt es noch gut ein halbes Dutzend anderer Campements, die meisten deutlich teurer. Einen schönen und ruhigen Platz zum **Campen** hat uns Leser *Jens Hauck* genannt: GPS N 14°29,499 / W 17°05,141. Wer vorher die Fischer um Erlaubnis fragt, kann „ohne Generve" zwischen Lagune und Meer übernachten.

Die Petite Côte

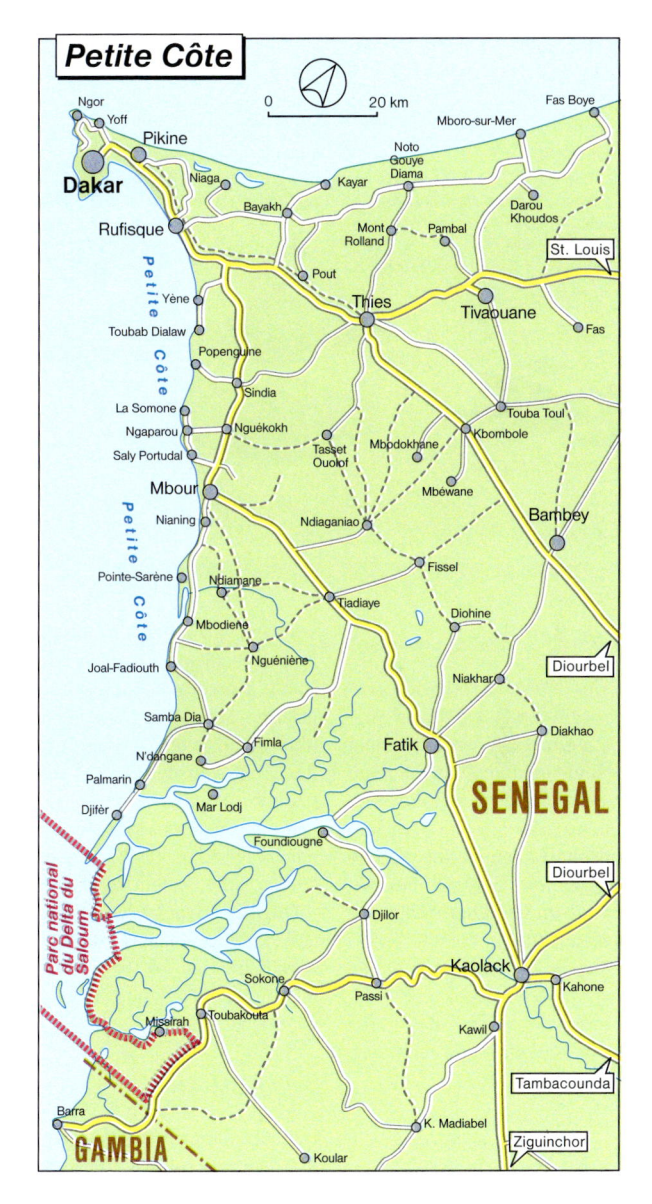

Petite Côte

Petite Côte – Strand in der Touristenhochburg Saly Portudal

Reserve de Bandia

1991 ließ der deutsche Forstwirt *Christian Dehring* 1500 ha Land an der Straße nach Mbour einzäunen. So konnte sich die Natur in dem überweideten Gelände entfalten. Ziel war die Wiederherstellung einer ursprünglichen **Buschlandschaft** mit der früher für den Senegal typischen Tierwelt. Eröffnet wurde der 65 km von Dakar entfernte Park schließlich 1997.

Der Besuch ist besonders dann interessant, wenn man sich aus Zeit- oder Kostengründen die lange Anfahrt zum Nationalpark Niokolo-Koba nicht leisten kann. Zu sehen sind u.a. Giraffen, Zebras (geplant), Gazellen, Affen, Krokodile, Wasserbüffel und unzählige Vogelarten. Sehenswert sind auch der **Baobab-Wald** in und um den Park sowie das „Tombeau des Griots", ein uralter Baobab, in dessen Stamm 200 Skelette gefunden wurden. Münzfunde deuten darauf hin, dass dort noch bis in die 1940er Jahre Bestattungen stattfanden.

Eintritt: Erwachsene zahlen 10.000 CFA, Kinder die Hälfte, 40.000 CFA mit Allradfahrzeug des Parks, 10.000 CFA mit eigenem Fahrzeug plus 4000 CFA für einen Guide.

Saly Portudal

Bei dem 75 km von Dakar entfernten Ort handelt es sich um das eigentliche

Urlaubszentrum der Petite Côte, vor allem wegen der geschützten Lage und dem ganzjährig angenehmen Klima. Bereits ab dem 7 km nördlich gelegenen La Somone ist die Küste mit Villen, kleinen Hotels und Bungalowanlagen zugebaut. Alles ist auf die Ansprüche der Fremden – vornehmlich französische Pauschaltouristen – abgestimmt, und entsprechend umfangreich ist das Angebot: Golfplätze, Schönheitssalons und Wellness, Hubschrauberrundflüge, Kart-Bahn, Jetski- und Bootsverleih, Fischen, Reiten, Tontaubenschießen etc. Auch sonst ist die **Infrastruktur perfekt.** Die gut 30 Clubanlagen und noch einmal so viel Residenzen der mittleren und gehobenen Preisklasse vermieten meist nur wochenweise und dann mit Halbpension. Wer nach nur einer Übernachtung fragt, wird meist nach La Somone oder gleich nach Mbour verwiesen. Ferienhäuser in direkter Strandlage mit Pool werden ab 200.000 CFA pro Woche vermietet. Obwohl auf den Bau von Bettenburgen verzichtet wurde, hat

Das Beschneidungsfest von Mbour

erlebt von Christine Mutter-Sène

Alljährlich **im September** kennt man in Mbour nur ein Thema: das Fest der Beschneidung der fünf- bis siebenjährigen Jungs vom **Volk der Mandingo.** Jeden Sonntag, morgens um 5 Uhr, ziehen aus jedem Quartier von Mbour Percussion-Gruppen zusammen mit dem Konkoran, so heißt der Medizinmann mit den zwei mächtigen Säbeln, trommelnd und tanzend durch die Straßen und spielen die Sowruba. Das sind schlanke Trommeln, die mit einer Hand und einem Stock geschlagen werden, dazu gibt ein „Dirigent" mit einer Trillerpfeife den Takt vor. Das schweißtreibende Spektakel geht den ganzen Vormittag lang, bis sich die Gruppen gegen Mittag zu einer mehrstündigen Pause zurückziehen. Anschließend beginnt das Ganze von neuem. Schnell zeigt sich, der Vormittag war nur die Ouvertüre. Wieder sind die Trommler in kürzester Zeit von einer tanzenden Menschenmenge eingeschlossen, die sich mit ihnen zusammen wie eine wogende Welle fortbewegt. Nur der Konkoran ist tabu: In seiner Nähe dürfen sich nur beschnittene Jungen und Männer vom Volk der Mandingo aufhalten. Dafür sorgen junge Aufpasser mit langen Ruten, die jeden, der sich dem Konkoran nähert, mit Schlägen verjagen.

Aus der ganzen Region sind die Menschen herbeigeströmt, und spätestens am Nachmittag sind alle Straßen der Stadt völlig verstopft von Feiernden, die sich wie in Trance zur Musik bewegen – die Stimmung wird immer wilder und ausgelassener. Bei Sonnenuntergang enden die Festivitäten – bis zum nächsten Sonntag.

Das Beschneidungsfest ist ein außergewöhnliches Erlebnis. Als Besucher wird man von Umstehenden spontan zum Mittanzen animiert, und wenn der Konkoran in die Nähe kommt, sucht man natürlich auch das Weite. Den ganzen Tag mitzumachen, ist allerdings sehr anstrengend. Im September ist im Senegal noch Regenzeit, und die schwüle Hitze macht das Ganze natürlich noch schweißtreibender. Die eigentliche Beschneidung findet bereits Ende August statt; die Kinder verbringen diese für sie so wichtige Zeit in einem speziellen Haus zusammen mit dem Konkoran, der sie betreut und pflegt. Man merkt den Buben an, dass diese Zeit für sie eine spezielle Erfahrung war. Sie werden von der Musik und der Atmosphäre richtig mitgerissen.

man kaum mehr den Eindruck in Afrika zu sein – kein Wunder, denn „Saly" ist erst 1984 gegründet worden.

● **Infos:** www.ausenegal.com/hotel/saly.htm

Mbour

Mbour, 85 km südlich von Dakar, ist mit rund **100.000 Einwohnern** der **wichtigste Ort an der Petite Côte.** Noch immer bilden Fischfang und Kleinhandel wichtige Einnahmequellen, doch der ansteigende (Pauschal-)Tourismus hat zusätzlich neue Arbeitsmöglichkeiten geschaffen. Die enormen sozialen Unterschiede – hier feudale Residenzen, dort schiere Armut – sind aber auch der Grund für die zuletzt ausufernde **Kleinkriminalität** und das Heer von **Schleppern** (schon 1999 verglich eine große senegalesische Tageszeitung Mbour mit Chicago). Reisende berichten aber auch von „wundervollen Wochen" im Schutz einer Gastfamilie. Inzwischen sind die Sicherheitsmaßnahmen enorm verstärkt worden. Abseits der großen Hotelanlagen erfreuen sich **Trommel- und Tanz-Workshops** zunehmender Beliebtheit.

Unterkunft

● **Tama Lodge**
Tel. 339570040, Plage des Cocotiers, zwischen Saly und Mbour. Klein (zwölf Hütten), aber sehr fein: Afrikanischer Chic unter mächtigen Palmen direkt am Strand. Bar/Restaurant. DZ ab 70.000 CFA.
www.tamalodge.com
● **La Medina**
Tel. 339574993, Saly-Zentrum, 200 m bis zum Strand. Kleines, hübsches Gästehaus im marokkanischen Stil. Restaurant, Pool im Innenhof. DZ mit Frühstück 24.000 CFA, Vollpension möglich.
● **Le petit Jura**
Tel. 339573767, im Süden von Saly, nur wenige Schritte zum Strand. Einfaches, sauberes Gästehaus eines Schweizers. Bar, aber kein Restaurant, Pool. DZ 26.000 CFA
www.aupetitjura.ch
● **La Ferme de Saly**
Tel. 776384790, im Süden von Saly am Plage des Cocotiers. Kleiner gepflegter Campingplatz eines Franzosen. Dazu gehört auch eine Apartment-Anlage mit allem Komfort. GPS N 14°25'33.58 / O 16°59'45.88.
www.farmsaly.com

Unterhaltung

● **Malibu (Djembe-Café)**
Disco im Zentrum. Angenehme Atmosphäre bei guter Musik und gemischtem Publikum.

Sonstiges

● **Hauptsaison** in Mbour/Saly Portudal ist von November bis April, in den übrigen Monaten sind die Preise um einiges niedriger.
● Mbour verfügt über **alle Versorgungsmöglichkeiten.** Die BICIS-Bank hat einen Bankautomaten, der auch Visa-Karten akzeptiert.

Nianing

Der Ort liegt 95 km südlich von Dakar und ist sehr viel ruhiger als etwa Mbour oder Saly. Ins Auge fällt die abwechslungsreiche Vegetation. Bekannt wurde Nianing durch den deutschen Club Aldiana. Zur Saison 2007/08 wurde die riesige Ferienanlage an französische Investoren verkauft.

Unterkunft

● **Hotel Le Ben Tenier**
Tel. 339572974. Ruhige Bungalowanlage mit gutem Restaurant, DZ ab 17.000 CFA.
● **Auberge Bougainvillees**
Tel. 339564711. Kleines, günstiges Campement am Strand, Hütten ab 10.000 CFA.

Der Baobab – Afrikas „Wunderbaum"

„Mein Gott, so viele tote Bäume", meinte bestürzt eine ahnungslose Touristin bei der Fahrt durch den Baobab-Wald an der Petite Côte. Tatsächlich sieht man in Senegambia schon bald nach der Regenzeit kaum noch einen Baobab mit Blättern. Der Grund: Die Bäume werden regelrecht abgeerntet. Die Blätter dienen frisch oder getrocknet dem Verzehr. Zu Pulver zerstoßen werden sie unter der Bezeichnung „Alo" zur Linderung rheumatischer Beschwerden und Entzündungen eingesetzt. Die säuerlich schmeckenden Früchte werden zu einem brauseartigen Getränk verarbeitet, das erfrischt und belebt. Außerdem gilt das Fleisch aus den großen gelben Früchten seit alters her als Heilmittel gegen allerlei Gebrechen, vor allem Kreislaufbeschwerden. Der Rinde schreibt man chininähnliche Eigenschaften zu, die gegen die Malaria helfen. Und der nährstoffreiche Samen wird zur Herstellung von Dünger und Seife verwendet.

Doch der **Affenbrotbaum,** wie er wegen seiner Früchte bei uns genannt wird, ist viel mehr als nur Lieferant nützlicher Dinge: Der Baobab ist der mystische Baum Afrikas, der die Landschaft südlich der Sahara prägt. Unter seinem Schatten treffen sich die Ältesten zum Palaver, in seinen hohlen Stämmen werden die Griots, die Gaukler und Straßenmusikanten begraben, der Baobab ist Gegenstand unzähliger Mythen, Märchen und Legenden. Tausend Jahre und mehr kann er alt werden, doch im Gegensatz zu anderen Bäumen schrumpft er im Alter. Deshalb werden Baobabs selten höher als 20 m, dafür aber unglaublich dick. Der bizarre, tonnenförmige Baumstamm erreicht oft mehr als 10 m Umfang.

Wie Baobabs aussehen, die dem Zugriff des Menschen entzogen sind, zeigt sich im Naturreservat von Bandia. 1991 wurde das Reservat in der Nähe von Saly Portudal vollständig eingezäunt und gesperrt. Die Bäume tragen seither praktisch das ganze Jahr über Blätter und haben auch eine ganz andere Form entwickelt.

- **Auberge des Coquillages**
Tel. 339571676. Hübsche Bungalowanlage mit Pool und gepflegtem Restaurant mit Meerblick. DZ mit Dusche/WC ab 16.000 CFA.

Mbodiene

Kleines, verschlafenes Fischerdorf und beliebtes Wochenendziel der reichen Dakarois zwischen Nianing und Joal-Fadiouth.

Unterkunft
- **Club Laguna Beach**
Tel. 339578802, E-Mail: laguna@telecomplus.sn. Die Clubanlage ist in Sachen Komfort und Preis die Nummer 1 an der Petit Côte; Golfplatz in Planung. DZ ab 130.000 CFA.
- **Auberge Gîte de Fasna**
Tel. 339576130. Preisgünstige Alternative mit hübscher Gartenanlage, DZ ab 9000 CFA.

Joal-Fadiouth

Joal ist ein wichtiges Zentrum der senegalesischen Fischereiwirtschaft und wurde bereits im 15. Jh. von den Portugiesen gegründet. Es ist die Geburtsstadt des Staatsgründers *Léopold Sédar Senghor*. Das Ortszentrum bildet der Markt. Eine Wanderung am Strand entlang lohnt sich, wo sich viele bunt bemalte Pirogen sowie Roste zum Trocknen der Fische befinden.

Eigentliches Ziel der Touristengruppen aber ist **Fadiouth,** von Joal aus über eine kleine Holzbrücke zu erreichen. Der pittoreske Ort liegt auf einer Insel aus künstlich aufgeschichteten Muscheln. Neben dieser Insel gibt es noch zwei weitere, die eine mit dem christlichen Friedhof, und die Speicherinsel, auf der die Hirse- und Erdnussernte untergebracht sind. Fadiouth ist im Gegensatz zu den umliegenden Dörfern eine vorwiegend christliche Gemeinde mit einer Kirche. Große und kleine Schweine bevölkern den Ort – ein ungewohnter Anblick in einem islamischen Land. Gegenüber dem heiligen Baum, einem großen Baobab, befinden sich Muttergottesstatuen und Heiligenbilder.

Nur während der Flut ist eine **Pirogenrundfahrt** nach Fadiouth und zur Friedhofs- und Speicherinsel möglich. Bei Ebbe ist nicht genügend Wasser in der Lagune. Die Preise für die einstündige Fahrt liegen bei 5000 CFA für die Piroge plus Trinkgeld für den Bootsmann. Hinweis: Die Schlepper an der Brücke nach Fadiouth sind wegen ihrer Hartnäckigkeit berüchtigt.

Unterkunft
- **Le Relais 114 (Chez Mamadou Baldé)**
Tel. 339576114. Preiswert, sauber, freundlich, mit gutem Restaurant; einfache Zimmer in Rundhütten ab 10.000 CFA.
- **Hotel le Finio**
Joal, Tel. 339576112, nahe der Brücke nach Fadiouth, Restaurant, einfache Zimmer in Rundhütten ab 6000 CFA p.P.
- **Hotel de la Place**
Tel. 339576677. Südlich vom Zentrum, direkt am Strand. Gut geführtes Mittelklassehotel mit Pool. DZ 25.000 CFA.

Das Sine-Saloum-Delta

Hinter Joal-Fadiouth endet die Teerstraße – und damit der Massentourismus der Petite Côte mit all seinen Begleiterscheinungen. Südlich von Joal-Fadiouth hat man, salopp gesagt, seine Ruhe. Die Gegend wird flach, die Baobab-Wälder nehmen ab, dafür werden vorwiegend Ölpalmen angebaut – eine ländliche Idylle.

Etwa auf halber Höhe zwischen Joal und Ndangane erblickt man mitten in der Landschaft eine größere Menschenansammlung: Es sind Souvenirhändler, die unter dem angeblich größten Baobab Senegals auf Kundschaft warten. Nach einer kurzen Fahrt erreicht man bei **Ndangane** das Mündungsgebiet des Sine-Saloum. Es ist von zahlreichen Inseln und Wasserarmen, den so genannten Bolongs (französisch *Marigot*), durchsetzt und verfügt über eine relativ gut ausgebaute touristische Infrastruktur.

Der **Nationalpark Delta du Saloum** umfasst etwa 40% des insgesamt 180.000 ha großen Mündungsdeltas, das gekennzeichnet ist durch Sanddünen entlang des Ozeans, Lagunen, von Mangroven gesäumte Bolongs und kleinere Wälder mit Palmen und Baobabs. **Exkursionen** in den Nationalpark sind meist nur mit dem Boot möglich und werden von örtlichen Campements organisiert. Ein Großteil dieser Campements orientiert sich übrigens an den bevorzugten Hobbys der mehrheitlich französischen Gäste: Fischen und Jagen – was nicht jedermanns Sache ist.

Anreise

Anders als an der Petite Côte sind im Sine-Saloum-Delta **gute Teerstraßen Mangelware**. Das Gebiet ist sehr dünn besiedelt, entsprechend **dürftig ist der öffentliche Nahverkehr**, besonders die etwas bequemeren Buschtaxis fahren selten, meist verkehren nur Pick-ups oder uralte Minibusse. Gute Chancen für rasches Fortkommen bieten Joal-Fadiouth und Mbour für Ziele im Nordwesten des Deltas, Kaolak für zentrale und südliche Zielorte. Wir haben die vier wichtigsten Routen mit einem normalen Campingmobil abgefahren; hier die Beschreibung:

● **Route 1: von Mbour über Joal-Fadiouth nach Palmarin/Differ bzw. Ndangane.** 23 km bis Joal-Fadiouth auf Teerstraße, dann ca. 40 km Piste bis Differ, meist übles Wellblech, in der Regenzeit wohl nur mit Allrad befahrbar. Im Ort Samba Dia geht es geradeaus weiter nach Ndangane, wo sich etliche Hotels/Campements befinden und man mit Pirogen auf die Insel Mar Lodj übersetzen kann. Wer nach Palmarin/Differ will, muss in der Ortsmitte von Samba Dia die Piste Richtung Südwesten nehmen. In Differ kann man dann mit Pirogen auf die Inseln Niodior und Dionewar übersetzen. Hinweis: Seit Langem geplant, aber immer noch nicht realisiert ist die Teerstraße nach Palmarin.

● **Route 2: von Mbour auf der Nationalstraße 1 nach Ndangane.** Ca. 80 km durchgehend Teer, die zweite Hälfte allerdings mit vielen Schlaglöchern. 34 km nach Mbour bzw. 4 km hinter dem Ort Tiadiaye zweigt von der N 1 (ohne Ausschilderung!) eine schmale Teerstraße gen Süden ab. Achtung: Vor und nach Ortschaften befindet sich ca. ein Dutzend extrem brutaler „schlafender Polizisten" – Geschwindigkeit auf Schritttempo reduzieren! Von Fimla (viele Geschäfte und Tankstelle) sind es dann nur noch ca. 6 km nach Ndangane. In Fimla bietet sich außerdem die Möglichkeit, über Samba Dia nach Palmarin/Differ zu gelangen. Diese Route ist länger, aber deutlich bequemer.

● **Route 3: von Mbour über Fatick nach Foundiougne.** Ca. 90 km meist gute Teer-

DAS SINE-SALOUM-DELTA

straße, die letzten 15 km bis zur Fähre fährt man besser entlang der (ehemaligen) Teerstraße auf einer Parallelpiste. Etwas knifflig, weil wie üblich nicht ausgeschildert, ist die Abfahrt bei Fatick. Man verlässt die N 1 beim ersten Abzweig und fährt ins Ortszentrum. Mit etwas Glück oder der Hilfe Einheimischer gelangt man dann zur Straße nach Foundiougne. Die Fähre über den Sine-Saloum ans Südufer nach Foundiougne (ca. 10 Min.) verkehrt täglich relativ pünktlich um 8.30, 10.30, 12.30, 15.30 und 18.30 Uhr.

Route 4: von Foundiougne weiter in den Süden des Deltas. Nach 32 km guter und breiter Allwetterpiste gelangt man über Djilor nach Pass und dort auf die Teerstraße N 5, die von Kaolak Richtung Grenze Gambia geht. Die Straße führt an den touristisch interessanten Orten Sokone und Toubacouta vorbei. Zum Nationalpark bei Missirah kommt man entweder über eine gut 10 km lange Piste von Toubacouta oder bei der gut ausgeschilderten Abfahrt weiter südlich.

Ndangane/Mar Lodj

Das etwas verschlafene **Dorf Ndangane** ganz im Norden des Deltas kann entweder über Piste von Joal oder Teerstraße von Loul Séssène erreicht werden. Hier warten die Pirogen der Campements, um nach Voranmeldung zur schmalen Landzunge Sangomar oder zur nahen **Insel Mar Lodj** überzusetzen. Mar Lodj ist praktisch autofrei, noch sehr ursprünglich und wegen seiner geschützten Lage ein wahres Naturparadies. Vor allem die Vogelwelt, von Pelikanen bis Kolibris, ist großartig.

Unterkunft

●**Hotel Cordons Blues**
Tel. 339499312. Clubanlage mit allem Komfort in Ndangane mit großem Freizeitangebot, u.a. Pool, Ultraleichtflugzeug, Fischen, Reiten, Quad. DZ ab 70 Euro.
www.lescordonsbleus.com

●**Hotel Le Pelican du Saloum**
Tel. 339499310. Clubanlage in Ndangane. 60 Zimmer, Pool, Reiten, Tennis, Fischen, Abholservice von Dakar. Vollpension 40 Euro p.P.

●**Auberge Bouffe** (ex Chez Madeleine)
Tel. 339499313. Kleines, sehr gepflegtes Campement mit schönem Garten eines schweizerischen Paares in Ndangane. Bar/Restaurant, Pool, Abholservice von Dakar. DZ 20.000 CFA.
www.aubergebouffe.com

●**Campement Le Cormoran**
Tel. 339499316. Einfaches Sportfischer-Campement unter französischer Leitung in Ndangane. DZ mit Frühstück 24.000 CFA.
www.lecormoran.net

●**Campement Mar Setal**
Tel. 776372531. Auf der Insel Mar Lodj hat sich der Österreicher *Kurt Wiesbauer* mit seinem gepflegten Campement für Sportfischer einen Traum verwirklicht. Ausflüge zur Île des Oiseux und bis zum Atlantik sind möglich. Bei Voranmeldung werden Gäste vom anderen Ufer abgeholt.

●**Auberge Le Limboko**
Tel. 339493498. Das kleine, neu gestaltete Campement liegt am Rande des Naturparks auf der Insel Mar Lodj. Gratis-Transfer von Ndangane. Vollpension 20.000 CFA p.P.
www.limboko.com

●**Campement Essamaye**
Tel. 5553667. Campement mit strikt ökologischem Konzept auf der Insel Mar Lodj. Urlaub in großem Impluvium-Haus. Zahlreiche Ausflugsangebote, Gratis-Transfer von Ndangane. Vollpension 19.000 CFA p.P.
www.senegalia.com

●**Campement Le Farakaba**
Tel. 775646883, 775114896. Einfaches Campement auf Mar Dodi in traumhafter Lage am Strand, die senegalesischen Betreiber sind sehr gastfreundlich. Gratis-Transfer von Ndangane. Vollpension 15.000 CFA p.P.

Palmarin/Differ (Djifere)

Der äußerste Nordwesten des Sine-Saloum-Deltas wird von einer schmalen, etwa 20 km langen Landzunge begrenzt, die ursprünglich bis zum Pointe de Sangomar reichte. Diese Landverbindung wurde bei einem verheerenden Sturm in den 1990er Jahren direkt hinter dem Ort **Differ** unterbrochen. Das **urige Fischerdorf** wird von strenggläubigen Muslimen bewohnt. Dagegen ist das mehrheitlich christliche **Palmarin** ein eher **gesichtsloses Straßendorf.** Dieser karge, von flachen Salzpfannen geprägte Landstrich markiert im Norden das Ende der Petit Côte, im Süden mündet der Saloum-Fluss in den Atlantik. Dazwischen saubere, beinahe menschenleere Strände. Mehr Ruhe findet man südlich von Dakar nirgends. Von Differ verkehren Pirogen unter anderem zur Île de M'Boss Dor und Dionewar (bzw. Niodior), dem eigentlichen Herz des Nationalparks Delta du Saloum (UNESCO-Weltnaturerbe).

Unterkunft

- **Lodge des Collines de Niassam**
Tel. 336696343. Ein wirklich ungewöhnliches Resort in einmaliger Lage nördlich von Palmarin. Keine Zäune, der Horizont bildet die Grenze. Stilvolles Wohnen in Baumhäusern oder in Pfahlbauten in der Lagune. Zum Atlantik sind es ca. 15 Gehminuten. Ein Tipp für Individualisten mit gehobenen Ansprüchen. Halbpension 85 Euro p.P. Infos unter www.niassam.com.
- **Le Royal Lodge**
Tel. 339491150, südlich von Palmarin gelegenes Resort der Luxusklasse direkt am Strand. Der schiere Protz will aber nicht so recht in die spröde Landschaft passen. www.le-royal-lodge.com
- **Camping Djidjack**
Tel. 339499619. Einfaches, ausgesprochen freundliches Campement mit Campingplatz direkt am Meer in Palmarin; von einem Franzosen und einer Schweizerin, die auch deutsch spricht, geführt. Bar/Restaurant mit hervorragender Küche. Pool, eigene Pferde, Kutschfahrten am Strand oder in die Dörfer möglich. Camping 2000 CFA p.P. unter uralten Baobab-Bäumen, Fahrzeuge gratis, große Bungalows für 20.000 CFA. www.djidjack.com
- **Campement Le Yokam**
Tel. 339363752. Einfaches Sportfischer-Campement in Palmarin/Facao. Die Preise beginnen bei 7000 CFA p.P. für Bed & Breakfast.
- **La Pointe de Sangomar**
Tel. 338356191 (Dakar). Einfaches, vorwiegend auf Sportfischer ausgerichtetes Campement, Segeln möglich, Fahrradverleih.
- **Campement Kooko**
Tel. 335255251. Auf einer schmalen Landzunge vor dem Ort Niodor gelegen. Mit Pirogen von Differ aus in ca. 15 Minuten zu erreichen. Das preisgünstigste Camp im Zentrum des Deltas, DZ zwischen 16.000 und 35.000 CFA. Deutlich teurer sind das Hotel Delta Niominka, Tel. 339489935 (www.deltaniominka.com) auf der Insel Dionewar mit 45 Zimmern und das Resort auf der Insel M'Boss Dor (www.mboss-dor.com), das u.a. über eine eigene Landebahn verfügt.
- **Campement Nanaay**
Palmarin, etwas nördlich vom Campement Djidjack. Zehn große saubere Hütten in einem schönen Garten mit Bar/Restaurant, der Besitzer *Abdou N'diaye* spricht auch deutsch. Übernachtung mit Frühstück 16.400 CFA p.P. Abholung vom Flughafen Dakar möglich. Kontakt über *Yvonne Raab-Ndiaye,* Tel. 0162-6149636, Infos unter: www.nanaay.com.
- **Lodge Delta Niominka**
Tel. 339489935, mit dem Boot ca. 5 km von Differ auf der Insel Dionewar, die als die schönste Insel des Deltas gilt. Mittelgroßes Luxus-Resort in Traumlage an der Flussmündung. Vollpension p.P. ab ca. 100 Euro. www.deltaniominka.com

Foundiougne

Wegen seiner strategischen Lage am Fluss war Foundiougne zu Kolonialzeiten ein bedeutender Handels- und Verwaltungsposten. Davon zeugen noch zahlreiche Gebäude und Ruinen. Heute ist das **angenehm beschauliche Städtchen** mit allen Versorgungsmöglichkeiten idealer Ausgangspunkt für Exkursionen ins Sine-Saloum-Delta. Landesweit berühmt ist Foundiogne für seine rosafarbenen Chevretten. Wegen der etwas komplizierten Anfahrt siehe vorne den Abschnitt „Anreise".

Unterkunft
●**Le Baobab-sur-mer (Chez Anne-Marie)**
Tel. 339481262. Einfache, saubere Pension, von freundlichen Senegalesinnen geführt. Direkt am Fluss, ca. 200 m westlich von der Anlegestelle der Fähre gelegen. Bar/Restaurant, Parken im Innenhof möglich. DZ mit Frühstück 20.000 CFA. Die besseren Zimmer liegen im Eingangsbereich.
●**Auberge Les Bolongs**
Tel. 339481110. Campement für Angler unter franz. Leitung, westlich der Anlegestelle der Fähre. DZ mit Frühstück ab 30.000 CFA.
●**Hotel de Foundiougne**
Tel. 339481212. Großer, etwas verwohnter Hotelkomplex aus der Kolonialzeit direkt am Fluss mit eigenem Anleger. Treffpunkt der Segler, Jäger und Fischer. DZ ab 40.000 CFA. Ebenfalls auf Jäger/Angler spezialisiert ist das Campement L'Indiana (Tel. 339481213).

Kaolak

Die geschäftige Stadt zählt inzwischen über **130.000 Einwohner,** ist ansonsten aber gut überschaubar und wird von vielen Reisenden als schmutzig beschrieben. Die Stadt ist **Zentrum des Erdnussanbaus,** außerdem befinden sich ergiebige **Salinen** in den Lagunen, die bereits unmittelbar an der Stadtgrenze beginnen.

Die Hauptsehenswürdigkeit der Stadt, einer der größten Märke Westafrikas, befand sich 2010 komplett im Umbau. Es ist damit zu rechnen, das das ursprüngliche Flair vollständig verloren geht. Einen Besuch wert ist aber das französische **Kulturzentrum** in der Rue de France von Stararchitekt *Patrick Dujarric,* der auch für das Kulturzentrum in Ziguinchor verantwortlich zeichnet. Die Architektur des Kulturzentrums ist stark von der Formensprache der hier lebenden Serrer geprägt. Am Wochenende finden hier Konzerte statt.

Kaolak besitzt einen Flusshafen und ist zudem eine wichtige Durchgangsstation Richtung Sine-Saloum-Delta, Gambia oder Senegals Osten. Kaolak besitzt **zwei Gares routières,** die eine etwas außerhalb der Stadt im Westen (im Volksmund „Garage Dakar"), die andere an der Ausfallstraße Richtung Barra/Banjul. Hier gehen auch die Buschtaxis Richtung Ziguinchor via Transgambienne und Tambacounda.

Unterkunft
●**Hotel de Paris**
Tel. 339411019. Bestes Haus am Platz, gutes Restaurant mit französischer Küche, kleiner Pool, Ausflüge möglich, DZ ab 34.000 CFA. www.multimania.com/hoteldeparis
●**Hotel Etoile du Siné**
Tel. 339414448, an der Hauptstraße Richtung Tambacounda. Bewachter Parkplatz, DZ ab 9500 CFA.
●**Hotel La Residence**
Tel. 339417610, Cité Kebe. Freundlicher Service, DZ zwischen 9500 und 16.000 CFA.
●**Mission Catholique**
Südwestlich vom Markt, Nähe Hotel de Paris. Übernachtung ab 2000 CFA p.P., sehr sauber und freundlich, leider oft belegt. Im Innenhof der Mission sind auch Campingmobile willkommen.
●**Auberge Djoloff Inn**
Tel. 339419360, am Ortseingang im Quartier Fass, nahe dem Gare routière Richtung Da-

kar. Einfach, sauber und preisgünstig: DZ ab 11.000 CFA.

Essen und Trinken
- **Le Brassero**
Avenue Sénghor. Gute französische Küche und nette Atmosphäre, Fassbier.
- Etwas preiswerter speist man gleich um die Ecke im **Nightbird**, einem Restaurant unter libanesischer Leitung.
- In derselben Straße gibt es noch einige billige **Garküchen**.

Toubakouta

Der kleine Ort südlich von Kaolak liegt hübsch an einem Flussarm und bietet weitere gute Möglichkeiten zur Erkundung des Sine-Saloum-Deltas. In einigen Läden kann man sich mit dem Nötigsten eindecken.

Unterkunft
- **Hotel les Palétuviers**
Tel. 339487776. Luxus-Resort unter belgischer Führung mit 50 klimatisierten Bungalows, Vollpension ab 90 Euro p.P. Preiswerter und angenehmer, weil weniger touristisch, wohnt man in der Dependance auf einer nahen Insel. Und dann gibt es da noch das exklusive Refugium für zwei Personen (plus Personal) am traumhaften Plage d'Or.
www.paletuviers.com
- **Keur Bamboung**
Tel. 338424052. Kleines Ökocamp direkt am Fluss; Außenstelle des Oceaniums von Dakar. Vor einem Besuch sollte man telefonisch Kontakt aufnehmen, da die letzten Kilometer nur mit dem Eselskarren zu bewältigen sind. Halbpension 17.000 CFA p.P.
www.oceanium.org
- **Keur Thierry**
Tel. 774398605, an der Piste nach Soukouta. Kleines, gepflegtes Campement eines Franzosen, das sich vornehmlich an Sportfischer richtet. DZ mit Frühstück 12.500 CFA, der Tagessatz für eine Piroge beträgt 80.000 CFA.
www.keurthierry.com

Missirah

Das kleine Fischerdorf an der Grenze zu Gambia ist ebenfalls ein guter Ausgangspunkt für Ausflüge in den angrenzenden Nationalpark (Eintritt: 3000 CFA p.P.), für Fotosafaris und Tierbeobachtungen. Die etwas bessere Piste führt über Toubakouta.

Unterkunft
- **Campement Gîte de Bandiala**
Tel. 339487735, etwas westlich vom Ort. Übernachtung mit Halbpension 12.700 CFA p.P. in angenehmer Atmosphäre. Das Camp ist ideal zum Ausruhen oder für Pirogen-Exkursionen.
www.ifrance.com/bandiala-senegal

Rundfahrt zu den Megalithen des Sine-Saloum

Das Gebiet südlich von Nioro du Rip im Landesinneren ist ein prähistorisch hoch interessantes Gebiet. Die hier gefundenen **Steinkreise, Menhire und Grabhügel** sind mit denen in Stonehenge (England) vergleichbar, wobei die Wissenschaftler bis heute keine schlüssigen Hinweise haben, wer diese alten Kultplätze errichtet hat und wofür. Die mündlichen Überlieferungen der dort ansässigen Bevölkerung sprechen von einem „fremden Volk", das in früherer Zeit hier gelebt haben soll.

Megalithen-Rundfahrt 1
Man verlässt Koungheul (141 km östlich von Kaolak, an der Straße nach Tambacounda) durch das Quartier Sossé am südlichen Ortsrand. Etwa 300 m nordwestlich des Dorfes **Keur Ali Lobé**

befindet sich die eine Stelle mit 14 Steinkreisen. Die andere – 21 Steine im äußeren Kreis und 17 Steine im inneren – liegt in unmittelbarer Nähe von 13 anderen einfachen Kreisen.

Man fährt weiter auf der Piste Richtung Südwesten, vorbei an dem Dorf Sali. Etwa 800 m südlich des Dörfchens **Diam-Diam** liegt eine andere Stätte mit zwei Kreisen; der eine besteht aus 29 Monolithen und hat einen Durchmesser von etwa 8 m. Etwas weiter östlich befinden sich zwei riesige Steine; der eine 1,90 m hoch mit einem Durchmesser von 0,90 m, der andere 2,40 m hoch und im Durchmesser 0,90 m; jeder dieser Monolithen wiegt über 5 t.

Der Rückweg ist über die Piste möglich, die etwa 3 km nordöstlich von Sali links abzweigt und parallel zur anderen verläuft; sie biegt bei Mbadiane auf die Straße nach Kaolak.

Für die ca. 42 km lange Strecke sollte man inkl. Besichtigung etwa 2 Stunden Fahrtzeit rechnen und am besten auch einen Führer nehmen, da die Plätze teilweise schwierig zu finden sind.

Megalithen-Rundfahrt 2

Man verlässt Nioro du Rip auf der Transgambienne Richtung Gambia; bei dem Ort Firgui biegt man vor dem Grand Bao Bolong links Richtung Kaymor ab. Die ersten 15 km Piste sind in gutem Zustand, dann wird sie schlechter und ist nur während der Trockenzeit für normale Fahrzeuge befahrbar; in der Regenzeit nur mit Geländewagen.

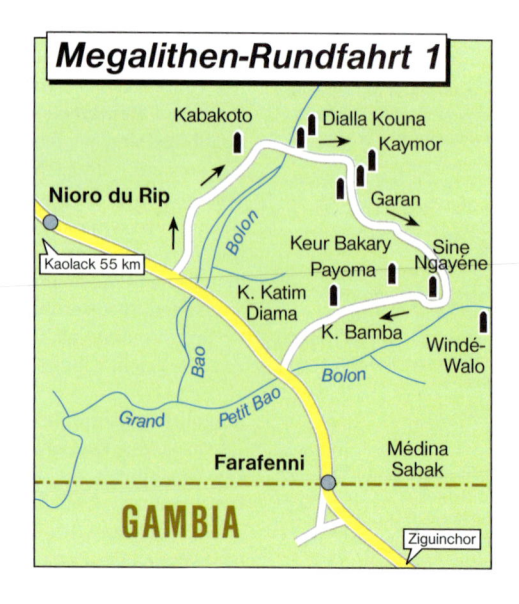

DAS SINE-SALOUM-DELTA

Nach etwa 10 km liegen linker Hand die Steinkreise von **Kabakoto**: ein Kreis mit zehn Steinen, der einen Erdhügel umgibt. Etwas weiter, bei Dialla Kouna, befinden sich zwei weitere Steine.

In dem Dorf **Kaymor** macht die Piste einen Knick nach Süden; zu beiden Seiten befinden sich große Menhire sowie ein Kreis, der aus zehn Steinen besteht.

Auf dem Teilstück zwischen Garan und Sine Ngayène kommt man an einem Kreis mit zerfallenen Steinen vorbei. Hier in **Sine Ngayène** befinden sich die wichtigsten Megalithen Senegambias, unter ihnen das „tombe du roi" (Königsgrab) und das „tombe de la mère du roi" (Grab der Königsmutter).

Macht man von Sine Ngayène etwa 2,5 km auf schlechter Piste, später über ein Feld, einen Abstecher in südöstlicher Richtung, gelangt man zu den Steinen von **Winde Walo.**

Fährt man die andere Piste weiter in Richtung Westen, so kommt man nach **Payoma,** wo weitere Steinkreise zu besichtigen sind. Das Dorf selbst wurde ebenfalls aus Megalithen erbaut; interessant ist in diesem Zusammenhang auch der Eingang der Moschee. Kurz hinter dem Dorf befinden sich die Steinkreise von **Keur Bamba.** Ein paar Kilometer weiter stoßen Sie wieder auf die Transgambienne (nach links 8 km bis zur Grenze nach Gambia, nach rechts 18 km bis nach Nioro du Rip).

Für diese Rundfahrt von Nioro bis Nioro (72 km, davon 40 km Piste) sollten Sie mindestens einen halben Tag einkalkulieren. Es besteht natürlich auch die Möglichkeit, in umgekehrter Richtung nur direkt nach Sine Ngayène zu fahren, was in wesentlich kürzerer Zeit zu bewältigen ist.

Hinweis: Die Piste ist bis Kaymor in gutem, weiter südlich dann in schlechtem Zustand. Während der Regenzeit sind der Grand Bao Bolon und der Petit Bao Bolon nur mit einem Geländefahrzeug zu durchqueren, und selbst dies ist recht beschwerlich.

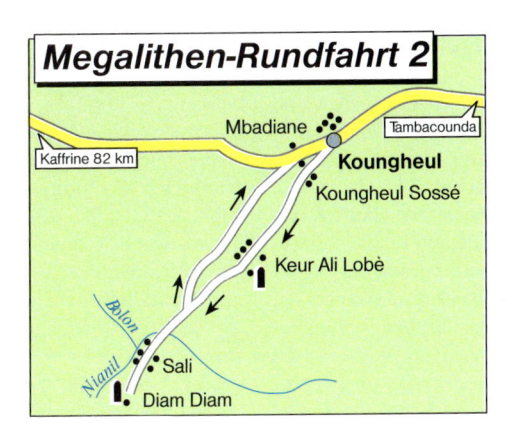

Die Casamance

Die Casamance ist nach dem **320 km langen Fluss** benannt, der den fruchtbaren Landstrich im Süden Senegals durchfließt. Diese Region hat ein völlig anderes Gesicht als der eher trockene Norden. Bereits mit dem Überschreiten der Grenze Gambias wechselt die Vegetation. Während der Norden durch hohes Gras, Baobabs und Akazienbäume gekennzeichnet ist, trifft man hier auf üppige tropische Vegetation. Riesige Kapokbäume *(Fromager)*, Mangrovendickichte und vereinzelt sogar Galeriewälder bestimmen das Bild. Dazwischen immer wieder Reisfelder. Und in der Gegend um Oussouye finden sich auch noch vereinzelt Überreste des ursprünglichen guineischen Regenwaldes. Die ungemein fruchtbare Casamance wird auch die „Kornkammer Senegals" genannt.

Auch die Menschen, vorwiegend **Diola** und **Mandingo,** sind von einem anderen Schlag. Verglichen mit den manchmal als hochmütig empfundenen Völkern der Savanne sind die Bewohner der Casamance freundlich und liebenswürdig. In Dakar allerdings werden sie gerne als rückständige „Waldmenschen" betitelt.

Man unterscheidet die **Haute Casamance** um die Region Kolda, die **Moyenne Casamance** um die Region Sédhiou und die **Basse Casamance,** die von der Provinzhauptstadt Ziguinchor bis zur Atlantikküste reicht. Touristisch am interessantesten ist die von den Diola bewohnte Basse Casamance, im Gegensatz zu der vorwiegend von Mandingos bewohnten Haute Casamance. Allerdings ist der westliche Teil der Casamance seit vielen Jahren mit den **Unabhängigkeitsbestrebungen** dieser Volksgruppe konfrontiert. Für den Tourismus bedeuten die immer wieder aufflackernden Kämpfe eine schwere Hypothek. Zählte man Anfang der 1990er Jahre noch gut 50.000 Reisende, so schrumpfte die Zahl auf unter 20.000 in der Saison 2000/01. Nach dem Friedensschluss mit den Rebellen 2004 normalisiert sich die Lage wieder (s.u.).

Geschichte

Der erste Europäer, der seinen Fuß auf den Boden der Casamance setzte, war 1450 der Venezianer *Alvise de Ca da Mosto,* der im Auftrag *Heinrichs des Seefahrers* die westafrikanische Küste erkundete. 1460 gründeten die **Portugiesen Ziguinchor,** benannt nach den Ureinwohnern, den Izguinchors; nach anderer Deutung „der Ort, an dem du weinen wirst". Trotz diverser Siedlungen und befestigter Handelsposten gelang es den Portugiesen aber nie, die vollständige Kontrolle über die Casamance zu erlangen – zu stark war der Widerstand der Diola. 1884 zwang **Frankreich** die Portugiesen zur Übergabe des Gebiets, welches dann der französischen Kolonie Senegal angegliedert wurde. Trotzdem hat sich in einigen Landesteilen bis heute das portugiesische Creol als Lingua franca erhalten. Die Geschichte der Casamance ist geprägt von unzähligen Aufständen, Volkserhebungen und blutigen Strafexpeditonen der Kolonialherren, die bis in die Mitte des 20. Jh. reichen.

Sicherheitshinweise

Das **Auswärtige Amt** schrieb im Juli 2010: „Reisende in die Casamance sollten sich kurzfristig über die Lageentwicklung informieren. In Teilen der Casamance ist es in den vergangenen Monaten regelmäßig zu bewaffneten Zusammenstößen zwischen der senegalesischen Armee und Rebellengruppen des M.F.D.C. sowie zu geografisch nicht vorhersagbaren Straßensperren der Rebellen gekommen, an denen Zivilisten zu Schaden kamen. Betroffen waren auch Vororte der Hauptstadt Ziguinchor. In Teilen der Casamance bestehen Gefahren durch Minenfelder.

Die touristischen Zentren am Cap Skirring und der dortige internationale Flughafen gelten weiter als sicher, ebenso die Schiffsverbindung von Dakar nach Ziguinchor.

Von Reisen auf den Nationalstraßen Ziguinchor-Banjul und der Transgambienne, die Ziguinchor über die Fähre im gambischen Farafenni mit Dakar verbindet, wird abgeraten. Die Grenzgebiete der Casamance zu Guinea-Bissau und zu Gambia sollten gemieden werden."

Nach **eigener Erfahrung** 2010 und gestützt durch Berichte von Reisenden lässt sich sagen, dass die beiden Nationalstraßen – zumindest bei Tageslicht – unter weitgehender Kontrolle der senegalesischen Armee standen, die in der Nord-Casamance praktisch in jedem Dorf präsent ist. Gleiches gilt für die Straße nach Abéné und weiter nach Kafountine. Westliche Touristen waren/sind kein erklärtes Ziel des M.F.D.C., sieht man von eini-

Das Fischerdorf Dioqué
in der Mündung des Casamance

BASSE CASAMANCE

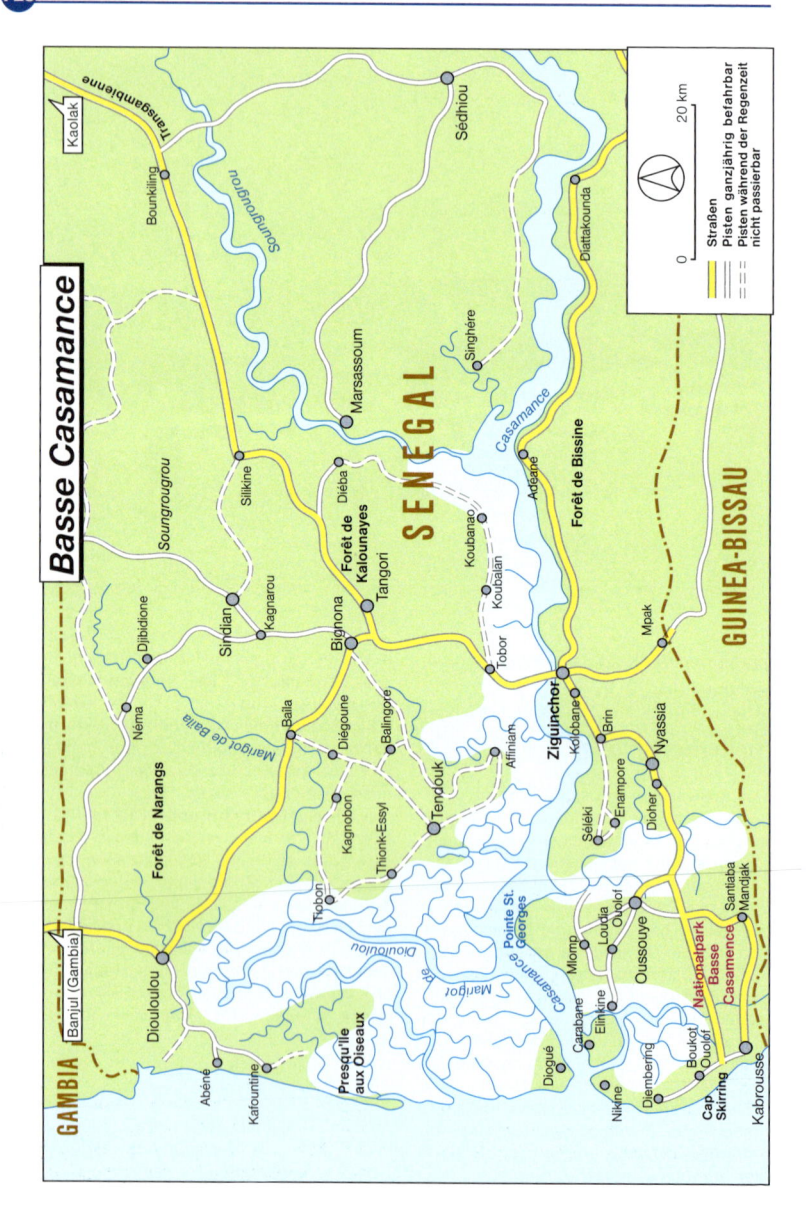

gen Fällen in den frühen 1990er Jahren ab. Unbedingt vermeiden sollte man in der Casamance Fahrten bei Nacht. Und abseits geteerter Straßen besteht in einigen Gebieten immer das Risiko, auf M.F.D.C.-Rebellen zu treffen. Wer den Rebellen in die Arme läuft, wird unweigerlich seiner Wertsachen beraubt und sollte keinen Widerstand leisten!

Anreise

Luftweg

Nach der Pleite von Air Sénégal International sind die Flugverbindungen in die Casamance stark eingeschränkt. Nach Ziguinchor fliegen u.a. **Senegalair** (ab 80.000 CFA einfach) oder **Mauritania Airways** (ab 61.000 CFA einfach). Cap Skirring wird derzeit nur von **Chartergesellschaften** aus Frankreich, Spanien oder Italien angeflogen, in der Regel nur in Verbindung mit einem Pauschalarrangement. Infos unter: www.casamance.net/yaller/index.html.

Seeweg

Rund 15 Stunden dauert die Fahrt von Ziguinchor nach Dakar mit der 2008 in Dienst gestellten **Auto- und Passagierfähre „Aline Sitoe Diatta"**, benannt nach der legendären Fetischpriesterin und Widerstandskämpferin aus Kabrousse. Das in Deutschland gebaute (und vom Entwicklungsministerium finanzierte) Schiff bietet Kabinenplätze für 500 Passagiere und legt immer donnerstags und sonntags um 15 Uhr in Ziguinchor ab und erreicht noch vor Sonnenuntergang die offene See. Die Fahrt auf dem Fluss, vorbei an Fischerdörfern und Mangrovenwäldern, ist beeindruckend. Ankunft in Dakar ist am frühen Morgen gegen 6 Uhr. Infos: Hafen Ziguinchor, Tel. 339917200. Preise und Abfahrtszeiten in Dakar siehe „Reisen im Senegal".

Landweg

Von Dakar bzw. Kaolack aus gibt es drei Routen in den Süden Senegals. In jedem Fall muss man mindestens einen Tag Fahrtzeit einkalkulieren.

● **Route 1:** Die **am meisten frequentierte Route** ist die so genannte **La Transgambienne**. Sie führt über Kaolak, Farafenni (dort mit der Fähre über den Gambia-Fluss) und weiter via Bignona nach Ziguinchor. Als Ausländer muss man die Fähre in Devisen (CFA) bezahlen. Da die meisten Buschtaxis keine Versicherung für Gambia besitzen, muss in der Regel das Fahrzeug mehrmals gewechselt werden. Vorteil: Die lange Wartezeit an der Fähre entfällt, da für Fußgänger immer ein Platz auf der Fähre frei ist. Trotzdem sollte man zwölf Stunden Fahrtzeit einkalkulieren. Der Fahrpreis beträgt rund 9000 CFA. Anders bei Selbstfahrern: Je nach Verkehrsaufkommen ist mit langen Wartezeiten zu rechnen. Für Transitreisende ist auf dieser Route ein Visum obligatorisch, das an der Grenze für 1000 CFA ausgestellt wird.

● **Route 2:** Diese Strecke führt von Kaolak nach Barra und weiter über Banjul und Brikama nach Ziguinchor. Wer – mit dem eigenen Wagen – vor Sonnenaufgang in Dakar startet, kann mit etwas Glück an den Grenzen, und wenn man eine Fähre vor der Mittagspause bekommt, gegen Abend Ziguinchor erreichen. Früher war das wegen der desolaten Straßenverhältnisse kaum möglich. Inzwischen sind aber die Straße von der Grenze nach Barra wie auch die Zufahrt zur senegalesischen Grenze im Süden komplett saniert worden; allein das spart gut eine Stunde. Deutlich zügiger wird man jetzt auch am neuen Fährterminal in Barra abgefertigt (insbesondere, wenn man dem Lademeister ein Bakschisch zusteckt). Achtung: Das Ticket für den Wagen bekommt man nur bei der Wiegestation, ca. 3 km vor Barra, auf der linken Seite bei der Abzweigung der neuen Teerstraße nach Farrafeni. Ein Pkw bzw. Pickup kostet 3900 CFA. Von Ausländern wird übrigens erwartet, dass sie in CFA und nicht in Dalasi bezahlen. Wer als Backpacker nicht mit dem eigenen Wagen reist, kann das Ticket (400 CFA) direkt am Hafen lösen. Weitere Hinweise zur Einreise nach Gambia finden sich im Kapitel „Praktische Reisetipps A–Z" zu Gambia. Wer mit dem Buschtaxi reist, sollte unbedingt eine Übernachtung in Gambia einkalkulieren. Der Zeitverlust resultiert aus den vielen Fahrzeugwechseln, da senegalesi-

sche Fahrzeuge in der Regel über keine Versicherung für Gambia verfügen. Umsteigen muss man jeweils an den beiden Grenzen und auch in Serekunda und/oder in Brikama, dem zentralen Terminal für Reisen in Südgambia sowie Buschtaxis zur Grenze.
● **Route 3:** Die **längste Route** führt über Tambacounda und umgeht dabei Gambia. Vorteil: keine Grenzübergänge, keine Wartezeiten an den Fähren. Nachteil: Die Strecke war 2010 in teilweise miserablem Zustand. Besonders schlimm war der Abschnitt zwischen Koungheul und Tambacounda. Während man früher die Strecke Dakar – Ziguinchor noch in gut einem Tag bewältigen konnte, sollte man jetzt zwei Tage einkalkulieren. Nach dem Friedensschluss in der Casamance ist damit zu rechnen, dass diese Route mit Nachdruck saniert werden wird. Landschaftlich reizvoll ist vor allem der Abschnitt zwischen Kolda und Ziguinchor.

Ziguinchor

Die **Provinzhauptstadt der Casamance,** im 16. Jh. von den Portugiesen als Militär- und Handelsstützpunkt gegründet, zählt heute gut **100.000 Einwohner.** Die Stadt am Südufer des Flusses, über den eine Brücke führt, stellt den wichtigsten Verkehrsknotenpunkt der Region dar. Die zahlreichen Handelshäuser im Kolonialstil, die breiten Alleen sowie Parkanlagen verleihen der Stadt noch heute einen ausgesprochen **kolonialen Charakter.** Sieht man vom Quartier Escale mit seiner Flaniermeile, der Rue Javelier, ab, sucht man einen eigentlichen Ortskern aber vergebens. Von Ziguinchor bieten sich Ausflüge zu den traditionellen Diola-Dörfern in der Umgebung, zu den Badestränden des Atlantik sowie Pirogenfahrten auf dem Casamance und ans Nordufer an.

Sehenswürdigkeiten

Das älteste Viertel Ziguinchors, das **Quartier Escale,** liegt direkt am Ufer des Casamance-Flusses, wo sich neben alten Kolonialbauten auch moderne funktionale Architektur, neben zahlreichen kleinen Läden auch Banken, Hotels und Restaurants finden. Erwähnenswert auch der Fischmarkt und die Anlegestelle der Pirogen zur Fahrt in die benachbarten Dörfer. Hier herrscht praktisch den ganzen Tag reges Treiben.

Der **Marché St. Maur-des-Fossés** im Quartier Boucotte zählte bis zum verheerenden Brand von 1995 zu den farbenprächtigsten Märkten des Landes. Inzwischen ist der Markt mit viel Beton wieder aufgebaut. Bis sich die alte Atmosphäre wieder einstellt, wird noch viel Zeit vergehen. Vom Quartier Escale am Ront Point Jean Paul II vorbei die große Avenue in Richtung Centre Artisanal gehen.

Das Kunsthandwerksdorf **Centre Artisanal** hat ein ähnliches Angebot wie das in Dakar, es ist nur wesentlich kleiner und sehr touristisch. Bei dem Leiter des Centre, *Adama Goudiaby,* erhält man auch aktuelle Informationen über die Campements der Umgebung und über traditionelle Feste wie die **Luttes sénégalaises.** Normalerweise finden die Luttes von Januar bis Juni jeden So ab 16 Uhr in der Arène de Folclore etwas nördlich vom Marché St. Maur statt. Um dorthin zu gelangen, fragt man am besten Ortsansässige nach dem Weg. Dieses Spektakel sollte man sich auf keinen Fall entgehen lassen. Auch in Cabrousse finden regelmäßig Ringkämpfe statt.

Der M.F.D.C., die Diola und ihr Freiheitswille

Der 30. Dezember 2004 wird vielleicht als historisches Datum in die Geschichte Senegals eingehen. An diesem Tag unterzeichnete Präsident *Wade* in Dakar ein **Friedensabkommen** mit den politischen Vertretern der südsenegalesischen Separatistenorganisation M.F.D.C. *(Movement des forces démocratiques de la Casamance)*. Grundlage der Vereinbarung sind eine Generalamnestie und die Verbesserung der Infrastruktur in der Region, die sich das Land in einer ersten Tranche rund 60 Milliarden CFA kosten lassen will.

Dabei ist dieser Konflikt weitaus älter als der Staat Senegal. Schon die Portugiesen, die um 1450 als erste Europäer den fruchtbaren Landstrich entdeckten, sahen sich mit dem tief verwurzelten Freiheitswillen der Diola konfrontiert, von denen heute etwa eine Million an beiden Ufern des Casamance-Flusses lebt. Die Diola haben sich nie wirklich einer staatlichen Macht unterworfen. Die höchste weltliche Autorität repräsentiert nach ihrem Verständnis immer noch der Dorfchef, die spirituelle der Fetischpriester (beides können auch Frauen sein). Mit ihren animistischen Kulten und der ausgeprägt kollektivistischen Sozialstruktur – quasi eine **Art Urkommunismus** – besetzen die Diola eine Sonderstellung im eher vom Sahel geprägten Senegal.

Die traditionelle Diola-Kultur ist eine **Zivilisation des Reises**: ein über Jahrhunderte fein ausbalanciertes System, das vom gemeinsamen Anbau über die Ernte bis zur Vorratshaltung und Verteilung reicht.

Das kollektive Gedächtnis der Dorfgemeinschaften ruht in den verborgenen **heiligen Hainen**. Dort, unter uralten Fromager-Bäumen, suchen die Diola die Zwiesprache mit ihren Ahnen. Dort opfern sie Tierblut, Palmwein und Reis. Vieles daran erinnert an die Voodoo-Kulte in Benin.

Der 1943 von der legendären Fetischpriesterin *Aline Sitoé* angeführte **Aufstand** markiert nur eine von unzähligen Rebellionen gegen die damalige Kolonialmacht. Bis heute glauben viele Diola, eines Tages werde die „Jeanne d'Arc der Casamance" zurückkehren und ihnen die Freiheit bringen. Eine weitgehende Autonomie hatte ihnen ja Paris bei der Unabhängigkeit des Senegal 1960 versprochen. Doch in Dakar wird das Vertragswerk nie umgesetzt. Im Gegenteil: Zug um Zug besetzen Angehörigen der Wolof alle wichtigen Positionen in der Casamance. Aber nicht nur politisch haben die Diola das Nachsehen. Besonders schmerzlich empfindet man die Landnahme durch die Wolof. Mitte der 1980er Jahre formiert sich dann der M.F.D.C. zum bewaffneten Widerstand. Ein **Partisanenkrieg** beginnt, von dem die Weltöffentlichkeit kaum Notiz nimmt. Beide Seiten verüben grausame Massaker, die Liste der Menschenrechtsverletzungen ist lang, die Zahl der Toten geht in die Tausende. Viele Diola flüchten nach Gambia oder Guinea-Bissau, ganze Landstriche veröden. Der Tourismus, eine wichtige Einnahmequelle, kommt über Jahre fast völlig zum Erliegen.

Die Unterzeichnung eines Vertrages, verbunden mit einer Generalamnestie, im Jahr 2005, und gleichzeitige militärische Erfolge über den bewaffneten Arm des M.F.D.C. brachten der Region neue Friedenshoffnungen. Doch **Salif Sadjo**, dem bereits totgesagten Feldkommandanten der Rebellen, gelang die Flucht in die Elfenbeinküste, und bald danach kehrte er zurück, um seine kleine Streitmacht neu zu organisieren. Und weil auch die Regierung ihre Versprechungen aufgrund leerer Kassen nicht einhalten konnte, flammten Ende 2009 die sporadischen Kämpfe wieder auf.

Das 1999 eröffnete **Kulturzentrum L'Alliance – Franco-Sénégalaise** ist eine wirkliche Attraktion und das mit Abstand eindrucksvollste Kulturzentrum, das Frankreich in Westafrika unterhält. Das vom Architekten *Patrick Dujarric* konzipierte Gebäude ist einem traditionellen Impluvium-Haus nachempfunden. Es beinhaltet Cafeteria, Bibliothek, Freilichtbühne für Konzerte, Tanz u.v.m. Es befindet sich im Süden der Stadt an der Av. Lycée Guignabo; Eintritt für Touristen 500 CFA. Wochenends finden regelmäßig Veranstaltungen statt.

Information

Ziguinchor besitzt keine Tourist-Information, sieht man vom Büro der Campements Villageois im Centre Artisanal ab. In Hotels liegt aber eine gute Karte der Region aus, die auch über die Unterkünfte der Casamance informiert.

- **Informationen:**
www.casamance.net
www.ausenegal.com/hotel/casamance.htm

Unterkunft

- **Hotel Kadiandoumagne**
Tel. 339388000, Quai Boudody, direkt am Fluss gelegen. Sehr gepflegte Anlage im Kolonialstil unter schweizerischer Leitung in schönster Lage. Bar/Restaurant, Pool, DZ ab 36.000 CFA. Preiswerter, aber längst nicht so schön, wohnt man in der Dependance **Bombolong II**, dort gibt es auch eine Disco. www.hotel-kadiandoumagne.com
- **Hotel Néma Kadior**
Tel. 339911052, Route de l'Aviation. Luxushotel 2 km außerhalb des Zentrums in parkähnlicher Umgebung. Restaurant, Pool. DZ ab 60 Euro.
- **Hotel Aubert**
Tel. 339911379. Rue Farques, Traditionshotel mit etwas steriler Atmosphäre im Quartier Escale; Restaurant, Pool, Tennisplatz. DZ ab 30.000 CFA.
- **Hotel Le Perroque**
Tel. 339912329, Quartier Escale, direkt am Ufer des Flusses. Schöne, schattige Terrasse mit herrlicher Aussicht. DZ ab 13.000 CFA, etwas teurer sind die Zimmer mit Blick auf den Fluss.
- **Hotel Le Flamboyant**
Tel. 339912223, Quartier Escale. Gegenüber dem Hotel du Tourisme und unter gleicher Leitung. Pool. DZ mit Klimaanlage, Minibar, Telefon und TV ab 15.000 CFA – das Haus mit dem besten Preis-Leistungsverhältnis in Ziguinchor. Einziges Manko ist die laute Lage. www.casamance.net./flamboyant
- **Hotel du Tourisme**
Tel. 339912223, Quartier Escale. Schon in die Jahre gekommenes Hotel aus der Kolonialzeit, bei Rucksacktouristen beliebt, gutes Restaurant mit Bar, akzeptabel sind nur noch die Zimmer im Obergeschoss ab 9000 CFA.
- **Hotel N'Darry Khassoum**
Tel. 339911052, Rue de France. Zentral gelegen, aber mit wenig Atmosphäre. DZ ab 15.000 CFA. Billiger ist das gleichnamige Campement in der Nähe.
- **Hotel Bel Kady**
Tel. 339911122, Route de l'Aviation, zwischen Marché St. Maur und Centre Artisanal. Freundliches Ambiente, saubere DZ ab 12.000 CFA, Restaurant mit guten, preiswerten Mahlzeiten.
- **Campement Aw Bay (ex ZAG)**
Tel. 339910273, Route du Cap, 30 Fußminuten rechter Hand in Colobane an der Straße nach Cap Skirring. Großer Garten, familiäre Atmosphäre, 3000 CFA pro Person; Fahrradverleih.

Restaurants

- **Walkunda**
Tel. 339911573, Place Jean Paul II. Bar. Salon de Thé, gute französische Küche und Pizza.
- **Oasis**
Rue Javelier, gegenüber von SONATEL. Französische Küche zu angemessenen Preisen, angenehme Atmosphäre (franz. Patron).
- **Le Mansah**
Wie das Oasis in der Rue Javelier, nur etwas weiter Richtung Fluss. Gute einheimische Gerichte ab 1800 CFA. Unser Tipp.

Ziguinchor

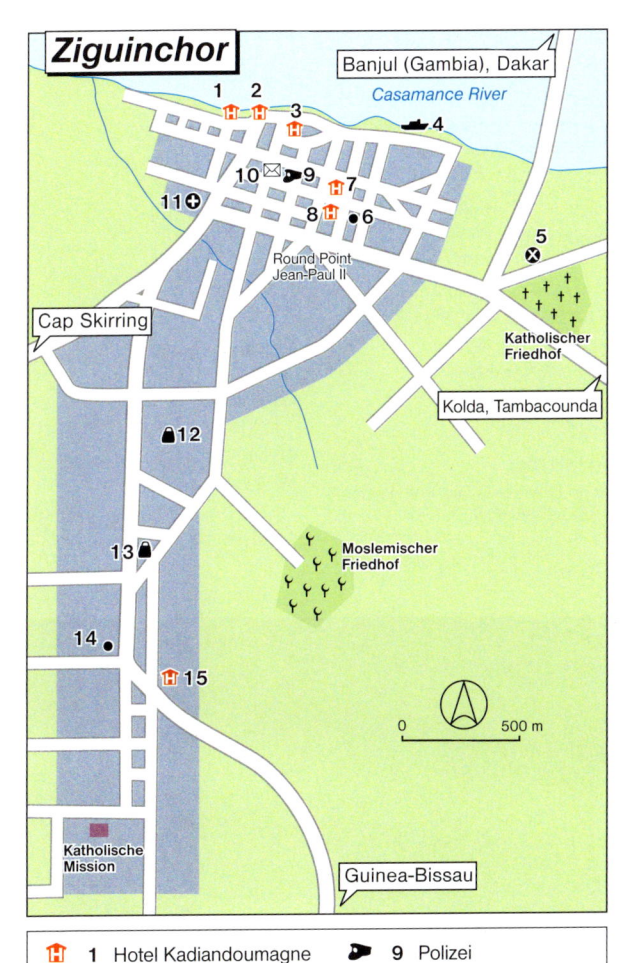

Unterwegs im Senegal

🏠	1 Hotel Kadiandoumagne	🚩	9 Polizei
🏠	2 Hotel Le Perroque	✉	10 Post
🏠	3 Hotel Aubert	✚	11 Krankenhaus
⛴	4 Fähre Dakar	🎒	12 Markt St. Maur
✖	5 Buschtaxis	🎒	13 Kunstmarkt
●	6 Konsulat Guinea-Bissau	●	14 Franz. Kulturzentrum
🏠	7 Hotel Le Flamboyant	🏠	15 Hotel Néma Kadior
🏠	8 Hotel du Tourisme		

Chez Clara
Südlich vom Rond Point, gegenüber der Kathedrale; Restaurant des gleichnamigen Hotels mit guter senegalesischer Küche.
- Gute **hoteleigene Restaurants** bieten die Hotels Kadiandoumagne, Aubert, du Tourisme, Le Perroque. Eine populäre Disco betreibt u.a. das Hotel Bambolong.

Autovermietung
G.I.E.
Tel. 339911038, Av du Général de Gaulle.
- **Avis** hat ein Büro im Quartier Escale.

Banken
- **CBAO,** Rue de France/Rue Javelier.
- **USB** am Rond Point.

Post und Internet
- **Postamt** im Quartier Escale, Rue du Général de Gaulle. Geöffnet Mo bis Fr 8–12 und 15–18 Uhr, Sa 8–12 Uhr.
- **Cyper Café Sen-2Tique**
Rue Javelier, gegenüber CBAO-Bank, 30 Minuten 1500 CFA.

Sonstiges
Visum für Guinea-Bissau
Ein 30-Tage-Visum erhält man im Konsulat von Guinea-Bissau, dessen Büro sich neben dem Hotel du Tourisme befindet. Bearbeitung ohne Wartezeit, werktags von 9–12 Uhr; die Gebühr beträgt 5000 CFA, zwei Passbilder.

Basse Casamance

Oussouye
Der beschauliche **Hauptort der Region** liegt 40 km von Ziguinchor auf dem Weg nach Cap Skirring. Jedes Jahr im Dezember finden hier die **Luttes sénégalaises** statt. In Oussouye sind die re-

gionalen Ausscheidungskämpfe. Der Ort selbst ist wichtiges **Handwerkszentrum** für Töpferei und Korbwaren. Es gibt einige Bars und Restaurants sowie einen Fahrradverleih. Von hier lassen sich bequem **Ausflüge** in die Umgebung machen. Interessante Tourenvorschläge findet man im Internet unter: www.casavtt.fr/Topos_guide.html.

Unterkunft:
• **Hotel les Bolong**
Tel. 339931001, etwas außerhalb Richtung Ediongou. Im Jahr 1999 eröffnetes Hotel/Campement in ruhiger Lage unter französischer Leitung.
• Außerdem existiert ein **Campement Villageois.**

Mlomp

Das für seine zweistöckigen Häuser bekannte Dorf befindet sich auf halbem Weg zwischen Oussouye und Elinkine. Das Dorf steht inmitten üppiger tropischer Vegetation, riesigen Fromager-Bäumen und ist umgeben von Reisfeldern. Das kleine, interessante **Museum** am Ortseingang informiert über die Traditionen der Diola-Kultur.

Elinkine

Dieses lebhafte Fischerdorf ist von Oussouye bzw. Ziguinchor aus bequem mit dem Buschtaxi oder dem Minibus zu erreichen. Es wird zur einen Hälfte von Diola-Bauern bewohnt, zur anderen Hälfte von Sérèr und Wolof. Während die Sérèr in der Mehrzahl Fischer und Händler sind, die mit ihren Pirogen die Bolongs befahren und in rechteckigen Strohhütten leben, wohnen die Diola in großen, runden Lehmhütten. Von Elinkine aus bieten sich Pirogenfahrten nach Diogué, zur Île de Karabane und durch die Bolongs an sowie zu Fuß ein Ausflug nach Mlomp.

Unterkunft:
• **Campement le Fromager** und **Campement le Comassou,** beide sehr einfach.

Île de Karabane

Auf der Insel befand sich bis zum 19. Jh. das portugiesische Verwaltungszentrum und später die französische Verwaltung. Über die wechselvolle Geschichte dieses Platzes gibt der Friedhof am westlichen Ende des kleinen Ortes Aufschluss. Auch die verfallenen Gebäude der Faktoreien und die „Ecole Speciale", ein Straf- und Internierungslager, erinnern an längst vergangene Kolonialzeiten, als die Insel das kommerzielle Herz der Casamance war.

Sehenswert sind die katholische Kirche mit ihrer bretonischen Architektur und einige weitere Kolonialbauten. Karabane ist die **„Casamance en miniature":** Kirche, Moschee und das Zeremonienhaus der Animisten liegen nur wenige Schritte voneinander entfernt. Die Menschen sind zurückhaltend, freundlich und tolerant.

Es gibt zwei Krämerladen und eine von katholischen Nonnen geleitete Krankenstation. Die Insel ist abgesehen von ein paar Eselskarren absolut verkehrsberuhigt. Der Strand an der Nordseite ist sauber. Die **Ruhe und Abgeschiedenheit** der Insel mit ihren gerade

Einem Diola-Haus nachempfunden – das Kulturzentrum in Ziguinchor

einmal 400 Einwohnern lassen Karabane als tropischen Traum erscheinen – unser Tipp!

Unterkunft:
- **Hotel Carabane**
Tel. 339912781. Sehr schönes, 1998 eröffnetes Hotel mit 36 Zimmern im Gebäude der ehemaligen Missionsstation, gutes Restaurant, Bar, Strandterrasse, DZ ab 16.000 CFA.
- **Campement Barracuda (Chez Amath)**
Auf Sportfischer spezialisierte Anlage, Zimmer ab 3000 CFA p.P., Ausflüge nach Diogué, Djembering und zu den Bolongs werden organisiert.
- Weitere Campements in Strandlage sind der **Kassoum Club** und **Badji Kunda** (der Betreiber ist ein renommierter Künstler).

Schiffsverbindungen:
Die Fähre von Dakar nach Ziguinchor hält nicht mehr in Karabane. Auf die Insel gelangt man am besten mit **offenen Pirogen**, die regelmäßig von und nach Elinkine ablegen. Die Fahrzeit beträgt gut 20 Min.

Pointe St. Georges

Das Dorf liegt direkt am Fluss und ist von Ziguinchor aus mit der Piroge bzw. von Mlomp aus mit dem Geländewagen über eine schlechte Piste zu erreichen. Man kommt vorbei an traditionellen Diola-Gehöften inmitten üppiger Vegetation; Fromager-Wälder und Reisfelder wechseln einander ab.

Unterkunft:
- Der abgebrannte Hotelkomplex Pointe St. George wurde nicht wieder aufgebaut. Es steht nur das einfache **Campement de Sibaba** zur Verfügung.

Cap Skirring

In Cap Skirring befindet sich der mit Sicherheit **schönste Küstenabschnitt Senegals** mit kilometerlangen weißen Sandstränden. Aufgrund der geringen Brandung und Wassertiefe ist das Baden relativ ungefährlich. Kein Wunder, dass der Club Méditerranée an dieser Stelle eine große Anlage mit Golfplatz installiert hat. Der Ort selbst ist mit seinen vielen Hotelanlagen, Residenzen und nur wenigen preiswerten Campements **sehr touristisch** – mit allen Begleiterscheinungen. Trotzdem hat sich Cap Skirring seine ursprüngliche Erscheinung und damit etwas von seinem Charme bewahren können, anders als etwa Saly Portudal. Dafür ist das Freizeitangebot nicht ganz so üppig wie in der senegalesischen Touristen-Hochburg. Neben Fischen und Baden stehen vor allem Exkursionen auf dem Programm. Bequem zu Fuß lassen sich etwa das 4 km südlich gelegene **Cabrousse** mit seinen Luxusresorts sowie der Grenzfluss zu Guinea-Bissau erkunden. Nordwärts gelangt man nach ca. 12 km am Strand nach Djembering.

Ungewöhnlich ist die **Lage des Flughafens,** der direkt an den Ortskern grenzt. So kann man sich bei einigen Hotels das Taxi sparen. Und bei maximal einem halben Dutzend Starts und Landungen pro Tag hält sich auch die Lärmbelästigung in Grenzen.

Unterkunft:
- **La Pailotte**
Tel. 339935151. Südlich vom Golfplatz in bester Strandlage gelegene Bungalowanlage der „ersten Stunde", sehr gepflegt, mit Restaurant in herrlichem Garten. DZ mit Frühstück ab 58.000 CFA. Gäste können den 9-Loch-Golfplatz des Club Med benutzen. www.paillote.sn
- **La Maison Bleue**
Tel. 339935161. Neue Komfortadresse mit elf Mini-Suiten, Pool, Restaurant. DZ mit Früh-

Sanfter Tourismus – das Projekt „Campements villageois"

Preiswerte Ferien in einem traditionellen Diola-Dorf: Auf diese Formel lässt sich das beispielhafte Projekt „Campements villageois" bringen. Diese Form von sanftem Tourismus und interkultureller Begegnung wurde Mitte der 1970er Jahre aus der Taufe gehoben und richtet sich in erster Linie an junge Reisende mit schmalem Budget. Heute bietet gut ein Dutzend Dörfer in der Casamance die Möglichkeit, afrikanisches Dorfleben einmal hautnah mitzuerleben. Selbstredend ist die Ausstattung eher spartanisch. Strom gibt es, wenn überhaupt, nur aus Solarzellen. Dafür bezahlt der Gast aber auch nur umgerechnet rund 12 Euro pro Nacht bei Vollpension. Sämtliche Gewinne gehen direkt in die örtliche Infrastruktur, wie etwa Brunnen, Schulen oder Krankenstationen. In den besten Jahren vor Ausbruch der Kämpfe mit dem M.F.D.C. zählte man jährlich bis zu 10.000 Besucher. Zuletzt köchelte das Projekt wegen der unsicheren Lage nur auf Sparflamme.

Aktuelle Infos erhält man beim **„Office de Campements Rurals Integrées"** am Eingang des Centre Artisanal in Ziguinchor, Tel. 00221-339911268.

Campements in Ziguinchor und Umgebung/Südufer

- **Campement de Djifanghor,** 8 km von Ziguinchor
- **Campement Ghor,** 8 km von Ziguinchor
- **Campement le Mussuwam,** Cap Skirring, Tel. 339935184
- **Campement villageois Enampore,** 23 km von Ziguinchor
- **Campement villageois Dioher,** 25 km von Ziguinchor
- **Campement villageois Seleki,** 27 km von Ziguinchor
- **Campement villageois de Kachouane,** 50 Minuten mit der Piroge von Ziguinchor
- **Campement villageois Niambalang,** 35 km von Ziguinchor
- **Campement villageois d'Oussouye,** 40 km von Ziguinchor
- **Campement villageois d'Elinkine,** 55 km von Ziguinchor

Campements in Bignona und Umgebung/Nordufer

- **Campement villageois Affinam,** 90 Minuten mit der Piroge von Ziguinchor
- **Campement villageois Baila,** 50 km von Ziguinchor
- **Campement villageois Diana,** 101 km von Ziguinchor
- **Campement villageois Eguilaye,** 60 km von Ziguinchor
- **Campement villageois Kabadio,** 94 km von Ziguinchor
- **Campement villageois Koubang,** 23 km von Ziguinchor
- **Campement villageois Sito Koto,** 108 km von Ziguinchor
- **Campement villageois Thionk Essil,** 65 km von Ziguinchor
- **Campement villageois Abéné,** 105 km von Ziguinchor

stück ab 42.000 CFA. Die französischen Betreiber unterhalten auf dem ca. 100 km entfernten Bijagos-Archipel (Guinea-Bissau) eine Luxus-Lodge und organisieren Ausflüge mit dem Flugzeug dorhin. Weitere Infos unter: www.lamaisonbleue.org

● **Le Paradise**
Tel. 339935129. Seit Jahrzehnten ist das einst von einer Deutschen errichtete Campement Inbegriff für preiswerten Strandurlaub in legerer Atmosphäre in Cap Skirring. 20 mehr oder minder muffige Kammern ab 8.000 CFA, die Küche war auch schon besser, inzwischen ist auch alles etwas verwöhnt, aber immer voll – mit Weißen und Schwarzen. Adressen mit ähnlicher Ausrichtung sind u.a. die nahe **Auberge de la Paix** oder **Chez Mballo.**

● **Le Falafu**
Tel. 339935263. Kleine Anlage mit fünf Zimmern und vier Studios einer Schweizerin, nur wenige Schritte vom Le Paradise entfernt und in ähnlich schöner Lage. DZ ab 25 Euro, Übernachtung im Zelt möglich. www.lefalafu.com

● **Le Katakalouse**
Tel. 339935282. Ca. 5 km östlich von Cap Skirring an einem Flussarm gelegenes Campement für Sportfischer. Eigene Boote etc.

Essen:
● **Casa Bambou**
Wenige Schritte vom großen Platz gelegenes französisches Freiluft-Lokal. Leckere Tagesgerichte ab 2500 CFA. Abends Live-Musik. In der Nachbarschaft gibt es noch etliche kleine Lokale, Pizzerias und Bars.

Verkehrsverbindungen:
● Regelmäßige **Flugverbindungen** von Dakar nach Cap Skirring gibt es seit der Pleite von Air Sénégal International nicht mehr. Die Ferienregion wird nur noch von Europa aus angeflogen, zumeist mit Zwischenlandung in Dakar. Aus Frankreich sind dies u.a. XL Airways und Air Méditerranée. Pauschalangebote über Paris-Orly bietet u.a. www.capcasamance.com.

● **Buschtaxis** sowie **Minibusse** verkehren regelmäßig von Ziguinchor nach Cap Skirring. Da diese 70 km lange Verbindung 2007 komplett geteert wurde, dauert die Fahrt nur noch rund 90 Minuten.

Sonstiges:
Es gibt eine **Post** und neuerdings auch zwei **Banken,** die Euros zum üblichen Kurs wechseln.

● **Ausflug nach Djembering:** Das Dorf an der Atlantikküste war lange Zeit ziemlich isoliert von der Außenwelt, die Bevölkerung lebte noch nach alten Traditionen. Heute schnuppern hier Pauschaltouristen am „authentischen" Afrika. Vor allem aber sind sie für eine Weile fernab der Anmache in Cap Skirring. Trotzdem hat sich der Ort bis heute seine Ruhe bewahrt. Sehenswert ist die Rückkehr der Fischer.

Unterkunft im frisch sanierten **Campement Asseb,** das von Reisenden sehr gelobt wurde. Tel. 775413472, Vollpension 11.000 CFA p.P. Mit **Chez Toti** existiert ein weiteres Campement, allerdings sehr abgelegen Richtung Strand.

● **Ausflug nach Boukote:** Auf halber Strecke von Cap Skirring nach Djembering liegt das kleine Dörfchen Boukote; eine Stichstraße führt Richtung Westen zum Meer, wo man am Strand gut campen kann.

● **Ausflug zum Nationalpark Basse Casamance:** Dieser 1970 eingerichtete Nationalpark war seit Mitte der 1990er Jahre zeitweise von Rebellen des M.F.D.C. besetzt und wurde deshalb von den Behörden gesperrt. Sämtliche Einrichtungen wurden bei den Kämpfen zerstört. Das ca. 35 km² große Gelände, das sowohl von Feuchtsavanne als auch von dichtem Wald bedeckt und von zahlreichen Wasserarmen durchzogen wird, liegt rund 50 km südlich von Oussouye, an der Straße nach Cabrousse und weiter nach Cap Skirring. Wegen der politisch gespannten Situation ist nicht damit zu rechnen, dass der Nationalpark in naher Zukunft wieder geöffnet wird.

Nord-Casamance

Das Gebiet nördlich des Flusses Casamance hat seit Mitte der 1990er Jahre touristisch stark an Bedeutung gewonnen. Das gilt insbesondere für den Küstenabschnitt zwischen Kafountine und Abéné. Angeblich sollen bereits alle Parzellen in Küstennähe an Investoren verkauft sein. Bislang ist die Infrastruktur aber noch ausschließlich auf **Individualreisende** ausgerichtet. Der gut 20 km lange Strand ist nicht ganz so schön wie in Cap Skirring, auch die Brandung kann um einiges gefährlicher sein. Reizvoll sind Ausflüge in einige Dörfer im Landesinnern. Die Region mit ihren verzweigten Bolongs (in der Casamance *Marigots* genannt) eignet sich ideal zur Vogelbeobachtung. Dazu zählen in erster Linie das Schutzgebiet Pointe de Kalissaye, die Île de Oiseaux und der Sanctuarie Ornithologique de Kassel.

Bignona

Der wichtige **Verkehrsknotenpunkt in der Nord-Casamance** verfügt über alle Versorgungsmöglichkeiten. Regelmäßiger Buschtaxi-Verkehr nach Banjul über die Nationalstraße 5 und Kaolak/Dakar über die Nationalstraße 4.

Unterkunft:
- **Hotel Le Palmier**
Tel. 339941258. Das urige Hotel aus der frühen Kolonialzeit befindet sich in einer ruhigen Randlage gut 500 m vom letzten Kreisverkehr Richtung Banjul, dort rechts halten; nachts schwer zu finden. Zwölf einfachste Zimmer mit Dusche und Ventilator ab 5000 CFA, Restaurant. Sicheres Parken im Innenhof möglich.

- **Le Relais Fleuri**
Tel. 339943002. Ca. 5 km außerhalb von Bignona, direkt an der Transgambienne gelegenes (Jagd-)Resort mit 25 Zimmern und allem Komfort. Pool. DZ ab 24.000 CFA.
www.relaisfleuri.info

Diouloulou

Wer auf der Fahrt nach Banjul/Gambia abends vor verschlossener **Grenze** steht, dem bietet sich in Diouloulou, dem letzten Ort vor der Grenze, im Campement Relais Myriam (bei der Tankstelle am Ortsausgang) eine bescheidene, aber saubere Unterkunft. Von dem Marktflecken aus fahren in unregelmäßigen Abständen Buschtaxis Richtung Abéné und Kafountine, ebenso nach Gambia und Ziguinchor.

Kafountine

Am Ende der Teerstraße von Dialoulou gelegen, markiert Kafountine eine, wenn nicht die **Hochburg einheimischer Rastas und zivilisationsmüder Aussteiger aus Europa.** Denn an keinem Strandabschnitt Senegals lässt es sich preiswerter leben als in Kafountine. Aber auch zur Vogelbeobachtung ist der Ort hochinteressant, allein drei bedeutende Schutzgebiete liegen in der Nähe. Weil man sich im nahen Dschungel gut verstecken kann, war das Hinterland lange Zeit Rückzugsgebiet der Rebellen des M.F.D.C. Deshalb hat hier auch das Militär das Sagen. Sehenswert sind das Fischerdorf und die nahe Bootswerft. Auf der örtlichen Website (www.kafountine.info) erfährt man viel Wissenswertes, außerdem erleichtern zwei Karten die Orientierung.

Unterkunft:
- **Village Le Karone**
Tel. 339948525. Luxus-Campement ca. 5 km südlich von Kafountine. 40 klimatisierte Bungalows in einem großen Garten mit Pool direkt am Strand. DZ ab 33.000 CFA.
- **Esperanto Lodge**
Tel. 339369519. Ca. 2 km nördlich vom Zentrum, direkt am Strand in ruhiger Lage. Große landestypische Hütten in einem tropischen Garten, alles sehr gepflegt vom französischen Besitzer. DZ 20.000 CFA, Restaurant, Strandbar, Veloverleih, Ausflüge etc.
www.esperantolodge.com
- **Le Fouta Djalon**
Tel. 339946904. Ca. 1 km nördlich vom Zentrum in Strandnähe. Neun gepflegte Rundhütten, von einer Französin geführt. Bar/Restaurant mit guter franko-senegalesischer Küche. DZ ab 33 Euro.
www.casamance.net/foutadjalon
- **Campement à la Nature**
Tel. 339948524. Direkt am Strand beim Fischerdorf. Sehr einfache Zimmer. Wer Musik und Highlife bis in den Morgen mag, ist hier richtig. Die Übernachtung mit Frühstück kostet 5500 CFA p.P.
www.casamance.net/alanature
- Landeinwärts oder am Strand gibt es noch weitere einfache Campements, etwa das **Le Mampato** oder das **Le Kelediang.** Sehr preiswert, aber auch sehr einfach ist das **Campement Sitoko.**

Abéné

Anders als Kafountine ist Abéné weit weniger touristisch geprägt. Das Ortszentrum liegt rund 2 km vom Meer entfernt. Die Bevölkerung setzt sich zur Hälfte aus Diolas und Mandingo zusammen. Sehenswert sind der „Heilige Baum" und das jährlich Ende Dezember stattfindende Folklorefestival.

Unterkunft:
- **Hotel-Village Kalissay**
Tel. 339948600, rund 4 km nördlich von Abéné über eine gute Piste zu erreichen. Zwölf luxuriöse Bungalows in Strandnähe in tropischem Garten ab 30.000 CFA. Teures Restaurant, Bootsausflüge, Fischen etc.
kalissai@sentoo.sn
- **Campement Le Kossey**
Tel. 339900332. Sehr gepflegte Bungalowanlage mit großem Garten in Strandnähe. Halbpension ab 9500 CFA. Lebhafter, aber sehr viel einfacher ist das direkt dahinter liegende Campement.
- **La Belle Danièle (Chez Mamadou Konta)**
Tel. 339369542, im Ortskern. Seit langem beliebte Adresse bei Travellern. Zimmer für 2–4 Personen. Übernachtung ab 3500 CFA p.P. Auf Wunsch Abholung aus Gambia. Velo-Verleih.
- **Abéné Bistro-Café**
Tel. 339949115. Treffpunkt für Musik, Pizza und Pasta eines deutsch-senegalesischen Paares im Ortszentrum beim Village artisanal. Es werden auch Zimmer für bis zu acht Personen in Bungalows vermietet. Velo-Verleih, Ausflüge und Transfer von/zum Airport Banjul möglich.
www.senegal-abene.com

Haute Casamance

Kolda

Das Verwaltungszentrum der oberen Casamance liegt auf halbem Weg zwischen Tambacounda und Ziguinchor und ist eine **Hochburg des Mandingo-Volkes.** Die geschäftig wirkende Stadt bietet alle Versorgungsmöglichkeiten. Als Durchgangsstation von und nach Guinea-Bissau sowie als Alternativroute von der unteren Casamance nach Dakar hatte Kolda zuletzt stark an Bedeutung gewonnen, nachdem der Hauptgrenzübergang bei M'Pack/Ziguinchor aufgrund der angespannten Situation immer wieder geschlossen wurde. Alternativ bestehen zwei Übergänge: bei Salikéne/Cambaju und weiter östlich bei Pirada/Kounkane, der allerdings nur mit Lkw oder Geländewagen befahren werden kann.

Unterkunft:
- **Hotel Hobbe**
Tel. 339961170. Das beste Haus am Platz verfügt über Bar und Restaurant. Klimatisierte DZ ab 16.000 CFA.
- **Hotel Moya**
Tel. 339961175. Restaurant, Bar, saubere DZ mit Ventilator ab 8000 CFA. Am Wochenende wegen der Disco sehr laut.

Sédhiou

Abseits der Hauptverbindungsstraßen liegt Sédhiou, in Kolonialzeiten ein bedeutendes Verwaltungs- und Handelszentrum. Davon zeugen noch die Häuser, die im Zentrum stehen. Der Ort, rund 140 km von Ziguinchor entfernt, ist hübsch am Fluss gelegen und umgeben von alten Wäldern, die für ihren Wild- und Vogelreichtum bekannt sind.

Hinweis: Sédhiou kann man auch von Süden her anfahren. Dabei biegt man bei Tanaff von der N 6 auf eine Piste Richtung Nordwesten ab. Nach gut 10 km erreicht man beim Dorf **Sandinière** eine kleine Fähre, die über den Casamance-Fluss fährt.

Unterkunft:
- **La Palmeraie**
Tel. 339951102. Feudale Bungalowanlage unter Palmen am Fluss, spezialisiert auf Jäger und Fischer; Restaurant, Pool, klimatisierte Zimmer ab 13.000 CFA. Das Campement unterhält etliche große Jagdreviere in der nördlichen Casamance.
www.casamance.net/relaisfleuri
- **Hotel Faradala,** Tel. 339951250.

Der Südosten

Vielen Reisenden ist der Weg in Senegals Südosten zu zeitraubend, zu beschwerlich, zu heiß oder einfach zu lang. Andererseits: Ohne die genannten Hinderungsgründe wäre das Gebiet wohl längst zum „anthropologischen Zoo" verkommen. So kommt es nicht selten vor, dass man als einziger Gast in einem Campement die traumhafte Aussicht auf eine unberührte, von grünen Hügeln umgebene Flusslandschaft genießt. Auch sonst bietet die dünn besiedelte Region an der Grenze zu Mali und Guinea **„Afrika pur".** Hoch gewachsener tropischer Wald säumt die Oberläufe der drei Flüsse, die diese Region durchfließen: Der Falémé bildet die Grenze zu Mali, der Gambia River und der Niokolo Koba führen durch den gleichnamigen Nationalpark. Geprägt wird die Landschaft auch durch die bis zu 400 m hohen Ausläufer der **Fouta-Djalon-Berge.** In deren Tälern siedelt die winzige **Ethnie der Fulani.** Speziell hier wachsen noch Teak- und Mahagonibäume, während in den flacheren Teilen Akazien und Palmen gedeihen.

Im Nordosten, am Zusammenfluss des Falémé mit dem viel größeren Senegal-Fluss, ist das Land dagegen meist flach und fast schon wüstenartig. Nur Baobabs, Dornenbüsche und andere anspruchslose Pflanzen können hier existieren. Wie in allen Savannengebieten Senegals fühlen sich auch hier **Nomaden** vom Stamm der Peulh zu Hause.

Im Zentrum des Südwestens liegt der **Nationalpark Niokolo Koba,** UNESCO-Weltnaturerbe und mit einer Fläche von rund 9000 km² eine der letzten großen Enklaven Westafrikas, wo es noch Großwild gibt. Ob darunter auch noch **Elefanten** zu finden sind, ist allerdings ungewiss. Bei der letzten größeren Wildzählung im Jahr 2000 konnten vom Hubschrauber aus gerade noch sieben Tiere ausgemacht werden. Auch der Bestand an **Löwen** ist auf weniger als 200 gesunken. Die hier lebende Löwenart zählt zu den größten des Schwarzen Kontinents. Von den kleineren Katzenarten sind die Zibetkatze, der Serval und die Ginsterkatze zu nennen. Im Grasland der Flussniederungen tummeln sich zahlreiche **Antilopenarten.** Mehrere tausend **Büffel** leben im Park, an den Wasserlöchern suhlen sich **Flusspferde** und Warzenschweine im Schlamm. Von den Reptilienarten ragt vor allem das **Nilkrokodil** heraus, das im Nationalpark eine Länge von bis zu dreieinhalb Metern erreicht.

Am südlichen Rand dieses Schutzgebiets leben die **Bassari**, eine der ursprünglichsten Ethnien Senegals, die ihren Traditionen mit farbenprächtigen Zeremonien noch weitgehend treu geblieben sind.

Anreise

Bester Ausgangspunkt für Exkursionen in Senegals Südosten ist Tambacounda. An Dakar ist die kleine Provinzhauptstadt verkehrstechnisch gut angebunden, sei es mit **Zug, Flugzeug** oder mit dem **Buschtaxi.** Der Zug verkehrt zweimal die Woche, für einen (guten) Sitzplatz ist aber eine Reservierung in Dakar erforderlich. Und nicht nur von Dakar aus befahren Buschtaxis regelmäßig die 470 km lange Strecke, für die man mindestens sieben Stunden Fahrtzeit kalkulieren sollte, auch von Thiès oder Kaolak kommt man ohne längere Wartezeit rasch nach Tambacounda. Die letzten 130 km vor Tambacounda waren 2010 in extrem schlechtem Zustand.

Und wenn Geld keine Rolle spielt, bleiben immer noch diverse **Reiseveranstalter** in Dakar oder Saly Portudal, die den Nationalpark Niokolo Koba auf dem Programm haben, sei es mit Geländewagen, Kleinflugzeug oder – mit Abstand am teuersten – mit dem Hubschrauber.

Die bequemste Variante ist sicher der **Flug nach Simenti oder Niokolo Koba:** Beide Orte im Herzen des Nationalparks verfügen nämlich über eigene Landepisten. Die Maschinen stellt in aller Regel der Aero-Club (siehe Dakar), die Kosten richten sich nach der Anzahl der Teilnehmer. Touristikunternehmen, die von Gambia aus Touren in den Park veranstalten, fliegen wegen der Einreiseformalitäten nach Tambacounda.

Tambacounda

„Tamba", wie die Stadt im Volksmund heißt, gilt als **einer der heißesten Orte Senegals** und ist auch sonst kein Ort, der zu längerem Verweilen einlädt, jedoch idealer Ausgangspunkt für den Besuch des Niokolo-Koba-Nationalparks bzw. des Bassari-Landes. Außerdem stellt die Stadt mit ihren gut **40.000 Einwohnern** den wichtigsten Handels- und Verkehrsknotenpunkt (Haltestelle der Eisenbahnlinie Dakar – Bamako) im südöstlichen Senegal dar. In Tambacounda besteht auch die Gelegenheit, sich vor einer Fahrt in den Nationalpark bzw. nach Guinea mit dem Notwendigsten zu versorgen. Snacks und kühle Getränke bieten die Bars beim Bahnhof.

Unterkunft

- **Hotel Asta Kébé**
Tel. 339811028, etwa 2 km südlich des Zentrums in Richtung Kédougou/Vélingara. Angenehme, schon etwas angejahrte Hotelanlage mit Restaurant und Pool; Exkursionen in den Nationalpark möglich. Zimmer in diversen Preisklassen (ab 16.000 CFA).
- **Hotel Hotel Niji**
Tel. 339811250, im Quartier Abattois, ganz in der Nähe von Hotel Asta Kébé. Mittelklassehotel mit Bar, Restaurant, Autoverleih mit Fahrer möglich; das Hotel verfügt auch über eine Dépendance mit Bungalows, DZ ab 14.000 CFA.
- **Campement Keur Khoudia**
Tel. 339811102. Die Anlage am Westrand der Stadt ist eine Dépendance des Hotels Simenti, DZ ab 17.000 CFA.
- **Le Relais de Tamba**
Tel. 339811000, am Ortseingang, von Kaolak kommend. Neues Hotel mit Bar/Restaurant, Pool, Tennis, Billard. Klimatisierte DZ mit TV und Frühstück 26.000 CFA.
www.relaishorizons.net

Essen und Trinken

- **Bar Chez Francis**
Tel. 339819083, südlich vom Zentrum an der Straße Richtung Kolda. Auf den ersten Blick nur eine düstere Bierschwemme, tatsächlich aber der abendliche Treffpunkt von Schwarz und Weiß. Gute, preiswerte Gerichte. So geschlossen.

Verkehrsverbindungen

Es gibt zwei Gares routières und eine Busstation in Tambacounda.

- **Gare routière Dakar**
Südlich vom Bahnhof gelegen. Hier starten die Buschtaxis nach Dakar, Ziguinchor/Kolda und Richtung Kédougou und weiter zur Grenze von Guinea. Täglich in den frühen Morgenstunden geht auch ein Linienbus (Car Mouride) Richtung Kaolak/Dakar. Abfahrt ist unmittelbar beim Bahnhof um 6 (!) Uhr. Der Fahrpreis beträgt 4000 CFA. Das Ticket sollte man sich schon am Vortag besorgen.

- **Gare routière Kidira**
Die „Garage Kidira" liegt südöstlich des Stadtzentrums. Nur wer früh aufsteht, hat Chancen, eines der wenigen Buschtaxis nach Kidira bzw. zur Grenze zu bekommen. Die Strecke ist inzwischen geteert, bei Kidira wurde eine Brücke über den Falème-Fluss errichtet. Dort nach einem Taxi brousse Richtung Kayes/Bamako Ausschau halten. In der Regenzeit ist die Weiterfahrt wegen der schlechten Piste in Mali nicht zu empfehlen.

Nationalpark Niokolo Koba

Dieses Tier- und Pflanzenreservat im Südosten Senegals zählt mit einer Fläche von **9130 km²** zu den größten Westafrikas. Es steht seit 1981 unter dem Schutz der UNESCO. Die drei großen Flüsse Gambia, Koulountou und Niokolo Koba durchziehen den Nationalpark in zahlreichen Windungen. Von dem 311 m hohen Berg Assirik aus eröffnet sich ein reizvoller Blick auf die umliegenden Berge, die Ausläufer des Fouta Djalon. Der Nationalpark liegt im Übergangsbereich zwischen Trockensavanne und guineischem Feuchtwald und weist neben hohen Savannengräsern eine **üppige tropische Vegetation** mit bis zu 15 m hohen Bambussträuchern auf; Kapokbäume, Phoenixpalmen sowie Galeriewälder säumen die Flussufer.

Tierwelt: Im Park leben größere Huftiere wie Büffel und Antilope, aber auch Raubtiere wie Löwe, Panther, Gepard, Schakal und Hyäne; neben Krokodilen und kleineren Säuge- bzw. Nagetieren auch über zweihundert verschiedene Vogel- sowie sechzig verschiedene Fischarten.

NATIONALPARK NIOKOLO KOBA

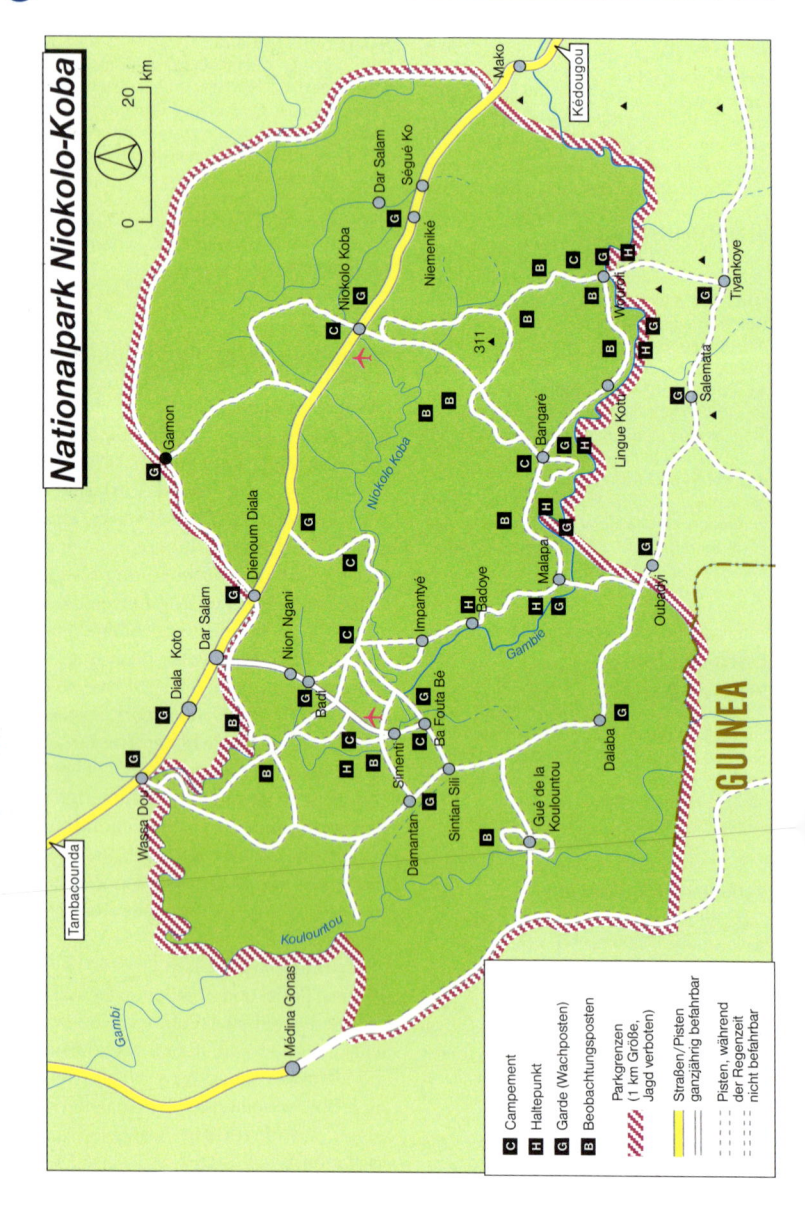

Nur der nördliche und der westliche Teil des Parks (Richtung Medina Gounas; Übernachtung in Rundhütten möglich) werden unterhalten. Der Rest der Pisten ist zugewachsen und kaum passierbar. An den zahlreichen **Aussichtspunkten** entlang des Gambia-Flusses bei Badoye, Malapa, Bangaré, Wouroli etc. bieten sich relativ gute Möglichkeiten, Tiere zu beobachten; die beste Zeit ist gegen Ende der Trockenzeit (April/Mai) und dann in den frühen Morgen- bzw. Abendstunden. In jedem Fall muss man sehr viel Geduld aufbringen.

Öffnungszeiten/Eintritt

- Die **Verwaltung** befindet sich in Tambacounda, Tel. 339811097. Der Nationalpark ist **von November bis Ende Mai geöffnet,** eine Rundfahrt ist jedoch nur mit einem Geländefahrzeug möglich. Leihwagen und organisierte Safaris können sowohl in Tambacounda, etwa beim Hotel Simenti, wie auch bei zahlreichen Veranstaltern in Dakar oder Saly Portudal gebucht werden.
- Der **Eintritt** beträgt 3000 CFA p.P. und Tag, 5000 CFA für einen Pkw, 6000 CFA/Tag für einen Führer; offizielle Parkeingänge befinden sich bei Dar Salam und Wassou Dou.
- **Informationen:**
www.whc.unesco.org/sites/153.htm

Organisierte Safaris

Eine Flussfahrt, die man direkt bei den Wildhütern des Simenti Camps bucht (Campement der Wildhüter direkt neben den Pailottes), kostet 5000 CFA pro Person und ist sehr lohnenswert. Zur richtigen Tageszeit kann man viele wilde Tiere beobachten. Der Wildhüter ist sehr angenehm und interessiert und weiß Informationen gut zu vermitteln.

Wasserbüffel im Nationalpark

Auch Parksafaris kann man bei den Wildhütern buchen. Die Preise sind an der Rezeption angeschlagen.

Unterkunft

- **Hotel de Wassadou**
Tel. 339812428. Das Tamba nächstgelegene Camp (50 km) mit Blick auf den Gambia River bietet u.a. 20 Bungalows, Fahrradverleih und Bootsausflüge. www.niokolo.com
- **Campement Dar Salam**
Tel. 339811100, ca. 70 km von Tamba. Rundhütte 3000 CFA p.P., Zelt 2500 CFA.
- **Hotel Simenti**
Reservierung bei Hotel Keur Khoudia in Tamba, Tel. 339811102; ca. 95 km von Tamba, am Gambia River gelegenes Campement. Klimatisierte Bungalows ab 20.000 CFA oder einfachste Hütten (Paillotes) für 7000 CFA.
- **Campement du Lion**
Tel. 339811100, ca. 10 km östlich vom Hotel Simenti in beeindruckender Lage. Sehr einfache Hütten für 7000 CFA. Camping.
- **Campement de Mako**
Tel. 339854400, ca. 35 km von Kédougou, am östlichen Ausgang des Nationalparks gelegenes Campement mit allem Komfort. www.africa-safari-fr.com

Kédougou

710 km von Dakar, 240 km von Tambacounda entfernt, bietet der idyllisch am Ufer des Gambia River gelegene Ort gute Versorgungsmöglichkeiten, und auch die Umgebung ist landschaftlich ungemein reizvoll. Kédougou eignet sich gut als Ausgangspunkt für Reisen ins Bassari-Land. Dafür ist ein Geländewagen von Vorteil. Hier gibt es Mitfahrgelegenheiten in die Dörfer der Umgebung. Die Pisten im Grenzgebiet zu Guinea-Conakry sind mit einem normalen Pkw nur mit Mühe zu bewältigen, besser ist auf jeden Fall ein Geländefahrzeug.

Unterkunft

- **Le Bedik de Kédougou**
Tel. 339851000, Quartier Ngoma. Das beste Haus am Platz. Pool, Bar/Restaurant in gepflegter Anlage mit tollem Blick über den Fluss. DZ mit Frühstück 30.000 CFA. Das Hotel bietet u.a. Ausflüge zu allen nachfolgend genannten Zielen.
- **Campement Relais de Kédougou**
Tel. 339851062, etwas außerhalb gelegen mit schönem Blick über den Gambia-Fluss. Klimatisierte Zimmer 16.000 CFA, sonst 9000 CFA. Gutes Restaurant, sehr schöne Anlage. Etwas billiger ist die hoteleigene **Lodge Hippo Safari** 4 km außerhalb der Stadt.
- **Campement Chez Moise**
Tel. 339851139. Bar, Restaurant, einfachste Hütten für 6000 CFA. 4x4-Verleih.
- **Campement Chez Diao**
Tel. 339851124, nähe Gare routière. Bar, Restaurant, fünf Bungalows ab 5000 CFA.
- **Campement Diolaba**
Tel. 339851278. In diesem Camp kann man, wenn es nicht gerade von Jägern belegt ist, Allradfahrzeuge mit Fahrer mieten.

Ausflug nach Dindéfelo

Unbedingt sehenswert ist die **Cascade de Dindéfelo**, ein aus 80 Metern herabstürzender Wasserfall – in der Trockenzeit eine herrliche Badegelegenheit. Von Kédougou auf guter Piste Richtung Bantafassi/Salémata, nach wenigen Kilometern Abzweigung links nach Ségou beim Schild „Campement Touristique de la Cascade". In Ségou geht die Piste rechts nach Dindéfelo (halb links geht es nach Guinea), das nach ca. 6 km erreicht wird. Der Fußmarsch zum kühlen und schattigen Wasserfall dauert etwa 15 Minuten, der „Eintritt" kostet 300 CFA.

Unterkunft im Campement de la Cascade, Tel. 339851117, Restaurant, spartanische Hütten für 2500 CFA pro Person, Camping ist möglich.

Das Bassari-Land

Im Gebiet südlich des Niokolo-Koba-Nationalparks **zwischen Bandafassi**

und Salémata leben die Bassari. Sie zählen zur ältesten Bevölkerungsgruppe dieser Region. Vor den zugewanderten Fulbe und Mandingo haben sie sich in die abgelegenen Berggebiete zurückgezogen. Meist haben sie ihre Dörfer auf Hügeln und Bergen angelegt, um so gegenüber diesen Nachbarn, die sich jahrhundertelang ihre Sklaven bei den Bassari holten, einen strategisch günstigen Standort zu haben. Auch heute noch ist eine herablassende Haltung gegenüber den Bassari spürbar

Ihren animistischen Sitten und Bräuchen sind sie weitgehend treu geblieben, auch wenn sie inzwischen die traditionellen Fruchtbarkeitspuppen, perlenbestickte Hüftgürtel sowie Penisfutterale an Touristen verkaufen. Zahlreiche **Feste** finden zwischen Januar und Mai statt. Ahnenkult, Geisterglaube und die Beschneidung von Knaben und Mädchen spielen im Leben der Bassari eine große Rolle. Beschneidungszeremonien (Niti-Fest) finden in der Regel Mitte/Ende Mai zu Beginn der Regenzeit statt. Die Bassari bauen Hirse an und gehen auf die Jagd. Die Jäger (Kamara) sind in einer Art Geheimgesellschaft organisiert; nur ihre Mitglieder dürfen auf die Jagd nach Löwen und Panthern gehen.

Wer diese Gegend bereisen will, sollte sich sehr **respektvoll** den Dörfern und seinen Bewohnern nähern und sich einfühlsam und rücksichtsvoll verhalten. Wenn Sie dies befolgen, wird man Sie in der Regel überall herzlich empfangen. Bei Ankunft in einem Dorf sollten Sie unbedingt sofort den Dorfchef aufsuchen und diesem Ihr Anliegen – Bitte um Unterkunft, Dorfbesichtigung, Fotografieren etc. – vortragen.

Die private Busgesellschaft **Niokolo Transports** fährt u.a. montags, donnerstags, freitags und samstags mit festen Abfahrszeiten von Kédougou nach Salémata und jeweils am folgenden Tag wieder zurück. Die Fahrt dauert etwa zwei Stunden und kostet 1500 CFA. Reservierung wird empfohlen. Infos unter: www.niokolo-transports.com.

Salémata

Die ca. 80 km westlich von Kédougou gelegene Ansiedlung liegt zwar im Herzen des Bassari-Lands, wird aber vorwiegend von **Fulas** bewohnt. Jeden Dienstag ist dort Markttag, dann fahren etliche Fahrzeuge von Kédougou nach Salémata. Von Salémata sind es gut 10 km in südwestlicher Richtung bis zum Dorf **Ethiolo,** einem religiösen Zentrum der Bassari. Dort ist jeden Sonntag Markt.

Ebenfalls interessant ist ein Besuch im Dorf **Eberak,** ca. 6 km westlich von Salémata, wo die typisch zylinderförmigen Hütten aus behauenen Lateritblöcken gefertigt werden.

Unterkunft:
● **Campement de Salémata**
Tel. 339859400. Einfaches Camp in Salémata.
● **Campement Chez Balingo**
Tel. 338351570 (Dakar). Das französische Camp liegt ca. 15 km von Salémata entfernt in Ethiolo, einer reinen Bassari-Ansiedlung.
● **Campement Edale**
Einfaches Camp beim Ort Oubadji, etwa 25 km westlich von Selémata, wo ein weiterer Eingang zum Nationalpark besteht.

GAMBIA

Gambia

von Thomas Baur

Georgetown am Gambia River

Banjul: Rushhour in der Liberation Av.

Typische Landschaft an der Südküste

Landeskundliche Informationen

Geografie

Das etwa **10.500 km²** große Staatsgebiet Gambias, das wie ein „Finger" in den Senegal hineinragt, hat eine durchschnittliche Breite von 25–50 km und eine Länge von etwa 480 km. Gambia ist somit das **kleinste Land Kontinentalafrikas.** Entlang der ca. 50 km langen Atlantikküste im Westen befinden sich zahlreiche kilometerlange Sandstrände und kurze Abschnitte felsiger Meeresküste.

Landschaft und Leben in Gambia werden stark vom gleichnamigen Fluss, dem **Gambia River,** geprägt, der im Futa-Djalon-Massiv in Guinea entspringt und es in zahlreichen Windungen auf eine Länge von insgesamt 1600 km bringt, um in einem knapp 5 km breiten Delta in den Atlantik zu münden. Die Ablagerung von Schlamm und Sandmassen hat im Laufe der Zeit – mehr oder weniger über den ganzen Flusslauf verteilt – kleine **Inseln** entstehen lassen, die über 400 verschiedenen **Vogelarten** als Brut- und Nistplätze dienen. Auch das ehemalige Bathurst – die heutige Hauptstadt Banjul – wurde auf einer solchen Schwemmlandinsel errichtet. Der wichtigste Nebenfluss des Gambia River ist der aus der Casamance (Senegal) kommende **Bintang-Bolong.**

Charakteristisch für Gambia sind die von **Mangrovendickichten** gesäumten Flussufer und Nebenarme *(Bolongs)* des Gambia River, die in manchen Bereichen mit **Galeriewäldern** abwechseln, und weite **Wald- und Trockensa-**

vannen im Hinterland, mit hohem Gras, riesigen Baobab- und Kapokbäumen und vereinzelten Akazien. Während die Waldsavanne mehr im südlichen Teil Gambias anzutreffen ist, erstreckt sich die Trockensavanne über den nördlichen Teil des Landes.

Klima

Das **subtropische Klima** Gambias ist genau genommen durch **drei Jahreszeiten** gekennzeichnet: eine kurze Regenzeit *(rainy season)* von Juli bis September, eine längere Trockenzeit *(dry season)* von November bis Mai und eine feuchte Periode *(wet season)* von Mai bis November.

An der Atlantikküste herrschen mehr oder weniger das ganze Jahr über angenehme Temperaturen von 23–30°C bei einer relativen Luftfeuchtigkeit von 60%. Im Landesinnern sind die Temperaturen mit bis zu 40°C um einiges höher, und die Luftfeuchtigkeit kann bis zu 70% (während der feuchten Periode bis zu 80%) betragen.

Charakteristisch für den Gambia River: Mangrovendickicht

TIER- UND PFLANZENWELT

Als **beste Reisezeit** kann die Hauptsaison von **Dezember bis April** angesehen werden. Wer jedoch zur Off-season reisen möchte, weil die Hotelpreise dann niedriger und weniger Touristen anzutreffen sind, der muss von Mai bis November, in der eigentlichen Regenzeit, fahren. Dies ist auch nicht weiter dramatisch, da der Regen hauptsächlich während der Nachtstunden fällt, und tagsüber, abgesehen von gelegentlichen Wolkenbrüchen, noch lange sonnige Abschnitte vorherrschen. Und darüber hinaus ist auch das Licht ein ganz spezielles – Profi- und Amateurfotografen können dies bestätigen.

Tier- und Pflanzenwelt

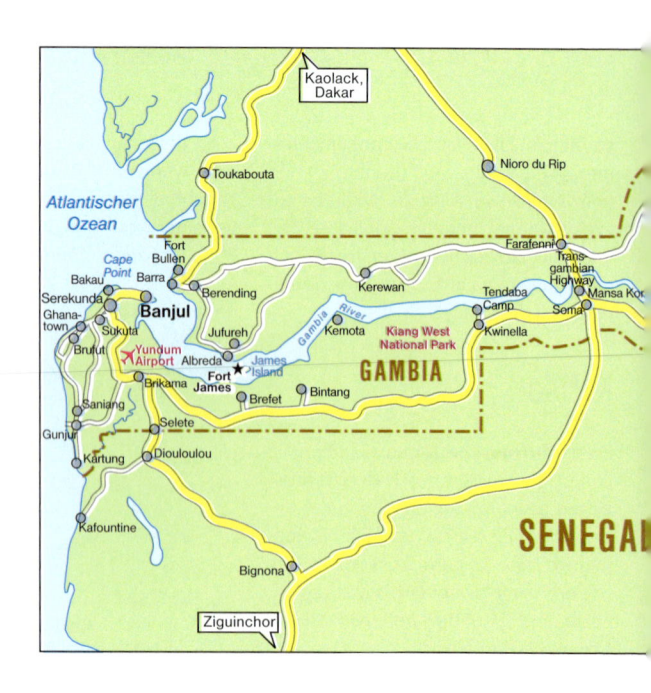

Gambia ist ein **Paradies für zoologisch und botanisch Interessierte,** insbesondere für Ornithologen. Durch die geografische Lage am 13. Breitengrad ist Gambia den Subtropen zugehörig, was durch die jährliche Regenzeit deutlich wird. Eine Besonderheit entsteht durch den Gambia River, der durch seine Wassermassen die angrenzende Landzone in ein Feuchtsavannengebiet verwandelt, wohingegen die vom Fluss entfernten Gebiete der Trockensavanne zuzurechnen sind. Gambia verfügt zudem über außergewöhnlich reichhaltige Mangrovengebiete. Die teilweise bis zu 20 m hohen **Mangroven,** gut zu erkennen an ihren großen Luftwurzeln, sind noch sehr weit flussaufwärts dem ständigen Wechsel der Gezeiten ausgesetzt und haben sich den schwierigen Bedingungen biologisch bestens angepasst. Besonders unterhalb der bei Ebbe frei liegenden Wurzeln herrscht reges Leben, wie die scheuen Schlammspringer beweisen. Die Mangrovenwälder – ein ökologisch höchst fragiler, durch menschliche Einwirkung leicht aus dem Gleichgewicht zu bringender Raum – weisen auch sonst einen großen Artenreichtum auf. Obwohl zu Beginn dieses Jahrhunderts der größte Teil der Großwildarten von den Kolonialherren und Wilderern ausgerottet wurde, bieten die mit Mangroven und Galeriewäldern gesäumten Flussläufe ideale Lebensbedingungen für zahlreiche Tier- und Pflanzenarten. Wegen seiner weit **über 400 Vogelarten** wird Gambia (ebenso wie Senegal und Guinea-Bissau) gerne als Eldorado für Ornithologen bezeichnet. Man kann nicht nur verschiedene Finken, Gänse, Reiher, Kraniche und Pelikane antreffen, sondern auch Adler, Geier, Raben, Seeschwalben, Möwen, Wattvögel und Strandläufer. Dazu gesellen sich im Winter große Mengen Zugvögel.

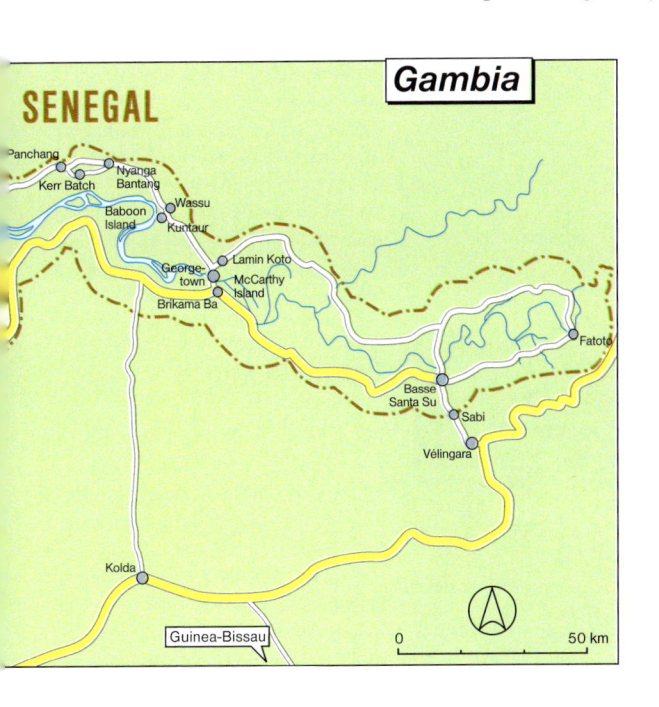

Einst zählte der Gambia River zu den krokodilreichsten Flüssen Westafrikas, heute ist nur noch selten ein **Krokodil** anzutreffen. Eine Besonderheit des hier heimischen, bis zu 4,5 m großen Nilkrokodils besteht darin, dass im Gegensatz zu den meisten anderen Krokodil- und Alligatorenarten der Mensch durchaus in sein Beuteschema passt und Angriffe daher immer wieder vorkommen. Vorsicht ist also geboten! Eher als einem Krokodil wird man bei einer Flussschifffahrt allerdings einem der wenigen Flusspferde begegnen. Affenscharen (Paviane und Meerkatzen) werden einem ständig über den Weg laufen, ebenso Schlangen, Warane und Amphibien. Im **Abuko Nature Reserve,** Gambias größtem Nationalpark, kann man außerdem – mit etwas Geduld – Antilopen und Hyänen beobachten. Auch die zahlreichen Schmetterlinge und Libellen werden immer wieder die Aufmerksamkeit des Besuchers auf sich lenken. Säugetiere wie Warzen- und Stachelschweine oder Schakale sind dagegen nur selten zu sehen.

Bekannt ist Gambia auch für seinen **Fischreichtum.** Darüber hinaus sind zahlreiche Wasser- und Meerestiere wie Krabben, Schnecken und Muscheln, die auch zur Gaumenfreude so manchen Besuchers werden, entweder an den Meeresküsten oder entlang der Flussläufe anzutreffen. In der Nähe der Meeresküste und im Mündungsbereich des Gambia River sind gelegentlich auch Delphine auszumachen.

Die **Flora** Gambias hat ebenfalls ihre Besonderheiten aufzuweisen. Neben den heimischen Gewächsen wie Hibiskus, Pagodenbaum und Oleander ist die orange-rot blühende Feuerakazie (Flammenbaum) erst durch Menschenhand von ihrer Heimat Australien nach Westafrika gekommen. Der Jacaranda-Baum mit seinen blauen, trompetenförmigen Blüten stammt ursprünglich aus Brasilien.

Bevölkerung

Rund die Hälfte der gut **1 Mio. Einwohner** Gambias gehört der ethnischen Gruppe der **Malinke oder Mandingo** an (darunter auch Staatspräsident *Jammeh*), daneben leben etwa 18% Fulbe und etwa 13% Wolof (vor allem am Nordufer des Gambia-Flusses) in Gambia, außerdem jeweils etwa 7% Diola und Sarakolle. Im Osten des Landes siedeln die **Serahuli** (Serawulli), eine kleine ethnische Gruppe, die bereits von dem schottischen Entdeckungsreisenden *Mungo Park* erwähnt wurde. Außerdem leben in Gambia zahlreiche Libanesen, Mauretanier, Europäer und Einwanderer aus anderen westafrikanischen Staaten, v.a. aus Sierra Leone, Liberia und Guinea-Bissau, die Gambia wegen seiner politischen Stabilität als Zufluchtsort gewählt haben. Das **Bevölkerungswachstum** liegt bei knapp **4%** pro Jahr, die Bevölkerungsdichte mit etwa 95 Einwohnern pro km² zählt zur höchsten der afrikanischen Länder.

Sprache

Das von den ehemaligen Kolonialherren eingeführte **Englisch** ist nach wie vor offizielle Amtssprache und wird von etwa der Hälfte der Bevölkerung gesprochen; daneben kommt auch Französisch häufig als Handelssprache zum Einsatz. Der Pauschaltourist wird in der Regel Menschen begegnen, die des Englischen mindestens so weit mächtig sind, dass sie eine einfache Konversation führen können. Begibt man sich ins Landesinnere, so trifft man allerdings immer wieder auf Menschen, die keinerlei Zugang zu Schulbildung hatten und deshalb natürlich auch kein Englisch sprechen.

Im **Bildungsbereich** ist neben der englischen Sprache auch das **Arabische** eingeführt worden.

Die wichtigsten **einheimischen Sprachen** sind Mande-Dialekte sowie Fula (Fulfulde), das Wolof und andere lokale Idiome.

Sprachverwirrung in Gambia

Im Vergleich zum „Schulenglisch" eines Europäers mutet das **Englisch der Gambianer** häufig amüsant bis bizarr an. Dies erklärt sich nicht nur dadurch, dass die meisten Gambianer die Sprache nicht in der Schule gelernt haben, sondern sozusagen „auf der Straße", also sehr praxisbezogen und kommunikationsorientiert. Ein anderer Grund für die teilweise auch komischen Abweichungen von der oxford'schen Standardgrammatik sind sicher die Strukturen der jeweiligen Muttersprachen, also hauptsächlich des Wolof und des Mandinka. So sehr sich diese beiden Sprachen voneinander und auch von den anderen gambianischen Sprachen hinsichtlich des Wortschatzes unterscheiden, so ähnlich sind wiederum ihre Strukturen. Es existiert beispielsweise kein Genus, also kein grammatisches Geschlecht, und zwar nicht nur bei den Substantiven – das wäre ja noch wie im Englischen! –, sondern ebensowenig bei den Pronomina. Im Klartext: Für „er" und „sie" gibt es nur eine einzige Übersetzung! Das führt dazu, dass auch im Englischen zwischen „he" und „she" nicht konsequent unterschieden wird, sondern dass beide Wörter synonym gebraucht werden, weil die Sprecher erwarten, dass der Kontext diese kleine „Nebensache" schon erhellen wird. Und die Erfahrung zeigt: Das stimmt!

Das ist nur eines von vielen Beispielen für einen ungewöhnlichen Umgang mit der Sprache – man sollte also solche „Ungereimtheiten" unter keinen Umständen als Unhöflichkeiten auffassen!

Religion, Geschichte und Politik

Religion

Obwohl sich etwa **90% der Bevölkerung** zum **Islam** bekennen, wird in Gambia der Glaube bzw. seine Ausschließlichkeit eher lässig gehandhabt. Einerseits kann es durchaus vorkommen, dass der hungrige Reisende im Ramadan tagsüber nichts zu essen bekommt oder die Zurückhaltung der Gambianer gegenüber Alkohol spürt. Andererseits hängen die meisten Gambianer, vor allem aus den Bevölkerungsgruppen der Diola und Fulbe, ebenso ihren traditionellen **Naturreligionen** und ihrem animistischen Glauben an: Ein zusätzliches Amulett mit Muscheln könnte sich als ebenso nützlich erweisen wie das tägliche islamische Betritual.

Daneben hat sich der **Einfluss sufistischer Muslimbruderschaften** aus dem Senegal in letzter Zeit markant vergrößert. Speziell die Anhänger von Touba haben in Gambia (wie übrigens auch in anderen Ländern Westafrikas) großen Zulauf erhalten. Das Abbild von *Cheik Amadou Bamba,* dem kultisch verehrten Gründer der Mouriden-Bruderschaft, ist heute aus dem Straßenbild Gambias nicht mehr wegzudenken. Verstärkt missioniert, wenn auch nicht so öffentlich, wird aber auch von konservativen **evangelikalen Gruppen aus den USA.**

Geschichte und Politik

Das Gebiet des heutigen Staates Gambia soll angeblich schon zur Altsteinzeit (Beginn vor etwa 2 Mio. Jahren bis etwa 8000 v.Chr) besiedelt gewesen sein. Auf größere Ansiedlungen um etwa 4000 v.Chr. weisen Muschelfunde hin; diese Muscheln dienten damals als Nahrungsmittel. Im 10./11. Jh. bildete das Gebiet des heutigen Gambia einen **Teil des Ghana-Reiches,** später im 13. Jh. war es Teil des großen **Mali-Reiches** (s.a. Kapitel Geschichte).

Die **Islamisierung** der Region begann zwar früh, zog sich jedoch über Jahrhunderte hin und kam erst im 19. Jh. zum Abschluss. In bürgerkriegsähnlichen Auseinandersetzungen versuchten islamische Fulbe mit fanatischem Eifer die mächtigen, noch tief in ihren alten religiösen Glaubenspraktiken verwurzelten Mandingo-Könige zum Islam zu bekehren. Dabei waren die religiösen Führer, so genannte Marabouts, von der Idee besessen, einen reinen Islam zu installieren. Diese blutigen Auseinandersetzungen, die nicht nur die Landwirtschaft, sondern auch den gesamten Handel der Gambia River-Region zum Erliegen brachten, fanden von **1850–1887** statt und gingen als die **Soninke-Marabout-Kriege** in die Geschichte ein. Endgültig beigelegt war dieser Glaubenskrieg trotz verschiedener Interventionen sowohl der Engländer als auch der Franzosen, bei denen zum Teil Schutzverträge abgeschlossen wurden, erst mit dem Tod einer der führenden Marabouts.

Die ersten Weißen, die in diese Region kamen, waren **Portugiesen**. Nachdem sie 1455/56 die Gambia-Flussmündung „entdeckt" hatten, interessierten sich später auch Holländer, Franzosen und Engländer für dieses Gebiet. Die **Engländer** errichteten 1661 die Inselfestung **St. James,** die im Laufe der Zeit mehrmals ihre Besitzer wechselte. Die **Franzosen** hatten sich bei ihren Expansionsbestrebungen mehr auf die Region am Senegal-Fluss konzentriert, aber auch in Albreda (in unmittelbarer Nachbarschaft von James Island) einen Handelsstützpunkt errichtet.

Die Rivalität zwischen Franzosen und Engländern stand dem ergiebigen Handel mit den einheimischen Herrschern jedoch nicht im Weg. Feuerwaffen, Glasperlen und Stoffe wurden gegen Elfenbein, Sklaven, Gummi arabicum und Häute eingetauscht. Im **Versailler Vertrag von 1783** bekam England offiziell alle Rechte über Gambia zugesprochen, die Rivalitäten bezüglich der Sklavenbeschaffung hielten jedoch an.

Nachdem die Engländer im Jahre 1807 in ihren Kolonien die Sklaverei abgeschafft hatten, duldeten sie auch den **Menschenhandel** anderer Nationen nicht länger. Sie kaperten die entsprechenden Schiffe und verwandelten das ehemalige Sklavenfort James Island in einen Zufluchtsort für entkommene Sklaven. Auf der Insel Banjul, an der Mündung des Gambia-Flusses, wurde 1816 von den Engländern die Garnison und Siedlung **Bathurst** errichtet. Sie unterstand dem britischen Gouverneur in Freetown, der auch die Goldküste verwaltete. Im Jahre 1888 wurde das Handelszentrum Bathurst zur Hauptstadt der britischen Kolonie Gambia ernannt. In den Jahren von 1932–1938 wurden zahlreiche freigelassene Sklaven aus Sierra Leone in Bathurst und auf McCarthy Island, wo sich heute die Stadt Georgetown befindet, angesiedelt. Im Jahr 1973, drei Jahre nach Erlangung der Unabhängigkeit 1970, erhielt die Hauptstadt den Namen Banjul.

Ab 1901 war Gambia offiziell **britische Kronkolonie** (Crown Colony of the Gambia) und bildete zusammen mit zahlreichen anderen Kolonien das Dependent Empire; seine Bewohner waren vom Status her Untertanen, nicht britische Staatsbürger.

Im Gegensatz zu den Franzosen verwalteten die Engländer ihre Kolonien nach dem Prinzip des **„indirect rule",** einer Art Treuhandverwaltung durch das britische Parlament. Theorie und reale Umsetzung dieses Prinzips differierten allerdings. Wichtige Entscheidungen über Steuern, Investitionen, Bodenverteilung, Arbeitsbedingungen etc. wurden von der Kolonialverwaltung getroffen. Das traditionelle Herrschaftssystem wurde nur geringfügig verändert, so dass die heutige Verwaltungsstruktur des Landes noch stark vom überlieferten Häuptlingswesen und den alten Dorfgruppierungen geprägt ist.

Die **Entlassung in die Unabhängigkeit** verlief in verschiedenen Etappen, wobei die Afrikaner mehr und mehr Anteil an der Legislative und Exekutive hatten, indem zunehmend einheimische Vertreter ins britische Parlament gewählt wurden. 1948 gab es bereits drei schwarze Minister. 1959 wurde von

GESCHICHTE UND POLITIK

Der internationale Flughafen von Banjul

Dawda Kairaba Jawara, der danach Staatspräsident von Gambia wurde, die erste Partei des Landes, die Protectorate People's Party, gegründet, welche später in People's Progressive Party umbenannt wurde. Nachdem Gambia 1963 zunächst die innere Autonomie erlangt hatte, bekam es am 18. Februar 1965 – nach 200 Jahren britischer Kolonialherrschaft – auch die politische Unabhängigkeit als **konstitutionelle Monarchie** (d.h. Staatsoberhaupt war weiterhin die britische Königin) zugesprochen: Gambia erhielt den offiziellen Namen **„The Gambia".** *Sir Dawda Kairaba Jawara* wurde zum Premierminister und Staatsoberhaupt ernannt.

Fünf Jahre später, am 24. April 1970, erfolgte mittels Volksabstimmung die **Umwandlung in eine Republik** mit *Jawara* als Staatspräsident, welcher alle fünf Jahre direkt gewählt wird.

Die **People's Progressive Party** wurde mit der Zeit zur stärksten Partei des Landes und somit zur Regierungspartei. In über zwanzig Jahren wurde *Jawara* bei Wahlen immer wieder in seinem Amt als Staatsoberhaupt bestätigt, das letzte Mal bei den Präsidentschafts- und Parlamentswahlen am 29. April 1992.

Gambia wurde nach Erlangung der Unabhängigkeit gern **als demokratisches Musterland** und „Schweiz Westafrikas" bezeichnet, denn es etablierte sich eine Mehrparteienlandschaft, die Presse wurde nicht kontrolliert, es gab keine politischen Gefangenen und anfangs keine Armee. Noch heute ist

Gambia für viele Flüchtlinge aus den z.T. von (Bürger-)Krieg zerrütteten anderen westafrikanischen Staaten als sicheres Ziel bekannt und somit ein **Einwanderungsland**, wo sich zudem mehr Geld verdienen lässt als in den Nachbarstaaten.

1980 verbot die Regierung zwei linksradikale Gruppierungen, was einen Putsch zur Folge hatte, bei dem die Exekutive für mehrere Tage außer Kraft gesetzt war. Mit Hilfe senegalesischer Truppen konnte der Putsch niedergeschlagen werden. 1982 wurde die bald wieder gescheiterte **Konföderation Senegambia** ins Leben gerufen (s.a. Kapitel Senegal).

Obwohl *Jawara* bereits angekündigt hatte, sein Amt bald niederzulegen, fand am 22. Juli 1994, ausgehend von Banjul, ein nahezu **unblutiger Putsch** statt, der von dem jungen Leutnant *Yaya Jammeh* angeführt wurde. Obwohl das politische System vorher ein zumindest formell demokratisches war, wurde der Putsch von der Bevölkerung größtenteils begrüßt: Die Korruption hatte überhand genommen, die gesundheitliche Versorgung großer Bevölkerungsteile war nicht mehr gewährleistet.

Der jetzige Militärführer und **„Head of State" Yaya Jammeh** bemüht sich, der Korruption Einhalt zu gebieten und das Einkommen des Kleinstaates zur Verbesserung der medizinischen und sozialen Situation der Bevölkerung zu nutzen. Er versucht die Alphabetisierung voranzutreiben und das marode Gesundheitswesen zu sanieren. Der frühere Präsident *Jawara* war derweil mit seiner Familie und staatlichen Geldern in beträchtlicher Höhe nach England geflüchtet, durfte 2002 aber nach einer Amnestie wieder ins Land zurück.

Trotz oder wegen des Militärputsches ist die **politische Lage in Gambia stabil** und für Touristen unbedenklich. Da die Militärs weitestgehend vom Volk unterstützt werden, gab es lange Zeit keine gewalttätigen Auseinandersetzungen, so wie auch der Putsch selbst im Sommer 1994 praktisch ohne Blutvergießen verlief. Dies passt im Übrigen zu dem Gesamteindruck einer friedfertigen Bevölkerung.

Bei den Präsidentschaftswahlen am 26. September 1996 ging *Yaya Jammeh* mit 55,8% der Stimmen gegenüber seinem wichtigsten Kontrahenten *Ousainou Darboe* als Sieger hervor. Der ehemalige Staatspräsident *Yawara* selbst war von der Kandidatur ausgeschlossen, die entsprechenden Parteien verboten. Auch bei der Wahl 2001 behielt *Yaya Jammeh* die Oberhand. In jüngster Vergangenheit hat die Regierung durch etliche Skandale (Schmuggel, Falschgeld, Drogen) und außenpolitische Abenteuer (u.a. Unterstützung der Separatisten im Südsenegal und der Putschisten in Guinea-Bissau 1998/99) von sich reden gemacht. Der Unterstützung breiter Schichten der Bevölkerung tat dies keinen Abbruch. Im April 2000 zeigten sich jedoch erste Risse. Der Unmut über rigide Verhaltensweisen der Sicherheitskräfte entlud sich in mehrtägigen, blutigen Unruhen, bei denen mindestens zwölf Jugendliche und Studenten getötet und eine unbekannte Zahl verletzt wurden. Zuletzt lancierte die Regierung einen groß angelegten

Feldzug gegen die Unmoral: Bordelle wurden geschlossen, zahlreiche Prostituierte verhaftet. Yaya Jammeh kündigte eine Politik der „zero tolerance" an.

Anders als Senegal blieb Gambia von dem im Sommer **2005** verkündeten Schuldenerlass der reichen Geberländer ausgeschlossen. Grund: „Good governance", eines der Hauptkriterien für den Schuldenerlass, sei in Gambia (noch) nicht gewährleistet.

Er werde noch weitere 40 Jahre regieren, kündigte Präsident Jammeh vor den **Wahlen** im Herbst **2006** an und sicherte sich damit 67% der Stimmen. An seine regierende ARPC-Partei gingen 37 von 43 Parlamentssitzen. Kurz darauf überraschte Jammeh mit einer Meldung, die um den Globus ging: Er sei nun in der Lage, mit Hilfe von Kräutern und Bananen AIDS zu heilen. Dass man Zweifel an derlei Fähigkeiten besser nicht öffentlich äußert, musste u.a. auch die Vertreterin der Vereinten Nationen in Gambia erfahren: Sie wurde umgehend des Landes verwiesen.

Wirtschaft

Gambia ist ein typisches **Agrarland.** Nennenswerte Bodenschätze gibt es nicht, und die unbedeutende Industrie beschränkt sich auf einige wenige Betriebe. Mehr als 80% der erwerbstätigen Bevölkerung Gambias sind in der Landwirtschaft tätig. Auf etwa zwei Dritteln der landwirtschaftlichen Nutzfläche werden **Erdnüsse** angepflanzt, deren Export aber nur etwa 15% zum Außenhandel beiträgt. Haupteinnahmequelle ist mit über 100 Mio. Euro der so genannte **Re-Export.** Gemeint sind vor allem Diamanten aus dubiosen Quellen, stellt doch Belgien (mit der Diamantenmetropole Antwerpen) den größten Außenhandelspartner Gambias. Daneben werden in großem Umfang billige Importwaren aus Südostasien importiert, die umgehend in die Nachbarländer exportiert werden.

Anders als im Senegal wird Fischfang nicht in großem Stil betrieben, sondern in alter Tradition mit Pirogen.

Nach einer relativ stabilen Ökonomie in den ersten zehn Jahren der Unabhängigkeit (1965–75) verschlechterte sich die Situation erheblich. Verantwortlich waren schlechte Erdnussernten und drastisch sinkende Erzeugerpreise sowie die mit der Überbewertung der Landeswährung Dalasi einhergehende Inflation.

Im Putschjahr 1994 erlitt die Wirtschaft Gambias – gekennzeichnet durch eine chronisch negative Handelsbilanz – wieder einen tiefen Einbruch, der durch die CFA-Abwertung noch verstärkt wurde, aber durch Zuwächse in den Folgejahren wieder ausgeglichen werden konnte. Im Rahmen des 1997 von der Regierung veröffentlichten langfristigen Programms **„Vision 2020"** sollen Infrastruktur, Finanzdienste, Tourismus und Privatwirtschaft gefördert werden. Dennoch ist Gambias Wirtschaft immer noch sehr leicht durch äußere Einflüsse zu erschüttern. So erlitt beispielsweise die Landeswährung im Sommer 2002 eine dramatische Abwertung.

Der **Tourismus** stellt die zweitwichtigste Deviseneinnahmequelle des Landes dar und gilt derzeit als die einzige Wachstumsbranche. Bereits jetzt erwirtschaftet das Land mehr als 15% seines Bruttoinlandsprodukts im Tourismus. Auch wenn die Region südlich von Kololi touristisch weiter aufgerüstet werden soll, gilt inzwischen der Massentourismus nicht mehr als der Weisheit letzter Schluss. Man hat nicht vergessen, dass die Reiseveranstalter Gambia 2001 die kalte Schulter gezeigt haben, als die Regierung so genannte All-inclusive-Angebote verbieten wollte. Seither versucht man mit einigem Erfolg den Öko-Tourismus zu forcieren. Schließlich schafft der Tourismus auch Arbeitsplätze, in denen Gambianer als Kellner, Hotelboys, Taxifahrer und Souvenirverkäufer ihren Lebensunterhalt verdienen und nicht selten davon eine ganze Familie ernähren. Auch die Herstellung von lokalem Kunsthandwerk stellt für viele Einheimische ein relativ gesichertes Einkommen dar.

Gesundheitswesen

Da 1987 nur ca. 66 Ärzte in Gambia praktizierten (etwa ein Arzt pro 9000 Einwohner), wurde ein fünfjähriges nationales Gesundheitsentwicklungsprogramm gestartet.

Häufigste **Krankheiten** und Todesursachen sind Malaria, Bilharziose, Tuberkulose und zunehmend auch Aids.

Die gesamte **medizinische Versorgung** liegt trotz des Entwicklungsprogramms noch immer sehr im Argen. Obwohl während der frühen 1990er Jahre der Arztbesuch offiziell kostenlos war, wurden in der Regel „Spenden" für die Behandlung erwartet. Jeder Gambianer soll jetzt offiziell für 16 Dalasi behandelt werden, zuzüglich eventueller Medikamente, die importiert werden müssen und daher teuer sind. In der Realität ist es so, dass Krankenhäuser und Ärzte weitaus höhere Sätze nehmen, die für Touristen selbstverständlich eher noch höher liegen, jedoch noch längst kein europäisches Preisniveau erreichen. Eine medizinische Versorgung außerhalb Banjuls oder Serekundas ist oft kaum gewährleistet. Durch die mangelhaften Straßenverhältnisse ist der Zugang zu medizinischer Betreuung gerade für die Landbevölkerung oft nur schwer möglich. Da das Problem der gesundheitlichen Versorgung generell eng mit anderen Feldern wie Bildung und Infrastruktur verknüpft ist, ist eine schnelle Verbesserung der Situation nicht zu erwarten.

Bildungswesen

Der Schulbesuch ist in Gambia kostenlos. Doch Eltern, die Wert auf eine fundierte Ausbildung legen und finanziell dazu in der Lage sind, schicken ihre Kinder in der Regel auf private, kostenpflichtige und/oder konfessionelle Schulen in den Städten. Im Hinterland existieren solche Angebote nicht, bestenfalls gibt es eine Grundausbildung. Und in zahlreichen kleineren Dörfern fehlen Schulen gänzlich. Da es keine Schulpflicht gibt, liegt die **Analphabetenquote** nach den jüngsten Zahlen der UN immer noch weit über 50%.

Medien

Presse

Pressefreiheit ist eine Reizthema in Gambia. So etwa kritisiert alljährlich die Organisation „Reporter ohne Grenzen" (RSF) die herrschenden Zustände als „absolute **Intoleranz gegenüber jeglicher Form von Kritik".** Wer nicht auf Linie des Präsidenten schreibt, wird gegängelt oder hat mit Repressalien zu rechnen. Sogar das Leben steht zur Disposition, so etwa 2004 im Falle *Deyda Hydaras,* Journalist und Herausgeber des oppositionellen Magazins **„The Point"** (http://thepoint.gm). Regierungsnah ist die Tageszeitung **„Daily Observer"** (http://observer.gm).

Radio

Populärer als Printmedien sind private Radiostationen, vor allem der musiklastige Sender **Radio 1 FM** (102,1 FM). Weitere Sender sind **West Coast Radio** (95,2 FM) und **City Limits Radio.** Viel gehört werden auch die diversen Sender aus dem Senegal.

Fernsehen

Fernsehen spielt bisher nur eine untergeordnete Rolle; **Gambia Television** steckt noch in den Kinderschuhen. Große Hotels oder Restaurants verfügen in der Regel über Satellitenanlagen, mit denen ausländische Programme empfangen werden können.

Banjul: Schneider bei der Arbeit

Praktische Reisetipps A–Z

An- und Weiterreise

Flugverbindungen

Eine ganzjährige Linienverbindung mit direktem Anschluss an deutsche Flughäfen bieten derzeit nur **Brussels Airlines** (ex Sabena, ex SN Brussels) und **Royal Air Maroc.** Dagegen hat die deutsche Condor den wöchentlichen Flug nach Banjul bzw. Dakar eingestellt. Preisgünstige **Charterflüge** mit Ziel Gambia starten hauptsächlich von Holland (mit ArkeFly) und Großbritannien (u.a. Thomas Cook Airlines). **Banjul International Airport** (IATA-Code: BJL, hieß bis 2009 Yundum Airport) ist Luftdrehkreuz für Flüge in englischsprachige Länder Westafrikas wie Ghana, Sierra Leone, Liberia und Nigeria und wird u.a. von Elysian Air und Arik Air angeflogen. Die Anbindung an Dakar ist dagegen eher mäßig. Der Flughafen (Info-Tel. 4472831) liegt 24 km von der Hauptstadt entfernt. Die Taxipreise (teuer) sind am Ausgang angeschrieben. Busse verkehren nicht.

Auf dem Landweg über Senegal

Wichtigster Grenzübergang für die Einreise nach Gambia ist der Posten **Karang,** der über die N5 via Kaolak und Toubakouta zu erreichen ist. Wer mit dem Buschtaxi anreist, muss an der Grenze das Fahrzeug wechseln, da senegalesische Fahrzeuge in der Regel keine Versicherung für Gambia haben. Der tägliche Bus von Dakar fährt dagegen direkt bis fast zum Fährterminal. Bei der Einreise mit dem eigenen Wagen wird ein **Carnet de Passage** akzeptiert. Oder man lässt sich für 25 Dalasi ein sogenanntes **Laissez passer** (auch Passavant genannt) ausstellen. Das ist drei bis sieben Tage gültig und kann in Banjul mehrfach verlängert werden. In der Regel gestalten sich die Einreiseformalitäten unbürokratisch. Die aufdringlichen Geldwechsler sollte man ignorieren, der Kurs der Wechselstuben im nahen Fährhafen Barra ist deutlich besser. Minibusse und Taxis nehmen überdies auch Franc CFA. Wer mit dem eigenen Wagen reist, muss das Ticket bei der Wiegestation an der Abzweigung nach Farrafeni lösen (ca. 3 km vor dem Hafen). Die Überfahrt für einen Pkw kostet 4900 CFA, mit dem Campingmobil 6700 CFA. Wichtig: Bei Ausländern werden nur CFA akzeptiert. Fußgänger zahlen 10 Dalasi.

Dank dem **neuen Fährterminal** gestaltet sich das Warten deutlich stressfreier als früher, da jetzt nur noch autorisierte Personen Zugang zum Parkplatz haben. Man kann die Warterei verkürzen, indem man dem Lademeister eine „Beschleunigungszulage" (Bakschisch) zusteckt. Das empfiehlt sich besonders bei Stau nach der Mittagspause und ist allemal billiger als die Nacht auf der Nord-Bank zu verbringen. Bei normalem Verkehrsaufkommen fahren in der Regel zwei, manchmal auch drei Fähren gleichzeitig, die Überfahrt dauert ca. 45 Minuten. Laut Plan legte im Juli 2010 die erste Fähre in Banjul um 8.30 Uhr ab, die letzte in Barra um 19 Uhr.

Wer die letzte Fähre dennoch verpasst hat, kann in einigen sehr einfachen Unterkünften übernachten. Siehe auch „Gambia River/Das Nordufer/Barra".

Botschaften

Vertretungen von Gambia

Konsulate der Republik Gambia

●**Honorargeneralkonsulat in Deutschland**
Gladbacher Str. 17-19, 50672 **Köln**
Tel./Fax 0221-8888873
Die Botschaft befindet sich in Brüssel.
●**Honorargeneralkonsulat in Österreich**
Wagner-Schönkirch-Gasse 9, 1232 **Wien**
Tel. 01-6167395, Fax 6160534
Die Botschaft befindet sich in London.
●**Generalkonsulat in der Schweiz**
Rütistr. 13, 8952 **Schlieren**
Tel. 044-7554048, Fax 7554041

Botschaft in Belgien

●**The Gambia Embassy**
126, Av. Franklin Roosevelt, 1050 **Brüssel**
Tel. 0032-2-6401049, Fax 6463277
Auch für Deutschland zuständig.

Vertretungen in Gambia

●**Großbritannien:** 8, Atlantic Road, Fajara, Tel. 4495133, Fax 4496134. Hilfe bei konsularischen Fällen von Bürgern der EU.
●**Deutschland: Außenstelle der Botschaft Dakar,** 29, Independent Drive, Banjul, Tel. 4227783, Fax 4224545. Leiterin des Büros ist Frau *Martin*. Zuständig ist auch die Botschaft im Senegal.
●**Österreich: SOS-Kinderdorf International** Regional Office for North/West Africa, Banjul, Tel. 4464361, 4460836. Fungiert als Honorarkonsulat. Für Reisepässe muss man die Botschaft im Senegal kontaktieren.
●**Schweiz:** Zuständig ist die Botschaft im Senegal.

# Einreise/Visum

Kein Visum benötigen u.a. Bürger aus **Deutschland,** Belgien, Luxemburg, den Niederlanden, Italien und sämtlichen Commonwealth-Ländern. Der Reisepass muss mindestens noch sechs Monate gültig sein. Die Aufenthaltsdauer ist auf 90 Tage beschränkt. Eine Verlängerung ist möglich (s.u.).

Visapflichtig sind u.a. Reisende aus der **Schweiz, Österreich,** Frankreich, Spanien, Portugal und sämtlichen Ländern des ehemaligen Ostblocks.

Visa werden bei der **Einreise über Land** auch direkt an der Grenze ausgestellt – nicht aber bei Reisenden, die mit dem Flugzeug einreisen!

Gesundheit: Eine Gelbfieber-Impfung ist für Reisende aus Europa nicht zwingend vorgeschrieben, wird aber, ebenso wie eine Malaria-Prophylaxe, dringend empfohlen.

Einreise mit dem eigenen Wagen: Ein Carnet de Passage ist (noch) nicht vorgeschrieben, erleichtert die Einreise aber ungemein.

Flugreisende landen in dem 25 km südlich von Banjul gelegenen **Banjul International Airport.** Öffentliche Busse verkehren nicht. Wer kein Pauschalarrangement gebucht hat, ist auf Taxis angewiesen. Die Preise sind festgelegt und am Ausgang ausgeschrieben.

Verlängerung des Visums

- **Immigration Office**
Tel. 4228611, OAU Boulevard, Banjul, Mo bis Fr 8–16 Uhr, Kosten ab 250 D.

Visa für Nachbarländer

- **Guinea:** Tel. 4226862, Daniel Goddard Street, Banjul. Im Gegensatz zu anderen Vertretungen Guineas „relativ" unbürokratische Erteilung von Visa.
- **Guinea-Bissau:** Tel. 4494854, Atlantic Road, Bakau, Mo bis Fr 9–14 Uhr. Visum-Ausstellung innerhalb von 1 Std., 10.000 CFA oder 350 D, 2 Passbilder.
- **Mauretanien:** Tel. 4461086, nahe Badala Park Way, Kololi, nur wenige Meter östlich vom Senegambia Strip. Mo bis Fr 8–16 Uhr.
- **Nigeria:** Tel. 4495803, Kairaba Avenue. Visa ohne Probleme, Mo bis Fr 10–14 Uhr.
- **Senegal:** Tel. 4373752, nahe der Moschee in der Kairaba Avenue, Serekunda, Mo bis Do 8–14 Uhr, Fr 8.30–13.30 Uhr.
- **Sierra Leone:** Tel. 4228206, Daniel Goddard Street (ehemals Hagan Street), Banjul, Mo bis Do 8.30–16.30 Uhr, Fr bis 13.30 Uhr.

Gambia River: Die Fähre verlässt Barra

Reise-Gesundheits-Information: Gambia

Stand: Sommer 2010 / © Inhalte: Centrum für Reisemedizin (CRM)

Die nachstehenden Angaben dienen der Orientierung, was für eine geplante Reise in das Land an Gesundheitsvorsorgemaßnahmen zu berücksichtigen ist. Die Informationen wurden uns freundlicherweise vom Centrum für Reisemedizin zur Verfügung gestellt. Auf der Homepage **www.travelmed.de (CRM/Reiseländer)** werden diese Informationen stetig aktualisiert. Es lohnt sich, dort noch einmal nachzuschauen. Die einzelnen Krankheiten werden auf der genannten Website unter dem Punkt „CRM/Krankheiten A–Z" erläutert.

- **Klima:** tropisch-wechselfeuchtes Klima mit Regenzeit von Juni bis Oktober; Landesinnere trockener als Küstenbereiche; mittl. Monatstemp. zwischen 23°C (Jan.) und 28°C (Juli).

- **Einreise-Impfvorschriften**
Bei Direktflug aus Europa: keine Impfungen vorgeschrieben.
Bei einem vorherigen Zwischenaufenthalt (innerhalb der letzten 6 Tage vor Einreise) in einem der unten aufgeführten Länder (Gelbfieber-Endemiegebiete) wird bei Einreise eine gültige Gelbfieber-Impfbescheinigung verlangt: Angola, Äquatorialguinea, Argentinien, Äthiopien, Benin, Bolivien, Brasilien, Burkina Faso, Burundi, Ecuador, Elfenbeinküste, Franz. Guayana, Gabun, Gambia, Ghana, Guinea, Guinea-Bissau, Guyana, Kamerun, Kenia, Kolumbien, Kongo (Rep.), Kongo (Dem. Rep.), Liberia, Mali, Niger, Nigeria, Panama, Peru, Ruanda, Sambia, Sao Tomé & Principe, Sierra Leone, Somalia, Sudan, Suriname, Tansania, Togo, Trinidad & Tobago, Tschad, Uganda, Venezuela, Zentralafr. Republik.

- **Empfohlener Impfschutz**
Generell: Standardimpfungen nach dem deutschen Impfkalender, spez. Tetanus, Diphtherie, außerdem Hepatitis A, Gelbfieber.

Je nach Reisestil und Aufenthaltsbedingungen im Lande sind außerdem zu erwägen:

Impfschutz	Reisebedingung 1	Reisebedingung 2	Reisebedingung 3
Polio	x		
Cholera	x		
Typhus	x		
Hepatitis B [a]	x		
Tollwut [b]	x		
Meningitis [c]	x		

[a] bei Langzeitaufenthalten und engerem Kontakt mit der einheimischen Bevölkerung
[b] bei vorhersehbarem Umgang mit Tieren
[c] nur bei engerem Kontakt zur einheimischen Bevölkerung, v.a. in der Trockenzeit

Reisebedingung 1: Reise durch das Landesinnere unter einfachen Bedingungen (Rucksack-/Trekking-/Individualreise) mit einfachen Quartieren/Hotels; Camping-Reisen, Langzeitaufenthalte, praktische Tätigkeit im Gesundheits- oder Sozialwesen, enger Kontakt zur einheimischen Bevölkerung wahrscheinlich

Reisebedingung 2: Aufenthalt in Städten oder touristischen Zentren mit (organisierten) Ausflügen ins Landesinnere (Pauschalreise, Unterkunft und Verpflegung in Hotels bzw. Restaurants mittleren bis gehobenen Standards)

Reisebedingung 3: Aufenthalt ausschließlich in Großstädten oder Touristikzentren (Unterkunft und Verpflegung in Hotels bzw. Restaurants gehobenen bzw. europäischen Standards)

Wichtiger Hinweis: Welche Impfungen letztendlich vorzunehmen sind, ist abhängig vom aktuellen Infektionsrisiko vor Ort, von der Art und Dauer der geplanten Reise, vom Gesundheitszustand sowie dem eventuell noch vorhandenen Impfschutz des Reisenden.

Da im Einzelfall unterschiedlichste Aspekte zu berücksichtigen sind, empfiehlt es sich immer, rechtzeitig (etwa 4–6 Wochen) vor der Reise eine persönliche Reise-Gesundheits-Beratung bei einem reisemedizinisch erfahrenen Arzt oder Apotheker in Anspruch zu nehmen.

● **Malaria**
Risiko: ganzjährig hohes Risiko landesweit.

Vorbeugung: Ein konsequenter Mückenschutz in den Abend- und Nachtstunden verringert das Malariarisiko erheblich (**Expositionsprophylaxe;** Genaueres dazu auf www.travelmed.de).

Ergänzend ist die Einnahme von Anti-Malaria-Medikamenten (**Chemoprophylaxe**) dringend zu empfehlen. Zu Art und Dauer der Chemoprophylaxe fragen Sie Ihren Arzt oder Apotheker, bzw. informieren Sie sich in einer qualifizierten reisemedizinischen Beratungsstelle.

Malariamittel sind verschreibungspflichtig.

● **Aktuelle Meldungen:** 2010 lagen keine Meldungen vor.

Unter www.travelmed.de finden Sie Adressen von:
● Apotheken mit qualifizierter Reise-Gesundheits-Beratung
(nach Postleitzahlgebieten)
● Impfstellen und Ärzte mit Spezialsprechstunde Reisemedizin
(nach Postleitzahlgebieten)
● Abruf eines persönlichen Gesundheitsvorsorge-Briefes für die geplante Reise

Denken Sie daran, eine **Reiseapotheke** mitzunehmen, damit Sie für leichtere Erkrankungen und kleinere Notfälle gerüstet sind (Details auf www.travelmed.de).

Die Angaben wurden nach bestem Wissen und sorgfältiger Recherche zusammengestellt. Eine Gewähr oder Haftung kann nicht übernommen werden.

Feiertage und Feste

Feste Feiertage

- 1. Januar
- 18. Februar (Unabhängigkeitstag)
- Karfreitag
- 1. Mai
- 15. August
- 25. Dezember

Islamische Feiertage

Ramadan

- **2011:** 1. August bis 30. August
- **2012:** 20. Juli bis 19. August

Das **Fastenbrechen (Aid al-Fitr)** wird jeweils am Tag nach dem Ende des Ramadan begangen und dauert in der Regel drei Tage.

Opferfest (Aid al-Adha, Tabaski)

- **2010:** 10. November
- **2011:** 6. November
- **2012:** 25. Oktober

Tabaski, wie das Opfer- oder Hammelfest in Westafrika genannt wird, kann je nach Region bis zu zehn Tage dauern.

Hinweis: Alle Daten richten sich nach dem **Mondkalender** und können wegen geografischer und lokaler Gegebenheiten um bis zwei Tage variieren (Quelle: www.islam.de).

Geld/Währung/Banken

Die Währung Gambias ist der **Dalasi** (= 100 Bututs). Es gibt Münzen zu 1, 5, 10, 25, 50 Bututs und 1 Dalasi. Banknoten gibt es zu 1, 5, 10, 25 und 50 Dalasi.

Es existiert keine Einfuhrbeschränkung für Dalasi, die Ausfuhr ist auf 85 D begrenzt. CFA werden in den meisten Fällen akzeptiert, da diese Währung in Gambia sehr begehrt ist. Das Wechseln von Travellerschecks ist in jeder Bank möglich. Visa- und American Express-Kreditkarten werden noch am ehesten akzeptiert.

Die Kurse der Geldwechsler an der Grenze und am Flughafen sind weniger günstig als bei den Banken.

Der amtliche **Wechselkurs** betrug im Frühsommer 2010 34,8 Dalasi (D) für 1 Euro bzw. 25,6 D für 1 SFr.

Wegen der teilweise dramatischen Wechselkursschwankungen haben zuletzt **viele Hotels** ihre **Preise in Euro oder britischem Pfund** angegeben.

Hinweis: Schon länger ist die **Einführung des ECO** geplant, einer neuen Einheitswährung der anglophonen Länder Westafrikas unter Führung Nigerias nach dem Vorbild des Franc CFA. Während Gambia die Vorgaben der Währungsumstellung weitgehend erfüllt, haben Länder wie Liberia und Sierra Leone erhebliche Probleme. Nachdem die Einführung der neuen Währung wiederholt verschoben wurde, sind die Pläne (vorerst) in der Schublade gelandet.

Bank

Standard Chartered Bank Gambia Ltd.

8, Ecowas Ave., Banjul, Tel. 228681; größte Bank in Gambia; Zweigstellen in Serekunda, Basse, Bakau und im Hotel Senegambia.

2009 eröffnet: Das CocoOcean am Bijilo-Strand verfügt über allen Komfort

Hinweis: Wechseln Sie genügend Geld vor der Fahrt ins Landesinnere, da die nächste Bank erst in Basse ist.

Informationen

Internet

Das Internet ist in Gambia, anders als im Senegal, **noch nicht wirklich angekommen.** So verfügt die Mehrzahl der Hotels über keine eigene Website. WLAN ist in den Hotels, wenn überhaupt vorhanden, in aller Regel kostenpflichtig. Gambia-Portale sind rar, deren Infos spärlich und oft nicht mehr aktuell. Cyber-Cafés findet man meist nur im Umfeld der Hotels, etwa am Senegambia-Strip. Und die Gebühren sind recht teuer: 1 Dalasi pro Minute können sich eigentlich nur Touristen leisten.

- www.statehouse.gm
Website von Präsident *Jammeh*
- www.gambia.start4all.com
Gambia-Portal
- www.gksoft.com/govt/en/gm.html
Internationale Links zu Gambia
- www.asset-gambia.com
Infos zum Öko-Tourismus in Gambia
- www.allafrica.com/gambia
Tagesaktuelle Presseartikel aus Gambia
- www.observer.gm
Regierungsnahe Tageszeitung
- www.thegambiaecho.com
Oppositionelles Online-Blatt mit Sitz in den USA
- www.accessgambia.com
Halbwegs aktuelles Gambia-Portal
- www.gambia-netzwerk.de
Neue deutsche Website rund um Gambia

Maße und Gewichte

1980 wurde das **metrische System** eingeführt; es verdrängt jedoch nur langsam die alten britischen Maßeinheiten.

Reisen in Gambia

Verkehrsmittel/Unterkunft

Siehe im ersten Kapitel des Buches bei den praktischen Reisetipps für ganz Westafrika und unter Banjul.

Benzin

Treibstoff ist in Gambia etwas teurer als im Senegal; die Preise unterliegen wegen Versorgungsschwierigkeiten großen Schwankungen.

Strom

220 V Wechselstrom gibt es offiziell fast überall im Land. Häufige **Stromausfälle oder -schwankungen** sind aber an der Tagesordnung.

Telefon

Es ist immer wieder erstaunlich (und steht in krassem Gegensatz zu anderen Erfahrungen, die man teilweise in diesem Land machen kann), wie **reibungslos** die Telekommunikation in Gambia funktioniert. Bald in jedem Dorf findet sich eine Telefonzelle oder ein Gamtel-Büro. Gamtel ist durchwegs mit neuester Kommunikationstechnologie ausgestattet. Es gibt **Telefonkarten** zu kaufen, mit denen man nach Europa telefonieren kann.

Die **Auskunft (Tel. 151)** ist hilfsbereit und kostenlos, es gibt zudem regionale Auskünfte, deren Nummern man ebenfalls unter 151 erfährt.

Hinweis: In Gambia sind seit 2004 **siebenstellige Telefonnummern** in Gebrauch. Telefonnummern, die mit 2, 3 oder 4 beginnen, wurde die Ziffer 4 vorangestellt, bei 5 und 6 war es die 5, bei 7 die 7 und bei 9 die 9 (bei den 7- und 9-Nummern handelt es sich um Mobiltelefone).

Telefoniert man von Europa nach Gambia, lautet die **Vorwahl Gambias 00220** (und Teilnehmernummer).

Eine simple und preiswerte Lösung ist bei eigenem **Handy** die Benutzung einer **SIM-Karte** von Gamtel, Africell oder einem Konkurrenzprodukt.

Trinken

Wasser muss gefiltert oder abgekocht werden. (In Banjul selbst soll dies nicht unbedingt notwendig sein.) Das an den großen Bushaltestellen und auf Märkten in Plastikbeuteln angebotene Wasser ist nur für abgehärtete Reisende zu empfehlen. Ausländisches Mineralwasser in Plastikflaschen gibt es aber praktisch überall.

Das **Bier** der Brauerei Jul Brew, die unter deutscher Leitung errichtet wurde, ist süffig, aber nicht ganz billig. Jul Brew hat auch die Lizenz für die Abfüllung von diversen Softdrinks in Gambia.

Unterwegs in Gambia

Banjul

Gambias **Hauptstadt** Banjul liegt wie Dakar auf einer Halbinsel, das Klima ist ähnlich gemäßigt. Doch damit sind die Gemeinsamkeiten bereits erschöpft. In der Stadt mit ihren rund **60.000 Einwohnern** (die Zahlen schwanken stark) erscheint alles ein paar Nummern kleiner. Offensichtlich maß England dem Sitz seiner Kolonialverwaltung weit weniger Bedeutung bei als Frankreich im Falle Dakars. Auf die ehemalige Kolonialzeit verweisen noch die paar Namen von Straßen und Plätzen, die jetzt Zug um Zug geändert werden, sowie die zweistöckigen Kolonialbauten mit Veranda. Doch prachtvolle Repräsentationsbauten sucht man vergeblich. Und die früher so zahlreichen Fish-and-Chips-Restaurants sind entweder geschlossen oder verkaufen jetzt Charwarma. Banjul zehrt von seiner Substanz, ganze Straßenzüge wirken abgewirtschaftet. Die Investitionen im Land fließen längst in die prosperierenden Städte im Süden. Von dort bezieht Gambia seine wirtschaftlichen Impulse. Einzig der **Freihafen** mit seinem geschützten Ankerplatz und der damit verbundene zollfreie Warenumschlag bewahrt die Stadt vor der drohenden Bedeutungslosigkeit. Faszinierend aber ist das bunte **Völkergemisch,** das sich in Banjul niedergelassen hat: Händler aus Mauretanien, Libanon oder dem Senegal, dazu Flüchtlinge aus Liberia und Sierra Leone, die hier ihr Glück versuchen, verleihen der Stadt einen Hauch von kosmopolitischem Flair.

Geschichte

Die ersten Europäer, die den Gambia River erkundeten, waren im 15. Jh. die **Portugiesen**. Nach der offiziellen Abschaffung des Sklavenhandels 1807 setzten sich die **Engländer** an der strategisch wichtigen Flussmündung fest. 1816 kaufte der englische Kapitän *Alexander Grand* von einem lokalen König von Kombo die Insel Banjul, was so viel wie Bambusinsel bedeutet. Der Kaufpreis damals: umgerechnet 50 Euro. Die Engländer nannten die Insel fortan St. Marys Island, die um den Stützpunkt entstandene Siedlung erhielt den Namen des damaligen Kolonialministers **Bathurst**. Ein gewisser Aufschwung stellte sich ab 1830 ein, als befreite Sklaven aus Sierra Leone nach Bathurst umgesiedelt wurden. Das Leben zu dieser Zeit aber war alles andere als komfortabel. Bei ungünstigen Wind- und Wetterverhältnissen stand regelmäßig die halbe Stadt unter Wasser, die hygienischen Zustände müssen katastrophal gewesen sein, was immer wieder zu Seuchen führte. Gelbfieber und Malaria grassierten. Und 1869 raffte eine Cholera-Epidemie im Viertel Moka Town die Hälfte der Bevölkerung dahin. Seitdem wird das Viertel „Half Die" genannt. Grundlegende Verbesserung schaffte erst der 1949 errichtete Hochwasserdamm. 1973 wurde der englische Name der Stadt getilgt. Seither heißt sie Banjul.

Banjul heute

Zentrum der Stadt Banjul ist der **22nd July Square**, benannt nach dem Putsch von 1994, mit dem Victoria Recreation Ground, der nur gelegentlich, meist bei sportlichen Veranstaltungen, für die Öffentlichkeit zugänglich ist. Von diesem Platz führt der **Independence Drive**, die Hauptverkehrsader Banjuls, in westliche Richtung, vorbei am Arch 22, dem Triumphbogen der Putschisten, auf den Banjul-Serekunda-Highway und weiter zum Yundum Airport.

Die beiden größten Geschäftsstraßen sind die **Liberation Avenue**, eine Einbahnstraße, die vom Albert Market in südliche Richtung zum Fährhafen und der Anlegestelle der Pirogen nach Barra am Nordufer des Gambia Rivers führt, und die **OAU bzw. Ecowas Avenue**, die in entgegengesetzter Richtung wieder am 22nd July Square enden.

Sicherheit

Wer Banjul abends mit der letzten Fähre erreicht, staunt nicht schlecht: Polizei und Sicherheitskräfte ruhen nicht eher, bis der weiße Tourist in einem der vielen wartenden Taxis Platz genommen hat – damit der Reisende ja nicht in die Hände von jugendlichen Gangs oder Taschendieben fällt. Null Toleranz heißt die Strategie, mit der Gambia gegen **Kleinkriminalität** und das **Bumster-Unwesen** (*Bumster* oder *Beach-Boys* heißen in Gambia die jungen Männer, die sich wie Kletten an die Fersen der Touristen hängen) vorgeht. Mit einigem Erfolg, auch wenn es nachts immer noch nicht ratsam scheint, mit großem Gepäck durch Banjul zu ziehen. Auch Serekunda, Gambias größte Stadt, bleibt nach Sonnenuntergang nach wie vor ein heißes Pflaster. Markant verbessert hat sich dagegen die Sicherheitslage an den Stränden in Hotelnähe, sei es in Banjul direkt oder auch in der Kombo-St. Mary Area. Dennoch sollte man Geld, Papiere und Tickets im Hotel lassen und beim Ausgehen auf teuren Schmuck und goldene Uhren verzichten.

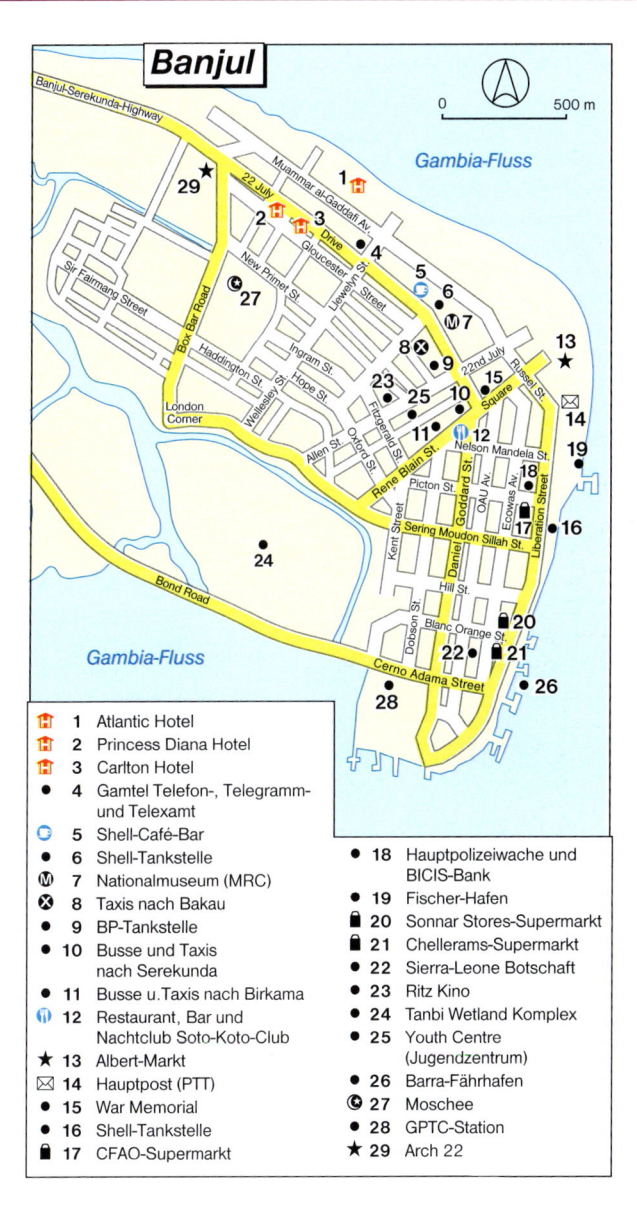

Banjul

- 🏠 1 Atlantic Hotel
- 🏠 2 Princess Diana Hotel
- 🏠 3 Carlton Hotel
- ● 4 Gamtel Telefon-, Telegramm- und Telexamt
- ☪ 5 Shell-Café-Bar
- ● 6 Shell-Tankstelle
- Ⓜ 7 Nationalmuseum (MRC)
- ✖ 8 Taxis nach Bakau
- ● 9 BP-Tankstelle
- ● 10 Busse und Taxis nach Serekunda
- ● 11 Busse u. Taxis nach Birkama
- 🍴 12 Restaurant, Bar und Nachtclub Soto-Koto-Club
- ★ 13 Albert-Markt
- ✉ 14 Hauptpost (PTT)
- ● 15 War Memorial
- ● 16 Shell-Tankstelle
- ▪ 17 CFAO-Supermarkt
- ● 18 Hauptpolizeiwache und BICIS-Bank
- ● 19 Fischer-Hafen
- ▪ 20 Sonnar Stores-Supermarkt
- ▪ 21 Chellerams-Supermarkt
- ● 22 Sierra-Leone Botschaft
- ● 23 Ritz Kino
- ● 24 Tanbi Wetland Komplex
- ● 25 Youth Centre (Jugendzentrum)
- ● 26 Barra-Fährhafen
- ☪ 27 Moschee
- ● 28 GPTC-Station
- ★ 29 Arch 22

Sehenswürdigkeiten

Albert-Markt

Ein Besuch des Albert-Markts war früher quasi Pflichttermin für Touristen. Das ist passé. Der Markt hat, genauso wie das Zentrum von Banjul, deutlich an Attraktivität verloren. Das 1855 von den Briten erbaute Marktgebäude ist 1986 fast völlig abgebrannt, wurde aber wieder aufgebaut. Heute decken sich in dem zweigeschossigen, mit einer doppelten Arkadenreihe geschmückten Neubau die Bewohner Banjuls mit den alltäglichen Dingen des Lebens ein.

Direkt hinter dem Marktgebäude liegen der **Fischmarkt** und unmittelbar daneben das **Handicraft Center** mit allerlei Souvenirs, wie Lederwaren, gambianischen Puppen, Holzschnitzereien, Gold- und Silberschmuck usw. Im Handicraft Center treiben sich noch immer Schlepper herum, es ist aber längst nicht mehr so nervend wie früher. Außerdem treiben Taschendiebe ihr Unwesen. Holzschnitzereien bekommt man billiger und stressfreier in Brikama auf dem Craft market.

National Museum

Früher beherbergte das Gebäude am Independence Drive das British Council; heute findet man im National Museum eine umfangreiche Sammlung historischer Dokumente aus der Kolonialzeit und der Entwicklung des Staates seit der Entlassung in die Unabhängigkeit. Außerdem verfügt das Museum über zahlreiche Exponate zu den verschiedenen in Gambia ansässigen Ethnien und deren Kultur, wie Masken, Fetischobjekte, Musikinstrumente, traditionelle Haushaltsgeräte usw.

Öffnungszeiten: Mo bis Do 8–16, Fr und Sa 8–13 Uhr, So geschlossen.

Arch 22

Der Arch 22, ein monströs-kitschiger **Triumphbogen** an der Ausfahrt zum Banjul-Serekunda-Highway, erinnert an den erfolgreichen Staatsstreich vom 22. Juli 1994. Von dem kleinen Café mit der Kunstgalerie hat man einen guten Ausblick über die Stadt. Wenn Sie das Monument fotografieren wollen, fragen

Triumphbogen Arch 22

Sie sicherheitshalber einen der herumstehenden Soldaten um Erlaubnis.

Jamah Mosque

Die Jamah Mosque, die neue große Moschee Banjuls, auch Great Mosque genannt, wurde mit finanzieller Unterstützung Saudi-Arabiens erbaut. 1988 eröffnet, bietet sie etwa 6000 Gläubigen Platz. Eine Besichtigung ist nur außerhalb der Gebetszeiten möglich, angemessene Kleidung vorausgesetzt.

Half-Die Mosque

Die Half-Die Mosque im südlichsten und zugleich ärmlichsten Viertel Banjuls befindet sich in der Brown Street. Die 1926 errichtete und 1950 rekonstruierte Moschee erinnert an die Opfer einer großen Cholera-Epidemie im Jahre 1869, bei der ein großer Teil der Einwohner der Stadt den Tod fand.

Friedhof

Ein überaus melancholischer Ort ist der Friedhof von Banjul, direkt zwischen dem Banjul-Serekunda-Highway und dem Strand gelegen. Unter uralten Bäumen lässt sich an den Grabsteinen die wechselvolle Geschichte des ehemaligen Bathurst ablesen.

Touristeninformation

- **The Gambia National Tourist Office**
Quadrangle Building, Banjul, Tel. 4228496 und 4227593, Fax 4227753. Hier sind Landkarten und Informationsmaterial erhältlich.
- **Gambia Tourism Authority**
Kololi, Tel. 4462490 und 4462491.
- **Infomaterial ist auch in allen größeren Hotels erhältlich.**
- **Exkursionen** bucht man am bequemsten über die Hotels. Lokale Reiseagenturen und Tour-Operator sind meist außerhalb der Stadt angesiedelt.
- Die beste im Land erhältliche Karte von Gambia ist: **The Gambia. Tourist Information & Guide Map.**
- **www.gambia.start4all.com**
Gutes Gambia-Portal, viele Links.

Hotels

Banjuls Hotelangebot ist für eine Hauptstadt sehr beschränkt und steht damit ganz im Gegensatz zur Komba-St. Mary Area.

Hotels der Luxusklasse

- **Atlantic Hotel**
Tel. 4228601, Muammar al-Gaddafi Ave. (ex Marina Parade). Älteste Adresse am Platz (hier schrieb *Alex Haley* an seinem Roman „Roots"), 5 Min. zum Zentrum, Bar, zwei Restaurants, zahlreiche Sportmöglichkeiten, der Strand ist aber wie an vielen Teilen der Küste teilweise weggespült. 200 Zimmer, ab 75 Euro. Frühstücksbuffet für externe Gäste 70 D.
- **Palm Grove Hotel**
Tel. 4201620, Banjul Highway. Gepflegte Hotelanlage für Pauschaltouristen mit 65 Zimmern direkt am Strand, DZ 85 Euro; palmgrove@gamtel.gm

Hotels der Mittelklasse

- **Carlton**
Tel. 4228670, July 22 Drive (ex Independence Drive). Zentral gelegen und etwas laut und verwohnt, DZ 550 D.
- **Princess Diana Hotel** (ex Kantora)
Tel. 4228715, July 22 Drive. Renoviert, 36 klimatisierte Zimmer, Restaurant, DZ 400 D, preiswert und gut.

Essen und Trinken

Während es im Nachbarland Senegal üblich ist, auf der Straße an Café-au-lait-Ständen zu frühstücken, geschieht dies in Gambia in der Regel daheim. In den Hotels wird den Gästen meist ein englisches Frühstück angeboten.

- **African Heritage Restaurant**
Liberation Street. Die einstige Touristen-Oase im Herzen Banjuls ist leider geschlossen. Unter gleichem Namen haben die Betreiber eine ähnliche Lokalität in Bakau eröffnet.
- Die **Restaurants im Carlton und im Atlantic Hotel** sind durchaus zu empfehlen (s.o.).
- An zahlreichen kleinen **Straßenständen und Imbissstuben** kann man Sandwiches, Chawarma und kleine Snacks essen.

Nachtleben

- **Soto-Koto Nightclub**
Clarkson Street. Bei Einheimischen am Wochenende beliebter Treffpunkt; freitags auch Live-Musik. Ansonsten ist das Nachtleben in Banjul kaum der Rede wert.
- **Kino:** Banjul Cinema, Ecowas-Avenue

Notfall

Krankenhäuser
- **Royal Victoria Hospital**
Tel. 4226152, Independence Drive.
- **Lamtoro Medical Center**
Tel. 4460934, in Kololi.
- **Westfield Clinic**
Tel. 4392213, in Serekunda.

Apotheke
- **Banjul Parmacy**
Tel. 4227470, Independence Drive, werktags von 9–20.30 Uhr.

Anreise

Wer aus Dakar oder anderen Städten im nördlichen Senegal anreist, nimmt in aller Regel die **Fähre von Barra nach Banjul**. Wer nicht mit dem eigenen Wagen unterwegs ist, kommt so relativ schnell und mit 5 D auch preisgünstig an das Südufer des Gambia River. Anders mit dem Wagen: Auch wenn 2010 drei Fähren in Betrieb waren, können sich lange Wartezeiten ergeben. Bei der Einreise mit dem eigenen Pkw ist ein **Laissez Passer** erforderlich. Ein Carnet de Passage wird ebenfalls akzeptiert.

Wer ohne Wagen unterwegs ist, nimmt nach Verlassen der Fähre eines der gelben Sammeltaxis, entweder zum Hotel oder zur 3 km entfernten Haltestelle der Minivans am Ende des Independence Drive.

Flugverbindungen

Der **Banjul International Airport** – er wurde bis 2009 Yundum Airport genannt – ist ein vergleichsweise moderner, angenehmer und überschaubarer Flughafen. Kein Stress mit Schleppern und Geldwechslern, die Gepäckträger sind nicht aufdringlich, die Taxipreise sind fix und am Ausgang angeschlagen. Als Ankommender sollte man allerdings nur kleine Beträge in Dalasi wechseln, da der Kurs in der Stadt deutlich besser ist.

Der Flughafen liegt ca. 25 km von Banjul, bzw. gut 15 km von der Kombo-St. Mary Area mit ihren Strandhotels entfernt. Vom Flughafen gibt es keine Busverbindung dorthin. Wer nicht pauschal gebucht hat, ist also auf ein teures **Touristen-Taxi** angewiesen. Oder man verlässt das Flughafen-Areal und sucht an der Straße einen preiswerten Lift.

Fluggesellschaft:
- **Brussels Airlines**
Tel. 4466880, 4466881, neues Office am Bertil Harding Highway (ex Badala Park Way), rechter Hand zwischen Fajara und Kotu gelegen. Flüge von und nach Brüssel immer Di, Do und So.
http://gambia.brusselsairlines.com

Taxis, Buschtaxis und Busse

- Anders als etwa im Senegal erscheint Gambias Nahverkehrssystem wenig übersichtlich und für Touristen relativ teuer. Denn sie werden in aller Regel auf die **grünen Taxis** verwiesen, deren Preise sich deutlich von den gelben Sammeltaxis für die Einheimischen abheben. Einige Preisbeispiele: Banjul – Serekunda 130 D, Banjul – Brikama 250 D, Banjul – Kartong 600 D, Banjul – Kafountine (Casamance) 800 D, Banjul – Georgetown 850 D. Unter anderem werden auch Dakar, Bissau, Cap Skirring oder Ziguinchor ange-

fahren. Diese grünen Taxis stehen vor allen größeren Hotels.
- Deutlich billiger (meist nur ein paar Dalasi) fährt man mit Minibussen, sogenannten **Gelli-Gelli,** deren Haltepunkte allerdings erfragt werden müssen. Weiterer Nachteil: Gepäck lässt sich kaum mitnehmen, weil die Gelli-Gelli extrem eng bestuhlt sind. Preisbeispiel: 8 D von Banjul nach Bakau, 10 D von Banjul nach Serekunda.
- In Banjul selbst braucht man kaum ein Taxi, da die meisten Distanzen ohne Probleme zu Fuß zurückgelegt werden können.
- Wenn man zu einem der **Strände von Bakau** will, sollte man entweder zu mehreren ein Taxi mieten oder mit einem der zahlreichen Minibusse fahren, die ständig zwischen Banjul und Bakau hin und her pendeln; Abfahrt in der Independence Avenue gegenüber der Anglikanischen Kirche.
- **Buschtaxis** nach Serekunda starten von der Grant Street gegenüber vom 22nd July Square, andere nach Brikama von der Kreuzung Grant Street/Albion Place. Reisende, die per Minibus in die Casamance wollen, müssen in Brikama das Fahrzeug wechseln.
- Eine oft gestellte Frage von Reisenden ist: **„Wie komme ich am besten in die (Nord-) Casamance?"** Wer mit dem Flieger ankommt, hat keine andere Wahl als die erste Nacht in Gambia zu verbringen, da die meisten Maschinen nachts landen, wenn die Grenze zum Senegal schon geschlossen ist. Wer nicht den (teuren) Abholservice der Campements in Anspruch nehmen will, ist auf das **Buschtaxi** angewiesen. Trotz der gerade mal 120 km von Banjul nach Kafountine ist es ratsam, so früh wie möglich aufzubrechen. Viel Zeit spart man, wenn man statt dem „Gelli-Gelli" direkt ein Taxi zum Gare routière nach Brikama nimmt und dort auf das Buschtaxi zum Grenzposten Jibolob/Seleti umsteigt (Hinweis: Gambias Taxis dürfen nicht im Senegal fahren, ebenso wie Senegals Taxis nicht in Gambia fahren dürfen). Wer bis 10 Uhr auf der senegalesischen Seite angekommen ist, hat gute Chancen, relativ schnell ein Buschtaxi mit Ziel Abéné oder Kafountine zu bekommen. Keine gute Lösung ist es, nach Diouloulou zu fahren und dort auf ein Buschtaxi zu den nahen Zielorten zu hoffen. Die dortigen Taxifahrer verlangen in der Regel gesalzene „Spezialtarife". Wer dagegen nach Ziguinchor will, braucht sich keine größeren Sorgen zu machen: Auch am Nachmittag fahren noch regelmäßig Buschtaxis oder 508er Mercedes-Busse in die Hauptstadt der Casamance oder zumindest nach Bignona, der nächstgrößeren Stadt mit einer Unterkunftsmöglichkeit.
- **GPTC-Busse:** Die staatliche Busgesellschaft GPTC war 2010 insolvent und soll privatisiert werden.
- Die Strecke **Barra – Dakar** wird mit zwei Bussen täglich bedient; ein kurzer Zwischenstopp erfolgt in Kaolack. Abfahrt ist 9 bzw. 10 Uhr morgens.

Straßen

Das Straßennetz wurde in den vergangenen Jahren kontinuierlich **ausgebaut bzw. saniert.** Das gilt insbesondere für die Verbindungen von und nach Senegal, also von der Nordgrenze zum Fährhafen Barra und von Brikama zur Südgrenze, die noch bis vor kurzem in völlig desolatem Zustand waren. Ganz neu gibt es jetzt auch eine geteerte Route auf der sogenannten Nordbank von Barra bis nach Farrafeni. Gut ausgebaut sind auch die Verbindungen nach Kartong im Süden bzw. von Brikama nach Gunjur. Derzeit (2010) gebaut wird an der Straße von Brikama nach Soma auf dem Südufer, die sich zuletzt in einem nahezu unbefahrbaren Zustand befand. Wer also noch Georgetown will, sollte sich vorab über den Zustand informieren. Im Sommer 2010 gelangte man auf der Nordroute schnelller und vor allem bequemer in den Osten als über Brikama. Ausschließlich Allwetterpiste (teilweise mit üblem Wellblech) ist der gambianische Teil des Trans-Gambian-Highway.

Auf Gambias Straßen muss man, ähnlich wie im Senegal, mit zahlreichen **Polizeikontrollen** rechnen. Man trifft oft auf sehr junge Beamte, darunter auffallend viele Frauen. Wir hatten 2010, unterwegs mit einem einheimischen Leihwagen, keinerlei Probleme an den Checkpoints. Von anderen Reisenden – alle mit ausländischen Kennzeichen – wurde uns dagegen von teilweise massiven Schikanen und/oder ungerechtfertigten Geldforderungen berichtet. Ausgiebig kontrolliert werden übrigens auch die einheimischen Buschtaxis und Minibusse, speziell auf der Nordbank.

Schiffe, Fähren und Boote

Neben den **Fähren über den Gambia** bei Banjul/Barra, Farafenni/Mansa, Georgetown und Basse gab es lange Zeit ein Dampfschiff, das die Strecke Banjul – Basse via Albreda, Kerewan, Tendaba, Bellingho, Yelli Tenda und Georgetown bediente; es ist leider 1984 untergegangen. Bisher gibt es zwar kein neues Boot, das diese Strecke regelmäßig befährt, es ist aber möglich, einen Teil der Strecke mit dem Bus zurückzulegen und dann beispielsweise ab Georgetown **organisierte Flusstouren** zu unternehmen. Diese werden in der Regel von den Camps extra für Touristen auf campeigenen Schiffen veranstaltet und lohnen sich wegen der Tiere, die in nahezu unberührter Natur am oder im Gambia River leben. Seit 1999 verkehrt u.a. die **Gambia River Excursion** mit großen umgebauten Pirogen regelmäßig zwischen Georgetown und dem Stützpunkt der Firma, der Lamin Lodge (s.a. bei Georgetown). Die zweitägige Fahrt ist auch für Individualreisende möglich. Nähere Informationen erhält man unter folgender Adresse: Gambia River Excursion in Fajara, Tel. 4497603, www.gambia-river.com (Infos auch in deutscher Sprache).

Post und Telefon

- Die **Hauptpost** befindet sich in der Russel Street nahe dem Albert-Markt. Öffnungszeiten: Mo bis Fr 8–12, Sa 8–13 Uhr.
Postsendungen sind etwas billiger als im Senegal, nicht aber die Telefongebühren.
- **Telefonieren** ist Tag und Nacht möglich. Das GAMTEL-Office befindet sich in der Russel Street (neben der Hauptpost). Andere GAMTEL-Büros sind u.a. in der Clarkson St. (am Kreisverkehr), gegenüber vom CFAO-Supermarket in Bakau und beim Senegambia-Beach-Hotel.
- Beim Senegambia-Beach-Hotel befindet sich auch ein **Internet-Café.** Die Gebühr beträgt 1 D pro Min.

Einkaufen

Buchhandlungen
- **Methodist Bookshop**
Ecowas Ave./Ecke Nelson Mandela Street.
- **Chaaku's,** Clarkson Street.
- **National Library**
Hier gibt es eine große Auswahl an englischen Büchern über Gambia.

Supermärkte
- **NTC-Supermarket**
Liberation Street frühere Wellington).
- **CFAO- Supermarket**
Liberation Street/Ecke Picton Street.

Reisebüro/Travel Agency

- **Banjul Travel Agency**
Tel. 4228473, Ecowas Ave.

Ausflüge

Oyster Creek (Bucht)

Mangrovengebiet östlich von Banjul, bei der Denton-Bridge. Eine Pirogenfahrt durch die Bolongs (Nebenarme) ist aufgrund der unzähligen Vogelarten vor allem für Ornithologen von Interesse. Als Alternative zur Pirogenfahrt bietet sich ein Spaziergang auf der Bund Road an.

Abuko Nature Reserve

Etwa 23 km südwestlich von Banjul liegt dieses 102 ha große Tierschutzgebiet. Hier sind neben Flusspferden, Pavianen, Schimpansen und einem Gorilla auch seltene Vogelarten (über 200) und eine reichhaltige Flora anzutreffen. Die Wege sind gut beschildert. Der Rundgang dauert etwa 2 Stunden; geöffnet ist täglich von 8–18 Uhr. Der Eintrittspreis beträgt für Erwachsene ca. 30 D, für Kinder 16 D.

Lamin Lodge

Tel. 9996903. Seit 1984 eines der beliebtesten Ausflugsziele in Gambia überhaupt. Bar und Restaurant mit guter internationaler Küche. Von den deutschen Besitzern werden u.a. **Ausflugsfahrten** mit Pirogen, Segelbooten oder Kanus durch die Mangroven und das Delta des Gambia River angeboten. Durch einen tragischen Unfall ist der pittoreske, ganz aus Holz bestehende Pfahlbaukomplex im Frühjahr 2000 vollständig abgebrannt. Bereits wenige Tage später wurde mit dem Wiederaufbau begonnen. 2001 konnte die Anlage wieder vollständig in Betrieb genommen werden.

Mit dem Auto fährt man am Abuko Park vorbei bis nach Lamin.

Kachikaly Crocodile Pool

Im Zentrum von **Bakau** gelegener Krokodil-Park, einst heiliger Ort für die Einheimischen. Heute ist der Besuch eher zur touristischen Pflichtübung verkommen. Allerdings gibt es wohl keinen anderen Platz, wo man den – glücklicherweise gut genährten – Reptilien derart hautnah beggenen kann. Der Eintritt kostet 10 D.

Die Küstenorte von Bakau bis Kartong

Kombo-St. Mary Area

Der überwiegende Teil der Gambia-Besucher verbringt seinen Urlaub in der Kombo-St. Mary Area. Hier, zwischen Cape Point/Bakau und Kololi, stehen die allermeisten Hotel- und Self-Catering-Anlagen des Landes. Das Ambiente ist stark vom **Massentourismus** geprägt. Vor allem in der winterlichen Hochsaison ist der rund 15 km lange Küstenabschnitt fest in der Hand der Weißen. Mit Afrika hat das herzlich wenig zu tun. Wer allerdings nur Sonne, Strand und Meer im Sinn hat, findet in der Kombo-St. Mary Area ideale Bedingungen für erholsame Urlaubstage.

Für den Tourismus erschlossen wurde das Gebiet bereits in den frühen 1970er Jahren. Hauptattraktion sind die **kilometerlangen, von Palmen gesäumten Sandstrände,** die allerdings durch wiederholte Stürme arg in Mitleidenschaft gezogen wurden. Ganze Strandabschnitte wurden dabei weggespült. Besonders fatal wirkt sich der Geländeverlust beim Senegambia-Beach-Hotel aus, wo der Strand praktisch nur noch aus Sandsackverbauungen besteht. Mit internationaler Hilfe hat man nun verhindert, dass künftig weitere Strände zum Opfer der Fluten werden.

Bakau

Die eigentliche Touristenzone beginnt am **Cape Point** in Bakau, mit **einem der vielleicht schönsten Strände**

Kombo-St. Mary Area

🏠	1	African Village Hotel	
🏠	2	Ngala Lodge	
🏠	3	Fajara Hotel	
●	4	Kachikally Crocodile Pool	
🏠	5	Cape Point Hotel	
🍴	6	Clay Oven Restaurant	
🏠	7	Bungalow Beach Hotel	
🏠	8	Kombo Beach	
🍴	9	Luigi's Restaurant	
🏠	10	Senegambia Beach Hotel	
♨	11	Tropicana Club	
🍴	12	Kololi Casino & Rest.	
🏠	13	Coco Ocean Spa & Resort	
⚠	14	Sukuta Camping	
🍴	15	Come Inn (ex Madeleine)	

KOMBO-ST. MARY AREA

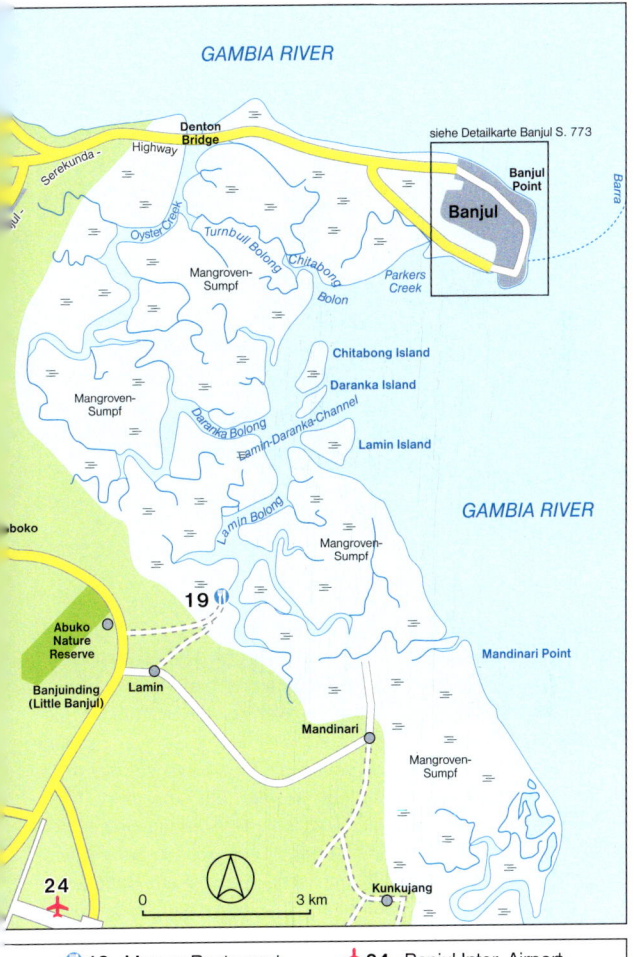

Karte S. 752

🛈 16	Mamas Restaurant	✈ 24	Banjul Inter. Airport
🏠 17	YMCA Hostel	🏠 25	Kairaba Beach Hotel
🛈 18	La Pirogue Beach Bar	● 26	GPTC-Depot
🛈 19	Lamin Lodge	🏠 27	Sheraton Hotel
★ 20	Botanischer Garten	🏠 28	Leybato Guesthouse
● 21	Casino	● 29	Golfclub Fajara
🚓 22	Polizei	● 30	Konsulat Guinea-Bissau
● 23	Wrestling Stadion		

DIE KÜSTENORTE VON BAKAU BIS KARTONG

Begegnung am Strand

Gambias. Und nirgends ist Gambia grüner als in diesem **Kolonialviertel** aus dem 19. Jahrhundert mit seinen lauschigen Parks. Daneben bietet Bakau eine recht **gute Infrastruktur** mit Supermärkten, Banken, Restaurants und den unvermeidlichen Souvenirbuden. Vorteil: Alles ist hier praktisch zu Fuß erreichbar und deshalb ideal für Individualreisende. Sehenswert ist auch der kleine Fischerhafen.

Fajara

Auf der prächtigen **Atlantic Road,** einer Allee aus uralten Bäumen, und vorbei am botanischen Garten geht es weiter Richtung Südwesten nach Fajara, einem relativ neuen **Nobelviertel.** Die Straße mündet nach einem Knick in die **Kairaba Avenue,** die wichtigste Geschäftsstraße Gambias, die im Zentrum Serekundas endet. Nach gut einem Kilometer erfolgt ein abrupter Stopp: Gambias erste und bislang einzige Verkehrsampel! Links geht es auf der neuen Transversale vorbei am Nationalstadion auf direktem Weg nach Banjul, rechts auf den Bertil Harding Highway (hieß bis 2009 noch Badala Park Way), die Küstenstraße nach Südwesten.

Kotu

Die erste mögliche Abzweigung führt zum (bislang noch) einzigen **Golfplatz** Gambias, zu mehreren älteren Hotelanlagen und weiter zum **Kotu Beach,** heute eher eine Billigdestination für Pauschalreisende aus Großbritannien und Skandinavien.

Kololi

Der nächste markante Punkt ist die Abzweigung zum sogenannten **Senegambia-Strip** in Kololi. Mit Bank, Supermärkten, Internet-Café, Autovermietung, Souvenirläden, Taxistand, Restaurants, Night-Clubs und dem Senegambia-Hotel, dem ältesten Luxushotel südlich von Banjul, ist dies der touristische Hotspot Gambias schlechthin. Wer es laut, schräg und aufgedreht mag, ist hier richtig. Für Sicherheit sorgt die allgegenwärtige Touristen-Polizei.

Bijilo

Weiter geht es auf einer mit arabischen Petro-Dollars finanzierten Schnellstraße, die ab jetzt **Kombo Costal Road** heißt, Richtung Bijilo. Hier finden sich die aktuell **schönsten Hotels Gambias.** An einer Strandbar namens La Piroge endet die touristische Erschließung der Kombo-St. Mary Area. Vorläufig jedenfalls. Doch neue Parzellen sind bereits abgesteckt. Noch finden sich hier schöne und vergleichsweise ruhige Strände.

Bei **Brufut** teilt sich die gut ausgebaute Straße an einem geschäftigen Kreisverkehr. Links geht es in einer großen Schleife direkt nach Yundum zum Banjul International Airport. Auf dieser Route umgeht man die permanenten Staus in Serekunda. Rechts führt die 2002 fertiggestellte Küstenstraße über Gunjur, Sanyang bis Kartong an der senegalesischen Grenze. **Lichte Palmenwälder und unberührte Strände** prägen diesen noch dünn besiedelten Küstenabschnitt. Hinter Kartong endete die Straße vor kurzem noch im Nirgendwo. Jetzt hat auch dort eine Lodge den Betrieb aufgenommen.

Sicherheit

Achtung: An der Atlantikküste gibt es immer wieder **Stellen mit gefährlicher Strömung.** Nur an wenigen Plätzen ist eine Strandaufsicht gegeben. Und: Nicht nur abends und nachts treiben sich an den Stränden und im Umfeld der großen Hotels **jugendliche Banden** herum, die Touristen um die mitgeführte Barschaft erleichtern wollen. Da die Strände unbeleuchtet sind, sind nächtliche Strandspaziergänge riskant und besonders für Frauen ohne Begleitung keinesfalls zu empfehlen.

Die Regierung *Jammeh* unternimmt seit Jahren größere Anstrengungen, die Kleinkriminalität und das Schlepperunwesen zu bekämpfen, doch immer noch klagen Touristen über Belästigungen durch **Bumsters,** auch *Hustler* oder *Beach-Boys* genannt (jugendliche Herumtreiber an den Stränden). Insgesamt aber haben sich die Verhältnisse gegenüber früheren Jahren, als sich entnervte Urlauber nicht mehr aus ihren Hotelanlagen trauten, spürbar gewandelt.

Deutlich zurückgegangen sind auch die Auswüchse der **Prostitution.** Die Regierung will offensichtlich mit allen Mitteln verhindern, dass Gambia zum Dorado des Sextourismus verkommt, und vertritt eine Politik der „zero tolerance".

Unterkunft

Hotels und Bungalowanlagen in Bakau:
● **Cape Point Hotel**
Tel. 4495005. Freundliches Mittelklassehotel direkt am Strand von Cap Point mit Pool und Restaurant, DZ ab 1000 D.
● **African Village Hotel**
Tel. 4495307, Atlantic Road. 85 Bungalows im traditionellen Stil an der Steilküste mit

Blick aufs Meer, ab 650 D. Hat nur in der Saison geöffnet.
- **Bakau Guesthouse**
Tel. 4497460, zentral gelegen beim Markt. Große klimatisierte Zimmer ab 650 D, Dachterrasse mit Meerblick.
- **Friendship Lodge**
Tel. 4495830, Nähe Independence Stadion. Preiswerte Sportler-Absteige mit 70 Zimmern, Bar, Restaurant, DZ ab 300 D.
- **African Heritage**
Tel. 4496778, Samba Breco Road, Cape Point. Kleines Guesthouse mit Kunstgalerie unter dänischer Leitung in einem ruhigen Viertel, nur wenige Minuten zum Strand. Restaurant, Pool, einfache, preisgünstige DZ mit Frühstück ab 650 D.
www.africanheritagegambia.com
- **Gambiaflatolet**
Tel. 9886744, 7793506, Mamakoto Road, Bakau, direkt beim schwedischen/norwegischen Konsulat. Kleine, saubere Apartments mit Kochmöglichkeit, Moskitonetz etc. in ruhiger Wohnlage. Ab 12 Euro pro Nacht.
- **Romana Afram Hotel**
Tel. 4495127, Atlantic Road, nahe dem Konsulat von Guinea-Bissau. Verkehrsgünstig gelegene Bungalowanlage mit Bar/Restaurant. Einfache, saubere DZ 400 D. Ganzjährig geöffnet. Eine gute Alternative zum 2010 geschlossenen Malawi Guesthouse, bis dahin die Adresse für Backpacker schlechthin.

Hotels und Bungalowanlagen in Fajara:
- **Ngala Lodge**
Tel. 4497672, Atlantic Road. Sehr klein, aber sehr fein: Zehn erlesen eingerichtete Suiten in ehemaliger Botschaftsresidenz in tropischem Garten, Meerblick und Privatstrand, ausgezeichnete Küche. DZ ab 150 US-$; info@ngalalodge.com
- **Fajara Guesthouse**
Tel. 4496122. Kleine, gepflegte Pension mit acht Zimmern in Strandnähe. DZ ab 650 D.
- **Leybato Guesthouse**
Tel. 4497186. Traumhafte Lage unter alten Bäumen direkt am Strand. Hübsches Restaurant mit Meeresblick, Tagesteller ab 50 D. Zehn Bungalows mit Kühlschrank und warmer Dusche zwischen 800 und 1200 D.

Hotels und Bungalowanlagen in Kotu:
- **Kombo Beach** (ex Novotel)
Tel. 4465466. Luxus-Hotelanlage für Pauschaltouristen mit 260 Zimmern. Mit Nightclub und anderen Einrichtungen.
- **Bungalow Beach Hotel**
Tel. 4495288. Ferienanlage mit 110 Apartments für Selbstversorger. DZ 1300 D.
- **Bakuto-Hotel**
Tel. 4495555. Große Bungalowanlage für Selbstversorger in schönem Garten. DZ ab 1000 D.

Hotels und Bungalowanlagen in Kololi:
- **Senegambia Beach Hotel**
Tel. 4462717. Gambias größter Hotelkomplex in einer riesigen Parkanlage direkt am frisch aufgeschütteten Strand. DZ ab 2700 D.
- **Coconut Residence**
Tel. 4461835, Kololi-Süd. 17 luxuriöse Villen mit eigenem Pool in karibischem Ambiente nahe Bijilo Forest Park, Spitzenrestaurant, sehr teuer. DZ ab 5500 D.
- **Keneba Hotel**
Tel. 4470093, 2 km zum Strand, Nähe SPY-Club. Zehn kleine, einfache Bungalows mit Bad. Eine Bar ist vorhanden, jedoch kein Restaurant. DZ ab 500 D.
- **Kololi Inn & Tavern**
Tel. 4493410, nur 2 km zum Strand. Freundliches Management, beliebt bei jungen Rucksacktouristen. Saubere DZ ab 350 D.
- **Hotel Balmoral**
Tel. 4461079, Nähe Keneba-Hotel. Acht hübsche Apartments ab 1600 D.
- **CocoOcean Spa & Resort**
Tel. 4466500, Kombo Costal Highway, Bijilo Beach. 2009 eröffnete Anlage im marokkanischen Palaststil. Sicher das aktuell schönste Strandhotel Gambias. Traumlage am Hang für 58 Suiten und Villen, teilweise mit eigenem Pool. Umfangreiches Wellnessangebot. Nach anfänglichen Problemen seit 2010 unter deutschem Management. Pauschal oder individuell vor Ort buchbar.
www.cocoocean.com
- **Coco Residence**
Tel. 4463377, Kombo Costal Highway, Kerr Sering. Sieben Pools für 17 Suiten und vier

Villen in exotischem Garten. In Ausstattung und Service mit dem älteren Schwesterhotel CocoOcean vergleichbar – alles sehr schick. Einziges Manko ist die fehlende Strandlage. www.coconutresidence.com

● **Kairaba Beach Hotel**
Tel. 4462940, am Senegambia-Strip. Gambias erstes und lange Zeit einziges 5-Sterne-Hotel mit 150 Zimmern und Suiten liegt in einem schönen Park. Mehrere Restaurants und Bars, eigenes Observatorium, Wellness möglich. DZ in der Saison ab 160 Euro, im Sommer günstiger. www.kairabahotel.com

● **Balmoral**
Tel. 4461079, Kololi Road, Nähe Senegambia-Strip, ca. 10 Minuten zum Strand. Sauberes, familienfreundliches Gästehaus mit zwölf Apartments. DZ mit voll ausgestatteter Küche etc. ab 1600 D. Das Balmoral ist nur eine von vielen Self-Catering-Anlagen östlich des Senegambia-Strip, das vorwiegend auf englische Feriengäste eingestellt ist.

● **Bamboo Guesthouse**
Tel. 8900020, 7775236, Bijilo, südlicher Senegambia-Strip. Hübsches kleines Gästehaus einer Schweizerin in ruhiger Wohnlage. Ca. 15 Minuten bis zum Strand. DZ ab 700 D.

Camping Sukuta

Tel. 9917786. Die Anfahrt zum Campingplatz ist gut ausgeschildert. Seit 1997 **Treffpunkt der Afrika-Fahrer.** Die gepflegte Anlage des Ehepaares *Peters* befindet sich etwa 2 km vom schönen Strand entfernt in ruhiger ländlicher Lage. Diverse Rundhütten und Bungalows mit Gemeinschaftsduschen und separatem WC stehen zur Verfügung. Bungalow mit Doppelbett ab 10 Euro pro Nacht. Kleines Restaurant mit guter Küche. Für Autofahrer werden auch Langzeit-Stellplätze (ab 26 Euro pro Monat) angeboten. Der Platz wird permanent bewacht. Fahrzeuge können ebenso wie Fahrräder gemietet werden. Geldwechsel ist möglich. Stromversorgung mit Solarenergie, Licht mit Kerzen oder Petroleumlampen, eigener Tiefbrunnen. *Joe Peters* hilft auch bei der Vermittlung von günstigen Rückflügen und beim Flughafentransfer sowie beim Verkauf eines Fahrzeuges. www.campingsukuta.com

Restaurants

Vom Cap Point bis hinunter nach Kololi Point hat der Gast die **Qual der Wahl:** Vom schnellen Snack für ein paar Dalasi bis zu Lobster satt – das Angebot ist fast unüberschaubar. Abgedeckt wird das gesamte gastronomische Spektrum. Einige einfache einheimische Restaurants gibt es in der Nähe vom Sunwing Hotel in Bakau oder Bungalow Beach Hotel, z.B. Kumba Bar (Atlantic Road) oder Chez Awa. Die Spitzen-Restaurants sind entweder in oder im Umfeld der großen Hotels angesiedelt. Beispiel: das Kingfisher im Kairaba Beach Hotel. Zahlreiche Lokale im mittleren Preissegment finden sich an der Kairaba Ave. Ebenso rund um das Senegambia-Hotel. Wer preisgünstige, einheimische Lokale mit entsprechendem Lokalkolorit bevorzugt, sollte sich in Serekunda in der Nähe des Marktes, beim Taxistand bzw. in der Gegend um das Green Line Hotel umsehen.

● **The Butcher's Shop**
Tel. 4495069, 130 Kairaba Av. Von der kleinen Metzgerei zum anerkannten Spitzenrestaurant mit Konditorei und Delikatessengeschäft: Nach 25 Jahren in Gambia hat es der Marokkaner *Driss Bensouda* sogar zu einer eigenen Koch-Show im Fernsehen gebracht. Gerichte ab 150 D, sonntags Brunch. Gut sortiertes Weinlager. Tägl. geöffnet ab 8 Uhr.

● **Coco Ocean**
Tel. 4466500, Bijilo Beach. Ein vorzügliches Thai- und in Restaurant mit internationaler Küche, mehrere Bars und eine grandiose Terrasse für den Sundowner. Es gibt kaum einen stilvolleren Ort, um gepflegt den Tag ausklingen zu lassen.

● **The Clay Oven**
Tel. 4496600, Fajara, in einer Seitenstraße schräg gegenüber der Britischen Botschaft. Seit 20 Jahren authentische indische Küche (die Besitzer sind Inder) in gepflegter Atmosphäre. Gutes Preis-Leistungsverhältnis. Tägl. 12–15 und 19–23.30 Uhr, Do „Tandoori-Night".

● **N'Gala Lodge**
Tel. 4494046, Atlantic Road, zwischen Bakau und Fajara. Hier kocht der Chef, ein Belgier, persönlich. Feine europäische Küche in ge-

pflegtem Rahmen, entsprechend teuer: Menü ab 500 D. Mittags und abends geöffnet.
- **Mamas Restaurant**
Tel. 4495069. Das legendäre Lokal von *Erika Eberl* ist 2009 in eine nördliche Seitenstraße der Kairaba Ave. umgezogen. Die Schweizerin serviert afrikanische und europäische Gerichte ab 200 D, dazu ein täglich wechselndes Buffet. Mo geschlossen.
- **La Pailotte**
Tel. 4375418, am südöstlichen Ende der Kairaba Ave., im Gebäude des Kulturzentrums Alliance Franco-Gambienne. Snacks ab 35 D, 3-Gänge-Menü ab 150 D. Ein besseres Preis-Leistungsverhältnis dürfte in Gambia kaum zu finden sein. Dazu stimmt auch noch das Ambiente. Abends leider geschlossen.
- **Francisco's Grill House**
Tel. 4495332, Kairaba Ave., Ecke Atlantic Road. Zentral gelegenes Hotel mit populärem Gartenlokal und gutem Preis-Leistungsverhältnis. Täglich geöffnet.
- **Come Inn**
Tel. 7708112, Kololi-Area. Der langjährige Stammsitz der deutschen Residents ist 2008 umgezogen, und zwar noch Kotu. Für eine gepflegte Currywurst mit Fassbier und Sat-TV fährt man zum nördlichen Ende des Bertil Harding Highway (ex Badala Park Way) und weiter ca. 150 m auf einer ungeteerten Seitenstraße.
- **Amsterdam Dolphins**
Tel. 4460590, Palma Rima Road, Kololi-Area. Ein weiterer Treff für Deutsche, die „Gaumenheimweh" plagt, ist das Lokal von *Monika Janot*. Auf der Karte stehen so exotische Speisen wie Sauerkraut, Bratwurst und Kartoffelsalat.
- **La Pirogue**
Tel. 7779779. Bijilo Beach, ca. 50 m hinter der Elton-Tankstelle am Kombo Costal Highway auf guter Piste runter zum Meer. Das libanesische Strandlokal ist schicker Treff unter Palmen und ideal zum Relaxen und Sonnenbaden. Von Snacks bis zu großen Platten gibt es alles. Den Gästen stehen u.a. gratis Liegen zur Verfügung. Es gibt einen bewachten Parkplatz, Pool, Tischtennis, Boule – und weit und breit keine nervigen „Boomster". Wer es preisgünstiger möchte, sollte die 2 km weiter südlich gelegene **Bamboo Beach Bar** einer Schweizerin aufsuchen. Der Strand ist ähnlich schön wie bei La Pirogue, nur die Palmen fehlen.
- **Yok Art Café** (ex African Living Art)
Tel. 4495131, Garba Jahumpa Road, Fajara. Serviert werden sogenannte Fusion-Küche (Thai, Indian etc.) und frische Cocktails. Die Hauptattraktion aber ist das stylische Interieur, das der Besitzer, der deutsch sprechende Starfriseur *Suelle Hachif* aus dem Libanon, seinem Projekt spendiert hat. Unbedingt ansehen – ein Traum!
- **La Parisenne**
Tel. 4372565, Kairaba Ave., gegenüber der US-Botschaft. Klimatisierte Patisserie unter libanesischer Leitung mit den besten Kuchen und dem frischesten Gebäck in der Stadt. Auch eigene Eiscreme. Alles auch zum Mitnehmen.

Cocktail-Bar

Stilvoll, aber teuer: die Happy Hour im **Kairaba-Hotel**, in dem zwischen 18 und 19 Uhr Cocktails für 150 D inkl. leckerem Snack serviert werden. Man sitzt auf weißen Rattanmöbeln mit wunderschönem Blick auf das Meer und kann nach Sonnenuntergang mit den im Garten aufgestellten Teleskopen den Sternenhimmel begutachten.

Kasinos, Bars und Discos

- **SPY-Bar** (ex Tropicana Club)
Kololi. Großer Vergnügungspark mit Live-Bands, bekannte Disco mit viel Reggae, sehr gemischtes Publikum.
- **Kololi Casino**
Nähe Senegambia-Hotel. Roulette, Poker, Blackjack, Slot-Machines; mit angeschlossenem italienischen Restaurant, für Spieler die beste Adresse. Weitere Kasinos mit Slot-Maschinen sind Jackpot Palace und 777 Jackpot, beide in der Kairaba Ave.
- **Ali Baba**
Kololi. Beliebte Bar im Zentrum der Vergnügungsmeile von Kololi. Vom 2. Stock hat man am Abend einen guten Blick auf das bunte Treiben.
- **Waaw Nightclub**
Kololi. Rustikaler Tanzschuppen für die einheimische Jugend, billiges Bier.

- **Metro Nightclub**
Bakau, Nähe Cape Point Hotel. Gemischtes Publikum, 50 D Eintritt.
- **Dominoes**
Fajara, zwischen Novotel und Bungalow Beach Hotel; schöner Blick von der Strandterrasse.
- **La Casuarina**
Fajara. Bar neben dem Hotel Fajara; Reggae- und Funk-Musiktreff.
- Außerdem sind noch Sambou's Bar, Bobo's Bar und der Fajara Club beliebte Tanztreffs.

Kultur

- **Alliance Français-Gambienne**
Tel. 4375418, Kairaba Ave. Das französische Kulturzentrum veranstaltet regelmäßig Livekonzerte, Filmabende, Kunstausstellungen und Sprachkurse in Wolof. Mo bis Fr geöffnet. Hier erhält man auch Auskunft über andere Kulturveranstaltungen.
- **Roots Coming Home Festival**
Zehntägiges Festival, das immer Ende Mai zahlreiche mehr oder weniger bekannte Bands in die Kombo-St. Mary Area bringt. Auch *Youssou N'Dour* war schon gefeierter Stargast. Das Rahmenprogramm reicht von der Wahl der Miss Roots bis zu Wrestling.

Serekunda

Die Stadt liegt nur wenige Kilometer von der Kombo-St. Mary Area entfernt. Wo die Stadtgrenze Serekundas verläuft, wissen selbst die Einheimischen nicht so genau. Tatsache ist, die **heimliche Hauptstadt Gambias** platzt aus allen Nähten. Aufgrund seiner Funktion als aufstrebender Handelsplatz hat sich Serekunda zur größten Stadt und zum eigentlichen Wirtschaftszentrum des Landes entwickelt. Hier werden auch die politischen Fäden gezogen. Moderne, wenig ansehnliche Zweckbauten prägen das Stadtbild. Auf dem zentralen Markt, dem größten des Landes, spielt sich das afrikanische Leben „pur" ab. Touristen verirren sich selten hierher. Sehr lebendig ist auch der zentrale Taxistand mit den umliegenden Buden.

Achtung: Abends und nachts gelten einige Plätze und Straßen der Stadt als unsicher.

Wrestling

Ein besonderes Ereignis ist der jeden Sonntagnachmittag in Serekunda stattfindende **afrikanische Ringkampf,** in Gambia Wrestling genannt. Er wird in einer Arena im Stadtteil Bakoteh aufgeführt und ist ein riesiges Spektakel, bei dem jede Mannschaft ihre eigene Musikgruppe zum Anfeuern mitbringt und während der Kämpfe der ganze Platz in eine große Staubwolke gehüllt ist. Fast immer werden die Kämpfe zwischen zwei verschiedenen Volksgruppen, in der Regel Mandingo und Wolof, ausgetragen. Nach jeder Zwischenrunde dreht der jeweilige Sieger eine Ehrenrunde, um bejubelt zu werden und ein paar Dalasi zu ernten. Es empfiehlt sich daher, etwas Kleingeld in Münzen bereitzuhalten, bis der endgültige Sieger feststeht.

Unterkunft

- **Praia Hotel**
Tel. 4394887, Mame Jout Street. Saubere Adresse mit großen Zimmern, im Herzen von Serekunda gelegen. DZ ab 500 D.

Essen und Trinken

Empfehlenswerte **Restaurants** sind beispielsweise Horus Restaurant, Restaurant de Guinea und Sen Fast Food. Weitere einfache Restaurants, die afrikanische Gerichte servieren, findet man an der Ausfallstraße Richtung Brikama.

Nachtleben

Serekunda verfügt über ein recht quirliges Nachtleben mit auffallend vielen Spielhöllen. Da die „In-Plätze" ständig wechseln, sollte man am besten die Einheimischen befragen. Bekannte Adressen sind u.a. die Afra Bar, Joker's Bar und Eddy's Nightclub, die beiden letzten mit Livemusik am Wochenende.

Notfall

- **Lamtoro Clinic**
Tel. 4460934, Badala Highway. Privatklinik.
- **Westfield Clinic**
Tel. 4392213. Privatklinik, tägl. 16–21 Uhr.

Busse, Minibusse, Taxis

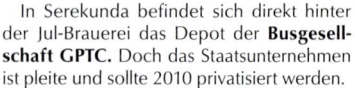

In Serekunda befindet sich direkt hinter der Jul-Brauerei das Depot der **Busgesellschaft GPTC**. Doch das Staatsunternehmen ist pleite und sollte 2010 privatisiert werden.

Serekunda ist aber immer noch der zentrale Punkt (neben Brikama), um sich von hier aus mit öffentlichen Verkehrsmitteln auf der Südbank zu bewegen. Am besten geht das vom **Serekunda Market** aus (ca. 1 km südwestlich der Westfield Junction), wo sich auch der Minibus- und Taxibahnhof befindet. Das wuselige Treiben repräsentiert das typische Afrika – Touristen sind hier Exoten.

Ein weiterer Ort, um einen Platz in Minibussen oder Sammeltaxis zu finden, ist die genannte **Westfield Junction**, besonders, wenn man Richtung Banjul fahren will.

Taxis

Anders als in den meisten Städten des Senegal gibt es in Gambia **keine einheitlichen Taxipreise** innerorts – es muss gefeilscht werden. Der Reisende sieht sich mit gesalzenen Fahrpreisen konfrontiert. So verlangen die ausschließlich den Touristen vorbehaltenen **grünen Taxis** 120 D von Bakau nach Kololi. Die gleiche Strecke im **Minibus** kostet nur 5 D! Die Haltepunkte der Minibusse sind allerdings oft nur schwer zu finden. Preislich in der Mitte bewegen sich die **gelben Taxis** – aber nur nach hartem Handeln.

Mietwagen

- **AB Rent-a-Car**
Das Büro befindet sich im Kairaba-Hotel, Tel. 4460926. Der Preis für einen Fiat Uno liegt bei 900 D am Tag ohne Kilometer; Versicherung und Steuer werden extra berechnet. Außerdem muss noch eine hohe Kaution hinterlegt werden.

Eine günstige und unbürokratische Möglichkeit, einen fahrbaren Untersatz zu mieten, bietet der Campingplatz Sukuta.

Reisebüros/Travel Agencies

- **West African Tours Ltd.**
Tel. 4495258, 4, James Baker Street, Bakau New Town. Verkauft Einfach-Tickets von Chartergesellschaften nach Europa.
- **Gambia Tours**
Größter Tour-Operator des Landes; die Angebote sind ausschließlich über Hotels zu buchen. Außerdem Autoverleih.
www.gambiatours.gm
- **Gambia River Excursion Ltd.**
Tel. 4497603. Das auf Flussfahrten spezialisierte Unternehmen unter deutscher Leitung hält auch spezielle Angebote für Individualreisende bereit. So kostet etwa die Fahrt von Georgetown nach Banjul inkl. zwei bzw. drei Übernachtungen mit Vollpension ab 100 Euro pro Person. www.gambia-river.com

Brikama

Als Verkehrsknotenpunkt, vor allem aber als Kunsthandwerksstadt, ist Brikama von Bedeutung. Man kann ohne Probleme mit dem Minibus von Serekunda aus für 5 D innerhalb einer knappen Stunde in das geschäftige Städtchen gelangen. Der – inzwischen sehr touristisch gewordene – **Kunsthandwerksmarkt** (craft market) befindet sich etwas außerhalb der eigentlichen Marktgegend und verbirgt sich hinter einem Zaun. Hier kann man den Handwerkern bei der Arbeit zusehen, z.B. wie sie eine

Djembé (Trommel) aushöhlen oder andere Instrumente herstellen. Wenn man ohne organisierte Gruppe ankommt und Zeit hat, kann man hübsche und preiswerte Holzschnitzereien, Kalebassen etc. erstehen.

Freunde von **Kora-Musik** wird interessieren, dass hier der berühmte Kora-Spieler *Malamini Jobarteh* zu Hause ist. Und wer sich traut, danach zu fragen, wird vielleicht einen Einheimischen finden, der gegen ein kleines Entgelt Unterricht in Kora oder Balaphon gibt.

Unterkunft/Verpflegung

●**Nematulie Lodge**
Tel. 9845959. Nach „Chief Bojang Compount" fragen. Bungalows mit unterschiedlicher Ausstattung ab 400 D.
●**Nice to be Nice**
Tel. 7281909, direkt gegenüber der Trust-Bank. Von Fast Food bis zu einheimischen Gerichten. Sauber und freundlich. Täglich bis Mitternacht geöffnet.

Ghanatown/Brufut Beach

Ghanatown liegt einige Kilometer westlich von Brufut, das durch seine Titanerzvorkommen bekannt geworden ist (inzwischen wurde die Förderung eingestellt). Hier haben sich viele Menschen aus Ghana angesiedelt, die zumeist vom **Fischfang** leben. Um den Fang für den Transport haltbar zu machen, werden die Fische in den typischen gemauerten Lehmöfen geräuchert oder in der Sonne getrocknet.

Unterkunft

●**Sheraton Gambia Resort & Spa**
Tel. 4410889. Seit der Eröffnung 2007 ein Maßstab in Sachen Komfort und Luxus in Gambia. 195 Zimmer, sechs Suiten, Konferenzzentrum etc.
●**Brufut Motel**
Tel. 4410345. Das Camp unter holländisch-gambischer Leitung besteht aus 5 Rundhütten, die Übernachtung kostet 300 D pro Hütte und Nacht, es gibt auch Campingmöglichkeiten. Der schöne Strand mit ein paar kleinen Strandbars ist etwa 500 m entfernt.
●Auskünfte über **Privatzimmer** erhält man in der Brufut Beach Bar.

Tanji/Tanji Bird Reserve

Der Ort, 5 km südwestlich von Ghanatown gelegen, ist vor allem wegen des nahen Vogelschutzgebiets Tanji Bird Reserve von Interesse, wo über 300 Vogelarten zu finden sind. Der Eintritt kostet 30 D.

Einen Besuch wert ist auch das „**Tanji Village Museum**" (Tel. 9926618), das einen guten Einblick in die unterschiedlichen Lebensgewohnheiten der in Gambia lebenden Ethnien gibt. Das Museumsdorf am Südrand von Tanji ist täglich geöffnet, der Eintritt kostet 25 D.

Unterkunft

●Eine einfache Übernachtungsmöglichkeit in Tanji bietet das **Paradise Inn,** Tel. 8800209.

Sanyang/Sanyang Point

Kleiner Ort mit ein paar Läden auf halbem Weg von Brufut nach Gunjur. Im Ortszentrum zweigen zwei parallel verlaufende Allwetterpisten (die erste ist die Bessere) zum gut 4 km entfernten Sanyang Point ab, auch „**Paradise Beach**" genannt – ein wirklich schöner und angenehm ruhiger Strandabschnitt. Inzwischen sind – wen wundert's? –

Die Küstenorte von Bakau bis Kartong

Gunjur/Gunjur Beach

Gunjur liegt an einer kleinen Bucht und ist der **größte Fischerhafen Gambias,** entsprechend geschäftig präsentiert sich das Dorf, besonders zur Fangsaison im Winter. Einen wirklichen Hafen sucht man allerdings vergeblich: Die Pirogen werden, wie meist in Westafrika, mit Muskelkraft an den Strand gezogen und dort entladen. Was Gunjur von anderen Fischerdörfern unterscheidet, sind die zahlreichen Hallen, in denen der Fisch für den Export geräuchert wird. Nördlich und südlich von Gunjur sind die Strände sauber.

Unterkunft
- **Gunjur Project**
Tel. 7331818. Schönes neues Camp mit acht Zimmern, Bar/Restaurant und Pool. Trommelkurse. Zum Strand/Hafen sind es auf der Hauptpiste weniger als 10 Min. Wird von einer englischen Hilfsorganisation geleitet. DZ mit Frühstück 1500 D.
www.thegunjurprojectgambia.com
- **Footsteps Eco Lodge**
Tel. 7411609. Nach einem verheerenden Brand 2007 komplett neu aufgebaut mit neun Rundhütten in einem schönen Garten. Komplett ökologisch ausgerichet. Bar/Restaurant, Pool, Trommelkurse etc. DZ mit Frühstück ab 2300 D.
www.footstepsgambia.com
- **Gunjur Beach Lodge**
Tel. 4486066. Direkt am Strand gelegen und bis 2004 die beste Adresse in Gunjur. Nach mehreren Besitzerwechseln zuletzt ziemlich heruntergewirtschaftet.

große Landflächen verkauft worden, 2011 soll mit dem Bau eines Golfplatzes und entsprechenden Luxus-Unterkünften begonnen werden. Am nördlichen Ende des Strandes liegt das hübsche **Kobokote Camp,** Tel. 7005511, das einfachste Zimmer vermietet (nicht zu verwechseln mit der teuren Kobokote Lodge). Ca. 2 km südlich kommt man zur **Ospey Beach Bar,** bekannt für ihre Seefrüchte, und etwas weiter zur **Rainbow Beach Bar,** die ebenfalls einfache Zimmer vermietet. Im Winter ist dieser Abschnitt von senegalesischen Fischern und ihren Pirogen bevölkert.

Fischer beim Entladen ihres Fangs

Kartong

Der beschauliche Ort, eine der ältesten und geschichtsträchtigsten Ansiedlungen an Gambias Küste, liegt gut 10 km südlich von Gunjur. Am Ortsausgang endet die Teerstraße nahe dem Allakein River, der die Grenze zum Senegal markiert. Wer **einsame Sandstrände** und Abstand vom Massentourismus sucht, ist hier richtig. Es gibt etliche Krämerläden und sogar eine Pizzeria. Regelmäßig verkehren Minibusse von Brikama oder Serekunda. Seit 2005 findet im Frühjahr das **Kartong-Festival** statt (Infos unter: www.kartongfestival.org).

Unterkunft

● **Sandele Eco Retreat**
Tel. 4495887, ca. 4 km vor Kartong gelegene, 2008 eröffnete Öko-Lodge eines englischen Paares mit toller (Lehm-)Architektur für höchste Ansprüche und entsprechend teuer: Halbpension ab 1800 D p.P. Großes Angebot an Aktivitäten. www.sandele.com

● **Boboi Beach Lodge**
Tel. 7776736, ca. 3 km vor Kartong gelegenes rustikales Camp unter Palmen in schöner, absolut ruhiger Strandlage. „Geheimtipp" unter US-Backpackern, deshalb oft belegt. Die Preise sind etwas zu hoch: 600 D im Baumhaus, Rundhütte ohne Bad 900 D, Rundhütte mit Bad 1250 D, jeweils mit Frühstück. Weiter südlich folgen zwei weitere einfache Lodges. www.gambia-adventure.com

● **Lemonfish Art gallery**
Tel. 9922884, 7728621. Am Ortseingang gelegene Kunstgalerie mit fünf einfachen Gästezimmern, von deutscher Künstlerin errichtet und 2010 von Holländerin verwaltet. Permanente Ausstellungen renommierter Künstler aus Gambia. Ca. 700 m bis zum Strand. DZ 700 D, auf Wunsch Mittag- und Abendessen. Abholung möglich.

● **Stala Resort**
Südlich von Kartong, direkt am Grenzfluss gelegene einfache Lodge mit geräumigen Bungalows unter niederländischer Leitung. Umfassendes Angebot an Aktivitäten, u.a. Sportfischen mit eigenen Pirogen und Vogelbeobachtung. Infos auch in Englisch unter: www.stala-adventures.nl.

Gambia River

Das Land Gambia verläuft nördlich und südlich des gleichnamigen Flusses. Der schmale Landstreifen ist in etwa so breit wie die Reichweite einer Kanonenkugel im 18. Jahrhundert: Auf diese damals nicht ungewöhnliche Vermessungsgrundlage einigten sich die Kolonialmächte Frankreich und England beim Streit um die **Aufteilung von Senegambia.** So erklärt sich die ungewöhnliche Form des Landes. Denn nur auf dem Wasserweg konnten damals Menschen und Waren über größere Distanzen transportiert werden. Und viel hat sich nicht geändert: Der wegelose Busch ist vielerorts noch Normalfall, besonders am Nordufer des Gambia River.

Trotz – oder gerade – wegen dieses Umstands markiert der Gambia River das **„touristische Schatzkästchen"** des Landes. Auf gambischem Staatsgebiet sind das ungefähr 400 km größtenteils unberührte Natur. Der „Busch" beginnt auf dem Südufer spätestens hinter Brikama, rund 50 km östlich von Banjul.

Eine **Tour auf dem Fluss** ist auf alle Fälle empfehlenswert. Man hat beeindruckende Möglichkeiten, Feuchtsavannen- und Mangroven-Biotope zu besichtigen, ebenso sieht man zahlreiche **Tierarten** am Fluss, u.a. Krokodile, Flusspferde, Affen, Schlammspringer, Wasserschlangen, Webervögel, Orioles, Reiher, Flussadler und viele andere mehr. Es ist die Mühe wert, sich vorher in der Literatur einen Überblick über den Artenreichtum zu verschaffen: Man sieht nur, was man weiß.

Im Reich des „Ninki Nanka" – 400 km mit einer Piroge auf dem Gambia River

Sitzen Weste und Krawatte? Schaut das Schweißtuch nicht aus dem Hemdkragen hervor? *Amadou Diallo* nimmt es bei seinen Arbeitsvorbereitungen peinlich genau. Schließlich darf er den **„Spezial Express"** steuern, das Flaggschiff der GPTC. Die Gambia Public Transport Company ist ein erfolgreiches Kind deutscher Entwicklungshilfe. Dass die blauen MAN-Busse bereits 30 Jahre auf dem Buckel haben, tut der Sache keinen Abbruch. Nicht nur bei der Pünktlichkeit ist der „Spezial Express" für afrikanische Verhältnisse eine Klasse für sich. Unüblich ist auch die strikte Beschränkung auf Sitzplätze. Doch Komfort und Schnelligkeit haben ihren Preis: 90 Dalasi, umgerechnet 6 Euro, für die Fahrt ins 350 km entfernte Georgetown können sich nur Wohlhabende leisten. Oder ein paar Individualtouristen, die raus aus den Hotelghettos wollen.

Vorbei an den gesichtslosen Vorstädten von **Serekunda**, der heimlichen Hauptstadt Gambias, geht es praktisch ohne Zwischenstopps und in flottem Tempo landeinwärts. Trotz der obligaten Reifenpanne und eines gebrochenen Benzinschlauchs bleibt *Amadou Diallo* fast im Zeitplan. Nur 20 Minuten später als geplant wird **Georgetown** erreicht, früher ein wichtiger kolonialer Handelsplatz der Engländer, jetzt ein verschlafener Vorposten im Busch. Das Empfangskomitee beschränkt sich auf einen barfüßigen Knirps, der uns den Weg zeigt. Was für ein Unterschied zur Küstenregion, wo einem Heerscharen von „Beach-Boys" und selbst ernannte Führer auf Schritt und Tritt folgen. Hier in Georgetown soll unsere eigentliche Reise beginnen, die Fahrt flussabwärts auf dem Gambia River. Noch bis in die 1970er Jahre bildete der Strom die einzige Verbindung vom Hafen Banjul ins unzugängliche Hinterland. Doch dann liefen Bus und LKW den altertümlichen Schaufelraddampfern den Rang ab. Schuld am völligen Niedergang der nach der Unabhängigkeit 1960 ausschließlich staatlich betriebenen Schifffahrt dürften aber einige spektakuläre Havarien gewesen sein. 1984 kam schließlich das Ende für den Personenverkehr. Heute verkehren wieder Passagierboote auf dem Fluss, wenngleich nur für Touristen.

Im malerisch unter schattigen Urwaldriesen gelegenen **Jangjang Bureh Camp** sind wir mit *Peter Losen* und *Monika Killi* verabredet. Die beiden Deutschen leiten die **Gambia River Excursion**, das im Bootstourismus wegen seiner Zuverlässigkeit seit vielen Jahren führende Unternehmen Gambias. Grundlage der Firma bildet eine eigene kleine Werft, wo fünfzig Einheimische ausgediente Frachtpirogen – ursprünglich für den Salztransport von Senegal nach Guinea-Bissau eingesetzt – für die Bedürfnisse westlicher Reisender umbauen und instand halten. Das bedeutet zusätzliche Decks, Kombüse, Toilette und was es sonst noch für einen angenehmen Aufenthalt an Bord braucht. Seine Kenntnisse hat sich Peter auf spanischen Werften erworben, zu einer Zeit, als dort noch Holzschiffe vom Stapel liefen. Vor zwanzig Jahren sind die beiden Weltenbummler Peter und Monika eher zufällig nach Gambia geraten – und geblieben. Dort, wo ihr Fischkutter im Schlick seine letzte Ruhe fand, haben sie ihre erste Lodge errichtet. Vom Rumpf des Boots sind lediglich der Kiel und das Gerippe der Spanten übrig. „Nirgends sonst sind Bohrwürmer aggressiver", erklärt Peter, Seefahrer aus Passion, das Zerstörungswerk. Auch sonst birgt der Fluss einige Tücken, wie sich bald zeigen wird.

Nach ausgiebigem Frühstück, von einer Herde Meerkatzen aufmerksam beobachtet, heißt es „Leinen los". Mit der **„Yatu"**, dem **größten Boot der Gesellschaft**, geht es immer Richtung Westen. Ein gerade mal 30 PS starker Dieselmotor sorgt für entspanntes Fortkommen. Am Ufer wechseln immergrüne Galeriewälder mit kargen Savannen, dazwischen vereinzelt Baobabs, der mystische Baum Afrikas (vgl. Exkurs bei Senegal). Nur Spuren menschlicher Ansiedlungen sucht man die meiste Zeit vergeblich. Einige Passagiere beschleicht bald das Gefühl der Verlassenheit. Anders als an anderen afrikanischen Strömen meidet die Bevölkerung weitgehend das Ufer des Gambia River. Das hängt in erster Linie mit den Auswirkungen der Regenzeit zusammen, die in den Sommermonaten regelmäßig für große Überschwemmungen sorgt. Zudem, so geht die Überlieferung, ist der Fluss das Reich des **„Ninki Nanka",** eines Furcht erregenden Wesens, halb Flusspferd, halb Krokodil. Jedenfalls kennt unser Schiffsführer die Stellen, wo sich tatsächlich „Hippos" im Wasser tummeln. Mit gestoppter Maschine und deutlichem Respekt lässt er die „Yatu" an einer kleinen Herde der ebenso scheuen wie unberechenbaren Kolosse vorbeigleiten. Es sollte nicht die letzte Begegnung mit Flusspferden sein, die besonders im mittleren Abschnitt des Gambia River noch ungestörte Lebensbedingungen vorfinden. Allerdings braucht man schon viel Geduld und einen geübten Blick, um vom Boot aus Tiere wie Schimpansen oder Krokodile in freier Wildbahn beobachten zu können.

Ein Landgang führt uns nach Kuntur. Von der alten englischen Erdnuss-Handelsstation sind es nur wenige Kilometer bis zu den **Steinkreisen von Wassu,** einer Art westafrikanischem Stonehenge. Ob geheiligter Platz zur Ahnenverehrung, Grabanlage oder astronomische Kultstätte – wie beim weltberühmten Vorbild rätseln auch hier Wissenschaftler über Sinn und Zweck der prähistorischen Megalithdenkmäler. Weil das gesamte Nordufer vom Land her nur schwer zugänglich ist, kommen Touristen eher selten vorbei. Deshalb hat man mit dem schnellen Beiboot einen Führer losgeschickt, der eines der wenigen Busch-Taxis im Ort organisieren soll. Doch kaum haben sich alle in den klapprigen Pick-up gezwängt, bereuen einige schon die Entscheidung – die Hitze ist mörderisch. Und auf der Rückfahrt kommt es, wie es kommen muss: Der Peugeot aus den 1960er Jahren will partout nicht mehr. So bekommt der Ratschlag, Sonnenschutz und reichlich Wasser mit auf den Ausflug zu nehmen, unversehens eine existenzielle Bedeutung. Völlig abgekämpft erreicht die Gruppe nach einem Fußmarsch in sengender Sonne die Anlegestelle. Keiner hat mehr einen Blick für die Männer an ihren archaischen Webstühlen, die zwischen verfallenen Kolonialbauten ihrem Handwerk nachgehen.

Um das Wohl der maximal 15 Passagiere kümmert sich eine **sechsköpfige Crew,** darunter *Marie,* Köchin und einzige Frau der Besatzung. Ihr gelingt das Kunststück, in einer knapp zwei Quadratmeter großen Küche zweimal täglich ein mehrgängiges Menü zu zaubern. Dafür steht sie dann aber auch den ganzen Tag am Herd. Trotzdem wirkt sie zufrieden. Der Job an Bord sichert ihr ein geregeltes Einkommen, das sogar für das Schulgeld der Kinder reicht. Die Verpflegung ist erste Klasse, Fisch, Früchte und andere Zutaten sind frisch. Dagegen erinnert die Unterbringung eher an eine Jugendherberge, schließlich besitzt die „Yatu" keine Kabinen. Geschlafen wird auf dem offenen Oberdeck, das in der kurzen tropischen Dämmerung zu einem Matratzenlager umfunktioniert wird. Und das erfordert eine gute Portion Teamgeist. Doch was macht das schon, wenn das Boot an einer malerischen Insel zwischen schroffen Tafelbergen ankert, vom Mond in ein unwirkliches Licht getaucht, und eine leichte Abendbrise, die vollkommene Ruhe und ein kühles Bier die Strapazen des vorangegangenen Ausflugs vergessen lassen. Der Fluss schläft, und auch „Ninki Nanka" zeigt sich wohlgesonnen.

Kurz nach Sonnenaufgang, während noch der erste Kaffee am Nachtlager serviert wird, nimmt die „Yatu" bereits wieder Fahrt auf. Der Zeitplan ist eng bemessen, denn nun geht es auch gegen die aufkommende Meeresflut, die noch 250 km flussaufwärts zu spüren ist. Gegenüber dem ersten Tag hat sich die Szenerie radikal verändert. Schilfbewuchs und Baumbestand erinnern an den Bodensee. An manchen Abschnitten ist die Landschaft fast lieblich zu nennen; jedenfalls ein wahres Paradies für Wasservögel. Von nun an ist auch der Ausguck am Bug permanent besetzt. Nicht nur Sandbänke drohen, eine Gefahr für die Schiffsschraube bilden auch die schwer zu erkennenden Netze der Fischer. Das Wrack der „Lady Chisel", von der heute nur noch Masten und der mächtige Schornstein aus dem Wasser ragen, mahnt an ein eher seltenes Wetterphänomen in diesen Breiten – Nebel. 1984 war Gambias letzter großer Passagierdampfer in einer plötzlich aufziehenden Nebelbank mit einem Erdnussfrachter kollidiert und gesunken.

Nach zwei Tagen Fahrt passieren wir bei Mansa Konto erstmals wieder ein Stück Moderne, den **Trans-Gambian-Highway,** mit seinen Fähren, hupenden Autos und überquellenden Verkaufsständen. Diese Route verbindet den Süden Senegals mit dem übrigen Teil des Landes. Entsprechend groß ist der Verkehr. Auf den wenigen Kilometern, die diese Transversale auf gambischem Staatsgebiet verläuft, bieten fliegende Händler all jene schönen Sachen an, die im Nachbarland wesentlich teurer zu erstehen sind – ein wahres **Schmugglerparadies** für nachgemachte Markenprodukte. So rasch er gekommen ist, so schnell verschwindet der Spuk hinter der nächsten Biegung des Flusses wieder. Auch wenn nochmals unberührte Uferlandschaften das Bild bestimmen, so markiert doch der lärmige Übergang das Ende des dünn besiedelten Hinterlandes. Das Wasser ist bereits stark salzhaltig, Mangroven dominieren allmählich die Vegetation, der Fluss wird nun zusehends breiter. Die zweite Nacht verbringt die Reisegruppe dann in einem Camp mit allem Komfort. Doch mancher schaut bei Sonnenuntergang etwas wehmütig auf die am Pier vertäute Piroge, die uns so sicher und bequem in die Zivilisation zurückgebracht hat.

Hinweis: Dieser 2000 verfasste Reisebericht ist im Kern aktuell, d.h. Gambia River Excursions (www.gambia-river.com) veranstaltet diese Fahrten noch. Allerdings hat die Busgesellschaft GTPC den Betrieb eingestellt. Und viele Reisende bevorzugen derzeit die Anreise über die Nordbank via Barra und Farafenni, was nicht schneller ist, aber deutlich bequemer.

Auf der Reise trifft man **Afrikaner,** die einen gänzlich anderen Zugang zu Touristen haben als die Küstenbewohner. Man wird in der Regel **freundlich und höflich** behandelt. Das werden insbesondere allein reisende Frauen zu schätzen wissen, die sich im Inland viel freier und sicherer bewegen können als in den Touristenzentren.

Ob mit einer größeren Piroge oder einem kleinen Schlauchboot, eine Fahrt auf dem Gambia River mit seinen Mangroven- und Galeriewäldern ist in jedem Fall eine sehr beschauliche und gleichzeitig romantische (Zeit-)Reise. Das Angebot reicht vom 45-Minuten-Trip für 30 D durch die Bolongs bei Banjul bis zur mehrtägigen und entsprechend teuren Passage von oder nach Georgetown.

Das Südufer

Anders als am extrem dünn besiedelten Nordufer bieten sich am Südufer des Gambia River etliche **Übernachtungsmöglichkeiten in allen Preisklassen.** Meist handelt es sich um kleine bis mittlere Camps in Flussnähe, die meisten zwischen Kafuta und Soma. Wem eine komplette Bootstour von und nach Georgetown zu lang oder zu teuer ist, kann von einigen der nachfolgend genannten Camps aus Tagestouren auf dem Fluss unternehmen. Die Strecke wird von Banjul bzw. Brikama aus regelmäßig von Buschtaxis befahren.

Lodge „Wunderland"

Tel. 9994015. Nahe dem Dorf **Kubuneh** (N 13°18,975' / W 16°36,011') gelegenes einfaches Camp in unmittelbarer Flussnähe mit vier Rundhütten, das von einem Deutschen und einem Gambianer betrieben wird. Ein Tipp für Menschen, die es echt afrikanisch mögen. Ein Leser schrieb: „Eine der angenehmsten Anlagen hier, weitläufig, sauber und preiswert. Man wird absolut in Ruhe gelassen. Und die Leute vom Dorf sind ungemein freundlich." Bungalow ab 300 D, Essen ab 50 D. Flussfahrten möglich.

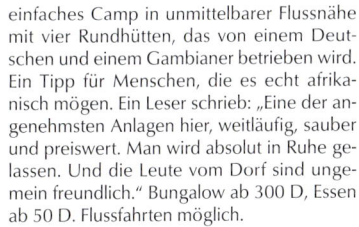

Tumani Tenda Camp

Kurz vor dem Ort **Kafuta** geht es links nach Tumani Tenda. Etwa 500 m vom Dorfkern, direkt am Fluss, befindet sich das Tumani Tenda Eco-Tourism Camp, 2001 in Berlin mit dem Preis für sozialverträglichen Tourismus ausgezeichnet. Eine Dorfgemeinschaft von 300 Diolas bewirtschaftet hier gut 140 Hektar Land auf der Basis von Gemeinschaftseigentum. Das Camp richtet sich mit seinen diversen Aktivitäten (Kanu, Waldwanderungen, Workshops, Tanz- und Gesangsabende) an Natur- und Kulturinteressierte und bietet Platz für insgesamt 40 Personen.
● **Kontakt:** Tel. 9903662 in Bakau oder www.tumanitenda.co.uk

Bintang

Das Dorf liegt 50 km flussaufwärts von Banjul (bzw. rund 85 km auf der Straße) am Südufer des Gambia-Flusses an der Straße nach Soma, die man beim Dorf Sibanor verlässt. Von Bintang lassen sich **Ausflüge** zu einer verfallenen portugiesischen Kirche und zu den Orten **Jufureh** und **Kemoto** unternehmen. Eine **Pirogenfahrt auf dem Bintang-Bolong,** der weit ins Landesinnere reicht, ist von ganz besonderem Reiz.

Unterkunft:
● **Bintang Bolong Lodge**
Tel. 4488054. Klimatisierte DZ für 600 D oder einfache Hütten für 150 D pro Person. www.bintang-bolong.com

GAMBIA RIVER – DAS SÜDUFER

- **Makasutu Lodge**
Tel. 4484100, 9900279. Luxuscamp ca. 5 km östlich von Brikama, mit fünf schwimmenden (!) Bungalows in extravaganter Bauweise für maximal zehn Gäste am Gambia River; Pool, Bar, Restaurant; Birdwatching, Ausflüge zu Wasser und an Land. „Die weltweit beste Ökolodge", urteilte die Sunday Times. Der Name ist Programm: Makasutu bedeutet „Heiliger Wald". Informationen unter: www.makasutu.com.
- **Sindola Lodge**
Semi-Luxus-Lodge mit 36 Zimmern und vier Suiten. Die Anlage liegt ca. 4 km nördlich von Bwiam direkt an einem Seitenarm des Gambia River. DZ ab 40 Euro. Infos und Reservierung über Kairaba-Hotel in Kololi, Tel. 4462940.
- **Tendaba Camp**
Tel. 5541024. Stark frequentiertes Touristen-Camp mit traditionellen Hütten in unmittelbarer Nähe des Kiang West National Park. Es verfügt über Pool, Restaurant. Ausflüge mit dem Landrover in die Dörfer oder per Piroge sind möglich. Der Übernachtungspreis beginnt bei 300 D pro Person, Hauptgerichte ab 150 D. Dank neuer Führung ist das Camp wieder gut organisiert.

Das Camp liegt etwa 5 km abseits der Südufer-Hauptstraße; die Abzweigung befindet sich in dem Dorf Kwinella. Wenn man als Individualreisender aus dem Busch-Taxi steigt, bieten einem die Bewohner von Kwinella sofort einen (übrigens sehr romantischen!) **Transport** ins Camp per Eselskarren an. Die Preise dafür sind allerdings astronomisch, man sollte auf keinen Fall mehr als 15–20 D für die Strecke bezahlen, zumal man mit dem Eselskarren zwar bequemer, aber keineswegs schneller ans Ziel kommt als zu Fuß!

Soma/Mansa Konko

In Soma kreuzt sich der Trans-Gambian-Highway (Autofähre über den Gambia River), welcher den Süden Senegals mit dem Norden verbindet, mit der Fernstraße Banjul – Georgetown. Soma ist eine geschäftige Kleinstadt mit allen Versorgungsmöglichkeiten und gleichzeitig eine wichtige Umsteigestation für Buschtaxis und verfügt deshalb über einen Busbahnhof. Dort haben auch die durchgehenden Busse einen längeren Aufenthalt. Am Busbahnhof sollte man sich mit Lebensmitteln und gekühlten Getränken versorgen. Es gibt auch einige sehr einfache Übernachtungsmöglichkeiten. Als beste Wahl erscheint uns das **Moses Guesthouse,** Tel. 4531462, nördlich der großen Kreuzung in Soma (DZ 400 D).

Georgetown

Dieser verschlafene Ort (in der Sprache der Einheimischen Jangjang-Bureh genannt) auf der mitten im Fluss gelegenen **McCarthy Island** war neben Bathurst (dem heutigen Banjul) lange Zeit der wichtigste Ort Gambias. Heute befindet sich hier das Verwaltungs- und Handelszentrum der Upper River Division. Schon relativ früh haben an diesem Platz Missionare eine Schule errichtet. Außerdem gab es hier ein Internat für die Söhne der Dorf-Chefs, die berühmte Chief-School; diese wurde später in das Internat Armitage High School umfunktioniert.

Wir empfanden Georgetown als den **lohnenswertesten Stopp entlang der Flussroute,** erstens wegen der guten Übernachtungsmöglichkeiten, zweitens bietet sich der Ort als Ausgangspunkt für Exkursionen an.

Sehenswert ist das **Sklavenhaus,** direkt an der Fähre zum Nordufer gelegen. Es handelt sich um ein Gebäude, in dem noch die Kellerräume zu sehen sind, in denen die Sklaven eingesperrt wurden, bevor sie auf dem Fluss Richtung Banjul und dann weiter nach Amerika verschifft wurden. Ein Wasserloch im Boden ist sichtbar, aus dem die Gefangenen trinken mussten, außerdem die Waage, anhand derer die Sklaven gegen Zucker getauscht wurden (zwei Kilo Zucker gegen ein Kilo Mensch). Gerade weil das Sklavenhaus kein Museum ist, sondern ein verrottender alter Bau, vermittelt es einen erschütternden und einprägsamen Eindruck von der damaligen Situation der Verschleppten.

Außerdem in Georgetown: ein kleiner Markt mit Lebensmitteln, ein funktionstüchtiges Gamtel, eine Polizeistation, Tankstelle.

Verkehrsverbindungen:

Für Weiterfahrten am Nordufer muss man entweder mit der Fähre oder Pirogen übersetzen. Man kommt direkt am Busstopp mit der Fähre an (hier beginnt die Weiterfahrt z.B. nach Wassu). Für Weiterfahrten am Südufer muss man ca. 20 Minuten zur Südfähre laufen oder mit Glück ein Busch-Taxi erwischen. Dort wartet man dann nach dem Übersetzen auf Busch-Taxis bzw. GPTC-Busse nach Banjul oder Basse.

Unterkunft:

●Es gibt mittlerweile gute Übernachtungsmöglichkeiten in Georgetown. Falls unten genannte Camps von Reisegruppen belegt sein sollten, findet sich nahe der Fährstelle eine sehr einfache Unterkunft im **Government Resthouse** für 100 D pro Person oder in **Tida's Bar**, wo es einfache Gästezimmer gibt.

●**Janjang Bureh Camp (Lamin Koto Lodge)** Tel. 4495526 (Banjul). Das Camp ist die bekannteste Unterkunft in Georgetown. Es liegt am Nordufer des Gambia River, direkt gegenüber von McCarthy Island, und ist von dort mit der Fähre plus Fußweg zu erreichen, oder man lässt sich gratis mit dem Boot des Camps abholen. Das unter deutscher Leitung stehende Camp ist malerisch am Flussufer gelegen, die komfortablen Bungalows zeichnen sich durch extravagante Gestaltung aus. Die Übernachtung kostet 7 Euro pro Person. Von diesem Camp aus starten auch die Boote der Gambia River Excursion zu ihren regelmäßigen Fahrten Richtung Tendaba bzw. Banjul. Der Preis der zweitägigen Schiffsreise beträgt mit Übernachtungen und Vollpension ab 100 Euro.

●**Dreambird Camp**
Nahe der Hauptstraße am Nordufer der McCarthy-Insel gelegen. Es gibt eine hübsche Bar, aber kein Restaurant. Saubere kleine Hütten kosten 150 D pro Person. Das Camp ist die preiswerte Dependance des Jangjang Bureh Camps.

●**Baobolong Camp**
Tel. 5676133. Am Nordufer der McCarthy-Insel. Es handelt sich um eine kleine Bungalow-Anlage mit 15 sauberen Hütten mit Moskitonetz und Dusche für 400 D pro Nacht und Hütte, Frühstück/Lunch gibt es für 100 D. Die Besitzer, eine afrikanische Familie, sind ausgesprochen hilfsbereit und können mit guten Tipps weiterhelfen. Außerdem ist es möglich, von Camp aus Bootsausflüge zu unternehmen: Wenn beispielsweise Touristengruppen flussabwärts abgeholt werden sollen, ist es möglich, einen 4-Stunden-Trip auf dem leeren Boot zu bekommen. Wir bezahlten für die 8-Stunden-Fahrt (hin und zurück inkl. Mittagsbuffet) 150 D. Auf Wunsch werden Trips zu Marabouts, Tam Tam-Tanzveranstaltungen etc. organisiert.

●**Bird Safari Camp**
Tel. 5676108. Neues Camp unter englischer Leitung, etwas außerhalb von Georgetown, mit komfortablen Bungalows für 700 D Vollpension pro Person.

●**Alaka Bung Lodge**
Gegenüber Dreambird-Camp. Kleines Camp mit Rundhütten, die jeweils zwei Betten und eine Dusche beherbergen, außerdem kann man hier auch campen.

Basse Santa Su

„Basse", wie der letzte größere Ort der östlichen Flussregion kurz genannt wird, lohnt die Fahrt nicht nur wegen der schönen und preiswerten **Töpfer-**

waren, die hier produziert werden. Sehenswert sind auch die **Märkte** (Markttag ist Do) der Stadt, deren touristische Infrastruktur sich zuletzt spürbar verbessert hat, vor allem aber die **reizvolle Umgebung** am Gambia River.

Unterkunft:
- **Traditions**
Tel. 7335562. Früher nur Restaurant, jetzt auch einfache Unterkunft in einem alten Handelskontor, direkt an der Anlegestelle gelegen, mit schönem Blick auf den Fluss. DZ mit Ventilator 300 D. Der Besitzer *Salayman Jallow* ist sehr hilfsbereit.
- **Fulladu Camp**
Tel. 5668743. Auf der anderen Flussseite gelegenes neues Camp für Naturliebhaber, einfache Hütten mit Bad/WC und Ventilator, Pool, gutes Essen. DZ 600 D. Es werden u.a. Bootstouren und Ausflüge zum nahen Niokola Koba-Nationalpark im Senegal organisiert.
- **Basse Guest House**
Tel. 5668240, beim Markt. Einfache Zimmer für 150 D.
- Weitere Übernachtungsmöglichkeiten im Zentrum bieten das **Plaza Hotel** und, mit Abstrichen, die **Travellers Lodge** beim GPTC-Busbahnhof.
- Nicht zu empfehlen sind das Government Resthouse und das Apollo Hotel.

Essen und Trinken:
- **F & B Restaurant**
An der Hauptstraße. Afrikanische Küche zu zivilen Preisen.

Nachtleben:
- **Kassoumai Nightclub**
Abendunterhaltung am Wochenende.

Öffentliche Verkehrsmittel:
Busch-Taxis stehen nördlich des Marktes. Von hier aus besteht auch ein regelmäßiger Verkehr ins 20 km entfernte Vélingara im Südsenegal mit Anschluss nach Tambacounda oder Kolda.

Das Nordufer

Lange war das dünn besiedelte Nordufer des Gambia River das „Outback" des Landes. Touristen suchten jedenfalls vergeblich nach einer Übernachtungsmöglichkeit. Mit der Fertigstellung der **Teerstraße von Barra nach Farafenni** hat sich das jedoch geändert. In erster Linie wurde der sogenannte **Nord Bank Highway** für die Belange der einheimischen Bevölkerung gebaut, war doch die Piste, im Volksmund „Tomato Road" genannt, während der Regenzeit praktisch unpassierbar. Dann ruhte jeglicher Personen- und Güterverkehr. Wer krank wurde, hatte das Nachsehen.

Verkehrsverbindungen

Mit der Fertigstellung des Nord Bank Highway dürfte auch der öffentliche Verkehr deutlich zunehmen. Bislang wurde die Route Barra – Farafenni nur von wenigen Buschtaxis befahren.

Barra

Seit dem frühen 19. Jahrhundert ist Barra wegen dem nahen **Fort Bullen** ein strategisch bedeutender Hafen und heute wichtige Durchgangsstation für Reisende von und nach Banjul. Lange Zeit war der Ort berüchtigt für chaotischen Zuständen und pausenlose Anmache durch Schlepper und Geldwechsler. Das hat sich seit dem Bau des **neuen Fährterminals** deutlich verbessert. Hektisch wird es immer dann, wenn ankommende Passagiere ihre Hatz auf Busse und Taxis starten, um möglichst als Erste die senegalesische Grenze zu erreichen.

Barra hat sämtliche Versorgungsmöglichkeiten, ausgenommen ein besseres Hotel. Wer die letzte Fähre verpasst hat, kann in **Gilankas Barra No. 1 Restaurant** direkt am Fährterminal übernachten (Tel. 7915585). Die anderen Unterkünfte in Barra sind eher grenzwertig und weniger sauber. Wer unbedingt europäischen Standard benötigt, sollte sich ins gut 20 km entfernte Jufureh begeben (s.u.).

Niumi National Park/Ginak Island

Nördlich von Barra ersteckt sich der kleine, 1987 eingerichtete **Niumi National Park** bis hinauf an die senegalesische Grenze ins Sine-Saloum-Delta. Viele der hier ansässigen Großtiere (Leoparden, Gazellen usw.) sind in den letzten 20 Jahren erlegt worden, Teile des ursprünglichen Tropenwaldes wurden gerodet, um Marihuana-Feldern Platz zu machen.

Seewärts liegt **Ginak Island,** auch als *Paradise Island* bekannt, mit 11 km feinem Sandstrand. Der nördliche Zipfel dieser lang gestrecken Halbinsel gehört zum Senegal. Südlich der (imaginären) Grenze befindet sich die komfortable **Madijana Lodge,** die sich ganz dem Öko-Tourismus verschrieben hat (kein Strom etc., Tel. 4494088, 9920201, www.paradiseisland-gambia.com).

Berending

Kleiner Ort, 10 km östlich von Barra gelegen und bekannt für seinen heiligen **Krokodil-Teich.** An diesem Platz werden gelegentlich auch Heilungs- bzw. Reinigungszeremonien abgehalten, bei denen die Kranken entweder das Wasser trinken oder sich darin baden (Besucher sollten als Gastgeschenk Kolanüsse mitbringen).

James Island

Bevor die Briten an der Gambia-Mündung Verteidigungspunkte installiert hatten, war diese Insel (24 km von Banjul stromaufwärts und 2 km südlich von Jufureh) der strategisch wichtigste Punkt und aus diesem Grund hart umkämpft. Heute sind die **Befestigungen von Fort James** alle verfallen. Etliche Veranstalter haben James Island in ihrem Ausflugsprogramm. 2003 ernannte die UNESCO die Insel zum Weltkulturerbe.

Albreda

Von den Franzosen im Jahre 1681 errichteter Handelsstützpunkt; mit dem Versailler Vertrag von 1783 wurde dann den Briten die Kontrolle über den Gambia-Fluss überlassen. Heute erinnern noch die **Ruinen alter Handelshäuser** an längst vergangene Kolonialzeiten.

Jufureh

Ehemals wichtiger Handelsstützpunkt der Briten, hieß früher Jillifrey. Von Albadar (Albreda) aus direkt auf der anderen Straßenseite gelegen und in ca. fünf Minuten zu Fuß zu erreichen. Seit dem 1970 erschienenen Bestsellerroman „Roots" von *Alex Haley* ist dieser Ort nicht nur weltweit bekannt, sondern auch zu einer viel besuchten und deshalb mittlerweile leider auch völlig kommerzialisierten Touristenattraktion geworden. Hier sind das **Haus von Kunta Kinte** zu besichtigen, der vor

200 Jahren als Sklave nach Amerika verschleppt worden sein soll, sowie andere Schauplätze dieser auf Tatsachen beruhenden und sehr beeindruckenden Geschichte. Ob die Historie aber tatsächlich am Gambia River stattfand, wird von einigen Historikern bezweifelt.

Die bequemste Möglichkeit für einen Besuch von Jufureh: Man bucht in einem Hotel eine sogenannte **Roots-Tour,** denn Buschtaxis verkehren seit dem Bau der neuen Teerstraße eher selten auf dieser Route. Oder man nimmt in Barra ein Taxi, was aber auch nicht gerade billig ist.

Unterkunft:
● **Kunta Kinte Roots Camp**
Tel. 9905322. Eine der (bislang) wenigen guten Übernachtungsmöglichkeiten am Nordufer. Große Bungalows, DZ 1000 D. Die nächste Unterkunft befindet sich erst wieder in Farafenni.

Farafenni

Die kleine Ortschaft am Trans-Gambian-Highway, früher lediglich eine bizarre Ansammlung windschiefer Bretterbuden, hat durch die neue, 2009 eröffnete Teerstraße nach Barra stark an Bedeutung gewonnen – der **Aufschwung** ist unübersehbar. Das Hauptgeschäft ist aber nach wie vor der Verkauf von Schmuggelware (Zigaretten, Rolex-Uhren etc.) an senegalesische Reisende auf dem Weg von und nach der Casamance.

Unterkunft:
● **Eddy's Hotel & Bar**
Tel. 76211197. Wer abends an der Grenze gestrandet ist, kommt an dieser Adresse mit Bar/Restaurant einfach nicht vorbei. Einfache, halbwegs saubere Zimmer, auf Wunsch neuerdings auch klimatisiert. Ab 400 D.

Kerr Batch

Hier gibt es einen ganz besonderen V-förmigen Lateritstein zu sehen und einen megalithischen Doppelkreis (ortskundigen Führer mitnehmen, da schwer zu finden). Um von Farafenni kommend nach Kerr Batch zu gelangen, muss man bei Panchang die rechte Piste wählen; sie mündet hinter Nyanga Bantang wieder auf die Hauptpiste nach Georgetown.

Kuntaur/Baboon Island

Die koloniale Handelsstation **Kuntaur** direkt am Gambia River war früher vor allem für den Erdnussexport wichtig, wovon noch die großen Lagerhallen am Hafen zeugen, die aber mittlerweile kaum noch genutzt werden, da der Erdnusshandel erheblich an Bedeutung eingebüßt hat. Etliche verfallene Kolonialbauten verweisen auf die frühere Bedeutung des Ortes. Im Ortszentrum sieht man Männer an antiken Webstühlen arbeiten. Das alles ist sehr beschaulich. Kein Wunder, dass Kuntaur beliebter Stopp bei Bootsausflügen ist.

Wenige Kilometer westlich von Kuntaur liegt der **River Gambia National Park,** und dort wiederum gibt es ein Projekt (das älteste in Afrika) zur Auswilderung von Schimpansen auf **Baboon Island.** Das dortige **Camp Badi Mayo** kann maximal acht Besucher zur

Die heiligen Steine von Wassu

Tierbeobachtung aufnehmen. Nach dem Tod der Begründerin *Stella Brewer* und anschließenden Konflikten mit der Regierung war 2010 nicht klar, wie es mit dem Projekt künftig weitergeht.

● **Infos:** www.chimprehab.com/visitor_camp

Wassu

Der Ort, gut 2 km von Kuntaur entfernt, ist bekannt für seine **prähistorischen Steinkreise** aus rotem Lateritgestein; die Größe der einzelnen Steine variiert zwischen 100 und 250 cm Höhe bei einem Durchmesser von über einem Meter. In Wassu findet sich einer der größten dieser Steinkreise, die sich am Nordufer über weite Strecken immer wieder besichtigen lassen. Auf welche Weise diese tonnenschweren Steine hierher gekommen sind und welchem Zweck sie dienten, ist nach wie vor ein Rätsel. Man nimmt an, dass es sich um **Grabanlagen** handelt und die Megalithdenkmäler in Verbindung mit Ahnenverehrung und hierarchischer Gesellschaftsordnung stehen. Mit der Ausrichtung der Steine hat es offenbar eine astronomische Bewandtnis. Es ist Brauch, dass der Besucher einen kleinen Stein auf einer der Stellen hinterlegt. Das bringt angeblich Glück ...

● **Infos:** www.home3.inet.tele.dk/mcamara/stones.html

Anhang

Anhang

Abendstimmung am Niger

Hotel du Rail in Kayes (Mali)

Im Hafen von St. Louis (Senegal)

Sprache

von Herbert Braun

Sprachsituation in Westafrika

Auf dem afrikanischen Kontinent südlich der Sahara gibt es nur wenige Staaten, deren Bevölkerung eine gemeinsame Sprache spricht; das Gros der Staaten Afrikas ist **multilingual**. Diese Sprachsituation entspricht also keineswegs einer europäischen Vorstellung der Gleichsetzung von Sprache und Nation.

Nach der Unabhängigkeit übernahmen die meisten Staaten – und zu diesen zählen alle in diesem Band vorgestellten – die **Sprache ihrer früheren Kolonialmacht** als offizielles Medium und folgten somit einer sog. exoglossischen Sprachpolitik, in der die einheimischen Sprachen entweder nahezu völlig unberücksichtigt blieben oder nur in einzelnen Bereichen wie Erwachsenenbildung, Rundfunk sowie im anfänglichen Primarschulunterricht Berücksichtigung fanden, und nur wenige Staaten erklärten eine einheimische Sprache zum offiziellen Medium und bauten sie als nationales Kommunikationsmittel auf. Und diese generelle Ausrichtung ist in den meisten Staaten bis heute beibehalten worden.

Dennoch lässt sich seit Beginn der 1970er Jahre eine zunehmende **Berücksichtigung einheimischer Sprachen** feststellen. Dieser Trend, der in erster Linie die Bereiche Alphabetisierung und Erwachsenenbildung, Grundschulunterricht und selbst die Medien betrifft, ist v.a. durch die UNESCO eingeleitet und gefördert worden, trug wesentlich zum gestiegenen Bewusstsein für die Bedeutung der afrikanischen Sprachen und letzten Endes sowohl zur ökonomischen Entwicklung wie zur kulturellen Identität bei. Dies führte inzwischen dazu, dass zahlreiche afrikanische Staaten Institute für die Erforschung einheimischer Sprachen eingerichtet haben (z.B. die DNAFLA in Bamako/Mali). Generell finden heute einheimische Sprachen deutliche Berücksichtigung.

Drei der vier afrikanischen **Sprachfamilien** erstrecken sich über Westafrika und erfassen die sechs in diesem Band vorgestellten Staaten mehrfach: Niger-Kordofanisch (Mali, Burkina Faso, Niger, Mauretanien, Gambia und Senegal), Nilosaharanisch (Mali, Burkina Faso, Niger) und Afroasiatisch (Mali, Niger, Mauretanien). Erstere dominiert sowohl hinsichtlich der Anzahl der Sprachen als auch in Bezug auf die Sprecherzahlen und Größe des Verbreitungsraumes.

Zu den Sprachen mit der größten Verbreitung gehört das **Fulfulde** (auch kurz Ful oder franz. Peul genannt), das in weiten Teilen Westafrikas von Senegal über Mali, Burkina Faso, Niger, Benin und Nigeria bis nach Kamerun, außerdem in Zentralafrika, im Tschad und im Sudan von über 20 Millionen Menschen gesprochen wird. Die Ausbreitung der Sprache hat sich wohl vom senegalesisch-mauretanischen Raum her vollzogen, von wo aus die Fulbe als Nomaden und Viehzüchter nach Osten aufgebrochen sind. Entsprechend zahlreich sind auch die Dialekte, etwa das Pulaar (Gambia, West-Mali), das Liptako (Burkina Faso), das Wodaabe (Niger) und der Dialekt von Massina (Zentral-Mali).

Das **Wolof** wird von der südmauretanischen Küste entlang der senegalesischen Küste über St. Louis und Dakar bis nach Nordgambia hinein gesprochen. Als wichtigste Nationalsprache Senegals wird es in diesem Land von mehr als 80% der Bevölkerung (1,7 Millionen) gesprochen und verstanden. Eine weitere wichtige vernakuläre Sprache im Senegal ist das **Sérèr,** ebenso wie das Wolof Nationalsprache des Landes und von 600.000 Menschen als Erstsprache gesprochen.

Unter dem Gliederungsbegriff **Mande** werden ca. vierzig Sprachen zusammengefasst, die im Wesentlichen zwischen dem Gambia-Fluss im Westen und dem zentralen Burkina Faso im Osten sowie vom Grenzgebiet Mauretaniens mit Mali im Norden bis in die Regenwaldzone der Elfenbeinküste und das Küstengebiet Guineas im Süden gesprochen werden. Ihr Kerngebiet ist die heutige Republik Mali. Zu den wichtigsten Vertretern gehören das **Soninke** (Mali, Mauretanien, Senegal), das **Bozo** (Binnendelta des Niger in Zentral-Mali) sowie verschiedene Manding-Varietäten, zu dessen wichtigsten das **Dioula** (verschiedene Varietäten in Mali, Burkina Faso, Elfenbeinküste), das **Maninka** (Mali), das **Xasonga** (West-Mali), das **Mandinka** (Senegal, Gambia) und, die bedeutendste von allen, das **Bambara** (Mali, Burkina Faso, Elfenbeinküste), zu zählen sind.

Bambara ist **eine der** erklärten **Nationalsprachen Malis** und wird dort von großen Bevölkerungsteilen als Muttersprache gesprochen. Darüber hinaus ist das Bambara als Lingua franca im Land weit verbreitet und fungiert allgemein als nationales Verständigungsmittel. Der Sprachraum des Bambara erstreckt sich über den Süden Malis und endet nach Norden zu im Massina, wo das Fulfulde dominiert. Weiter nigerabwärts und auch in der Region Djenné ist das Songhay als Verständigungsmittel vorrangig, dessen Ausbreitung bis nach Niger und in den Norden Benins (dort eher als Djerma bekannt) reicht.

Burkina Faso besitzt unter allen der hier besprochenen Länder die größte sprachliche Komplexität. Bis zu siebzig Sprachen werden in diesem Land gezählt, darunter jedoch eine Vielzahl mit weniger als 10.000 Sprechern. Dominant ist in Burkina Faso das **Mooré,** die Sprache der Mossi. Weitere Sprachen, die von einer größeren Sprechergruppe als Erstsprache gesprochen werden, sind die Mande-Sprachen **Bisa** und **Dioula,** hinzu kommen die Gur-Sprachen **Dagara** und **Lobi.**

Da die Haussa mehr als 50% der Bevölkerung **Nigers** stellen, ist ihre gleichnamige Sprache, das **Haussa,** die bedeutendste des Landes. Als Nationalsprache findet es Verwendung in den Medien und im Bildungssystem und fungiert als übergreifende Lingua franca zwischen Haussa, Fulbe, Tuareg, Kanuri und anderen ethnischen Gruppen. Zu den weiteren nigrischen Nationalsprachen gehören u.a. Songhay, Fulfulde, Tamaschek, Arabisch und das

Djerma, das von über zwei Millionen Menschen gesprochen wird und nach Haussa die zweitgrößte Sprechergruppe darstellt.

Während in Mali, Burkina Faso, Niger und Senegal jeweils Französisch als offizielle Amtssprache gilt, verfolgt **Mauretanien** ein bilinguales Konzept, in dem **Französisch und Arabisch** (Hassaniya) eine gleichrangige Bedeutung zuerkannt wird. Zu den afrikanischen Sprachen Mauretaniens zählen das Wolof, das im Osten des Landes gesprochene Soninke und das Fulfulde. Deren Bedeutung aber erreicht keineswegs den Rang, den etwa das Hassaniya-Arabisch einnimmt.

Von den hier behandelten Ländern ist einzig **Gambia** nicht der Frankophonie zuzuordnen. Im kleinsten Staat Westafrikas ist **Englisch** offizielle Amtssprache, Französisch hat allenfalls als Handelssprache eine mindere Bedeutung. Die wichtigsten afrikanischen Sprachen sind Mandinka und Wolof.

Schlussendlich bleibt zu konstatieren, dass für eine Reise ins weitgehend frankophone Westafrika also letzten Endes Grundkenntnisse in Französisch unabdingbar sind. Dagegen sind Englischkenntnisse, von Aufenthalten in Gambia, Ghana und Nigeria abgesehen, wenig nützlich. Bleiben noch die nonverbale, mit Händen und Füßen vonstatten gehende Kommunikation oder, was effektiver wäre, zeitaufwendige und arbeitsintensive Sprachkurse für afrikanische Sprachen, die an deutschen Universitäten, dort an verschiedenen Instituten für Afrikanische Philologie, angeboten werden.

Sprechführer

In der **Kauderwelsch-Reihe** des REISE KNOW-HOW Verlages Peter Rump, Bielefeld, sind verschiedene Sprachführer zu westafrikanischen Sprachen/Dialekten erschienen. Allen gemeinsam sind ihre Handlichkeit, der Alltagsbezug im Wortschatz und die einfache und praxisbezogene Didaktik.

- **Französisch für den Senegal**
- **Wolof für den Senegal**
- **Hausa**
- **Mandinka für Gambia**
- **Bambara für Mali**
- **Mooré für Burkina Faso**

Orientierung und Navigation

von Gerhard Göttler

Kompass

Ein nahezu unverzichtbarer Ausrüstungsgegenstand für alle Fahrten abseits der Teerstraßen ist ein robuster, kompensierbarer **Autokompass.** Wer diesen nicht nur als „urigen" Dekorationsgegenstand betrachtet, sondern während der Fahrt tatsächlich im Auge behält und immer wieder dessen Anzeige mit der Karte und diese mit dem Gelände vergleicht, dem dürften kaum noch größere Verfranzer unterlaufen. Man merkt dann recht bald, wenn die Richtung nicht mehr stimmt und man offenbar irgendwelchen obskuren Spuren folgt, die es eigentlich gar nicht geben dürfte und die sich allmählich immer weiter von der Hauptrichtung entfernen. Selbst die Suche nach einer bestimmten Ortsausfahrt, die aufgrund des üblichen Pisten- und Spurengewirrs in Ortsnähe oft mühsam sein kann, wird stark erleichtert, weil man schon nach wenigen Kilometern z.B. erkennt, wenn die benutzte Piste nach Westen abknickt, obwohl sie sich laut Karte stur südlich halten müsste. Das außerordentlich wichtige frühzeitige Erkennen und Korrigieren von Fehlern wird mit solch einem Autokompass spürbar erleichtert.

Welche Marke man wählt, ist weniger wichtig als die Tatsache, dass der Kompass **robust, flüssigkeitsgedämpft** und über einen weiten Bereich **kompensierbar** ist. Kompensierbar bedeutet: Anzeigefehler, die von den im Fahrzeug und dessen elektrischen Aggregaten entstehenden elektromagnetischen Störfeldern verursacht werden, müssen sich mit Hilfe einstellbarer Magnete im Kompass auf ein Minimum reduzieren lassen.

Gänzlich ungeeignet sind die kleinen Kompasse aus Autozubehörgeschäften oder Kaufhäusern, die sich – wir haben mehrere Modelle ausprobiert – trotz hübscher Einstellschräubchen nicht oder nur völlig unzureichend kompensieren lassen. Ein ganz borniertes Modell zeigte, ganz gleich in welcher Richtung der Wagen stand, immer nach Südwest.

Zur Vermeidung großer, schwer kompensierbarer Anzeigefehler installiere man den Kompass **möglichst weit entfernt von allen elektromagnetischen Störquellen,** wie Zündanlage, Armaturen, Elektromotoren (z.B. von Scheibenwischer oder Lüfter) und – ein ganz übler Störer – Autolautsprechern. Außerdem sollte man zur Vermeidung von Parallaxenfehlern beim Ablesen den Kompass möglichst genau in Blickrichtung des Fahrers anbringen.

Sorgfältiges Kompensieren erfordert Geduld. Bei manchen Fahrzeugen mit Ganzstahlkarosserie kann es ein sehr mühsames und (allerdings selten) sogar erfolgloses Unterfangen sein. Trotz aller Sorgfalt beim Kompensieren und Verwendung einer Korrekturtabelle ist die Genauigkeit eines Autokompasses begrenzt, für viele Zwecke aber völlig ausreichend.

Korrekturtabelle für den Auto-Kompass

Da trotz sorgfältigen Kompensierens Restfehler nicht zu vermeiden sind, empfiehlt sich die Anfertigung einer Korrekturtabelle. Dazu richtet man zunächst den Wagen anhand eines Handkompasses (Verwendung nur in großer Entfernung vom Fahrzeug!) genau nach Norden aus und liest die Anzeige des Autokompasses ab (z.B. 0°).Dann dreht man den Wagen auf 30° und ermittelt die Anzeige im Wagen (z.B. 28°). In gleicher Weise verfährt man, bis man wieder bei Nord angekommen ist. Die ermittelten Werte trägt man in einer kleinen Tabelle etwa folgendermaßen ein:

Für Richtung 0/360° = Nord muss man laut Auto-Kompass 0° fahren,
für Richtung 30° lt. Autokompass 28°,
für Richtung 60° lt. Autokompass 63°,
für Richtung 90° = Ost 93° usw. usf.

Je kleiner man die Stufen wählt, um so genauer wird logischerweise die Korrekturtabelle.

Wer es aber ganz genau wissen will oder muss, z.B. für Fahrten auf schwach ausgeprägten Pisten oder gar querfeldein, nur nach der Karte, braucht zusätzlich einen guten **Hand-Kompass,** der, in einiger Entfernung vom Fahrzeug abgelesen, sehr genaue Messungen ermöglicht.

Zweifellos ein schöner, wenn auch nicht billiger Luxus ist eine **Kombination aus Fernglas und integriertem Peilkompass,** da man damit das anvisierte Ziel und den zugehörigen Peilwinkel mit einem Blick erfassen kann. Da die Kompassrose in das Fernglasbild eingespiegelt wird, lassen sich genaue Handpeilungen leicht und schnell durchführen.

Satelliten-Navigation

Mit dem Aufkommen von preisgünstigen Satelliten-Navigationsgeräten als Handgeräten oder zur Verwendung in Kraftfahrzeugen hat eine ganz neue Entwicklung eingesetzt. Bekanntlich ermöglichen diese **kleinen, kompakten und automatisch arbeitenden Empfangsgeräte** die Bestimmung des eigenen Standortes mit einer bisher für unmöglich gehaltenen Genauigkeit. Ein Zuviel an Technik aber verleitet zu Leichtsinn, und allzu leicht entsteht ein riskantes Abhängigkeitsverhältnis. Technische Geräte sind – unabhängig von Hersteller und Preis – nun einmal nicht 100%ig betriebssicher. Selbst die fortschrittlichste Technik kann und darf daher kein Ersatz sein für Erfahrung, Vorsicht und für die konventionellen Mittel und Maßnahmen zur Orientierung, nämlich detaillierte Karten, Kompass, genauer Kilometerzähler, Fernglas, umsichtiges Fahren und ständigen, aufmerksamen Vergleich der Karte mit dem Gelände.

Für orientierungsmäßig schwierige Touren ist die Satelliten-Navigation das Orientierungsmittel schlechthin. Selbst bei Totalausfall des Navigationsgerätes sollte man aber immer in etwa seinen Standort wissen und dadurch in der Lage sein, wieder auf sicheren Grund zurückzufinden; die Preise der Geräte sind heute so niedrig, dass auch die Mitnahme eines Zweitgerätes in Betracht gezogen werden sollte. Immer sollte auch das Begleitfahrzeug mit einem solchen Gerät ausgerüstet sein. Selbstverständlich sollte der Umgang mit einem solchen Empfänger zu Hause geübt werden und nicht erst bei einer ersten Irrfahrt im Gelände.

GPS (Global Positioning System)

Ursprünglich für rein militärische Anwendungen konzipiert, hat sich das GPS-System heute auch für private Nutzungszwecke auf breiter Front durchgesetzt. Es ist heute weltweit voll betriebsfähig und gestattet Standortbestimmungen und alle daraus ableitbaren Informationen (Bewegungsrichtung, Bewegungsgeschwindigkeit, errechenbare Restzeiten bis Zielankunft, Abweichung von einer vorgegebenen Route usw.)

Buchtipps – Praxis-Ratgeber:
- Rainer Höh
  - GPS Outdoor-Navigation
  - Orientierung mit Kompass und GPS
- Wolfram Schwieder
  Richtig Kartenlesen
  (alle Bände REISE KNOW-HOW Verlag)

mit einer Präzision, die nur mit dem Wort phänomenal gekennzeichnet werden kann: **Standortbestimmungen sind derzeit mit einer Genauigkeit von ca. 5 m möglich,** günstige Empfangsverhältnisse vorausgesetzt. Der Wermutstropfen: Die Genauigkeit kann vom Betreiber der Satelliten, dem US-amerikanischen Militär, durch Störsignale beeinflusst werden. In Krisenzeiten könnte es also passieren, dass das Verfälschungssignal bei den Geräten eingeschaltet wird (was aber selbst im Frühjahr 2003 im Golfkrieg nicht geschah). Dann verringert sich die Genauigkeit auf etwa 30–40 m, aber auch diese Werte garantieren eine ausreichende Präzision.

Ist der Umgang mit einem solchen Gerät erst einmal zur täglichen Reiseübung geworden, lässt sich die Begeisterung für die damit gewonnenen Möglichkeiten nur noch übertreffen von der Kombination der GPS-Anwendung mit einem sogenannten **Moving-Map-Programm** auf dem heimischen PC oder dem mitgeführten Laptop: Wegepunkte, Routen oder Tracks in eingespeicherten Landkarten lassen sich ins Navigationsgerät übertragen und umgekehrt und erlauben so einen unmittelbaren Bezug zwischen Karte und GPS-Daten.

Drei Moving-Map-Programme konkurrieren derzeit auf dem heimischen Markt: Das australische **Ozi** lässt sich nur aus dem Internet herunterladen. Das kanadische **FUGAWI** hat den Vorteil, dass es gängige Palmtops unterstützt und für jeden Punkt auf der Karte die Höhe kennt und Streckenprofile für jede Route erstellt. Man erhält die Software, ebenso wie das deutsche **TTQV** (frühere Bezeichnung QUOVADIS), z.B. bei Expeditionsausrüstern; Webseiten: www.fugawi.de und www.ttqv.de.

TTQV und FUGAWI geben, insbesondere in Verbindung mit **GARMIN-Navigationsgeräten** (www.garmin.de) und den von QUOVADIS herausgegebenen digitalen Russischen Generalstabskarten auf CD von (West-)Afrika, für unseren Anwendungsbereich den Standard vor.

Glossar

- **Achoura:** Mohammedanisches Neujahrsfest, am 10. Tag des ersten Monats im Jahr.
- **Ahnenkult:** Bei den Völkern (West-)Afrikas weit verbreiteter Glaube, dass die Seelen der Verstorbenen weiterhin unter den Lebenden weilen. Mit bestimmten Opfern und Ritualen gedenkt man der Vorfahren; man versucht sie auf diese Weise gnädig zu stimmen und sie um Unterstützung in allen weltlichen Angelegenheiten zu bitten.
- **Aïd (Eïd, Id):** Fest, Festtag.
- **Akkulturation:** Gegenseitige kulturelle Anpassung zweier Kulturen bzw. Übernahme kultureller Elemente einer Kultur durch eine andere.
- **Alkalo:** Bezeichnung für den Dorfältesten in Mandinka.
- **Allah:** Name für Gott; von Mohammed zu dem allein existierenden Gott ernannt.
- **Almoraviden:** Kriegerische Moslemsekte, die um 1040 von *Abdallah Ibn Jasin* gegründet wurde und den Islam in Westafrika verbreitete.
- **Altersklassen:** Zusammenschlüsse von Individuen gleichen Alters, die neben den auf Blutsverwandtschaft basierenden sozialen Gruppen bestehen und als gegenseitige Hilfsgemeinschaft dienen (z.B. bei Feldarbeit). Der Übergang von der einen zur

GLOSSAR

nächsthöheren Klasse ist meist mit Initiationsriten (siehe dort) verbunden.

Altnigriter: Kleine, seit langem in der Sudanzone ansässige, relativ isoliert lebende Ethnie, die ihre alte Kultur weitgehend bewahrt hat und die als Hackbauern in patrilinearen Großfamilien bzw. Clans organisiert ist; typische Vertreter: Bassari, Dogon, Somba, Senufo.

Amulett: Gegenstand mit magischer Bedeutung, der den einzelnen Menschen und seine Familie, sein Haus und seinen Besitz vor bösen Einflüssen schützen bzw. seine eigenen Widerstandskräfte stärken soll, z.B. gegen den „bösen Blick".

Animismus: Glaube an die Beseeltheit der Natur. Oft als Sammelbegriff für die verschiedenen traditionellen Vorstellungen verwendet, wonach nicht nur Menschen, sondern auch Tiere, Pflanzen, Feuer, Wasser, Wind und Erde bzw. Felsen „beseelt" sind und durch Opfer besänftigt werden müssen; meist in Verbindung mit Ahnen- und Fruchtbarkeitskult.

arbre de palabre: Baum, der dem Ältestenrat des Dorfes als Versammlungsort dient (siehe palabre).

Ashanti: Kriegerisches Königreich, welches wie das von Dahomey im 17. Jh. in Zusammenhang mit der Errichtung europäischer Handelsniederlassungen an der Küste des Golfes von Guinea entstand. Beide existierten bis zum 19. Jh.

autochthon: Im Lande selbst entstanden, bodenständig.

Baay-fall: Sittenwächter islamischer Bruderschaften, v.a. im Senegal anzutreffen.

Bâchés: In Westafrika als öffentliche Transportmittel verkehrende Peugeot-Pick-ups, auf deren offener Ladefläche Holzbänke montiert sind.

Ballaphon (Balafon): Musikinstrument, einem Xylophon ähnelnd; unter dessen Klangstäben sind verschiedene Kalebassen als Resonanzkörper befestigt.

Batik: Die Technik der Wachsbatik ist nicht ursprünglich afrikanisch, sondern von den Indonesischen Inseln auf einem langen Weg nach Afrika gekommen. Auch heute findet man auf den Märkten häufig bedruckte Stoffe, die mit „original english wax" oder „wax hollandais" ausgezeichnet sind; häufig in den ehemalig holländischen Kolonien in Südostasien hergestellt.

Banko: Gemisch aus Lehm, Stroh, Mist und Sand, aus dem luftgetrocknete Ziegelsteine hergestellt und mit demselben Material vermörtelt werden.

Bella: Ehemalige Sklaven der Tuareg.

Beschneidung: Operation, die meist vor der Pubertät vom Schmied des Dorfes (bei Mädchen von der Frau des Schmiedes) durchgeführt wird. Bei Jungen wird die Vorhaut des Penis (Circumcision), bei Mädchen werden die Klitoris (Excision) und manchmal auch die Schamlippen (Labien) entfernt; bei der selten vorgenommenen Infibulation wird die Vulva bis zur Heirat zugenäht (siehe Initiation).

Bois sacré: „Heiliger Hain", an dem rituelle Zeremonien und kultische Handlungen (wie z.B. Initiationen) abgehalten werden. Der Zugang zu diesem heiligen Platz ist nur Eingeweihten erlaubt.

Bolong: Bezeichnung für den Seitenarm eines Flusses.

Boubou (oder Bubu): Weites, ärmelloses Gewand der Moslems in fast allen Ländern der Sahel-Sudanzone.

Calèche (franz. Kutsche): Zweirädrige Pferdekutsche, die in manchen Städten Westafrikas (wie z.B. im Senegal) als öffentliches Transportmittel eingesetzt wird.

Casuarina (Kasuarine): An der Atlantikküste Westafrikas anzutreffender Baum, auch in Südostasien beheimatet, der an seinen schachtelhalmähnlichen Zweigen zu erkennen ist.

Chech (Chèche, Schech): Feiner, bis zu 6 m langer Musselinstoff, der als Turban um den Kopf geschlungen wird.

Clan (Klan): Größere Verwandtschaftsgruppe, die auf gemeinsamer patrilinearer oder matrilinearer Abstammung von einem gemeinsamen wirklichen oder mythischen Urahnen beruht. Der Clan kann entweder Hunderte von Menschen einschließen oder nur wenige, er kann die Bevölkerung eines ganzen Gebietes, einer Stadt, eines Dorfes oder nur den Teil eines Gehöftes umfassen.

GLOSSAR

- **Cram-Cram:** Sudanklette, typische Pflanze des Sahel und wichtige Futterpflanze mit klettenartigen Samenkapseln.

- **Dolo:** Einheimisches Hirsebier; je nach Region anders bezeichnet, z.B. „djiapalo" oder „pito".
- **Djembé:** In Senegal und Gambia verbreitete Trommelform, die ursprünglich aus Guinea stammt und sowohl als Solo- als auch als Begleitinstrument eingesetzt wird.
- **Djihad (Dschihad):** „Heiliger Krieg" der Moslems gegen die Ungläubigen.
- **Dum-Palme:** Fächerpalme, deren Stamm sich verzweigt; wächst wild an relativ feuchten Stellen; typische Pflanze des Sahel. Blätter liefern Rohmaterial für Flechtarbeiten.
- **Dyali (Jali):** Mandingo-Bezeichnung für Griot.

- **endemisch** (lat.): ortsgebunden; nur in bestimmter Gegend vorkommend.
- **Endogamie:** „Binnenheirat", Vorschrift zur Heirat innerhalb der eigenen Verwandtschaftsgruppe. Die Endogamie ist häufig bei Gesellschaften mit Kasten anzutreffen.
- **Erdherr (Herr des Bodens):** In westafrikanischen Kulturen der Nachkomme eines meist legendären Dorfgründers, in dessen Namen der Erdherr Grund und Boden der Ansiedlung verwaltet. Er ist auch für die Rituale des Ahnenkultes zuständig.
- **Erg:** Sandwüste mit oder ohne Dünen.
- **Erosion:** Zerstörung der Bodenoberflächen durch Verwitterungskräfte wie Wasser, Wind oder Temperaturspannungen.
- **Ethnie:** Bevölkerungsgruppe, die eine einheitliche Kultur und Sprache hat und deren Zusammengehörigkeitsgefühl auf dem Glauben an eine gemeinsame Abstammung basiert; meist identisch mit dem undifferenziert gebrauchten Begriff „Stamm", der von Ethnologen kaum mehr verwendet wird.
- **Exogamie:** „Außenheirat", Gegensatz zu Endogamie; Vorschrift zur Heirat außerhalb der eigenen Verwandtschaftsgruppe.

- **Faktorei:** Koloniale Handelsniederlassung der Europäer in Übersee.
- **Fetisch:** Objekt (Holzfigur, Kalebasse, Tonkrug, Tasche), das einen magischen, kraftspendenden Stoff (Puder, getrocknete Pflanzen, Knochen) enthält. Diesen Objekten bringt man regelmäßig Opfer dar, indem man sie mit Hirsebrei oder Tierblut übergießt.
- **Fetischpriester:** siehe Magier.
- **Fromager:** siehe Kapok-Baum.
- **Fruchtbarkeitsriten:** Magische Handlungen, welche die Fruchtbarkeit von Mensch, Tier und Boden fördern sollen (z.B. Aufstellen von Phalli und Geschlechtsverkehr auf frisch angelegten Feldern etc.).
- **Fulbe (Fulani, Peul):** Ethnie mit gemeinsamer Sprache, dem Fulfulde, die in unterschiedlichen Ausprägungen im gesamten Sudan anzutreffen ist, z.B. Fulbe-Bororo.

- **Galeriewald:** In afrikanischen Savannen- und Steppengebieten entlang von Flüssen anzutreffender Feuchtwald.
- **Gare routière:** Im franzspr. Afrika übliche Bezeichnung für Busbahnhof.
- **Geheimbünde:** Soziale Organisationen, welche vor allem in Westafrika die Rechte von ethnischen oder sozialen Minderheiten (Kasten, Frauen) vertreten. Geheim ist meist nicht ihre Existenz, sondern ihre Satzungen, ihre Mitglieder und Zeremonien.
- **Génies:** Franz. Bezeichnung für Geistwesen, welche als Ursache für physische und psychische Störungen angesehen werden; vergleichbar mit den Dämonen im Christentum und den „djinns" im Islam.
- **Griot (Griotte):** MusikerIn und SängerIn, die früher für die mündliche Überlieferung der wichtigsten geschichtlichen Ereignisse zuständig waren; auch Bewahrer von Tradition, Sitten und Moral.
- **Gris-Gris:** Amulett zur Abwehr negativer magischer Kräfte (aus Leder, Stoff, Metall), in dem oft ein Koranspruch steckt.
- **Großfamilie:** Wirtschaftliche und soziale Einheit, die mehr als zwei Generationen umfasst, über den Rahmen der Kleinfamilie hinausgeht und an einem Ort zusammenlebt. Die Großfamilie ist in Westafrika bei den meisten Völkern die im täglichen Leben wichtigste Verwandtschaftsgruppe.

- **Hackbau:** In Westafrika weit verbreitete traditionelle Form der Bodenkultivierung; wich-

tigstes Gerät ist die Hacke (im Vgl. zum Pflug beim Ackerbau).
- **Harmattan:** Trockener Wüstenwind, der Staub und Sand aus der Sahara bis weit in den Süden Westafrikas weht.
- **Haussa (Hausa):** Große westafrikanische, islamisierte Bevölkerungsgruppe. Ihre Sprache, das Haussa, ist Verkehrs- und Handelssprache in weiten Teilen Westafrikas.
- **Hedschra (Hidjra):** Auswanderung Mohammeds von Mekka nach Medina im Jahre 622; vom Kalifen *Omar I.* als Beginn der islamischen Zeitrechnung festgesetzt.
- **Henna:** Aus Blättern und Rinde des Henna-Strauches wird ein roter Farbstoff gewonnen, den v.a. in Marokko, der nördlichen Sahara, aber auch in Westafrika Frauen zum rituellen Einfärben von Händen und Füßen benützen.
- **Hexe:** In vielen afrikanischen Gesellschaften sehr gefürchtete Frau, die – oft ohne es zu wissen – die Lebenskräfte ihrer Mitmenschen beeinträchtigen kann; sie hat den „bösen Blick".
- **Hirse** (franz.: mil, engl: millet): Hauptnahrungsmittel in der Südsahara und im Sahel; es gibt verschiedene Arten; die Stängel werden zu Flechtarbeiten verwendet.

- **Indigo:** Blauer Farbstoff, aus den Blättern der Indigo-Pflanze gewonnen. Besonders bei den Tuareg und Dogon sehr beliebter Farbstoff zum Einfärben von Gewandstoffen.
- **Initiation** (lat.): Bei der Geschlechtsreife werden in vielen Gesellschaften sogenannte Initiationsriten abgehalten, denen eine Vorbereitungszeit vorausgeht, in der die Initianden auf das sexuelle, religiöse und kultische Leben der Gemeinschaft vorbereitet werden. Sie müssen sich dabei Prüfungen und Mutproben unterziehen. Höhepunkt stellt häufig die Beschneidung dar (bei Knaben Entfernung der Vorhaut, bei Mädchen u.a. Entfernung der Klitoris). Auch bei der Aufnahme in Geheimgesellschaften und Kultgemeinschaften (Männer- und Frauenbünde) werden bestimmte Initiationsriten durchgeführt.
- **Inschallah:** „Nach dem Wunsch Gottes (Allahs)", „So Gott (Allah) es will".
- **Islam:** Name der Weltreligion, die auf Mohammed zurückgeht und heute über 900 Mio. Anhänger zählt. Strikter Glaube an den „einen" Gott (Monotheismus). Die „Fünf Säulen" des Islam sind Glaubensbekenntnis, fünfmal täglich Gebet Richtung Mekka, Almosen geben, Fasten im Ramadan, Pilgerfahrt nach Mekka; verboten sind u.a. der Genuss von Alkohol, Schweinefleisch, Glücksspiele etc.

- **Kalebassen:** Getrocknete und ausgehöhlte Kürbisse, die man als Gefäße benützt; meist mit Brandmalerei verziert.
- **Kapok-Baum** (engl. „Silk Cotton Tree"): Großwüchsiger Baum mit auffälligen, weit ausladenden Brettwurzeln und schirmförmiger Krone. Im frankophonen Afrika „Fromager" genannt, da aus seinem Holz auch Käsereiben hergestellt werden.
- **Kaste:** Streng abgegrenzte Gruppe innerhalb eines sozialen Systems, die von der Majorität diskriminiert wird, endogam ist und meist ein bestimmtes Handwerk ausübt (in Westafrika z.B. die Schmiede).
- **Kauri:** Kleine, weiße Muscheln aus dem Indischen Ozean, die lange Zeit in großen Teilen Afrikas als Zahlungsmittel dienten; heute werden sie jedoch hauptsächlich für familiäre oder religiöse Zwecke verwendet.
- **Koran:** Heilige Schrift des Islam; Sammlung der von Mohammed empfangenen göttlichen Offenbarung in Form von 114 Kapiteln (= Suren).
- **Kora:** 21-saitiges, harfenähnliches Musikinstrument; wichtigstes Begleitinstrument der Jali (Griots) in Gambia.
- **Kosmogonie:** Legende von der Entstehung des Kosmos; in Afrika handelt es sich meistens um die legendäre Geschichte der Schöpfung durch einen Gott.

- **Laterit:** Rötlicher Boden, typisch für die Tropen; entsteht durch Einlagerung von Eisenoxyden und verschiedenen Metallsalzen in den oberen Bodenschichten.
- **Layénnes:** Von *Seydina Limamou Laye* im 19. Jh. gegründete islamische Bruderschaft im Senegal mit religiösem Zentrum in dem Dorf Yoff bei Dakar.
- **Levirat:** Die Witwe heiratet zur Fortpflanzung, Sicherung der Sippe und angemessenen Altersversorgung den Bruder ihres verstorbenen Ehemannes.

GLOSSAR

- **Lineage:** Gruppe mehrerer verwandter Großfamilien, die einen gemeinsamen Vorfahren haben; entspricht etwa der „Sippe".
- **Litham:** Gesichtsschleier der Tuareg.
- **Lutte:** In Senegal und Gambia sehr beliebter, ringkampfähnlicher Nationalsport. In Gambia „wrestling" genannt.

- **Magal:** Große Wallfahrt der Mouriden nach Touba, Senegal.
- **Magie:** Anwendung und Wirkung von Kräften, mit denen man sich durch bestimmte Riten oder Beschwörungen überirdischer Kräfte bedient; die sogenannte „weiße" Magie dient sozial erwünschten Zwecken (Heilung, Regenzauber etc.), mit „schwarzer" Magie dagegen versucht man, anderen Schaden zuzufügen.
- **Magier:** Mensch, der mit übernatürlichem Wesen in Verbindung steht und somit über gewisse Kenntnisse und Kräfte verfügt; oft eine Art Seher oder Wahrsager, denn er erkennt die unsichtbaren Ursachen und Kraftverbindungen, die zu einem bestimmten Ereignis geführt haben oder führen werden. Er kann Regen machen, Kranke heilen, das Wachstum der Pflanzen fördern und Hexen und Zauberer bannen. Er stellt Talismane (gris-gris) her, die vor negativen Einflüssen schützen sollen.
- **Marabout:** Vom Volk aufgrund seiner besonderen Fähigkeiten (Wundertaten) als „Heiliger" verehrte Person, ein Weiser, Alter, Heilkundiger, Gelehrter o.Ä., der als Vermittler zwischen Gott und den Menschen dient.
- **matriarchalisch** (lat.): mutterrechtlich.
- **Matrilinearität:** Verwandtschaft wird über die weibliche Linie, d.h. über die Mutter, bestimmt. Ein Kind gehört demnach immer der Verwandtschaftsgruppe der Mutter an. Typisch für Ethnien mit matrilinearer Abstammungsfolge ist eine besondere Wertschätzung und sozial wie wirtschaftlich bedeutende Stellung der Frau; noch bei vielen Völkern Westafrikas anzutreffen (vgl. Patrilinearität).
- **Mohammed:** Begründer des Islam und letzter Prophet Allahs, der seinen Schreibern den Koran diktierte. Geb. 570 in Mekka, gest. 632 in Medina.
- **Mouloud:** Geburtstag des Propheten Mohammed.
- **Mouriden:** Von *Amadou Bamba* in Touba (Senegal) gegründete islamische Bruderschaft mit erheblichem Einfluss.
- **Muezzin:** Gebetsrufer, der die Moslems fünfmal täglich ans Gebet erinnert.

- **Négritude:** Von dem Politiker und Dichter *Leopold Sédar Senghor* und dem schwarzen Dichter der Antillen *Aimé Césaire* initiierte und propagierte Rückbesinnung auf die eigene schwarze Kultur (= „Neger-Sein").
- **Neusudanier (Jungsudanier):** Begründer großer Staaten (wie der mittelalterlichen Großreiche Ghana, Mali, Songhay) im Sahel-Sudan, die wichtige Impulse von den „Weißafrikanern" (Arabo-Berbern) aus dem Norden erhielten. Im Gegensatz zu den Altnigritern haben sie eine feudalistische Sozialordnung (Adelige, Freie, Berufskasten, Sklaven) und ein hochentwickeltes Kunsthandwerk bzw. Lehmarchitektur. Seit dem 10. Jh. n.Chr. sind sie islamisiert (typische Vertreter sind z.B. Bambara, Malinke, Wolof, Haussa und Songhay).
- **Ndeup:** Geistheilungsritual mit Tänzen zur Heilung Kranker bzw. Austreibung böser Geister (Region Cap Vert/Senegal).

- **Oued oder Wadi:** Den überwiegenden Teil des Jahres trocken liegendes Flußbett.

- **pagne:** Baumwollstoffbahn, welche von afrikanischen Frauen um die Hüfte gewickelt als Rock oder um den Oberkörper gebunden als Bluse getragen wird; eine dritte Stoffbahn dient den Frauen als Tragetuch für Kinder.
- **palabre:** Traditionelle afrikanische Form der Problemlösung, wobei ein Sachverhalt von den Ältesten eines Dorfes oder einer Sippe so lange diskutiert wird, bis eine für alle Beteiligten akzeptable Lösung gefunden ist. Versammlungsort ist meist ein Baum, der sogenannte „arbre de palabre" (siehe ebenda).
- **patriarchalisch** (lat.): vaterrechtlich.
- **Patrilinearität:** Verwandtschaftsrechnung, bei der die Abstammungsfolge nur über den Vater bestimmt wird. Im Islam vorherrschend (Ausnahme z.B. bei den Tuareg).
- **Piroge:** Schmale Boote, welche nicht nur den einheimischen Fischern als Fortbewegungsmittel dienen; früher meist aus einem

GLOSSAR

Baum geschnitzt und mit Paddel betrieben, heute häufig mit Motorantrieb und mangels großer Bäume aus verschiedenen Hölzern hergestellt.

- **Polygamie:** Oberbegriff für die Verbindung mit mehreren Partnern, im Gegensatz zur Monogamie, der in Europa üblichen Eheform eines Mannes mit einer Frau. In afrikanischen Kulturen ist dagegen die Polygynie, die eheliche Verbindung eines Mannes mit mehreren Frauen, häufig anzutreffen.

- **Ramadan:** Fastenmonat bei den Moslems (neunter Monat im islamischen Kalender); dauert von einem Neumond zum nächsten. Während des Ramadan dürfen die Moslems von Sonnenaufgang bis Sonnenuntergang weder essen und trinken noch rauchen. Das Ende des Ramadan wird mit dem Fest „Aid es Seghir" gefeiert.

- **Regen(zeit)feldbau:** Extensiver Anbau mit der Hacke in Vegetationszonen mit weniger als sechs feuchten Monaten. Wenn der Boden erschöpft ist, wird ein neues Feld durch Brandrodung erschlossen.

- **Sahel:** „Ufer", Übergangszone zwischen Wüste und Savanne.

- **Savanne:** Vegetationszone, die eine Übergangszone zwischen Wüste und Feuchtwald darstellt; es werden Feuchtsavanne, Trockensavanne, Dornbuschsavanne und Wüstensavanne unterschieden.

- **Schwirrholz:** Ovales, flaches Holzstück; wird an einem Faden so über dem Kopf geschwungen, dass ein hohler, pfeifender Ton entsteht – dies deutet man den Nicht-Eingeweihten als Stimmen der Ahnen und Geister.

- **Sororat:** Verpflichtung der Familie der Ehefrau, falls diese unfruchtbar ist oder frühzeitig stirbt, ihrem Schwiegersohn eine andere Tochter zur Frau zu geben.

- **Stamm:** siehe Ethnie.

- **Subsistenzwirtschaft:** Eine ganz oder überwiegend auf Selbstversorgung ausgerichtete Wirtschaftsform, die nicht für den Markt produziert.

- **Sudan:** Geografische Bezeichnung für das Gebiet zwischen Atlantik im Westen und Nil im Osten bzw. zwischen Wüste im Norden und tropischem Regenwald im Süden; nicht zu verwechseln mit dem Staatsbegriff für die Republik Sudan.

- **Sudanischer Baustil:** Mehrgeschossige Lehmarchitektur, die sich im Nigergebiet als Baustil für städtisch-bürgerliche Häuser aus einer Verschmelzung traditioneller Baustile der Altnigriter und Stilelementen aus Nordafrika und dem Orient entwickelt hat.

- **Sukkulenz:** Fleischige Verdickung von Pflanzen zur Wasserspeicherung in Trockengebieten, wie Sahel und Wüste.

- **Tabaski** (arab. „Aid el Kebir"): „Hammelfest", mohammedanisches Fest vierzig Tage nach Ende des Ramadan, bei dem zur Erinnerung an die Opferung *Isaaks* durch *Abraham* Hammel geschlachtet werden.

- **Taguelmost (litham):** Gesichtsschleier der Tuareg-Männer, mit dem Mund und Nase verdeckt/geschützt werden.

- **Tamaschek (Tamahag):** Sprache der Tuareg, „Berbersprache".

- **Tanganas:** Straßenstände, an denen Speisen und Getränke angeboten werden.

- **Tifinarh oder Tifinagh:** Alte Berberschrift; noch heute von den Tuareg verwendet.

- **Toubab:** Weit verbreitete Bezeichnung für „Weißer" bzw. „Europäer".

- **Tubu:** „Felsenmenschen"; Bevölkerung mit dunkler Hautfarbe (jedoch nicht negroid) aus dem südlichen Tibesti-Gebirge; es handelt sich evtl. um Nachkommen einer Urbevölkerung der Sahara.

- **Totemismus:** Vorstellung, dass die eigene Familie von einem nicht-menschlichen Ahnen abstammt (Tier, Pflanze etc.); zumeist darf dieser Ahne nicht geschädigt werden durch Jagd, Essen, Verbrennen und wird zu bestimmten Zeiten mit Opfern geehrt.

- **Tuareg:** Hellhäutige Ethnie, die in der zentralen und südlichen Sahara als Viehzüchter und Nomaden lebt.

- **„Verlorene Form":** Gusstechnik, bei der man zunächst die zukünftige Metallplastik in Wachs vorbildet, dieses dann mit einem Tonmantel umgibt, das Wachs ausschmilzt *(cire perdue)* und dann das geschmolzene Metall in die Hohlform gießt, die nach dem Erkalten des Metalles zerschlagen wird.

- **Verwandtschaft:** In den traditionellen afrikanischen Gesellschaften gibt es eine Verwandtschaftseinteilung, nach der alle Angehörigen der gleichen Generation als „Schwestern" oder „Brüder" bezeichnet werden, egal in welchem verwandtschaftlichen Verhältnis sie zueinander stehen. Die der ältesten Generation werden „Großvater/Großmutter", der mittleren „Mutter/Vater" und die der jüngeren „Sohn/Tochter" genannt. So kommt es, dass ein einzelner Dutzende oder Hunderte von „Vätern", „Brüdern/Schwestern" etc. hat.
- **Vollnomadismus:** Wirtschafts- und Lebensform von Viehzüchtern, die keinen Ackerbau betreiben und mit ihren Herden großräumige zyklische Wanderungen durchführen. Charakteristisch für die Nomaden des Sahel ist bzw. war eine strikt hierarchische Gesellschaftsordnung, mehr oder weniger stark islamisiert. Typische Vertreter sind Tuareg oder Fulbe-Bororo.

- **Wrestling:** siehe Lutte.

- **Zeugenberge:** Einzeln stehende Berge in Wüstenlandschaft, die von einem ehemaligen Plateau zeugen.

Literatur

Sachbücher, Bildbände und Reisebeschreibungen

- **Bertaux, P.** (Hrsg.)
Afrika. Fischer Weltgeschichte (Bd. 32), Fischer TB-Verlag 1966
- **Barth, Heinrich**
Reisen und Entdeckungen in Nord- und Centralafrika (1849–1855), Bd. I–V. J. Perthes, Gotha 1857/1858
- **Baumann, Heinrich** (Hrsg.)
Die Völker Afrikas und ihre traditionellen Kulturen. Teil I u. II, Wiesbaden 1979
- **Bender, Wolfgang**
Sweet Mother – Afrikanische Musik. Trickster Verlag, München 1985
- **Beuchelt, Eno**
Die Afrikaner und ihre Kulturen. Berlin 1981
Mali. Kurt Schröder Verlag, Bonn 1966
- **Beuchelt, Eno/Ziehr, W.**
Schwarze Königreiche, Völker und Kulturen Westafrikas. Frankfurt 1979
- **Chernoff, John Miller**
Rhyhthmen der Gemeinschaft. Musik und Sensibilität im afrikanischen Leben. Peter Hammer Verlag, Wuppertal
- **Chesi, Gert**
Voodoo, Afrikas geheime Macht und
Die letzten Afrikaner.
Perlinger Verlag, Wörgl/Österreich
- **Cobbinah, Jojo**
Ghana. Peter Meyer Verlag 1992
- **Cornevin, Robert und Marianne**
Geschichte Afrikas. Klett-Cotta, Ullstein TB, Frankfurt/M. 1980
- **Dammann, Ernst**
Die Religionen Afrikas. Stuttgart 1963
- **Diome, Fatou**
Der Bauch des Ozeans. Diogenes 2004
- **Dorn, Thomas/Mensah, Ayoko**
Gesichter & Rhythmen Afrikas (Bildband mit beiliegender Doppel-CD). Marino Verlag, Wuppertal
- **Ehling Holger, Jbinah Jojo**
Westafrikanisch kochen. Gerichte und ihre Geschichte. Edition dià 1995
- **Ewens, Graeme**
Die Klänge Afrikas – Zeitgenössische Musik von Kairo bis Kapstadt. Marino Verlag.
- **Förster, Till**
Glänzend wie Gold – Gelbguss bei den Senufo, Elfenbeinküste. Reimer Verlag, Berlin 1987
- **Frobenius, Leo**
Schwarze Sonne Afrika. Mythen, Märchen und Magie. Düsseldorf/Köln 1980
Kulturgeschichte Afrikas. Prolegomena zu einer historischen Gestaltlehre. Peter Hammer Verlag, Wuppertal 1993
- **Fuchs, Peter**
Sudanische Landschaften. Menschen, Kulturen zwischen Niger und Nil. Anton Schroll Verlag, Wien/München 1977
- **Göttler, Gerhard**
Sahara. Mensch und Natur in der größten Wüste der Erde. DuMont Kunst-/Kultur-Reiseführer

LITERATUR

Die Tuareg: Kulturelle Einheit und regionale Vielfalt eines Hirtenvolkes. DuMont-Dokumente 1989

- **Griaule, Marcel**
Schwarze Genesis. Ein afrikanischer Schöpfungsbericht. Suhrkamp Taschenbuch 624, Frankfurt 1980
- **Harding, Leonhard/Reinwald, Brigitte**
Afrika – Mutter und Modell der europäischen Zivilisation? Die Rehabilitation des afrik. Kontinents durch Cheikh Anta Diop. Reimer Verlag, Berlin 1993
- **Heinrichs, Hans-Jürgen/ Hoffmann, Mourad**
Der Islam als Alternative. Eugen Diederichs Verlag, München 1993
- **Italiaander, Rolf** (Hrsg.)
Heinrich Barth – Im Sattel durch Nord- und Zentralafrika. Wiesbaden 1967
- **Jahn, Janheinz**
Muntu – Die neoafrikanische Kultur. Diederichs Gelbe Reihe/63 Afrika
- **Ki-Zerbo, Joseph**
Die Geschichte Schwarz-Afrikas. rororo Taschenbuch 6417
- **Krings, Thomas**
Sahel – Senegal, Mauretanien, Mali, Niger. Islamische und traditionelle schwarzafrikanische Kultur zwischen Atlantik und Tschad-See. DuMont-Buchverlag, Köln, 5. Aufl. 1990; Version bei Wissenschaftliche Buchgesellschaft, Darmstadt 2006
- **Lötschert, Prof. Dr. W./Beese, Dr. G.**
Pflanzen der Tropen. BLV, München, 4. Aufl. 1992
- **Morgenthaler F./ Parin-Matthey G.**
Die Weißen denken zu viel. Psychoanalytische Untersuchung in Westafrika. München 1974
- **Nass, Klaus Otto**
Stirbt Afrika? Europa Unions Verlag, Bonn 1986
- **Obert, Michael**
Regenzauber. Packende Reportage über eine Fahrt von der Quelle bis zur Mündung des Nigers (auch als Taschenbuch erhältlich). Droemer 2004, www.regenzauber.de
- **Panzacchi, Cornelia**
Mbala Mix – Musikszene Senegal. Peter Hammer Verlag, Wuppertal
- **Rapp/Ziegler**
Burkina Faso – eine Hoffnung für Afrika? Gespräche mit Thomas Sankara. Rotpunkt Verlag, Zürich 1987
- **Ritter, Hans**
Salzkarawanen in der Sahara (Bildband). Zürich/Freiburg 1980
Sahara (Bildband). Weiße Reihe, Ellert und Richter, Hamburg 1989
- **de Rosny, Eric**
Heilkunst in Afrika – Mythen, Handwerk und Wissenschaft. Peter Hammer Verlag
- **Simon, Karl Günter**
Islam und alles in Allahs Namen. Gruner & Jahr, Reihe Geo-Buch, 2. Aufl. 1991
- **Spittler, Gerd**
Hirtenarbeit: Die Welt der Kamelhirten und Ziegenhirtinnen von Timia. Studien zur Kulturkunde 111, Köppe Verlag Köln 1998
Handeln in einer Hungerkrise. Tuaregnomaden und die Große Dürre von 1984. Westdeutscher Verlag, Opladen 1989
- **Zwernemann, Jürgen**
Die Erde in der Vorstellungswelt und Kulturpraktiken der sudanischen Völker. Berlin 1968

Belletristik, Dichtung und Erzählungen

- **Ackermann, Irmgard** (Hrsg.)
Frauen in Afrika. Erzählungen und Berichte, München 1987
- **Bâ, Amadou Hampâté**
Jäger des Wortes. Geschichte einer Kindheit in Mali. Peter Hammer Verlag 1995
Oui, mon commandant! In kolonialen Diensten – Erinnerungen. Peter Hammer Verlag, Wuppertal
- **Bâ, Mariama**
Der scharlachrote Gesang. S. Fischer 1996
Ein so langer Brief. Ullstein 1996
- **Bebey, Francis**
Alle Menschen sind schwarz. Geschichten aus Afrika und Europa. Peter Hammer Verlag, Wuppertal
- **Bowen, Elenore Smith**
Rückkehr zum Lachen. Ein ethnologischer Roman. rororo TB 5851 1987

LITERATUR

- **Bugul, Ken**
  Die Nacht des Baobab. Zürich 1991
- **Condé, Maryse**
  Segu (Roman). Kiepenheuer & Witsch
- **Darko, Amma**
  Der verkaufte Traum. dtv München 1994
- **Eghbal, Afsaneh**
  Als der Mond sein Gesicht verbarg. rororo Neue Frau 5623
- **Francia, Luisa**
  Der afrikanische Traum. Stechapfel-Verlag, Zürich
- **Frommlet, Wolfram** (Hrsg.)
  Die Sonnenfrau – 26 neue Geschichten aus Schwarzafrika. Peter Hammer Verlag, Wuppertal
- **Gallmann, Kuki**
  Afrikanische Nächte. Droemer Knaur Verlag
- **Groenemeyer, Rainer**
  Der faule Neger. rororo aktuell
- **Haley, Alex**
  Roots – Wurzeln. Fischer TB 2448
- **Hanak, Ilse**
  Frauen in Afrika ... ohne uns geht nichts. Brandes & Apel, Südwind Verlag, Frankfurt
- **Heise, Gertrud**
  Reise in die schwarze Haut.
  Fischer TB 3762
- **Honke, Gudrun/Brückner, Thomas**
  Habari Gani, Afrika. Lesebuch der afrikanischen Literatur. Peter Hammer Verlag, Wuppertal 1998
- **Horstmann-Neun, Regina**
  Djenah – Meine schwarze Freundin erzählt. Burckhardhaus-Laetare Verlag 1986
- **Kourouma, Ahmadou**
  Die Nächte des großen Kriegers (Roman, 2000) und Allah muss nicht gerecht sein (Roman, 2002). Knaus Verlag
- **Laing, Kojo**
  Die Sonnensucher (Roman). Marino Verlag, Wuppertal
- **Lang, Othmar Fritz**
  Geh' nicht nach Gorom-Gorom. dtv-junior
- **Monénembo, Tierno**
  Zahltag in Abidjan (Roman). Peter Hammer Verlag, Wuppertal
- **N'Diaye, Marie**
  Drei starke Frauen (ausgezeichnet mit dem Prix Goncourt). Suhrkamp Verlag, Berlin 2010
- **Nwankwo, Nkem**
  Mein Mercedes ist größer als Deiner. Marino Verlag, Wuppertal
- **O'Hanlon, Redmond**
  Kongofieber. Roman, Eichborn-Verlag 1998
- **Ritter, Hans**
  Sahel – Land der Nomaden. Trickster Verlag, München 1986
- **Sèmbene, Ousman**
  Chala. Berlin 1992
  Die Postanweisung. Berlin 1988
- **Thiongo, Ngugi Wa**
  Verbrannnte Blüten. Peter Hammer Verlag, Wuppertal
- **Tonfeld, Michael**
  Kesseltreiben – Wilde Geschichten aus Afrika. Nana Yaa Press
- **Tutuola, Amos**
  Der Palmweintrinker. Heidelberg 1955
- **Vàsquez-Figuera, Alberto**
  Tuareg. Bertelsmann Verlag, München 1986
- **Welsch, Renate**
  Ich verstehe die Trommeln nicht mehr. Erzählungen aus Afrika. dtv pocket

Zeitschrift

- **Afrika-Post**
  Magazin für Politik und Kultur Afrikas.
  Deutsche Afrika Stiftung e.V. (Hrsg.);
  Ziegelstraße 30, 10117 Berlin,
  Tel. 030-28094727, www.afrika-post.de

Landkarten

- **Michelin 741 Afrika – Nord und West.**
  1:4 Mio. Unentbehrlich!
- **Michelin 975 Côte d'Ivoire.**
  1:1 Mio.
- **IGN Afrika**
  1:1 Mio. 57 topografische Blätter von Nord- und Westafrika. Für entlegene Gebiete ohne Straßenkarte oder für GPS-Navigation.
- **IGN Benin**
  1:600.000. Carte Routière et touristique.
- **IGN Burkina Faso**
  1:1 Mio. Carte Routière.
- **The Gambia**
  1:500.000. Tourist Information and Guide Map, Tourist Map of Ghana. Ist in Ghana allerdings nur gelegentlich erhältlich.
- **IGN Guinea**
  1:1 Mio. Carte Routière et touristique.
- **IGN Guinea-Bissau**
  1:500.000. Carte Routière et touristique.
- **IGN Mauretanien**
  1:1 Mio. Carte Routière et touristique.
- **IGN Niger**
  1:2,5 Mio. Carte Routière et touristique.
- **IGN Senegal**
  1:1 Mio. Carte Routière et touristique.
- **IGN Togo**
  1:500.000. Carte Routière et touristique.
- **IGN Nationalparks Westafrika**
  Verschiedene Maßstäbe für Arli, Pendjari, W-Comoé, Keran etc.
- **Russische Generalstabskarten**
  1:1 Mio., 1:500.000, 1:200.000, Moskau; für entlegene Gebiete und für GPS-Navigation.
- **Senegal & Gambia**
  1:550.000, world mapping project / REISE KNOW-HOW Verlag
- **Westafrika Sahelländer**
  1:2,2 Mio., world mapping project / REISE KNOW-HOW Verlag

HILFE!

Dieses Reisehandbuch ist gespickt mit unzähligen Adressen, Preisen, Tipps und Infos. Nur vor Ort kann überprüft werden, was noch stimmt, was sich verändert hat, ob Preise gestiegen oder gefallen sind, ob ein Hotel, ein Restaurant immer noch empfehlenswert ist oder nicht mehr, ob ein Ziel noch oder jetzt erreichbar ist, ob es eine lohnende Alternative gibt usw.

Unsere Autoren sind zwar stetig unterwegs und versuchen, alle zwei Jahre eine komplette Aktualisierung zu erstellen, aber auf die Mithilfe von Reisenden können sie nicht verzichten.

Darum: Schreiben Sie uns, was sich geändert hat, was besser sein könnte, was gestrichen bzw. ergänzt werden soll. Nur so bleibt dieses Buch immer aktuell und zuverlässig. Wenn sich die Infos direkt auf das Buch beziehen, würde die Seitenangabe uns die Arbeit sehr erleichtern. Gut verwertbare Informationen belohnt der Verlag mit einem Sprachführer Ihrer Wahl aus der über 220 Bände umfassenden Reihe „Kauderwelsch".

Bitte schreiben Sie an:
REISE KNOW-HOW Verlag Peter Rump GmbH, Pf 14 06 66, D-33626 Bielefeld,
oder per E-Mail an: info@reise-know-how.de
Danke!

SUNTOURS
Expeditionen · Karawanen · Trekking
Die Wüsten Arabiens · Sahara & Sahel
Maghreb · Südliches Afrika
Folgen Sie uns in die schönsten Wüsten und Savannen der Erde. Seit mehr als 25 Jahren unterwegs mit erfahrenen Guides.
SUNTOURS GmbH
Dorfstr. 14 / Dornholzhausen · D – 35428 Langgöns
Tel. +49 (0) 6447 92103 · Fax +49 (0) 6447 92104
www.suntours.de

African Dreams
Individual Tours and Services
Brigitte Waltzinger

Ihr Spezialist für ein individuelles Mali Erlebnis bietet auch Ihre Traumreise ins Herz Westafrikas.

Entdecken Sie...

Mythen, Sagen und Legenden uralter Karawanenrouten

Spuren großer Königreiche

lebende Traditionen und Kulte

faszinierende Musik-Festivals

den Niger, Fluss der Götter

die Magie des ursprünglichen Afrika

Eduard Mörike Weg 1a, D - 66133 Saarbrücken
Tel: 0681-8319458 Mobil: 0172-6516230
info@african-dreams.biz
www.african-dreams.biz

ANZEIGE 821

www.diamir.de

DIAMIR Erlebnisreisen

Kleingruppenreisen und individuelle Touren nach Mali und in die Länder Westafrikas

▲ **Mali** Ins heiße Herz Afrikas
15 Tage Trekking- und Kulturrundreise ab 1870 € zzgl. Flug
▲ **Mali** An den Ufern des Niger
13 Tage Kulturrundreise mit Komfort ab 2290 € zzgl. Flug.
▲ **Ghana · Benin · Togo** Stammesfeste und Vodoozauber
12 Tage Kultur- und Naturrundreise ab 1890 € zzgl. Flug
▲ **Ghana · Togo · Benin** Ashantigold, Voodoo und wilde Tiere
21 Tage Naturrundreise ab 3690 € inkl. Flug
▲ **Sierra Leone** Schimpansen, Sklaven, Strandidylle
16 Tage Natur- und Kulturrundreise ab 3390 € inkl. Flug
▲ **Preisgünstige Flüge** nach Westafrika im DIAMIR-Reisebüro unter flug@diamir.de sowie Hotline (030) 79 78 96 81

Kultur- und Naturrundreisen, Trekkingreisen und Expeditionen auch ins restliche Afrika sowie nach Asien, Nord- und Südamerika, Europa und Ozeanien.

Gratiskatalog, Beratung und Buchung im Reisebüro oder bei:

DIAMIR Erlebnisreisen GmbH
Loschwitzer Str. 58, D – 01309 Dresden
fon +49 (0) 351 – 31 20 77
info@diamir.de · www.diamir.de
www.mali.de

DIAMIR Erlebnisreisen

Register

Abalak (Niger) 494
Abdallahi (Mauretanien) 228
Abéné (Senegal) 740
Abuko Nature Reserve (Gambia) 778
Acacia Albida (Niger) 435
Achegour (Niger) 520
Adekmar (Mauretanien) 272
Adel Bagrou (Mauretanien) 237, 297
Adel-Bagrou (Mali) 375
Ader (Niger) 493
Adrar Bous (Niger) 515, 525
Adrar Chiriet (Niger) 515
Adrar des Iforhas (Mali) 429
Adrar Madet (Niger) 520
Adrar Tamgak (Niger) 516
Adrar-Bergland (Mauretanien) 274
Adrar-Massiv (Mauretanien) 214
Affen (Mali) 366
Affenbrotbaum (Senegal) 717
Affolé-Berge (Mauretanien) 214
AFRICOM (Mali) 325
Agadez (Niger) 495
Aghnaoudert (Mauretanien) 265
Aghouedir (Mauretanien) 282
Ahnenkult (Burkina Faso) 532
Ahnenverehrung 152
Aiguilles de Sindou (Burkina Faso) 609
Aïr-Gebirge (Niger) 82, 495, 506, 511, 512
Airport Dakar-Blaise Diagne (Senegal) 641
Airport Dakar-Yoff-Léopold
 Sédar Senghor (Senegal) 641
Akjoujt (Mauretanien) 274
Akweji (Mauretanien) 263
Albreda (Gambia) 799
Aleg (Mauretanien) 291
Algeciras 30
Algerien 32, 237, 323, 332,
 429, 451, 454, 492, 510
Ali Ber 100
Alkoholismus 50
Almohaden (Mauretanien) 222
Almoraviden 98, 222
Al-Qaida im Maghreb
 228, 253, 324, 406, 428, 446, 509
Altnigritische Gesellschaften 125
Amadou Sekou 101
Amba (Mali) 405
Amjenjer-Tal (Mauretanien) 284

Anakoum-Tal (Niger) 515
Andéramboukane (Mali) 428
Anéfis (Mali) 429
Animismus 146
Anou Arren (Niger) 513
Anreise 26
Anreise (Burkina Faso) 545
Anreise (Casamance) (Senegal) 729
Anreise (Gambia) 763
Anreise (Mali) 331
Anreise (Mauretanien) 235
Anreise (Niger) 451
Anreise (Senegal) 641
Ansongo (Mali) 427
Ansongo (Niger) 480
Aoueloul (Mauretanien) 284
Aoukar-Meer (Mauretanien) 296
Aourou (Mali) 370
Aourou (Mauretanien) 293
Araber 97
Arabisch 221, 806
Arakaou (Niger) 515
Arbre du Ténéré (Niger) 517
Arbre Thierry Sabine (Niger) 524
Architektur 171
Aribinda (Burkina Faso) 620
Arlit (Niger) 507
Arly (Nationalpark) (Burkina Faso) 588
Arrigui-See (Niger) 522
Arroganz (Mauretanien) 218
Ashanti 102, 130, 142
Assaba-Massiv (Mauretanien) 214
Assamaka (Niger) 454, 510
Assodé (Niger) 513, 515
Atâr (Mauretanien) 274
Auberge Ain Cafra (Mauretanien) 284
Auberge Zarga (Mauretanien) 283
Auslandskrankenversicherung 77
Ausnahmezustand (Niger) 445
Ausreisebestimmungen 44
Ausrüstung 36, 38
Ausrüstungsläden 41
Auto (Burkina Faso) 560
Auto (Mali) 346
Auto (Mauretanien) 251
Auto (Niger) 463
Auto (Senegal) 647
Autoausrüstung 39
Autoverschiffung (Mauretanien) 237
Ayorou (Mali) 427
Ayorou (Niger) 479

REGISTER

Ayoûn el'Atroûs (Mauretanien) 296
Azawakh (Mali) 428
Aziz, Mohamed Ould Abdul
　(Mauretanien) 228
Azougui (Mauretanien) 276

Baboon Island (Gambia) 800
Badéguichéri (Niger) 493
Badiara (Senegal) 646
Bafing-Fluss (Mali) 366
Bafing-Tal (Mali) 373
Bafoulabé (Mali) 366, 367
Baguéra (Burkina Faso) 610
Bahanga, Ibrahim Ag (Mali) 323
Bahnfahrt (Senegal) 643
Bahnverbindungen (Burkina Faso) 558
Bahnverbindungen (Mali) 342
Bahnverbindungen (Mauretanien) 249
Bahnverbindungen (Senegal) 659, 683
Bakau (Gambia) 779
Bakel (Senegal) 710
Balanzan-Bäume (Mali) 376
Balinn (Mali) 372
Ballaphon 206
Bamako (Mali) 349
Bamba (Mali) 405
Bamba, Amadou (Gambia) 756
Bambara 119, 192, 317, 318, 375, 805
Bambara-Maoundé (Mali) 416
Bambara-Reiche 100
Banane 50
Banani (Mali) 405
Banc d'Arguin (Nationalpark)
　(Mauretanien) 264, 265
Bancoumana (Mali) 364
Bandafassi (Senegal) 746
Bandiagara (Mali) 393
Banditentum (Mali) 347
Banfora (Burkina Faso) 605
Bani (Burkina Faso) 618
Bani (Niger) 481
Bani Bangou (Mali) 428
Bani-Fluss (Mali) 303, 381, 387
Banjul (Gambia) 771
Banjul International Airport (Gambia) 776
Bankass (Mali) 405
Banken (Burkina Faso) 555
Banken (Gambia) 768
Banken (Mali) 339
Banken (Mauretanien) 247
Banken (Niger) 460

Banken (Senegal) 652
Baobab 89, 717
Bapla (Burkina Faso) 614
Barane (Mali) 427
Barchan-Dünen (Mauretanien) 252, 291
Baré (Burkina Faso) 614
Barmou (Niger) 493
Barra (Gambia) 798
Barrage de Diama (Mauretanien) 288
Bars 46
Barth, Heinrich (Niger) 109, 498
Bassari-Land (Senegal) 742, 746, 747
Basse Casamance (Nationalpark)
　(Senegal) 734, 738
Basse Santa Su (Gambia) 797
Batama (Mali) 372
Batha Tin Jouker (Mauretanien) 281
Bathurst (Gambia) 772
Battling Siki (Senegal) 703
Baumwolle 177, 326, 375, 592
Bazoulé (Burkina Faso) 589
Beach-Boys (Gambia) 772, 783
Begräbnis-Ritual (Burkina Faso) 532
Begrüßung 20
Bekui (Burkina Faso) 603
Bella (Niger) 436
Ben Aischa (Mauretanien) 273
Ben Amira (Mauretanien) 272
Benin 453, 549, 554, 589
Berending (Gambia) 799
Beri-Beri (Niger) 436
Beschneidung 134, 135, 532
Beschneidungsfest (Senegal) 715
Bettler 21
Bevölkerung 112
Bevölkerung (Burkina Faso) 530
Bevölkerung (Gambia) 754
Bevölkerung (Mali) 317
Bevölkerung (Mauretanien) 218
Bevölkerung (Niger) 436
Bevölkerung (Senegal) 630
Bier (Gambia) 49, 348, 770
Bignona (Senegal) 739
Bijilo (Gambia) 783
Bildende Kunst 202
Bildungswesen (Burkina Faso) 543
Bildungswesen (Gambia) 761
Bildungswesen (Mali) 328
Bildungswesen (Mauretanien) 233
Bildungswesen (Niger) 449
Bildungswesen (Senegal) 638

REGISTER

Bilharziose (Mali) 400
Bilma (Niger) 491, 516, 519, 521
Bintang (Gambia) 795
Bintang-Bolong-Fluss (Gambia) 750, 795
Bir Mogrein (Mauretanien) 237
Birni-Nkonni (Niger) 485
Bisa 805
Blaka-Tal (Niger) 523
Bobo 117, 194
Bobo (Burkina Faso) 530
Bobo-Dioulasso (Burkina Faso) 593
Bobo-Ule (Burkina Faso) 592
Bogué (Mauretanien) 291
Bondigui (Burkina Faso) 614
Boni (Burkina Faso) 592
Boni (Mali) 419
Boradougou (Burkina Faso) 602
Boré (Mali) 417
Borko (Mali) 418
Boromo (Burkina Faso) 592
Bororo (Niger) 436
Botschaften 42
Botschaften (Burkina Faso) 550
Botschaften (Gambia) 764
Botschaften (Mali) 334
Botschaften (Mauretanien) 238
Botschaften (Niger) 455
Botschaften (Senegal) 648
Bou Lanouar (Mauretanien) 263, 271
Bouaké (Burkina Faso) 606
Boubon (Niger) 478
Boucle de Baoulé (Nationalpark) (Mali) 365
Boudofo (Mali) 366
Boukote (Senegal) 738
Boukouma (Burkina Faso) 621
Bourem (Mali) 416
Bouroum-Bouroum (Burkina Faso) 613
Boutilimit (Mauretanien) 291
Bouza (Niger) 493
Bozo 805
Brikama (Gambia) 788
Bruderschaften (Senegal) 631
Brufut (Gambia) 783
Brufut Beach (Gambia) 789
Btah Chinguetti (Mauretanien) 279
Bumster (Gambia) 772, 783
Bus 65
Buschtaxi 69
Buschtaxi (Burkina Faso) 559
Buschtaxi (Mali) 345
Buschtaxi (Mauretanien) 250

Buschtaxi (Senegal) 682
Buschtaxi (Gambia) 776
Busse 70
Busse (Burkina Faso) 559, 576, 600
Busse (Gambia) 776, 788
Busse (Mali) 345, 360
Busse (Niger) 462
Busse (Senegal) 654, 681, 682
Busu (Niger) 436

Cabaret 49
Cabrousse (Senegal) 736
Camp Fadel (Mauretanien) 281, 282
Campements villageois (Senegal) 737
Camping 76
Camping (Burkina Faso) 561
Camping (Mali) 348
Camping (Niger) 465
Cap Blanc (Mauretanien) 269
Cap Skirring (Senegal) 736
Cap Timirist (Mauretanien) 268
Cap Vert (Senegal) 661
Cape Point (Gambia) 779
Car Mouride (Senegal) 655
Car Rapide (Senegal) 654, 681
Carnet de Passage 65
Carnet de Passage (Gambia) 764
Carnet de Passage (Niger) 454
Carnet de Passage (Senegal) 647
Carte Brune (Mali) 333
Casamance (Senegal) 626, 726
Casamance-Fluss (Senegal) 84, 626, 726
Cascade de Dindéfelo (Senegal) 746
Cascade de la Volta Noire (Burkina Faso) 604
Cascade de Timia (Niger) 514
Cascades de Niofila (Burkina Faso) 610
CEDEAO-Versicherung (Senegal) 647
Chami (Mauretanien) 263
Chaussée de Sotuba (Mali) 363
Cheikh Ma el Ainine (Mauretanien) 224
Chinguetti (Mauretanien) 277
Chirfa (Niger) 522
Choum (Mauretanien) 273, 277
Christentum 163
Chutes de Barou (Niger) 483
Chutes de Farako (Mali) 376
Chutes de Gouina (Mali) 368, 370
Chutes de Karfiguiéla (Burkina Faso) 606
Chutes de Koudou (Niger) 483
Chutes de Léraba (Burkina Faso) 610
Chutes du Félou (Mali) 370

REGISTER

Clan 125
Clando (Senegal) 655, 682
Compaoré, Blaise (Burkina Faso) 535, 537
Corridor du Sud (Mali) 367
Côte d'Ivoire (Mali) 327

Daara (Senegal) 638
Dabous-Tal (Niger) 507
Dafra (Burkina Faso) 602
Dagana (Senegal) 708
Dagara 805
Dagomba 103
Dahomey 103
DAK'ART (Senegal) 203, 684
Dakar (Senegal) 661
Dalasi (Gambia) 768
Dallol Bosso (Niger) 478
D'Amogjar-Pass (Mauretanien) 277
Dan (Burkina Faso) 614
Dargol (Niger) 480
Dédougou (Burkina Faso) 605
Dégue-Degué (Burkina Faso) 610
Dekolonisierung 110
Delta du Saloum (Nationalpark) (Senegal) 719
Déou (Burkina Faso) 620
Désert de Lompoul (Senegal) 706
Desertifikation 86
Diafarabé (Mali) 384
Diaka-Fluss (Mali) 384
Diama-Staudamm (Senegal) 642, 708
Diam-Diam (Senegal) 724
Diamou (Mali) 368
Diantiandou (Niger) 484
Diapaga (Burkina Faso) 589
Diawling-Nationalpark (Mauretanien) 289
Dichtkunst 197
Didiéni (Mali) 374
Diébougou (Burkina Faso) 613, 614
Diebstahl 59
Diffa (Niger) 490
Differ (Senegal) 720
Dindéfelo (Senegal) 746
Diola (Senegal) 726, 731, 737
Dioro-Zeremonie (Burkina Faso) 612
Diouf, Abdou (Senegal) 633
Dioula 120, 531, 805
Diouloulou (Senegal) 739
Diourbel (Senegal) 695
Diplomatische Vertretungen 42
Dirkou (Niger) 521

Dissin (Burkina Faso) 615
Diula 120
Djaba (Niger) 523
Djado (Niger) 523
Djado-Plateau (Niger) 523
Djanet (Niger) 523
Djembering (Senegal) 736, 738
Djenné (Mali) 381
Djenné-Djeno (Mali) 385
Djerma-Songhay (Niger) 436
Djibo (Burkina Faso) 620, 623
Djiguibombo (Mali) 401
Djoudji-Nationalpark (Mauretanien) 287
Djoudji-Nationalpark (Senegal) 705
Djouk-Pass (Mauretanien) 291
Dodo-Carneval (Burkina Faso) 555
Dogon 116, 189, 192, 317, 396, 402
Dogondoutchi (Niger) 484
Dogon-Land (Mali) 393, 394
Dohoun (Burkina Faso) 603
Dori (Burkina Faso) 618
Dori (Niger) 481
Dornbuschsavanne 89, 627
Doro (Mali) 421
Dosso (Niger) 484
Doudou (Burkina Faso) 613
Doueirat (Mauretanien) 279
Douentza (Mali) 405, 417
Douna (Burkina Faso) 609
D'Ourbouo (Burkina Faso) 592
Dourou (Mali) 401, 404
Drogen 60
Dum-Palmen (Niger) 435
Düne von Taoujafet (Mauretanien) 283
Dürre (Niger) 216, 443, 447, 615
Dyoundé-Massiv (Mali) 416, 419

Eberak (Senegal) 747
Eguenat-M'Haireth-Pass (Mauretanien) 277
Ehe 139
Ehel et Taya (Mauretanien) 274
Einkaufen 25
Einkaufen (Niger) 466, 476
Einkaufen (Senegal) 660, 685
Einreise 44
Einreise (Burkina Faso) 550
Einreise (Gambia) 765
Einreise (Mali) 335
Einreise (Mauretanien) 240
Einreise (Niger) 456
Einreise (Senegal) 649

Eisenbahn 65, 72
Eisenerz (Mauretanien) 228
Ekamour (Mauretanien) 292
Ekismane (Niger) 494
El Ahouéfat (Mauretanien) 286
El Meki (Niger) 513
Elefanten (Mali) 307, 308, 419, 421
Elfenbeinküste 327, 333, 540, 549, 554, 606
Elinkine (Senegal) 735
Engländer (Gambia) 757
Englisch 755, 806
Enndé (Mali) 403
Entdeckungsreisende 109
Entführungen (Mali) 324, 428
Entführungen (Mauretanien) 253
Entführungen (Niger) 445, 509
Erderwärmung (Mauretanien) 232
Erdnuss (Gambia) 760
Erdnuss 50, 89, 486, 637, 695, 722
Erzählkunst 197
Erzbahn (Mauretanien) 249, 269
Essakane (Mali) 414
Essen 46
Etat de mise en garde (Niger) 445, 492
Ethiolo (Senegal) 747
Ethnien (Senegal) 631
Euro 56

Fachi (Niger) 518
Fada-N'Gourma (Burkina Faso) 585
Fadiouth (Senegal) 718
Fafa (Mali) 427
Faguibine-See (Mali) 415
Fähren 30, 657, 764, 778
Fahrrad 64
Fahrzeug 65, 236, 332
Fahrzeugpapiere 65
Fahrzeugverkauf 32
Fajara (Gambia) 782
Falaise de Bandiagara (Mali) 404
Falaise de Banfora (Burkina Faso) 605
Falaise de Boradougou (Burkina Faso) 602
Falaise de Madjoari (Burkina Faso) 588
Falaise de Niansoroni (Burkina Faso) 610
Falaise von Fachi (Niger) 518
Falaise von Tiguidit (Niger) 495, 506
Falémé-Fluss (Senegal) 626, 710, 741
Farafenni (Gambia) 800
Färben 178
Fariè (Niger) 479
Fatoma (Mali) 417

Fauna 84
Feiertage (Burkina Faso) 555
Feiertage (Gambia) 768
Feiertage (Mali) 338
Feiertage (Mauretanien) 246
Feiertage (Niger) 457
Feiertage (Senegal) 652
Felsbilder (Niger) 506
Felsgravuren (Burkina Faso) 620, 622
Ferlo-Savanne (Senegal) 627
Fernsehen 62
Fernsehen (Burkina Faso) 544
Fernsehen (Gambia) 762
Fernsehen (Mali) 329
Fernsehen (Mauretanien) 234
Fernsehen (Niger) 450
Fernsehen (Senegal) 640
FES.PA.C.O. (Burkina Faso) 580, 582
Fest der Rinderherden (Mali) 384
Fest von Tamadacht (Mali) 428
Festival au Désert (Mali) 330, 414
Festival Internationale
  de la Mode Africaine (Niger) 457
Festival Les Voix de Bamako (Mali) 330
Festival Panafricain du Cinéma
  de Ouagadougou (Burkina Faso) 582
Festival sur le fleuve Niger (Mali) 378
Festivals (Mali) 330
Festivals (Niger) 457
Fête de la Cure Salée (Niger) 457
Fetisch 152
Feuchtsavanne 84
Feuchtwald (Senegal) 627
Filingué (Niger) 478
Filmfestival (Burkina Faso) 580, 582
Filmkunst 200
Firgoun (Mali) 427
Firgoun (Niger) 479
Firgui (Senegal) 724
Fischfang (Gambia) 789
Fischfang (Mali) 326
Fischfang (Mauretanien) 229
Fischfang (Senegal) 637, 692
Flamme de la Paix (Mali) 412
Flamme de la paix (Niger) 443
Flug-Know-how 27
Flugpreise 26
Flugverbindungen (Burkina Faso) 545, 558
Flugverbindungen (Gambia) 763, 776
Flugverbindungen (Mali) 331, 341
Flugverbindungen (Mauretanien) 235, 249

Flugverbindungen (Niger) 451, 461
Flugverbindungen (Senegal) 641, 683
Flugzeug 26, 72
Flüsse 82
Flusspferde (Burkina Faso) 603, 609
Flusspferde (Mali) 345, 427
Flusspferde (Niger) 479
Fombory (Mali) 418
Fon (Burkina Faso) 604
Fôret classé de Maro (Burkina Faso) 603
Forêt des Deux Balé (Burkina Faso) 592
Foret et Ranch de Nazinga (Naturreservat) (Burkina Faso) 583
Fort Tambaoura (Mali) 369
Fotografieren 55, 338, 477
Foundiougne (Senegal) 721
Fouta Djalon (Senegal) 626, 741, 743
Franc CFA 56, 339, 460, 555, 652
Französisch 806
Französisch (Burkina Faso) 531
Französisch (Mali) 319
Französisch (Niger) 440
Französisch (Senegal) 631
Frauen (allein reisende) 22
Frauen (in Afrika) 140, 142
Frisuren 167
Fromager 84
Früchte 50
Führer 22
Fulani (Senegal) 741
Fulas (Senegal) 747
Fulbe 115
Fulbe (Gambia) 754
Fulbe (Mali) 317
Fulbe (Niger) 436
Fulbe Bororo 115
Fulbe Nai 116
Fulbe Sire 116
Fulbe-Staaten 100
Fulfulde (Burkina Faso) 531
Fulfulde 804
Futa Djalon (Gambia) 750

Gadafaoua (Niger) 506
Galeriewälder (Gambia) 750
Gall (Niger) 494
Galtat Zemmour (Mauretanien) 237
Gambia River
 84, 626, 741, 743, 750, 791, 792
Gandafabou (Burkina Faso) 622
Gandamia-Massiv (Mali) 416, 419

Gandiol (Senegal) 705
Gangontéri (Mali) 368
Gao (Mali) 421
Gaoua (Burkina Faso) 611
Garküchen (Senegal) 660
Gaya (Niger) 484
Geburt 132
Gelbfieber (Burkina Faso) 550
Gelbfieber (Mali) 335
Gelbfieber (Mauretanien) 232, 241
Gelbfieber (Niger) 457
Gelbguss 179, 591
Geld 56
Geld (Burkina Faso) 555
Geld (Gambia) 768
Geld (Mali) 339
Geld (Mauretanien) 247
Geld (Niger) 460
Geld (Senegal) 652
Gemüse 50
Geografie 82
Geografie (Burkina Faso) 528
Geografie (Gambia) 750
Geografie (Mali) 302
Geografie (Mauretanien) 212
Geografie (Niger) 432
Geografie (Senegal) 626
Geologie 82
Georgetown (Gambia) 796
Gepäck 27, 36
Gerewol-Fest (Niger) 438, 457, 494
Gérou (Mauretanien) 292
Geschichte 96
Geschichte (Burkina Faso) 533
Geschichte (Gambia) 756
Geschichte (Mali) 319
Geschichte (Mauretanien) 221
Geschichte (Niger) 440
Geschichte (Senegal) 631
Gesundheit (Burkina Faso) 552
Gesundheit (Gambia) 765, 766
Gesundheit (Mali) 336
Gesundheit (Mauretanien) 242
Gesundheit (Niger) 458
Gesundheit (Senegal) 650
Gesundheitswesen (Burkina Faso) 542
Gesundheitswesen (Gambia) 761
Gesundheitswesen (Mali) 327
Gesundheitswesen (Mauretanien) 232
Gesundheitswesen (Niger) 448
Gesundheitswesen (Senegal) 638

Getränke 48
Gewichte (Gambia) 770
Ghan (Burkina Faso) 613
Ghana 102, 548, 551, 615
Ghana-Reich 97, 756
Ghanatown (Gambia) 789
Ginak Island (Gambia) 799
Glasperlen 182, 184, 292
Gold 182
Gold (Burkina Faso) 613
Gold (Mali) 326, 372
Gold (Mauretanien) 230
Gondo-Ebene (Mali) 404, 405
Gonze-Ökoprojekt (Burkina Faso) 582
Goradji (Burkina Faso) 621
Gorom-Gorom (Burkina Faso) 621
Gossi (Mali) 421
Gothèye (Niger) 479
Gouinongou (Burkina Faso) 617
Goukoye, Abdoul Karim (Niger) 447
Goundam (Mali) 415
Gouré (Niger) 490
Gourma-Rharous (Mali) 415
Gouzoureye (Mali) 426
GPS 808
Grenzformalitäten (innerafrikanisch) 73
Griot 205
Gris-gris 159
Großreich Mali 319
Grottes de Missirikoro (Mali) 376
Guelb Ben Amira (Mauretanien) 272
Guelb ed Digdig (Mauretanien) 284
Guelb er Richat (Mauretanien) 214, 280
Guelta Matmata (Mauretanien) 298
Guembeul (Reservat) (Senegal) 706
Guena (Burkina Faso) 604
Guide 22
Guinea 333, 646, 741, 765
Guinea-Bissau 646, 740, 765
Gummi arabicum (Mauretanien) 230
Gunjur (Gambia) 790
Gunjur Beach (Gambia) 790

Haley, Alex (Gambia) 799
Hamale (Burkina Faso) 615
Hamdallaye (Mali) 385
Hampâté Bâ, Amadou 199
Handel 180
Handeln 25
Handou Bomo (Mali) 414
Handy 64

Harmattan 95, 306, 345, 434, 627
Hassaniya (Mauretanien) 221
Haussa 122, 436, 485, 805
Haute Casamance (Senegal) 740
Heuschrecken (Mauretanien) 217
Hexen 157
Hirsebier 49
Hochzeit 139
Hofrat al Foulé (Mauretanien) 284
Hoggar-Gebirge (Niger) 451
Hoggar-Piste 32
Holzschnitzerei 175
Hombori (Mali) 418, 419
Hombori-Tondo (Mali) 419
Hotels 75
Hotels (Burkina Faso) 561
Hotels (Gambia) 775, 783
Hotels (Mali) 347
Hotels (Senegal) 660, 667
Houndé (Burkina Faso) 592, 603

Idoukal-en-Taghes (Niger) 512
Iférouane (Niger) 516, 525
Iforas-Bergland (Mali) 303
Île à Morphil (Senegal) 709
Île de Gorée (Senegal) 686, 687
Île de Karabane (Senegal) 735
Île de M'Boss Dor (Senegal) 721
Impfschutz (Burkina Faso) 552
Impfschutz (Gambia) 766
Impfschutz (Mali) 336
Impfschutz (Mauretanien) 242
Impfschutz (Niger) 458
Impfschutz (Senegal) 650
Impfungen 45
Imragen (Mauretanien) 220
In Adiatafane (Mali) 419
In Guezzam (Niger) 510
Indelou (Mali) 401
Informationen (Burkina Faso) 556
Informationen (Gambia) 769
Informationen (Mali) 339
Informationen (Niger) 455
Informationen (Senegal) 648
Informationsstellen 43
In-Gall (Niger) 504
Initiation 127, 128, 134, 192
Initiative Pan-Sahel (Mali) 322
Inlandsflüge (Senegal) 659
Internet 44, 64
Internet (Burkina Faso) 556

Internet (Gambia) 769
Internet (Mali) 339, 340
Internet (Mauretanien) 234, 239, 249
Internet (Niger) 456, 461, 477, 503
Internet (Senegal) 640, 649, 654
Irmechât-Tal (Mauretanien) 284
Islam 98, 140, 157, 160
Islam (Burkina Faso) 532, 618
Islam (Gambia) 756
Islam (Mali) 319, 338, 382
Islam (Mauretanien) 218, 222
Islam (Niger) 440
Islam (Senegal) 631
Iwelen (Niger) 515
Izouzadene (Niger) 515

Jahreszeiten (Gambia) 751
Jahreszeiten (Mali) 306
Jahreszeiten (Niger) 434
James Island (Gambia) 799
Jammeh, Yaya (Gambia) 759
Jawara, Dawda Kairaba (Gambia) 758
Jibolob (Senegal) 646
Joal (Senegal) 718
Joal-Fadiouth (Senegal) 718
Jufureh (Gambia) 795, 799

Kaarta 100
Kabakoto (Senegal) 725
Kabara (Mali) 416
Kachikaly Crocodile Pool (Gambia) 779
Kademba (Burkina Faso) 603
Kaedi (Mauretanien) 291
Kaffee 49
Kafountine (Senegal) 739
Kafra-Berge (Niger) 520
Kafuta (Gambia) 795
Kalala (Niger) 519
Kalebassen-Verzierung 182
Kampti (Burkina Faso) 611
Kandadji (Niger) 448
Kanem-Bornu-Reich 98, 440
Kangaba (Mali) 364
Kani-Kombolé (Mali) 403, 404
Kankalaba (Burkina Faso) 609
Kankan Moussa 99
Kankossa (Mauretanien) 293
Kanuri (Niger) 436
Kaolak (Senegal) 722
Kaouar (Niger) 518
Karang (Gambia) 763

Karang (Senegal) 646
Karawanenhandel (Mauretanien) 222
Karma (Niger) 479
Kartong (Gambia) 790
Kassama (Mali) 372
Kastenwesen 128
Kati (Mali) 365
Kaya (Burkina Faso) 617
Kayar (Senegal) 692
Kayes (Mali) 369
Kayes (Mauretanien) 292
Kaymor (Senegal) 724, 725
Kébémer (Senegal) 706
Kediet ej Jill (Mauretanien) 214, 229
Kédougou (Senegal) 746
Keita, Modibo (Mali) 319
Kemoto (Gambia) 795
Kerr Batch (Gambia) 800
Keur Ali Lobé (Senegal) 723
Keur Bamba (Senegal) 725
Keur Massène (Mauretanien) 288
Keur Moussa (Senegal) 692
Kidira (Mali) 370
Kidira (Senegal) 646, 710
Kiffa (Mali) 370
Kiffa (Mauretanien) 292
Kikiri (Mali) 419
Kinkeliba-Tee 50
Kino 200
Kita (Mali) 366
Kleidung 21, 22, 170
Klésso (Burkina Faso) 614
Klima 93
Klima (Burkina Faso) 530
Klima (Gambia) 751
Klima (Mali) 306
Klima (Mauretanien) 215
Klima (Niger) 434
Klima (Senegal) 627
Kobenni (Mauretanien) 296
Kogo (Niger) 515
Kokologho (Burkina Faso) 589
Kokosnuss 50
Kolanuss 48
Kolda (Senegal) 740
Kololi (Gambia) 783
Kolonialismus 107
Komadougou-Fluss (Niger) 490
Komadougou-Gana-Fluss (Niger) 432
Kombissiri (Burkina Faso) 583
Kombo-St. Mary Area (Gambia) 779

REGISTER

Kompass 806
Kona (Mali) 415
Kongolikan-Berge (Burkina Faso) 602
Kongoussi (Burkina Faso) 623
Königreiche 97
Konsulate 42
Konsulate (Burkina Faso) 550
Konsulate (Gambia) 764
Konsulate (Mali) 334
Konsulate (Mauretanien) 238
Konsulate (Niger) 455
Konsulate (Senegal) 648
Kora-Musik (Gambia) 789
Korbflechterei 177
Korientzé (Mali) 415
Korioumé (Mali) 416
Koro (Burkina Faso) 602
Koro (Mali) 406
Körperschmuck 165
Kotu (Gambia) 782
Koudougou (Burkina Faso) 590
Kouentou (Burkina Faso) 604
Koueré (Burkina Faso) 611
Koufey (Niger) 491
Kou-Fluss (Burkina Faso) 603
Koulikoro (Mali) 365
Koulountou-Fluss (Senegal) 743
Koumbi Saleh 98
Koumi (Burkina Faso) 603
Koundian (Mali) 367, 372
Koungheul (Senegal) 723
Koupela (Burkina Faso) 585
Kouré (Niger) 483
Kourémalé (Mali) 364
Koyma (Mali) 422
Krankheiten (Burkina Faso) 542
Krankheiten (Gambia) 761
Krankheiten (Mali) 328
Krankheiten (Niger) 449
Krankheiten (Senegal) 638
Kreb-Kreb (Niger) 514
Kreditkarte 56, 339, 460, 652
Kriminalität 59
Kriminalität (Burkina Faso) 564
Kriminalität (Senegal) 663
Krokodile (Burkina Faso) 589, 590, 614
Krokodile (Gambia) 754, 799
Krokodile (Mali) 393
Krokodile (Mauretanien) 294, 298
Kubuneh (Gambia) 795
Küche (afrikanische) 46, 245, 660

Kulte (religiöse) 149
Kultur 165
Kunst 165
Kunsthandwerk 174, 498
Kunta Kinte (Gambia) 799
Kuntaur (Gambia) 800
Kupfer (Mauretanien) 229
Kurumba 123
Küstenstrecke (Mauretanien) 266
Kwinella (Gambia) 796

La Guinguette (Burkina Faso) 603
La Tapoa (Niger) 481
Labbézanga (Mali) 427
Lac d'Oursi (Burkina Faso) 622
Lac de Bam (Burkina Faso) 623
Lac de Dém (Burkina Faso) 617
Lac Retba (Senegal) 691
Lac Rose (Senegal) 691
Lac Téngréla (Burkina Faso) 609
Laing, Gordon 109
Laissez Passer 66, 333
Lait Caillé 50
Lamin Lodge (Gambia) 779
Land der Gourounsi (Burkina Faso) 583
Landkarten 334, 454, 818
Landweg (Anreise)
  29, 33, 546, 642, 763
Landwirtschaft (Burkina Faso) 540
Langue de Barbarie (Nationalpark)
  (Senegal) 705
Laongo (Burkina Faso) 582
Lebensmittel 50
Lederverarbeitung 179
Lehelim (Mauretanien) 285
Léraba-Fluss (Burkina Faso) 609
Les Baguezans (Niger) 504
Lesben 23
Letfatar (Mauretanien) 297
Liberia 106
Libyen 452
Literatur 197, 815
Lobi 118, 805
Lobi (Burkina Faso) 612
Lokale 46
Lokosso (Burkina Faso) 611
Lompoul sur Mer (Senegal) 706
Loropéni (Burkina Faso) 611
Louga (Senegal) 706
Loumana (Burkina Faso) 610
Lutte traditionelle (Niger) 460, 469

REGISTER

Madama (Niger) 522
Madaoua (Niger) 485
Madibaya (Mali) 368
Madina (Mali) 365
Maestro-(EC-)Karte 56
Magal (Senegal) 693, 695, 696
Magta Lahjar (Mauretanien) 291
Mahina (Mali) 367
Main de Fatma (Mali) 419
Maïnassara, Ibrahim Baré (Niger) 442
Maine-Soroa (Niger) 490
Malaria (Burkina Faso) 553
Malaria (Gambia) 767
Malaria (Mali) 337
Malaria (Mauretanien) 232, 243
Malaria (Niger) 459
Malaria (Senegal) 651
Malinke 192
Malinke (Gambia) 754
Malinke (Mali) 317
Mali-Reich 99, 756
Malletas (Niger) 513
Malou (Burkina Faso) 623
Mammanet-Akoutane-Tal (Niger) 506
Manantali (Mali) 366, 373
Manatis (Mali) 379
Mande 119, 805
Mandingo (Gambia) 754
Mandingo (Senegal) 715, 726, 740
Mandingo-Berge (Mali) 364
Mandinka 805
Mangroven 630, 750, 753, 778
Maninka 805
Maniok 54
Mansa Konko (Gambia) 796
Mar Lodj (Senegal) 720
Marabout 114, 161, 632
Maradi (Niger) 486
Marandet (Niger) 506
Mare aux Hippopotames (Burkina Faso) 603
Mare aux poissons sacrés (Burkina Faso) 602
Markoye (Burkina Faso) 622
Märkte 25, 180
Marokko 31, 236
Masken 183, 188
Maskenfeste (Burkina Faso) 596
Maße (Gambia) 770
Massina (Mali) 380
Matam (Senegal) 710
Mattenflechterei 177
Mauren (Mauretanien) 219, 274

Mbacke, Amadou Bamba (Senegal) 696
Mbodiene (Senegal) 718
Mboro sur Mer (Senegal) 694
Mbour (Senegal) 715, 716
McCarthy Island (Gambia) 796
Medien 62
Medien (Burkina Faso) 543
Medien (Gambia) 762
Medien (Mali) 328
Medien (Mauretanien) 234
Medien (Niger) 449
Medien (Senegal) 639
Medina Gounas (Senegal) 646
Médine (Mali) 369
Medizinmänner 159
Meeresküste (Mauretanien) 263
Megalithen (Senegal) 723
Megalithen-Rundfahrt (Senegal) 723
Megta el Gdim (Mauretanien) 284
Meldepflicht 74
Menaka (Mali) 428
Metallkunst 179
M.F.D.C. (Senegal) 731
Mietwagen (Burkina Faso) 560
Mietwagen (Mali) 347
Mietwagen (Mauretanien) 252
Mietwagen (Niger) 464
Mietwagen (Senegal) 655, 682
Millefiori-Perlen 185
Minen (Mauretanien) 253, 271
Mirriah (Niger) 490
Missionierung 111, 163
Missirah (Senegal) 723
Mlomp (Senegal) 735
Mogho Naaba (Burkina Faso) 570
Mondoro (Mali) 419
Monsun (Mali) 306
Mont Greboun (Niger) 434, 512
Monument de la Renaissance africaine (Senegal) 656
Mooré (Burkina Faso) 531, 805
Mopti (Mali) 387
Mossi (Burkina Faso) 102, 121, 530, 532, 570
Mossi-Plateau (Burkina Faso) 528, 584
Motorrad 40, 65
Moudjéria (Mauretanien) 297
Mouhoun-Fluss (Burkina Faso) 592
Mouloud (Mauretanien) 247
Mouriden (Senegal) 631, 632, 692, 695, 696
M'Pack (Senegal) 646
Muharram (Mauretanien) 246

Muscheln 182
Musée de Manega (Burkina Faso) 582
Musik 183, 203, 329, 450
Mutterrecht 114

Nabadogo (Burkina Faso) 590
Nachtleben (Senegal) 679
Nahrungsmittel (Burkina Faso) 562
Nahrungsmittel (Mali) 348
Nahrungsmittel (Senegal) 637
Nako (Burkina Faso) 614
Namensgebung 133
Nanifara (Mali) 372
Nara (Mali) 374
Nara (Mauretanien) 297
Navigation 806
Nayé (Senegal) 646
Nazinon-Fluss (Burkina Faso) 583
Nbeika (Mauretanien) 298
Ndangane (Senegal) 719, 720
Ndiaga Ndiaye (Senegal) 654, 681
Ndioum (Senegal) 709
N'Dour, Youssou 208
Négala (Mali) 365
Néguéni (Burkina Faso) 610
Nema (Mauretanien) 237, 296, 298
Neusudanische Völker 128
Ngor (Senegal) 690
Nguigmi (Niger) 490
Niafounké (Mali) 415
Niamey (Niger) 467
Nianing (Senegal) 716
Niansoroni (Burkina Faso) 610
Niger-Binnendelta (Mali) 375, 380
Niger-Fluss 82, 109, 302, 345, 387, 432, 467, 483
Nigeria 453, 485
Niger-Stromschnellen (Mali) 363
Niminiama (Mali) 418
Ninki Nanka (Gambia) 792
Niokolo Koba (Nationalpark/Fluss) (Senegal) 741, 742, 743
Nioro (Mauretanien) 296
Nioro du Rip (Senegal) 724
Nioro du Sahel (Mali) 373
Nisséko (Burkina Faso) 614
Niumi National Park (Gambia) 799
Nobéré (Burkina Faso) 583
Nokou (Niger) 492
Nomadismus 90
Nord Bank Highway (Gambia) 798

Nord-Casamance (Senegal) 739
Nouâdhibou (Mauretanien) 268
Nouâkchott (Mauretanien) 255
Nouâmghâr (Mauretanien) 268
Noumoussoba (Burkina Faso) 609

Oberguinea-Völker 129
Obervolta (Burkina Faso) 528
Obiré (Burkina Faso) 613
Öffnungszeiten (Burkina Faso) 557
Öffnungszeiten (Mali) 340
Öffnungszeiten (Mauretanien) 247
Öffnungszeiten (Niger) 460
Öffnungszeiten (Senegal) 653
Okra 54
Orakel 155
Orida (Niger) 522, 523
Orientierung 806
Osei Tutu 102
Ouadane (Mauretanien) 279
Ouagadougou (Burkina Faso) 563
Ouahigouya (Burkina Faso) 619
Oualata (Mauretanien) 299
Ouanobina (Burkina Faso) 618
Oudei Amar (Mauretanien) 284
Oued el Khatt (Mauretanien) 285
Oued Ntouiouz (Mauretanien) 281
Oued Rachid (Mauretanien) 285
Oued Seguelil (Mauretanien) 273, 274
Oued Slil (Mauretanien) 282
Oued Tidjikja (Mauretanien) 286
Oued Touchat (Mauretanien) 279
Oued Toujounine (Mauretanien) 273
Ouessa (Burkina Faso) 615
Oufen (Niger) 514
Ouguiya (Mauretanien) 247
Oujeft (Mauretanien) 275
Ouo (Burkina Faso) 611
Oursi (Burkina Faso) 622
Ousmane, Sembène 197, 200
Oussouye (Senegal) 734
Oyster Creek (Gambia) 778

Pâ (Burkina Faso) 592
Pala (Burkina Faso) 602, 603
Palmarin (Senegal) 720
Palmkernöl 54
Palmschnaps 50
Palmwein 50
Pama (Burkina Faso) 585
Paradise Beach (Gambia) 789

REGISTER

Parasolier 84
Parc National de Pô (Burkina Faso) 583
Parc National du „W"
  (Niger) 481, (Burkina Faso) 589
Park, Mungo 109
Passavant 66, 647, 764
Payoma (Senegal) 725
Pendjari-Nationalpark (Burkina Faso) 589
Perlen 182, 184
Petite Côte (Senegal) 711
Pflanzenwelt (Gambia) 752
Pflanzenwelt (Mali) 306
Pflanzenwelt (Mauretanien) 216
Pflanzenwelt (Niger) 435
Pflanzenwelt (Senegal) 627
Phönizier 97
Piment 54
Pince de Crabe (Niger) 515
Pirogen (Gambia) 792, 795
Pirogen (Mali) 345, 392, 426
Pirogen (Niger) 479, 483
Pirogen (Senegal) 718, 720, 721
Pissila (Burkina Faso) 617
Pisten (Mali) 346
Pô (Burkina Faso) 583, 584
Poa (Burkina Faso) 590
Podor (Senegal) 709
Pointe St. Georges (Senegal) 736
POLISARIO (Mauretanien) 212, 225
Politik (Burkina Faso) 535
Politik (Gambia) 756
Politik (Mali) 319
Politik (Mauretanien) 221, 225
Politik (Niger) 441
Politik (Senegal) 631
Polizei 74, 464, 647, 657
Polygamie 139, 538
Popenguine (Senegal) 712
Portugiesen 97
Post 63
Post (Burkina Faso) 557
Post (Mali) 340
Post (Mauretanien) 248
Post (Niger) 461
Post (Senegal) 653
Presse (Burkina Faso) 544
Presse (Gambia) 762
Presse (Mali) 328
Presse (Mauretanien) 234
Presse (Niger) 449
Presse (Senegal) 639

Privatquartiere (Mali) 348
Prostitution 22, 144, 783

Rachid (Mauretanien) 286
Radio 62
Radio (Burkina Faso) 543
Radio (Gambia) 762
Radio (Mali) 329
Radio (Mauretanien) 234
Radio (Niger) 450
Radio (Senegal) 640
Rallye Paris – Dakar (Senegal) 677
Ramadan 163
Rebellen (Mali) 323
Rebellen (Niger) 444
Regenwald 84
Regenzeit 94
Reisehinweise 43
Reisekasse 58
Reisen im Niger 461
Reisen im Senegal 654
Reisen in Burkina Faso 558
Reisen in Gambia 770
Reisen in Mali 341
Reisen in Mauretanien 249
Reisen in Westafrika 64
Reisepartner 75
Reisepass 44, 351
Reiseschecks 58, 247, 339
Reiseveranstalter 28
Reisezeit 75
Religion 146
Religion (Burkina Faso) 531
Religion (Gambia) 756
Religion (Senegal) 631
Religion (Mali) 319
Religion (Niger) 440
Réserve de Bandia (Senegal) 714
Réserve de Bontiolo (Burkina Faso) 615
Réserve des Girafes de Kouré (Niger) 483
Réserve El Aguer (Mauretanien) 296
Réserve partielle de Nabéré
  (Burkina Faso) 614
Restaurants 46
Rhythmus 203
Richard Toll (Senegal) 708
Rig-Rig (Niger) 492
Rituale (religiöse) 149
River Gambia National Park
  (Gambia) 800
Römer 97

Rosso (Mauretanien) 237, 286
Rosso (Senegal) 642, 708
Route de l'Espoir (Mauretanien) 289
Route de l'Uranium (Niger) 492
Route de Pô (Burkina Faso) 583
Rückholflüge 79
Rufisque (Senegal) 692

Sabine, Thierry (Mali) 416
Sabou (Burkina Faso) 590
Sabsé (Burkina Faso) 623
Sadiola (Mali) 372
Sadjo, Salif (Senegal) 731
Safari (Burkina Faso) 602
Safari (Senegal) 745
Sahara 86, 280, 302, 509
Sahara-Salz (Mali) 388
Sahel 94, 95, 615, 621
Sahel-Sudan-Zone 82
Sahelzone 302, 306, 528
Saisonarbeiter (Burkina Faso) 542
Sakaby (Burkina Faso) 604
Salémata (Senegal) 747
Salon International de l'Artisanat
  Africain de Ouaga (Burkina Faso) 582
Salon Internationale de l'Artisanat
  pour la Femme (Niger) 457
Saly Portudal (Senegal) 714
Salz (Niger) 504, 513, 518, 519
Salz (Senegal) 706
Salzkarawanen (Mali) 410
Salzkarawanen (Niger) 518
Sammeltaxi (Senegal) 654
San (Mali) 380
Sandaré (Mali) 373
Sanddünen (Mauretanien) 215
Sandinière (Senegal) 741
Sanga (Mali) 403
Sangrafa (Mauretanien) 291, 297
Sankara, Thomas (Burkina Faso) 533, 536
Sanyang (Gambia) 789
Sanyang Point (Gambia) 789
Sara (Burkina Faso) 603
Saraféré (Mali) 415
Saro-Wiwa, Ken 199
Satadougou (Senegal) 646
Satelliten-Navigation 808
Satiri (Burkina Faso) 603
Saurierfriedhöfe (Niger) 504
Savanne 84, 89, 432, 528, 750
Savannenbauern 91

Say (Niger) 481
Schiffsreisen 35
Schiffsverbindungen 34, 35, 72
Schiffsverbindungen (Mali) 343
Schiffsverbindungen (Mauretanien) 235
Schiffsverbindungen (Senegal) 642, 683
Schildkröten (Senegal) 692
Schlingensief, Christoph (Burkina Faso) 539
Schmiergeld 67
Schwarzafrikaner 116
Schwule 23
Sebba (Niger) 481
Sébékoro (Mali) 365
Sebkhet te-n-loubrar (Mauretanien) 264
Sédhiou (Senegal) 741
Seekühe (Mali) 379
Seele 146
Seen 82
Segou 100
Ségou (Mali) 376
Séguedine (Niger) 522
Seléti (Senegal) 646
Sélibabi (Mauretanien) 291
Sélinnkegni (Mali) 368
Semaine Nationale de la Culture
  (Burkina Faso) 582
Senegal-Fluss 83, 302, 368,
  626, 697, 704, 707
Senegambia 633, 759, 791
Senghor, Léopold Sédar 197, 633
Senossa (Mali) 385
Senufo 118, 195, 317
Sept Place (Senegal) 654
Serahuli (Gambia) 755
Serekunda (Gambia) 787
Sérèr 805
Sévaré (Mali) 385
Sexualität 23, 139
Seytenga (Niger) 481
Shopping (Burkina Faso) 578
Sibanor (Gambia) 795
Sibi (Mali) 364
Sicherheit 59
Sicherheit (Burkina Faso) 546, 564
Sicherheit (Gambia) 772, 783
Sicherheit (Mali) 347, 412
Sicherheit (Mauretanien) 253
Sicherheit (Niger) 464, 468
Sicherheit (Senegal) 663, 727
Sidéradougou (Burkina Faso) 610
Siedlungsformen 171

REGISTER 835

Sierra Leone (Gambia) 765
Sikasso (Mali) 375
Silber 182
Sindou (Burkina Faso) 609
Sine Ngayène (Senegal) 725
Sine-Saloum-Delta (Senegal) 719
Sine-Saloum-Fluss (Senegal) 84, 626, 719
Sirius-Rätsel (Mali) 402
Sklaverei 104, 437, 686, 687
Sodom-Apfel (Niger) 435
Sofara (Mali) 385
Soma (Gambia) 796
Soma (Senegal) 646
Somone (Senegal) 712
Songhai (Mali) 317, 421
Songhay (Ethnie) 121
Songhay-Reich 100, 440
Songo (Mali) 403
Soninke 97, 317, 805
Soninke-Marabout-Kriege (Gambia) 756
Souvenirs 25
Soyinka, Wole 199
Sozialstruktur 125
Speisen 48
Spinnen 177
Spirulina (Burkina Faso) 542
Sprache 124, 804, 806
Sprache (Burkina Faso) 531
Sprache (Gambia) 755
Sprache (Mauretanien) 221
Sprache (Mali) 318
Sprache (Niger) 440
Sprache (Senegal) 631
St. Louis (Senegal) 633, 697
Staatsstreich (Mauretanien) 227
Straßen (Burkina Faso) 560
Straßen (Gambia) 777
Straßen (Mali) 332
Straßen (Niger) 451, 463
Straßen (Senegal) 657
Straßensperren 67
Straßenstände 46
Straßenverhältnisse 66
Strom (Burkina Faso) 560
Strom (Gambia) 770
Strom (Mali) 347
Strom (Mauretanien) 254
Strom (Niger) 465
Strom (Senegal) 659
Sudan 94, 95
Sudanzone (Mali) 302, 307

Sufis (Senegal) 632
Surfen (Senegal) 686
Süßkartoffel 54

Tabakoto (Mali) 372
Tabalak-Meyroua (Niger) 493
Tabaski 163
Tafadek (Niger) 504, 513
Tafarit (Mauretanien) 268
Tafelberge (Mali) 418
Tagant-Berge (Mauretanien) 214
Tahoua (Niger) 493
Tamakon-Tal (Niger) 506
Tamanrasset (Niger) 451, 510
Tambacounda (Senegal) 742
Tambaga (Mali) 366
Tambaoura-Falaise (Mali) 372
Tambi Kaboré (Nationalpark) (Burkina Faso) 583
Tâmchekket (Mauretanien) 295
Tamou (Niger) 481
Tamourt Bougari (Mauretanien) 294
Tamourt En Naaj (Mauretanien) 298
Tamourt Metraucha (Mauretanien) 294
Tanaf (Senegal) 646
Tanakoum-Tal (Niger) 515
Tandja, Mamadou (Niger) 442
Tanezrouft-Piste (Mali) 32, 332, 421, 429
Tanguen-Dassouri (Burkina Faso) 589
Tanji (Gambia) 789
Tanji Bird Reserve (Gambia) 789
Tänze 183
Taoudenni (Mali) 410
Taouey-Fluss (Senegal) 708
Taoujeft (Mauretanien) 286
Tasharan (Mali) 424
Tätowierungen 166
Tawashi (Niger) 506
Taxi (collectiv) (Burkina Faso) 559
Taxi brousse 69
Taxi brousse (Mali) 345
Taxi brousse (Mauretanien) 250
Taxi brousse (Niger) 462
Taxis (Gambia) 776
Taxis (Senegal) 655, 681
Taya, Sid' Ahmed (Mauretanien) 225
Tayaret-Tal (Mauretanien) 273
Tazerzait (Niger) 515
Tee 49
Tegguidda-n-Tessoum (Niger) 494, 504
Teja-Tal (Niger) 514

Anhang

Telefon 63
Telefon (Burkina Faso) 557
Telefon (Gambia) 770
Telefon (Mali) 340
Telefon (Mauretanien) 248
Telefon (Niger) 461
Telefon (Senegal) 653
Teli (Mali) 401
Téloua-Tal (Niger) 513
Temet (Niger) 515
Temperaturen 95
Téna (Burkina Faso) 609
Téna Kourou (Burkina Faso) 609
Ténéré-Wüste (Niger) 434, 512, 516
Tenkodogo (Burkina Faso) 585
Téra (Niger) 479
Teriyabougou (Mali) 380
Terjit (Mauretanien) 274
Termit-Massiv (Niger) 490
Tessalit (Mali) 427, 429
Thiès (Senegal) 693
Tichit (Mauretanien) 297
Tidjanen (Senegal) 632, 692, 694
Tidjikja (Mauretanien) 298
Tiébélé (Burkina Faso) 584
Tiéfara (Burkina Faso) 610
Tienkoura (Burkina Faso) 614
Tierreservate (Burkina Faso) 556
Tierwelt (Gambia) 752
Tierwelt (Mali) 306
Tierwelt (Mauretanien) 216
Tierwelt (Senegal) 627
Tillabéri (Niger) 479
Timbedgha (Mauretanien) 296
Timbuktu (Mali) 319, 406
Timia (Niger) 514
Tindangou (Burkina Faso) 585
Tintane (Mauretanien) 295
Tin-Zawatine (Mali) 323
Tiouilit (Mauretanien) 264
Tirelli (Mali) 404
Tita Naponé (Burkina Faso) 592
Titao (Burkina Faso) 620
Tivaouane (Senegal) 692, 694
Tod 141
Toéssé (Burkina Faso) 583
Togo 549, 554
Tondibi (Mali) 426
Töpferei 178
Touba (Senegal) 631, 692, 695, 696
Toubab Dialaw (Senegal) 711

Toubakouta (Senegal) 723
Touré, Ali Farka (Mali) 208, 330
Touré, Amadou Toumani (Mali) 322
Tourguri (Burkina Faso) 618
Tourismus 22
Tourismus (Gambia) 760, 779
Tourismus (Senegal) 638
Tourni (Burkina Faso) 610
Trab el-Hajra (Mauretanien) 291
Trampen 73
Trans-Gambian-Highway (Gambia) 796
Transgambienne (Senegal) 729
Traoré, Moussa (Mali) 320
Trarza (Mauretanien) 290
Travellerschecks (Niger) 460
Travellerschecks (Senegal) 652
Treibstoff (Gambia) 770
Treibstoff (Mauretanien) 252
Treibstoff (Niger) 463, 485
Trinkwasser 46
Trinkwasser (Burkina Faso) 562
Trinkwasser (Gambia) 770
Trinkwasser (Mali) 348
Trinkwasser (Mauretanien) 246
Trinkwasser (Niger) 465
Trinkwasser (Senegal) 660
Trockensavanne 89, 627
Trockenzeit 95
Trommel 204
Tschad 492
Tschad-See (Niger) 432, 490
Tuareg 113
Tuareg (Mali) 317, 320, 347
Tuareg (Mauretanien) 221
Tuareg (Niger) 436, 440
Tuareg Kel Aïr (Niger) 513
Tuareg-Windhunde (Mali) 428
Tubu (Niger) 436
Tukulor 123
Tunesien 452
Turka (Burkina Faso) 609

Überfälle 59
Uhrzeit (Burkina Faso) 562
Uhrzeit (Mali) 348
Uhrzeit (Mauretanien) 254
Uhrzeit (Niger) 466
Uhrzeit (Senegal) 660
Unabhängigkeit 110
Unabhängigkeit (Burkina Faso) 533
Unabhängigkeit (Gambia) 757

REGISTER 837

Unabhängigkeit (Mali) 319
Unabhängigkeit (Mauretanien) 224
Unabhängigkeit (Niger) 441
Unabhängigkeit (Senegal) 633
Unterkunft 75
Unterkunft (Burkina Faso) 561
Unterkunft (Gambia) 770, 783
Unterkunft (Mali) 347
Unterkunft (Niger) 465
Unterkunft (Senegal) 659
Uran (Niger) 446, 447, 507

Vall, Ely Ould Mohammed (Mauretanien) 228
Vegetationszonen 84
Verfassung (Burkina Faso) 535
Verkehrsregeln 67, 466
Verpflegung 46
Versicherungen 77
Versorgung (Burkina Faso) 561
Versorgung (Mali) 348
Versorgung (Niger) 465
Versorgung (Senegal) 659
Vertreibungen (Mauretanien) 225
Visum 44
Visum (Burkina Faso) 550, 554
Visum (Gambia) 765
Visum (Mali) 335
Visum (Mauretanien) 240
Visum (Niger) 456
Visum (Senegal) 649
Vogelarten (Gambia) 753
Volta-Fluss (Burkina Faso) 84, 528
Voodoo 155

Wade, Abdoulaye (Senegal) 634, 635, 656
Wade, Karim (Senegal) 636
Wadi Tilemsi (Mali) 426
Wahrsager 158
Währung 56
Währung (Burkina Faso) 555
Währung (Gambia) 768
Währung (Mali) 339
Währung (Mauretanien) 247
Währung (Niger) 460
Währung (Senegal) 652
Waldlandbauern 92
Wanké, Daouda Malam (Niger) 442
Wasser (siehe Trinkwasser)
Wassu (Gambia) 801
Weben 177

Wein 49
Weißafrikaner 113
Westsahara (Mauretanien) 212, 225, 236
Wiedergeburt 141
Winde Walo (Senegal) 725
Wirtschaft (Burkina Faso) 540
Wirtschaft (Gambia) 760
Wirtschaft (Mali) 325
Wirtschaft (Mauretanien) 228
Wirtschaft (Niger) 447
Wirtschaft (Senegal) 636
Wodaabe (Niger) 438
Wogo-Fischer (Niger) 480
Wolof 123, 142, 630, 631, 754, 805
Workcamps (Burkina Faso) 562
Wrestling (Gambia) 787
Wüste 82, 86, 432, 511
Wüstenkrieg (Mali) 323

Xasonga 805

Yabacalou (Mali) 401
Yakouta (Burkina Faso) 621
Yalgo (Burkina Faso) 618
Yame-Teich (Mali) 393
Yams 54
Yassane (Mali) 427
Yoruba 103
YouTube (Mauretanien) 239

Zagado-Tal (Niger) 515
Zauberer 157
Zebu-Rinder (Niger) 438
Zeitungen 62
Ziegenleder (Niger) 486
Ziguinchor (Senegal) 730
Zinder (Niger) 487
Ziniaré (Burkina Faso) 617
Zitenga (Burkina Faso) 617
Zoll 45, 240, 456, 652
Zorgo (Burkina Faso) 585
Zuckerrohr (Burkina Faso) 605

Die Autoren

Anne Wodtcke, Jahrgang 1954, unternimmt, fasziniert von fremden Ländern, Menschen und Kulturen, seit mehr als 25 Jahren Fernreisen, am liebsten alleine. Für die Erstrecherche dieses Buches war sie neun Monate in Westafrika hauptsächlich zu Fuß und mit öffentlichen Verkehrsmitteln unterwegs und lebte zwei Monate in Burkina Faso. Durch ihre Art zu reisen hatte sie intensiven Kontakt zur Bevölkerung und lernte so Westafrika besser kennen als die meisten Touristen. Seit der 6. Auflage steht sie für die Überarbeitung der Länderkapitel nicht mehr zur Verfügung.

Diese Aufgabe übernahmen einige kompetente Koautoren:

Thomas Baur, freier Journalist und Afrika-Reisender, ist für die Überarbeitung der Länderkapitel Senegal, Gambia und Burkina Faso zuständig (bei REISE KNOW-HOW liegt von ihm auch das Urlaubshandbuch zu Senegal/Gambia vor).

Gerhard Göttler hat während seiner Dokumentationstätigkeit für verschiedenen Völkerkundemuseen mehrere Dutzend Reisen in Westafrika unternommen. Er ist zudem Autor und Herausgeber mehrerer Bücher (bei REISE KNOW-HOW zu Libyen). Im vorliegenden Band hat er die Kapitel Mauretanien, Mali und Niger bearbeitet.

Erika Därr, Autorin (bekannt v.a. durch ihr Standardwerk zu Marokko, REISE KNOW-HOW) und Weltreisende, ist seit 30 Jahren immer wieder in der Sahara und Westafrika unterwegs und war bereits in den vergangenen Jahren maßgeblich an der Überarbeitung des Westafrika-Führers beteiligt. Sie wird für die weiteren Auflagen als Herausgeberin zeichnen, Koordinationsaufnahmen übernehmen und auch Informationen beisteuern.

Die Autoren – von oben nach unten:
Thomas Baur, Gerhard Göttler, Erika Därr

Danksagung

Mit diesem Buch hoffen die Autoren, allen Reisenden und Afrikafreunden und denen, die es werden wollen, eine Hilfe in die Hand gegeben zu haben, diesen Kontinent und seine Leute kennen und lieben zu lernen.

Herzlichen Dank all jenen, die zur Entstehung dieses Buches beigetragen haben und ohne deren Hilfe und Unterstützung der Reiseführer nicht in dieser Form hätte erscheinen können: Dr. Helmut und Cordula Schulz-Asche, Ouagadougou; Jürgen Wachsmuth, Cotonou; Hans-Udo Behnke, Ouidah; Rainer Nordmeyer, Benin; Wilfried und Monika Hochkeppel, Benin; Christian Vogel, Bobo-Dioulasso; Dr. Michael Strobel, Ambach; Luisa Francia, Ambach; Regina Fuchs, Wien; Thomas Keller, München; Hajo Banzhaf, München; Roman Loimeier, Bayreuth; Wolfgang Seel, München; Wolfgang Fritz, Berlin; Jean-Jaques Bancal, St. Louis; Walter Kleinebudde, Cape Coast; Gert Wilden, München, Walter Egeter, München; Rainer Lösel und Christoph Traumüller, Erlangen; Micha Wehrhan, Berlin; Rainer und Sylvia Jarosch, Langöns; Stefanie Donker, Bremen; Heiko Balzarek, Heidelberg; Anette und Klaus Scheurich, Heidelberg; Andreas Martin, Syke; Brigitte Gärtner-Coulibaly, Herford; Antje v. Dewitz, Tettnang; Dirke Köpp, Köln.

Gerhard Göttler dankt ganz besonders Matthias Bartholdi, Bamako, dem er eine große Zahl von Hinweisen zu Mali, insbesondere zu Bamako, verdankt; ebenso Peter Meyer für GPS-Daten aus dem Niger.

Vielen Dank allen Leserbriefschreibern für die nützlichen Informationen und Verbesserungen zur 9. Auflage. Außerdem sei an dieser Stelle all denjenigen gedankt, die unterwegs mit nützlichen Informationen sowie Rat und Tat zur Seite standen.

Weiterhin freuen wir uns natürlich über alle ergänzenden und konstruktiven Leserzuschriften. Alle ausführlichen Ergänzungen und Korrekturen belohnt der Verlag mit einem Gratis-Exemplar aus der Kauderwelsch-Sprachführer-Reihe.

Fotonachweis

Alle Fotos im Buch sind gekennzeichnet; dem jeweiligen Fotografen ist ein Namenskürzel zugeordnet:

- **Th. Baur:** tb
- **A. Därr:** ad
- **K. und E. Därr:** ed
- **G. Göttler:** gg
- **M. Hochleitner:** mh
- **Th. Rex:** tr
- **A. Wodtcke:** aw

Wir danken für die freundliche Abdruckgenehmigung!

Sahelländer

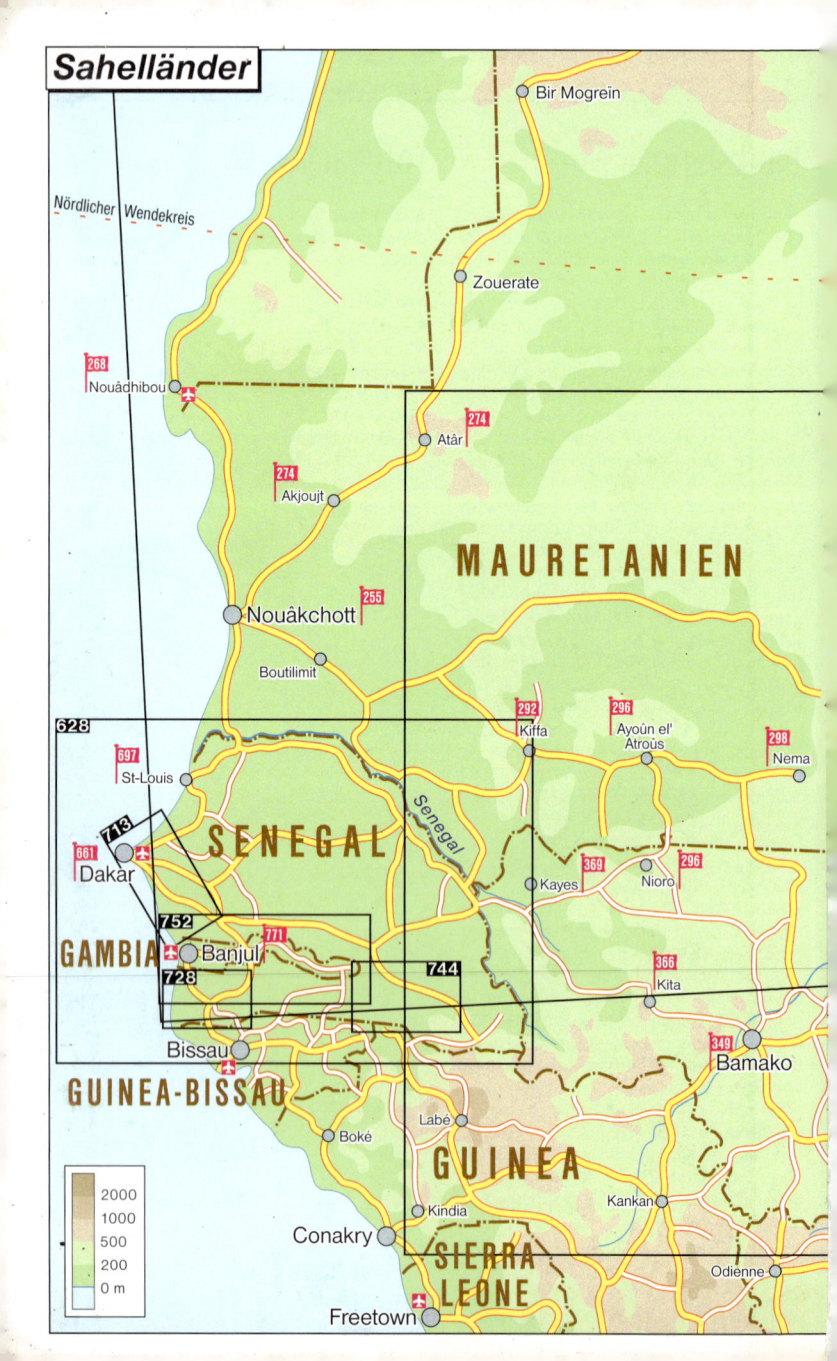

Nördlicher Wendekreis

Bir Mogrein

Zouerate

[268] Nouâdhibou

[274] Atâr

[274] Akjoujt

MAURETANIEN

Nouâkchott [255]

Boutilimit

[292] Kiffa

[296] Ayoûn el' Atroûs

[298] Nema

[628]

[697] St-Louis

SENEGAL

Senegal

[713]

[661] Dakar

[369] Kayes Nioro [296]

[752]

[771] Banjul

GAMBIA

[728] [744]

[366] Kita

Bissau

[349] Bamako

GUINEA-BISSAU

Labé

Boké

GUINEA

Kindia Kankan

Conakry

SIERRA LEONE

Odienne

Freetown

2000
1000
500
200
0 m